PSICOLOGÍA DE LAS DIFERENCIAS INDIVIDUALES

Teoría y práctica

B. ROBERTO COLOM MARAÑÓN

PROFESOR TITULAR DE PSICOLOGÍA DE LAS DIFERENCIAS INDIVIDUALES
DE LA UNIVERSIDAD AUTÓNOMA DE MADRID

PSICOLOGÍA DE LAS DIFERENCIAS INDIVIDUALES

Teoría y práctica

EDICIONES PIRÁMIDE

COLECCIÓN «PSICOLOGÍA»

Diseño de cubierta: C. Carabina

Realización de cubierta: Anaí Miguel

Juan Ignacio Luca de Tena, 15. 28027 Madrid
Teléfono: 91 393 89 89
www.edicionespiramide.es
Depósito legal: M. 180-2012
ISBN: 978-84-368-1219-0
Printed in Spain

Índice

PARTE TERCERA
Diferencias individuales en inteligencia

PARTE CUARTA
Diferencias individuales en personalidad

PARTE QUINTA
Diferencias individuales anormales

Índice de figuras y tablas

Prólogo

PARTE PRIMERA
Pasado de la psicología de las diferencias individuales

Epígrafe 1

Epígrafe 2

Epígrafe 3

PARTE SEGUNDA
Fundamentos teóricos y metodológicos

Introducción

Epígrafe 4

Epígrafe 5

PARTE TERCERA
Diferencias individuales en inteligencia

Epígrafe 10

Epígrafe 11

Epígrafe 12

Epígrafe 13

Epígrafe 14

Epígrafe 15

PARTE CUARTA
Diferencias individuales en personalidad

Introducción

Epígrafe 16

Epígrafe 17

Epígrafe 18

Epígrafe 19

Epígrafe 20

Epígrafe 21

PARTE QUINTA
Diferencias individuales anormales

Introducción

Epígrafe 22

Epígrafe 23

Epígrafe 24

Prólogo

1. EL IMPACTO SOCIAL DEL ESTUDIO DE LAS DIFERENCIAS INDIVIDUALES

La psicología de las diferencias individuales estudia temas que son de considerable interés social, pero puesto que demostrar este hecho con argumentaciones sería una tarea relativamente complicada, se van a describir algunos casos reales, extraídos en su mayor parte de los medios de comunicación, que servirán de ejemplo.

Mujeres y varones

Los párrafos siguientes son un extracto literal de un artículo aparecido en la revista *Cosmopolitan,* en la que se hace un recorrido por las características de los varones y de las mujeres, es decir, por las diferencias de sexo, también denominadas en los últimos años diferencias de género.

«A los hombres y las mujeres les separan muchos aspectos físicos y mentales. El hombre y la mujer piensan y sienten de manera diferente. El problema surge cuando hay gente que interpreta la palabra "diferente" como "superior/inferior". Aprender a conocer esas diferencias sirve para ayudar a las relaciones entre los sexos. Y ésa es una tarea que todos agradeceremos.

Las mujeres sufren más depresiones que los hombres. Éstos padecen más enfermedades mentales. Entre los varones hay tres veces más psicópatas y un número más alto de quienes ponen fin a su vida mediante el suicidio.

Durante décadas, las filosofías machistas han luchado por demostrar que existían diferencias insalvables entre el hombre y la mujer. Los últimos hallazgos neurobiológicos y psicológicos demuestran que, además de las distinciones anatómicas, la conducta y la inteligencia tienen que ver con el hecho de nacer varón o mujer. La mayor parte de los investigadores cree que la biología es la primera responsable. Niños y niñas que hayan recibido una educación totalmente igualitaria, tenderán a mostrarse ellas más tranquilas, comprensivas y sensibles y ellos más dominantes y agresivos por naturaleza. Dependiendo del entorno ambiental se suavizan o enfatizan las diferencias. Los condicionantes sociales, pues, sólo matizan las tendencias biológicas.

Los hombres superan a las mujeres en algunas tareas espaciales, como imaginar objetos tridimensionales, son mejores que ellas en las pruebas de razonamiento matemático y son más precisos al guiar o interceptar proyectiles. El sexo femenino supera a los varones en velocidad perceptiva, fluidez verbal, memoria, cálculo aritmético y en habilidad para realizar tareas manuales de precisión. Hay toda una serie de tareas que el cerebro del varón hace mejor y otras que resuelve con más capacidad el de la mujer.

Existen claras diferencias de actividad metabólica neurológica entre el hombre y la mujer en al menos 17 zonas cerebrales. Ellas emplean a fondo la zona más evolucionada de nuestra sustancia gris, mientras que ellos emplean todavía para sus

Figura P.1.—La resistencia atlética constituye una variable en la que se diferencian los varones y las mujeres. El hecho de que en los deportes se hagan competiciones separadas para varones y para mujeres parece haberse pensado para que el nivel de competitividad se encuentre más equilibrado. Sin embargo, la situación actual no sugiere que en un futuro no se puedan celebrar competiciones con la concurrencia de deportistas de ambos sexos.

emociones la región del cerebro que ya se desarrolló en los animales en la prehistoria. Esto puede explicar por qué los hombres son más violentos, es decir, cometen la mayor parte de los asesinatos.

En los experimentos psicológicos, los varones tardan cuatro veces más que las mujeres en notar un signo de, por ejemplo, tristeza en la cara del interlocutor.

El objetivo general de estudiar las diferencias entre hombres y mujeres es llegar a mejorar la relación entre los sexos. Mujeres y hombres deben tener los mismos derechos, obligaciones y oportunidades en todos los campos significativos de la vida. Las acciones en pro de la igualdad, aunque sea a través de sus diferencias, buscan dar a cada individuo, independientemente de su sexo, de sus diferencias anatómicas y psíquicas, idéntico acceso a la educación y las mismas oportunidades para desarrollar sus ambiciones, intereses y talentos personales.»

Figura. P.2.—Los varones como *grupo humano* parecen ser más agresivos que las mujeres. Sin embargo, dentro de cada uno de estos dos grupos humanos existen grandes diferencias individuales, hasta tal punto que muchos científicos (incluido el autor de este manual) se han llegado a plantear que la pregunta sobre la agresividad, o cualquier otra característica psicológica, debería ser: *¿de qué hombre y de qué mujer en particular estamos hablando?*

Ted Bundy, uno de los grandes «serial killers» de la criminología contemporánea

En los siguientes párrafos se resume el caso de Ted Bundy, uno de los asesinos en serie más espectaculares de la historia de la criminología, en parte según un capítulo aparecido en una obra coordinada por el profesor Enrique Echeburúa sobre el tema genérico de las *personalidades violentas*.

«Ted Bundy es, probablemente, el psicópata en estado puro, y ha sido denominado el Picasso de los asesinos múltiples. Violó y mató posiblemente a 40 chicas jóvenes, aunque él presumía de haber logrado más de 100 víctimas, entre 1974 y 1978, a lo largo de diferentes estados de Estados Unidos y Canadá. Su última víctima tenía 12 años de edad.

Representa casi en estado de gracia las categorías de Hervey Cleckley y Robert Hare, dos de los investigadores más importantes de esta categoría diagnóstica:

— Inteligente: cociente intelectual de 124.
— Culto: estudios en Leyes y Psicología.
— Encantador: atraía a sus víctimas con todo tipo de engaños.

Según parece, al principio Bundy tenía que luchar con su conciencia para violar y asesinar a sus víctimas; pero pronto se convenció de que podía tratarlas como si fueran basura. También pensaba que podía dejar de matar en cuanto lo deseara, lo cual por los hechos conocidos no era cierto. Una y otra vez, la necesidad de tener control absoluto sobre sus víctimas se volvió todopoderosa. En el momento en que cometía cada violación, sentía que poseía a la víctima, como uno podría poseer una maceta, un cuadro o un Porsche. Así las poseía. Con todo, Ted Bundy tuvo un club de fans bastante numeroso y muy activo mientras duró su procesamiento. Finalmente, fue ejecutado en la silla eléctrica en enero de 1989.»

¡De tontos, nada! Actores y actrices de Hollywood poseen un nivel de inteligencia superior al normal

Éste es un resumen de un artículo corto aparecido en la revista del corazón *¡Hola!* en la que cuestiona una de las creencias sociales más extendidas: sí, de acuerdo, los actores son guapos y están fornidos, pero son bastante tontos.

«Es ya más que una costumbre considerar, o al menos sospechar, que las grandes bellezas del mundo del espectáculo poseen solamente eso, be-

Figura P.3.—*Izquierda:* Ted Bundy, probablemente el más peligroso asesino en serie de la historia de la criminología. *Derecha:* Una de las víctimas de Bundy (cortesía del FBI).

lleza, y muy poco cerebro. Y otro tanto ocurre con los actores, sobre todo con los que se han especializado en películas de violencia y músculos.

Es el caso, por ejemplo, de la guapísima Sharon Stone, la bomba cinematográfica de 1993, quien tiene nada menos que un cociente intelectual de 154 cuando 100 es la media normal. Otra bella mujer, la modelo Cindy Crawford, tiene 150, y en su caso está avalada por sus estudios de química en la Universidad de California. El actor James Woods, por su parte, es un verdadero genio, con un cociente intelectual de 180, diez puntos más que Sylvester Stallone, que tiene 170 y es considerado por muchos como un actor de mucho músculo y poco cerebro. A las pruebas nos remitimos. Son guapos, famosos y, en la mayoría de los casos, superinteligentes, bordeando la genialidad.»

Uno de los libros de este fin de siglo que tendrá mayores consecuencias sociales es el de los profesores Richard Herrnstein y Charles Murray The Bell Curve

El siguiente es un extracto literal de un artículo publicado en el periódico *El Mundo* (26 de febrero de 1995, firmado por Gonzalo Fernández de la Mora), sobre la polémica internacional suscitada por la obra *La curva en campana*, en la que se sostiene que la inteligencia, tal y como la miden los psicólogos de las diferencias individuales, constituye uno de los elementos clave a la hora de intentar explicar algunos de los problemas que acucian a la sociedad occidental actual.

«Como es sabido, la distribución de las poblaciones según su cociente intelectual se presenta como una curva en forma de campana donde el punto más alto representa a los que poseen un cociente intelectual de 100 y donde los extremos de la base representan, por un lado, a los minusdotados que poseen un cociente de 80 o menos, y por el otro, a los superdotados de 120 o más.

La tesis ambientalista de que la inteligencia es una facultad enteramente adquirida y no dependiente del código genético recibido ya es científicamente insostenible, aunque los marxistas y afines lo hayan sostenido hasta su autodesplome teórico y práctico en 1989, con la caída del muro de Berlín.

Los autores del libro llegan a numerosas deducciones:

Figura P.4.—Sharon Stone y Silvester Stallone constituyen dos buenos ejemplos de éxito social basado en la apariencia física, pero, según parece, también en la capacidad cognitiva.

— La decisión liberal del Congreso estadounidense (1971) de prohibir la selección de empleados mediante tests de inteligencia ha supuesto para el país un coste del orden de 80.000 millones de dolares sólo en 1980.
— La generalización de la competencia entre los que buscan empleo va estratificando a la sociedad norteamericana en función de la inteligencia, y los más inteligentes aumentan sus mutuos contactos, tienden a contraer matrimonio entre ellos, a concentrarse y aislarse del resto de los ciudadanos menos dotados intelectualmente.
— Las mujeres blancas situadas en el 5 por 100 más bajo de la escala de CI tienen 6 veces más probabilidades de tener un primer hijo ilegítimo que las situadas en el tramo del 5 por 100 superior.
— Tres cuartas partes de las mujeres blancas que viven de la seguridad social pertenecen al tramo de las menos inteligentes, mientras sólo un 5 por 100 figura entre las más inteligentes.
— Un alto CI parece ser un requisito para ser una buena madre. Los niños más fracasados se concentran en hogares con madres de escasa inteligencia.
— Los delincuentes tienen un CI inferior en 8 puntos a la media.
— Los asiáticos (chinos y japoneses) tienen un CI superior a la media norteamericana. Los blancos superan en tres puntos el CI medio de los afroamericanos.
— Elevar el CI es difícil. Ayudan una nutrición adecuada y el ejercicio mental; pero los programas escolares en favor de las minorías, como el famoso *Head Start,* no mejora la capacidad cognitiva de los sometidos a él y han arrojado resultados muy insatisfactorios.
— En 1990, sólo una centésima parte de los fondos educativos federales se destinaba a los superdotados, lo que impidió su pleno aprovechamiento social.
— Con el programa igualitario «Affirmative action» se ha logrado que haya más afroamericanos y más amerindios en las escuelas; pero también ha aumentado el número de estudiantes fracasados.

Figura P.5.—El estudio científico de las diferencias sociales, comúnmente denominadas diferencias étnicas, suele tener un impacto social muy importante. Sin embargo, las informaciones que se canalizan socialmente suelen estar basadas en malentendidos de muy distinta naturaleza. Como sucede con las diferencias entre varones y mujeres, las diferencias individuales dentro de la población de los blancos son mucho mayores que las diferencias grupales promedio entre los orientales, los blancos y los afroamericanos. Por tanto, la pregunta verdaderamente relevante sigue siendo: ¿de qué oriental, de qué blanco, o de qué afroamericano en particular estamos hablando? El individuo es mucho más importante que el grupo, pero el estudio de las diferencias entre grupos sociales puede ser relevante para la investigación científica, y, en su caso, para orientar algunas aplicaciones prácticas con repercusiones sociales. Por supuesto, esas posibles aplicaciones siempre deberán estar dirigidas hacia la mejora de los individuos particulares del grupo desfavorecido, independientemente de cuáles puedan ser las causas de las diferencias.

La previsión de futuro es que, a pesar de los equivocados planes de pedagogía igualitaria, en la competitiva sociedad norteamericana aumentará ese aislamiento de los más inteligentes, se confundirán los más inteligentes con los más ricos y triunfadores y se deteriorará la calidad de vida de las personas de menor inteligencia.

Esta tendencia estaba frenada en el pasado por el peso de los lazos familiares, el aislamiento local de los mercados de trabajo, la menor especialización laboral y otros factores sociales tradicionales. Pero cuanto más moderna es una sociedad,

Figura P.6.—Richard Herrnstein y Charles Murray publicaron en 1994 una obra que dio lugar a un gran escándalo. La tesis básica de la obra es que las diferencias intelectuales están actualmente siendo muy importantes para organizar la estructura de clases en los Estados Unidos, de modo más importante que el dinero o la familia. Las exigencias tecnológicas crecientes que están experimentando países desarrollados como Estados Unidos están haciendo crecer la importancia de las capacidades necesarias para adaptarse a esas exigencias. Una de las conclusiones de la obra es que sería necesario que las políticas sociales tuviesen en cuenta a la persona individual o al ciudadano en concreto, dejando a un lado su posible pertenencia a determinados grupos sociales. En julio de 1997, Charles Murray impartió una conferencia en la Universidad de Aahrus (Dinamarca) titulada «The Bell Curve three years later» en la que en esencia describió la ola de críticas desatadas por la obra y cómo, según él, en ninguna de ellas se hacía el mínimo esfuerzo por cuestionar los datos incluidos en la obra a la vez que se ignoraba su tesis central: el individuo y no los grupos sociales son la esencia de la generación de verdaderos sistemas democráticos. El seguimiento de este caso resultará muy ilustrativo para las personas interesadas por las relaciones entre ciencia e ideología... Existe una página en Internet en la que se puede encontrar mucha información al respecto.

mayor tiende a ser la estratificación entre los más inteligentes y los menos inteligentes y menor el intercambio entre ambos extremos.

Lo que los autores propugnan no es el fracasado y quimérico igualitarismo, sino crear una plaza para cada uno en función de su inteligencia, porque la mayoría de los efectos de la ideología igualitaria han sido malos. También defienden una reconstrucción del matrimonio como el único estatus legal, que el liberalismo económico sea complementado por una cierta redistribución a favor de los menos inteligentes, y la supresión de las medidas estatales que estimulen la natalidad de los sectores menos dotados intelectualmente.»

La obra concluye con esta sentencia: «La desigualdad de las capacidades individuales, incluida la inteligencia, es una realidad, y pretender que tal desigualdad no existe ha conducido a desastres. América debe prepararse para vivir con la desigualdad».

La forja de un monstruo

A continuación se exponen unos extractos literales de un artículo publicado por el diario *El País,* el 17 de marzo de 1996, sobre el horrible asesinato de varios niños cometido por un habitante de una pequeña ciudad de Gran Bretaña.

«El resentimiento convirtió a Thomas Hamilton en una bomba que explotó en la escuela de Dunblane. Los hechos que mediaron este proceso de transformación de un ser humano en un monstruo son difíciles de establecer. Forma parte de los más profundos y espantosos misterios de la naturaleza humana.

Según Michael, un ciudadano de Dunblane, "Hamilton tenía una voz chillona, era irascible cuando le llevaban la contraria. Aquí nos gusta mucho el tiro y él organizaba siempre los campamentos con prácticas de tiro. No es que abusara de nadie. Pero cuando nos enseñaba a disparar, a veces te agarraba de los brazos y cosas así".

Eso y su obsesión porque los chavales hicieran los ejercicios en pantalón corto, con el pecho desnudo, acabó por despertar la inquietud de la pequeña sociedad de Dunblane.

Nadie sabe muy bien lo que ocurrió aquel fin de semana de 1974, en Aviemore, una deprimente zona turística próxima a Dunblane. Pero hubo quejas de los padres contra el monitor de la asociación de Scouts que obligó a sus hijos a dormir ateridos en una caravana, cuando todos estaban convencidos de que habían sido reservadas habitaciones en un motel próximo. Ese monitor no era otro que un juvenil Thomas Hamilton. Robert Deuchars, de 65 años, era entonces responsable de los Scouts del distrito y vecino de Hamilton. Deuchars recibió algunas quejas y optó por echarle de la organización, sin saber que la medida destrozaría para siempre la seguridad y la autoestima de aquel joven y extraño monitor.

George Robertson había retirado del grupo a sus tres hijos pequeños, alumnos de la escuela primaria de Dunblane, disgustado por la insistencia del monitor en que hicieran los ejercicios con poca ropa. Dice que Hamilton le reprochó airadamente el gesto, que le abordó a la entrada de su casa y le recriminó su conducta.

En 1989, una vecina de Dunblane, Doreen Hagger, de 40 años, le denunció a la policía por conducta impropia con los niños. A su alrededor los chavales andaban semidesnudos, e incluso untaban crema solar es la espalda de Hamilton con total complacencia por su parte. "Un día me paró a la puerta de mi casa. Me dijo que sabía que había ido a la policía. Le contesté que era un pervertido y que no se le debía dejar al cuidado de los chicos. Entonces sacó una pistola y me amenazó con ella".

El miércoles 13 de marzo de 1996 decidió terminar con todo y con todos de la manera más brutal. En el gimnasio de la escuela primaria de Dunblane, su lugar predilecto, descargó la munición de sus cuatro pistolas semiautomáticas sobre las víctimas más inocentes que pudo encontrar y se reservó la última bala.

— A las 9.20 de la mañana, Hamilton entra en la escuela, camina por el pasillo principal y pasa por la sala de reuniones.
— Llega al gimnasio donde se imparte una clase de educación física. Hay 29 alumnos. Dispara sobre los colegiales. 15 niños y Gwenne Mayor, la profesora, mueren y 13 resultan heridos.
— Hamilton se dirige hacia una de las aulas del edificio, donde se reúne una clase con alumnos de 11 años de edad y dispara contra las ventanas.
— Regresa al gimnasio y se suicida. La venganza estaba cumplida.»

Javier, alumno español de 13 años en una escuela de integración

El siguiente es un diálogo entre un psicólogo escolar y un alumno de una escuela española a la que asisten estudiantes de otros grupos sociales minoritarios que viven actualmente en nuestro país. Aparece en el libro coordinado por la profesora María José Díaz Aguado titulado *Escuela y tolerancia*.

«Exp.: ¿Cómo son los chicos y chicas marroquíes?

Javier: A veces se encierran entre ellos mismos y sólo se aceptan entre ellos. A veces les dices que si puedes jugar y te dicen que no; sólo juegan entre ellos.

Exp.: ¿Los de tu clase también?

Javier: No, los de mi clase no.

Exp.: ¿Te gustaría que cambiaran en algo los chicos y chicas extranjeros?

Javier: No, bueno, alguno creo que piensa mal de los españoles. A veces son ellos más racistas que los españoles. Muchas veces a un amigo marroquí hay otro que le dice ¡vámonos! para no estar con españoles.»

Alto porcentaje de fracaso escolar

Éstos son algunos datos sobre el nivel de fracaso escolar en nuestras escuelas, aparecidos en un artículo del diario *El País* el 6 de julio de 1996. Por lo que parece, los científicos sociales podrían hacerse preguntas sobre esta cuestión.

«El pleno del Consejo Escolar del Estado aprobó ayer el informe del curso 94-95, el último año del antiguo sistema educativo, en el que se recoge la existencia de un alto porcentaje de fracaso escolar en los últimos cursos de la EGB, en la Formación Profesional y en el Bachillerato.

El Informe recoge que en el curso 94-95:

— Únicamente la mitad de los alumnos del actual bachillerato aprobó todas las asignaturas entre junio y septiembre.
— El 32 por 100 de los escolares de séptimo de EGB suspendió el curso.
— El COU fue aprobado sólo por el 70 por 100 de los alumnos.»

Horóscopo

A continuación aparecen tres ejemplos, obtenidos en el suplemento dominical del diario *El Mundo,* sobre el tipo de información recogida en los horóscopos que hacen furor entre la población general y a veces entre algunos estudiantes de Psicología.

— *Libra.* Ponga los pies en la tierra en los asuntos económicos porque se puede ver envuelto en un buen embrollo por falta de previsión o por un olvido. El trabajo o los estudios no le importarán lo más mínimo y se limitará a hacer lo imprescindible. Haga lo que quiera pero procure disimular un poco. Se mostrará muy romántico, y si se encuentra solo puede aparecer la persona de su vida. Si ya tiene compañía, contagiará a su pareja la pasión y el ardor y gozará de una semana inolvidable.
— *Escorpio.* Si se encuentra sin pareja, procure salir a divertirse durante el fin de semana

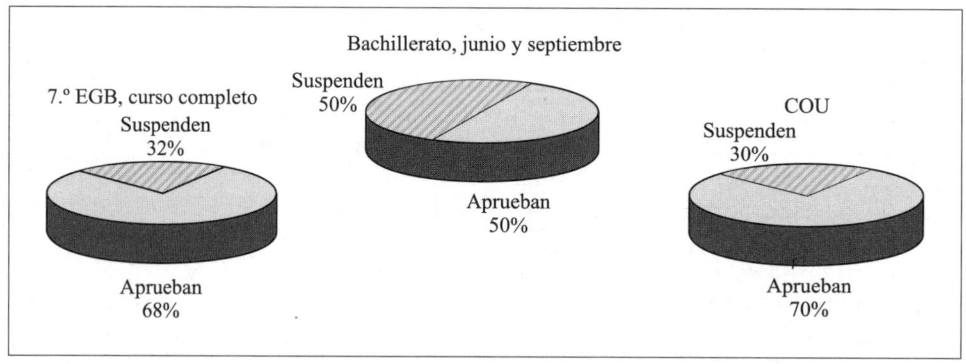

Figura P.7.—Representación gráfica de los porcentajes de fracaso escolar en España durante el curso 94-95. A la vista de estos datos estadísticos, parece que los científicos sociales podrían ayudar a pensar, junto con otros profesionales, en nuevos métodos educativos más efectivos para salvar la distancia entre lo que suele denominarse «buenos» y «malos» estudiantes. La constatación de las diferencias siempre debe servir para superarlas, siempre y cuando los organismos sociales correspondientes lo estimen oportuno. El fracaso escolar suele ser desadaptativo y, por tanto, corregible a partir de la acumulación sistemática de datos que ayuden a definir adecuadamente el problema, aunque esos datos puedan ser de entrada poco gratificantes.

porque puede conocer a una persona afín a sus gustos y aficiones. Las relaciones con sus jefes, o profesores, y compañeros serán inmejorables y sus grandes cualidades humanas serán puestas de manifiesto en numerosas ocasiones. Económicamente, muy bien. Es posible que le obsequien con un sobre o con algún tipo de incentivo como un viaje, un dichoso teléfono digital, etc.

— *Sagitario*. Sus asuntos laborales o de estudios marcharán bien pero no así los de su pareja, que puede estar pasando una mala racha. No se preocupe, es una situación pasajera. Si no tiene pareja, será una buena amistad. Dedique más tiempo a su familia y ponga en claro una serie de asuntos antes de que la relación termine por deteriorarse en el hogar. Si tiene niños a su cargo podrían darle un susto. Económicamente será una buena semana en la que gastará menos de los presupuestado.

Comentario sobre los casos

La transcripción de estos casos, aparecidos en su mayor parte en los medios de comunicación, puede servir para mostrar hasta qué punto puede ser relevante la presencia de las ciencias sociales. Las relaciones sociales no parecen constituir una materia sencilla y la constante presencia de prejuicios y estereotipos contribuye a empañar las percepciones que tenemos los unos de los otros. Estos estereotipos pueden no estar basados en la consideración objetiva de todos los hechos disponibles, pero desde luego son reales e influyen en las relaciones sociales.

La investigación científica de estos y otros muchos asuntos sociales podría ayudarnos a vernos a nosotros mismos y a los demás de un modo más objetivo, imparcial y justo. Posiblemente uno de los resultados más seguros de la investigación debería ser que, sean o no acertados los estereotipos sociales en mayor o menor grado, nunca deberían ser usados para calificar a un individuo por el hecho de incluirse en alguno de los muchos grupos estereotipados que usamos diaria y prácticamente de un modo automático.

Estos estereotipos no provienen de la ciencia, aunque la investigación pueda estudiarlos de un modo sistemático. Así por ejemplo, si la gente dispone del estereotipo de que los viejos ya no sirven para nada, actuará en consecuencia. Si la investigación encuentra que existen grandes diferencias individuales dentro del grupo humano que denominamos viejos, y estudia en qué consisten esas diferencias, posiblemente encuentre que, por un lado, hay viejos con más problemas funcionales que otros, y, por otro lado, que esos problemas en ningún caso justifican el estereotipo categórico de que los viejos carecen de habilidades funcionales. Negar que pueden existir algunos problemas funcionales posiblemente ayudará poco a que los viejos puedan llevar una vida mejor. Pero actuar bajo el estereotipo de que los problemas funcionales equivalen a una inutilidad práctica, constituye una generalización infundada.

En los siguientes apartados del prólogo se presenta el campo de acción del enfoque de las diferencias individuales, tanto en la investigación psicológica como en sus aplicaciones prácticas. La investigación científica avanza a partir de la formulación de preguntas y el desarrollo de métodos objetivos destinados a alcanzar respuestas contrastables. Las aplicaciones que se derivan de los estudios básicos suelen estar inspiradas por preguntas que la sociedad formula a los científicos. Por tanto, la investigación y la tecnología son, en buena medida, un resultado de las preguntas, los métodos y las respuestas.

2. LAS DIFERENCIAS INDIVIDUALES EN LA PRÁCTICA

La psicología de las diferencias individuales es una disciplina científica práctica. En esto no se diferencia nada de otras ciencias como la física, la química o la biología, ciencias en las que se realizan investigaciones sistemáticas de las que, de cuando en cuando, se derivan aplicaciones que nos pueden ayudar a mejorar nuestra calidad de vida. Esto supone dos cosas. Primero, lograr conocimientos científicos. Y, segundo, comprobar si son útiles en la vida cotidiana.

La ciencia avanza formulando preguntas, anticipando posibles explicaciones y usando métodos objetivos que puedan reunir datos para apoyar o rechazar las predicciones o los pronósticos incluidos en las hipótesis. Si se han colado sutilmente los estereotipos sociales de los científicos en la formulación de esas hipótesis alternativas, serán el uso del método científico y el cuidadoso análisis realizado por los miembros de la comunidad científica de los resultados encontrados, los encargados de separar los hechos de las opiniones.

2.1. Investigación y pronóstico social

La investigación básica de las diferencias individuales ha producido una serie de *métodos o instrumentos de medida* que permiten estimar, de un modo bastante objetivo, determinadas capacidades o propiedades de personalidad que intervienen en las actividades que realizamos los seres humanos diariamente.

De este modo, podemos suponer que un controlador aéreo debe estar muy atento a la correspondiente pantalla de control. En esa pantalla aparecen símbolos que representan a los aviones que debe supervisar y, simultáneamente, el controlador recibe información a través de unos auriculares, tanto de sus compañeros de tierra como desde las cabinas de los aviones.

El controlador debe estar muy atento a toda esta información y coordinarla de un modo adecuado para poder tomar las decisiones más óptimas.

En principio, se podría suponer que ésta es una tarea intelectualmente exigente y poco más. Si el controlador debe supervisar visualmente los símbolos que aparecen en la pantalla y coordinarla con la información verbal que recibe a través de los auriculares, serán solamente capacidades intelectuales básicas las que influirán en un rendimiento óptimo o con errores.

En nuestros laboratorios podemos comprobar si las diferencias individuales en las capacidades que suponemos importantes influyen en la eficacia con que la persona desarrolla su trabajo. Nuestra investigación consistiría en tratar de medir las dos capacidades intelectuales básicas que parecen ser importantes para desempeñar eficientemente el trabajo.

Para poder realizar esta medición, los investigadores *diseñamos una serie de tareas,* habitualmente denominadas tests, que podrían consistir en este caso en frases cada vez más complejas que la persona debe comprender e interpretar, en frases de carácter ambiguo, en frases que incluyan negaciones o frases que se deben construir a partir de una serie de indicadores parciales. Todas estas tareas nos permitirían estimar las diferencias individuales en la capacidad verbal de nuestros controladores. Y la predicción o suposición que intentaríamos confirmar es si las diferencias indivi-

Figura P.8.—*Izquierda:* Controladores aéreos realizando su importante trabajo. *Derecha:* Los pilotos mantienen contacto con el centro desde la cabina del avión duales en esas tareas que nosotros hemos diseñado se relacionan con las diferencias individuales al comprender correctamente, es decir, sin errores, los mensajes habituales que el controlador debe interpretar a veces bajo situaciones verdaderamente dramáticas de tensión, como, por ejemplo, cuando se prevé una colisión en el aire y deben tomarse medidas en pocos segundos para que el avión corrija su rumbo de inmediato[1].

Pero también deberíamos diseñar una serie de tareas para tratar de estimar o medir las diferencias individuales en la capacidad para interpretar mensajes simbólicos, parecidos a las señales que aparecen en la pantalla del controlador. Algunas de estas tareas podrían consistir en figuras que se deben rotar hasta hacerlas coincidir con una figura que sirve de modelo, figuras aparentemente idénticas de las que sólo una de ellas es distinta, o figuras desplegadas que la persona debe plegar mentalmente para poder compararla con una figura de modelo situada al lado o que haya tenido que memorizar. Al igual que antes, trataremos de confirmar nuestra hipótesis de que las diferencias individuales en las tareas o tests que nosotros hemos desarrollado se relacionan con las diferencias individuales en la habilidad para interpretar con precisión los símbolos que aparecen en la pantalla del controlador aéreo.

Figura P.9.—En ocasiones, un avión debe regresar a casa en condiciones de gran tensión. Pero otras veces, como representa la imagen, las cosas van rodadas.

Cuando encontremos que, en efecto, hay una relación entre las diferencias individuales que hemos medido a través de las tareas que nosotros hemos diseñado y las diferencias individuales en la tarea real o simulada de control aéreo, podremos concluir que *nuestras tareas nos permiten predecir* o aventurar, con un determinado margen de error, qué personas tendrán un rendimiento óptimo al entrenarlas en la difícil e intelectualmente exigente tarea de control aéreo.

Pero no terminaría aquí nuestro estudio. A pesar de que la persona disponga de unas capacidades óptimas, podría realizar con poca eficacia la tarea de control aéreo en situaciones reales. ¿Por qué?

Sencillamente porque además de esas capacidades básicas, la persona también tiene un *temperamento*. Es decir, la persona puede, por ejemplo, ser extremadamente extrovertida. ¿Qué tipo de conductas caracterizan a la persona extrovertida? Por las investigaciones realizadas hasta ahora, parece que la persona extrovertida tiende a distraerse con facilidad. Pero el controlador aéreo debe prestar una atención sostenida o detenida a la pantalla de control. En otras palabras, no puede distraerse.

Para confirmar la hipótesis que esta relación sugiere, volvemos a nuestro laboratorio y comprobamos si las diferencias individuales en extroversión, que podemos medir de un modo bastante objetivo sirviéndonos de ciertas escalas y cuestionarios o de algunos experimentos psicofisiológicos, se relacionan con las diferencias individuales en las tareas simuladas de control aéreo. Caso de encontrar una respuesta positiva, llegaríamos a la consecuencia de que las diferencias individuales en extroversión predicen o nos sirven para anticipar un rendimiento óptimo o con errores en las tareas usuales de control aéreo.

En resumen, la investigación básica de las diferencias individuales puede llevar a algún tipo de aplicación práctica, es decir, puede llegar a tener un impacto social en los asuntos humanos que generalmente nos preocupan como ciudadanos.

[1] El 12 de noviembre de 1996 dos aviones colisionaron en pleno vuelo en el sur de Asia, situación que resulta muy poco probable en el ambiente en tres dimensiones del vuelo normal.

Figura P.10.—El controlador aéreo no puede distraerse, pero perder la atención es demasiado fácil cuando se reciben todo tipo de mensajes simultáneamente. Por eso, hay que poner a prueba la habilidad del controlador para adaptarse a distintas situaciones.

2.2. El uso social de la investigación científica

Habitualmente se sostiene que los conocimientos científicos deben emplearse constructivamente para mejorar nuestra calidad de vida; nadie discute que los avances de la ciencia deben aplicarse a la mejora de la salud en su sentido más amplio. Sin embargo, los conocimientos científicos que se derivan de la investigación psicológica no siempre resultan bien acogidos e incluso comprendidos en un primer momento.

De hecho, los investigadores de las diferencias individuales se encuentran en ocasiones en situaciones similares a las de los físicos nucleares. La gente supone que los avances nucleares son importantes, pero siempre se matiza que los conocimientos científicos que esos avances brindan deben emplearse adecuadamente. En la medida de lo posible, deberían evitarse, por ejemplo, las aplicaciones bélicas. Con los conocidos importantes matices al respecto, se siguen financiando las investigaciones nucleares.

El *ideal igualitario* impuesto prácticamente a nivel mundial en los años sesenta supuso un serio revés al uso de las aplicaciones prácticas derivadas de la investigación básica de las diferencias individuales. *¿Qué sentido tiene estudiar las diferencias humanas, si todos las personas son iguales?*

Evidentemente, la pregunta está planteada desde una óptica inadecuada. La misma idea de democracia aceptada por una buena parte de las

Figura P.11.—Hoy día los habitantes de Hiroshima realizan un simulacro de cómo quedaron las calles tras la barbarie del *Enola Gay* durante la Segunda Guerra Mundial. La energía nuclear puede ser mal usada, pero su mal uso no es responsabilidad de la energía nuclear, sino de los seres humanos.

sociedades se basa en el supuesto básico de que todos nosotros debemos ser tratados igual ante la ley, sin distinción de clase, raza, sexo o cualquier otra variable. Que se sepa, ningún científico social ha puesto en duda esta premisa básica de nuestra sociedad.

Sin embargo, ser iguales ante la ley no significa que las personas sean iguales en sus vidas. Según parece, lo que una sociedad democrática debe garantizar es que, a pesar de estas diferencias, todos los ciudadanos sean tratados equitativamente ante la ley y tengan exactamente los mismos derechos. Sólo los sistemas totalitarios ignoran y destruyen las diferencias humanas.

Así lo declara el Informe Mundial sobre Desarrollo Humano de la ONU de 1990: «Los individuos son la verdadera riqueza de una nación. El desarrollo humano es un proceso que conduce a la ampliación de las posibilidades ofrecidas a cada uno. Numerosos países estiman que un indicador sobre desarrollo humano descompuesto (por región, por sexo, por grupo étnico, por categorías de rentas, etc.) les ofrece una mejor oportunidad de estudiar el componente humano de sus sociedades respectivas, de detectar los aspectos y zonas que necesitan la atención de los decisores y el llevar adelante las acciones adaptadas al caso».

El mundo de la jurisprudencia constituye un buen ejemplo de cómo se pueden y deben respetar las diferencias humanas, a la vez que se cumple con las leyes sociales pactadas y convenidas por los ciudadanos.

De este modo, una persona puede ser penalmente responsable de sus actos o no serlo. Si un niño de 12 años asesina a su hermano de 28 años, no cumplirá la condena prevista para los casos de homicidio en primer grado. Si una persona con retraso mental se escapa de su casa y roba en un supermercado, no será llevada a un centro penitenciario. Pero, ¿no deben ser tratados todos los seres humanos *del mismo modo* ante la ley? La respuesta parece ser negativa.

Los investigadores (pero no sólo ellos) han sostenido de modo reiterado que la sociedad debería disponer de medios para ser utilizados en casos como los señalados y garantizar que nuestras decisiones son lo más acertadas posible. Los jueces y los jurados deben estudiar sus casos a partir de una información veraz. Pero una opinión no tiene por qué ser veraz. El uso de medios objetivos para recabar información relevante parece mejorar las garantías de veracidad de las conclusiones alcanzadas. Pero sólo se puede llegar a desarrollar medios objetivos de recabar información psicológica, o sobre el comportamiento humano, a través de una investigación previa. Si así es, *¿por qué mirar con recelo social la investigación de las diferencias individuales?*

Como ha escrito la profesora Sandra Scarr (1988), en contra de lo que muchas veces se ha creído, la confusión entre la realidad que nos gustaría y la realidad tangible ayuda bastante poco a lograr una armónica y fraternal vida en sociedad. ¿Por qué ignorar que los chavales que viven en zonas urbanas deprimidas tienen un mayor índice de fracaso escolar que los chavales de zonas residenciales de clase media-alta? Ésa es la realidad tangible, aunque la realidad que nos gustaría sería que no existiesen estas diferencias. Sin embargo, ignorar y no estudiar las posibles causas de esas diferencias, de un modo sistemático, no ayuda a que esos chavales alcancen la realidad que a ellos mismos les gustaría (Scarr, 1988).

En resumen, según parece, sólo los sistemas políticos democráticos están preparados para, en la misma medida, respetar las diferencias individuales y el principio de igualdad de oportunidades y derechos. Pudiera suceder que el reto estuviese en garantizar la igualdad de oportunidades para seres humanos distintos. Desde luego, sólo con dificultad se puede garantizar la igualdad de oportunidades suponiendo una igualdad psicológica que pudiera no corresponderse con las evidencias disponibles en un determinado momento y contexto cultural.

3. LA INVESTIGACIÓN BÁSICA DE LAS DIFERENCIAS INDIVIDUALES

Se ha visto de qué manera la investigación básica de las diferencias individuales puede producir resultados con una aplicación práctica en ciertos asuntos humanos. Pero, evidentemente, los investigadores deben decidir sobre qué tipo de cuestiones o temas trabajarán.

Muchos han sido los temas que se han ido estudiando desde el comienzo de esta disciplina científica, pero quizá el que destaca por encima de todos ellos sea el de la *inteligencia y las capacidades cognitivas*.

La inteligencia parece ser una de las características humanas más valoradas por las sociedades del planeta. A la vez, y quizá como consecuencia de la importancia que se le atribuye, es un tema que suele destapar variadas polémicas.

Dos de los casos con los que se ha iniciado este prólogo están orientados hacia la problemática de las capacidades. Uno de ellos rompe la corriente usual de comentarios sobre la inteligencia de los actores del mundo de Hollywood.

El otro, bastante menos anecdótico, se refiere a la importancia creciente que parece estar adquiriendo la inteligencia de las personas en nuestra sociedad crecientemente tecnológica. Y, en concreto, cuál podría ser el efecto de las diferencias intelectuales en el proceso de adaptación que corre parejo al desarrollo social de cualquier individuo en particular.

Sin lugar a dudas, la inteligencia es algo que preocupa a la sociedad. Esto no quiere decir que sea ésta la única razón por la que los investigadores le han prestado tanta atención. Pero sí indica que, en alguna medida, el análisis científico de las diferencias individuales proviene de la observación del comportamiento cotidiano de los seres humanos: algunos individuos parecen ser más capaces intelectualmente que otros, al menos para realizar determinadas actividades.

Sería difícil encontrar argumentos, hechos o datos que rechazasen esta observación. Otra cosa es cómo se traten de explicar científicamente estas diferencias intelectuales. Y es precisamente aquí donde nos encontramos algunos de los debates, entre los que destaca el de si esas diferencias son un producto de la herencia o de las distintas influencias ambientales y culturales a las que se ven sometidas la personas.

Preguntas de este tipo, así como las respuestas a las que se va llegando paulatinamente a través de determinados programas de investigación, son las que han suscitado y suscitan debates, no sólo en el puro ámbito de la investigación científica rigurosa, sino también en algunos medios de comunicación. A veces se da por hecho que determinadas respuestas pueden ser socialmente peligrosas, como, por ejemplo, que las diferencias intelectuales se puedan atribuir, en alguna medida, a la herencia recibida de los padres.

Pero hay muchos otros temas que tienen un gran impacto social y que han sido estudiados por los investigadores de las diferencias individuales.

De esta manera, a menudo algunos científicos sociales debaten sobre el desarrollo de métodos de tratamiento de delincuentes peligrosos que, en principio, puedan resultar poco éticos. Según parece, el método del castigo no funciona adecuadamente. Es decir, detener al delincuente peligroso y encerrarlo durante 40 años no parece tener ningún efecto en la modificación de su conducta antisocial.

Al inicio de este prólogo se ha visto brevemente el caso de un psicópata peligroso: Ted Bundy. El psicópata es una persona que manifiesta un grave problema afectivo o, si se prefiere, un grave trastorno de la personalidad. Sin embargo, mantiene más o menos intacta su capacidad intelectual.

Por consiguiente, en este caso parece existir una relativa independencia entre las capacidades intelectuales y las propiedades de la personalidad humana.

Algunos autores han sostenido que personajes como Ted Bundy existen porque la sociedad no ha logrado cumplir uno de sus objetivos primordiales, es decir, darle a esa persona las adecuadas oportunidades para conducirse de un modo socialmente adaptado.

Sin embargo, a la psicología de las diferencias individuales le resultaría complicado apoyar una explicación lineal de este tipo. Un psicópata es legalmente responsable de sus actos como persona individual que es, aunque en la explicación de lo que hace deban considerarse inexcusablemente esas variables socioambientales. Pero como ha escrito el profesor David Lykken (1995), el hecho es

Figura P.12.—Los seres humanos somos distintos, ¡pero no demasiado diferentes! Las semejanzas son bastante más notables que las diferencias.

que parece haber muchas personas sometidas a similares condiciones sociales que, sin embargo, no desarrollan el comportamiento psicopático de Ted Bundy. Por tanto, pudieran existir otras variables propias de la persona que contribuyen de modo relevante a su comportamiento criminal socialmente peligroso (Lykken, 1995).

Esto no quiere decir, en absoluto, que determinados patrones de relación social no sean relevantes. Pero parece ser que no es la influencia social en sí misma el elemento que ejerce una influencia directa en el comportamiento de la persona, sino que es la experiencia que la persona tenga de esa situación social el componente más importante. A través de apreciaciones como ésta sacamos la conclusión, aparentemente relevante, de que términos como *ambiente* o *contexto* pueden no tener un verdadero sentido psicológico por sí mismos. Parece ser más ajustado a las evidencias disponibles referirse a *la experiencia que la persona tiene de su ambiente*.

Éstos son los dos grandes temas que han ocupado hasta el momento a los investigadores de las diferencias individuales: la inteligencia y la personalidad.

Pendiendo de estos dos grandes temas existen, además, otras muchas cuestiones que son de indudable interés práctico. ¿Hay alguna diferencia de *calidad* entre las personas habitualmente consideradas normales y anormales? Es decir, ¿son las diferencias individuales normales y anormales algo completamente distinto? Por lo que sabemos hasta ahora, la respuesta es negativa. Según Michael Eysenck (1994), la psicopatología no es nada más (ni nada menos) que una exageración de las diferencias individuales normales.

La cuestión de qué es normal y qué es anormal, psicológicamente hablando, siempre ha sido un tema controvertido. Por el momento, puede ser suficiente comentar que el comportamiento anormal en un determinado contexto social cae *estadísticamente* fuera de ciertos márgenes sociales convenidos. Dicho de otro modo, serán diferencias individuales anormales las que se desvíen un determinado grado de las normas sociales convenidas o de las conductas permitidas en una determinada población humana. Evidentemente, las cosas no son tan sencillas, pero este criterio parece ayudar al logro de un significativo grado de objetividad en decisiones con gran impacto social. ¿Es esto totalmente objetivo? Probablemente no, pero desde luego parece un método más ajustado que la intuición o la experiencia personal del juez o del terapeuta.

Los procedimientos y métodos que desarrollan los científicos para explorar las diferencias individuales normales en inteligencia y personalidad, parecen ser útiles para comprender las diferencias individuales anormales. Y, por supuesto, la inversa también es correcta: el tipo de métodos y procedimientos que los psicólogos desarrollan para tratar de comprender las diferencias individuales anormales parecen ser relevantes para entender, de un modo científico, las diferencias individuales normales.

Pero hay más: *¿cómo se trata a las personas?,* ¿qué tipo de procedimientos terapéuticos se pueden desarrollar para hacer variar la posición de una persona en determinado comportamiento o característica psicológica que aparentemente le ha llevado a manifestar una escasa adaptación social?

Supongamos que se desea tratar a una persona drogodependiente. Es frecuente la explicación de que la causa principal de que una persona se convierta en drogodependiente es el tipo de cultura en la que se ha criado. Así por ejemplo, vivir en zonas deprimidas de una gran ciudad, tener grandes dificultades para encontrar un puesto de trabajo o ser maltratado en la infancia, suelen tomarse como influencias directas en el consumo de sustancias psicoactivas.

No obstante, cuando los psicólogos investigan este tipo de problemas usan un punto de vista algo distinto. Evidentemente, esta perspectiva alternativa no supone rechazar que variables como las comentadas puedan ser relevantes. No obstante, pueden existir algunas *variables personales* importantes para responder a la pregunta de por qué algunas personas consumen ese tipo de sustancias y, sin embargo, otras personas que han pasado por similares situaciones vitales no son consumidoras habituales de drogas.

Por lo que ya se ha comentado, siendo muy importantes las variables ambientales a las que una persona se ve expuesta, probablemente el punto esencial sea cómo la persona se enfrenta a las mismas, es decir, la experiencia que la persona tenga de ellas y no tanto las situaciones en sí mismas.

En algunos estudios se ha considerado que el autocontrol que la persona tenga será una propiedad psicológica clave para evitar o huir del consumo de esas sustancias, por mucho que las condiciones ambientales puedan ser en sí mismas facilitadoras de ese tipo de conductas adictivas.

El mensaje importante es, por tanto, que las propiedades personales características de un determinado individuo pueden ser decisivas para realizar o evitar ciertos comportamientos. Más aún, la personalidad de un individuo puede convertirse en el elemento esencial que ayude a explicar su comportamiento en distintas situaciones y ocasiones.

Un ejemplo especialmente impresionante que prueba en alguna medida esta afirmación tiene que ver con los pacientes con dobles o múltiples personalidades. En el apasionante y, por supuesto, complejo mundo de la psicopatología, se ha detectado un trastorno de la personalidad denominado frecuentemente «personalidad múltiple». La característica básica de este trastorno psicopatológico es que el comportamiento del paciente está totalmente controlado por la personalidad activada en una determinada ocasión o situación. No es la situación o la ocasión, sino la personalidad activada por esas situaciones, la que parece dictar el tipo de comportamientos del paciente.

Lo que esto significa es que cuando se lleve a cabo una terapia psicológica, uno de los elementos esenciales será la capacitación profesional para modificar el tipo de disposiciones personales que parecen llevar al paciente a realizar conductas poco adaptativas. No tendrá demasiado sentido, por tanto, sostener que el elemento clave de la terapia psicológica consiste en modificar comportamientos concretos. El conocimiento que será de utilidad es el de qué tipo de comportamientos deben modificarse a través de la terapia para variar las disposiciones de la personalidad del paciente.

Fracasar al modificar las propiedades de personalidad del paciente pueden conducir a que la terapia sólo tenga un éxito aparente, y, por supuesto, a muy corto plazo. Es relativamente fácil y rápido modificar algunas conductas, pero demostrar que se ha logrado modificar la personalidad del paciente puede resultar algo más espinoso (Seligman, 1995).

En cualquier caso, pudiera suceder que sólo modificando la personalidad del paciente se tengan ciertas garantías de que la intervención psicológica será, a la larga, efectiva, reconvirtiendo su inadaptación social: la personalidad parece ser el elemento psicológico que influye en casi todas las conductas de la persona.

Si habitualmente identificamos a una persona como Juan Antonio o Marisa es porque su comportamiento es consistente y relativamente estable a lo largo del tiempo y en distintas situaciones. Gracias a esta estabilidad y consistencia podemos llegar a averiguar si Juan Antonio es agresivo, introvertido o estable emocionalmente, mientras que Marisa es cordial, extrovertida y emocionalmente inestable.

Por consiguiente, se puede decir que una persona introvertida suele ser tranquila, retraída, introspectiva, más amiga de libros que de personas, reservada, distante, previsora o desconfiada de los impulsos del momento. Este tipo de observaciones llevan habitualmente a sostener que el comportamiento humano es relativamente pronosticable o predictible, porque se puede anticipar.

Como escribió el profesor Hans Eysenck (1996), el comportamiento humano es bastante más predecible que el comportamiento del motor de un autobús. Será mucho más difícil que un autobús llegue con retraso porque el conductor se haya parado en medio del viaje a recoger margaritas en el campo, que porque el motor del autobús se haya averiado.

Sin embargo, suele ser difícil asumir que el comportamiento humano es, de hecho, bastante predecible. La idea de que el comportamiento se puede predecir científicamente, suele ser poco atractiva. Se prefiere la afirmación de que cada persona es un mundo y que no hay ciencia que pueda decir que es extrovertida, emocionalmente inestable y bastante dependiente, y que, por tanto, es una persona predictible.

Sin embargo, esa misma persona que rechaza la idea de que la ciencia pueda ser capaz de predecir el comportamiento, consulta cada semana el horóscopo del dominical para saber cómo le va a ir. Asimismo, le pregunta a su médico si la receta que le acaba de dar va a conseguir hacer remitir su enfermedad en pocos días.

Obsérvese que tanto en el caso del horóscopo como en el del médico, la causa del comportamiento de la persona no está, por decirlo de algún modo, en él mismo. Si la semana no va como a él le hubiese gustado, siempre puede echarle la culpa a los planetas o a lo caprichosos que son los alquimistas que escriben en las revistas en las que se publican los horóscopos. En igual medida, que su enfermedad remita depende del medicamento o de la habilidad del doctor para diagnosticar con precisión qué tipo de agente patógeno le está obligando a guardar cama.

En resumen, parece haber una estrecha relación entre la persona y su comportamiento. Puede tener poco sentido estudiar el comportamiento en sí mismo, y el gran reto de la psicología puede estar en averiguar cómo es la persona a través del análisis científico de sus conductas. Conociendo cómo es la persona se puede comprender su comportamiento y modificarlo con éxito para influir en la propia persona a través de las técnicas habituales de la intervención psicológica. Esto exige disponer de unos medios fiables para explorar la personalidad y para realizar intervenciones psicológicas que puedan modificar a la persona en sí, no sólo su comportamiento.

4. LAS DIFERENCIAS INDIVIDUALES EN LA PSICOLOGÍA CIENTÍFICA

La psicología es una disciplina científica que ha compartido gran parte de su recorrido con la filosofía. Hasta cierto punto, esta relación es lógica.

La psicología trata, entre otras cosas, de averiguar cómo piensa la gente, cómo razona, cómo argumenta, qué tipo de valores le son propios o cuáles son sus actitudes hacia determinados asuntos humanos como la guerra, la violencia, la sexualidad, las relaciones afectivas o la muerte. Éstas también han sido cuestiones que la filosofía ha tratado de explicar a través de argumentaciones más o menos brillantes.

Sin embargo, la psicología, en líneas generales, ha procurado demostrar sus suposiciones a través de la comprobación empírica. Así por ejemplo, se puede suponer que los niños no son capaces de razonar inductivamente con precisión sobre materias no familiares como, por ejemplo, figuras sin sentido. Ante esta suposición, un filósofo argumentará sobre el porqué de la misma, usando, en el mejor de los casos, observaciones incidentales. Un psicólogo científico, en cambio, diseñará una serie de condiciones observables, que cualquier otro colega podría utilizar si lo estimase oportuno para demostrar que la suposición es acertada.

De esta manera, se seleccionarán niños de distintas edades, se diseñará una serie suficientemente amplia de tareas o problemas de razonamiento inductivo, tanto con material familiar como no familiar, se prepararán unas condiciones estándar para que todos los niños pasen por ellas y se hará explícito el procedimiento a seguir para hacer la correspondiente investigación. Los resultados específicos que se obtengan se someterán a su vez a una serie de análisis estadísticos que ayudarán a decidir objetivamente el grado de corrección o incorrección de la suposición original.

Si encontrásemos que estamos en lo correcto, apoyaríamos la tesis de que los niños, antes de la adolescencia, no parecen capaces de razonar inductivamente con material no familiar. El principio que habríamos demostrado nos sería de utilidad a la hora de construir una teoría psicológica sobre el razonamiento humano. Pero también podría tener implicaciones prácticas. Así, si estamos interesados en enseñar a los niños a razonar inductivamente, sin esperar a que llegue la adolescencia, podrían ensayarse métodos basados en material familiar que fuesen aumentando paulatinamente la presencia de material no familiar.

Ésta es, de manera muy simplificada, la manera de proceder de la psicología científica. Visiblemente, es esta cuestión de procedimiento la que diferencia a la psicología de la filosofía. Sin embargo, también hay psicologías que no emplean este procedimiento de comprobación empírica de suposiciones o hipótesis.

Así, determinadas corrientes del psicoanálisis, la fenomenología, la psicología existencial, la psicología transaccional y ciertas psicologías basadas en la comparación de cómo operan la mente humana y los ordenadores, no consideran relevante estudiar científicamente el comportamiento de los seres humanos en condiciones de riguroso control experimental.

La psicología ha sido bastante tolerante con esta paradójica situación. Las *psicologías* denominadas *de sillón* y las *psicologías de laboratorio* han logrado convivir de un modo relativamente pacífico. De este modo, la percepción social es que los asuntos psicológicos están relacionados con ambos enfoques.

Las pruebas parecen apoyar lo que se está comentando. Las personas sin formación psicológica conocen, fundamentalmente, dos cosas de la psicología: los tests y el psicoanálisis. Sin embargo, cualquier estudiante de psicología sabe que no hay cosas tan distintas como un test y un psicoanálisis. El primero constituye un procedimiento científico riguroso para recoger información sobre el comportamiento de las personas, mientras que el segundo es una terapia dirigida a encontrar, de un modo bastante intuitivo y a través del intercambio de palabras entre el terapeuta y el paciente, el origen de la neurosis en los lugares más recónditos del inconsciente del segundo.

Vaya por delante que no se está tratando de afirmar que las psicologías científicas sean superiores o atesoren una mayor calidad que las psicologías no-científicas. Sencillamente, son dos maneras distintas de intentar comprender a los seres humanos. Sin embargo, lo que sí se está afirmando es que resulta erróneo confundirlas o compararlas directamente.

En este manual se va a estudiar exclusivamente una serie de temas y métodos que se refieren a una de las perspectivas científicas hoy existentes para comprender el comportamiento humano. Esto significa que se recurrirá sólo a aquellos estudios, teorías o metodologías que sigan las normas básicas de cualquier disciplina científica. La omisión de otros enfoques no-científicos que pueden estar

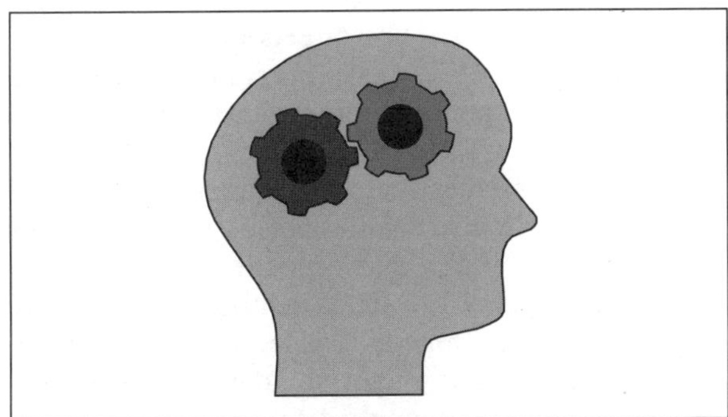

Figura P.13.—Uno de los dos enfoques científicos de la psicología estudia la mente humana y su origen está ligado a la filosofía. No se interesa, por tanto, por las diferencias entre individuos. Este enfoque ha sido estudiado en diversos manuales, de modo que aquí no se van a revisar sus características.

interesados en los mismos temas es, por tanto, intencionada.

Dentro de los enfoques o perspectivas científicas dirigidas a explorar el comportamiento humano, se pueden encontrar básicamente dos. El primero de ellos guarda una similitud importante con los primeros intentos filosóficos de comprender la mente humana. Su principal objetivo es averiguar qué es la mente humana, buscando leyes universales que puedan explicar determinados temas de marcado interés psicológico, como la memoria, el razonamiento o el pensamiento. Puesto que hay bastantes manuales que dedican su atención a este enfoque científico de la psicología, declinamos aquí cualquier explicación adicional.

El segundo enfoque no se relaciona con los intentos filosóficos previos, sino que está directamente relacionado con los descubrimientos biológicos y médicos del siglo XIX fundamentalmente.

El principal hito internacional del desarrollo de este segundo enfoque fue *la teoría de la evolución de Charles Darwin*. Una de las tesis fundamentales de la teoría de la evolución es que el proceso de la selección natural resulta posible gracias a las diferencias individuales naturales que existen entre los miembros de una determinada especie.

Sobre esta sencilla idea se fragua el interés por el estudio científico de las diferencias psicológicas, bajo el difícilmente rechazable supuesto de que si hay diferencias físicas entre los miembros de la especie humana, también habrá sustanciales diferencias psicológicas entre ellos. De hecho, y en contra de algunos supuestos filosóficos básicos, puede tener poco sentido distinguir tajantemente entre las propiedades físicas y psicológicas en el caso de los seres humanos.

Es este segundo enfoque psicológico, habitualmente denominado psicología de las diferencias individuales, el que se va a describir en este manual, según la estructura y el planteamiento que se expone en el siguiente apartado.

5. PLAN DEL MANUAL

Este manual se compone de cinco bloques temáticos (partes). Su meta principal es que el estudiante aprenda a pensar como un psicólogo de las diferencias individuales. De este modo, no se trata de describir un gran número de contenidos y conocimientos, sino de preparar al estudiante para plantear preguntas y sugerir respuestas sobre los principales temas explorados desde este enfoque psicológico.

En cada uno de los cinco bloques temáticos se resumen los contenidos básicos antes y después. Además, cada uno de los epígrafes temáticos que se incluyen en los bloques más generales están siempre presentados y resumidos convenientemente. En el programa informático que acompaña al manual, el estudiante encontrará un buen número de preguntas sobre cada uno de los bloques temáticos, así como una explicación del porqué de la corrección o no de la alternativa de respuesta seleccionada en cada caso.

¿Por qué cinco bloques temáticos? Se ha considerado que es más sencillo exponer y comprender los contenidos básicos de la disciplina a partir de un número de bloques de información que facilite su comparación simultánea. Cada uno de los bloques temáticos corresponde a contenidos claramente diferenciados entre sí, aunque evidentemente relacionados. Esto permitió descartar una estructuración del manual en una gran cantidad de pequeños capítulos que dificultase la integración de conocimientos.

¿Por qué un resumen al comenzar y al terminar cada epígrafe y cada bloque temático? Generalmente suele ser una buena estrategia didáctica exponer brevemente cuáles son los contenidos que se van a explicar posteriormente con mayores detalles. Pero también es importante recordar y recapitular cuáles han sido las descripciones realizadas durante una serie de páginas.

¿Por qué un programa informático tutorial? En algunos manuales se incluye al terminar cada capítulo o cada bloque temático un listado de preguntas que se deben responder para comprobar si se han adquirido los contenidos básicos. Pero no es frecuente que se exponga una clara y extensa justificación sobre el porqué de la respuesta correcta o incorrecta por un puro problema de falta de espacio. Además, puesto que vivimos en un mundo crecientemente tecnológico, parece una buena idea adaptarse a él en la medida de lo posible. El autor de este manual ha usado previamente esta tecnología con sus estudiantes y el resultado ha sido francamente provechoso, puesto que ayuda mucho tanto a consolidar los conocimientos como a averiguar cuáles son los puntos más relevantes de cada bloque temático (amén de ser bastante más entretenido). Para cada una de las preguntas incluidas en el programa informático se justifica por qué la alternativa seleccionada es correcta o incorrecta. También se especifica dónde se puede encontrar la información necesaria para responder correctamente. El propio tutor incluye un glosario *on line* y un listado de lecturas complementarias.

Además de esto, y como se expone en el programa informático, al comienzo de cada nuevo curso académico se proporcionarán a través de Internet dos tipos de servicios (dirección: http://www.uam.es/psicologia) pensados para que el manual sea algo vivo. Por un lado, una nueva serie de preguntas. Por otro lado, una actualización de los contenidos del manual que deban ser modificados a la luz de los nuevos resultados que se publiquen en el transcurso de ese curso académico. Por supuesto, el estudio del manual puede dar lugar a preguntas o curiosidades de distinta naturaleza. También en este caso se proporciona en el programa informático una dirección de correo electrónico a la que enviar esas preguntas. Cualquiera de ellas será respondida en un plazo no superior a tres días.

En cuanto a la estructura del manual, hay que comentar que la distribución por bloques temáticos generales y epígrafes más específicos permite una organización flexible de la asignatura. De este modo, el profesor puede diseñar la programación de la asignatura que mejor se adapte a sus condiciones de trabajo: tiempo disponible, número de créditos teóricos y prácticos, o temáticas más congruentes con el plan de estudios de su titulación.

El primer bloque temático revisa brevemente el pasado de la disciplina e incluye tres epígrafes generales. El primero expone los intentos previos a la ciencia de estudiar las diferencias individuales, desde el mundo antiguo y pasando por el Renacimiento, hasta llegar a la Inglaterra del siglo XIX. En el segundo epígrafe se explican los enfoques de las distintas escuelas científicas: la española, la anglosajona, la francesa y la soviética. Por supuesto, se trata de presentar las preguntas que han ocupado a los investigadores y el tipo de respuestas halladas. En el tercer epígrafe se pasa revista a los tests mentales y a la revolución cognitiva, abriendo de este modo las puertas a los contenidos de la siguiente parte.

El segundo bloque temático incluye siete epígrafes y supone el estudio de los fundamentos teóricos y metodológicos de la disciplina. En el primer epígrafe se exponen sus características básicas, las clases de diferencias individuales que se investigan usualmente y las principales áreas de interés. El segundo epígrafe es esencial para comprender la estructura del resto de la obra, puesto que se explica la estrategia didáctica usada para organizar la vasta cantidad de conocimientos atesorados por este enfoque psicológico. Cualquier programa de investigación comienza haciéndose preguntas, de modo que una buena estrategia para describir una disciplina consistiría en explicar cuáles son esas preguntas. En nuestro caso, las preguntas se han relacionado con los rasgos psicológicos, con los procesos mentales, con el funcionamiento biológico y con el origen de las diferencias individuales. Por tanto, desde el epígrafe tres al seis se explica cómo se estudian los rasgos, los procesos, las bases biológicas y el origen de las diferencias psicológicas, exponiendo los conceptos básicos y los métodos de trabajo, generalmente mediante ejemplos. Finalmente, el séptimo epígrafe explora las aplicaciones de las nuevas tecnologías en la investigación psicológica, tanto por lo que refiere a los sistemas de medición como a los programas informáticos de enseñanza.

En el tercer bloque temático se estudian en seis epígrafes las diferencias individuales en inteligencia. El primero se pregunta qué es la inteligencia y la respuesta configura los siguientes cuatro epígrafes. Es decir, las teorías factoriales, cognitivas y biológicas de la inteligencia, así como las respuestas encontradas a la pregunta por el origen de las diferencias intelectuales. En cada uno de estos epígrafes se incluye un punto dedicado a describir algunas aplicaciones prácticas que se han derivado de las distintas teorías. El último epígrafe está digirido al estudio de las diferencias entre grupos humanos en inteligencia, es decir, entre varones y mujeres, entre personas de distintas edades y entre grupos sociales. Por consiguiente, se recoge aquí una muestra representativa de los estudios realizados hasta la fecha sobre la inteligencia y las capacidades cognitivas.

En el cuarto bloque temático se exploran las diferencias individuales en personalidad, con la misma estructura de epígrafes que el bloque anterior. De este modo, el primer epígrafe se pregunta qué es la personalidad y la respuesta determina los cuatro epígrafes siguientes. Es decir, las teorías factoriales, las teorías cognitivas y las teorías biológicas de la personalidad, así como las respuestas encontradas a la pregunta por el origen de las diferencias de personalidad. Igual que antes, en cada uno de estos epígrafes se incluye un punto dedicado a exponer algunas aplicaciones prácticas derivadas de las distintas teorías. El último epígrafe explora las diferencias entre grupos humanos en personalidad, es decir, entre varones y mujeres, entre personas de distintas edades y grupos sociales. Por tanto, una muestra representativa de los estudios realizados sobre la personalidad quedan recogidos aquí.

En el quinto y último bloque temático se exponen, con bastante brevedad, algunos de los temas más importantes relacionados con las diferencias individuales anormales, es decir, las diferencias entre las personas que se han desviado de modo significativo de las normas de conducta de una determinada población humana. Al estudio de estas diferencias individuales anormales también se le suele denominar psicopatología, psicología patológica o psicología anormal. Por supuesto, en este manual solamente se describen contenidos muy introductorios sobre el tema, pero necesarios para garantizar una cobertura lo más completa posible. Este bloque se organiza en tres epígrafes principales. El primero se pregunta qué son las diferencias individuales anormales, en el segundo se exponen algunos ejemplos de trastornos, y en el tercero se describen los principales tratamientos o terapias ideadas tanto por médicos como por psicólogos.

El manual finaliza con un epílogo de recapitulación, un listado breve de lecturas recomendadas y un glosario de términos básicos que puedan ayudar a navegar por los términos más técnicos presentes en el texto.

Desearía agradecer a las siguientes personas su apoyo y contribución, directa o indirecta, a este manual: Pat C. Kyllonen, Bill Tirre, Josh Hurwitz, Lee Gugerty y Cindi García del *Laboratorio Armstrong (Brooks Air Force Base, Texas)*, Hans J. Eysenck y Robert Plomin del *Institute of Psychiatry (University of London)*, Earl Buz Hunt del *Guthrie's Hall —Department of Psychology— (University of Washington at Seattle)*, Paul T. Costa, Jr., del *Laboratory of Personality and Cognition* de Baltimore, Ian Deary del *Departamento de Psicología de la Universidad de Edimburgo*, Gerardo Prieto y Ana Delgado de la *Universidad de Salamanca*, Carlos Alonso y Javier Corbalán de la *Universidad de Murcia*, Pilar Matud de la *Universidad de La Laguna*, Antón Aluja de la *Universidad de Lleida*, Antonio Andrés Pueyo, J. M. Lluis i Font, Toni Rodríguez, Maria Jayme y José Gutiérrez de la *Universidad de Barcelona*, María Ángeles Quiroga y María Pilar Sánchez-López de la *Universidad Complutense de Madrid*, Rocío Fernández-

Ballesteros, Víctor Rubio, María Oliva Márquez, Pepe Santacreu y Antonio Palacios de la *Universidad Autónoma de Madrid,* Ángeles Sánchez-Elvira y J. A. Ruiz Caballero de la UNED, y Paloma Rivero, Inmaculada Jorge y Guillermo de Toca de Ediciones Pirámide. Una mención especial para los profesores Juan Botella, José Manuel Hernández y Manuel Juan-Espinosa de la UAM, que revisaron pacientemente algunas partes del manual. A Óscar García, de la Universidad Europea de Madrid, le agradezco su buen trabajo con muchas de las figuras incluidas aquí y con el tutor informático. Con toda seguridad este manual no sería lo que es sin la desinteresada relación y el enriquecedor intercambio de ideas con el que me regalan año tras año mis alumnos de la Facultad de Psicología. Muchas gracias sinceras por ello y por otras cosas. Por supuesto, ninguna de las personas mencionadas tiene ninguna responsabilidad en las imprecisiones que se puedan encontrar en el producto final. Finalmente, agradezco su apoyo incondicional a mi familia (Loreto, Patricia y Cristina), a quien va dedicada esta obra.

INSTRUCCIONES DE INSTALACIÓN DEL TUTOR INFORMÁTICO

El CD que acompaña a la obra es autoejecutable, es decir que en el momento de introducirlo en su unidad de CD-ROM, se ejecutará automáticamente el programa TUTOR.

Si el programa no se inicia automáticamente, siga los siguientes pasos:

1. Haga doble clic sobre el icono «Mi PC», o busque la unidad de disco correspondiente al CD-ROM (por lo general la unidad D).

2. Haga clic con el botón derecho del ratón sobre el icono del CD-ROM y elija la opción «Abrir».

3. Haga doble clic sobre la carpeta «Tutor».

4. Finalmente, ejecute el programa haciendo doble clic en el archivo «Tutor».

PARTE PRIMERA

Pasado de la psicología de las diferencias individuales

Introducción

Desde los orígenes de la humanidad ha llamado la atención el hecho de que las personas actuasen a su manera. Las crónicas de la humanidad están plagadas de relatos de grandes y pequeños personajes, de historias siempre protagonizadas por sujetos revolucionarios o conservadores, bondadosos o malvados, tolerantes o tiranos, agresivos o pacíficos. En la realidad cotidiana de la gente siempre ha estado claro que cada persona es un mundo en sí mismo. Con el tiempo, esa realidad se ha ido convirtiendo en una serie de preguntas sobre las distintas personas, que se han podido someter a un análisis más o menos científico.

En su afán por conocer, los seres humanos se han preguntado no sólo por la naturaleza, sino por sí mismos. Las personas se han reunido en poblados, ciudades, naciones y continentes. Bonitas historias y crónicas horribles salpican la historia de convivencia de la humanidad. Unas y otras han suscitado preguntas sobre la naturaleza humana que se han tratado de responder siguiendo distintos caminos: la psicología es uno de ellos.

En esta primera parte se estudia el pasado de la psicología de las diferencias individuales. Han sido muchos los modos y maneras de tratar de responder a preguntas como en qué se diferencian los seres humanos, qué hacen para diferenciarse y por qué se diferencian. Sin embargo, en todos esos modos y maneras se observa un claro aire de familia.

Los modos y maneras de responder a estas preguntas han ido variando a lo largo de la historia de la psicología hasta llegar a la actualidad. De este modo, echar siquiera un breve vistazo a estos intentos del pasado es casi una obligación. En alguna medida, y desde luego seguro que mucho más de lo que puede parecer en un principio, lo que hicieron nuestros antepasados tiene una gran relación con lo que ahora hacemos para estudiar científicamente las diferencias individuales, y en una palabra, para comprendernos a nosotros mismos. Saber cuáles son las preguntas que se han hecho y el tipo de respuestas que se han encontrado, ayuda bastante a comprender por qué ahora hacemos lo que hacemos y no otras cosas. Además, permite rendir un merecido homenaje al más o menos sistemático esfuerzo realizado por los autores que nos han precedido en el curso de la historia.

Vaya por delante que este estudio histórico no será exhaustivo, puesto que ésta no es una obra de Historia de la Psicología. Por ello, se describirán las situaciones históricas que tengan mayor relación con los contenidos principales tratados después.

Esta primera parte se organiza en tres epígrafes. En primer lugar (antes de la ciencia) se expone de qué manera los antiguos trataron el problema de las diferencias individuales una vez advirtieron que los seres humanos se gobernaban de distintos modos. Desde el mundo antiguo hasta el siglo XIX pasando por el Renacimiento, se van degranando rápidamente los marcos de referencia y modos empleados para intentar comprender las diferencias personales.

En segundo lugar (escuelas científicas) se organizan las principales versiones de la misma partitura científica. El resultado es una estructura compuesta por cuatro escuelas científicas. La escuela española no está reconocida internacionalmente en la actualidad, aunque sí lo estuvo en el pasado. Puesto que ésta es una obra española, describir las preguntas que han ocupado a los autores españoles no es sólo una obligación, sino una satisfacción personal. La escuela anglosajona es claramente la más influyente internacionalmente en los distintos programas de investigación destinados a responder a las preguntas sobre las diferencias individuales. La escuela francesa ha tenido una notable influencia en la psicología, especialmente los primeros estudios realizados bajo la tutela de Alfred Binet a principios de siglo. La escuela soviética ha influido, a partir de las investigaciones psicofisiológicas de Ivan P. Pavlov, en distintas ramas de la psicología. En el caso del enfoque de las diferencias individuales, las aportaciones de la escuela soviética han permitido preguntarse por las bases biológicas de las diferencias de conducta.

Finalmente (los tests y la «revolución» cognitiva), se describen las relaciones entre el movimiento más llamativo de la psicologías de las diferencias individuales (los tests) y los programas de investigación más actuales dirigidos a comprender por qué las personas se gobiernan de un modo tan visiblemente distinto en situaciones y ocasiones de un mayor o menor impacto en nuestras vidas. También se describen algunos elementos históricos de dos temas relevantes en este enfoque psicológico: las diferencias de personalidad y los estudios sobre el origen hereditario y ambiental de las diferencias individuales.

Antes de la ciencia 1

Este epígrafe describe los intentos de estudiar las diferencias individuales en el mundo antiguo, el Renacimiento y los siglos XVIII y XIX. Antiguas ciencias como la astrología se han usado para describir las diferencias personales y predecir la conducta de la gente. En la actualidad todavía hay muchos devotos de estas ciencia: la gente desea pronosticar su vida futura y, según parece, la astrología no es del todo inútil. Los filósofos griegos también se preguntaron por las diferencias individuales. La ciencia nace en alguna medida en la antigua Grecia y la psicología no es una excepción: los filósofos trataron de explicar las diferencias personales según una serie de principios naturales. Como en el caso de la astrología, en la actualidad contamos con versiones modernas de tipologías humanas descritas ya por los filósofos griegos. En el renacimiento encontramos al padre del enfoque de las diferencias individuales: el doctor Juan Huarte de San Juan. El siglo XVI español (el Siglo de Oro) supuso una verdadera revolución científica para toda Europa, y Huarte hizo lo propio con las preguntas sobre las diferencias individuales. La obra de este autor español influyó notablemente en los estudios psicológicos realizados en el resto del continente europeo y, por supuesto, en la psicología española del siglo XX. En los siglos XVIII y XIX comienzan a aparecer los intentos más sistemáticos de responder a la pregunta sobre las diferencias individuales. F. J. Gall se separa de la filosofía para buscar un nuevo marco de referencia basado en las ciencias naturales. Los estudios de Charles Darwin y su primo Francis Galton dan lugar a la escuela anglosajona: el primero declarando que la evolución de las especies sólo es posible si los individuos que la componen son distintos, y el segundo aplicando este principio a la psicología.

1. EL MUNDO ANTIGUO

La *astrología* constituye uno de los primeros intentos de elaborar algunos principios básicos que permitiesen clasificar y organizar las diferencias entre las personas.

Así, en el capítulo XIII del *Tetrabiblos*, el gran pensador antiguo Ptolomeo hace un esfuerzo por relacionar los signos del zodíaco con los rasgos humanos.

Esta manera de analizar las diferencias individuales, presente también, de alguna manera, en la cultura china[1], y, con ligeras modificaciones, visible en algunos trabajos contemporáneos, se pone por objetivo elaborar categorías dentro de las que situar a los individuos, para, de este modo, poder *predecir* su comportamiento.

En cualquier caso, la Grecia clásica es el momento histórico en el que se inicia una serie de reflexiones sistemáticas sobre las diferencias individuales. Los documentos disponibles muestran una preocupación por clasificar a los individuos a partir de las teorías dominantes sobre la naturaleza.

[1] En el siglo II antes de Cristo se administraban pruebas de rendimiento para descubrir los sujetos más aptos entre los candidatos a altos cargos de la administración estatal. Las tareas constaban de muestras de conducta pertenecientes a cinco artes: música, disparo con arco, equitación, escritura y cálculo (Dubois, 1966).

De este modo, Teofrasto (372-288 a. de C.) en su libro *Los Caracteres Morales*, describe 30 tipos de personas, como el adulador, el oficioso, el grosero o el charlatán.

El siguiente ejemplo es del tipo de descripciones ideadas por Teofrasto sobre el carácter «avaro»:

Y el avaro un hombre tal como para, cuando da un banquete, no servir bastante pan; y pedir un préstamo al forastero que se alberga en su casa;... y si vende vino, vendérselo aguado al amigo; e ir al teatro, llevando a sus hijos, precisamente cuando los empresarios dejan entrar de balde;... y cuando se ungen en los baños decir: «me compraste aceite rancio» y unjirse con el ajeno. Y es amigo de reclamar su porción de la calderilla encontrada en las calles por sus esclavos diciendo que es un hallazgo colectivo;... Y cosas como éstas: medir él mismo, rasando muy bien, los víveres para los de casa y eso con una medida fidónea de culo bollado; si un amigo cree que ha comprado algo barato comprárselo a su vez y revenderlo con ganancia;... y si sus hijos no van a la escuela por enfermedad, descontar una parte proporcional de los honorarios...[2]».

Por otro lado, la doctrina clásica de los humores (sangre, linfa, bilis amarilla y bilis negra) y los temperamentos de Galeno e Hipócrates de Cos (sanguíneo, colérico, melancólico y flemático) relaciona el conocimiento médico de los griegos y la búsqueda del *arké,* o elemento primordial, con los postulados de los filósofos presocráticos, fundamentalmente la teoría de los cuatro elementos de Empédocles: aire, agua, fuego y tierra.

Este tipo de análisis produciría las conocidas formas tipológicas que se han seguido desarrollando hasta la actualidad. Los ejemplos los tenemos en las famosas tipologías de Krestchmer y Sheldon.

El gran Platón en su obra *La República* reconoce y hace uso de las diferencias individuales, de modo que trata de asignar los distintos ciudadanos de la república a las diversas tareas para las que se supone están naturalmente dotados (Gould, 1981, 1996; Kamin, 1990; Moya y García Vega, 1990).

Como es habitual en Platón, desarrolla una fábula para expresar esta idea: la *fábula de los metales:*

Figura 1.1.—Johan Kaspar Laver representa así los cuatro temperamentos dependientes de las características somáticas.

[2] Esta cita es de Juan García-Yagüe (1980).

Sócrates: ¿De qué manera nos gobernaremos ahora para inventar para los magistrados o, por lo menos, para los demás ciudadanos, una mentira del género de aquellas que, según hemos dicho, son de grande utilidad?

Glaucón: ¿Cuál es ese género de mentira.

S: No es nuevo; tiene su origen en Fenicia; y, por lo que dicen los poetas, que al parecer hablan con convicciones, es un hecho real que se ha verificado en muchos puntos. Pero en nuestros días no ha tenido lugar, ni sé que pueda tenerle en lo sucesivo. No es poco si se consigue el hacerlo creer.

G: ¡Qué! ¿Tienes dificultad en decírnoslo?

S: Cuando lo hayas oído verás que no me falta razón para ello.

G: Habla y no temas nada.

S: Voy a decirlo; pero en verdad no sé a dónde acudir, para cobrar ánimo y encontrar las expresiones que necesito para convencer a los magistrados y a los guerreros, y después al resto de los ciudadanos, de que la educación que les hemos dado no es más que un sueño; que donde han sido efectivamente educados y formados ha sido en el seno de la tierra, así ellos como sus almas, como todo lo que les pertenece; que después de haberles formado la tierra, su madre, les ha dado a luz; y que por tanto, deben considerar la tierra en que habitan como su madre y su nodriza, defenderla contra todo el que intente atacarla, y tratar a los demás ciudadanos como hermanos salidos del mismo seno.

G: No sin razón dudabas, al pronto, en contarnos esta fábula.

S: Convengo en ello. Pero ya que he comenzado, escucha lo demás. Vosotros que sois parte del Estado, vosotros, les diré continuando la ficción, sois hermanos; pero el dios que nos ha formado ha hecho entrar el oro... ¿Sabes algún medio para hacerles creer esta fábula?» (páginas 121-122).

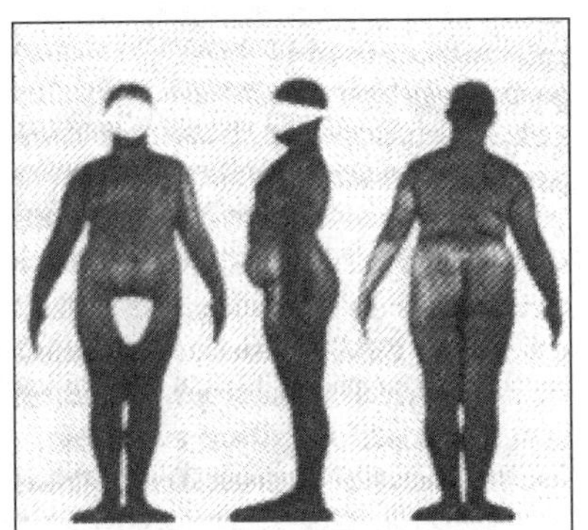
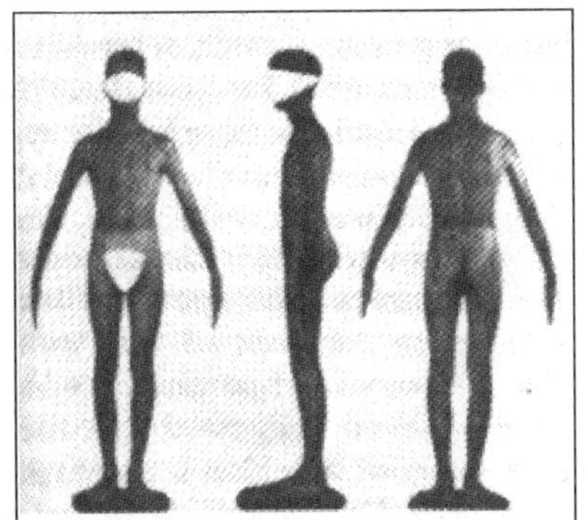
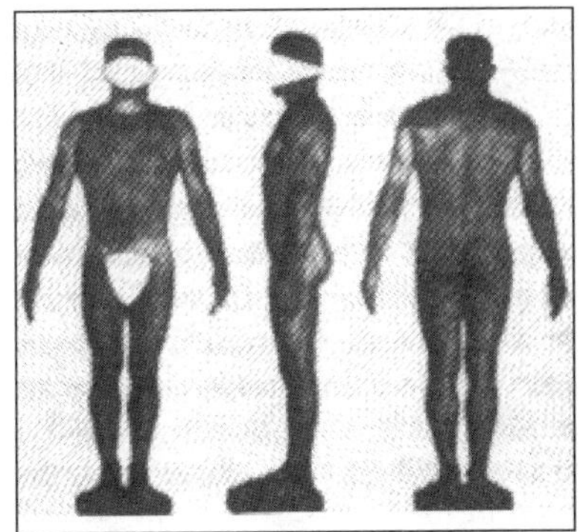

Figura 1.2.—Tipos somáticos según Kretschmer: pícnico, leptosómico y atlético. Sheldon trata de descubrir las dimensiones esenciales de la estructura corporal clasificándolas en orden ascendente o descendente según dimensiones irreductibles, partiendo de fotografías (endomorfo, ectomorfo y mesomorfo).

2. EL RENACIMIENTO

El español Juan Huarte de San Juan es el primer pensador que elabora un marco sistemático para el análisis de las diferencias individuales.

Huarte se inspira en la doctrina de Hipócrates y Galeno, y desarrolla una teoría de las facultades en la que se distinguen la facultad de imaginar, de entender y de memorizar.

La obra clásica en la que Huarte expone sus argu-

Figura 1.3.—Juan Huarte de San Juan (1529-1588).

mentaciones y observaciones sistemáticas es el *Examen de Ingenios,* muy leída en su momento y traducida a los principales idiomas del continente europeo.

Huarte clasifica y sistematiza las diferencias individuales ciñéndose a los requisitos básicos de la doctrina científica[3].

El *Examen de Ingenios* consta de tres partes fundamentales:

1. En primer lugar, Huarte estudia teóricamente los distintos ingenios, sus variedades y diferencias, su relación con la constitución de los temperamentos, la teoría de los humores y el cerebro. Estos análisis le van a servir para explicar las diferencias de ingenio o aptitud.
2. En segundo lugar, explora una serie de cuestiones prácticas. De este modo, analiza las relaciones entre profesiones y personas.
3. Finalmente, Huarte da algunos consejos para orientar el logro de ingenios adecuados recurriendo, entre otras cosas, a la mejora en la constitución biológica de las personas.

Huarte se formula preguntas como las siguientes: ¿cómo es posible que, si todos los hombres pertenecen a una misma especie indivisible y si todas las potencias del alma racional (memoria, entendimiento y voluntad) son de igual perfección en todos, cada hombre tenga diferente ingenio?, ¿por qué los hijos de unos mismos padres son distintos?

Las diferencias entre los entendimientos se deberían, según Huarte, a que éstos requieren la ayuda de otras potencias orgánicas del alma racional: la memoria y la imaginativa.

Cuando el cerebro está excesivamente húmedo, aumenta la capacidad de retención y aprehensión de la memoria, y disminuye la representación de los fantasmas, la que mejora con la sequedad. De esta forma, el entendimiento estará sujeto a error.

Por contraste, las personas con el cerebro seco tienen problemas de retención y aprehensión de memoria, pero son muy buenas en la representación de figuras.

Por consiguiente, si en el cerebro predomina la humedad y éste es de gruesa sustancia, la facultad de memoria será la mejor desarrollada. Si en el cerebro predomina el calor prevalecerá la imaginación. Si predomina la sequedad y el cerebro está compuesto de partes sutiles y delicadas, el entendimiento será la facultad preponderante.

Es decir, no hay en el hombre más que tres diferencias generales de ingenio, porque no hay más

[3] Escribe Huarte: «Saber distinguir y conocer estas diferencias naturales del ingenio humano, y aplicar con arte a cada uno la ciencia en que más ha de aprovechar» (*Examen de Ingenios;* segundo proemio al lector).

que tres cualidades físicas de donde pueden provenir. No obstante, por debajo de estas tres diferencias universales se pueden encontrar otras muchas diferencias particulares, dependiendo del grado en el que se combinen de modo particular el calor, la humedad y la sequedad.

Huarte habla de la necesidad de realizar una selección científica de los padres y sostiene que tanto el medio ambiente como la alimentación influirán en el feto. Por tanto, el medio ambiente interpretará un importante papel en la determinación de las diferencias de ingenio.

Según el profesor Douglas K. Detterman (1982), «gran parte de los argumentos mantenidos por Huarte suenan a rabiante actualidad. Su teoría incluye muchos aspectos de las actuales teorías multifactoriales de la inteligencia. Aunque muchos autores entiendan que el debate entre modelos uni y multifactoriales es reciente, las ideas básicas inherentes a este debate se postulaban hace ya mucho tiempo» (pág. 101).

En resumen, Juan Huarte de San Juan fue uno de los primeros autores que se plantearon, desde una perspectiva científica, aunque un tanto ingenua, la pregunta sobre las diferencias individuales. Estudió preguntas concretas sobre su origen y clasificación, y por ello se le debe considerar el precursor de la psicología de las diferencias individuales. De hecho, la psicología española tiene en él un impulsor directo de la investigación científica sobre el tema.

3. SIGLOS XVIII Y XIX

F. J. Gall es también un claro predecesor de la psicología de las diferencias individuales.

Gall rechaza los métodos introspectivos, propios de los enfoques filosóficos, considerándolos inadecuados para crear una psicología científica. También descarta la teoría clásica de las facultades, a la que atribuye una excesiva globalidad y una incapacidad para explicar la complejidad y diversidad real del comportamiento humano.

En su obra titulada *Sobre las funciones del cerebro* escribe:

«¿Cómo vamos a explicar, por la sensación en general, por la atención, etc., el origen y ejercicio de propagación, el del amor a la prole, el del instinto de apego? ¿Cómo explicar por todas estas generalidades los talentos para la música, la mecánica, el sentido de las relaciones espaciales, la pintura, la poesía, etc.? Las facultades de los filósofos existen, pero no son aplicables al estudio detallado de una especie o de un individuo. Todo hombre, excepto un idiota, disfruta de todas estas facultades. Pero todos los hombres no tienen el mismo carácter individual o moral. Tenemos ne-

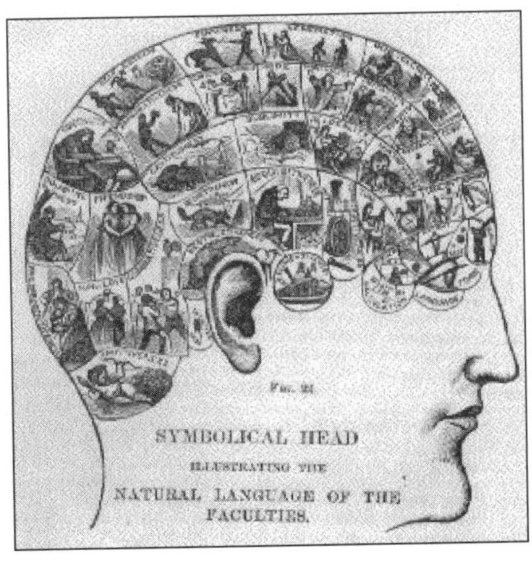

Figura 1.4.—Franz Joseph Gall (1758-1828) y las distintas regiones del cráneo y sus habilidades particulares.

cesidad de facultades cuya diferente distribución determine las diferentes especies de animales, y cuyas diferentes proporciones expliquen las diferencias entre los individuos[4].

La craneometría o frenología de Gall anuncia varios de los tópicos estudiados posteriormente por la psicología de las diferencias individuales: las técnicas de medida de las capacidades, de cuantificación estadística, de comparación entre sexos, de clase social o de raza (Andrés Pueyo, 1989b).

En resumen, Gall representa la primera psicología objetiva de las diferencias individuales, posterior a Huarte, puesto que rechaza el estudio de la mente adulta general y trata de analizar cómo difieren de hecho las personas en una gran variedad de propiedades psicológicas (Leahey, 1980).

El ecsaminado pagó por este Reconocimiento. ...50 R.s v.n

Fecha. Alicante 6 Julio 1849

CARÁCTER I TALENTOS DE D. Ramon Simarro segun se deducen del ecsámen frenolójico de su temperamento i organismo cefálico o de la cabeza.

POR D. MARIANO CUBÍ I SOLER,

Propagador de la Frenolojía en España.

Jamás debe perderse de vista que la Frenolojía solo habla de *inclinaciones*, i de ninguna manera en casos normales, de *necesidades*. Asi que en este ecsámen o reconocimiento frenolójico se espresan las *tendencias* reprimibles, dirijibles, educables i mejorables del individuo ecsaminado: pero no, las *acciones* que haya cometido o cometa, porque estas están fuera del dominio de la Frenolojía.

Para tener una idea cabal i completa de las facultadas mentales i los órganos que las manifiestan, refiero el ecsaminado a mis *Elementos de Frenolojía, Fisonomía i Magnetismo Humano*, un tomo en 8.º mayor de 200 pájs., letra clara, pero metida i compacta, el cual se vende a 10 reales ejemplar. A los suscritores a LA ANTORCHA, (semanario enciclopédico de ciencias, bello-secso, artes, in[illegible] descubrimientos, comercio, hechos diversos etc., que se públíca bajo mi direccion todos los sábados en Barcelona, a 1[illegible] tre alli, i 13 fuera de alli, si la suscripcion se hace por libranza sobre correos a favor del administrador de la ANTORCHA[illegible] venden a 4 reales, aun cuando el abono se haga no mas que por tres meses.

☞ *La curva o línea inclinada que tienen algunos* O *en el* Tamaño de los Órganos, *indica que el órgano del ecsaminado es grande, pequeño o mediano, pero que participa algo del volúmen que espresa la columna hácia donde el* O *se dirije.*

GRADUACION ANALÍTICA DE LOS ÓRGANOS DEL ECSAMINADO.

ANÁLISIS.

NOMBRES DE LAS FACULTADES MENTALES I ÓRGANOS QUE LAS MANIFIESTAN.	USO, ABUSO E INACTIVIDAD DE LAS FACULTADES.	Tamaño de los órganos del ecsaminado. Grande (4)	Med.º (5)	Peq.º (6)
	AFECTOS.			
1. AMATIVIDAD. E. p. 58. S. 1, p. 143 (7).	Su uso, (1) amor de propagacion, cariño entre los secsos. Su abuso, (2) fornicacion ilejítima, prácticas soezes. Su inactividad, (3) continencia estremada.	.....	0	.....
2. FILOJENITURA. E. p. 61. S. 1, p. 151.	Uso, amor de prole: afecto paternal. Abuso, echa a perder a los hijos por un mimo estremado: no puede consolarse de su pérdida. Inactividad, descuida o abandona a los hijos.	.....	0	[illegible]
3. HABITATIVIDAD. E. p. 63. S. 1, p. 159.	Uso, deseo de vivir en sitios determinados.	[illegible]	0	[illegible]
4. CONCENTRATIVIDAD. E. p. 64. S. 1, p. 163.	Uso, fijarse i concentrarse en lo que se piensa i siente. Abuso, mórbida fijacion del alma en algunas ideas o sentimientos internos con la esclusion de impresiones esternas. Inactividad, falta de fijacion en lo que se siente, se piensa o pasa.	.....	0	.....
5. ADHESIVIDAD. E. p. 65. S. 1, p. 167.	Uso, apego i afecto especial a los objetos que nos rodean: instinto de cariño, de amistad, de sociabilidad. Abuso, dolor inconsolable por la pérdida de algun amigo, amistades para objetos criminales. Inactividad, descuido de los demás, poco amigable, carece de afecto.	0	.....	.....
6. ACOMETIVIDAD. E. p. 67. S. 1, p. 171.	Uso, hacer resistencia a la oposicion; espíritu de vencer dificultades, intrepidez, elemento de valor. Abuso, riñas, pendencias, ilejítimo ataque, agresion, espíritu disputador. Incactividad, timidez, falta de ímpetu.	0	.....	.....
7. DESTRUCTIVIDAD. E. p. 68. S. 1, p. 174.	Uso, útil i lejítima destruccion en jeneral, muerte de animales para nuestro sustento. Abuso, asesinato, crueldad, venganza, ferocidad, ira. Inactividad, tendencia a mirar con aversion el inferir dolor, el causar pena, el producir destruccion, el castigar, etc., por necesario que todo esto sea.	0	.....	.....
8. ALIMENTIVIDAD. E. p. 71. S. 1, p. 193.	Uso, instinto de alimentarse, apetito. Abuso, glotonería, borrachera, sobrado amor de golosinas. Inactividad, indiferencia a la cualidad o cantidad de los alimentos en jeneral.	0	.....	.....

(1) Por el uso, *buen uso*, o sea *objeto* de una facultad mental, se entiende su accion útil i lejítima. En este caso se halla cuando el órgano que la manifiesta es mediano o grande i está bien dirijido por las otras facultades.

(2) Por el *abuso* de una facultad se entiende cuando el órgano que la manifiesta tiene un desarrollo escesivo, o no se reprime i dirije por otras facultades; esto es, por la Relijion i la sana filosofía.

(3) Es *inactiva* una facultad, cuando el órgano que la manifiesta es pequeño; u otras facultades i circunstancias esternas no la activan i escitan.

(4) *Grandes*, son los órganos que naturalmente se hallan mas activos, que con mayor facilidad pueden cultivarse, i que mas necesidad tienen por su mucho desarrollo de represion.

(5) *Medianos*, son los órganos que con facilidad se activan i desarrollan con el ejercicio.

(6) *Pequeños*, son los órganos que por su poco desarollo natural son mas débiles i que mas deben ejercitarse i activarse.

(7) E. páj. 58. Esto significa mis *Elementos*, pájina 58.—S. 1, páj. 143, significa mi *Sistema Completo de Frenolojía*, 3.ª edicion, tom. 1. páj. 143. He juzgado a propósito referir el ecsaminado a mis obras, a fin de ahorrarle tiempo i trabajo caso de quererse imponer [illegible]mente de las facultades mentales i sus órganos que mas muevan por el momento su curiosidad. El Sistema Completo consta de [illegible] mayor i un cuaderno de documentos i se vende a 48 reales ejemplar. Esta obra no solo es la mas estensa que se conoce en [illegible]ñana, sino la mas completa que ecsiste respecto a las aplicaciones o parte aplicativa de la Frenolojía.

Figura 1.5. Un ejemplo del tipo de registros frenológicos realizados por el doctor Mariano Cubí i Soler a mediados del siglo pasado (1849). El paciente del ejemplo es el padre del doctor Luis Simarro.

[4] Esta cita es de Thomas Leahey (1980).

Inglaterra

El gran pensador inglés H. Spencer (1820-1903) prepara el camino para el desarrollo de una Psicología de las Diferencias Individuales contemporánea plenamente científica, más allá de los primeros intentos de autores como Huarte o Gall.

Según Spencer, el estudio de la mente debería consistir en observar cómo evoluciona desde una masa indiferenciada hasta un organismo heterogéneo e integrado; a este proceso Spencer le denomina *principio de diferenciación.*

En sus *Principios de Psicología* (1855) integra el asociacionismo inglés representado por filósofos como John Locke o David Hume, la fisiología sensomotriz y la teoría de la evolución del naturalista Lamarck.

El desarrollo de la mente consistiría en un ajuste adaptativo a las condiciones ambientales. El cerebro humano acumula experiencias durante el proceso evolucionista. Desde esta perspectiva, las ideas innatas no serían incompatibles con los supuestos empiristas dominantes en la filosofía anglosajona desde la que Spencer desarrolla su obra.

No obstante, cuando los psicólogos alemanes adoptan la filosofía asociacionista de los ingleses, no advierten la posibilidad de unir esta filosofía con la teoría de la evolución. Es decir, los ingleses se dieron cuenta de que la secesión de la psicología pasaba por el estudio de las variaciones individuales desde una perspectiva naturalista.

Para los herederos del asociacionismo británico, el individuo era una suerte de combinación entre el organismo físico y la actividad mental[5]. Para los alemanes no había problema en aceptar la idea de la variabilidad física, pero carecía de sentido siquiera pensar en la variabilidad mental o psicológica, puesto que no resultaba ni planteable la pregunta sobre si la actividad mental era única y exigía leyes universales.

Los verdaderos baluartes del origen del estudio científico contemporáneo de las diferencias individuales son:

— Charles Darwin y Francis Galton.
— El protestantismo y el capitalismo.

El protestantismo y el capitalismo rompen el sentido universal de hombre como individuo inseparable de su grupo, propio de la Edad Media, y se aproximan a una concepción del *hombre como ser individual.*

De este modo, el protestantismo sitúa al hombre sólo ante Dios, rechazando el papel intermediario de la Iglesia medieval, mientras que el capitalismo, con su necesidad de especialización individual para cubrir una gran variedad de puestos de trabajo como base para el aumento de la productividad y la eficacia administrativa, constituye el caldo de cultivo cultural adecuado para el desarrollo de *técnicas de medida y cuantificación de las diferencias individuales.*

La aparición del estado capitalista moderno depende en buena medida de la división del trabajo y de la especialización ocupacional de los talentos humanos. Además, la medida, cuantificación y descripción de las diferencias individuales se asocia a una sociedad económica que depende de la medida y cuantificación de los productos materiales. El éxito de la tecnología aplicada al terreno material prepara el camino para el estudio científico de las diferencias individuales en las características psicológicas más frecuentes.

Desde el punto de vista estrictamente científico, Charles Darwin sostiene que las diferencias individuales son los elementos básicos de su sistema teórico; las variaciones individuales han de ser el punto de partida de las ciencias biológicas y antropológicas, y la clave de la interpretación científica de la naturaleza.

Darwin estudia el problema de las diferencias individuales dentro de la especie humana en sus obras *Los orígenes del hombre* (1871) y *La expresión de las emociones en el hombre y los animales* (1873). Darwin mantiene que para poder estudiar científicamente las diferencias individuales son necesarios métodos originales, tarea de la que se encargará su primo Sir Francis Galton (Willerman, 1979).

[5] La concepción cuantitativa del funcionamiento mental, es decir, la medida de la conducta, contribuye en gran medida al desarrollo de los tests de inteligencia (Sahakian, 1975).

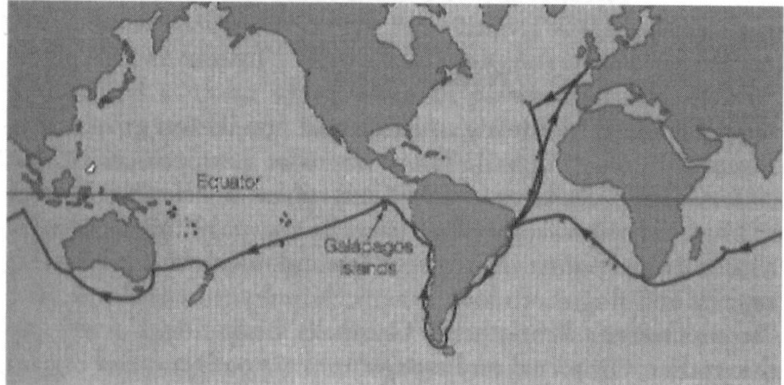

Figura 1.6.—*Arriba:* El *Beagle* (izquierda), navío en el que Charles Darwin (derecha, 1809-1882) realizó su famoso viaje (izquierda) durante el que recopiló los datos en los que se basó la teoría de la evolución. *Abajo:* Laboratorio antropométrico (izquierda) instalado por sir Francis Galton (derecha, 1822-1911) en la Muestra Internacional de Salud celebrada en Londres en 1884.

SUMARIO

Hasta el siglo XIX los filósofos y los médicos han buscado respuestas a la pregunta por las diferencias individuales. Desde la actualidad, muchos de esos autores habrían sido considerados psicólogos. Aunque los intentos de esos autores no se pueden considerar realmente científicos, es de destacar su claro interés por comprender la mente y la conducta humana. La revolución de Darwin en las ciencias biológicas influyó de modo directo en la naciente psicología de finales del siglo XIX, especialmente en el mundo anglosajón. Por tanto, no es una casualidad que Galton fuese el autor que internacionalmente influyó en los orígenes del enfoque de las diferencias individuales. Galton es, justamente, el padre internacional de este enfoque, pero no debemos olvidarnos de la influencia, también internacional, de nuestro médico renacentista: Juan Huarte de San Juan.

Escuelas científicas 2

Una escuela científica está compuesta por una serie de autores y pensadores que comparten ideas sobre una determinada disciplina. Por lo que a la investigación de las diferencias individuales se refiere, es posible identificar al menos cuatro escuelas. Por supuesto, todas ellas comparten el interés por el estudio de las diferencias individuales, es decir, todas son versiones de la misma partitura científica. Pero, a su vez, hay entre ellas algunas diferencias significativas que permiten separar sus importantes contribuciones. Las distinciones que se van a realizar pueden ser algo caprichosas, pero sirven para organizar los esfuerzos que se han realizado hasta la fecha de un modo bastante sistemático. Las cuatro escuelas que se van a describir son la escuela española, la escuela anglosajona (Inglaterra y Norteamérica), la escuela francesa y la escuela soviética. Por supuesto, todas ellas comparten la idea de que el estudio científico de la conducta humana tiene más sentido a través de la exploración de las diferencias individuales.

1. LA ESCUELA ESPAÑOLA

La escuela española se origina con el doctor Juan Huarte de San Juan. Su obra clásica, *Examen de Ingenios*, publicada en el siglo XVI, constituye el punto de partida de la tradición psicológica española (Iriarte, 1948; Vleeschauwer, 1938).

Las tesis fundamentales de Huarte se pueden resumir en los siguientes puntos (Pinillos, 1976):

— Los hombres difieren por sus habilidades.

— A cada hombre en particular le corresponde un género de artes, según sus diferentes habilidades, y también según sus ineptitudes.

— Esa diferencia en habilidades se basa en las diferencias de naturaleza.

Los desarrollos de Huarte durante el siglo de oro español (XVI) se dejan sentir en el siglo XVII en autores como Baltasar Gracián o Esteban Pujasol (Carpintero, 1994).

Gracián estuvo interesado en la educación del hombre para que alcanzase el éxito social, a través del descubrimiento y desarrollo de la vocación. Cada persona debería completar a través de la educación los dones que ha recibido de la naturaleza. Pujasol habla de una variedad de ingenios humanos, tomando como referencia la complexión corporal, así como la estructura y características del rostro. El saber sobre las características del hombre debe verse como orientativo; en ningún caso este saber mermará la libertad ni invitará al fatalismo determinista.

En el XVIII encontramos a Ignacio Rodríguez y Andrés Piquer. Piquer sostiene que son innatas las potencias y nunca los actos. En su obra incorpora las tesis de Huarte y Vives (a los que cita con frecuencia) de que uno debe conocerse a sí mismo para poder actuar en la vida según sus propias capacidades y talentos. Conviene, por tanto, que cada cual estudie y medite qué potencias intelectuales predominan en sí mismo y qué afectos les acompañan.

En el siglo XIX, los autores que recogen el testigo son Ramón Martí, Jaime Balmes, Pedro Mata, Mariano Cubí, José Arbolí o Tomás García Luna. Cubí desarrolló la frenología de Gall en nuestro país y suscitó una enorme polémica alrededor del

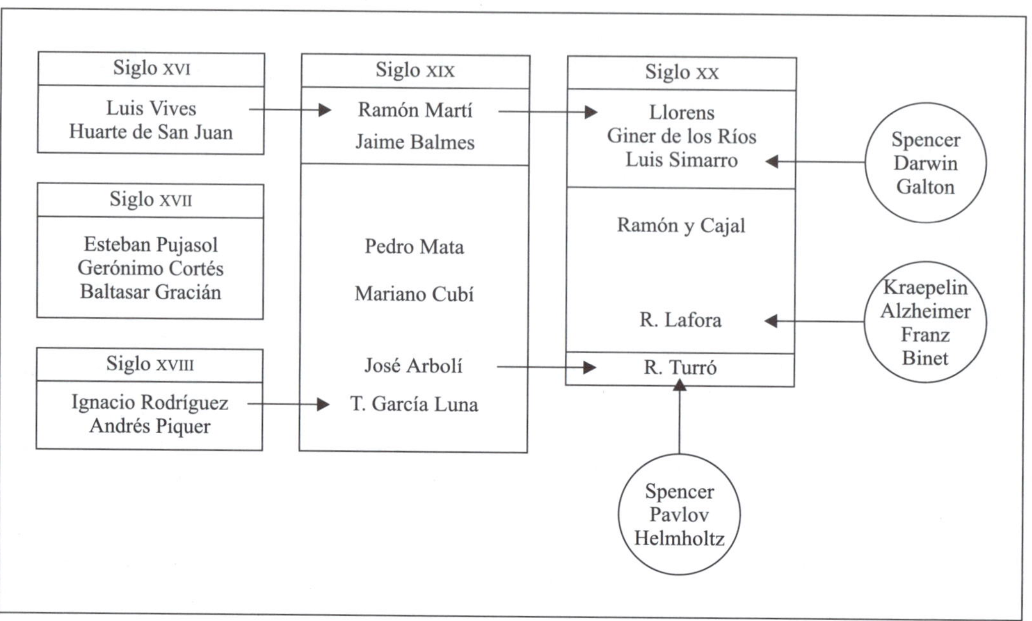

Figura 2.1.—Resumen gráfico de la escuela española desde el siglo XVI hasta la primera parte del siglo XX. También se muestran algunas influencias extranjeras en autores del entorno español. Habría que considerar, asimismo, la influencia, no consignada en el esquema, que los autores del Siglo de Oro español ejercieron en Alemania o Inglaterra.

problema mente-cuerpo, de gran trascendencia en psicología. García Luna estudia las diferencias individuales y busca asignarlas a las circunstancias o a la naturaleza. J. Arbolí sostuvo que hay en el hombre actividades nacidas de los instintos, aunque admite especialmente el instinto de la nutrición. A partir de este plano instintivo, se va pasando paulatinamente al plano de la actividad voluntaria.

Figura 2.2.—Mariano Cubí (izquierda) y Pedro Mata.

Para Pedro Mata, la psicología es una rama de la fisiología. El organismo y la mente forman una unidad, es decir, hay una continuidad entre lo biológico y lo mental. El cerebro es un órgano múltiple y sus variadas manifestaciones son congruentes con la pluralidad organizativa. El organismo se encuentra sometido a las leyes físicas y químicas, y sobre ellas se organizan las leyes que gobiernan los fenómenos biológicos más complejos, entre los que se encuentran los psíquicos. Cada sistema sensorial tiene su sensibilidad especial y sus estímulos propios. Para Mata, hay una evolución mental y una clara afirmación de las diferencias individuales; en una palabra, ni el gran entendimiento es grande en todo, ni todos presentan igual perfil.

A principios del siglo XX, Llorens, Giner de los Ríos, Simarro, Cajal, Lafora o Turró, entre otros muchos, facilitan la creación de las dos escuelas principales de psicología en nuestro país: la escuela madrileña y la escuela catalana.

1.1. La escuela catalana

A Ramón Turró se le puede considerar como el padre de la escuela catalana. La pregunta que trata de responder es cuál es el origen del conocimiento humano (Miralles, 1980; Turró, 1914).

La teoría trófica de Turró se puede sintetizar en una serie de puntos:

- El individuo es un sistema que tiende al equilibrio.
- Los desequilibrios pueden originarse en el interior o en el exterior.
- El desequilibrio interno se puede producir por un empobrecimiento energético. Este hecho origina una excitación que activa una serie de órganos. Esta activación nerviosa constituye el denominado *reflejo trófico*.
- La base del comportamiento es la información sobre la necesidad de material de repuesto. A esto se le denomina *sensibilidad trófica*. Esta sensibilidad trófica activa unos mecanismos de acción innatos, como por ejemplo los reflejos de presión o de succión, que permiten al ser vivo explorar el ambiente para localizar las sustancias adecuadas para satisfacer el hambre.
- Determinadas impresiones sensoriales se asocian con efectos tróficos satisfactorios experimentados con anterioridad. Así, al principio sólo se dispone de impresiones sensoriales.

Figura 2.3.—Ramón Turró (izquierda) y Emilio Mira y López.

Este conocimiento no conceptual se denomina *experiencia trófica*. En una fase posterior, las impresiones sensoriales se convierten en imágenes y éstas, a su vez, en conceptos. La experiencia trófica nos garantiza la existencia de objetos externos.

— Es el efecto nutritivo el que vincula a un objeto con la actividad de la persona. El organismo llega a conocer lo que sucederá después de realizar determinadas acciones, en la medida en que la persona se dé cuenta o tome conciencia.

En 1912 se funda la Sociedad de Biología de Barcelona y en 1920 el Instituto de Fisiología. En las dos instituciones destaca un alumno de Turró, Augusto Pi Suñer, quien va a centrar sus esfuerzos en comprobar empíricamente las ideas de su maestro (Pi Suñer, 1919).

Las obras de Turró y Pi Suñer se caracterizan por su concepción funcional y unitaria, por el estudio evolucionista de los procesos de adaptación y por el uso de una metodología experimental. Estas ideas se encuentran en Emilio Mira y López, quien desarrolla su actividad como psicólogo en el Instituto de Orientación Profesional de Barcelona.

La obra de Mira se puede sintetizar así:

— La orientación es un proceso continuo y se puede caracterizar como una actuación científica dirigida a lograr que cada persona se dedique al tipo de trabajo profesional en el que con menor esfuerzo puede obtener mayor rendimiento, provecho y satisfacción para sí mismo y para la sociedad.

— La orientación requiere estudiar a la persona, las profesiones y las cualidades necesarias en la persona para poder realizarlas con éxito.

— La mente responde siempre según el pasado. Distingue tres tipos de inteligencias: verbal, mecánica o espacial, y abstracta, así como dos tipos de temperamentos: deprimente o con tendencia a la inhibición y exaltante o con tendencia a la excitación.

— Estudia los procesos atencionales. A través del taquibradiscopio visual y acústico que él mismo diseñó, midió el tipo de atención característico del sujeto y teorizó sobre sus bases psicofisiológicas. Según Mira, hay una energía psíquica que tiende a conservar un potencial constante en todo el cerebro, de modo que un esfuerzo excesivo en un determinado campo psíquico se produce a expensas de una disminución de energía en otros campos. Cuanto más intenso sea el trabajo, más necesaria será la intervención de centros psíquicos cada vez más importantes e intensos. El resultado será el aumento de la claridad del producto elaborado, que pronto será percibido y sentido por todo el organismo. Así se produce el estado de atención consciente, por lo que la atención no sería más que la exageración de un fenómeno constante del cerebro.

— En el laboratorio de Mira se trabajaron, entre otras, las siguientes cuestiones:

- La investigación de las aptitudes mentales que exige la realización de distintas profesiones para poderse realizar con un rendimiento máximo y un mínimo esfuerzo.
- La clasificación de las profesiones según las aptitudes necesarias.
- La determinación y medida de las aptitudes del individuo, comparándolas con las que señala el tipo medio de cada profesión.

En resumen, la concepción psicológica de Mira gira alrededor de la unidad psicosomática entre la mente y el cuerpo.

1.2. La escuela madrileña

En Luis Simarro está presente la tesis de la adaptación del organismo al medio ambiente, consolidada a través de evolucionistas como Spencer o Darwin. Asume la idea spenceriana del evolucionismo, de lo homogéneo a lo heterogéneo, es decir, el principio de diferenciación (Carpintero, 1980; Encinas y Rosa, 1990).

Simarro desarrolla una línea de pensamiento que

se relaciona con los estudios de Galton sobre el genio. El mundo representaría una amenaza biológica para el organismo humano creador en un medio excesivamente complejo. Esta idea es congruente con la sostenida por Galton en su obra *El genio hereditario*.

Santiago Ramón y Cajal recuerda y cita expresamente a Huarte: «El hombre, si tiene bien organizado el cerebro, obra bien... y si el cerebro está mal organizado, yerra». Según Cajal, ésta es una de las frases de nuestros médicos renacentistas que constituyen fórmulas anatomofisiológicas, no corregidas ni mejoradas por la ciencia moderna. El desarrollo psicológico será para Cajal el resultado del desarrollo de las vías nerviosas de asociación. Un cerebro será excelente y pensará y obrará rectamente cuando las vías de asociación más robustas y directas junten las esferas conmemorativas primarias y secundarias cuyas imágenes correspondan a fenómenos solidarios del mundo exterior. Herencia y aprendizaje, según Cajal, sientan las bases de la vida mental, la inteligencia, el talento y la moralidad.

En 1925 se funda el Instituto de Orientación y Selección Profesional de Madrid, siendo uno de sus principales impulsores José Germain, figura central en el desarrollo de la psicología española durante la primera parte del siglo XX. En 1934 se funda el Instituto Nacional de Psicotecnia.

Hay una serie de elementos que ayudan al impulso del Instituto y la generación de una red nacional de centros de orientación en los que se van a formar los psicólogos españoles de la época:

— El desarrollo de la psicología experimental y del conocimiento de lo diferencial de los individuos, permitió disponer de aplicaciones tan importantes como la orientación profesional de base científica.
— El redescubrimiento de las doctrinas del médico español Juan Huarte de San Juan, que, consideradas desde el siglo XX, aparecieron centrando en la cultura española los orígenes de las ideas del guiaje y orientación que venían a sustituir las de adoctrinamiento y de moldeo de la personalidad en el campo de la educación. Así, la educación no debería usarse para descalificar las disposiciones naturales de la persona. La obra de Huarte sentaba las bases de la psicofisiología diferencial, cuyas primeras aplicaciones podían ser relacionadas con la ordenación profesional y social.
— La cátedra de Psicología Experimental, creada en 1902 en la Facultad de Ciencias de la Universidad de Madrid, materia obligatoria en el doctorado de medicina, reforzaba la idea de que la psicología era una ciencia biológica.
— La aureola creada en España por las actividades científicas y prácticas del Instituto de Orientación Profesional de Barcelona. La proyección exterior a través de la II Conferencia Internacional de Psicotecnia celebrada en Barcelona en 1921.
— El eco que tenían en el extranjero las iniciativas españolas de orientación profesional psicotécnica de los minusválidos.

Entre las principales actividades del Instituto Nacional de Psicología Aplicada se cuentan las siguientes:

— La investigación.
— La enseñanza y la formación de técnicos.
— La fisiología profesional: antropometría y exploración sensorial, exploración orgánica y neuroendocrina, clasificación tipológica.
— Psicotecnia juvenil: escolar, superdotados, orientación.
— Psicotecnia del adulto: selección, formación y reeducación profesional.
— Psicotecnia social y profesional: organización científica del trabajo, perfeccionamiento obrero, profesiología y prevención de accidentes.

En 1948 se funda el Departamento de Psicología Experimental del Centro Superior de Investigaciones Científicas, dirigido por José Germain. Este Departamento constituye un centro asociado al Instituto Nacional de Psicología Aplicada, siendo su principal tarea la creación y adaptación de tests psicológicos (Germain, 1980; Mallart, 1933; Pinillos, 1981; Yela, 1982).

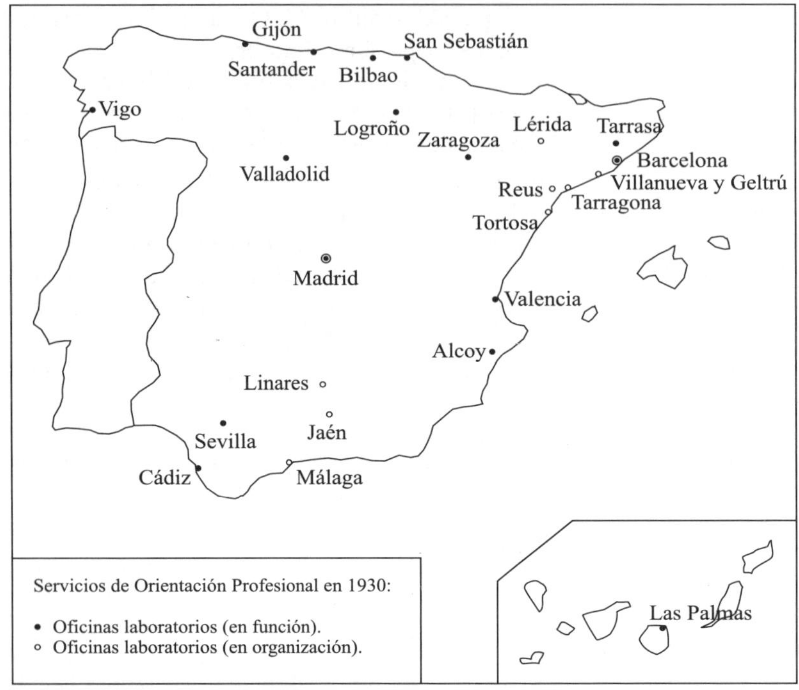

Figura 2.4.—Mapa de localización de la red de centros del Instituto Nacional de Psicotecnia en 1930.

En 1954 se funda la Escuela de Psicología y Psicotecnia de la Universidad de Madrid y en 1968 la sección de psicología de la Universidad Complutense de Madrid. Es en 1981 cuando se funda la primera Facultad de Psicología de España en la Universidad Complutense de Madrid.

1.3. Claves de la escuela española

En suma, hay una serie de características básicas que recogen las contribuciones de los distintos autores y escuelas españolas a lo largo de los siglos (véase los nombres de los autores que se ciñen a las correspondientes características en Colom, Juan y Quiroga, en prensa):

- Una *concepción naturalista,* biologicista, fisiológica, pero no reduccionista, de la persona. Esto quiere decir que la explicación del comportamiento humano debe recurrir a sus propiedades físicas, pero que eso no es suficiente.
- Una *concepción unitaria,* global, del ser humano. La persona no se puede descomponer en pequeñas piezas, sino que se debe ofrecer una visión de conjunto que no la diluya.
- El *carácter activo de la persona,* garantizado mediante las tendencias de respuesta propias de cada uno. La persona se relaciona con las situaciones de la vida dotado de una serie de propiedades que dan lugar a un determinado comportamiento propio de ella.
- Las tendencias de respuesta se van configurando a partir de una serie muy simple de reflejos innatos en interacción cada vez más compleja con el mundo. Por tanto, los autores de la escuela española tienen una *visión constructivista del proceso de conocer.*
- *Experimentalidad.* Los autores de la escuela española se decantan por el análisis experimental de las características de la persona. La especulación filosófica no es el camino más

adecuado para hacer psicología, aunque pueda ayudar de diversas maneras.

— Un claro énfasis en las *diferencias individuales,* tanto intelectuales como temperamentales o de personalidad. Estas dos categorías serían el resultado de simplificar el complejo y variado listado de tendencias de respuesta que parecen caracterizar a las distintas personas.
— La *adaptación de la persona a su medio ambiente* se produce gracias a sus propias características intelectuales y temperamentales. Es decir, dependiendo en buena medida de las propiedades personales, se llegará a un determinado tipo de adaptación o desadaptación a su contexto ambiental.
— Si la persona debe adaptarse a su ambiente, la sociedad debería poner a su servicio una serie de mecanismos que le ayudasen en ese proceso de adaptación. De aquí se deriva la perspectiva de la *orientación de la persona,* tanto escolar como profesionalmente, es decir, la conocida orientación vocacional con una base científica.
— Para garantizar esa adaptación no basta la orientación, sino que también se han de procurar medios para *educar* a la persona y poder modificar sus características intelectuales y temperamentales.
— *Defectología:* patologías, deficiencia mental o traumatismos de diversa naturaleza. Hay una serie de aspectos o eventos que producen una falta de adaptación de la persona a su medio ambiente. Entre ellos se encuentran los innatos y los derivados de accidentes sucedidos en el transcurso de la vida. La psicología debe comprometerse a ofrecer medios para mejorar la adaptación de las personas con problemas físicos o psíquicos.

En suma, todas estas características han estado presentes en los enfoques adoptados por los diferentes autores de la escuela española. Pero, por supuesto, está por ver si en la actualidad siguen vigentes total o parcialmente.

2. LA ESCUELA ANGLOSAJONA: GRAN BRETAÑA Y NORTEAMÉRICA

2.1. Francis Galton

El autor principal que origina la escuela anglosajona es Sir Francis Galton. Su máximo postulado teórico es que si hay variaciones esenciales en las propiedades físicas, también se deberán encontrar en las psicológicas.

Según este enfoque, hay una relación directa entre las diferencias individuales en el funcionamiento de los órganos sensomotores y las diferencias intelectuales. Cuanto mejor sea el rendimiento de la persona en tareas de tiempo de reacción de carácter sensorial y motriz, mayor será su capacidad intelectual.

En su obra *El genio hereditario* (que aún se sigue editando) escribe Galton: «En este libro me propongo demostrar que las habilidades naturales del hombre proceden de la herencia y están sometidas exactamente a las mismas limitaciones que la forma y características físicas de todo el mundo orgánico».

Además, Galton recurre a una serie de métodos estadísticos para recoger información sobre las diferencias individuales. De este modo, estudia la estadística de Quetelet y se encuentra con la distribución normal de medidas físicas como la estatura. En concreto, observa que si midiésemos la estatura de una población de personas de un determinado país encontraríamos que una buena parte de ellos se situarían alrededor de una estatura media, una segunda parte de la población menos numerosa se situaría alrededor de alturas algo mayores y una tercera parte aún menos numerosa se situaría en un grupo de personas muy altas; la inversa se daría con las personas algo más bajas que la media y mucho más bajas que la media. Por consiguiente, cualidades físicas como la estatura seguirían una distribución normal, ofreciendo el aspecto de una campana: «si esto ocurre con la estatura, lo mismo tendrá que suceder con todas las demás características físicas, tales como el perímetro craneal, el tamaño del cerebro, el peso de la sustancia gris o el número de fibras nerviosas; y, por tanto, dando un paso que ningún filósofo dudará en dar, esto mismo ocurrirá con la capacidad mental».

La verdad es que a Galton se le puede considerar un gran revolucionario de la psicología. Veamos como botón de muestra las opiniones de algunos autores importantes en la psicología contemporánea:

- *Galton fue el primero que intentó aplicar los principios evolucionistas de la variación, selección y adaptación al estudio de los individuos humanos. Galton inició asimismo el uso de tests de asociación libre, técnica más tarde adoptada y desarrollada por Wundt*[1].
- *La contribución teórica de Galton al estudio de las diferencias individuales en psicología humana consiste en relacionar dicho estudio con el mecanismo general de la evolución*[2].
- *Mientras Wundt conservó el pasado, Galton construyó cimientos para el futuro. Galton es fuente de la psicología moderna en mucha mayor medida que Wundt*[3].
- *Galton es probablemente el psicólogo en el que se sintetizan más claramente los objetivos científicos y prácticos, así como el método correlacional y experimental*[4].

Francis Galton desarrolla una serie de técnicas para estudiar científicamente las diferencias individuales:

- Formula las principales medidas de dispersión, como por ejemplo la desviación típica.
- Inventa los percentiles, los métodos de regresión y las tablas de referencia para interpretar las puntuaciones individuales (baremos).
- Elabora los primeros cuadernos para el registro ponderado del desarrollo desde el nacimiento.
- Inventa diversos aparatos de registro, como el silbato de Galton, para medir las funciones auditivas, pruebas para la discriminación de la profundidad de color, agudeza visual o el daltonismo.
- Desarrolla el índice de correlación para describir la fuerza de la relación entre dos variables o medidas.

Estos desarrollos instrumentales y metodológicos le permiten a Galton montar un laboratorio antropométrico que por primera vez se instala en la Muestra Internacional de Salud celebrada en Londres en 1884.

Además, Galton inventa el retrato robot y sugiere el uso de las huellas dactilares para identificar a las personas de modo inequívoco. Ambos han sido de gran utilidad en la investigación policial.

2.2. University College

El University College de la Universidad de Londres se va a convertir en la institución central de la escuela británica (Boring, 1950; Deary, 1996; Sahakian, 1975).

Galton proporciona un gran número de instrumentos de medida al laboratorio de psicología del University College. Tanto Galton como Karl Pearson influyen decisivamente en las investigaciones desarrolladas en este laboratorio.

Desde 1906 a 1931 el laboratorio de psicología es dirigido por Charles Spearman y, posteriormente, por Sir Cyril Burt hasta 1951. Burt (1952) escribe: «Durante los 20 años que he ocupado la cátedra de Psicología del University College mi propósito principal ha sido preservar sus tradiciones originales y hacer de él un foco de aquella rama de la psicología que allí fue fundada y desarrollada por Galton —psicología individual o, como Stern acostumbra a llamarla, psicología diferencial—, el estudio de las diferencias mentales entre individuos, sexos, clases sociales y otros grupos».

Hay dos alumnos de Burt que deben ser mencionados: los profesores Raymond B. Cattell y Hans J. Eysenck.

R. B. Cattell también tuvo la oportunidad de estudiar con Charles Spearman, pero terminado su

[1] Anne Anastasi (1958, págs. 8 y 9).
[2] M. Reuchlin (1969, pág. 20).
[3] G. A. Miller (1968, pág. 202).
[4] Anne Anastasi (1958, págs. 8 y 9).

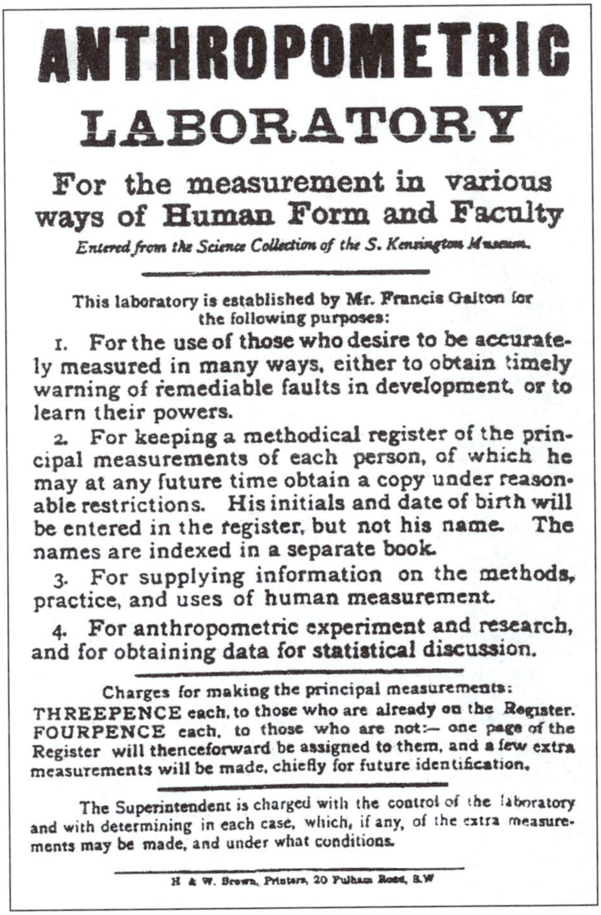

ANTHROPOMETRIC

LABORATORY

For the measurement in various ways of Human Form and Faculty

Entered from the Science Collection of the S. Kensington Museum.

This laboratory is established by Mr. Francis Galton for the following purposes:

1. For the use of those who desire to be accurately measured in many ways, either to obtain timely warning of remediable faults in development, or to learn their powers.

2. For keeping a methodical register of the principal measurements of each person, of which he may at any future time obtain a copy under reasonable restrictions. His initials and date of birth will be entered in the register, but not his name. The names are indexed in a separate book.

3. For supplying information on the methods, practice, and uses of human measurement.

4. For anthropometric experiment and research, and for obtaining data for statistical discussion.

Charges for making the principal measurements:
THREEPENCE each, to those who are already on the Register.
FOURPENCE each, to those who are not:— one page of the Register will thenceforward be assigned to them, and a few extra measurements will be made, chiefly for future identification.

The Superintendent is charged with the control of the laboratory and with determining in each case, which, if any, of the extra measurements may be made, and under what conditions.

H & W. Brown, Printers, 20 Fulham Road, S.W

Figura 2.5.—Anuncio del Laboratorio Antropométrico de Galton instalado en la Muestra Internacional de Salud celebrada en Londres en 1884.

período de formación y tras desarrollar alguna investigación en el laboratorio, se traslada a los Estados Unidos, donde funda la Sociedad de Psicología Experimental Multivariada para el desarrollo de la psicología factorial. También es fundador del *Institute for Personality and Ability Testing* (IPAT) de Illinois, centro de investigación en el que se han desarrollado un gran número de instrumentos de medida usados internacionalmente. Los resultados prácticos de los estudios realizados en el IPAT han estado dirigidos tanto a la medida de la inteligencia como de la personalidad. Quizá el resultado más conocido de Cattell sea el 16 PF, un test de medida de importantes variables de personalidad muy empleado en psicología organizacional (selección de personal, fundamentalmente) y en psicología clínica. Además de contribuir al desarrollo de tecnología psicológica, Cattell también es un renombrado teórico de la psicología, aunque la complejidad matemática de sus trabajos han sido en bastantes ocasiones una traba para su conocimiento por el gran público psicológico.

Hans Jurgen Eysenck ha sido uno de los autores más importantes de la psicología en general. Ha sido autor de numerosas obras de divulgación psicológica que han servido para dar a conocer el carácter científico de los estudios psicológicos. También ha mantenido sonados debates públicos que han dado la vuelta al mundo y ha sido incluso objeto de persecución por parte de determinados grupos radicales. En la comunidad científica Eysenck ha destacado por sus estudios sobre las diferencias de personalidad, desarrollando la conocida teoría PEN (Psicoticismo, Extroversión, Neuroticismo), aunque también ha explorado el problema de las diferencias intelectuales. Sus estudios han partido del análisis de los rasgos, pero su propio equipo de investigación y otros muchos equipos de diferentes países han explorado las bases biológicas de las principales dimensiones de la personalidad, de entre las que han destacado la *extroversión* y el *neuroticismo*, incluidas en su teoría PEN (Eysenck y Eysenck, 1985).

Siguiendo a Charles Spearman (1904), las principales características de la escuela británica se pueden resumir así:

- La naturaleza de la mente se debe explorar a través del análisis de una serie de elementos más simples.
- Hay un rechazo explícito de los métodos introspeccionistas. Spearman lo expresa del siguiente modo: «Cuando decimos que la decisión de Régulo de votar en contra de la paz con Cartago no fue más que un conglomerado de sensaciones visuales, auditivas y táctiles, de distinta intensidad y grado de asociación, entonces corremos el riesgo innegable de perder algunos elementos psíquicos preciosos».

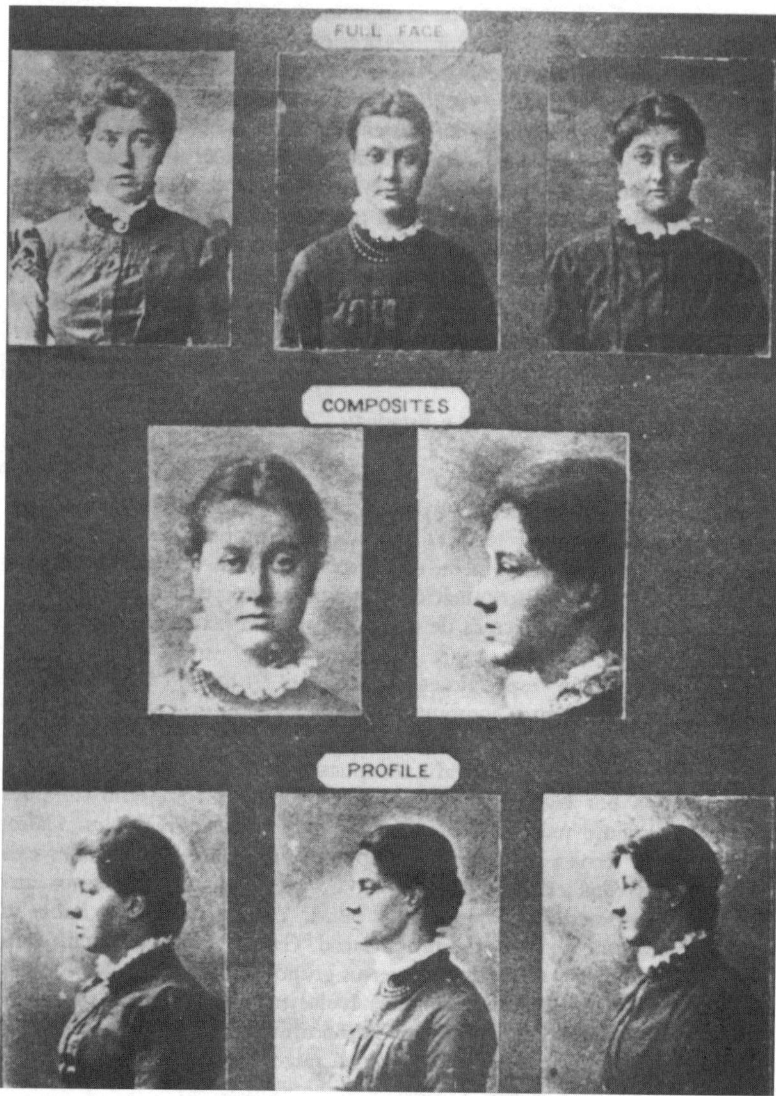

Figura 2.6.—Retrato compuesto de tres hermanas realizado por Galton. Full Face = Rostro original. Composites = = Combinaciones. Profile = Perfil.

— Se apoya una psicología correlacional que pueda averiguar objetivamente cuáles son las tendencias psíquicas importantes. Más en concreto, se pretende averiguar cuáles son las relaciones entre el rendimiento de los sujetos en los tests mentales y las actividades psíquicas más interesantes.
— Hay un rechazo tanto de las teorías clásicas de las facultades, tan influyentes en los primeros intentos de construir una psicología científica, como del recurso a la iluminación interna o intuición del investigador. La escuela británica pretende producir hechos verificables. Según Spearman, si este programa tan ambicioso tiene éxito dará a la psicología experimental el eslabón que le falta en su justificación teórica, y al mismo tiempo se habrá logrado un fruto práctico prometedor.
— Mientras que el procedimiento habitual en psicología consistía en determinar de un mo-

Figura 2.7.—De izquierda a derecha: Charles Spearman (1863-1945), Sir Cyril Burt (1883-1971), Hans Jurgen Eysenck (1916-1997) y Raymond Bernard Cattell (1905-1998).

do subjetivo un área de investigación, como la percepción, la atención, la imaginación o la fatiga, la escuela británica se propone no adoptar ninguna posición teórica al comenzar a investigar y llegar a averiguar experimentalmente cuáles pueden ser los conceptos teóricos importantes.

— Las personas usadas en las investigaciones psicológicas deben representar a la población general. De ahí procede la idea de la muestra representativa de la población. Escribe Spearman: «Una Universidad no es el lugar idóneo para buscar la correspondencia natural entre funciones».

— Hay que estudiar los fundamentos cognitivos del rendimiento de las distintas personas en las pruebas o tests mentales. La obra de Charles Spearman, *La naturaleza de la «inteligencia» y los principios de la cognición*, constituye el primer estudio cognitivo sistemático en la historia de la psicología. Según Carroll (1982), esta obra es un análisis minucioso de los procesos de razonamiento tal como se manifiestan en la resolución de silogismos, la obtención de inferencias a partir de proposiciones, la resolución de problemas matemáticos y otros procesos similares.

En resumen, puede sostenerse que la escuela británica se caracteriza por un esfuerzo intenso por someter a análisis matemático y estadístico el estudio de las diferencias individuales. Por ello, en ocasiones se le denomina psicología factorialista, cuyo principal denominador común es el uso de procedimientos estadísticos para producir teorías psicológicas de una alta calidad científica.

Sin embargo, como escribió Raymond B. Cattell (1947) sobre Charles Spearman, «las teorías de Spearman quedaron inadvertidas a causa de la serena elegancia matemática que las revestía. Probablemente, el que la mayoría de los investigadores no siguieran este rastro se debió a que se interpuso casi inmediatamente el clamor y la gritería producidos por las pruebas de Binet[5]».

2.3. James McKeen Cattell

J. M. Cattell trabaja con Francis Galton en su Laboratorio Antropométrico de Londres. Posteriormente, funda el laboratorio de psicología de la Universidad de Columbia, quizá el primer producto visible de la escuela americana (Boring, 1950).

J. M. Cattell sigue las directrices de Galton y rechaza el enfoque de Wundt, como sucede en el

[5] Luego estudiaremos la figura de Alfred Binet, dentro de la escuela francesa.

caso de la escuela británica (Anastasi, 1958; Boring, 1950). Veamos algunas características del laboratorio de Cattell a través de su artículo clásico, *Mental test and measurement* (tests mentales y medida):

— «El Sr. Francis Galton utiliza ya algunos de estos instrumentos en su laboratorio antropométrico». Cattell esperaba que «la serie de tests aquí presentada encontrará su aprobación».
— Consideraba conveniente seguir a Galton y combinar tests corporales, tales como peso, tamaño o color de los ojos, con determinaciones psicofísicas y mentales.
— Escribe Cattell: «Sigo al Sr. Galton en la elección del sentimiento de esfuerzo o peso. El Sr. Galton emplea un ingenioso instrumento que mide el tiempo mediante el movimiento de caída de un bastón y prescinde de la electricidad. Al igual que Galton, hago que el sujeto divida a una regla de ébano en dos partes iguales, valiéndose de una línea móvil».

Por consiguiente, Cattell compartía la idea de Galton de que era posible lograr una medida del funcionamiento intelectual mediante tests de discriminación sensorial y de tiempo de reacción. Las funciones sencillas se podían medir con precisión, en contraste con las propiedades más complejas, cuya medida objetiva no resultaba nada simple (Anastasi, 1958).

Según Boring, la psicología de Cattell no se puede reducir a los tests mentales, sino que es una Psicología de las capacidades humanas. Cattell trata de desarrollar una descripción de la naturaleza humana con respecto a su alcance y variabilidad, del mismo modo que Galton.

2.4. La escuela americana después de J. M. Cattell

La vertiente americana de la escuela anglosajona está muy vinculada a los tests mentales y al uso de métodos matemáticos, al igual que la escuela británica.

Las dos guerras mundiales supusieron momentos importantes para el desarrollo de la tradición americana, puesto que dio lugar a una especial comunicación entre un gran número de investigadores. En este sentido, hay un gran parecido con lo ocurrido en otras ramas de la ciencia, como la física.

Hay muchos autores e instituciones que son relevantes en la escuela americana, pero quizá los más importantes sean los siguientes:

— El *Laboratorio de Psicometría* de Louis Leon Thurstone instalado en la ciudad de Chicago.
— El *Proyecto sobre Aptitudes* de Joy Paul Guilford y el ejército americano.
— El *IPAT* (*Institute for Personality and Ability Testing*[6], es decir, Instituto para la Medida de la Personalidad y las Aptitudes) dirigido por Raymond Bernard Cattell.
— El equipo de la Universidad de Stanford dirigido por Lewis Terman. Esta Universidad será desde entonces un centro de equipos de investigación sobre las diferencias individuales. Autores tan importantes como Lee J. Cronbach o Richard Snow han llevado a cabo sus investigaciones en esta Universidad. Muy cerca de la Universidad de Stanford se encuentra la Universidad de Berkeley, donde ha trabajado uno de los autores más importantes de la psicología de las diferencias individuales: Arthur Jensen.
— El *Educational Testing Service* de Princeton[7].

En estos y otros centros y bajo la atenta supervisión de los autores citados se han formado la mayor parte de los investigadores de las diferencias individuales en los Estados Unidos. Además, han servido para la formación de investigadores de varios países.

En suma, se puede decir que hay tres ramas básicas de desarrollo en los Estados Unidos:

[6] Institute for Personality and Ability Testing. Inc. (IPAT), P.O. Box 188, Champaign, IL 61820. Dirección de Internet: custservice@ipat.com.

[7] Dirección de Internet: gopher://gopher.ets.org:70/.

Laboratory of Psychology of Columbia College,

PHYSICAL AND MENTAL TESTS.

Name .... Date of Birth ....
Birthplace .... of father .... of mother ....
Class .... Profession of father ....
Color of eyes .... of hair ....
Perception of size .... Memory for size ....
Height .... Weight ....
Breathing capacity { 1 .... 2 .... } Size of head .... Right handed? ....
Strength of hand, right { 1 .... 2 .... } Left { 1 .... 2 .... }
Keenness of sight, right eye .... Left ....
Keenness of hearing, right ear .... Left ....
Reaction-time { 1 2 3 4 5 Av. }
After-images ....
Color vision .... Perception of pitch ....
Perception of weight 1 ...... 2 ...... 3 ...... Sensation areas 1 ...... 2 ...... 3 ...... 4 ...... 5 ......
Sensitiveness to pain { right hand .... left hand .... } Preference for color ....
1 2 3
Perception of time ....
Accuracy of movement .... Rate of perception and movement ....
Memory ....
Imagery ....
Are you willing to repeat these tests at the end of the Sophomore and Senior years? .... Do you wish to have a copy of these tests sent you? ....
Date of measurement .... Recorded by ....

Figura 2.8.—Plantilla de registro del Laboratorio de Psicología de J. M. Cattell en la Universidad de Columbia.

— En primer lugar, la psicología factorialista de Thurstone, Cattell o Guilford, cuyo objetivo es explorar de un modo científico dos áreas básicas de investigación: la inteligencia y la personalidad humanas.

— En segundo lugar, el movimiento de los tests psicológicos. El principal cometido de este movimiento es producir instrumentos de medida fiables y válidos que permitan estimar una gran diversidad de propiedades psicológicas, de manera que se puedan emitir juicios científicos objetivos sobre distintos individuos en situaciones prácticas como la educación, el trabajo y la clínica.

— En tercer lugar, una línea de investigación básica de las diferencias individuales que va a dar lugar en los últimos 30 o 40 años a la denominada *psicología cognitiva diferencial*, cuyo cometido es explorar las causas de las diferencias intelectuales a través del análisis experimental de laboratorio de los procesos mentales.

Evidentemente, estos tres pilares no son independientes, ni posiblemente sean los únicos. Entre ellos se han establecido considerables relaciones de indudable interés para el avance científico relacionado con la exploración de las diferencias individuales.

2.5. El paradigma teórico básico de la psicología de las diferencias individuales (O-E-R, organismo-estímulo-respuesta)

Probablemente, una de las principales contribuciones teóricas de la escuela americana proviene de la tesis doctoral de L. L. Thurstone.

En este estudio, posteriormente convertido en un artículo publicado en 1923, *The stimulus-response fallacy in psychology*, Thurstone se pone el objetivo de rechazar el planteamiento conductista de J. B. Watson y sus seguidores. Asimismo, diseña una alternativa más válida para la investigación psicológica rigurosa, pero no por ello «reductora» de la riqueza del comportamiento humano.

Para Thurstone, antiguo ayudante de T. A. Edison, una psicología científica que se gane el respeto de las otras ciencias naturales no exige ceñirse exclusivamente al análisis de la conducta directamente observable. Resulta perfectamente posible atender a las propiedades psicológicas no observables y, sin embargo, conservar el estatus de ciencia en sentido estricto.

Es un hecho que la psicología no puede ignorar que «nosotros buscamos activamente la mayor parte de nuestros estímulos». Según Thurstone, «todo problema científico es una búsqueda de las relacio-

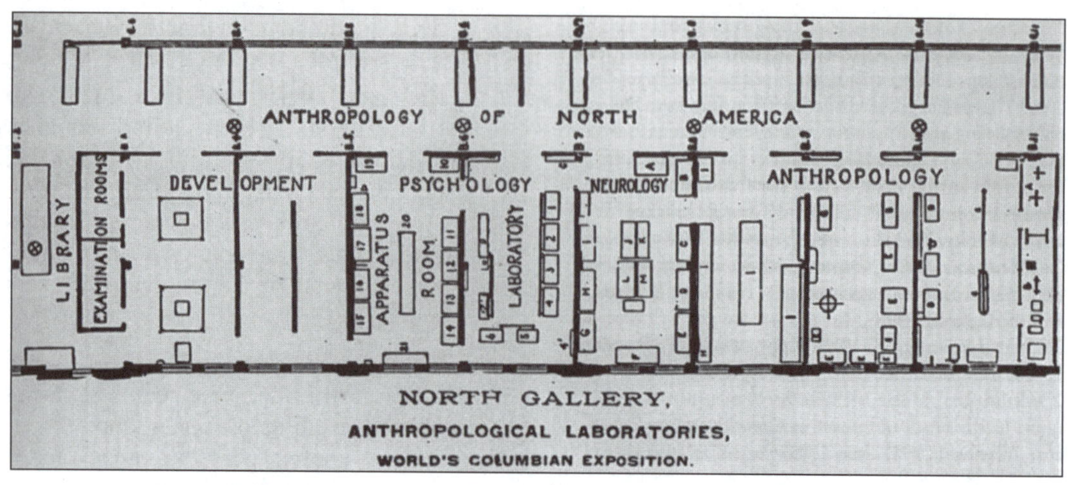

Figura 2.9.—*Arriba:* Laboratorio de la Universidad de Columbia en el que James McKeen Cattell (abajo derecha, 1860-1944) desarrolló sus investigaciones. *Abajo:* G. M. Whipple (centro) y Robert Yerkes (derecha).

nes funcionales entre dos variables. En psicología tenemos dos sistemas de variables que deben relacionarse: los motivos y los comportamientos observables. En lugar de seleccionar estos dos sistemas de variables tratamos [equivocadamente] de expresar la acción como una función del estímulo».

La tesis de Thurstone se puede sintetizar así:

— Se ha ido demasiado lejos al sostener que la psicología estudia las relaciones estímulo-respuesta.
— Se ha olvidado que la persona puede o no responder a determinados estímulos.
— Se debe dar un «golpe de estado» para destronar al *estímulo* como el elemento básico de la investigación psicológica.
— El elemento importante en la investigación psicológica debería ser el individuo y sus motivos, deseos, necesidades o ambiciones.
— El estímulo es simplemente el hecho más o menos accidental del ambiente que se transforma en estímulo sólo cuando sirve como instrumento para los propósitos de alguien. Cuando no sirve como instrumento para hacer lo que queremos, ya no resulta posible hablar de estímulo.
— El estímulo no es una causa, sino sencillamente un medio a través del cual alcanzar

Figura 2.10.—De izquierda a derecha: Lewis Terman (1877-1956), David Wechsler (1896-1981) y Robert L. Woodworth.

nuestros objetivos personales, no los del estímulo.

— Thurstone presenta un paradigma alternativo al clásico de «Estímulo-Organismo-Respuesta», en el que el elemento esencial de la investigación psicológica es el estímulo y la persona simplemente modifica la serie estímulo-respuesta. De este modo, cuando se hace referencia al instinto, se piensa sobre todo en algún estímulo que pueda desencadenar la conducta instintiva, pero se ignora a la persona.

El nuevo paradigma postulado por Thurstone es el siguiente:

El individuo-El estímulo-El comportamiento

Aquí el individuo es el punto de partida. El estímulo se considera como una circunstancia mo-

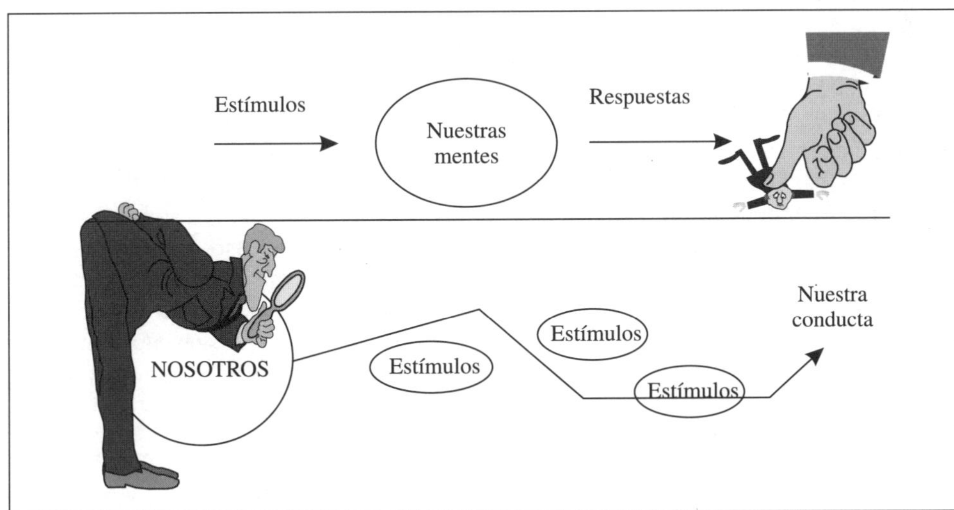

Figura 2.11.—Caricatura del paradigma E-O-R (parte superior) y del paradigma básico de la psicología de las diferencias individuales, O-E-R (parte inferior).

Figura 2.12.—De izquierda a derecha: Louis Leon Thurstone (1887-1955), Joy Paul Guilford (1897-1987) y Lee J. Cronbach (1916-).

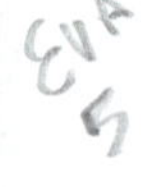

mentánea del ambiente. El individuo debe ser considerado la primera causa con la que se debe implicar la psicología científica. Por eso, suele decirse que la psicología de las diferencias individuales es un enfoque científico centrado en la persona, no en el estímulo.

Hay que decir que este paradigma O-E-R ha sido nuevamente puesto encima de la mesa por un autor tan importante actualmente como Robert Plomin, y lo ha hecho en su *obra Genetics and Experience* (1994). En esencia, el profesor Plomin sugiere que el paradigma O-E-R puede ayudar a los psicólogos a expresar operativamente la idea de que la persona debe ser considerada como un ser activo. Curiosamente, Plomin no se ha basado en Thurstone para hacer su propuesta, de modo que estos dos autores han llegado a conclusiones semejantes de un modo independiente, ¡pero con una diferencia de 60 años! (Plomin, comunicación personal).

3. LA ESCUELA FRANCESA

3.1. Alfred Binet

El artículo escrito por Binet y Henri en 1895, *La psicología individual*, se encuadra dentro del naciente movimiento de los tests mentales. Además, critica la visión elementarista o simple de los tests típicos del enfoque de Galton o Cattell, que son sensoriomotrices.

Un estudio clásico realizado en Estados Unidos por Wissler (1901) expresó la escasa viabilidad práctica de la perspectiva galtoniana. Así, las medidas típicas usadas por Galton no predecían las diferencias individuales en el rendimiento académico de los universitarios.

Sin embargo, en realidad, la calidad científica del estudio de Wissler es muy pobre (Eysenck y Eysenck, 1985):

- Usa entre tres y cinco medidas de tiempo de reacción, cuando para poder lograr promedios significativos se necesitan unas 100 medidas, dada la variabilidad de este tipo de medidas.
- Wissler no usó ningún test de inteligencia, sino que se limitó a correlacionar los tiempos de reacción con las notas medias de los estudiantes universitarios, quienes, por supuesto, no son suficientemente representativos de la población general.

Tras un largo período que Alfred Binet destinó a investigar las tareas más simples que habían estudiado Galton y Cattell, entre otros, llegó a la conclusión de que los tests que incluían tareas más complejas y que mostraban una mayor similitud

Figura 2.13.—De izquierda a derecha: Alfred Binet (1857-1911), Henri Pieron (1881-1964) y Edouard Claparède (1873-1940).

con las actividades mentales de la vida diaria, podían ser mucho más interesantes (Carroll, 1982).

Escribe Binet que «el uso de los tests está muy extendido en la actualidad: hay autores contemporáneos que se han especializado en crear nuevos tests; los organizan en función de una teoría, sin preocuparse de verificarlos convenientemente».

Binet y Simon (1905) plantean algunas consideraciones en el desarrollo de su famosa *Escala Métrica de la Inteligencia:*

— Una evaluación adecuada de la inteligencia exige usar tareas que se parezcan lo más posible a las verdaderas tareas de interés o criterio, es decir tareas reales como superar las distintas asignaturas de la educación primaria.
— La evaluación no debería realizarse en el laboratorio, sino en los contextos naturales en los que se desarrollan las tareas criterio, es decir, las distintas asignaturas.
— La rapidez es necesaria en este tipo de exámenes. Es imposible prolongarlos más allá de 20 minutos sin fatigar al sujeto.
— Los tests deben ser heterogéneos o variados, para que puedan abarcar rapidamente un amplio campo de observaciones.
— El objetivo es apreciar un nivel de inteligencia, separando la inteligencia natural y la instrucción, lo que puede suponer sacrificar muchos ejercicios de carácter verbal, literario o escolar.
— Juzgar bien, comprender correctamente y razonar bien, son los resortes esenciales de la inteligencia.
— La *memoria,* aun siendo un elemento importante de la inteligencia, debe considerarse distinta al *juicio*. Se puede tener una gran memoria sin juicio y a la inversa.

La escala métrica de la inteligencia supone, por tanto, una cierta teoría de la inteligencia. Así, según Oleron (1957), al expresar la inteligencia con una sola cifra, Binet supone que el objeto de medida es único.

Las investigaciones de Alfred Binet permiten responder a una serie de demandas técnicas: selección de deficientes, interpretación y clasificación de las anormalidades del comportamiento o predicción del éxito y ajuste personal.

La psicología individual debería centrarse, según Binet, en el estudio de los procesos superiores y abrirse a nuevas formas de trabajo que simplifiquen las tareas de los laboratorios y los aproximen a la vida cotidiana. Por ello, uno de los métodos más útiles es el de los tests psicológicos.

En resumen, la contribución de Alfred Binet al desarrollo de la psicología de las diferencias individuales consiste en:

- Su interés básico por el tema.
- Su énfasis en el estudio de las funciones superiores, de los procesos complejos del psiquismo, frente al elementarismo y simplicidad de la perspectiva de Galton o J. M. Cattell.
- Su insistencia en una renovación metodológica. En este sentido, defiende los tests mentales y tiene una concepción práctica del examen psicológico.

3.2. La escuela francesa después de Alfred Binet

Afred Binet muere prematuramente, por lo que su proyecto de investigación básica y práctica de las diferencias individuales no tiene una clara continuidad personal.

Sin embargo, Henri Pieron se hace cargo del Laboratorio de Psicología de París tras la muerte de Binet, y recoge el testigo dejado por éste.

E. Claparede constituye otra personalidad importante en el desarrollo de la tradición francesa (Hernández López, 1986). Igual que Binet, sostiene la necesidad de brindarle a la psicología la posibilidad de demostrar su carácter práctico a la sociedad. Por ello, Claparede se va a convertir en uno de los principales impulsores de la psicología aplicada a nivel internacional.

En los años más recientes se puede encontrar en Francia a una serie de investigadores influidos de modo directo o indirecto por los primeros desarrollos de Alfred Binet.

Quizá el autor más importante, en este sentido, sea el alumno de Pieron, Maurice Reuchlin, quien fue el encargado de escribir una manual básico de psicología diferencial *(La psychologie différentille),* editado en 1969 originalmente y que ha sido editado posteriormente en varias ocasiones, siendo la última de 1993. Este manual básico ha servido como base para la formación de muchos profesionales que actualmente orientan sus actividades psicológicas en Francia desde esta perspectiva científica.

En suma, en los últimos años destacan como temas de investigación primordiales, entre otros (Reuchlin, 1978):

- El estudio de las diferencias intraindividuales, es decir, la exploración de los cambios de una misma persona en distintas situaciones y ocasiones.
- El estudio de los cambios madurativos durante el ciclo vital.
- El análisis de la inteligencia, con especial acento en el retraso mental.

4. LA ESCUELA SOVIÉTICA

La tradición soviética es habitualmente denominada *psicofisiología de las diferencias individuales* (Andrés Pueyo, 1989a; Reuchlin, 1980).

Su principal objetivo ha sido encontrar una explicación causal de las diferencias de comportamiento a través del estudio científico de variables fisiológicas en animales, fundamental aunque no exclusivamente.

4.1. I. P. Pavlov

En sus clásicas investigaciones sobre la digestión en la famosísima *Torre del Silencio*, el gran Pavlov encontró diferencias individuales sistemáticas y consistentes en condicionabilidad entre los perros estudiados por él.

De esta manera, Pavlov observa que algunos de sus perros se condicionan con extrema facilidad, mientras que otros perros tardan mucho más tiempo en reaccionar a las condiciones experimentales.

Debe recordarse que el estudio básico de Pavlov consistió en:

- Situar a un perro en una habitación insonorizada.

— Tras un período de abstinencia alimenticia, seguir una secuencia como la siguiente:

- Hacer sonar una campana.
- Inmediatamente después de finalizar el sonido de la campana darle algo de comida al perro.
- Repetir esta sencuencia sonido-comida una serie de veces, respetando los mismos intervalos temporales en la versión más sencilla.
- Tras el período de repetición de la secuencia, hacer sonar la campana, pero no darle comida al perro.
- Comprobar la reacción fisiológica del perro al sonido de la campana. Una operación quirúrgica permitía obtener indicadores fisiológicos de la respuesta alimenticia del perro, como la respuesta salivar.

Pavlov comprobó que el sonido de la campana disparaba automáticamente la salivación del perro. Su interpretación fue que el perro había aprendido a *asociar* el sonido de la campana con la comida, hecho que le llevaba a anticipar la llegada de la comida preparando su sistema digestivo con alguna antelación.

El dato importante aquí es que Pavlov observa diferencias individuales sistemáticas entre los perros, a partir de lo que desarrolla una serie de explicaciones teóricas sobre las posibles causas fisiológicas de estas diferencias «caninas».

Este principio básico de la condicionabilidad se rescató en los Estados Unidos a través de J. B. Watson y ha influido decisivamente en los programas de investigación dirigidos a relacionar las diferencias individuales observables con su base psicofisiológica.

Pavlov sostuvo que la explicación de las funciones mentales debía basarse en un estudio detallado y minucioso de sus bases fisiológicas. Según G. A. Miller (1968), la concepción de Pavlov no es en absoluto una teoría fisiológica, sino que es una teoría psicológica disfrazada en un lenguaje fisiológico.

4.2. La escuela soviética después de Pavlov

El trabajo de los psicólogos rusos comienza con las propiedades y clases de la actividad nerviosa. La conducta manifiesta de una persona sería, por consiguiente, una mezcla de:

— El tipo de sistema nervioso.

— Las experiencias condicionantes.

La escuela soviética explora, entre otras, cuatro propiedades básicas del sistema nervioso: la fuerza, la movilidad, el dinamismo y el equilibrio.

Fuerza. Un sistema nervioso fuerte puede soportar una excitación prolongada y concentrada, o la acción de un estímulo muy fuerte, sin pasar a un estado de inhibición.

Un reflejo condicionado (por ejemplo, la respuesta salivar ante el sonido de una campana) aumentará en magnitud cuando aumente la intensidad del estímulo, hasta el momento en que la intensidad del estímulo produzca inhibición, es decir, sea tan intensa que el sistema ya no responda. Así, la respuesta condicionada no aumentará más en magnitud e incluso podrá descender o desaparecer. Este punto se denomina *umbral de inhibición transmarginal*, y se alcanzará más pronto en un *sistema nervioso débil*.

En el *sistema nervioso fuerte,* una determinada dosis de cafeína tendrá el efecto de aumentar el proceso excitatorio. En el sistema nervioso débil este efecto disminuye al hacer que la célula sobrepase los límites de su capacidad de trabajo, es decir, se sature y deje de responder.

Un sistema nervioso débil se encuentra en una situación de mayor activación espontánea. Se correspondería con un córtex bombardeado de modo global e inespecífico por una estructura cerebral denominada *Sistema Activador Reticular Ascendente* (SARA).

La fuerza tiene que ver con las propiedades de las neuronas en términos de una sustancia de excitabilidad que dirige la capacidad de trabajo. Por su parte, la activación cerebral espontánea se refiere a la descarga de las neuronas según diversos

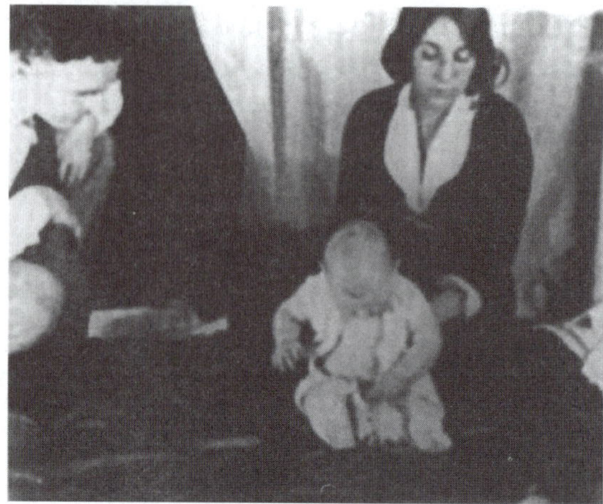

Figura 2.14.—*Izquierda:* Iván P. Pavlov (1849-1936). *Derecha:* John B. Watson y Rosalie Rayner con el pequeño Albert en un clásico experimento de condicionamiento siguiendo las pautas expresadas por Pavlov.

grados de actividad, debida al SARA, en respuesta al grado de la carga de trabajo. Por consiguiente, la fuerza es intrínseca al sistema nervioso, mientras que la activación espontánea es una exigencia externa.

Movilidad. Se refiere a la velocidad de adaptación del organismo a circunstancias novedosas.

Dinamismo. Constituye la capacidad para formar reflejos condicionados positivos y reflejos condicionados inhibidores. Como ejemplo, se podría decir que las personas introvertidas serían altas en el dinamismo de procesos excitatorios y bajas en el dinamismo de procesos inhibidores; es decir, se excitan con rapidez y se inhiben con lentitud.

Equilibrio. Sería una cuarta dimensión relacionada con la fuerza relativa de los procesos inhibidores y excitatorios, que se añade a las tres dimensiones independientes de fuerza, movilidad y dinamismo.

En suma, la escuela soviética tiene un carácter psicofisiológico o, si se quiere, biológico. Su planteamiento ha resultado decisivo en los intentos de autores muy importantes, como Hans J. Eysenck, al explorar las bases biológicas de determinados conceptos psicológicos relacionados con las diferencias de personalidad. Los autores más relevantes en los que se ha apoyado la tradición diferencialista rusa con posterioridad a las investigaciones de Pavlov han sido, entre otros, Teplov, Nebylitsin, Rojdestvenskaya, Merlin o Goluveba.

En cualquier caso, no se deben olvidar los desarrollos psicométricos de la escuela soviética. Así por ejemplo, el Instituto Panukraniano publica en 1928 sus trabajos en la obra *Las medidas de la inteligencia*. En 1930, Baranov y Solovieff editan una serie de tests de inteligencia. En 1920 se crea en Rusia una serie de Institutos (*Instituto de Eficiencia Industrial* e *Instituto Central del Trabajo*) destinados al estudio de la producción y el trabajo, así como a la divulgación y aplicación de los métodos psicotécnicos (Fernández-Ballesteros, 1980).

SUMARIO

Las escuelas son corrientes de pensamiento científico en las que se organizan de un modo más o menos homogéneo distintos autores e investigadores. Es decir, los programas de investigación destinados a responder a las preguntas sobre las diferencias individuales se pueden distinguir según la variación particular de la misma partitura científica representada por cada una de las escuelas. La escuela española siempre ha estado en estrecha relación con las ciencias biológicas y médicas. Una gran parte de los psicólogos de principios de siglo en nuestro país habían tenido una formación médica, con influencias remotas del médico renacentista Huarte y recientes del fisiólogo Cajal. La escuela anglosajona también ha mantenido este contacto con las disciplinas biológicas. De hecho, su origen se remonta a la teoría de la evolución (biológica) de las especies propuesta por Charles Darwin. El principio de la variación física se exporta a la variación psicológica y determina los programas de investigación desarrollados por los autores británicos y norteamericanos a partir de Francis Galton. Por supuesto, la escuela soviética también constituye una visión biologicista de la conducta humana. Gracias a las primeras investigaciones de Pavlov, se pusieron en práctica programas de investigación dirigidos a buscar los principios básicos del sistema nervioso que pudiesen explicar las diferencias psicológicas. Sin embargo, la escuela francesa no está tan relacionada con las bases biológicas de la conducta. En cambio, ha estado más centrada en los procesos mentales superiores que se pueden estudiar a partir de la conducta de la gente. Este programa de la escuela francesa y las aplicaciones prácticas de la escuela anglosajona dieron lugar al movimiento de los tests mentales que se describe en el siguiente epígrafe.

Los tests mentales y la «revolución» cognitiva 3

Un test mental consiste en una serie de preguntas o problemas que ayudan a los psicólogos a estimar una serie de propiedades psicológicas. Un test mental, y más en general un test psicológico, no se debe identificar con el habitual test impreso al que se responde marcando un aspa con un lápiz en la alternativa que la persona considera como correcta (si se trata de una prueba de inteligencia) o que cree que le describe mejor (si se trata de una prueba de personalidad). El significado de *test* es prueba. Por consiguiente, un experimento de laboratorio en el que se manipulan una serie de variables es, en realidad, un test psicológico a través del cual el investigador espera lograr información relevante sobre el tipo de cosas que hace la persona para responder. En la historia de la psicología ha habido una gran producción de pruebas o tests psicológicos. Siendo cierto que este tipo de pruebas se han usado con fines tecnológicos o aplicados (por ejemplo, en las dos guerras mundiales para asignar a los distintos reclutas a los puestos de mayor o menor responsabilidad que se han de cubrir para hacer operativo y gobernar un ejército), también se han desarrollado tests para los programas de investigación básica de las diferencias individuales (por ejemplo, en qué medida propiedades psicológicas como la inteligencia se heredan o son resultado de los distintos ambientes culturales en los que viven las personas). No debe olvidarse que un buen test, útil en la práctica psicológica, requiere un largo proceso previo de investigación de laboratorio (Cronbach, 1990). Los tests son muy útiles en la investigación y la práctica psicológica, pero también tienen sus limitaciones. El uso de tests permite responder algunas preguntas sobre las diferencias individuales, pero algunas otras preguntas quedan sin contestar. Una vez sabemos cómo es una persona, objetivo que se puede alcanzar en parte usando tests, debemos preguntarnos por qué. Este segundo tipo de preguntas son, precisamente, las que trata de responder la perspectiva revisionista, también denominada «cognitiva». En gran medida, los estudios basados en tests y las investigaciones cognitivas son complementarios. En la actualidad disponemos de muchas pruebas (o tests) que sirven para responder a esos dos grandes tipos de preguntas: en qué y por qué se distinguen las personas. En los dos últimos apartados se describen brevemente dos grandes temas históricos de este enfoque: el estudio del origen hereditario y ambiental de las diferencias individuales, y la investigación de las diferencias de personalidad.

1. TESTS MENTALES Y EXPERIMENTO PSICOLÓGICO

Lewis Terman realizó en 1924 un estudio clásico sobre las supuestas diferencias entre un test mental y un experimento llamado *The mental test as a psychological method* (El test mental como un método psicológico).

Su estudio consistió en pedirles a los 11 anteriores presidentes de la American Psychological Association[1] (desde 1910) que tratasen de redactar

[1] Estos autores son: Seashore, Thorndike, Warren, Woodsworth, Watson, Dodge, Yerkes, Scott, Franz, Washburn y Dunlap. Además, también pasan la encuesta autores que han trabajado con los tests: Bingham, Boring, Burt, Cattell, Goddard, Kelley, Kuhlman, Pintner, Thurstone, Wells y Whipple.

un listado con las diferencias entre un experimento y un test mental.

Terman observó que esos autores no fueron capaces de presentar ninguna diferencia de verdadero interés entre el test mental y el experimento psicológico.

L. Terman (1924) señala las siguientes diferencias, que habitualmente se pueden encontrar en los manuales de psicología, entre un test mental y un experimento:

- El test está interesado por las diferencias individuales y no por los universales de la psicología.
- El test se aplica a un gran número de sujetos.
- El test estudia la conducta mental y no el contenido.
- El test no utiliza aparatos.
- El test trata de ofrecer un diagnóstico rápido del sujeto.
- Los resultados de los tests son menos precisos que los obtenidos en un experimento.

En su disertación ante la American Psychological Association, Terman rechaza estas supuestas diferencias, dado que, según él, son infundadas y constituyen prejuicios derivados de los accidentes históricos del uso de los tests por parte de algunos profesionales.

Según Terman, no es necesario que un investigador interesado por los tests mentales tenga que:

- Estudiar necesariamente las diferencias individuales.
- Rechazar la introspección, si entiende que puede ser relevante para su trabajo.
- Manifestar un interés práctico.
- Asumir que sus resultados sean menos exactos o menos susceptibles de verificación que los de un experimento de laboratorio.

Cualquiera que estudie cuidadosamente la literatura sobre la psicología de los tests llegará a la conclusión de que la mayor parte de los psicólogos que han trabajado con los tests han estado interesados tanto en lo teórico como en lo práctico.

Por el simple hecho de que el test permite una serie de aplicaciones prácticas en psicología, muchas veces se pasan erróneamente por alto sus posibilidades en la investigación básica. Además, se supone equivocadamente que constituye un método psicológico que debe enfrentarse con los otros métodos de la investigación psicológica.

En suma, objetivamente, el test psicológico es un método para explorar los procesos mentales o la conducta mental, es decir, precisamente lo que se supone que permite hacer un experimento psicológico.

Más adelante tendremos ocasión de profundizar en este tema. Ahora se van a describir una serie de cuestiones históricas básicas sobre los tests mentales. Veremos cómo, hasta cierto punto, la denominada «revolución» cognitiva en el estudio de las diferencias individuales constituye un destilado de las investigaciones clásicas sobre los tests mentales o pruebas psicológicas.

2. PERÍODOS EN LA INVESTIGACIÓN DE LOS TESTS MENTALES

J. B. Carroll (1982), estudiante destacado en el Laboratorio de Psicometría de L. L. Thurstone y cabeza pensante del Educational Testing Service (ETS) de Princeton, ha distinguido dos períodos básicos en el denominado movimiento de los tests mentales, es decir, en la vertiente más visiblemente aplicada de la psicología de las diferencias individuales: el período de desarrollo y el período moderno.

2.1. Período de desarrollo

El período de desarrollo está comprendido entre la publicación de la obra de Francis Galton, *Hereditary Genius,* en 1869, y la fundación de la Sociedad Psicométrica y su revista *Psychometrika* en 1935 por parte de L. L. Thurstone.

En este período de desarrollo (Carroll, 1982):

- Se identificaron los principales problemas propios del estudio de las capacidades mentales.

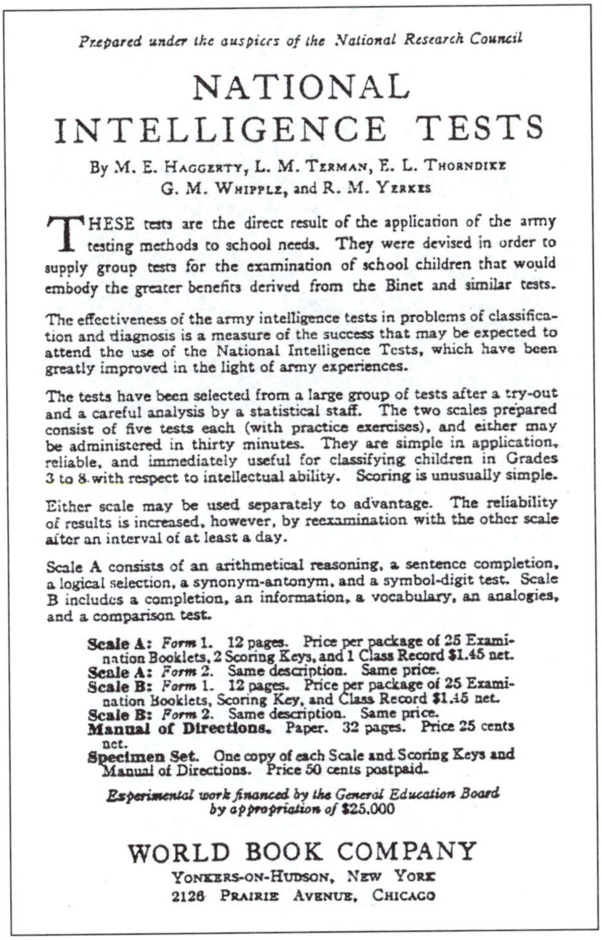

Prepared under the auspices of the National Research Council

NATIONAL
INTELLIGENCE TESTS

By M. E. Haggerty, L. M. Terman, E. L. Thorndike
G. M. Whipple, and R. M. Yerkes

THESE tests are the direct result of the application of the army testing methods to school needs. They were devised in order to supply group tests for the examination of school children that would embody the greater benefits derived from the Binet and similar tests.

The effectiveness of the army intelligence tests in problems of classification and diagnosis is a measure of the success that may be expected to attend the use of the National Intelligence Tests, which have been greatly improved in the light of army experiences.

The tests have been selected from a large group of tests after a try-out and a careful analysis by a statistical staff. The two scales prepared consist of five tests each (with practice exercises), and either may be administered in thirty minutes. They are simple in application, reliable, and immediately useful for classifying children in Grades 3 to 8 with respect to intellectual ability. Scoring is unusually simple.

Either scale may be used separately to advantage. The reliability of results is increased, however, by reexamination with the other scale after an interval of at least a day.

Scale A consists of an arithmetical reasoning, a sentence completion, a logical selection, a synonym-antonym, and a symbol-digit test. Scale B includes a completion, an information, a vocabulary, an analogies, and a comparison test.

Scale A: *Form* 1. 12 pages. Price per package of 25 Examination Booklets, 2 Scoring Keys, and 1 Class Record $1.45 net.
Scale A: *Form* 2. Same description. Same price.
Scale B: *Form* 1. 12 pages. Price per package of 25 Examination Booklets, Scoring Key, and Class Record $1.45 net.
Scale B: *Form* 2. Same description. Same price.
Manual of Directions. Paper. 32 pages. Price 25 cents net.
Specimen Set. One copy of each Scale and Scoring Keys and Manual of Directions. Price 50 cents postpaid.

Experimental work financed by the General Education Board by appropriation of $25.000

WORLD BOOK COMPANY
Yonkers-on-Hudson, New York
2126 Prairie Avenue, Chicago

Figura 3.1.—*National Intelligence Tests,* es decir, tests de inteligencia nacionales, serie de tests coordinados por autores como Terman, Thorndike, Whipple o Yerkes.

— Se desarrollaron las metodologías básicas necesarias para producir datos objetivos.
— Los tests de capacidad mental se convirtieron en objeto de una amplia utilización.

Fundamentalmente, dos son los pilares básicos sobre los que se desarrolla el movimiento de los tests mentales:

— El *análisis factorial,* cuyo objetivo es identificar las dimensiones de la capacidad mental.
— La *teoría de tests,* cuyo cometido es realizar evaluaciones fiables de las capacidades mentales.

En este período de desarrollo no se prestó una atención detenida a:

— La diferenciación de las capacidades mentales.
— Si los resultados de los tests estaban culturalmente sesgados.

E. G. Boring (1950) resume así el período de desarrollo:

— La década de 1880 está marcada por el trabajo de F. Galton.
— La década de 1890, por J. M. Cattell.
— La década de 1900, por A. Binet.

Los tests mentales de Galton, Cattell y Binet eran pruebas de aplicación individual.

En la década de 1910 se produce el auge y desarrollo de los tests de inteligencia. En esta década:

— Se realiza la adaptación americana de la Escala Métrica de la Inteligencia de Binet-Simon, por parte de H. Goddard.
— Aparece el *Manual of Mental and Physical Tests (Manual de tests físicos y mentales)* de Whipple.
— W. Stern acuña la noción de CI (cociente intelectual).
— Aparece el test *Stanford-Binet* de L. Terman (1916).
— Se diseñan y aplican los *Army Tests* (Tests del Ejército), programa dirigido por R. Yerkes.

Estos tests suponen el primer intento sistemático de elaborar pruebas de aplicación colectiva, lo que da lugar a una verdadera revolución dentro del movimiento de los tests.

Las tesis sobre la evaluación se modifican sustancialmente a partir del desarrollo de tests colectivos: un test se transforma en una serie de ítems o elementos, el resultado se expresa a través del nú-

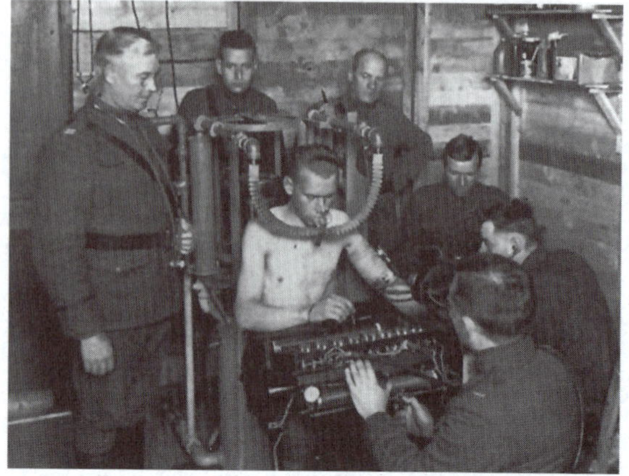

Figura 3.2.—*Izquierda:* Una inmigrante es examinada por dos agentes del orden en la famosa isla de Ellis en Nueva York. Aquí, Henry Goddard puso a prueba la adaptación americana de la Escala Métrica de la Inteligencia de Alfred Binet. Contrariamente a lo que suele creerse, el objetivo de Goddard no fue demostrar que los inmigrantes eran deficientes mentales, sino contrastar la fiabilidad y validez de la escala de Binet (Herrnstein y Murray, 1994; Rushton, 1997). *Derecha:* Un recluta del Ejército es sometido a una serie de pruebas psicofisiológicas en la Primera Guerra Mundial por un equipo de psicólogos y médicos.

mero de ítems que la persona realiza con éxito y la escala resultante se denomina *escala de puntos*[2].

La década de 1920 está marcada por la crisis de los tests de inteligencia, a partir de consideraciones culturales que cuestionaban el supuesto de la heredabilidad del CI.

En 1923 Kelley publica *Statistical Methods (Métodos estadísticos),* obra que contribuye notablemente a la aplicación de la metodología estadística a diversos temas psicológicos.

2.2. Período moderno

La década de 1930 puede considerarse como la de la expansión de la técnica del análisis factorial, inventada por Charles Spearman dentro de la escuela británica.

Los representantes más significativos de la tradición factorialista en la escuela británica son G. Thomson y C. Burt, mientras que el representante principal de la escuela americana es Thurstone.

Las obras factorialistas más importantes son:

— *The Vectors of the Mind* (1935) y *Primary Mental Abilities* (1938), de Thurstone.
— *The Factorial Analysis of Human Ability* (1939), de Thomson.
— *Factors of the Mind* (1940), de Burt.

Las universidades americanas que disponían de equipos de investigación sobre los tests de capacidad mental son, entre otras, las siguientes:

— Universidad de Columbia.
— Universidad de Stanford.
— Universidad de Harvard.
— Universidad de Minnesota.
— Universidad de Ohio.
— Universidad de Iowa.
— Universidad de California.
— Universidad de Chicago.

[2] A partir de estos primeros tests del ejército *(army tests)* se comenzaron a desarrollar grandes cantidades de tests para dar respuesta a las demandas de distintas instituciones. Esta tendencia llevó a desarrollar tests no-verbales, tests de aptitudes específicas (espacial, verbal, etc.), tests de aptitudes especiales (mecánicas, administrativas, etc.) y tests no intelectuales (personalidad, intereses, etc.).

BUROS INSTITUTE OF MENTAL MEASUREMENT

How to use
The Mental Measurements Yearbook

The Mental Measurements Yearbook (MMY) *can be used to locate reviews and descriptions of English language commercially published tests. The* MMY *is cummulative; later volumes do not replace earlier ones.* Tests in Print *can be used as a comprehensive index to contents of previously published* MMYs.

1. If you know the TEST TITLE

2. If you know the TYPE OF TEST

3. If you know the NAME OF THE TEST AUTHOR OR REVIEWER

Figura 3.3.—En el Buros Institute puede encontrarse, posiblemente, la mejor guía de referencia sobre tests psicológicos. Esta guía está disponible en Internet.

La historia de los tests mentales a lo largo del período moderno puede seguirse a través de las publicaciones de un equipo formado por el matrimonio Buros, de la Universidad de Rutgers, en Nueva Jersey: los *Mental Measurement Yearbooks (Libros anuales sobre medida mental).*

Desde 1941 se han publicado una serie de obras con reseñas de miles de tests mentales. En la actualidad, los *Mental Measurement Yearbooks* están también informatizados[3] y se puede acceder a su base de datos a través de Internet.

Por otro lado, comisiones especiales de organizaciones profesionales, como la American Psychological Association (APA)[4], publican periódicamente normas técnicas para los tests, pero no siempre se puede garantizar que todas las actividades del desarrollo de tests son las idóneas.

En 1947 se funda el Educational Testing Service (ETS)[5], que se convirtió en un centro fundamental para la investigación básica de la teoría de los tests mentales (véase, por ejemplo, Harman, Ekstrom y French, 1976, para un estudio sobre factores confirmados sobre la capacidad mental).

[3] La dirección es la siguiente: Buros Institute of Mental Measurements, University of Nebraska, 135 Bancroft Hall, Lincoln, NE 68588-6203. Dirección de Internet: http://www.unl.edu/buros/home.html.

[4] La dirección es: American Psychological Association, 1200 Seventeenth Street, N.W., Washington, DC 20036. Dirección de Internet: http://www.apa.org/.

[5] La dirección es la siguiente: Educational Testing Service, Princeton, NJ 08541.

Durante el período moderno, la investigación analítico-factorial se ha desarrollado en dos líneas fundamentales:

- Por un lado, la mejora de la metodología en sí, por ejemplo los modelos no lineales de análisis factorial (McDonald, 1962).
- Y, por otro lado, la búsqueda de nuevos factores de capacidad e interpretaciones psicológicas más precisas de los factores.

Un tercer desarrollo es el análisis factorial confirmatorio (Jöreskog y Lawley, 1968) cuyo objetivo es comprobar hipótesis estadísticas sobre la estructura de los datos. Actualmente siguen publicándose versiones sobre esta técnica (Jöreskog, 1988).

3. LA «REVOLUCIÓN» COGNITIVA: TEORÍAS REVISIONISTAS

Los modelos psicológicos que se derivan de la investigación con tests mentales sirven para identificar y organizar fuentes sistemáticas de diferencias individuales, es decir, en qué se distinguen las personas.

Las teorías revisionistas producto de la revolución cognitiva tienen el objetivo de explorar la ejecución en las tareas intelectualmente exigentes para averiguar cómo se distinguen las personas.

En principio, los dos tipos de aproximaciones se deberían considerar complementarias. Ninguna tiene virtudes que la hagan superior a la otra (Gagné, 1989; Gustafsson, 1984; Juan-Espinosa y Colom, 1989; Mehler y Bever, 1973; Resnick, 1976; Snow, 1989; Sternberg, 1985; Sternberg y Detterman, 1979).

La perspectiva clásica en la investigación de las diferencias individuales había tratado de responder a dos preguntas fundamentales:

- ¿Hasta qué punto las tareas de los tests mentales son capaces de ofrecer medidas fiables de los comportamientos característicos de los individuos que las realizan?

Esta primera pregunta se responde a través de la *teoría de tests*.

- ¿Hasta qué punto un rendimiento adecuado en las distintas tareas refleja el uso que hace la persona de alguna capacidad o potencial cognitivo?

Esta segunda pregunta se responde a través de la *metodología factorial*.

Sin embargo, sabemos que la respuesta a una pregunta de elección múltiple incluida en un test de vocabulario, como por ejemplo:

> El informe era ASOMBROSO
>
> *a*) CORRECTO, *b*) SORPRENDENTE, *c*) DISPARATADO, *d*) DESUSADO, *e*) FEO

supone, por lo menos:

- Leer las palabras que aparecen en la pregunta.
- Reconocer las palabras registradas en el almacén de memoria.
- Recuperar información sobre el significado preciso de las palabras.
- Comparar entre sí las distintas piezas de información.
- Seleccionar una respuesta a partir de las comparaciones.

Detallar cuáles son estos pasos, para una gran variedad de tareas intelectualmente exigentes, es el objetivo de la perspectiva revisionista o cognitiva. Se comprueba, por tanto, el carácter complementario entre este enfoque y la psicología factorialista.

Hay muchos autores que se han aliado y han dado cuerpo a esta perspectiva revisionista: Carroll, Hunt, Pellegrino, Glaser, Gagné, Sternberg, Detterman, Underwood, Cooper, Just, Carpenter, Embretson y un largo etcétera.

Robert J. Sternberg, de la Universidad de Yale, quizá sea el autor que más ha hecho por dar a conocer esta perspectiva de trabajo sobre las diferencias individuales. Además de producir un nuevo paradigma experimental, el análisis componencial que más adelante estudiaremos, ha editado, por separado o en colaboración, una gran cantidad de obras sobre el enfoque de las diferencias individuales.

En cualquier caso, el profesor Earl B. Hunt, de la Universidad de Washington en Seattle, se suele considerar el primer autor que publica un estudio verdaderamente sistemático sobre las relaciones que se pueden establecer entre los estudios clásicos sobre diferencias individuales y los análisis realizados desde una perspectiva revisionista.

Como escribe otro autor muy relevante para esta perspectiva revisionista, Richard Snow (1989), de la Universidad de Stanford, «el trabajo empírico sobre los *correlatos cognitivos* comenzó en el laboratorio de Hunt. La aproximación de los *componentes cognitivos* se deriva de la invención de Sternberg (en su tesis doctoral de 1975) de una metodología para hallar experimentalmente algunos de los componentes de la ejecución en tareas similares a las de los tests. Claramente surgió una *psicología cognitiva diferencial* dirigida a la comprensión de las diferencias individuales a partir del enfoque del procesamiento de la información. La *Oficina de Investigación Naval,* OIN (y en concreto los directores de su división de ciencias psicológicas, Glenn Bryan y Marshall Farr), aportó ayuda económica para este desarrollo. Desde 1975 la OIN ha financiando proyectos de Carroll, Hunt, Pellegrino, Glaser, Sternberg, Underwood y míos para trabajar en el análisis procesual de las capacidades y eventualmente ha creado un gran círculo de investigadores independientes, pero comunicados».

3.1. Principales temas de investigación de la perspectiva revisionista o cognitiva

En el ejemplo del problema de vocabulario que se ha relatado anteriormente, resulta fácil comprobar que hay dos elementos esenciales necesarios para que la persona pueda responder:

- — Las palabras que lee y que introduce en su mente para poder compararlas a medida que recuerda su significado.
- — Las operaciones que realiza para leer las palabras, recuperar el significado, compararlas y decidirse por alguna de ellas.

Al primer aspecto se le suele denominar «representación de la información» y al segundo se le denomina «proceso cognitivo». Por consiguiente, la persona deberá aplicar una serie de procesos cognitivos a distintos tipos de representación mental de la información. La combinación particular de estos procesos y representaciones para tratar de resolver una determinada tarea intelectualmente exigente se denomina habitualmente «estrategia cognitiva».

Por tanto, no sorprende que los principales temas de investigación de la perspectiva revisionista sean los siguientes:

- — Cuáles son los *procesos mentales* responsables del rendimiento inteligente.
- — Cuál es la *rapidez y exactitud* con la que las personas ejecutan mentalmente estos procesos.
- — En qué *estrategias* cognitivas se combinan estos procesos mentales.
- — Sobre qué formas de *representación mental* operan los procesos cognitivos.

Estas investigaciones sobre el procesamiento o tratamiento mental de la información implicados en la resolución de tareas intelectualmente exigentes, tales como un problema de aritmética o la comprensión de una frase ambigua, pueden permitir el diseño de nuevos tests de inteligencia, a través del uso de, por ejemplo, ordenadores o dispositivos similares. En los últimos años se han desarrollado algunas baterías de medida cuya aplicación se realiza a través del ordenador.

En resumen, según la perspectiva revisionista, cuando se diseñen tests, tareas o pruebas para explorar propiedades psicológicas importantes como la inteligencia, los investigadores deberían recurrir a los atributos psicológicos de los materiales de estímulo, así como a los componentes del proceso intelectual que se suponen necesarios para responder.

Figura 3.4.—De izquierda a derecha: John B. Carroll, Arthur Jensen, Robert Sternberg y Earl B. Hunt.

Figura 3.5.—Doug K. Detterman, autor muy relevante en el estudio cognitivo de las diferencias de inteligencia. Detterman es actualmente editor de la revista *Intelligence*.

3.2. Un comentario sobre la perspectiva revisionista

Aunque la perspectiva revisionista, o cognitiva, está dirigida a comprender mejor la naturaleza de las capacidades humanas, en realidad estas tendencias relativamente recientes representan una nueva aparición de estudios realizados a finales del siglo pasado, cuando autores como J. M. Cattell, Charles Spearman o Alfred Binet, entre otros, trataron de medir la inteligencia mediante observaciones de procesos simples como la discriminación sensorial, el tiempo de reacción al elegir entre varias alternativas y la amplitud de memoria. Lo realmente nuevo es una tecnología experimental más precisa y sofisticada.

Según Carroll y Maxwell (1981), los estudios sobre los tests cognitivos en la psicometría clásica, han estado siempre inspirados por una perspectiva procesual, revisionista o cognitiva. En realidad, Galton, Binet, Spearman y Thurstone pueden considerarse como los primeros psicólogos cognitivos. El uso del análisis factorial y otras metodologías correlacionales por la actual generación de psicólogos cognitivos es, ciertamente, la continuación de una tradición de la psicología de las diferencias individuales.

El contenido de la mayor parte de los tests de capacidades mentales proviene de las investigaciones realizadas en la psicología de las diferencias individuales. Puesto que la psicología cognitiva estudia los mismos fenómenos estudiados por la psicología de las diferencias individuales, da información para comprender las capacidades mentales en un marco teórico algo diferente al de los tests mentales. Aunque los psicólogos cognitivos acentúan la importancia de la variación experimental de las tareas intelectualmente exigentes y los psicólogos de las diferencias individuales más clásicos se orientaron hacia el estudio de la variación individual, ambos trabajan sobre conductas similares y en determinados casos idénticas (Sternberg, 1981).

4. TESTS PSICOLÓGICOS Y GENÉTICA DE LA CONDUCTA

Los investigadores americanos que han usado tests psicológicos en sus trabajos han sido punteros en los estudios sobre un problema básico y clásico de la psicología: ¿hasta qué punto las diferencias de conducta se pueden atribuir a la herencia y a las condiciones socioambientales en las que vivimos?

En los Estados Unidos se han llevado a cabo varios proyectos de investigación destinados a encontrar datos que ayudasen a responder a esta pregunta del modo más objetivo posible, aunque este tipo de estudios se han realizado también en otros países, e incluso se han diseñado programas de investigación coordinados a nivel internacional (Plomin, 1995).

Generalmente, los autores han usado tests psicológicos para transformar esa pregunta en un objeto de estudio riguroso. Así por ejemplo, a la hora de averiguar si las diferencias de inteligencia están influidas por los genes y por el ambiente, y hasta qué punto, los autores han usado tests de cociente intelectual que han aplicado a personas genéticamente idénticas (por ejemplo, gemelos), a personas genéticamente relacionadas (por ejemplo, padres y sus hijos biológicos), y a personas genéticamente independientes (por ejemplo, el autor y los lectores de estas páginas) que, a su vez, han compartido en mayor o menor grado sus ambientes (por ejemplo, gemelos que se han criado en la misma o en distintas familias). Las puntuaciones de esas personas con distintos grados de parecido genético y ambiental se han sometido a distintos tipos de análisis estadísticos para realizar las oportunas estimaciones de la influencia genética y ambiental en las diferencias de inteligencia tal y como se miden con los tests de CI (Loehlin, 1992).

Existen muchos malentendidos sobre estos estudios. Desde sus comienzos los distintos autores han manifestado un cuidado escrupuloso al realizar sus trabajos, pero eso no ha servido para que de un modo bastante sistemático se hayan producido encontrados debates públicos sobre el tema. Muchos de esos autores han sufrido persecuciones, incluso en sus propios centros de trabajo (Pearson, 1991).

Uno de los casos más dramáticos fue el del psicólogo británico Sir Cyril Burt, objetivo de una campaña de acoso, según parece organizada a partir de unas pruebas inciertas sobre un estudio de gemelos. Una vez fallecido Burt, su biógrafo publicó una carta en la prensa declarando la posibilidad de que Burt se hubiese inventado sus datos. Todavía hoy en día en las aulas de las Facultades de Psicología se suele poner a Burt como ejemplo de los peligros que corre un investigador obsesionado con la certeza de sus ideas. Sin embargo, los autores que han estudiado a fondo el famoso fraude científico de Burt no acaban de encontrar pruebas definitivas de que, efectivamente, se pueda concluir que hubo tal fraude (Fletcher, 1990; Joynson, 1989). Además, hay que decir que los datos de Burt no constituyen más que una minúscula gota de agua en la buena cantidad de proyectos que se han realizado desde entonces. Por tanto, a pesar de que algunos autores, como Leon Kamin o Stephen Gould se hayan basado en el supuesto carácter fraudulento del estudio de gemelos de Burt para negar todo el proyecto de investigación del origen genético y ambiental de las diferencias individuales, las evidencias disponibles sugieren que las críticas a la premisa principal no se sostienen.

En la actualidad, el Proyecto Genoma Humano debería haber ayudado a cambiar un poco las cosas. Sin embargo, parece reproducirse una sensibilidad especial cuando los científicos estudian las posibles bases genéticas y ambientales de las diferencias psicológicas. Mientras que apenas exis-

Figura 3.6.—De izquierda a derecha: John C. Loehlin, J. DeFries, y D. Fulker.

ten reacciones sociales al estudio del genoma humano en general, la situación cambia significativamente cuando se hace referencia a la búsqueda de los marcadores genéticos de, por ejemplo, la inteligencia (Plomin, 1998).

Existen muchos proyectos de investigación destinados a resolver este problema. La Universidad de Minesota y la Universidad de Texas son dos centros importantes desde los que se han canalizado y canalizan muchos estudios sobre el origen de las diferencias individuales. Autores como Thomas Bouchard, de la Universidad de Minesota, publican sus estudios en revistas tan prestigiosas como *Science,* de modo que la comunidad científica más rigurosa parece considerar con bastante seriedad los estudios sobre este problema básico y clásico de la psicología. Actualmente existe tal acumulación de datos empíricos provinientes de distintos países que nadie duda ya de que las diferencias de conducta están influidas por ambos componentes (Sternberg y Grigorenko, 1997).

Figura 3.7.—Paul T. Costa es uno de los autores que más esfuerzos ha dedicado al estudio de las *Big Five* desde el Centro de Investigación que dirige en Baltimore (Estados Unidos). Posiblemente sea uno de los autores candidatos a sustituir a Hans Jurgen Eysenck en el ámbito del estudio de las diferencias individuales en personalidad.

5. PERSONALIDAD Y DIFERENCIAS INDIVIDUALES

Hasta el momento se han descrito, esencialmente, los desarrollos que tienen que ver con las respuestas que se han dado al problema de las diferencias intelectuales. La razón obedece sencillamente a que han sido estudiadas con mucha mayor extensión por la comunidad científica.

Sin embargo, el enfoque de las diferencias individuales también ha investigado el tema de la personalidad. Resumidamente se podría afirmar que la mayor parte de los programas de investigación dirigidos al problema de las diferencias de personalidad se han centrado en el análisis de los rasgos psicológicos, es decir, las propiedades de la personalidad que pueden ayudar a explicar las diferencias de conducta.

¿Por qué dos personas se comportan de distinto modo ante las mismas situaciones objetivas? ¿Qué hace que algunas personas prefieran las fiestas a quedarse en casa leyendo una buena novela? ¿Qué le lleva a una persona a cursar la carrera de Psicología? ¿Por qué algunas personas sólo necesitan una leve excusa para convertirse en seres tremendamente agresivos? ¿Qué hace que una persona renuncie a su bienestar occidental y decida vivir en África ayudando a poblaciones humanas que intentan salir de su estado de pobreza?

Éstas son preguntas que los científicos que han estudiado las diferencias de personalidad creen poder resolver algún día. Sin embargo, a pesar de los considerables esfuerzos realizados, no parece que todavía seamos capaces de dar una respuesta satisfactoria.

Tres de los programas de investigación más importantes dirigidos al estudio de los rasgos o características de las personalidad humana son:

— El programa de Joy Paul Guilford.
— El programa de Raymond Bernard Cattell.
— El programa de Hans Jurgen Eysenck.

Estos tres programas tienen muchas cosas en común, pero también existen entre ellos algunas diferencias. En su momento se describirán con detalle, de modo que aquí sólo se dirá que de todos ellos se han derivado tests psicológicos para la medida de variables de personalidad de indudable importancia en la práctica psicológica:

— La *Guilford-Zimmerman Temperament Survey* (GZTS), es decir, el Sondeo Temperamental de Guilford-Zimmerman.

— El *16 Personality Factors* (16 PF), es decir, el Cuestionario de 16 Factores de Personalidad, así como otros tests destinados a medir diversas variables de personalidad no solamente temperamentales.

— El *Eysenck Personality Questionaire* (EPQ), es decir, el Cuestionario de Personalidad de Eysenck, que mide los tres rasgos que, según este autor, son la esencia de la personalidad: el psicoticismo, la extroversión, y el neuroticismo.

Por supuesto, algunos de estos programas de investigación no se han quedado en la elaboración de una teoría sobre rasgos de personalidad y el diseño de tests para la medida de esos rasgos, sino que han buscado otros métodos de trabajo. Así por ejemplo, Eysenck ha estudiado durante más de 40 años las bases biológicas de las diferencias de personalidad. De este modo, su teoría ha sido un marco de referencia usado internacionalmente para analizar el problema de hasta qué punto las diferencias de personalidad se heredan o son producto de las condiciones socioambientales (Loehlin, 1992).

En los últimos 10 o 15 años la comunidad científica ha destapado una teoría sobre los rasgos de personalidad que parece estar recogiendo un enorme consenso internacional sobre el problema de cuáles son las dimensiones básicas que deberían ser tomadas necesariamente en consideración al hablar de la personalidad humana. Esta teoría de consenso recibe el nombre de *Big Five,* o teoría de los cinco grandes, cuyos principales difusores han sido, probablemente, Paul T. Costa y Robert McCrae.

Más adelante tendremos oportunidad de exponer estos programas de investigación con suficiente detalle como para mostrar hasta dónde se ha avanzado en el estudio científico de este apasionante tema[6].

[6] Para mayores detalles sobre el pasado del estudio de la personalidad, puede consultarse el *Manual* del profesor Antonio Andrés Pueyo (1997).

SUMARIO

El movimiento de los tests mentales ha sido muy importante en el desarrollo del enfoque de las diferencias individuales. El significado del término «test» no debería reducirse a las pruebas que se contestan con un lápiz, sino que cualquier tipo de prueba debería considerarse como un test que puede ayudar a responder las preguntas que los científicos sociales puedan hacer sobre la conducta humana. Las dos guerras mundiales han supuesto que investigadores separados por la distancia, física e intelectual, se hayan reunido alrededor de un mismo objetivo compartido. Autores de distinta orientación teórica han trabajado en temas similares durante esos dos hitos históricos de la humanidad. En ciencias como la física o la química se han dado este tipo de colaboraciones entre investigadores aparentemente distantes, y la psicología no es una excepción. Este tipo de situaciones deberían servir para darnos cuenta de que los psicólogos pueden tener un mismo objetivo, aunque traten de llegar a él por distintas rutas. La perspectiva revisionista es un buen ejemplo de cómo la ciencia avanza haciéndose nuevas preguntas. El movimiento de los tests respondió bastantes preguntas sobre la conducta humana, pero también abrió algunos interrogantes entre los que actualmente seguimos. Por supuesto, esto no significa que las preguntas clásicas no se puedan responder mejor. Por eso se ha comentado que ambas perspectivas deben considerarse complementarias. El estudio del origen genético y ambiental de las diferencias individuales suele ser malinterpretado con bastante frecuencia. Sin embargo, un análisis sosegado de las preguntas que se tratan de responder, los métodos que se emplean para encontrar respuestas y las respuestas mismas a las que se va llegando, sugieren que los debates tienen, en realidad, un carácter social, pero no científico. El hecho de que revistas tan prestigiosas internacionalmente como *Science* publiquen los resultados de los estudios sobre el origen de las diferencias individuales parece ser sintomático de su rigor científico. Las diferencias de personalidad también han sido estudiadas por el enfoque descrito en este manual. Sin embargo, existen bastantes menos datos que en el caso de las diferencias de inteligencia. Aun así, la comunidad científica dispone actualmente de una buena cantidad de pruebas que ayudan a los psicólogos a estudiar formalmente la personalidad humana.

RESUMEN DE LA PARTE PRIMERA

Si se tuviese que resumir la trayectoria histórica de la psicología de las diferencias individuales, se debería considerar que el primer objetivo es desarrollar teorías psicológicas basadas en hechos verificables empíricamente. Es decir, aunque la filosofía haya sido muy importante para pensar en términos psicológicos sobre la mente y la conducta humana, la psicología opta en un determinado momento de la historia de la ciencia por usar métodos que sirvan para contrastar de un modo objetivo y riguroso las conjeturas de los investigadores sobre la conducta.

Antes de la ciencia, los pensadores del mundo antiguo, del Renacimiento y de los siglos XVIII y XIX, entre otros, hacían preguntas que se podían responder sin necesidad de usar métodos objetivos. Así por ejemplo, mediante las técnicas de la introspección, es decir, observando los propios pensamientos, se trataba de responder a la pregunta de cómo se percibe la realidad o cómo se piensa sobre un contenido abstracto. Sin embargo, cuando la psicología opta por la ciencia comienza a estudiar la conducta como una variable que cualquiera puede observar y medir de una manera transparente y objetiva. Por tanto, el análisis objetivo de la conducta es la clave para convertir el estudio filosófico de la mente humana en el estudio psicológico de la conducta.

La influencia decisiva de la teoría de la evolución de Charles Darwin supone rechazar el viejo problema filosófico de la separación entre la mente y el cuerpo. Es decir, el estudio de la mente humana no tiene por qué ser distinto del estudio sobre la estructura del organismo humano y de sus modos de actuación. El cuerpo humano tiene una estructura de huesos y músculos que funcionan de un determinado modo, que tienen una determinada dinámica. El médico y el biólogo pueden estudiar las características de los huesos y los músculos, y hacer una serie de pruebas naturales o experimentales para averiguar cómo actúan de modo coordinado. La mente humana puede estudiarse del mismo modo. Primero se puede averiguar de un modo empírico cuál es la estructura básica de las propiedades psicológicas, a través de una serie de pruebas: éstos son los tests clásicos. Segundo, se puede estudiar cómo actúa esa estructura, usando más pruebas que den pistas sobre cómo se llega a la conducta: éstos son los tests de la perspectiva cognitiva o revisionista.

La teoría de la evolución que Francis Galton incorpora a la investigación psicológica influye en tres cosas. En primer lugar, la medida objetiva de las diferencias individuales, es decir, la medida de la conducta humana en unas condiciones estándar. Un test no sería más que un medio para estudiar, según los métodos científicos, la conducta de la gente. Uno de los eslóganes más recordados de Galton es: «Siempre que puedas, mide». En segundo lugar, puesto que no hay ninguna razón para que el estudio de la mente tenga un carácter distinto al estudio de cualquier función física, la investigación de las diferencias de conducta exige conocer las características biológicas de las personas. Si una persona es algo más inteligente que otra, una de las posibles hipótesis es que esa diferencia tiene que ver en parte con su organización cerebral. En tercer lugar, si las características físicas están sujetas a la influencia de la herencia, no hay ningún motivo para suponer que la conducta humana no está también gobernada en parte por la programación genética.

El enfoque de las diferencias individuales estudia personas, y las personas viven en sociedad. Por tanto, el estudio científico de las diferencias individuales seguramente tendrá algún impacto social. Así es: los resultados prácticos derivados de la investigación de las diferencias personales ha tenido un gran impacto durante el presente siglo. Probablemente, la tecnología más conocida es la de los tests. Pero también han tenido un gran impacto los estudios sobre las diferencias entre grupos humanos.

Cuestiones como si los varones son más agresivos que las mujeres, si los viejos pueden seguir siendo útiles a la sociedad, si las capas sociales más deprimidas son un caldo de cultivo para la delincuencia o si los orientales son más inteligentes que los caucásicos, han estado sujetas a una gran controversia social. En realidad, casi todo el mundo tiene opiniones personales al respecto: no ha sido raro escuchar que los varones son más independientes o menos inteligentes que las mujeres, que las mujeres son más expresivas y cálidas que los varones, que los viejos deberían dedicarse a sus aficiones y retirarse de los ámbitos de influencia social, que los adolescentes criados en las capas sociales más deprimidas acabarán cometiendo actos delictivos o que los caucásicos son más torpes que los orientales. Los científicos sociales, y más en concreto los psicólogos, han recogido este tipo de preguntas y han tratado de someterlas a un análisis científico riguroso y objetivo que huyese de los prejuicios a través de los que se han observado usualmente esas variables sociales. Sin embargo, los datos científicos no siempre satisfacen todos los posibles prejuicios, razón por la que ha sido poco frecuente que los psicólogos hayan hecho públicos sus datos más allá de la comunidad científica. Según la profesora Sandra Scarr (1988), debe tenerse en cuenta que solamente una investigación deshonesta o amañada sería capaz de acomodarse a todas las ideologías y prejucios posibles: un estudio riguroso, desde luego, no puede ni, por supuesto, debe estar diseñado para ello.

Los resultados prácticos de la investigación que puedan tener un impacto social no deberían ser usados para emitir juicios sobre cuáles serían las mejores condiciones para vivir en sociedad. Pero sí podrían ser considerados por las personas que toman las decisiones que repercuten en nuestras vidas: decidir sobre hechos parece más deseable que hacerlo a partir de opiniones. Si hubiésemos comprobado que los adolescentes que viven en las capas sociales más deprimidas tienen una significativa mayor probabilidad de acabar en prisión, deberíamos preguntarnos qué hacer para evitarlo. Si hubiésemos comprobado que la inteligencia de los viejos declina con rapidez a partir de los 70 años, deberíamos preguntarnos qué hacer para evitar ese declive. Si hubiésemos comprobado que a pesar de las mejoras educativas objetivas, el grupo humano que se identifica a sí mismo como oriental logra mayores puntuaciones en los tests de inteligencia que los blancos, deberíamos preguntarnos qué hacer para hacer desaparecer esa diferencia.

Por un lado, sabemos que ignorar esas posibles diferencias no ayuda en absoluto a superarlas. Y no saber en qué consisten, si es que consisten en algo, sólo facilita la proliferación de ideologías absurdas y estereotipos sociales de lo más variado. Como ha escrito la profesora Sandra Scarr (1988), creyendo que protegían a los grupos desfavorecidos, algunos científicos sociales sólo han conseguido retrasar el diseño de programas de mejora social. Por otro lado, someter a procesos inquisitoriales y convertir en tabú determinado tipo de estudios científicos por el solo hecho de que pueden tener un gran impacto social no es, desde luego, propio de los sistemas democráticos (Humphreys, 1991; Pearson, 1991).

PARTE SEGUNDA

Fundamentos teóricos y metodológicos

8. El estudio del origen de las diferencias individuales.

1. Conceptos básicos.
2. Métodos de trabajo.
3. Los estudios científicos sobre el origen de las diferencias individuales.
4. Naturaleza y cultura

Sumario.

9. Nuevas tecnologías en el estudio de las diferencias individuales.

1. El uso de nuevas tecnologías en Psicología.
2. Medida informatizada: exploración psicológica por ordenador.
3. Instrucción o enseñanza asistida por ordenador.

Sumario.

Resumen de la parte segunda.

Introducción

Los psicólogos estudiamos funciones psicológicas como la percepción, la memoria o el lenguaje. De este modo, deseamos saber cómo se percibe, se atiende, se memoriza o se habla. Este tipo de estudios se suelen hacen sin contar con las personas, puesto que se supone que todo el mundo percibe, atiende, memoriza o habla igual. Sin embargo, imaginemos que nos observa un habitante de otro planeta. Si nos observase con un telescopio de poca calidad, los seres humanos no pareceríamos distintos de las ardillas: somos más grandes, tenemos menos pelo, pero también tenemos dos ojos, nariz y cuatro extremidades. Si usase un telescopio algo más potente, las diferencias entre los seres humanos y las ardillas ya serían más evidentes, pero todos las personas parecerían idénticas. Algunos científicos usan este tipo de telescopios para hacer psicología científica, pero hay otros que usan telescopios todavía más potentes, con un mayor poder de resolución capaz de revelar no sólo las diferencias entre las especies, sino también las diferencias entre los individuos de la misma especie. El enfoque de las diferencias individuales está orientado a las personas porque no hace psicología sin contar con ellas, es decir, usa ese potente telescopio que emplearía el habitante de otro planeta para analizar las diferencias entre los individuos de la misma especie. En cualquier caso, las diferencias individuales que se pueden estudiar científicamente deben reunir algunas características que se describen en esta introducción. Además, aunque las personas sean distintas en muchas cosas, no todas ellas son estudiadas por la psicología, de modo que también se exponen aquí las áreas en las que se mueve el enfoque de las diferencias individuales. Una cosa que suele caer en el olvido de estudiantes y profesionales, pero que resulta muy importante para una adecuada comprensión, es que el estudio de las diferencias entre personas revela, en igual medida, cuáles son sus semejanzas.

1. PERSONAS Y FUNCIONES PSICOLÓGICAS

La psicología científica estudia muchos temas, desde las bases biológicas del comportamiento hasta sus determinantes sociales, pasando por los aspectos funcionales y personales característicos de los seres humanos.

Por supuesto, esta dispersión, o riqueza según se mire, da lugar a un fenómeno que se podría denominar «Torre de Babel». Así, a un profesional de la psicología le resultará bastante complejo hacerse una idea no sólo de cuáles son los temas de la psicología científica en sentido estricto, sino incluso de cuáles son los medios con los que cuenta para realizar una investigación básica o diseñar una intervención psicológica práctica.

Una manera de capear con esta dispersión consiste en optar por un determinado tema y estudiarlo desde alguno de los que se supone son posibles enfoques psicológicos. Sin embargo, es fácil que se mantenga la duda sobre si se está eligiendo un tema verdaderamente relevante o de si la perspectiva desde la que se va a trabajar tiene las suficientes garantías científicas.

En este manual se emplea la idea expresada, entre otros, por Richard Gross (1992) en su monumental *Introducción a la Psicología*, quien distingue entre dos grandes enfoques de la psicología científica:

— El primero estudia una serie de funciones psicológicas que se consideran importantes, y Gross lo denomina *enfoque orientado a las funciones psicológicas*.

Este enfoque supone que la persona en concreto, es decir, el individuo, no tiene una especial relevancia en sí misma. El interés está en explorar del modo más objetivo posible las funciones psicológicas que se encuentran en el individuo, como por ejemplo la memoria, la atención, el razonamiento o el pensamiento.

Ese tipo de funciones psicológicas serán universales, es decir, los habitantes de Madrid, Taiwan o Siberia son capaces de memorizar un mensaje o atender a unas señales celestes. Por tanto, esos habitantes tienen una propiedad psicológica que se denomina *memoria*. Esa memoria será idéntica en Madrid, Taiwan o Siberia, de modo que estudiando la memoria de los habitantes de Madrid, o incluso de los estudiantes de la Universidad Autónoma de Madrid, será posible encontrar las leyes características de esa función psicológica. Esas leyes se podrán aplicar igualmente a los habitantes del Sur de Asia y de la gélida Siberia.

— El segundo enfoque estudia a las personas, y Gross lo denomina *enfoque orientado a la persona*.

En este caso, no se supone una serie de funciones psicológicas, sino que se estudia el comportamiento cotidiano de distintos seres humanos. De este primer análisis se deriva una especie de listado del tipo de acciones que realizan los distintos individuos. Una de las primeras observaciones será que las personas no realizan esas acciones del mismo modo.

Así por ejemplo, las personas no tardan el mismo tiempo en correr 100 metros lisos, ni resuelven con la misma eficacia un problema matemáti-

Figura II.1.—El enfoque orientado a las funciones psicológicas no estudia las diferencias entre las personas, dando por hecho que, aunque las diferencias son algo real, son irrelevantes para la psicología científica. Algunos autores han sugerido que esta manera de concebir la investigación constituye un legado de la tradición filosófica.

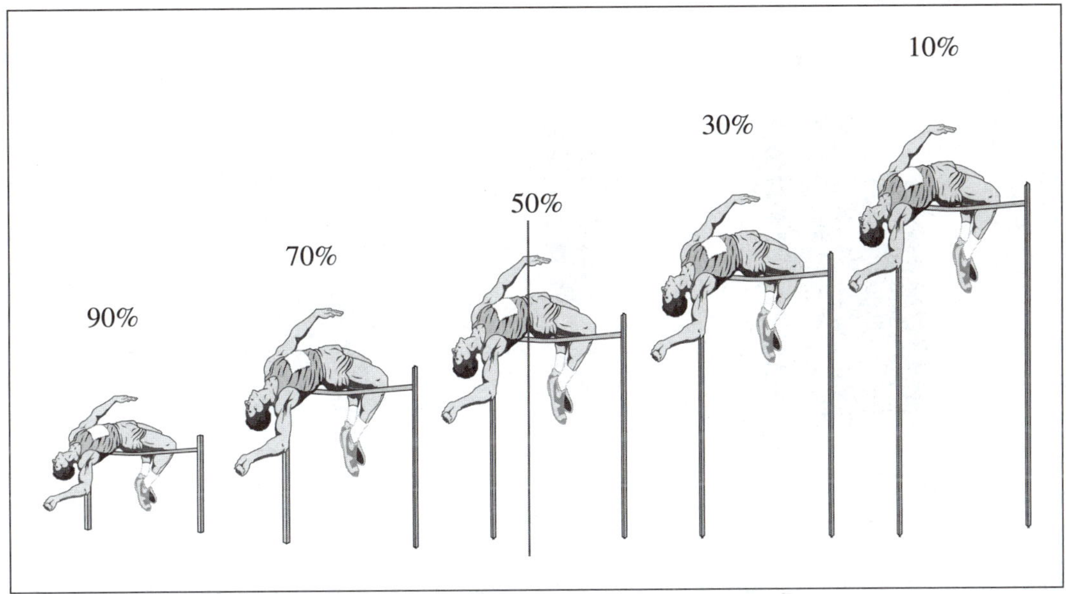

Figura II.2.—En las actividades deportivas, distintos atletas no alcanzan el mismo rendimiento. Los deportistas de alta competición requieren un largo proceso de entrenamiento para llegar a alcanzar un nivel máximo. Sin embargo, hay atletas que nunca alcanzan el nivel optimo para dar «el gran salto». Esta observación es tan cotidiana que nadie la cuestiona. Sin embargo, en el terreno psicológico todavía existen autores que niegan que estas diferencias sean relevantes para la investigación.

co complejo, ni reaccionan igual a una provocación física, ni tienen la misma facilidad de palabra, ni se orientan igual en una ciudad nueva para ellos, ni se deprimen por las mismas cosas, y así sucesivamente.

En una palabra, una persona puede ser inteligente, extrovertida y estar motivada para hacer ciertas cosas, mientras descarta el hacer otras. En general, todas las acciones que realiza un individuo se pueden considerar relacionadas con la inteligencia, el temperamento y la motivación. Y, por consiguiente, el tipo de situaciones elegidas por los psicólogos para estudiar a las personas tendrán que ver con cómo emplean su inteligencia, cómo les influye su temperamento y en qué medida están motivadas para actuar.

Por supuesto, la gran cantidad de características psicológicas que pueden tener que ver con la inteligencia, con el temperamento y con la motivación, son resultado de estudiar las acciones que realizan distintos individuos. Es decir, son características que no se suponen, sino que son resultado de organizar las múltiples acciones que de hecho realizan las personas en distintas situaciones y ocasiones.

Según Gross (1992), este segundo enfoque psicológico ha dado lugar a la mayor parte de las aplicaciones prácticas con las que cuenta la psicología en la actualidad. Así por ejemplo, se han desarrollado métodos de exploración o diagnóstico de características psicológicas relacionadas con la inteligencia, el temperamento y la motivación (Fernández-Ballesteros, 1992). Puesto que esas características derivan de las observaciones originales del comportamiento cotidiano de las personas, no es extraño que los instrumentos que permiten confirmarlas científicamente sean útiles para explorar de un modo práctico las diferencias individuales en inteligencia, temperamento y motivación.

Para Eysenck (1989) es inaceptable pasar por alto las peculiariades de los organismos al realizar un estudio experimental. ¿Tiene sentido hacer psicología suponiendo que las personas que pasan por

Figura II.3.—Las personas optan por determinados trabajos en sus vidas. Los psicólogos aún no tenemos muy claro a qué se pueden deber estas elecciones, aunque suponemos que no son únicamente las circunstancias las que pueden influir en ellas.

los laboratorios de experimentación son gemelos monocigóticos? (Eysenck, 1995).

En bastantes ocasiones da la impresión de que la psicología no ha logrado asimilar la lección de la teoría de la evolución formulada por Charles Darwin hace más de 100 años. Así por ejemplo, paradigmas tan relevantes en psicología como el conductismo o el cognitivismo olvidan que el hombre es producto de un proceso evolucionista que dura ya varios millones de años. Sin embargo, la conducta de los organismos humanos parece ser resultado tanto de los agentes sociales actuales como de los agentes ambientales del pasado de la humanidad que actúan en parte a través de la programación genética.

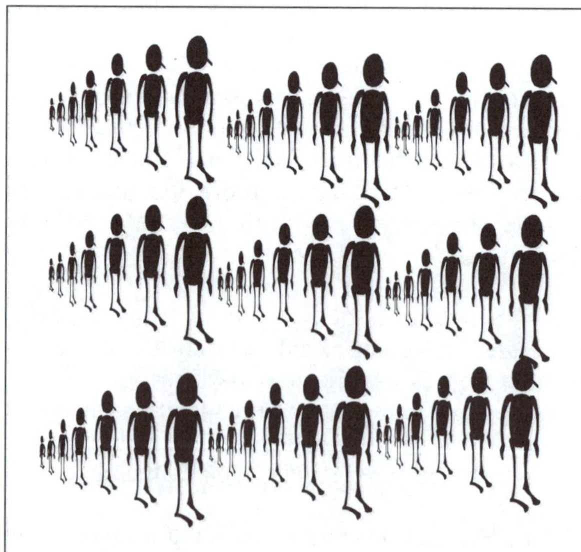

Figura II.4.—¿Son realmente así los sujetos que estudia la psicología?

Por supuesto, los agentes ambientales actuales y la programación genética no son iguales en los distintos seres humanos. Por tanto, es dudoso que se pueda hacer una buena psicología científica sin estudiar científicamente las diferencias individuales. Además, las aplicaciones prácticas de la psicología tienen que ver con las diferencias individuales.

Los problemas de conducta más relevantes socialmente están relacionados con las diferencias individuales. La sociedad en su conjunto está más preocupada por las diferencias individuales que por cualquier otro producto de la investigación psicológica. Según Robert Plomin (1988), el interés social por la psicología proviene del estudio de cosas que producen una diferencia. El profesor Hans Eysenck (1965) resume esta idea en una sola frase: «Tratar a todo el mundo por igual equivale a una abdicación fundamental del principio que todo psicólogo debe adoptar: que la individualidad es algo sagrado».

2. ¿CUÁLES SON LAS DIFERENCIAS INDIVIDUALES QUE SE PUEDEN ESTUDIAR CIENTÍFICAMENTE?

Las diferencias individuales son una realidad evidente, pero no es sólo por eso por lo que los psicólogos usan enfoques orientados a las personas. Y tampoco estudian cualquier tipo de característica psicológica que pueda ser responsable de que cada persona sea un individuo único. La investigación científica necesita una organización que permita hacer practicable la tarea de los profesionales.

2.1. Conceptos básicos

Según K. S. Bowers (1973), las personas son *consistentes* en el tipo de acciones que realizan, es decir, no se comportan de modo aleatorio, sino organizado. Por tanto, las diferencias deben ser consistentes y estables. Esta característica define bastante acertadamente el tipo de diferencias individuales que se pueden estudiar científicamente.

La *consistencia* supone una regularidad del comportamiento en distintas situaciones. De este modo, si se observa que Juan Antonio es sociable, vital y dominante, tanto con sus amigos como con sus familiares, se concluirá que es una persona extrovertida. Sin embargo, si actuase de modo sociable, vital y dominante sólo con sus amigos, no se podría concluir que Juan Antonio es una persona extrovertida.

La *estabilidad* supone una regularidad del comportamiento en distintas ocasiones. Así, si se observa que Marisa es sociable, vital y dominante a los 8, 12, 25, 40 y 60 años, se concluirá que es una persona extrovertida. Ahora bien, si es sociable, vital y dominante cuando tiene 8 y 12 años, pero no a partir de los 25 años, no se podrá concluir que Marisa es una persona extrovertida.

Popularmente, se diría que el estudio de la consistencia y la estabilidad del comportamiento señala el «modo de ser» de la persona. En español existe una distinción muy útil entre *ser* y *estar*. Una persona puede *ser* extrovertida, pero en determinadas situaciones no tiene por qué *estar* comportándose de modo extrovertido. No obstante, que no siempre se comporte de modo extrovertido no anula la afirmación de *ser* una persona extrovertida, siempre que mantenga de modo consistente y estable comportamientos característicos de la extroversión.

En suma, las diferencias individuales que no sean consistentes o estables no se estudiarán, puesto que si no sería muy complejo hallar regularidades o principios que permitiesen averiguar qué propiedades gobiernan el comportamiento de la persona. De hecho, un comportamiento completamente caprichoso o aleatorio será síntoma de la presencia de algun tipo de trastorno mental (Eysenck, 1994).

2.2. Diferencias individuales

Estas diferencias individuales son diferencias entre una serie de individuos en una misma situación.

En un test de personalidad se puede comprobar que distintos individuos responden de diferente modo a las preguntas incluidas en la prueba. A la pregunta «Considero que darle un azote a un niño a su debido tiempo puede evitar males mayores», algunas personas responderán que sí, mientras que otras responderán que NO.

La medida de las diferencias individuales constituye un objetivo básico, y sirve para organizar y ordenar a las personas según sus respuestas a una prueba de inteligencia, de temperamento o de motivación.

Frecuentemente, las diferencias individuales se miden con instrumentos, llamados *tests,* que se normalizan. La normalización de las respuestas de las personas permite expresar sus posiciones relativas dentro de su grupo de referencia. De este modo, no es igual la puntuación de un chaval en un test de extroversión a los 5 y a los 9 años. Este proceso de transformación se denomina técnicamente *baremación* (Botella, León y San Martín, 1993).

2.3. Diferencias grupales

Las diferencias grupales se estudian según una serie de características psicológicas con una distinta presencia en grupos humanos como pueden ser los varones y las mujeres, los niños y los viejos, los ricos y los pobres, o los caucásicos y los orientales.

Por ejemplo, en situaciones de tensión continuada, como la vigilancia de una pantalla de radar repleta de aviones que esperan para aterrizar en un aeropuerto saturado como el JFK de Nueva York, se puede observar que los varones tienden a deprimirse, mientras que las mujeres se vuelven más agresivas. Por consiguiente, se concluirá que los varones muestran más depresión y las mujeres más agresividad cuando se encuentran en situaciones de tensión continuada.

2.4. Diferencias intraindividuales

Estas diferencias se refieren a los cambios que sufre una misma persona en distintas ocasiones o situaciones. De este modo, un varón agresivo se puede comportar cordialmente cuando habla con su jefe o con una mujer a la que desea conquistar. Y una mujer cordial se puede comportar agresivamente cuando su compañero de trabajo trata de impedirle un ascenso laboral o cuando un atracador intenta robarle su tarjeta de crédito.

Por tanto, una persona cambiará probablemente su modo habitual de comportarse cuando las situaciones sean tan restrictivas que no haya más que una o dos posibilidades de actuación. Así por ejemplo, aunque Juan sea muy persistente en el juego, si se da cuenta de que no es su noche y es medianamente inteligente, dejará de apostar al mismo número.

En suma, las diferencias individuales, grupales e intraindividuales que sean consistentes o estables serán estudiadas científicamente por este enfoque psicológico, con el objetivo básico de encontrar las *regularidades* básicas que pueden ayudar a explicar las acciones de las distintas personas.

3. ¿CUÁLES SON LAS ÁREAS DE LA PSICOLOGÍA DE LAS DIFERENCIAS INDIVIDUALES?

Este enfoque psicológico estudia problemas básicos y prácticos, es decir, investiga y desarrolla tecnología. Pero, ¿en qué temas investiga?, ¿qué tipo de tecnología desarrolla?

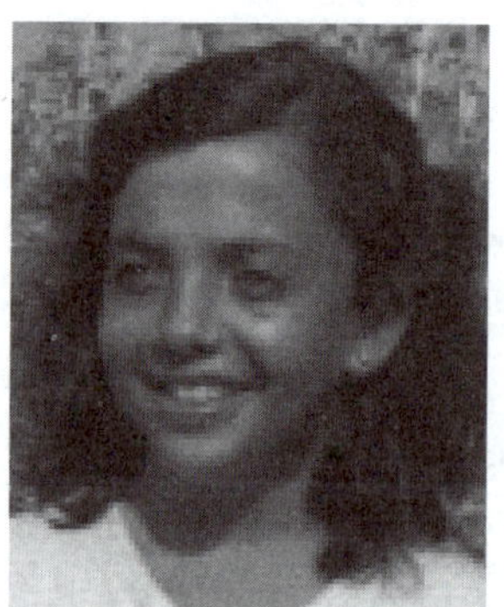

Figura II.5.—Las personas cambian, pero ¿cambian hasta el punto de convertirse en otras personas totalmente distintas? La infancia, la niñez, la adolescencia y la edad adulta, constituyen distintos períodos de la vida de una persona. Sin embargo, la persona es básicamente la misma durante esos distintos períodos, aunque puedan cambiar muchos de sus modos habituales de actuación.

Un modo de responder a estas preguntas consiste en estudiar los manuales, tratados y revisiones[1] publicados sobre el enfoque de las diferencias individuales. Y el resultado es más o menos el siguiente:

La inteligencia social, el rendimiento escolar, los talentos, la creatividad, el aprendizaje, los intereses, las diferencias de sexo, las diferencias de edad, las diferencias raciales, el retraso mental y la superdotación, las diferencias culturales o las deficiencias orgánicas.

Estudios sobre las relaciones entre algunas propiedades psicológicas y ciertas funciones orgánicas importantes: por ejemplo, el análisis de las bases fisiológicas y neurológicas de los factores de la inteligencia, la relación entre las puntuaciones en una serie de tests de inteligencia y los daños cerebrales, la comparación de sujetos con daños cerebrales y sujetos sin daños, el efecto de ciertos agentes bioquímicos (como la tiamina y el ácido glutámico) sobre la inteligencia, las relaciones entre las diferencias intelectuales y parámetros fisiológicos como la conductividad eléctrica de la piel, el electroencefalograma o la concentración de oxígeno en sangre, las relaciones entre el metabolismo cortical y la inteligencia.

Estudios longitudinales de larga duración.

Estudios sobre el origen de las diferencias individuales.

La creatividad, los estilos cognitivos y el aprendizaje.

Estudios transculturales, con poblaciones de Sudán, Jamaica, Nepal, India, y con los indios Otomi, los indios Navaho, los maoríes de Nueva Zelanda o nativos africanos (Juan-Espinosa y Palacios, 1996).

En su obra introductoria sobre diferencias individuales, Michael Eysenck (1994) organiza este enfoque psicológico en una serie de áreas, de modo similar a Gross (1992) o Vivian Schackleton y Clive Fletcher (1984), entre otros:

- La inteligencia.
- La personalidad.
- Perspectivas sobre la anormalidad y la psicopatología.
- Métodos terapéuticos.

Los trabajos realizados en estas áreas comparten el estudio de las diferencias individuales, por lo que se puede decir que se incluyen en el enfoque psicológico orientado a las personas.

En suma, las áreas sobre las que se puede realizar una exploración científica de las diferencias individuales constituiría una lista demasiado larga. Por tanto, se resumirá el enorme campo de este enfoque psicológico hablando de dos áreas y cuatro niveles de análisis. Las primeras son las áreas de la inteligencia y de la personalidad, y los niveles de análisis se exponen en el siguiente capítulo.

[1] Los autores encargados de realizar revisiones anuales en el *Annual Review of Psychology* han sido, cronológicamente, los siguientes: R. L. Thorndike, L. E. Tyler, A. Anastasi, J. B. Carroll, L. J. Cronbach, J. J. Jenkins, D. T. Lykken, C. W. Harris, C. E. Bereiter y P. H. Dubois.

El estudio científico de las diferencias individuales 4

Cualquier ciencia hace preguntas: la física se pregunta por qué caen las manzanas, la química por qué se dividen los átomos y la biología por qué se replica la doble hélice del ADN. La psicología actúa del mismo modo, no es una excepción, de modo que también hace preguntas. Sin embargo, el número de preguntas puede llegar a ser tan grande que se hace necesario resumir situándolas dentro de algún marco de referencia más o menos compartido por la comunidad científica. En general, los investigadores que han trabajado desde el enfoque de las diferencias individuales se han preguntado cuáles son las propiedades psicológicas necesarias para describir a la gente, cómo actúan esas propiedades, qué relación guardan con el funcionamiento biológico y cuál es su origen genético y ambiental. Haciendo una analogía, un mecánico puede preguntar cuáles son las piezas del motor de un automóvil, cómo actúan las piezas para que el motor impulse al automóvil, cuáles son los materiales con los que se han construido las piezas del motor, y en qué medida se pueden manipular las piezas de fábrica en el taller para modificar el rendimiento del motor. Tanto el mecánico como el científico pueden usar distintas técnicas para medir y analizar cuáles son las piezas o propiedades, cómo actúan, cuáles son los materiales de las piezas o propiedades, y en qué medida se pueden manipular las piezas de fábrica o las propiedades de las distintas personas para modificar su conducta. Las preguntas que se hagan sobre las diferencias individuales y el tipo de respuestas que se pueden alcanzar usando distintos métodos se van a situar dentro de este sencillo marco de referencia para ayudar a la comprensión de los estudios hechos sobre las dos áreas principales descritas en el epígrafe anterior, es decir, la inteligencia y la personalidad.

1. PREGUNTAS Y RESPUESTAS

Cuando se plantea un problema científico, el investigador debe comenzar con algo. Una manera de comenzar a concretar un problema científico consiste en hacerse preguntas.

Algunas de las preguntas que a los psicólogos nos han interesado habitualmente son las siguientes:

- ¿Qué hace que una persona se muestre violenta?
- ¿Por qué una persona es capaz de comprender a la primera un problema de aritmética y otra, en cambio, necesita varias horas de explicaciones?
- ¿Por qué los gemelos se comportan de modo tan parecido?
- ¿Por qué de dos personas con el mismo trastorno físico sólo una de ellos desarrolla la enfermedad?
- ¿Por qué resulta tan complicado modificar la inteligencia?
- ¿Por qué las distintas personas reaccionan de modos diversos al mismo tratamiento psicológico?
- ¿Por qué una persona memoriza muy bien, pero razona mal?
- ¿Por qué una persona se muestra depresiva y otra que lleva una vida bastante similar se muestra maniaca?

— ¿Por qué un psicópata es capaz de matar a 20 chicas de 16 años y posteriormente descuartizarlas fríamente?
— ¿Cómo decidir qué persona es responsable de sus actos delictivos?
— ¿Cómo saber si un determinado tratamiento psicológico es efectivo a la larga?
— ¿Cómo se puede garantizar que el diagnóstico psicológico resulta fiable?

Evidentemente, estas preguntas son simples ejemplos. Hay, sin duda, un gran número de preguntas que han sido el punto de partida de los cientos de investigaciones que se han realizado y actualmente se llevan a cabo en psicología.

Al mismo tiempo, conviene decir que aunque la pregunta es un necesario punto de partida, quizá la clave de la investigación científica sea el tipo de respuestas que somos capaces de dar.

Algunos autores consideran que las respuestas a preguntas como éstas se pueden dar de un modo subjetivo. Es decir, lo que importa es lo experimentado que sea el profesional después de tratar durante años con psicópatas, personas con retraso mental o neuróticos.

Sin embargo, la psicología científica no sostiene esta idea, sino que concibe que, como cualquier otra disciplina científica, debe demostrar objetivamente sus argumentos. Si sostiene que es posible averiguar si un perturbado mental es responsable de sus actos, debe disponer de medios que permitan probar que Ted Bundy es responsable y debe ser condenado, mientras que Juan Rodríguez no es responsable y, por consiguiente, debe ser exculpado.

Si la psicología científica pretende en algún momento darle a la sociedad medios para ayudar en alguno de los asuntos que son de claro interés, debe actuar como cualquier otra ciencia en la que esa sociedad ya ha puesto su confianza.

Por tanto, la psicología debe contar con medios para estudiar científicamente los temas de interés. O lo que es lo mismo, debe disponer de medios objetivos para responder preguntas similares a las que se acaban de fomular.

2. LOS NIVELES DE ANÁLISIS

Una buena manera de organizar las preguntas que nos hacemos los psicólogos y de situar las respuestas que se van encontrando en la investigación,

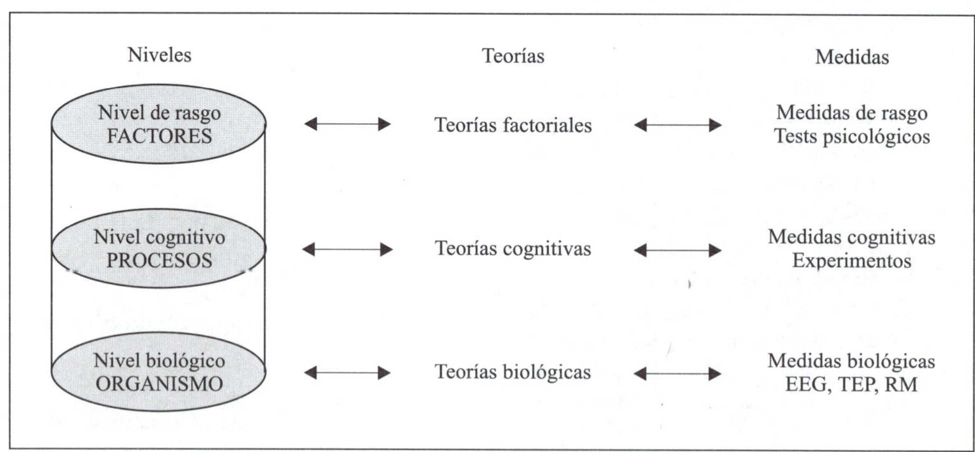

Figura 4.1.—Los niveles de análisis permiten situar las distintas preguntas relevantes sobre las diferencias individuales, así como el tipo de respuestas halladas mediante la investigación. En este marco de referencia se distinguen niveles, teorías y medidas. Tanto los niveles como las teorías constituyen estrategias de trabajo que los científicos desarrollan para comprender las diferencias de conducta. Las medidas ayudan a comprobar que las teorías no son totalmente incorrectas y permiten contrastar las hipótesis y conjeturas de los científicos. EEG = Electroencefalograma. TEP = Tomografía de emisión de positrones. RM = Resonancia magnética.

es idear un marco de referencia en el que la comunidad científica esté más o menos de acuerdo.

De este modo, el enfoque de las diferencias individuales ha trabajado, desde sus comienzos, sobre cuatro tipos de preguntas:

- **Pregunta 1.** ¿Cuáles son las propiedades psicológicas que pueden caracterizar a una determinada persona? ¿Cuál es la *estructura* de esas propiedades?

Los investigadores han estudiado el comportamiento de los seres humanos en diversas situaciones. Así por ejemplo, han observado que hay conductores arriesgados y prudentes, madres muy protectoras y más liberales, personas agresivas y pacíficas, personas populares, chavales con problemas para aprobar en la escuela, personas rígidas o tolerantes.

Este tipo de observaciones, cuando se realizan de un modo sistemático, suelen invitar a realizar la siguiente suposición: si en un atasco observamos que algunos conductores abusan de su claxon, sacan el puño por el cristal y gritan palabras malsonantes, mientras que otros permanecen pacientemente sentados en su automóvil, ¿es posible que los dos tipos de personas se tomen o interpreten la misma situación de distintas maneras? Una respuesta afirmativa a esta pregunta no resultará complicada. Ahora bien, ¿a qué se puede atribuir que algunas personas se muestren como conductores agresivos y otras como conductores pacíficos? Muy posiblemente, la explicación es que disponen de distintas maneras de ser. Pero ¿qué son esas distintas maneras de ser?

Popularmente, todo el mundo entiende o intuye muy bien qué significa que las personas tengan distintas maneras de ser. Claramente, «las personas son distintas porque son distintas».

Los psicólogos se han amparado en este tipo de observaciones para proceder a estudiar científicamente en qué consisten esas distintas maneras de ser. Al actuar de este modo, han explorado una serie de supuestas características o propiedades psicológicas, que no se pueden observar directamente, responsables del modo particular en que cada persona se gobierna. Este análisis se ha llevado a la práctica estudiando los distintos modos de reaccionar o de comportarse ante la misma situación.

Estas situaciones pueden ser el aula, el recreo, el parque, las cafeterías, los hospitales, las calles, el hogar, los cines, los autobuses, los aviones, la guerra o un videojuego. El análisis del comportamiento de las distintas personas en situaciones de este tipo sugirió la idea de que sería posible diseñar de un modo un tanto artificial situaciones más estandarizadas, más controladas por el investigador, que de algún modo tuviesen algo que ver con las situaciones originales. A este tipo de situaciones estandarizadas los psicólogos las denominamos pruebas o experimentos, aunque el término más conocido es *test*.

Por tanto, un medio del que los psicólogos nos servimos para estudiar las propiedades de los distintos seres humanos consiste en explorar su comportamiento ante situaciones estandarizadas que pretenden guardar una relación significativa con las situaciones más cotidianas en la vida de los seres humanos.

El análisis científico del comportamiento de los distintos seres humanos ante este tipo de situaciones estandarizadas o tests aporta datos que se pueden analizar para tratar de averiguar si la persona es inteligente, introvertida, cordial, minuciosa o emocionalmente estable. A este tipo de propieda-

Figura 4.2.—Los psicólogos diseñan pruebas para intentar comprender las diferencias cotidianas de conducta. Estas pruebas se conocen técnicamente con el nombre de tests psicológicos.

des los psicólogos les denominados técnicamente *rasgos psicológicos*.

Por ello, habitualmente se puede hablar de un *nivel de rasgo* caracterizado por el intento de responder a la pregunta de cuáles son las propiedades psicológicas que deberían emplearse para describir del modo más completo y adecuado posible el modo de ser y de comportarse de los distintos seres humanos.

- **Pregunta 2.** ¿Cómo actúan las propiedades psicológicas? ¿Cuál es su *dinámica*?

A través del tipo de estudios cuya lógica se acaba de explicar, los psicólogos podemos llegar a la siguiente consecuencia: Paco es muy inteligente, mientras que Pedro no es demasiado inteligente; buena prueba de ello es que Paco suele obtener unas calificaciones académicas excelentes, mientras que Pedro suele mostrar problemas con los estudios.

Este conocimiento es relevante en sí mismo. Si a través de nuestras situaciones estandarizadas o tests podemos anticipar o predecir futuros problemas de rendimiento académico, será posible prevenir un posible fracaso escolar de modo que se puedan diseñar intervenciones psicológicas que le ayuden a Pedro con sus estudios. Así por ejemplo, se le podrían enseñar una gama de técnicas de estudio que le ayudasen a mejorar paulatinamente su rendimiento antes de que sea demasiado tarde.

Figura 4.3.—Habitualmente, las personas se describen a sí mismas o a sus semejantes. Así por ejemplo, Luis puede describirse a sí mismo como inseguro, asustadizo e introvertido. Este tipo de descripciones constituye el punto de partida del estudio científico de los rasgos psicológicos.

Ahora bien, a los investigadores se nos suscita la pregunta siguiente: ¿por qué Paco es más inteligente que Pedro?, ¿qué tipo de cosas hace Paco que no hace Pedro? En otras palabras, ¿cómo funciona la inteligencia de Paco y de Pedro?, ¿de qué tipo de mecanismos mentales se sirve Paco para lograr un mejor rendimiento en los tests de inteligencia?

Para tratar de responder a este tipo de preguntas se necesita diseñar situaciones estandarizadas que no sólo estudien el rendimiento global de Paco y de Pedro. Lo que se requiere es elegir algunas de las preguntas incluidas en el test de inteligencia y diseñar un experimento a través del que se pueda lograr información sobre el tipo de procesos mentales que siguen Paco y Pedro. Si mediante este procedimiento logramos averiguar qué procesos mentales caracterizan el rendimiento de Paco en el test de inteligencia, será posible instruir a Pedro para que trate de seguir los mismos procesos mentales, claramente más efectivos, que usa Paco.

Esta manera de responder a esta segunda pregunta, por tanto, consiste en realizar un análisis de las operaciones mentales que caracterizan a las múltiples propiedades psicológicas que encontramos al responder a la primera pregunta. Habitualmente, los estudios realizados para responder a esta pregunta se sitúan en un segundo plano que se podría denominar, por conveniencia, *nivel cognitivo*.

- **Pregunta 3.** ¿Hay alguna relación entre las preguntas que se han formulado en los anteriores dos niveles y el funcionamiento biológico?

Si continuamos con el ejemplo de Paco y Pedro, los psicólogos también nos podemos preguntar si Paco es más inteligente que Pedro debido a su distinta organización cerebral.

Parece haber pocas dudas: las propiedades psicológicas son, en parte, el resultado del funcionamiento del cerebro. Cuando Paco está tratando de resolver un problema, en su cerebro se están produciendo ciertos cambios fisiológicos, un consumo

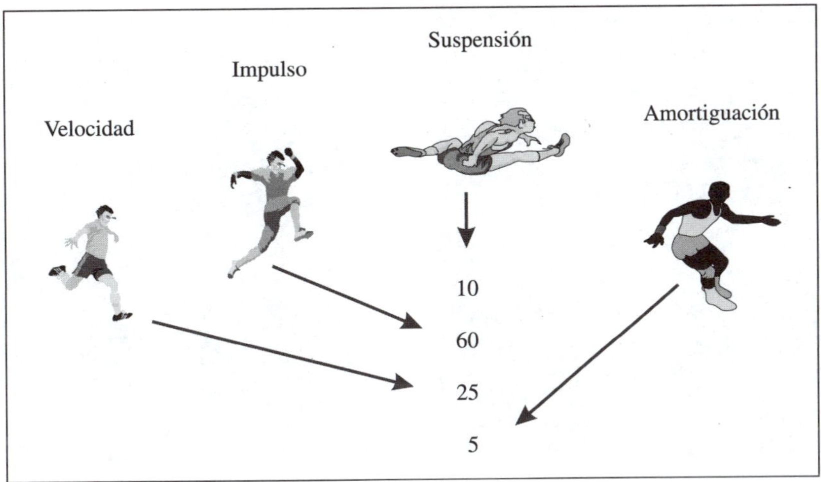

Figura 4.4.—Llegar a un resultado exige varias acciones. Así por ejemplo, en el salto de longitud influyen la velocidad, el impulso, la suspensión y la amortiguación. Distintas personas pueden alcanzar el mismo resultado por diversas razones. Antonio puede tener una excelente aptitud para la suspensión, aunque su impulso sea pobre, mientras que Juan puede tener un impulso excepcional, aunque su suspensión sea deprimente. Comprobar el resultado final sería el objetivo de la primera pregunta recogida en los niveles de análisis, mientras que averiguar a qué se debe el resultado, cuáles son los pasos que se dan para llegar a él, sería el objetivo de la segunda pregunta.

de energía o un trasvase de sustancias neuronalmente relevantes.

Por consiguiente, parece una pregunta relevante si las diferencias intelectuales que observamos en Paco y Pedro guardan relación con el tipo de actividades que suceden en sus respectivos cerebros.

Los científicos nos hemos provisto de una serie de técnicas que permiten obtener ciertos indicadores de actividad cerebral. Por tanto, es posible estudiar las diferencias individuales de actividad cerebral en Paco y Pedro.

Este tipo de preguntas y las respuestas que se van encontrando a través de la investigación continuada se las suele situar en un plano denominado habitualmente *nivel biológico*.

De este modo, dentro de un determinado programa de investigación:

— Se ha podido detectar que en la propiedad psicológica denominada «inteligencia» se aprecia una diferencia significativa entre Paco y Pedro.

— A través de una cuidadosa serie de experimentos, se ha logrado averiguar qué procesos mentales siguen Paco y Pedro para alcanzar un rendimiento distinto en las situaciones estan-

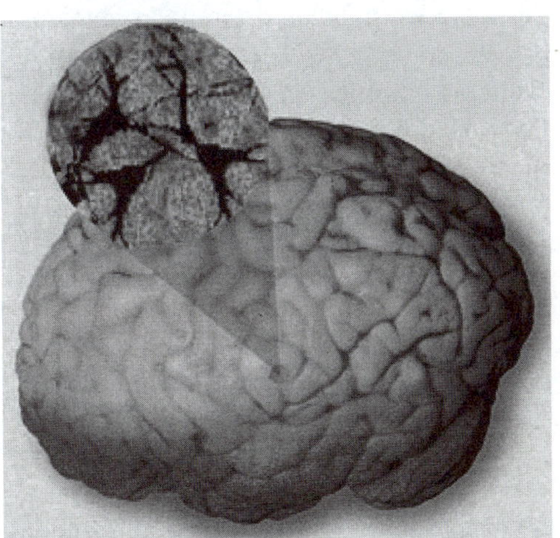

Figura 4.5.—El cerebro es el órgano corporal por el que más se interesan los psicólogos. Pero no es el cerebro en sí, sino lo que éste es capaz de hacer lo que de verdad interesa a los científicos de la conducta. Como ha escrito el profesor Mike Gazzaniga (1992), no existen dos cerebros iguales, por lo que suponer que existen dos personas psicológicamente iguales puede carecer de sentido científico.

Figura 4.6.—Los seres vivos han evolucionado durante millones de años sobre la superficie del planeta Tierra. Y los seres humanos también son seres vivos. Como han escrito los profesores Bouchard, Lykken, McGue, Segal y Tellegen para la revista *Science:* «Los genes entonan un canto prehistórico que en el momento presente se puede reescribir, pero que, en cualquier caso, sería estúpido ignorar» (1990).

Figura 4.7.—El estudio del motor de un automóvil puede ayudar a comprender los niveles de análisis. De este modo, los ingenieros pueden comprobar cuáles son las piezas del motor y cómo están organizadas (rasgos), pueden comprobar cómo actúan esas piezas (procesos), pueden averiguar hasta qué punto la conducta del motor está relacionada con las características del material con el que están hechas las piezas (bases biológicas), y pueden preguntarse hasta qué punto se puede alterar la conducta del motor a partir de cómo están diseñadas las piezas de fábrica.

darizadas, o tests, de las que nos hemos servido para estimar las diferencias intelectuales.

— Pero, además, se ha logrado detectar diferencias notables en los mecanismos biológicos usados por Paco y Pedro.

Al responder a estos tres tipos de preguntas, se logra una valiosa información a partir de la cual es posible:

a) Diagnosticar de un modo fiable una diferencia individual en una importante propiedad psicológica como es la inteligencia.

b) Diseñar un sistema de mejora de la inteligencia al conocer los procesos mentales que caracterizan a un rendimiento intelectual óptimo.

c) Comprobar si a través de determinadas sustancias, como algunos complejos vitamínicos, resulta posible mejorar el sistema metabólico cerebral de Pedro, y, así, incrementar su rendimiento intelectual.

En suma, disponer de respuestas a estas preguntas es muy relevante, no sólo para la investigación psicológica básica, sino también para el desarrollo de aplicaciones prácticas.

- **Pregunta 4.** ¿Cuál es el origen de las diferencias individuales?

Hay una cuarta pregunta que los psicólogos nos hemos formulado de manera reiterada. La pregunta en cuestión se refiere a por qué, en última instancia, las personas son distintas en sus rasgos psicológicos, emplean determinados procesos mentales, o disponen de un cerebro que realiza una serie diferenciada de funciones biológicas.

Las respuestas a esta pregunta han sido usualmente de dos tipos[1]:

— Las personas se comportan según sea su código genético, es decir, según la herencia recibida de sus padres.

[1] Así, no debería olvidarse la respuesta del constructivismo a esta pregunta (Richardson, 1988). Según este enfoque, la persona se desarrolla a partir de una determinada programación que debe activarse ambientalmente durante el ciclo vital. Un representante del constructivismo es el psicólogo suizo Jean Piaget.

— Las personas se comportan según las influencias socioambientales que han ido recibiendo desde el momento del nacimiento.

Conviene dejar a un lado los sonados debates que ha suscitado esta pregunta. Suele escucharse que ha habido autores que han apoyado la idea de la determinación genética y autores que han negado cualquier influencia de la herencia en el comportamiento humano. Pero, en realidad, casi ningún autor relevante ha mantenido una postura radical en respuesta a la compleja pregunta sobre el origen de las diferencias individuales. Donde sí ha existido discrepancia ha sido en el grado de importancia atribuido a la herencia o al ambiente.

Sea como fuere, ninguna de las tres preguntas anteriores podrá resistirse a la larga a la investigación científica, por lo que nada parece indicar que esta cuarta pregunta no pueda ser resuelta si se invierte un esfuerzo sistemático, abierto y transparente de investigación.

Por lo que se sabe, el tipo de respuestas que se vayan encontrando a esta pregunta puede proporcionar indicadores importantes sobre el efecto de las intervenciones sociales en las poblaciones humanas. En igual medida que el índice de natalidad resulta útil para rastrear y predecir los vaivenes poblacionales de un país, un continente o el planeta tierra, los indices de heredabilidad asociados a propiedades psicológicas como la inteligencia o la esquizofrenia pueden ayudar a estimar el impacto de los programas sociales.

En suma, según el esquema propuesto, las preguntas realizadas desde el enfoque de las diferencias individuales en psicología pueden ir dirigidas, al menos, a los rasgos psicológicos, a los procesos cognitivos, al funcionamiento biológico y al origen de esas diferencias. La dispersión característica de la investigación, así como la exposición de los resultados o las respuestas halladas, puede corregirse situándolas en alguno de los niveles descritos en este epígrafe.

SUMARIO

Cualquier ciencia hace preguntas y la psicología no es ninguna excepción. Si una ciencia se construye a través de preguntas y respuestas, la exposición de una disciplina científica debería hacerse describiendo cuáles han sido sus preguntas, cómo se ha tratado de responder y cuáles han sido las respuestas más importantes para el avance de esa disciplina. En este manual se emplea precisamente este modo de exposición.

El tipo de preguntas que se han hecho desde el enfoque de las diferencias individuales tiene que ver con:

— La estructura de la personalidad humana, es decir, las propiedades básicas de la inteligencia, el temperamento y la motivación.

— La dinámica o el modo de actuación de esa estructura de propiedades.

— Las relaciones entre la estructura y la dinámica de las propiedades con la actuación biológica del organismo.

— El origen de las diferencias personales, es decir, la influencia de los genes y del medio ambiente sobre la estructura y la dinámica de las propiedades psicológicas sustentadas por la biología.

Por supuesto, las respuestas encontradas usando distintos métodos se situarán en los correspondientes niveles en los que se organiza el estudio científico de las diferencias individuales para ayudar tanto al avance coordinado de la ciencia como a su comprensión por los futuros profesionales de la psicología.

El estudio de los rasgos psicológicos 5

La pregunta sobre cuáles son las propiedades básicas de la personalidad humana y cuál es su estructura, se corresponde con el estudio científico de los rasgos psicológicos. Un rasgo es un concepto científico que representa a una determinada propiedad psicológica, como la inteligencia o la estabilidad emocional. Cuando se estudian científicamente este tipo de conceptos deben usarse una serie de métodos de trabajo que hacen más objetiva su investigación y más valiosas las aplicaciones prácticas que se puedan derivar, pero también algo más complicada su comprensión. Un rasgo se convertirá en un concepto científico a través de la puesta en marcha de programas de investigación que puedan señalar de un modo objetivo cuál es la mejor manera de medirlo, cuál es su importancia respecto a otros rasgos y qué posición ocupa en la estructura general de la personalidad humana. Por consiguiente, en este epígrafe se describen unos conceptos básicos sobre el rasgo psicológico, así como los métodos de trabajo más importantes que suelen emplearse habitualmente.

1. CONCEPTOS BÁSICOS

Este apartado se pregunta por el rasgo como concepto científico, dónde está la persona en los estudios psicológicos y cuáles son las principales características de los rasgos psicológicos.

1.1. El rasgo como concepto

La mayor parte de los conceptos científicos se originan en observaciones cotidianas y los rasgos psicológicos no son una excepción. Así por ejemplo, el concepto «inteligencia» proviene originalmente de observar que las personas tienen una habilidad distinta para resolver problemas complejos, como conducir un coche, aprender a calcular integrales o comprender una obra filosófica. Por consiguiente, la inteligencia es un concepto que representa una propiedad psicológica deducida a partir de la observación del comportamiento cotidiano de las personas.

En contraste, un ordenador tiene, en principio, una existencia que no posee conceptos científicos como la temperatura, la gravedad o la inteligencia. Y hay ciertas cosas que no se pueden preguntar sobre los conceptos, aunque sí sobre las cosas. Por ejemplo, se puede preguntar si eso de ahí es un ordenador, pero carece de sentido preguntar si la temperatura o la inteligencia es eso de ahí.

¿Cómo se define un concepto científico?

Para responder a esta pregunta debe advertirse que un concepto es una abstracción, no son cosas que se puedan observar, sino propiedades que se deducen de observar ciertos hechos. Por ejemplo, el suelo se calienta cuando sale el sol y se enfría cuando se pone. Estos hechos se resumen diciendo que la temperatura del suelo es caliente o fría, y más en concreto de 5 o 35 grados.

Por tanto, los conceptos científicos no se descubren, sino que son invenciones de los científicos, de modo que la pregunta de si un termómetro mide la temperatura tiene tan poco sentido como la pregunta de si un test mide la inteligencia. ¿Por qué? Porque formular esa pregunta supone dar por hecho que la temperatura o la inteligencia es una cosa, cuando en realidad no es así (Eysenck, 1979).

La inteligencia es una invención que resulta útil para organizar una serie de hechos o de datos. La ciencia puede:

- Definir el concepto de inteligencia a partir de los hechos que se conocen sobre él, del mismo modo que cuando se definen los conceptos de temperatura o de gravedad a partir de hechos como que el suelo se enfría o se calienta, o como que las tazas de café caen al suelo.
- Formular una teoría sobre lo que se supone razonablemente que puede caracterizar a ese concepto. Por ejemplo, una teoría sobre la inteligencia podría decir que la clave de la conducta inteligente es la aptitud para resolver problemas novedosos.
- Usar una definición operativa, es decir, enumerar los métodos empleados para medir el concepto. Esta posibilidad puede parecer arbitraria, pero constituye la manera de actuar de cualquier ciencia. Por ejemplo, la temperatura se mide con termómetros y la gravedad con determinados dispositivos. Del mismo modo, la inteligencia se mide con una serie de pruebas psicológicas en las que se pide a las personas resolver problemas más o menos complejos.

Cuando la taza de café se nos cae de las manos, es atraída por una fuerza física que tira de ella hacia abajo. Esta fuerza resulta tan aparente que tendemos a materializarla, es decir, a considerarla como una cosa que existe por sí misma, como la taza de café y el suelo sobre el que se precipita. No obstante, esta interpretación es poco precisa.

Cuando Albert Einstein puso en entredicho el planteamiento de Isaac Newton, se descubrió que no existía esa fuerza de atracción. En la teoría de la relatividad, la gravedad se trata como una ondulación del espacio-tiempo. Entonces, ¿habría que aceptar que los conceptos propuestos por Einstein son más reales que los de Newton? La respuesta es negativa, y mucho más si recordamos que a las alternativas de Newton y Einstein se añade la teoría cuántica, que explica la gravedad en función de una partícula elemental denominada gravitón.

Si se pidiese a un físico que diese una definición de «gravedad», probablemente nos encontraríamos con tres posibles respuestas:

- En primer lugar, el físico se llevará las manos a la cabeza y enumerará una larga serie de fenómenos reales, como, por ejemplo, la caída de las tazas de café.
- En segundo lugar, el físico dará una explicación teórica sofisticada y en un lenguaje comprensible sólo por un físico especializado, basado en conceptos tales como gravitación, gravitón o las líneas de fuerza de un espacio-tiempo ondulado.
- Por último, el físico escribirá en la pizarra una serie de fórmulas a través de las que se puede medir la fuerza de atracción que hace que nos quedemos sin el café matinal.

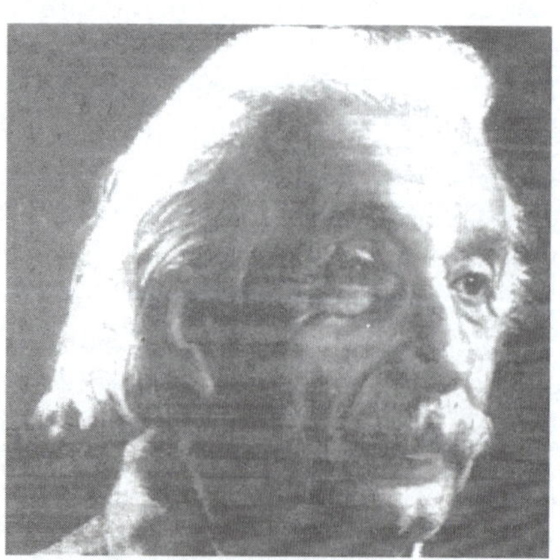

Figura 5.1.—Einstein y Newton propusieron dos modos de comprender la gravedad. ¿Cuál de ellos es más real? En realidad ninguno, dado que la gravedad es un concepto científico.

Estas respuestas satisfarán sin duda a la persona que hace la pregunta. Sin embargo, muchos psicólogos se sentirían incómodos si escuchasen a un colega argumentar que para definir la inteligencia se dispone de tres alternativas:

- Enumerar las cosas que hace una persona para demostrar su inteligencia, como resolver integrales con soltura, conducir un coche por un piso resbaladizo o resumir las principales ideas de *La crítica de la razón pura* de Kant.
- Desarrollar una teoría sobre el concepto inteligencia. Por ejemplo, la inteligencia es resultado de una actuación eficiente de las neuronas cerebrales.
- Definir el concepto inteligencia a partir de lo que miden los tests de inteligencia. Por ejemplo, razonar con palabras, encontrar el significado de ciertos símbolos abstractos o detectar una figura simple dentro de una de mayor complejidad.

Cuando se estudia el concepto temperatura se observa que hay distintos métodos de medida. Cuando se tuvo que decidir cuál era el mejor método para medir la temperatura, se descartó el termómetro de aceite de linaza puesto que sus medidas no concordaban con las predicciones de la teoría cinética. En cambio, los termómetros de alcohol y mercurio sí concordaban con la teoría. Por tanto, la selección de un instrumento de medida depende, hasta cierto punto, de su grado de concordancia con la teoría. Esto es precisamente lo que sucede con los métodos empleados en la Psicología para medir un concepto como el de inteligencia.

Veamos dos teorías sobre el calor: la teoría termodinámica y la teoría cinética. La primera estudia conceptos poco asequibles, como la temperatura medida a través de termómetros, la presión medida como la fuerza que se ejerce por cada unidad de superficie y el volumen medido por el tamaño de un recipiente. Apenas se dice algo sobre la naturaleza del calor. En contraste, la teoría cinética es mucho más asequible: todos los fluidos elásticos están formados por pequeñas partículas sometidas a un continuo movimiento caótico, las cuales chocan constantemente entre sí y con las paredes del recipiente en el que se hayan incluidas. Sin embargo, a pesar de que la teoría cinética es más asequible, a pesar de su aparente mayor grado de realidad, las descripciones termodinámicas concuerdan mejor con los datos conocidos sobre la temperatura.

En este mismo sentido, en el estudio de la inteligencia existen las investigaciones psicométricas (de rasgo) y los enfoques empírico-teóricos (cognitivos y biológicos).

Los estudios psicométricos (*psico:* psicológico, *métricos:* medida) exploran conceptos abstractos que se pueden cuantificar, tales como la inteligencia, el nivel de dificultad de un problema o la extroversión. Los enfoques empírico-teóricos se centran en el número de neuronas, las conexiones sinápticas, los procesos de razonamiento o los mecanismos de memorización.

Por supuesto, carece de sentido preguntar cuál es el mejor enfoque, dado que ambos deben emplearse para intentar entender qué es la inteligencia y, en general, cualquier otro concepto psicológico (Eysenck, 1979).

A la vista de estas consideraciones, ¿a qué se puede deber que los psicólogos se hayan mostrado tan autocríticos sobre la naturaleza científica del estudio de la inteligencia y de otros rasgos psicológicos?

Posiblemente, según Eysenck (1979), dos respuestas sean igualmente importantes:

- En primer lugar, la juventud de la psicología puede hacer que los psicólogos tengan sentimientos de inferioridad y traten de buscar la aprobación de los científicos naturales, a pesar de que éstos pueden no tener demasiado interés en debatir sobre la calidad científica de los conceptos de la psicología.

  Los psicólogos suponen qué tipo de atributos deben caracterizar a un buen científico. Sin embargo, estas suposiciones tienen poco que ver con las actividades científicas habituales. Según esas suposiciones, los psicólogos minimizan los verdaderos y relevantes logros de su propia ciencia, sugiriendo que su disciplina no alcanza una perfección teórica y metodológica que, de hecho, resulta ajena a cualquier ciencia.

— En segundo lugar, los usuarios de la tecnología que se produce a partir de la investigación psicológica, como educadores, asistentes sociales, médicos, jueces y, en general, cualquier persona interesada por las variables psicológicas, tienen prejuicios sobre lo que ellos creen que es la naturaleza humana. Los resultados de los instrumentos psicológicos contradicen, en numerosas ocasiones, esos prejuicios, lo que, curiosamente, lleva a cuestionar el instrumento pero no las creencias.

Un procedimiento de desprestigio muy común es plantear unos objetivos científicos inalcanzables. No obstante, conviene darse cuenta de que ninguna ciencia se habría convertido en algo útil para la vida humana de haber actuado tratando de conseguir unos objetivos exagerados que anulasen las posibilidades reales de un desarrollo paulatino y acumulativo.

En suma, la psicología usa conceptos que se deducen de la observación de ciertos hechos. Por tanto, estos conceptos no son reales, sino invenciones útiles para ayudar al desarrollo de teorías psicológicas, de programas de investigación o de instrumentos de medida.

1.2. ¿Dónde está la persona en psicología?

La mayor parte de las veces somos nosotros los que elegimos las situaciones. De este modo, optamos por ver una película, leer un buen libro o echar una siesta, en lugar de asistir a una sala de baile, hacer un *tour* turístico o pasarse por la tertulia del Café Gijón. El que nos decidamos más a menudo por el primer tipo de situaciones y no por las segundas, muy bien pudiera atribuirse a nuestras propias propiedades psicológicas, es decir, a nuestros rasgos de personalidad.

El concepto de rasgo implica las situaciones, del mismo modo que rasgos hereditarios como la agresividad son, en su origen, el resultado de la influencia del medio ambiente que ha actuado durante el proceso evolucionista seleccionando ese tipo de conductas.

Una persona puede ser emocionalmente inestable y, por tanto, rechazar situaciones generadoras de estrés. La persona rechaza esas situaciones de estrés porque alimentan su inestabilidad emocional, de manera que opta por evitarlas siempre que puede. Una persona con poco control tenderá a evitar situaciones que sean favorecedoras de comportamientos que inviten al descontrol, como una despedida de soltero o las amistades que se divierten consumiendo drogas durante el fin de semana.

En psicología, cuando se trata de estimar el grado de inestabilidad emocional o de control de una determinada persona, se planifica cuidadosamente una exploración. Ésta puede consistir en una serie ordenada de preguntas sobre los comportamientos o hábitos de la persona en distintas situaciones y ocasiones.

Por consiguiente, dado que el resultado estará relacionado con las situaciones usadas para preguntar por el rasgo, la selección de esas situaciones debe hacerse cuidadosamente. Además, deberá constatarse que el concepto de rasgo resultante no está únicamente a expensas de las situaciones empleadas en su definición. Es decir, habrá que comprobar que a partir del rasgo se pueden predecir conductas no incluidas en su definición original.

1.3. ¿Cuáles son las características de los rasgos?

Las características de los rasgos psicológicos serían las siguientes (Eysenck y Eysenck, 1985).

- Los rasgos psicológicos son disposiciones que permiten *describir* a las personas y *predecir* su conducta. A su debido tiempo, los rasgos también pueden ayudar a explicar por qué el comportamiento de las personas es consistente.

De este modo, Paco se puede identificar como tal no sólo por su apariencia física, sino por cómo actúa habitualmente. Es bastante fácil saber cuándo le pasa algo extraño a Paco, puesto que, repentinamente, nos cuesta reconocerle.

Las disposiciones personales son cruciales tanto para que otros identifiquen a Paco como tal como para que el propio Paco se reconozca a sí mismo. Sabemos que determinados trastornos de la personalidad se originan cuando la estructura de rasgos del individuo pierde su organización habitual.

- Los rasgos psicológicos son conceptos o constructos científicos que permiten describir las diferencias individuales. Cuando esta descripción es consistente se puede usar para pronosticar o predecir el comportamiento de las personas.

Cuando la descripción de las propiedades de la persona no es precisa, las predicciones fracasarán. De este modo, a los psicólogos se nos presenta un problema cuando el equipo de un hospital psiquiátrico solicita un diagnóstico sobre si un paciente puede o no obtener un permiso de fin de semana. El equipo técnico nos está pidiendo que hagamos una predicción, y sólo tendremos éxito si logramos encontrar las consistencias e inconsistencias del candidato. Por desgracia, hay bastantes crónicas de errores en el diagnóstico que han llegado a costar la vida de inocentes ciudadanos.

- Los rasgos psicológicos permiten situar a los individuos en una serie de dimensiones continuas.

Consideremos el rasgo inteligencia. Seleccionemos una prueba psicológica para estimar el nivel intelectual de los reclutas de la Comunidad Andaluza. Apliquemos esta prueba, o test psicológico, al comenzar el período de instrucción militar. El resultado será un conjunto de medidas.

Si analizásemos los datos resultantes de la aplicación del instrumento de medida, encontraríamos que éstas se pueden clasificar, entre otras, de la siguiente manera: puntuaciones muy bajas, bajas, medias, altas y muy altas. Estas categorías de puntuaciones, en realidad, serían continuas, desde una determinada puntuación mínima a una máxima, por ejemplo, desde 70 a 150.

Esta manera de situar las puntuaciones de los reclutas de la Comunidad Andaluza da lugar a una *distribución normal* en forma de campana (Botella, León y San Martín, 1993): muy pocos reclutas mostrarán puntuaciones muy bajas o muy altas, algunos más tendrán puntuaciones bajas o altas y un buen número de ellos se situarán próximos a la zonas de las puntuaciones medias.

Figura 5.2.—Existe una variación continua entre las personas muy bajas, bajas, de estatura media, altas y muy altas. La mayor parte de la gente tiene una estatura media, menos personas son bajas y altas, y todavía menos son muy altas o muy bajas. Por tanto, suele decirse que la estatura es una característica que se distribuye normalmente. Con características psicológicas como la inteligencia sucede algo parecido.

- Las respuestas a las preguntas incluidas en las pruebas psicológicas son signos o síntomas de los rasgos de las personas.

Las respuestas de los reclutas de la Comunidad Andaluza a las preguntas de la prueba de inteligencia sirven para estimar su nivel intelectual. La relación es análoga a la que se da entre los síntomas y el síndrome en las ciencias médicas; las respuestas a las preguntas serían los síntomas, mientras que el nivel intelectual sería el síndrome, disposición o rasgo.

- El análisis de las respuestas a los problemas incluidos en una prueba psicológica ayuda a contrastar, es decir, a confirmar o rechazar una determinada teoría psicológica.

Así por ejemplo, se puede suponer que la inteligencia consiste en ser capaz de descubrir relaciones entre series de elementos abstractos o símbolos. Tanto el diseño de pruebas psicológicas que requieran manipular mentalmente símbolos abstractos combinados de ciertos modos, como su aplicación para estudiar las respuestas de distintas personas, permitirá averiguar si la teoría es más o menos acertada como explicación.

- Los rasgos psicológicos están más o menos determinados por la herencia y por el medio ambiente.

Una manera de comprobar la influencia de la herencia y del ambiente en determinadas propiedades o rasgos psicológicos es comparar personas que comparten más o menos parentesco y más o menos ambiente. Por ejemplo, los gemelos, los hermanos, los padres y sus hijos naturales o adoptivos.

- Las interacciones entre las disposiciones del individuo y las situaciones produce estados mentales.

En sentido estricto, la conducta de la persona está determinada por sus disposiciones personales y por la situación en que se encuentra. Sabemos que las personas no se comportan igual en una misma situación, y, por tanto, las disposiciones o rasgos permitirían explicar en parte estas diferencias.

Figura 5.3.—Los hijos comparten con sus padres tanto sus genes como su ambiente. Por tanto, su parecido se debería atribuir en parte a ambos componentes. Sin embargo, puesto que los padres y sus hijos no comparten ni todos sus genes ni frecuentan siempre los mismos ambientes, sus diferencias pueden llegar a ser notables. Así, por ejemplo, el señor Jones e Indy son bastante contrapuestos en el rasgo psicológico «búsqueda de sensaciones».

Pero también sabemos que en algunas situaciones todas las personas se comportan del mismo modo, como, por ejemplo, al comprar un billete para entrar al cine: piden una butaca, pagan y reciben el billete (aun en este caso se observarían diferencias en las butacas que prefieren distintas personas).

Por consiguiente, los rasgos psicológicos son conceptos científicos que resultan útiles para describir y predecir las diferencias individuales. Estas diferencias individuales se pueden medir a través de pruebas psicológicas. Las respuestas de las personas a las preguntas de las pruebas se pueden analizar para contrastar las concepciones teóricas del investigador.

El agrupamiento de las respuestas similares en un mismo concepto simplifica el complejo estudio científico de las diferencias individuales, puesto que reduce el número de hechos necesarios para describir a las personas. Los rasgos deben considerarse dimensiones psicológicas básicas, puesto que sirven para describir a las personas y predecir su conducta sin perder demasiada información.

Este modo de proceder permite evaluar a una persona en concreto según los rasgos que comparte con los demás individuos. Así, si se ha averiguado que una dimensión psicológica importante es la estabilidad emocional, se supondrá que todos los individuos se pueden caracterizar (entre otras cosas) según su grado de estabilidad emocional. Las diferencias individuales se expresarán en una escala en la que se situará a las personas de una determinada población según su nivel de estabilidad emocional, desde los emocionalmente muy estables a los muy inestables.

En general, la investigación psicológica ha estudiado tres tipos generales de rasgos psicológicos (Amelang y Bartussek, 1981; Buss y Poley, 1976):

— Rasgos intelectuales. Por ejemplo, la habilidad para razonar, la capacidad para la lectura, la capacidad de memoria o la capacidad para producir ideas.
— Rasgos temperamentales. El temperamento constituye una categoría de propiedades de la personalidad humana muy estables y consistentes. Los dos ejemplos más importantes son la extroversión y la estabilidad emocional.
— Rasgos motivacionales. La motivación es un término que también se refiere a propiedades de la personalidad, pero a diferencia de los rasgos temperamentales, los motivacionales son propiedades menos estables y consistentes. Algunos ejemplos son las actitudes, los valores y los intereses.

Figura 5.4.—Un profesional podría decir que Victoria tiene una buena habilidad para razonar, es emocionalmente estable, es políticamente progresista, valora la buena educación y está interesada por la música. Es decir, los rasgos intelectuales, temperamentales y motivacionales sirven para describir del modo más completo posible a una persona.

En suma, los rasgos psicológicos son conceptos científicos que resumen las conductas que las personas realizan en distintas situaciones y ocasiones. Los modos usuales de conducta se suelen denominar hábitos, y los rasgos serían algo parecido, es decir, tendencias de la persona a actuar de un modo consistente y estable. La calidad científica de estos conceptos debe demostrarse a través de una serie de métodos que pasamos a describir.

2. MÉTODOS DE TRABAJO

Este apartado expone unos principios básicos sobre los métodos de trabajo y técnicas disponibles para estudiar los rasgos, describiendo posteriormente los métodos de covariación (análisis factorial, escalamiento, y agrupamientos), los métodos predictivos (regresión y análisis discriminante) y los métodos causales (Andrés Pueyo, 1997; Baltes y Nesselroade, 1973; Burgaleta y Fernández, 1985; Cattell, 1966, 1988a y b; Dillon y Goldstein, 1984; Nesselroade y Cattell, 1988; Sánchez Cánovas, 1983; Sánchez Cánovas y Sánchez López, 1994).

2.1. Principios básicos

Imaginemos que nos hacen la siguiente pregunta[1]:

[1] Este problema es un ejemplo de la categoría *cognición* de la teoría factorial de J. P. Guilford que se estudiará después.

¿Qué par de números no pertenece a los demás?

A) 1-5
B) 2-6
C) 5-8
D) 3-7

Después de que nos tomemos un poco de tiempo para explorar las distintas alternativas que se nos ofrecen y pensar en cuál puede ser más adecuada, responderíamos que la alternativa C contiene el par de números que no pertenece a los demás, puesto que en todos los demas hay una diferencia de 4.

Veamos el siguiente ejemplo[2]:

El oro es más valioso que el hierro.
La brea es más negra que el cemento.
El plomo es más pesado que la arena.
Los diamantes son más duros que el carbón.

Nos piden que recordemos estas frases y, al cabo de un rato, nos presentan frases como las siguientes:

El carbón es________________que los diamantes.

A) Más blando.
B) Más negro.
C) Menos valioso.
D) Más blanco.

La arena es____________que el oro.

A) Más dura.
B) Más negra.
C) Más leve.
D) Ninguna de las anteriores.

[2] Este problema es un ejemplo de la categoría *memoria* de la teoría factorial de J. P. Guilford que se estudiará después.

En el primer caso, la alternativa correcta es la A, mientras que en el segundo es la D.

Veamos un último problema[3]:

Dados los números 1, 2, 3, 4 y 5, combínelos de varias maneras diferentes para lograr un total de 7, utilizando cada número solamente una vez en cada respuesta.

Tras pensarlo un poco, podemos llegar a las siguientes soluciones:

$$2 + 5 = 7$$
$$3 + 4 = 7$$
$$1 + 2 + 4 = 7$$
$$3 + 5 - 1 = 7$$

Suele decirse que estos problemas son cognitiva o intelectualmente exigentes. Cuando se los planteamos a distintas personas, no siempre obtenemos, ni mucho menos, el mismo tipo de respuestas. Algunas personas, con toda seguridad, los resolverán sin dificultad, pero muy posiblemente otras personas no responderán nada o lo harán con poca precisión.

2.1.1. *La distribución*

Los investigadores de las diferencias individuales llevan algo más de 100 años tratando de desarrollar pruebas cuyo contenido se basa en problemas como éstos. Por supuesto, la variedad es enorme, pero ello no debe llevarnos a concluir que cualquier prueba psicológica tiene las suficientes garantías científicas.

En la obra de la profesora Anne Anastasi (1990) *Psychological Testing* se hace referencia a 239 pruebas con las suficientes garantías técnicas comprobadas, incluyendo no sólo pruebas intelectuales, sino también pruebas clínicas, de personalidad, de intereses, de valores o de actitudes.

[3] Este problema es un ejemplo de la categoría *producción divergente* de la teoría factorial de J. P. Guilford que se estudiará después.

Una de las distribuciones más útiles es la denominada *distribución normal*. Ésta se produce cuando, por ejemplo, al medir la estatura de los reclutas de la Comunidad Andaluza nos encontramos una distribución de medidas como la que se muestra en la figura 5.5. El significado de esta distribución de puntuaciones es sencilla:

- El 68,26 por 100 de los reclutas se situarán muy cerca de la estatura media.
- El 27,18 por 100 de los reclutas se alejarán una determinada distancia de esa media, siendo significativamente más altos o más bajos que la media de la muestra.
- Finalmente, el 4,54 por 100 de los reclutas se alejarán de modo muy significativo de la media, siendo muy altos o muy bajos.

Pongamos otro ejemplo. Si cogiésemos una piedra y la lanzásemos 300 veces en una misma dirección, marcando a cada lanzamiento el lugar en el que cae la piedra, comprobaríamos que:

- Una gran parte de las veces que hayamos lanzado la piedra, las colisiones estarán muy cerca unas de otras.
- Un número menor de veces, las colisiones estarán alejadas o más próximas de la zona más frecuentada por la piedra al caer.
- Finalmente, muy pocos de los lanzamientos se alejarán mucho o caerán muy próximos a la zona desde donde se lanza la piedra.

La distribución normal expresa las frecuencias de las medidas realizadas, es decir, organiza con qué frecuencia suceden una serie de cosas. Por consiguiente, es un hecho que proviene de la observación.

La distribución normal se ha mostrado muy útil en psicología. Imaginemos que estamos interesados en estimar el nivel intelectual de una determinada población usando una prueba. Tras aplicar la prueba observaremos que buena parte de la población se sitúa alrededor de un punto medio, algunos menos se sitúan por encima y por debajo de este punto medio y muchos menos todavía serán los que se muestren muy inteligentes o muy torpes en la prueba.

Un requisito deseable en una prueba es su ajuste a la distribución normal. Además, los investigadores deben trabajar con muestras de personas que sean representativas de la población general y que sean suficientemente amplias.

2.1.2. *La media y la desviación*

A la distribución normal se le puede sacar bastante partido cuando deseamos estudiar científicamente las diferencias individuales.

De este modo, cuando se hayan obtenido las puntuaciones alcanzadas en la prueba por los sujetos, se puede calcular la *media*. Así, se puede calcular la puntuación media de los reclutas de la Comunidad Andaluza, es decir, el promedio de los valores observados.

Generalmente, suele ser una buena idea transformar las puntuaciones obtenidas en distintas pruebas en un escala universal de medida. Es decir, es posible que nos hayamos servido de distintas pruebas para estimar de un modo bastante completo el nivel intelectual de los reclutas andaluces. No todos las pruebas tienen por qué emplear la misma escala de medida: algunas pueden incluir 30 problemas, otras 15 y otras 70.

Evidentemente, una puntuación de 10 en la primera prueba no significará lo mismo que una puntuación de 10 en la segunda o en la tercera. La transformación a una escala universal de puntuaciones permite saber el significado preciso de 10, independientemente de la prueba empleada. Esta escala universal de puntuaciones se construye a partir de lo que se conoce como puntuaciones típicas o normalizadas, cuya media puede ser 100 (figura 5.5).

Ahora bien, ¿cómo sabremos la distancia de la puntuación alcanzada por un determinado recluta en las tres pruebas en relación a la media?

También para esto se ha ideado un método. El concepto estadístico que recoge esta posibilidad es el de *desviación*. Así por ejemplo, se puede calcular cuántos puntos se aleja el recluta que logra una

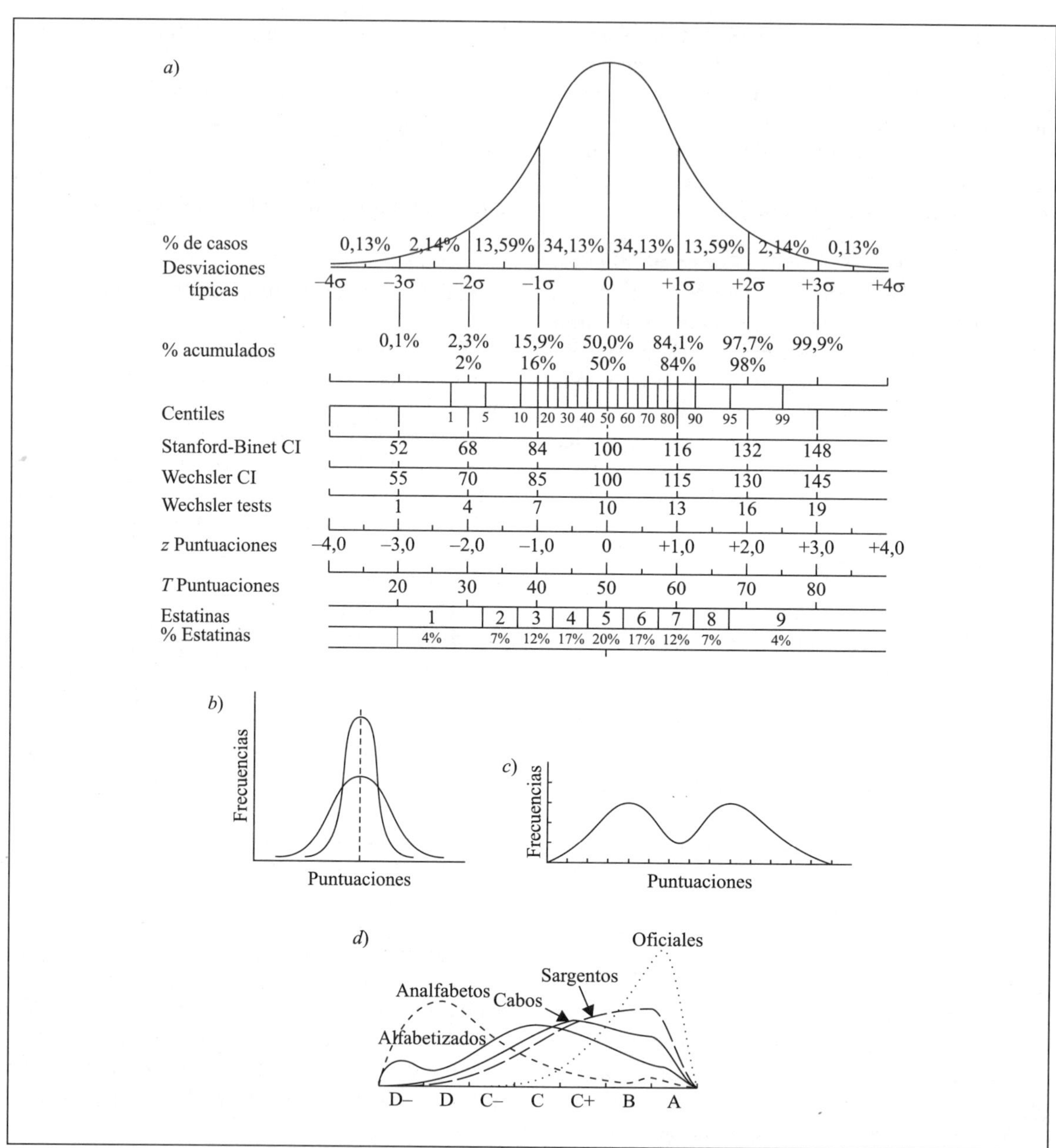

Figura 5.5.—*a*) Una distribución normal con distintos tipos de puntuaciones: porcentaje de casos en distintas zonas de la curva normal, desviaciones típicas, porcentajes acumulados, centiles, CI en el Stanford-Binet, CI en el Wechsler, puntuaciones *z*, puntuaciones *T* y estaninas. *b*) Dos distribuciones con la misma puntuación media, pero distinta varianza. *c*) Una distribución bimodal, es decir, con dos modas, en la que la mayor parte de las personas se sitúan en los extemos y no en la zona media. *d*) Distribuciones de puntuaciones en inteligencia en personas con distinto grado de formación académica: las personas con menor formación se sitúan en las partes bajas, mientras que las personas con mayor formación se sitúan en las partes altas de la distribución de los datos.

puntuación de 10 en la primera prueba, cuyo mínimo es 0 y cuyo máximo es 30. Pero seguiríamos teniendo el mismo problema que antes: ¿cómo sabemos si en la primera prueba se aleja más o menos de la media que en la segunda o la tercera prueba?

De nuevo, podemos recurrir a un modo universal de representación que nos transforme el distanciamiento de la puntuación alcanzada por una persona en una determinada prueba en relación a la media de la escala de medida universal. Generalmente, esto permite calcular lo que se conoce como *desviación típica,* cuyo valor estándar o universal puede ser 15. En este sentido, una desviación típica implicará siempre una desviación de 15 puntos respecto a la media, dos desviaciones típicas supondrán una desviación de 30 puntos respecto a la media, y así sucesivamente.

Estas transformaciones supondrán una gran ventaja a la hora de interpretar el rendimiento de un recluta en las distintas pruebas intelectuales, independientemente de la escala particular de medida usada en cada una de ellas.

Evidentemente, el concepto de desviación resume en términos numéricos las diferencias individuales que existen entre los reclutas de la Comunidad Andaluza en las distintas pruebas que se han empleado para estimar el nivel intelectual. Esto nos permitirá averiguar, en términos cuantitativos, qué reclutas son muy inteligentes, inteligentes, normales, torpes o muy torpes.

Según la escala universal de medida, con media de 100 y desviación típica de 15:

- — Un recluta será *muy inteligente* cuando su puntuación sea de 125 o más. En este caso, la puntuación del recluta se situará dos desviaciones típicas por encima de la media.
- — Será *inteligente* cuando su puntuación oscile entre 110 y 125. En este caso, la puntuación del recluta se situará una desviación típica por encima de la media.
- — Será *normal* entre 90 y 110. En este caso, la puntuación del recluta estará en la media.
- — *Torpe* entre 75 y 90. En este caso, la puntuación del recluta se situará una desviación típica por debajo de la media.
- — *Muy torpe* cuando su puntuación sea menor de 75. En este caso, la puntuación del recluta se situará dos desviaciones típicas por debajo de la media.

2.1.3. *La correlación*

La correlación es una técnica esencial en la investigación de los rasgos psicológicos. La idea que subyace a la correlación es muy fácil de explicar recurriendo al concepto de consistencia. Téngase en cuenta que el siguiente ejemplo no expresa en sí mismo la técnica de la correlación, sino que únicamente introduce una idea intuitiva de consistencia y relación previa a la propia técnica de correlación en sentido estricto (Botella, León y San Martín, 1993).

Supongamos que le pedimos a una persona que lance una piedra durante dos horas sin parar. Mientras la persona se dedica a lanzar la piedra, nosotros nos ausentamos, de modo que no podemos ver cómo actúa. Transcurridas las dos horas, regresamos y analizamos las colisiones de la piedra con el suelo en todas las ocasiones en que ha sido lanzada. Al dirigirnos a explorar las colisiones nos encontramos un panorama como el que aparece en la figura 5.6.

Es decir, según se observa en la figura 5.6 existen dos zonas de colisión claramente diferenciadas. Una de ellas (zona 1) se encuentra bastante más alejada del punto desde el que la persona ha lanzado la piedra que la otra (zona 2). Además, todas las colisiones de la zona 1 están más próximas entre sí que las colisiones de la zona 2. ¿A qué consecuencia llegaríamos después de analizar las colisiones de esas dos zonas?

Muy posiblemente la persona haya usado su mano dominante (por ejemplo, la mano derecha si se trata de un lanzador diestro) para producir las colisiones de la zona 1 más alejada del punto de origen y con colisiones más agrupadas en torno a un punto medio. En cambio, la zona 2 está más próxima al punto de lanzamiento y las colisiones están más desordenadas. Esto nos sugiere que ha empleado la otra mano para este segundo conjunto

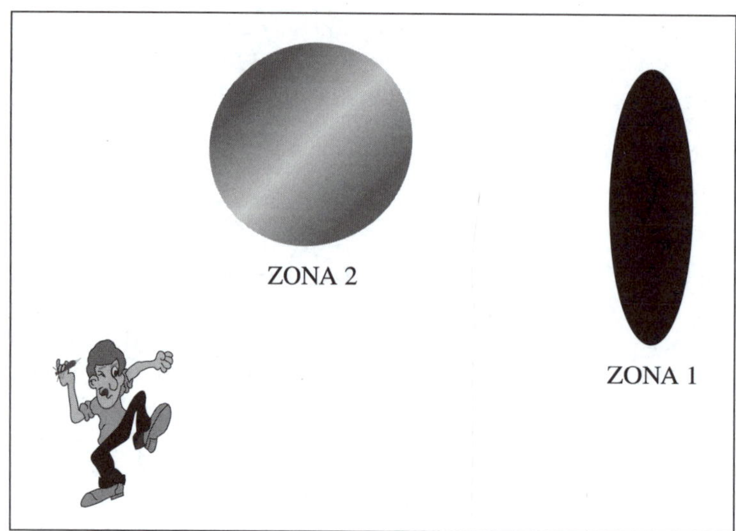

Figura 5.6.—Un modo de ilustrar la idea de relación consiste en estudiar la proximidad entre los lanzamientos de una piedra. En la zona 1 las colisiones se sitúan de manera bastante homogénea alrededor de la media, mientras que en la zona 2 las colisiones están mucho más dispersas y no se sitúan alrededor de una medida con tanta precisión como en el caso de la zona 1.

de lanzamientos; al no tratarse de la mano dominante, tiene menos potencia y una precisión menor.

Evidentemente, puesto que no hemos observado las acciones de lanzamiento de la persona, sólo podemos hacer conjeturas sobre lo que creemos que ha sucedido en la escena. Para contrastar nuestras suposiciones le preguntamos cómo ha realizado los lanzamientos, y ésta es su respuesta:

«Durante la primera hora, usé la mano derecha, pero pasado ese tiempo tuve que emplear la mano izquierda, puesto que la derecha comenzaba a dolerme por el esfuerzo.»

Por consiguiente, nuestra explicación ha sido correcta[4]: todas las colisiones de la zona 1 muestran esa disposición porque son resultado de lanzar la piedra con la misma mano, mientras que todas las colisiones de la zona 2 muestran su disposición particular porque son producto de lanzar la piedra con la otra mano, menos potente y precisa.

Diríamos que lo que tienen en común las colisiones de la zona 1, es decir, lo que lleva a que todas esas colisiones guarden relación, es que la piedra se ha lanzado con la mano derecha. Por otro lado, se diría que lo que tienen en común las colisiones de la zona 2, es decir, lo que produce que estas segundas colisiones guarden relación, es que, en este caso, la piedra se ha lanzado con la mano izquierda.

La idea de correlación en psicología se basa, precisamente, en este tipo de búsqueda de relaciones entre medidas o *variables*. El siguiente constituye un ejemplo de correlación en sentido estricto, es decir, un ejemplo de cómo se pueden relacionar estadísticamente dos variables. Por tanto, a partir de ahora sí se expresa formalmente la técnica de la correlación.

De este modo, si se han usado seis tareas (tarea 1 = rotación de figuras, tarea 2 = plegado de figuras, tarea 3 = vocabulario, tarea 4 = sinónimos, tarea 5 = cálculo, tarea 6 = sumas) para tratar de estimar el nivel intelectual de los reclutas andaluces, tendremos seis puntuaciones por cada recluta. A partir de esta información se puede construir una tabla o matriz como la tabla 5.1.

Supongamos que se han aplicado las tareas a 500 reclutas. Esto da lugar a una tabla enorme con una gran cantidad de puntuaciones. La correlación

[4] Un comentarista de esta segunda parte sugirió que una explicación alternativa es que las colisiones de la zona 2 son más desordenadas sencillamente porque el sujeto está ya cansado al usar su mano no dominante. Por supuesto, esta alternativa puede ser válida, pero debe recordarse que una analogía no debe parecerse en todos sus extremos en los casos comparados a través de ella.

TABLA 5.1

	Tarea 1	**Tarea 2**	**Tarea 3**	**Tarea 4**	**Tarea 5**	**Tarea 6**
Recluta 1	10	12	8	6	30	28
Recluta 2	14	16	10	9	35	32
Recluta 3	9	8	12	11	29	34
Etc.	—	—	—	—	—	—

permite calcular si hay algún tipo de relación lineal entre las puntuaciones alcanzadas por los distintòs reclutas en las tareas que han resuelto.

Al estudiar estas posibles relaciones, encontramos que las puntuaciones logradas en las dos primeras tareas guardan relación o correlacionan de manera especialmente llamativa. Sin embargo, las puntuaciones en estas dos tareas no se relacionan, o apenas correlacionan, con las puntuaciones en las otras cuatro tareas.

Encontramos, asimismo, que las puntuaciones en las tareas 3 y 4 correlacionan de modo muy significativo. En cambio, las puntuaciones alcanzadas por los reclutas en estas dos tareas apenas correlacionan con las puntuaciones logradas en las otras tareas.

Finalmente, observamos que las puntuaciones en las tareas 5 y 6 correlacionan significativamente. Pero, al igual que en los casos anteriores, las puntuaciones logradas por los reclutas en estas dos tareas apenas correlacionan con ninguna de las otras tareas.

Recuérdese que la relación entre los distintos lanzamientos de la piedra había sugerido la hipótesis de que la persona había empleado dos manos distintas. Los lanzamientos con la mano derecha podían explicar la relación entre las colisiones de la zona 1, mientras que los lanzamientos con la mano izquierda podían explicar la relación entre las colisiones de la zona 2.

Los argumentos son similares en el caso de las tareas de inteligencia que han resuelto los reclutas de la Comunidad Andaluza:

— Las puntuaciones en la tareas 1 y 2 se relacionan o correlacionan porque *probablemente* los reclutas han empleado la misma capacidad intelectual o aptitud para resolverlas. Ambas tareas exigen manipular FIGURAS.

— Las puntuaciones en las tareas 3 y 4 correlacionan puesto que han usado la misma capacidad intelectual para resolverlas. Ambas tareas exigen manipular PALABRAS.

— Las puntuaciones en las tareas 5 y 6 correlacionan debido a que han hecho uso de la misma aptitud intelectual para resolverlas. Ambas tareas exigen manipular NÚMEROS.

— Finalmente, las puntuaciones en las tareas 1 y 2 no se relacionan con las tareas 3, 4, 5 y 6 porque los reclutas han usado para resolver las distintas tareas *diferentes capacidades intelectuales*. Concretamente, se puede aventurar que han usado la capacidad espacial, verbal y numérica, respectivamente.

Por tanto, la exploración de las relaciones entre el comportamiento de los individuos en distintas situaciones estandarizadas, o tareas psicológicas, puede ayudar a descubrir cuáles son las propiedades, dimensiones o rasgos psicológicos importantes para caracterizar a los distintos seres humanos. Ésta es la lógica que subyace al uso de la correlación en la investigación científica de las diferencias individuales a nivel de rasgo.

Evidentemente, los métodos son, de hecho, bastante más complejos. Los desarrollos han crecido exponencialmente. En concreto, para estudiar científicamente los rasgos psicológicos suelen emplearse tres tipos de métodos llamados de covariación, predictivos y causales, que se van a exponer a continuación a través de algunos ejemplos.

2.2. Métodos de covariación

Los métodos de covariación estudian de qué modo se relaciona una serie de medidas. Es decir, responden a la pregunta de si determinadas medidas covarían o varían conjuntamente y de qué modos. Por este motivo, las tres técnicas que se van a describir comienzan analizando las correlaciones entre las medidas realizadas.

Así por ejemplo, las personas más altas suelen ser también las de mayor peso, las personas con más dinero suelen ser las que conducen coches caros, y las personas a las que se les cae el pelo suelen ser las que consumen más productos de cosmética destinados a potenciar el fortalecimiento del cabello.

El análisis factorial es la técnica más conocida, mientras que las técnicas de escalamiento y de agrupamientos (esta última se denomina análisis *cluster*) son menos populares aunque no por ello menos importantes.

2.2.1. *El análisis factorial*

Conviene recordar la famosa frase de que «el análisis factorial es un buen criado, pero un mal amo» (Eysenck y Eysenck, 1985). Dada la enorme potencia de esta técnica para resumir una serie de medidas en un número más reducido de dimensiones, los investigadores suelen recurrir muy a menudo a ella para dilucidar cuál es la estructura que subyace a las medidas realizadas. Pero de modo muy frecuente, esta técnica se usa incorrectamente.

El análisis factorial debe emplearse dentro de un programa de investigación y, por consiguiente, como una herramienta más. Según J. P. Guilford (1967), un buen uso de la técnica del análisis factorial exige dos cosas:

— La selección de la muestra de personas sobre la que se van a realizar las medidas.
— La selección de las medidas en sí mismas.

Uno de los defectos más serios que se pueden encontrar al usar el análisis factorial es no considerar un número suficiente de medidas (variables) que ayuden al investigador a explorar la consistencia de las respuestas de las personas.

Hay varias razones que justifican el uso del análisis factorial en la investigación psicológica. Entre otras se cuentan las siguientes:

— Las evidentes diferencias individuales.
— La desigualdad presente en las poblaciones normales, así como en las personas con retraso mental, en los muy talentosos y en las poblaciones patológicas.
— Las diferentes pautas de desarrollo y deterioro durante el ciclo vital.
— Los pronósticos poco precisos que a menudo se hacen con las pruebas de cociente intelectual (CI) y los distintos índices de validez predictiva o de pronóstico para las pruebas factoriales.
— Los síntomas de diferenciación que se encuentran vinculados a lesiones y traumatismos cerebrales, y la necesidad de examinar de modo analítico los procesos educacionales cuando se debe diagnosticar sobre, por ejemplo, fracasos escolares.

Lashley (1941) observó que mientras que las lesiones locales del cerebro presentaban una escasa correlación con las variables clásicas de los paradigmas E-R (estímulo-respuesta) usadas en la psicología clínica, tenían, en cambio, una mayor correspondencia con los parámetros de la conducta unitaria que surgen del análisis factorial. En este sentido, De Mille (1962) demostró que las pruebas diseñadas según las teorías factoriales eran más sensibles a las diferencias entre los esquizofrénicos paranoides lobotomizados y no lobotomizados que pruebas tradicionales no diseñadas a partir del análisis factorial, como, por ejemplo, las escalas de Wechsler.

Habitualmente, el investigador tiene una idea sobre cuál puede ser la variable psicológica representada por un determinado factor matemático. Esta variable psicológica es el factor psicológico, una variable intermedia concebida por el investigador con un estatus similar a conceptos como impulso o hábito, es decir, conceptos que también se deducen de los datos observados. Evidentemente, un investigador se puede equivocar, pero esto no es más cierto para el investigador que usa el análisis factorial que en cualquier otra clase de investigación.

Escribe Guilford (1967) que «a menudo se piensa en la posibilidad de que existan factores iguales en distintas poblaciones culturales. Cuando se observa que esto no es así, el investigador considera que el análisis factorial se ha desacreditado como método. No obstante, algunos factores podrían ponerse de manifiesto en una cultura y no en otra. Este hecho de ningún modo desacreditaría al análisis factorial, sino que ampliaría su utilidad para la comparación de culturas» (pág. 57).

Puesto que un factor se demuestra en virtud de un pequeño conjunto de pruebas que comparten una dimensión común, se concibe habitualmente como una variable latente en la que las personas difieren, en igual medida que difieren en la escala de medida de una prueba que puede tomar distintos valores numéricos. Sólo si correlacionamos una prueba con otras podemos comprobar alguna hipótesis sobre qué mide en términos psicológicos: «La taxonomía o clasificación organizada de las funciones siempre se ha entendido como una tarea legítima y necesaria del psicólogo teórico. Pero probablemente no se ha inventado nunca otro método de investigación que sea más adecuado que el análisis factorial, cuando se usa correctamente, para la tarea de dar respuesta a las preguntas taxonómicas de la psicología» (Guilford, 1967, pág. 62).

Un investigador que no centra sus esfuerzos suele perseguir problemas minúsculos de aquí y de allá. Por ello, suele ser importantísimo contar con un buen marco de referencia que, al menos, tenga tres características esenciales: ser amplio, ser sistemático y estar basado empíricamente. Una de las técnicas más empleadas en la psicología de las diferencias individuales para alcanzar un marco de referencia con estas características y, de este modo, centrar los esfuerzos de investigación, es precisamente el análisis factorial. Debe recordarse que «para el progreso de una ciencia es esencial tener buenas respuestas para la pregunta relativa a los *qués*, antes de tratar de responder a las preguntas relativas a los *porqués* y a los *cómos*» (Guilford, 1967, pág. 39).

Supongamos que medimos una serie de tamaños corporales en una muestra de 1.500 personas de seis años de edad, tales como el tamaño de los brazos, el tamaño de las piernas, el perímetro de la cabeza y el tamaño de la pelvis. Esto nos permitirá escribir una tabla en la que aparezcan las medidas de cada una de las 1.500 personas; las medidas se denominan habitualmente *variables,* puesto que las personas varían en los tamaños medidos.

A partir de esta tabla o matriz de datos, se pueden calcular las relaciones o correlaciones entre las distintas variables o medidas realizadas. El resultado de este cálculo será una segunda tabla o matriz, en la que aparecerán los valores del nivel de relación o correlación entre las distintas medidas o variables.

Según las ecuaciones empleadas habitualmente para calcular este nivel de relación, los valores pueden oscilar entre –1 y +1 pasando por 0 (Botella, León y San Martín, 1993). De este modo, podemos encontrar que el valor de la correlación entre el tamaño de los brazos y el de las piernas es de 0,8. El valor de 0,8 se encuentra muy cerca de +1, por lo que concluiremos que hay una relación muy grande entre el tamaño de los brazos y el de las piernas. Sin embargo, el valor calculado de la correlación entre el tamaño de los brazos y el perímetro de la cabeza puede ser de 0,2. El valor de 0,2 está mucho más próximo a 0 que a +1, por lo que concluiremos que apenas hay relación entre el tamaño de los brazos y el perímetro de la cabeza. Finalmente, se puede encontrar que el valor de la correlación entre el tamaño del pie y el de la longitud del brazo es de –0,9. Este valor nos indica que cuanto mayor sea el tamaño del pie menor será la longitud del brazo, o a la inversa, que cuanto mayor sea la longitud del brazo menor será el tamaño del pie.

Por consiguiente, el cálculo del nivel de relación o correlación entre las medidas corporales realizadas supone comparar medidas dos a dos o por pares: el tamaño de los brazos con el de las piernas, el tamaño de los brazos con la longitud del pie, el perímetro de la cabeza con el tamaño del pie, y así sucesivamente. Si tenemos una muestra de 1.500 personas de 6 años de edad y 50 medidas corporales, la tarea de ir analizando las correlaciones paso a paso no sólo se convierte en una empresa tediosa, sino también poco informativa.

Una pregunta más relevante es la siguiente: ¿qué hay de común en todas las medidas realizadas sobre la muestra de 1.500 personas? En otras palabras, ¿se pueden reducir las 50 medidas corporales a un número menor de dimensiones que sean capaces de recoger y resumir razonablemente la información relevante?

Responder a esta pregunta supone considerar de un modo conjunto todas las medidas realizadas, según los valores de la correlación que se hayan calculado. Puesto que actualmente disponemos de programas de ordenador que son capaces de realizar estos cálculos por nosotros con una impresionante rapidez, es posible responder a esta pregunta calculando un análisis factorial. Cuando le solicitamos al programa de ordenador un análisis factorial, el algoritmo correspondiente aplica las fórmulas pertinentes y nos indica el número de dimensiones o factores a los que se pueden reducir las 50 medidas realizadas, explorando lo que hay de común. De este modo, el programa nos puede indicar que las 50 medidas se pueden reducir a tres dimensiones o factores comunes:

- Factor I: resume las medidas que tienen que ver con la longitud de las extremidades.
- Factor II: resume las medidas relacionadas con el grosor de las extremidades.
- Factor III: resume las medidas del tronco y la cabeza.

Por tanto, a partir de estos cálculos, cuando hablemos de medidas corporales, podremos calcular, para una determinada persona, la longitud de sus extremidades, el grosor de sus extremidades y las medidas del tronco y la cabeza, es decir, las tres dimensiones corporales relevantes. En cada una de ellas estarán resumidas las medidas más específicas que se hayan realizado.

Por supuesto, algunas de estas medidas específicas serán más importantes que otras para calcular el valor de la persona en cada una de las tres dimensiones. Así por ejemplo, el proceso de cálculo ha podido indicar que en la dimensión o factor I, la longitud de los brazos es más importante que la longitud de las piernas. El significado de este tipo de resultados es que la longitud de los brazos es un elemento más relevante que la longitud de las piernas para estimar la longitud corporal.

¿Cuál es la lógica de un análisis factorial psicológicamente relevante? Veámoslo para el caso de la inteligencia siguiendo al profesor Mariano Yela (1982):

- Las personas difieren entre sí cuando resuelven una tarea que suponemos reclama el uso de la inteligencia, es decir, una tarea intelectualmente exigente.
- Cuando se resuelven dos tareas, sus resultados suelen relacionarse, correlacionar o covariar. Así, los mejores en una de las tareas tienden a ser los mejores en la otra tarea. El grado de esta semejanza es la variación.
- El grado de la covariación entre los resultados de las personas en las dos tareas suele expresarse mediante el coeficiente de correlación. Este coeficiente varía de –1 a +1 pasando por 0. Es +1 o –1 cuando la covariación es perfecta, y 0 cuando la covariación es nula. Se acerca tanto más a +1 o –1 cuanto más alta es la covariación.
- El coseno de un ángulo también varía de –1 a +1 pasando por 0. Por consiguiente, la correlación puede traducirse a un lenguaje geométrico:
  - Cada tarea puede representarse por un vector.
  - La correlación entre cada dos tareas se puede representar por el coseno del ángulo entre los dos vectores que representan a las tareas.
  - El conjunto o matriz de correlaciones entre tareas define un espacio vectorial.

- Si la matriz de correlaciones es de un cierto tipo, todos los vectores se reunirán en torno a una recta, es decir, definirán un espacio de una dimensión. Pero, habitualmente, no es esto lo que sucede.
- En cambio, el espacio vectorial que definen las correlaciones entre las más diversas tareas intelectualmente exigentes tiene múltiples dimensiones. Los vectores básicos que mejor se acoplan a las zonas de más intensa covariación no suelen ser perpendiculares entre sí (ortogonales). Representan dimensiones distintas, pero no independientes, en igual medida que sucede con el peso y la estatura. Una cosa es el peso y otra la estatura, pero ambas covarían: las personas más altas suelen ser las más pesadas.
- Esto es lo que sucede con las diferencias intelectuales. La inteligencia que revelan los datos empíricos es una, pero no simple. Es una estructura de covariación que resume una dimensión general. Pero no es simple, puesto que opera a través de la covariación de otras dimensiones dependientes.

Supongamos que aplicamos nueve pruebas intelectualmente exigentes a una muestra de 300 estudiantes de Psicología. Las puntuaciones alcanzadas por los estudiantes en cada una de las nueve pruebas, medidas o variables, se pueden ordenar en una tabla o matriz.

Esta matriz se puede someter al tratamiento de un programa de ordenador que calcule las relaciones entre las distintas medidas. Es decir, se puede solicitar un cálculo de las correlaciones entre las medidas. El resultado se puede observar en la tabla 5.2.

Por supuesto, podemos analizar punto por punto los valores de correlación entre las variables dos a dos o por pares, pero ya se ha comentado que esto, además de ser tedioso, es poco informativo. Es una pregunta bastante más relevante averiguar cuáles pueden ser las dimensiones comunes a todas las medidas realizadas, explorando todas las variables de un modo conjunto. La manera de hacer esto consiste en ejecutar un análisis factorial.

Cuando ejecutamos el cálculo de un análisis factorial, el ordenador nos ofrece muchas posibilidades. Así, para estudiar las dimensiones o factores comunes a todas las medidas realizadas, el ordenador nos preguntará si deseamos que nos incluya los errores de medida[5] en la estimación de esas dimensiones o no. En segundo lugar, nos pedirá que elijamos el modo de mejorar el cálculo de las dimensiones comunes. Los métodos de mejora se denominan técnicamente *rotación*. Existen dos métodos de mejora de los cálculos:

- Por un lado, métodos que trabajan con el supuesto de que las dimensiones sean independientes o no se relacionen entre sí. Técnicamente, esto se denomina *rotación ortogonal*. Este método es matemáticamente más elegante, pero es un método poco psicológico puesto que suponer que las propiedades psicológicas son independientes carece de sentido. Es decir, con esta rotación mejoramos técnica pero no psicológicamente.
- Por otro lado, métodos que no trabajan con ningún supuesto sobre la independencia o dependencia de las dimensiones. Técnicamente a esto se le denomina *rotación oblicua*. Este método es menos usado por los matemáticos, pero psicológicamente es más relevante. Parece más sensato trabajar con el supuesto de que las dimensiones psicológicas pueden estar relacionadas entre sí.

Por consiguiente, un experto en el uso del análisis factorial que, además, sea experto en psicología, aconsejaría lo siguiente (Kline, 1994):

- Para extraer inicialmente las dimensiones, seleccionar una técnica de factores comunes o de máxima verosimilitud, que descarte el error de medida y sólo trabaje sobre elementos verdaderamente comunes a las distintas medidas realizadas.

[5] Los errores de medida son resultado del hecho de que las medidas hechas a través de las pruebas psicológicas, como sucede con muchas otras medidas científicas, no son perfectas.

TABLA 5.2

Matriz de correlaciones entre nueve tests de aptitud o variables. En la franja inferior no aparece ningún valor puesto que es simétrica a la franja superior. Los valores más próximos a 1 sugieren una alta correlación, mientras que los valores más próximos a 0 sugieren una ausencia de correlación

	Raz. abstracto	**Monedas**	**Cálculo**	**Analogía verbal**	**Vocabulario**	**Mem. verbal**	**Figuras idénticas**	**Figuras macizas**	**Mem. figural**
Razonamiento abstracto		0,51	0,27	0,23	0,28	0,27	0,14	0,27	0,18
Monedas			0,41	0,17	0,27	0,23	0,18	0,33	0,17
Cálculo				0,14	0,31	0,25	0,15	0,2	0,14
Analogía verbal					0,41	0,48	0,07	0,15	0,13
Vocabulario						0,42	0,07	0,18	0,18
Memoria verbal							0,14	0,2	0,24
Figuras idénticas								0,24	0,27
Figuras macizas									0,2
Memoria figural									

— Usar una técnica de rotación oblicua para mejorar las soluciones, que nos indique el nivel de relación entre las distintas dimensiones comunes a las medidas realizadas.

Esto es lo que se hizo sobre la matriz de correlaciones de la tabla 5.2. El resultado que dio el algoritmo usado por el programa de ordenador se muestra en la tabla 5.3.

En la tabla 5.3. se puede ver un resumen o una reducción a tres dimensiones o factores comunes a las medidas realizadas. En la primera columna aparecen enumeradas las nueve pruebas que se han aplicado a los 300 estudiantes de Psicología. En la segunda columna aparece la dimensión o Factor I y una serie de valores numéricos para cada una de las pruebas. En la tercera columna se muestra la dimensión o Factor II junto con una serie de valores numéricos en cada una de las pruebas. Finalmente, en la cuarta columna se aprecia la di-

TABLA 5.3

Matriz factorial resultado de analizar factorialmente la matriz de correlaciones de la tabla 5.2. La solución factorial indica la existencia de tres dimensiones o factores comunes a las variables. Los valores numéricos sombreados se corresponden con el nivel con el que cada factor representa a las distintas variables

Tests (variables)	**Factor I**	**Factor II**	**Factor III**
Razonamiento abstracto	0,5	0,1	0,05
Monedas	0,9	–0,1	–0,01
Cálculo	0,4	0,1	0,1
Analogía verbal	–0,07	0,7	–0,01
Vocabulario	0,1	0,5	0,02
Memoria verbal	–0,02	0,6	0,1
Figuras idénticas	0,08	–0,02	0,5
Figuras macizas	0,2	0,04	0,3
Memoria figuras	0,02	0,1	0,5

mensión o Factor III con más valores numéricos del mismo tipo. ¿Cómo se debe interpretar esta tabla?

Lo que debe hacerse a partir de esta tabla de valores numéricos, denominada técnicamente *matriz factorial,* es revisar o inspeccionar los valores numéricos, técnicamente denominados pesos o cargas factoriales. El significado de estas cargas factoriales es lo bien o mal que el factor representa a cada una de las nueve variables. Cuanto más próximo se encuentre el valor a +1 o –1 mejor será la representación que ejerce el factor, y, por tanto, cuanto más próximo se encuentre a 0 peor será su nivel de representación. La situación ideal o más fácilmente interpretable se produce cuando los valores de algunas variables son altos en un factor pero bajos en los restantes; técnicamente a esto se le denomina *estructura simple.* La lógica es sencilla: un factor debería representar sólo a algunas variables, pero no a otras, puesto que así se podría decir que el factor representa una dimensión común a esas medidas o variables y sólo a esas.

Según los investigadores del campo, una variable se considerará apropiadamente representada por el factor cuando el valor sea como mínimo de 0,3 o 0,4 (o –0,3, –0,4). Si aplicamos este criterio a la matriz factorial de la tabla 5.3 podemos llegar a la siguiente interpretación psicológica:

— *Factor I:* las variables con valores de 0,3 o más son las correspondientes a las pruebas de Razonamiento abstracto, Monedas y Cálculo. Se aprecia, por tanto, que el factor contiene dos pruebas que exigen manejar números y una prueba que exige manipular mentalmente figuras abstractas.

— *Factor II:* las variables con valores de 0,3 o más se corresponden con las pruebas de Analogías verbales, Vocabulario y Memoria verbal para narraciones. Se puede observar que las tres pruebas exigen manipular mentalmente información lingüística.

— *Factor III:* las variables con valores de 0,3 o superior se corresponden con las pruebas de Figuras idénticas, Figuras macizas y Memoria para figuras. Por tanto, el factor contiene tres pruebas que requieren que la persona manipule mentalmente información figurativa.

Éstos son los resultados numéricos. La investigación podría terminar aquí, con la principal conclusión de que el rendimiento de una persona en las nueve pruebas se puede resumir en tres dimensiones más generales, correspondientes a los factores I, II y III. La primera dimensión haría referencia a elementos numérico-abstractos, la segunda a elementos lingüísticos y la tercera a elementos figurativos.

Una de las mayores ventajas de realizar este resumen es que nos informa del grado de consistencia de la persona. De este modo, no sería suficiente disponer de una medida en cálculo para estimar del modo más conveniente la habilidad con los números de una determinada persona, puesto que no sabríamos si la persona es hábil sólo en cálculo o en otro tipo de procesos mentales que también requieren manipular números. En otras palabras, la medida de la aptitud de la persona para los números se confía al análisis del rendimiento de la persona en una serie de pruebas que requieren manipular números y que han demostrado compartir cosas en común a través de un análisis factorial. Por este motivo, el factor no es nada más ni nada menos que un compuesto de variables.

Algunos investigadores importantes del campo, como R. B. Cattell, defienden que los factores o dimensiones psicológicas no deben tener un nombre comprensible. Así por ejemplo, el Factor II de nuestro ejemplo se podría denominar en términos psicológicos capacidad o aptitud lingüística, pero Cattell propondría denominar a este Factor II sencillamente Factor II o Factor beta. Su propuesta tiene mucho sentido, puesto que el significado preciso del Factor II no se correspondería con lo que encontraríamos en el diccionario al localizar el término «lenguaje». En cambio, el significado preciso del Factor II vendría dado por los números asociados a las distintas medidas o variables, es decir, al tipo de procesos mentales exigidos por las pruebas empleadas para medir las variables resumidas por el correspondiente factor (Cattell, 1978; Gorsuch, 1988; Harman, 1976; Hertzog, 1985; Mulaik, 1988; Scott, 1983a).

En suma, el análisis factorial es de gran utilidad para resumir información, como por ejemplo para averiguar cuáles son las dimensiones o factores comunes a las puntuaciones logradas por una muestra de personas en una serie de pruebas psicológicas o variables. Este modo de trabajo ha sido característico de una enorme cantidad de investigaciones en el campo de las diferencias individuales. Pero, como ya se ha comentado, el análisis factorial es un buen criado, pero un mal amo. Por ello, los científicos consideran necesario que los distintos factores o dimensiones que se vayan encontrando dentro de los distintos programas de investigación, cumplan un criterio científico básico denominado *criterio de invarianza factorial*, que exige tres cosas (Forteza y Prieto, 1981):

— El factor se ha debido identificar en dos o más investigaciones realizadas por dos o más laboratorios independientes.
— El factor se ha debido aplicar en programas masivos de investigación.
— Ha sido posible realizar una cierta manipulación experimental del constructo (factor).

Por tanto, no cualquier factor es un buen candidato a ser considerado un concepto psicológico importante o relevante para describir la inteligencia o la personalidad de los individuos. Un factor que se pueda convertir en un concepto psicológico relevante, o lo que es lo mismo, que se pueda considerar representante matemático de una propiedad, dimensión o rasgo psicológico, debe cumplir el criterio de invarianza factorial. Por lo general, las estructuras o modelos factoriales de la inteligencia o de la personalidad que estudiaremos más adelante incluyen factores que han satisfecho este criterio y, por consiguiente, representan los rasgos importantes de la inteligencia o de la personalidad, así como cuáles son las relaciones que se establecen entre ellos.

2.2.2. *El escalamiento*

Las técnicas de escalamiento permiten medir las relaciones entre una serie de estímulos que pueden variar en una serie de aspectos (Cliff y Young, 1968; MacCallum, 1988; Schiffman, Reynolds y Young, 1981; Young, 1984).

El escalamiento suele emplearse para determinar:

— El número de dimensiones necesarias para describir de modo resumido los juicios que una persona hace sobre una serie de estímulos.
— El lugar que ocupan los distintos estímulos en esas dimensiones.
— La naturaleza psicológica de esas dimensiones.

Los estímulos pueden variar en elementos físicos, como el tamaño, el color o la textura. En este caso, el objetivo sería averiguar de qué modo emplean las personas esos elementos para hacer sus juicios.

Los estímulos también pueden ser fotografías de personas o frases que preguntan por ciertas actitudes hacia el matrimonio, la Iglesia católica o la guerra. En estos casos, el objetivo puede ser averiguar cuáles son las dimensiones psicológicas que las personas emplean para hacer sus juicios.

Así por ejemplo, podemos presentarle a una persona una serie sucesiva de fotografías de distintos delincuentes. Una vez ha revisado 100 fotografías le pedimos que las organice del modo que estime oportuno, y el resultado son tres grupos. Al aplicar una técnica de escalamiento, encontramos que hay dos características de los estímulos que pueden explicar los agrupamientos:

1. El sexo de los delincuentes.
2. El tipo de rostro de los delincuentes.

Así, el primer grupo está compuesto por delincuentes varones con rostro estirado, el segundo grupo por delincuentes varones con rostro redondo y el tercer grupo por delincuentes mujeres. La conclusión psicológica es que la persona está usando criterios de clasificación basados en el sexo y en algunos indicadores físicos.

En el campo de la inteligencia, las técnicas de escalamiento se han empleado para averiguar cuáles pueden ser las dimensiones psicológicas más generales que pueden estar actuando cuando las personas resuelven una gran variedad de pruebas psicológicas.

Al igual que en el caso del análisis factorial, las técnicas de escalamiento estudian el nivel de relación o la correlación entre las medidas, la variables o las pruebas que se han aplicado a una determinada muestra de personas.

En la figura 5.7 se observa el tipo de resultados que se pueden encontrar al aplicar la técnica de escalamiento a las puntuaciones logradas por una muestra de personas en una serie de pruebas psicológicas.

Las pruebas se disponen en un plano de una determinada manera. El elemento esencial para interpretar esta disposición espacial de las pruebas es su grado de proximidad, por lo que la interpretación psicológica de esta disposición exige explorar sus relaciones de proximidad.

Así, en la figura 5.7 observamos una proximidad importante entre analogías numéricas, operaciones aritméticas o series numéricas. Esta proximidad significa, en términos psicológicos, que se parecen en las exigencias cognitivas que le imponen a las personas que las resuelven. A su vez observamos que estas tres pruebas se van alejando del centro. La interpretación psicológica de esta mayor o menor proximidad al centro del plano es que algunas de las pruebas son más complejas que otras; el criterio que habitualmente se emplea es que las pruebas más próximas al centro son más complejas y las más periféricas o más alejadas del centro son más sencillas o entrañan una menor complejidad.

Por otro lado, observamos en la figura 5.7 una

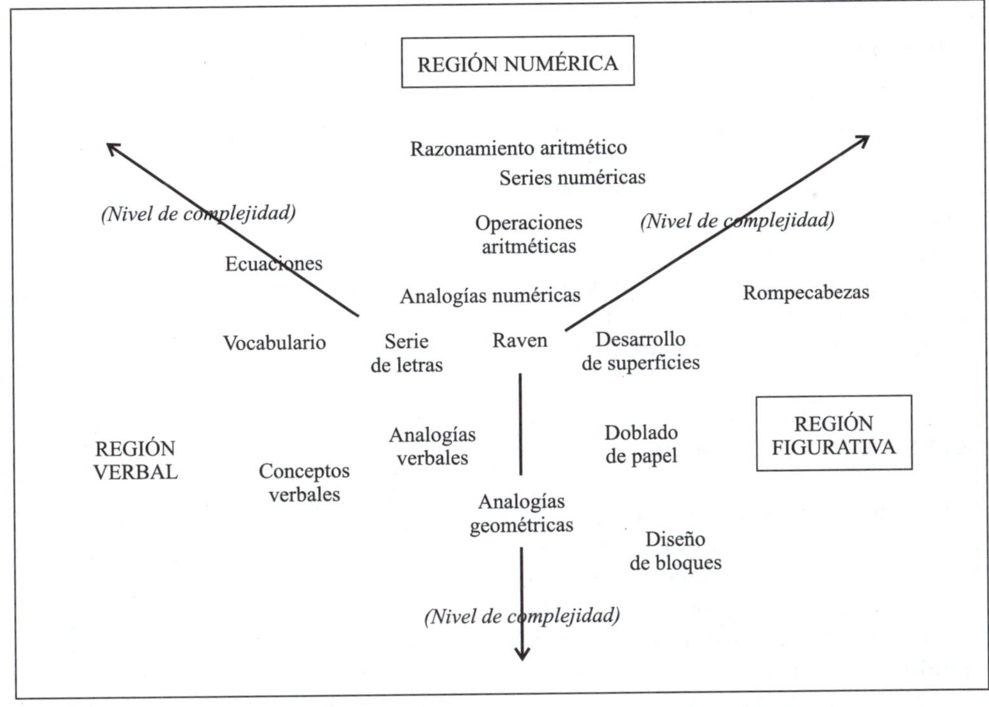

Figura 5.7.—El resultado de un escalamiento multidimensional es una organización de las variables por áreas. De este modo, las variables se pueden situar desde el centro a la periferia del espacio o en las regiones norte, sur, este y oeste. El grado de proximidad de las variables sugiere la existencia de relaciones entre ellas. En este ejemplo, hay una región para los tests numéricos, otra para los tests figurativos y una tercera para los tests verbales. Además, en la zona centro se sitúan los tests más complejos, mientras que en la periferia se sitúan los tests más sencillos.

proximidad entre series de letras, analogías verbales y conceptos verbales. Al igual que antes, esto nos indica que exigen a las personas similares recursos intelectuales. Y, del mismo modo que en el caso anterior, Series de letras está más próxima al centro que Analogías verbales y ésta está más próxima al centro que Conceptos verbales, hecho que informa de su mayor o menor nivel de complejidad.

Finalmente, una observación relevante es que parece existir una distribución en el plano según el tipo de contenido de las distintas pruebas. En la región norte del plano se encuentran reunidas las pruebas de carácter numérico, en la región sureste encontramos pruebas figurativas y en la región suroeste aparecen pruebas verbales.

Este tipo de disposición espacial en el plano resultante de aplicar la técnica de escalamiento a las puntuaciones logradas por una muestra de personas en un número de pruebas psicológicas, lleva a concluir que hay dos dimensiones básicas que pueden explicar esa disposición:

— La complejidad de las pruebas, de modo que a mayor proximidad al centro la prueba será más compleja, y a la inversa, cuanto más en la periferia se encuentre situada menor será su complejidad.
— El contenido de las pruebas, de modo que dependiendo de que el contenido sea numérico, verbal o figurativo, se podrán encontrar distintas disposiciones organizadas en el plano.

2.2.3. *La técnica de agrupamientos (cluster)*

El principal objetivo de la técnica de agrupamientos consiste en identificar grupos de personas, dependiendo de si realizan de un modo similar o no una serie de pruebas psicológicas. Así, la técnica de agrupamiento es una especie de análisis factorial invertido; mientras que el análisis factorial agrupa variables, la técnica cluster agrupa personas. Por eso, la técnica de agrupamientos también se denomina técnica Q de factorización.

En una determinada tabla o matriz de datos en la que se representan las puntuaciones alcanzadas por las personas en una serie de pruebas psicológicas, la técnica de agrupamientos actuaría tratando de encontrar las similitudes entre las personas al resolver las pruebas, produciendo agrupamientos de personas según su rendimiento en las pruebas (Anderberg, 1973; Arabie y Carroll, 1980; Blashfield y Aldenderfer, 1988; Carrol y Arabie, 1983; Cattell, 1944; Cattel y col., 1966; Edelbrook y Reed, 1982; Everitt, 1980; Jambu y Lebeaux, 1983; Hudson, 1982; Milligan y Cooper, 1983; Sokal y Sneath, 1963; Stephenson, 1936; Tryon, 1939; Tryon y Bayley, 1970; Zubin, 1938).

Un ejemplo del uso de la técnica de agrupamiento sería el siguiente (Coan, 1968):

— Realizamos una encuesta a 232 investigadores, preguntándoles sobre 54 autores eminentes de la psicología.
— Les pedimos a los investigadores que valoren con qué nivel se puede describir a cada uno de los 54 autores eminentes de la psicología en 34 variables. Las variables pueden ser las siguientes: interés por el problema del aprendizaje, por la motivación, por la introspección, por el uso de tests, por el empleo de la estadística, por posturas mecanicistas o voluntaristas para explicar el comportamiento humano, por el uso de definiciones operativas de conceptos o por la búsqueda de leyes generales. Por consiguiente, el resultado será el grado con el que los 232 investigadores caracterizan en todas estas variables a cada uno de los 54 autores eminentes de la psicología.
— Aplicamos la técnica de agrupamientos a la matriz de datos resultante, de modo que nos sea posible identificar de qué modo se agrupan los 54 autores eminentes según los juicios emitidos por los 232 investigadores. El resultado se observa en la figura 5.8.

Se aprecia una estructura en forma de árbol: algunos grupos de autores se anidan en otros. El primer agrupamiento que encontramos incluye a los siguientes autores: Freud, Janet, Horney, Sullivan, Charcot y Rorschach. Estos autores mantienen una postura psicológica personalista, cualitativa, sub-

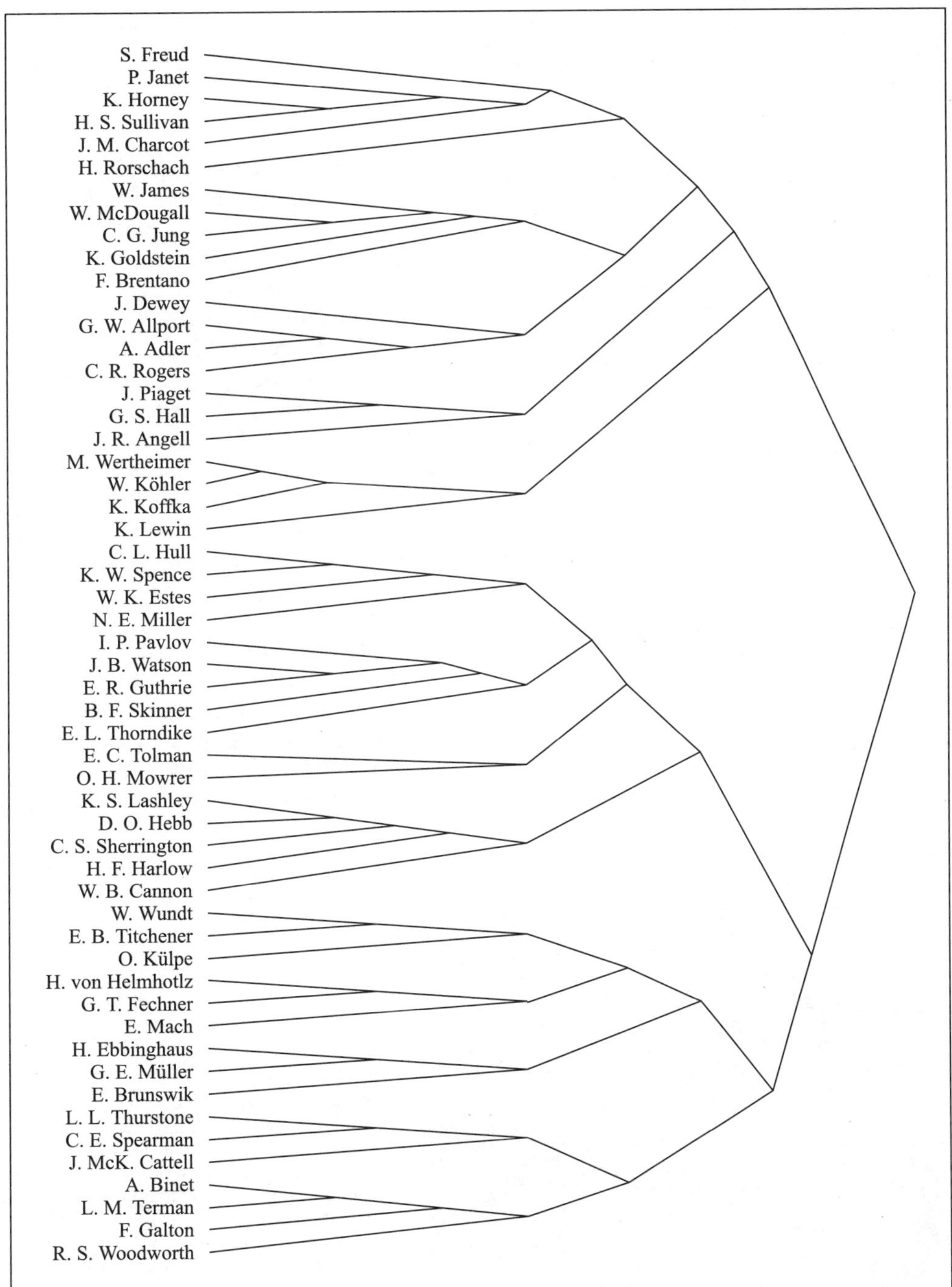

Figura 5.8.—Agrupamiento de los autores eminentes de la psicología derivado del análisis cluster realizado en el estudio de R. Coan.

jetiva y dinámica. Los dos últimos grupos contienen a los siguientes autores: Thurstone, Spearman, Cattell, Binet, Terman, Galton y Woodworth. Estos autores se incluyen en el campo de las diferencias individuales.

En resumen, la técnica de agrupamientos produce grupos de personas según cuales sean sus relaciones en una serie de variables. En la investigación de las diferencias individuales es una técnica de gran utilidad para explorar el nivel de relación entre distintos individuos según sus respuestas a una serie de pruebas psicológicas.

2.3. Métodos predictivos

El principal objetivo de los métodos predictivos es realizar una predicción, es decir, aventurar o pronosticar qué puede suceder. Las distintas técnicas que se pueden emplear para alcanzar este objetivo dependen del tipo y número de medidas o variables que se deban considerar en un determinado trabajo.

Para poder realizar una predicción en psicología se necesitan dos cosas:

— Las medidas que se van a usar para realizar la predicción. A estas medidas se las denomina *variables predictoras.*

— Las medidas que se van a emplear para averiguar si la predicción es adecuada. Estas medidas reciben el nombre de *variables criterio.*

La distinción entre variables predictoras y variables criterio es muy sencilla. Imaginemos el trabajo que debe realizar el «hombre del tiempo». En líneas generales, su tarea consiste en medir una serie de parámetros climáticos, como la dirección del viento, la temperatura o la presencia de nubes. Dependiendo del resultado que obtenga al medir estas tres variables (dirección del viento, temperatura y presencia de nubes) realizará un pronóstico u otro (por ejemplo, que lloverá o que lucirá el sol). El tipo de pronóstico que realice el hombre del tiempo se basará en observaciones previas, es decir, en el tipo de relaciones que se han observado de una manera sistemática. Así por ejemplo, se ha observado una relación, es decir, una correlación entre la presencia de nubes, una temperatura por debajo de 10 grados y ausencia de viento con la caída de lluvia en una determinada zona geográfica. Es decir, el resultado obtenido al medir las variables predictoras conduce a realizar un determinado pronóstico, distinto al que se haría si el resultado obtenido al medir las variables predictoras hubiese sido diferente.

Ésta es la lógica que se aplica a los métodos

Figura 5.9.—Las predicciones meteorológicas son tan complejas como las que realizan los psicólogos. Ésa es una de las razones por las que en ambos tipos de predicciones existen márgenes de error. Sin embargo, aunque el hombre del tiempo no acierte en todos los pronósticos que hace, en igual medida que le ocurre al psicólogo al predecir la conducta de las distintas personas, la comunidad científica y los ciudadanos que ven los diarios para planificar el día siguiente de sus vacaciones siguen prestando atención a sus mensajes. La predicción basada en hechos verificables parece más adecuada que la predicción intuitiva.

predictivos en psicología. Hay una buena cantidad de métodos predictivos: el análisis de regresión, el análisis discriminante, el análisis de correlación canónica, el análisis de varianza y el análisis de covarianza. Aquí nos vamos a centrar en dos ellos: la regresión y el análisis discriminante.

2.3.1. *La regresión*

La regresión tiene el objetivo de realizar una predicción partiendo de la medida de una serie de variables predictoras. Por ejemplo, se puede estar interesado en averiguar la capacidad de predicción de variables como las siguientes:

— Tareas de razonamiento deductivo.
— Tareas de razonamiento inductivo.
— Tareas de velocidad de razonamiento.

Las personas logran un rendimiento distinto al realizar este tipo de tareas o pruebas psicológicas.

A su vez, sabemos que determinados trastornos físicos del cerebro producen una alteración de las funciones intelectuales. Supongamos que una persona sufre un accidente de tráfico durante un puente vacacional y se lesiona grandes áreas de su hemisferio cerebral izquierdo. Los médicos le practican una resonancia magnética y observan ciertas manchas en distintas regiones del hemisferio izquierdo. En principio no saben cuáles de las manchas pueden tener repercusiones funcionales en el paciente. Para poder concretar qué regiones pueden estar vinculadas a problemas funcionales, solicitan un diagnóstico al equipo psicológico del centro.

El equipo de psicólogos se pone a trabajar con el paciente las tres pruebas o tareas que se han comentado. Observan que el rendimiento del paciente en las tareas de razonamiento deductivo son óptimas, así como en las tareas de velocidad de razonamiento, siempre que los problemas supongan deducción. En cambio, el paciente es incapaz de resolver tareas de razonamiento inductivo. Estos resultados permiten concluir a los psicólogos que el paciente se muestra incapaz de extraer reglas a partir de una información parcial. Es decir, en las tareas de deducción toda la información necesaria para resolverlas está en las tareas mismas, pero ése no es el caso en las tareas de inducción en las que la persona debe extraer una serie de reglas que no están explícitamente en el problema. Con esta información, los médicos ya pueden llegar a la conclusión de que las lesiones con repercusiones funcionales son las que se muestran en las regiones parietales; el resto de las lesiones no han tenido efecto en el funcionamiento intelectual del paciente.

Este tipo de información permitirá, en un futuro, aventurar o predecir que los problemas al realizar tareas de razonamiento inductivo se encontrarán asociadas a lesiones físicas del cerebro en la región parietal del hemisferio izquierdo. Este tipo de información resulta muy útil, puesto que da pistas muy importantes para diagnosticar nuevos casos. Imaginemos que ingresa en el hospital una persona alegando dolores en la cabeza. La persona no ha sufrido ningún traumatismo físico. Se le remite al equipo de psicólogos y le practican una exploración con las tareas antes mencionadas. El resultado indica que la persona fracasa al realizar tareas de razonamiento inductivo. Este dato, junto con la queja del paciente sobre sus dolores permanentes de cabeza, llevan al equipo de psicólogos a solicitar una resonancia magnética. ¡El resultado es la observación de una serie de manchas en las regiones parietales del hemisferio izquierdo del paciente!

En suma, la técnica de la regresión permite realizar conjeturas o predicciones sobre determinado tipo de criterios. En el ejemplo, la medida de una serie de variables intelectuales permite pronosticar una determinada lesión cerebral.

En psicología, la técnica de la regresión se ha aplicado con mucha frecuencia en el mundo laboral y escolar.

Supongamos que deseamos predecir el rendimiento académico de los estudiantes de instituto. Según las investigaciones previas, parece que el rendimiento académico está relacionado con una serie de cosas (figura 5.10): la *ratio* o proporción profesor/alumno, los programas educativos nuevos y el nivel intelectual de los estudiantes.

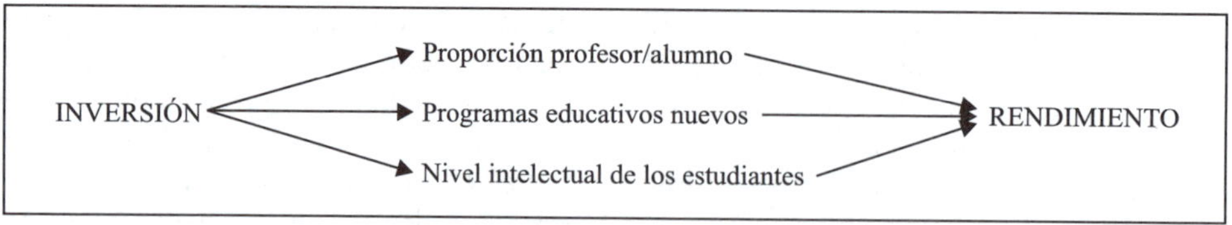

Figura 5.10.—Modelo en el que se representan las relaciones entre la inversión en educación y la capacidad de predicción de tres variables predictoras sobre la variable criterio rendimiento. Este modelo no estudia las posibles relaciones entre las variables predictoras.

Para poder averiguar si nuestras suposiciones son correctas, deberíamos pasar, al menos, por las siguientes fases:

- Medir las distintas variables en las que se basará nuestra predicción, es decir, medir las variables predictoras.
- Medir las diferencias individuales en rendimiento, es decir, medir la variable criterio.
- Comprobar el grado de asociación entre las variaciones en las variables predictoras y las diferencias individuales en la variable criterio.

Los resultados podrían indicar que:

- Una menor ratio profesor/alumno, la presencia de programas educativos y un alto nivel intelectual son variables que se asocian a, o correlacionan con, un rendimiento académico satisfactorio.
- Una mayor ratio profesor/alumno, la ausencia de programas educativos nuevos y un alto nivel intelectual se asocian a un rendimiento académico satisfactorio.
- Una menor ratio profesor/alumno, la presencia de programas nuevos y un bajo nivel intelectual se asocian a un rendimiento académico deficiente.

Esta información sobre el grado de asociación entre las variables predictoras y la variable criterio, es decir, entre las medidas en las que nos basamos para hacer el pronóstico (ratio profesor/alumno, programas educativos nuevos y nivel intelectual) y lo que se desea pronosticar (rendimiento académico) será de gran utilidad. Sabremos que la variable decisiva para pronosticar un rendimiento académico óptimo es el nivel intelectual.

2.3.2. *El análisis discriminante*

El análisis discriminante es una técnica muy útil en el campo de las diferencias individuales. Como su nombre indica, su objetivo es discriminar entre las personas de una determinada población, a partir de una serie de características que se pueden emplear para describir a esa población.

Más en concreto, el análisis discriminante permite predecir qué personas se pueden incluir en un determinado grupo, considerando una serie de variables de clasificación. De este modo, si medimos la inteligencia y el nivel de ansiedad de una muestra de 500 estudiantes de Psicología, podemos desear averiguar cuáles de esos 500 estudiantes pueden incluirse en un posible grupo de rendimiento óptimo y cuáles formarán el grupo de bajo rendimiento. El análisis discriminante nos dirá con qué probabilidad determinados estudiantes, dependiendo de su nivel intelectual y de su nivel de ansiedad, pertenecerán a un grupo de alto rendimiento y cuáles pertenecerán al grupo de bajo rendimiento.

Una de las ventajas prácticas del análisis discriminante es que al permitirnos predecir qué personas se incluyen en el grupo de probable bajo rendimiento, resulta posible desarrollar medios de prevención del fracaso en los estudios. El análisis discriminante nos indicará que 275 estudiantes pertenecerán al grupo de posible bajo rendimiento, a causa de su medio nivel intelectual y de su alta ansiedad. Según esta información, podríamos diseñar un sistema de intervención dirigido a disminuir, por ejemplo, el nivel de ansiedad de esos estudiantes en concreto.

Veamos otro ejemplo, relacionado esta vez con los ambientes delictivos. Supongamos un equipo de psicólogos trabajando en una prisión de alta seguridad. Los directivos de la prisión solicitan los servicios del equipo de psicólogos para determinar a cuáles de entre 50 reclusos se les debería conceder un permiso de fin de semana.

Evidentemente, hay muchos indicadores que se pueden emplear para intentar predecir si el recluso tendrá un comportamiento adecuado de concedérsele el permiso de fin de semana. Así por ejemplo, suele emplearse su comportamiento en los últimos meses dentro de la prisión, su nivel de colaboración con los empleados o su respeto escrupuloso a las reglas de convivencia en el centro. En cualquier caso, siempre puede caber la duda de que el recluso está simulando su buena conducta para obtener el permiso de fin de semana y aprovechar para volver a delinquir.

Por motivos como éste, el equipo de psicólogos debería valerse de ciertos instrumentos de medida que le diesen otro tipo de información que contribuyese a garantizar el acierto al realizar el pronóstico o al predecir el comportamiento del recluso fuera de la prisión. Hay tres propiedades o rasgos de la personalidad que se han mostrado relevantes para realizar este tipo de pronósticos: el psicoticismo o la dureza, la extroversión y el neuroticismo o grado de estabilidad emocional.

Una de las ventajas de realizar una estimación de estos rasgos de la personalidad a través de un instrumento de medida psicológica que sea fiable y válido, es que incluye algunas «preguntas-trampa» para averiguar si el recluso está tratando de ofrecer una buena imagen. Por tanto, cuando un buen profesional recurre a este tipo de instrumentos para enriquecer la información sobre el recluso y conoce la teoría y las investigaciones realizadas con esos rasgos de la personalidad, puede hacer un pronóstico bastante ajustado sobre el futuro comportamiento del delincuente.

Usando el análisis discriminante sobre estos datos, se deberían medir las variables predictoras, es decir, el psicoticismo, la extroversión y el neuroticismo de los 50 reclusos, para configurar dos grupos, uno de ellos de probables reincidentes y el otro de probables reinsertados (figura 5.11).

Evidentemente, cualquier pronóstico entraña su riesgo. El análisis discriminante nos permite estimar el riesgo que corremos al asignar a determinados reclusos al grupo de reincidentes o de reinsertados. En cualquier caso, los datos indican que el riesgo de error se reduce al contar con este tipo de información y siempre que el profesional conozca muy bien la correcta interpretación de los resultados obtenidos. El uso de un instrumento de medida fiable y válido sirve de poco si el profesional desconoce la teoría en la que se apoya y las investigaciones que se han realizado sobre el tema.

En suma, el análisis discriminante es muy útil para averiguar qué personas de una determinada población se agruparán según el nivel manifestado en una serie de variables predictoras. Por tan-

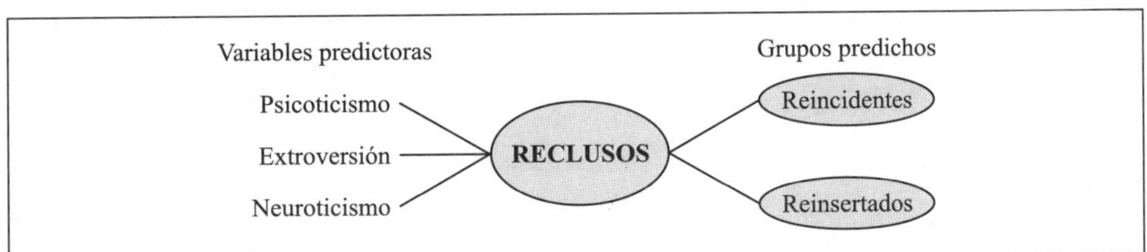

Figura 5.11.—Modelo discriminante para predecir cuáles de los reclusos pueden ser incluidos en el grupo de reincidentes y cuáles en el grupo de reinsertados, a partir de la medida de las variables Psicoticismo, Extroversión y Neuroticismo.

to, el objetivo es muy similar al discutido para el caso de la regresión, sólo que en este caso no se desea predecir el comportamiento de una variable, sino la agrupación de una serie de personas.

2.4. Métodos causales (confirmatorios)

Los métodos causales, también denominados métodos confirmatorios, son los de más reciente desarrollo en el campo de las diferencias individuales (Asher, 1983; Bentler, 1988; Loehlin, 1992). Por eso, todavía no se conocen demasiado bien todas sus virtudes y defectos. Los programas de ordenador que permiten usar este tipo de métodos son cada vez más potentes. Pero eso no debe hacer caer en el olvido que el punto clave de cualquier trabajo es que los datos que se van a someter a análisis tengan una excelente calidad. Por muy refinados que puedan ser los procedimientos de análisis, si los datos que se analizan no tienen la suficiente calidad, los resultados finales serán poco útiles científica y prácticamente.

Supongamos que deseamos mejorar el rendimiento académico de los estudiantes universitarios. Para tratar de alcanzar este objetivo, controlamos una variable: el dinero que se va a invertir en educación. La pregunta que deberemos hacernos seguidamente es: ¿cómo esperamos que se traduzca un mayor gasto en educación en un incremento del rendimiento académico? Es decir, ¿de qué modo puede una mayor inversión monetaria en educación dar lugar a un mejor rendimiento?

Un primer paso podría consistir en contratar a más profesores con objeto de reducir el número de alumnos por profesor (ratio profesor/alumno). Además, se podrían contratar a profesores más prestigiosos y a expertos psicólogos de la educación para mejorar los programas educativos en sí mismos y diseñar programas educativos nuevos (figura 5.12).

Pero puede haber otras muchas variables que influyan en el rendimiento académico. Variables relevantes en este sentido pueden ser las opiniones del estudiante, el ambiente familiar y las capacidades intelectuales de los propios estudiantes.

Esta serie de variables se puede relacionar de muy diversos modos. A diferencia de lo que trataríamos de hacer con un método predictivo como la regresión, en la que estudiaríamos el nivel de predicción de este conjunto de variables predictoras en la variable criterio (rendimiento), con un método casual se pueden estudiar las propias relaciones que se establecen entre las candidatas a variables predictoras (figura 5.13).

De este modo, la inversión económica influirá indirectamente en el rendimiento a través de la disminución de la ratio profesor/alumno, del contrato de nuevos profesores, de los programas nuevos y de las opiniones del estudiante. El ambiente familiar influirá indirectamente en el rendimiento a través de las opiniones y de las capacidades de los

Figura 5.12.—Una serie de variables predictoras se relacionan con la variable criterio de rendimiento, pero las primeras no se relacionan entre sí.

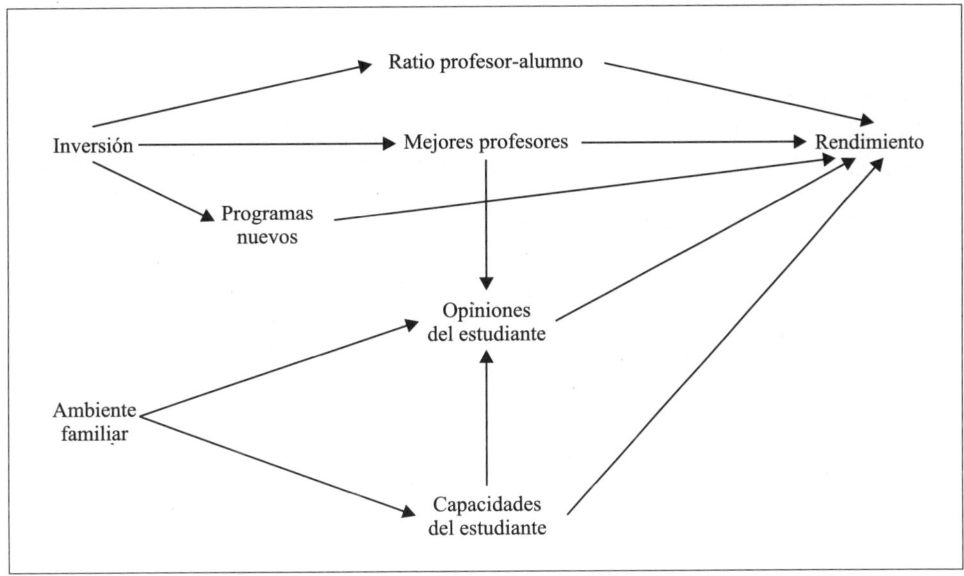

Figura 5.13.—Modelo causal en el que se aventura cuáles son las relaciones entre una serie de variables predictoras para determinar el rendimiento. En este caso, hay relaciones directas e indirectas entre las variables predictoras y la variable criterio.

estudiantes. Las opiniones del estudiante influirán directamente en el rendimiento. Y así sucesivamente, como puede observarse en la figura 5.13.

La representación de la figura 5.13 esquematiza un modelo causal o confirmatorio. Su modo de proceder consiste en concretar nuestras hipótesis sobre cómo interactuarán todas las variables predictoras entre sí y con la variable criterio. Un método casual habilita al investigador para concretar cuál será la fuerza de la relación entre las distintas variables, tanto predictoras como criterio. Cada enlace o flecha presente en la figura 5.13 representa, por tanto, una hipótesis que se debe confirmar calculando la magnitud de la relación.

Hay una buena cantidad de métodos causales, pero el *path analysis* o análisis de sendas y el LISREL están entre los más conocidos (Bentler, 1988; Bentler y Dijkstra, 1985; Duncan, 1975; Heise, 1975; Jöreskog, 1988; Scott, 1983b). Actualmente, los programas estadísticos de ordenador más empleados, como el SPSS, incorporan la posibilidad de realizar un análisis causal confirmatorio. Uno de los modelos de la inteligencia que estudiaremos un poco más adelante se construyó precisamente usando este tipo de métodos causales o confirmatorios: el modelo HILI, cuyo significado es, precisamente *HI*erarchical *LI*srel, LISREL jerárquico.

SUMARIO

El estudio científico de los rasgos psicológicos puede hacerse mediante el uso de una serie de métodos de trabajo. Los métodos de covariación (análisis factorial, escalamiento, y agrupamientos) estudian el grado de relación entre una serie de variables. Los métodos predictivos (regresión y análisis discriminante) también exploran el nivel de relación entre una serie de variables, pero en este caso se intenta predecir alguna de ellas (criterio) a partir de las otras (predictoras). Los métodos causales son una sofisticación de los predictivos, puesto que analizan de modo simultáneo las relaciones entre las variables predictoras entre sí y con la variable criterio. Por tanto, estos métodos sirven para responder a las preguntas que se hacen al estudiar científicamente los rasgos psicológicos: los distintos tipos de relaciones entre las variables sirven para contrastar las hipótesis de los investigadores sobre la estructura de la personalidad humana, es decir, sobre los rasgos intelectuales, temperamentales y motivacionales.

El estudio de los procesos psicológicos 6

El descubrimiento de la estructura de la personalidad humana es, desde luego, el primer paso de la investigación que se realiza desde el enfoque de las diferencias individuales. Sin embargo, los estudios no pueden terminar ahí, es decir, hay más preguntas que se deben responder. Una vez sabemos cuál es la estructura de los rasgos de la personalidad, cuáles son y cómo se organizan, los científicos se preguntan cómo actúan, cuál es su dinámica. Igual que un mecánico se pregunta cómo actúan las piezas del motor que tiene delante, el psicólogo se pregunta por qué Andrés parece más inteligente que Pedro, o por qué Eva es más sociable que Paquita. La inteligencia y la sociabilidad son dos rasgos psicológicos importantes dentro de la estructura de la personalidad humana, pero para saber cómo actúan debe realizarse un estudio científico que se corresponde con el análisis de los denominados «procesos psicológicos». La palabra «proceso» sugiere que algo está pasando, en este caso en la mente de Andrés, Pedro, Eva o Paquita. Seguramente, los procesos psicológicos (o mentales) de Andrés al resolver pruebas de inteligencia serán distintos a los empleados por Pedro, y casi con toda seguridad, los procesos psicológicos de Eva tendrán un carácter distinto a los empleados por Paquita. Responder a esta pregunta sobre cuáles son los procesos psicológicos que caracterizan a las distintas personas exige usar una serie de métodos. Los investigadores han desarrollado bastantes métodos, pero aquí se describen a través de ejemplos solamente cuatro de los más importantes. El *método de correlatos* estudia las relaciones entre las diferencias individuales en rasgos como la inteligencia y en procesos psicológicos muy específicos como pueden ser el recuerdo del significado de una palabra o la percepción de una letra. El *método de los componentes cognitivos* parte de una tarea completa, como una analogía del tipo «Hombre es a Mujer, lo que Niño es a Niña, Zagala, Chavala», y diseña variaciones experimentales sobre ella para contrastar las hipótesis del investigador sobre los procesos cognitivos necesarios para resolver la tarea completa. La *simulación informatizada* exige escribir un programa de ordenador capaz de simular la conducta de un ser humano. Finalmente, la *comparación de grupos* consiste en comparar cómo resuelven problemas de una mayor o menor complejidad personas de distintas características, como por ejemplo sujetos con síndrome de Down, ciegos, paralíticos cerebrales o sujetos con dificultades de aprendizaje.

1. CONCEPTOS BÁSICOS

En el epígrafe anterior se ha estudiado el significado y el modo de investigar los rasgos o las propiedades psicológicas que pueden contribuir a describir la personalidad humana en sentido global. Así, podemos servirnos de las técnicas de análisis factorial (factorización) para delimitar operativamente los factores representantes del concepto inteligencia, como por ejemplo el factor verbal, el factor figurativo o el factor de razonamiento deductivo.

El estudio científico de los rasgos psicológicos a través de los métodos señalados da lugar a un mapa topográfico o a una estructura en la que se incluyen, de un modo organizado, los factores importantes que se deben considerar para lograr una descripción completa de la personalidad humana.

Esa serie estructurada de rasgos o factores se encuentra activa cuando la persona debe resolver tareas intelectualmente exigentes, al gestionar una situación estresante en su trabajo o al convencer a su compañero de que las películas de acción son las más interesantes. Es decir, los rasgos se activan ante situaciones relevantes para la persona.

Por consiguiente, se hace necesario encontrar alguna referencia en la que apoyarse para tratar de entender cómo operan, cómo funcionan los rasgos psicológicos. De este modo, podemos y debemos preguntarnos qué caracteriza, por ejemplo, a una persona impulsiva frente a una persona no impulsiva, cuando ambas realizan determinadas tareas.

La impulsividad es un rasgo o factor importante dentro de los modelos estructurales o factoriales de la personalidad. A la conclusión de que una persona es impulsiva o no lo es se llega a través de la aplicación de una serie de pruebas.

El siguiente paso consiste en tratar de explicar por qué determinados individuos muestran unas tendencias de comportamiento impulsivo, mientras que otras personas muestran unas tendencias no impulsivas.

Para responder a esta pregunta, los investigadores podemos planificar tareas que deban ser resultas por personas impulsivas y no impulsivas. Estas tareas deberán estar diseñadas para ayudarnos a desvelar qué tipo de procesos mentales sigue un impulsivo y un no-impulsivo.

Una tarea de este tipo podría ser solicitar a estos dos grupos de personas que respondan lo más rápidamente posible y guardando unos márgenes de precisión, a una serie de problemas muy sencillos que requieren tomar una decisión. Por ejemplo:

Cuando aparezca en la pantalla del ordenador algo así:

HHHHH o SSSSS

deberás responder que SÍ.

Cuando aparezca en la pantalla del ordenador algo así:

HHSHH o SSHSS

deberás responder que NO.

Esta tarea nos permite hacer algunas predicciones sobre el tipo de procesos mentales que caracterizarán a un impulsivo y a un no-impulsivo. Puesto que las características de la tarea son conocidas, resultará posible aventurar qué harán mentalmente estos dos tipos de personas al intentar responder con rapidez y precisión: por ejemplo, los impulsivos responderán más rápido que los no impulsivos sólo cuando se debe responder NO (Rodríguez, 1996).

En cualquier caso, para que los investigadores podamos ordenar los pasos mentales que parecen seguir los distintos individuos para tratar de resolver esta u otro tipo de tareas intelectualmente exigentes, suele ser necesario contar con un modelo teórico que sugiera qué puede suceder en la cabeza de las personas. El modelo que se va a emplear aquí se representa en la figura 6.1.

Este modelo distingue entre procesamiento o tratamiento perceptivo, cognitivo y motor de la información (Colom, 1997). Es decir:

— La persona *captura perceptivamente* la información que se le presenta en la pantalla del ordenador *(procesamiento perceptivo)*. Así, se da cuenta de que en la pantalla aparece la siguiente información:

HHHHH

— Esta información es tratada conscientemente en la cabeza de la persona (*tratamiento consciente de la información*, a través del procesamiento cognitivo). Por tanto, la información sobre la disposición de las letras se encuentra *activa* en la cabeza de la persona.
— Puesto que la persona sabe que debe juzgar una determinada correspondencia entre las letras según su identidad (H o S), mantiene en

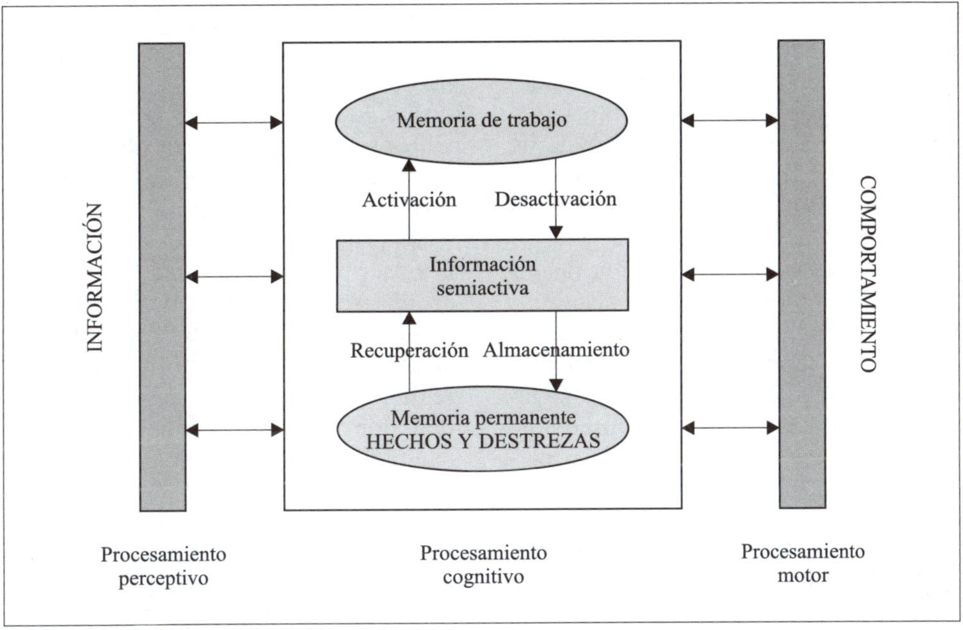

Figura 6.1.—Un modelo cognitivo estándar. La información debe ser procesada perceptiva, cognitiva y motóricamente. De este modo, el procesamiento perceptivo permite codificar la información y activarla en la memoria de trabajo para que el sujeto pueda procesarla conscientemente. El procesamiento cognitivo de la información en la memoria de trabajo puede exigir recuperar y activar información de la memoria permanente, o bien desactivar y almacenar información irrelevante. Una vez se toma la decisión de responder, comienzan a activarse los programas o el procesamiento motor de la información, de manera que el sujeto pueda decir o hacer algo para manifestar cuál es su respuesta.

un *estado semiactivo* qué disposición de letras deberá ser valorada como SÍ o como NO.

— La información semiactiva sobre lo que se debe juzgar ha podido ser retenido en la memoria permanente (procesamiento cognitivo), por lo que la persona estará constantemente *recuperando* el tipo de consigna que el investigador le ha proporcionado a la persona al comenzar la sesión experimental; esta información habrá sido *desactivada* y *almacenada* de modo reiterado (procesamiento cognitivo).

— Con toda esta información que la persona gestiona o trata conscientemente en su cabeza *(procesamiento cognitivo)* y el tipo de disposición de letras que se presenta en cada ensayo *(procesamiento perceptivo)*, prepara una respuesta de SÍ o NO *(procesamiento motor)*. Finalmente, la persona presiona una tecla para indicar la respuesta a la secuencia de letras presentada en ese ensayo.

Como se ve, esta secuencia trata de reflejar la dinámica de lo que suponemos que la persona está tratando de hacer mentalmente para responder de un modo rápido y preciso a las distintas secuencias de letras que se van a ir presentando en la pantalla del ordenador. Ya no se trata, por tanto, de averiguar si la persona es más o menos capaz de responder a lo que se le pregunta, sino que pretendemos descubrir qué hace mentalmente para responder, qué tipo de procesos mentales están actuando para poder responder a lo que se pregunta (Calfee, 1976; Carroll, 1954, 1979, 1982; Carroll y Maxwell, 1979; Cohen y Sandberg, 1977; Detterman, 1989; Hundal y Horn, 1977; Jeffries y col., 1977; Lunneborg, 1977; Lunneborg y Lewis, 1975; McFarland, 1928; Sternberg, 1977, 1979, 1981; Thurstone, 1940).

Por razones obvias, este tipo de estudios enriquece nuestro conocimiento sobre las diferencias individuales. No solamente podemos saber cuáles son las dimensiones, propiedades, rasgos o factores que se deben considerar para describir de un modo completo a una persona, sino que además podremos saber cómo funcionan, cuál es la dinámica de estos rasgos (Carroll, 1993).

Expresar cómo funcionan u operan los rasgos psicológicos supone, como en cualquier disciplina científica, emplear un lenguaje determinado. En este caso, el lenguaje supone hacer referencia a procesos psicológicos. De hecho, el mismo significado del término «proceso» nos indica que algo está pasando, en este caso, en la cabeza de la persona. Más técnicamente, haremos referencia sistemática al término «procesos cognitivos».

Una de las principales ventajas de descubrir qué está sucediendo en la cabeza de las personas al intentar responder a lo que se le pregunta en una determinada tarea es ser capaces de explicar las diferencias de rendimiento. Sabemos que las personas son desigualmente competentes en términos globales, pero muchas veces es necesario que una persona no competente sea capaz de responder a determinadas preguntas. Si somos capaces de averiguar qué tipo de cosas hace una persona que se muestra capaz de resolver el problema y qué tipo de cosas hace mentalmente una persona que se muestra incapaz de resolverlo, estaremos en disposición de enseñar a la segunda a seguir los pasos mentales más convenientes para tener éxito al realizar la tarea. En otras palabras, estaremos en disposición de diseñar métodos de adiestramiento e instrucción.

2. MÉTODOS DE TRABAJO

Hay muchos métodos para estudiar los procesos cognitivos. Los investigadores de las diferencias individuales se han esforzado en los últimos treinta años por descubrir esos procesos cognitivos usados por distintos individuos. El resultado ha sido una buena cantidad de métodos. La mayor parte de ellos se han dirigido al análisis de las diferencias intelectuales, por lo que la mayor parte de las explicaciones que siguen se centran en esa área de investigación. Se enumeran los principales métodos, siguiendo la clasificación de Juan-Espinosa y Colom (1989), antes de describir una serie de ejemplos sobre algunos de ellos, quizá los empleados con más frecuencia.

El principal objetivo de los *métodos de correlatos* es examinar el rendimiento de las personas en una serie de tareas intelectualmente exigentes que se supone miden las capacidades humanas básicas para procesar información. Este análisis se realiza sobre personas con distinto nivel intelectual, por ejemplo, sobre personas de alta y baja capacidad verbal. Las personas se clasifican según sus puntuaciones en una serie de tests de inteligencia, y, tras esta agrupación, se estudia el comportamiento de las distintas personas en tareas que miden parámetros básicos del procesamiento de la información o procesos cognitivos, como el procesamiento perceptivo de información visual, el tratamiento consciente de la información o la habilidad para activar una información relevante (Hunt, 1978; Hunt, Lunneborg y Lewis, 1975; Jackson y McClelland, 1975; Jensen, 1979; Keating y Bobbitt, 1978).

Los *métodos heurísticos* son de tres tipos: análisis racional, simulación matemática y simulación informatizada. Su objetivo es averiguar cuáles son los procesos cognitivos básicos que pueden explicar las diferencias de rendimiento intelectual. El análisis racional se limita a hacer un estudio de supuestos procesos cognitivos, la simulación matemática escribe ecuaciones para intentar predecir el rendimiento de la persona según el uso de ciertos procesos cognitivos y la simulación informatizada supone escribir un programa de ordenador que se comporte como lo hace la persona (Carroll, 1976, 1983; Elshout, 1978; Kjeldergaard, 1967; Kotovsky y Simon, 1973; Pellegrino y Glaser, 1980; Stankov, 1980).

Los *métodos de comparación de grupos* parten de agrupar a una serie de personas según características como el sexo, la ceguera o el retraso mental estimado a través de las puntuaciones en tests de cociente intelectual (CI). El estudio de los procesos cognitivos empleados por los grupos se realiza comparando su rendimiento ante pequeñas variantes de la tarea en la que se está interesado, como por ejemplo analogías verbales, comprensión de frases ambiguas o resolución de series de números (Baron y Treisman, 1980; Cole y Means, 1981; Chapman y Chapman, 1985).

El *método del análisis componencial* usa variaciones de una tarea completa intelectualmente exigente. Por ejemplo, en una analogía estándar, cuya estructura sería la siguiente:

A : B :: C : D1, D2, D3

es decir, A es a B lo que C es a D1, D2 o D3 (por ejemplo, A : Z :: A : U, X, Y), el análisis componencial supondría dividir el problema en pequeñas partes:

- Si se le presenta a la persona sólo el término A, únicamente podrá activar procesos de codificación (procesamiento perceptivo).
- A continuación se presenta B y C. La persona ya puede activar procesos de inferencia y proyección (procesamiento cognitivo), pero no puede activar aún el proceso de aplicación (procesamiento cognitivo), al no saber cuáles son las alternativas de respuesta.
- Cuando se presentan las alternativas de respuesta (D1, D2, D3) la persona ya puede activar los procesos de aplicación (procesamiento cognitivo).

La ventaja de presentar por partes la tarea completa es que se pueden estudiar por separado los supuestos procesos que la persona debe activar necesariamente para resolver adecuadamente el problema (Atwood y Polson, 1976; Mulholland, Pellegrino y Glaser, 1980; Simon y Kotovsky, 1963; Sternberg, 1977, 1980b).

El *método de análisis de los rasgos latentes* tiene una importante sofisticación matemática. Su objetivo es averiguar cuáles son los procesos cognitivos responsables de las diferencias intelectuales, estimando los parámetros que pueden ayudar a evaluar la contribución precisa de los procesos según los distintos grados de complejidad de la tarea estudiada (Embretson, 1986; Whiltely, 1981; Whitely y Curtright, 1980; Whitely y Nieh, 1981).

El *método confirmatorio* constituye una aplicación de los modelos causales empleados para el estudio de los rasgos psicológicos al análisis de los procesos cognitivos (Frederiksen, 1977).

En las páginas siguientes se describen algunos ejemplos de los métodos más empleados: los correlatos cognitivos, el análisis componencial, la simulación informatizada y la comparación de grupos.

2.1. Los correlatos cognitivos

En esencia, el método de los correlatos cognitivos explora las relaciones entre dos tipos de medidas: medidas de rasgos o factores intelectuales, y medidas de procesos cognitivos. Las medidas de rasgos se obtienen con tests de aptitudes, mientras que las medidas de procesos se obtienen con tareas experimentales de laboratorio. Los resultados suelen señalar relaciones o correlatos más o menos significativos entre los dos tipos de medidas. Se supone que siguiendo este procedimiento será posible explicar las diferencias generales de aptitud a partir de una serie de procesos cognitivos más concretos.

Hunt, Frost y Lunneborg (1973) clasificaron a una muestra de estudiantes universitarios según sus puntuaciones en tests que miden la capacidad verbal y la capacidad numérica, seleccionando estudiantes con un rendimiento extremo.

Una vez formados los grupos experimentales, a los sujetos se les invita a resolver una tarea. Esta es una tarea clásica en el estudio de los procesos cognitivos, la tarea de gestión o tratamiento consciente de información en la memoria de trabajo de Sternberg (1970).

Fundamentalmente, la tarea experimental consiste en:

- Presentar durante 3 segundos de 1 a 5 números; éstos son los números modelo que la persona debe memorizar.
- El número de prueba aparece dos segundos después de que los números que la persona debe memorizar han desaparecido.

— La tarea del sujeto consiste en decidir si el número de prueba se encontraba entre los números presentados y memorizados previamente.
— Lo que se mide es el tiempo que los sujetos tardan en decidir si la respuesta es positiva o negativa (tiempo de reacción), es decir, si el número de prueba se encontraba entre los números presentados y memorizados con anterioridad.

Los resultados indicaron que los sujetos del grupo de alta capacidad verbal eran significativamente más rápidos que los sujetos de baja capacidad verbal, es decir, tardaban menos tiempo en decidir la presencia o ausencia del número de prueba entre la serie memorizada de números modelo.

Por tanto, la conclusión es que la capacidad verbal está relacionada con la rapidez de manipulación consciente de la información. Es decir, hay un correlato o una correlación entre la aptitud (una medida de rasgo) y un proceso cognitivo concreto como es la manipulación de la información en la memoria de trabajo (figura 6.2).

En suma, el método de correlatos consiste en estudiar las relaciones entre determinadas medidas de rasgos o factores intelectuales, como la capacidad verbal, y ciertos procesos cognitivos que se pueden medir con tareas de laboratorio, como la rapidez de manipulación consciente de la información en la memoria de trabajo.

2.2. Los componentes cognitivos

Los investigadores han usado mucho los silogismos lineales como problema relevante para estudiar las diferencias de rendimiento intelectual. Los siguientes son dos ejemplos típicos:

Juan es mejor que Luis (Premisa 1)
Luis es mejor que Pedro (Premisa 2)
¿Quién es peor? (Pregunta)

Juan Luis Pedro (Alternativas)

Juan *no* es más alto que Luis
Luis *no* es más bajo que Pedro
¿Quién es más bajo?

Juan Luis Pedro

El primer ejemplo está compuesto por dos premisas, una pregunta y las alternativas de respuesta. El segundo ejemplo tiene la misma estructura, pero las dos premisas tienen negaciones («no es más que»). Este segundo tipo de silogismo es más difícil de resolver que el primer tipo.

Figura 6.2.—El sujeto debe memorizar 1, 2, 3, 4 o 5 números. En la segunda fase, debe decidir si un número de prueba, presentado tras la desaparición de los números a memorizar, se encontraba entre los números iniciales. Según la figura 6.1, la persona codifica perceptivamente los números y los mantiene activos en la memoria de trabajo mientras llega el número de prueba. Cuando se activa el número de prueba en la memoria de trabajo, actuarán una serie de procesos de comparación para contrastar si el número de prueba está entre los memorizados. Finalmente, el sujeto decide y responde a través del procesamiento motor.

A su vez, los silogismos pueden variar en su estructura formal, es decir, en cómo están construidos. En el primer ejemplo, Juan sería el término «A», Luis el término «B» y Pedro el término «C». Obsérvese que Luis se repite en las dos premisas, por lo que al término «B», que se repite siempre en las dos premisas, se le denomina habitualmente pivote. «A» siempre es el término superior y «C» siempre es el término inferior. Dependiendo de la estructura formal de los silogismos, es decir, de las posiciones de los términos A, B y C en las dos premisas, las personas tendrán más o menos dificultades al resolverlas.

Además, también se considera el tipo de adjetivo que incluye el silogismo para relacionar los tres términos. Así, el adjetivo puede ser marcado o no-marcado. Un adjetivo marcado es más complejo de procesar mentalmente; algunos ejemplos de adjetivo marcado son MALO, PEOR o DEBAJO. Un adjetivo no-marcado resulta más sencillo de procesar; algunos ejemplos de adjetivo no-marcado son BUENO, MEJOR o ENCIMA. La mayor o menor complejidad para procesar mentalmente adjetivos marcados o no marcados se traducirá en un mayor tiempo necesario para resolver el silogismo.

Por consiguiente, los silogismos tienen una serie de características que se pueden manipular experimentalmente para estudiar las variaciones en las respuestas que dan las personas ante las distintas variaciones diseñadas por el investigador. Esta manipulación minuciosa de las características de los silogismos permite estudiar los procesos cognitivos necesarios para resolver un silogismo lineal.

En un estudio clásico de Sternberg[1] (1980b) se analiza:

— Cómo las distintas personas se representan mentalmente la información incluida en un silogismo lineal durante el proceso de resolución, usando un procesamiento perceptivo y cognitivo.

— Qué procesos mentales actúan sobre la representación que las personas se forman mentalmente desde el momento en que perciben el problema hasta que responden.

Los modelos de procesos cognitivos que se han propuesto para explicar los mecanismos mentales presentes al resolver silogismos lineales concuerdan en que deben actuar, al menos, procesos cognitivos de:

— *Codificación* de la información del silogismo. Es decir, se debe producir un procesamiento perceptivo de la información y comenzar un tratamiento consciente de esa información a través de un procesamiento cognitivo.

— *Marcado*. Éste ya es un proceso característico del procesamiento cognitivo. La persona debe estudiar si los adjetivos tienen un carácter marcado o no-marcado.

— *Negación*. También en este caso nos referimos al procesamiento cognitivo de cada una de las dos premisas. Aquí las frases incluyen negativos (por ejemplo, «NO está encima de»).

— *Respuesta*. Para localizar la respuesta correcta se debe completar el procesamiento cognitivo y comenzar a realizar un procesamiento motor para poder seleccionar físicamente el modo de responder a la pregunta incluida en el silogismo.

Sin embargo, hay un desacuerdo entre los distintos modelos que se han propuesto hasta la fecha para tratar de explicar de qué procesos cognitivos se sirven las personas para resolver silogismos lineales. Así, algunos modelos han propuesto que las personas se sirven de procesos que tienen que ver con el lenguaje, mientras que otros mantienen que el lenguaje es poco importante para resolver silogismos lineales. El profesor Sternberg ha propuesto un modelo en el que los dos tipos de mecanismos mentales, lingüísticos y no-lingüísticos, son importantes para resolver los distintos tipos de silogismos lineales. Los modelos tampoco concuerdan en el número de procesos necesarios. En general, los modelos hacen distintas predicciones sobre los tiempos necesarios para resolver varios

[1] R. J. Sternberg es el creador de la técnica del análisis componencial.

tipos de silogismos; estas distintas estimaciones temporales permiten comparar la capacidad explicativa de cada uno de los modelos cognitivos alternativos.

Según el modelo que plantea Sternberg (1980b), cuando la persona resuelve silogismos lineales:

— Usa procesos lingüísticos y espaciales. En primer lugar, codifica la información verbal presentada en el silogismo, y, después, recodifica espacialmente la información antes de proceder a la resolución del silogismo. Es decir, cuando lee «Juan es mejor que Pedro» se forma en su cabeza una imagen mental en la que se ve a Juan a la izquierda de Pedro, lo que representaría mentalmente la relación lingüística «mejor que».
— Un proceso importante será la búsqueda de los elementos del silogismo (A, B y C). Más en concreto, la búsqueda del pivote (B) y de la respuesta (A o C). La exploración mental de una imagen mental es análoga a la exploración manual de una secuencia física de elementos, por lo que este proceso consume un determinado tiempo.
— Los adjetivos marcados (PEOR, MALO O DEBAJO DE) y la negación (NO ES MEJOR QUE) complican la resolución de los problemas, aumentando el tiempo necesario para responder. Las negaciones requieren un proceso más complejo de codificación lingüística, mientras que los adjetivos marcados complican tanto el proceso de codificación lingüística como el de codificación espacial.
— Los términos de cada una de las dos premisas se combinan para formar una única representación, en la que se reúnen los tres términos, A, B y C. Así, lo que la persona vería en su cabeza es una representación de Juan a la izquierda de Pedro y de Luis a la derecha de Pedro.

Según estas conjeturas, se pueden escribir modelos de procesamiento de la información, es decir, sobre lo que suponemos que hacen mentalmente las personas, bajo dos supuestos básicos:

1. Cada proceso cognitivo se representará por una caja en el diagrama de flujo usado para escribir el modelo. Cada proceso supone un tiempo de procesamiento que contribuye al tiempo total necesario para resolver el silogismo.
2. Las contribuciones temporales de cada proceso se suman.

Los experimentos que se explicarán seguidamente se diseñaron para poder estimar los distintos procesos cognitivos supuestos en el modelo.

— En el primer experimento se usa un paradigma de indicadores para separar los procesos relevantes, presentando sólo parte de la información (indicador) y solicitando a las personas que la procesen del modo más completo posible antes de presentarles el problema completo.
— En el segundo experimento se emplea el mismo paradigma sólo que esta vez se presenta en primer lugar la pregunta y luego las dos premisas.
— En el tercer experimento se emplean silogismos de dos y tres términos. La combinación de estos dos tipos de silogismos permite estudiar procesos de un modo parecido a si se empleasen indicadores.

En el estudio de Sternberg (1980b) se seleccionan sujetos para formar los cuatro grupos experimentales que pasarán por los tres experimentos:

— Sujetos de alta aptitud verbal y alta aptitud espacial.
— Sujetos de alta aptitud verbal y baja aptitud espacial.
— Sujetos de alta aptitud espacial y baja aptitud verbal.
— Sujetos de baja aptitud verbal y baja aptitud espacial.

Las aptitudes se miden a través de una serie de tests psicológicos: un test de clasificación de palabras (aptitud verbal) y un test de rotación mental de figuras (aptitud espacial). Una alta aptitud supone una puntuación por encima del 75 por 100 de la muestra de sujetos y una baja aptitud supone una puntuación por debajo del 25 por 100 de la muestra. La muestra original estuvo compuesta por 441 sujetos y se seleccionaron cuatro sujetos con puntuaciones extremas para cada grupo experimental.

La lógica de los tres experimentos es la siguiente:

Experimento 1

Los distintos silogismos se presentan a través de un taquistoscopio, un aparato muy empleado en la investigación psicológica que permite presentar estímulos con una gran precisión (figura 7.6). Cada problema se presenta en dos partes: indicador y solución. En la fase de indicador se presenta información que debe ayudar a la persona a resolver el silogismo; se le indica que se tome el tiempo necesario para sacar la mayor cantidad de información posible en esta primera fase. A continuación presionan un pedal para que aparezca el resto de la información necesaria para resolver el problema. Se les pide que resuelvan el problema lo más rápidamente posible sin cometer errores. La persona debe presionar con su mano uno de los tres botones correspondientes a las tres alternativas posibles de respuesta (A, B o C).

Hay dos condiciones de indicador. En la primera sólo aparece un cuadrado luminoso y, por tanto, aquí no hay información alguna que procesar previamente. En la segunda condición aparecen como indicador las premisas del problema:

Luis es más alto que Juan
Juan es más alto que Pedro

En la segunda parte del ensayo, es decir, una vez el sujeto presiona el pedal, aparece siempre el problema completo:

Luis es más alto que Juan
Juan es más alto que Pedro.

¿Quién es el más alto?
Juan Pedro Luis

Los nombres o términos aparecen en la línea inferior ordenados aleatoriamente.

Experimento 2

Los problemas se presentan aquí del siguiente modo:

¿Quién es el más alto?

Luis es más alto que Juan
Juan es más alto que Pedro
Juan Pedro Luis

Además, se usan tres condiciones de indicador. Un cuadrado luminoso, la pregunta o la pregunta y las premisas. En la segunda parte del ensayo se muestra el problema completo.

Experimento 3

En este caso, primero se presentan las premisas y luego la pregunta. No hay indicador, sino que se presenta el problema completo. Pero también se presentan silogismos de dos términos, que sirven a todos los efectos como el indicador en los dos experimentos anteriores:

Juan es más alto que Pedro
¿Quién es más alto?
Juan Pedro

Modelos cognitivos

Los parámetros que representan la duración de cada proceso cognitivo, y que se describen seguidamente como simple ilustración (es decir, su lectura puede omitirse tranquilamente), son:

- NEG: tiempo necesario para procesar la negación.
- PSM: búsqueda del pivote (o término B).
- RS: búsqueda de la respuesta (A o C).
- NCON: procesamiento de la incongruencia premisas-pregunta, es decir, relación directa o indirecta entre la información que aparece en las premisas y el tipo de pregunta que se formula. Este parámetro sólo se puede estimar en el experimento 3.
- El proceso de respuesta sólo se puede esti-

mar en el experimento 2 e incluye el tiempo necesario para explorar mentalmente las opciones de respuesta (A, B y C) y seleccionar una de ellas.

En todos los experimentos, la seriación u ordenación de las dos premisas en una secuencia única (SER), la lectura de la premisa (PR) y la codificación y seriación de las relaciones descritas por los adjetivos no-marcados (NMAR1 y NMAR2) son parámetros que no se pueden estimar con claridad. El único parámetro estimado para estas operaciones de codificación confusas se denomina ENC+ (el signo + en este y otros parámetros representa una combinación de operaciones). ENC+ incluye una combinación ligeramente diferente de operaciones en los experimentos 1 y 2 (ENC_{+1}) y en el experimento 3 (ENC_{+2}).

El parámetro de marcado (MARK) se estima en función del incremento de tiempo que supone procesar adjetivos marcados frente a los no-marcados. El tiempo adicional para la codificación lingüística de las relaciones expresadas por los adjetivos marcados frente a las relaciones expresadas por los adjetivos no-marcados es igual a MARK1 menos NMARK1.

El tiempo adicional para realizar la seriación u ordenación espacial de las relaciones expresadas por los adjetivos marcados es igual a MARK2 menos NMARK2. En el experimento 2, el tiempo de lectura de la pregunta (QR) se estima como QR+, puesto que incluye tiempo de codificación y de seriación para los adjetivos no-marcados (NMAR1 y NMAR2).

El tiempo del proceso de respuesta (RES) se confunde en el experimento 1 con el tiempo de lectura de la pregunta (QR) y con un pequeño tiempo de codificación y seriación de los adjetivos no-marcados (NMAR1 y NMAR2); en el experimento 3 se confunde con el tiempo de lectura de alguna premisa (PR).

El parámetro confuso para las condiciones con y sin indicadores combinadas se representa como RES+. En la condición sin indicadores no es posible separar la codificación de las operaciones de respuesta, lo que produce una mayor confusión en cuanto a los datos de la condición sin indicadores analizados por separado. El parámetro estimado para los datos de la condición sin indicadores se simboliza como RES++; es la suma de ENC+ y RES+.

En resumen, se estiman seis parámetros en el experimento 1, utilizando los datos de las condiciones con y sin indicadores. Se estiman siete parámetros en los experimentos 2 y 3, usando datos de las condiciones con y sin indicadores; en el experimento 3, los silogismos de dos términos cumplen la función de indicador de los experimentos 1 y 2.

La estimación de los parámetros de tiempo correspondientes a los distintos procesos cognitivos se realiza usando técnicas de regresión, valiéndose del tiempo de solución para cada tipo de problema como variable criterio y de la estructura de los problemas como variables predictoras. Las predicciones sobre el tiempo de solución se realizan en función de:

- La suma del número de veces que tendría que realizarse cada uno de los supuestos procesos cognitivos, tomados como variables predictoras.
- El tiempo que requiere cada supuesto proceso cognitivo, estimado como un parámetro.

Los resultados sobre la estimación temporal de cada proceso cognitivo implicado en la resolución de los silogismos lineales, para el caso del experimento 3, son los siguientes (figura 6.3):

- Codificación: 3.022 milisegundos (40 por 100 del tiempo total).
- Marcado: 460 milisegundos (6 por 100 del tiempo total).
- Incongruencia: 269 milisegundos (4 por 100 del tiempo total).
- Negación: 368 milisegundos (5 por 100 del tiempo total).
- Búsqueda del pivote: 577 milisegundos (8 por 100 del tiempo total).
- Búsqueda de la respuesta: 261 milisegundos (3 por 100 del tiempo total).
- Preparación de la respuesta: 2.517 milisegundos (34 por 100 del tiempo total).

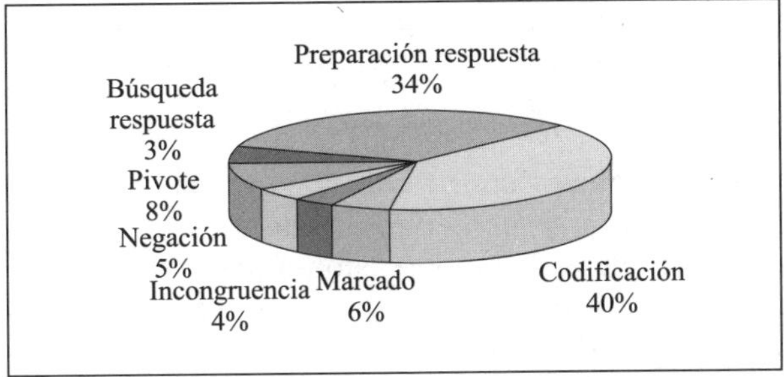

Figura 6.3.

La descomposición del tiempo total de resolución se realiza multiplicando la latencia estimada para cada proceso por el número medio de veces que actúa para resolver cada problema. Esto permite estimar el tiempo medio de cada proceso al resolver los silogismos lineales.

El tiempo medio correlaciona con las puntuaciones de las personas en los tests de aptitud verbal y espacial. El parámetro CODIFICACIÓN correlaciona también con los dos tipos de tests. El parámetro MARCADO correlaciona con los dos tipos de tests. El parámetro NEGACIÓN sólo correlaciona con la aptitud espacial. La BÚSQUEDA DEL PIVOTE correlaciona con la aptitud espacial. La BÚSQUEDA DE LA RESPUESTA correlaciona con las dos aptitudes.

En general, algunos parámetros muestran patrones de diferencias individuales que son verbales, mientras que otros parámetros muestran patrones de diferencias individuales que son espaciales. Así, tanto las habilidades lingüísticas como las no-lingüísticas parecen estar actuando al resolver silogismos lineales.

En suma, el análisis componencial *permite hacer estimaciones muy precisas sobre cuáles pueden ser los procesos cognitivos necesarios para resolver tareas intelectualmente exigentes*, como los silogismos lineales. Como se ha tenido oportunidad de comprobar, el análisis componencial no es un método sencillo.

Hasta cierto punto, constituye un método para realizar una *radiografía de los procesos mentales* o cognitivos que actúan al realizar determinadas tareas. Esta radiografía se basa en una estimación de tiempos, lo que supone usar técnicas de *cronometría mental* o medida de tiempos mentales. El principal supuesto es que cada proceso cognitivo propuesto en un determinado modelo teórico previo, requiere un tiempo que se puede medir. Así, agudizando el ingenio al manipular experimentalmente la tarea que se desea estudiar, resulta posible estimar la duración de los distintos procesos cognitivos necesarios para su resolución. El resultado final será un modelo que explique, paso a paso, el porqué del rendimiento general de la persona al resolver silogismos linales, es decir, de los procesos cognitivos que parece emplear al enfrentarse a esta tarea intelectualmente exigente.

Las diferencias individuales dependerán de las estimaciones temporales que mejor se ajusten a los datos de cada una de las personas participantes en el experimento. En concreto, en el estudio de Sternberg, cuya lógica general se acaba de examinar, determinadas personas empleaban procesos mentales relacionados con imágenes mentales (procesos no-lingüísticos), otros no usaban ningún tipo de imagen mental (procesos puramente lingüísticos), mientras que otros se ajustaban al modelo propuesto por el propio Sternberg en el que tanto los procesos lingüísticos como los no lingüísticos interpretan un papel relevante.

La principal conclusión de este estudio es que una adecuada explicación del rendimiento de las distintas personas requiere considerar los tres tipos posibles de estrategias cognitivas expresadas en esos tres tipos de modelos. No sería satisfactorio, por consiguiente, hacer prevalecer un modelo sobre los otros; así se respetan las diferencias individuales que aparecen al estudiar experimentalmente los procesos cognitivos necesarios para resolver tareas complejas y las explicaciones son más completas.

2.3. La simulación informatizada

La simulación informatizada consiste en escribir un programa de ordenador que pueda simular los procesos cognitivos que activan las personas al resolver tareas intelectualmente exigentes.

Marcel Just y Patricia Carpenter (1992) han propuesto un modelo de simulación informatizada para expresar las diferencias individuales en la comprensión lingüística, actividad de gran importancia en situaciones como leer el periódico, escuchar las noticias en un telediario o preparar un examen a partir del estudio de un manual básico. El modelo de simulación informatizada que Just y Carpenter construyen se denomina CAPS/READER.

El programa informático CAPS/READER se basa en datos recogidos en una buena cantidad de experimentos con sujetos humanos. Estos datos han servido para construir una teoría sobre la comprensión lingüística basada en las diferencias individuales al tratar conscientemente la información; técnicamente, este tratamiento consciente de la información se realiza en la *memoria de trabajo*. Esta teoría se contrasta tratando de averiguar si el programa informático escrito a propósito es capaz de comprender el lenguaje como lo hacen los humanos en las situaciones que se han empleado para obtener los datos originales.

La teoría de la comprensión lingüística de Just y Carpenter (1992) se basa en una integración de las funciones de almacenamiento y procesamiento de la memoria de trabajo durante la comprensión lingüística. Tanto el almacenamiento como el procesamiento están alimentados por el mismo mecanismo mental: la *activación*.

La capacidad de la memoria de trabajo se puede expresar como la mayor cantidad de activación disponible para realizar las funciones de almacenamiento y procesamiento mental de la información. Cada elemento de información dispone de un nivel de activación asociado. Un elemento de información puede ser una palabra, una frase o un objeto.

Durante la comprensión, la información se activa a través de la codificación perceptiva de un texto escrito o hablado. Desde el momento en que el nivel de activación del elemento supera un determinado umbral mínimo, ese elemento se considera parte de la memoria de trabajo y, por tanto, está disponible para que puedan actuar sobre él una serie de procesos cognitivos.

Si la cantidad de activación disponible es menor que la necesaria para realizar una tarea de comprensión, entonces parte de la activación usada para mantener los elementos más antiguos (presentados previamente) se vendrá abajo, produciendo olvido o desplazamiento. Así por ejemplo, las representaciones construidas a partir de una determinada frase se perderán cuando sean necesarias para completar la comprensión a partir de los elementos de la frase que se presentan en los últimos tramos; recuérdese que una frase no es nada más que una serie sucesiva de palabras situadas en un determinado orden que debe cumplir unas reglas gramaticales básicas; dependiendo de la disposición de las palabras en la frase se puede o no comprender su significado (Belinchón y col., 1992).

Las computaciones o procesos actúan dentro de una arquitectura de sistemas de producción en la que se manipulan símbolos modificando sus niveles de activación. Un sistema de producción no es nada más que una serie de reglas «SÍ → ENTONCES»; por ejemplo, «SI aparece un verbo, ENTONCES busca su significado en la memoria permanente».

La manipulación más frecuente se produce cuando una producción aumenta el nivel de activación de uno de sus elementos activos. Los elementos se añaden o suprimen cambiando su nivel de activación.

El curso temporal y el contenido del procesamiento lingüístico dentro del sistema, depende de la capacidad para almacenar y computar. Cuando las demandas de la tarea exceden los recursos disponibles, se degradan tanto las funciones de almacenamiento como las de computación. Esta situación permite hablar de *teoría de la comprensión lingüística restringida por la capacidad.*

La explicación basada en la capacidad total indica que las diferencias entre lectores con distinta memoria de trabajo son escasas cuando la tarea de comprensión es sencilla, pero son grandes y sistemáticas cuando la tarea de comprensión se complica, es decir, cuando las frases son largas o ambiguas. Este tipo de resultados se explican bastante mal por las diferencias individuales en la *eficiencia* con que las personas realizan ciertos procesos cognitivos, puesto que las diferencias de eficiencia deberían aparecer independientemente de las

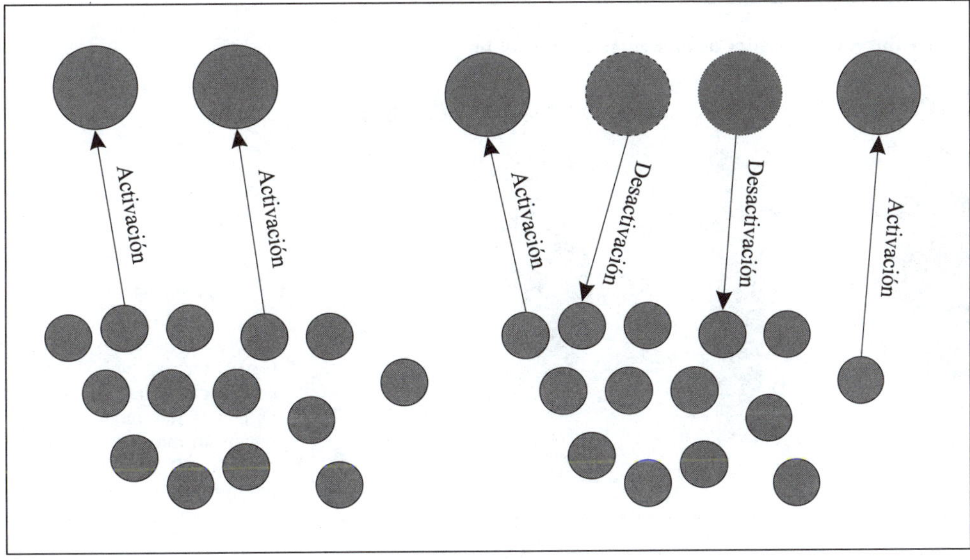

Figura 6.4.—Unidades que se activan y desactivan dependiendo de las necesidades del sistema, según la teoría de la comprensión de Just y Carpenter.

demandas concretas de la tarea, es decir, independientemente de su nivel de complejidad.

La capacidad de la memoria de trabajo se mide averiguando cuántas palabras finales de distintas frases no relacionadas puede recordar una persona. Es decir, se trata de una tarea de amplitud de lectura. Los individuos de alta amplitud recuerdan entre 4 y más palabras, los individuos de amplitud media recuerdan entre 3 y 3,5 palabras y los individuos de baja amplitud recuerdan menos de 3 palabras. La tarea consiste en que las personas lean distintas frases y luego intenten recordar las palabras finales de cada frase. La lógica de esta tarea es que los procesos de comprensión usados para leer las frases deben consumir pocos recursos de la memoria de trabajo en los lectores de alta amplitud, por lo que será más sencillo para ellos recordar las palabras finales de las distintas frases presentadas.

Las personas con menor memoria de trabajo para el lenguaje no disponen de capacidad para entretenerse, es decir, mantener activa y propagar una activación adicional, con la información no sintáctica durante las computaciones sintácticas. Los individuos con una mayor memoria de trabajo son capaces de mantener en estado activo la información sintáctica y no sintáctica, por lo que su procesamiento sintáctico se podrá ver influido por la información no sintáctica, es decir, no relacionada directamente con la estructura de la frase.

Los resultados de distintos paradigmas experimentales demuestran diferencias individuales sistemáticas y localizadas en la comprensión de estructuras sintácticas complicadas, diferencias que están moduladas por la capacidad de la memoria de trabajo. La práctica ausencia de diferencias en las frases poco complejas sugiere que las diferencias de rendimiento no se pueden atribuir a la *velocidad* con que se realizan determinados procesos cognitivos.

La comprensión de frases ambiguas proporciona datos muy interesantes. La persona debe mantener activas las distintas interpretaciones posibles de la frase hasta que se rompe la ambigüedad. Evidentemente, esta tarea requiere un nivel óptimo de memoria de trabajo. Los sujetos de alta amplitud de memoria de trabajo mantienen las dos representaciones alternativas de la frase ambigua hasta que llegan a la consecuencia de cuál es más

Figura 6.5—Según la teoría de Just y Carpenter, las personas se diferencian según la capacidad de su memoria de trabajo. Las personas con mayor capacidad resistirán mejor las tareas más complejas, pero las diferencias entre las personas de distinta capacidad no serán patentes en tareas relativamente sencillas.

adecuada, mientras que los sujetos de baja amplitud se decantan pronto por una alternativa para no saturar o colapsar su memoria de trabajo. Esto da lugar a que los sujetos de alta amplitud tarden más tiempo en responder, es decir, garantizan un nivel de precisión puesto que tienen la posibilidad de mantener las dos frases activas durante más tiempo de modo que se pueda extraer toda la información necesaria.

El programa informático CAPS combina un sistema de producción y un sistema conexionista[2]. La activación se propaga desde una *fuente* (condición) a un *objetivo* (acción), pero la propagación se realiza a través de las producciones.

Las producciones pueden operar en paralelo y propagar la activación de modo reiterado en varios ciclos de procesamiento, hasta que los elementos alcanzan cierto umbral de activación. Las restricciones de capacidad se simulan informáticamente limitando la cantidad total de activación que el sistema tiene disponible para mantener activos los elementos en la memoria de trabajo y para propagar la activación a otros elementos en el curso del procesamiento mental de la información.

Las siguientes son algunas de las principales propiedades del programa informatizado CAPS/READER:

- Asociado a cada elemento de la memoria de trabajo se encuentra un número real denominado su nivel de activación, que representa la fuerza del elemento.
- La mayor parte de los elementos de la memoria de trabajo son proposiciones de la forma (concepto:relación concepto) o (concepto[implicit:isa]concepto). Estos elementos pueden formar una *red.*
- Los disparos de las producciones dirigen el flujo de la activación desde un elemento de la memoria de trabajo (fuente) multiplicado por un factor (denominado peso) hasta otro elemento de la memoria de trabajo (denominado objetivo).
- Un ciclo de procesamiento se define como el emparejamiento de todas las producciones en la memoria de trabajo y el consiguiente disparo paralelo de todas las producciones convenientes.
- El conocimiento a largo término supone una base de datos declarativa (sobre hechos) separada de la memoria de trabajo.

[2] Un sistema conexionista está constituido por una serie de elementos o unidades de procesamiento, que se procesan en paralelo o simultáneamente (Colom y Juan-Espinosa, 1990).

Esta teoría de la capacidad se ocupa principalmente de los recursos mentales que subyacen al pensamiento. Supone una arquitectura compuesta por la memoria de trabajo, el conocimiento procedimental (a manera de producciones) y el conocimiento declarativo (almacenamiento en una base de conocimiento declarativo y en producciones).

La teoría de la capacidad también trata los aspectos dinámicos del procesamiento y el almacenamiento en esta arquitectura, dando cuenta de la modulación momento a momento de las demandas de recursos por parte de la tarea que la persona o el programa de simulación deben resolver. Las diferencias individuales en la capacidad que se debe invertir o las diferencias resultantes en la política de inversión pueden explicar las diferencias sistemáticas de rendimiento en tareas de comprensión lingüística.

Cuando se piensa en una actividad que depende de los recursos suele ser útil recurrir a analogías con sistemas dinámicos como un río. Aunque sea posible separar los elementos de un río, las separaciones no constituyen sus propiedades principales, sino que sus principales propiedades son el flujo y las estructuras hidráulicas, como una cascada o un remanso, influidos por la variación en el volumen del río. Aunque tanto las cascadas como los remansos parecen atributos permanentes, son distintos en la medida en que las cascadas son consecuencias casi permanentes de la estructura básica, mientras que los remansos son atributos transitorios que pueden ir y venir con los cambios en el flujo del río. Para caracterizar a un río es necesario dar alguna explicación de su dinámica y no es suficiente especificar sólo su estructura, como puede hacerlo una fotografía aérea. Por consiguiente, una teoría del lenguaje basada en la capacidad constituye el punto de partida de *una teoría de la dinámica cognitiva.*

La teoría de la capacidad también se relaciona con dimensiones como *la intensidad del pensamiento.* La intensidad varía en magnitud al realizar una misma tarea. Los estudios pupilométricos (es decir, la medida del esfuerzo mental a través de la dilatación de la pupila) y los estudios fisiológicos del metabolismo cerebral de la glucosa, han confirmado que estas medidas de intensidad están relacionadas tanto con las características de la persona como con las propiedades de la tarea. Los estudios pupilométricos indican que el esfuerzo invertido es mayor si la persona es menos hábil o la tarea es más compleja. Los estudios sobre el metabolismo de la glucosa indican que las personas menos hábiles invierten un mayor esfuerzo al resolver problemas complejos.

En suma, según los datos obtenidos al realizar experimentos con personas, es posible escribir un programa informático para proponer una teoría psicológica basada en la exploración de las diferencias individuales. La teoría de las restricciones de capacidad en la comprensión lingüística propuesta por Just y Carpenter (1992) se construye estudiando estas diferencias individuales y escribiendo un programa de simulación capaz de reproducir las diferencias observadas en los experimentos de laboratorio. Puesto que las características del programa de simulación son bien conocidas, resulta posible sostener que lo que las personas hacen mentalmente se corresponde con lo que hace el programa. Con ello, se gana bastante conoci-

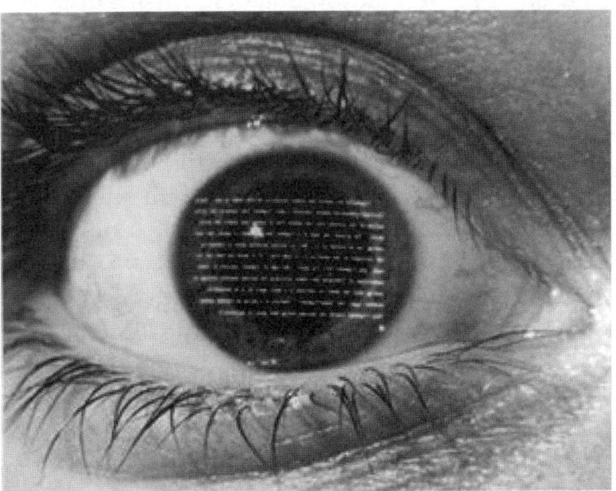

Figura 6.6.—Los científicos disponen de instrumentos para estudiar el movimiento de los ojos a la hora de resolver un problema intelectualmente exigente. Esos movimientos dan muchas pistas a los investigadores sobre qué puede estar haciendo mentalmente la persona al resolver el problema que se le ha planteado.

miento sobre los procesos cognitivos empleados por distintos individuos al comprender lenguaje[3].

2.4. Comparación de grupos

Los métodos de comparación de grupos estudian posibles procesos cognitivos que puedan explicar las diferencias entre las personas de los correspondientes grupos. Uno de los grupos más estudiados en el campo de las diferencias individuales ha sido el compuesto por personas con retraso mental o con dificultades de aprendizaje (Hulme y MacKenzie, 1992).

A las personas que tienen dificultades de aprendizaje se las define a partir de su nivel de inteligencia general. Los tests de cociente intelectual (CI) son básicos para definir las dificultades de aprendizaje (Hulme y MacKenzie, 1992). Se estima que el 2 por 100 de la población padece dificultades de aprendizaje. Un 2 por 100 puede parecer poca cosa, pero si en nuestro país hay 40 millones de personas, 800.000 personas tendrían dificultades de aprendizaje.

Quizá las personas con dificultades de aprendizaje que más se han estudiado son los individuos con síndrome de Down. La anomalía cromósomica que produce el síndrome de Down actúa desacelerando todos los aspectos del crecimiento, incluyendo el desarrollo del sistema nervioso, lo que, evidentemente, afecta al desarrollo de la inteligencia. En este sentido, parece que una mielinización incompleta puede producir una transmisión neuronal más lenta. Además, el cerebro de una persona con síndrome de Down es más pequeño que el de una persona sin retraso mental. El peso del cerebro de un individuo con síndrome de Down es menor; su cerebro pesa aproximadamente entre 1.000 y 1.100 gramos.

La dificultades que tienen los individuos con síndrome de Down para hablar parecen tener su origen en sus dificultades para el *control motor* de la pronunciación de palabras. El individuo con síndrome de Down tiene trastornos estructurales de la boca y de los órganos vocales; su boca es más pequeña de lo normal, lo que dificulta el movimiento de la lengua. En una palabra, las personas con síndrome de Down tienen problemas para articular físicamente palabras.

Por otro lado, en la investigación de los procesos cognitivos se ha observado que el tratamiento consciente de la información en la memoria de trabajo es un elemento importante para explicar las diferencias individuales.

La memoria de trabajo exige el uso de mecanismos de almacenamiento temporal de la información al realizar tareas complejas, como la lectura, el cálculo mental y el razonamiento verbal. A. Baddeley (1986) describe la memoria de trabajo como un ejecutivo central de capacidad limitada que interactúa con una serie de subsistemas auxiliares pasivos: el bucle articulatorio basado en el habla y los apuntes de imágenes visoespaciales (figura 6.7).

Cuando la información verbal (relacionada con el habla) se sitúa en el bucle, puede permanecer disponible gracias a los procesos cognitivos de

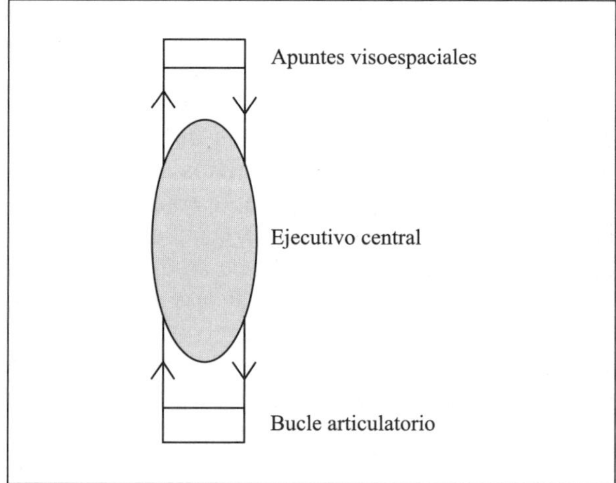

Figura 6.7.—Representación de la concepción original de la memoria de trabajo, en la que se distinguen dos almacenes transitorios, es decir, dos sistemas en los que se registra la información (el bucle articulatorio y la agenda de apuntes visoespaciales) así como el ejecutivo central que se supone coordina el modo en que se procesa mentalmente la información.

[3] Un ejemplo de simulación informatizada con matrices progresivas de Raven se pueden consultar en el capítulo 10 de Colom (1997a).

evocación. El número de elementos que pueden situarse o caber en el bucle dependerá del tiempo necesario para articularlos. Sabemos que las palabras largas requieren más tiempo que las cortas para ser articuladas. De hecho, la capacidad del bucle se expresa mejor como el tiempo necesario para articular una secuencia de elementos. Las personas con tiempos de subvocalización lentos suelen tener amplitudes de memoria de trabajo menores y la amplitud también suele disminuir con materiales que requieren más tiempo para ser subvocalizados. Según los datos disponibles, las personas están en condiciones de recordar todo lo que pueden decir en 2 segundos. Los procesos cognitivos de evocación, que consisten en reactivar cíclicamente los programas motores del habla, pueden superar la pérdida de información siempre que la duración total de la secuencia de elementos a recordar no exceda el tiempo de deterioro del almacén, es decir, 2 segundos.

Los datos disponibles indican que los individuos con síndrome de Down tienen una amplitud de memoria de trabajo significativamente menor que las personas sin retraso mental. Así por ejemplo, aunque con el aumento de la edad se produce un incremento espontáneo de la amplitud de la memoria de trabajo en niños normales, este incremento no se da en igual medida en los niños con síndrome de Down. Mientras que los niños normales tienen una amplitud de unos seis elementos de información, los niños con síndrome de Down no superan los cuatro elementos.

Puesto que sabemos que la amplitud de la memoria de trabajo es importante para realizar adecuadamente tareas intelectualmente exigentes, como la comprensión lingüística o el razonamiento, podría ser muy relevante intentar entrenar a los niños con síndrome de Down para incrementar su amplitud de memoria.

Asi, si fuese posible inducir o provocar la evocación por medio del entrenamiento en sujetos con dificultades de aprendizaje, éstos deberían, entre otras cosas:

— Incrementar su amplitud de memoria.
— Mostrar una mayor sensibilidad a los marcadores experimentales de los efectos de la evocación, es decir, a las manipulaciones de la tarea que haga el experimentador.

El proceso cognitivo de la evocación se descubre manipulando experimentalmente tareas de recuerdo. El recuerdo es peor cuando las palabras son muy largas o muy similares acústicamente.

Por tanto, los marcadores experimentales de la evocación son la longitud de la palabra y la similitud acústica. Estos marcadores actúan en niños normales, pero no en los individuos con síndrome de Down, lo que sugiere que no emplean espontáneamente los procesos de evocación.

Para entrenar en el uso de los procesos de evocación se siguen una serie de pasos (Hulme y MacKenzie, 1992):

— Se forman tres grupos experimentales. Un primer grupo de sujetos con dificultades de aprendizaje a los que se entrena diariamente en el uso del proceso de evocación. Un segundo grupo de sujetos a los que no se entrena diariamente, pero a los que se les aplica durante el mismo tiempo tareas de amplitud de memoria sin proporcionarles indicaciones expresas sobre cómo actuar. Un tercer grupo de control al que se le mide la amplitud de memoria al inicio del período de entrenamiento y en el re-test.
— El entrenamiento se desarrolla en una sesión diaria de unos 10 minutos durante 10 días. En las sesiones de entrenamiento, el experimentador enseña a los sujetos a usar una estrategia de evocación acumulativa abierta (Brown y col., 1974).
— Los materiales de entrenamiento usados en el entrenamiento de la estrategia de evocación acumulativa abierta son listas de palabras acústicamente similares y de palabras acústicamente distintas, así como de longitudes crecientes.

La secuencia de entrenamiento es la siguiente:

Experimentador: dice la palabra «SOL»
Sujeto: repite la palabra «SOL»

Experimentador: dice la palabra «PEZ»
Sujeto: repite las palabras «SOL-PEZ»
Experimentador: dice la palabra «PAZ»
Sujeto: repite la secuencia «SOL-PEZ-PAZ»

Las secuencias se van complicando paulatinamente, incrementando la longitud de las palabras que el sujeto debe repetir, y también se juega con palabras de distinto grado de similitud acústica.

— Cada sesión de entrenamiento se prolonga hasta que el sujeto no se concentra en la tarea.

Los resultados indican una mejora general tanto para grupos repetidamente examinados como entrenados, en las dos ocasiones en que se aplica el test de amplitud de memoria, es decir, al comenzar y al finalizar el período de entrenamiento. No hay incremento en el grupo de control examinado al comienzo y al final.

Por tanto, la simple puesta a prueba de forma repetida con pruebas de amplitud de memoria produce mejoras en la calidad de la ejecución en tareas de amplitud de memoria. En cualquier caso, hay una mayor incidencia del efecto de similitud acústica en el grupo entrenado que en los otros dos, lo que prueba un uso más sistemático del proceso de evocación por parte de estos sujetos.

Si se empezase pronto, es decir, al comienzo del desarrollo de la persona, sería posible que este tipo de entrenamiento ayudara a superar el retraso en el desarrollo. Si esto se consiguiese, también se mostrarían efectos beneficiosos para otras destrezas cognitivas relacionadas con el funcionamiento de la memoria de trabajo, como el razonamiento, el cálculo, el lenguaje o la lectura.

De modo más inmediato, a partir de este estudio se podría dar algún consejo educativo para los chavales con dificultades de aprendizaje. Así, convendría minimizar las demandas que se imponen a su memoria de trabajo. Las consecuencias más obvias de este principio se refieren al estilo del lenguaje usado en la enseñanza, dado que las frases largas y complejas pueden sobrecargar o colapsar la capacidad de la memoria de las personas con dificultades de aprendizaje. El uso de frases cortas y sencillas plantearía menores exigencias a la memoria de trabajo de estas personas.

En suma, el estudio de los procesos cognitivos que pueden ser responsables de las diferencias intelectuales puede beneficiarse del análisis de las diferencias entre grupos de personas, como los individuos con síndrome de Down y las personas sin retraso mental o normales. Es interesante que Hulme y MacKenzie (1992) señalen tres caminos para averiguar cuál puede ser el papel de la memoria de trabajo en las tareas intelectualmente exigentes de diversa naturaleza:

— El estudio de los efectos de la interferencia que se produce como consecuencia de la manipulación de la longitud de las palabras o de la similitud acústica entre las palabras que se deben recordar.
— El estudio de las diferencias individuales, como en el caso de la comparación de personas con y sin dificultades de aprendizaje.
— Los estudios neuropsicológicos. Según estos autores, este tipo de estudios sería semejante al estudio de las diferencias individuales, puesto que los pacientes son casos extremos de individuos con destrezas de memoria de trabajo muy limitadas.

SUMARIO

El término «proceso» sugiere que algo está sucediendo. Mientras que el estudio científico de los rasgos psicológicos explora el producto, es decir, las respuestas de las personas en un test de inteligencia o de personalidad, el estudio científico de los procesos psicológicos está dirigido a analizar de qué modo se llega a las respuestas. Cuando se pregunta si un cuadrado tiene más ángulos que un rectángulo, se puede responder que SÍ o que NO. Pero para responder hay que:

- Escuchar la pregunta (procesamiento perceptivo).
- Ver en nuestra mente una representación de un cuadrado y de un rectángulo, de modo que los podamos comparar para tomar una decisión sobre la pregunta (procesamiento cognitivo).
- Preparar la respuesta y decir SÍ o NO (procesamiento motor).

A este tipo de pasos mentales se les denomina habitualmente procesos psicológicos, porque ayudan a los investigadores a describir cómo llegan a responder las personas a preguntas como si un cuadrado tiene más ángulos que un rectángulo. Sin embargo, no todas las personas tienen porque seguir los mismos pasos mentales. Los métodos que se han descrito permiten a los investigadores averiguar cuáles son los procesos psicológicos que usa una persona inteligente, una persona con síndrome de Down o una persona ansiosa. Los métodos ideados para estudiar científicamente los procesos psicológicos no son especialmente sencillos, pero la pregunta que se trata de responder es bastante compleja: los procesos psicológicos no se pueden ver directamente, sino que son suposiciones que deben confirmarse indirectamente estudiando cómo actúan los distintos individuos al resolver los problemas que se les presentan. En gran medida, los métodos se parecen a los usados por los físicos para estudiar el átomo: los modos de actuación del núcleo atómico se suponen a partir de una serie de pruebas experimentales diseñadas para observar sus respuestas.

El estudio de las bases biológicas de las diferencias individuales 7

El cerebro de las personas es único, es decir, no existen dos cerebros iguales, ni siquiera en el caso del cerebro de los gemelos (Gazzaniga, 1992). La conducta de las personas depende en alguna medida de las características de su sistema nervioso. Un sistema nervioso con una alta actividad espontánea suele rechazar la estimulación externa, mientras que un sistema nervioso con una pobre activación espontánea suele buscar con frecuencia estimulación externa. Generalmente, el primer tipo de sistema nervioso suele encontrarse en personas introvertidas, mientras que el segundo tipo de sistema nervioso suele corresponderse con las personas extrovertidas. Este sencillo ejemplo sugiere que las propiedades psicológicas y el modo en que actúan estarán *relacionados* con los mecanismos de actuación del sistema nervioso. Andrés puede ser inteligente y Pedro algo más torpe. Estudiando sus procesos psicológicos se ha podido averiguar que Andrés es capaz de mantener activa la información de un problema durante más tiempo de modo que la puede procesar con mayor precisión, mientras que Pedro tiene grandes problemas para mantener activa la información relevante, por lo que no dispone del tiempo necesario para procesar mentalmente la información de una manera completa y eficaz. Otra pregunta puede ser: ¿es Andrés más inteligente porque su sistema nervioso actúa de un modo más eficiente? ¿Es capaz Andrés de mantener activa la información relevante durante más tiempo porque sus redes neuronales se activan con mayor intensidad? En una palabra, el estudio científico de las bases biológicas ayuda a los investigadores a responder a la pregunta de en qué medida dependen las propiedades psicológicas y sus modos de actuación de las características del sistema nervioso. Hay algunas técnicas para estudiar estas bases biológicas, basadas, entre otras cosas, en la actividad eléctrica de las redes neuronales y en el consumo de energía cerebral (Carretié e Iglesias, 1995). A su vez, se pueden estudiar distintos tipos de sujetos para averiguar cómo actúa su sistema nervioso al resolver problemas de distinta naturaleza: las personas pueden tener el cerebro intacto, puede haber sufrido lesiones locales, o pueden tener el cerebro dividido. El estudio científico de estos sujetos con las técnicas descritas proporciona datos sobre cómo funciona el sistema nervioso en situaciones que son de gran interés para la investigación psicológica de las diferencias de conducta.

1. CONCEPTOS BÁSICOS

Las diferencias individuales se pueden describir a partir de una serie de rasgos psicológicos, como la inteligencia, la ansiedad o la estabilidad emocional. Estos rasgos psicológicos son dimensiones que se pueden emplear para organizar las diferencias individuales que no se pueden atribuir al azar, es decir, las diferencias individuales estables y consistentes.

En cualquier caso, los psicólogos también procuramos responder a otras preguntas: ¿qué hace una persona inteligente que no hace una persona menos inteligente? ¿Qué hace la persona ansiosa que no hace una persona tranquila? ¿Qué hace una persona que es estable emocionalmente que no hace una persona emocionalmente inestable? Es decir, nos preguntamos por los procesos mentales o cognitivos que pudieran estar empleando distintas personas para mostrar comportamientos inteligentes, ansiosos o estables emocionalmente.

Pero hay más. Los psicólogos también estamos interesados en responder a otras preguntas igualmente importantes para poder explicar las diferencias individuales: ¿funciona el cerebro de una persona inteligente de modo distinto a como funciona el cerebro de una persona menos inteligente?; ¿hay determinados órganos físicos que funcionan de modo distinto en una persona ansiosa y en una persona tranquila?; ¿es la actividad cerebral de una persona emocionalmente estable distinta a la actividad cerebral de una persona inestable emocionalmente?

Usando tests psicológicos se pueden apreciar diferencias intelectuales, de ansiedad o de estabilidad emocional de un modo fiable y válido. Es decir, a través de los tests psicológicos, siempre y cuando tengan unas adecuadas garantías científicas, podemos organizar las diferencias individuales a grandes rasgos. Además, podemos diseñar tareas que se pueden manipular de muy diversos modos para tratar de averiguar los procesos mentales o cognitivos que pueden caracterizar a personas que obtienen un rendimiento distinto en las pruebas psicológicas. Pero todavía nos cabe la pregunta de si ese tipo de medidas de rasgo y cognitivas guardan una relación significativa con la actuación o el funcionamiento del cerebro o de determinados órganos corporales. Es esta pregunta la que se trata de responder usando una serie de métodos.

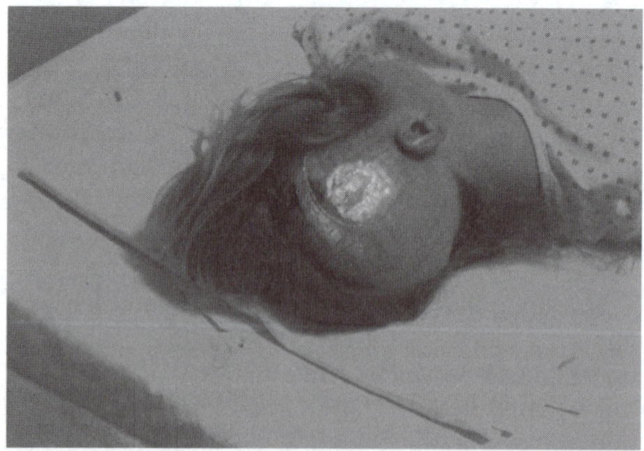

Figura 7.1.—Las técnicas de realidad virtual van a ser de enorme utilidad para los neurocientíficos y, por extensión, para el desarrollo de teorías biológicas sobre la conducta humana.

Esta pregunta tiene una relevancia bastante importante. Según el profesor Douglas K. Detterman (1989), «una de las razones por las que las teorías psicológicas han sido mucho más flexibles de lo que hubiese sido de desear ha sido la ausencia de restricciones en su construcción. En los años precedentes casi cualquier concepto psicológico imaginado resultaba aceptable como mecanismo explicativo. Algunos de los teóricos más recientes han insistido en que las teorías psicológicas deben ser consistentes con lo que se sabe sobre la estructura biológica del organismo. Es necesario que la teoría sea consistente con lo que se sabe sobre el funcionamiento biológico del organismo. Hay que reconocer que no comprenderemos totalmente la inteligencia humana [por ejemplo] sin conocer algo sobre cómo trabaja el cerebro. La necesidad de que los dominios conductuales y biológicos sean consistentes reducirá los grados de libertad de los que podrá disfrutar el teórico. Esto complicará la tarea de producir teorías, pero éstas serán mejores» (pág. 203).

Por consiguiente, para lograr que nuestras teorías psicológicas sean lo más adecuadas posible, es necesario considerar los márgenes permitidos por los conocimientos disponibles sobre la biología de los seres humanos. Una manera de averiguar si nuestros conceptos psicológicos son valiosos consiste en explorar si las diferencias individuales que se pueden expresar a través de esos conceptos varían de modo congruente con las diferencias individuales que se pueden expresar a través de las medidas biológicas.

2. MÉTODOS DE TRABAJO

En este apartado se describe una serie de medidas biológicas, así como algunas estrategias de investigación. Las medidas tienen que ver con la asimetría cerebral, con la actividad eléctrica y con el consumo energético, mientras que las estrategias se relacionan con la integridad cerebral, es decir, sujetos con el cerebro intacto, con lesiones locales y con el cerebro dividido.

2.1. Técnicas de medida

El funcionamiento cerebral se puede rastrear al menos a través de tres tipos de técnicas: *a*) la actuación de los dos hemisferios cerebrales; *b*) su actividad eléctrica, y *c*) el consumo de energía (Gale y Eysenck, 1992; Hartlage y Telzrow, 1985, 1985; Stemmler, 1992; Vernon, 1994).

2.1.1. *Los dos hemisferios cerebrales*

El estudio de la actuación de los dos hemisferios cerebrales, es decir, el hemisferio izquierdo y el hemisferio derecho, se basa en la siguiente predicción general: se podrá constatar una mayor precisión y una mayor velocidad de respuesta cuando la información que la persona debe procesar mentalmente se dirige directamente al hemisferio cerebral especializado en el tratamiento de ese tipo de información.

La canalización de la información a uno u otro hemisferio cerebral se puede realizar sirviéndose de las vías de proyección neuronal que van de la retina al cerebro. Igual que pasa con el resto del cuerpo humano, es decir, que la parte derecha del cuerpo está controlada por el hemisferio izquierdo y que la parte izquierda del cuerpo se encuentra gobernada por el hemisferio derecho, es posible proyectar información a determinadas regiones de los ojos para que viaje inicialmente a uno u otro hemisferio cerebral: si se proyecta en las regiones visuales derechas, la información viajará inicialmente al hemisferio izquierdo, mientras que si se proyecta en las regiones visuales izquierdas, la información se canalizará inicialmente al hemisferio derecho.

En un cerebro intacto, la información que se reciba inicialmente en un hemisferio cerebral se trasladará rápidamente al otro hemisferio. Así, la predicción concreta es que cuando canalizamos información lingüística, como por ejemplo una palabra, al hemisferio izquierdo, las personas tardarán menos tiempo en responder a lo que se les pregunte que si la información lingüística se canalizase al hemisferio derecho. En contraste, cuando proyectamos información figurativa, como por ejemplo un dibujo, al hemisferio derecho, las personas tardarán menos tiempo en responder a lo que se les pregunta que si esa información se proyecta al hemisferio izquierdo. La razón por la que se produce esto es que el hemisferio izquierdo procesa con mayor eficiencia la información lingüística, mientras que el hemisferio derecho procesa más eficazmente la información figurativa. Esa mayor eficiencia no significa, en cualquier caso, que los dos hemisferios sólo puedan procesar un determinado tipo de información (Gazzaniga, 1985, 1992; Springer y Deutsch, 1985).

En un cerebro en el que se han desconectado los dos hemisferios cerebrales, es decir, en pacientes con el cerebro dividido, a través de una intervención quirúrgica consistente en seccionar una estructura cerebral denominada cuerpo calloso, el otro hemisferio no recibirá ningún tipo de información. Esta situación resulta muy interesante a la hora de encontrar datos importantes para explicar el modo en que parece funcionar el cerebro al tratar la información.

2.1.2. *La actividad eléctrica cerebral*

Las medidas de la actividad eléctrica cerebral se pueden realizar a través de dos técnicas: el electroencefalograma (EEG) y los potenciales provocados (PP); estos últimos también se denominan potenciales evocados.

El EEG se define como la cantidad de energía eléctrica que se produce en un determinado momento en el cerebro. Hay distintos tipos de ondas que se pueden registrar a través de la técnica EEG, pero una de las más interesantes es la onda alfa, que se produce de 8 a 12 veces por segundo cuando la persona está en reposo y con los ojos cerrados. Por tanto, una regla básica para la investigación con el EEG es que cuanto más implicado esté un individuo en una determinada tarea, menor será la actividad de su onda alfa.

Una sugerente idea que se puede contrastar siguiendo esta regla es que el hemisferio izquierdo debería mostrar menor actividad alfa al procesar información lingüística, mientras que sería el hemisferio derecho el que mostraría menor actividad alfa al procesar información figurativa.

El potencial provocado (PP) permite visualizar el cambio que se produce en respuesta a estímulos como un flash de luz o un sonido simple. Después de una presentación repetida de este tipo de estímulos, se pueden promediar las ondas eléctricas que se han producido en determinadas regiones cerebrales, a través de un ordenador preparado con el programa correspondiente. La activación eléctrica espontánea no relacionada con la presentación del estímulo se puede eliminar a través de este tipo de programas informáticos.

El potencial provocado consiste en una secuencia de cambios positivos y negativos, según un determinado nivel de base, o punto 0 de actividad. Unos 500 segundos después de presentado el estímulo desaparece de los aparatos de registro el potencial provocado por él. La onda del potencial provocado se suele analizar según su amplitud y según el paso del tiempo (figura 7.2).

Sabemos que los potenciales acústicos son algo distintos a los potenciales visuales, los que a su vez son diferentes a los potenciales táctiles. La región cerebral que se activa en mayor o menor medida depende del tipo de estimulación, así como de la organización del cerebro del propio individuo.

Para tomar medidas del potencial provocado cuando la persona realiza tareas de cierta complejidad, como la comprensión de un texto presentado mediante auriculares, se suele emplear la técnica del potencial provocado de prueba. Esta técnica supone registrar la actividad eléctrica en distintas regiones cerebrales, que generalmente se ajustan a unos criterios universales (figura 7.3) y solicitar a la persona que comience a resolver las tareas complejas. De un modo aleatorio se van presentando flashes de luz y se registra qué regiones responden a esa estimulación y cuáles responden en menor medida. Esta información permite inferir las regiones cerebrales que más implicadas se encuentran al resolver la tarea compleja.

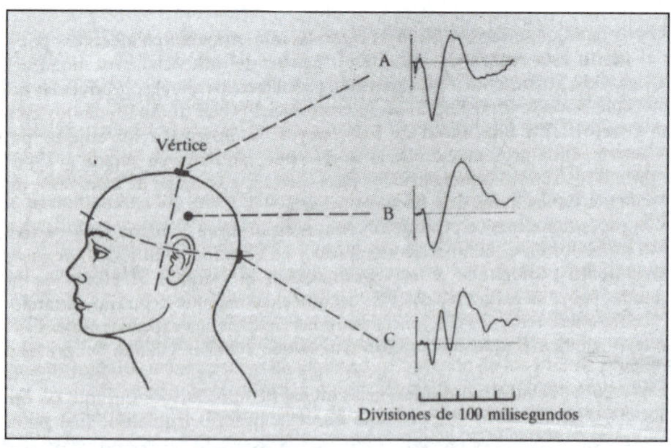

Figura 7.2.—Un ejemplo de potencial provocado. La actividad eléctrica se mide en microvoltios. El potencial provocado se interpreta de acuerdo al momento temporal en el que se produce la actividad positiva o negativa. Por tanto, la polaridad puede ser positiva o negativa y aparecer con una determinada latencia.

2.1.3. *El consumo de energía cerebral*

La medida del consumo de energía cerebral se puede realizar a través de dos técnicas: la tomo-

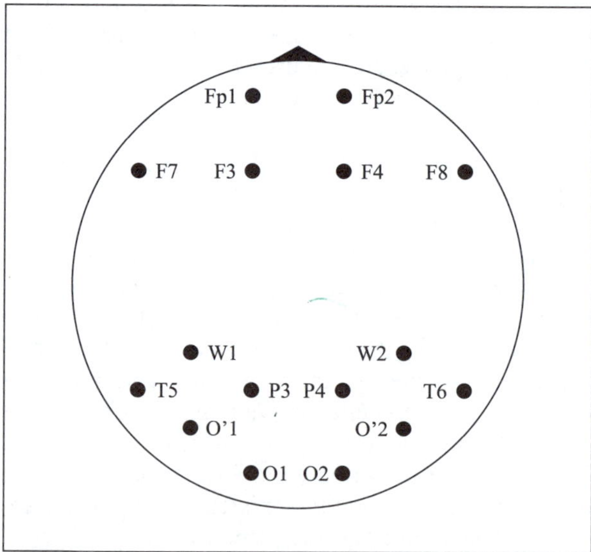

Figura 7.3.—Localización de electrodos en distintas zonas de la corteza cerebral para realizar un registro de la actividad eléctrica. Fp1 y Fp2 = zonas frontopolares, F7 y F8 = zonas frontales laterales y polo temporal anterior, F3 y F4 = zonas precentrales de control motor, W1 = área de Wernicke, W2 = contralateral y simétrico a W1, T5 y T6 = zonas parietotemporales terciarias de asociación, P3 y P4 = zonas parietales, O'1 y O'2 = zonas occipitales secundarias, O1 y O2 = zonas occipitales primarias.

grafía de emisión de positrones (TEP) y la resonancia magnética (RM).

La TEP consiste en hacer llegar al cerebro una sustancia marcada radiactivamente. Esta sustancia viaja al cerebro y emite radiaciones que se pueden medir con un sofisticado aparato de registro, una especie de anillo de detectores de radioactividad que rodea la cabeza de la persona. Lo que se mide es la región cerebral, sea profunda o superficial, en la que se está produciendo un mayor consumo de energía. La regla es que cuanto mayor sea el consumo en determinada región, más implicada se encontrará al procesar un determinado tipo de información (figura 7.4).

La RM se basa en la provocación de los átomos de hidrógeno del agua del cerebro a través de un electroimán. Una vez finalizada la provocación de esta sustancia química cerebral, se registra cómo se resitúa ésta en las distintas regiones del cerebro. La información sobre la resituación del hidrógeno del agua cerebral proporciona una visión tridimensional de las regiones más implicadas cuando la persona procesa una determinada información (figura 7.5).

La RM también permite medir el volumen cerebral de una persona viva. Es muy interesante señalar que no sólo se puede medir el volumen cerebral, sino que se puede obtener información sobre el volumen concreto de distintas estructuras anatómicas cerebrales.

2.2. Sujetos con el cerebro intacto, con lesiones locales y con el cerebro dividido

2.2.1. *Sujetos con el cerebro intacto*

En el estudio de sujetos con el cerebro intacto se ha empleado con bastante frecuencia el método de canalizar información hacia uno u otro hemisferio cerebral, mediante un aparato denominado taquistoscopio (figura 7.6).

Cuando se presentan estímulos visuales lateralizados o dirigidos hacia uno u otro hemisferio, es necesario tomar una serie de precauciones importantes (Cohen, 1976; Springer y Deutsch, 1985):

— La persona debe mantener la mirada fija en un punto situado en el centro de su campo visual. Una manera frecuente de garantizar que la persona mantenga la mirada es distribuir al azar los estímulos visuales entre el campo perceptivo derecho e izquierdo; esto impide que la persona pueda anticipar por dónde aparecerá el estímulo.

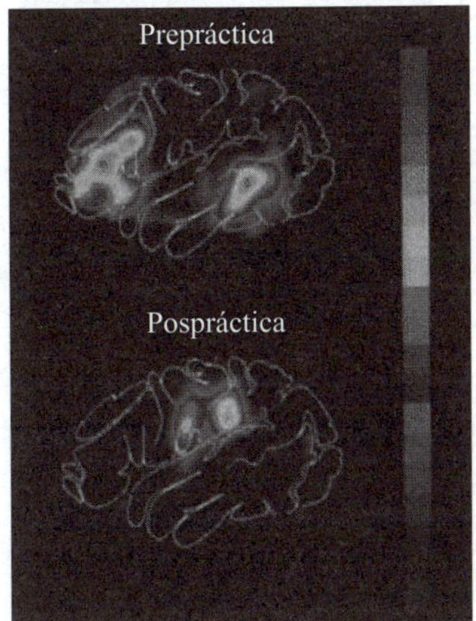

Figura 7.4.—Activación registrada con la TEP cuando el sujeto resuelve tareas novedosas (prepráctica) y tareas familiares (pospráctica).

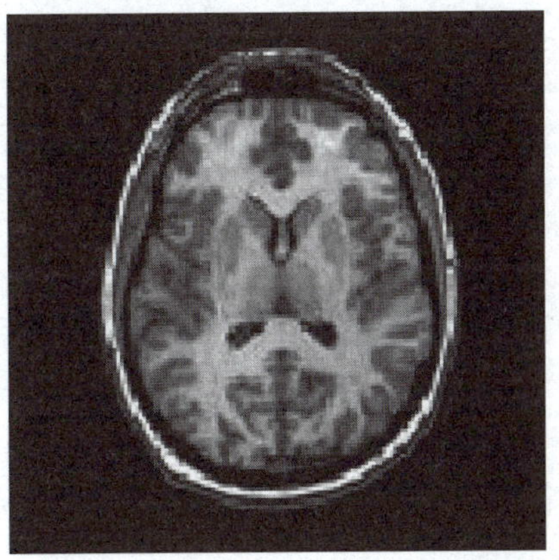

Figura 7.5.—Registro realizado con la resonancia magnética (RM).

— El lugar del campo visual en el que situar el estímulo. El criterio estándar indica que de 2,5 a 5 grados a partir del punto de fijación es el ángulo más adecuado para garantizar que el estímulo viaja en primer lugar a uno u otro hemisferio cerebral.

— El tiempo de exposición del estímulo. La regla es que ese tiempo debe ser menor que el tiempo que dura el movimiento espontáneo del ojo, es decir, entre 180 y 200 milisegundos.

— El modo de respuesta. Solicitarle a la persona una respuesta verbal no suele ser adecuado. La situación más fiable se produce cuando la persona puede responder con toda la mano.

Por consiguiente, proyectando muy brevemente estímulos visuales a la izquierda o a la derecha del punto en el que la persona tiene fijada su mirada, resulta posible lateralizar la información, es decir, que vaya primero a un solo hemisferio. La permanencia de la información en ese hemisferio es de una fracción de segundo antes de que se traslade también al otro hemisferio, pero es suficiente para comparar las capacidades de procesamiento de ambos hemisferios cerebrales.

Una de las hipótesis que más se han estudiado predice que el hemisferio que recibe la información en primer lugar lleva ventaja al hemisferio que recibe la información indirectamente a través del cuerpo calloso. Este trasvase de información puede repercutir en la pérdida de calidad de la información que ha entrado en el cerebro de este modo tan especial. A su vez, esta pérdida de calidad podría explicar las ventajas de procesamiento de algún hemisferio que suelen encontrarse en este tipo de estudios.

Los resultados suelen indicar que hay una ventaja del hemisferio izquierdo, es decir, del campo visual derecho, cuando se deben procesar palabras y letras, mientras que hay una ventaja del hemisferio derecho, es decir, del campo visual izquierdo, cuando lo que se ha de procesar son estímulos espaciales y figuras.

Según Fleminger y col. (1970) y Miller (1974), cuando se aplican choques electroconvulsivos a uno u otro hemisferio se encuentra lo siguiente:

- Cuando el choque se aplica al hemisferio izquierdo, se degrada la capacidad de la persona para realizar tareas de aprendizaje de palabras.
- Cuando se propina el choque al hemisferio derecho, la persona tiene problemas para reconocer figuras geométricas.

Curiosamente, estos resultados se corresponden con dos grandes facetas o propiedades de la inte-

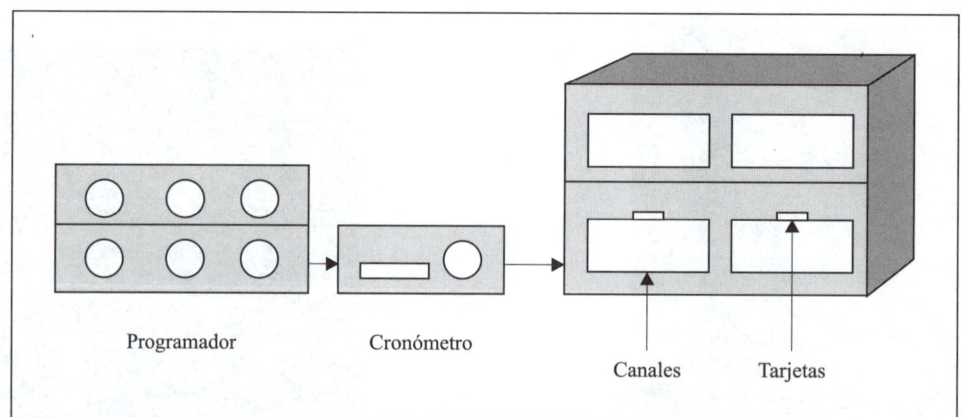

Figura 7.6.—Éstos son los elementos básicos de un taquitoscopio: un programador, el cronómetro y el propio aparato en el que se sitúan las tarjetas en las que se incluyen los estímulos. Aquí se añaden los periféricos que el sujeto usa para responder, como un micrófono, un ratón o unos pedales.

ligencia: la capacidad verbal y la capacidad espacial. Más adelante tendremos la oportunidad de llegar más allá de este comentario.

Un ejemplo relacionado con las diferencias de personalidad tiene que ver con el estudio de las diferencias entre psicópatas y personas normales. Robert Hare (1993) ha estudiado las reacciones fisiológicas de estos dos tipos de personas cuando son sometidos a la siguiente situación de prueba:

— El sujeto se sienta cómodamente en una cabina experimental y se le colocan unos cascos.
— También se le colocan dispositivos para medir la conductancia eléctrica de la piel y la tasa cardiaca.
— A través de los auriculares el sujeto escucha una voz que narra una cuenta atrás a partir de 10, a intervalos de 3 segundos entre número y número.
— El sujeto sabe que cuando la voz alcance el número 0 se le dará una descarga eléctrica dolorosa.
— El experimentador va analizando los cambios que se producen en la conductancia de la piel y en la tasa cardiaca a medida que avanza la cuenta atrás. El nivel de conductancia de la piel es sintomático de temor subjetivo a la descarga, mientras que la tasa cardiaca indica el nivel de preparación de la respuesta autonómica del sujeto (defensa frente a descarga).

Uno de los resultados fisiológicos más replicados en la historia del estudio de la psicopatología es que la conductancia de la piel aumenta a medida que la voz se acerca a 0, en sujetos normales. Sin embargo, los psicópatas muestran un aumento mucho más leve en su conductancia cutánea, lo que parece reflejar una ausencia de temor a la descarga.

Sin embargo, cuando se estudia la tasa cardiaca de los psicópatas y de los sujetos normales, se observa que mientras que los segundos van reduciendo su tasa cardiaca a medida que se acerca el 0, los psicópatas primarios tienen un aumento enorme en su tasa hasta llegar a la zona media de la cuenta atrás, para luego reducirse paulatinamente (figura 7.8).

R. Hare sospecha que esta inusual tasa cardiaca de los psicópatas durante la cuenta atrás, puede constituir una respuesta de adaptación que repercute en la escasísima conductancia eléctrica de la

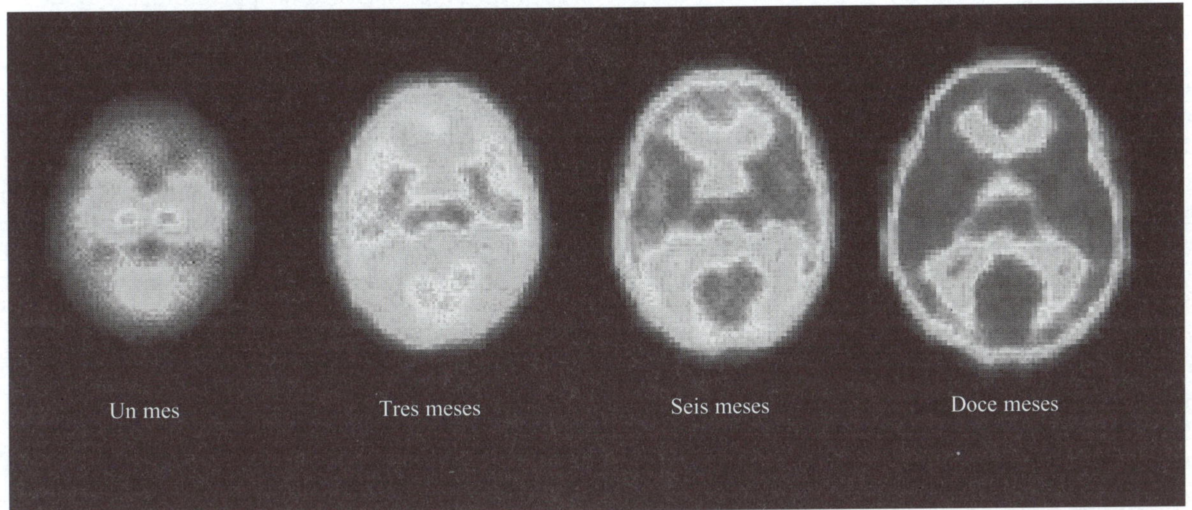

Figura 7.7.—Registro de la activación cerebral realizado con la TEP en un sujeto normal de un mes, tres meses, seis meses y doce meses de edad.

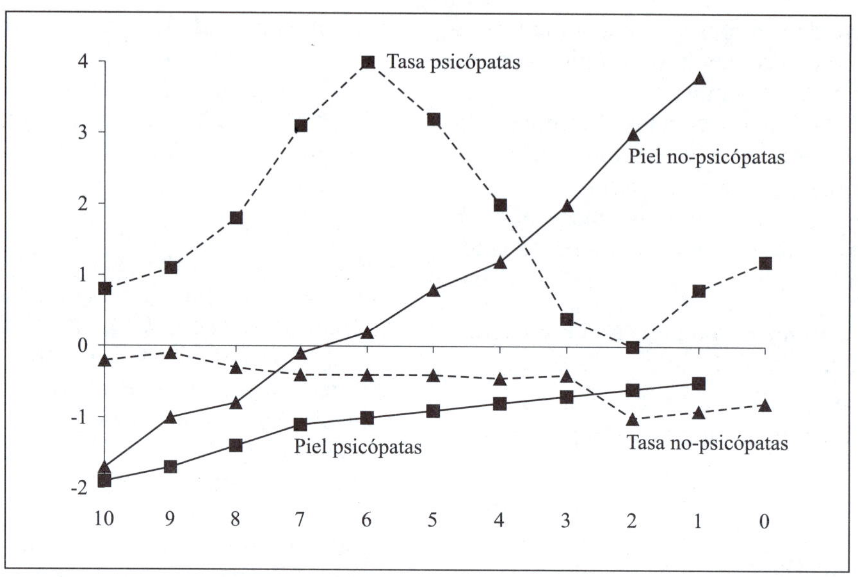

Figura 7.8.—Cambios en tasa cardiaca y conductancia de la piel en el paradigma de la cuentra atrás para psicópatas y no-psicópatas. La unidad de análisis representada en el eje de ordenadas es arbitraria y en la parte inferior del eje de abscisas se simboliza el número de la cuenta atrás.

piel. Por supuesto, este tipo de estudios sirven para que los investigadores acaricien la idea de desarrollar *tests psicofisiológicos* para ayudar al complejo diagnóstico de los trastornos psicopáticos (Lykken, 1995).

2.2.2. *Sujetos con lesiones cerebrales locales*

Hay muchos estudios sobre el efecto que producen las lesiones cerebrales locales en el comportamiento de los distintos seres humanos.

El principal objetivo del estudio de los sujetos con lesiones locales es averiguar el papel que cumplen las distintas regiones cerebrales.

Al igual que en el caso del estudio de sujetos con el cerebro intacto, conviene hacer una serie de consideraciones al explorar el efecto funcional de las lesiones cerebrales:

- Hay que equiparar el tipo de lesión y el tiempo transcurrido desde el momento en que se produjo. Es decir, no es lo mismo una lesión del lóbulo parietal producida en la parte superior que en la parte inferior, ni hace dos días que hace un año. En los sujetos se produce una recuperación espontánea o natural de funciones tras el episodio traumático, de modo que una comparación simple según el tipo de lesión física no es una estrategia adecuada.
- Hay que controlar variables como la edad, el sexo, el cociente intelectual, la mano dominante, la salud y la medicación. En cualquier caso, este tipo de variables no se considera más veces de las deseables para no reducir drásticamente el tamaño de las muestras de sujetos a incluir en el estudio.

Carecemos de suficiente información sobre el problema de en qué medida las áreas cerebrales no dañadas asumen la función pérdida por el traumatismo en otras áreas. Tampoco sabemos hasta qué punto la recuperación natural de funciones puede explicarse gracias al desarrollo de estrategias compensatorias de las que se puede servir el cerebro de la persona.

Lo que sí sabemos es que diferentes individuos tienen distintos poderes de recuperación (Cohen, 1976; Springer y Deutsch, 1985). Así por ejemplo, las lesiones tienen un efecto claramente distinto en personas diestras y zurdas. La razón es que hay marcadas diferencias individuales en la dirección y el grado de lateralización de las funciones cerebrales.

Rossi y Rosadini (1965) inyectaron amital sódico para anestesiar o dormir un hemisferio cerebral, y sus resultados señalaron que el 90 por 100 de las personas diestras tienen el lenguaje situado en el hemisferio izquierdo, pero en las personas zurdas esto sucede en el 64 por 100 de los casos. El 10 por 100 de los diestros y el 36 por 100 de los zurdos usan su hemisferio derecho para las funciones asociadas al lenguaje, o bien tienen una simetría funcional más o menos clara. Este tipo de resultados deben prevenir sobre la práctica habitual de juzgar sobre la ubicación cerebral del lenguaje según si la persona es diestra o zurda.

Las asimetrías hemisféricas, es decir, la predominancia de uno u otro hemisferio al realizar determinadas funciones psicológicas o motoras, se pueden observar en el recién nacido. Por consiguiente, no está claro que al comienzo de la vida los dos hemisferios sean igualmente potentes o equipotenciales (Dean, 1985).

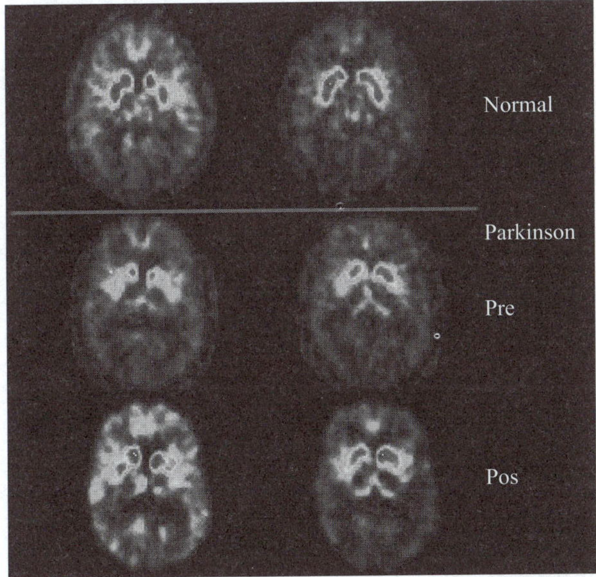

Figura 7.9.— Registro realizados con la TEP de un sujeto normal y de un sujeto con la enfermedad de Parkinson.

Un ejemplo del impacto de las lesiones cerebrales locales, relacionado con las diferencias de personalidad, consiste en estudiar los efectos que producen las intervenciones quirúrgicas dirigidas al lóbulo frontal.

Damasio y sus colegas (1990) estudiaron a un paciente intervenido quirúrgicamente a causa de un tumor cerebral (en ambos lados del lóbulo frontal).

Tras la intervención, su cociente intelectual no se vio alterado, pero pasó de ser un ciudadano modelo a adecuarse al diagnóstico de Trastorno Antisocial de la Personalidad, según los criterios del *Manual para el Diagnóstico de los Trastornos Mentales* (DSM-IV, 1994), muy usado por los psicólogos aplicados.

Cuando se le presentaban escenas neutras y emocionalmente cargadas, se observaba que la respuesta dérmica de este sujeto no se alteraba. Sin embargo, cuando se le decía que comentase las escenas que estaba viendo, el mismo sujeto se sorprendía de que las escenas cargadas no le alterasen emocionalmente, a pesar de comprender que deberían hacerlo.

Damasio y sus colegas (1990) estudiaron a otros cinco pacientes similares y hallaron resultados consistentes. En cualquier caso, estos datos sugieren que las lesiones frontales producen un síndrome similar a la psicopatía primaria, pero no que los psicópatas primarios tengan problemas en su lóbulo frontal. Es decir, de estos estudios no se sigue que la conducta del psicópata se pueda explicar porque su lóbulo frontal no actúa correctamente (Lykken, 1995).

En suma, el estudio de pacientes con lesiones cerebrales locales puede dar mucha información sobre qué regiones cerebrales se activan con la práctica de determinados comportamientos. En otras palabras, el estudio del efecto de las lesiones locales puede indicar de qué regiones cerebrales parecen depender propiedades psicológicas importantes como la inteligencia, la extroversión, o la ansiedad.

Figura 7.10.—Los daños en el lóbulo frontal pueden dar lugar a un trastorno antisocial de la personalidad, según los criterios diagnósticos habituales.

2.2.3. *Sujetos con el cerebro dividido*

La investigación de pacientes con el cerebro dividido es muy especial. Se puede dudar de que una persona en la que se han desconectado sus dos hemisferios cerebrales realice operaciones psicológicas similares a las que puede realizar un cerebro intacto (figura 7.11).

Por ello, hay una serie de cuestiones que deben considerarse (Cohen, 1976; Springer y Deutsch, 1985):

— Las personas con el cerebro dividido han sufrido de epilepsia desde mucho tiempo antes de realizar la intervención quirúrgica para separar los dos hemisferios cerebrales. Este hecho puede producir una reorganización anormal de sus cerebros. Por tanto, es muy posible que el funcionamiento de los dos hemisferios desconectados no sea representativo de la especialización hemisférica que se puede estudiar con personas cuyo cerebro está intacto.

— Puede ser que determinada información se transmita de un hemisferio a otro a través de determinadas vías de conexión entre hemisferios que no han sido tocadas por el bisturí del neurocirujano. De hecho, cuando se realiza una resonancia magnética a estos pacientes, en ocasiones se observa que determinadas conexiones han quedado intactas tras la intervención (Gazzaniga, 1985). Evidentemente, estas variables pueden oscurecer los resultados encontrados al solicitarles a estos pacientes que realicen determinadas tareas.

— Puesto que los dos hemisferios cerebrales no están sujetos a los procesos de excitación e inhibición usuales en un cerebro intacto, es casi seguro que el funcionamiento de un paciente de este tipo y de un sujeto con el cerebro intacto no es directamente comparable.

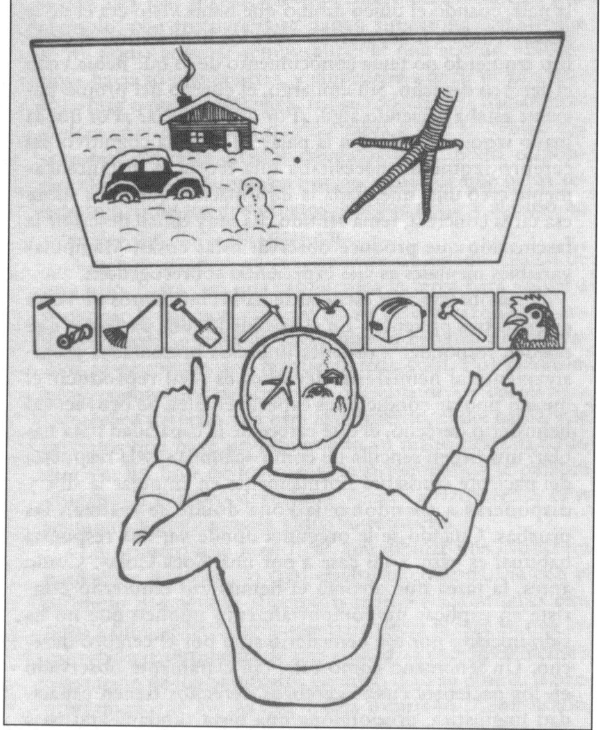

Figura 7.11.—Situación experimental en la que se proyecta una información al hemisferio izquierdo (pata de gallina) y otra información al hemisferio derecho (paisaje nevado) en un paciente con el cerebro dividido. En este caso, el sujeto debe responder señalando con su dedo entre una serie de alternativas; su mano derecha señala la cabeza de la gallina, mientras que su mano izquierda señala hacia la pala. Cuando se le pregunta por qué señala a la pala, el sujeto responde: «Porque es necesaria para limpiar el gallinero».

— Los pacientes con el cerebro dividido son muy hábiles para pasarse información de un modo indirecto de uno a otro hemisferio. Los trucos que suelen emplear son gestos corporales de diversa naturaleza.

En general, la mayoría de estos sujetos son incapaces de nombrar o describir objetos o palabras que se han presentado al hemisferio derecho, es decir, al campo visual izquierdo. Tampoco pueden nombrar objetos si se colocan en su mano izquierda, es decir, cuando la información va al hemisferio derecho. Por tanto, una vez desconectado del hemisferio izquierdo, el hemisferio derecho pierde el acceso al mundo lingüístico.

Sin embargo, cuando se presentan palabras sencillas al hemisferio derecho, el paciente sí puede señalar en una pantalla con su mano izquierda (responde el hemisferio derecho) un objeto correspondiente a esas palabras. Pero cuando la tarea se complica gradualmente, el rendimiento del paciente disminuye drásticamente.

El hemisferio derecho de estos sujetos parece capaz de emparejar visualmente palabras. Así, si se presenta una palabra al hemisferio derecho, el sujeto puede seleccionar una palabra idéntica de entre una serie de alternativas. Pero no puede realizar un emparejamiento fonético o basado en el habla, como por ejemplo una palabra de prueba que rime con una palabra modelo (Levy y Trevarthen, 1977).

Por consiguiente, según parece, la codificación del habla y la codificación fonológica son competencia del hemisferio izquierdo, pero el hemisferio derecho puede realizar un análisis verbal primitivo o muy básico.

En suma, el estudio de pacientes con el cerebro dividido se sirve de un método comparativo, es decir, extrae principios básicos del funcionamiento cerebral mediante la comparación de distintos pacientes. Por consiguiente, en gran medida se trata de estudios de diferencias individuales entre pacientes con traumatismos físicos similares, pero cuyo rendimiento intelectual o cognitivo no resulta equivalente en todos los casos (Gazzaniga, 1985, 1992).

SUMARIO

Los psicólogos no están interesados por el cerebro en sí mismo, sino por lo que este órgano biológico es capaz de hacer. Según parece, el enorme esfuerzo invertido en la declarada «década del cerebro», debería servir para darnos a los psicólogos pistas sobre el tipo de preguntas que intentamos responder. Durante parte de la historia de la psicología se ha consentido el diseño de teorías sin tener en cuenta a la biología. Sin embargo, actualmente esa práctica ya no tiene sentido. Las teorías psicológicas sobre los rasgos psicológicos o sobre los procesos psicológicos no pueden desarrollarse más allá de los márgenes de lo que sabemos sobre el modo en que actúa el organismo de los distintos seres humanos y de modo especial sus cerebros. Una teoría psicológica debe someterse a pruebas sobre su viabilidad biológica. En otras palabras, las teorías psicológicas están *restringidas* por los datos conocidos sobre la biología humana, pero la biología no nos dice cómo deben ser las teorías psicológicas.

Técnicas como el electroencefalograma, la tomografía de emisión de positrones o la resonancia magnética sirven para estudiar a personas con el cerebro intacto, a personas con lesiones locales y a personas con el cerebro dividido. La combinación de estas técnicas y tipos de personas con las teorías sobre los rasgos y los procesos psicológicos deben contribuir a aumentar nuestro conocimiento sobre las diferencias de conducta de los organismos.

El estudio del origen de las diferencias individuales 8

El origen de la conducta humana, y más en concreto de las diferencias individuales, ha sido una pregunta constante en la investigación psicológica. ¿Dependen nuestras diferencias de conducta de los genes? ¿Dependen de las condiciones en las que nos hayamos criado? ¿Dependen de las condiciones del momento? Este epígrafe expone unos conceptos básicos sobre el estudio del origen hereditario y ambiental de las diferencias individuales. La idea de que las conductas influidas por la herencia no se pueden modificar, mientras que las conductas determinadas por las condiciones ambientales se pueden modificar sin problemas, es completamente errónea. El genoma humano se puede alterar y la conducta se puede modificar a pesar de estar muy influida por los genes. Hay que recordar que los genes que actúan en el momento presente en realidad son resultado de las influencias ambientales del pasado evolucionista de la especie humana. De este modo, *el origen de las diferencias individuales está siempre en el ambiente:* tanto la selección natural que ha actuado durante el proceso evolucionista de la especie humana como las circunstancias ambientales actuales. El estudio científico del origen de las diferencias individuales se hace comparando personas con distinto grado de parentesco que han compartido en mayor o menor medida las condiciones ambientales en las que se han criado. Son, por tanto, estudios naturales en los que se comparan gemelos, mellizos, hermanos, así como padres y sus hijos naturales o adoptivos. Las combinaciones usuales se resumen en los diseños de gemelos, familiares y de adopción. Actualmente hay un gran número de proyectos de investigación en marcha, incluso de cobertura internacional, destinados a responder a la pregunta sobre el origen de las diferencias humanas.

1. CONCEPTOS BÁSICOS

La enumeración de conceptos básicos relacionados con el estudio científico del origen de las diferencias individuales podría ser muy extensa. Los malentendidos son aquí tan enormes que se podría ocupar el resto de esta obra para explicar el significado preciso de «origen de las diferencias individuales».

El estudio del origen de las diferencias individuales consiste, en esencia, en averiguar cuál es la contribución de la herencia y del medio ambiente a las diferencias individuales en determinadas propiedades psicológicas. Así por ejemplo, uno de los temas que más se ha investigado es el de la influencia hereditaria y ambiental en la inteligencia, y en sentido estricto, en las diferencias intelectuales medidas a través de los tests psicológicos.

En la actualidad no se debate en absoluto el hecho, suficientemente constatado, de que la herencia tiene un papel relevante en nuestro comportamiento. En otras palabras, los genes que recibimos de nuestros padres parecen tener una influencia relevante en nuestro comportamiento. Lo que sigue sin estar claro es hasta dónde llega en concreto esa influencia.

Sí se debate en la actualidad si tiene sentido conservar el término «medio ambiente». Por distintas razones, parece que el elemento verdaderamente importante del ambiente es cómo lo vive la persona, es decir, la «experiencia» que la persona

Figura 8.1.—Logotipo de la sociedad dedicada al estudio de las relaciones entre las diferencias individuales y la psicología de la evolución. En esencia, el objetivo está en averiguar hasta qué punto los ambientes remotos a los que se tuvieron que adaptar los individuos de la especie humana pueden estar influyendo en las diferencias individuales que actualmente se pueden observar. Algo que no debe olvidarse es que lo que esto significa es que, en sentido estricto, las diferencias individuales siempre están determinada por el ambiente; únicamente puede que el ambiente sea remoto o presente.

tiene de su ambiente (Plomin, 1994). Carece de sentido estudiar la influencia fría de determinadas variables ambientales, como el número de libros que hay en el hogar del chaval, el número de amigos que tiene en su clase o las veces que visita el zoológico.

Disponemos de muchos datos que indican que dos chavales criados en la misma familia, y, por tanto, rodeados por el mismo ambiente, no reproducen el mismo tipo de comportamientos. Así por ejemplo, uno de ellos puede sacar provecho de tener los clásicos de la literatura española al alcance de la mano, mientras que el otro puede dedicarse a explorar videojuegos. ¿De qué dependen las diferencias entre las preferencias de esos dos chavales?

El profesor R. Plomin (1994) sugiere que la explicación del distinto comportamiento de estos dos chavales debería pasar por considerar su distinto equipamiento genético. Según los datos más recientes, las disposiciones genéticas de las personas contribuyen significativamente a las medidas realizadas sobre las variables ambientales (Bronfenbrenner y Ceci, 1994).

Las medidas clásicas del ambiente, que suponen explícitamente la pasividad de la persona, resultan cada vez de menor utilidad en la investigación psicológica. El elemento importante está pasando a ser el desarrollo de medidas sobre la experiencia que la persona tiene de su ambiente.

Los siguientes pueden ser los principios básicos relacionados con el estudio científico del origen de las diferencias individuales (Buss y Poley, 1976; Sánchez-López, 1990):

- Es un error suponer que la herencia es importante antes del nacimiento, que tras el nacimiento decline su importancia y que el ambiente por sí mismo se convierta en el elemento principal a partir de ese momento.

Los procesos madurativos que se observan a nivel físico parecen actuar en igual medida a nivel psicológico. La estructura física de la persona va cambiando a lo largo del ciclo vital según una serie de principios latentes en su particular partitura genética. Si nadie cuestiona la influencia de la herencia en este tipo de cambios físicos, ¿por qué cuestionarla en el caso de los cambios psicológicos? (Baltes, 1996; Schaie, 1996).

- La herencia no conduce inevitablemente a un parecido entre padres e hijos. Los hijos se pueden parecer a sus padres no por los genes que comparten, sino por las influencias ambientales que comparten, como el hecho de vivir en la misma casa o visitar los mismos lugares en vacaciones.

Ahora bien, tampoco es correcto suponer sin más que compartir un mismo ambiente debe producir un parecido. Este supuesto bastante extendido hasta época reciente se ha basado en el supuesto de que la persona es un recipiente vacío que van rellenando las condiciones ambientales: en la medida en que las condiciones coincidan, deberán coincidir los elementos de la mente de las personas. Este planteamiento carece de sentido y los datos lo cuestionan seriamente.

- Es errónea la afirmación de que la herencia lleve asociado el término «inmutable», y que, sin embargo, el ambiente y la posibilidad de cambio sean prácticamente sinónimos.

Hay datos que muestran que la detección de una determinada influencia genética nos capacita para introducir cambios que mediaticen sus efectos en el comportamiento. Un caso llamativo es el de la fenilcetonuria, alteración de origen genético que da lugar a una alteración intelectual grave. A través de una cuidadosa dieta, es decir, un programa ambiental, se puede superar la alteración sin demasiados problemas (Plomin y col., 1980). En cambio, conocemos trastornos psicopatológicos supuestamente producidos por un simple condicionamiento ambiental que resultan muy complejos de modificar, como por ejemplo la adicción a los cigarrillos o al juego (Plomin y col., 1990).

- No se deben confundir las influencias hereditarias, innatas y congénitas.

La influencia hereditaria está asociada a los genes que proceden de los padres, la influencia innata se produce por mutaciones genéticas espontáneas o inducidas por el ambiente, y la influencia congénita se atribuye a los factores intrauterinos que actúan sobre el embrión humano. Conjuntamente constituyen la dotación biológica de una persona, en la que por razones obvias se pueden detectar influencias ambientales.

De hecho, incluso los genes que se heredan de los padres son resultado de una gran influencia ambiental: la selección natural que gobierna la evolución de las especies.

- Una cosa son las diferencias individuales y otra las diferencias grupales.

El estudio del origen de las diferencias individuales se sirve de una serie de métodos que no son informativos sobre las diferencias entre grupos de poblaciones. Sus resultados sólo son relevantes para las diferencias entre los individuos de una determinada población en reproducción. Por consiguiente, no es posible llegar a un veredicto sobre si las diferencias entre tibetanos y neoyorquinos, por ejemplo, se deben en un determinado grado a los genes que reciben de sus padres.

- Uno de los errores más graves consiste en contraponer herencia a aprendizaje en el estudio científico de las diferencias individuales.

Las diferencias individuales pueden estar gobernadas genéticamente hasta cierto punto. Pero es igualmente posible que las diferencias individuales se puedan explicar por las experiencias propias de cada persona. Por tanto, *las diferencias individuales se pueden aprender con la misma e incluso mayor intensidad que se pueden heredar.*

1.1. Patrimonio genético

El patrimonio genético de cada persona está compuesto por la información que se puede localizar en el genotipo.

El estudio del genotipo da lugar a declaraciones como la siguiente: «Nuestra predicción es que en menos de 10 años las técnicas de la genética molecular habrán revolucionado la genética comportamental. Hace sólo 10 años que las nuevas técnicas actualmente estándar de la nueva genética del DNA recombinatorio se emplearon para identificar los genes responsables de determinados trastornos. El Proyecto Genoma Humano conducirá a la identificación de muchos marcadores genéticos y fomentará la tecnología necesaria para la aplicación de las técnicas de la genética molecular a la investigación de características verdaderamente complejas, como el comportamiento humano» (Plomin y Rende, 1991, pág. 176).

Hay que tener en cuenta que el estudio aislado del genotipo puede tener poco sentido. Sí tiene sentido, en cambio, explorar cómo reaccionan los

Figura 8.2.—Los genes ejercen una gran fascinación entre el público. Steven Spielberg ha llevado a la pantalla la novela de Michael Crichton en la que se narra cómo se reconstruyen dinosaurios extinguidos hace millones de años a partir de fragmentos de ADN conservados en la sangre de los mosquitos que se posaban en esos fascinantes animales. Desde luego, no deja de ser sorprendente que a partir de partículas de ADN se pueda reconstruir por completo a un animal y, según parece por los últimos hallazgos científicos, a un ser humano. Sin embargo, debe recordarse el mayor problema del Parque Jurásico: ¡el genotipo de los dinosaurios no está adaptado al ambiente presente!

genotipos a determinados tipos de medio ambientes (Bronfebrenner y Ceci, 1994). La carga genética impone ciertas restricciones sobre el tipo de variables medio ambientales que serán relevantes (Maturana y Varela, 1990). Un individuo puede modificar o seleccionar su ambiente, puesto que es activo y no pasivo. Usando la clásica frase de Leibniz, «todo lo que está en nuestro organismo ha estado antes en el ambiente, excepto nuestro organismo con toda su historia filogenética». El organismo y el ambiente se necesitan, de modo que ninguno tiene sentido por separado. Por consiguiente, el estudio científico del origen de las diferencias individuales supone y exige explorar ambos elementos.

1.2. Diferencias individuales y genética del comportamiento

La investigación en el ámbito de la genética comportamental explora el problema de los orígenes de las diferencias individuales en una determinada población en reproducción.

El principal objetivo es separar las diferencias individuales que se producen en una determinada propiedad psicológica en componentes genéticos y no genéticos (Plomin, 1988).

La genética del comportamiento tiene poco que decir sobre las causas de las diferencias promedio entre grupos y, desde luego, no tiene nada que decir sobre las características normativas y universa-

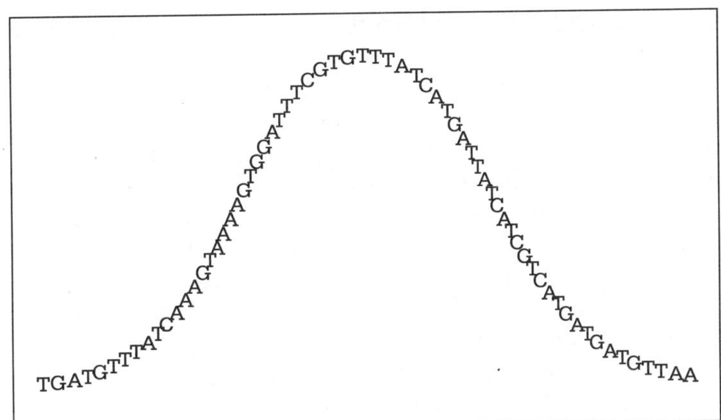

Figura 8.3.—Una representación de una curva norma dibujada con los elementos del ADN: adenina, citosina, tiamina y guanina. Esta ilustración permite ver que la genética conductual estudia diferencias individuales, no individuos concretos ni diferencias de grupo.

les del desarrollo humano. Una buena parte de la investigación psicológica tiene un carácter normativo, como por ejemplo el enfoque del procesamiento de la información o el del psicólogo suizo Jean Piaget, pero la investigación en la genética del comportamiento no es relevante para estos enfoques normativos, sino sólo para el enfoque de las diferencias individuales (Plomin, 1988).

Las diferencias individuales en extroversión se pueden atribuir, en gran medida, a las diferencias genéticas entre individuos, pero la diferencia en extroversión entre hombres y mujeres puede tener un origen completamente ambiental.

Por consiguiente, la genética del comportamiento no estudia *un* organismo o *el* organismo, sino que se centra en las diferencias individuales de una determinada población. Las diferencias individuales constituyen para la genética del comportamiento la esencia de la evolución (Plomin, 1988).

El principal postulado de la genética del comportamiento es que la mecánica mendeliana de la herencia se aplica a las características del comportamiento que se distribuyen normalmente, como por ejemplo la inteligencia. Los efectos de muchos genes se sumarían para dar lugar a diferencias observables entre los individuos de una determinada población; y cada uno de estos genes pone su granito de arena, es decir, contribuye individualmente al resultado final.

Los siguientes son algunos de los elementos básicos de la genética del comportamiento (Plomin, 1988):

— Las diferencias genéticas entre individuos pueden dar lugar a las diferencias individuales que se pueden observar, es decir, las diferencias fenotípicas.
— La semejanza esperada entre parientes dependerá de su grado de similitud genética (gemelos, mellizos, hermanos, primos, etc.).
— Las diferencias ambientales pueden dar lugar a diferencias individuales fenotípicas.
— La influencia del ambiente puede ser compartida o común para los miembros de una determinada familia y no-compartida o específica de cada uno de los miembros de la familia.
— La herencia puede ser importante a la hora de tomar medidas correspondientes al ambiente.
— La relación o correlación entre determinadas propiedades psicológicas (como los rasgos) puede atribuirse tanto a la herencia como al ambiente.
— Durante el ciclo vital, tanto los factores genéticos como los ambientales pueden ser responsables de los cambios y de la continuidad observadas durante el desarrollo de la persona.

2. MÉTODOS DE TRABAJO

Los investigadores *no* disponen de medios técnicos para averiguar en qué medida se da una influencia hereditaria o ambiental en una determinada propiedad psicológica *para una persona en concreto*. Por ejemplo, no se puede averiguar en qué medida Juan es extrovertido por una influencia «x» de los genes que recibe de sus padres y por una influencia «y» que recibe de las condiciones ambientales en las que se ha criado.

Sabemos que el comportamiento extrovertido de una persona (el fenotipo) debe ser el resultado de la suma de las influencias hereditarias (el genotipo) y de las intervenciones del medio ambiente. Es decir:

Fenotipo = Genotipo + Ambiente

Las influencias del ambiente, a su vez, pueden ser compartidas con otros miembros de la familia o comunes, y no-compartidas con los otros miembros de la familia o específicas de la persona. Por tanto, la ecuación anterior se debe volver a escribir así:

Fenotipo = Genotipo + Ambiente compartido +
+ Ambiente no-compartido

En cualquier caso, por este camino no se puede estimar la contribución de la herencia y del medio ambiente a las diferencias de comportamiento. Lo que sí se puede hacer es estimar las contribuciones de la herencia y del medio ambiente a las diferencias individuales en un determinado fenotipo como puede ser el comportamiento extrovertido. Esta posibilidad se debe, sencillamente, a que disponemos de técnicas de análisis para calcular el valor de esas influencias hereditarias y ambientales.

2.1. Varianza

La técnica en cuestión se denomina varianza. Su significado tiene que ver con el análisis de las diferencias individuales a través de una técnica estadística que describe una determinada distribución de puntuaciones en, por ejemplo, el nivel de extroversión. De este modo, si medimos el nivel de extroversión de una determinada población a través de un test comprobaremos que buena parte de los individuos de esa población tienen una extroversión media, algunos menos manifiestan un nivel de extroversión algo mayor o algo menor que la media y, por último, pocos individuos muestran puntuaciones que indican una muy alta extroversión o una muy baja extroversión. El índice estadístico que señala estas diferencias individuales en extroversión en una determinada población de individuos es la varianza. Así, la varianza se convierte en un indicador de la variabilidad presente en una determinada población de individuos (Botella, León y San Martín, 1993).

Transformando el problema de estimar la contribución genética y ambiental al nivel de extroversión de una persona en el problema de medir el grado de influencia genética y ambiental en las diferencias individuales en el nivel de extroversión de una determinada población humana, llegamos a la siguiente ecuación:

$$V(F) = V(G) + V(A)$$

Es decir, la varianza o las diferencias individuales en el nivel de extroversión [V(F)] serán resultado de sumar la varianza o las diferencias individuales genotípicas [herencia, V(G)] y la varianza o las diferencias individuales que se pueden atribuir al ambiente [V(A)].

La ecuación anterior debe completarse, como en el caso anterior, del siguiente modo:

$$V(F) = V(G) + V(AC) + V(AE)$$

Esto es, la varianza fenotípica es resultado de sumar la influencia de las diferencias genotípicas, de las diferencias en el ambiente compartido y de las diferencias en el ambiente específico.

2.2. Correlación

Sin embargo, las medidas que se pueden realizar en una determinada población de individuos respecto a una propiedad psicológica o fenotipo no son suficientes para estimar la contribución de la herencia y del medio ambiente.

Las diferencias individuales que tratamos de explorar deben basarse en una estimación del grado de parecido fenotípico que se puede observar en las personas de la población bajo estudio. La técnica que permite calcular el grado de parecido o las diferencias individuales en la población de interés sobre una determinada propiedad psicológica es la correlación.

En realidad, no se trata de una correlación idéntica a la que se emplea en los métodos de covariación que ya se han estudiado. La denominación de este tipo de medida del grado de parecido es «correlación intra-clásica». Su lógica es igual que la correlación estándar, pero en este caso el dato relevante se debe calcular considerando las distintas «clases» de personas que se van a comparar dependiendo de su parecido genético o ambiental.

Según la última ecuación que se ha presentado, hay varios elementos sobre los que la investigación debe trabajar para calcular el grado de parecido (o la correlación) que muestran las personas de una población en una determinada propiedad fenotípica:

— Las diferencias fenotípicas, es decir, el grado en que se diferencian las personas de la población bajo estudio. Generalmente, el análisis de estas diferencias individuales se sirve de instrumentos de medida psicológica (test) que permiten apreciar de un modo fiable y válido una determinada propiedad fenotípica como la extroversión o la inteligencia.

— Las diferencias genotípicas de las personas que componen la población de estudio. Usualmente, suele controlarse el grado de parentesco que existe entre esas personas. De este modo, se puede considerar:

a) Personas genéticamente idénticas. Hay dos categorías de personas genéticamente idénticas:

1. Una persona es genéticamente idéntica a sí misma.
2. Los gemelos univitelinos o monocigóticos.

b) Personas genéticamente relacionadas. Aquí encontramos cuatro categorías básicas:

1. Mellizos, es decir, hermanos convencionales de la misma edad cronológica.
2. Hermanos convencionales de distintas edades cronológicas.
3. Padres y sus hijos naturales.
4. Primos, tíos, abuelos, etc.

c) Personas genéticamente independientes. Por ejemplo, una familia formada por los padres y dos hijos adoptivos.

— Las diferencias ambientales que se pueden apreciar entre las personas de la población sobre las que se va a realizar la investigación.

En este caso, se pueden emplear los tres tipos anteriores de relación genética y comprobar el efecto que pueden producir en las diferencias individuales fenotípicas el compartir o no compartir determinados ambientes:

— Cuando se estudia a personas genéticamente idénticas, podemos comparar el grado de parecido cuando comparten sus ambientes o cuando éste no es el caso. Así, personas genéticamente idénticas que se han criado en la misma familia se pueden comparar con personas genéticamente idénticas que se han criado en distintas familias. La diferencia entre las primeras y las segundas condiciones de crianza ayuda a estimar la influencia del ambiente compartido.

— Cuando se estudia a personas genéticamente relacionadas, los datos son menos claros que en el anterior caso, puesto que comparar a personas que se relacionan genéticamente, pero que se han criado en la misma o en distintas familias, no proporciona datos puros sobre la influencia del ambiente compartido en el grado de parecido.

— Cuando se estudia a personas genéticamente independientes, los datos sobre el grado de parecido se pueden atribuir en su totalidad al ambiente, puesto que no existe parentesco.

En cualquier caso, los datos finales que ayudan a la estimación de la influencia hereditaria y ambiental al grado en el que se presenta determinada propiedad fenotípica se logran comparando de un modo multidimensional los datos que proceden de los distintos tipos de estudios. Las distintas combinaciones posibles se resumen habitualmente en tres tipos de diseños: el diseño de gemelos, el diseño familiar y el diseño de adopción.

2.3. Diseño de gemelos

El diseño de gemelos es, quizá, el más potente de los disponibles. Las personas comparadas en este diseño son genéticamente idénticas, es decir, comparten exactamente el mismo ADN.

El grado de parecido o la correlación que se pueda encontrar al comparar a los gemelos en una determinada propiedad psicológica como la estabilidad emocional deberá atribuirse, como en cualquier otro tipo de comparación entre personas genéticamente relacionadas, tanto a los genes que comparten como al ambiente en el que se crían.

En este caso, es bastante sencillo averiguar la contribución del ambiente al parecido o a las diferencias que se puedan detectar dentro de cada una de las parejas de gemelos comparadas. El estudio típico consistirá en comparar gemelos que se han criado en la misma familia con gemelos que se han criado por separado. Las diferencias que se puedan encontrar al comparar los datos obtenidos en estos dos casos se podrán atribuir al ambiente, mientras que el grado de parecido se deberá atribuir a los genes que comparten.

Este tipo de comparación también se puede realizar con mellizos, denominados habitualmente gemelos bivitelinos o dicigóticos. Los mellizos comparten la mitad de sus genes. Es posible estudiar el grado de parecido entre los mellizos que se han criado en la misma familia y los mellizos que se han criado por separado. El grado de parecido que persista en los mellizos que se han criado por separado se podrá atribuir a los genes que comparten, mientras que el parecido en los mellizos que se han criado en la misma familia deberá atribuirse tanto a los genes como al ambiente que comparten. La comparación de estas dos situaciones de crianza es bastante informati-

Figura 8.4.—Los gemelos comparten todos sus genes. Los hijos de los dos miembros de cada par de gemelos con distintas mujeres, ¿serán primos? La respuesta es negativa: genéticamente son hermanos naturales, puesto que el padre es el mismo. Aunque los gemelos se hayan criado por separado, su parecido psicológico es lo suficientemente grande como para que no se pueda explicar únicamente por las condiciones ambientales.

va, puesto que la diferencia entre los mellizos criados juntos y por separado se debe atribuir al ambiente (aunque no exclusivamente, puesto que, según parece, las medidas del ambiente también están impregnadas de genotipo, es decir, el ambiente en sí mismo no parece ser clave en la explicación de las diferencias de conducta; véase Bronfenbrenner y Ceci, 1994).

Los distintos datos sobre el grado de parecido o la correlación que se han logrado al comparar gemelos y mellizos que se han criado en la misma familia o por separado, pueden emplearse de modo conjunto para realizar una estimación aproximada de la influencia de los genes y del ambiente en la determinación de las diferencias en una propiedad fenotípica. Esta estimación se puede realizar a través de las siguientes ecuaciones (Falconer, 1988; véase también Andrés Pueyo, 1997; y Plomin y Petrill, 1997):

$$V(G) = 2(r_{gemelos} - r_{mellizos})$$

es decir, la varianza genotípica se puede calcular restando el valor de la correlación o grado de parecido de los gemelos del valor de la correlación de los mellizos en la propiedad fenotípica estudiada y multiplicando el resultado por 2.

$$V(AC) = r_{gemelos} - V(G)$$

es decir, la varianza del ambiente compartido se puede calcular restando el valor de la correlación de los gemelos del valor de la varianza genotípica calculada previamente.

$$V(AE) = 100 - (V(G) + V(AC))$$

es decir, la varianza del ambiente específico o no compartido se calculará restándole a 100 el valor de la suma de la varianza genotípica y la varianza del ambiente compartido.

Estas ecuaciones tienen una lógica que no se va a explicar aquí (véase Colom, 1996). En cualquier caso, estas sencillas ecuaciones se pueden emplear para estimar los índices correspondientes a la varianza genotípica, la varianza del ambiente compartido y la varianza del ambiente específico, según los valores de correlación presentados en los correspondientes apartados de las partes tercera y cuarta de este manual.

También debe comentarse que las estimaciones que se realizan a partir de estas ecuaciones no son las más precisas, por lo que llevan un grado de error asociado. Actualmente existen otras ecuaciones y técnicas de análisis de datos más complejas. El profesor John C. Loehlin (1992), en su obra *Genes and Environment in Personality Development,* ha descrito de un modo bastante asequible esas otras técnicas, pero no se van a exponer aquí, dado que las ecuaciones comentadas constituyen una aproximación suficiente para los objetivos didácticos del presente manual[1].

2.4. Diseño familiar y diseño de adopción

El diseño familiar y de adopción permite trabajar con la variante de personas genéticamente relacionadas y de personas genéticamente independientes. Por lo general, las personas comparadas más a menudo son los padres y sus hijos naturales, y los padres y sus hijos adoptivos:

— Las relaciones genéticas se estudian comparando padres naturales y sus hijos dados en adopción.
— Las relaciones ambientales se estudian comparando padres adoptivos y sus hijos adoptados.
— Las relaciones genéticas y ambientales se estudian comparando padres naturales y sus hijos naturales.

El diseño de adopción supone comparar:

— Hermanos no adoptivos, es decir, hermanos naturales criados juntos en sus familias naturales.

[1] En el manual del profesor Antonio Andrés Pueyo (1997), así como en Colom (1997b), puede encontrarse esos desarrollos matemáticos más complejos, si se siente curiosidad por saber en qué consisten.

Figura 8.5.—Los miembros de la familia se parecen por los genes que comparten, pero también por sus experiencias comunes. Sin embargo, la investigación sugiere que el ambiente compartido es menos importante de lo que se creía.

Figura 8.6.—Los hermanos se parecen por los genes y por las experiencias compartidas. Sin embargo, a pesar de que uno de ellos sea dado en adopción en el momento del nacimiento, seguirá pareciéndose significativamente a su hermano en un buen número de variables psicológicas.

— Hermanos adoptivos, es decir, niños no relacionados genéticamente criados en el mismo hogar adoptivo.

En algunas situaciones se produce la coincidencia de que los hermanos naturales (biológicos) se han podido criar en la misma familia o en distintas familias:

— El grado de parecido o la correlación en determinada propiedad fenotípica entre hermanos naturales que se han criado en la misma familia se puede atribuir tanto a los genes que comparten (entre el 25 y el 75 por 100) como al ambiente en el que se han criado.
— Sin embargo, el parecido psicológico entre hermanos naturales que se han criado, desde el nacimiento, en distintas familias, deberá atribuirse a los genes que comparten.
— La diferencia en el parecido entre hermanos naturales criados por separado y en la misma familia nos permite calcular la importancia del ambiente compartido. El parecido que persiste entre hermanos naturales a pesar de haber sido criados por separado permite calcular la importancia de los genes.

Los mismos principios básicos que se acaban de explicar para los hermanos naturales se pueden aplicar a las comparaciones entre padres y sus hijos naturales. Debe tenerse presente, en cualquier caso, que el parecido psicológico aparente entre padres e hijos naturales tenderá a ser menor que el presente entre hermanos naturales, por la posible influencia del parecido en edad cronológica.

Las situaciones de comparación suelen ser las siguientes:

— El grado de parecido psicológico entre padres e hijos naturales que conviven en la misma familia se puede atribuir tanto a los genes como al ambiente que comparten.
— El grado de parecido psicológico que persista entre padres e hijos naturales o biológicos a pesar de que no han vivido en la misma familia, se deberá atribuir a los genes que comparten. Una situación como ésta se daría cuando, en el momento de nacer el primer hijo, el padre decide abandonar a la familia.

— La comparación entre los datos obtenidos en estas dos situaciones permitirá calcular la importancia del ambiente compartido en el grado de parecido. Corresponderá a la diferencia en el grado de parecido cuando los padres y sus hijos naturales conviven en la misma familia o cuando éste no es el caso.

Tanto el diseño familiar como el diseño de adopción permiten comparar personas genéticamente relacionadas e independientes.

En el diseño de adopción se producen dos comparaciones especialmente importantes:

— Se puede estudiar el grado de parecido o correlación en una determinada propiedad psicológica entre niños que no tienen ningún parentesco, pero que se han criado en la misma familia adoptiva (hermanos adoptivos).

— También se puede estimar el parecido psicológico entre hermanos naturales.

El primer caso permite calcular la influencia del ambiente compartido (vivir en la misma familia) en el parecido psicológico, puesto que no existe parentesco.

También es posible comparar, desde el nacimiento y durante el desarrollo del niño adoptivo, el grado de parecido tanto entre él y sus padres adoptivos como entre él y sus padres naturales o biológicos (generalmente la madre). Esta situación de comparación produce datos reveladores sobre los efectos de los genes o de los ambientes compartidos a lo largo del ciclo vital.

En suma, estos tres tipos de diseños producen datos que permiten estimar la influencia de la herencia y del medio ambiente en las diferencias individuales fenotípicas que se pueden observar o medir en una determinada población en reproducción.

En cierto sentido, el cálculo del nivel de importancia de uno u otro indicador para determinada propiedad psicológica parece tener una utilidad semejante al índice de natalidad o al producto interior bruto (PIB). Es decir, en las investigaciones desarrolladas durante años sobre el problema del origen de las diferencias individuales, se puede observar que hasta la década de los ochenta, la influencia estimada de la herencia en la determinación de las diferencias intelectuales era del 70 por 100. Sin embargo, los estudios más recientes indican que esta influencia ha disminuido hasta el 50 por 100. Esta disminución del impacto de la herencia en la inteligencia permite suponer, a grandes rasgos, un determinado efecto de los programas ambientales. Por tanto, parece interesante disponer de conocimientos sobre el problema del origen de las diferencias individuales. ¿Cómo se podría interpretar un incremento del impacto de la herencia en la inteligencia a nivel poblacional con el paso de los años?

3. LOS ESTUDIOS CIENTÍFICOS SOBRE EL ORIGEN DE LAS DIFERENCIAS INDIVIDUALES

Robert Plomin y Stephen Petrill han publicado en 1997 un artículo en la revista *Intelligence* titulado «Genetics and Intelligence: what's new?». En ese artículo hacen una breve revisión sobre los estudios realizados desde la genética de la inteligencia y sobre las perspectivas de futuro.

Según Plomin y Petrill (1997), es importante destacar que la palabra *genética* se emplea para referirse a las diferencias individuales en el ADN que se heredan de una generación a otra. No hace referencia a la vasta mayoría de ADN que es igual para todos nosotros o para los numerosos eventos no susceptibles de ser heredados que se producen en el ADN, tales como las mutaciones en el ADN de las células no sexuales. Además, la investigación genética describe *qué es,* los orígenes genéticos y ambientales de las diferencias individuales en una determinada población y en un momento particular. No predice lo *que podría ser,* ni prescribe *qué debería ser*. Las evidencias sobre la influencia genética *(qué es)* no implican que las diferencias individuales sean inmutables o irremediables —nuevos factores ambientales pueden producir diferencias *(qué podría ser)*. Y a la inversa, el entrenamiento que puede dar lugar a una impresionante mejora de determinadas habilidades *(qué podría ser)* no contradice la evidencia sobre la influencia genética en la población con sus variaciones experienciales normales *(qué es)*. Ninguna investigación puede decirnos *qué debería ser* dado que esta cuestión tiene que ver con metas y valores.

En la figura 8.7 puede verse un resumen de los resultados actualmente disponibles sobre la inteligencia basados en los estudios de gemelos, de adopción y familiares. Se presentan las correlaciones empíricas encontradas en distintos estudios, y debajo de la figura se indican el grado de relación genética y el grado en el que se comparte el ambiente familiar. En los tres casos el grado de semejanza se expresa en una escala de 0 a 1 (cuanto más próximo a 1 mayor grado de semejanza).

Estos datos permiten responder a la pregunta de si la inteligencia constituye en parte una cuestión familiar, tanto por causas naturales como ambientales. Los estudios de adopción y de gemelos son como experimentos naturales que ayudan a separar las fuentes genéticas y ambientales del parecido familiar. Así, si el parecido familiar es atribuible a la heredabilidad, los individuos genéticamente relacionados que se han criado en distintas familias guardarán un parecido significativo. Los miembros de una familia genéticamente relacionados que vivan juntos deberían ser más similares

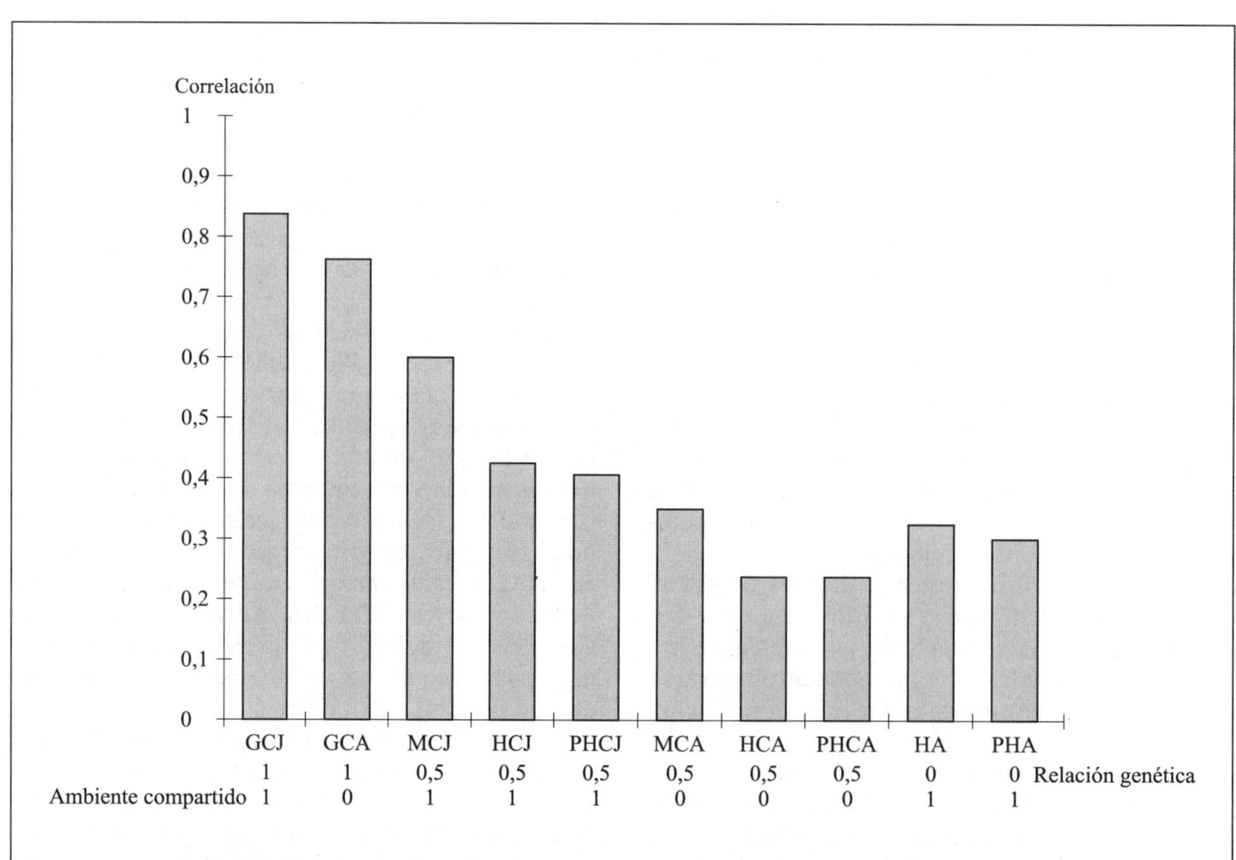

Figura 8.7.—GCJ = gemelos criados juntos. GCA = gemelos criados aparte. MCJ = mellizos criados juntos. HCJ = hermanos criados juntos. PHCJ = padres e hijos criados juntos. MCA = mellizos criados aparte. HCA = hermanos criados aparte. PHCA = padres e hijos criados aparte. HA=hermanos adoptivos. PHA = padres e hijos adoptivos. (Adaptado de Plomin y Petrill, 1997.)

que los miembros de una familia adoptiva. Los gemelos, que son genéticamente idénticos, serán más semejantes que los mellizos, que solamente comparten la mitad de sus genes. Los datos de la figura 8.7 se ajustan bastante bien a estas predicciones.

La heredabilidad se puede estimar a partir de las correlaciones, dado que ciertas correlaciones familiares son indicadoras de la proporción de varianza que covaría por razones genéticas. Así por ejemplo, los padres y sus hijos dados en adopción, así como los hermanos que se han criado en distintas familias, muestran una correlación de 0,24. Esta correlación de familiares genéticos no relacionados ambientalmente implica que el 24 por 100 de la varianza del CI en la población covaría en familiares que son genéticamente similares al 50 por 100, pero que no son similares por razones ambientales. Los familiares ambientales (padres y sus hijos adoptivos) muestran una correlación de 0,25, lo que sugiere que un cuarto de la varianza se puede explicar por los factores ambientales que comparte esa familia. El resto de la varianza se puede atribuir a las influencias ambientales no compartidas por los individuos de la misma familia (alrededor de un 17 por 100) y al error de medida (alrededor de un 10 por 100).

Según Plomin y Petrill (1997), independientemente de la estimación precisa de la heredabilidad, el hecho es que la influencia genética sobre las puntuaciones en los tests de CI no solamente es estadísticamente significativa, sino que también es sustancial. En las ciencias de la conducta es poco frecuente explicar un 5 por 100 de la varianza. Por ejemplo, aparte del interés suscitado por el orden al nacer, es una variable que explica menos del 1 por 100 de la varianza. El resultado de que la herencia explica el 50 por 100 de la varianza es un descubrimiento de mucha importancia sobre la inteligencia.

La genética de la conducta está actualmente superando los cálculos de heredabilidad a través de tres vías de trabajo:

1. Un análisis del desarrollo durante el ciclo vital.
2. El análisis multivariado.
3. El análisis de las influencias ambientales.

Uno de los descubrimientos más interesantes realizados en la década de los ochenta es que la influencia genética sobre la inteligencia es más importante a medida que las personas se hacen mayores. La heredabilidad pasa del 40 por 100 en la niñez al 60 por 100 en el comienzo de la edad adulta, llegando al 80 por 100 en la vejez. Aunque la heredabilidad suele confundirse con estabilidad, de hecho los genes pueden contribuir al cambio. Los genes pueden activarse y desactivarse durante el desarrollo, y los mismos genes pueden tener diferentes efectos a distintas edades.

Por otro lado, los mismos factores genéticos influyen en diferentes capacidades cognitivas. Los análisis multivariados exploran la covarianza entre rasgos, no la varianza de cada rasgo. De este modo, si se observase que un gen influye en la capacidad verbal, sería bastante probable que también influyese en la capacidad espacial. Un dato sorprendente es que el rendimiento escolar también parece estar influido por los factores genéticos.

Finalmente, los diseños de la genética de la conducta han proporcionado los datos más interesantes respecto a las influencias ambientales que actúan sobre las diferencias individuales. Las influencias no genéticas se refieren literalmente a los factores que no se heredan. Estas influencias no-genéticas son más difíciles de estudiar que las genéticas, dado que no existe, en ese caso, una unidad de transmisión tan clara como el gen o las leyes de la transmisión hereditaria. Uno de los hallazgos más sorprendentes es que, a la larga, las influencias ambientales relevantes para el desarrollo cognitivo producen diferencias, no semejanzas, entre los niños de una misma familia. Las evidencias más robustas proceden de un estudio de 181 hermanos adoptivos: a los 8 años de edad, la correlación en CI era de 0,28, pero 10 años más tarde la correlación era de 0, sugiriendo que los efectos del ambiente familiar compartido sobre el CI desaparecen después de la adolescencia (Loehlin, Horn y Willerman, 1989).

Uno de los avances más sorprendentes en la genética de la conducta está suponiendo desplazarse hacia el campo de la genética molecular (Juan-Espinosa, 1997). Según Plomin y Petrill (1997), el reto es emplear los cientos de nuevos marcadores del ADN para identificar, no el gen de la inteligencia, sino algunos de los muchos genes que contribuyen a la varianza poblacional: «Estamos seguros de que la pregunta es *cuándo,* no *si* se encontrarán los genes asociados a la inteligencia» (pág. 68).

Un ejemplo es la enfermedad de Huntington. En 1983 se convirtió en el primer trastorno vinculado a un cromosoma usando marcadores de ADN, a pesar de que no se sabía nada sobre el gen responsable de la enfermedad. Los genes que tienen efectos de distinto tamaño sobre los rasgos cuantitativos se denominan *Quantitative Trait Loci* (QTL). Dado que los QTL contribuyen, aditivamente y de modo intercambiable, a modo de predisposiciones probables, cualquier QTL en concreto, dentro de un sistema de múltiples genes, no es ni necesario ni suficiente: «Cuando estamos a las puertas del siglo que viene, nos encontramos en disposición de emplear distintas técnicas para investigar las relaciones entre QTL y las dimensiones conductuales o los trastornos» (pág. 69). El éxito más reciente ha sido un informe de un QTL en el cromosoma 6 relacionado con los problemas de lectura (Cardon y col., 1994; en su obra *Geografía de la inteligencia humana,* el profesor Manuel Juan-Espinosa describe con mayor detalle los estudios con QTL).

Según Plomin y Petrill (1997) «la noticia para buena parte de la gente es que la naturaleza contribuye de modo relevante al desarrollo de las diferencias individuales en inteligencia. Este simple resultado tiene implicaciones relevantes que aún no podemos ver más allá de que la genética es importante al intentar comprendernos a nosotros mismos y a nuestros hijos [...] nuestras teorías e investigaciones sobre el desarrollo cognitivo y la educación necesitan incorporar el hecho de que los niños difieren en su aptitud para aprender en parte por razones genéticas. Las teorías del desarrollo cognitivo son en su mayoría normativas y raramente se preguntan por qué difieren tanto los niños en sus niveles de aprendizaje [...] el valor de la escuela debería ser examinado considerando el hecho de que los estudiantes brillantes aprenden más y más rápidamente» (pág. 72).

En cualquier caso, ninguna de estas consideraciones lleva a sostener que la inteligencia está predeterminada. Así por ejemplo, dado que la heredabilidad del 50 por 100 es una estimación poblacional promedio, la importancia de los factores ambientales puede ser mucho mayor para un individuo en particular. El ambiente, especialmente el desfavorable, puede tener mayores efectos en los extremos. Además, no es cierto que sólo los padres brillantes tengan hijos brillantes. «Finalmente, saber que la herencia contribuye de modo significativo a la inteligencia no pone en cuestión las bases de la democracia [...] lo que resulta necesario en una democracia es tratar de un modo igualitario a las personas y respetar sus diferencias» (pág. 73).

4. NATURALEZA Y CULTURA

En una completa obra sobre la inteligencia, la herencia y el ambiente, editada en 1997 por Robert Sternberg y Elena Grigorenko, un científico cognitivo, E. B. Hunt es el autor encargado de sintetizar las contribuciones de los distintos participantes.

En ese capítulo de recapitulación, Hunt pone el siguiente ejemplo para contrastar los dos tipos de contribuciones incluidas en la obra:

«El influyente libro de Howard Gardner de 1983, *Frames of Mind,* incluye la propuesta de que talentos para expresarse corporalmente como el ballet deben ser considerados como una parte de la inteligencia. Virtualmente todos los psicómetras de la actualidad están en desacuerdo. Este debate es un argumento humanista sobre el concepto de inteligencia, no un argumento científico sobre la organización sistemática de datos registrados objetivamente» (pág. 533).

Según Hunt (1997) los genéticos de la conducta han pasado del estadio de las visiones del mundo al estadio del análisis científico, mientras que los defensores de la dominancia cultural siguen manejando argumentos humanistas sobre sus visiones del mundo. Esto es especialmente claro cuando se consideran dos criterios centrales de la ciencia: proponer una teoría clara y recoger datos válidos para contrastarla. «Considerando estos dos criterios, impresiona la visión que tienen los genéticos de la conducta sobre la inteligencia como un atributo de la variación humana que está bajo un cierto control genético relevante. La mayor parte de los argumentos culturales presentados en este libro, y en otros lugares, no ponen en entredicho esta visión» (pág. 534).

La genética de la conducta parte de que la inteligencia está controlada parcialmente por la herencia genética. De aquí se sigue que la cantidad relativa de inteligencia genéticamente influida común a dos personas estará determinada por su material genético compartido. Los estudios de gemelos, de adopción y familiares resultan muy informativos en este sentido. Por tanto, la base conceptual de la teoría resulta impecable y la relación entre la teoría y las observaciones experimentales está clara. Sin embargo, está menos clara la idea que tienen los genéticos de la conducta sobre qué es el ambiente.

En palabras de Hunt (1997), «parece razonable exigir a los autores que consideran que la cultura tiene un papel central que sean tan claros respecto a los conceptos de cultura y ambiente como lo son los genéticos de la conducta respecto a la herencia y el vínculo familiar. Pero esta exigencia no se satisface [...] los culturalistas no definen las variables de su sistema ideal. Todo lo que sabemos es que los humanos son sistemas, las culturas son sistemas, las sociedades son sistemas, y que todos ellos interactúan [...] Existen muchas teorías psicológicas que en realidad son visiones del mundo con aspecto de teorías. Los escritos de Piaget y Freud se pueden caracterizar de este modo. Piaget, Freud y los actuales culturalistas dependen de los argumentos humanistas» (pág. 535-537).

Según el profesor Hunt, muchos de los ataques de los culturalistas sobre el CI no ponen en cuestión los coeficientes de heredabilidad asociados con los tests, sino que cuestionan la adecuación de la inteligencia general como una descripción conceptual de la cognición humana. Se suele argumentar que los tests psicométricos no capturan el verdadero significado de la inteligencia. «Como ya he comentado, esta objeción constituye un simple golpe de efecto en tanto en cuanto no vaya acompañada de una definición trabajable sobre cuál es el significado real de la inteligencia humana. Puesto que no existe esta definición, volvemos a encontrarnos en una lucha entre visiones del mundo y modelos» (pág. 539).

A veces se objeta que la visión psicométrica de la inteligencia sólo recoge aspectos limitados de la cognición humana. Pero los hechos dicen otra cosa: «Los tests psicométricos son los mejores predictores del éxito en la escuela y el mundo laboral. Y lo que es más, no son predictores menores de fracasos en la vida diaria, como caer en la pobreza o depender del Estado [...] Decir que otras cosas son importantes no es en realidad un reto dirigido a los genéticos de la conducta hasta que el retador diga con precisión cuáles son esas otras cosas» (págs. 539-540).

Por lo que se refiere a la acusación de que los tests de inteligencia sólo sirven para la sociedad occidental, Hunt comenta que esa objeción confunde la definición operativa de la inteligencia con los conceptos subyacentes: «Concedo que no se pueden aplicar sin más los conceptos occidentales a otras culturas. Pero esto mismo sucede con los procedimientos de laboratorio de los psicólogos cognitivos» (pág. 541). De todos modos, comenta Hunt que India y China parecen estar más interesadas en desarrollar una sociedad tecnológica que América del Norte y Europa en regresar a una economía de aldea.

Hunt (1997) concluye que no hay nada malo en los argumentos humanistas, pero es un error confundirlos con la ciencia. Lo que se necesita es un cuidadoso análisis de cómo interactúan las demandas sociales con las características personales. «A los culturalistas les disgustan las explicaciones genéticas porque creen que un rasgo genético es inmutable. Por supuesto, esto no es cierto, como han dicho reiteradamente los genéticos de la conducta» (pág. 548).

SUMARIO

El origen de las diferencias está siempre en el ambiente. La programación genética que influye actualmente en la conducta humana es resultado del proceso evolucionista, es decir, el producto de las respuestas que los individuos de la especie humana han dado a las presiones selectivas del ambiente (Buss, 1991; Maturana y Varela, 1990). Del mismo modo que las presiones ambientales del pasado de la especie humana han modificado nuestra partitura genética, las presiones ambientales de la actualidad pueden volver a alterarla. El genotipo sólo puede actuar en determinados ambientes, lo que sugiere que algunos genotipos pueden no convertirse en fenotipos en ciertos casos. Así por ejemplo, dos semillas exactamente iguales a nivel genético podrán desarrollarse de un modo completamente distinto si se plantan en una tierra fértil o en una zona desértica. Por tanto, la investigación debería señalar, con el paso de los años, cuáles son los ambientes más adecuados para el desarrollo fenotípico de los distintos genotipos.

La idea de que los factores genéticos predeterminan la conducta de las personas, mientras que las influencias ambientales pueden modificarse caprichosamente, es claramente incorrecta. La recombinación genética da lugar a un fenómeno denominado «regresión a la media» (Colom, 1997b; Eysenck, 1979). De este modo, los padres muy inteligentes tienen algunos hijos tan inteligentes como ellos, pero otros son algo menos inteligentes; los padres muy torpes tienen algunos hijos tan torpes como ellos pero otros son bastante menos torpes que ellos. Por tanto, la recombinación genética es, en realidad, un mecanismo bastante más democráctico e igualitario que muchos sistemas sociales vigentes en la actualidad, rígidos y totalitarios. Las democracias quizá deberían aprender a respetar las diferencias individuales naturales, a la vez que garantizan una escrupulosa igualdad de derechos de todos y cada uno de los ciudadanos.

Los científicos han usado los diseños de gemelos, familiares y de adopción para estudiar la influencia de la programación genética y del medio ambiente en las diferencias de conducta. Estos diseños se basan en comparar personas que comparten parentesco y ambiente en distinta magnitud.

Nuevas tecnologías en el estudio de las diferencias individuales 9

En colaboración con Óscar García López
(Universidad Europea de Madrid)

En psicología suelen emplearse bastantes pruebas experimentales. Así por ejemplo, se pueden diseñar una serie de problemas para estudiar la percepción de figuras geométricas regulares, series de frases de una mayor o menor complejidad para estudiar los procesos de comprensión lingüística, o ecuaciones que la persona debe resolver para estudiar los procesos de cálculo. Una vez se conocen las características de este tipo de problemas, se pueden combinar en una prueba que se administre para averiguar la aptitud de la persona para trabajar con figuras, con el lenguaje o con los números. Hasta ahora se han usado dispositivos como el taquistoscopio en los laboratorios de experimentación o tests impresos en situaciones de examen psicológico. Sin embargo, la revolución de los ordenadores ha supuesto un cambio importante en la investigación y en la práctica psicológica. Cualquier investigador o profesional puede usar esa nueva tecnología para enriquecer su trabajo notablemente. De este modo, la medida de las habilidades de la persona pueden conectarse automáticamente con programas de entrenamiento. Generalmente, el entrenamiento o adiestramiento suele hacerse mediante un tutor informático que actúa como un instructor humano. Debe tenerse en cuenta que el uso de estas nuevas tecnologías debe hacerse correctamente. Es muy fácil escribir un mal programa, de modo que debe ponerse cuidado en respetar los criterios para hacer un buen uso de las enormes posibilidades de las nuevas tecnologías. En el número monográfico de la revista *Estudios de Psicología* (núm. 55, 1996) se reúnen trabajos sobre las principales aplicaciones de las nuevas tecnologías a la investigación y la práctica psicológica.

1. EL USO DE NUEVAS TECNOLOGÍAS EN PSICOLOGÍA

El ordenador es muy útil en psicología. Entre otras cosas, permite programar experimentos de laboratorio bajo riguroso control, diseñar tests psicológicos informatizados o planificar una cuidadosa enseñaza adaptada a la persona que va a aprender:

— Para la programación de experimentos de laboratorio se han desarrollado varios sistemas tanto para IBM/PC como para Apple. Probablemente, el sistema más usado para PC sea el MEL *(Micro Experimental Laboratory)* de IBM, mientras que Apple ha desarrollado el Mac Laboratory. Por supuesto, también se pueden emplear lenguajes de programación universales como el C++, el Turbo Pascal o el Visual Basic.

— En cuanto al diseño de tests psicológicos, suele ser frecuente que los distintos laboratorios de investigación se sirvan de lenguajes de programación (como el Turbo Pascal) para desarrollar sus propios sistemas de autor, es decir, matrices básicas de programación con un lenguaje de alto nivel que le permita al investigador insertar las condiciones concretas que van a materializar el tipo de prueba que pretende poner a punto.

— Por último, los sistemas de enseñanza asistida suelen emplear sistemas de autor disponibles en el mercado, como el ToolBook, el Visual Basic, o los programas que permiten construir páginas web para Internet. Estos sistemas de autor simplifican la tarea de programar las secuencias de pantallas que se van a emplear para transmitir de un modo automatizado conocimientos y destrezas de distinta naturaleza.

Además, el ordenador facilita el almacenamiento de datos psicológicos y su posterior análisis estadístico a través de programas estadísticos como el SPSS o el BMDP.

El ordenador abre muchas posibilidades a la investigación psicológica, pero también a ciertas aplicaciones prácticas. La posibilidad de emplear imágenes de alta resolución, animaciones, voz, registros de vídeo e incluso todo lo que la persona hace ante el ordenador, facilita y enriquece de modo muy significativo las tareas del psicólogo, aunque también le plantea el reto de sacar un óptimo rendimiento de esta tecnología.

En la actualidad, los programas informáticos que puede usar el psicólogo tienden a compartir un mismo formato, propiciado por sistemas como el Windows. En otras palabras, los distintos programas cada vez son más similares entre sí, y presentan un aire de familia que facilita el aprendizaje de su manejo y aumenta su compatibilidad.

Con el desarrollo de la tecnología multimedia, los usuarios de los distintos programas obtienen claros beneficios. Los siguientes son sólo algunos ejemplos:

— Cada vez es menos necesario dominar un lenguaje de programación para sacar un rendimiento óptimo del ordenador. Los programas se parecen cada vez más al lenguaje natural que se emplea todos los días. Pero esto no significa que no se requiera conocimiento alguno.

— Los entornos multimedia permiten integrar en un ordenador distintos sistemas (figura 9.1): pantalla táctil, cámara de vídeo, micrófono, teclado MIDI, altavoces, CD-ROM y escáner.

Cada uno de estos dispositivos por separado puede no ser especialmente relevante, pero funcionando de modo integrado, gracias al control informatizado, se convierten en una poderosa herramienta para el psicólogo. Así, gracias a la tecnología DVI (vídeo digital interactivo) el ordenador puede mostrar en pantalla una imagen real previamente grabada con una cámara de vídeo. A su vez, gracias a las tarjetas de sonido y los altavoces, el ordenador puede suministrar información verbal como si se tratase de una persona, o sonidos de alto grado de complejidad (música). También se puede grabar prácticamente cualquier sonido con un micrófono. Con un teclado MIDI se pueden introducir en el ordenador distintos tonos musicales o melodías de gran complejidad. Gracias a la pantalla táctil se puede hacer que el ordenador haga operaciones tras una simple presión con el dedo sobre la pantalla, haciendo irrelevante la presencia del teclado o del ratón. Evidentemente, la posibilidad de integrar de un modo coordinado toda esta información requiere una gran capacidad de almacenamiento; el CD-ROM sirve a este propósito.

Puesto que se pueden controlar las acciones de la persona en tiempo real, también se le puede ir dando información sobre su comportamiento a medida que va realizando las tareas que el investigador le ha encomendado al inicio de la sesión.

El psicólogo puede acomodarse mejor a las diferencias individuales. Así, el ratón se puede configurar para personas zurdas o se pueden usar mensajes grabados para personas ciegas. Una persona con escasa capacidad de motricidad fina se puede servir de la respuesta a través de la presión de una pantalla táctil, o las personas invidentes pueden leer un mensaje gracias al diseño de un teclado configurado por vástagos sensibles a la información que aparece en la pantalla del ordenador y que el invidente puede codificar a través del tacto en tiempo real.

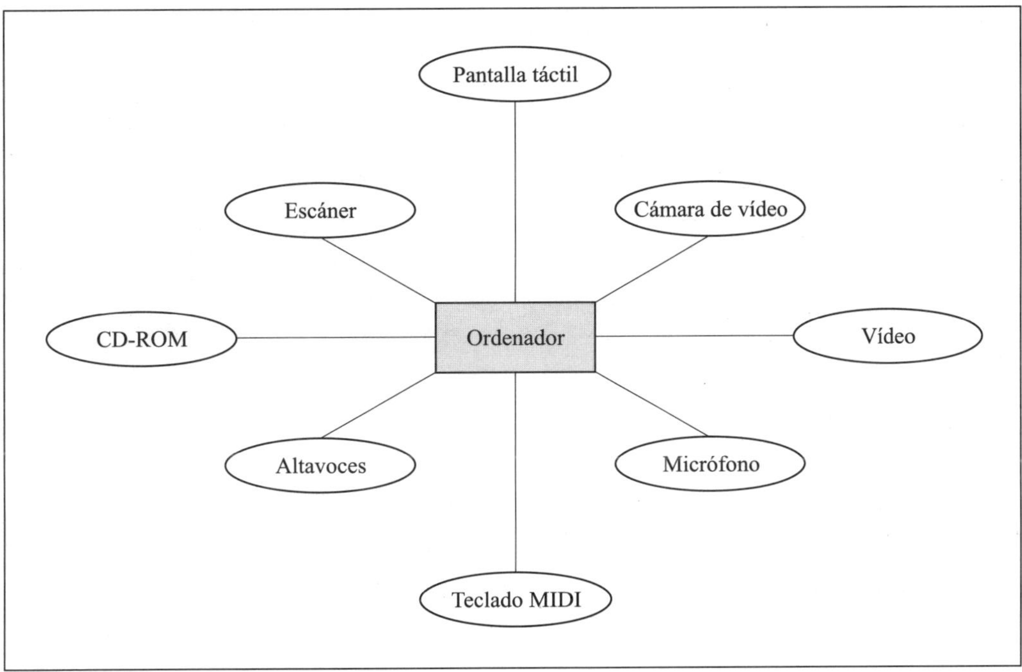

Figura 9.1.—Gracias a los entornos multimedia existe la posibilidad de integrar en un ordenador distintos sistemas que permiten realizar trabajos con sonido, vídeo, captura de imágenes o animaciones.

2. MEDIDA INFORMATIZADA: EXPLORACIÓN PSICOLÓGICA POR ORDENADOR

Un sistema informatizado está preparado para (Kyllonen, 1996):

— Presentar los problemas o preguntas de los habituales tests o pruebas psicológicas. Los problemas se pueden presentar a través de la pantalla del ordenador o a través de unos altavoces.

— Registrar las respuestas de la persona a cada uno de los problemas de la prueba completa. Así, el programa registra el tiempo que la persona se toma para responder a cada problema, así como el nivel de precisión alcanzado. La persona puede responder a través del teclado, con el ratón, sirviéndose de una pantalla táctil o del micrófono.

— Analizar las respuestas de la persona a cada uno de los problemas, a distintos bloques de problemas y a la prueba en su totalidad. Nada más terminar la aplicación de la prueba informatizada, el ordenador puede dar información sobre el rendimiento de la persona.

Por consiguiente, el ordenador permite ir bastante más allá de las habituales pruebas psicológicas de papel y lápiz, adaptando las medidas clásicas al nuevo medio, pero también estimulando la imaginación de los investigadores para diseñar nuevas pruebas que nunca se habrían podido idear para una prueba impresa en papel.

Así por ejemplo, uno de los desarrollos más espectaculares que ha permitido el uso de ordenadores en la medida psicológica son los tests adaptativos. Un test adaptativo consta de un gran número de preguntas o problemas almacenadas en un banco o base de datos. A través de una serie de algoritmos o rutinas previamente programadas, se le presenta a la persona un determinado problema y dependiendo de cuáles sean sus respuestas en términos de rapidez y precisión, el programa le presentará otros problemas hasta lograr estimar la habilidad de la persona en no demasiados ensayos. Esta adaptación a la persona del tipo de problemas a presentar se realiza en tiempo real, es decir, a medida que se va respondiendo (véanse los excelentes trabajos de Olea y Ponsoda, 1996; Olea y col., 1996; Ponsoda y col., 1994a y b).

Hay muchas técnicas para diseñar un test adaptativo: dos etapas, nivel flexible, ramificado o estratificado; en cualquier caso, no se van a explicar aquí (Algarabel y San Martin, 1990; McBride, 1979; Olea y cols., 1996).

Las pruebas informatizadas del Laboratorio Armstrong

El proyecto LAMP (*Learning Abilities Measurement Program,* programa de medida de las aptitudes necesarias para aprender) del Laboratorio Armstrong de la *US Air Force*, dirigido por el doctor Patrick C. Kyllonen, ha diseñado un gran número de tests informatizados para medir una serie de variables de capacidad importantes para la predicción del nivel de aprendizaje que pueden alcanzar las distintas personas. Uno de los objetivos, aunque no el único, es determinar qué tipo de pruebas predicen qué personas tendrán un rendimiento óptimo al ser entrenadas para pilotar aviones de combate.

Las distintas medidas informatizadas que se tomen en los candidatos a matricularse a los cursos de entrenamiento para aprender a pilotar aviones de combate deberán emplearse no sólo para decidir en un principio quiénes sí y quiénes no deberían matricularse, sino también para hacer un seguimiento sistemático del impacto del entrenamiento.

Evidentemente, como sucede con cualquier sistema de medida psicológica, las pruebas psicológicas informatizadas se desarrollan siguiendo una serie de pautas teóricas. Así, las categorías psicológicas que se miden son las siguientes:

Figura 9.2.—Aprender a pilotar un avión de combate constituye una tarea extremadamente compleja. Las capacidades necesarias para apreder a pilotar un avión de este tipo son diversas. La experiencia de los equipos psicológicos que trabajan para las fuerzas aéreas indica que no todas las personas que desean aprender a realizar la tarea consiguen su objetivo. Sin embargo, el proceso de entrenar a un piloto resulta muy costoso, razón por la que existe un gran interés por pronosticar quiénes sacarán provecho del entrenamiento. Eso es lo que permiten hacer las pruebas que diseñamos los psicólogos.

a) Procesos cognitivos:

- — Velocidad para procesar la información.
- — Memoria de trabajo o tratamiento consciente de la información.
- — Aprendizaje declarativo, o sobre hechos (por ejemplo, qué datos debo estudiar para saber dónde están situados los distintos países de Asia).
- — Aprendizaje procedimental o sobre métodos (por ejemplo, qué habilidades debo desarrollar para aprender a conducir).
- — Conocimiento declarativo o sobre hechos (por ejemplo, «Corea está en Asia»).
- — Conocimiento procedimental o sobre métodos (por ejemplo, «la primera marcha se mete así»).

b) El contenido de la información que se le presenta a la persona visual o acústicamente. Este contenido informativo puede ser:

— Verbal: por ejemplo, una serie de frases que se deben recordar.
— Espacial: por ejemplo, una disposición de figuras cuya semejanza debe valorarse con rapidez.
— Numérico: por ejemplo, una ecuación cuyo resultado debe aplicarse a una segunda ecuación para responder a una alternativa.
— Psicomotor: por ejemplo, seguir un punto móvil a través de un laberinto con la fecha del ratón.

c) Tipo de respuesta. La persona puede responder a través del teclado, de un micrófo no, del ratón o de una pantalla táctil.

El conocimiento declarativo y procedimental está almacenado en el cerebro de la persona y los procesos de aprendizaje declarativo y procedimental permiten consolidar los dos tipos de conocimiento. En la memoria de trabajo se gestiona la información relevante. Todos estos procesos se pueden realizar con una mayor o menor velocidad y con un determinado nivel de precisión.

Hay, por tanto, tres tipos básicos de sistemas de procesamiento capaces de resumir las distintas categorías (figura 9.3):

— El sistema de procesamiento perceptivo.
— El sistema de procesamiento cognitivo.
— El sistema de procesamiento motor.

Las categorías se combinan de un modo sistemático para desarrollar las pruebas informatizadas correspondientes. El conjunto de las pruebas constituyen la batería CAM (*Cognitive Abilities Measurement*, Medida de Capacidades Cognitivas) y los siguientes son algunos ejemplos.

Ejemplo 1. PSV2: Velocidad de Procesamiento de Contenidos Verbales.

En esta tarea se presenta una frase como la siguiente:

«El mono está detrás de los árboles».
MONO ÁRBOLES

El sujeto debe responder o verificar lo antes posible si la frase es verdadera o falsa, según la posición de las dos palabras clave. Mientras está presente la frase, hay una barra temporal que señala al sujeto el tiempo del que dispone.

Ejemplo 2. WMQ3: Memoria de Trabajo para Contenidos Numéricos.

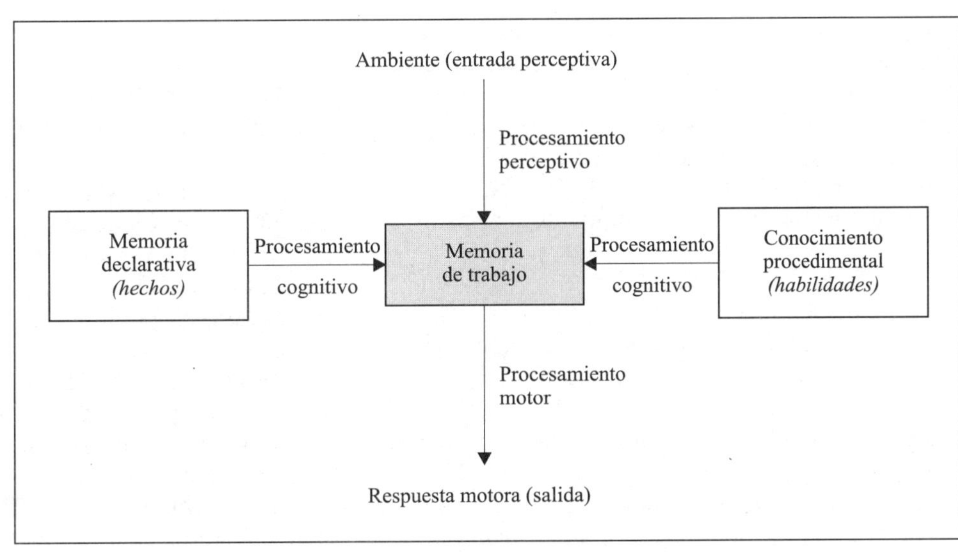

Figura 9.3.—El modelo de cuatro fuentes es similar al modelo cognitivo estándar presentado en la figura 6.1. La memoria de trabajo es el factor principal puesto que coordina el procesamiento perceptivo, cognitivo y motor.

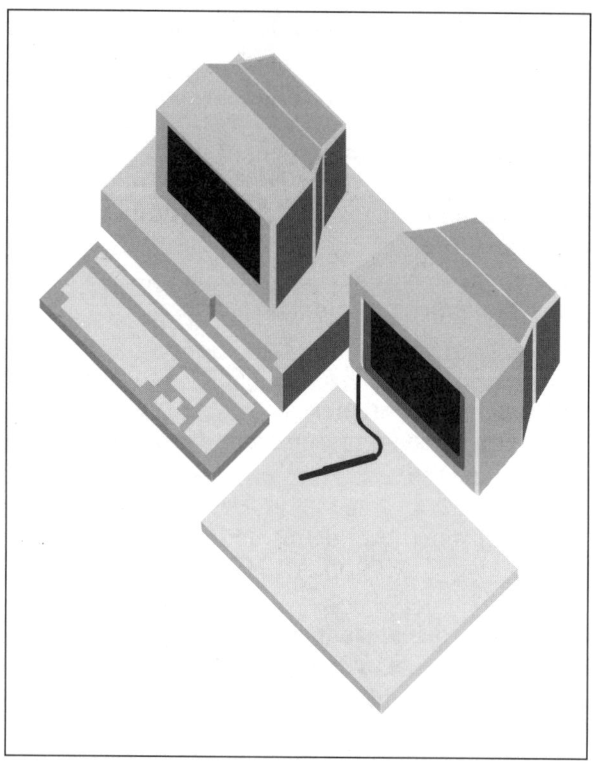

Figura 9.4.—La aplicación informatizada de pruebas psicológicas tiene bastantes ventajas tanto en la investigación básica como en la práctica.

En esta tarea hay un control del tiempo asignado para realizar tres cálculos y conservar el resultado en la memoria de trabajo.

El primer cálculo puede ser: $X = 16 - 4$.

El segundo cálculo puede ser: $Y = 19 + 5$.

El tercer cálculo puede ser: $Z = 3 \times X$.

Seguidamente aparece la siguiente pantalla:

$$X = ?,\ Y = ?,\ Z = ?$$

El sujeto debe escribir el número que corresponda.

Ejemplo 3. FLS3: Aprendizaje Declarativo para Contenidos Espaciales.

En esta tarea se presentan 16 pares de figuras sin sentido en la parte superior de la pantalla del ordenador, siempre con la misma disposición. En la parte inferior de la pantalla se presenta un par de figuras que el sujeto debe verificar lo antes posibles, es decir, juzgar si está entre los 16 pares superiores.

Ejemplo 4. SLQ3: Aprendizaje Procedimental para Contenidos Numéricos.

En esta tarea, el sujeto debe recordar y aplicar las siguientes reglas:

Cuando se presente un número hay que decidir si es POSITIVO o NEGATIVO.

Si es POSITIVO, entonces hay que decidir si es GRANDE (11-19) o PEQUEÑO (1-9). Si es GRANDE (11-19), hay que responder VERDADERO. En caso contrario hay que responder FALSO.

Si el número es NEGATIVO, hay que decidir si es IMPAR (1, 3, 5, ...) o PAR (2, 4, 6, ...). Si es IMPAR hay que responder VERDADERO, y si no lo es hay que responder FALSO.

En suma, el ordenador facilita el desarrollo de pruebas psicológicas. Además, organiza y enriquece la obtención de datos sobre el comportamiento específico de la persona al responder a los distintos problemas planteados. Finalmente, el análisis de los datos se convierte en una tarea más amigable.

3. INSTRUCCIÓN O ENSEÑANZA ASISTIDA POR ORDENADOR

La enseñanza asistida por ordenador es un área de aplicación psicológica muy importante. Todavía se desconocen cuáles son, en realidad, sus posibilidades en la industria y las organizaciones, en la educación, en la clínica o en los deportes (García, 1996; García y col., 1996).

Según Vaquero (1990), la enseñanza asistida por ordenador se organiza alrededor de dos tipos básicos de conocimientos psicológicos. Por un lado, el análisis de los usuarios posibles de un programa informático de este tipo debe basarse en los conocimientos acumulados por la *psicología de las diferencias individuales*. Por otro lado, se deben considerar los criterios básicos a seguir en los procesos de aprendizaje. Estas relaciones entre «aprendizaje y diferencias individuales» han dado lugar a la aparición sistemática, desde hace muchos años, de una buena cantidad de manuales y revistas sobre estas cuestiones (Ackerman y col., 1989; Gagné, 1967; Jonassen y Grabowski, 1993).

Un programa informático de instrucción asistida por ordenador consta de una secuencia de información organizada según una serie de criterios psicológicos que deben respetarse escrupulosamente. Desde aquí, la veda a la creatividad del diseñador está completamente abierta. Pero nunca debe perderse de vista su principal objetivo: que el usuario aprenda un determinado conocimiento o destreza y que lo pueda hacer a su propio ritmo.

Un programa de instrucción asistida por ordenador (IAO) debe estar diseñado para que el usuario se mantenga en constante actividad a medida que avanza en el proceso de adquirir conocimientos y destrezas. Además, el uso del medio informático permite que el usuario sepa en cada momento (en tiempo real) cuál es el resultado de sus acciones. Éstas son dos de las principales diferencias entre un texto impreso y un programa IAO.

Hay tres fases básicas que el diseñador de un programa IAO debería respetar: el análisis de principio a fin, la escritura y la validación (Colom, 1995c; García y col., 1996).

1. El *análisis de principio a fin* supone analizar los conocimientos y destrezas que se desean programar:

— Cuáles son los objetivos y criterios de éxito contemplados en el programa. Hay que concretar qué se desea que el usuario conozca y cuándo decidirá el programa que el usuario lo ha logrado.

— Quiénes son los usuarios del programa. Es decir, quiénes son la población a la que va destinado el programa. No es lo mismo un programa informático dirigido a chavales de enseñanza secundaria que a ancianos de residencias estatales.

— Hasta dónde se tratará de llegar al transmitir el conocimiento, es decir, con qué nivel de profundidad se van a tratar los distintos temas contenidos en el programa.

— Qué tipo de lógica instruccional usará el programa. Es decir, si, por ejemplo, la adquisición de los conocimientos y destrezas se servirá de un método paso a paso u orientado al descubrimiento, o si se evitarán o usarán a discreción representaciones gráficas.

2. La *escritura*, en sentido estricto, supone el análisis de la representación del contenido a transmitir, del diseño en sí mismo y de la creación del programa. Esta segunda fase requiere esquematizar el programa usando las reglas de los diagramas de flujo. Un diagrama de flujo consiste en una estructura secuencial de símbolos que indican cuál va a ser el esqueleto básico del programa.

En este sentido, las pantallas temáticas físicas usuales en un programa IAO pensadas para organizar la escritura del diagrama de flujo son de tres tipos: criteriales, de enseñanza y de evaluación. Las pantallas criteriales señalan al usuario qué se va a presentar o enseñar y qué se ha presentado en un determinado módulo instruccional. En las pantallas de enseñanza se presenta información relevante para el objetivo instruccional del programa. Finalmente, las pantallas de evaluación están diseñadas para averiguar el nivel de conocimientos del usuario, sirviéndose casi siempre de preguntas de distinta naturaleza. Hay que poner un cuidado especial para que estos tres tipos de pantallas se reconozcan por su aspecto, es decir, deben ser visiblemente distintas entre sí.

Los equipos de psicólogos dedicados a diseñar y desarrollar este tipo de sistemas informáticos IAO disponen de un buen número de sistemas de autor o programas que emplean un lenguaje de alto nivel o muy cercano al lenguaje cotidiano. En otras palabras, no es necesario ser un experto en informática para escribir un programa IAO. Así por ejemplo, podrían usarse sistemas de autor como el Visual Basic o el ToolBook, construidos a partir de una serie de menús fácilmente interpretables sin necesidad de conocer los entresijos de los algoritmos computacionales de bajo nivel que los acompañan. Estos sistemas de autor, no obstante, sí requieren dominar bastante bien su propio lenguaje de programación.

3. La *validación* supone explorar el impacto o la capacidad del programa que se ha diseñado para cumplir su principal objetivo, es decir, que los usuarios adquieran los conocimientos y destrezas que se pretendía originalmente. Suele ser raro encontrar un programa IAO que se haya comenzado a validar desde el mismo momento de su concepción, pero en términos psicológicos esto resulta esencial. Una vez el programa ha sido escrito y pasado al ordenador, es decir, una vez se ha terminado el proceso de diseño, puede ser demasiado tarde para corregir defectos graves que han escapado a la atenta vigilancia del equipo psicológico responsable de la calidad instruccional del programa. Por consiguiente, conviene trabajar con una muestra de potenciales usuarios desde la primera fase para evitar situaciones como la de la figura 9.5.

Los programas IAO deben considerar, en consecuencia, tanto las características de los usuarios como las propiedades de los conocimientos y destrezas que se desea transmitir a través del sistema. Evidentemente, las propiedades del programa informático reflejarán varias cosas. Por ejemplo, la habilidad del equipo psicológico para descubrir los puntos esenciales o la estructura y secuencia básica del conocimiento que se desea transmitir, sirviéndose de documentación escrita (bibliografía) o de la consulta a expertos.

Figura 9.5.—Una caricatura que muestra cómo no siempre hay buenas relaciones entre las nuevas tecnologías y los usuarios.

Debe quedar claro que es mucho más deseable un programa IAO que tenga presente en todo momento las características psicológicas del usuario a que sea muy sofisticado informáticamente hablando. De nada sirve un programa con multitud de gráficos, animaciones o secuencias de vídeo si carece de una estructuración psicológica impecable, aunque esto pueda retrasar la salida del producto al mercado. Por ello, la mayor parte del tiempo dedicado a diseñar un programa IAO debe ocuparse en una exploración de las posibilidades psicológicas que abre el campo de conocimiento sobre el que se desea trabajar (Colom, 1997a; García y col., 1996).

SMART[1]

Los programas de enseñanza asistida por ordenador más sofisticados reciben el nombre de tutores inteligentes (ITS, *Intelligent Tutoring System;* Kyllonen y Shute, 1989; figura 9.6).

Un tutor inteligente sigue los siguientes pasos:

— Almacena el currículum, es decir, los conocimientos y destrezas que se desean transmitir, así como el tipo de estrategia instruccional que se empleará para transmitir ese currículum.

— Cuando el programa comienza a operar, genera y presenta un problema. Tras la presentación del problema, el propio tutor busca una solución de modo simultáneo al estudiante. Los problemas propuestos son generados por el sistema en el momento en que resulta necesario presentarlos al estudiante. Hay generadores basados en las técnicas de

[1] *Student Modeling Approach for Responsive Tutoring,* es decir, modelado del estudiante para supervisar según sus respuestas.

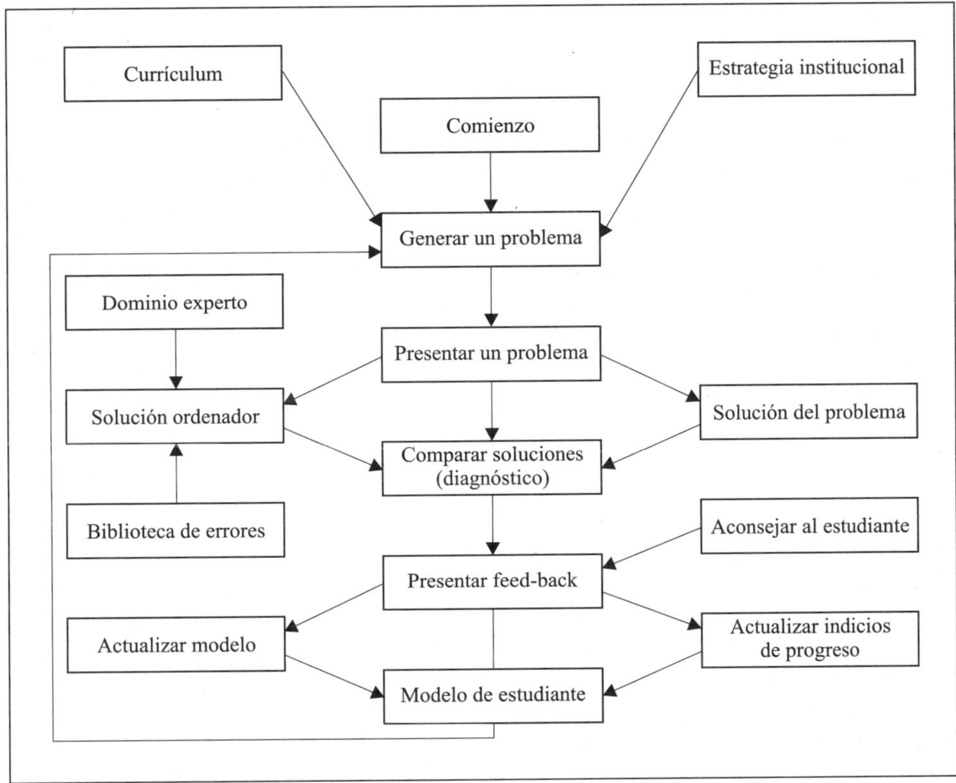

Figura 9.6.—Un esquema básico de tutor inteligente. Muchos investigadores se preguntan si existe algún tutor inteligente o de si se trata únicamente de una buena idea.

la inteligencia artificial que trabajan sobre una base de conocimientos que representa el tema que se enseña. Esta generación de problemas sobre la marcha exige un sistema que valore la exactitud de la respuesta del estudiante también sobre la marcha. Este sistema de valoración de respuestas suele ser un sistema experto que simula a un evaluador humano.

— Por tanto, el tutor compara las dos soluciones, es decir, la suya y la del estudiante, para llegar a un diagnóstico sobre el nivel de corrección de la solución proporcionada por el estudiante. Como se ha comentado, la solución al problema que el tutor presenta se basa en un sistema experto que opera según una serie de reglas y una biblioteca de errores que le indica posibles fallos que puede suscitar el problema presentado.

— El diagnóstico producido en la fase anterior le permite al tutor presentarle al estudiante un feed-back, es decir, indicarle el grado de corrección de su respuesta y justificarle ese diagnóstico. El feed-back inmediato que se le da al estudiante permite darle consejos sobre cómo podría mejorar su rendimiento.

— Finalmente, el diagnóstico permite actualizar los indicadores del progreso que ha hecho el estudiante, así como el modelo de las habilidades que va adquiriendo el estudiante ciclo tras ciclo. Esto da lugar a un modelo actualizado del estudiante, que va a ser el principal determinante del problema que el tutor generará a renglón seguido.

La doctora Valerie J. Shute (1995), del Laboratorio Armstrong, ha diseñado un sistema, SMART, para facilitar el desarrollo de tutores inteligentes.

Según Shute (1995), los tutores inteligentes son más eficaces cuando consiguen individualizar la enseñanza. La manera de alcanzar este objetivo es modelizar al estudiante, es decir, desarrollar un modelo sobre su estilo de adquisición de conocimiento a partir de dos tipos de variables: por un lado, las acciones que va realizando dentro del programa, y, por otro lado, sus capacidades. El modelado de las primeras variables se denomina microadaptativo, mientras que el modelado de las segundas variables se denomina macroadaptativo. Ambos tipos de variables deben contribuir a producir «ambientes de enseñanza» adaptados al usuario.

Así por ejemplo, si se sabe que el estudiante tiene una escasa memoria de trabajo deberían emplearse en el tutor unidades pequeñas de información. Conocer que un estudiante prefiere un estilo de aprendizaje exploratorio sugerirá el uso de ambientes de aprendizaje abiertos y orientados al descubrimiento.

SMART modeliza distintos tipos de resultados: conocimiento simbólico (SK), habilidades procedimentales (PS) y conocimiento conceptual (CK).

SMART comienza a trabajar evaluando lo que el estudiante conoce (modelo del estudiante). Esto permite averiguar qué debe conocer el estudiante (el currículum). Por último, el programa debe decidir qué elemento del currículum (unidad de instrucción) deberá ser enseñada seguidamente y cómo deberá presentarse.

A partir de estas consideraciones iniciales, el programa selecciona o genera un problema, a medida que busca una solución (a través de su sistema experto) o recupera una solución previamente almacenada. El programa compara su solución, en tiempo real, con la dada por el estudiante, y hace un diagnóstico comparando ambas soluciones. El estudiante puede conocer, así, el resultado de la comparación (feed-back). Además, se actualiza el modelo del estudiante a medida que éste progresa.

El modelado microadaptativo se centra en el conocimiento específico del estudiante sobre la tarea que se pretende entrenar. En contraste, el modelado macroadaptativo supone evaluar el conocimiento y las habilidades del estudiante previamente a su acceso al tutor, tales como la capacidad de la memoria de trabajo, la capacidad para el aprendizaje asociativo o la impulsividad. La combinación de estos dos tipos de modelización facilita la tarea de adaptar el currículum al modo característico del usuario de procesar la información más persistente y más momentánea, así como a las capacidades generales y específicas.

En SMART, la información sobre los elementos del currículum (CE) que se derivan de un análisis cognitivo de la tarea de aprendizaje y que se disponen en jerarquías hereditarias, proporciona una base para inferir qué conocimientos y habilidades se han adquirido y en qué medida. El objetivo de SMART es modelizar la adquisición de habilidades procedimentales, así como del conocimiento simbólico y conceptual.

SMART incluye cuatro elementos básicos:

— Conocimiento declarativo. Una *proposición* es la unidad básica de información del conocimiento declarativo. Un conjunto de proposiciones forman un *esquema*. Los esquemas sirven para comparar e interpretar datos de la realidad.
— Habilidad procedimental. A diferencia del conocimiento declarativo, que supone tener conocimiento sobre algo, el resultado del aprendizaje procedimental supone saber cómo hacer algo y la habilidad para hacerlo. Una *regla* es la unidad de acción básica en este caso y se representa por pares condición → acción (si → entonces). El siguiente nivel es una *habilidad,* es decir, una serie relacionada de reglas. Una habilidad se puede automatizar tras un período de práctica.
— Modelo mental. Tanto el conocimiento declarativo como la habilidad procedimental configuran modelos mentales, es decir, con-

juntos organizados de conceptos y reglas. Los modelos mentales se organizan jerárquicamente.

La forma más rudimentaria de conocimiento en SMART se denomina conocimiento simbólico (SK, saber sobre algo). Por ejemplo, «el símbolo $\sum$ significa sumatorio».

La habilidad procedimental (PS) supone ser capaz de aplicar alguna regla para solucionar un problema. Por ejemplo, «ordenar una secuencia de números en orden creciente».

El conocimiento conceptual (CK) supone relaciones de alto nivel entre conceptos, esquemas y reglas. Por ejemplo, «conocer diversos modos de caracterizar la tendencia central de una distribución de puntuaciones (media, mediana y moda) y cómo se relacionan».

— Adquisición de conocimientos y habilidades. SK son los elementos básicos para el desarrollo de reglas y habilidades, o conceptos más avanzados.

Así, en la relación SK → PS conocer la fórmula para calcular la varianza es necesario para poder aplicarla a un conjunto de datos.

En la relación SK → CK se puede obviar PS y lograr un conocimiento funcional de un concepto sin ser capaz de materializar procedimiento alguno. Por ejemplo, se puede saber que la varianza se refiere al grado de dispersión de una distribución de datos sin ser capaz de aplicar la correspondiente fórmula.

La secuencia usual para adquirir conocimientos y destrezas suele ser: SK → PS → CK.

Además de estas consideraciones sobre la actuación específica del estudiante dentro de un determinado tutor temático, es muy recomendable, como se ha comentado, disponer de conocimientos sobre las capacidades estables del estudiante. Los resultados del proceso de aprendizaje pueden estar influidos por capacidades como la habilidad asociativa, la memoria de trabajo o la reflexividad. Así, los procesos responsables de los resultados del conocimiento declarativo parecen estar vinculados con la capacidad de razonamiento inductivo necesaria para adquirir esquemas complejos y modelos mentales. Los procesos de aprendizaje responsables de la adquisición de habilidades procedimentales implican a la capacidad de la memoria de trabajo y, según el tipo de conocimiento que se deba aprender, la velocidad de procesamiento de la información.

En la figura 9.7 se representa la estructura básica de SMART.

La figura 9.7 representa el conocimiento específico y los tipos de habilidades necesarias durante el proceso de aprendizaje (SK = conocimiento simbólico, PS = habilidades procedimentales, CK = conocimiento conceptual). El eje horizontal representa los conocimientos y habilidades del estudiante (L), la representación que tiene el sistema de los conocimientos del estudiante (S/L) y la representación de conocimientos y habilidades del sistema experto (S).

En la figura 9.7 también se incluye un cuarto elemento que representa las capacidades del estudiante: IR = razonamiento inductivo, WM = capacidad de la memoria de trabajo, PL = aprendizaje procedimental, IPS = velocidad de procesamiento de la información, AL = aprendizaje asociativo. También se incluyen índices de personalidad como la toma de riesgos y la reflexividad. Esto permite adaptarse a las diferencias individuales de los estudiantes (macroadaptación) y representar las exigencias cognitivas de los problemas.

SMART actúa del siguiente modo. Se desea escribir un programa para enseñar estadística, y nos centramos en la parte del currículum que enseña a calcular una medida de tendencia central, la media (una habilidad procedimental). SMART comienza introduciendo un conocimiento simbólico relevante (por ejemplo, N, X/N). A continuación se le pide al estudiante que resuelva una serie de problemas para demostrar su nivel de adquisición de este nuevo conocimiento. Las diferencias entre el estudiante (L_{sk}) y la representación que tiene el sistema del conocimiento (S_{sk}) mostrarán los errores presentes en determinados problemas, tales como fallos al reconocer el denominador (N) como parte de la fórmula final. A continuación, el sistema lleva al estudiante a aplicar su nuevo conocimien-

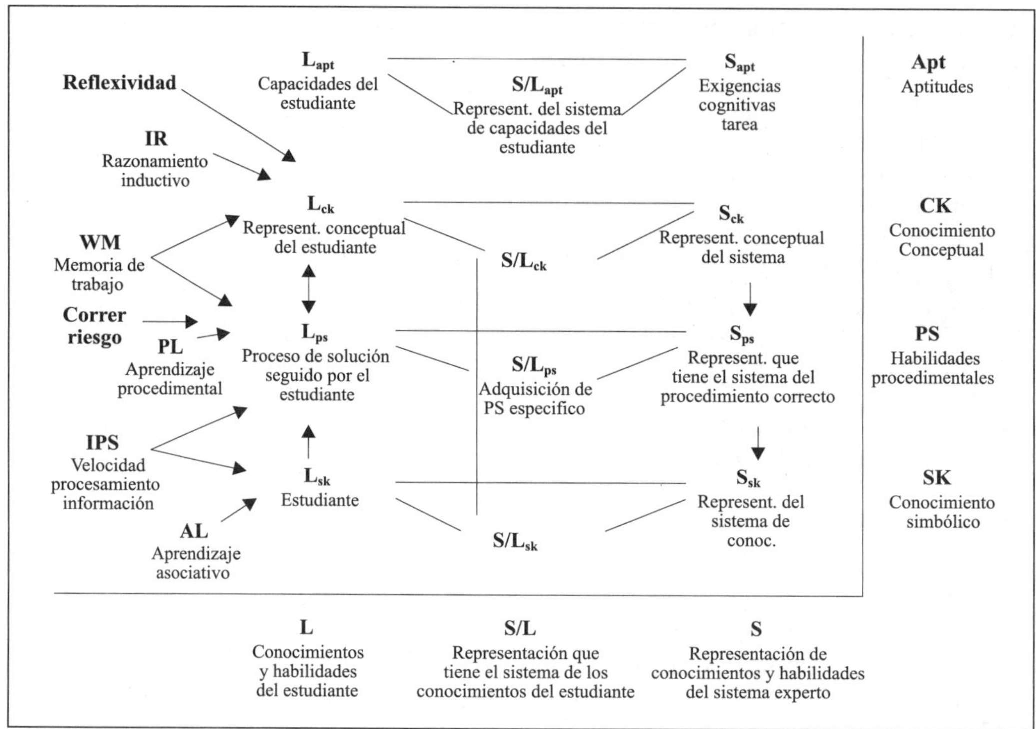

Figura 9.7.—El SMART está dividido en tres grandes áreas: *a*) los conocimientos y habilidades del estudiante; *b*) los conocimientos y habilidades que el sistema experto tiene sobre el estudiante, y *c*) un espacio de interacción entre *a*) y *b*).

to pidiéndole que calcule una media a partir de una serie de datos (habilidad procedimental). Las discrepancias entre el proceso de solución seguido por el estudiante (y el producto) (L_{ps}) y la representación que tiene el sistema del procedimiento correcto (S_{ps}) se apreciará en elementos procedimentales. Por último, se le enseña al estudiante información conceptual, como por ejemplo que la media representa el promedio aritmético de una serie de datos y lo relaciona con otras medidas de tendencia central, como la situación de la media respecto a la mediana y a la moda en una determinada distribución. Las discrepancias entre las representaciones conceptuales del estudiante (L_{ck}) y del sistema (S_{ck}) indicará falsas concepciones.

El grado de similitud entre la representación del modelo real del estudiante (L) y el modelo inferido (S/L), es indicador de la bondad del modelo. Las discrepancias que se dan entre las representaciones del sistema (S) y las del modelo (S/L) sugieren medios de corrección, es decir, qué enseñar seguidamente y cómo. Así por ejemplo, si el ordenador diagnostica que el estudiante tiene dificultad con la adquisición de PS específico (S/L_{ps}), entonces el medio de corrección podría suponer generar problemas específicos para practicar más sobre ciertos elementos.

La probabilidad de que un estudiante produzca la respuesta correcta está influida por el grado de emparejamiento entre las capacidades del estudiante (L_{apt}) y las exigencias cognitivas de la tarea (S_{apt}). Así, si las exigencias de memoria de trabajo son altas para la tarea X y la capacidad de la memoria de trabajo del estudiante es baja, la probabilidad de éxito será baja. Las discrepancias entre la representación que tiene el sistema de las capacidades del estudiante (S/L_{apt}) y las exigencias de capacidad previstas (S_{apt}) deben indicar el medio compensatorio que se debería emplear (por ejemplo, descomponer la tarea es unidades más manejables para un estudiante con baja capacidad de memoria de trabajo).

En suma, con esta breve presentación del SMART se ha pretendido ilustrar la complejidad de desarrollar un tutor inteligente que no se limite a presentar material de enseñanza, sino que sea capaz de ir adaptándose, en tiempo real, a las respuestas del estudiante. Además, sirve para exponer la necesidad de que estos sistemas puedan ir anticipando medios operativos para acomodarse a las diferencias individuales de los usuarios y garantizar el cumplimento de los criterios de éxito previstos en el diseño del programa de enseñanza.

SUMARIO

Las nuevas tecnologías son muy útiles en la investigación y la práctica psicológica. Un experimento, un test o una prueba pueden ser administrados mediante un ordenador, lo que suele mejorar bastante la calidad del trabajo. Sin embargo, el uso de nuevas tecnologías no garantiza que las cosas vayan mejor. Es necesario que los investigadores y los profesionales de la psicología sepan cuáles son los criterios básicos de calidad que deben tenerse siempre presentes. Bastantes tests son simplemente una versión informatizada de los tests impresos clásicos de papel y lápiz. Sin embargo, el entorno informático tiene unas exigencias que no se parecen demasiado a los formatos impresos. Además, la posibilidad de contar con ese tipo de tecnología aumenta notablemente la creatividad de los investigadores, sugiriendo métodos de medida alternativos que, entre otras cosas, se puedan adaptar mejor a las características de las distintas personas. Nunca debería olvidarse que los tests o pruebas, impresos o informatizados, deben estar basados en una buena teoría psicológica sobre la conducta que se desea medir. Aquí se han presentado algunos ejemplos de la batería desarrollada por el Laboratorio Armstrong (*CAM Battery*), basada en una sólida teoría sobre los procesos cognitivos humanos. A su vez, este tipo de tecnologías sirven para desarrollar tutores informatizados, es decir, programas que pueden enseñar a las personas prácticamente cualquier tipo de materia. Una de las mayores ventajas de construir un tutor informatizado es que obliga a ser muy claros y explícitos al organizar los contenidos de la materia que se desea que la persona aprenda. Como sucede con los tests informatizados, los programas destinados a la enseñanza deben seguir una serie de pautas básicas. Por desgracia, no es habitual encontrar un buen tutor informatizado, dado que los equipos profesionales no suelen contar con psicólogos expertos en el aprendizaje humano, y más en concreto, en los distintos estilos de aprendizaje que pueden caracterizar a los posibles ususarios del tutor. Por supuesto, esto supone una visión limitada, ya que si el programa no sirve para que la gente aprenda, los resultados comerciales serán a la larga bastante pobres. SMART es un ejemplo de cómo se debería actuar para diseñar un buen tutor informatizado, que contase tanto con la materia que se desea transmitir como con el tipo de usuario que va a intentar aprender.

RESUMEN DE LA PARTE SEGUNDA

En esta segunda parte se han expuesto los fundamentos teóricos y metodológicos del enfoque de las diferencias individuales. Por supuesto, hay más conceptos y métodos de trabajo no recogidos aquí, pero se ha considerado oportuno describir únicamente algunos de los más importantes y del modo más claro posible. Ésta ha sido la razón por la que se han usado ejemplos que expresan tanto el impacto de los conceptos básicos como la utilidad de los métodos.

Una estrategia docente para presentar una determinada disciplina científica consiste en describir el tipo de preguntas que ha tratado de responder. Cualquier ciencia avanza haciendo preguntas y desarrollando métodos objetivos para encontrar respuestas. Las preguntas que se han hecho en la psicología suelen tener un gran impacto social. Por ello es prácticamente una obligación que los métodos usados por los científicos sociales para buscar respuestas tengan un alto grado de objetividad, y se eviten tanto las opiniones personales como los prejuicios ideológicos.

Las áreas en las que se ha movido el enfoque de las diferencias individuales son: la inteligencia, la personalidad, la anormalidad o psicopatología, y los métodos de intervención. Esto quiere decir que la mayor parte de las preguntas se han dirigido a este tipo de temas. Sin embargo, las preguntas que se han hecho sobre estos temas no son todas ellas de la misma clase. De este modo, las preguntas sobre la personalidad pueden ser del siguiente tipo:

- ¿Cuáles son las propiedades de la personalidad? ¿En qué *estructura* se organizan esas propiedades?
- ¿Cómo actúan las propiedades de la personalidad? ¿Cuál es la *dinámica* de esa estructura?
- ¿Cómo influyen las diferencias en los mecanismos biológicos en la estructura y la dinámica de la personalidad?
- ¿Cuál es el origen de las diferencias personales? ¿En qué grado influye la programación genética en las diferencias personales? ¿Hasta qué punto pueden modificar a la persona las condiciones ambientales actuales?

La respuesta a este tipo de preguntas ha dado lugar al desarrollo de:

- Teorías factoriales sobre los rasgos de la inteligencia y de la personalidad.
- Teorías cognitivas sobre los procesos de la inteligencia y de la personalidad.
- Teorías biológicas sobre la inteligencia y la personalidad.

Además, se han encontrado muchos datos cuando se ha preguntado por el origen de las diferencias individuales. Sabemos actualmente que la programación genética tiene una influencia significativa en la determinación de las diferencias individuales. Conviene tener presente que la programación genética no significa en absoluto que las propiedades humanas heredadas no se puedan modificar a través de programas ambientales cuidadosamente planificados. Además, conductas humanas adquiridas a través de los procesos de aprendizaje pueden ser mucho más complejas de modificar que las conductas influidas por los genes. En pocas palabras, la respuesta a la pregunta por el origen de las diferencias sirve para iluminar con luz objetiva a los científicos sociales sobre cuál es la naturaleza de las piezas del rompecabezas a partir del que se debe comprender la conducta humana.

Los métodos se han desarrollado para responder a preguntas relevantes para la psicología, es decir, para la comprensión científica de las diferencias individuales. Lógicamente, los métodos sirven para estudiar los rasgos, los procesos, las bases biológicas, y el problema del origen de las diferencias. En esta segunda parte se han descrito bastantes ejemplos sobre estos métodos, relacionados con preguntas relevantes dentro del enfoque de las diferencias individuales.

En las páginas siguientes se van a aplicar los conceptos básicos y los métodos descritos en esta segunda parte al estudio científico de las diferencias individuales en inteligencia y en personalidad. La organización de la exposición es exactamente la misma en ambos casos, de modo que se pueda ayudar a la comprensión de los distintos contenidos incluidos en las partes tercera y cuarta. La estructura de la quinta parte es algo distinta, aunque también se hable de teorías factoriales, cognitivas y biológicas de las diferencias individuales (en este caso) anormales.

En suma, si una ciencia se construye y avanza a partir de preguntas y respuestas, parece tener sentido que la exposición de una disciplina científica se organice a partir del tipo de preguntas que se han hecho, de los métodos que se han ideado para buscar respuestas y de las respuestas más importantes que se han encontrado a través de la puesta en práctica de distintos programas de investigación.

PARTE TERCERA

Diferencias individuales en inteligencia

12. Las teorías cognitivas de la inteligencia.

1. ¿Qué pregunta responden las teorías cognitivas de la inteligencia?
2. Las teorías cognitivas de la inteligencia.
3. Una visión cognitiva de las diferencias individuales en inteligencia.
4. La medida de la inteligencia desde las teorías cognitivas.
5. Inteligencia y capacidades de procesamiento.
6. La teoría triárquica de R. J. Sternberg.
7. Aplicaciones prácticas.

Sumario.

13. Las teorías biológicas de la inteligencia.

1. ¿Qué pregunta responden las teorías biológicas de la inteligencia?
2. Pasado evolucionista
3. Las teorías factoriales de la inteligencia y el sistema nervioso.
4. Inteligencia, energía y daño cerebral.
5. Las teorías cognitivas de la inteligencia y el sistema nervioso.
6. Los efectos de la nutrición sobre la inteligencia.
7. Aplicaciones prácticas.

Sumario.

14. El origen de las diferencias de inteligencia.

1. ¿Qué se responde cuando se pregunta por el origen de las diferencias de inteligencia?
2. Origen de las diferencias de inteligencia según las teorías factoriales.
3. Origen de las diferencias de inteligencia según las teorías cognitivas.
4. Aplicaciones prácticas.

Sumario.

15. Grupos humanos.

1. El estudio científico de los grupos humanos.
2. Varones y mujeres.
3. El ciclo vital.
4. Grupos sociales.

Sumario.

Resumen de la parte tercera.

Introducción

¿Por qué resulta relevante el estudio de la inteligencia? ¿Por qué a los psicólogos nos ha preocupado desde hace mucho tiempo el análisis de la inteligencia? ¿Qué hace que la inteligencia sea del interés de mucha gente? ¿Por qué hay tantas referencias a la inteligencia en el lenguaje cotidiano?

La inteligencia que estudian los psicólogos es algo que, a primera vista, resulta poco interesante y escasamente atractivo. Así por ejemplo, diseñan pruebas que parecen muy alejadas de la realidad y experimentos de laboratorio en los que se controla minuciosamente el tiempo que la persona tarda en responder así como el nivel de exactitud que alcanza. Los datos que se obtienen al trabajar con estas pruebas y experimentos se someten a complicados análisis estadísticos que llevan a una serie de conclusiones cuya aplicabilidad es difícil de apreciar a primera vista.

Pero aún peor es que los resultados que se obtienen tras una investigación psicológica sobre la inteligencia, pueden llegar a contradecir las suposiciones de las personas que deben habérselas con las diferencias de capacidad intelectual, como profesores o empresarios. Cuando se producen estas contradicciones entre las afirmaciones basadas en datos y las suposiciones *naïve* de personas no profesionales de la Psicología, se generan, según el profesor Hans Eysenck (1979), corrientes de opinión que propician el rechazo de las tareas que llevan a cabo los profesionales de la psicología.

Hay que observar que estas contradicciones se producen, en especial, en el campo del estudio psicológico de la inteligencia. Por alguna razón, la inteligencia se considera un bien personal y social muy preciado. Quizá no haya peor afrenta que calificar a alguien de «torpe» ni mejor premio que calificarle de «brillante». Por razones evidentes, para las personas *naïve* resulta mucho más confortable emitir un juicio intuitivo sobre el grado de torpeza o brillantez de una persona que calibrar estadística y teóricamente una serie de números obtenidos tras el empleo de instrumentos de medición psicológica. Es más confortable, si cabe, cuando los números contradicen abiertamente las suposiciones del profesional *naïve*.

Por desgracia, no han sido pocas las ocasiones en las que determinados sectores profesionales de la Psicología han echado piedras sobre el propio tejado. En lugar de analizar escrupulosamente los datos que avalan determinadas afirmaciones sobre la inteligencia de, pongamos por caso, los varones y las mujeres, han puesto encima de la mesa sus prejuicios personales lanzando descalificaciones viscerales.

Pero una ciencia no avanza así. La ciencia tiene unas reglas y no seguirlas descalifica cualquier comentario, en la misma medida que resultaría absurdo querer ganar al ajedrez empleando las reglas de las damas.

Las cuestiones que se estudiarán en esta segunda parte están gobernadas por las reglas de la ciencia. Por consiguiente, los distintos tipos de teorías sobre las diferencias intelectuales que a continuación se van a exponer tienen como principal cometido responder a las preguntas cuya lógica ya se ha revisado en la segunda parte.

Así, después de responder a la pregunta de qué es la inteligencia, se presentarán las teorías factoriales de la inteligencia, es decir, teorías que incluyen los rasgos intelectuales básicos necesarios para ofrecer una visión de conjunto de lo que científicamente se entiende por inteligencia. En alguna medida, se trata de taxonomías o mapas cartográficos sobre el concepto científico inteligencia, equivalente a la tabla de elementos químicos o a la clasificación de las especies animales.

Una vez exploradas las teorías factoriales de la inteligencia responderemos a la segunda pregunta, es decir, cuáles son los procesos cognitivos que podrían explicar las diferencias intelectuales descritas por los mapas cartográficos. Las teorías factoriales ayudan a descifrar la *estructura* de la inteligencia, mientras que las teorías cognitivas describen la *dinámica* de la inteligencia, es decir, el modo en que aparentemente operan los elementos básicos de la inteligencia.

Recuperando una analogía que ya se ha usado previamente, cuando se abre el capó de un coche observamos una serie de piezas dispuestas de un determinado modo. La disposición concreta de ese conjunto de piezas se corresponde con su *estructura*. Pero observar atentamente esa estructura no resulta inmediatamente útil para comprender su *dinámica,* es decir, cómo funciona el motor, por lo que será necesario realizar una serie de pruebas o pequeños experimentos. A través de la observación sistemática podremos averiguar cuál es el funcionamiento de esa estructura de piezas mecánicas y electrónicas que denominamos motor.

La siguiente pregunta que responderemos se refiere a las teorías biológicas de la inteligencia. Por supuesto, no estamos interesados en enumerar las distintas explicaciones que se han dado para describir y explicar el funcionamiento biológico. Lo que nos interesa es relacionar los conocimientos disponibles tanto sobre los rasgos intelectuales (la estructura de la inteligencia) como sobre los procesos cognitivos (la dinámica de la inteligencia) con el funcionamiento biológico. Como ya se habrá advertido en la parte segunda, estos análisis deben ayudar a mejorar las teorías psicológicas en general.

La última pregunta supone responder al problema de la influencia de los genes y del medio ambiente en las diferencias intelectuales. Evidentemente, y al igual que en el caso de las teorías biológicas de la inteligencia, preguntaremos por la determinación hereditaria y ambiental tanto de los rasgos intelectuales como de los procesos cognitivos.

En cada uno de los epígrafes se incluye un apartado dedicado a exponer algunas aplicaciones prácticas de las teorías descritas. Esto permitirá romper una aparente y frecuente división entre las tareas de investigación y las aplicaciones prácticas de la psicología. En el prólogo se expuso la vocación práctica de la psicología de las diferencias individuales; será este apartado el lugar en el que demostrar esta afirmación.

Finalmente, en el epígrafe dedicado a los grupos humanos se aplican los conocimientos teóricos y metodológicos previos al estudio de las diferencias entre varones y mujeres, entre personas de distintas edades y entre grupos sociales.

¿Qué es la inteligencia? 10

La inteligencia influye decisivamente en nuestras vidas. Si nos paramos a pensar en las acciones que realizamos diariamente, advertiremos con facilidad de qué modo la mayor parte de ellas exigen un nivel intelectual básico. Desde que escuchamos el despertador por la mañana hasta que apagamos la luz de la habitación por la noche, la inteligencia está presente en nuestras vidas. Sin embargo, apenas le damos importancia. Es lo mismo que sucede con la salud: no nos damos verdadera cuenta de lo que supone estar sano hasta que caemos enfermos. Pensemos por un momento lo que supondría tener la inteligencia de un chimpancé o de un delfín en la sociedad actual. Pensemos en las dificultades reales que tiene para adaptarse a las exigencias de nuestra sociedad una persona con síndrome de Down o una persona que ha sufrido una lesión cerebral que haya afectado a alguna de sus habilidades intelectuales (como la capacidad de hablar o la capacidad para orientarse entre las calles de su barrio). Rápidamente tomaremos conciencia de la importancia de la inteligencia en nuestras vidas, y comprenderemos por qué los psicólogos le han prestado tanta atención.

Este epígrafe responde a la pregunta de qué es la inteligencia. De este modo, se describen algunas conductas que suelen considerarse inteligentes, se relaciona el concepto inteligencia con los conceptos científicos en general y con el modo en que suelen definirse. Finalmente, se exponen brevemente las conclusiones principales sobre la inteligencia a las que ha llegado recientemente un comité de expertos de la Asociación Americana de Psicología.

1. LO QUE NO ES LA INTELIGENCIA

La inteligencia NO es ni un sustantivo, ni un adjetivo, ni un adverbio. La inteligencia NO es la definición que aparece en el diccionario. La inteligencia NO es lo que supusieron Descartes, Kant u Ortega y Gasset. La inteligencia NO es la obra cumbre de algún demiurgo. La inteligencia NO es una propiedad humana que se supone cambió por completo nuestro desarrollo evolucionista como especie. Entonces, ¿qué es la inteligencia?

La inteligencia es una suposición que se justifica por el tipo de actos que realizan cotidianamente las distintas personas. No sabemos a ciencia cierta qué es la inteligencia, así que el camino más adecuado para convertir esa suposición en algo sólido podría consistir en observar lo que la gente hace. Desde estas páginas se sostiene que es poco lo que ganaremos en términos netos especulando sobre lo que se supone que podría ser la inteligencia. Más bien, el primer y más esencial esfuerzo debería consistir en observar de un modo sistemático lo que las distintas personas hacen en su vida cotidiana en las situaciones que parecen resultar intelectualmente exigentes.

Así, se puede observar a un bebé que convive con sus padres y familiares desde el momento del nacimiento. A medida que crece, los padres van obteniendo indicadores sobre su adecuado desarrollo. Al principio, el bebé mira en derredor sin aparente concierto, pero paulatinamente pone cierta intención en su mirada, reclama atención, comida o determinadas expresiones faciales de su madre. Es decir, comienza a controlar su compor-

Figura 10.1.—La inteligencia no es una característica exclusiva de los seres humanos. En las películas de ciencia ficción suele ser un tema recurrente el de si existe o no «vida inteligente» en otras galaxias y planetas. La pregunta no es si hay o no vida, sino especialmente si esa vida es inteligente. En la galaxia de ficción creada por George Lucas aparecen innumerables personajes, pero casi todos ellos manifiestan un nivel de inteligencia que compite con el de los seres humanos.

tamiento con claras intenciones comunicativas. Esto es conducta inteligente.

El bebé sigue creciendo y comienza a andar. En su deambular por su reducido mundo, se gobierna a partir de determinadas decisiones conscientes. De este modo, abandona su cama y se dirige al salón para recoger un juguete olvidado, que luego usa para disparar a su hermano mayor y reír a carcajadas. Estas acciones encadenadas suponen una planificación más sofisticada que el simple reclamo para satisfacer necesidades primarias como beber, comer o ser mudado. Y esto también es conducta inteligente.

El bebé se convierte en niño y muestra interés por la música; sonríe visiblemente cuando su hermano mayor pone música *soul*. Un día se acerca por sorpresa al lugar en el que su madre guarda su guitarra, la saca de la funda, se la coloca como puede encima de su pierna izquierda, sitúa su mano derecha en el travesaño y la mano izquierda en la caja. Prueba distintos sonidos, hasta que se queda con cuatro o cinco que le resultan agradables al oído y que repite cíclicamente hasta que es descubierto por su hermano mayor, quien le amenaza con decírselo todo a la madre. Tras el incidente, el niño regresa a su habitación, se sienta encima de la cama y comienza a tararear las cuatro o cinco notas que le ha arrancado a la guitarra. Esto es conducta inteligente.

El niño comienza a asistir a la escuela. Los primeros días llora insistentemente cada vez que el padre le conduce hasta la clase ofreciéndole todo tipo de recompensas futuras para aplacar su llanto. Transcurridas un par de semanas, el niño cesa su llanto diario, soltándose incluso de la mano del padre metros antes de aproximarse al aula. El padre le sigue los pasos para observar a qué se debe ese cambio drástico en su comportamiento. Observa que su niño se reúne con unos compañeros al fondo de la clase y que intercambia ciertos objetos que no alcanza a ver desde la puerta. Le llama con voz firme. El niño gira el rostro y se le llenan las mejillas de rubor a medida que se aproxima con paso lento hacia el padre. Le pregunta qué intercambiaba con sus amigos. El niño no responde. Ante esta situación, el padre se dirige hacia los compañeros de su hijo y exige que le muestren los objetos que les ha proporcionado. El niño, que se ha quedado en la puerta de la clase, arranca a llorar con tono estrepitoso, lo que obliga al padre a girar sobre sus pasos para atenderle. El padre consume unos minutos preguntando al niño sobre el porqué de su llanto, sin que éste cese en su comportamiento. Llega la profesora, signo claro de que la clase va a comenzar y de que el padre debe abandonar el aula. El niño para de llorar al instante, besa a su padre y regresa al interior del aula. El padre saluda a la profesora y se va. El niño mira hacia la puerta del aula esbozando una visible sonrisa. Esto es conducta inteligente.

Desde estas primeras conductas inteligentes hasta el comportamiento de un adulto podemos encontrar un enorme número de indicadores que, con toda seguridad, las personas calificaríamos de inteligencia. Cuando la captura de este tipo de indicadores se transforma en rutina sistematizada por la comunidad científica, se puede comenzar a afirmar que la inteligencia se está tratando de convertir en un concepto científico sólido.

2. LA INTELIGENCIA ES UN *CONCEPTO CIENTÍFICO*

El concepto científico «inteligencia» se deriva de una observación sistemática del comportamiento de la gente. Pero ¿cómo se puede averiguar cuáles son, en realidad, los elementos más o menos importantes que necesariamente se deberán considerar para desarrollar una descripción conveniente de ese concepto?, ¿de qué maneras se relacionan estos elementos relevantes de la inteligencia?, ¿cuáles son más y menos importantes?, ¿son todos ellos igualmente relevantes?

Responder a estas preguntas desde el enfoque de las diferencias individuales supone ceñirse, entre otras, a las siguientes fases:

- El método más óptimo para comprender un concepto científico como la inteligencia consiste en comparar rigurosamente el comportamiento de distintas personas en situaciones que consideremos intelectualmente exigentes.

La razón es sencilla: no sabemos qué es la inteligencia, no hay un criterio absoluto sobre lo que pueda ser el concepto inteligencia. Pero lo que sí conocemos, por pura observación, es que las personas no resuelven con igual efectividad situaciones o problemas que consideramos intelectualmente exigentes, como encajar las piezas de un puzzle, resolver un crucigrama o calcular mentalmente a cuántas pesetas equivale el 17 por 100 de descuento anunciado en un producto de limpieza nuevo en el mercado. Estudiando estas diferencias resulta posible conjeturar en un principio e ir averiguando con el tiempo cuáles de estas diferencias son relevantes y cuáles son azarosas. A partir de aquí, podremos centrarnos en las diferencias relevantes, es decir, en las situaciones que nos pueden revelar los elementos básicos de ese candidato a concepto científico que denominamos «inteligencia».

- Las personas, como sucede con las cosas, se conocen por sus propiedades.

Así por ejemplo, decimos que los huesos realizan una triple función: *a*) sostener las partes blandas del cuerpo; *b*) proteger los órganos vitales, y *c*) servir de depósito de los iones de calcio y de fosfato. Por sus dimensiones se clasifican en largos, cortos y planos. Químicamente están formados por materia orgánica (tejido conjuntivo de fibras colágenas y osteocitos) y por materia inorgánica (sales de calcio, en forma de fosfatos y carbonato, depositadas sobre las fibras colágenas). En el adulto, el tejido óseo se dispone en forma compacta y esponjosa, y en él se encuentran los osteocitos, y prolongaciones, las lagunas óseas, y los conductos calcóforos. Está recorrido por un sistema de canales (conductos de Havers y de Valkmann, longitudinales y transversales, respectivamente). El hueso está revestido por el periostio.

Este tipo de descripciones que se realizan sobre las cosas resultan de enorme utilidad también en el caso de las personas. Por consiguiente, para consolidar el concepto inteligencia será necesario averiguar cuáles son sus propiedades. Como sucede con los huesos, cuyas principales características se van descubriendo estudiando minuciosamente distintos tipos de huesos, las propiedades de la inteligencia se pueden descubrir a través de la observación de distintas personas actuando en distintas situaciones. Estas situaciones serán en un principio naturales o cotidianas, pero paulatinamente los científicos desarrollarán pruebas estandarizadas para garantizar un riguroso control y comprender así mejor la inteligencia.

- Las comparaciones entre personas pueden hacerse, a la larga, entre una persona en concreto y un determinado grupo humano.

De este modo, una vez estudiada una población de personas de un modo analítico, se pueden determinar al menos algunas de las principales propiedades que parecen relevantes para explicar su comportamiento inteligente. Estos resultados nos capacitarán para poder expresar la inteligencia de una persona en concreto, según como sean en ella esas propiedades.

Estas propiedades de la inteligencia deberán ser consistentes, o lo que es lo mismo, serán inútiles las propiedades que parezcan producto del azar. En alguna medida, las propiedades intelectuales que caractericen a esa persona en concreto nos permitirá decir algo relevante sobre su inteligencia.

3. INTELIGENCIA Y ELECTRICIDAD: ¿SON NECESARIAS LAS DEFINICIONES?

¿Se puede trabajar científicamente con un concepto como es la inteligencia sin comprender previamente su naturaleza? En otras palabras, ¿es necesaria una definición estándar sobre la inteligencia para poder trabajar sobre el concepto científico inteligencia?

Debe recordarse que los científicos pudieron estudiar exhaustivamente, y durante mucho tiempo, la electricidad sin comprender su naturaleza y, por supuesto, sin ceñirse o gobernarse por ningún tipo de definición estándar. Por supuesto, tenían algunas suposiciones o hipótesis, así como algunas concepciones básicas derivadas de la observación del comportamiento de determinados materiales. Pero nada más.

Por consiguiente, aunque pueda parecer sorprendente, la respuesta a las preguntas anteriores es positiva. Las definiciones científicas estándar pueden ayudar a resumir complicadas operaciones matemáticas necesarias para hacer operativo o trabajable un determinado campo de estudio, pero en ningún caso determinarán nuestras maneras de explorar ese concepto.

En este sentido, el profesor Edward G. Boring definió en los años veinte la inteligencia como lo que miden las pruebas de inteligencia. Esta frase ha sido bastante vilipendiada en determinados círculos académicos, pero en realidad resultaba bastante sintomática del hastío producido en los investigadores como resultado de la incapacidad para dar con una definición en la que todos ellos estuvieran de acuerdo. La solución más recomendable pasaba por buscar el acuerdo a través de las matemáticas, es decir, del tipo de acciones científicas que deberían seguirse para opeativizar las conductas que cotidianamente realizaba la gente y que, claramente, se consideraban comportamiento inteligente.

El rechazo de las definiciones verbales estándar no necesariamente significa que no se tengan ciertas concepciones sobre lo que se supone que es la inteligencia. Así lo indica una encuesta a gran escala realizada por Snyderman y Rothman (1987).

En esa encuesta se preguntaba cuáles pueden ser los elementos más importantes de la inteligencia a una muestra muy amplia de personas que desarrollan su trabajo en círculos profesionales en los que se exige una cierta comprensión del concepto inteligencia, es decir, educadores y científicos sociales de diversa índole. Algunas de las conclusiones fueron las siguientes:

- Más del 90 por 100 de la población encuestada señala como elementos esenciales de la inteligencia el pensamiento abstracto, la resolución de problemas (razonamiento) y la capacidad para aprender.
- Entre el 70 por 100 y el 80 por 100 considera importantes las siguientes propiedades de la inteligencia: memoria, adaptación al

Figura 10.2.—*Izquierda:* R2D2, el famoso robot de la trilogía de *La Guerra de las Galaxias. Derecha:* Humanoide P-2, un robot que conserva el equilibrio creado por la factoría Honda, presentado públicamente en el verano de 1997. Una vieja pregunta es: ¿podrá el ser humano diseñar algún día dispositivos verdaderamente inteligentes? En buena medida, que los ingenieros puedan dar con las claves para que un androide se gobierne de un modo inteligente dependerá de que los psicólogos comprendamos qué significa exactamente la conducta inteligente y, lo que es más importante, ¡que seamos capaces de explicárselo a los técnicos!

ambiente, velocidad mental y competencia para el lenguaje.

A la vista de estos resultados es paradójico que:

- Todas estas propiedades hayan sido estudiadas durante muchos años y de un modo sistemático por los psicólogos.
- Los psicólogos hayan hecho un esfuerzo especial por desarrollar una buena cantidad de pruebas psicológicas con demostradas garantías científicas para medir esas propiedades de un modo fiable y válido.
- Sin embargo, en determinados sectores sociales y académicos se haya criticado de modo reiterado la ausencia de relevancia de los estudios psicológicos sobre la inteligencia; en una palabra, su aparente desapego de la realidad cotidiana.

Por los datos de esta encuesta, esa situación paradójica no tiene nada que ver con las tareas habituales de los profesionales de la inteligencia.

Hay otros dos comentarios que se suscitan como resultado de la encuesta:

- Solamente el 19 por 100 señala como elemento importante de la inteligencia la motivación de la persona. Este dato resulta chocante, puesto que algunas de las reiteradas críticas a las pruebas de inteligencia es que es necesario que la persona esté motivada para que se pueda recoger información mínimamente relevante. Sin embargo, no parece que los profesionales más relacionados con el problema de la inteligencia estén en sintonía con este popular comentario.
- Aproximadamente el 60 por 100 indica que la creatividad es importante para delimitar el concepto inteligencia. Este porcentaje es, en efecto, relevante, pero está bastante alejado de otras características señaladas por los encuestados.

En otro estudio con características similares al comentado, Sternberg y Berg (1986) compararon las opiniones de una serie de expertos en inteligencia. Estos expertos pertenecían a dos épocas bien distintas: 1921 y 1986.

El principal objetivo del estudio de Sternberg y Berg (1986) fue encontrar los elementos de la inteligencia que en 1921 se consideraban relevantes y que en 1986 seguían considerándose importantes.

El resultado fundamental fue que los elementos comunes a ambas épocas son:

— Razonamiento abstracto.
— Resolución de problemas.
— Toma de decisiones.

Según esto, por tanto, estamos en disposición de sostener que, aunque carezcamos de una definición estándar sobre la que todo el mundo muestre un acuerdo claro y explícito, sí sabemos cuáles pueden ser algunas de las principales propiedades de la inteligencia.

Por supuesto, la tarea pendiente todavía es darle una densidad científica a este tipo de propiedades, de modo tal que, entre otras cosas, las aplicaciones prácticas que la psicología pueda ofrecer sobre el concepto inteligencia cumplan unas garantías satisfactorias. Esta tarea pendiente es la que se va a resolver durante esta parte tercera, pero antes se expondrán las principales conclusiones sobre la inteligencia a las que ha llegado un Comité de Expertos de la Asociación Americana de Psicología.

4. LA INTELIGENCIA SEGÚN LA ASOCIACIÓN AMERICANA DE PSICOLOGÍA

En 1996 se ha publicado un informe oficial de la Asociación Americana de Psicología (APA) encargado a un comité científico coordinado por Ulric Neisser y compuesto por los siguientes autores: Gwyneth Boodoo, Thomas J. Bouchard, Wade Boykin, Nathan Brody, Stephen J. Ceci, Diane F. Halpern, John C. Loehlin, Robert Oerloff, Robert J. Sternberg y Susana Urbina.

Sus principales conclusiones son las siguientes (Neisser y col., 1996; véase la traducción al español de este amplio informe en Andrés Pueyo y Colom, en prensa):

— Las diferencias genéticas contribuyen significativamente a las diferencias individuales en inteligencia, pero no sabemos cómo. El impacto de las diferencias genéticas aumenta con la edad, pero no sabemos por qué.
— Los factores ambientales también contribuyen significativamente al desarrollo de la inteligencia, pero no sabemos ni cuáles son estos factores ni cómo actúan. Ir a la escuela es importante, pero no sabemos cuáles son las variables escolares relevantes.
— El papel de la nutrición sobre la inteligencia no está claro.
— Hay correlaciones significativas entre las medidas del procesamiento de la información y la inteligencia psicométrica, pero no sabemos cómo interpretar teóricamente este hecho.
— Las puntuaciones medias en los tests de inteligencia están aumentando con el paso de las décadas desde principios de siglo. En los últimos 50 años la población ha aumentado su CI una desviación típica, es decir, 15 puntos. Nadie saber por qué o lo que significa ese aumento.
— Las diferencias medias en los tests de inteligencia entre los blancos y los afroamericanos no es resultado de ningún sesgo en el diseño o la aplicación de los tests, y tampoco refleja diferencias de clase social. No sabemos a qué se debe esta diferencia media.
— Los tests estandarizados no exploran todas las formas posibles de inteligencia.

Además de estas conclusiones generales, hay algunos hechos que merecen ser señalados. Por ejemplo, el comité declara: «La mayor parte de nuestro informe considera la aproximación psicométrica, puesto que no sólo ha inspirado la mayor parte de la investigación y ha atraído la mayor atención, sino que es la más empleada en la práctica» (pág. 77). Esta aproximación psicométrica se corresponde con las teorías factoriales de la inteligencia que se describirán en el siguiente epígrafe: «las teorías factoriales jerárquicas constituyen la perspectiva actual más aceptada sobre la estructura de las capacidades» (pág. 81).

En el informe se hacen cinco preguntas esenciales:

1. ¿Cuáles son las conceptualizaciones más significativas de la inteligencia en la actualidad?
2. ¿Qué significan las puntuaciones de los tests, qué predicen y con qué precisión predicen?
3. ¿Por qué difieren los individuos en su inteligencia y en especial en los tests de inteligencia? Es decir, ¿cuál es la influencia de la herencia y el ambiente?
4. ¿Muestran distintos patrones de rendimiento en los tests de inteligencia distintos grupos étnicos? Si es así, ¿qué pueden explicar estas diferencias?
5. ¿Cuáles son las preguntas no respondidas por ahora?

¿Cambia la inteligencia durante la vida de las personas? ¿Está sujeta la inteligencia de las personas a las cambiantes condiciones socioculturales? ¿O se trata de una propiedad personal estable? Hay muchos resultados que señalan que las puntuaciones de los tests son muy estables durante el desarrollo. Así por ejemplo, Jones y Bayley (1941) midieron anualmente la inteligencia de una muestra de niños durante la infancia y hasta la adolescencia. La media para los 17 y 18 años correlacionó 0,86 con la media para los 5, 6 y 7 años, y 0,96 con la media para los 11, 12 y 13 años. En un estudio más reciente de similares características realizado por Moffitt y col. (1993) se presentan datos similares.

Las medidas de habituación realizadas con bebés de tres meses a un año de edad correlacionan significativamente con las puntuaciones de inteligencia de los mismos niños a los dos, cuatro y seis

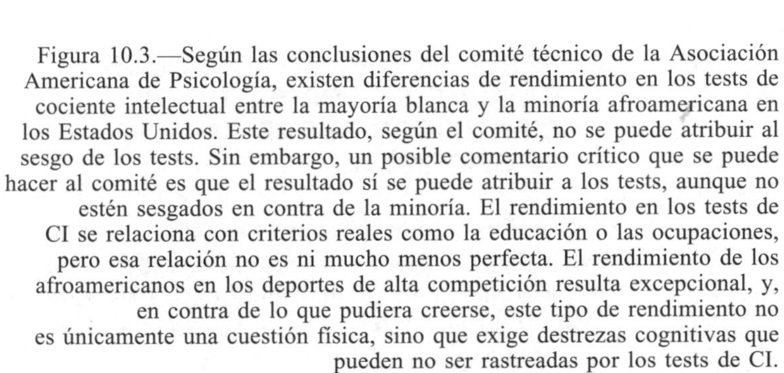
Figura 10.3.—Según las conclusiones del comité técnico de la Asociación Americana de Psicología, existen diferencias de rendimiento en los tests de cociente intelectual entre la mayoría blanca y la minoría afroamericana en los Estados Unidos. Este resultado, según el comité, no se puede atribuir al sesgo de los tests. Sin embargo, un posible comentario crítico que se puede hacer al comité es que el resultado sí se puede atribuir a los tests, aunque no estén sesgados en contra de la minoría. El rendimiento en los tests de CI se relaciona con criterios reales como la educación o las ocupaciones, pero esa relación no es ni mucho menos perfecta. El rendimiento de los afroamericanos en los deportes de alta competición resulta excepcional, y, en contra de lo que pudiera creerse, este tipo de rendimiento no es únicamente una cuestión física, sino que exige destrezas cognitivas que pueden no ser rastreadas por los tests de CI.

años de edad (Columbo, 1993). En algunos estudios se hallan esas correlaciones incluso a los 8 y a los 11 años de edad (Rose y Feldman, 1995). Un meta-análisis reciente, es decir, un resumen de datos encontrados en 31 estudios distintos, indica que la magnitud de la correlación es de 0,36 (McCall y Garriger, 1993).

Según este informe de la APA, los tests predicen bastante bien el rendimiento escolar: la correlación media suele ser de 0,5. Los tests también predicen el rendimiento en las pruebas de logro escolar diseñadas para medir conocimientos sobre el currículum académico. Los niños con mejores puntuaciones en los tests de inteligencia aprenden más que sus colegas menos capacitados. Seguramente hay estilos de enseñanza y métodos de instrucción que pueden aumentar o reducir esta correlación, pero de momento no se ha encontrado ninguno que la haga desaparecer.

El CI es también el mejor predictor único del rendimiento laboral, aunque haya otras variables relevantes: «Otras características individuales, como las habilidades interpersonales o las propiedades de la personalidad, pueden ser importantes, pero por el momento no disponemos de instrumentos tan fiables para medir esas otras variables como los que miden el CI» (pág. 83).

Combinando los distintos datos disponibles sobre el origen de las diferencias de inteligencia, la influencia de la herencia es de 0,5 y la influencia ambiental es de 0,25. Sin embargo, la mayor parte de los datos se corresponde con estudios realizados con niños. Según parece, la heredabilidad aumenta con la edad, mientras que las influencias ambientales se reducen. En la niñez, la heredabilidad es de 0,45 y la influencia ambiental es de 0,35, pero cuando termina el período de la adolescencia los valores son 0,75 y 0, respectivamente. Además, «las diferencias en los estilos de vida de las familias no influye nada en las diferencias de habilidad medidas por los tests de inteligencia, aunque puedan ser relevantes para otros aspectos de la vida de los niños» (pág. 88).

Una posible explicación de estos resultados es que a medida que las personas crecen sus transacciones con el ambiente están más influidas por las características que la propia persona lleva consigo a las distinas situaciones, a la vez que se reduce la influencia previa familiar y social. Claramente, las personas mayores están en mejor situación para seleccionar sus propios ambientes.

Estos datos sobre la heredabilidad pueden dar ideas a los estudios sobre los mecanismos de actuación del genotipo sobre qué mirar, dónde y cuándo. Hay que tener claro que la heredabilidad no implica inmutabilidad. Los rasgos heredables pueden depender del aprendizaje y pueden estar sujetos a otras influencias ambientales. El valor de la heredabilidad puede cambiar si la distribución de ambientes o genes en la población se ve sustancialmente alterada. Por otro lado, pueden producirse cambios en el ambiente que no afecten en absoluto a la heredabilidad: si los cambios ambientales influyen por igual en todos los individuos de la población, y estos son beneficiosos, el nivel de la población aumentará, pero la heredabilidad no se modificará nada.

Los diversos programas de mejora de la inteligencia han mostrado efectos beneficiosos durante la aplicación del programa, pero esas ganancias desaparecen al poco tiempo de terminar el período de aplicación. Sistemáticamente, no hay diferencias entre los grupos experimentales y de control.

En suma, según los autores del informe, «actualmente sabemos mucho sobre la inteligencia. Un siglo de investigación, la mayor parte basado en los métodos psicométricos, ha producido un cuerpo de conocimientos impresionante» (pág. 97). Pero, en igual medida, todavía hay bastantes preguntas en busca de respuestas.

5. RESUMEN DE LOS ACUERDOS BÁSICOS EN LOS ESTUDIOS CIENTÍFICOS SOBRE LA INTELIGENCIA

A continuación se reproduce una declaración breve firmada por 52 investigadores de reconocido prestigio internacional, publicada originalmente en 1994 en el *Wall Street Journal* y en la revista *Intelligence* en 1997.

Los siguientes profesores —todos ellos expertos a nivel internacional en inteligencia y campos relacionados— firman la presente declaración: Richard D. Arvey, Thomas J. Bouchard, Jr., John B. Carroll, Raymond B. Cattell, David B. Cohen, Rene W. Dawis, Douglas K. Detterman, Marvin Dunnette, Hans Eysenck, Jack Feldman, Edwin A. Fleishman, Grover C. Gilmore, Robert A. Gordon, Linda S. Gottfredson, Richard J. Haier, Garrett Hardin, Robert Hogan, Joseph M. Horn, Lloyd G. Humphreys, John E. Hunter, Seymour W. Itzkoff, Douglas N. Jackson, James J. Jenkins, Arthur R. Jensen, Alan S. Kaufman, Nadeen L. Kaufman, Timothy Z. Keith, Nadine Lambert, John C. Loehlin, David Lubinski, David T. Lykken, Richard Lynn, Paul E. Meehl, R. Travis Osborne, Robert Perloff, Robert Plomin, Cecil R. Reynolds, David C. Rowe, J. Philippe Rushton, Vincent Sarich, Sandra Scarr, Frank L. Schmidt, Lyle F. Schoenfeldt, James C. Sharf, Julian C. Stanley, Del Theissen, Lee A. Thompson, Robert M. Thorndike, Philip Anthony Vernon y Lee Willerman.

Desde la publicación de *The Bell Curve (La curva en campana),* varios comentaristas han opinado sobre la inteligencia humana desde una perspectiva que ignora la evidencia científica actualmente disponible. Algunas de las conclusiones presentadas en los medios de comunicación como algo desacreditado, en realidad constituyen conclusiones científicas robustas.

La presente declaración describe una serie de conclusiones que se consideran válidas entre los científicos de la inteligencia, especialmente en relación a la naturaleza, orígenes, y consecuencias prácticas de las diferencias individuales y grupales en inteligencia. El objetivo es promover una discusión más razonada sobre los temas que la investigación ha ido desvelando en las décadas recientes. Las siguientes conclusiones se describen con mayor detalle en libros de texto, revistas profesionales y enciclopedias sobre la inteligencia.

El significado y la medida de la inteligencia

1. La inteligencia es una capacidad mental muy general que, entre otras cosas, implica la aptitud para razonar, planificar, resolver problemas, pensar de modo abstracto, comprender ideas complejas, aprender con rapidez y aprender de la experiencia. No se puede considerar un mero conocimiento enciclopédico, una habilidad académica particular o una pericia para resolver tests. En cambio, refleja una capacidad más amplia y profunda para comprender el ambiente —darse cuenta, dar sentido a las cosas o imaginar qué se debe hacer.

2. La inteligencia, así definida, se puede medir, y los tests de inteligencia la miden adecuadamente. Estos tests constituyen el modo de evaluación más preciso (en términos técnicos, son fiables y válidos). Estos tests no miden la creatividad, el carácter, la personalidad u otras importantes diferencias individuales, pero tampoco lo pretenden.

3. Existen diversos tipos de tests de inteligencia, pero todos ellos miden la misma inteligencia. Algunos tests incluyen palabras o números y requieren un conocimiento cultural específico (como el vocabulario). Otros en cambio no requieren ese conocimiento, e incluyen formas o diseños, de modo que sólo requieren conocer conceptos universales simples (mucho/poco, abierto/cerrado, arriba/abajo).

4. La distribución de las personas según el CI, desde el nivel bajo al nivel alto, se puede representar adecuadamente mediante la curva en campana (en jerga estadística, la distribución normal). La mayor parte de las personas se sitúan alrededor del punto medio (CI 100). Pocos son muy brillantes o muy torpes: cerca de un 3 por 100 de los americanos tienen puntuaciones superiores a 130 (considerado habitualmente como el límite de la superdotación); aproximadamente el mismo porcentaje tiene puntuaciones por debajo de 70 (considerado habitualmente el umbral del retraso mental).

5. Los tests de inteligencia no están culturalmente sesgados en contra de los afroamericanos u otras personas nativas angloparlantes de los Estados Unidos. Por el contrario, las puntuaciones de CI predicen con igual nivel de exactitud para todos los ciudadanos americanos, independientemente de la raza o la clase social. Las personas que no comprenden el idioma inglés resuelven tests no-verbales o tests presentados en su lengua nativa.

6. Los procesos cerebrales que subyacen a la inteligencia todavía no son bien comprendidos. Las investigaciones actuales exploran la velocidad de transmisión neural, el consumo de glucosa y la actividad eléctrica del cerebro.

Diferencias grupales

7. Los miembros de todos los grupos étnico-raciales se sitúan a todos los niveles de la escala de CI. Las

curvas de los distintos grupos se solapan considerablemente, pero los grupos suelen diferir por el lugar de la curva en el que tienden a agruparse sus miembros. Las curvas de algunos grupos (como los judíos o los asiáticos) suelen situarse en un lugar algo más alto que los blancos. Otros grupos (afroamericanos e hispanos) tienden a situarse en un lugar algo más bajo que los blancos no hispanos.

8. La curva de la población blanca se sitúa alrededor del 100; la curva de la población afroamericana se sitúa alrededor del 85; y las curvas de otros grupos como los hispanos se sitúa entre la de los blancos y los afroamericanos. La evidencia está menos clara respecto a en qué lugar por encima de 100 se sitúan otros grupos como los judíos o los asiáticos.

Importancia práctica

9. El CI se relaciona de modo robusto con varios resultados sociales, económicos, ocupacionales y educativos, probablemente en bastante mayor medida que cualquier otro rasgo humano. Su relación con el bienestar y el rendimiento de los individuos es muy robusta en algunas situaciones vitales (educación, entrenamiento militar), de moderada a robusta en otras situaciones (competencia social) y modesta pero consistente en algunas otras situaciones (respeto de las leyes). Sea lo que sea lo que miden los tests, tiene una gran importancia práctica y social.

10. Un alto CI supone una ventaja en la vida, dado que virtualmente todas las actividades requieren algún tipo de razonamiento y de toma de decisiones. Y a la inversa, un bajo CI supone una desventaja, especialmente en ambientes desorganizados. Por supuesto, ni un alto CI garantiza el éxito ni un bajo CI garantiza el fracaso en la vida. Existen muchas excepciones, pero el éxito en nuestra sociedad favorece a los individuos con CI alto.

11. Las ventajas prácticas de tener un CI alto aumentan a medida que las situaciones se hacen más complejas (novedosas, ambiguas, cambiantes, impredictibles o con muchas alternativas). Por ejemplo, un alto CI es generalmente necesario para mostrar un buen rendimiento en ocupaciones complejas (las profesiones cualificadas, la gestión); supone una ventaja considerable en ocupaciones moderadamente complejas (aviones, policía, y administración); pero supone una ventaja algo menor en las situaciones que sólo exigen tomar decisiones simples y resolver problemas sencillos (trabajos de baja cualificación).

12. Las diferencias en inteligencia no son, por supuesto, el único factor que influye en el rendimiento educativo, el entrenamiento o las ocupaciones muy complejas (nadie dice que esto sea así), pero la inteligencia suele ser el factor más importante. Cuando ya se ha seleccionado a los individuos, entre personas de alto o de bajo CI, de modo que apenas difieren en CI, como por ejemplo en la Universidad, otras influencias cobran una mayor importancia.

13. Algunos rasgos de personalidad, talentos, aptitudes, capacidades físicas, experiencia y algunos otros, son importantes (y en ocasiones esenciales) para lograr un rendimiento óptimo en muchas ocupaciones, pero tienen una aplicabilidad más reducida (o desconocida) a distintas tareas y situaciones comparativamente con la inteligencia. Algunos autores se refieren a estos otros rasgos humanos como otras «inteligencias».

Orígenes y estabilidad de las diferencias intragrupales

14. Los individuos difieren en inteligencia debido a diferencias tanto en el ambiente como en la herencia. Las estimaciones de la heredabilidad van desde 0,4 a 0,8 (en una escala de 0 a 1), lo que indica que la genética tiene un papel más importante que el ambiente en la producción de las diferencias individuales de inteligencia (la heredabilidad es la raíz cuadrada de la correlación del fenotipo con el genotipo). Si todos los ambientes fuesen iguales para todo el mundo, la heredabilidad sería del 100 por 100 dado que todas las diferencias de CI que se observasen tendrían necesariamente un origen genético.

15. Los miembros de la misma familia suelen diferir sustancialmente en inteligencia (en promedio unos 12 puntos de CI) tanto por razones genéticas como ambientales. Difieren biológicamente dado que los hermanos y hermanas biológicas comparten la mitad de sus genes con cada padre y, en promedio, sólo la mitad entre sí. También difieren en CI dado que experimentan diferentes ambientes dentro de la misma familia.

16. El hecho de que el CI sea altamente heredable no significa que no esté influido por el ambiente. Los individuos no nacen con niveles intelectuales fijos e inmodificables (nadie dice que esto sea así). El CI se estabiliza gradualmente durante la infancia, no obstante, y generalmente cambia poco desde entonces.

17. Aunque el ambiente es importante en la creación de las diferencias de CI, aún no sabemos cómo ma-

nipularlo para elevar un CI bajo de manera permanente. La pregunta de si los intentos relativamente recientes de elevar el CI resultan prometedores sigue siendo una cuestión sometida a un considerable debate científico.

18. Las diferencias genéticamente causadas no son necesariamente irremediables (considérese la diabetes, la visión alterada y la fenilcetonuria), ni son necesariamente remediables las diferencias causadas ambientalmente (considérense los daños físicos, los venenos y algunas enfermedades). Ambas se puede prevenir hasta cierto punto.

Orígenes y estabilidad de las diferencias entre grupos

19. No se dispone de evidencia definitiva respecto a si las curvas de CI de diferentes grupos étnico-raciales están convergiendo. Los sondeos realizados durante una serie de años indican que las distancias en rendimiento académico se han reducido algo para algunas razas, edades, alumnos y niveles de habilidad, pero las evidencias están tan mezcladas que no son concluyentes respecto a un cambio general en los niveles de CI.

20. Las diferencias étnico-raciales en CI son esencialmente las mismas cuando los jóvenes abandonan el instituto que cuando comienzan el colegio. Sin embargo, dado que los jóvenes más brillantes aprenden más rápido, estas mismas diferencias de CI conducen a mayores disparidades en los contenidos aprendidos a medida que se avanza en el currículum educativo. Como indican los sondeos realizados a nivel nacional, los chicos afroamericanos de 17 años tienen un rendimiento promedio semejante al de los chicos blancos de 13 años en lectura, matemáticas y ciencias, situándose los hispanos entre ambos grupos.

21. Las razones por las que los afroamericanos difieren entre ellos mismos en inteligencia parecen ser básicamente las mismas que las razones por las que difieren los blancos entre ellos mismos (o los asiáticos o los hispanos). Tanto el ambiente como la herencia están implicados.

22. No existe una respuesta definitiva a la pregunta de por qué son distintas las distribuciones de CI en distintos grupos étnico-raciales. Las razones por las que se producen estas diferencias entre grupos pueden ser marcadamente distintas a las razones por las que difieren los individuos dentro de cada grupo (blancos, afroamericanos o asiáticos). De hecho, es erróneo asumir, como hacen algunos, que la razón por la que determinados individuos en una determinada población tienen un alto CI mientras que otros tienen un bajo CI, debe ser la misma razón por la que algunas poblaciones incluyen más individuos de alto o de bajo CI que otras poblaciones. La mayor parte de los expertos consideran que el ambiente es importante al separar las curvas de CI, pero también consideran que la genética debe estar implicada.

23. Las diferencias étnico-raciales son algo menores, pero todavía sustanciales, en individuos con el mismo nivel socioeconómico. Así por ejemplo, los estudiantes afroamericanos de familias prósperas suelen tener mayores puntuaciones de CI que los afroamericanos de familias pobres, pero no puntúan más alto, en promedio, que los blancos de familias pobres.

24. Casi todos los americanos que se identifican a sí mismos como afroamericanos tienen antepasados blancos —alrededor del 20 por 100— y muchos se autodesignan como blancos. Los hispanos y otros grupos también tienen mezclas en sus antepasados. Puesto que los estudios sobre la inteligencia se basan en la autoclasificación en distintas categorías raciales, al igual que sucede en otros estudios dentro de las ciencias sociales, los resultados se relacionan con alguna mezcla poco clara de distinciones biológicas y sociales entre los grupos (nadie sostiene otra cosa).

Implicaciones para la política social

25. Los resultados de la investigación ni dictan ni anteceden a ninguna política social particular, puesto que nunca pueden determinar nuestras metas. Sí pueden, no obstante, ayudarnos a estimar la probabilidad de éxito o los efectos colaterales derivados de perseguir esas metas a través de diferentes medios.

Esta declaración de 25 puntos sobre la inteligencia, desde una perspectiva científica, ha sido completada en 1997 por un número monográfico de la revista *Intelligence* titulado «Intelligence and Social Policy» y con una extensión de unas 320 páginas. El número ha sido coordinado por la socióloga Linda Gottfredson y, en sus palabras, la meta es «explorar las restricciones que las diferencias de inteligencia pueden sugerir a los programas de acción social» (pág. 1). Las siguientes son algunas de las principales consideraciones que aparecen en ese número monográfico:

— La investigación de la inteligencia como una propiedad de la mente (procesamiento de información, autogobierno mental) y del cerebro (velocidad de la transmisión neural, tamaño cerebral o metabolismo cerebral) constituye actualmente la frontera más activa en el estudio de la inteligencia.

— Algunos autores conceptualizan las diferencias intelectuales como unas diferencias persistentes en el grado de aprendizaje a partir de la enseñanza y la exposición a la cultura en general. Otros autores describen la inteligencia como una aptitud para beneficiarse de la exposición socioeducativa, de modo que algunas personas necesitan mucha exposición mientras que otras aprenden rápidamente. Algunos otros sugieren que la inteligencia refleja diferencias en la aptitud para enfrentarse a situaciones cognitivamente complejas.

— Los efectos de la inteligencia son probabilistas; del mismo modo que los individuos difieren en inteligencia, las tareas difieren en sus exigencias cognitivas.

— Los valores de correlación que a menudo se consideran triviales (0,2 o 0,4) se convierten en relevantes en las situaciones reales de selección (abandono en las fases de entrenamiento en el trabajo), en las intervenciones educativas (mejora en lectura) y en epidemiología (la conexión entre fumar y contraer un cáncer). En otras palabras, pequeños cambios en poblaciones grandes pueden tener consecuencias sociales dramáticas.

— La inteligencia actúa durante toda la vida de la persona, aumentando o reduciendo sus probabilidades de éxito. La habitual estructura jerárquica de las modernas sociedades industriales puede ser resultado de la dispersión intelectual que se puede observar en todas esas sociedades.

— Las diferencias en el ambiente influyen en la inteligencia del niño, pero la mayor parte de estos efectos desaparecen cuando el niño llega a la edad adulta. Los efectos que han desaparecido por completo en la edad adulta son precisamente aquellos que la mayor parte de los analistas aún creen que son los más importantes, esto es, los ambientes familiares que comparten los hermanos (por ejemplo, clase social y riqueza de vocabulario de los padres).

— Una gran parte de la política social está dirigida a reducir las disparidades educativas y ocupacionales, mediante un mayor acceso de los jóvenes a los ambientes sociales típicos de las familias de clase media. Puesto que están basadas en falsas expectativas, estas políticas han tenido un éxito reducido. En contra de lo que pudiera creerse, las evidencias proporcionadas por la genética de la conducta no sugieren que debamos dejar de intentar reducir esas disparidades económicas, sino que sería razonable considerar otras estrategias. En este sentido, algunas preguntas que se podrían formular serían las siguientes: ¿cómo influye el ambiente compartido y por qué se desvanece su efecto en la edad adulta?; ¿desaparecen también estos efectos en los extremos especialmente aventajados o desaventajados?; ¿en qué consisten exactamente los robustos efectos del ambiente no compartido o específico?

— Los niños no son criaturas pasivas, sino que son seres activos e influyentes. Por ejemplo, los hermanos evocan conductas distintas de sus padres. Los esfuerzos dirigidos a igualar los resultados mediante la igualación de los ambientes, serán relativamente frustrados por la aptitud de las personas para elegir, cambiar y explorar diferencialmente sus ambientes. Los científicos sociales deberían dejar de pensar en los individuos como algo pasivo y adoptar la perspectiva del organismo activo sugerida por la genética de la conducta.

— Debería prestarse atención al problema de cómo ayudar a las personas a hacer un mejor uso de sus aptitudes. Parece más razonable intentar *mejorar* los niveles de rendimiento del estudiante o el trabajador que intentar su *igualación.*

— La mayor parte de las diferencias entre blancos y afroamericanos en los Estados Unidos en variables relacionadas con el bienestar y la psicopatología, parecen proceder de las disparidades en la inteligencia psicométrica, no de las diferencias raciales en sí. Según Lubinksi y Humphreys, categorías demográficas como la raza podrían emplearse como un instrumento para explorar las conductas específicas y las circunstancias que sitúan a los individuos en una situación de riesgo.

— Los expertos en inteligencia se han mantenido habitualmente aislados de la opinión pública. Existe la generalizada opinión entre los científicos de la inteligencia de que es mejor no sacar a la luz pública ciertos conocimientos. Sin embargo, «el bienestar de la sociedad y de sus miembros, especialmente de los menos hábiles, exigen prestar atención de un modo constructivo a la inteligencia y sus efectos [...] Por desgracia, la actitud colectiva de evitación bloquea la reflexión necesaria para reducir las divisiones sociales que esa actitud cree estar evitando pero que en realidad agrava» (Gottfredson, 1997, pág. 11).

— La investigación científica de la inteligencia no dice nada sobre cuáles serán las elecciones de las organizaciones sociales correspondientes que representan a los ciudadanos.

SUMARIO

La inteligencia es un concepto científico, es decir, algo que se deduce de la observación de la conducta de la gente y se somete a los métodos de cualquier ciencia empírica. Las personas realizan mejor algunas acciones que otras. Además, al realizar el mismo tipo de acción, hay personas más eficaces que otras. En las acciones que podríamos denominar psicológicas sucede lo mismo que en el caso de las acciones que se podrían llamar físicas. Algunas personas serán más eficaces al correr los 100 metros lisos que al correr los 1.500 metros, mientras que otras serán más eficaces en este segundo caso. Algunas personas serán más rápidas que otras al correr los 100 metros lisos. En las acciones que exigen una conducta inteligente sucede exactamente lo mismo. Algunas personas serán más eficaces al escribir que al pintar, mientras que otras serán más eficaces en este segundo caso. Algunas personas escribirán mejor que otras. Convertir estas diferencias en relaciones de superioridad o inferioridad, supone dar un paso que no tiene nada que ver con la ciencia. Ser más inteligente al realizar una determinada acción puede ser un hecho, pero ese hecho no conlleva una mayor excelencia humana. Pilar puede ser una persona más inteligente que José, pero eso no convierte a Pilar en un ser humano superior a José. La inteligencia es sólo una cualidad humana más. El hecho de que sea una cualidad que influye mucho en nuestras vidas, no significa en absoluto que sirva para hacer, humanamente hablando, superiores a las personas más inteligentes o inferiores a las menos inteligentes.

Las teorías factoriales de la inteligencia 11

En este capítulo se pregunta por el tipo de respuestas que desarrollan las teorías factoriales de la inteligencia. Una de las primeras preguntas que se hace cualquier ciencia tiene que ver con los elementos o propiedades que merece la pena estudiar. La zoología clasifica y organiza las especies animales, mientras que la etología estudia su conducta. El estudio de la conducta animal tiene en cuenta las clasificaciones y organizaciones de los zoólogos. En psicología, las teorías factoriales serían más o menos equivalentes a las clasificaciones de la zoología: nos señalan cuáles son las propiedades más y menos importantes de la inteligencia humana. Los investigadores han propuesto dos tipos de teorías factoriales: las jerárquicas y las no-jerárquicas. Se describen cuatro teorías factoriales jerárquicas antes de llegar a la conclusión de que sus semejanzas son bastante grandes: todas ellas incluyen factores de distinta importancia a la hora de representar el concepto inteligencia. La exposición de las teorías no-jerárquicas se realiza a través de la teoría de J. P. Guilford, probablemente una de las más elaboradas e influyentes en la historia del estudio científico de la inteligencia desde el enfoque de las diferencias individuales. En el último apartado se describen algunas aplicaciones prácticas, tanto para ilustrar los contenidos teóricos y metodológicos como para enriquecer didácticamente las explicaciones previas: las pruebas psicológicas a través de las que se miden los factores incluidos en las distintas teorías, los sistemas de mejora de la inteligencia que se pueden diseñar tomando como marco de referencia estas teorías psicológicas, el impacto social que puede tener la medida de la inteligencia de distintos países, el incremento del nivel intelectual en distintos países en las últimas generaciones, y las relaciones entre inteligencia y conducta delictiva. Debe recordarse que, según la Asociación Americana de Psicología, las teorías factoriales constituyen, por el momento, la mejor descripción científica de la inteligencia humana, y las que han dado los más útiles resultados prácticos a los profesionales de la psicología (Neisser y col., 1996).

1. ¿QUÉ PREGUNTA RESPONDEN LAS TEORÍAS FACTORIALES DE LA INTELIGENCIA?

Las teorías factoriales sirven para responder a la primera pregunta que se hacen los psicólogos al estudiar científicamente la inteligencia: ¿cuáles son las principales propiedades o dimensiones que se deben considerar para describir del modo más completo y adecuado posible el comportamiento inteligente que muestran las personas en distintas situaciones y ocasiones?

Estas propiedades o dimensiones se corresponden con el estudio científico de los rasgos psicológicos que, en el caso de la inteligencia, se convierten en rasgos intelectuales. Como se ha comentado, la manera de definir operativamente, es decir, en términos matemáticos, un rasgo psicológico, son los factores derivados de la aplicación de los métodos factoriales expuestos en la parte segunda.

Esto hace que se pueda hablar en igual medida de teorías sobre los rasgos de la inteligencia o de teorías factoriales de la inteligencia. Puesto que ya conocemos la manera de operativizar de un modo científico el concepto de rasgo, optamos por usar a partir de ahora la denominación más técnica de factores de la inteligencia.

El desarrollo de una teoría factorial de la inteligencia supone, en términos generales, seguir las siguientes fases:

- El diseño de pruebas psicológicas capaces de medir, con garantías, supuestas propiedades importantes del concepto científico «inteligencia».

Algunas de las tareas o problemas que suelen quedar recogidas en estas pruebas solicitan a la persona que razone de una manera abstracta, que resuelva problemas de distinto tipo, que razone sobre una serie de contenidos, que tome ciertas decisiones o que aprenda sobre determinado tema. Como ya sabemos, son este tipo de actividades las que los expertos y profesionales de la psicología consideran como más representativas de la inteligencia, por lo que resulta natural que los problemas de las pruebas de inteligencia incluyan tareas de este tipo.

Habitualmente estas pruebas están compuestas por problemas que pueden variar tanto por su nivel de complejidad como por el tipo de contenido de información que se emplea para formular el problema en cuestión. De este modo, podemos encontrar problemas de razonamiento abstracto en las que el material sobre el que la persona debe trabajar está basado en figuras sin sentido o en números coordinados según ciertas reglas. A su vez, por supuesto, estos problemas están organizados en sencillos, de mediana complejidad y muy complejos, por ejemplo.

Uno de los principales objetivos de manipular el grado de complejidad y el tipo de contenido de información sobre el que la persona debe operar, es decir, poner en marcha sus engranajes intelectuales, es realizar una estimación de:

— Hasta dónde puede llegar la persona en el momento presente.

— Cuáles de las supuestas propiedades de la inteligencia que tratamos de descubrir se activan en qué condiciones de prueba.

Las pruebas psicológicas comienzan siendo una especie de prototipo y será durante el proceso de investigación continuada cuando se constatarán sus garantías técnicas. La *teoría de tests* es el área temática encargada de mejorar técnicamente las pruebas psicológicas sobre la inteligencia (Muñiz, 1992).

Si la intención es recopilar el mayor espectro posible de lo que se supone es la inteligencia, convendrá que las pruebas psicológicas tengan un amplio alcance, es decir, que se varíen de modo sistemático las exigencias intelectuales que se les plantean a las personas.

Figura 11.1.—Los psicólogos desarrollan pruebas o tests psicológicos para intentar rastrear las capacidades de los distintos individuos. Constituye una observación cotidiana que las personas resuelven con distinta eficacia las distintas exigencias cognitivas que se les plantean habitualmente. Este hecho se traslada a los círculos científicos a la hora de diseñar tareas que el profesional conozca bien y que puedan servir para explicar por qué es distinto el rendimiento intelectual de los individuos.

- Una vez se dispone de un número suficientemente alto de pruebas psicológicas, hay que registrar los datos.

Es decir, desde la perspectiva multivariada que caracteriza al enfoque de las diferencias individuales se debe estudiar un gran número de variables relevantes psicológicamente. En este caso, las variables son las pruebas psicológicas que se han diseñado para recoger un amplio espectro de lo que se supone son conductas inteligentes importantes.

Las pruebas psicológicas deberán administrarse a una muestra representativa de personas, según las condiciones propias de cada una de estas pruebas (estandarización). Una vez la muestra de personas haya resuelto estas pruebas, se podrán corregir. El resultado de este proceso de corrección será una serie de puntuaciones. Evidentemente, cada persona tendrá una puntuación en cada una de las pruebas administradas, lo que permitirá construir una matriz de datos. En esta matriz se dispondrán las puntuaciones según las personas y las variables.

- El siguiente paso consistirá en organizar la matriz de personas y variables, es decir, la matriz de datos.

Una manera frecuente de organizar esta información es estudiar las relaciones que se establecen entre las puntuaciones de las distintas personas en cada una de las variables o pruebas psicológicas que se han administrado.

Sabemos que una de las técnicas más útiles para estudiar las relaciones entre variables es la correlación. Por tanto, se pueden aplicar las técnicas de correlación para estudiar el nivel de relación o la co-variación que existe entre las puntuaciones (rendimiento intelectual) de las personas en las distintas pruebas psicológicas o variables.

Este análisis, que puede realizarse con rapidez usando un programa informático (un paquete estadístico como el SPSS) producirá una segunda matriz, en este caso denominada matriz de correlaciones. En esta matriz de correlaciones la información sobre las puntuaciones específicas se perderá y sólo se conservará la información que tiene que ver con las relaciones que matemáticamente se pueden establecer entre las distintas variables o pruebas psicológicas, según hayan sido las puntuaciones de las personas.

Ahora bien, puesto que deseábamos estudiar el comportamiento inteligente de las personas en un gran número de pruebas psicológicas, la matriz de correlaciones será, asimismo, muy grande. De esta manera, si se han empleado 50 pruebas psicológicas o variables, la matriz de correlaciones será de 50×50, es decir, tendremos 250 correlaciones. Por tanto, la tarea de interpretar el significado de los 250 valores numéricos indicativos del grado de relación entre las distintas variables será bastante compleja.

Para resumir esta gran cantidad de información se emplea, precisamente, la técnica del análisis factorial. El cálculo de un análisis factorial se puede realizar, al igual que para el cálculo de la matriz de correlaciones, a través de un programa informático.

La técnica del análisis factorial permite estudiar de qué modo se relacionan las puntuaciones alcanzadas por las personas en las pruebas psicológicas que se han administrado. Por tanto, proporciona información sobre cuándo se parece y cuándo no se parece el rendimiento de las personas en las distintas pruebas.

La aplicación de la técnica del análisis factorial transforma la matriz de correlaciones en otra matriz, denominada técnicamente matriz factorial. El aspecto de esta matriz factorial será un listado de las variables o pruebas psicológicas que se hayan empleado en el estudio y un número determinado, siempre menor, de factores en los que se agrupan las distintas variables como consecuencia de analizar su grado de relación según viene indicado en el valor de las correlaciones entre variables representado en la matriz de correlaciones.

De este modo, un resultado posible es que lo que las personas hacen en una determinada prueba se relaciona con lo que hacen en algunas otras pruebas, pero que no se relaciona con lo que hacen en el resto de las pruebas administradas. Las similitudes recíprocas entre las distintas pruebas producen, como acabamos de ver, factores. Estos factores se convierten así en conceptos matemáticos que representarán el tipo de capacidad intelectual que suponemos se activa en las personas al resolver las pruebas resumidas en el mismo factor.

Por consiguiente, de este modo los factores se convierten en representantes matemáticos de los rasgos o dimensiones relevantes del concepto científico inteligencia, es decir, en hipótesis que nos ayudan a describir y explicar el rendimiento de las personas en las distintas pruebas psicológicas. Si el modo en que se resuelven determinadas pruebas tiene relación, mientras que el modo en que se resuelven otras pruebas no guarda relación, podremos suponer que las pruebas del primer caso activan la misma capacidad intelectual, mientras que las pruebas del segundo caso activan capacidades distintas o relacionadas en mucha menor medida.

En suma, los factores representan, en términos matemáticos, las capacidades que suponemos activan las personas cuando han de resolver pruebas psicológicas que son intelectualmente exigentes. Las teorías factoriales serán, así, el modo científico de representar o exponer de un modo formal cuál es la estructura de los rasgos o propiedades básicas de la inteligencia. En una teoría factorial de la inteligencia deberán mostrarse cuáles son las dimensiones básicas de la inteligencia, cuáles son sus relaciones y cuáles son más o menos generales.

2. TEORÍAS FACTORIALES JERÁRQUICAS Y NO JERÁRQUICAS

Los estudios factorialistas tienen una larga tradición, por lo que resulta sencillo encontrar diversas propuestas sobre cuál es la estructura factorial que mejor puede describir el concepto inteligencia.

Un análisis rápido de las distintas teorías factoriales puede producir una sensación de completo desacuerdo, pero no se tratará más que de una primera apariencia. Las investigaciones más recientes indican claramente que los psicólogos tienen una idea bastante precisa sobre cuál es la mejor representación de la estructura factorial de la inteligencia (véase la excelente obra de Juan-Espinosa, 1997).

Es habitual distinguir entre dos tipos de teorías factoriales de la inteligencia. Por un lado, las teorías factoriales jerárquicas, que son las más numerosas, y, por otro lado, las teorías factoriales no-jerárquicas.

Las teorías factoriales jerárquicas optan por una representación de la estructura de la inteligencia en la que las distintas dimensiones son más y menos generales. Las dimensiones menos generales se encuentran en la parte inferior de la estructura, mientras que las dimensiones con un mayor nivel de generalidad se van situando por encima de las dimensiones primarias. La localización en la estructura de las distintas dimensiones compone una jerarquía en la que las más generales se encuentran en la parte superior (y son menos numerosas) y las más concretas se sitúan en la parte inferior (y son más numerosas). Por supuesto, el nivel más bajo posible se corresponde con las pruebas psicológicas con las que se comienza cualquier estudio factorialista (figura 11.2).

Por su parte, las teorías no-jerárquicas sostienen que la mejor estructura de la inteligencia exige especificar del modo más minucioso posible los átomos de la inteligencia. Estudiar las relaciones entre dimensiones carece de sentido, puesto que la verdadera empresa científica consiste en averiguar cuáles son las dimensiones claramente diferenciadas que de modo conjunto componen el concepto inteligencia. Así, ninguna dimensión es más o menos general en una teoría no-jerárquica (figura 11.3).

En realidad, las teorías factoriales jerárquicas y no-jerárquicas persiguen objetivos distintos, y de ahí que no sea demasiado acertado compararlas dando por supuestas unas condiciones de igualdad realmente ilusorias. Aquí se presentan estos dos tipos de teorías factoriales sin el ánimo de valorarlas de modo conjunto. Ambas aproximaciones constituyen aportaciones muy valiosas para responder a la pregunta que los científicos nos formulamos sobre el espinoso problema de la estructura de la inteligencia.

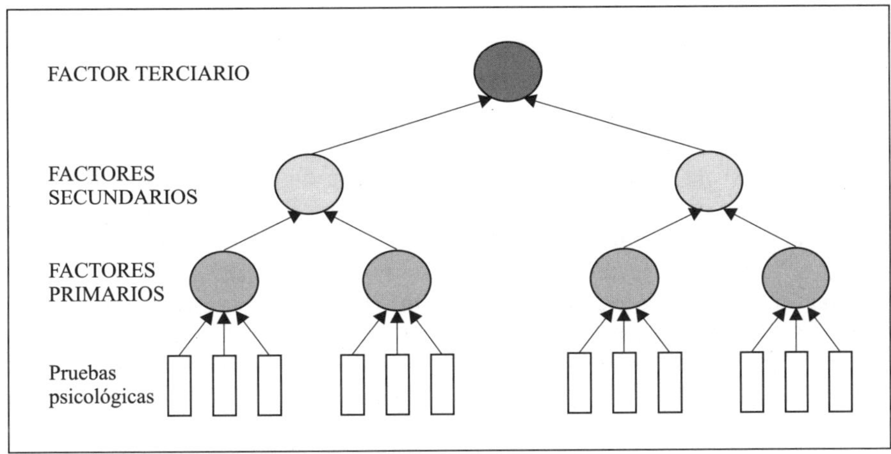

Figura 11.2.—Una representación abstracta de una teoría factorial jerárquica. En la parte inferior de la jerarquía están las pruebas psicológicas empleadas en el estudio. El análisis factorial de los resultados en las pruebas da lugar a los factores primarios, es decir, conceptos matemáticos que resumen la información recogida con la administración de las pruebas psicológicas. A su vez, un nuevo análisis factorial de las relaciones entre los factores primarios produce los factores secundarios más generales en los que, al igual que antes, se resume la información de los factores primarios. Finalmente, un nuevo análisis factorial de las relaciones que se establecen entre los factores secundarios da lugar al factor terciario, el más general de todos y representante de toda la información que se ha ido resumiendo a partir del rendimiento de las personas en las pruebas psicológicas de las que se ha partido.

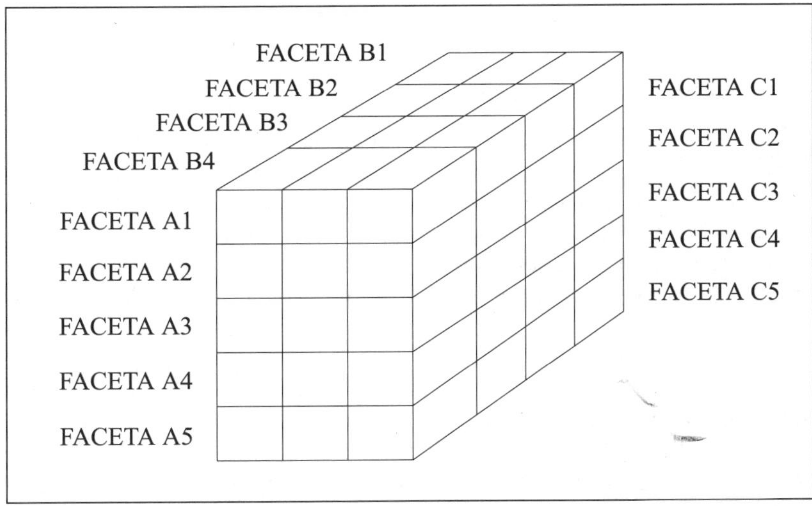

Figura 11.3.—Una representación abstracta de las teorías no-jerárquicas. Este tipo de teorías consisten en distintas facetas que se interceptan, es decir, factores diferenciados que pueden colaborar, pero que no se pueden resumir en facetas más generales como en el caso de las teorías factoriales jerárquicas. Una manera de representar los modelos no-jerárquicos es un gran cubo en el que cada uno de los pequeños cubos que puede incluir consiste en una combinación de las distintas facetas (en este caso, tres facetas: A, B y C).

3. ARGUMENTO DE LAS TEORÍAS JERÁRQUICAS

Según el profesor Jan E. Gustafsson (1988), considerar un número excesivo de factores intelectuales complica la composición de una batería o serie de pruebas psicológicas que, en la práctica, resulte manejable. Además, en términos científicos, crea problemas a la hora de resumir los resultados analítico-factoriales. No debe olvidarse que una de las metas principales de las teorías factoriales es comprender la organización de las dimensiones de la inteligencia.

Siempre según Gustafsson (1988), las teorías jerárquicas ayudan a superar dos problemas básicos:

- La viabilidad práctica. Es decir, las aplicaciones prácticas de la psicología deben contar con limitaciones como el tiempo disponible para estimar el nivel intelectual de las personas.

Puede argumentarse que es necesaria una exploración psicológica exhaustiva, pero la realidad cotidiana impone restricciones claras que no se pueden ignorar. Evidentemente, esta viabilidad práctica tiene poco o nada que ver con las tareas de la investigación psicológica básica.

- La reducción científica de conceptos útiles para expresar cuáles son los factores esenciales de la inteligencia.

La ciencia suele sostener que la explicación más sencilla posible es dos veces buena. Las teorías no-jerárquicas no se ciñen a este criterio de reducción, mientras que las teorías jerárquicas cumplen bastante bien con él.

4. GEOGRAFÍA DE LA INTELIGENCIA

Los estudios factorialistas de la inteligencia se han basado en lo que se podría denominar un modelo geográfico de la realidad, metáfora muy bien aprovechada por el profesor Manuel Juan-Espinosa en su obra *Geografía de la inteligencia humana* (1997).

La meta ha sido desarrollar un mapa sobre la inteligencia. Los mapas que se han propuesto han sido muy diversos y los debates entre los diferentes grupos de cartógrafos sobre qué mapa constituye la mejor representación de la realidad han sido bastante intensos.

Se ha discutido mucho si un mapa a gran escala es mejor que otro a pequeña escala, si un mapa muy detallado es mejor que otro más general y, también, se ha debatido sobre qué partes de la realidad deben incluirse en el mapa.

En este sentido, la experiencia que se tiene sobre los mapas físicos indica que es esencial reconocer los diferentes usos que se pueden hacer de un mapa. Es decir, conviene tener clara la conexión entre el mapa y lo que el usuario hará con él.

Por ejemplo, un mapa que incluya las principales ciudades de España será útil para planificar un viaje general por el país, pero inútil para encontrar una calle de Segovia. En este último caso, será más rentable contar con un callejero de esa ciudad. En cambio, disponer de los callejeros de las ciudades de España no servirá de nada a la hora de planificar una ruta turística entre diversas ciudades españolas.

Según esta metáfora, las teorías jerárquicas servirían para tener una visión de la estructura de la inteligencia a partir de una serie de mapas a diferentes escalas y a diferentes niveles de detalle. Estos mapas constituyen una estructura integrada capaz de responder a las diversas necesidades manifestadas por los investigadores de las diferencias individuales en inteligencia.

En este sentido, según el profesor M. Yela (1982) no hay razón real para que la existencia de teorías factoriales jerárquicas y no-jerárquicas de la inteligencia produzca «desencanto» en la comunidad científica. Hay bases empíricas suficientes como para admitir sin demasiados problemas esta multiplicidad de teorías. Escribe Yela (1982) gráficamente que «si los naturalistas han podido distinguir un millón de especies animales y unas trescientas mil vegetales, ¿serían menos ricas la flora y fauna psicológicas?» (pág. 297).

Además, no todos los factores tienen la misma importancia. Su grado de importancia depende básicamente de:

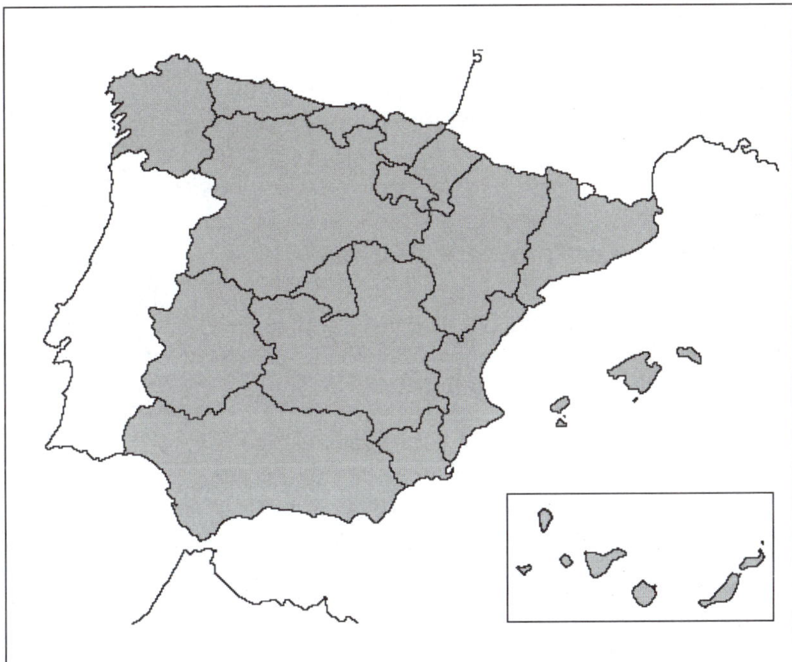

Figura 11.4.—El mapa de un país sirve para organizar un territorio y para planificar un viaje a gran escala. Sin embargo, resulta relativamente inútil para planificar la visita a una ciudad en concreto. En el caso de las teorías factoriales ocurre algo semejante: existen factores más y menos generales, y cada uno de ellos cumple distintas funciones.

- La varianza que explica cada uno de ellos.

Es decir, de su capacidad para resumir la información obtenida al administrar un gran número de pruebas psicológicas intelectualmente exigentes a distintas muestras representativas de personas.

- Su validez.

Es necesario que los factores hayan demostrado su capacidad para recoger el tipo de información que pretenden. Así por ejemplo, si hablamos de un factor verbal, ese factor deberá resumir elementos verdaderamente importantes relacionados con el uso del lenguaje en actividades cotidianas como leer, escuchar una conversación o pronunciar un discurso.

- Su coherencia teórica.

Los distintos factores deben explicar la mayor parte de los posibles elementos que se consideran teóricamente representativos del concepto científico inteligencia.

- Su coherencia práctica.

Los factores deben servir para expresar con relevancia práctica el concepto inteligencia. Por ejemplo, el diagnóstico de los trastornos intelectuales de un paciente con demencia senil debe resultar completo, fiable y válido, de manera que se pueda ayudar a prescribir un tratamiento útil.

5. TEORÍAS JERÁRQUICAS

Las teorías jerárquicas que se exponen son las propuestas por P. Vernon, por R. B. Cattell, por la escuela psicométrica sueca y por J. B. Carroll.

Las teorías de la escuela sueca y de J. B. Carroll están en relación directa con la teoría de R. B. Cattell. Asimismo, la teoría de Vernon muestra unos paralelismos asombrosos con las otras tres teorías factorialistas. En la actualidad, la mayor parte de los investigadores consideran que la teoría de tres estratos propuesta por Carroll en su monumental obra de 1993 *Human Cognitive Abilities* resume muy bien la respuesta a la pregunta por la estructura de los factores de la inteligencia, aunque este mismo autor escribe que la teoría que puede explicar esa estructura factorial es la de Cattell.

5.1. Teoría v:ed/k:m de P. Vernon

El profesor P. Vernon (1950, 1969) realiza una distinción relevante para la investigación de las diferencias individuales en inteligencia:

- «Inteligencia» supone el significado de capacidad innata, algo que el niño hereda de sus padres y que determina en parte el desarrollo mental del que va a ser capaz.

Este componente heredado de la inteligencia, o inteligencia básica, representa las posibilidades para aprender. Estas posibilidades no son equivalentes a los conocimientos y destrezas concretas que la persona puede adquirir durante el desarrollo.

- El vocablo «inteligencia» también se utiliza para hacer referencia a un niño o a un adulto que es listo, rápido para captar, que comprende o razona bien, que es mentalmente eficaz.

Este segundo componente de la inteligencia se correspondería con lo que se podría denominar inteligencia efectiva, es decir, lo que la persona se muestra capaz de hacer visiblemente a partir de su inteligencia básica.

- Un tercer significado de inteligencia es el que se corresponde con el rendimiento intelectual que la persona muestra en las pruebas de inteligencia utilizadas en la investigación psicológica o en la práctica cuando el profesional debe hacer un diagnóstico psicológico sobre la inteligencia de un chaval, un trabajador o un paciente clínico.

Cada uno de estos tres componentes es extraordinariamente complejo. Según Vernon (1969), ganaríamos mucho si se llegase al acuerdo de denominarlos respectivamente inteligencia A, B, y C.

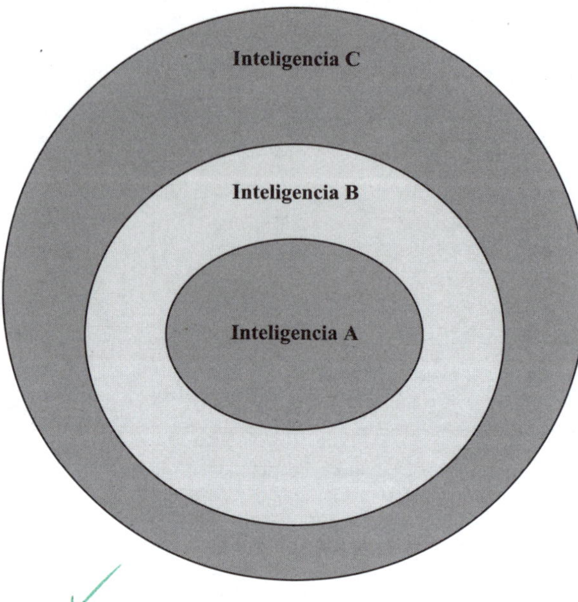

Figura 11.5.—Los tres tipos de inteligencia sugeridos por Vernon. La inteligencia A se corresponde con el soporte biológico, la inteligencia B es la que el individuo expresa y la inteligencia C es la que rastrean los tests psicológicos.

Por consiguiente, la inteligencia A sería la disposición heredada (inteligencia básica), la inteligencia B sería la inteligencia fenotípica o efectiva y la inteligencia C sería la correspondiente a la que se puede apreciar a través de las pruebas psicológicas que se han desarrollado en el transcurso de los años (figura 11.5).

La teoría factorial de Vernon ha sido muy empleada por los investigadores de la escuela británica. Fundamentalmente, dispone de tres niveles (figura 11.6):

1. En el nivel más bajo se encuentran los factores primarios, que se corresponderían con los factores específicos y los factores de grupo menores y que se derivan del análisis factorial del rendimiento de las personas en una buena cantidad de pruebas psicológicas.
2. En el segundo nivel se encuentran los dos factores secundarios más generales, es de-

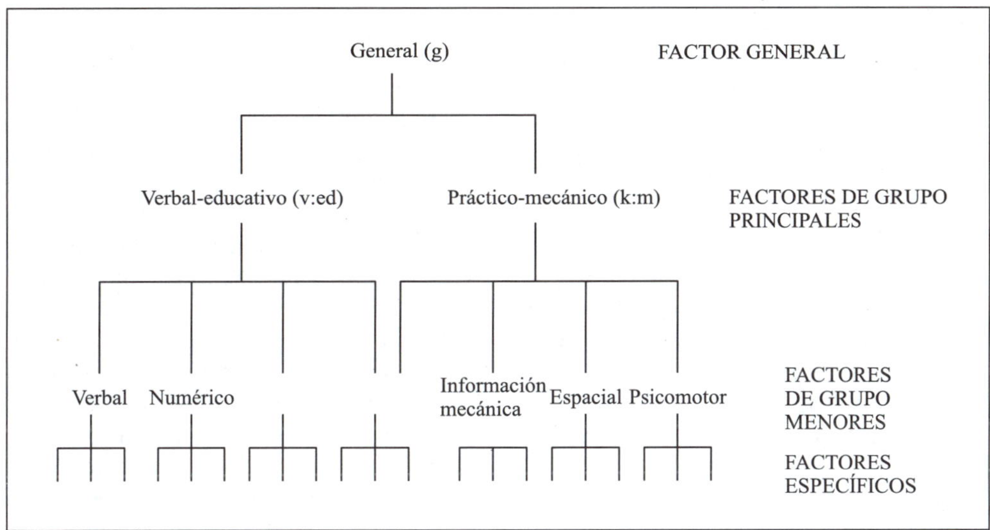

Figura 11.6.—Teoría factorial de Vernon, en la que se representan una serie de factores dispuestos jerárquicamente: factores específicos (sin concretar en esta figura), factores de grupo menores (como la aptitud verbal, numérica o espacial), factores de grupo principales (la aptitud verbal-educativa y la aptitud práctico mecánica), y el factor general (g), situado en la parte más alta de la jerarquía.

cir, los factores de grupo principales que se producen como resultado del análisis de las relaciones que se mantienen entre los factores primarios. El primero de estos factores secundarios se denomina factor *v:ed* (verbal:educativo), mientras que el segundo se denomina factor *k:m* (práctico:mecánico).

El factor secundario v:ed resume las relaciones que se establecen entre factores primarios como el factor verbal, el factor numérico, el factor de lectura, el factor de deletreo, el factor lingüístico, el factor de fluidez y el pensamiento divergente o creatividad. Como se ha comentado, los factores primarios resultan del análisis del rendimiento de las personas en una gran diversidad de pruebas intelectuales exigentes.

El factor secundario k:m resume las relaciones entre factores primarios como el factor perceptivo, el factor físico, el factor psicomotor, el factor espacial y el factor mecánico.

La validez biológica de los factores de grupo principales, k:m y v:ed, está respaldada, entre otras cosas, por el estudio de las anomalías cromosómicas.

Así, en las mujeres el *síndrome de Turner* consiste en la carencia de un cromosoma X (45X). Esta carencia en el genotipo produce fenotípicamente en las pruebas psicológicas representadas por el factor k:m un rendimiento de hasta una desviación típica por debajo de la media de la muestra poblacional. Sin embargo, el rendimiento de estas mujeres en las pruebas representadas por el factor secundario v:ed se muestra intacto.

El patrón de resultados inverso se produce en los varones con un cromosoma X extra (47XXY). Su rendimiento intelectual se aleja hasta una desviación típica por debajo de la media poblacional en las pruebas intelectuales representadas por el factor v:ed. Sin embargo, su rendimiento en las pruebas representadas por el factor k:m no se encuentra afectado.

Por consiguiente, según Loehlin, Willerman y Horn (1988) las alteraciones cromosómicas parecen tener efectos independientes en los dos componentes fundamentales de la inteligencia incluidos en la teoría factorial de Vernon. Esta contrastación genética garantiza la distinta naturaleza de esos dos factores de grupo principales de la inteligencia.

— Finalmente, en el tercer nivel se localiza un solo factor que Vernon denomina *g*, o inteligencia general.

En gran medida, la teoría factorial de Vernon es resultado de las investigaciones factorialistas de Spearman y Burt, entre otros. Charles Spearman, inspirado por el enfoque de Francis Galton, comienza a estudiar las diferencias intelectuales a principios de siglo siguiendo la metodología correlacional.

Sus investigaciones le llevan a desarrollar su teoría bi-factorial de la inteligencia, en la que se distingue entre un factor intelectual general, que Spearman denomina «g», relevante para explicar las relaciones mutuas que se encuentran entre las puntuaciones logradas por muestras representativas de personas en una serie de pruebas psicológicas. Pero Spearman también identifica un gran número de factores más específicos asociados a las distintas pruebas en concreto, factores que Spearman denomina «s».

Según la estructura factorial compuesta por el factor *g* y los factores *s*, Spearman se embarca en la empresa de explicar en términos cognitivos y neurológicos por qué se encuentran estadísticamente estos dos tipos de factores de modo sistemático al analizar el rendimiento de las personas en distintas pruebas psicológicas.

La obra, editada en 1923, en la que Charles Spearman expresa la fundamentación cognitiva de estos dos tipos de factores, es decir, de esta estructura factorial de la inteligenca, se ha convertido en un clásico: *La naturaleza de la «inteligencia» y los principios de la cognición.*

Spearman desarrolla una serie de leyes cualitativas y cuantitativas de la cognición. Las primeras son la aprehensión de la experiencia, la educción o establecimiento de relaciones y la educción de correlatos. Las segundas son el rendimiento constante, la retentividad, la fatiga, el control conativo y las potencias primordiales. Estos dos tipos de leyes se aplican a los procesos noegenésicos de la cognición, que supondrían la generación de nuevo conocimiento y que podrían explicar las diferencias de rendimiento intelectual en las correspondientes pruebas psicológicas. Finalmente, los procesos anoegenésicos, que no suponen la creación de conocimiento nuevo, serían la reproducción, la desaparición y la variación de la claridad. El principal objetivo de Spearman fue el análisis experimental de estas leyes, algo que hace de un modo brillante en la obra citada.

Sobre la base neurológica de su teoría bi-factorial, Spearman consideraba que el factor *g* era una especie de energía o poder que alimenta toda la corteza cerebral y, posiblemente, la totalidad del sistema nervioso. El resultado de los distintos actos intelectuales podría depender en parte del potencial energético del conjunto de la corteza cerebral y en parte de la eficacia del grupo de neuronas que intervienen en cada caso. La influencia relativa de los dos grupos de factores podrá variar según el tipo de operación intelectual que se requiera en un determinado momento; algunas dependerán del potencial energético, mientras que otras dependerán más de la eficacia del motor (Spearman, 1923).

Esta teoría de la inteligencia de Spearman también ha influido notablemente en las investigaciones sobre la inteligencia desarrolladas por Raymond B. Cattell y su equipo.

5.2. Teoría Gf-Gc de Cattell

5.2.1. *Principios básicos*

R. B. Cattell ha desarrollado su programa de investigación sobre las diferencias individuales en inteligencia en el IPAT (Institute for Personality and Ability Testing), diseñando una gran cantidad de pruebas psicológicas, tales como el test de factor *g* o la batería completa de capacidades. La principal obra de Cattell sobre la inteligencia quizá sea *Abilities: Their Structure, Growth and Action,* editada originalmente en 1971 y revisada por él mismo en 1987.

La teoría de Cattell considera tres elementos básicos de la inteligencia:

1. La acción necesaria para que la persona pueda realizar una determinada tarea.
2. El contenido informativo de la tarea que la persona debe resolver.
3. Los procesos cognitivos que la persona deberá emplear.

Esta teoría se denomina teoría triádica. En ella se distinguen tres tipos de propiedades de la inteligencia: las capacidades, los poderes provinciales y las agencias.

— Las *capacidades* constituyen las posibilidades de acción del cerebro en su totalidad.
— Los *poderes provinciales* serían tipos de organización local para distintas modalidades sensoriales y motoras.
— Las *agencias* se corresponden con las habilidades necesarias para actuar en distintas áreas de contenido culturalmente valoradas.

Además de esto, la teoría triádica de Cattell postula una serie de parámetros relevantes para explicar el modo en que funcionan los factores intelectuales:

— Fases de acción: procesamiento perceptivo de la información, procesamiento cognitivo de la información y procesamiento motor de la información.
— Parámetros procesuales: nivel de complejidad, implicación de la memoria y demandas de velocidad de procesamiento de la información.
— Contenido: implicación de las dimensiones culturales y de la experiencia, así como de las dimensiones de organización neuronal.

5.2.2. *Estructura*

La teoría de Cattell comienza su andadura en los años cuarenta, pero su contrastación empírica se prolonga hasta el momento presente.

Hakstian y Cattell (1974) estudiaron las relaciones entre 57 pruebas psicológicas o variables que parecían representar un gran espectro de lo que se entiende por conducta inteligente. El resultado fueron 19 factores primarios, algunos de los cuales son más importantes que otros. Algunos de esos factores primarios son los siguientes[1]:

— Factor V (verbal): supone comprensión verbal y habilidad con las palabras.
— Factor N (numérico): supone velocidad y precisión de cálculo.
— Factor S (espacial): habilidad para mantener orientaciones en la mente sobre disposiciones, configuraciones o elementos presentes en un espacio.
— Factor P (velocidad y precisión perceptiva): se relaciona con la eficiencia con que la persona transmite información a través del sistema nervioso.

La serie de 19 factores primarios que se derivan, como sabemos, del análisis de las relaciones entre las puntuaciones de las personas en las 57 pruebas administradas, se puede resumir todavía más explorando las relaciones entre ellos. El resultado será una serie de factores secundarios más generales.

La teoría de Cattell postula cinco factores secundarios, dos de los cuales son especialmente importantes para representar el concepto inteligencia:

— Gf (inteligencia fluida): constituye una habilidad básica de razonamiento que actúa en una gran cantidad de problemas. Supone realizar inferencias, razonar inductivamente y disponer de una buena amplitud de memoria.
— Gc (inteligencia cristalizada): supone manejarse con el lenguaje, los números y los problemas mecánicos.

Los otros tres factores secundarios son:

— Gv (visualización): actúa en las pruebas que requieren que la persona visualice mental-

[1] El resto de los factores primarios se pueden encontrar en Colom (1995b).

mente y opere sobre una determinada información figurativa.

— Gr (recuperación): supone habilidad para acceder con rapidez al material informativo registrado en la memoria.

— Gs (velocidad cognitiva): representa la rapidez con la que la persona puede realizar tareas intelectualmente exigentes. Es el factor secundario menos importante.

En cualquier caso, los dos factores secundarios más importantes son, como se ha comentado, Gf y Gc, razón por la que la teoría factorial de Cattell se denomina usualmente teoría Gf-Gc.

5.2.3. *Teoría de la inversión*

Gf y Gc se relacionan de distintos modos durante el ciclo vital. Inicialmente sólo se desarrolla una capacidad general vinculada al desarrollo de las asociaciones neuronales que consiste en percibir relaciones. Esta capacidad se corresponde con la inteligencia fluida (Gf). Según Cattell (1987), Gf es muy heredable y representaría la inteligencia básica de la persona.

En contraste, la inteligencia cristalizada (Gc) es resultado de la inversión cultural de la inteligencia fluida en experiencias concretas de aprendizaje. Así, la configuración particular de Gc dependerá del entorno de crianza y crecimiento de la persona. En cierto modo, Gc estará compuesta por una diversidad de factores más específicos o primarios que representarían la inteligencia efectiva de la persona (figura 11.7).

El trayecto vital de Gf y Gc se podría resumir así:

— A los dos años, Gf y Gc se encuentran tan relacionadas que es prácticamente imposible diferenciarlas. El niño apenas ha tenido oportunidad de invertir culturalmente su inteligencia básica o Gf.

— Cuando va creciendo y se amplían sus experiencias, disminuye la estrecha relación anterior entre Gf y Gc.

De este modo, el niño brillante con una buena inteligencia básica que tiene un ambiente favorable en el colegio y en el hogar, dispondrá de adecuadas oportunidades para invertir su Gf en habilidades cristalizadas valoradas por su cultura.

En cambio, un chaval con igual inteligencia fluida pero que vive en un hogar en el que no se valora la cultura y cuyo ambiente escolar es deprimente, no tendrá oportunidades para invertir su inteligencia básica, con lo que apenas desarrollará productos visibles para estimar de un modo fiable su inteligencia efectiva o Gc. Su rendimiento cristalizado será incluso peor que el de un compañero moderadamente brillante, pero con mayores oportunidades de invertir su Gf.

En el período comprendido entre los 5 y los 14 años, es posible todavía encontrar una significativa relación entre Gf y Gc.

En este período de edad resulta difícil encontrar analíticamente los otros tres factores de segundo orden (Gv, Gr y Gs), puesto que todavía no están suficientemente consolidados. Faltan aún experiencias de inversión cultural que ayuden al proceso de diversificación o diferenciación de Gf o capacidad básica.

En suma, según la teoría Gf-Gc de Cattell la inteligencia humana se puede recoger en cinco dimensiones o factores fundamentales. Los dos factores más importantes son Gf y Gc. Gf constituye una aptitud básica de razonamiento heredable y necesaria para resolver problemas muy diversos. Gc es resultado de la inversión cultural de Gf. La estructura de la inteligencia propuesta por Cattell constituye, en alguna medida, una ampliación moderna de la teoría bi-factorial de Spearman.

5.3. HILI (HIerarchical LIsrel)

La teoría Gf-Gc no incluye un factor general de inteligencia (g). Un colega de Cattell, John Horn (1989), escribe en relación a esto: «Sugiero que a pesar de la prevalencia de la creencia en la noción de inteligencia general, a pesar de la intensidad emotiva con la que se mantiene esta creencia, y a pesar del hecho de que esta creencia es proclama-

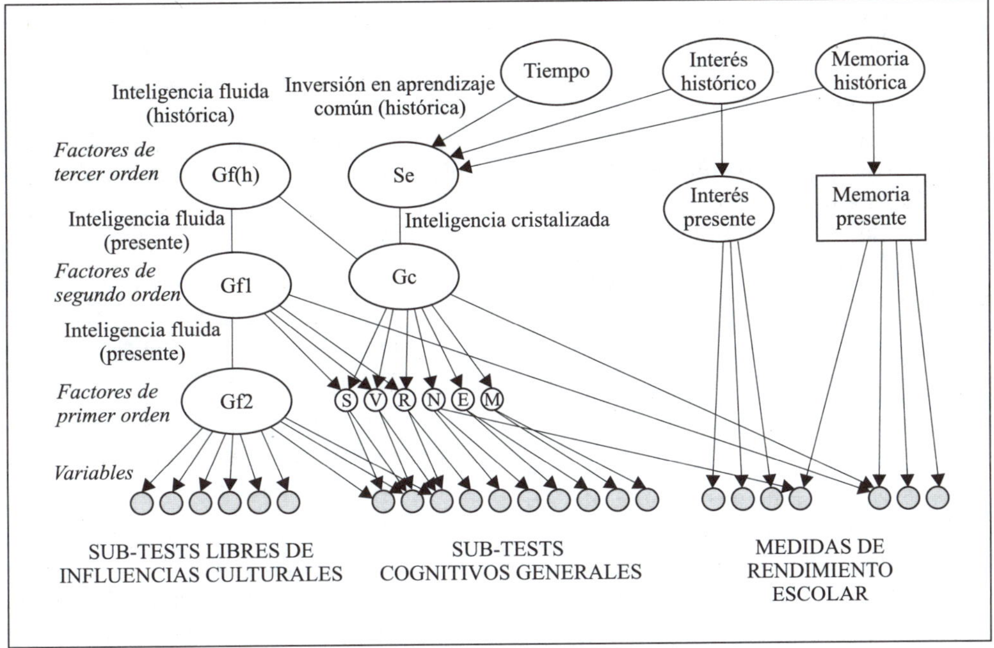

Figura 11.7.—Una representación de la teoría de la inversión de R. B. Cattell (1987). La inteligencia cristalizada (Gc) es resultado de la inversión cultural de la inteligencia fluida (Gf). A su vez, los intereses de la persona, su memoria y el tiempo invertido en su propia educación influyen en el carácter de Gc. La denominación «histórico» se refiere al ciclo vital, es decir, Gf(h) representa la inteligencia fluida de la persona al comienzo de la vida. Las relaciones entre todos estos elementos va cristalizando en una serie de aptitudes: S = orientación espacial; V = comprensión verbal; R = razonamiento; N = manejo de números; F = fluidez; M = memoria; Se = experiencias escolares y educativas.

da como verdad por alguno de los altos sacerdotes de nuestra ciencia, la creencia debería desecharse. La evidencia acerca de la naturaleza de las capacidades humanas proporciona escasa base para esta creencia. Indica, por el contrario, que distintas funciones están implicadas en las ejecuciones que se clasifican habitualmente bajo el título inteligencia» (pág. 273).

En cambio, en la teoría de Vernon sí es relevante el factor g. Además, mientras que en esta teoría solamente se encuentran dos factores de segundo orden, v:ed y k:m, la teoría Gf-Gc incluye cinco factores de segundo orden, Gf, Gc, Gv, Gr y Gs.

Estas discrepancias aparentes han suscitado estudios comparativos. Por ejemplo:

— John Horn (1968) sugiere que k:m podría ser una mezcla de Gf y de Gc.
— Robert Sternberg (1980a) mantiene que Gf se corresponde con k:m.
— Humphreys (1967) afirma que la respuesta a la pregunta de si Gf y Gv son distintos puede determinar qué modelo debería considerarse más correcto.
— Vernon (1969) no acepta que Gf pueda igualarse a k:m, y considera que Gf es prácticamente equivalente al factor g de su modelo más algún ingrediente de aptitud espacial.
— Gustafsson (1988) sugiere que Gc se corresponde con v:ed, Gv con k:m y Gf con g.

El hecho de que no haya ningún factor de grupo correspondiente a Gf en la teoría de Vernon se podría explicar si Gf fuese equivalente a g. La sugerencia de que Gf es igual a g se encuentra apoyada por algunas investigaciones (Cronbach, 1984; Gustafsson, 1980; Undheim, 1981a y b).

Por tanto, parece haber una relación muy estrecha entre Gf y g. Tanto en la teoría como en la práctica, estos factores pueden considerarse equivalentes. El hecho de que Gf resulte idéntico a g cerraría el conflicto entre las teorías jerárquicas propuestas por Vernon y por Cattell.

Gustafsson (1984, 1988) ha propuesto un teoría factorial jerárquica denominada *HILI* (*HIerarchical LIsrel*). En realidad, es bastante semejante a la teoría factorial propuesta por Vernon.

La teoría HILI está compuesta por tres niveles (figura 11.8):

1. En el primer nivel se consignan 10 factores resultado de analizar factorialmente el rendimiento de distintas muestras de personas en una serie de pruebas intelectualmente exigentes. Los factores primarios se observan en la figura 11.8.

Así, el factor primario *inducción* (I) representa el rendimiento de las personas en las pruebas «series de números» y «agrupamiento de letras». El factor primario *rendimiento matemático* (Na) representa el rendimiento de las personas en las pruebas «cálculo numérico», «cálculo de porcentajes», «estimaciones», «geometría y diagramas» y «contabilidad».

2. El segundo nivel incluye tres factores secundarios resultado del análisis de las relaciones entre los 10 factores primarios. Estos tres factores primarios son Gf, Gc y Gv.

Gf, por ejemplo, está compuesto por los factores primarios Rapidez de clausura (Cs), Cognición de relaciones figurales (cfr), Inducción (I) y Amplitud de memoria (Ms).

3. Por último, el tercer nivel incluye un solo factor, el factor general de inteligencia (g) y es resultado del análisis de las relaciones en-

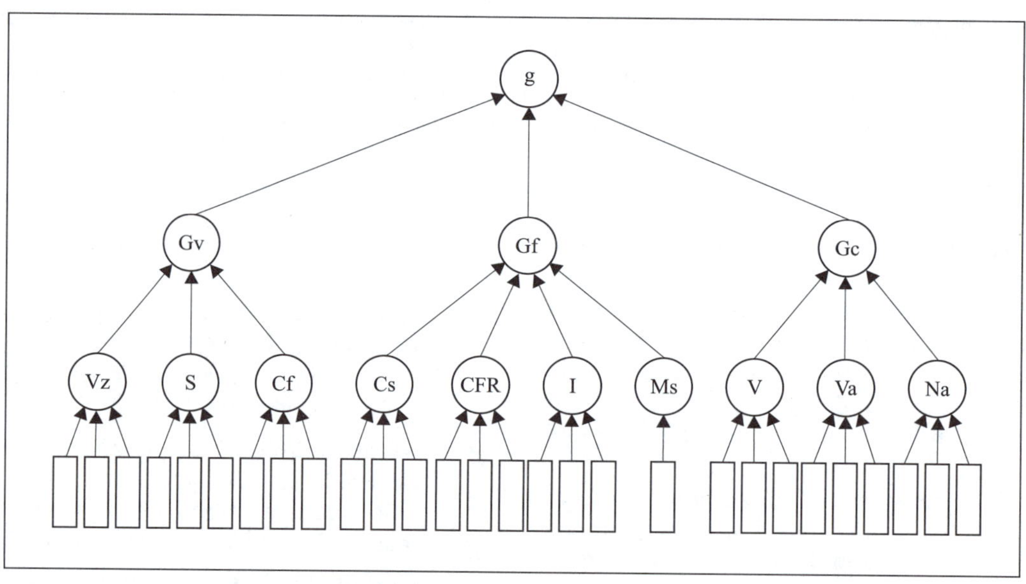

Figura 11.8.—Una representación gráfica de una versión simplificada de la teoría HILI. En la parte más baja de la jerarquía se sitúan las pruebas psicológicas, representadas por cajas. El análisis factorial de las puntuaciones de las personas en las pruebas da lugar a 10 factores primarios: Vz = visualización, S = orientación espacial, Cf = flexibilidad de clausura, Cs = rapidez de clausura, CFR = cognición de relaciones figurales, I = inducción, Ms = amplitud de memoria, V = vocabulario, Va = rendimiento verbal, Na = rendimiento numérico. A su vez, el análisis factorial de las relaciones entre los factores primarios da lugar a 3 factores secundarios: Gv = visualización general, Gf = inteligencia fluida, Gc = inteligencia cristalizada. Finalmente, el análisis factorial de las relaciones entre los factores secundarios da lugar al factor terciario correspondiente a g, es decir, inteligencia general.

tre los tres factores del segundo nivel. Hay que comentar que, según los datos de Gustafsson (1984, 1988), g es prácticamente idéntico a Gf.

En alguna versión más compleja de la teoría HILI también se identifican otros dos factores de segundo orden: Gr y Gs, es decir, capacidad de recuperación y velocidad general. Por consiguiente, las semejanzas con la teoría Gf-Gc de Cattell son impresionantes.

5.4. Teoría de J. B. Carroll

John B. Carroll ha propuesto recientemente una teoría factorial de la inteligencia que él denomina *teoría de tres estratos.*

Carroll (1993) ha reanalizado un gran número de estudios factoriales de la inteligencia. Concretamente, el número asciende a 461 estudios y los países de origen van desde Estados Unidos a Yugoslavia, pasando por España, Australia o Arabia Saudí. El número de sujetos incluidos en el estudio superó la cifra de 130.000.

5.4.1. *Principios básicos*

El estrato o nivel en el que se sitúa un determinado factor es indicador de su grado de generalidad. Las capacidades intelectuales representadas por los factores situados en los distintos estratos se denominan:

— Capacidades concretas: primer estrato.
— Capacidades amplias: segundo estrato.
— Capacidades generales: tercer estrato.

Las capacidades de los estratos más altos sólo resumen las relaciones entre algunas de las capacidades de estratos inferiores.

Los factores que representan las capacidades intelectuales constituyen un reflejo más o menos directo de las diferencias individuales que se pueden observar cuando las personas realizan pruebas psicológicas intelectualmente exigentes.

Las personas varían en distintos tipos de capacidades. Las pruebas psicológicas son mensajeros de las diferencias que resultan relevantes para los más variados asuntos sociales. Estas pruebas psicológicas revelan diferencias reales en las capacidades de las distintas personas.

Según Carroll (1993), la interpretación de los factores supone, en alguna medida, hacer hipótesis sobre los procesos cognitivos o mentales que podrían ser responsables del rendimiento de las personas.

La teoría de tres estratos debe permitir mejorar el diseño de pruebas psicológicas. Así, se debe depurar la validez de constructo de las pruebas psicológicas y de los métodos empleados para su administración, de modo que se sepa con precisión qué aspectos del rendimiento intelectual rastrean concretamente las distintas pruebas. Además, convendrá diferenciar con claridad los aspectos relacionados con el nivel de rendimiento que puede alcanzar la persona y la velocidad con la que puede trabajar.

Según Carroll (1993), la política educativa y social debería preocuparse de una serie de cuestiones:

— Cuáles son las capacidades cognitivas importantes.
— Cuál es la mejor manera de medir esas capacidades.
— Cómo se van formando las capacidades a lo largo del ciclo vital.
— Cómo se desarrollan normalmente y cambian las capacidades durante la vida de la persona.
— Con qué nivel son susceptibles al cambio y cómo se pueden mejorar.

Carroll (1993) señala una serie de usos que se podrían derivar de su teoría de tres estratos:

— La investigación neuropsicológica.
— La investigación en la genética del comportamiento.
— La investigación sobre el ciclo vital.
— La investigación de los efectos que sobre las capacidades tienen las influencias ambientales.

— Las investigaciones sobre la transferencia de los sistemas de entrenamiento intelectual.

— El diseño de baterías de medida psicológica.

5.4.2. *Estructura*

En la figura 11.9 puede observarse una representación gráfica de la teoría de tres estratos de Carroll (1993).

En el primer estrato se encuentran un gran número de factores diferenciados según sean considerados factores de nivel o de velocidad. Factores de nivel del primer estrato serían Razonamiento secuencial general (RG), Inducción (I), Razonamiento cuantitativo (RQ) y Razonamiento piagetiano (RP). Un factor de velocidad sería Velocidad de razonamiento (RE).

Los factores del primer estrato que se acaban de enumerar se resumen en el factor 2F del segundo estrato. El factor secundario 2F se correspondería con el concepto de inteligencia fluida. El factor 2F representa los procesos básicos de razonamiento que dependen poco del aprendizaje y la cultura.

Los restantes factores del segundo estrato son:

— 2C (inteligencia cristalizada): recoge los procesos mentales indicadores de los efectos de la experiencia, el aprendizaje y la aculturación en general. Por ejemplo, desarrollo del lenguaje, conocimiento léxico o fluidez de producción oral.

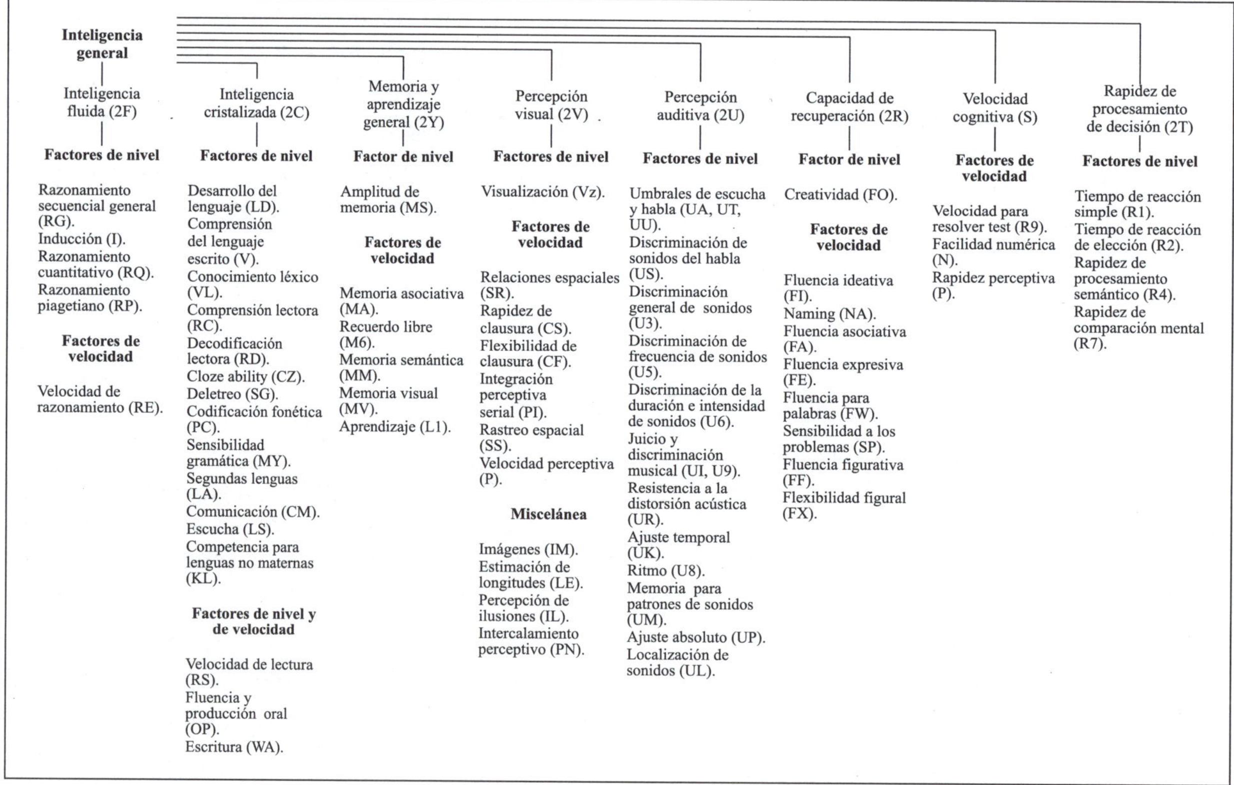

Figura 11.9.—Una representación gráfica con los factores de la teoría de J. B. Carroll. En el primer estrato se sitúan los factores de nivel y velocidad, y cada uno de ellos tiene un determinado símbolo. Por ejemplo, RG = razonamiento secuencial general. El análisis factorial de estos factores del primer estrato da lugar a los factores del segundo estrato. A su vez, el análisis factorial de este segundo estrato da lugar al único factor del tercer estrato que se corresponde con g, es decir, inteligencia general.

— 2Y (memoria y aprendizaje): recoge elementos implicados en cualquier tarea que exija aprender o memorizar. Por ejemplo, tareas de recuerdo libre o de memoria asociativa.
— 2V (percepción visual): recoge el rendimiento en tareas que exigen percepción de formas visuales. Por ejemplo, rastreo espacial, estimación de longitudes y percepción de ilusiones ópticas.
— 2U (percepción auditiva): recoge el rendimiento en tareas que requieren percepción o discriminación de patrones de sonidos o del habla, en especial cuando estos patrones están alterados. Por ejemplo, discriminación de sonidos del habla, juicio y discriminación musical y memoria para patrones de sonidos.
— 2R (capacidad de recuperación): resume el rendimiento en tareas que requieren recordar información almacenada en la memoria permanente. Por ejemplo, fluidez de ideas, fluidez para figuras y creatividad.
— 2S y 2T (velocidad cognitiva y rapidez de procesamiento de decisión): reúne el rendimiento en tareas que exigen un procesamiento cognitivo rápido. Por ejemplo, tiempo de reacción simple, rapidez de comparación mental de estímulos simples y facilidad numérica.

El grado de importancia para describir la estructura de la inteligencia se corresponde con su orden de presentación. Así, Inteligencia fluida y cristalizada serían los factores más importantes. La Velocidad cognitiva y la Capacidad de recuperación serían menos importantes.

En el tercer estrato encontramos un solo factor, que Carroll denomina Inteligencia general (g). El factor g de la teoría de tres estratos resumiría los factores del segundo estrato, pero con distinta intensidad. Los factores del segundo estrato más próximos a g serían los mejor representados, es decir, Inteligencia fluida e Inteligencia cristalizada.

Estos resultados concuerdan con la teoría de Cattell y con la teoría HILI, por lo que se puede concluir un gran acuerdo entre las teorías factoriales jerárquicas que intentan representar topográficamente la estructura de la inteligencia.

6. TEORÍAS NO JERÁRQUICAS: J. P. GUILFORD

Según Guilford (1967), «la historia de la ciencia ha sido la historia del quehacer del hombre para lograr discriminaciones cada vez más refinadas. Dar la espalda a las discriminaciones nuevas porque complican más la vida es negar el deseo científico de progreso. Si las nuevas discriminaciones no pueden ser repetidas o si las consecuencias de las mismas resultan poco importantes, se verá tarde o temprano» (pág. 54).

La teoría SI o SOI (*Structure of Intellect*, estructura del intelecto) de Guilford parte de la idea de que el investigador que no centra sus esfuerzos, suele perseguir problemas minúsculos de aquí y de allá (Guilford, 1967, 1979, 1985, 1988; Guilford y Hoepfner, 1971). Un buen marco de referencia que sea útil para la investigación debe cumplir tres características esenciales:

— Ser amplio.
— Ser sistemático.
— Estar basado empíricamente.

Los modelos no-jerárquicos se desarrollaron originalmente por el astrónomo Zwicky en 1957. Este tipo de teorías constituyen clasificaciones cruzadas de fenómenos situados en categorías que se interceptan y huyen de la idea de categorías que se incluyen en otras categorías más generales, como es el caso de las teorías jerárquicas.

Según Guilford, las categorías o dimensiones incluyentes llevan a perder finura en los análisis, mientras que las categorías que se interceptan muestran el campo sometido a exploración en todos sus detalles. Éste es el principal objetivo de su teoría SI, es decir, encontrar las dimensiones básicas de la inteligencia (Guilford, 1967, 1979, 1985, 1988).

6.1. La estructura de las categorías de la teoría SI

La teoría SI se estructura en tres tipos de categorías. El primer tipo de categoría se corresponde con las operaciones intelectuales, mientras que los otros dos tipos son categorías de la información sobre la que la persona actúa a través de las operaciones. Los dos tipos de categorías informativas son los contenidos y los productos. Así, cada una de las distintas capacidades intelectuales consideradas en la teoría SI será el resultado de combinar operaciones, contenidos y productos (tabla 11.1). Por tanto, Guilford postula 180 capacidades intelectuales necesarias para representar el concepto inteligencia (6 operaciones × 6 productos × 5 contenidos).

6.1.1. *Categorías de operación*

Las categorías de operación son la cognición, la memoria (retención y registro), la producción divergente, la producción convergente y la valoración. Su orden en la tabla 11.1. tiene un sentido muy claro: la memoria requiere la cognición, los dos tipos de producción necesitan de la memoria y la valoración constituye una especie de operación de supervisión.

Estudiaremos seguidamente estas categorías de operación, pero relacionándolas entre sí, puesto que de este modo se harán manifiestas en mayor medida sus claras diferencias.

Cognición. La cognición equivale, a grandes rasgos, a los procesos clásicos de inducción, por lo que supone una especie de «darse cuenta» de lo que está sucediendo en una determinada situación o al resolver un problema intelectualmente exigente.

La cognición supone información presente o manifiesta en un momento dado (en el presente), mientras que la memoria se refiere a la información latente que se ha mantenido almacenada durante largos períodos de tiempo. Disponer de información en la memoria supone que antes haya pasado por las operaciones de la cognición, pero esto no debe llevar a confundir cognición y memoria.

La adquisición de información es, para Guilford (1967), algo parecido al fenómeno que se produce en la formación de una bola de nieve que discurre

TABLA 11.1

Cuadro resumen de las categorías de la teoría SI de J. P. Guilford

Categoría de operación	Categoría de información	
	Productos	**Contenidos**
Cognición: capacidad de comprender.	*Unidades:* fragmentos circunscritos de información.	*Visual:* asuntos gráficos y espaciales.
Retención de memoria: capacidad para retener información a corto plazo.	*Clases:* clases definidas por propiedades comunes.	*Auditivo:* asuntos de acústica y fonología.
Registro de memoria: capacidad para retener información a largo plazo.	*Relaciones:* relaciones bien definidas entre cosas.	*Simbólico:* números y notaciones.
Producción divergente: capacidad para ser creativo.	*Sistemas:* conjuntos organizados o estructurados.	*Semántico:* palabras e ideas.
Producción convergente: capacidad para resolver problemas de una sola solución.	*Transformaciones:* redefiniciones, cambios, modificaciones.	*Comportamental:* interacciones humanas no verbales y no figurativas.
Valoración: capacidad de hacer juicios.	*Implicaciones:* extrapolación, consecuencias, inferencia.	

por la ladera de una montaña: cuanto más posee una persona, más facilidad tiene para adquirir una mayor cantidad.

Basarse en la teoría SI hace innecesario el concepto clásico de inducción, ya que se puede reemplazar por los conceptos de la teoría SI, más ricos y precisos en su significado. Además, estos nuevos conceptos están relacionados con los estudios empíricos basados en los métodos factoriales.

Memoria. La memoria se define como el almacenamiento de la información. Además, es relevante distinguir retención y registro de la información (Guilford, 1988).

Las diferencias individuales en la categoría de la memoria deberían ser indicativas de variaciones en la capacidad de memoria, controlando las variaciones que se podrían atribuir a las operaciones de cognición. Una manera de lograr esto es estandarizar la información de entrada de la que dispone la persona para operar memorísticamente.

Las pruebas de memoria se caracterizan por dos etapas: *a*) memorización y *b*) reproducción de los contenidos informativos memorizados. El período que va desde la memorización hasta la reproducción le ofrece oportunidades a la persona de modificar la tarea propuesta originalmente, añadiéndole algunas estrategias de su propia cosecha no previstas en la propia lógica de la prueba.

Por ejemplo, sabemos que en líneas generales se memoriza y se retiene con mayor facilidad el material significativo (semántico) que el material simbólico o figurativo. Por ello, siempre que podemos traducir las dos últimas clases de información en términos semánticos salimos ganando al realizar la tarea, pero se pierde la pureza de la prueba original (que, en este caso, pretende ser simbólica o figurativa, pero no semántica).

En otras palabras, las estrategias espontáneas empleadas por las personas para resolver tareas de memorización de distinta naturaleza, complican la interpretación de los resultados logrados. Recordar un material verbal es una tarea que puede ser realizada por la persona transformando ese material en escenas visuales, pero la tarea había sido pensada para que la persona usase el lenguaje en exclusiva.

Producción divergente. La característica distintiva de la producción divergente (creatividad) es la transferencia del recuerdo, hecho que la separa de la categoría de la memoria. Las pruebas de producción divergente exigen que la persona produzca sus propias respuestas.

Una vez conocidos los elementos de información y almacenados en la memoria, se encuentran en situación de poderse integrar cuando así lo requieren las situaciones. Recuperar los elementos de información almacenados en la memoria para alcanzar ciertos objetivos es el fundamento de la producción psicológica, sea convergente o divergente.

Los escritores y científicos encuentran su mayor apoyo en los recursos de la región semántica (de contenido informativo) de la teoría SI. Los inventores y los artistas gráficos dependen de los contenidos figurativos visuales. Esto no significa que el mismo creador no pueda atravesar los límites de los contenidos; así por ejemplo, un artista puede concebir su tema de trabajo en términos semánticos, pero trasladar estas ideas en forma y color sobre un lienzo.

Las categorías de contenido tienen una influencia importante para las personas creativas de distintas clases. Así, Welch (1946) aplicó cuatro pruebas de producción divergente a un grupo de 30 artistas profesionales y a un segundo grupo de 48 estudiantes universitarios. Las pruebas de producción divergente fueron las siguientes:

— Componer frases de 10 palabras presentadas al azar.
— Dadas 20 palabras, construir un cuento.
— Formar muchas letras del alfabeto con una serie de líneas.
— Dadas 10 figuras sólidas de distintas formas y colores, diseñar muebles para el hogar.

Las dos primeras pruebas son de tipo semántico, mientras que las dos últimas son de tipo figurativo. Los dos grupos de personas mostraron un rendimiento claramente distinto en las dos pruebas figurativas, pero se comportaron igual en las pruebas semánticas.

Los niños que tienen altas puntuaciones en las pruebas de producción divergente al comenzar el período escolar son aquellos que generalmente son considerados tontos, salvajes o con ideas traviesas. Un poco después, los niños creativos suelen ser considerados por los maestros como los que tienen buenas ideas e ideas poco usuales, hasta el punto de que el profesor tiene problemas para evaluar a estos chavales con las normas estándar.

Las personas mayores con altas puntuaciones en las pruebas de producción divergente tienen una alta probabilidad de situarse por encima de la media en las pruebas estándar de cociente intelectual (CI). Aunque un CI elevado no es una condición suficiente para mostrar un alto nivel de producción divergente, es una condición casi necesaria.

La razón es sencilla: los miembros de las profesiones creativas han superado muchas dificultades académicas, lo que no podrían haber hecho sin poseer un CI por encima de la media. Ahora bien, sobrepasar estos niveles en CI no constituye ninguna garantía de éxito en las tareas creativas.

Producción convergente. La producción convergente origina *necesidades lógicas.* Es la categoría a la que corresponde el concepto clásicamente conocido como deducción. Así, se corresponde con el campo de las deducciones lógicas o las inferencias obligadas. Es la operación que predomina cuando la entrada de información resulta suficiente para determinar una respuesta que tiene un carácter único.

Según Guilford (1967), en los estudios psicológicos hay una notable confusión entre los conceptos del campo de la cognición y de la producción convergente. Aunque las pruebas que estiman las operaciones de la cognición suelen tener como clave una única respuesta correcta, esto por sí solo no es suficiente para justificar la referencia a las capacidades de la cognición y a sus pruebas, cuando realmente se están tratando las capacidades de la producción convergente.

El campo de la cognición significa tener información y comprenderla, más bien en el sentido de observarla. La cognición es como la conducta del espectador, mientras que la producción convergente es como la conducta participante, clave que nos ayuda a distinguir los dos tipos de operaciones.

Se podría decir que con la producción divergente estamos creando las *posibilidades lógicas* a partir de una determinada información, mientras que con la producción convergente estamos creando las *necesidades lógicas.*

Valoración. La valoración ha sido un campo descuidado en la investigación de las diferencias intelectuales. La definición de la valoración comprende el concepto de decisión, puesto que la persona supervisa su actuación gracias a esta operación intelectual.

6.1.2. *Categorías de información*

Las categorías de contenido informativo, figurativo (visual y auditivo), simbólico, semántico y comportamental, son los campos de información más amplios o sustantivos, mientras que las categorías perpendiculares de los productos informativos, unidades, clases, relaciones, sistemas, transformaciones e implicaciones, constituyen los tipos formales de diferenciación informativa basada en los contenidos más generales.

Las categorías informativas de la teoría SI se han derivado empleando el método del análisis factorial, por lo que constituyen conceptos científicos precisos.

Contenidos informativos

La información *figurativa* es concreta, como lo que se percibe o recuerda en forma de imágenes. En la información figurativa pueden encontrarse involucradas las distintas modalidades sensoriales: visual, auditiva, cinestésica, olfativa y gustativa.

El significado de la información figurativa no es semántico, sino que se trata de un significado intrínseco a las figuras mismas, y, además, depende de las propiedades figurativas en sí mismas.

La información *simbólica* se presenta en signos materiales cuyos elementos no tienen significado en sí, tales como las letras, los números o las notas musicales. El alfabeto y el sistema numérico proporcionan elementos codificados que pueden combinarse de innumerables maneras.

La información *semántica* se encuentra en la forma de los significados que tienen las palabras. Por ello está más presente en el pensamiento y la comunicación verbal. En cualquier caso, mucha información semántica también puede ser de tipo no verbal.

Una de las mayores dificultades para definir el significado semántico y la investigación sobre el mismo es que nunca se puede observar. Podemos llegar a él a través de su correlato figurativo (objeto real) o simbólico (signo), que sí pueden estar a la vista y ser aparentes.

Para comprender estas sutiles distinciones resulta sugerente jugar con la clásica distinción entre significados denotativos y connotativos.

Un significado denotativo se restringe al léxico o significado de diccionario, es decir, un significado que no depende del contexto. El significado connotativo vinculado con un determinado signo es el compuesto de todas las cosas asociadas a él en la realidad, en su contexto. El aspecto denotativo de un concepto es de naturaleza convergente, mientras que el aspecto connotativo es divergente. El producto informativo conocido como clase tiene un papel clave en el aspecto denotativo del significado.

Un objeto o un signo posee un significado semántico porque indica algo que está más allá de sí mismo. Este enunciado se corresponde con la definición de una clase de producto informativo denominado implicación. Este «algo más allá de sí mismo» es otra información añadida a la información implícita en un determinado producto. Ese algo más allá de sí mismo es el contexto.

Los conceptos de los objetos incluyen todas las acciones motoras *(comportamiento)* que corresponderían a esos objetos. Un ejemplo son las definiciones que sobre los objetos existen según cuál sea su uso habitual: una mesa para comer, una silla para sentarse y una máquina de afeitar para rasurarse. En este sentido, las reacciones motoras estructuradas pueden considerarse como ciertos productos de la información comportamental.

Un signo no puede existir como tal sin representar algo, ya que ésta es la definición misma de signo. Sin embargo, un significado semántico puede existir sin un signo lingüístico, como se puede observar en las etapas prelingüísticas del desarrollo humano, es decir, antes de que el niño comience a usar el lenguaje.

Un signo lingüístico es simbólico. También puede haber signos figurativos visuales y auditivos, que resultan, en términos evolucionistas, los fundamentos de la escritura primitiva pictográfica, en transición a la información simbólica y a los signos simbólicos.

Si se clasifican los sentimientos humanos como información comportamental, se puede decir que una serie de palabras tienen información comportamental en común en sus contextos connotativos. La información comportamental, así como la figurativa y la semántica, se pueden comunicar en signos, de ahí su vinculación con la información simbólica. La vinculación figurativa comportamental tiene una base real en las interacciones sociales cotidianas.

Productos informativos

Una *unidad* posee propiedades; cada unidad se caracteriza por una combinación única de propiedades. Una unidad no necesita implicar ningún otro producto informativo.

Entre las unidades figurales visuales utilizadas en las pruebas psicológicas están las letras aisladas. Las unidades auditivas utilizadas en las pruebas psicológicas han sido las señales morse, los dígitos hablados y las series de señales de golpes. Las unidades simbólicas visuales se presentan en la forma de palabras familiares impresas y las sílabas también han servido como unidades en las pruebas de memoria. Las unidades simbólicas auditivas han sido las palabras habladas. El mejor ejemplo de unidad semántica es el significado de una palabra. Es necesaria más investigación para delimitar la naturaleza de una unidad comportamental.

Una *clase* es una abstracción a partir de un conjunto de unidades que mantiene la afiliación a una clase gracias a las propiedades comunes.

Las pruebas de los factores CFC (cognición de clases figurales) y DFC (producción divergente de clases figurales) han empleado figuras casi geométricas de construcción sencilla, y emplean las propiedades de forma, tamaño o sombreado, y también grupos de letras en los que las clases dependen de los aspectos figurativos de las letras.

Se han usado conjuntos de series de números y el rasgo común ha sido la semejanza de los conjuntos de letras en términos de algún principio al que deben ajustarse.

La formación de conceptos corresponde al producto de clase. La teoría de conjuntos provee un modelo lógico muy natural para las clases.

En las pruebas de analogías figurativas se emplean cualquiera de las *relaciones* usuales: los opuestos, el género y la especie, parte-todo, acción-agente, verbo-objeto, y las inversas de la mayoría de estas relaciones. Con los números, cualquiera de las operaciones fundamentales es una manera de relacionarlos y también las vinculaciones de igualdad y desigualdad.

Los pioneros de los *sistemas* han sido las ideas innatas de Descartes, las categorías y esquemas de Kant, las abstracciones de Locke, los esquemas de Bartlett y la concepción gestáltica de las configuraciones.

Los conductistas han reconocido pautas de conducta que pueden considerarse como sistemas conductuales según la teoría SI. Un animal que ha aprendido a conseguir un determinado producto a través del movimiento de un eje vertical para alcanzar la comida deseada, puede llegar al mismo resultado tocando el eje con la nariz, con la pata o refregándose con él. Por tanto, debe tener alguna idea general de un fin que debe ser conseguido y sistemas conductuales para llevar a cabo las acciones.

Los sistemas figurativos auditivos son los ritmos y melodías. Las series de letras o números en los que están implicados los principios de la organización, así como las sucesiones sistemáticas de guiones y puntos, constituyen sistemas simbólicos. Los sistemas semánticos aparecen en pruebas que incluyen problemas de razonamiento matemático enunciados verbalmente. Los sistemas conductuales también implican la comprensión de situaciones de individuos en interacción, como, por ejemplo, tiras de historietas cómicas de cuatro partes en las que se debe seleccionar el cuarto cuadro.

En ciertas pruebas de visualización, en las que la persona debe seguir con la imaginación el proceso de doblar y cortar un papel y el resultado del desdoblado siguiente, gobierna el producto de *transformación*.

En las pruebas de principios o movimientos mecánicos, la persona debe imaginar los cambios de posición de las partes. Las transformaciones conductuales suponen la revisión de un relato, tal como lo presentan cuatro escenas consecutivas haciendo la sustitución de una de las escenas, cambiando la expresión presentada con un cuerpo por la superposición de una cabeza diferente y cambiando el significado del mismo comentario enunciado por la atribución del mismo a otro par de personas que conversan.

Un sinónimo de *implicación* es expectativa, es decir, ver por anticipado. Desde el punto de vista psicológico, las implicaciones son predicciones.

Las pruebas de implicaciones figurativas suponen mirar hacia adelante con respecto a los caminos de los laberintos y a los movimientos en un juego.

El factor CFI (cognición de implicaciones figurales) sería de gran importancia en juegos como el ajedrez y las damas, así como en diversos juegos atléticos.

6.2. El proceso de las categorías de la teoría SI

Las distintas categorías de la teoría SI no se limitan a configurar una estructura topográfica consistente en 180 capacidades intelectuales básicas y necesarias para representar el concepto inteligencia. Las categorías de operación y de información de la teoría SI permiten producir una explicación de las fases mentales necesarias para que la persona muestre un comportamiento más o menos inteligente.

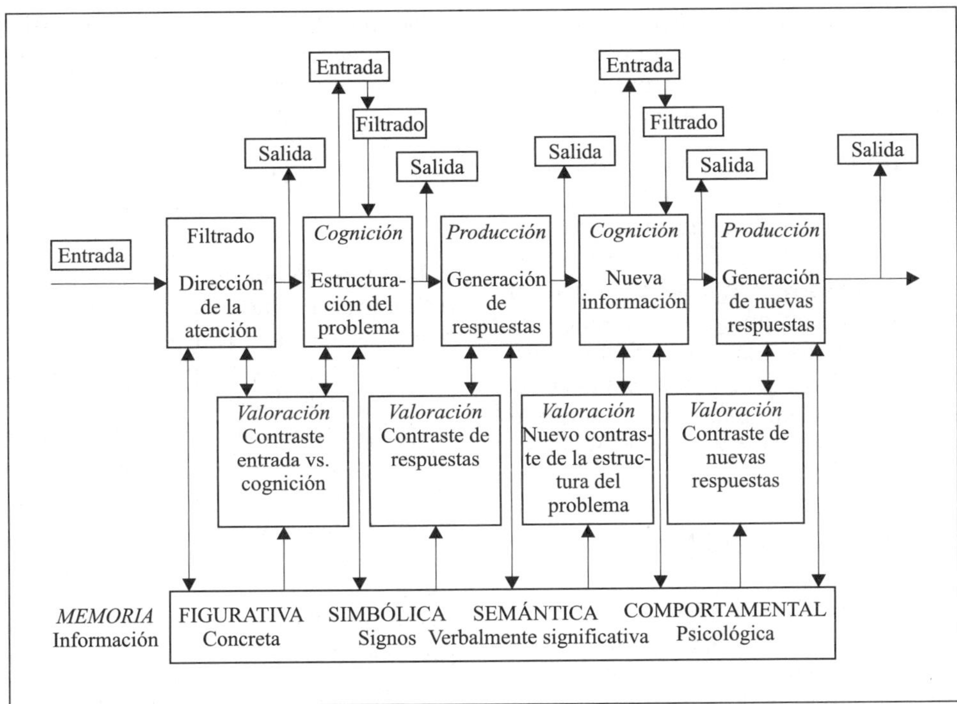

Figura 11.10.— Una representación de la teoría de Guilford según un modelo de procesos. Las distintas categorías representan distintos procesos cognitivos, es decir, operaciones sobre información de distinta naturaleza que se realizan en la mente de la persona.

En la figura 11.10 puede verse una representación de la concepción procesual de Guilford (1967):

- En un principio, hay una entrada de información en el cerebro de la persona. Esta información se filtra gracias a la intervención de los procesos atencionales.
- Sobre la información filtrada actúan las operaciones de la cognición, estructurando el problema informativo que se le presenta a la persona. Tanto el filtrado informativo como la cognición se encuentran supervisados por las operaciones de valoración.
- En estas operaciones iniciales, la persona recurre al almacén de memoria, en el que se pueden encontrar los cuatro tipos generales de contenidos informativos: figurativa (información concreta), simbólica (signos), semántica (verbalmente significativa) y comportamental (psicológica). Estos distintos tipos de contenidos informativos se van a emplear hasta el momento en que la persona produzca un comportamiento inteligente.
- La interacción entre las operaciones de filtrado atencional, cognición y recursos al almacén de memoria se puede comenzar a producir posibles respuestas al problema informativo que se le ha planteado a la persona. Es decir, a través de la producción se van generando respuestas que, a su vez, se encuentran supervisadas por las operaciones de valoración.
- Una nueva aplicación de las operaciones de cognición permite obtener más información relevante para resolver el problema planteado. Esto va a suscitar una nueva valoración de la estructura del problema.

— Finalmente, se valoran las nuevas respuestas que son producto de las distintas operaciones mentales realizadas y se acaba produciendo una respuesta inteligente (salida).

En suma, esta breve descripción de las fases mentales necesarias para producir un comportamiento inteligente se basa en conceptos precisos derivados de los métodos factoriales. Es decir, las explicaciones cognitivas de Guilford se basan en una previa representación topográfica y empírica de la estructura de la inteligencia. Así, los conceptos científicos que intervienen en la explicación de los mecanismos o de la dinámica mental, han pasado por una contrastación empírica previa.

7. APLICACIONES PRÁCTICAS

Las aplicaciones prácticas que se describen en primer lugar tienen que ver con el desarrollo de pruebas para medir los factores importantes de la inteligencia de un modo fiable y válido. Estas pruebas son muy empleadas en la práctica psicológica, pero no suele ser frecuente que los profesionales conozcan la teoría factorial a partir de la que se han diseñado. Por ese motivo, la exposición siguiente se ha organizado según cada una de las teorías factoriales descritas. Además de esta presentación, también se plantean algunas aplicaciones a temas como la mejora de la inteligencia, el nivel intelectual en distintos países, el incremento del nivel intelectual en las generaciones actuales y las relaciones entre inteligencia y delincuencia.

7.1. Sistemas de medida según las teorías factoriales

Las teorías factoriales sirven, entre otras muchas cosas, para organizar la exploración psicológica práctica de la inteligencia. La medición de las propiedades o factores intelectuales no es una tarea mecánica, sino que debe seguir una serie reglas. La medición psicológica sin una teoría de referencia sirve de bastante poco. Por eso, un profesional debe conocer cuál es la teoría a partir de la que se ha diseñado una determinada batería de pruebas de medida de la inteligencia.

7.1.1. *Medida según la teoría de P. E. Vernon*

La teoría factorial de Vernon incluye dos factores de grupo principales: verbal:educativo (v:ed) y práctico-mecánico (k:m).

Los factores de grupo v:ed y k:m se pueden estimar a través de las escalas de D. Wechsler, puesto que proporcionan un cociente intelectual verbal (CIV) y un cociente intelectual manipulativo (CIM). La suma del CIV y el CIM permite obtener un cociente intelectual total (CIT) que serviría para estimar el nivel del factor g de la teoría de Vernon.

En nuestro país, contamos con las siguientes versiones de las escalas de D. Wechsler:

— WAIS. Escala de inteligencia de Wechsler para adultos (15 años en adelante). Es de aplicación individual y el tiempo de aplicación es de unos 90 minutos. El WAIS incluye ocho pruebas que se agrupan en dos puntuaciones, una de ellas verbal (CI verbal) y la otra manipulativa (CI manipulativo). La suma del CI verbal y del CI manipulativo proporciona una puntuación de CI total.

— WISC-R. Escala de inteligencia de Wechsler para niños-revisada (de 6 a 16 años). Es de aplicación individual y el tiempo de aplicación es de unos 90 minutos. El CI verbal se calcula según el rendimiento en las siguientes pruebas: información, comprensión, aritmética, semejanzas, vocabulario y dígitos como prueba complementaria. El CI manipulativo se calcula según las pruebas siguientes: figuras incompletas, cubos, historietas, rompecabezas, claves y laberintos como prueba suplementaria.

— WPPSI. Escala de inteligencia para preescolar y primaria (de 4 a 6 años y medio). Es de aplicación individual y el tiempo es de unos

50 minutos. El CI verbal se mide con las siguientes pruebas: información, vocabulario, aritmética, semejanzas, comprensión y memoria de frase. El CI manipulativo se mide con las pruebas siguientes: casa de los animales, figuras incompletas, laberintos, dibujo geométrico y cubos.

7.1.2. *Medida según la teoría Gf-Gc de R. B. Cattell*

Las propiedades intelectuales recogidas en la teoría factorial de Cattell se pueden medir con una serie de pruebas cuya denominación es *The Comprehensive Ability Battery* (CAB), de Hakstian y Cattell (1976).

La CAB mide 20 variables: Aptitud verbal (V), Aptitud numérica (N), Aptitud espacial (S), Rapidez de clausura (Cs), Velocidad y precisión perceptiva (P), Razonamiento inductivo (I), Flexibilidad de clausura (Cf), Memoria mecánica o rutinaria (Ma), Aptitud mecánica (Mk), Amplitud de memoria (Ms), Memoria significativa (Mm), Deletreo (Sp), Juicio estético (E), Flexibilidad espontánea (Fs), Fluidez de ideas (Fi), Fluidez de palabra (W), Originalidad (O), Aptitud auditiva, Aiming (señalamiento) y dibujos.

La CAB se divide en cinco formas: CAB-1 (30 minutos de aplicación), CAB-2 (35 minutos de aplicación), CAB-3/4 (25-30 minutos de aplicación), CAB-5 (40 minutos de aplicación). La edad de aplicación es de 15 años en adelante.

Por otra parte, Gf o inteligencia fluida se puede medir con el test de factor g de R. B. Cattell:

- Test de factor g, escala 1 de R. B. Cattell y A. K. S. Cattell. Es de aplicación individual o colectiva (40 minutos aproximadamente) y la edad de aplicación es de 4 a 8 años y adultos con retraso mental. La escala 1 incluye ocho pruebas: sustitución, clasificación, laberintos, identificación, órdenes, adivinanzas, errores y semejanzas.
- Test de factor g, escalas 2 y 3 de R. B. Cattell y A. K. S. Cattell. Es de aplicación colectiva (12 minutos aproximadamente), la escala 2 a partir de los 8 años y la escala 3 a partir de los 15 años. Tanto la escala 2 como la escala 3 incluyen las siguientes pruebas: series, clasificación, matrices y condiciones.

Gf también se puede estimar a través del test de matrices progresivas de J. Raven. En nuestro país disponemos de tres formas. La primera es la escala de color (niños, 36 problemas), la segunda es la escala general (adolescentes) y la tercera es la escala superior (adultos, 36 problemas). Puede ser de aplicación individual o colectiva, y el tiempo de aplicación oscila entre los 40 y los 90 minutos.

Gc o inteligencia cristalizada se puede medir con la prueba *Mill Hill* y las *escalas de vocabulario Crichton* de J. Raven.

7.1.3. *Medida según la teoría HILI*

Los factores de la teoría HILI de la escuela sueca son muy similares a los de la teoría Gf-Gc. En cualquier caso, una batería muy útil para medir los principales factores de la teoría HILI es el test de aptitudes diferenciales (DAT) de G. K. Bennett, H. H. Seashore y A. G. Wesman.

El DAT se puede aplicar a partir de los 14 años, colectivamente y con un tiempo aproximado de 2 horas y 15 minutos.

El DAT incluye seis pruebas: Razonamiento verbal (VR), Razonamiento abstracto (AR), Aptitud numérica (NA), Rapidez y precisión perceptiva (CSA), Razonamiento mecánico (MR) y Relaciones espaciales (SR). Conjuntamente constituye una buena medida del factor g, principalmente de Gc, pero también de Gf (razonamiento abstracto). En suma, las pruebas del DAT permiten estimar los factores secundarios de la teoría HILI: Gf, Gc y Gv.

G. K. Bennett, M. G. Bennet, D. M. Clendenen y otros también han diseñado una batería (test de pronóstico académico, APT) que mide fundamentalmente el factor g (Gf) y el factor Gc.

El APT es de aplicación colectiva (75 minutos aproximadamente) y se puede usar a partir de los

11 años, aunque la edad óptima es entre los 12 y los 15 años.

La batería APT está construida con la misma estructura que el DAT. Tiene menos pruebas, problemas algo más sencillos y está adaptada a niveles escolares y educativos más bajos. La versión española tiene tres pruebas: Razonamiento abstracto (RA), Aptitudes numéricas (N) y Aptitud verbal (V).

Por otro lado, los factores primarios de la teoría HILI se pueden medir, en parte, con el PMA (aptitudes mentales primarias) de L. L. Thurstone. El PMA es de aplicación colectiva, a partir de los 10 años, y supone un tiempo de unos 30 minutos.

Las pruebas del PMA son: Capacidad para comprender y expresar ideas con palabras (V), Capacidad para imaginar y concebir objetos en dos o tres dimensiones (E), Capacidad para resolver problemas lógicos, comprender y planear (R), Capacidad para manejar números y conceptos cuantitativos (N) y Capacidad para hablar y escribir sin dificultad (F).

7.1.4. *Medida según la teoría de tres estratos de J. B. Carroll*

John B. Carroll (1993) señala una serie de pruebas para medir los principales factores incluidos en su teoría. Hay que volver a consultar la figura en la que se representa esta teoría para recordar los símbolos de los distintos factores que ahora se van a enumerar. En primer lugar, se presentan las pruebas que están adaptadas a nuestro entorno cultural:

- Matrices progresivas de Raven. Mide los factores g y 2F.
- Test de factor g de R. B. Cattell. Mide los factores I y 2G.
- Aptitudes mentales primarias (PMA). Mide los factores VL, I, RG, RQ, VZ y SR.
- Test de aptitudes mentales diferenciales (DAT) —véase más arriba.
- WAIS. Mide N (facilidad con los números), K0 (información general) y RG (razonamiento). La puntuación en CI verbal permite estimar Gc, mientras que el CI manipulativo es una medida de Gv. El CIV y el CIM permiten estimar el factor g.
- Test de Aptitudes Cognoscitivas de R. C. Thorndike, E. Hagen e I. Lorge (1974). Incluye tres baterías: 1) Verbal (vocabulario, completar frases, clasificación verbal y analogías verbales). 2) Cuantitativa (relaciones numéricas, series de números, diseño de ecuaciones). 3) No-verbal (clasificación de figuras, analogías figurales y síntesis de figuras). La batería verbal mide los factores VL, I, RC y RG. La batería cuantitativa mide los factores I, N y RQ. La batería no-verbal mide los factores VZ e I.

Las siguientes son pruebas que no están adaptadas a nuestro entorno cultural:

- ETS Kit of Factor Referenced Cognitive Tests (tests cognitivos factoriales del Educational Testing Service; Ekstrom, French y Harman, 1976).
- Comprehensive ability battery (CAB).
- British Ability Scales de Elliot, Murray y Pearson (1979). Incluye 23 pruebas: 1) velocidad de procesamiento de la información, 2) matrices; 3) pensamiento formal; 4) similitudes; 5) razonamiento social; 6) diseño de bloques; 7) rotación de formas de letras; 8) visualización de cubos; 9) copiado; 10) emparejamiento de formas de letras; 11) emparejamiento verbal-táctil; 12) recuerdo de diseños; 13) recuerdo visual inmediato; 14) recuerdo visual con demora; 15) recuerdo de números; 16) reconocimiento visual; 17) vocabulario (nombrar); 18) lectura de palabras; 19) comprensión verbal; 20) definiciones de palabras; 21) fluidez verbal; 22) aritmética básica; 23) destrezas numéricas. Las *British Ability Scales* son de aplicación individual. Las 23 escalas estiman tres factores: aptitud verbal, percepción visual y memoria (recuerdo), además del factor de velocidad de procesamiento.

— Multidimensional Aptitude Battery (MAB) de Jackson (1984). Incluye 10 pruebas: 1) información; 2) aritmética; 3) comprensión; 4) vocabulario; 5) similitudes; 6) símbolos numéricos; 7) completar dibujos; 8) espacial; 9) disposición de dibujos, y 10) objetos. Las pruebas 1, 3, 4, 5 y 7 miden el factor 2C, mientras que las variables 2, 6, 8, 9 y 10 miden el factor 2V.

J. B. Carroll (1993) revisa algunas pruebas más, pero debe estar presente que siempre hace referencia a las disponibles en el mercado norteamericano, por lo que su expresión en español resulta bastante complicada. Por tanto, nos hemos limitado a reseñar las pruebas más importantes, recomendándose la consulta directa de la obra de Carroll.

En cualquier caso, en el mercado español hay una serie de pruebas que pueden ayudar al psicólogo a medir algunos de los factores de la teoría de tres estratos:

— La escala de W. P. Alexander permite medir la inteligencia práctica, controlando la influencia de la cultura. Se puede aplicar individualmente a partir de los 7 años (unos 40 minutos). Contiene tres pruebas: passalong, cubos de Kohs y construcción de cubos. Es muy recomendable para trabajar con personas auditivamente deficientes.

— Test de inteligencia no verbal (TONI-2) de L. Brown, R. J. Sherbenou y S. K. Johnsen. También permite medir la aptitud cognitiva controlando la influencia de la cultura. Se puede aplicar individualmente a partir de los 5 años y hasta los 85 años (unos 15 minutos). Consiste en resolver problemas abstractos de tipo gráfico, eliminando la influencia del lenguaje o de la habilidad motriz, e incluye dos formas con 55 problemas cada una.

— Test Beta de C. E. Kellogg y N. W. Morton. Mide la inteligencia general a través de las siguientes pruebas: laberintos, claves de símbolos, reconocimiento de errores, tableros de formas, figuras incompletas y apreciación de diferencias. Se puede aplicar a partir de los 14 años colectivamente (unos 15 minutos) y es útil para trabajar con adultos de nivel cultural muy bajo.

— Test de figuras enmascaradas (EFT) de H. A. Witkin y P. K. Oltman. Mide Cf y Cs, es decir, flexibilidad y rapidez de clausura. Por tanto, explora la capacidad de la persona para romper un campo visual organizado y captar una de sus partes dejando a un lado el todo en el que se integra. Es de aplicación individual para las formas EFT, CEFT y PEFT, y colectiva para la forma GEFT. La versión colectiva supone unos 20 minutos y sirve para trabajar con niños, adolescentes y adultos según la forma que se use.

— Naipes «g» de N. García Nieto y C. Yuste. Mide la inteligencia general no verbal, es decir, Gf. Los problemas están construidos con los naipes de una baraja. Las personas deben captar la relación entre los naipes que forman el elemento y descubrir la ley lógica que da sentido a la secuencia. Es de aplicación colectiva (unos 25 minutos) y dispone de tres formas: elemental (10 a 12 años), medio (13 a 16 años) y superior (a partir de 16 años).

— Monedas de N. Seisdedos. Mide Gc a través de la necesidad de realizar operaciones simples con monedas de pequeño valor. Las dos formas (monedas 1 y 2) requieren resolver problemas lógicos con montones de monedas entre los que se han intercalado uno o varios interrogantes. Hay cuatro variables implicadas en cada problema: 1) tamaño; 2) operación; 3) número de monedas en cada montón, y 4) la posición de los interrogantes. Es de aplicación individual o colectiva (unos 15 minutos) y se puede emplear con adolescentes y adultos.

Hay algunas otras pruebas de aptitudes más concretas. Desde aquí se recomienda consultar alguno de los catálogos de las firmas comerciales para obtener más información. Es importante que el psicólogo recuerde la necesidad de calibrar qué prueba es la que mejor se ajusta a sus necesidades, pero con referencia obligada a los fundamentos teóricos y metodológicos de la prueba en sí. Cuando se conocen estos fundamentos, no sólo se elige con mejor criterio, sino que se organiza el trabajo y se gana en posibilidades de hacer una interpretación útil de los resultados.

7.1.5. *Medida según la teoría SI o SOI de J. P. Guilford*

Por desgracia, las pruebas en las que se operativizan los factores de la teoría SI no están adaptadas a nuestro entorno cultural. En cualquier caso, señalamos las principales características de la batería elaborada por J. P. Guilford y W. Zimmerman: *Guilford-Zimmerman Aptitude Survey (GZAS)*.

La batería está dirigida a adolescentes y adultos (una hora y media aproximadamente de administración). Contiene las siguientes escalas: comprensión verbal, razonamiento general, operaciones numéricas, velocidad perceptiva, orientación espacial y visualización espacial.

- — Guilford-Zimmerman Aptitude Survey: comprensión verbal (GZAS:VC) para adolescentes y adultos (unos 25 minutos). Mide el nivel de comprensión verbal.
- — Guilford-Zimmerman Aptitude Survey: razonamiento general (GZAS:GR) para adolescentes y adultos (unos 35 minutos). Valora la aptitud de razonamiento mediante problemas de aritmética.
- — Guilford-Zimmerman Aptitude Survey: operaciones numéricas (GZAS:NO) para adolescentes y adultos (unos 8 minutos). Mide la aptitud para trabajar con números.
- — Guilford-Zimmerman Aptitude Survey: velocidad perceptiva (GZAS:PS) para adolescentes y adultos (unos 5 minutos). Mide la aptitud para comparar detalles con rapidez y precisión.
- — Guilford-Zimmerman Aptitude Survey: orientación espacial (GZAS:SO) para adolescentes y adultos (unos 10 minutos). Mide la aptitud para percibir disposiciones espaciales.
- — Guilford-Zimmerman Aptitude Survey: visualización espacial (GZAS:SV) para adolescentes y adultos (unos 10 minutos). Mide la aptitud para manipular mentalmente (visualmente) ideas.

Además de la GZAS, Guilford ha elaborado tres pruebas de medida de la creatividad (que se relaciona también con la secundaria de Cattell, Gr):

- — Consecuencias (Christensen, Merrifield y Guilford, 1980). Mide fluidez de ideas, originalidad y flexibilidad. A la persona se le pide que escriba sobre posibles consecuencias de situaciones inusuales. El tiempo de aplicación es de unos 20 minutos (9 años en adelante).
- — Fluidez (Christensen y Guilford, 1980). Mide fluidez de palabra (producir palabras según cierta consigna), fluidez expresiva (producir tantas palabras como sea posible comenzando por una determinada letra), fluidez de ideas (producir ideas relevantes a ciertas situaciones) y fluidez para establecer conexiones (producir sinónimos asociados a adjetivos o a verbos). El tiempo de aplicación es de unos 20 minutos (14 años en adelante).
- — Usos alternativos (Christensen, Guilford, Merrifield y Wilson, 1980). Mide flexibilidad solicitándole a la persona que produzca usos alternativos de objetos comunes. El tiempo de aplicación es de unos 16 minutos (a partir de los 12 años).

7.2. Sistemas de mejora de la inteligencia según las teorías factoriales

Las teorías factoriales también sirven para diseñar organizadamente un sistema de mejora de la inteligencia. Si sabemos cuáles son las propiedades básicas, es decir, los factores, de la inteligencia, mejorar ésta supondrá elevar el nivel de la persona en los factores más y menos importantes de la inteligencia.

En otras palabras, emplear una teoría factorial transforma un complejo, poco y mal definido problema, como es el de la mejora de la inteligencia, en algo abarcable y manejable. Además, podemos saber en todo momento si se están produciendo las mejoras esperadas, comprobando las oscilaciones de la persona en los factores de la inteligencia sobre los que se pretende actuar.

En este sentido, el Instituto SOI ha desarrollado un enfoque para enseñar a pensar y para transmitir las habilidades de aprendizaje basado en la teoría factorial de J. P. Guilford.

El Instituto SOI proporciona pruebas, diagnósticos según los resultados, consejos para realizar ejercicios que ayuden a superar las deficiencias detectadas y materiales de práctica. Según Nickerson y col. (1994), la teoría de Guilford constituye una base muy interesante para el diseño de programas de enseñar las habilidades del intelecto y del aprendizaje. El muestreo de aptitudes que la teoría SI o SOI realiza parece relevante para producir diagnósticos útiles sobre las dificultades de los estudiantes durante el proceso de aprendizaje.

Meeker fue la persona encargada de construir la base del programa SOI (Meeker, 1969). Según este autor, la mente es un compuesto de músculos mentales que se puede fortalecer tonificando los distintos músculos mediante ejercicios específicos.

El programa SOI se centra en 27 combinaciones de operaciones, contenidos y productos, seleccionadas como las más importantes para las matemáticas, la escritura y la creatividad.

El empleo de los materiales SOI es sencillo. Se debe conseguir, en primera instancia, una batería de tests de diagnóstico. El instrumento de medida más importante es el SOI-LA[2], un test de capacidades de aprendizaje que parece constituir el principal elemento del programa. El SOI-LA contiene siete partes:

1. Resultados en los 27 tests.
2. Representación gráfica de la interpretación de la situación relativa del estudiante en cada uno de los tests: intermedio y adulto.
3. Representación gráfica de la interpretación en una medida centil.
4. Clasificación de los tests produciendo una valoración de las capacidades del estudiante según cuatro áreas: lectura, aritmética, escritura y creatividad. En cada área se codifica un nivel: incapacitado, nivel esperado o nivel superior.
5. Valoración de las capacidades intelectuales generales.
6. Análisis clínico de los puntos fuertes y débiles del estudiante. Este análisis está organizado según las operaciones: capacidad de comprensión, capacidad de memoria, capacidad para hacer juicios, capacidad de planificación y toma de decisiones, capacidad para resolver problemas con solución conocida y capacidad de creatividad. Un ejemplo: «El CFU es una prueba de clausura visual. La clausura visual es un elemento fisiológico. El CFU es una presentación cognitiva del proceso fisiológico. Usted deberá cuidar la visión de Juan. Al tener un rendimiento bajo en CFU, tal vez no pueda ver fácilmente la palabra entera desde la primera letra hasta la última. Fíjese en si Juan inclina la cabeza al leer o escribir tratando de ayudar a un ojo. Es necesario hacer un examen de su desarrollo visual y repetirlo cada año hasta la pubertad». Por tanto, el análisis clínico incluye consejos para el tratamiento de cada caso particular.
7. Informe sobre remedios para superar los puntos débiles del estudiante. Cada ejercicio atiende a combinaciones particulares de categorías de las tres dimensiones. Cuando el estudiante anda flojo en una determinada categoría, el análisis recomienda ejercicios centrados en esa categoría y en categorías correspondientes a otras dimensiones en las que el estudiante puntuó bien.

[2] Esta prueba está adaptada al castellano por Javier Berché, director de un centro catalán dirigido a captar chavales superdotados.

Según Nickerson y col. (1994), el programa del Instituto SOI descansa en una teoría más cimentada de lo usual dentro del campo de los programas de mejora de la inteligencia o de enseñar a pensar. Esto da lugar a un alto grado de organización y coherencia. El programa SOI mejora, con claridad, la inteligencia.

7.3. El cociente intelectual en Europa

Vinko Buj (1981) ha explorado el CI de 21 países europeos dentro de un proyecto que duró cinco años. En cada país se estudió a muestras de residentes en las capitales, puesto que en ellas las muestras de personas suelen ser más representativas del país.

Las personas participantes fueron varones y mujeres mayores de 16 años, edad en la que se supone completo el desarrollo intelectual. La inteligencia se midió con el test de factor g de R. B. Cattell, es decir, una prueba en la que la influencia cultural concreta es menos importante.

Se controlaron las siguientes variables: 1) varones-mujeres; 2) edad de los participantes (6 clases de edad, comenzando por el período 16-20 años e incrementando las clases de 10 en 10 hasta llegar a los 60 años), y 3) estatus socioeconómico.

La prueba se aplicó a grupos de no más de 50 personas. La aplicación de la prueba se realizó por psicólogos o estudiantes de psicología convenientemente entrenados. En todos los casos, los expertos eran nativos de los respectivos países.

El número de personas que debía formar cada muestra se calculó según la población total del país. El total de personas evaluadas fue de 10.737. El 48,8 por 100 fueron varones y el 51,2 por 100 mujeres.

En la tabla 11.2 se muestran los resultados de este estudio

Los primeros cinco países y los dos últimos se desvían significativamente de la media. El resto de los países se encuentran en la región media. La media de la población total se desvía 2,2 puntos de CI de la media universal (100). También se deben comentar las grandes diferencias que se observan en los valores de desviación típica de cada uno de los países. Desde el valor de 11,6 en Noruega hasta los valores de 34,7 de Bulgaria y España. Los resultados indican que la media europea es bastante similar a la media norteamericana.

Los países con mejores puntuaciones son Holanda, Alemania, Polonia, Suecia y Yugoslavia, mientras que los países con peores puntuaciones son Bulgaria y Francia.

Esta información sobre el CI de los distintos países puede parecer un simple capricho. Sin embargo, debe considerarse que el CI puede ser un indicador similar, en este caso, al producto interior bruto o al índice de natalidad de un país. El CI constituye una estimación del factor g de inteligencia y los cambios de su valor a lo largo de los años pueden indicar el impacto de los sistemas educativos y culturales en la mejora de las capacidades de los ciudadanos de un país.

Puesto que el CI es un compuesto de Gf (inteligencia fluida) y Gc (inteligencia cristalizada), este tipo de estudios deberían usar pruebas que midan ambos factores y averiguar cómo van cambiando con el paso de los años. Los datos del estudio presentado sólo nos sirven para estimar Gf, pero hubiese sido más relevante emplear, ademas, una medida de Gc.

De este modo, no cabría esperar muchos cambios en Gf, pero sí en Gc. Estos cambios en Gc serán indicativos de las oportunidades que el país ofrece a sus ciudadanos de invertir culturalmente su Gf. Así, un incremento positivo en Gc indicaría una mejora de las condiciones sociales de inversión, mientras que un cambio negativo en Gc sería sintomático de un empeoramiento de las condiciones de inversión.

En otras palabras, el sistema educativo y cultural de un país puede beneficiar o perjudicar la inversión de las capacidades intelectuales de los ciudadanos. Los conceptos y métodos psicológicos pueden ayudan a explorar, aclarar y orientar estos grandes cambios sociales, es decir, las oportunidades que la sociedad brinda a sus ciudadanos de mejorar sus competencias intelectuales.

TABLA 11.2

País	Ciudad	Número de sujetos	CI medio	Desviación típica
Holanda	Amsterdam	333	109,4	16,1
Alemania	Hamburgo	1.572	109,3	22,4
Polonia	Varsovia	835	108,3	29,7
Suecia	Estocolmo	205	105,8	25,8
Yugoslavia	Zagreb	525	105,7	34,1
Italia	Roma	1.380	103,8	35,2
Austria	Viena	187	103,5	15,3
Suiza	Zurich	163	102,8	19,4
Portugal	Lisboa	242	102,6	18,7
Inglaterra	Londres	1.405	102	19,3
Noruega	Oslo	100	101,8	11,6
Dinamarca	Copenhague	122	100,7	13,3
Hungría	Budapest	260	100,5	21,4
Checoslovaquia	Bratislava	363	100,4	25,9
España	Madrid	848	100,3	34,7
Bélgica	Bruselas	247	99,7	23,5
Grecia	Atenas	220	99,4	25,6
Irlanda	Dublín	75	99,2	17,2
Finlandia	Helsinki	120	98,1	26,6
Bulgaria	Sofía	215	96,3	34,7
Francia	París	1.320	96,1	27,1

7.4. El efecto Flynn o las ganancias generacionales en cociente intelectual

James R. Flynn (1987) ha estudiado datos sobre el cociente intelectual de 14 países, demostrando, según él, que hay una ganancia de entre 5 y 25 puntos de CI en una sola generación. Curiosamente, las mayores ganancias se dan en los tests menos cargados culturalmente, es decir, en los tests de inteligencia fluida (Gf).

En su estudio, Flynn divide los datos en tres categorías dependiendo de las garantías disponibles sobre la producción de la ganancia en CI de las generaciones actuales. Únicamente los datos de la primera categoría demuestran con claridad la ganancia en CI.

Los países en los que parecen estar claras las ganancias son: Holanda, Bélgica, Noruega y Nueva Zelanda. Los países en los que están poco claras esas ganancias son: Francia, Canadá, Estados Unidos, Alemania del Este, Gran Bretaña, Australia, Japón, Alemania Oeste/Suiza y Austria.

A la vista de estos datos resulta complicado ser tan optimistas como Flynn. Es decir, si se demuestra con claridad que las ganancias en CI se producen en cuatro de catorce países, ¿está justificada la conclusión de que el CI de las generaciones actuales ha aumentado hasta una desviación típica?

Por otro lado, los datos de Flynn llevan al siguiente argumento: si en 50 años el CI ha aumentado una desviación típica, en 100 años habrá aumentado dos desviaciones típicas, es decir, 30 puntos de CI. Si la media universal en CI es 100, esto significa que en 1896 los habitantes de Holanda, Bélgica, Noruega y Nueva Zelanda rozaban el retraso mental, es decir, 70 puntos de CI. Evidentemente, esto no es demasiado razonable.

Ante esta paradójica situación, Flynn (1987) concluye que las ganancias de CI sugieren que los tests psicológicos no miden inteligencia, sino algo que puede tener alguna débil relación con la inteligencia en sentido estricto.

Además, si las ganancias, cuando se producen, influyen especialmente a los tests de inteligencia fluida, ¿dónde se sitúan las mejoras educativas de los sistemas actuales?

Cuando se expongan las teorías biológicas de la inteligencia estudiaremos una posible interpretación de las ganancias en las capacidades fluidas, que no se hallan en igual medida en las capacidades cristalizadas más socioculturales. Sin embargo, hay que considerar que, en contra de lo que se suele suponer, el impacto de las mejoras educativas pueden incidir poblacionalmente precisamente en Gf.

Datos españoles y comparativos sobre las ganancias generacionales de CI

Colom, Andrés-Pueyo y Juan-Espinosa (1997, en prensa) han revisado el estudio de Flynn y han comparado datos españoles con los de otros países. En el estudio se usaron los mismos procedimientos empleados originalmente por Flynn para calcular las ganancias según el rendimiento en distintos tests de inteligencia:

- Test de matrices progresivas de Raven, con un período de separación de 28 años. Se usaron datos de la Escala Superior (APM) y de la Escala General (SPM) del Raven.
- Test de aptitudes mentales diferenciales (DAT), con un período de separación de 19 años. Los tests que se incluyen en esta batería son los siguientes: razonamiento verbal (VR), cálculo aritmético (NA), razonamiento abstracto (AR), relaciones espaciales (SR), razonamiento mecánico (MR) y velocidad perceptiva (CSA).
- Test de aptitudes mentales primarias (PMA), con un período de separación de 19 años. Los tests que se incluyen en esta batería son los siguientes: vocabulario (V), cálculo (N), fluidez verbal (F), rotación espacial (E) y razonamiento inductivo (R).

Los datos brutos se obtuvieron de las baremaciones en distintos momentos de los tests indicados. La primera baremación de las dos escalas del test de Raven se hizo en 1963 y 1968, mientras que la segunda baremación se hizo en 1991 y 1996. Como se ha comentado, se usaron dos variantes del test de Raven: la escala general, para población sin un alto nivel de formación educativa, y la escala superior, para población con estudios preuniversitarios. La primera baremación para los otros dos tests se hizo en 1979, mientras que la segunda se hizo en 1995. En este caso, la población estuvo compuesta por estudiantes que terminaban el período de enseñanza secundaria.

En la figura 11.11 se observan las ganancias para el test de Raven, tanto en la escala general (SPM) como para la escala superior (APM). Teniendo en cuenta que 15 puntos de CI equivalen a una desviación típica, comprobamos que se gana más de una desviación típica en la escala general, mientras que no se llega a media desviación típica para la escala superior. Este resultado pue-

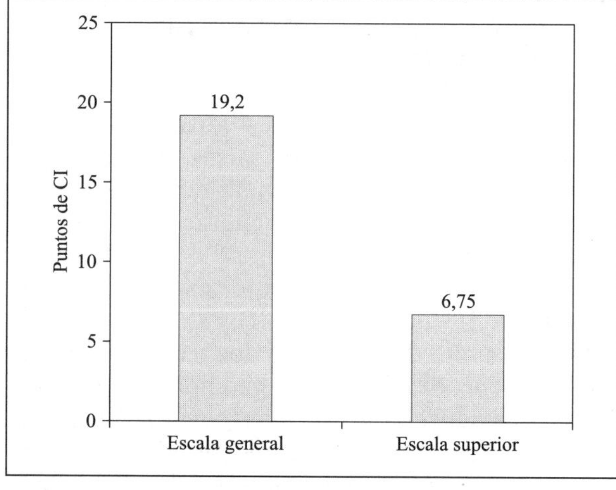

Figura 11.11.—Ganancias en puntos de CI en el test de Raven.

de indicar que las ganancias en puntos de cociente intelectual han sido más pronunciadas para la población general que para población más homogénea.

En la figura 11.12 se presentan las ganancias para cada uno de los tests del DAT. Las ganancias se presentan separadas para varones y mujeres, dado que los baremos incluidos en el manual de la prueba dan datos directos separados para ambos. Se observan pérdidas en los dos tests de inteligencia cristalizada (VR y NA), hay ganancias en el test de inteligencia fluida (AR), especialmente en el caso de las mujeres, también hay ganancias en los tests de visualización general (SR y MR), especialmente en el caso de las mujeres, y finalmente se observan pérdidas en el test de velocidad (CSA). En cualquier caso, se observa que las ganancias y pérdidas no llegan siquiera a la media desviación típica. Además, los cambios positivos son especialmente relevantes en los tests de Gf y Gv, lo que sería congruente con Flynn.

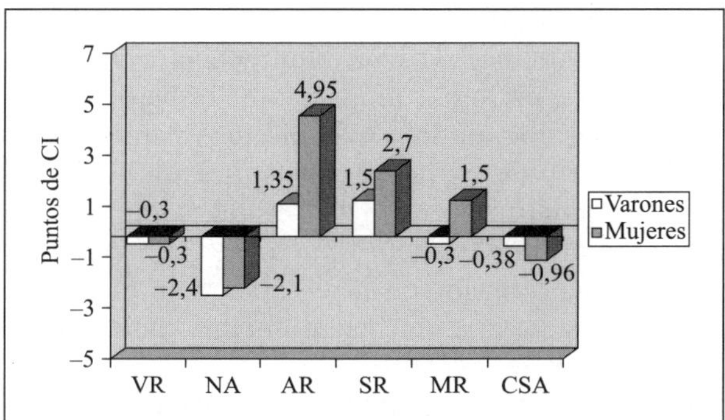

Figura 11.12.—Ganancias en los tests de la batería de aptitudes diferenciales (DAT).

En la figura 11.13 se observan los cambios en puntos de CI que se producen en los tests del PMA. También en este caso se presentan las ganancias según el sexo, puesto que el manual de la prueba da los datos directos de este modo. Se observa que hay ganancias en todos los tests, siendo especialmente llamativas en el test de Gf (R), y en dos de los tests de Gc (V y F). En cuatro de los cinco tests hay una ganancia algo más pronunciada de los varones, aunque las diferencias son mínimas. Hay que hacer una mención especial a la mayor ganancia de las mujeres en el test espacial, dado que habitualmente las mujeres suelen tener un rendimiento algo menor que los varones en este tipo de pruebas espaciales (Brody, 1992). Esta mayor ganancia de las mujeres podría estar de acuerdo con la desaparición generacional de las diferencias de género en inteligencia descritas por Alan Feingold (1988).

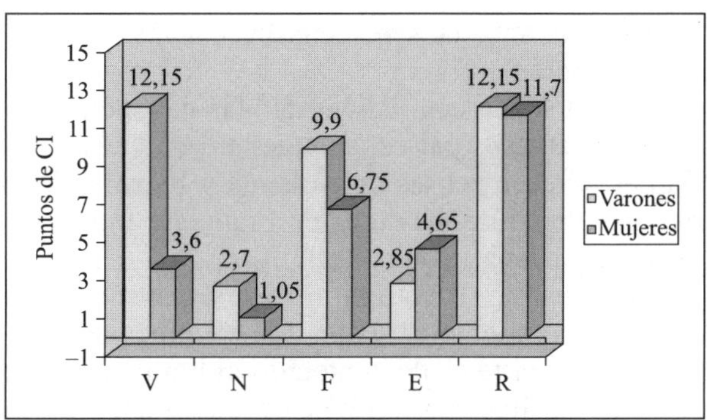

Figura 11.13.—Cambios de CI en los tests del PMA.

Colom, Andrés-Pueyo y Juan-Espinosa (1997) compararon estos datos con algunos otros países con una muestra de sujetos de características equivalentes. En primer lugar, se compararon los datos con la escala general del Raven en Francia (25 años de separación entre las generaciones comparadas), Holanda (30 años de separación), Gran

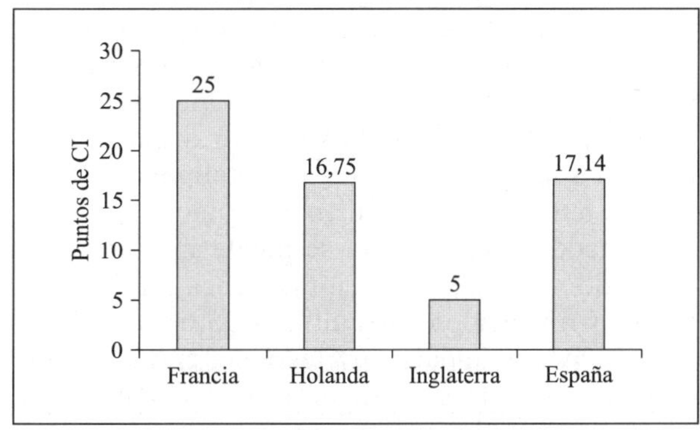

Figura 11.14.—Ganancias en puntos de CI en la escala general del Raven para cuatro países (período de 25 años).

Bretaña (39 años de separación) y España (28 años de separación).

Los datos parecen indicar que las ganancias son comunes en esos paises, aunque las ganancias más fiables parecen ser las de Holanda y España, dado que la calidad de los datos de Francia e Inglaterra no es tan buena (Flynn, 1987).

Finalmente, se compararon las ganancias en tests culturalmente cargados (de inteligencia cristalizada) y en tests de contenido cultural reducido (tests de inteligencia fluida) en cuatro países: Francia, Bélgica, Noruega y España.

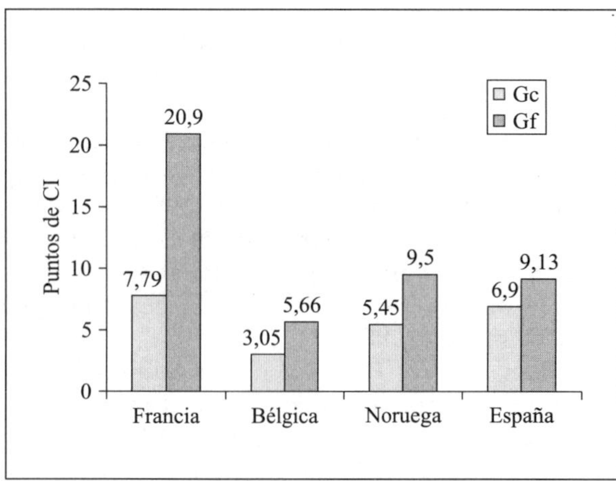

Figura 11.15.—Ganancias de CI en tests culturalmente cargados y reducidos en cuatro países (período de 25 años).

Se observa que en todos los países las ganancias son más pronunciadas en los tests con una reducida carga cultural, y son algo menores en los tests culturalmente cargados. Por tanto, se confirma el resultado de Flynn respecto a que las ganancias son más relevantes en inteligencia fluida que en inteligencia cristalizada. Como antes se ha comentado, esta ganancia se puede interpretar en el sentido de que las mejoras educativas que se han experimentado en los últimos 25 o 30 años tienen un menor impacto en los tests culturalmente cargados. En otras palabras, la educación parece impactar sobre la *inteligencia como proceso* (Gf) en mayor medida que sobre la *inteligencia como conocimiento* (Gc).

7.5. Inteligencia y delincuencia

Después de décadas de ignorar las relaciones entre la inteligencia y la delincuencia, en la actualidad los manuales de criminología exploran estas relaciones de un modo sistemático (Herrnstein y Murray, 1994; Hirschi y Hindelang, 1977; Lykken, 1995).

Según parece, más del 70 por 100 de la población reclusa en España tiene puntuaciones en cociente intelectual por debajo de la media (Andrés, cp). Lo que no está clara es la explicación de estos datos.

Algunos autores sostienen que eso indica que los delincuentes menos inteligentes se comportan torpemente a la hora de evadir la detención, mientras que los más inteligentes son capaces de evitar la captura policial.

En cambio, otros autores mantienen que ese dato puede indicar que la población de delincuentes cometen sus actos delictivos por la sencilla razón de que muestran problemas para diferenciar lo correcto de lo incorrecto.

Si las personas de baja inteligencia tienen más problemas para lograr un puesto de trabajo, se puede suponer que tendrán más motivos para cometer actos delictivos. Si las personas de baja inteligencia se encuentran con más tropiezos para llevar una vida normal, el delito puede ser una vía alternativa. Sus fracasos en la escuela y en el trabajo pueden dar lugar a un resentimiento contra la sociedad y sus leyes.

Por otro lado, una carencia para planificar a medio-largo plazo, que suele ser una característica vinculada a un bajo CI, incrementa la atracción por obtener recompensas inmediatas a través de los actos delictivos, a la vez que resulta difícil anticipar el futuro posible castigo por los actos cometidos. Para una persona de baja inteligencia, la amenaza de ser capturado y enviado a prisión en un futuro se desvanece con mayor rapidez; son aspectos demasiado abstractos, demasiado lejanos.

Pudiera pensarse que las personas más susceptibles de cometer actos delictivos, es decir, la población de riesgo, está formada por personas de estatus socioeconómico deprimido. Sin embargo, en líneas generales parece no haber relación entre el estatus socioeconómico y la delincuencia.

Por ejemplo, según los datos de Estados Unidos analizados por Herrnstein y Murray (1994) un joven criado en una familia rota con un CI medio tiene una probabilidad del 4 por 100 de terminar en un correccional. Si su CI es equivalente al «torpe», la probabilidad de terminar en un correccional aumenta hasta el 22 por 100. En contraste, si su estatus socioeconómico disminuye en la misma cuantía, la probabilidad aumenta del 4 al 5 por 100.

Richard Herrnstein y Charles Murray (1994) han descrito una serie de datos recogidos en el *National Longitudinal Survey of Youth* (NLSY, sondeo longitudinal nacional sobre la juventud) llevado a cabo por el gobierno de los Estados Unidos.

En la tabla 11.3 se muestran datos sobre la relación entre los distintos niveles de contacto con la justicia y el CI medio.

En la tabla 11.4 aparecen datos sobre la probabilidad de tener contacto con la policía y la justicia. En este caso, los datos son de autoinforme, es decir, según los resultados de una encuesta que se hace dentro del NLSY.

Por último, en la tabla 11.5 aparecen datos sobre la probabilidad de cometer actos delictivos, tomando como referencia jóvenes del NLSY entrevistados en un correccional.

Según estos datos, parece existir una relación entre la inteligencia y la comisión de actos delictivos. Escriben Herrnstein y Murray (1994): «El aumento de la delincuencia en los últimos 30 años no se puede atribuir a los cambios en la inteligencia, sino que se debe recurrir a otros factores que

TABLA 11.3

Delincuencia y cociente intelectual, jóvenes

Contacto con la justicia	CI medio
Ninguno	106
Parado por la policía, pero no arrestado	103
Arrestado, pero no condenado	101
Condenado, pero no encarcelado	100
Enviado a un correccional	93

TABLA 11.5

Probabilidad de cometer actos delictivos

Clase cognitiva	Jóvenes entrevistados en un correccional
I (muy brillante)	1
II (brillante)	1
III (normal)	3
IV (torpe)	7
V (muy torpe)	12
Media	3

TABLA 11.4

Probabilidad de tener contacto con la policía y la justicia

Clase cognitiva	Autoinforme de haber sido... (en %)			
	Parado por la policía	Arrestado por una ofensa	Condenado por una ofensa	Encarcelado
I (muy brillante)	18	5	3	0
II (brillante)	27	12	7	1
III (normal)	37	20	15	3
IV (torpe)	46	27	21	7
V (muy torpe)	34	18	14	7
Media	34	18	9	3

sitúan a las personas de baja capacidad cognitiva en una zona de mayor riesgo que antes» (página 251). Según estos autores, al tratar de comprender el problema de la delincuencia, la mayor parte de la atención que en la actualidad se presta a la pobreza y el desempleo debería dirigirse hacia otro lugar: la desventaja intelectual.

Finalmente, no debe olvidarse que éstos son datos estadounidenses, de modo que no tiene sentido hacer una generalización a nuestro propio contexto cultural. En las medida en que los patrones culturales no son idénticos, carece de sentido aplicar a otro país las conclusiones de un estudio realizado en un determinado país.

SUMARIO

Este capítulo comenzó preguntándose por el tipo de respuestas que dan las teorías factoriales de la inteligencia. La descripción de las distintas teorías sugiere que la respuesta es: cuáles son las propiedades más y menos importantes de la inteligencia, así como cuáles son sus relaciones. Estas teorías factoriales pueden ser jerárquicas y no-jerárquicas. Las teorías factoriales jerárquicas presentan una estructura arborescente, de modo que hay factores más y menos generales, es decir, algunos factores concretos se resumen en otros más globales. Las teorías de P. E. Vernon, de R. B. Cattell, de J. B. Carroll y la teoría HILI de la escuela psicométrica sueca, son muy similares. La inteligencia general (g) es un concepto esencial a la hora de representar la estructura factorial de la inteligencia. Además de g, dos conceptos capitales son inteligencia fluida (Gf) e inteligencia cristalizada (Gc). Gf sería la inteligencia como proceso, como maquinaria, mientras que Gc sería el resultado de la inversión cultural de Gf, es decir, la inteligencia como conocimiento. Las teorías no-jerárquicas rechazan la idea de que haya factores generales que puedan resumir la información de factores más concretos. Todos los factores que representan el concepto inteligencia serían igualmente importantes, y la ciencia no ganaría nada tratando de resumir progresivamente la información sobre la conducta inteligente (aunque pueda ser relevante en la práctica). En realidad, los dos tipos de teorías factoriales no se pueden comparar directamente, puesto que sus objetivos son claramente distintos y, por supuesto, en principio igualmente válidos. El apartado destinado a la presentación de las aplicaciones prácticas se ha ocupado, entre otras cosas, de las técnicas disponibles para medir los factores incluidos en las distintas teorías, remarcando la idea de que las medidas psicológicas deben estar guiadas por una teoría sobre la conducta que se desea medir. Además, se han descrito algunos ejemplos del posible impacto social de las medidas factoriales de la inteligencia, como el delito y los recursos intelectuales de los distintos países.

Las teorías cognitivas de la inteligencia

12

Las teorías cognitivas de la inteligencia complementan a las teorías factoriales. Aunque es posible conocer la estructura de algo sin saber cómo actúa, suele ser más relevante saber ambas cosas. Por ejemplo, conocer la estructura del virus del sida es muy importante, pero no es suficiente para saber cómo actúa. En el estudio de la inteligencia pasa algo parecido: saber cuál es la estructura de los factores más y menos importantes de la inteligencia es necesario, pero no es suficiente para conocer cómo actúa. Las teorías cognitivas son las encargadas de responder a esta segunda pregunta sobre cómo actúa la inteligencia humana, sobre cuál es la dinámica de esa estructura. Al igual que en el caso de las teorías factoriales, hay distintas perspectivas cognitivas de la inteligencia. Una de ellas ha sido propuesta por el profesor Earl B. Hunt, quien sugiere que las diferencias cognitivas se pueden producir en una serie de funciones cognitivas básicas, en las estrategias o planes de ataque que usan las distintas personas, y en los recursos cognitivos con los que cuenta el individuo. El enfoque cognitivo también se ha empleado para diseñar medidas que puedan ser útiles en la práctica. Estos usos prácticos han dado lugar a algunas preguntas relevantes sobre cuáles son los procesos psicológicos más importantes que pueden determinar las diferencias individuales. Por supuesto, si las teorías cognitivas complementan a las teorías factoriales, es necesario responder a la pregunta de cómo se puede llegar a ese encuentro. Las visiones factoriales y cognitivas de la inteligencia se han tratado de conectar en la teoría de la inteligencia más ambiciosa de la época moderna: la teoría triárquica del profesor Robert Sternberg. Esta teoría también añade otros componentes intelectuales no considerados en las teorías factoriales y cognitivas. Finalmente, se exponen algunas aplicaciones prácticas de las teorías cognitivas. Concretamente, un sistema para medir un buen número de procesos cognitivos y un programa aplicado de mejora de la inteligencia.

1. ¿QUÉ PREGUNTA RESPONDEN LAS TEORÍAS COGNITIVAS DE LA INTELIGENCIA?

Las teorías factoriales de la inteligencia responden a la pregunta por la *estructura* de la inteligencia, es decir, cuáles son los átomos, elementos o propiedades básicas de que se compone el concepto científico inteligencia, así como cuáles son sus relaciones.

Pero las teorías factoriales de la inteligencia dicen poco sobre la *dinámica* de la inteligencia, es decir, sobre cómo funciona la inteligencia de una persona, puesto que, en principio, no entra dentro de sus objetivos.

Recuperando una analogía que ya se ha usado anteriormente, si abrimos el capó de un coche veremos una serie de componentes o elementos dispuestos de una determinada manera. A partir de esta inspección, sería posible hacer un dibujo sobre cuáles son los elementos del motor del coche y cuáles son sus conexiones. Sin embargo, esa información no serviría para averiguar cómo funciona el motor del automóvil para que se pueda propulsar por la carretera a una determinada velocidad de crucero.

La información sobre cómo funcionan los componentes del motor del coche deberá obtenerse a través de una serie de pruebas en las que se haga funcionar el automóvil.

Del mismo modo, averiguar cómo funciona la estructura factorial de la inteligencia, cuál es su dinámica, es el principal objetivo de las teorías cognitivas de la inteligencia. Por tanto, estas teorías cognitivas serían complementarias de las teorías factoriales.

Supongamos que se trata de averiguar *cómo funciona* el factor verbal:educativo (v:ed) de la teoría factorial de P. E. Vernon. Lo primero que deberemos hacer es estudiar cuáles son los factores más elementales o primarios que se resumen en el factor secundario v:ed. Al hacerlo, encontraremos que hay siete factores primarios: el factor verbal, el factor numérico, el factor de lectura, el factor de deletreo, el factor lingüístico, el factor de fluidez y el pensamiento divergente.

Para especificar aún más el estudio cognitivo, seleccionamos uno sólo de los factores primarios: el factor de lectura. El siguiente paso consistirá en averiguar cuáles son las pruebas psicológicas en las que se han basado los análisis estadísticos que han permitido extraer el correspondiente factor. Comprobamos que hay tres pruebas:

— Una primera prueba de deletreo de palabras con y sin significado. Por ejemplo, CASA y AKALUA.
— Una segunda prueba que supone leer listas de palabras de distinta longitud. Por ejemplo, SOL, CASA, COLGARSE, CAMINERO.
— Una tercera prueba que conlleva leer palabras de distinta acústica. Por ejemplo:

COSA, CASA, CUNA.
LAGO, REMAR, ZUMO.

El estudio cognitivo supondría transformar pruebas de este tipo en uno o varios experimentos de laboratorio a través de los que el investigador pudiese ir manipulando las condiciones para averiguar qué tipo de rendimiento muestran, en términos de tiempo de respuesta y nivel de precisión, personas de alta, media y baja capacidad de lectura.

Evidentemente, los métodos que permiten transformar este tipo de pruebas o tareas en experimentos de laboratorio son, entre otros, los descritos en la segunda parte. Así por ejemplo, se podrían emplear de modo conjunto los métodos de correlatos y los métodos componenciales.

El método componencial supondría descomponer la tarea completa en pequeñas variantes para ir explorando de un modo sistemático los tiempos de respuesta y los niveles de precisión alcanzados por las distintas personas. La puesta en común de todos los datos recogidos permitiría elaborar un modelo de procesamiento de la información, es decir, una explicación de qué pasos o procesos mentales realiza la persona para resolver las tareas estudiadas.

El método de correlatos se podría emplear para encontrar la vinculación entre personas de alta, media y baja capacidad de lectura y el modelo de procesamiento que se ha construido a través del método de componentes. Por este camino podría encontrarse que el modelo de procesamiento sólo es adecuado para las personas de alta y media capacidad de lectura, pero que es inservible para explicar el rendimiento de las personas de baja capacidad de lectura.

Este resultado debería llevar a realizar otros estudios componenciales con las personas de baja capacidad de lectura, de modo que se pudiese desarrollar un modelo de procesamiento que explicara mejor su rendimiento, es decir, los procesos mentales que realizarían para mostrar un rendimiento menor a las personas de alta y media capacidad de lectura.

En resumen, las teorías cognitivas describen la dinámica de la inteligencia. Es decir, el modo específico en que actúan las distintas propiedades recogidas en las teorías estructurales o factoriales de la inteligencia.

2. LAS TEORÍAS COGNITIVAS DE LA INTELIGENCIA

Los procesos mentales incluidos en las teorías cognitivas son un elemento básico para explicar las diferencias intelectuales según la dinámica seguida por las distintas personas. Pero esos procesos mentales o cognitivos actúan sobre una determinada información mental. Una cosa es la información real que la persona ve o escucha (sobre la que actúa el procesamiento perceptivo) y otra es la forma que adopta esa información en la mente de la persona (es decir, el procesamiento cognitivo de la información que se ha sometido a tratamiento perceptivo).

Por ejemplo, se puede estar escuchando una videoconferencia sobre el cerebro, pero el oyente puede dibujarse un cerebro en su cabeza para ir localizando en ese dibujo mental las distintas estructuras cerebrales de las que el ponente está hablando. Las acciones mentales necesarias para poder ver el cerebro mental en la cabeza del oyente constituyen *procesos mentales o cognitivos*, mientras que el cerebro que se ha dibujado mentalmente la persona constituye una *representación mental*.

Por consiguiente, los dos elementos básicos de las teorías cognitivas son los procesos cognitivos y las representaciones mentales. Sobre ellos tendrán que construirse los modelos de procesamiento de la información empleados para explicar de la mejor manera posible el rendimiento intelectual de las distintas personas.

En general, hay tres cuestiones que se exploran en las teorías cognitivas de la inteligencia (Sternberg y Salter, 1982):

1. ¿Cuáles son los procesos mentales o cognitivos importantes?

Responder a esta pregunta supone dos cosas:

— Averiguar cuáles son los procesos cognitivos responsables del comportamiento inteligente. Esto obliga a explorar los procesos mentales que las personas utilizan al realizar tareas de percepción, de aprendizaje, de memorización, de razonamiento o de resolución de problemas. En general, suele encontrarse que algunos de estos procesos cognitivos son más importantes que otros para explicar el comportamiento inteligente.

— Averiguar cómo se pueden categorizar o clasificar los procesos cognitivos. Los datos disponibles indican que hay notables diferencias individuales en el grado de disponibilidad, accesibilidad y eficiencia con la que las personas emplean los distintos procesos cognitivos. Así, una persona puede disponer de ciertos procesos cognitivos, pero no acceder a ellos, y aunque pueda acceder a ellos pueden resultar poco eficaces para resolver ciertos problemas intelectualmente exigentes.

2. ¿Cuáles son los medios que las personas emplean para representarse mentalmente la información que se debe procesar?

Según los datos disponibles, parece que las personas más inteligentes usan sus bases de conocimiento, es decir, lo que conocen (hechos) y lo que saben hacer (destrezas), para decidir eficazmente qué información en concreto es relevante a la hora de resolver un determinado problema intelectualmente exigente (Anderson, 1978, 1979; Colom, 1989; Colom y Juan-Espinosa, 1990).

3. ¿Cuáles son las estrategias cognitivas que emplean las distintas personas?

Las estrategias cognitivas son los modos particulares en los que se combinan los procesos cognitivos y las representaciones mentales.

Hay una serie de cuestiones a considerar aquí:

— La accesibilidad y la disponibilidad de las estrategias cognitivas. Así, hay individuos que tienen problemas para acceder o disponer de las estrategias cognitivas más eficaces para resolver algunos problemas.

— Cómo afecta el estilo cognitivo particular de la persona al tipo de estrategias cognitivas de las que dispone o que emplea. Sabemos que las personas pueden intentar resolver tareas intelectualmente exigentes sirviéndose de distintos estilos de ejecución. Así por ejemplo, algunas personas pueden servirse de un estilo de procesamiento global, mientras que otras pueden ser más analíticas; algunas personas pueden optar por representarse mentalmente la información como si se hablase a sí mismo o construyendo escenas mentales; algunas personas pueden ser muy exhaustivas, mientras que otras pueden mostrarse más heurísticas (Kyllonen y Shute, 1989).

— Cómo se relacionan los factores intelectuales (de las teorías factoriales) y el tipo de estrategias cognitivas de las que se sirve la persona.

Sabemos que, en buena medida, el tipo de estrategia cognitiva empleada por la persona depende de sus aptitudes intelectuales. Por ejemplo, una persona con una excelente aptitud verbal usará estrategias cognitivas verbales, mientras que una persona con una excelente aptitud espacial usará estrategias cognitivas espaciales.

Pero ése no será siempre el caso, ni mucho menos. En bastantes ocasiones la persona invertirá esfuerzo en construir una estrategia cognitiva para la que no está capacitado, por lo que muy posiblemente su rendimiento será bastante pobre. El investigador deberá averiguar, entonces, a qué se debe esta incongruencia entre las aptitudes de la persona y las estrategias cognitivas que emplea a la hora de resolver determinados problemas, sugiriendo a la persona vías alternativas de trabajo más eficaces.

En resumen, las teorías cognitivas de la inteligencia estudian los procesos cognitivos, las representaciones mentales y las estrategias cognitivas en las que se combinan las representaciones y los procesos. Habida cuenta de la relación natural que existe entre las teorías factoriales y cognitivas de la inteligencia, los distintos autores han establecido diversas vías de conexión teórica y metodológica.

3. UNA VISIÓN COGNITIVA SOBRE LAS DIFERENCIAS INDIVIDUALES EN INTELIGENCIA

E. B. Hunt (comunicación personal, véase 1995) ha propuesto que hay tres tipos de elementos cognitivos que pueden producir diferencias individuales:

— Las funciones cognitivas básicas.
— La selección de estrategias cognitivas.
— Los recursos cognitivos.

Estos elementos serán la base de las diferencias individuales en la competencia cognitiva de la persona.

Figura 12.1.—El profesor Earl B. Hunt impartiendo una conferencia en el homenaje organizado por la Sociedad Española para la Investigación de las Diferencias Individuales (SEIDI) en 1996. El título de su conferencia no podía ser más sugerente: «¿Seremos suficientemente inteligentes en el siglo XXI?».

3.1. Las funciones cognitivas básicas

Las características de los primeros análisis sobre las diferencias cognitivas se pueden resumir en la siguiente frase recogida en un estudio clásico de Hunt, Frost y Lunneborg (1973): «Deseamos mostrar dos cosas: primero, que existe una relación sustancial, pero imperfecta, entre un modelo de la cognición humana y los tests. Segundo, que las diferencias en las reacciones de los sujetos a las tareas experimentales son una función fiable de las características individuales y que no pueden conceptualizarse propiamente como medidas de error» (pág. 121).

Supongamos que hacemos tres grupos de personas según sus puntuaciones en pruebas de cociente intelectual (CI). Los tres grupos están separados por 30 puntos de CI en una escala con media 100 y desviación típica de 15. Por tanto, el primer grupo puede estar constituido por personas con un CI de 130, el segundo por personas con un CI de 100 y el tercero por personas con un CI de 70.

A continuación, diseñamos una tarea experimental para investigar con qué velocidad pueden estos distintos grupos de personas recuperar desde su memoria el significado de las palabras. Técnicamente, a este proceso cognitivo se le denomina velocidad de acceso al léxico.

La tarea es la siguiente:

1. Se le presentan a la persona en la pantalla de un ordenador dos letras (por ejemplo Aa) y se le pide que decida lo antes posible si esas dos letras son *idénticas*. Esto se puede repetir un gran número de veces registrando el tiempo medio que le supone a la persona decidir si las dos letras son o no son idénticas.
2. A continuación se presentan por pantalla las mismas combinaciones de letras que en la fase previa, pero esta vez se le pide a la persona que decida si las dos letras *significan* lo mismo. Igual que antes, esto se puede repetir muchas veces y calcular el tiempo medio que se toma la persona para decidir sobre el significado de las dos letras.

La segunda versión supone un paso o proceso mental de más. Mientras que la primera requiere que la persona lea las dos letras en la pantalla del ordenador y decida de un modo prácticamente perceptivo la identidad física de las dos letras, en la segunda versión la persona debe recuperar en su base de conocimiento el significado de cada una de las dos letras presentadas. Este paso o proceso mental de más constituye, en sentido estricto, el acceso al significado de las letras, es decir, el acceso léxico.

Por consiguiente, si restamos el tiempo medio necesario para realizar la segunda versión de la tarea del tiempo necesario para realizar la primera versión de la tarea, dispondremos del tiempo de procesamiento cognitivo necesario para acceder al significado o al léxico de las personas con un CI de 130, de 100 y de 70.

Según E. B. Hunt (1980) cuando se comparan los tiempos de acceso al léxico de estos tres tipos de personas no se encuentra una correspondencia estricta. Es decir, las personas con un CI de 70 no son 30 veces más lentas que las personas con un CI de 100, ni las personas con un CI de 130 son 30 veces más rápidos que las personas con un CI de 100. Técnicamente, no hay un paralelismo estricto entre el concepto factorial y cognitivo de la inteligencia.

El rendimiento de una persona, en términos de tiempo de reacción y nivel de precisión, en una determinada tarea típica en los estudios cognitivos, como la tarea de acceso al léxico, apenas sirve para predecir el rendimiento de esa persona en una prueba psicológica de medida de la inteligencia. Las correlaciones entre el rendimiento de la persona en ambas pruebas (cognitiva o de procesamiento de información, y factorial) nunca superan el valor de 0,30. A este fenómeno Hunt (1980) lo ha denominado «barrera del 0,30».

Una posibilidad para superar esta situación es averiguar el nivel de relación o correlación entre varias tareas cognitivas y el rendimiento en una sola prueba psicológica de medida de la inteligencia. Sin embargo, en este caso los resultados tampoco suelen ser muy alentadores: las correlaciones múltiples entre ciertas pruebas de medida de la aptitud o factor verbal y las baterías de tareas cognitivas no suelen superar los valores de correlación de 0,6 (Lunneborg, 1977).

¿Cómo explicar este desfase entre el tipo de cosas que parecen medir las tareas empleadas en los estudios cognitivos y las pruebas psicológicas factoriales de medida de la inteligencia? Si ambos tipos de teorías están dirigidas a los mismos tipos de problemas, es decir, a la explicación de las diferencias intelectuales, deberían coincidir de modo notable.

Una manera de estudiar la relación entre las teorías cognitivas y las teorías factoriales sería analizar los procesos cognitivos asociados a los factores incluidos en las teorías factoriales. Así por ejemplo, Lansman y sus colegas (1983) han estudiado los procesos cognitivos que pudieran estar asociados a las diferencias individuales en dos factores clave en las teorías factoriales: Gf o inteligencia fluida y Gc o inteligencia cristalizada, incluidos en la teoría de R. B. Cattell, en la teoría HILI y en la teoría de tres estratos de J. B. Carroll. Gf supone la aptitud para resolver problemas nuevos, mientras que Gc supone resolver problemas según el conocimiento del que ya dispone la persona. Aparentemente, los procesos cognitivos necesarios para resolver esos dos tipos de problemas no tienen por qué coincidir en todos los casos.

Por alguna razón, este tipo de estudios también se encuentran con «la barrera del 0,30».

3.2. Las estrategias cognitivas

El insistente resultado de la barrera del 0,30 puede significar que el estudio de los procesos cognitivos no se puede basar sólo en el cálculo de correlaciones entre el rendimiento en las tareas experimentales y el rendimiento en las pruebas de inteligencia.

La razón es simple: las tareas empleadas en los estudios cognitivos estudian un solo proceso cognitivo o una sola función procesual básica, mientras que la prueba factorial más simple supone la actuación de varios procesos cognitivos. En otras palabras, la resolución de los problemas incluidos en las pruebas factoriales de la inteligencia requieren que la persona se sirva de varios procesos cognitivos y los coordine de un modo eficaz. La discrepancia entre esta situación y la resolución de una tarea cognitiva típica, como el acceso al léxico, se puede explicar así. Pero también nos indica que las investigaciones cognitivas deberían prestar atención a la aptitud de la persona para seleccionar los procesos cognitivos relevantes y coordinar su actuación.

Esta idea resulta clara en unos análisis realizados por el profesor Richard Snow (1980) en los que estudió los procesos cognitivos necesarios para resolver los problemas incluidos en una serie de pruebas factoriales de la inteligencia.

Snow (1980) situó en un espacio una serie de pruebas factoriales, aplicando la técnica de escalamiento multidimensional que ya se ha descrito, a partir de las puntuaciones logradas por una muestra de personas. El resultado de su análisis se presenta en la figura 12.2.

Puede observase que los tests de razonamiento y de comprensión verbal se sitúan en el centro del espacio. En cambio, los tests de aptitudes más específicas se sitúan en la periferia. Curiosamente, son este tipo de pruebas específicas las que más se parecen a las tareas utilizadas en los estudios cognitivos, en el sentido de que no requieren el uso de demasiados procesos cognitivos.

En otras palabras, las pruebas más sencillas requieren muy pocos procesos cognitivos y se sitúan en la periferia de ese espacio, mientras que las pruebas más complejas requieren el empleo de varios procesos así como su coordinación y se sitúan en el centro del espacio. Este modo de organizar los problemas intelectualmente exigentes se denomina *teoría del radex* y es de gran utilidad para estimar el número de procesos cognitivos necesarios para resolver problemas cognitivamente exigentes (Snow, Kyllonen y Marshalek, 1984).

Las pruebas más complejas, es decir, que requieren más procesos, dependen de las estrategias cognitivas que la persona es capaz de idear, mientras que las pruebas más sencillas no admiten demasiadas variaciones en el sentido de que suele existir una sola manera eficaz de resolverlas.

En un estudio realizado por Hunt (1974) se observó que hay dos estrategias cognitivas empleadas por las distintas personas para resolver el test de matrices progresivas de Raven. La primera se basa en el razonamiento perceptivo o superficial, mientras que la segunda está basada en un razonamiento más profundo. Hunt (1974) encontró que hay usuarios de una u otra estrategia cognitiva. En

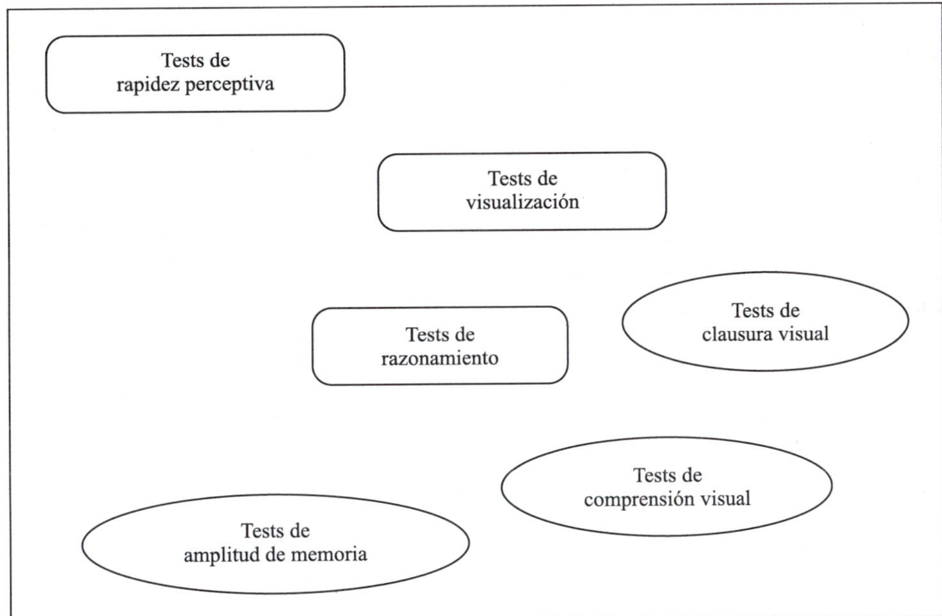

Figura 12.2.—Espacio multidimensional en el que se representan las exigencias de procesamiento cognitivo de una serie de pruebas de aptitud. Las más centrales son las más complejas.

el análisis de Snow (1980) el test de matrices se sitúa en el centro del espacio dimensional, es decir, es una prueba compleja.

Por otro lado, en el análisis cognitivo de la resolución de analogías verbales, R. Sternberg (1977) encontró que los procesos cognitivos empleados durante la resolución de los problemas pueden combinarse de distintas maneras. La participación de cada proceso cognitivo en la resolución de cada uno de los problemas de analogías es distinta según cómo se combinen, lo que produce una significativa variedad. Igual que en el caso del test de Raven, los problemas de analogías son bastante complejos.

Según Hunt (1980) este tipo de datos serían sintomáticos de la existencia de diferencias individuales en calidad y no sólo en cantidad. Estas posibles diferencias individuales cualitativas servirían para justificar la ausencia de correspondencia exacta entre diferencias cuantitativas entre puntos de CI (pruebas factoriales) y tiempos de reacción (pruebas cognitivas).

Las estrategias cognitivas son combinaciones de procesos cognitivos y representaciones, como ya sabemos. En principio, cada persona sería capaz de producir su propia estrategia cognitiva a la hora de resolver un determinado problema intelectualmente exigente.

Sin embargo, es posible encontrar algún elemento que permita estudiar las relaciones entre las estrategias cognitivas empleadas por distintos individuos.

Uno de los principales candidatos es el tipo de representación mental de las estrategias. Mientras que son muchos los procesos cognitivos que se pueden aplicar, las posibles representaciones mentales de la información no son tantas. En otras palabras, el material mental sobre el que pueden actuar los procesos cognitivos se reducirá a dos tipos:

- Material verbal, es decir, la persona describe a través del lenguaje la información sobre la que va a aplicar los procesos mentales.
- Material visoespacial, es decir, la persona imagina en su cabeza la información sobre la que va a aplicar los procesos mentales.

El tipo de procesos cognitivos de los que se sirve una persona dependen de manera crucial del tipo de representación mental empleada en la estrategia.

Es interesante comentar que este hecho no se aplica sólo a los problemas que se estudian en el laboratorio, sino también a los problemas complejos que las personas se encuentran en las actividades educativas y laborales. Por consiguiente, el análisis de cómo las personas se decantan por algún tipo particular de representación mental resulta de enorme utilidad para explicar el rendimiento en las actividades educativas y laborales intelectualmente exigentes.

Sabemos que cuando se permite a la persona elegir libremente el tipo de representación mental que se empleará en una determinada estrategia cognitiva, las observaciones paradójicas sobre la relación entre el rendimiento intelectual en las pruebas factoriales y las pruebas cognitivas tienden a regularizarse (Hunt, 1980).

El estudio de MacCleod, Hunt y Mathews (1978; Mathews, Hunt y MacCleod, 1980) es un ejemplo de la importancia que tiene la representación mental elegida por la persona en su estrategia cognitiva.

MacCleod, Hunt y Mathews (1978) usaron un paradigma experimental denominado «verificación de frases pictóricas» (figura 12.3).

La tarea de verificación de frases pictóricas consiste en dos fases, una de comprensión y otra de verificación:

1. La persona lee y comprende una frase en la que se informa sobre la posición de dos símbolos, una cruz y una estrella. Una vez la persona ha leído y comprendido la frase, presiona una tecla para pasar a la segunda fase.
2. Se presentan en la pantalla de un ordenador los dos símbolos a los que se refería la frase que ya ha desaparecido de la vista de la persona. Ésta debe decidir si hay o no hay correspondencia entre el contenido de la frase que ha comprendido previamente y la disposición física de los símbolos que aparecen en esta segunda fase; es decir, debe *verificar* el dibujo frente a la frase.

La frase se puede complicar en términos lingüísticos introduciendo negaciones. Además, se pueden manipular las relaciones de congruencia entre el contenido de la frase que aparece en la pri-

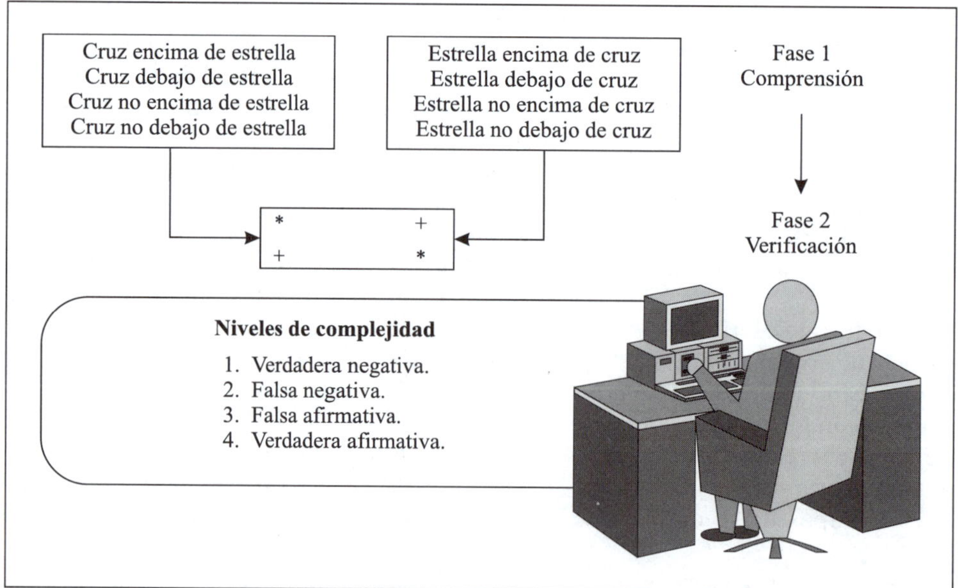

Figura 12.3.—Situación experimental para administrar el paradigma de verificación de frases pictóricas.

mera fase y la disposición de los símbolos en la segunda fase.

Por consiguiente, en la tarea de verificación de frases pictóricas la persona debe comprender la frase y conservarla en su memoria de trabajo hasta la aparición del dibujo en la segunda fase.

Hay dos cuestiones que aparecen cuando se hacen hipótesis sobre qué hará mentalmente la persona, sobre qué estrategia empleará para resolver la tarea de verificación:

1. Cuál es el tipo de representación mental que usará la persona para conservar la información de la frase que ha comprendido en la primera fase.
2. Cuál es el tipo de representación mental que empleará la persona para codificar los símbolos que aparecen en la segunda fase y poder comparar esa información con la que conserva en su cabeza.

En la figura 12.4 se muestran las dos estrategias cognitivas empleadas por las personas que participaron en el estudio de MacCleod, Hunt y Mathews (1978).

Evidentemente, estas dos estrategias cognitivas se concretan en modelos de procesamiento de la información en los que se detallan los pasos o fases mentales que siguen las personas para resolver esta tarea.

En la primera fase de comprensión de la frase, se observa que la persona que usa una estrategia lingüística conserva la información de la frase tal cual se ha presentado. Es decir, retiene en su memoria la frase, por lo que se puede decir que la persona se sirve de una representación mental de carácter verbal. En cambio, la persona que usa una estrategia pictórica transforma el contenido de la frase en un dibujo mental, que es el tipo de contenido que conserva en su memoria; por ello, se puede decir que esta segunda persona se

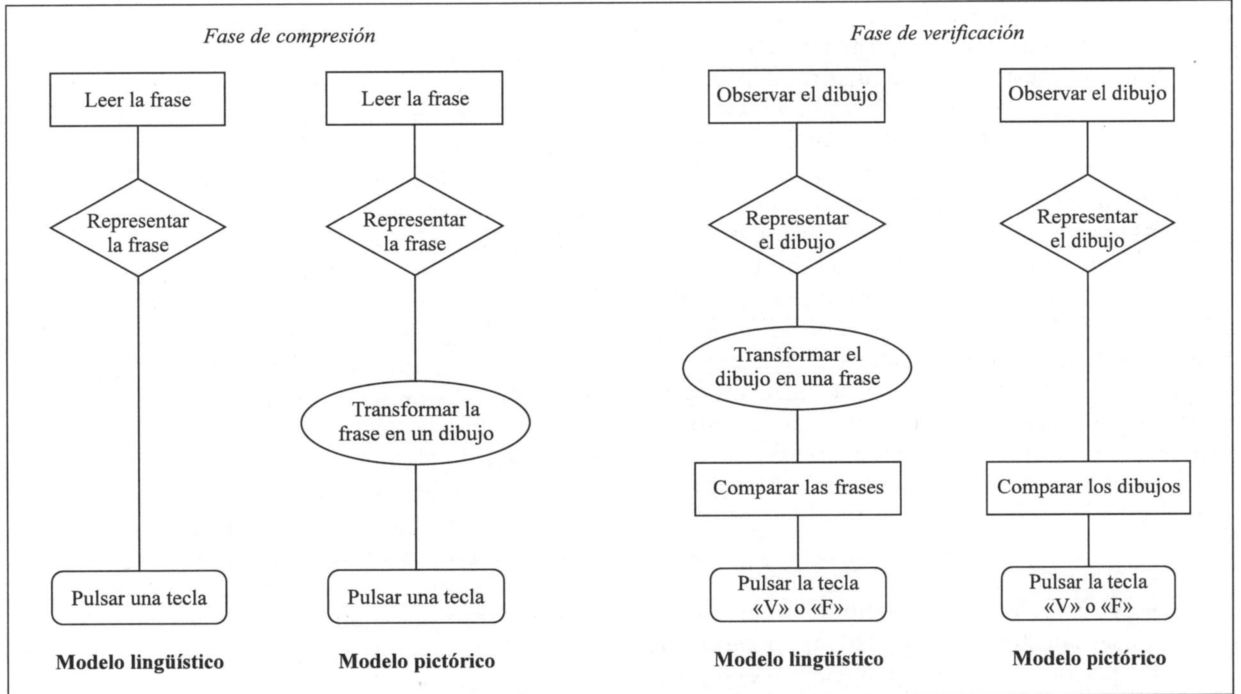

Figura 12.4.—Los dos diagramas de procesamiento que representan las dos estrategias cognitivas, lingüística y pictórica, usadas por distintas personas en el estudio de MacCleod, Hunt y Mathews (1978).

sirve de una representación mental de carácter espacial.

En la segunda fase de verificación de la frase se observa que la persona que usa una estrategia lingüística transforma el dibujo de los símbolos en una frase. Así, si aparece una cruz encima de una estrella, la persona se dice a sí misma: «Cruz encima de estrella». Es esta frase la que comparará con la frase que ha conservado en su memoria. En cambio, la persona que emplea una estrategia pictórica, observa directamente el dibujo que representa los dos símbolos y compara inmediatamente, como si fuesen dos plantillas superpuestas, el dibujo que ha conservado en su memoria con el dibujo que está observando en esta segunda fase.

Quién emplea una estrategia lingüística o pictórica se puede averiguar calculando los tiempos que consume la persona en presionar la tecla en cada una de las dos fases. Así, el empleo de la estrategia lingüística en la primera fase supondrá un menor tiempo de reacción que el uso de la estrategia pictórica, puesto que en este segundo caso la persona debe realizar una transformación mental ausente al usar la estrategia lingüística. Sin embargo, en la segunda fase esta relación se invierte: el uso de la estrategia lingüística supondrá un mayor tiempo de reacción, puesto que la persona deberá transformar mentalmente el dibujo en una frase, mientras que el uso de la estrategia pictórica no supone ningún tipo de transformación mental.

Los datos encontrados por MacCleod, Hunt y Mathews (1978) apoyan estas suposiciones. Por tanto, la medida de estos tiempos de reacción sirve para contrastar hipótesis sobre las estrategias cognitivas empleadas por las personas al resolver problemas cognitivamente exigentes.

Estos autores también observaron dos cosas importantes:

1. Las personas con altas puntuaciones en pruebas factoriales de aptitud verbal tendían a usar la estrategia lingüística, mientras que las personas con altas puntuaciones en pruebas factoriales de aptitud espacial usaban la estrategia pictórica. En otras palabras, las estrategias cognitivas que las personas emplean dependen de manera importante de los factores intelectuales en los que sobresalen.
2. La manipulación de la complejidad lingüística de la frase sólo influye a los ususarios de la estrategia lingüística en el sentido de que tardan más tiempo al realizar la verificación si la frase incluye negaciones, mientras que este parámetro apenas altera el tiempo de respuesta de los usuarios de la estrategia pictórica.

3.3. Los recursos cognitivos

Los recursos cognitivos serían equivalentes al nivel de combustible con el que cuenta la persona para activar sus mecanismos mentales, una especie de energía mental. En la obra clásica de Daniel Kahneman (1973) *Atención y esfuerzo*[3], se recurre a la tesis sobre la energía mental expuesta por Charles Spearman en su obra *La naturaleza de la «inteligencia» y los principios de la cognición* (1923).

Desde esta perspectiva, la mente dispondría de una serie de recursos cognitivos limitados, de una determinada cantidad de energía mental que se podría consumir al realizar tareas intelectual o cognitivamente exigentes.

Es fácil encontrar observaciones cotidianas de este hecho. Suele ser habitual que podamos caminar y leer el periódico a la vez. Pero llegamos a un párrafo que captura especialmente nuestra atención o que no comprendemos muy bien, y repentinamente dejamos de caminar, puesto que debemos emplear todos nuestros recursos en exclusiva a la tarea de lectura.

Actualmente, hay perspectivas que se basan por completo en esta tesis de las restricciones de recursos de procesamiento mental de la información. Así por ejemplo, la teoría de la comprensión lingüística restringida por la capacidad propuesta por

[3] Esta obra clásica ha sido traducida por el investigador español Juan Botella Ausina, de la Universidad Autónoma de Madrid, experto de reconocido prestigio internacional en psicología de la atención.

Just y Carpenter (1992) se basa en el análisis de las diferencias individuales en las restricciones de capacidad (véase el ejemplo en la parte segunda de este manual. Las personas con mayores recursos pueden soportar mejor la sobrecarga planteada por una tarea, mientras que las personas con menores recursos reducen su rendimiento cuando la tarea se complica.

Kyllonen y Christal (1990) han sostenido que las diferencias individuales que las teorías cognitivas tratan de explicar se pueden apoyar en estas restricciones de capacidad. Los individuos con más recursos cognitivos tendrán un rendimiento intelectual más notable que las personas con menos recursos para procesar una mayor cantidad de información de modo más completo. Por consiguiente, un elemento importante para explicar las diferencias cognitivas serían las diferencias individuales en los recursos de procesamiento.

En este sentido, sabemos que el factor más importante de las teorías factoriales de la inteligencia es el factor g. Pues bien, según E. B. Hunt (1980), las diferencias individuales en este factor g podrían explicarse por las diferencias individuales en los recursos cognitivos disponibles.

Sin embargo, según Hunt (1980) la perspectiva de Kahneman (1973) basada en la idea de que la mente dispone de un único paquete de recursos cognitivos, no es muy convincente. Si esta idea fuese correcta, cualquier tarea o problema que la persona deba resolver competirá con cualquier otra tarea que también deba resolver al mismo tiempo.

Sin embargo, los datos disponibles indican que esto no es así: la competición por recursos mentales de procesamiento está muy asociada al tipo de tareas que la persona deba resolver, de manera que no cualquier tarea compite con cualquier otra en términos absolutos. Es más, las aptitudes de las personas van a determinar en buena parte su capacidad para soportar sobrecargas cognitivas de diversa naturaleza.

Así por ejemplo, una persona de alta aptitud verbal podrá soportar muy bien las demandas que se hacen para manejar mucha información de carácter lingüístico, mientras que una persona de baja aptitud verbal soportará muy mal este tipo de sobrecargas lingüísticas. Cuando las demandas producen una sobrecarga de información espacial, serán las personas de alta aptitud espacial las que responderán mejor, mientras que las personas de baja aptitud espacial soportarán muy mal estas sobrecargas (Brooks, 1967; García, 1993; Colom y García, 1995).

E. B. Hunt (1980) se sirve de una analogía para explicar su postura sobre las diferencias individuales en los recursos mentales para procesar información: las personas que están en la sala de espera del aeropuerto para coger un avión no compiten entre sí para conseguir un asiento en el avión, pero sí compiten para comprar el billete en la taquilla o en la agencia de viajes.

4. LA MEDIDA DE LA INTELIGENCIA DESDE LAS TEORÍAS COGNITIVAS

4.1. Medidas factoriales y cognitivas

Según Susan Embretson (1986), los estudios experimentales realizados desde las teorías cognitivas de la inteligencia apenas han sido de utilidad para modificar las pruebas prácticas de medida de la inteligencia. En otras palabras, las pruebas de medida basadas en las teorías factoriales han demostrado su utilidad práctica, mientras que las teorías cognitivas no han permitido desarrollar aplicaciones dirigidas a la medición psicológica.

Es posible que las pruebas derivadas de las teorías factoriales tengan una lógica completamente distinta a las posibles pruebas derivadas de las teorías cognitivas. En cualquier caso, según Embretson las pruebas clásicas de medida de la inteligencia no miden un solo concepto específico. Según ella, la manera más optima de averiguar qué mide en concreto una prueba psicológica es usar métodos como el análisis componencial.

La razón es sencilla: como ya sabemos, el método componencial permite desarrollar modelos de procesamiento de la información en los que se detallan las fases mentales que sigue la persona para resolver una tarea intelectualmente exigente. Conociendo en qué tipo de fases mentales se producen las diferencias individuales de rendimiento, sabremos cuáles son los procesos cognitivos que en concreto se exigen en una determinada prueba.

Así, si encontramos que los problemas de una prueba psicológica requieren la actuación de los mismos procesos cognitivos, es decir, si las medidas de los distintos procesos cognitivos (en términos de tiempos de reacción y niveles de precisión asociados) correlacionan, se podrá concluir que la prueba tiene una *consistencia interna* significativa, es decir, que mide el mismo tipo de cosas y no otras. Por tanto, la prueba estará midiendo una determinada capacidad intelectual y sólo ésa.

Según este planteamiento será posible seleccionar problemas que midan distintas capacidades de procesamiento. Así, algunos problemas pueden exigir que la persona infiera una regla a partir de unos elementos, mientras que otros problemas pueden exigir la habilidad para valorar cuidadosamente las alternativas de respuesta (Whitely, 1981).

Las siguientes dos situaciones pueden conducir a medir de un modo distinto la misma capacidad intelectual:

- Que el mismo tipo de problema aparezca en pruebas psicológicas diferentes.
- Que se incluyan nuevos problemas en una determinada prueba psicológica.

Según Embretson (1983, 1986), dos de los aspectos más importantes que se deben considerar a la hora de explicar la naturaleza de las diferencias individuales en una prueba psicológica de inteligencia son la *representación de constructo* y la *amplitud nomotética*. Puesto que es posible separar estos dos aspectos, se pueden incorporar los conceptos y métodos de la investigación cognitiva para mejorar la validez de constructo de las pruebas psicológicas de inteligencia. Así se podrá garantizar que las pruebas miden lo que se supone que miden. En otras palabras, será posible averiguar cuáles son las estrategias cognitivas que en concreto emplean las distintas personas al resolver cada uno de los problemas incluidos en una prueba.

4.2. La representación del constructo que se desea medir

La representación de constructo supone estudiar los procesos cognitivos, las representaciones mentales y, por tanto, la estrategias cognitivas, así como la base de conocimientos o lo que la persona conoce (hechos) y sabe hacer (destrezas). Es decir, en qué medida la prueba mide concretamente la propiedad intelectual que se trata de medir.

Explorar la representación de constructo de una prueba psicológica supone gobernarse por cuatro criterios básicos (Embretson, 1983, 1986):

a) Las hipótesis que se planteen deben estar relacionadas con las estrategias cognitivas que se supone están actuando al resolver un problema.

b) Será necesario garantizar que hay relación entre las características del problema y las diferencias individuales. Es decir, de poco sirve un problema que todas las personas resuelvan con mucha facilidad o que nadie sea capaz de resolver.

c) Habrá que especificar claramente y por anticipado cuáles son las medidas que se van a emplear para apreciar las diferencias individuales en los procesos cognitivos relevantes. Es decir, se harán hipótesis sobre si las diferencias individuales se pueden atribuir, por ejemplo, a los procesos de inferencia de reglas o a la valoración cuidadosa de las alternativas de respuesta.

d) Se deberá disponer de medios operativos para medir las diferencias individuales en los procesos cognitivos relevantes según los distintos problemas de la prueba.

Por otro lado, las fases necesarias para analizar el problema de la representación de constructo serán las siguientes (Embretson, 1986):

- Especificar los constructos teóricos en un diseño experimental. Esto permitirá contrastar hipótesis sobre el tipo de problemas de la prueba.

— Hacer predicciones sobre el rendimiento de las distintas personas a partir de una teoría sobre las estrategias cognitivas que deberían emplearse para resolver los problemas.
— Contrastar las predicciones que se puedan hacer desde otras teorías alternativas.

Por consiguiente, en primera instancia es necesario revisar las teorías y la investigación previas para hacer hipótesis sobre cuáles creemos que son los procesos cognitivos responsables de las diferencias individuales al resolver los distintos problemas.

En una segunda fase se diseñarán problemas que exploren, de un modo empírico, las estrategias cognitivas que se desea estudiar, mediante la estimación de parámetros como el tiempo de reacción y el nivel de precisión previstos en las hipótesis. Estos parámetros permiten escribir ecuaciones matemáticas para contrastar las hipótesis previstas, según el rendimiento de las distintas personas en los problemas que se les pide resolver.

Hay distintos métodos para explorar las estrategias cognitivas que actúan al resolver problemas. Así, se puede variar o manipular experimentalmente:

a) El contenido de los problemas. Por ejemplo, los problemas pueden ser complejos estimularmente, y pueden estar expresados con lenguaje escrito o con símbolos.
b) Las condiciones de presentación. Por ejemplo, el número de elementos relevantes del problema que se le presenta a la persona siguiendo una determinada secuencia o el tipo de instrucción o consigna que se le da a la persona a la hora de resolver el problema de modo que se haga predominar la velocidad de respuesta a la precisión.
c) La presentación completa o parcial del problema. Por ejemplo, a la persona se le puede presentar un indicador con pistas antes de presentarle el problema completo o se le puede presentar el problema por partes y no necesariamente según el orden habitual en el que aparece ese problema.

Este tipo de análisis puede indicar que problemas aparentemente similares en realidad no exigen la actuación de la misma estrategia cognitiva.

4.3. La amplitud nomotética o la capacidad de predicción de las medidas cognitivas

La amplitud nomotética supone explorar qué elementos de los procesos, de las representaciones, de las estrategias y de la base de conocimientos con la que cuenta la persona, contribuyen a mejorar la validez o capacidad predictiva de la prueba psicológica. Es decir, cuáles son los parámetros de los modelos cognitivos que, realmente, contribuyen a predecir el rendimiento de la persona en situaciones o problemas cotidianos.

Embretson (1986) sostiene que son dos los requisitos que deben cumplir las estrategias cognitivas consideradas en la explicación de la amplitud nomotética:

a) La importancia relativa de las distintas estrategias cognitivas en la explicación de las diferencias individuales de rendimiento en las pruebas psicológicas.
b) Lo bien o mal que las estrategias cognitivas explican las relaciones entre las puntuaciones logradas en las pruebas psicológicas y otras variables relevantes como el rendimiento en un puesto laboral, es decir, una medida criterio.

Los estudios sobre la amplitud nomotética intentan averiguar la utilidad de una prueba como medida de las diferencias individuales.

La amplitud nomotética se estima según el patrón, magnitud y frecuencia de las correlaciones entre la prueba psicológica y otras medidas de diferencias individuales como el rendimiento, es decir, una medida criterio.

En suma, el empleo de las teorías y métodos cognitivos para el desarrollo de sistemas prácticos de medida de la inteligencia supone responder, entre otras, cuatro preguntas básicas:

1. Cuál es la contribución específica de las estrategias cognitivas empleadas por las personas a las diferencias individuales de rendimiento.
2. Cuál es la contribución de las estategias cognitivas a la validez predictiva de la prueba psicológica.
3. Qué estrategias cognitivas en concreto ayudan a predecir distintos criterios. Es decir, qué tipo de estrategias cognitivas se vinculan en mayor medida con qué parámetros del comportamiento inteligente que se trata de predecir a través de la prueba psicológica.
4. En qué tipo de problemas actúan determinadas estrategias cognitivas. Es necesario, por consiguiente, averiguar qué estrategias cognitivas se emplean para distintos tipos de problemas y cuáles son más específicas de ciertos problemas en concreto.

5. INTELIGENCIA Y CAPACIDADES DE PROCESAMIENTO

Según Hunt y MacCleod (1979), la relación entre los estudios factoriales y los estudios cognitivos debe ser indirecta.

Las teorías cognitivas son útiles para comprender los procesos de pensamiento, pero su impacto práctico ha sido casi nulo. Las teorías cognitivas se han servido de los métodos factoriales y las teorías factoriales han empleado los métodos cognitivos para interpretar procesualmente los factores, es decir, para averiguar la dinámica de las estructuras factoriales.

Sin embargo, para Hunt y MacCleod (1979) la intención de unificar las teorías factoriales y cognitivas se basa en una supuesta, pero ficticia, unidad conceptual.

Hunt, MacCleod y Lansman (1978) han realizado un análisis de las discrepancias conceptuales existentes entre la aproximación factorial y cognitiva a las diferencias intelectuales, que puede condensarse en cuatro argumentos.

1. *El sustrato teórico de las medidas*

Recordemos los resultados del paradigma de verificacion de frases ya estudiado. En este caso, es posible analizar el nivel de relación o la correlación entre la medida del tiempo de reacción (una medida típica de los estudios cognitivos) y la aptitud verbal o la aptitud espacial de las personas participantes (una medida típica de los estudios factoriales).

Sin embargo, el análisis de estas correlaciones ignora las medidas más específicas que tienen que ver con el comportamiento de la persona en las variantes experimentales de la tarea de verificación, como puede ser la complejidad lingüística de la frase o la correspondencia entre el contenido de la frase y la disposición de los símbolos que aparecen en la fase de verificación.

Por consiguiente, las medidas factoriales son menos específicas que las medidas cognitivas.

2. *Significación formal y fiabilidad estadística*

Las teorías cognitivas de la inteligencia están muy interesadas en la significación de las medidas realizadas, mientras que las teorías factoriales están más preocupadas de que las medidas sean fiables estadísticamente hablando. Estas dos preocupaciones son válidas en sí mismas, pero también son conflictivas.

El tipo de métodos empleados por las teorías cognitivas no suelen cumplir el criterio básico de fiabilidad. Así por ejemplo, es muy raro que las medidas de tiempo de reacción se distribuyan normalmente, mientras que este tipo de distribución es habitual en las medidas de rendimiento empleadas desde las teorías factoriales.

Supongamos que se desea relacionar o correlacionar una medida cognitiva, como la velocidad de acceso al léxico, con una medida factorial de la aptitud verbal. Según Carroll (1979), esto producirá una serie encadenada de problemas matemáticos, puesto que el coeficiente de correlación se transforma en una técnica frágil cuando se violan los supuestos básicos de la distribución normal; dado que los tiempos de reacción no se distribuyen normalmente, los valores de correlación entre las medidas cognitivas y factoriales tendrán una escasa fiabilidad.

Las teorías cognitivas están poco preocupadas por este tipo de cuestiones matemáticas, mientras que éstas son una obsesión constante de las teorías factoriales.

3. *Compensación*

Según las teorías factoriales de la inteligencia, el rendimiento cognitivo en un determinado problema depende de la posición que ocupe la persona en las dimensiones factoriales que pueden ser relevantes. Así por ejemplo, la probabilidad de que una persona resuelva correctamente un problema del Test de Matrices Progresivas de Raven se puede calcular a partir de la puntuación de esa persona en aptitudes como el razonamiento espacial y el razonamiento lógico, presentes en las teorías factoriales.

Según esta perspectiva de las teorías factoriales, denominada técnicamente «supuesto de linealidad», existe una relación relevante entre las distintas aptitudes, de manera que un bajo nivel en determinada aptitud puede quedar compensado por el alto nivel de otra aptitud. Dicho de otro modo, cuando resolver una tarea requiera servirse de una determinada aptitud cognitiva (por ejemplo, la aptitud espacial), pero la persona no disfrute de un nivel óptimo en ella (es decir, tenga una baja aptitud espacial), podrá recurrir a otras aptitudes que tenga mejor equipadas para atacar el problema, compensando y reduciendo así las deficiencias de rendimiento intelectual que podrían aparecer; así, emplearía su aptitud verbal para describirse mentalmente la información sobre la que deberá actuar o procesar cognitivamente.

Este supuesto de linealidad es contradictorio con las teorías cognitivas. En este caso, una determinada aptitud se caracteriza por disponer de los recursos necesarios para realizar tareas intelectualmente exigentes. Así, la compensación carece de sentido y el rendimiento de la persona estará, en principio, garantizado. Eso sí, pueden mostrarse diferencias de grado, pero no serán necesarios mecanismos de compensación de ningún tipo. Por ejemplo, la aptitud espacial de una determinada persona le garantiza poder resolver problemas espaciales sin recurrir a otro tipo de aptitudes (como la aptitud verbal), pero se pueden observar diferencias de rendimiento debido a que la persona puede disponer de mayores o menores recursos para procesar información espacial.

Sin embargo, como luego veremos, los datos disponibles sobre pacientes clínicos parecen estar del lado de la postura de las teorías factoriales de la inteligencia y rechazar la perspectiva de las teorías cognitivas.

4. *Inteligencia o capacidades flexibles para procesar mentalmente la información*

Recordemos, una vez más, la tarea de verificación de frases pictóricas.

Según las teorías factoriales, el uso de una determinada estrategia cognitiva, lingüística o pictórica depende de las aptitudes de la persona.

No obstante, Mathews, Hunt y MacLeod (1980) han mostrado que las personas pueden cambiar de estrategia cognitiva. Según estos autores, esto no sería posible si los supuestos básicos de las teorías factoriales fuesen correctos.

Las teorías cognitivas sostienen que resolver un problema intelectualmente exigente supone combinar la información, la habilidad para procesar esa información y, por tanto, configurar determinadas estrategias cognitivas. Algunas de las habilidades para procesar la información serán características estables de la persona, pero otras serán flexibles. Puesto que la estrategia cognitiva es resultado de una elección que hace la persona, carece de sentido mantener que es una característica estable de ella, como en el caso de la aptitud.

Precisamente, esa carencia de estabilidad propia de las estrategias cognitivas hace que sean sólo relativamente útiles para predecir el comportamiento intelectual de la persona en distintas situaciones, aunque puede ser posible realizar predicciones específicas asociadas a determinadas tareas.

En cualquier caso, aun siendo cierto que la estrategia cognitiva es resultado de una elección que la persona hace, el rendimiento mejora cuando la estrategia cognitiva empleada es congruente con el nivel de aptitud característico de la persona. Así por ejemplo, L. Cooper (1982) observó que una persona que utilice estrategias cognitivas incongruentes con su nivel de aptitud tendrá un rendimiento bastante más pobre en tareas de comparación visual que cuando saque partido de sus mejores aptitudes. Este dato ilustra la necesidad de conocer las aptitudes de las que disfrutan y de las que carecen las personas, para relacionar este dato con el uso más o menos eficaz de determinadas estrategias cognitivas.

En suma, para Hunt y MacLeod (1979) las teorías factoriales buscan la estructura de la inteligencia, y por tanto, sus elementos básicos, mientras que las teorías cognitivas sustituyen el concepto inteligencia por una serie de capacidades flexibles para procesar mentalmente la información y un conjunto de estrategias cognitivas.

Estas dos concepciones han llevado a los dos tipos de teorías a desarrollar diferentes métodos. Con toda seguridad, la disponibilidad y uso de distintos métodos ha tenido su correspondiente efecto sobre las teorías factoriales y cognitivas.

Hunt y MacLeod (1979) sostienen que el hecho de que las teorías factoriales y cognitivas sean no sólo distintas, sino también posiblemente incompatibles, no debe llevar a concluir que un tipo de teorías sea superior al otro. Las teorías factoriales son muy importantes para describir y predecir el comportamiento inteligente, mientras que las teorías cognitivas podrían ser relevantes para expresar la dinámica de la inteligencia.

En cualquier caso, actualmente hay relaciones muy estrechas entre el desarrollo de teorías factoriales y cognitivas. Los métodos característicos de las teorías factoriales se emplean cada vez más para construir teorías cognitivas de la inteligencia, buscando de modo sistemático un aumento de su capacidad de predicción. La mayor parte de los conceptos incluidos en las teorías cognitivas se tratan, a todos los efectos, como los factores de las teorías factoriales de la inteligencia. A su vez, las teorías factoriales se reiteran en el intento de explicar, sirviéndose del lenguaje de las teorías cognitivas, el modo en que parecen operar los factores intelectuales, es decir, el tipo de procesos cognitivos que pudieran ayudar a explicar las diferencias individuales en inteligencia.

6. LA TEORÍA TRIÁRQUICA DE R. J. STERNBERG

6.1. Alicia, Bárbara y Celia

Alicia fue admitida en el programa de doctorado de la Facultad de Psicología sin ningún problema. Tuvo unas extraordinarias puntuaciones en los tests de inteligencia y sus notas académicas eran sobresalientes. Alicia demostró unas excelentes dotes analíticas y críticas. Durante los primeros dos años del período de formación obtuvo un éxito rotundo. Pero pasados esos dos años su rendimiento comenzó a disminuir. Tras los dos primeros años, a los estudiantes de doctorado se les piden otras cosas; ya no basta estudiar y criticar las ideas y conceptos que otros han propuesto, sino que se debe comenzar a proponer ideas propias y a aplicarlas.

Alicia se mostró inteligente según los tests de CI, pero no fue igualmente inteligente en las áreas sintética y práctica de la inteligencia. Tras los dos primeros años, el comportamiento de Alicia no pudo ser anticipado por la información disponible al comenzar su período de formación en el programa de doctorado. Aunque las medidas convencionales de la inteligencia proporcionan una valiosa información sobre las habilidades analíticas de las personas, dicen poco sobre sus habilidades sintéticas.

Bárbara tuvo unas calificaciones escolares normales, y su rendimiento en los tests de CI había sido bastante mediocre. Puesto que sus cartas de recomendación eran muy buenas, resultó admitida en el programa de doctorado. Estas cartas describían a Bárbara como una persona extraordinariamente creativa, con capacidad para diseñar y realizar una investigación sin apenas ayuda.

Por desgracia, a personas como Bárbara no se las suele admitir en los programas de doctorado ni en otros muchos cursos. Sin embargo, gente como ella, que son una excepción, pueden llegar a ser buenos estudiantes y desarrollar unas excelentes dotes como investigadores. Su rendimiento académico puede no ser brillante, aunque suelen tener un rendimiento bastante mejor que el predicho por los tests convencionales de inteligencia. Pero cuando los programas se centran en las habilidades sintéticas, personas como Bárbara se encuentran en su medio natural. Bárbara, en resumen, es claramente superior a Alicia en capacidad sintética, aunque Alicia sea claramente superior a Bárbara en capacidad analítica.

Celia se sitúa entre Alicia y Bárbara. Su rendimiento académico había sido aceptable, aunque no especialmente brillante en ninguna materia. En el programa de doctorado, Celia fue brillante pero de un modo completamente distinto a Alicia y a Bárbara. Celia era una experta adaptándose a las exigencias del ambiente. Ante un problema nuevo, Celia era capaz de determinar lo que se debía hacer y de llevarlo a la práctica. Sabía perfectamente lo que se debía hacer y cómo hacerlo. Vulgarmente, se diría que Celia tenía «inteligencia callejera»; era extraordinaria en la vertiente práctica de la inteligencia.

En resumen, Alicia, Bárbara y Celia son personas inteligentes, pero de modos muy distintos. Las personas como Alicia sobresalen en inteligencia académica o analítica. Las teorías factoriales y las teorías cognitivas exploran este tipo de inteligencia analítica. Las personas como Bárbara no parecerán inteligentes según las concepciones factoriales y cognitivas de la inteligencia. Sin embargo, serán personas que sobresalen en capacidad de síntesis y en capacidad para moverse en ambientes nuevos. Personas como Bárbara serán consideradas muy inteligentes si la inteligencia se estudia en relación a la experiencia, y, más en concreto, a las experiencias novedosas. Personas como Celia sobresalen cuando se estudian las relaciones entre la inteligencia y el mundo externo del individuo. Sus virtudes están en la inteligencia práctica, es decir, a la hora de aplicar sus aptitudes a las situaciones cotidianas. Su sabiduría callejera no se mide con las pruebas de inteligencia convencionales, pero resulta manifiesta cuando se observa su rendimiento en situaciones cotidianas reales.

La teoría triárquica que R. Sternberg (1988, 1992) descrita a través de los casos de Alicia, Bárbara y Celia, tiene el principal objetivo de explicar las relaciones entre (tabla 12.1):

Figura 12.5.—Alicia, Bárbara y Celia, tres casos usados por el profesor R. J. Sternberg para demostrar la viabilidad de su teoría triárquica de la inteligencia.

TABLA 12.1

Cuadro resumen de la teoría triárquica de R. J. Sternberg

Mundo interno			Experiencia		Mundo externo		
Meta-componentes	Componentes de ejecución	Componentes de adquisición de conocimiento	Novedad	Automatiza-ción	Adaptación	Modificación	Selección
Planificar, supervisar, valorar	Codificar, inferir, proyectar, aplicar, comparar, justificar	Codificación selectiva Combinación selectiva Comparación selectiva	(Ver texto)				

— La inteligencia y el mundo interno del individuo o los mecanismos mentales responsables del comportamiento inteligente.
— La inteligencia y el mundo externo del individuo, o el uso de estos mecanismos mentales en la vida diaria, de modo que se pueda lograr un ajuste inteligente al ambiente.
— La inteligencia y la experiencia, o el papel mediador que el paso por la vida supone en las relaciones entre los mundos interno y externo del individuo.

6.2. Inteligencia y el mundo interno

Es esencial comprender cuáles son los procesos y estados mentales que subyacen al comportamiento inteligente. En la teoría triárquica, esto supone identificar y comprender tres tipos básicos de elementos cognitivos: los metacomponentes, los componentes de ejecución y los componentes de adquisición de conocimiento.

Los *metacomponentes* son procesos ejecutivos de alto nivel que la persona emplea para:

— Planificar qué es lo que se va a hacer.
— Supervisar los procesos.
— Valorar el resultado de la actuación.

Los metacomponentes incluyen las siguientes cuestiones:

— Reconocer la existencia de un problema.
— Decidir cuál es la naturaleza del problema.
— Seleccionar una serie de procesos cognitivos de bajo nivel o elementales para resolver el problema.
— Seleccionar una estrategia cognitiva en la que combinar estos procesos.
— Seleccionar una representación mental sobre la que actuarán los procesos y la estrategia cognitiva.
— Localizar los recursos mentales propios.
— Supervisar las fases seguidas al resolver el problema planteado.
— Valorar la solución que se le ha dado al problema.

Los *componentes de ejecución* son procesos de bajo nivel o específicos que llevan a cabo o materializan las instrucciones ordenadas por los metacomponentes.

Una de las clases más importantes de componentes de ejecución se han descubierto al investigar los problemas de razonamiento inductivo incluidos en pruebas como las matrices, las analogías, las series y las clasificaciones. Los principales componentes de ejecución del razonamiento inductivo son la codificación, la inferencia, la proyección, la comparación, la justificación y la respuesta.

Así por ejemplo, veamos cómo operan estos componentes en una tarea de analogías verbales:

Abogado es a cliente, lo que doctor es a

a) paciente
b) medicina

1. Durante la *codificación* de la información la persona recupera desde su memoria permanente atributos semánticos relevantes para resolver el problema.
2. Cuando actúan los procesos de *inferencia*, la persona descubre la relación que existe entre los dos primeros términos de la analogía (abogado y cliente).
3. El componente de *proyección* supone que la persona descubra la relación de alto nivel (o general) que vincula la primera parte de la analogía, encabezada por abogado, con la segunda parte de la analogía, encabezada por doctor.
4. En el componente de *aplicación* la persona desplaza la relación que se ha inferido en la primera parte de la analogía hacia la segunda parte, generando una posible respuesta ideal.
5. En la *comparación* la persona compara cada una de las dos posibles alternativas de respuesta con la respuesta ideal que se ha generado previamente. Si no hay coincidencia entre la respuesta ideal y las disponibles en el problema, la persona debe decantarse por la que más se aproxima a la respuesta ideal.

Los *componentes de adquisición de conocimiento* se emplean para aprender cómo hacer lo que de hecho hacen tanto los metacomponentes como los componentes de ejecución. Según Sternberg (1992), son tres los componentes de adquisición de conocimiento: codificación selectiva, combinación selectiva y comparación selectiva.

La codificación selectiva exige centrarse en la información relevante a partir de un gran paquete de información que incluye elementos relevantes e irrelevantes. La combinación selectiva supone construir un esquema general a partir de información parcial codificada de modo selectivo. Finalmente, la comparación selectiva consiste en valorar los elementos que se han combinado de un modo selectivo.

6.3. Inteligencia y experiencia

La inteligencia se suele medir en óptimas condiciones cuando el tipo de problemas que la persona debe resolver son de dos tipos:

1. Problemas relativamente novedosos para la persona. Este tipo de problemas sirve para estimar un factor muy importante en las teorías factoriales; Gf o inteligencia fluida.
2. Problemas que exigen activar procesos y estrategias en las que la persona es bastante experta. Este tipo de problemas suelen emplearse para medir un factor muy relevante en las teorías factoriales: Gc o inteligencia cristalizada.

La aptitud para habérselas con la *novedad* constituye una buena medida de la inteligencia. El tipo de problemas que puede explorar esta aptitud debe manipular los siguientes aspectos:

— La persona debe decidir qué información es relevante.
— La persona debe averiguar cómo combinar la información relevante.
— La persona debe explorar las relaciones entre la información previa y la información nueva.

Los chavales brillantes tienen esta habilidad para manejarse con situaciones novedosas. De hecho, dar pistas para ayudar a resolver el problema novedoso sólo beneficia a los chavales menos aptos, mientras que perjudica a los chavales más aptos que espontáneamente desarrollan estrategias para atacar ese tipo de problemas.

También es importante estudiar la aptitud de la persona para *automatizar* el procesamiento mental de la información. Así por ejemplo, sabemos que las personas con una peor capacidad para comprender el lenguaje escrito son aquellas que no han automatizado los procesos básicos o elementales

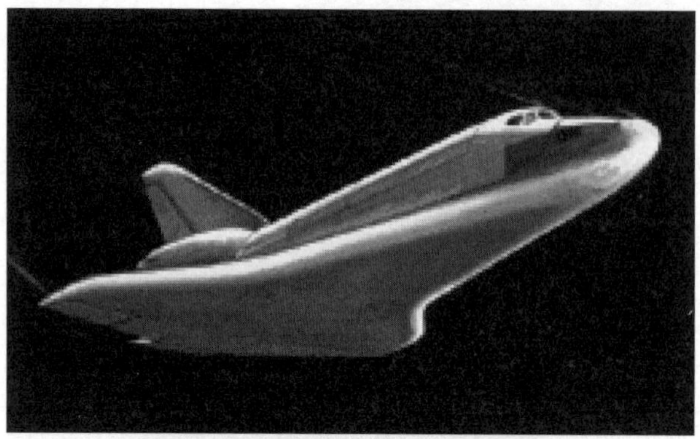

Figura 12.6.—Los astronautas pasan por un proceso de entrenamiento en el que deben automatizarse un gran número de destrezas. Sin embargo, también deben disponer de la aptitud para enfrentarse a novedades no previstas.

de lectura, por lo que no han liberado suficientes recursos mentales como para activar los procesos de comprensión de más alto nivel o más centrales.

Los procesos mentales necesarios para habérselas con situaciones novedosas y para automatizar el procesamiento de la información están relacionados. Si una persona ha automatizado ciertas acciones mentales, tendrá más recursos para habérselas con las situaciones novedosas. Si una persona se las entiende muy bien con las situaciones novedosas, podrá dedicarse a consolidar los procesos de automatización de determinadas acciones mentales.

Por supuesto, los componentes de la inteligecia actúan en las tareas que varían el nivel de experiencia previa de la persona. La aptitud para habérselas con las situaciones novedosas debe concebirse, en parte, en términos de metacomponentes, componentes de ejecución y componentes de adquisición de conocimiento. En igual medida, lo que se automatiza con la práctica son este tipo de componentes de la inteligencia.

6.4. Inteligencia y el mundo externo

La inteligencia suele dirigirse hacia alguno de los siguientes objetivos: adaptación al ambiente, modificación del ambiente y selección de un determinado ambiente.

La mayor parte del comportamiento inteligente está dirigido a beneficiar los procesos de *adaptación* al ambiente. Sin embargo, dependiendo de cómo sea el ambiente así será el concepto de adaptación.

De este modo, aunque los procesos y las funciones y facetas experienciales de la inteligencia son esencialmente las mismas en distintos contextos, las formas particulares que pueden adoptar estos procesos, funciones y facetas pueden ser muy distintas. De hecho, lo que en ciertas culturas se puede entender por inteligencia no tiene por qué coincidir con el concepto que de la inteligencia se tenga en otra cultura.

Comprender la inteligencia supone entender no sólo sus manifestaciones internas en términos de procesos mentales y sus manifestaciones en la experiencia, sino también cómo se materializa en acciones específicas realizadas en ciertos contextos. Por ejemplo, las personas que ocupan distintos puestos laborales (en el mundo del arte, en los negocios, en la filosofía, en las ciencias físicas) tienen concepciones de la inteligencia ligeramente diferentes, relacionadas generalmente con las características de sus respectivas ocupaciones (Sternberg, 1988).

La *modificación* del ambiente suele entrar en liza cuando han fracasado los procesos de adaptación. Si una persona es incapaz de cambiarse a sí misma para mejorar sus procesos de adaptación, puede tratar de cambiar el ambiente para que éste se adapte a él. Así por ejemplo, los intentos reiterados por adaptarse a las exigencias de la pareja pueden dar lugar a tentativas de obligar a que sea la pareja la que se adapte.

En gran medida, la modificación es la quintaesencia del pensamiento y el comportamiento inteligente. Por ejemplo, en el mundo de la ciencia los científicos más grandes son los que crean nuevos paradigmas (modificación) saliéndose de los paradigmas existentes (adaptación).

Por último, la *selección* supone renunciar a un determinado ambiente para dirigirse a otro ambiente distinto. La selección se puede emplear cuando han fracasado tanto los procesos de adaptación como los de modificación.

Así por ejemplo, tras intentar adaptarse o modificar una relación matrimonial, una persona puede decidir abandonar el matrimonio y volver al estado de soltería.

6.5. Comentario

Según Sternberg (1985), las teorías de la inteligencia son complementarias. En realidad, las distintas teorías se dirigen a distintos aspectos de la inteligencia, por lo que carece de sentido tratar de averiguar cuál es mejor y cuál es peor.

El principal objetivo de su teoría triárquica no es competir ni con las teorías factoriales ni con las teorías cognitivas, sino asumirlas como divisiones de una teoría más general.

Las teorías factoriales y cognitivas se han centrado en los aspectos internos dejando un poco de lado las consecuencias que en el ambiente tiene el comportamiento inteligente. En realidad, las teorías factoriales y cognitivas dicen prácticamente lo mismo, pero usando diferentes unidades de análisis.

Sternberg (1985) sostiene que una teoría cognitiva general que trate de igualar la inteligencia a cualquier otro aspecto de la cognición, como puede ser la atención, la memoria o el razonamiento, se equivoca al reconocer la naturaleza condicional del concepto «inteligencia». La inteligencia es un concepto y, por tanto, algo inventado por los científicos para disponer de un modo de realizar una exploración psicológica y en su caso de ordenar a las personas según su rendimiento en tareas y situaciones valoradas por la cultura. Este rendimiento, por supuesto, se basa en los mecanismos cognitivos propios de la persona.

En suma, la teoría triáquica de Sternberg resulta muy sugerente en su intento por recoger organizadamente distintas perspectivas sobre la inteligencia. Pero por eso es, también, muy especulativa. Habrá que esperar más tiempo para garantizar la calidad científica de esta teoría triárquica (Kline, 1991).

7. APLICACIONES PRÁCTICAS

Estas aplicaciones prácticas describen un sistema para medir la inteligencia y un sistema para mejorar las capacidades cognitivas. En ambos casos se usa la teoría triárquica de Sternberg.

7.1. Sistemas de medida de la inteligencia: el STAT de R. J. Sternberg

A partir de su teoría triárquica, R. J. Sternberg (1992) está desarrollando en la actualidad el STAT, es decir, el *Sternberg Triarchic Abilities Test*.

El STAT está dividido en varios niveles que se pueden aplicar desde la guardería hasta la edad adulta. La prueba proporciona distintas puntuaciones para:

— Los procesos cognitivos: metacomponentes, componentes de ejecución y componentes de adquisición de conocimiento.
— La aptitud para habérselas con situaciones novedosas.
— Los procesos de automatización.
— La inteligencia práctica.

Estas cuatro áreas se exploran con tres tipos de contenidos informativos:

— Información verbal.
— Información numérica.
— Información espacial.

Esta exploración permite diagnosticar las potencialidades y debilidades no sólo de las habilidades de procesamiento, sino también de los distintos tipos de representación de la información.

Ejemplo de procesos verbales

Las aptitudes de comprensión verbal se miden a través de problemas que valoran la aptitud para aprender del contexto.

«La Gran Depresión no fue una sorpresa derivada de la dramática caída de la bolsa en 1929. El ***laz*** que la precedió fue temerario y bastante ciego. Los años veinte fueron testigos de un gran número de desempleados desahuciados, y los pequeños negocios se derrumbaron».

Laz significa con mayor probabilidad:

a) Economía.
b) Años.
c) Historia.
d) Estilos de vida.

Ejemplo de procesos numéricos

Las aptitudes numéricas se miden a través de problemas de series. Estos problemas miden la aptitud de razonamiento inductivo con números.

1, 3, 6, 8, 16 ___.

a) 18.
b) 24.
c) 32.
d) 48.

Ejemplo de aptitud para habérselas con la novedad (dominio de contenido verbal)

Este tipo de problemas miden la aptitud para pensar de modos relativamente novedosos.

Si los perros pusiesen huevos, ¿qué alternativa de entre las siguientes sería más cierta?:

a) Los perros podrían volar.
b) Los cachorros podrían tener plumas.
c) Los huevos podrían tener cola.
d) Los cachorros saldrían de un cascarón.
e) Los pollos podrían ladrar.

Ejemplo de automatización (dominio de contenido verbal)

Las pruebas de automatización son las únicas que tienen un rígido control del tiempo. Las personas deben tomar decisiones rápidas sobre si dos letras pertenecen a la misma categoría (vocal o consonante) o a distintas categorías (vocal-consonante o consonante-vocal).

Por ejemplo, los pares «F N» y «E A» serán «IGUALES», mientas que los pares «F E» y «N A» serán «DISTINTOS».

Ejemplo de inteligencia práctica (dominio verbal)

Los problemas de inteligencia práctica exigen que la persona responda a problemas cotidianos de razonamiento inferencial. Es decir, la persona debe razonar de modo informal.

La gasolinera de López sigue el lema «no tiraremos los precios». ¿Cuál de las siguientes alternativas será probablemente más correcta?

a) La gasolinera de Ruiz es más cara que la de López.
b) Ninguna otra gasolinera es más barata que la de López.
c) El propietario de la gasolinera de López está haciendo un negocio redondo.
d) La gasolinera de López es la más frecuentada de la ciudad.

Ejemplo de inteligencia práctica (dominio figural)

Los problemas de esta categoría requieren hacer planes sobre rutas, cuando se le proporciona a la persona un mapa o un diagrama. Se muestra un mapa de una ciudad y se pregunta cuál de una serie de rutas posibles para ir de un lugar a otro es más efectiva.

En resumen, la principal idea de este programa de medición de aptitudes cognitivas según la teoría triárquica de Sternberg es ampliar los márgenes convencionales de medición. Si se desea medir la inteligencia, es mejor idea ampliar los márgenes del tipo de problemas relevantes para la medida.

7.2. El programa «Inteligencia Aplicada» de R. J. Sternberg

El programa «Inteligencia Aplicada» de R. J. Sternberg (1986) es un programa de mejora de la inteligencia. Su principal objetivo es desarrollar los elementos de la inteligencia recogidos en la teoría triárquica, siguiendo el principio básico de que la inteligencia hay que entenderla en función de:

- — Las capacidades individuales.
- — La aplicación que materializa la persona en la experiencia individual y contextual.

Las habilidades que se pretenden desarrollar son las siguientes:

- — Usar los metacomponentes de la inteligencia, es decir, definir la naturaleza del problema, seleccionar los pasos para resolverlo y supervisar la resolución.
- — Usar los componentes de ejecución, es decir, inferir relaciones entre estímulos, aplicarlas a nuevos estímulos y comparar las características de los estímulos.
- — Usar los componentes de adquisición de conocimiento, es decir, decidir cuál es la información relevante de un problema, disponer de una imagen mental del significado de una palabra nueva, reunir todas las pistas e información disponible para elaborar una definición.

Este programa se puede emplear con estudiantes de enseñanza secundaria, ESO e incluso primeros cursos de la Universidad.

El programa combina la discusión en clase con los trabajos escritos. El tiempo aproximado de aplicación semanal es de dos o tres sesiones de unos 40 minutos, durante un curso académico. El contenido del programa se ha estructurado en un manual para el estudiante y una guía para el profesor que aplica el programa.

El programa consta de cinco partes.

1. *La naturaleza de la inteligencia*

En esta primera parte, Sternberg (1986) presenta su teoría triárquica de la inteligencia.

2. *El mundo interno del individuo*

Metacomponentes. El material de entrenamiento recoge situaciones de la vida. En principio se deja al individuo que resuelva los problemas sin pistas, después se le da la solución y seguidamente se le permite que reconsidere el problema teniendo en cuenta una serie de reglas que le ayudan a resolver la tarea con éxito.

Cuando se trabaja sobre la definición del problema, el programa presenta un problema mal definido. Cuando el estudiante ha intentado resolverlo, se le dan pistas para reconsiderar la definición: *a*) vuelve a considerar la información del problema, puesto que puede existir información implícita que no has considerado; *b*) define tus objetivos; *c*) pregúntate cuál de las metas definidas en el problema es más correcta.

Componentes de ejecución. El material de entrenamiento incluye situaciones y problemas de la vida cuya solución requiere la activación de procesos de razonamiento inferencial. También hay problemas de analogías verbales y no-verbales, de clasificaciones y problemas de razonamiento legal.

Componentes de la adquisición de conocimiento. A la persona se le pide que lea un texto donde aparecen palabras nuevas y sin sentido. Se debe echar mano de los procesos básicos de comprensión verbal. A veces debe imaginarse el significado de la palabra por el contexto en el que aparece, determinar algunas pistas que le permitan combinar la información de un modo coherente o comprobar qué tipo de pistas contextuales existen para ayudar a relacionar la información nueva con la almacenada.

A modo de ejemplo, veamos cómo se pueden mejorar los metacomponentes:

a) Mejorar la definición de la naturaleza del problema supone:

— Enseñar al alumno a leer todo el problema y a reconsiderar las preguntas que se plantean. Es necesario emplear la información almacenada en la memoria permanente, es decir, hay que asegurarse de que las preguntas del problema pueden ser comprendidas por el alumno. También es relevante el manejo del vocabulario pertinente.

— Simplificar los objetivos.

— Redefinir las metas del problema supone cambiar los objetivos del problema para adaptarlos a la meta que se desea lograr. El profesor debe ayudar al alumno a transformar en su propio lenguaje lo que el problema está exigiendo.

b) Seleccionar los pasos necesarios para resolver el problema:

— Enseñar al alumno a diseñar los pasos del problema para que se adapten a sus características personales.

— Ayudar al alumno a dar un primer paso que sea fácil, de manera que logre un refuerzo inmediato y rápido, de manera que se garantice la perseverancia en la consecución de la solución.

— Considerar pasos alternativos antes de decantarse por una determinada sucesión. Esto supone que el alumno aprenda a sopesar distintas alternativas para comprobar parcialmente los resultados posibles.

c) Seleccionar la estrategia en la que se combinarán los distintos procesos:

— Hay que tener certeza sobre la consideración de todos los datos del problema. Hay que enseñar al alumno a dejar a un lado la información irrelevante y a vincular entre si los datos relevantes.

— No ceñirse a lo que parece obvio, puesto que esto puede dar una sensación de falsa sencillez que, a la larga, produce frustración al no alcanzar la solución deseada. Esto supone entrenar en estrategias de lectura que hagan un barrido de la información hacia adelante y hacia atrás.

— Comprobar que la secuencia establecida sigue un orden lógico.

d) Seleccionar la representación mental más adecuada:

— La solución de algunos problemas requiere distintos tipos de representación, por ejemplo, simbólica, figurativa o numérica. El método más adecuado consiste en enseñar la representación óptima según sean las competencias de cada estudiante. Si un alumno tiene habilidades espaciales y el problema exige una representación espacial, por ejemplo en geometría, convendrá invitar al alumno a que sofistique la representación espacial del problema. Si un alumno no tiene estas habilidades espaciales, pero el problema las exige, hay que enseñar al alumno a simplificar las demandas espaciales.

— Invitar al alumno a usar distintos tipos de representación, dado que esto ayuda a reconocer más elementos de la naturaleza del problema.

— Favorecer el uso de representaciones externas, como tablas, ecuaciones o mapas conceptuales.

e) Localizar y usar los recursos mentales.

— Animar a los estudiantes a invertir el tiempo que sea necesario para planificar la estrategia de ataque.

— Fomentar la flexibilidad de pensamiento de modo que el alumno pueda modificar sobre la marcha la planificación prevista caso de comprobar su ineficacia. Esta flexibilidad se puede favorecer enseñando al alumno a ser receptivo y estar abierto a las sugerencias de los compañeros y del profesor.

f) Control de la solución del problema.
- Es necesario supervisar las estrategias para prevenir errores en la solución.
- Resulta conveniente que el alumno sepa que hay problemas realmente complicados.
- Hay que ayudar al alumno a evitar la impulsividad, invitándole a dedicar mucho tiempo a la planificación.
- El alumno debe aprender a analizar de modo exhaustivo las distintas fuentes de información y los posibles errores en los que se cae durante el proceso de resolución.
- Invitar a buscar referencias sobre su actuación entre los compañeros y el profesor.

3. *La experiencia del individuo*

¡Eureka! Los procesos de eureka se miden a través de problemas verbales, numéricos, de misterio y silogismos. Todos estos problemas exigen un razonamiento lógico, la inferencia de relaciones y el uso reflexivo de la codificación selectiva, la combinación selectiva y la comparación selectiva de información.

Automatización. Se entrena mediante problemas de comparación de letras y búsqueda visual de letras, así como emparejamiento de números y símbolos. Al estudiante se le presentan estas tareas relativamente sencillas y se explora su aptitud para automatizar los procesos necesarios para realizarlas adecuadamente En alguna medida, lo que se explora es la aptitud del estudiante para interiorizar la información. La automatización puede parecer irrelevante, pero su importancia está en que libera recursos mentales para habérselas con las situaciones novedosas.

4. *El mundo externo del individuo (la inteligencia práctica)*

Algunas de las tareas para entrenar la inteligencia práctica del individuo suponen decodificar pistas no-verbales. Por ejemplo, se presentan dos clases de fotografías; en la primera aparecen personas que muestran una relación sentimental, mientras que en la segunda aparecen compañeros de trabajo. Los estudiantes deben descubrir de qué tipo de relaciones se trata sin ninguna pista, tras lo que se les facilita una lista con distintos tipos de relación para que ellos decidan a qué tipo pertenece cada fotografía.

En otra prueba se incluyen veinte tareas relacionadas con situaciones de la vida cotidiana. Algunas implican adaptación, otras modificación y unas terceras selección, en relación a un medio hostil, por ejemplo. Los estudiantes deben contestar a una serie de preguntas y decidir qué solución darían a los distintos problemas tanto desde su punto de vista como desde su propio contexto. El estudiante puede decantarse por tres posibles opciones: adaptarse, modificar la situación o seleccionar un ambiente más adecuado.

Otras tareas, en fin, exploran el conocimiento tácito del estudiante. Se le pide que asuma el rol de dos personas: un hombre de negocios y un profesor de psicología. Su tarea consiste en responder a una serie de preguntas según lo haga desde la posición del hombre de negocios o del profesor de psicología.

5. *Personalidad*

En esta última sección del programa, Sternberg estudia algunos impedimentos que pueden dificultar la aplicación adecuada de las destrezas intelectuales, pero no se van a revisar aquí.

Finalmente, se expone la estructura de la guía del profesor del programa:

1. Objetivo de la lección.
2. Principales ideas a desarrollar en la lección.
3. Cómo favorecer la discusión en el aula.
4. Temas relevantes de cada unidad. Aquí se le recomienda al profesor que elabore algún trabajo personal para estimular el pensamiento del estudiante.
5. Actividades complementarias. Recoge una serie de trabajos que voluntariamente puede realizar el alumno para mejorar su conocimiento de las habilidades de pensamiento.

6. Referencias bibliográficas.
7. Tiempo de entrenamiento en cada lección.

En suma, el programa de Inteligencia Aplicada es un modelo nuevo de mejora de la inteligencia según las pautas de la teoría triárquica de Sternberg. El programa recoge muchos problemas aplicables a una amplia variedad de contenidos que facilitan las relaciones entre las actividades escolares y extraescolares.

SUMARIO

Este capítulo ha comenzado describiendo las respuestas de las teorías cognitivas a la pregunta por las diferencias intelectuales. Mientras que las teorías factoriales representan la estructura de la inteligencia, las teorías cognitivas expresan cómo actúa esa estructura, cuál es su dinámica. Por supuesto, ambas teorías son complementarias y útiles para comprender la conducta inteligente. A continuación se ha presentado una visión cognitiva de la inteligencia, basada en la idea de que las personas pueden ser distintas según una serie de procesos básicos (como la recuperación del significado de las palabras), según las estrategias particulares usadas para resolver problemas (como las estrategias cognitivas basadas en el lenguaje), y según los recursos mentales disponibles (como los recursos para procesar mentalmente información sobre figuras). Los métodos de estudio de los procesos cognitivos se pueden usar, además de para la investigación, para diseñar nuevas medidas de la conducta inteligente. Sin embargo, esto abre algunos interrogantes que se han expuesto aquí. Aunque la posición más compartida es que las teorías factoriales y cognitivas son complementarias, los investigadores han discutido cuáles son los lugares más y menos comunes. Se ha debatido, por ejemplo, si todas las personas disponen de los recursos mentales mínimos necesarios para procesar mentalmente cualquier tipo de información. El profesor Robert Sternberg, de la Universidad de Yale, ha propuesto la teoría triárquica para coordinar los distintos enfoques e incorporar algunas variables ignoradas por ellos. Sin embargo, la mayor parte de los conceptos incluidos en la teoría triárquica suenan bastante familiares y los conceptos menos conocidos resultan bastante especulativos. En cualquier caso, la teoría triárquica está sirviendo para desarrollar aplicaciones prácticas, tales como nuevos métodos de medida y nuevos programas de mejora de la inteligencia.

Las teorías biológicas de la inteligencia 13

¿Cuáles son las respuestas que dan las teorías biológicas a las diferencias intelectuales? El modo característico en el que estas teorías responden exige prestar atención a nuestro pasado evolucionista. Desde este punto de vista, la inteligencia no debería estudiarse ignorando que los individuos han debido responder a ciertas presiones ambientales en su pasado evolucionista como especie: algunos de los individuos habrán respondido satisfactoriamente, pero otros no, y, además, probablemente haya sido útil más de una respuesta a esas presiones. La *psicología de la evolución* es una rama del enfoque de las diferencias individuales, cuya meta es descubrir cuáles son las regularidades actuales de la conducta que pueden ser explicadas satisfactoriamente en parte por el pasado evolucionista de la especie humana. Los investigadores han estudiado las relaciones entre distintas medidas de la actividad cerebral y las medidas de los factores y de los procesos cognitivos. De este modo, la actividad eléctrica de los sistemas neuronales y el consumo de energía cerebral están relacionados con las diferencias intelectuales apreciadas con las medidas factoriales y cognitivas. Si la conducta inteligente exige la actuación del cerebro humano, se puede esperar que los elementos físicos que influyen en el cerebro también tengan un impacto sobre la conducta inteligente. En este sentido, los investigadores han explorado el efecto de la dieta en la inteligencia, llegando a sugerir que la manipulación alimenticia puede ser un programa ambiental útil y directo para mejorar la conducta inteligente. Finalmente, se describen algunas aplicaciones prácticas a las que dan lugar las teorías biológicas de la inteligencia. Así por ejemplo, las relaciones entre el consumo de energía cerebral y la conducta inteligente pueden ser útiles para hacer medidas en personas que no pueden responder a un test convencional, pero también pueden sugerir nuevas hipótesis científicas sobre la inteligencia.

1. ¿QUÉ PREGUNTA RESPONDEN LAS TEORÍAS BIOLÓGICAS DE LA INTELIGENCIA?

En alguna medida la inteligencia es resultado de la actuación del cerebro. Así por ejemplo, un conductor puede dirigirse por una carretera si mantiene un estado de actividad cerebral que le permita concentrarse en la percepción de los otros vehículos, de la ruta a seguir y de la velocidad que puede imprimirle al vehículo presionando el acelerador y cambiando de marcha en el momento oportuno.

Uno de los mayores problemas de una conducción segura es que los conductores ingieren imprudentes dosis de alcohol. Un cerebro que recibe una dosis de alcohol muestra un rendimiento deficiente. De hecho, muchos de los accidentes de tráfico se deben a que los conductores se ponen a conducir con un nivel indeseable de alcohol en sangre. Los efectos del alcohol son, entre otros, la disminución de la concentración, la mayor tolerancia a velocidades excesivas y la imprecisión al estimar las distancias de aproximación a una curva o a otros vehículos. Estos cálculos de velocidad y distancia constituyen actividades intelectuales. El efecto de una sustancia como el alcohol

Figura 13.1.—La conducción de un fórmula 1 pone a prueba las dotes de resistencia física del piloto. El piloto no sólo debe disponer de las habilidades necesarias para conducir un coche de estas características, sino que además debe tener la preparación física de un superatleta. Los accidentes suelen producirse porque el cansancio físico reduce las habilidades cognitivas del piloto. Por tanto, ésta es una buena prueba de en qué medida los cambios biológicos impactan en las habilidades cognitivas de la persona.

sobre estas actividades es una prueba cotidiana de sus relaciones con las condiciones físicas del cerebro.

Las teorías factoriales y cognitivas de la inteligencia proporcionan una serie de conceptos que se emplean en psicología para tratar de comprender el comportamiento inteligente. Sin embargo, los científicos no pueden estar completamente seguros de si esos conceptos son en realidad un simple producto del tipo de métodos empleados para construir las teorías.

Una manera de comprobar empíricamente que los conceptos incluidos en las teorías factoriales y cognitivas de la inteligencia no dependen de los métodos usados en la investigación, consiste en averiguar si las diferencias individuales que se pueden describir con esos conceptos se relacionan con las diferencias individuales en las medidas biológicas que se pueden realizar.

En otras palabras, la pregunta que responden las teorías biológicas de la inteligencia es la que tiene que ver con lo que habitualmente se denomina «correlatos biológicos» de la inteligencia. El principal objetivo es averiguar el nivel de co-relación entre la medida factorial o cognitiva de las diferencias individuales y la medida biológica.

Así por ejemplo, las teorías biológicas deben ayudar a comprobar si una persona con una alta inteligencia general muestra una actividad eléctrica cerebral significativamente distinta a una persona de media inteligencia general, y si esta persona, a su vez, muestra una activación cerebral diferente a la de una persona de baja inteligencia general.

Conviene recordar que cada individuo tiene una organización cerebral distinta. Según Mike Gazzaniga (1985, 1992), las diferencias cerebrales pueden ser responsables de las diferencias psicológicas que se recogen en las teorías factoriales y cognitivas de la inteligencia. Por consiguiente, parece ser relevante estudiar las diferencias cerebrales y considerar que el cerebro humano que en la actualidad estudiamos los psicólogos es el resultado de un largo proceso evolucionista.

De este modo, estudiar y comprender la inteligencia supone, en alguna medida, repasar el pasado evolucionista de la especie humana. Sabemos que uno de los elementos clave del proceso evolucionista de la especie humana fue el desarrollo enorme de su capacidad intelectual. Por consiguiente, no parece razonable construir teorías sobre la inteligencia ignorando la información sobre su origen evolucionista.

2. PASADO EVOLUCIONISTA

2.1. La teoría de la evolución

La teoría de la evolución se basa en tres generalizaciones sobre las propiedades de los organismos. Estas generalizaciones se pueden utilizar como premisas de un silogismo cuya conclusión es una generalización posterior sobre las propiedades de los organismos. Si estas generalizaciones son válidas y si no existe ninguna otra generalización válida que se haya excluido, la conclusión será correcta (Howard, 1982).

1. Primera generalización: los individuos de una determinada especie varían en múltiples características.
2. Segunda generalización: la variación individual es hereditaria, es decir, se transmite de generación en generación.
3. Tercera generalización: los organismos se multiplican en una tasa que excede la capacidad del medio ambiente para mantenerlos.

El principio de la selección natural es una consecuencia de estas tres generalizaciones. Pero ¿cómo funciona la selección natural?

Para responder esta pregunta hay que suponer tres cosas.

1. *La selección natural es un proceso*

Cada generación está sujeta a los caprichosos cambios del medio ambiente; las presiones selectivas no afectan del mismo modo a los distintos miembros de la especie. Algunos de los miembros de la especie fracasan al intentar reproducirse y, por tanto, no logran perpetuarse en la siguiente generación. Los miembros que logran reproducirse no se extraen al azar de la población.

Si las condiciones ambientales de cada generación son ligeramente diferentes, los sujetos mejor dotados para tolerar el cambio superan a sus parientes menos resistentes.

2. *La selección natural y la adaptación constituyen las dos caras de una moneda*

Un organismo está adaptado a sus condiciones de vida si pasa con éxito la barrera generacional. El concepto de adaptación está condicionado por completo a las presiones ambientales a las que están sometidos los distintos organismos. Por consiguiente, la selección natural decide momento a momento, generación tras generación, qué será adaptativo y qué no lo será.

3. *La selección natural es un proceso que actúa sobre una población en reproducción*

Los individuos triunfan o fracasan en el proceso de selección.

En suma, la selección natural supone una pérdida de organismos diferenciados que no resisten las demandas del ambiente. Por consiguiente, en gran medida, son las condiciones ambientales las que determinan las características de los organismos de una especie.

Figura 13.2.—Por alguna razón todavía no demasiado clara, los dinosaurios se extinguieron hace millones de años. Y por alguna razón, que tampoco tenemos demasiado clara, los seres humanos seguimos actualmente sobre el planeta. Sí está claro que los primeros se extinguieron por falta de adaptación a las cambiantes condiciones ambientales, mientras que los segundos seguimos aquí por nuestra aptitud para adaptarnos a esos cambios ambientales.

El proceso selectivo garantiza la propagación de las características que resultan ventajosas. Así por ejemplo, sobreviven las jirafas de cuellos largos o encuentran pareja los pájaros que aprendieron el canto adecuado.

En este sentido, la mutación es la esencia del proceso evolucionista, puesto que produce una diversidad de individuos capaces de dar distintas respuestas a las mismas presiones ambientales. Sólo algunas de estas respuestas resultan más adaptativas y, por tanto, son seleccionadas (Thompson, 1975).

2.2. El organismo es resultado del proceso evolucionista

El proceso evolucionista, tal y como se acaba de presentar, supone un mecanismo prácticamente aleatorio de conservación de la adaptación (Maturana y Varela, 1990). Esto significa que los seres humanos que los psicólogos estudiamos no han sido diseñados por nadie, sino que son organismos que han evolucionado durante millones de años.

Psicológicamente, este hecho puede suponer que el cerebro de una persona estará organizado en módulos de procesamiento relativamente independientes constituyendo una especie de confederación, una sociedad de la mente (Gazzaniga, 1985, 1992).

En otras palabras, la mente humana no es un todo indivisible que actúe de una única forma para resolver cualquier tipo de problema. Durante el proceso evolucionista, los seres humanos que han superado la barrera generacional han tenido que ir respondiendo a condiciones ambientales muy variadas y puntuales. Estas respuestas han supuesto que los organismos se reconstruyan sobre la marcha.

Es bastante poco probable que las distintas personas compartan de un modo universal una misma mente. Por consiguiente, el elemento crucial de la investigación psicológica consistiría en averiguar las respuestas que son capaces de dar los distintos individuos de la especie humana a ciertas condiciones ambientales.

Los psicólogos estudiamos organismos resultado de un lento y chapucero proceso evolucionista. La consecuencia es que nuestras teorías psicológicas no pueden ser tan estéticas, universales, formales y robustas como las teorías de la física.

En este sentido son relevantes las palabras de F. Crick (1988): «Cuando los físicos estudian los problemas de la biología, suelen buscar generalizaciones inadecuadas, urdir modelos teóricos demasiado pulcros, demasidado poderosos y demasiado limpios. No debe sorprender, por tanto, que estos modelos raramente encajen bien con los datos. Para producir una teoría biológica correcta, hay que tratar de ver, a través de la confusión producida por la evolución, los mecanismos básicos, percatándose de que probablemente están cubiertos por otros mecanismos secundarios. Lo que a los físicos parece un proceso terriblemente complicado puede ser aquello que la naturaleza ha considerado más simple, porque la naturaleza sólo puede construir sobre lo que ya existe» (pág. 159).

Una implicación de este hecho es que el estudio científico del comportamiento humano tiene muy difícil la tarea de postular leyes universales. Más adecuado sería, en cambio, referirse a ciertas regularidades que pueden ayudar a los psicólogos a describir y explicar ese comportamiento en distintas situaciones y ocasiones (Cronbach, 1975a).

Conviene darse cuenta de que el hecho de que la evolución solamente pueda actuar sobre una población de individuos diferenciados, exige automáticamente diseñar estudios dirigidos precisamente a explorar científicamente esas diferencias individuales.

En suma, la consideración y el análisis de nuestro pasado evolucionista debe ayudar a averiguar cuáles son los márgenes admisibles dentro de los que producir teorías psicológicas valiosas. Dar la espalda a ese tipo de consideraciones probablemente sólo conseguirá retrasar el avance hacia la comprensión científica del comportamiento de los seres humanos. Sin embargo, dentro de esos márgenes aún se abren muchas posibilidades; es decir, el pasado evolucionista *restringe* nuestras teorías, pero no nos dice cómo deben ser éstas, no *especifica* esas teorías (Colom, 1993).

2.3. La evolución de la inteligencia

Stenhouse (1973) se ha preguntado por la evolución de la inteligencia. En su opinión, la inteligencia actual debería estudiarse como el producto de una serie fortuita de mutaciones genéticas. En otras palabras, la inteligencia humana sería resultado, como se ha dicho, de un lento y chapucero proceso evolucionista.

Según Stenhouse (1973) hay cuatro factores necesarios para la aparición evolucionista de la inteligencia, tanto en los seres humanos como en otros animales especialmente desarrollados.

1. Una gran variedad y capacidad de los sistemas sensoriales y motores.

   Muy posiblemente estos sistemas sensomotores conocieron un desarrollo exponencial cuando los humanos adoptaron la postura erecta, cuando se pusieron de pie. Esta nueva posición seguramente produjo una mejoría del sistema visual, depurando la calidad de la recepción de estímulos a distancia.

   Durante el proceso evolucionista también mejoraron la capacidad de la mano para manipular objetos y observar su comportamiento, así como los movimientos de la laringe para articular sonidos.
2. Una mayor retención de las experiencias previas (memoria), así como procedimientos para codificar, organizar y recuperar de manera flexible esas experiencias cuando resultaba útil o necesario.
3. Una capacidad para generalizar y hacer abstracciones a partir de las experiencias, comprendiendo sus relaciones.
4. Una capacidad para ralentizar o controlar las respuestas instintivas cuyo disparo era originalmente inmediato, así como comportamientos exploratorios y de curiosidad prácticamente permanente.

Esta capacidad de controlar las acciones en respuesta inmediata a ciertas estimulaciones del ambiente facilitó posiblemente el desarrollo de la capacidad para modificar los aprendizajes previos y de la capacidad reflexiva para resolver creativamente los problemas planteados.

Para Stenhouse, la conducta de las especies animales inferiores está determinada de manera más inmediata y directa por:

a) Sus características orgánicas, es decir, por los mecanismos innatos bioquímicos y neurológicos.

b) La estimulación externa que los condiciona.

c) Por ambas cosas.

En cambio, en las especies superiores los procesos intermediarios (cognitivos o mentales) tienen una presencia mucho mayor en el sistema nervioso central. Ya no hay, por tanto, una relación directa entre los estímulos del mundo externo y las respuestas del organismo, sino que se lleva a cabo

Figura 13.3.—Un desencadenante básico de la evolución de la inteligencia humana fue la posición bípeda. Sin embargo, ¡a veces recuperamos nuestros viejos atributos locomotrices!

un tratamiento o procesamiento interno de la información del ambiente antes de decidir una determinada respuesta.

En resumen, el proceso evolucionista ha desarrollado un sistema nervioso que permite al organismo matizar e incluso modificar sustancialmente las condiciones objetivas presentes en un determinado medio ambiente. En otras palabras, el sistema nervioso del organismo se convierte en un elemento activo y esencial a la hora de determinar sus respuestas, superando así la conducta prácticamente instintiva de los organismos inferiores.

3. LAS TEORÍAS FACTORIALES DE LA INTELIGENCIA Y EL SISTEMA NERVIOSO

3.1. Metodología

Eysenck y Barrett (1985) y Eysenck (1986) han revisado los estudios sobre las relaciones entre la actividad eléctrica del sistema nervioso y la inteligencia. Es decir, sobre la *psicofisiología de la inteligencia* (Gale y Eysenck, 1992; Hendrickson, 1982; Hendrickson y Hendrickson, 1980; Schafer, 1982; Stemmler, 1992; Vernon, 1994).

Por lo general, estos estudios se han basado en el análisis de los potenciales provocados, también llamados potenciales evocados, cuya lógica se estudió en la parte segunda (Carretié e Iglesias, 1995).

Los primeros trabajos mostraron un panorama contradictorio, que incluso llevó a dudar de la viabilidad de estudiar los potenciales provocados como correlato psicofisiológico de la inteligencia.

Las revisiones de Eysenck (1986; Eysenck y Barrett, 1985) presentaron cinco fuentes básicas de error.

1. *Sistemas de registro*

Los errores parecían derivarse de la falta de instrumentos precisos, como el ordenador, que permitiesen un registro y un tratamiento exacto de las respuestas emitidas por los distintos sujetos a las condiciones experimentales.

2. *Falta de control experimental de las variables y de los parámetros relevantes*

La variabilidad en la elección de los parámetros destinados a medir las principales fuentes de variación hacía muy difícil la comparación de los resultados de las distintas investigaciones.

3. *Carencia de conocimiento sobre la variabilidad interna de los potenciales provocados*

Han sido detectadas en los diversos trabajos variaciones en la localización de los electrodos en el cuero cabelludo del sujeto experimental, en el tipo de estímulos empleados, en la intensidad de los estímulos, en los intervalos de tiempo entre la presentación de los distintos estímulos, en las instrucciones que se le dan al sujeto experimental o en la forma de las ondas eléctricas analizadas.

4. *Medidas de la inteligencia*

Las medidas que se obtienen al administrar diferentes pruebas psicológicas se correlacionan con los parámetros de los potenciales provocados, pero el tipo de medidas psicológicas empleadas podía estar relacionado con diferentes factores: g, Gf o Gc. Evidentemente, no es lo mismo una medida de la inteligencia fluida (Gf) que de la inteligencia cristalizada (Gc).

5. *La naturaleza variable de los potenciales provocados*

Esta naturaleza dependía tanto de los individuos como de la naturaleza del estímulo y del estado del individuo. Es decir, no había un estricto control del tipo de estímulo, ni de las propiedades del sujeto experimental, ni, por supuesto, del estado específico en el que se encontraba el sujeto al realizar los registros electrofisiológicos.

Estos errores pueden explicar los resultados contradictorios encontrados al comenzar a estudiar las relaciones entre las diferencias intelectuales y la actividad eléctrica del sistema nervioso.

3.2. La teoría de Hendrickson

La teoría de Hendrickson (1972, 1982; Hendrickson y Hendrickson, 1980) estudia la base bioquímica y fisiológica de la actividad intelectual.

Las relaciones entre la inteligencia y la actividad del sistema nervioso medida a través de los potenciales provocados pueden entenderse a partir de dos proposiciones básicas:

— Existe un isomorfismo, es decir, un paralelismo, entre la información que se procesa mentalmente y el potencial provocado.

— Cuando la información pasa a través del córtex, pueden producirse errores responsables de la variabilidad que se puede observar en la onda de los potenciales provocados. Muy posiblemente estos errores de transmisión se producen en la sinapsis.

Las personas que puedan mantener la integridad del estímulo que se ha codificado perceptivamente, gracias a su mayor limpieza neuronal, podrán acceder de modo más fiable a su almacén de memoria. Las personas que tengan problemas para mantener la integridad del estímulo, tendrán más dificultades para procesar la información de un modo óptimo, y por tanto mostrarán más errores de transmisión neuronal.

Las personas con una baja integridad neuronal:

— Tendrán problemas para mantener las secuencias de latidos estimulares que transporten la información a través del córtex.

— El contenido de la información se almacenará con dificultad y, por tanto, la memoria será poco accesible.

Por consiguiente, las diferencias individuales en la base de conocimientos dependerán de la presencia o ausencia de errores durante la transmisión neuronal.

Esta hipótesis del «canal ruidoso» establece como indicador objetivo de ruido neuronal la «suavidad» de la onda del potencial provocado por un determinado estímulo visual o auditivo.

Este isomorfismo entre la forma de la onda y la codificación estimular se mantendrá con mayor probabilidad cuando se aprecia menos variabilidad, es decir, cuando hay menos fallos sinápticos. El resultado observable serán unas ondas más complejas, puesto que toda la codificación y la réplica de detalles se conserva bastante bien cuando existe poco error.

Y a la inversa, cuando el isomorfismo entre la forma de la onda y la codificación estimular es menor, se produce más variabilidad, es decir, la forma de la onda es más suave.

La predicción es que un sujeto con bajas puntuaciones en cociente intelectual tendrá más errores en la transmisión neuronal. Por tanto, las on-

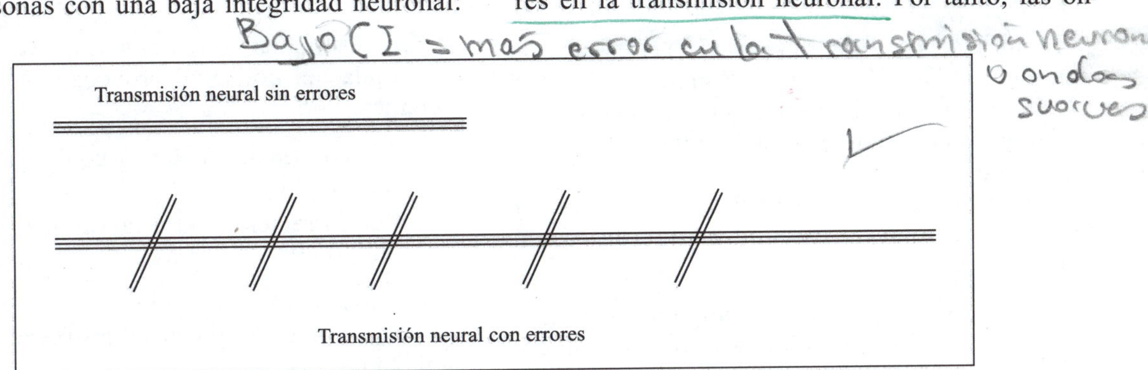

Figura 13.4.—En la parte superior se representa una transmisión neural sin errores. La longitud de la transmisión es menor, puesto que se requieren menos comprobaciones para aceptar el mensaje. En la parte inferior se representa una transmisión neural con errores. En este segundo caso, la longitud de transmisión es mayor, dado que la presencia de errores supone mayor tiempo para aceptar el mensaje. Por consiguiente, la velocidad sería resultado de aplicar un mayor número de comprobaciones por la presencia de errores durante la transmisión neural.

das de su potencial provocado serán suaves. En cambio, un sujeto con altas puntuaciones en cociente intelectual, tendrá menos errores en la transmisión neuronal, por lo que las ondas de su potencial provocado serán complejas.

Esto significa que la onda del potencial provocado de una persona inteligente tendrá:

- Un gran número de picos y valles, es decir, de ondas positivas y negativas. Por tanto, la onda será muy compleja.
- Una gran proximidad entre los distintos picos y valles. Por consiguiente, la onda será muy poco variable.

En contraste, la onda del potencial provocado de una persona poco inteligente tendrá:

- Un número reducido de picos y valles, es decir, pocas ondas positivas y negativas. Por tanto, la onda será poco compleja.
- Una significativa lejanía entre los distintos picos y valles de la onda del potencial provocado. Así, la onda será muy variable.

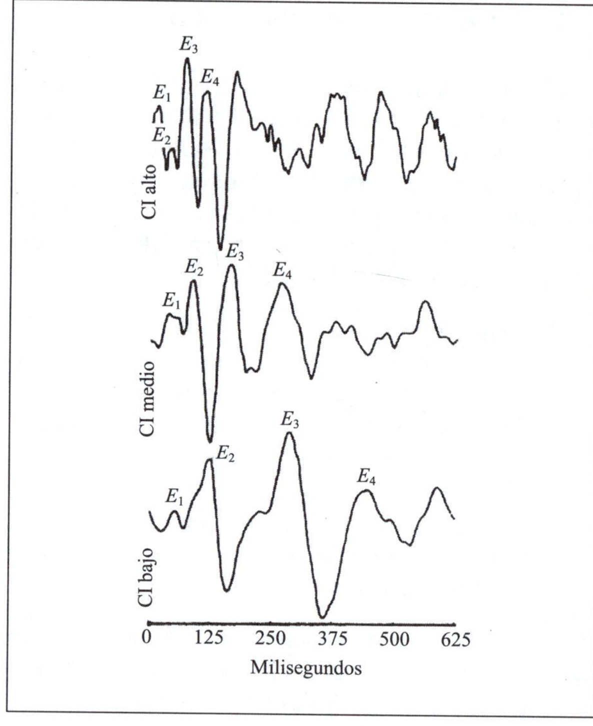

Figura 13.5.—Las ondas del potencial provocado se relacionan con el nivel intelectual. Las ondas complejas y poco variables se corresponden con una mayor inteligencia, y, por tanto, una mayor fidelidad en la transmisión neuronal, mientras que las ondas poco complejas y muy variables se corresponden con una menor inteligencia, y, por tanto, una menor fidelidad en la transmisión neuronal.

En suma, según la teoría de Hendrickson dos serán las medidas del potencial provocado que se relacionarán o correlacionarán con las medidas de la inteligencia (figura 13.5):

1. La complejidad de la onda.
2. La varianza de la onda.

Hendrickson y Hendrickson (1982) estudiaron una muestra de 121 chicos y 98 chicas. Usaron el WAIS para medir el CI total, aunque también estudiaron las puntuaciones en CI verbal y en CI manipulativo.

Los resultados correlacionales entre CI total y la onda del potencial provocado fueron los siguientes:

- La correlación entre la complejidad y el CI fue de 0,72. Es decir, a mayor CI mayor complejidad.
- La correlación entre la varianza y el CI fue de –0,72. Es decir, a mayor CI menor varianza o variabilidad (la correlación es alta y negativa).

Los resultados correlacionales entre CI Verbal y la onda del potencial provocado fueron los siguientes:

- La correlación entre la complejidad y el CI fue de 0,68.
- La correlación entre la varianza y el CI fue de –0,69.

Los resultados correlacionales entre CI manipulativo y la onda del potencial provocado fueron los siguientes:

- La correlación entre la complejidad y el CI fue de 0,53.
- La correlación entre la varianza y el CI fue de –0,53.

Blinkhorn y Hendrickson (1982) utilizaron el test de matrices progresivas de Raven para medir el factor g, asi como una serie de tests verbales. Estudiaron el parámetro de complejidad de la onda del potencial provocado por estímulos auditivos de 17 varones y 16 mujeres.

La correlación entre el parámetro de complejidad de la onda y las puntuaciones en el Raven fue de 0,84. Sin embargo, no hubo correlación entre el parámetro de complejidad y las puntuaciones en los tests verbales.

En cualquier caso, son necesarias más investigaciones y réplicas puesto que «esta área de investigación se encuentra en situación de cambio permanente» (Barrett y Eysenck, 1994, pág. 377).

Por el momento sólo se puede decir que hay indicadores que sugieren que la actividad neuronal se relaciona o correlaciona con las medidas factoriales de la inteligencia, aunque no se sabe muy bien por qué.

3.3. La teoría de Schafer

La teoría de Schafer (1982) se ha basado en los estudios sobre los efectos de la amplitud de los potenciales provocados en:

a) La atención selectiva.

b) El efecto expectativa, es decir, que el sujeto espere o no espere el estímulo que provoca el potencial.

c) La carga de trabajo en el procesamiento mental de la información.

Según esta teoría, la modulación de la actividad electroencefalográfica produce unas mayores amplitudes en los potenciales provocados ante estímulos inesperados que ante estímulos previstos.

Schafer (1982) supone que las diferencias individuales en la modulación de la amplitud de la onda se relacionarán con las diferencias individuales en inteligencia. La modulación de la amplitud sirve para estimar el grado de adaptabilidad neural cognitiva del cerebro de la persona.

El sustrato fisiológico de esta relación entre modulación neuronal e inteligencia se vincula con la energía neuronal, es decir, con la cantidad de neuronas activadas al responder a un determinado estímulo.

Sus predicciones son las siguientes:

1. Un cerebro funcionalmente eficaz utilizará un número menor de neuronas para procesar mentalmente un estímulo previsto. En cambio, cuando deba procesar un estímulo inesperado, activará un número mayor de neuronas. El cerebro funcionalmente eficaz se corresponderá con las personas inteligentes.
2. Un cerebro funcionalmente ineficaz utilizará un número igual de neuronas tanto para procesar mentalmente un estímulo previsto como inesperado. El cerebro funcionalmente ineficaz se corresponderá con las personas poco inteligentes.

El grado de energía activa se puede estimar por las diferencias en la amplitud media de los potenciales provocados. De este modo, los individuos de alta adaptabilidad neural, con amplitudes mucho menores a la amplitud promedio ante estímulos previstos y mayores a la amplitud promedio ante estímulos inesperados, serán más inteligentes.

Schafer (1982) contrastó estas predicciones con dos muestras de personas:

- El primer grupo estaba compuesto por 63 mujeres y 46 hombres con una edad media de 28 años y un CI medio de 118.
- El segundo grupo estaba formado por 32 hombres y 20 mujeres con una edad media de 30 años y un CI medio de 67.

Cuando las personas se autoadministraban los estímulos (esperado), los sujetos del primer grupo mostraron un potencial significativamente inferior al de la media. Los sujetos del segundo grupo no mostraron ninguna diferencia significativa. Cuando se calculó el valor de la correlación entre CI y adaptabilidad neuronal, el resultado fue de $r = 0,82$.

Los sujetos más inteligentes, por tanto, muestran una mayor flexibilidad en su respuesta de atención a los estímulos esperados. Los individuos con mejores puntuaciones en tests de CI se habitúan en mayor medida a los estímulos regulares y esperados que los sujetos con bajas puntuaciones en estos tests.

3.4. Algunos datos sobre actividad eléctrica cerebral e inteligencia

Las relaciones entre los potenciales provocados y las medidas factoriales de la inteligencia se han venido explorando desde los años sesenta.

El primer estudio se publicó en el artículo de Chalke y Ertl (1965) y los resultados indicaron que los potenciales provocados visuales (por ejemplo, un destello de luz) correlacionaban con el CI, en una muestra de 48 sujetos. Este primer estudio se repitió en los estudios llevados a cabo por Ertl y Schafer (1969), Ertl (1971, 1973), Bennett (1968) y Schucard y Horn (1972). La correlación media encontrada en todos estos estudios fue de –0,3; es decir, a mayor CI menor latencia del potencial provocado (mayor capacidad de reacción al estímulo).

Shagass y sus colegas (1981) observaron correlaciones negativas (de –0,22 a –0,31) entre las medidas de complejidad de la onda y el factor g estimado por el Raven, con una muestra de 80 sujetos.

Haier y sus colegas (1983) apreciaron una correlación positiva (de 0,43 a 0,5) entre la medida de la complejidad de la onda y el factor g estimado por el test de matrices progresivas de Raven, con una muestra de 22 sujetos.

Caryl y Fraser (1985) también encontraron una correlación positiva de 0,78 entre CI y complejidad de la onda, con una muestra de 10 sujetos.

Stough y sus colegas (1990) observaron una correlación positiva (de 0,43 a 0,71) entre el CI calculado por el WAIS y la complejidad de la onda, con una muestra de 20 sujetos. Sin embargo, no obtuvieron una correlación significativa entre la complejidad de la onda y las puntuaciones en el Raven.

Estos estudios tienen, sin embargo, una serie de características en común que dificultan tomar los datos como algo definitivo:

a) Muestras muy reducidas, entre 10 y 20 sujetos por estudio.

b) Un número insuficiente de parámetros estimados; en general sólo la complejidad de la onda.

c) Una carencia de detalles metodológicos.

d) Una relativa ausencia de referencias a otros estudios del campo.

En un estudio realizado por Barrett y Eysenck (1992) se confirmaron los resultados de Hendrickson y Hendrickson (1982) con una muestra de 40 sujetos (26 varones y 14 mujeres). Es decir, se observó una correlación negativa (–0,43) entre la varianza del potencial provocado y el CI; por tanto, a mayor CI menor variabilidad.

4. INTELIGENCIA, ENERGÍA Y DAÑO CEREBRAL

Es bastante fácil encontrar estudios dirigidos a explorar la base biológica de la inteligencia. Comprender la biología de la inteligencia podría suponer una aplicación al campo de la medida psicológica sobre elementos biológicos (Fidelman, 1993).

Según H. J. Eysenck (1984), el valor de la correlación entre la medida de los potenciales provocados y el factor g presente en las teorías factoriales de la inteligencia llega hasta $r = 0,95$.

Hendrickson y Hendrickson (1980) han interpretado este tipo de resultados señalando que la inteligencia medida por métodos factoriales se relaciona con una baja probabilidad de errores de transmisión neuronal. Cuanto mayor sea la inteligencia, menor será la probabilidad de que se produzcan errores de transmisión.

Según Arthur Jensen (1982), la inteligencia se relaciona con una medida tan sencilla como el tiempo de reacción y, más en concreto, con la varianza del tiempo de reacción. Por tanto, a mayor inteligencia, mayor rapidez y consistencia (menor varianza) en el tiempo necesario para reaccionar a estímulos muy simples.

Eysenck (1984) ha relacionado este tipo de datos y ha sugerido que el mensaje neuronal no se transmite de una vez o en un solo golpe, sino que se transmite de modo reiterado hasta que se reciben copias idénticas un número determinado de veces, que es cuando el sujeto acepta el mensaje. Cuantos menos errores de transmisión neuronal se produzcan, antes se aceptará el mensaje, y, por tanto, menor será el tiempo de reacción.

Puede suponerse que cuanto mayor sea la rapidez con la que se admite el mensaje antes terminará la transmisión, puesto que una transmisión repetida del mismo mensaje por la misma senda neuronal producirá fatiga en las vías nerviosas. Dado que el número de repeticiones de los mensajes en los cerebros de las personas más inteligentes es menor, cabe suponer que consumirán menos energía que los cerebros de las personas menos inteligentes.

Es decir, la inteligencia se podría relacionar con un consumo de energía cerebral menor y más eficiente.

Chase y sus colegas (1984) usaron la tomografía de emisión de positrones (TEP), encontrando una correlación media de 0,6 entre el consumo de glucosa y el CI. La muestra de este estudio estuvo compuesta por pacientes con Alzheimer y personas normales. La situación de registro del consumo de glucosa tuvo lugar con los sujetos experimentales en reposo y con los sistemas sensoriales visuales y auditivos desconectados. Por tanto, los sujetos más inteligentes parecen consumir más energía, lo que contradice el supuesto anterior.

Sin embargo, esta correlación positiva se encuentra en sujetos inactivos, es decir, sin activar ninguna función cognitiva. Sabemos que hay una permanente creación de nuevas conexiones cerebrales en el cerebro, pero sólo se mantienen aquellas que son relevantes para la transmisión de mensajes neuronales. Cuanto menor sea la probabilidad de que aparezcan errores en la transmisión sináptica, mayor será la probabilidad de que se conviertan en conexiones permanentes. Por consiguiente, las personas más inteligentes deben mantener más circuitos neuronales, lo que conlleva un mayor consumo de energía.

La demostración empírica de la teoría de Schafer (1982) sugiere que los cerebros de las personas más inteligentes consumen menos energía cerebral que los cerebros de las personas menos inteligentes al realizar actividades cognitivas. Recuérdese que las personas inteligentes muestran una mayor activación eléctrica ante estímulos inesperados que las personas menos inteligentes. Sin embargo, ante estímulos previstos o esperados, las personas más inteligentes muestran menor activación eléctrica que las personas menos inteligentes.

Schafer (1982) correlacionó la diferencia entre los potenciales provocados para estímulos inesperados y esperados con el CI de las personas, y el resultado fue una correlación de 0,82.

Los resultados de Schafer (1982) permiten postular el siguiente principio:

«Cuanto más compleja sea la actividad intelectual, mayor será la eficiencia energética de los cerebros de las personas inteligentes.»

Eysenck (1984) ha sugerido que los resultados de Schafer (1982) se podrían explicar por la hipótesis del error de transmisión de Hendrickson. La espera de los estímulos puede suponer la inhibición de partes del sistema nervioso central. Este proceso de inhibición podría explicar la menor activación eléctrica ante estos estímulos esperados. La mayor probabilidad de transmitir con errores, propia de los cerebros de las personas menos inteligentes, daría lugar a un número mayor de errores al inhibir, produciendo una mayor excitación y una mayor activación eléctrica de los potenciales provocados.

Por consiguiente, los cerebros de las personas más inteligentes consumirían menos energía.

Haier y sus colegas (1988) midieron el consumo de glucosa cerebral (mediante la TEP) mientras los sujetos experimentales resolvían los problemas del test de matrices progresivas de Raven. Los resultados mostraron una correlación negativa entre las puntuaciones en el Raven y el consumo de glucosa cerebral, tanto en el hemisferio izquierdo como en el derecho. Por tanto, a mayor nivel de inteligencia menor consumo de energía.

Puesto que el Raven es una muy buena estimación del factor g, una conclusión de este estudio es que el factor g se encuentra relacionado con los dos hemisferios cerebrales. También, claro está, que un alto nivel de g parece suponer un menor consumo de energía cerebral global.

Combinando estos datos sobre consumo de energía y los datos sobre activación eléctrica cerebral, se puede concluir que un cerebro con baja probabilidad de errores en la transmisión neuronal exigirá una menor energía operativa.

Hay, sin embargo, algunos datos que aparentemente van en contra de los primeros resultados de Chase y sus colegas (1984) respecto a que las personas más inteligentes consumen más energía cerebral en reposo:

1. Rumsey y sus colegas (1985) midieron el consumo de glucosa cerebral, a través de la TEP, de una serie de adultos, autistas y normales. La medida se realizó en reposo y los resultados indicaron que los cerebros de los autistas consumen más energía cerebral.
2. Schwartz y sus colegas (1983) usaron la TEP para medir el consumo de glucosa cerebral de sujetos con síndrome de Down y de sujetos normales. La medida se realizó también en reposo y los resultados indicaron que los sujetos con síndrome de Down consumen más energía cerebral.

No obstante, habría que considerar que la probabilidad de que se produzcan errores de transmisión en los cerebros de las personas con retraso mental es muy elevada. Por consiguiente, incluso si los cerebros de las personas con síndrome de Down son más pequeños que los cerebros de las personas normales, el número de repeticiones de cada mensaje necesarias para que sea aceptado es tan numeroso que incluso en reposo el consumo de energía en situación de mantenimiento será mayor que en el caso de las personas normales.

De hecho, en los adultos con síndrome de Down se produce un efecto cerebral bastante similar al de los pacientes con Alzheimer. Es decir, hay problemas de comunicación entre las neuronas de los cerebros de las personas con síndrome de Down, lo que muy bien podría dar lugar a una degeneración neuronal. Es posible que el reducido tamaño del cerebro de las personas con síndrome de Down pueda ser debido a la destrucción neuronal en las primeras fases de la vida.

La destrucción de neuronas podría dar lugar a que los mensajes neuronales vayan en busca de rutas indirectas, lo que supone implicar un mayor número de sinapsis. Cada sinapsis de más incrementa la probabilidad de que se produzcan errores de transmisión y, por tanto, disminuye el nivel intelectual. El mayor número de sinapsis implicadas también incrementa el consumo de energía en los cerebros dañados. Esto hace congruentes los distintos resultados encontrados con la TEP.

En suma, ¿qué es la inteligencia biológica?

Una posible respuesta es que la inteligencia supone una transmisión neuronal sin errores. Una segunda respuesta es que la inteligencia supone disponer de energía cerebral para realizar las operaciones cognitivas necesarias para resolver una determinada tarea intelectualmente exigente. Más en concreto, la inteligencia será la capacidad de aplicar de una manera eficiente los recursos energéticos disponibles. Esta eficiencia se aprecia por un menor consumo de energía cerebral global, por un ahorro energético.

En cualquier caso, debe recordarse que son necesarios muchos más estudios que pueden aportar datos más concluyentes. Por el momento, algunas teorías intentan dar cuenta de los resultados encontrados hasta la fecha, pero casi ninguna de ellas es capaz de organizar de modo coherente todos esos resultados.

5. LAS TEORÍAS COGNITIVAS DE LA INTELIGENCIA Y EL SISTEMA NERVIOSO

El estudio de las relaciones entre las teorías cognitivas de la inteligencia y el sistema nervioso debe servir para descubrir las relaciones entre la actuación de determinados procesos cognitivos y las medidas de la activación cerebral.

Por consiguiente, no es suficiente en este caso explorar las relaciones o la correlación entre alguna medida factorial de la inteligencia, como el factor g, y alguna medida de activación eléctrica cerebral, como el potencial provocado, sino que las medidas de la activación cerebral deben permitir seguirle el rastro a la actuación secuencial de los procesos cognitivos que actúan al resolver una determinada tarea intelectualmente exigente.

De este modo, David Marks y sus colegas (1988) aplicaron una escala de medida de la viveza de imágenes visuales (VVIQ; Marks, 1973) a una muestra de personas.

La escala VVIQ incluye ítems o elementos como los siguientes:

Visualiza un amanecer. Estudia con cuidado la escena que aparece en tu cabeza y valora del 1 al 5 (1 = perfectamente claro y tan vívido como en la visión normal, 5 = ningún tipo de imagen, únicamente pienso en ello) su viveza y claridad según las siguientes situaciones:

- El sol está saliendo por el horizonte en medio de un cielo encapotado.
- El cielo se aclara y envuelve al sol en un azul intenso.

Seleccionaron una muestra de ocho personas, cuatro de ellas con altas puntuaciones en la escala de viveza de imágenes visuales y otras cuatro con bajas puntuaciones.

Se estudió la actividad electroencefalográfica (EEG) de estos ocho sujetos, mientras permanecían tumbados con los ojos cerrados o tapados.

Los EEG se registraron bajo dos condiciones separadas por un período de descanso:

- La primera condición consistía en una tarea de imágenes visuales. La meta era provocar imágenes visuales a partir de las descripciones incluidas de la escala VVIQ.
- La segunda condición era una tarea de cálculo numérico en la que el sujeto tenía que restar sucesivamente de 7 en 7 a partir de una determinada cifra.

La parte izquierda de la figura 13.6 presenta el mapa EEG de los sujetos con altas puntuaciones en el VVIQ, cuando pasaron por la primera condición experimental, es decir, la tarea de imágenes visuales. Su registro EEG es simétrico, es decir, la activación cortical está distribuida por todo el córtex frontal, temporal y parietal. En cualquier caso,

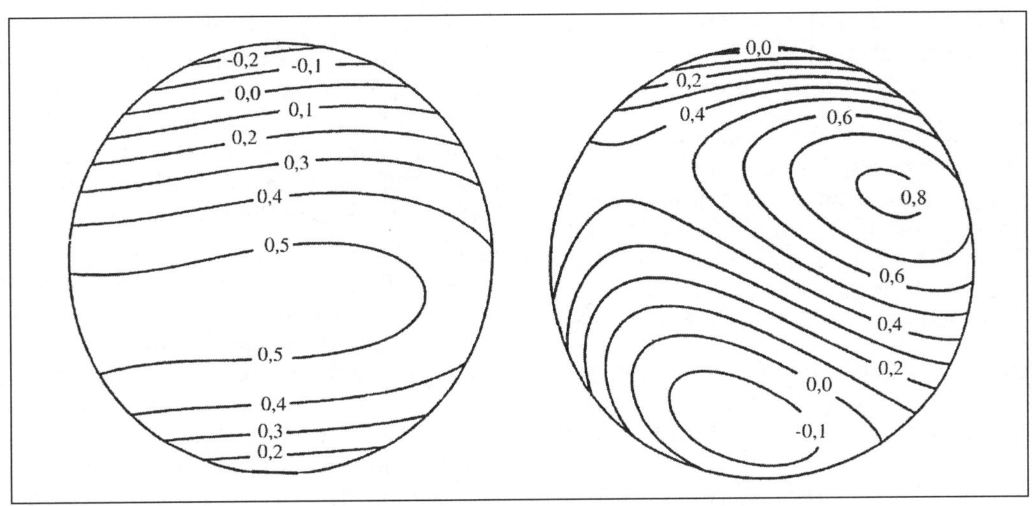

Figura 13.6.—Mapas de atenuación alfa de personas con una alta (izquierda) y una baja (derecha) viveza de imágenes visuales. La parte superior de cada uno de los mapas representa la región frontal del córtex. Los contornos de isopotencialidad representan la medida de los valores de atenuación en microvoltios.

estos sujetos tienen una mayor activación en la parte posterior del hemisferio izquierdo.

La parte derecha de la figura 13.6 presenta el mapa EEG de los sujetos con bajas puntuaciones en el VVIQ, también durante la primera condición experimental. En este caso, la activación es asimétrica y tiende a acumularse en el hemisferio derecho.

Estos datos sobre el EEG junto con los datos obtenidos por Mazziota y sus colegas (1982) usando la tomografía de emisión de positrones (TEP) sugieren que las imágenes visuales se procesan mentalmente gracias a un sistema compuesto por tres módulos:

- Una primera red que compila la imagen en el lóbulo frontal derecho, y que computa y compone la imagen a partir de los elementos recuperados desde la memoria permanente.

Este proceso de compilación de la imagen se corresponde a la atenuación alfa, es decir, la mayor activación, de la región frontal derecha presente en los dos grupos de sujetos.

- Un registro de memoria a largo término que incluye los elementos de la apariencia visual de los objetos.

La activación de esta red se localiza en las regiones parietales y occipitales, como parece mostrar la atenuación alfa en tales regiones.

- Una red que opera sobre la imagen en el área temporoparietal izquierda y que permite la supervisión consciente de la imagen, que construye la formulación inicial, que permite revisiones y comparaciones y que facilita la inspección del producto final, es decir, de la imagen mental que se ha formado la persona.

Estas operaciones cerebrales se reflejarían en la atenuación alfa presente en esta región temporoparietal en los sujetos que puntúan alto en el VVIQ.

Marks y sus colegas (1988; Marks, 1990) observaron sustanciales diferencias individuales en el acceso desde el módulo de operación de la región temporoparietal izquierda al módulo de compilación de la imagen de la región frontal derecha. Así, apreciaron un mayor acceso en los sujetos con mejores puntuaciones en el VVIQ.

Según Marks (1990), sus resultados cuestionan la distinción usual entre procesamiento espacial/hemisferio derecho y procesamiento verbal/hemisferio izquierdo.

No obstante, en este estudio la tarea que debe realizar el sujeto en realidad no es una tarea visual, sino que la persona escucha una frase como:

El sol está saliendo por el horizonte en medio de un cielo encapotado

y actúa mentalmente sobre ella para construir una imagen en la que aparezca el sol saliendo por el horizonte. Puesto que las imágenes son mentalmente inestables (se degradan) y la persona debe hacer un esfuerzo reiterado por mantenerla activa, resulta bastante probable que recupere de cuando en cuando la propia frase que el experimentador le ha dictado, lo que automáticamente activaría las regiones del hemisferio izquierdo del cerebro.

6. LOS EFECTOS DE LA NUTRICIÓN SOBRE LA INTELIGENCIA

En los últimos 50 años las personas han crecido, se han hecho más altas, en prácticamente todos los países desarrollados de Europa, Norteamérica y Japón. El incremento ha sido de 1,2 cm por década. Si la desviación típica de la altura es 7 cm, el incremento en los últimos 50 años ha sido de una desviación típica, es decir, la misma ganancia que ha demostrado James Flynn (1987) en el caso de la inteligencia.

Las ganancias en estatura suelen atribuirse a las mejoras en la dieta. Desde 1960 a 1980 se han producido incrementos relevantes per cápita en el consumo de carne, leche y productos derivados (300 por 100), fruta (100 por 100), verduras (50 por 100) y pescado (20 por 100).

Hay numerosos datos que señalan un aumento del tamaño de la cabeza durante los últimos 50 años. Curiosamente, la ganancia es de una desviación típica, igual que la altura y que el cociente intelectual (CI). A la vista de estas correspondencias, constituye una hipótesis razonable que el factor responsable de estas ganancias sea el mismo: las mejoras en la dieta.

Además de los datos de Flynn (1987) que ya revisamos anteriormente, el profesor Richard Lynn y sus colegas (1987) también han comprobado que las capacidades fluidas de la inteligencia han aumentado 2,5 puntos de CI por década en el período 1935-1985, mientras que las ganancias en las capacidades cristalizadas sólo han sido de 0,5 puntos de CI por década. Este resultado se puede explicar de dos modos:

— Las capacidades fluidas son más sensibles a los efectos nutricionales que las capacidades cristalizadas.

— Han ocurrido cambios sociales y educativos que han degradado las capacidades cristalizadas y potenciado las fluidas.

Hay tres posibles explicaciones de las ganancias de CI en los últimos 50 años (Lynn, 1990):

1. Según James Flynn (1987), los aumentos en CI son eso, ganancias en la habilidad para resolver los problemas abstractos de los tests de CI, pero no en la inteligencia en sentido estricto.

Sin embargo, parece difícil separar la capacidad para resolver problemas abstractos y la inteligencia. Las ganancias se han observado en la capacidad de razonamiento, de comprensión verbal y espacial, de modo que puede ser bastante arbitrario argumentar que en realidad no se ha producido ningún cambio en la inteligencia pero sí en todas estas capacidades. Además, es esperable que el progreso científico y tecnológico de los países desarrollados durante los últimos 50 años tenga alguna repercusión en el nivel intelectual de los ciudadanos. Así por ejemplo, es un hecho que en ese período ha aumentado de modo notable el número de personas que asisten a la Universidad. Finalmente, parece que el número de casos de personas con retraso mental se ha reducido en alguna proporción, algo que debería esperarse de las mejoras poblacionales en inteligencia (Hagberg y col., 1987).

2. Una segunda explicación son las mejoras en la estimulación cognitiva.

Estas mejoras se pueden atribuir a que los padres tienen un mayor nivel educativo, a que las familias tienen menos unidades y a que existe un mayor acceso a la radio, la televisión y los juegos educativos.

Sin embargo, cabe esperar que este tipo de mejoras influyan especialmente en las capacidades cristalizadas que se adquieren formal e informalmente en las familias y las escuelas. Pero parece que éste no es el caso, es decir, las mayores ganancias se producen en las capacidades fluidas. Además, las ganancias más visibles se han dado en los niños, es decir, personas que aún no han tenido plena oportunidad de ser influidos por estas supuestas mejoras en la estimulación cognitiva. Este resultado sugiere que la explicación de las ganancias en el nivel intelectual puede estar en la mejora neurológica del funcionamiento cerebral debida a los mejores suplementos vitamínicos presentes en la dieta habitual.

3. Una tercera explicación reside en los factores genéticos.

De este modo, es posible que las personas más inteligentes hayan tenido más descendencia que las menos brillantes. Sin embargo, los datos no parecen ser congruentes con esta idea (Van Court y Bean, 1985).

En un estudio realizado por Benton y Roberts (1988) se comprobó que un tercio de los adolescentes británicos no tomaban las dosis adecuadas de nutrientes y vitaminas esenciales: vitaminas A, B12, D y E, así como ácido fólico, calcio, cromo, cobre, yodo, hierro, magnesio y zinc. Esta carencia nutritiva se corresponde con las diferencias en estatura entre distintas clases sociales: la diferencia media entre las clases sociales alta y bajas es de 2 cm (Rona y Chinn, 1984).

Además de estas tres posibles explicaciones revisadas por Richard Lynn, debe considerarse que las mejoras educativas pueden tener un impacto mayor en las capacidades fluidas que en las capacidades cristalizadas de la inteligencia. Las primeras se pueden entender como mejoras en la inteligencia como proceso, mientras que las segundas se pueden conceptualizar como mejoras en la inteligencia como conocimiento. El argumento de Lynn da por hecho, razonablemente, que las mejoras educativas deben incrementar la inteligencia como conocimiento. Sin embargo, pudiera ser que esas mejoras educativas impacten en la inteligencia como proceso en mayor medida que en la inteligencia como conocimiento, de modo que esas ganancias desiguales puede ser explicadas educativamente. De todos modos, para que esta alternativa pueda ser contemplada, habría que demostrar que la educación convencional o el mayor acceso actual a la información audiovisual impacta en la inteligencia como proceso, es decir, en las capacidades fluidas.

En una palabra, los datos pueden ser interpretados de distintos modos, aunque, en cualquier caso, las mejoras en la dieta que sugiere Lynn constituyen en sí mismas una buena idea práctica. Si la inteligencia tiene algo que ver con la biología, puede tener sentido argumentar que las variables que parecen impactar en nuestra biología también influyan en nuestra inteligencia.

En suma, es esperable que las mejoras en la dieta sigan dando lugar a ganancias tanto en altura como en inteligencia. Según Richard Lynn (1990), los gobiernos de los distintos países deberían preocuparse por asegurar una nutrición óptima, proporcionando suplementos nutritivos a las mujeres embarazadas y a los niños. Esto puede dar lugar, según él, a mejoras sociales en general, puesto que la inteligencia parece ser un predictor importante de la educación, el empleo, el éxito laboral, los logros científicos y culturales, y la ausencia de altas tasas de delincuencia. Por consiguiente, las ganancias intelectuales que se pueden esperar de una mejora en la dieta posiblemente rindan beneficios sociales importantes (Eysenck, 1995; Eysenck y Schoenthaler, 1997).

7. APLICACIONES PRÁCTICAS

Las aplicaciones prácticas que se describen seguidamente se relacionan con las supuestas diferencias entre varones y mujeres en organización cerebral, así como con los sistemas fisiológicos de medida de la inteligencia.

7.1. Inteligencia y organización cerebral: datos descriptivos en busca de una teoría

Nuevas tecnologías como la resonancia magnética (RM) permiten a los científicos calcular el tamaño de un cerebro vivo.

Los investigadores han medido el perímetro craneal desde principios de siglo y los resultados han indicado de manera sistemática una correlación significativa, aunque bastante reducida, entre el tamaño del cráneo y el cociente intelectual (aproximadamente $r = 0{,}19$, Wickett y col., 1994).

La RM permite visualizar el cerebro de una persona viva y producir imágenes del mismo. Varios estudios realizados desde el año 1987 han encontrado una correlación significativa entre volumen cerebral, calculado a través de la RM, e inteligencia. El valor medio de la correlación entre volumen cerebral e inteligencia es de $r = 0{,}35$. Por consiguiente, a mayor volumen cerebral más nivel intelectual o a la inversa (Andreansen y col., 1990, 1993; Willerman y col., 1991; Yeo y col., 1987; Raz y col., 1993; Wickett y col., 1994).

El estudio de Willerman y col. (1991) mostró que los varones de alto cociente intelectual tenían mayor volumen cerebral que las mujeres de alto cociente intelectual. Estos dos grupos de sujetos, a su vez, tuvieron mayor volumen cerebral que los varones y mujeres de CI medio. Willerman y col. (1991) usaron el WAIS-R para medir el cociente intelectual.

Wickett y col. (1994) estudiaron una muestra de mujeres, midiendo su CI verbal y su CI manipulativo. Sus resultados indicaron una correlación significativa entre CI verbal y volumen cerebral, pero apenas hubo correlación entre CI manipulativo y volumen cerebral. En el estudio de Andreansen y col. (1993) se encontró una mayor correlación entre CI manipulativo y volumen cerebral. La consideración de los resultados de estos dos estudios parece sugerir una organización cerebral distinta en varones y en mujeres.

Las relaciones significativas encontradas entre volumen cerebral e inteligencia podrían, en su caso, tomarse como una base para analizar problemas prácticos como los siguientes:

- Cuáles son los factores intelectuales específicos que más se relacionan con el tamaño cerebral.
- Cuáles son las regiones del cerebro en concreto que se relacionan con determinados factores intelectuales.
- Se podrían rastrear las relaciones entre el volumen cerebral regional y la evolución de las aptitudes intelectuales de varones y mujeres durante el ciclo vital.

Este análisis podría indicar la relación existente entre el desarrollo físico del cerebro y la evolución de las aptitudes en varones y mujeres.

Los datos disponibles sobre el desarrollo de la capacidad craneal de varones y mujeres, desde los 5 a los 26 años, indican que (Lynn, 1994):

- La capacidad craneal es sistemáticamente algo mayor en varones que en mujeres.
- El desarrollo está prácticamente completo en las mujeres hacia los 15 años, mientras que el desarrollo de los varones continúa hasta los 18 o 19 años aproximadamente.
- El incremento de la capacidad craneal con la edad parece relacionarse con las medidas de la inteligencia.

De Lacoste y col. (1990) practicaron una serie de análisis *post-mortem* con cerebros de varones y mujeres. Sus resultados mostraron que el cerebro de los varones es algo mayor que el de las mujeres (Ankey, 1992). Además, el hemisferio izquierdo de las mujeres es prácticamente idéntico en tamaño a su hemisferio derecho. Entonces, ¿por qué la aptitud verbal (hemisferio izquierdo) de las mujeres parece superior a su aptitud espacial (hemisferio derecho)?

Téngase en cuenta que McGlone (1980) observó que las mujeres sufren menos *afasia* que los varones. Una posible explicación de este dato es que las mujeres disponen de habilidades para el lenguaje localizadas en el hemisferio derecho, además de en el izquierdo. Esto puede sugerir dos cosas:

- Las mujeres dedican menos tejido cerebral a la aptitud espacial que a la aptitud verbal.
- Un daño del hemisferio izquierdo no tiene por qué afectar a las destrezas lingüísticas de las mujeres, pero sí perjudicará posiblemente a los varones.

Según parece, el daño del hemisferio izquierdo en niños de menos de un año de edad resulta mucho más nocivo en varones que en mujeres.

En suma, la estimación del volumen cerebral regional que permiten realizar técnicas como la resonancia magnética puede ayudar a los científicos a averiguar cómo se pueden organizar cerebralmente las aptitudes de los varones y de las mujeres. Por razones evidentes, este tipo de datos es importante en la práctica para, por ejemplo, planificar una intervención quirúrgica o diseñar una intervención para recuperar funciones intelectuales perdidas tras un episodio traumático. En cualquier caso, es muy importante recordar que son necesarios muchos más estudios básicos antes de llegar a alguna conclusión. Los datos actualmente disponibles tienen un carácter puramente *descriptivo,* dado que se basan en el estudio de relaciones, de modo que *no se puede apoyar ninguna teoría sólida al respecto.*

Estos datos descriptivos pueden ayudar a los científicos a desarrollar a la larga explicaciones sobre cuáles son los factores implicados en las relaciones entre volumen cerebral e inteligencia. Es decir, las relaciones encontradas entre volumen cerebral e inteligencia pueden ser explicadas por variables ambientales como los hábitos de crianza activos durante el desarrollo de la persona. Debe tenerse presente que la correlación entre volumen cerebral e inteligencia no dice cuál de ellas es causa y cuál es efecto, y tampoco dice si, en realidad, ambas están influidas por terceras variables. La fiebre y los vómitos correlacionan cuando aparecen determinados síndromes médicos, pero la fiebre no produce los vómitos (ni los vómitos la fiebre), sino que ambos están causados por bacilos como el de la tuberculosis. Algo similar pudiera suceder en el caso de las relaciones entre volumen cerebral e inteligencia.

7.2. Sistemas fisiológicos de medida de la inteligencia

7.2.1. *Potenciales provocados por estimulación externa*

Las diferencias individuales en inteligencia, medida según señalan las teorías factoriales, correlacionan con la actividad eléctrica cerebral que se puede registrar con las técnicas electroencefalográficas.

De este modo, las ondas de los potenciales cerebrales provocados por ciertos estímulos simples como destellos de luz o sonidos, son tanto más complejos y menos variables cuanto mayor es el cociente intelectual (CI) de la persona.

Por otro lado, las medidas del CI se relacionan con la eficacia al realizar actividades cotidianas intelectualmente exigentes. Por tanto:

- Si el CI correlaciona con la onda del potencial provocado.
- Y si el CI predice el rendimiento en actividades cotidianas intelectualmente exigentes.

Entonces, la onda del potencial provocado puede predecir el rendimiento.

Esto significa que, posiblemente, las medidas factoriales de la inteligencia podrían ser sustituidas por medidas biológicas como la actividad del potencial provocado.

Sin embargo, las técnicas de medida de la actividad eléctrica cerebral son bastante más costosas que las técnicas factoriales. Además, el argumento se podría invertir: ¿para qué necesitamos las técnicas de medida fisiológica si correlacionan con las técnicas factoriales?

De hecho, la mayor parte de estas técnicas de medida fisiológica se emplean casi exclusivamente en la investigación básica de las diferencias individuales. Aun así los resultados obtenidos hasta la fecha, que ya se han estudiado, tienen una clara utilidad práctica en ciertos casos.

Las técnicas de medida electrofisiológica resultan de utilidad para estudiar la inteligencia biológica de personas que se encuentran discapacitadas para resolver una prueba de inteligencia convencional.

Así por ejemplo, se podría estudiar el desarrollo de la inteligencia biológica en bebés o el declive de la inteligencia de pacientes ancianos con graves deterioros cerebrales.

Por supuesto, este tipo de medidas biológicas también permitirían superar el relativismo de las pruebas de inteligencia convencionales en relación a las diferencias culturales, por ejemplo. Determinadas pruebas de inteligencia, concretamente de Gc o inteligencia cristalizada, son resueltas más eficazmente por personas de distinta formación cultural o educativa. Las medidas biológicas de la inteligencia parecen estar más cerca de Gf o inteligencia fluida, por lo que podrían constituir una buena estimación de la inteligencia biológica de la persona.

Sin embargo, son necesarios más estudios para poder sacar alguna conclusión medianamente sólida. Los esfuerzos de investigación en este sentido dependen mucho de los desarrollos tecnológicos y éstos son todavía demasiado recientes. Sólo en los últimos años, profesionales de diferentes áreas han formado equipos de investigación multidisciplinar, compuestos por médicos, biólogos, psicólogos y otros, que están tratando de unir los conceptos básicos sobre el funcionamiento intelectual de las personas con los métodos de trabajo desarrollados para el diagnóstico médico. Por tanto, hay que esperar a que estos equipos de investigación vayan avanzando en sus respectivos programas de trabajo. En cualquier caso, parece claro que la denominada «década del cerebro» también ha influido en la psicología, dando lugar a estudios que están aportando conocimientos valiosos, aunque todavía parciales, sobre algunos de los problemas que los psicólogos tratamos de resolver.

7.2.2. *Tomografía de emisión de positrones (TEP)*

La TEP explora el consumo energético cerebral regional. De este modo, se le puede pedir a la persona que realice distintas actividades intelectuales, como leer, calcular o razonar, y averiguar en qué regiones cerebrales se produce un mayor consumo energético.

Este tipo de análisis ayuda a describir la anatomía funcional particular de las distintas personas. Puesto que, como ha escrito el profesor Gazzaniga (1992), no existen dos cerebros iguales, ni siquiera en el caso de los gemelos, los neurocirujanos deben conocer la anatomía funcional de un determinado paciente para evitar dañar zonas vitales durante una intervención quirúrgica.

Así, por ejemplo, la TEP se ha mostrado muy útil para localizar las regiones cerebrales en las que se sitúan las distintas funciones del lenguaje en un determinado paciente. No es igual un paciente diestro que zurdo o ambidextro. Es más, ser diestro no supone automáticamente tener ubicado el lenguaje en el hemisferio izquierdo, ni ser zurdo, por supuesto, supone que el lenguaje se encuentra localizado en el hemisferio derecho.

Disponer de un mapa sobre cuáles son las capacidades intelectuales básicas relevantes en la vida diaria y un buen sistema de medida psicológica de esas capacidades, será de enorme relevancia práctica para hacer un diagnóstico rápido de su localización regional cerebral. Sabremos así, según los datos psicológicos, la ubicación cerebral más probable en un paciente con determinadas características. Por consiguiente, a través de un adecuado programa de investigación básica sería posible disponer de un sistema de medida que aplicado durante aproximadamente una hora de registro TEP, facilitase el mapa cerebral intelectual de una determinada persona. Sin embargo, y como en los ejemplos anteriores, las evidencias disponibles son todavía tan escasas que, por el momento, esto constituye una simple especulación.

SUMARIO

Las teorías de la inteligencia que se han descrito en este epígrafe tienen un carácter biológico. El órgano más relacionado con la conducta inteligente parece ser el cerebro, de modo que es una hipótesis razonable que la actuación del cerebro tendrá que ver con las diferencias intelectuales que se pueden apreciar con las medidas factoriales y cognitivas. Las teorías biológicas y los datos empíricos que se han descrito sugieren que esto puede ser así, al menos hasta cierto punto. Las personas más inteligentes parecen transmitir la información a través del córtex cerebral con una mayor eficacia, y, además, son más capaces de ahorrar recursos energéticos al resolver problemas intelectualmente exigentes. Desde una perspectiva evolucionista, el desarrollo del cerebro y el aumento de su tamaño es bastante costoso. Por tanto, en principio sólo se habría seleccionado esa característica si hubiese resultado beneficioso para la especie humana en el pasado. Las medidas de la actividad cerebral ayudan a los científicos a hacer una radiografía de los procesos cognitivos que se activan para resolver problemas. De este modo se pueden complementar las teorías cognitivas de la inteligencia, cuya meta es similar. Las condiciones físicas del medio ambiente influyen en el organismo humano y la conducta no se puede comprender sin el organismo. La dieta constituye una influencia física que influye en características humanas como la estatura. Por tanto, ¿influirá la dieta en la inteligencia? Los datos disponibles sugieren que, en efecto, determinados complejos vitamínicos y nutrientes parecen influir en el cerebro humano y en la inteligencia, aunque las evidencias son todavía parciales. El estudio de los mecanismos de actuación del sistema nervisoso de la gente puede ser relevante para explorar la organización cerebral de grupos humanos como los varones y las mujeres. Los datos con los que se cuenta indican que el hecho de que trastornos como la afasia tengan un impacto negativo bastante mayor en varones que en mujeres, se podría explicar en parte por una diferencia en el tejido cerebral destinado a la capacidad lingüística. Además, las técnicas de medida de la activación cerebral pueden ser útiles en la práctica para estudiar la inteligencia de grupos especiales y de pacientes clínicos. En cualquier caso, y a pesar de que cada vez se dispone de más evidencias empíricas, no debe olvidarse que las teorías biológicas que aquí se han descrito tienen mucho de especulación. Y tampoco debe olvidarse que una teoría biológica no sugiere que, en último término, las diferencias intelectuales están genéticamente determinadas. Ésta es una confusión relativamente frecuente, de modo que conviene dejar claro que el ambiente puede influir en las características biológicas del organismo, en principio de modo tan intenso como puede hacerlo la programación genética. Los ambientes deprivados pueden alterar un normal desarrollo biológico, de modo que el término «biología» deben incluir las variables ambientales que impactan sobre ella. Un ejemplo claro es la dieta, pero hay otros muchos.

14 El origen de las diferencias intelectuales

Las diferencias intelectuales pueden ser resultado de la educación y la cultura. Un niño que no recibe una educación adecuada, probablemente no desarrollará las habilidades valoradas en su cultura. Si los padres no se ocupan de que su hijo tenga unas mínimas experiencias socioculturales, puede suceder que sus habilidades intelectuales no se desarrollen normalmente. Sabemos que los ambientes culturalmente deprimidos tienen un impacto negativo en el desarrollo intelectual de los niños. Sin embargo, según el profesor Mike Gazzaniga (1985, 1992) es bastante más probable que el medio ambiente tenga un impacto negativo que un impacto positivo en el desarrollo de la inteligencia. Por tanto, los programas escolares que se aplican para intentar corregir las desventajas socioculturales de determinados niños son de gran utilidad para evitar el impacto negativo de los ambientes deprivados. Pero eso no significa que si un niño se desarrolla en un ambiente enriquecido culturalmente termine siendo *necesariamente* más inteligente que un niño que crece en un ambiente culturalmente normal (Bronfenbrenner y Ceci, 1994). Por tanto, los investigadores deben seguir preguntándose cuáles en concreto pueden ser las variables ambientales que logran mayor impacto en el desarrollo intelectual. Recuérdese que, según la Asociación Americana de Psicología, sabemos que la inteligencia está influida por la herencia, pero no sabemos con exactitud cuáles son las variables educativas y culturales que tienen un verdadero impacto en la conducta inteligente, aunque sepamos que, por supuesto, tienen una influencia (Neisser y col., 1996). Los estudios y datos que se presentan en este epígrafe señalan que la programación genética influye en las diferencias intelectuales. Pero también señalan con claridad que el genoma humano necesita un ambiente para convertirse en fenotipo. La semilla de una futura rosa puede tener una calidad excepcional, pero si la plantamos en el desierto el resultado será decepcionante. El cálculo de la heredabilidad de la inteligencia debe considerarse como un indicador del impacto de programas ambientales como la educación y las oportunidades culturales. En un artículo muy clarificador del profesor Lloyd Humphreys (1991) se sugiere que la reducción de la influencia de la herencia, calculada a partir del índice de heredabilidad, debería poner en alerta a los ciudadanos. Hay bastantes científicos sociales que parecen escribir y opinar sobre este tipo de temas, sin comprender realmente cómo actúa la ciencia al preguntarse por el origen de las diferencias intelectuales y cuál es el significado de los resultados encontrados. El razonamiento del profesor Humphreys es el siguiente: una reducción de la heredabilidad supone automáticamente un incremento de la influencia del ambiente. Es un hecho (cuya relación con la investigación psicológica en sí misma es nula) que los ambientes en los que viven las personas de nuestra sociedad son bastante distintos. Observar un incremento de la influencia ambiental sugerirá que son las condiciones ambientales las que producen las diferencias individuales. Por el contrario, un incremento de la heredabilidad será síntoma de que estamos inmersos en una sociedad igualitaria que garantiza una igualdad de oportunidades ambientales.

La pregunta por el origen de las diferencias intelectuales se puede responder al menos desde las teorías factoriales y desde las teorías cognitivas. Por lo que se refiere a las respuestas de las primeras teorías, se describen datos sobre el cociente intelectual, sobre aptitudes específicas (como la aptitud verbal o la aptitud numérica), sobre los cambios que se producen con el paso de los años en la importancia de la herencia y el ambiente, así como sobre la necesidad de distinguir el ambiente compartido por los miembros de la familia y el ambiente específico de cada uno de ellos. Las respuestas de las teorías cognitivas pasan por su relación con las de las teorías factoriales. Finalmente se describen algunas aplicaciones prácticas que se podrían derivar de los resultados de la investigación básica del origen de las diferencias intelectuales.

1. ¿QUÉ SE RESPONDE CUANDO SE PREGUNTA POR EL ORIGEN DE LAS DIFERENCIAS INTELECTUALES?

La misma pregunta por el origen de las diferencias intelectuales tiene un carácter enigmático. Esa pregunta supone cuestionarnos qué somos los distintos seres humanos, lo que claramente está directamente relacionado con los temas religiosos y filosóficos, como poco.

Ante este tipo de preguntas algunas corrientes psicológicas optan por dejarla para, precisamente, las religiones y la filosofía. Sin embargo, según la psicología de las diferencias individuales merece la pena tratar de responder la pregunta por el origen de las diferencias individuales en inteligencia, o en cualquier otra propiedad psicológica, siguiendo las reglas de la ciencia.

Si la inteligencia se hereda o depende de la cultura es una pregunta que a la gente le preocupa. Cuando esta misma gente busca posibles respuestas a la pregunta, llega a principios como los siguientes:

— Si nuestra inteligencia depende de los genes que recibimos de nuestros padres, poco se puede hacer culturalmente para mejorar.

— En cambio, si la inteligencia depende de la cultura el margen de mejora depende sólo de lo que nosotros hagamos.

No obstante, la investigación científica ha demostrado suficientemente que estos principios no son correctos. Dependa de los genes o del ambiente cultural, la inteligencia se puede modificar. Que los márgenes de modificación no sean, por el momento, todo lo amplios que nos gustaría, no significa que con mayores esfuerzos de investigación no podamos en breve tiempo incrementar de modo significativo nuestras posibilidades de mejorar la inteligencia de las personas.

El caso más conocido de influencia genética máxima y mejora máxima es el de la fenilcetonuria. Se trata de un defecto genético que, a través de una dieta alimenticia adecuada, puede ser superado sin problema alguno.

En contraste, los casos más claros de influencia ambiental con efectos nocivos prácticamente irreversibles sobre la inteligencia se dan en los niños salvajes. Pasados los períodos madurativos correspondientes, controlados genéticamente, resulta prácticamente imposible adquirir, por ejemplo, un lenguaje determinado (Gazzaniga, 1992).

Estos dos ejemplos extremos sirven para ilustrar la idea de que formular la pregunta en términos contrapuestos constituye un grave error básico. Resulta mucho más próximo al avance científico preguntarse por la influencia de ambos elementos. Y si es mejor para el avance de la ciencia, será probablemente mejor para la sociedad. De poco sirven los prejuicios ideológicos en el avance de la ciencia, así que resulta difícil comprender para qué le sirven a la sociedad.

Los datos que pacientemente han ido recogiendo durante bastantes años los científicos señalan que el hecho de que las diferencias intelectuales se encuentren influidas en un 50 por 100 aproximadamente por el genotipo, en realidad sirve de poco para diseñar programas de mejora de la inteligencia. Eso sí, es útil como un indicador del impacto social de programas ambientales como la educación o las oportunidades culturales.

En suma, las respuestas a la pregunta por el ori-

gen de las diferencias intelectuales señalan en qué medida los genes que recibimos de nuestro padres o el ambiente cultural en el que vivimos son responsables de las diferencias intelectuales que recogemos en los tres tipos de teorías de la inteligencia ya estudiados, es decir, las teorías factoriales, las teorías cognitivas y las teorías biológicas.

2. ORIGEN DE LAS DIFERENCIAS INTELECTUALES SEGÚN LAS TEORÍAS FACTORIALES

El estudio del origen de las diferencias intelectuales según las teorías factoriales supone dos cosas:

— Servirse de los conceptos que aparecen en las teorías factoriales, como el factor g, la inteligencia fluida (Gf) o la inteligencia cristalizada (Gc), para determinar cuáles son las diferencias intelectuales que se van a medir en...

— Distintas personas que comparten tanto sus genes (parentesco) como sus medios culturales en mayor o menor grado.

Los investigadores han desarrollado distintos proyectos para estudir el origen genético y ambiental de las diferencias intelectuales. Algunos de ellos son los siguientes:

— *Louisville Twin Study* (LTS), es decir, estudio de gemelos de Louisville.

— *Minnesota Study of Twins Reared Apart* (MSTRA), es decir, estudio de Minnesota sobre gemelos criados por separado.

— *Colorado Adoption Project* (CAP), es decir, proyecto de adopción de Colorado.

— *Minnesota Transracial Adoption Study* (MTAS), es decir, estudio de adopción interracial de Minnesota.

— *Texas Adoption Project* (TAP), es decir, proyecto de adopción de Texas.

— *Swedish Adoption/Twin Study on Aging* (SATSA), es decir, estudio sueco de adopción/gemelos con personas adultas.

Los resultados disponibles sugieren que (DeFries, Plomin y LaBuda, 1987; Plomin, 1988):

a) La influencia genética sobre las diferencias de cociente intelectual (CI) va aumentando a medida que los niños crecen.

b) Las estimaciones del CI realizadas al comienzo de la niñez predicen el CI de las personas en su edad adulta.

c) Hay una clara influencia genética sobre aptitudes intelectuales más específicas que el factor g medido a través del CI. Por ejemplo, las aptitudes verbal, espacial, perceptiva y de memoria.

Los investigadores se han centrado fundamentalmente en el CI, puesto que, entre otras cosas:

— Es una medida que se realiza con frecuencia en distintos ámbitos educativos y laborables.

— Constituye una buena manera de estimar el factor g que aparece en la parte superior de la jerarquía de las teorías factoriales de la inteligencia.

— Se muestra estable durante la infancia.

— Predice resultados socialmente relevantes, como el nivel educativo y el nivel profesional de la persona.

2.1. Cociente intelectual, parecido genético y ambiente

En la figura 14.1 se representan los valores de correlación en CI de tres muestras de personas que comparten sus genes y sus ambientes en distinto grado. Recuérdese que cuanto más próximo a 1 sea el valor de la correlación (intraclásica), mayor parecido existirá entre las personas de cada uno de los grupos comparados.

Los datos de la figura 14.1 se pueden resumir así:

— Las correlaciones de los gemelos son mucho mayores que las correlaciones de los hermanos, así como de los padres y sus hijos naturales. A su vez, la correlación disminuye algo cuando los gemelos se han criado por separado.

— Apenas hay diferencias en las correlaciones entre hermanos, y entre padres y sus hijos naturales, que dependan de haberse criado en la misma o en distintas familias.
— El descenso significativo del valor de la correlación de los gemelos en relación a los otros dos grupos, resulta sintomático del efecto ambiental debido a que los gemelos son genéticamente idénticos. Es decir, hay un efecto ambiental propio de los gemelos, en el sentido de que parece que son tratados de un modo algo más similar que los hermanos convencionales.

En la figura 14.2a y b se presentan más datos en la misma línea. Las muestras de personas son gemelos, mellizos, hermanos, padres-hijos naturales, padres-hijos adoptivos, niños no relacionados genéticamente criados en la misma familia, y personas de la población general.

En la figura 14.2a se observan los datos de correlación en personas con distinto grado de similitud genética que se han criado en la misma familia. La principal conclusión sería que los genes parecen ser importantes en el parecido intelectual.

Puede observarse un incremento significativo de la correlación en CI desde los padres-hijos adoptivos a los gemelos. En principio, este parecido creciente se puede atribuir tanto a los genes como al ambiente que se comparte. Sin embargo, debe observarse que todos los grupos comparten sus ambientes, pero los valores de correlación son muy distintos. Es decir, los valores crecientes se pueden atribuir en buena medida a los genes compartidos.

En la figura 14.2b se observan los datos de correlación en personas con distinto grado de similitud genética que se han criado por separado o en distintas familias. La principal conclusión sería que los genes parecen ser importantes en el parecido intelectual.

La correlación va desde 0 a algo más de 0,7, que es un valor muy alto. Ninguna de las personas de estos grupos ha crecido en la misma familia, pero el grado de parecido intelectual aumenta con el parecido genético a pesar de todo.

Los gráficos de la figura 14.2 también se pueden estudiar de modo conjunto, para concluir que:

— La correlación entre hermanos apenas se modifica por el hecho de haberse criado en la misma familia o por separado.

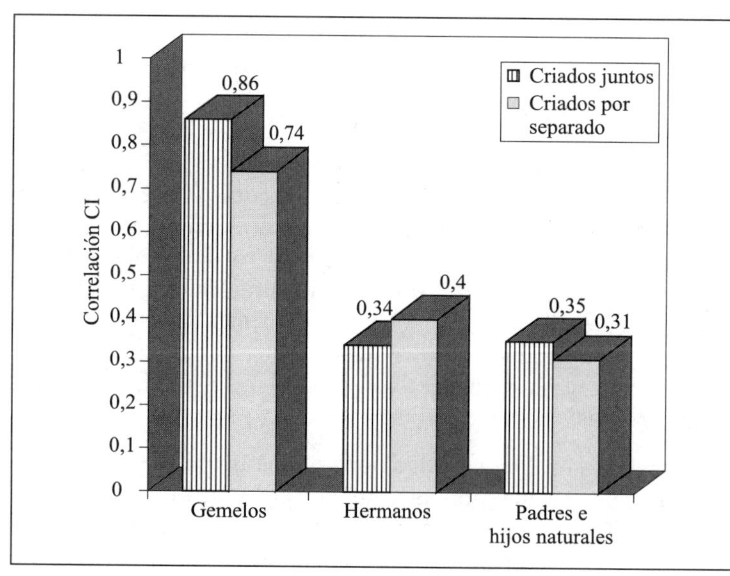

Figura 14.1.—Nivel de semejanza en CI, según distintos grados de parecido genético y crianza conjunta o por separado.

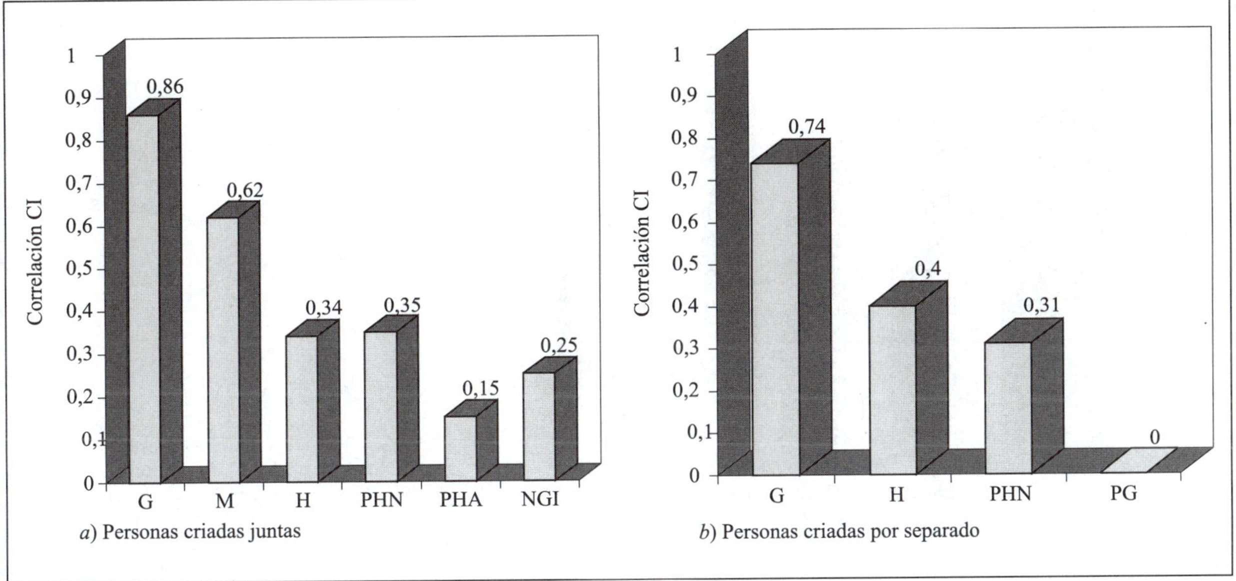

Figura 14.2.—Nivel de semejanza entre personas con distinto grado de parentesco. *a*) criadas de modo conjunto y *b*) por separado. G = gemelos, M = mellizos, H = hermanos, PHN = padres e hijos naturales, PHA = padres e hijos adoptivos, NGI = niños genéticamente independientes, PG = población general.

— La correlación entre padres-hijos naturales no se modifica prácticamente nada por el hecho de haber vivido en la misma o en distintas familias.

— Vivir en la misma familia produce algún parecido intelectual. Los datos sobre padres-hijos adoptivos y niños no relacionados genéticamente que se han criado en la misma familia muestran una correlación distinta de 0.

En suma, combinando estos datos se puede concluir que al menos la mitad de la varianza en las puntuaciones de CI se pueden atribuir a las diferencias genéticas entre los individuos. Esto significa que si se conocen las puntuaciones en CI de los padres naturales de un determinado niño, será posible predecir el CI de ese niño con un error estándar de aproximadamente 12 puntos de CI, incluso si el niño ha sido dado en adopción en el momento del nacimiento; recuérdese que la medida y la desviación típica de la escala estándar de CI es 100 y 15, respectivamente. No obstante, no hay que perder de vista que la otra mitad de la varianza es no genética (Plomin, 1988).

2.2. Factores intelectuales, parecido genético y ambiente

El factor g es un concepto importante de la inteligencia, pero los investigadores también han explorado la influencia genética y ambiental sobre otros factores más concretos, o de más bajo nivel en la jerarquía en la que se ordenan los factores de la inteligencia.

En la figura 14.3 se observan los valores de correlación en factor *g*, aptitud verbal, aptitud numérica, aptitud manipulativa y aptitud perceptiva, usando el diseño de gemelos.

Se observa que la mayor correlación se presenta en el factor g y la menor en la aptitud perceptiva. Puesto que estos datos proceden de un resumen de muchos estudios realizado con las técnicas metaanalíticas habituales (McCartney y col., 1990),

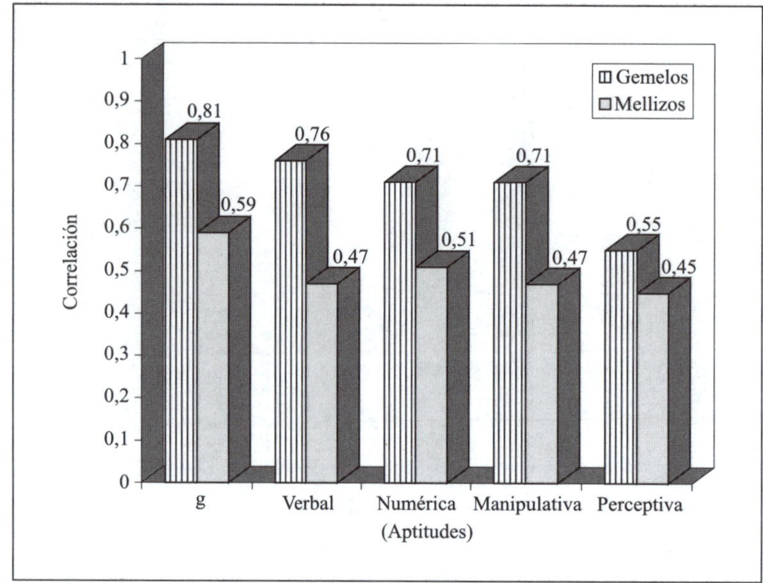

Figura 14.3.—Metaanálisis de estudios realizados con el diseño de gemelos, en el período 1967-1985. Los datos se refieren al factor g y aptitudes específicas como la aptitud verbal, numérica, manipulativa y perceptiva.

se puede emplear la fórmula de Falconer expuesta en la segunda parte para calcular la influencia genética, del ambiente compartido y del ambiente específico en estas aptitudes intelectuales (figura 14.4).

Factor g:

$V(G) = 2(r_{gemelos} - r_{mellizos}) = 2(0{,}81 - 0{,}59) = 0{,}44$
$V(AC) = r_{gemelos} - V(G) = 0{,}81 - 0{,}44 = 0{,}37$
$V(AE) = 100 - (V(G) + V(AC)) =$
$100 - (0{,}44 + 0{,}37) = 0{,}19$

Aptitud verbal:

$V(G) = 2(0{,}76 - 0{,}47) = 0{,}58$
$V(AC) = 0{,}76 - 0{,}58 = 0{,}18$
$V(AE) = 100 - (0{,}58 + 0{,}18) = 0{,}24$

Aptitud numérica:

$V(G) = 2(0{,}71 - 0{,}51) = 0{,}4$
$V(AC) = 0{,}71 - 0{,}4 = 0{,}31$
$V(AE) = 100 - (0{,}4 + 0{,}31) = 0{,}29$

Aptitud manipulativa:

$V(G) = 2(0{,}71 - 0{,}47) = 0{,}48$
$V(AC) = 0{,}71 - 0{,}48 = 0{,}23$
$V(AE) = 100 - (0{,}48 + 0{,}23) = 0{,}29$

Aptitud perceptiva:

$V(G) = 2(0{,}55 - 0{,}45) = 0{,}2$
$V(AC) = 0{,}55 - 0{,}2 = 0{,}35$
$V(AE) = 100 - (0{,}2 + 0{,}35) = 0{,}45$

Por consiguiente, la aptitud verbal parece ser la dimensión intelectual más heredable y la aptitud perceptiva la menos heredable. El factor g es el más influido por el ambiente compartido y la aptitud verbal la menos influida por este ambiente compartido. El factor g es la dimensión menos influida por el ambiente específico o no compartido, mientras que la aptitud perceptiva es la más influida por este ambiente específico.

2.3. Ciclo vital

El estudio de las capacidades mentales o factores intelectuales específicos da más información cuando se emplea el enfoque del ciclo vital, es decir, cuando se exploran los cambios que se producen con la edad, con el paso de los años. Los períodos usuales suelen ser: infancia, niñez, adolescencia y edad adulta.

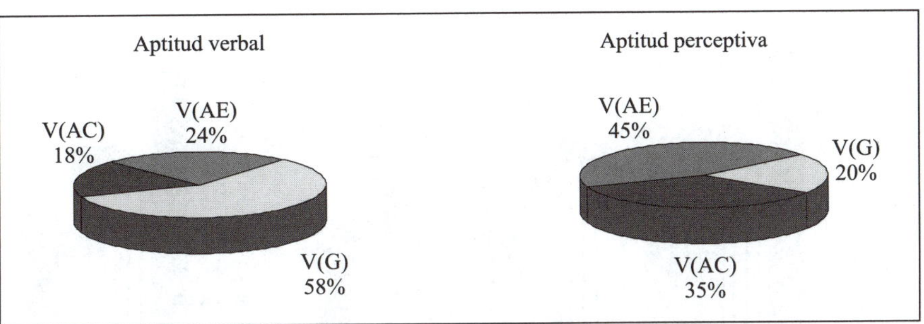

Figura 14.4.—Representación gráfica de las estimaciones de la varianza genética, del ambiente compartido y del ambiente específico, a partir de los datos metaanalíticos de McCartney y col. (1990) sobre la aptitud verbal y la aptitud perceptiva.

En la figura 14.5a y b pueden verse una serie de resultados sobre los cambios de las correlaciones en cociente intelectual verbal (Gc, o inteligencia cristalizada) y en cociente intelectual manipulativo (Gf/Gv, inteligencia fluida/visualización general) a medida que se crece.

En la figura 14.5a se observan los cambios en CI verbal de gemelos y mellizos. En el caso de los gemelos, las correlaciones aumentan con la edad (desde los 4 a los 6 años), mientras que en el caso de los mellizos estas correlaciones disminuyen.

En la figura 14.5b se muestran los cambios en CI manipulativo. También aquí se aprecia un incremento de las correlaciones con la edad en los gemelos y una leve disminución de la correlación en los mellizos que se recupera algo hacia los seis años.

Los índices de varianza genética, del ambiente compartido y del ambiente específico que se pueden calcular a través de la fórmula de Falconer, son los siguientes:

- En CI verbal, la V(G) aumenta desde los cuatro a los seis años de 0,06 a 0,52. La V(AC) disminuye de 0,7 a 0,3 y la V(AE) pasa de 0,24 a 0,18.
- En CI manipulativo, la V(G) aumenta de 0,46 a 0,62. La V(AC) disminuye de 0,3 a 0,2 y también lo hace la V(AE) desde 0,24 a 0,18.

Por tanto, el CI verbal no presenta influencia genética prácticamente hasta los seis años de edad, mientras que el CI manipulativo ya muestra influencia genética a los cuatro años.

En la figura 14.6a y b, se muestran datos, también con el diseño de gemelos, para la aptitud verbal y la aptitud espacial, desde los cinco años a la adolescencia.

En la figura 14.6a se presentan los datos sobre la aptitud verbal. Los valores de correlación para los gemelos apenas varían desde los cinco años a la adolescencia, mientras que la correlación para los mellizos sufre un decremento dramático a los ocho años, pero se recupera, e incluso aumenta con respecto a la de los cinco años, en la adolescencia.

En la figura 14.6b, se exponen los datos sobre la aptitud espacial. Tanto en los gemelos como en los mellizos se aprecian disminuciones a los ocho años. En el caso de los gemelos, el valor se recupera bastante en la adolescencia y en los mellizos es incluso bastante mayor que a los cinco años.

La heredabilidad promedio, según estos datos, es 0,28 para la aptitud verbal y 0,24 para la aptitud espacial.

En la edad adulta, la heredabilidad es mayor en el CI verbal que en el CI manipulativo. Fischbein (1979) ha estudiado la capacidad verbal y el razonamiento inductivo en sujetos de 12 y 18 años, y sus resultados han mostrado que la influencia genética aumenta, desde la adolescencia a la edad adulta temprana, especialmente en el caso de la capacidad verbal.

En suma, diferentes aptitudes presentan una influencia significativa, tanto genética como ambiental, a lo largo del ciclo vital.

2.4. Ambiente compartido y ambiente específico

El ambiente compartido constituye la parte de la variación ambiental responsable del parecido en-

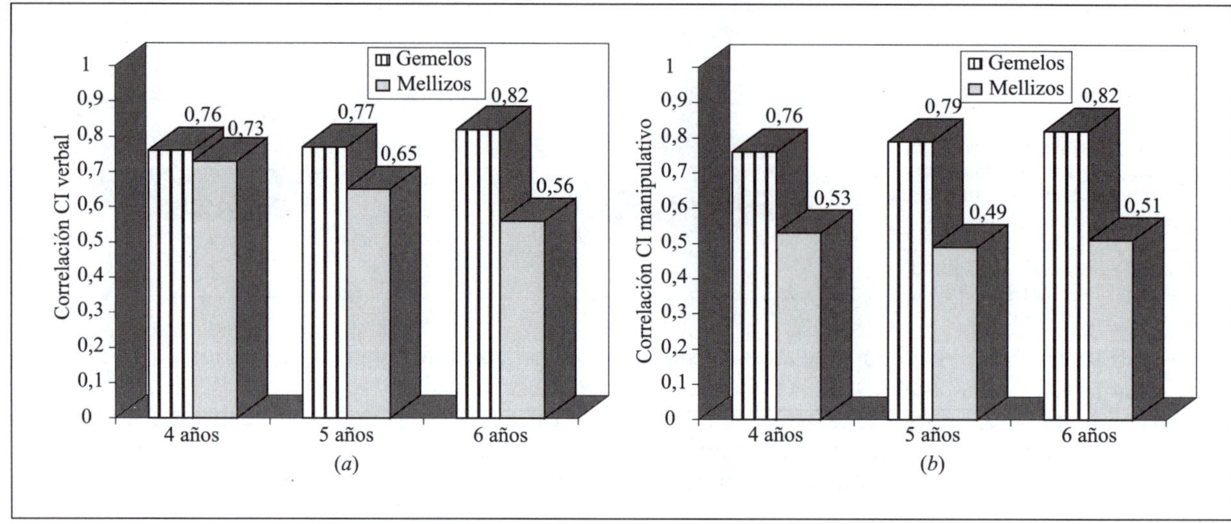

Figura 14.5.—Estudio longitudinal de cuatro a seis años con el diseño de gemelos. El CI verbal (*a*) y el CI manipulativo (*b*) se miden con las escalas de Wechsler.

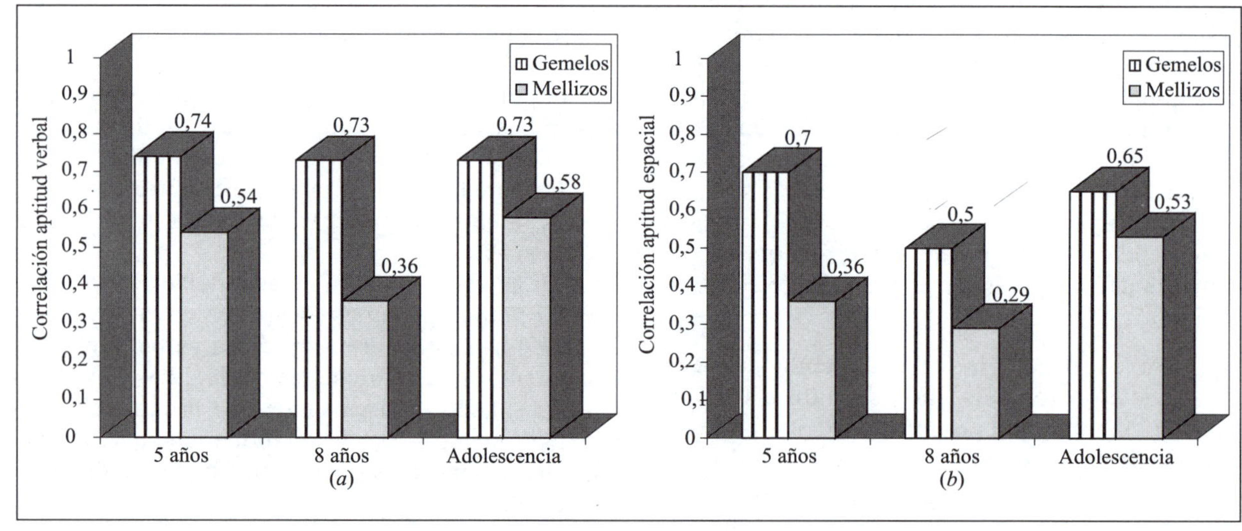

Figura 14.6.—Estudio longitudinal desde los cinco años a la adolescencia con el diseño de gemelos, sobre medidas de (*a*) la aptitud verbal y (*b*) la aptitud espacial.

tre los miembros de una familia, como por ejemplo el estatus socioeconómico o los factores de escolarización experimentados de igual manera por los niños de la misma familia.

El ambiente no compartido son las influencias ambientales responsables de las diferencias entre los miembros de una misma familia, como por ejemplo que uno de los hermanos vaya a clases de natación y el otro a clases de piano.

El supuesto de esta distinción entre ambiente

compartido y no-compartido es que no toda la variación ambiental es compartida necesariamente por los miembros de una misma familia (Plomin y Daniels, 1987).

El diseño de adopción permite estimar directamente la influencia ambiental compartida por la familia, dado que cualquier parecido entre individuos de una misma familia no relacionados genéticamente se puede atribuir al ambiente que comparten.

Por ejemplo, la correlación entre niños no relacionados genéticamente adoptados por una misma familia, permite estimar directamente la varianza fenotípica debida al ambiente compartido. El resto de la varianza ambiental (no genética) se define como ambiente no-compartido.

Bouchard y McGue (1981) encontraron que el 30 por 100 de la varianza de las puntuaciones en CI se debe a influencias ambientales compartidas por los niños adoptados en las mismas familias.

Los datos de Scarr y Weinberg (1978) parecen indicar que el ambiente compartido es importante, respecto al CI, durante la niñez, es decir, mientras los niños viven en casa, pero va perdiendo importancia a medida que comienzan a tener relevancia las experiencias extrafamiliares, no compartidas por los miembros de la misma familia.

Los datos de Kent (1985) y los de Teasdale y Owen (1984) muestran que, respecto a las diferencias individuales en CI, el ambiente compartido deja de tener influencia después de la niñez, lo que sugiere que el cambio en su importancia se produce durante la adolescencia.

Todos estos datos indican que, después de la niñez, toda la varianza ambiental es fundamentalmente no compartida o específica. Por consiguiente, sean cuales sean los factores ambientales relevantes, operan de manera que los niños de una misma familia pueden ser tan diferentes como puedan serlo niños tomados al azar de la población general.

Por otro lado, las diferencias entre gemelos parecen deberse únicamente a los factores ambientales no compartidos, dado que los gemelos son genéticamente idénticos.

En el diseño de gemelos, el ambiente compartido puede concebirse como el parecido no debido a la herencia o a los genes compartidos. El diseño de gemelos permite estimar directamente el ambiente no compartido e indirectamente el ambiente compartido.

Los datos disponibles sugieren que el 30 por 100 de la varianza total se debe a la varianza ambiental compartida por los gemelos. Esos mismos datos indican que los gemelos comparten sus ambientes de manera más significativa que los hermanos no gemelos, como ya se ha visto. Si la varianza ambiental experimentada por los gemelos como ambiente compartido se experimenta como ambiente no compartido por los hermanos no gemelos, los componentes de varianza para el CI son aproximadamente los representados en la figura 14.7 (Plomin, 1988).

Los resultados encontrados con el diseño de adopción también se hallan en el caso de los gemelos, esto es, una disminución de la influencia del ambiente compartido en el CI después de la niñez.

Los datos disponibles sugieren que la correlación entre los padres y sus hijos biológicos es de 0,35, mientras que la correlación entre los padres y sus hijos biológicos dados en adopción es de 0,31. Por tanto, su parecido apenas está influido por las influencias ambientales compartidas.

La correlación entre los padres y sus hijos adoptivos es de 0,15, lo que sugiere que el 15 por 100 de la varianza de las puntuaciones en CI implica influencias ambientales compartidas por los padres y sus hijos adoptados.

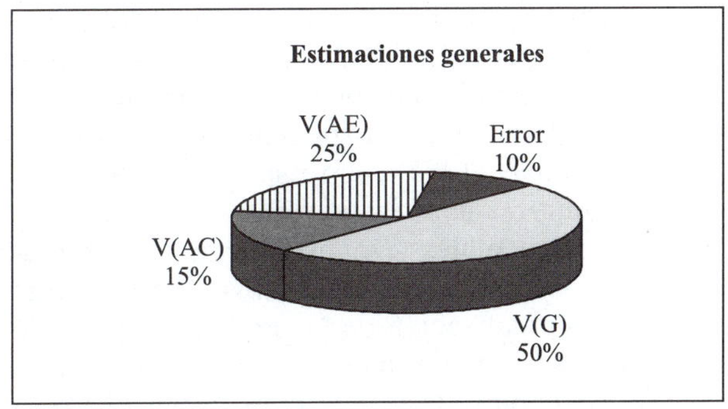

Figura 14.7.—Gráfico con las estimaciones de la varianza genética, del ambiente no-compartido, del ambiente compartido y del error de medida.

2.5. Comentario

En resumen:

- La herencia parece explicar una parte relevante de la varianza a lo largo del ciclo vital.
- La varianza ambiental explica aproximadamente la mitad de la varianza de las puntuaciones en CI.
- La varianza ambiental es fundamentalmente no compartida, de manera que, debido a estas influencias, los niños criados en la misma familia no son más semejantes que niños tomados al azar de la población general.

La pregunta clave parece ser la de qué hace que dos niños de una misma familia sean tan diferentes como puedan serlo dos niños cualesquiera.

Para responder a esta pregunta es necesario estudiar a más de un niño por familia, cosa que no se ha hecho habitualmente, puesto que es posible que pequeñas diferencias ambientales dentro de la misma familia tengan efectos significativos en el desarrollo de los niños.

Además, dos niños de una misma familia pueden percibir o experimentar la misma situación de manera bastante diferente, lo que exige el diseño de medidas subjetivas sobre el ambiente. Si se desea valorar el ambiente no compartido, las medidas ambientales han de ser específicas para cada niño.

Los instrumentos tradicionales de medida de variables ambientales construidos para apreciar diferencias entre familias no son suficientemente sensibles para valorar los microambientes de una misma familia (Daniels, 1985; Juan-Espinosa, 1995).

De alguna manera, la investigación de las influencias ambientales responsables de las diferencias entre los niños de una misma familia exige una reconceptualización de los ambientes psicológicos. En este sentido, hay que comenzar a trabajar intensamente cuestiones tales como el tratamiento diferencial por parte de los padres, la interacción diferencial entre hermanos y las influencias extrafamiliares diferenciales.

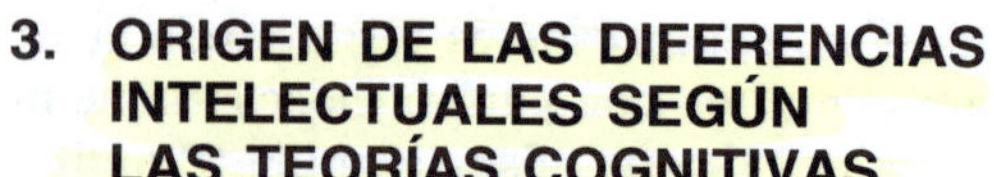

3. ORIGEN DE LAS DIFERENCIAS INTELECTUALES SEGÚN LAS TEORÍAS COGNITIVAS

Son escasas las investigaciones sobre el origen de las diferencias intelectuales según el tipo de medidas que se emplean para desarrollar las teorías cognitivas. De hecho, de los estudios disponibles, la mayor parte de ellos han sido realizados por teóricos factorialistas que han usado medidas cognitivas.

Así, por ejemplo, el profesor Douglas K. Detterman y sus colegas (1990) realizaron una investigación con 300 pares de gemelos del mismo sexo y 100 hermanos, con edades comprendidas entre los 7 y los 12 años. Controlaron las puntuaciones de cociente intelectual (CI).

Detterman y col. (1990) aplicaron las siguientes pruebas:

- Una batería de tareas experimentales de administración informatizada, para medir variables de procesamiento de la información (PI).
- Tests factoriales de CI.
- Tests de aptitudes específicas.

También midieron el nivel de rendimiento académico de la muestra. Las correlaciones genéticas entre rendimiento académico y aptitudes intelectuales resultaron significativas (Plomin y Rende, 1991).

En general, los resultados mostraron altos índices de heredabilidad en las variables de procesamiento de la información. Además, la heredabilidad del CI fue más alta en los sujetos menos aptos intelectualmente (en términos de CI).

3.1. Capacidades de procesamiento

McGue y sus colegas (1984) realizaron un estudio sobre las capacidades de procesamiento de la información utilizando gemelos y mellizos criados por separado.

Estos autores exploraron las relaciones entre una

batería de tareas seleccionadas para medir variables clásicas de procesamiento de información (de procesos cognitivos) y una batería de tests factoriales diseñados para medir una serie de capacidades mentales.

Las tareas de medida de parámetros del procesamiento de la información, o procesos cognitivos, fueron las siguientes:

— La tarea de identificación de letras de Posner. Esta tarea requiere que la persona indique lo antes posible si dos letras que aparecen en una pantalla: *a*) son idénticas físicamente o *b*) significan lo mismo. Por tanto, tras una serie de ensayos se puede calcular el tiempo necesario para realizar juicios sobre identidad física y sobre el significado de las letras. Además, restar el segundo tiempo del primero permite calcular el tiempo necesario para recuperar el significado de las letras desde la memoria permanente (acceso léxico).

— La tarea de búsqueda en memoria de S. Sternberg. La persona debe memorizar 1, 2, 3, 4 ó 5 letras. Estas letras desaparecen de su vista y se presenta una letra de prueba para que decida si se encontraba entre las letras memorizadas. Al variar sistemáticamente el número de letras que la persona memoriza, se puede llegar a estimar el tiempo necesario para realizar una comparación mental simple.

— La tarea de rotación de figuras tridimensionales de Shepard-Metzler. Ésta es una tarea clásica en la que la persona debe emitir un juicio sobre la semejanza entre dos figuras, al variar por ejemplo el grado de rotación de la figura modelo.

Estas tres tareas permiten medir procesos cognitivos de los gemelos y de los mellizos. Fundamentalmente, las distintas medidas se pueden resumir en dos tipos de parámetros:

— Parámetro de origen. Hace referencia a la rapidez con la que se codifica la información, el tiempo necesario para tomar una decisión o para realizar la respuesta motora, es decir, presionar el botón de respuesta.

— Parámetro de pendiente. Se identifica con el tiempo necesario para acceder al léxico en la tarea de Posner, para buscar una letra adicional en la memoria en la tarea de S. Sternberg y para rotar las figuras en la tarea de Shepard-Metzler.

Las pruebas factoriales empleadas por McGue y col. (1984) fueron las siguientes:

— Razonamiento verbal.

— Capacidad espacial.

— Velocidad y precisión perceptiva.

— Memoria visual.

Los autores calcularon un análisis factorial sobre las medidas del procesamiento de la información y se obtuvieron tres factores en los que se resumieron las medidas:

1. El primer factor resumió los parámetros de origen de la tarea de S. Sternberg y el parámetro de IN (identificación significativa o nominal) y de IF (identificación física) de la tarea de Posner.

Por tanto, este primer factor se puede interpretar como velocidad de respuesta frente a estímulos sobreaprendidos (VRT) tales como letras o números.

2. El segundo factor resume los parámetros de pendiente de la tarea de S. Sternberg y el parámetro de IN – IF (tiempo de identificación nominal menos tiempo de identificación física = acceso léxico) de la tarea de Posner.

Estos parámetros constituyen medidas del tiempo necesario para ejecutar procesos cognitivos simples en las tareas de Sternberg y de Posner. Este segundo factor se interpreta como velocidad de procesamiento de la información (VPI).

3. El tercer factor resume los parámetros de origen y de pendiente de la tarea de Shepard-Metzler.

Este componente se interpreta como velocidad de procesamiento espacial (VPE).

En la tabla 14.1 se presentan las correlaciones, tanto de los parámetros específicos de las tareas de procesamiento de la información, como de los factores resultado de los análisis.

En resumen, los datos de la tabla 14.1 indican que:

- En la tarea de Posner los gemelos se parecen en el tiempo de identificación física y nominal, mientras que los mellizos se parecen en el acceso léxico (IN – IF).
- En la tarea de Sternberg, los gemelos se parecen en el porcentaje de aciertos y en los parámetros de origen.
- En la tarea de Shepard-Metzlcr, los gemelos se parecen en el porcentaje de aciertos y los mellizos en el parámetro pendiente.
- Los gemelos muestran una correlación significativa en el factor VRT, es decir, en la velocidad de respuesta a los estímulos sobreaprendidos, mientras que los mellizos se parecen más en VPE, es decir, velocidad de procesamiento espacial.

3.2. Procesamiento de información y aptitudes

En el mismo estudio de McGue y col. (1984) se exploran las relaciones entre los parámetros del procesamiento de la información y las medidas factoriales de la inteligencia.

Los principales resultados son los siguientes:

- Hay una correlación significativa entre la identificación nominal (IN) y la identificación física (IF) con las medidas factoriales de velocidad y precisión perceptiva. Los valores

TABLA 14.1

Correlaciones entre gemelos y mellizos entre las distintas medidas de las tareas cognitivas: Posner (letras), Sternberg (números) y Shepard-Metzler (figuras). Se indican también las correlaciones en los tres factores en los que se resumen las distintas medidas

Variables	Gemelos	Mellizos
Tarea de Posner (letras)		
% de aciertos	0,135	0,139
Identificación física (identificar la letra)	0,571*	0,011
Identificación nominal (significado de la letra)	0,604	–0,340
Acceso léxico (recuperar desde la memoria una letra)	0,116	0,478
Tarea de Sternberg (números)		
% de aciertos	0,792*	–0,044
Origen (codificación, decisión, etc.)	0,316	–0,500
Pendiente (tiempo de búsqueda de un elemento)	0,163	0,126
Tarea de Shepard-Metzler (figuras)		
% aciertos	0,620*	–0,186
Origen (codificación, decisión, etc.)	0,244	–0,122
Pendiente (tiempo de rotación)	0,256	0,500
Componentes (del análisis factorial)		
VRT (velocidad de respuesta)	0,456*	–0,144
VPI (velocidad de procesamiento)	0,125	0,298
VPE (velocidad de procesamiento espacial)	0,196	0,513*

son –0,20 y –0,40, respectivamente. Es decir, a mayor velocidad y precisión perceptiva, menos tiempo necesario para realizar la IN y la IF en la tarea de Posner.

- También hay una correlación significativa entre la identificación física y la identificación nominal con las medidas factoriales de razonamiento verbal.
- El factor de velocidad general (VRT) se relaciona en mayor medida con la aptitud verbal que la velocidad de los procesos verbales específicos medidos por la identificación física y la identificación nominal.
- Los tests factoriales que más correlacionan con los parámetros de pendiente y de origen de la tarea de S. Sternberg parecen representar el factor g (CI medido a través del WAIS).
- Respecto a la tarea de Shepard-Metzler, se halla una correlación significativa entre el parámetro de origen y las medidas factoriales de capacidad espacial (McGue y col., 1984).

En suma, McGue y col. (1984) observan un parecido entre los gemelos en las medidas factoriales de capacidad mental. Según ellos, esta semejanza se puede atribuir en gran medida a las similitudes genéticas y biológicas de los gemelos.

Por otro lado, hay una semejanza significativa sólo en las medidas del procesamiento de la información que son indicadores de velocidad general de respuesta, es decir, en el factor VRT. Este resultado sería incongruente con la hipótesis de E. Hunt (1983) de que las diferencias biológicas tendrán un mayor impacto sobre las medidas específicas del procesamiento cognitivo.

3.3. Comentario

Según los resultados de McGue y col. (1984) puede ser relevante hablar de un componente de velocidad general común al rendimiento en la mayor parte de las tareas experimentales del procesamiento de la información relacionadas con las medidas factoriales del factor general de inteligencia o g.

Estos autores sostienen que hay una distinción clara entre las medidas del procesamiento de la información verbal y espacial, resultado que también se ha encontrado tradicionalmente en el campo de las teorías factoriales. Según estos autores, «a medida que se vayan encontrando tareas experimentales de variables del procesamiento de información más fiables y válidas, aumentará el parecido entre las teorías factoriales y cognitivas» (McGue y col., 1984, pág. 257).

Este tipo de resultados contribuyen a apoyar la idea de que las teorías factoriales y cognitivas de la inteligencia son complementarias.

En cualquier caso, todavía hay que responder algunas preguntas importantes sobre la mejor manera de representar en nuestras teorías científicas las respuestas a la pregunta por el origen de las diferencias intelectuales.

4. APLICACIONES PRÁCTICAS

Las posibles aplicaciones prácticas que se pueden derivar del estudio científico del origen de las diferencias intelectuales no son inmediatas. De hecho, a veces hasta se duda de que se tengan que encontrar aplicaciones prácticas en este campo, puesto que las consideraciones éticas siempre están presentes.

Curiosamente, estas consideraciones éticas apenas se presentan cuando los científicos tratan de localizar los genes que pueden influir en las diferencias individuales anormales o psicopatológicas, como por ejemplo la esquizofrenia o el retraso mental. Sin embargo, el panorama cambia radicalmente cuando los científicos también se interesan por la búsqueda de los posibles genes dentro del rango de las diferencias individuales normales.

Las diferencias individuales pueden ser, como ya se ha comentado, normales o anormales. Las diferencias individuales anormales se corresponden con desviaciones dramáticas, estadística y socialmente hablando, de la media o tendencia central de una población en una determinada propiedad psicológica, como la inteligencia o la ansiedad.

Hablar de desviaciones estadísticas puede parecer algo arbitrario, pero, de hecho, resulta bastante menos caprichoso que la opinión subjetiva de algunos profesionales. Por consiguiente, se puede decir que las decisiones sobre datos objetivos resultan más precisas. En cualquier caso, el lugar en el que se sitúan los puntos de corte siguen siendo, en parte, subjetivos.

Así, por ejemplo, un criterio usual para diagnosticar un retraso mental es que la persona tenga una puntuación en cociente intelectual (CI) por debajo de 70, siendo la medida 100 y la desviación típica de 15. Una puntuación de 70 supone, así, situarse 2 desviaciones típicas por debajo de la media poblacional. ¿Por qué 2 desviaciones típicas y no 1?

Hay razones para ello: una persona que se sitúa 1 desviación típica por debajo de la media no tiene los problemas de adaptación a tareas cognitivamente exigentes que presenta una persona que se sitúa 2 desviaciones típicas por debajo de la media poblacional. Por consiguiente, los criterios estadísticos de los que nos servimos los profesionales dependen de su repercusión, contrastable empíricamente, en situaciones cotidianas en las que, por ejemplo, la adaptación es importante para un óptimo desarrollo personal.

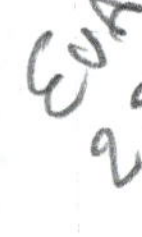

La adaptación no necesariamente supone ceñirse a las normas establecidas. Estos procesos de adaptación pueden consistir en modificar o cambiar el ambiente, como se vio al exponer la teoría triárquica de Sternberg. Pero, a su vez, estas acciones de modificación y cambio son cognitivamente exigentes. Modificar el propio ambiente supone tener unas aptitudes suficientemente brillantes como para planificar, llevar a la práctica y supervisar los procesos de cambio ambiental intelectualmente dirigidos. Una persona que se sitúa 2 desviaciones típicas por debajo de la media de CI, no tenderá a realizar estas actividades de modo espontáneo. Sin embargo, eso no supone que no pueda llegar a hacerlo a través de un cuidadoso programa de entrenamiento diseñado a propósito por los psicólogos.

Según parece, los extremos de la distribución cognitiva, es decir, las personas con puntuaciones de 125 o más y las personas con puntuaciones de 75 o menos, muestran una influencia genética notable. Sin embargo, esta influencia genética disminuye a medida que nos aproximamos a la media de 100.

Conocer que en una propiedad psicológica como el factor g, estimado a través de las pruebas de cociente intelectual, se presenta una contribución genética significativa, puede invitar a desarrollar proyectos dirigidos a localizar los genes responsables de las diferencias de inteligencia. Así por ejemplo, actualmente el profesor Robert Plomin está dirigiendo en el *Institute of Psychiatry* de Londres un programa destinado a encontrar los genes de la inteligencia (Plomin, 1995, 1997; *Psychological Science,* mayo 1998).

El mismo fenómeno que se presenta en la fenilcetonuria puede suceder con otras propiedades intelectuales más específicas. Sabemos que la fenilcetonuria es una enfermedad genética infantil que consiste en la imposibilidad de metabolizar sustancias químicas importantes para el desarrollo intelectual normal de la persona. Un bebé que nace con esta enfermedad está condenado genéticamente a padecer un retraso mental grave.

Sin embargo, los científicos han descubierto en qué consiste la acción metabólica genéticamente prescrita vinculada a la fenilcetonuria. Sabemos, gracias a esa investigación, que la ausencia de ciertos procesos metabólicos se puede suplir a través de una dieta adecuada desde el momento del nacimiento. Por consiguiente, conocer la actuación de los genes proporciona vías para explorar su actuación sobre el metabolismo, el que, a su vez, influye claramente en propiedades psicológicas como la inteligencia.

Esta acción genética indirecta sobre la inteligencia puede producirse en otros casos. Pero la búsqueda de efectos genéticos no se puede producir en el vacío. Dicho de otro modo, en primer lugar hay que demostrar que determinadas propiedades psicológicas pueden ser hereditarias. No merece la pena, e incluso puede convertirse en una tarea imposible, ponerse a buscar genes de una propiedad no especificada.

Qué es lo que se hereda es una pregunta que se puede responder a través de medidas psicológicas realizadas con pruebas fiables y válidas, seleccionadas según los criterios científicos avalados por las teorías factoriales, cognitivas y biológicas de la inteligencia.

Este tipo de teorías de la inteligencia señalan a los científicos cuáles parecen ser las propiedades intelectuales más o menos importantes y cómo se pueden medir. La exploración sistemática de estas propiedades intelectuales, sirviéndose de los diseños de gemelos, de adopción y familiares, puede sugerir a los científicos cuáles de ellas son hereditarias y cuáles no lo son.

Los resultados positivos sobre la influencia hereditaria en determinadas propiedades intelectuales, estimadas siguiendo una reglas científicas básicas, teóricas y metodológicas, nos indican la relevancia de rastrear el genoma humano en busca de los correspondientes genes (Plomin, 1994, 1995; Plomin y Rende, 1991).

En cierto modo, poder localizar los genes asociados a las propiedades intelectuales importantes puede capacitar para corregir la información que los genes envían al ambiente fisiológico del organismo, del mismo modo que en el caso de la fenilcetonuria.

Sabemos, en este sentido, que el síndrome de Turner produce efectos intelectuales completamente distintos en varones y mujeres. En los varones se deterioran las destrezas cognitivas asociadas al factor verbal:educativo (v:ed), mientras que en las mujeres se degradan las destrezas cognitivas vinculadas al factor práctico-mecánico (k:m). El síndrome de Turner está prescrito por la carencia de un cromosoma X en mujeres (45X) y la existencia de un cromosoma X de más en varones (45XXY).

Estos datos sobre el síndrome de Turner sugieren que la programación genética actúa sobre propiedades intelectuales claramente diferenciadas en las teorías factoriales de la inteligencia. Conociendo estas vinculaciones entre los genes y las propiedades

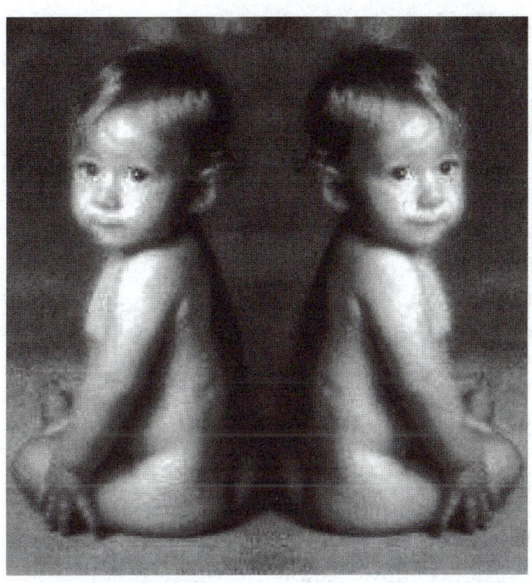

Figura 14.8.—Los gemelos son genéticamente idénticos. Sin embargo, ningún genotipo se desarrolla por sí mismo. Siempre se requiere un determinado ambiente para que se pueda expresar el genotipo. Si los ambientes de dos genotipos idénticos son distintos, sus semejanzas fenotípicas se reducirán. Por este y otros motivos, el genotipo *no determina* las semejanzas y diferencias de conducta.

intelectuales recogidas en las teorías psicológicas, ¿sería posible diseñar programas de intervención metabólica para mediatizar y modificar la actuación de los genes que, necesariamente, es indirecta y a través de complejas vías bioquímicas y fisiológicas?

Evidentemente, por los ejemplos revisados se debe concluir que los dos elementos que se consideran en la pregunta por el origen de las diferencias intelectuales están implicados. Así, encontrar los genes asociados a determinadas aptitudes intelectuales obligará a los científicos a idear programas ambientales para modificar la actuación indirecta de la programación genética. Ahora bien, un programa de modificación ambiental debe estar basado en el conocimiento preciso de las vías indirectas de actuación de los genes.

Ignorar este tipo de hechos sólo servirá para continuar produciendo grandes modificaciones ambientales cuyo efecto real sobre las diferencias intelectuales puede ser muy difícil de valorar. Sostener que el número de libros, las horas que se ve la televisión o las discusiones con los padres son variables importantes para el desarrollo intelectual de un chaval con un CI de 75, es interesante para los científicos. Sin embargo, es mucho más importante para el chaval que los científicos puedan indicarle exactamente qué debe hacer para incrementar su nivel intelectual, de modo tal que mejoren sus aptitudes para adaptarse o modificar su ambiente. En otras palabras, para cambiar *su experiencia del ambiente* (Plomin, 1994).

En suma, las aplicaciones prácticas que se pueden derivar del estudio del origen genético y ambiental de las diferencias intelectuales suponen, entre otras cosas, señalar con precisión cuáles son las propiedades psicológicas que muestran una influencia hereditaria. El mapa topográfico resultante servirá para orientar la búsqueda de genes relevantes y valorar los cambios producidos por las intervenciones ambientales cuidadosamente planificadas por los científicos.

SUMARIO

Los estudios científicos sobre el origen de las diferencias intelectuales no suelen ser bien comprendidos. Una hipótesis que puede explicar esta situación es que la ideología de los científicos sociales actúa como unas lentes que impiden ver los hechos y sus posibles consecuencias. Generalmente, se supone que el impacto de la programación genética debe llevar al fatalismo y a sentirse atrapados por entre las redes de oscuras fuerzas incontrolables. Sin embargo, sabemos que esto no es así. Por un lado, la programación genética actúa de un modo indirecto a través de complejas vías bioquímicas y fisiológicas. Los científicos pueden estudiar estas rutas y llegar a modificar la influencia de la programación genética. Por otro lado, los datos poblacionales sobre el aumento del impacto del medio ambiente sobre las diferencias intelectuales, pueden estar indicando la presencia de un sistema social cada vez más rígido que impide una libre movilidad social de los ciudadanos basada en la competencia y la valía personal. La estratificación social constituye un hecho social que, por supuesto, nada tiene que ver con que los psicólogos puedan estar interesados en su estudio científico; la estratificación seguiría estando ahí aunque no hubiese ningún psicólogo. Sin embargo, la estratificación social pueda estar basada en presiones ambientales destinadas a que los grupos situados en las capas altas permanezcan en ellas independientemente de su valía personal. Los aumentos en el índice de heredabilidad son sintomáticos, por el contrario, de que la población se caracteriza por una gran movilidad social basada en los individuos, no en grupos sociales de diversa naturaleza (Humphreys, 1991). Los modernos sistemas democráticos se basan precisamente en esta idea, es decir, en la garantía de la igualdad de oportunidades para todos los ciudadanos.

La pregunta por el origen de las diferencias intelectuales debe responderse estudiando el impacto de la programación genética y del ambiente. No debe olvidarse que la partitura genética actual es un resultado evolucionista, es decir, está compuesta por notas seleccionadas a partir de las presiones ambientales del pasado de la especie humana a las que, como señala la teoría de la evolución, no todos los individuos respondieron del mismo modo. Los datos disponibles indican que tanto los genes como el medio ambiente actual son activos en la determinación de las diferencias intelectuales. El impacto de ambos varía a lo largo de la vida de las personas y según el tipo de capacidad que se considere. Las medidas del ambiente deberían convertirse en medidas sobre la experiencia que distintos individuos tienen del mismo tipo de ambiente. Sabemos que el mismo medio ambiente no influye igual en las distintas personas, y también sabemos que esas diferencias se pueden explicar, hasta cierto punto, por las diferencias genéticas entre los individuos. Las posibles aplicaciones prácticas tienen que ver, por un lado, con el seguimiento del impacto poblacional de la herencia y el medio ambiente, y, por otro lado, con las sugerencias que los psicólogos les pueden transmitir a los investigadores del genoma humano sobre dónde, qué y cuándo mirar. El famoso *Proyecto Genoma Humano* está teniendo un impacto relevante en la ciencia y la psicología ni es ni puede ser una excepción en este sentido.

Grupos humanos 15

En ocasiones, el estudio científico de las diferencias entre grupos humanos tiene un cierto impacto social. Los varones y las mujeres están ahí, y casi todo el mundo tiene opiniones personales, no basadas en hechos constatados, sobre sus diferencias y semejanzas. Por el contrario, a menudo se puede escuchar que no existe ninguna diferencia entre los varones y las mujeres. Por supuesto, esto es absolutamente cierto si consideramos que son iguales como ciudadanos en derechos y deberes. Las sociedades democráticas deben garantizar la igualdad de oportunidades de cualquier ciudadano, independientemente de su sexo, edad o grupo social. Sin embargo, garantizar la igualdad de oportunidades de todos y cada uno de los ciudadanos no tiene nada que ver con su igualdad biológica o psicológica. Las personas tienen el derecho a la diferencia y la sociedad debe respetar esa diferencia. Desde luego, es bastante complicado sostener que las personas pueden hacerse iguales por una especie de Real Decreto, que, por supuesto, sería bastante totalitario. Igual que los habitantes de Andalucía se sienten orgullosos de su fantástico clima, las mujeres pueden sentirse orgullosas de su capacidad para expresar sus emociones, las personas mayores pueden sentirse orgullosas de la sabiduría que han acumulado en el transcurso de sus vidas, y las personas con escasos ingresos económicos pueden sentirse orgullosas de su capacidad para mantener unida a la familia a pesar de todo. Ahora bien, igual que pueden aprender a sentirse orgullosas, las personas deberían aprender a reconocer sus posibles limitaciones para poder buscar vías de superación. El estudio científico de las diferencias entre grupos humanos puede, siempre que se considere oportuno por la sociedad en su conjunto, ayudar a las personas a reconocer de un modo bastante objetivo cuáles pueden ser sus limitaciones y a encontrar vías de superación si, de nuevo, la sociedad en su conjunto lo estima oportuno. Desde luego, el estudio científico en sí mismo no tiene ningún impacto social, pero puede ser considerado por las personas que toman las decisiones que influyen en nuestras vidas. Como ciudadanos parece razonable esperar que las personas en las que depositamos nuestra confianza, tomen sus decisiones a partir de un sólido conocimiento sobre los asuntos sociales que nos atañen. Por este y otros motivos, los científicos han estudiado las diferencias entre grupos humanos.

Este epígrafe describe las diferencias entre distintos grupos humanos, siempre sin olvidar que sus semejanzas son notorias. En primer lugar, se revisan las diferencias entre varones y mujeres en capacidades, su relación con el desarrollo y las variaciones culturales, así como sus aparentes diferencias de rendimiento educativo y laboral. En segundo lugar, se exponen las diferencias de edad y las diferencias que se producen con el paso de los años. Tras un primer estudio de algunos datos sobre diferencias de capacidad, se describe uno de los proyectos longitudinales más ambiciosos realizados en los últimos años, es decir, el Estudio Longitudinal de Seattle; también se dan algunos datos sobre diferencias de rendimiento. En tercer lugar, se describen las diferencias de clase social en capacidades y rendimiento. Aquí se ponen en entredicho algunos juicios sobre este tipo de estudios y se aportan datos bastante relevantes.

Finalmente, se exponen algunos resultados sobre las diferencias entre grupos étnicos, tanto en capacidades como en rendimiento. Este apartado se cierra con unos comentarios sobre el concepto de igualdad en las sociedades occidentales actuales, con especial referencia a los modos en que este concepto puede llevar a secuestrar la investigación científica.

Bajo ningún concepto se debe perder de vista durante el estudio de este epígrafe que *la información que se revisa no permite sacar ninguna conclusión definitiva sobre los distintos grupos humanos estudiados*. El objetivo didáctico básico consiste en describir algunas de las preguntas que se han formulado los científicos sociales, los métodos que se han empleado para resolverlas y las respuestas a las que de momento se ha llegado. Ninguna información de la que aquí se expone permite llegar a conclusiones absolutas sobre las semejanzas y diferencias entre varones y mujeres, entre personas de distintas edades, o entre personas de distintos grupos sociales. Además, las diferencias que se describen están basadas en el uso de instrumentos de medida psicológica o pruebas de laboratorio diseñadas por los psicólogos, de modo que *generalizar* a las situaciones cotidianas entraña un riesgo significativo. Con esta importante nota de advertencia, pasamos seguidamente a intentar cubrir el objetivo didáctico de este epígrafe.

1. EL ESTUDIO CIENTÍFICO DE LOS GRUPOS HUMANOS

Las principales diferencias de grupo que se han estudiado habitualmente en el enfoque de las diferencias individuales son las diferencias de sexo, de edad, de clase social y étnicas. Sin embargo, como escriben Minton y Schneider (1985), «debemos considerar que cualquier manera significativa social o psicológicamente de asignar a las personas a distintos grupos cae bajo el prisma de la psicología de las diferencias individuales» (pág. 32).

Así, se podrían estudiar las diferencias entre distintas naciones, como por ejemplo entre España y Francia, las diferencias entre religiones, como por ejemplo entre católicos y musulmanes, las diferencias basadas en el orden al nacer, como por ejemplo entre primogénitos y hermanos más pequeños, diferencias según el estado civil, es decir entre solteros, casados, divorciados y viudos, y

Figura 15.1.—Bruce Lee, Harrison Ford y Michael Jackson, individuos que pudieran ser incluidos en distintos grupos humanos. Por ejemplo, una clasificación sería oriental (Lee), caucásico (Ford) y afroamericano (Jackson), es decir, podrían ser clasificados según su origen étnico. Sin embargo, los tres individuos son norteamericanos y tremendamente famosos, y poco importa para sus fans su origen étnico. ¿Por qué habría de importar ese origen en otros casos? El estudio científico de los grupos debe realizarse con sumo cuidado y manteniendo las conclusiones de las distintas investigaciones dentro de los márgenes desde las que se planificó el estudio.

las diferencias basadas en la orientación sexual, es decir, entre heterosexuales, homosexuales y bisexuales.

El modo de estudiar las diferencias grupales consiste en seleccionar una muestra de personas entre las poblaciones de interés. Después se mide una o diversas variables en cada una de las personas de la muestra. Finalmente, se realiza un análisis estadístico para averiguar si hay o no diferencias entre las muestras que representan a los correspondientes grupos poblacionales. Por supuesto, hay que considerar que cuanto más grande es la muestra mayor es la probabilidad de encontrar una diferencia estadísticamente significativa. Por consiguiente, hay que estudiar las medidas descriptivas para corregir el tamaño del efecto, es decir, por ejemplo si las distribuciones de puntuaciones de los grupos comparados se solapan significativamente[1]. En suma, no conviene estudiar sólo si hay diferencias estadísticamente significativas en las medias de los dos grupos sin consultar datos más descriptivos como el solapamiento de las distribuciones. Al hacer esto, podemos encontrarnos que la diferencia media entre dos grupos distintos es mucho menor que las variabilidad dentro de cada uno de los grupos.

En los estudios de comparación de grupos podemos hallar algunos problemas: muestreo representativo, variables extrañas, adecuación de las medidas y sesgo del investigador.

1. Muestreo representativo. Uno de los mayores retos a superar al realizar un muestreo representativo es el de la autoselección. Si usamos personas inmersas en el sistema escolar, podemos garantizar una selección al azar hasta finalizar el período de enseñanza obligatoria (16 años), pero después las muestras ya estarán sesgadas. Estos problemas de autoselección son especialmente problemáticos al estudiar las diferencias de edad, sobre todo en las personas de más edad; suelen ser los más inteligentes y educados los que siguen en el estudio al cabo de 30 o 40 años, lo que puede suponer un problema para averiguar si realmente se produce un declive intelectual con la edad[2]. Por supuesto, una manera de luchar contra estos problemas es trabajar con distintas muestras para averiguar si los resultados no cambian sustancialmente en distintos casos.
2. Variables extrañas. Una variable extraña que puede enturbiar los estudios sobre el ciclo vital es el nivel educativo de los distintos grupos de edad también denominados *cohortes*. Suele ocurrir que las personas mayores han recibido menos educación. Esto puede producir que la menor inteligencia de los mayores se pueda atribuir a la cantidad de educación recibida y no a un declive cognitivo debido a la edad. Por supuesto, esto debe corregirse agrupando a las distintas personas de cada grupo de edad según su nivel educacional. Asimismo, se pueden controlar estadísticamente las diferencias educacionales.
3. Adecuación de las medidas. Puede ser que una misma medida no sea adecuada para los grupos comparados. Así por ejemplo, un test de inteligencia culturalmente cargado (es decir, de Gc o inteligencia cristalizada) puede perjudicar a determinados grupos minoritarios.
4. Sesgo del investigador. Este sesgo se puede dar: *a*) al seleccionar las muestras o los instrumentos de medida; *b*) dando a las personas consignas para que respondan de una determinada manera; *c*) reforzando ciertos comportamientos de las personas de algún grupo; *d*) cometiendo errores sistemáticos al corregir, registrar o analizar los datos, y *e*) interpretando datos no concluyentes en una determinada dirección.

[1] La profesora María Ángeles Quiroga, de la Universidad Complutense de Madrid, está preparando una técnica para analizar este tipo de problemas.

[2] Ésta es una crítica que se le hace al Seattle Longitudinal Study (SLS) que se describe después.

Hay que considerar que el estudio de las diferencias grupales es un tema en el que se pueden colar este tipo de sesgos de un modo sutil, especialmente por los habituales estereotipos sociales. Incluso la manera en que se presentan los datos puede convertirse en una fuente de sesgos.

Un ejemplo puede hablar por sí mismo. Maccoby y Jacklin (1974) encontraron que cuando se comparaba a varones y mujeres en rasgos como la dependencia y el nivel de actividad, aparecían notables diferencias si se usaban juicios realizados por observadores independientes, padres y profesores, pero esas diferencias eran mucho menores cuando se usaban métodos de medida más objetivos, como el recuento de la frecuencia con que se realizaban ciertas conductas. Claramente, los juicios estaban sujetos al influjo de los estereotipos sociales sobre los varones y las mujeres.

2. VARONES Y MUJERES

Desde un punto de vista ingenuo las diferencias de sexo son un hecho que salta a la vista. Hay personas que parecen varones y personas que parecen mujeres. Existen personas que se comportan como varones y personas que se comportan como mujeres. En principio, las diferencias de sexo son un hecho que no requiere ninguna explicación científica: ahí están. Pero cuando las diferencias son tan visibles, es muy fácil crear y ceñirse a diversos *estereotipos sociales* sobre qué tipo de comportamiento cabe esperar de un varón o de una mujer.

Así, por ejemplo, en un estudio de Broverman y sus colegas (1972) se observó que los varones eran habitualmente calificados mediante rasgos como autoconfiado, independiente, activo, objetivo, competitivo, ambicioso y capaz de tomar decisiones con facilidad, mientras que la mujer era descrita como gentil, sensible a los sentimientos de los demás, discreta y capaz de expresar sentimientos de ternura. En una palabra, los varones eran consideradas personas *instrumentales*, mientras que las mujeres eran consideradas personas *expresivas*.

Estos estereotipos sociales ni pueden ni deben ignorarse, puesto que constituyen un mecanismo adaptativo que los seres humanos empleamos para simplificar la realidad: hablamos de catalanes y vascos, de funcionarios y empresarios neoliberales o de mujer trabajadora y ama de casa. Sin embargo, hay que considerar que esos estereotipos pueden llevarnos a cometer errores graves. Según parece, como grupo humano, los varones son más agresivos que las mujeres. Sin embargo, como individuos, hay algunas mujeres bastante más agresivas que muchos varones. Por eso es frecuente que a la pregunta de quiénes son más inteligentes, los científicos respondan: «¿de qué hombre y de qué mujer en particular estamos hablando?». Con esa pregunta, los científicos sociales transmiten la idea básica de que las diferencias individuales son mucho más importantes que las diferencias de grupo, hecho que nunca debe perderse de vista al estudiar el segundo tipo de diferencias.

La investigación científica debería ayudarnos a comprender cuáles de estos estereotipos sociales son científicamente correctos y cuáles no lo son. Los estudios sistemáticos sobre las diferencias de sexo nos pueden ayudar a averiguar no sólo si de hecho hay diferencias de sexo, sino también en qué atributos de la inteligencia, si esas diferencias cambian con el paso de los años, y si las diferencias de sexo varían en distintas culturas. Responder a esas preguntas desde la ciencia supone usar instrumentos de medida de variables psicológicas importantes como la inteligencia, por lo que decir que las mujeres tienen una mayor capacidad verbal que los varones depende hasta cierto punto de las pruebas empleadas para medir la capacidad verbal.

Aunque las diferencias de sexo habían sido investigadas desde principios de siglo por los psicólogos de las diferencias individuales, la década de los setenta supuso un verdadero espaldarazo a su estudio científico. Una de las grandes obra publicadas durante esos años llevaba por título *The Psychology of Sex Differences*, y sus autoras eran Eleanor Maccoby y Carol N. Jacklin (1974). Según Minton y Schneider (1985), una gran parte de los investigadores interesados por las diferencias de sexo han sido mujeres.

A pesar de los numerosos estudios correlacionales que han mostrado algunas diferencias de sexo sistemáticas y relevantes, la investigación experimental de la conducta ha ignorado, también de un modo sistemático, las diferencias de sexo, a través de tres vías (Minton y Schneider, 1985):

— Usando sólo varones como sujetos experimentales.
— Ignorando el posible efecto del sexo en los resultados experimentales.
— No informando sobre el sexo de los sujetos experimentales.

En este apartado se comentará una serie de estudios sobre las diferencias de sexo en inteligencia general y en una serie de capacidades intelectuales básicas. También se analizarán algunos datos sobre las diferencias de sexo en rendimiento educativo y laboral.

2.1. Capacidades

Cuando los científicos han construido instrumentos para medir la inteligencia, han puesto un cuidado especial en que no hubiera un sesgo en contra de las mujeres o de los varones. En las sucesivas adaptaciones de tests psicológicos como las *Escalas de Wechsler para la Medida de la Inteligencia,* ha sido una práctica común descartar aquellas preguntas en las que las mujeres o los varones diferían significativamente (Minton y Schneider, 1985).

2.1.1. *Estudios clásicos*

Según los resultados clásicos revisados por la profesora Anne Anastasi (1958), los chicos logran mejores puntuaciones en pruebas de información general, de razonamiento aritmético y de aptitud espacial, mientras que las chicas alcanzan mejores puntuaciones en aptitud verbal general, en tareas de deletreo, en el uso gramatical del lenguaje, en memoria rutinaria o mecánica y en velocidad perceptiva.

Los datos de Leona Tyler (1965) son muy similares a los de Anastasi. Sin embargo, al estudiar la aptitud verbal, Tyler diferenció entre tareas de vocabulario (significado de las palabras) y tareas de fluidez verbal (producción del lenguaje hablado y escrito), encontrando que las chicas lograban mejores puntuaciones únicamente en fluidez verbal. Además, Tyler observó que los chicos tenían mejores puntuaciones en tareas de razonamiento mecánico.

Los análisis de Eleanor Maccoby (1966) concordaban con los de Anastasi y Tyler. Sin embargo, observó que la superioridad de las chicas en vocabulario al comienzo de la escuela se desvanecía hacia los 10 años de edad. Asimismo, la ventaja de los chicos en problemas de razonamiento mecánico aumentaba con la edad.

El amplio y clásico estudio de Maccoby y Jacklin (1974), *The Psychology of Sex Differences,* concluyó que las diferencias de sexo consistentes en todas las edades eran las siguientes:

— Los chicos son superiores en tareas de información general.
— Las chicas son superiores en tareas de velocidad perceptiva y en memoria rutinaria o mecánica para material verbal, pero no en memoria para números y objetos.

Además, las diferencias de sexo en las capacidades o aptitudes verbal, matemática y espacial están moderadas por la edad, es decir, las diferencias no son constantes a distintas edades (Maccoby y Jacklin, 1974).

2.1.2. *Estudios de metaanálisis*

En la década de los ochenta se ha aplicado una técnica para valorar los resultados encontrados en distintos estudios sobre diferencias entre grupos. Estas técnicas sirven para calcular la magnitud numérica de las diferencias entre grupos. El índice empleado para expresar el resultado de este cálculo es *d*, es decir, el efecto del tamaño de las diferencias entre las puntuaciones medias de los grupos considerados, en términos de unidades de desviación típica (Cohen, 1977, 1988).

La fórmula para calcular *d* es bastante simple:

$$d = (M1 - M2)/s$$

M1 es la puntuación media lograda por el primer grupo (por ejemplo, varones), M2 es la puntuación media lograda por el segundo grupo (por ejemplo, mujeres) y *s* es la desviación típica promedio del grupo. El signo positivo del índice *d* señala superioridad del primer grupo (M1), mientras que el signo negativo del índice *d* señala superioridad del segundo grupo (M2).

Cuando el valor de *d* es inferior a 0,20, la diferencia entre los grupos es relativamente pequeña. Cuando el valor de *d* gira alrededor de 0,5, la diferencia entre los grupos es media, aunque significativa en la mayor parte de los casos. Cuando el valor de *d* es superior a 0,8, la diferencia entre los grupos es alta y muy significativa (Cohen, 1977)[3].

En un metaanálisis realizado por Hyde (1981) con los datos clásicos de Maccoby y Jacklin (1974), se confirmó que los chicos superan a las chicas en capacidad espacial y matemática, y que las chicas superan a los chicos en capacidad verbal. Esta agrupación en capacidad verbal, capacidad espacial y capacidad matemática realizada en el estudio pionero de Hyde, ha influido mucho en los estudios de metaanálisis posteriores sobre diferencias de sexo en inteligencia.

Uno de los resultados más llamativos al explorar las diferencias de sexo es que su tamaño suele depender del tipo de datos considerados en las comparaciones. De este modo, cuando se analizan los datos de personas que desean ingresar en la Universidad, a través de pruebas como el *Scholastic Aptitude Test* (SAT), es decir, un test de logro académico equivalente en teoría a la selectividad de nuestro país, se aprecia que las mujeres logran puntuaciones algo más bajas que los varones. Sin embargo, cuando se estudian los datos de estandarización de las pruebas psicométricas de inteligencia (por ejemplo, con estudiantes de enseñanza secundaria) estas diferencias de sexo se reducen significativamente. Una posible explicación de estos resultados es que las personas que desean ingresar en la Universidad están mucho más seleccionadas que los estudiantes de enseñanza secundaria, es decir, son menos representativas de la población al ser grupos relativamente homogéneos, de modo que si se desea realizar un estudio representativo debe emplearse el segundo tipo de muestras (Feingold, 1993).

A continuación se revisan algunos datos sobre las principales capacidades intelectuales agrupadas en conceptos teóricos importantes. Según la teoría factorial de R. B. Cattell y J. E. Gustafsson, el tipo de tareas o tests que se deben incluir en estos factores generales son los siguientes:

— Gc, capacidades cristalizadas: tareas de vocabulario y tareas de matemáticas. Según R. Lynn (1994), la puntuación de CI verbal de las escalas de Wechsler constituye un buen indicador de Gc.

— Gv, visualización general: tareas de visualización espacial, de percepción espacial y de rotación mental.

— Gf, capacidades fluidas: tareas de razonamiento inductivo, de razonamiento abstracto y de amplitud de memoria. Según R. Lynn (1994) las puntuaciones en los tests verbales y no verbales del DAT constituyen tareas de razonamiento que estiman bastante bien Gf.

Gc. Capacidades cristalizadas (capacidades verbales y matemáticas). Gc representa el rendimiento en tareas de carácter verbal (por ejemplo, vocabulario) y de carácter numérico (por ejemplo, cálculo de sumas, restas, multiplicaciones y divisiones).

En cuanto a las tareas de carácter verbal, estudiando una muestra de 10.000 estudiantes se halló que no había diferencias de sexo en tareas de vocabulario y que existían mínimas diferencias a favor de las chicas en tareas de comprensión lectora (Martin y Hoover, 1987).

[3] Estos valores son aproximaciones, puesto que existen fórmulas que permiten calcular la significación estadística exacta de los índices correspondientes. En cualquier caso, los márgenes citados constituyen un criterio bastante convenido.

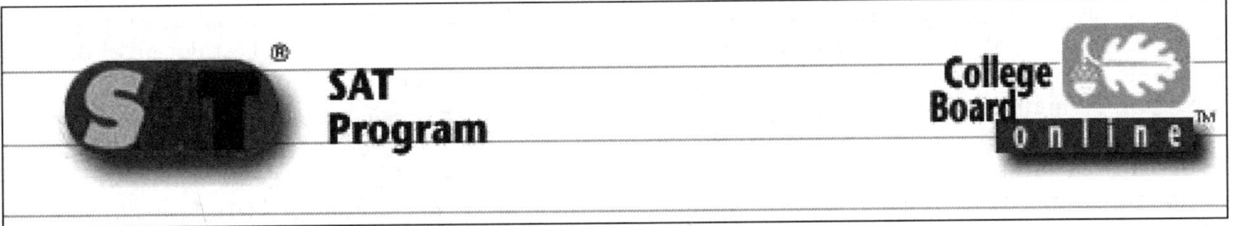

Figura 15.2.—El SAT *(Scholastic Aptitude Test)* está compuesto por una serie de tests diseñados por *el Educational Testing Service* (ETS), institución financiada por el Gobierno estadounidense encargada de garantizar la objetividad del proceso de selección escalar en ese país.

Estos mismos resultados se encontraron en una serie de estudios nacionales realizados en los Estados Unidos[4] al analizar las puntuaciones de estudiantes de 9, 13 y 17 años en 1971, 1975, 1980 y 1984; la mínima diferencia en tareas de comprensión lectora desaparece hacia los 20 años de edad (Mullis, 1987).

En los datos de estandarización del DAT *(Differential Aptitude Test)* se observa una ventaja de las chicas en tareas de deletreo y de uso gramatical del lenguaje. En el caso de las tareas de deletreo, la ventaja de las chicas aumenta con la edad, mientras que en el uso gramatical del lenguaje la ventaja de las chicas se mantiene aproximadamente al mismo nivel (Feingold, 1992). Las mujeres parecen superar a los hombres en tareas de fluidez verbal (Schaie y Hertzog, 1983), pero no hay diferencias en tareas de razonamiento verbal (Feingold, 1988).

En los datos de metaanálisis de Hyde (1981) sobre las capacidades verbales, se encontró un valor de $d = -0{,}24$, mientras que en el metaanálisis de Hyde y Linn (1988) se halló un valor de $d = -0{,}15$. Recuérdese que el valor negativo del índice d significa una diferencia favorable a las mujeres.

Un valor $d = 0{,}5$ equivale a 7,5 puntos de CI ($d = 1$ equivale a una desviación típica, es decir, 15 puntos de CI). Por tanto, si $d = -0{,}24$, las mujeres logran 3,6 puntos de CI más que los varones. Si $d = -0{,}15$, la diferencia en puntos de CI favorable a las mujeres es de 2,25[5].

Por lo que se refiere a las tareas numéricas, los estudios de metaanálisis de Hyde (1981) llegan a un valor de $d = 0{,}43$, mientras que en el estudio de Hyde, Fennema y Lamon (1990) se obtiene un valor de $d = 0{,}20$. Los autores sugieren que la diferencia favorable a los varones puede atribuirse a que, en ocasiones, los problemas matemáticos están planteados geométricamente, es decir, espacial y no verbalmente.

Aplicando la regla antes expuesta, si $d = 0{,}43$, entonces los varones tienen 6,5 puntos de CI más que las mujeres; cuando $d = 0{,}20$, entonces los varones tienen 3 puntos de CI más que las mujeres.

En los resultados de estandarización del WAIS y el WAIS-R en los Estados Unidos, R. Lynn (1994) ha encontrado que la diferencia es de 1,2 puntos y 2,2 puntos de CI, respectivamente. Estos datos suponen una combinación de tareas verbales y numéricas. Los valores correspondientes en el índice estándar serían: $d = 0{,}08$ y $d = 0{,}15$.

Gv. Capacidades de visualización (relaciones espaciales, rotación mental y visualización). Las tareas de Gv suelen ser de visualización (por ejemplo, plegado mental de figuras), de rotación (por ejemplo, rotar una letra en el plano para compa-

[4] NAEP, National Assessment of Educational Progress.

[5] Esta conversión es muy simple: el índice d se expresa en unidades de desviación típica, de modo que multiplicando el valor del índice por 15 (una desviación típica) se puede realizar de inmediato la transformación numérica correspondiente.

rarla con un modelo), y de relaciones espaciales (por ejemplo, identificar una figura simple oculta dentro de otra figura más compleja).

Según el metaanálisis de Linn y Petersen (1985), las diferencias de sexo son especialmente relevantes en tareas de rotación (d = 0,73), algo menores en tareas de relaciones espaciales (d = 0,44) y prácticamente nulas (d = 0,13) en tareas de visualización.

La conversión a puntuaciones de CI nos lleva a los siguientes resultados:

— Rotación: d = 0,73, es decir, 11 puntos de CI favorables a los varones.
— Relaciones espaciales: d = 0,44, esto es, 6,6 puntos de CI favorables a los varones.
— Visualización: d = 0,13, es decir, 2 puntos de CI favorables a los varones.

En un metaanálisis realizado 10 años después por Voyer y sus colegas (1995), los resultados son muy similares a los de Linn y Petersen (1985). Las diferencias de sexo medias, considerando los 286 estudios analizados, son significativas (d = 0,37, es decir, 5,5 puntos de CI favorables a los varones).

Sin embargo, las diferencias varían según el tipo de estudio. Además, cuando se agrupan los estudios según el tipo de habilidad espacial, los resultados son los siguientes:

— Rotación: d = 0,56 (significativo). Por tanto, 8,5 puntos de CI favorables a los varones.
— Relaciones espaciales: d = 0,44 (significativo). Por tanto, 6,6 puntos de CI favorables a los varones.
— Visualización: d = 0,19 (no significativo). Por tanto, 2,9 puntos de CI favorables a los varones.

Voyer y sus colegas (1995) estudiaron también las diferencias de sexo en los 12 tests usados en su metaanálisis:

— Tests de rotación: 1) Test de rotación del PMA. 2) Test de rotación de cartas del KIT del ETS. 3) Test de rotaciones mentales de Vandenberg y Kuse (1978).
— Tests de relaciones espaciales: 4) Test de la varilla y el marco. 5) Test del nivel de agua de J. Piaget.
— Tests de visualización: 6) Test de rompecabezas impresos. 7) Test de relaciones espaciales de DAT. 8) Test de cubos. 9) Test de cubos del Wechsler. 10) Test de doblado de papel. 11) Test de figuras enmascaradas. 12) Test de figuras ocultas.

Las diferencias de sexo no resultaron significativas en 4 de los 12 tests: test de figuras enmascaradas, test de relaciones espaciales del DAT, cubos de las escalas de Wechsler y test de doblado de papel. Por tanto, no hubo diferencias de sexo sólo en algunas de las pruebas de visualización.

Según estos autores, la sugerencia de Alan Feingold (1988) de que las diferencias de sexo en Gv se están reduciendo en los últimos años puede ser incorrecta, puesto que en sus análisis sólo considera el test de relaciones espaciales del DAT, es decir, una única medida de visualización, ignorando las otras capacidades de Gv[6].

Gf. Capacidades fluidas (educción de relaciones y correlatos). Las tareas de Gf suelen ser tareas de razonamiento inductivo (por ejemplo, series de letras que la persona debe completar), tareas de relaciones entre figuras (por ejemplo, el test de matrices de Raven o el test de razonamiento abstracto del DAT) y tareas de amplitud de memoria (por ejemplo, dígitos del Wechsler).

En su estudio clásico, Maccoby y Jacklin (1974) no encontraron diferencias de sexo en tareas de razonamiento abstracto. En estudios más recientes, los datos sobre el test de razonamiento abstracto del DAT señalan que no hay diferencias de sexo, aunque sí se puede apreciar un despunte de los chicos hacia el final de la enseñanza secundaria. Finalmente, los chicos superan a las chicas, con bastante diferencia, en el test de razonamiento mecánico del DAT, aunque esa diferencia parece estar reduciéndose en las actuales generaciones (Feingold, 1988).

[6] Véase el excelente estudio sobre la rotación mental como mediadora de las diferencias de sexo en visualización, realizado por Delgado y Prieto (1997).

Según R. Lynn (1994) se puede lograr una estimación de Gf a través de los tests verbales y no-verbales del DAT, puesto que en la mayor parte de los casos son tareas de razonamiento. En su propio estudio, Lynn (1994) calcula la diferencia en Gf entre varones y mujeres a partir del metaanálisis realizado por A. Feingold (1988) sobre datos del DAT.

En ese metaanálisis de Feingold (1988), el valor para el DAT-verbal es *d* = 0,12 y el valor para el DAT-No verbal es *d* = 0,16. Por tanto, 1,8 puntos de CI y 2,4 puntos de CI, respectivamente, favorables a los varones. La media del DAT-verbal y No verbal sería 2,1 puntos de CI favorables a los varones.

Gs. Velocidad cognitiva. Las chicas muestran una mayor velocidad perceptiva que los chicos, aunque los datos de estandarización del test de velocidad del DAT sugieren una reducción de la diferencia en las actuales generaciones (Feingold, 1988). Por otro lado, los varones superan a las mujeres en velocidad y coordinación de movimientos corporales. En los experimentos de tiempo de reacción, los varones son más rápidos con estímulos visuales y acústicos. Sin embargo, las mujeres superan a los varones en tareas de motricidad fina (Minton y Schneider, 1985).

Sumario. La tabla 15.1 resume los resultados revisados sobre las diferencias de sexo en las principales capacidades.

Por consiguiente, las principales conclusiones sobre diferencias de sexo en capacidades serían las siguientes:

- Los varones tienen 1,2 puntos más que las mujeres en las capacidades cristalizadas (Gc). El valor del índice *d* es de 0,08, es decir, la diferencia en Gc no resulta significativa. Obsérvese que en el componente verbal de Gc las chicas son superiores.
- Los varones logran 6,3 puntos más que las mujeres en las capacidades de visualización general (Gv). El valor del índice *d* es de 0,42, es decir, la diferencia en Gv es moderadamente significativa.

TABLA 15.1

	d	CI
Gc. Inteligencia cristalizada		
Capacidad verbal		
Hyde (1981)	–0,24	–3,6
Hyde y Linn (1988)	–0,15	–2,25
Media capacidad verbal	*–0,2*	*–2,95*
Capacidad numérica		
Hyde (1981)	0,43	6,5
Hyde y col. (1990)	0,2	3
Media capacidad numérica	*0,32*	*4,8*
Combinado verbal-numérico		
Lynn (1994)	*0,12*	*1,7*
Media Gc	**0,08**	**1,2**
Gv. Visualización general		
Rotación		
Linn y Peterson (1985)	0,73	11
Voyer y col. (1995)	0,56	8,5
Media rotación	*0,65*	*9,8*
Relaciones espaciales		
Linn y Peterson (1985)	0,44	6,6
Voyer y col. (1995)	0,44	6,6
Media relaciones espaciales	*0,44*	*6,6*
Visualización		
Linn y Peterson (1985)	0,13	2
Voyer y col. (1995)	0,19	2,9
Media visualización	*0,17*	*2,5*
Media Gv	**0,42**	**6,3**
Gf. Inteligencia fluida		
Verbal		
Feingold (1988)	0,12	1,8
No-Verbal		
Feingold (1988)	0,16	2,4
Media Gf	**0,14**	**2,1**

- Los varones tienen 2,1 puntos más que las mujeres en las capacidades fluidas (Gf). El valor del índice *d* es de 0,14, es decir, la diferencia en Gf no resulta significativa.

En suma, parece haber diferencias de sexo moderadamente significativas en la capacidad de visualización general (Gv), mientras que las diferencias en las capacidades fluidas (Gf) y en las capacidades cristalizadas (Gc) no son estadísticamente significativas.

En cualquier caso, según los análisis de A. Feingold (1988) la edad parece influir en las diferen-

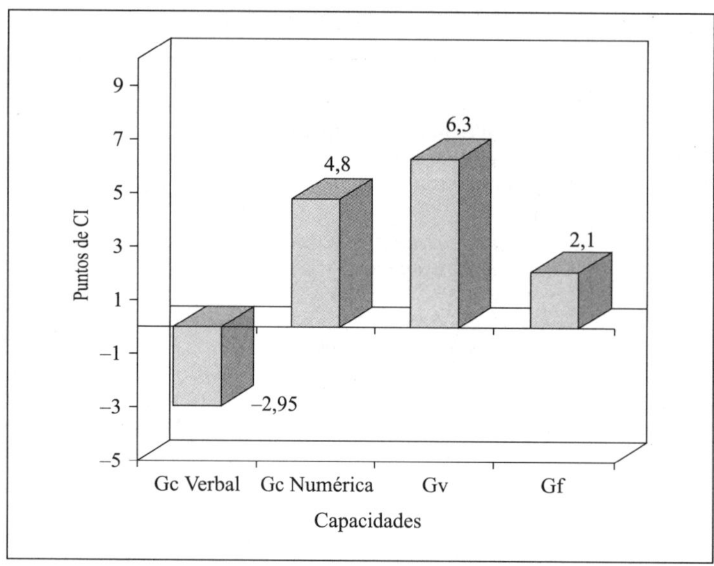

Figura 15.3.—Resumen de las diferencias entre varones y mujeres en las capacidades estudiadas. Ninguna de las diferencias es significativa, excepto en Gv o visualización general. Hay que recordar que son datos «resumen» tomados de la tabla anterior y que no debe olvidarse el rendimiento concreto en las distintas pruebas.

cias de sexo en las siguientes capacidades: deletreo, uso del lenguaje, relaciones espaciales y razonamiento mecánico. Sin embargo, la edad no influye en las diferencias de sexo en las siguientes capacidades: vocabulario y razonamiento con figuras. Por otro lado, como se ha ido sugiriendo en la anterior exposición, las diferencias de sexo parecen estar disminuyendo en las generaciones actuales (Feingold, 1988). Por consiguiente, es relevante estudiar las relaciones entre las diferencias de sexo en capacidades y la edad. La pregunta siguiente será: ¿cambian las diferencias de sexo con la edad o a lo largo del desarrollo?

2.2. Capacidades y desarrollo

Alan Feingold (1993) ha revisado los datos sobre diferencias de sexo en capacidades cognitivas, considerando el desarrollo de las personas, es decir, los períodos de la infancia, la adolescencia y la edad adulta, así como las diferencias generacionales (cohortes).

El estudio contemporáneo de las diferencias de sexo se ha centrado en dos cosas:

— La evaluación de la magnitud de las diferencias de sexo, a través de métodos como el análisis de datos normativos sobre tests estandarizados y el metaanálisis de los resultados publicados.

— La identificación de los factores que pueden explicar las variaciones entre distintos estudios independientes sobre diferencias de sexo. Dos de los factores más investigados son la edad de los sujetos (niños, adolescentes, adultos) y el año en que se realizó la medición (décadas de los cincuenta, sesenta, setenta, ochenta o noventa).

Las revisiones más recientes (Jacklin, 1989; Kimball, 1989; Lubinski y Dawis, 1992; Linn y Hyde, 1989; Wilder y Powell, 1989) han comparado sus datos con los resultados de los estudios clásicos (Anastasi, 1958; Tyler, 1965; Maccoby, 1966; Maccoby y Jacklin, 1974). Sin embargo, en todos los casos se han explorado diferencias de sexo en las puntuaciones medias y en las tendencias de las distintas generaciones, excluyendo datos sobre el desarrollo.

Un análisis en detalle de los estudios metaanalíticos sugiere que:

— Puede no ser adecuado generalizar las diferencias de sexo en capacidad verbal, matemática y espacial, puesto que estos son conceptos generales que incluyen varios conceptos más concretos.

— Hay algunas diferencias de sexo que varían según la edad de los sujetos (por ejemplo, percepción espacial y resolución de problemas matemáticos), mientras que otras diferencias no parecen estar influidas por la edad (por ejemplo, vocabulario, visualización, rotación mental).
— Muchos de los metaanálisis no han considerado datos de personas mayores de 25 años.
— Las diferencias de sexo parecen estar disminuyendo en las actuales generaciones.

A. Feingold (1993) estudia los datos de la estandarización de las Escalas de Wechsler para superar algunas de las limitaciones de los metaanálisis más conocidos sobre diferencias de sexo en inteligencia. Los datos proceden de:

— La estandarización del WISC *(Wechsler Intelligence Scale for Children)* de 1949 y del WAIS *(Wechsler Adult Intelligence Scale)* de 1955. La estandarización de 1949 del WISC incluyó 1.100 chicos y 1.100 chicas, de los 5 a los 15 años, mientras que la estandarización de 1955 del WAIS incluyó 850 varones y 850 mujeres desde los 16 a los 64 años.
— La estandarización de 1974 del WISC-R *(Wechsler Intelligence Scale for Children-Revised)* incluyó una muestra similar a la de 1949, y la estandarización de 1981 del WAIS-R *(Wechsler Adult Intelligence Scale-Revised)* presentó unas características similares a las de 1955.

En la tabla 15.2 se pueden observar los resultados de Feingold (1993) al calcular las diferencias de sexo en las distintas versiones de las escalas de Wechsler, según las dos generaciones (década de los cincuenta y de los setenta), y las tres edades distintas (niñez, adolescencia y edad adulta).

Con el ánimo de conservar el mismo tipo de exposición empleada en el apartado anterior, los datos originales de Feingold (1993) que aparecen en

TABLA 15.2

Comparaciones generacionales de las diferencias de sexo en inteligencia en las escalas de Wechsler

	1949-1955		1974-1981	
	d	**N**	**d**	**N**
Información				
Niños	0,07	1.400	0,23	1.020
Adolescentes	0,38	800	0,51	848
Adultos	0,20	1.700	0,28	1.880
Comprensión				
Niños	0,23	1.400	0,19	1.020
Adolescentes	0,24	800	0,00	848
Adultos	0,10	1.700	0,08	1.880
Semejanzas				
Niños	0,01	1.400	0,05	1.020
Adolescentes	0,14	800	0,08	848
Adultos	0,00	1.700	0,02	1.880
Vocabulario				
Niños	0,10	1.400	0,14	1.020
Adolescentes	0,21	800	0,14	848
Adultos	–0,12	1.700	0,05	1.880
Aritmética				
Niños	–0,03	1.400	0,00	1.020
Adolescentes	0,18	800	0,12	848
Adultos	0,36	1.700	0,32	1.880
Cubos				
Niños	0,27	1.400	0,14	1.020
Adolescentes	0,27	800	0,16	848
Adultos	0,09	1.700	0,26	1.880
Memoria de dígitos				
Niños	–0,16	1.400	–0,20	1.020
Adolescentes	–0,11	800	0,00	848
Adultos	0,03	1.700	0,00	1.880
Claves				
Niños	–0,43	1.400	–0,44	1.020
Adolescentes	–0,47	800	–0,61	848
Adultos	–0,37	1.700	–0,32	1.880
Figuras incompletas				
Niños	0,14	1.400	0,13	1.020
Adolescentes	0,27	800	0,17	848
Adultos	0,20	1.700	0,17	1.880
Historietas				
Niños	–0,01	1.400	0,07	1.020
Adolescentes	0,12	800	0,14	848
Adultos	0,04	1.700	0,14	1.880
Rompecabezas				
Niños	0,11	1.400	0,21	1.020
Adolescentes	0,27	800	0,16	848
Adultos	–0,01	1.700	0,10	1.880

la tabla 15.2 se agruparán según dos capacidades básicas:

- Los tests que miden el CI verbal se harán corresponder con las capacidades cristalizadas (Gc):
  - — Información *(information).*
  - — Comprensión *(comprehension).*
  - — Semejanzas *(similarities).*
  - — Vocabulario *(vocabulary).*
  - — Aritmética *(arithmetic).*
  - — Memoria de dígitos *(digit span).*
- Los tests que miden el CI manipulativo se harán corresponder con las capacidades fluidas (Gf):
  - — Clave de números *(coding/digit symbol).*
  - — Figuras incompletas *(picture completion).*
  - — Cubos *(block design).*
  - — Historietas *(picture arrangment).*
  - — Rompecabezas *(object assembly).*

A partir de los datos de Feingold (1993), se pueden calcular los valores del índice *d* para las capacidades cristalizadas (Gc) y las capacidades fluidas (Gf), dependiendo del año de estandarización del WISC, WISC-R, WAIS y WAIS-R, así como de la edad o período de desarrollo (niños, adolescentes y adultos). El resultado se puede observar en la tabla 15.3.

Ninguno de los valores del índice *d* sugiere una diferencia de sexo significativa. Tampoco se confirma la sugerencia de Feingold (1993) sobre la reducción de las diferencias de sexo en las generaciones más actuales. De este modo:

— Las diferencias de sexo en las capacidades cristalizadas (Gc) de los niños y de los adultos aumentan en las generaciones más actuales, mientras que las de los adolescentes disminuyen. Los incrementos favorecen a los varones niños y adultos.

— Las diferencias de sexo en las capacidades fluidas (Gf) de los niños y los adultos aumentan en las generaciones actuales, mientras que disminuyen en los adolescentes. Los incrementos favorecen también en este caso a los varones niños y adultos.

TABLA 15.3

	1949-1955		1974-1981	
	Gc	**Gf**	**Gc**	**Gf**
Niños	0,04	0,01	0,07	0,02
Adolescentes	0,7	0,09	0,14	0,12
Adultos	0,10	–0,01	0,12	0,07

Por tanto, la reducción de las diferencias de sexo en las generaciones actuales se produce en la adolescencia, período en el que las chicas están más desarrolladas que los chicos a las mismas edades cronológicas. De todos modos, conviene tener presente que se trata de tendencias en todos los casos, puesto que ninguna de las diferencias en los índices *d* es estadísticamente significativa.

El análisis que realiza el propio A. Feingold (1993) se centra en los índices *d* correspondientes a cada uno de los tests de las escalas de Wechsler, realizando una agrupación bastante particular (tabla 15.2):

— Capacidad verbal: información, comprensión, semejanzas y vocabulario.

— Capacidad numérica: aritmética.

— Capacidad espacial: cubos.

— Memoria a corto plazo: memoria de dígitos.

— Velocidad perceptiva: clave de números.

— Capacidad no-verbal: figuras incompletas, historietas y rompecabezas.

Revisando los índices *d* de los *niños,* se pueden sacar las siguientes conclusiones:

— Capacidad verbal: aumenta la ventaja de los niños en las generaciones actuales en información y vocabulario, mientras que esa ventaja disminuye algo en comprensión.

— Capacidad numérica: no hay cambios en aritmética.

— Capacidad espacial: se reduce la ventaja de los niños en las generaciones más actuales en cubos.

— Memoria a corto plazo: aumenta en alguna medida la ventaja de las niñas en memoria de dígitos en las generaciones más actuales.
— Velocidad perceptiva: no hay cambios en la superioridad significativa de las niñas.
— Capacidad no-verbal: no hay cambios en la superioridad de los niños en figuras incompletas, aparece una ligera ventaja de los niños en historietas y aumenta claramente su ventaja en rompecabezas.

Según el análisis de los índices *d*, las conclusiones sobre los *adolescentes* son las siguientes:

— Capacidad verbal: aumenta la ventaja de los chicos adolescentes en información, pero se reduce en comprensión, semejanzas y vocabulario.
— Capacidad numérica: se reduce la ventaja de los chicos adoloscentes en aritmética.
— Capacidad espacial: se reduce la ventaja de los chicos adolescentes en cubos.
— Memoria a corto plazo: desaparece la ventaja de las chicas adolescentes en memoria de dígitos.
— Velocidad perceptiva: aumenta incluso la clara ventaja de las chicas adolescentes en clave de números.
— Capacidad no-verbal: se reduce la ventaja de los chicos adolescentes en figuras incompletas y rompecabezas, pero aumenta algo en historietas.

Finalmente, las siguientes son las conclusiones respecto a los *adultos* al estudiar los índices *d*:

— Capacidad verbal: aumenta la ventaja de los varones en información y apenas algo en semejanzas. Se reduce muy poco la ventaja de los varones en comprensión y desaparece la leve ventaja de las mujeres en vocabulario, pasando a haber una ventaja también leve de los varones.
— Capacidad numérica: se mantiene la clara ventaja de los varones en aritmética.
— Capacidad espacial: aumenta la ventaja de los varones en cubos.
— Memoria a corto plazo: se mantiene la igualdad en memoria de dígitos.
— Velocidad perceptiva: se reduce un poco la ventaja de las mujeres en clave de números.
— Capacidad no-verbal: se reduce la diferencia favorable a los varones en figuras incompletas, pero aumenta algo en historietas y rompecabezas.

En general, los datos del estudio de Feingold (1993) sugieren que las diferencias de sexo se han mantenido estables durante las décadas de los cuarenta, cincuenta, setenta y ochenta, tanto para niños como para adultos. Sin embargo, las diferencias de sexo en la adolescencia se han reducido a lo largo de esas mismas décadas.

Según Feingold (1993) la constancia de las diferencias de sexo en la infancia no resulta sorprendente, pero sí lo es la constancia de las diferencias de sexo en la edad adulta. Sugiere que una posible explicación de estas diferencias está en las generaciones consideradas en las distintas estandarizaciones del WAIS y el WAIS-R: las dos generaciones o cohortes de personas usadas en las dos estandarizaciones nacieron antes de la década de los sesenta, o sea, la década del movimiento de liberalización de la mujer. La mediana de edad de ambas cohortes es de 35-44 años, por lo que el año medio de nacimiento es 1915 y 1941 para el WAIS y el WAIS-R, respectivamente.

En contraste, si se considera que 14 es la media de edad en las muestras de adolescentes, el año medio de nacimiento es 1935 y 1960 para el WISC y el WISC-R, respectivamente. Por tanto, la generación con la que se estandarizó el WISC nació antes del movimiento de liberación de la mujer, mientras que la generación del WISC-R nació después de ese movimiento. Esto puede explicar en alguna medida las mínimas diferencias de sexo encontradas en la adolescencia.

Por supuesto, solamente cuando se disponga de datos sobre una posterior estandarización de la escalas de Wechsler se podrá confirmar esta posible explicación sugerida por Feingold (1993).

2.3. Diferencias de sexo e inteligencia en distintas culturas

El profesor Arthur Jensen (1971) estudió las diferencias de sexo en CI calculando proporciones de varianza (VR), es decir, dividiendo la varianza de los varones por la varianza de las mujeres; según sus resultados, los varones son más variables que las mujeres.

En su revisión de 1974, Maccoby y Jacklin concluyeron que los varones son más variables en capacidad numérica y en capacidad espacial, pero no hay diferencias de sexo en variabilidad en capacidad verbal. A. Feingold (1992) ha confirmado más recientemente estos mismos resultados. Ahora bien, la mayor variabilidad de los varones se encuentra con datos de Estados Unidos. ¿Será ésta una regla en otros países?

Si la respuesta es positiva, se estará apoyando una perspectiva biológica sobre las diferencias de sexo, mientras que si la respuesta es negativa se estará dando apoyo a las perspectivas sociales.

Alan Feingold (1994a) explora las diferencias en las proporciones de varianza (VR) de distintos países en capacidad verbal, matemática y espacial. Si el valor de VR es mayor que 1,00, entonces los varones son más variables; si el valor de VR es menor que 1,00, entonces las mujeres son más variables. Si el valor de VR es igual a 1,00, los varones y mujeres tienen unas varianzas equivalentes.

Capacidad verbal. Usando datos de China, Egipto, Filipinas, Escocia, Sudáfrica y Suecia, se obtiene un valor medio de VR = 0,95 para los tests de vocabulario. Sin embargo, en las muestras de Egipto y Escocia se observa una mayor varianza de los varones.

Cuando se estudian datos de Canadá, Inglaterra y Nigeria en vocabulario y comprensión lectora, se obtiene un valor medio de VR = 1,15 en vocabulario y de VR = 1,01 en comprensión lectora. Es decir, los varones son más variables en vocabulario, pero no hay diferencia de sexo en comprensión.

En las tareas de vocabulario, a medida que los chavales crecen se reduce la varianza de varones en Canadá y Nigeria, pero en Inglaterra ocurre lo contrario aumentando la varianza de los varones.

En tareas de comprensión hay una constancia en la varianza de los varones en Canadá y Nigeria, y un aumento bastante grande con la edad de la varianza de los varones en Inglaterra.

Los datos españoles disponibles, no considerados por Feingold, son los siguientes (Colom, Andrés y Juan, 1997): en el test VR de razonamiento verbal del DAT se observa un valor de 1,18, es decir, los varones son más variables. En el test de vocabulario del PMA se observa un valor de 1,03, por lo que los varones son también en este caso más variables. Sin embargo, en el test de fluidez verbal del PMA se observa un valor de 0,61, por lo que las mujeres son más variables.

Capacidad matemática. Feingold (1994a) revisa datos de 20 países. El valor medio de VR = 1,09, es decir, los varones son más variables, pero la diferencia no es significativa. En general, hay muchas variaciones de un país a otro en el valor de VR.

La mayor varianza de los varones se produce en muestras de niños chinos, en adolescentes ingleses, en niños japoneses, en adolescentes jordanos, en adolescentes suecos y en niños de Taiwan. La mayor varianza de las mujeres se produce en muestras de adolescentes belgas, adolescentes egipcios, adolescentes ingleses, niñas sudafricanas y de Taiwan, y adolescentes alemanas.

Los datos españoles disponibles, no considerados por Feingold, son los siguientes (Colom, Andrés y Juan, 1997): en el test de razonamiento numérico (NA) del DAT el valor es 1,05, de modo que los varones son más variables. En el test de cálculo (N) del PMA el valor es 1,84, por lo que los varones son también aquí más variables.

Capacidad espacial. A partir de datos de nueve países, el valor medio de VR = 1,14, es decir, hay una mayor variabilidad de los varones.

Inglaterra, Suecia y Japón son los países donde hay una mayor varianza de los varones. Sin embargo, en niños de Taiwan y de Sudáfrica hay una mayor varianza de las niñas.

Los datos españoles disponibles, no considerados por Feingold, son los siguientes (Colom, Andrés y Juan, 1997): en el test de relaciones espaciales (SR) del DAT el valor es 1,17, de modo que los varones son más variables. En el test de razonamiento mecánico (MR) del DAT el valor es 1,4, por lo que los varones son más variables. Sin embargo, en el test de rotación espacial (E) del PMA el valor es 0,9, de tal manera que las mujeres son más variables.

Feingold no considera más datos, pero con los resultados españoles también se ha calculado el índice VR para medidas de inteligencia fluida: en el test de razonamiento abstracto (AR) del DAT el valor es 0,71, de modo que las mujeres son más variables. Sin embargo, en el test de razonamiento (R) del PMA el valor es 1,66, por lo que los varones son más variables (Colom, Andrés y Juan, 1997).

¿Biología o sociedad? En los datos reunidos por Feingold (1994a) se aprecia una consistencia transcultural en la equivalencia de las varianzas de varones y mujeres en capacidad verbal. Además, la mayor variabilidad de los varones norteamericanos en capacidad numérica y capacidad espacial es consistente con los datos de algunos otros países. En general, las consistentes variaciones trans-nacionales en el índice VR sugieren, según este autor, que las diferencias de sexo en varianza son resultado de la interacción entre factores biológicos y culturales.

Algunos datos españoles

Colom y Quiroga (1997) han realizado un estudio sobre diferencias de rendimiento en una serie de tests de inteligencia empleados en España. En una primera muestra se estudiaron 4.136 varones y 2.743 mujeres de 18 años de edad que estaban en situación de ingresar en la universidad. Los tests empleados fueron las escalas de vocabulario (V), de fluidez (F), de rotación espacial (E) y de razonamiento (R) del *Primary Mental Abilities* (PMA) de Thurstone, así como el test de monedas de N. Seisdedos. Los resultados se pueden observar en la figura 15.4.

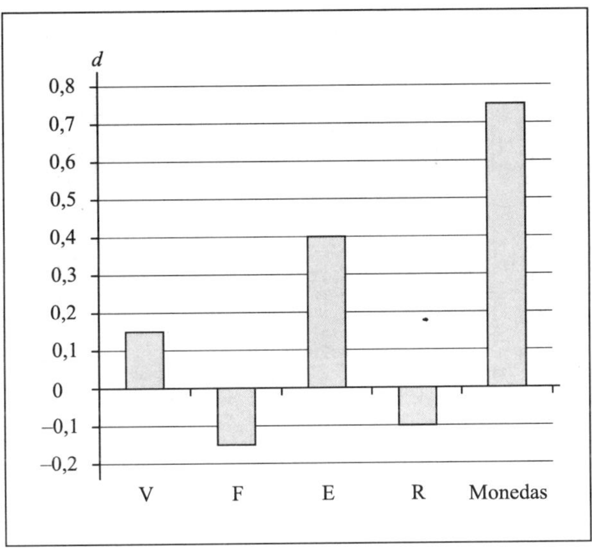

Figura 15.4.

Todas las diferencias fueron estadísticamente significativas (p < 0,01). De este modo, las mujeres superaron a los varones en las escalas de fluidez verbal y de razonamiento del PMA.

La segunda muestra estuvo compuesta por 2.005 varones y 1.480 mujeres, con características similares a la muestra anterior. Los tests empleados en este caso fueron las escalas de vocabulario (V), de rotación espacial (E) y de razonamiento (R) del PMA, la escala de razonamiento verbal del DAT, el test TIG de razonamiento abstracto, y el test de monedas. Los resultados se pueden observar en la figura 15.5.

Todas las diferencias fueron estadísticamente significativas (p < 0,01). Por tanto, las mujeres tuvieron un rendimiento mayor en la escala de razonamiento del PMA.

Por consiguiente, estos datos sobre rendimiento en los tests de inteligencia con muestras españolas permiten observar que las mujeres logran un rendimiento mayor en las capacidades fluidas de la inteligencia (Gf, razonamiento inductivo). Este resultado es inconsistente con los datos de otros países revisados más arriba, por lo que se podría considerar que:

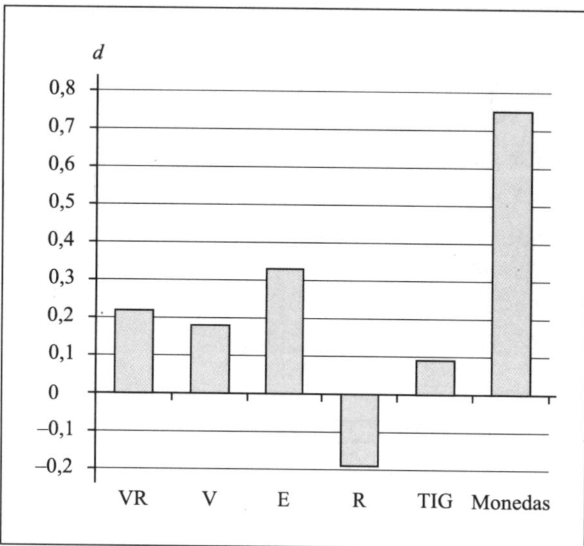

Figura 15.5.

a) Las diferencias de rendimiento en los tests de inteligencia no se pueden universalizar.

b) Las condiciones socioeducativas parecen estar influyendo en el rendimiento en los tests de inteligencia.

En cualquier caso, y en concordancia con los datos internacionales, las diferencias son mínimas, de modo que estos resultados posiblemente no tendrán ninguna implicación práctica.

2.4. Inteligencia y rendimiento

Rendimiento educativo. Las niñas suelen tener un rendimiento escolar superior a los niños. Según datos de 1988 del Centro de Documentación e Investigación Educativa (CIDE) del Ministerio de Educación, los niños repiten curso con mayor frecuencia que las niñas durante la EGB. Además, las niñas logran el título de graduado escolar con mayor frecuencia que los niños. Según Jayme y Sau (1996), esta superioridad femenina se mantiene en la enseñanza secundaria e incluso en la universidad.

Según parece, el CI de los niños que logran un alto rendimiento escolar es superior al CI de las niñas con el mismo rendimiento. Una manera de explicar este tipo de datos puede suponer recurrir a la importancia de la capacidad verbal en la educación, más allá de las puntuaciones generales en CI. Además, ciertas variables de personalidad pueden ser relevantes; las niñas parecen ser más dóciles, más tranquilas y se acomodan mejor a la disciplina escolar (Jayme y Sau, 1996). La profesora Anne Anastasi (1958) sugirió también que algo debía influir el que la mayor parte del profesorado en la enseñanza primaria estuviese compuesto por mujeres, aunque esto debería ser contrastado con datos más recientes.

Según B. Zazzo (1992), es posible que las niñas hagan un mejor uso de su inteligencia. Las niñas parecen tener un mayor control de sí mismas, de sus impulsos, intenciones u objetivos inmediatos que son capaces de diferir o inhibir según la oportunidad y la idoneidad de la situación. Además, las niñas parecen tener un mayor control de la situación y se adaptan muy bien a los cambios.

Grande y col. (1997) han estudiado el rendimiento académico de 222 chicos y 220 chicas de segundo de BUP, con edades comprendidas entre los 15 y los 16 años. Agruparon el rendimiento en científico (matemática, física y química) y humanístico (lengua castellana, catalán, lengua extranjera, latín y geografía). Transformaron las calificaciones académicas en una escala de 5 puntos. Las chicas obtuvieron mejor rendimiento total y en las asignaturas humanísticas, pero no hubo diferencias en las asignaturas científicas.

Grande y col. (1997) también estudiaron las relaciones entre el rendimiento en tests de inteligencia y el rendimiento académico. En el caso de las chicas, las diferencias de rendimiento en los tests de inteligencia no interactuaron con las diferencias de rendimiento académico. Sí se produjo esa interacción en los chicos, de modo que el nivel intelectual se relacionaba con un rendimiento alto o bajo. Por tanto, se podría decir que el nivel intelectual pronosticaría las diferencias de rendimiento de los chicos, pero no de las chicas.

Medina-Bravo y col. (1997) estudiaron las relaciones entre intereses por realizar determinados estudios y las capacidades cognitivas. La muestra estuvo compuesta por 142 chicos y 135 chicas de segundo de BUP con edades comprendidas entre los 15 y los 16 años. El rendimiento académico se organizó igual que en el estudio de Grande y col. (1997). Los resultados de este estudio indicaron que las chicas están más interesadas por el área de los servicios y por la de la expresión artística. Por su parte, los chicos se decantan en mayor medida por el área científico-técnica. No existen diferencias en relación al área de la economía y el derecho.

En este mismo estudio también se observa que el rendimiento académico no parece ser una variable relevante al decidirse por un determinado ámbito vocacional. Sin embargo, los varones que optan por el área científico-técnica muestran un alto rendimiento en los tests de inteligencia. Las mujeres que optan por el área científico-técnica muestran un alto rendimiento en los tests de carácter no-verbal.

R. Lynn (1996) ha estudiado a universitarios irlandeses. Según los datos de estandarización del DAT en ese país, los varones tienen 2,6 puntos de CI más que las mujeres. Lynn (1996) estudia el rendimiento universitario de unos 7.000 alumnos, llegando a resultados que indican que los varones universitarios logran las calificaciones más altas.

Las chicas maduran antes que los chicos en la adolescencia, y es sólo alrededor de los 16 años cuando los chicos comienzan a superar levemente a las chicas. En las universidades de Inglaterra, los varones logran mejores puntuaciones. Así, durante el año 1987 en Cambridge, el 17,9 por 100 de los varones lograron las mejores calificaciones, frente al 8,5 por 100 de las mujeres. En Oxford durante los años 1984-1988, el 16,7 por 100 de los varones lograron las mejores calificaciones, frente al 9,1 por 100 de las mujeres (Lynn, 1996).

En Irlanda se produce el mismo patrón que en Inglaterra, es decir, los varones logran mejores resultados universitarios: 14,3 por 100 de los varones frente al 11 por 100 de las mujeres (Lynn, 1996). Debe observarse, en cualquier caso, que las diferencias son muy escasas (un 3,3 por 100).

Según Lynn (1996), en una población con una media en CI de 100, el 2,28 por 100 de las personas tendrán un CI de 130 o más. Por tanto, en una población con 2,6 puntos de CI de más, el 1,50 por 100 de las personas de esa población tendrán un CI de 130 o más. La diferencia de 2,6 puntos de CI entre los varones y mujeres irlandeses dará lugar a que haya un 52 por 100 más de varones que de mujeres con un CI de 130 o más. Este mayor número de varones en el rango de los muy brillantes en CI puede corresponderse con el mayor número de varones que logran un alto rendimiento universitario (Lynn, 1996). Sin embargo, estos datos no parecen concordar con los presentados por Jayme y Sau (1996) sobre la población universitaria de España. Posiblemente, esta falta de concordancia sugiera diferencias culturales entre los distintos países.

El profesor Nathan Brody (1992) ha señalado que existe una mayor presencia de varones en el extremo superior de la curva de distribución, aunque no se sabe a qué se puede deber este hecho (Juan Espinosa, 1997). Sí parece que esa mayor presencia de varones en la parte alta de la distribución no ha cambiado con las generaciones (Benbow, 1988; Feingold; 1988). Pudiera suceder que esta mayor presencia de los varones explicase que obtengan las mejores calificaciones universitarias en países como Irlanda o Inglaterra. En cualquier caso, no parece que esos datos concuerden con los datos de nuestro país. Además, no se sabe cuál puede ser la causa de esa mayor presencia.

Rendimiento laboral. Por lo que se refiere al rendimiento laboral o profesional, la profesora Leona Tyler (1965) se preguntaba hace unos 30 años: *¿por qué han aportado tan poco al avance de la civilización las mujeres?* Tyler menciona que en la lista elaborada por J. M. Cattell (1903) sobre eminencias científicas, 32 entre 1.000 eran mujeres.

En el muestreo de 1965 realizado por la revista *Who's Who in America*, el 4,5 por 100 eran mujeres, mientras que en 1925 eran el 8,5 por 100 (Chafetz, 1974). Por alguna razón, las mujeres parecían estar mal representadas en las ocupaciones de mayores ingresos, prestigio social y posibilidades de promoción. Como comentan Minton y Schneider (1985), incluso en las profesiones tradicionalmente femeninas como la cocina, el diseño y el arte, los varones superaban las mujeres.

¿Por qué se producía este panorama? Se han dado, al menos, dos posibles explicaciones: la hipótesis de la variabilidad y los factores socioculturales.

1. Hipótesis de la variabilidad. Ellis (1894) sugirió el siglo pasado que las mujeres eran menos variables en inteligencia, es decir, la desviación típica de su distribución de puntuaciones era menor, por lo que había menos mujeres de mayor y menor inteligencia, es decir, muy brillantes y muy torpes. Era muy alta la presencia de varones en centros para personas con retraso mental y también en las prestigiosas sociedades científicas del momento.

La argumentación de Ellis fue retomada por Shields (1975) en relación a sus implicaciones sociopolíticas de la siguiente manera: *a*) la genialidad es un rasgo típico de los varones; *b*) los hombres geniales ocupan las posiciones sociales de prestigio y poder; *c*) no se debe esperar de las mujeres unos logros similares, y *d*) la educación de las mujeres debe ser consonante con sus talentos especiales y con su lugar en la sociedad como esposas y madres.

Por supuesto, esta hipótesis fue rechazada tajantemente por psicólogas de las diferencias individuales como Anne Anastasi (1958) o Leona Tyler (1965). Según estas autoras, los datos habían sido recogidos con evidentes errores de muestreo. De este modo, a causa del rol social habitual de las mujeres, caracterizado por una menor iniciativa e independencia, escapaban habitualmente a la reclusión en los centros para personas con retraso mental.

Sin embargo, Lehrke (1978) mostró que la hipótesis de la mayor variabilidad de los varones pudiera ser verosímil. Su sugerencia fue que determinados aspectos de la inteligencia se encuentran vinculados al sexo. Si determinados genes de la inteligencia están prescritos en el cromosoma X, los varones estarán sobrerepresentados en ambos extremos de la distribución. Por supuesto, su sugerencia ha sido criticada por Anastasi (1972), pero la cuestión todavía no parece resuelta a pesar de los datos de Feingold (1994a) antes expuestos.

2. Factores socioculturales. Este argumento más probable que el anterior se basa en las actitudes discriminatorias dirigidas a las mujeres, en los ámbitos económicos, de contrato y de promoción laboral, claramente demostrables. Los rasgos habitualmente asociados de modo estereotipado a los varones son congruentes con el desempeño laboral, pero no lo son los rasgos socialmente asociados a las mujeres.

En un estudio de Bem y Bem (1971) se valoraron según su valía, formalidad, estilo y competencia, una serie de artículos científicos firmados por varones o mujeres. Los artículos firmados por varones fueron mejor valorados por los jueces, tanto varones como mujeres, que exactamente los mismos artículos firmados por mujeres.

Los datos actuales parecen indicar un aumento de la autoafirmación social de las mujeres. El porcentaje de mujeres que ingresa en las universidades en la actualidad es muy superior al de hace unos pocos años, y comienzan a competir por posiciones sociales de prestigio habitualmente ocupadas por los varones. Sin embargo, conviene recordar que las mujeres siguen ocupándose mayoritariamente de los asuntos de la familia, situación que puede perjudicar de diversos modos su empuje social.

En sociedades como Suecia se ha alcanzando una situación social en la que el Estado está obligado a hacerse cargo de los niños, de modo que la maternidad no parece tener un impacto negativo en el desarrollo profesional de las mujeres. Si otras sociedades adoptasen este modelo, a buen seguro que se podrían ir equilibrando las desigualdades que todavía persisten y que nos hablan de que son las condiciones sociológicas las que pueden estar impidiendo una mayor presencia y empuje social de las mujeres.

Por otro lado, hay que comentar que resulta complicado aceptar las hipótesis basadas en diferencias biológicas entre varones y mujeres en relación al rendimiento académico y laboral. Aunque pudieran darse diferencias parcialmente biológicas en inteligencia entre ambos sexos, eso no explicaría en ningún caso por sí mismo las diferencias de rendimiento. Por consiguiente, la hipótesis más probable es que la equiparación de las oportunidades sociales tendrá un impacto claramente positivo sobre las mujeres.

En resumen, el rendimiento académico de las mujeres es superior al de los varones durante todo el ciclo educativo. Sin embargo, parece que son los varones los que logran las calificaciones más altas, aunque no se sabe muy bien por qué ni se da en igual medida en distintos países. Por lo que se refiere al rendimiento laboral, las mujeres no han alcanzado todavía el mismo estatus que los varones. Sin embargo, las condiciones de vida de las sociedades occidentales cada vez parecen estar más abiertas a las contribuciones de las mujeres. Según los datos revisados, pudiera suceder que la explicación más razonable de la escasa presencia social de las mujeres, comparativamente con los varones, se deba a su posición socialmente desventajosa. Por consiguiente, la equilibración social está a expensas de que seamos capaces de eliminar las trabas sociales a las que históricamente han estado sujetas las mujeres y que, en alguna medida, todavía hoy día se pueden observar en bastantes países. Mario Gaviria (1996) ha estudiado el problema de las desigualdades sociales, comentando que «España está entre los países del mundo con menor desigualdad espacial, económica y social, exceptuando la desigualdad según género, que es una de las asignaturas pendientes más importantes de España» (pág. 70). El mensaje sobre la eliminación de barreras no puede ser más claro.

2.5. Diferencias de sexo en inteligencia: implicaciones educativas

La profesora Diane Halpern, autora de considerable relevancia internacional en el estudio de las diferencias entre varones y mujeres, ha escrito en 1997 un artículo para la revista *American Psychologist* sobre las diferencias de sexo. Según esta autora, es preferible usar el término general *sexo* en lugar del término *género*.

Halpern comenta en su artículo que los autores que se oponen al estudio de las diferencias de sexo temen que los resultados contribuyan al aumento del prejuicio y la discriminación legitimando falsos estereotipos, ocultando las similitudes y dando cancha a aquellas personas determinadas a convencer al mundo de la inferioridad de las mujeres. Sin embargo, otros autores argumentan que las variables biológicas y sociales que varían en función del sexo, constituyen un área muy importante de la investigación psicológica, de modo que las comparaciones entre mujeres y varones sistemáticamente deben formar parte de los informes científicos: «La mayor parte de los psicólogos estarán de acuerdo en que el sexo es el componente fundamental de identidad; es el primer modo de clasificar en grupo a los seres humanos» (pág. 1091).

Los estereotipos no surgen de la investigación sobre los modos en que difieren las mujeres y los varones, sino que derivan inductivamente de la experiencia, son cuidadosamente enseñados por la cultura, son aprendidos explícita e implícitamente, y desempeñan un papel central en lo que las personas creen que es natural de cada sexo. La investigación es, según Halpern, el único modo que pueden emplear los psicólogos para averiguar cuáles de esos esterotipos tiene un base real y cuáles no. «La investigación es el mejor instrumento disponible para alcanzar conclusiones válidas, especialmente cuando el tema es políticamente sensible» (pág. 1091).

Al revisar algunos de los principales resultados sobre las diferencias de sexo, Halpern rechaza explícitamente la división en componentes verbales, visoespaciales y numéricos de la inteligencia: «La conclusión de que existen algunas diferencias promedio entre mujeres y varones, pero que el tamaño y la dirección de la diferencia depende del tipo de código mental (espacial o verbal), del tipo de tarea (reconocimiento o generación de una respuesta), el dominio de conocimiento (ciencia o lenguaje), el tipo de respuesta (motricidad fina o gruesa) y del lugar de la distribución cognitiva (superdotados o de capacidad media) no es compatible con las nociones unitarias de la inteligencia» (página 1097).

En la tabla 15.4 se pueden observar los resultados que esta autora considera en su trabajo de síntesis (Halpern, 1997).

Según Halpern (1997) las diferencias son más pronunciadas en los extremos de la distribución

TABLA 15.4

Tipos de tarea	Ejemplos
Tareas en las que las mujeres logran un mayor rendimiento promedio	
Acceso rápido y uso de la información fonológica, semántica y de otro tipo incluida en la memoria permanente.	Fluidez verbal. Generación de sinónimos. Memoria asociativa. Deletreo y anagramas. Cálculos matemáticos. Memoria para localizaciones espaciales. Memoria para olores.
Áreas de conocimiento.	Literatura. Lenguas extranjeras.
Producción y comprensión de textos complejos.	Comprensión lectora. Escritura.
Tareas de motricidad fina.	Visión en espejo. Tareas de emparejamiento y codificación.
Velocidad perceptiva.	Tareas múltiples de velocidad. Tareas de letras ocultas.
Codificación de información no-verbal.	
Umbrales perceptivos.	
Mejor rendimiento educativo.	
Articulación del habla.	
Tareas en las que los varones logran un mayor rendimiento promedio	
Transformaciones en la memoria de trabajo visual.	Rotación mental. Test del nivel de agua de Piaget.
Objetos en movimiento.	Tareas dinámicas espaciotemporales.
Tareas motoras de seguimiento.	Precisión al lanzar balones o dardos.
Áreas de conocimiento.	Conocimiento general. Conocimiento de geografía. Conocimiento de matemáticas y ciencia.
Tests de razonamiento fluido (matemáticas y ciencia).	Tareas de razonamiento con proporciones. Test de conocimientos en matemáticas. Razonamiento mecánico. Analogías verbales. Razonamiento científico.

cognitiva y son bastante menores en las zonas medias: «Incluso una pequeña diferencia puede tener un impacto significativo en la vida cotidiana respecto a la proporción de varones y mujeres que logran puntuaciones por encima de un determinado punto de corte correspondiente, por ejemplo, al nivel exigido para enrolarse en un programa de entrenamiento o conseguir un puesto de trabajo» (pág. 1093).

En relación a si las diferencias de sexo, respecto al rendimiento en los tests de capacidades, están desapareciendo, Hedges y Nowell (1995) realizaron un importante metaanálisis considerando tests de lectura, escritura, matemáticas y ciencia. Sus conclusiones fueron que «en contra de los estudios a pequeña escala, las diferencias promedio no parecen estar desapareciendo, sino que son relativamente estables en el período de 32 años investigados» (pág. 45). Por su parte, Beller y Gafni (1996) han informado que las diferencias de sexo encontradas en los Estados Unidos, también se observan en otros países, concretamente en 20 países que participaron en el *International Assessment of Educational Progress*.

En cualquier caso, Halpern comenta que la pregunta de si las diferencias de sexo están desapareciendo es muy compleja de responder, puesto que las compañías de tests suelen eliminar aquellos problemas en los que se detectan diferencias, para evitar las protestas públicas al respecto.

Por lo que se refiere a las influencias de socialización sobre las diferencias de sexo, Lytton y Romney (1991) realizaron un amplio metaanálisis sobre los modos de socialización de los hijos y de las hijas por parte de los padres, no encontrando diferencias reseñables. Este resultado sería congruente con los estudios de las profesoras Maccoby y Jacklin (1974) comentados más arriba. En cualquier caso, Astin y col. (1995) han encontrado que los niños invierten más tiempo haciendo deporte, viendo la televisión, y practicando con juegos de vídeo, mientras que las niñas invierten más tiempo en el cuidado de los niños y el hogar, leyendo, estudiando y realizando trabajos de voluntariado: «En promedio, las mujeres y los varones viven sistemáticamente vidas diferentes» (Halpern, 1997, pág. 1096).

Finalmente, Diane Halpern (1997) considera las siguientes aplicaciones del estudio de las diferencias de sexo en capacidades:

- Hay que separar el hecho de que existen diferencias promedio en algunas capacidades cognitivas entre mujeres y varones, de la tendencia a valorar estas diferencias como «mejor» o «peor».
- Los estudios son sobre diferencias grupales promedio, y ninguna persona es un promedio. Los resultados no se pueden aplicar a ningún individuo en particular, dado que existe un gran solapamiento en las distribuciones.
- Las creencias sobre las diferencias de grupo ejercen una importante influencia, a menudo no consciente, sobre los pensamientos y conductas. No tiene demasiado sentido pretender que los niños seleccionen opciones mejor adaptadas a sus aptitudes e intereses, si no les damos la oportunidad de hacerlo.
- Habría que seguir apoyando la investigación sobre la cognición humana.
- Los niños maduran más tarde que las niñas, lo que debería ser considerado explícitamente en las escuelas.
- La escuela entrena especialmente las habilidades de lectura y de matemáticas, pero apenas toca el razonamiento espacial, una habilidad que sería de considerable beneficio para las niñas.
- No existe ninguna razón cognitiva para apoyar una educación distinta según el sexo.
- Hay que hacer un esfuerzo especial por observar con escepticismo los resultados de las investigaciones y por examinar las conclusiones para saber si están basadas en los datos.

3. EL CICLO VITAL

Los datos y argumentos que se van a exponer aquí se encuadran en la *psicología del ciclo vital*, es decir, el área de la psicología dirigida a la descripción y explicación del cambio de comportamientos relacionado con la edad (Baltes, 1996; Baltes y Goulet, 1970).

La distinción entre cambios con la edad *(age changes)* y diferencias de edad *(age differences)* es muy importante:

— Las diferencias de edad se pueden calcular al comparar personas de distintas generaciones o de distintas edades en un determinado momento.
— El estudio de los cambios con la edad supone averiguar cómo van cambiando ciertas propiedades psicológicas con el paso de los años.

Así por ejemplo, las tendencias políticas de los padres de los estudiantes de segundo curso de Psicología pueden ser más conservadoras que las suyas propias. Es prácticamente imposible saber si este hecho se debe a que las personas se hacen más conservadoras a medida que crecen (cambios con la edad) o, sencillamente, la generación de los padres siempre fue así, es decir, más conservadora que la generación de sus hijos (diferencias de edad).

Los estudios sobre el ciclo vital se organizan sobre una serie de supuestos básicos (Baltes, 1996):

— Las características de las personas no son fijas, sino dinámicas. El desarrollo es un proceso que dura toda la vida.

Figura 15.6.—Los años pasan y las personas van cambiando. Sin embargo, no parece que los cambios sean tan dramáticos como para que la persona ya no se reconozca. El caso de Matilda representa un caso de superdotación intelectual. Desde su época de bebé Matilda mostró signos de su alta capacidad.

— El desarrollo de la inteligencia es multidimensional. Hay muchas diferencias individuales en las rutas de desarrollo personal. En otras palabras, las personas crecen siguiendo distintas rutas y caminos.

— El potencial de cada persona para continuar su proceso de desarrollo intelectual se puede mantener hasta la aparición de trastornos cerebrovasculares de carácter físico.

— Las diferencias generacionales pueden ser distintas según sea la capacidad intelectual considerada.

— Hay un gran parecido familiar en la inteligencia de las distintas generaciones. Por ejemplo, se puede hablar de la inteligencia de una familia.

La edad suele hacer referencia a la cronología. Sin embargo también podemos hablar de:

— La *edad biológica,* es decir, la posición de una persona en relación a sus posibilidades vitales en virtud de, por ejemplo, la calidad de los órganos corporales.

— La *edad psicológica* se refiere a la capacidad de la persona para adaptarse a las demandas de su ambiente en distintos períodos del desarrollo.

— La *edad social* se refiere a la medida en que la persona muestra una conducta y unos roles sociales congruentes con las expectativas de su grupo de edad cronológica.

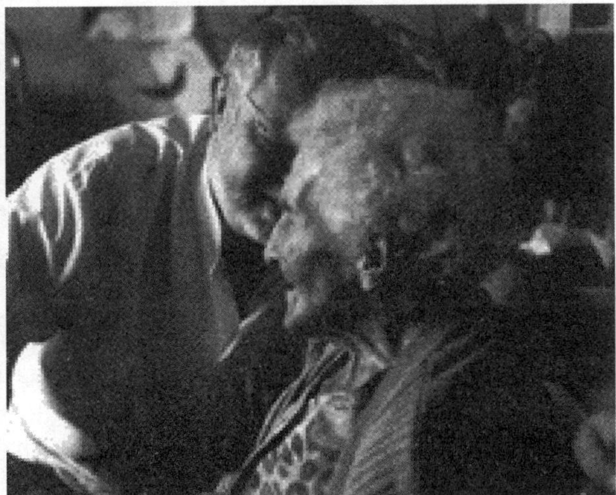

Figura 15.7.—Jeanne Calment, la persona más anciana del planeta (122 años), murió en julio de 1997.

Hay que considerar que los cambios que se producen durante el desarrollo de la persona no son causados por la edad, en sentido estricto, sino por los cambios biológicos y sociales que coinciden con el paso del tiempo. Así, el estudio del ciclo vital debe ocuparse tanto de los procesos biológicos internos como de las condiciones sociales.

En este sentido, hay en general un claro declive biológico en características físicas como la visión, la audición, el enlentecimiento del sistema nervioso central o la pérdida de fuerza física, que necesariamente influirá en la conducta de la persona. A su vez, las diferencias de edad y los cambios que se producen con el paso de los años deben estar influidos por los cambios del contexto sociocultural en el que se desarrolla la persona.

Según parece, las personas activan ciertos relojes sociales en determinados períodos de la vida. Estos relojes señalan qué tipo de actividades pueden realizar y cuáles no a determinadas edades; por ejemplo, cuándo es socialmente oportuno casarse, dejar de estudiar o jubilarse. Según parece, los estereotipos sociales menos favorables están dirigidos hacia las personas de más edad. Algunas de las características menos favorables son: enfermo, cansado, desinteresado por el sexo, mentalmente lento, olvidadizo, menos capaz de aprender cosas nuevas o improductivo. Los atributos más positivos son: sabio, amistoso y cálido (Fernández Ballesteros, 1996; Harris y col., 1975).

Hay que tener en cuenta que a pesar de que las personas de más edad suelen ser más respetuosas con las normas sociales, los viejos no forman un colectivo homogéneo. Muy al contrario, la variabilidad de los viejos es tan significativa como en edades más tempranas (Maddox y Douglass, 1974).

3.1. Capacidades

En los estudios sobre el ciclo vital se suelen emplear dos tipos de diseños de investigación: los transversales y los longitudinales. Los primeros sirven para explorar las diferencias de edad, mientras que los segundos permiten constatar los cambios que se producen con el paso de los años.

Probablemente, dos de los conceptos teóricos de la inteligencia que más se han estudiado y que tienen más consecuencias prácticas son las capacidades fluidas y las capacidades cristalizadas de la inteligencia. Estos conceptos se formularon originalmente en la teoría factorial de R. B. Cattell y se han usado durante muchos años en el estudio de las diferencias individuales en inteligencia, no siendo una excepción la psicología del desarrollo.

El estudio longitudinal de Seattle (*Seattle Longitudinal Study*, SLS) dirigido por el doctor Warner Schaie, constituye un muy buen ejemplo de programa de investigación sobre el ciclo vital, en el que se combinan los diseños transversales y longitudinales para obtener datos de calidad sobre las diferencias de edad y los cambios que se producen con el paso de los años.

3.1.1. *Diseños transversales*

Estos diseños exigen medir una variable psicológica en un determinado momento usando distintos grupos de edad. Por ejemplo, para estimar el nivel intelectual se puede aplicar el test de matrices progresivas de Raven a un grupo de personas de 30 años, a otro grupo de personas de 50 años y a un tercer grupo de personas de 70 años. Si observamos que el rendimiento en el test disminuye en los grupos de más edad, concluiremos que hay diferencias de edad en esa medida de la inteligencia. En otras palabras, diremos que el grupo de personas que actualmente tiene 70 años tuvo el mismo rendimiento que las personas que en la actualidad tiene 50 años, cuando ellas mismas tenían esos 50 años de edad. Asimismo, diremos que las personas que actualmente tienen 50 años mostrarán 20 años después el mismo nivel intelectual que las personas que actualmente tienen 70 años.

Sin embargo, no se puede asumir que las tres muestras son distintas sólo en la edad y que es sólo una cuestión de tiempo que las personas de 50 años muestren un rendimiento similar al de las personas de 70 años. Esos tres grupos de personas también han nacido en distintas épocas y, por tanto, el sistema educativo en el que se han formado y el contexto cultural en el que han crecido puede no ser equivalente. En otras palabras, las diferencias de rendimiento en el Raven de esos tres grupos de personas podrían ser atribuidas a sus diferencias educativas y culturales (por ejemplo, los hábitos de salud) y no al paso del tiempo.

El grupo de personas nacidas en el mismo tiempo y, por tanto, expuestas a similares factores sociohistóricos, se denomina técnicamente *cohorte*. Por tanto, el efecto cohorte consiste en que determinadas diferencias de edad se puedan atribuir a los factores socioculturales propios de un determinado grupo de personas nacidas en la misma época, es decir, personas de una misma generación. Los diseños metodológicos de carácter transversal impiden separar los efectos de la edad y los de cohorte. En otras palabras, los estudios transversales permiten estudiar las diferencias de edad pero no los cambios que se producen con el paso de los años.

Veamos un ejemplo de estudio transversal aplicado al caso de la inteligencia, y más en concreto a las teorías factoriales de la inteligencia.

Teorías factoriales y diseños transversales. Bickley, Keith y Wolfle (1995) han estudiado el problema de si la organización de los factores de la inteligencia está sujeta a cambios durante el desarrollo.

Estos autores se basan, en parte, en la teoría factorial de R. B. Cattell y J. Horn, en la que se distinguen una serie de factores generales (Horn, 1991):

— Gf: razonamiento fluido.
— Gc: conocimiento.

— Gv: procesamiento visual.
— Ga: procesamiento acústico.
— Gs: velocidad de procesamiento.
— Gsm: memoria a corto plazo.
— Glr: recuperación a largo término.
— Gq: capacidad numérica.

Según esta teoría, hay tres factores considerados vulnerables, es decir, influidos negativamente por el aumento de la edad: Gf, Gsm y Gs. Hay otros factores que no son vulnerables, sino que se mantienen al mismo nivel e incluso aumentan con la edad: Gc, Glr y Gq.

Estos factores generales de la inteligencia son prácticamente iguales a los factores del segundo estrato de la teoría de J. B. Carroll (1993). Sin embargo, Carroll considera razonable situar un factor general (g) por encima de los factores secundarios.

Bickley y sus colegas (1995) estudian algo que no tiene precedentes: la estabilidad de la estructura de la inteligencia durante el desarrollo, según la teoría de Carroll. Más en concreto, tratan de responder las siguientes preguntas:

— ¿Cambia la estructura de la inteligencia con la edad?
— ¿Es correcta la estructura factorial propuesta por la teoría de tres estratos de Carroll?
— ¿Es Gf equivalente a g?
— ¿Es Gq equivalente a g?
— ¿Es Gc equivalente a g?

Estos autores usan los datos de estandarización de una batería psicoeducativa empleada en los Estados Unidos *(Woodcock-Johnson Psycho-educational Battery-Revised)*. Los períodos de edad considerados en el estudio son los siguientes: 6, 8, 10, 13, 16, 30-39, 50-59 y 70-79. El número total de sujetos estudiados en la estandarización asciende a 6.359, aunque no todos ellos se usan en el estudio de Bickley y sus colegas.

El modelo que contrastan estadísticamente aparece en la figura 15.8. Por supuesto, es una versión simplificada de la teoría de tres estratos, adaptada a los tests de la batería psicoeducativa comentada. Considerando los grupos de edad ya enumerados, se postulan las siguientes hipótesis conceptuales y estadísticas:

Hipótesis 1: las matrices de correlaciones entre los tests de la figura 15.8 no serán distintas para las diferentes edades.

Hipótesis 2: la teoría de tres estratos constituye una buena representación de la estructura de las capacidades intelectuales a distintas edades.

Hipótesis 3: la carga factorial de Gf en g es 1,00 (es decir, Gf y g son indistinguibles) para todos los grupos de edad.

Hipótesis 4: la carga factorial de Gq en g es 1,00 (es decir, Gq y g son indistinguibles) para todos los grupos de edad.

Hipótesis 5: la carga factorial de Gc en g es 1,00 (es decir, Gc y g son indistinguibles), para todos los grupos de edad.

Las hipótesis 1 y 2 se confirman, es decir, las correlaciones son similares a las distintas edades, así como la estructura factorial de las capacidades representada por la teoría de tres estratos. Sin embargo, las hipótesis 3, 4 y 5 no se cumplen, es decir, Gf, Gc y Gq deben distinguirse de g.

Las conclusiones fundamentales de este estudio son las siguientes:

- No hay cambios con el aumento de la edad en la estructura factorial de la inteligencia.

Este resultado puede parecer contradictorio con los datos sobre el declive de alguna capacidad general, como por ejemplo Gf. Sin embargo, los datos sobre el declive de Gf se han basado en comparar transversalmente puntuaciones medias en algunos tests, es decir, algo bastante distinto a contrastar si la estructura de la inteligencia cambia con la edad o permanece invariante. Recuérdese que un factor es un resumen empírico del rendimiento en varios tests.

- La teoría de tres estratos constituye un buen modelo para representar la estructura de las capacidades a distintas edades.

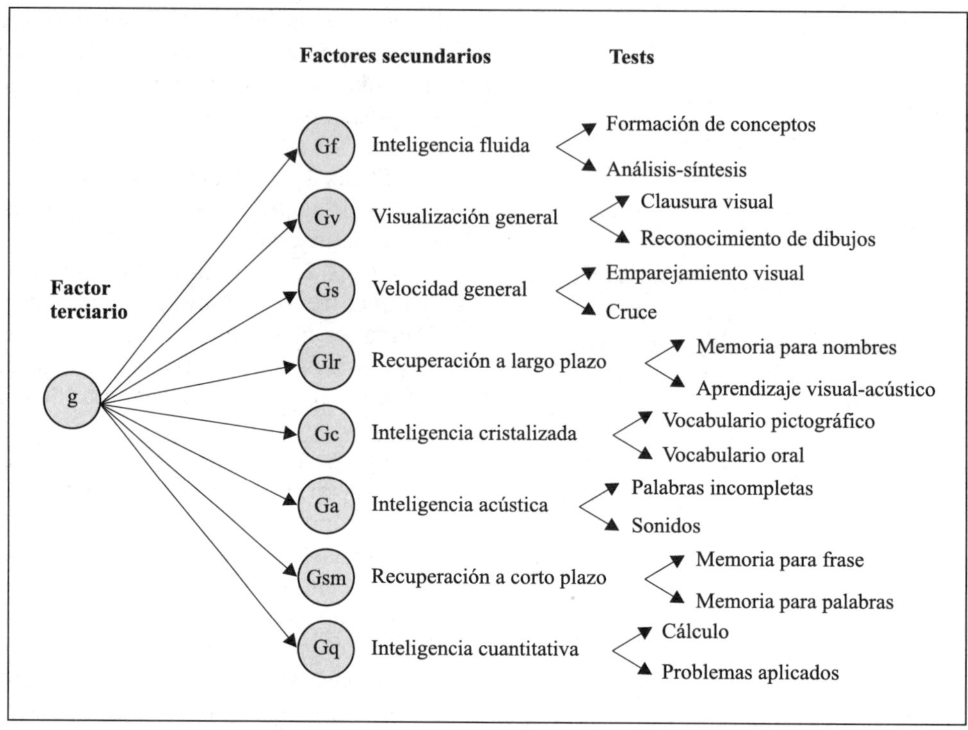

Figura 15.8.—Teoría factorial que se contrasta en el estudio de Bickley y col. (1995). Al igual que en cualquier otra teoría factorial jerárquica, se distingue entre las pruebas que se administran a la muestra de sujetos (tests), los factores en los que se resumen las puntuaciones de las personas en las pruebas, y el factor terciario que resume la información de los factores más específicos. En este caso, se representan directamente factores secundarios y se excluyen los factores primarios porque las pruebas se han seleccionado para representar a los factores primarios.

El factor g es indiscutible. Gs, o velocidad de procesamiento, tiene la menor carga en g, es decir, es el factor secundario menos importante. Se confirma el factor Gq, es decir, la capacidad numérica, ausente en la teoría de tres estratos original. Gf y Gc muestran las mayores cargas factoriales en g. Gv y Ga también presentan cargas muy altas en g. Desde el factor secundario más importante al menos importante, la ordenación es la siguiente: Gf, Gc, Gq, Gv, Ga, Glr, Gsm y Gs. Por tanto, se repite la estructura factorial de J. B. Carroll (1993).

En cualquier caso, conviene recordar que en este estudio se consideran únicamente datos transversales, y, por tanto, sus resultados deben ser completados por los diseños longitudinales.

3.1.2. *Diseños longitudinales*

En los diseños longitudinales se mide en distintas ocasiones a la misma cohorte o grupo de personas nacidas en la misma época, de la misma generación. Por supuesto, un estudio longitudinal puede durar varias décadas. De este modo, se puede usar el test de matrices progresivas de Raven para averiguar si las personas adolescentes que en 1940 mostraban un nivel de inteligencia determinado, mantienen ese mismo nivel 57 años después, es decir, en 1997.

Los diseños longitudinales también tienen algunos inconvenientes. Así por ejemplo, los cambios que se puedan observar no tienen por qué ser debidos al aumento de la edad, sino a la intervención de determinados factores socioculturales, como, por ejemplo, que entre dos medidas sucesivas las personas hayan abandonado el sistema educativo o se haya producido una guerra.

Sin embargo, el mayor problema de los diseños longitudinales es la selección progresiva de la muestra por causas sociales, psicológicas o biológicas. Es sabido que son las personas más competentes o capaces las que suelen permanecer en el estudio, mientras que los menos competentes suelen abandonarlo. Además, abandonar el estudio es más probable a medida que las personas se hacen mayores. Por consiguiente, las personas que permanecen en el estudio se acaban convirtiendo en una élite cognitiva, lo que, por razones evidentes, dificulta comprobar una hipótesis sobre un probable declive intelectual con el aumento de la edad. En otras palabras, las personas que se mantengan en el estudio con el paso de los años ya no serán una muestra representativa de la población y las conclusiones que se extraigan pueden no ser generalizables (Schaie, 1996).

Por consiguiente, mientras que los estudios transversales pueden apoyar un declive intelectual, los longitudinales pueden rechazar ese declive, y en ambos casos, no estaremos seguros de cuál es la conclusión más acertada. En cualquier caso, las diferencias son de cantidad, no de calidad, es decir, sí parece haber un cierto declive intelectual con la edad, en especial a partir de los 50 años (Botwinick, 1977).

3.1.3. *Capacidades fluidas y cristalizadas: inteligencia como proceso e inteligencia como conocimiento*

Estudios clásicos. Las medidas del cociente intelectual verbal (CI verbal) y del cociente intelectual manipulativo (CI manipulativo) que se obtienen a través de escalas como las de Wechsler (WISC y WAIS) sirven para estimar, a grandes rasgos, la inteligencia cristalizada (Gc) y la fluida (Gf), respectivamente. En este sentido, hace tiempo que se sabe que el CI verbal apenas muestra declive con la edad, mientras que el CI manipulativo si declina con el paso de los años (Botwinick, 1977).

El declive de las capacidades fluidas y el mantenimiento de las capacidades cristalizadas se ha encontrado tan a menudo, tanto con diseños transversales como longitudinales, que se ha considerado el *patrón básico de crecimiento*. Además, según algunos estudios, a partir de los 70 años de edad se produce un declive general (Eisdorfer y Wilkie, 1973). De especial importancia es el denominado *declive terminal,* según el cual el funcionamiento cognitivo humano muestra un declive muy marcado en los meses que preceden a la muerte; las concepciones teóricas al respecto sugieren que las influencias genéticas y ambientales que tienen que ver con la muerte, producen un declive terminal y fatal en el rendimiento cognitivo (Riegel y Riegel, 1972).

Probablemente sea J. Horn, antiguo colaborador de Raymond B. Cattell, el investigador que ha estudiado con mayor sistematismo el patrón de desarrollo de las capacidades fluidas (Gf) y cristalizadas (Gc) de la inteligencia. En general, sus resultados sugieren que Gf comienza a declinar suavemente al comienzo de la edad adulta (20 años), mientras que Gc se mantiene en el mismo nivel e incluso aumenta ligeramente con el paso del tiempo (Horn, 1975, 1989).

Según el psicólogo suizo Jean Piaget, el desarrollo cognitivo es unidireccional y apenas cambia durante la edad adulta. Sin embargo, los psicólogos de las diferencias individuales han demostrado que esto no es cierto. Las personas mayores muestran menos capacidad que las personas más jóvenes en medidas de juicio moral y egocentrismo, así como en ciertas tareas de razonamiento lógico como la de conservación (Papalia y Bielby, 1974). Esto sugiere que, posiblemente, las tareas usadas por Jean Piaget miden algunas de las capacidades fluidas de la inteligencia (Gf).

J. Horn (1975) encontró que el declive que se observa en las capacidades fluidas (Gf) supone un descenso en factores primarios como la amplitud de memoria y la memoria asociativa. En tareas de laboratorio de aprendizaje serial y de pares asociados se suele observar un declive que se corresponde con la capacidad de aprendizaje verbal (Arenberg y Robertson-Tchabo, 1977).

El declive es menor en tareas de memoria de trabajo que en tareas que requieren recuperar información desde la memoria permanente (Craik, 1977). Por ejemplo, en tareas de recuerdo serial en las que se debe recordar una serie de palabras presentadas secuencialmente, las personas mayores recuerdan las últimas palabras presentadas, pero recuerdan bastante peor las palabras presentadas al principio de la lista. En las tareas de amplitud de memoria en las que se debe recordar en orden inverso las palabras presentadas, las personas mayores muestran bastantes problemas. Hay que comentar que esta tarea de recuerdo inverso mide mejor el factor g que la tarea de recuerdo directo (Jensen, 1985).

La capacidad de memoria exige almacenar y recuperar información. Posiblemente los problemas de las personas mayores no tienen que ver con la percepción del material sobre el que trabajar, sino con su almacenamiento y recuperación. Almacenar supone trasladar la información desde la memoria de trabajo a la memoria permanente. Las personas mayores tendrán problemas para organizar el material estratégicamente de modo que se pueda aprender y almacenar (categorías semánticas, categorías conceptuales y agrupamiento en jerarquías de información; Craik, 1977). Sabemos, en este sentido, que las personas mayores tienen dificultades para usar las estrategias clásicas de memorización, como por ejemplo la técnica del paseo del orador (Baddeley, 1992). Además, las personas mayores encuentran grandes dificultades para hacer uso de las claves de recuperación adecuadas. Su rendimiento en estas tareas de recuperación mejora mucho si se le dan pistas (Reese, 1976).

Por otro lado, las personas mayores también tienen problemas en tareas en las que su atención debe dividirse en dos fuentes de información; por ejemplo, cuando debe atender a información visual (por ejemplo, unas señales de tráfico) y acústica (por ejemplo, la dirección a tomar que le indica verbalmente su acompañante en el vehículo) de modo simultáneo (Craik, 1977). En estos casos, las personas mayores tienden a centrarse en una de las fuentes de información mientras ignoran la otra fuente informativa.

En tareas de tiempo de reacción, las personas mayores también muestran un claro declive, siendo más importante este declive cuanto más compleja es la tarea. Un ejemplo sencillo de tarea simple de tiempo de reacción se da cuando un conductor comienza a acelerar a medida que el semáforo cambia a verde; un ejemplo de tarea compleja de reacción, en la que se debe hacer una elección, se da cuando la persona debe situar rápidamente y siguiendo una determinada regla cuatro cartas en ciertos lugares de una mesa.

Según Welford (1977) el enlentecimiento de las personas mayores no se debe a limitaciones musculares, sino a un aumento del tiempo necesario, tanto para tomar una decisión cognitiva sobre qué movimientos son necesarios como para supervisar la secuencia de movimientos. En tareas simples de tiempo de reacción, el rendimiento mejorará con la práctica, mientras que éste no será el caso en tareas más complejas de tiempo de reacción en las que se exige alguna decisión.

Por razones evidentes, esta deficiencia en velocidad hace pensar en la pertinencia de medir el nivel de inteligencia fluida (Gf) de las personas mayores. Estas tareas suelen estar bastante influidas por la velocidad de respuesta, por lo que algunos autores sostienen que esas medidas no sirven para estimar la inteligencia de los viejos. Sin embargo, otros autores mantienen que si una persona puede realizar una tarea cognitiva más rápidamente que otra, entonces, independientemente de cuál sea la causa de la diferencia, se debe concluir que la persona más rápida es más capaz que la persona menos rápida (Horn, 1977, Elias y col., 1977). Además, sabemos que cuando se relajan las condiciones de velocidad de las tareas, las personas mayores siguen mostrando un rendimiento claramente inferior, aunque mejoren algo. Según Horn (1977) Gf muestra un declive incluso cuando se controla estadísticamente la velocidad motora y el tiempo de reacción.

En ocasiones se ha argumentado que las personas mayores tienen un rendimiento más bajo en las tareas cognitivas porque no están suficientemente motivadas. Sin embargo, no parece que esto sea cierto (Elias y Elias, 1977). Muy al contrario, las personas mayores se activan mucho cuando deben resolver este tipo de tareas, incluso por exceso, lo que perjudica en alguna medida su rendimiento. Así, si se administra una droga depresora, es decir, que reduce el nivel de activación, su rendimiento mejora (Eisdorfer y col., 1970). Por supuesto, la recomendación práctica es que el profesional debe procurar disminuir el nivel de ansiedad de las personas mayores al resolver tareas cognitivamente exigentes (Arenberg y Robertson-Tchabo, 1977).

El declive intelectual puede atribuirse a deterioros orgánicos de la persona mayor, como por ejemplo los trastornos cardiovasculares. Sin embargo, los factores ambientales también pueden jugar su papel. Según parece, el ambiente en el que se desenvuelven las personas mayores resulta poco estimulantes. Sólo algunas personas mayores realizan cursos de formación, las instituciones para personas jubiladas no son especialmente estimulantes y las expectativas sociales no hacen albergar esperanzas sobre las posibles contribuciones sociales de los viejos, puesto que dan por hecho el declive en sus competencias. Por consiguiente, deberían diseñarse intervenciones sociales para parar ese proceso de deterioro (Baltes y Labouvie, 1973; Schaie, 1996).

En esta dirección, en un estudio se diseñó un método para entrenar la capacidad de razonamiento inductivo en personas de una edad media de 76 años. Los resultados indicaron que las personas mayores no sólo mejoran con el entrenamiento, sino que mantienen esa mejora con el paso del tiempo y generalizan a otras tareas de razonamiento inductivo distintas a las empleadas durante el proceso de entrenamiento. Claramente, estos resultados sugieren que el cerebro de las personas mayores conserva un significativo grado de plasticidad, muy importante en la práctica (Labouvie-Vief y Gonda, 1976).

Una de las principales conclusiones de los trabajos sobre el desarrollo adulto es que hay muchas diferencias individuales en cómo se envejece, al menos cognitivamente hablando. Si el viejo no padece trastornos físicos y sigue manteniendo un buen nivel de actividad, el declive puede tardar mucho tiempo en manifestarse.

Desde luego, el patrón de declive no parece universal. Las distintas capacidades no tienen el mismo desarrollo, y el declive depende, entre otras cosas, del nivel de capacidad de la persona, de su nivel socioeconómico y de cuál sea su generación o cohorte.

Warner Schaie (1974) ha sugerido algunas recomendaciones políticas, en especial sobre la educación de los viejos y los períodos de jubilación. Su propuesta es que haya programas de educación para los viejos que puedan parar e invertir su declive cultural y tecnológico. Basándose en las grandes diferencias individuales que existen en la población de los viejos, Schaie (1974, 1994, 1996) rechaza las políticas universales de jubilación y sugiere que se usen métodos científicos para analizar la aptitud del viejo para realizar su trabajo.

Nuevas tecnologías: resonancia magnética (RM). En un estudio realizado por Bigler y sus colegas (1995) se exploró la tesis de que las capacidad fluidas declinan con la edad. Como se ha comentado, una medida de las capacidades fluidas se expresa a través del CI manipulativo de las escalas de Wechsler.

Estos autores usan datos de estandarización del WAIS-R, comparando los datos de personas desde los 16 a los 65 años. Además, consideran los datos de Blatter y sus colegas (1995) sobre los cambios que se producen en el volumen cerebral con el paso de los años, explorados con las modernas técnicas de resonancia magnética (RM) y contrastados con análisis *post-mortem*.

El aumento de la edad supone una disminución en el rendimiento visomotor (Schaie, 1994). Este hecho lleva a introducir un factor corrector en los tests en los que son relevantes estos elementos viso-motores, como en la prueba clave de números del Wechsler.

Desde una perspectiva neuropatológica, el aumento de la edad se asocia a una serie de cambios negativos, tanto en el sistema nervioso central como en el periférico. En la figura 15.9a y b se pueden observar los datos sobre el declive neuronal de varones y mujeres desde los 16 a los 65 años (Blatter y col., 1995). ¿Tiene algo que ver este declive con las capacidades fluidas y cristalizadas medidas por los habituales tests psicométricos?

Según los datos de estandarización de Kaufman y sus colegas (1991) sobre el WAIS-R, desde los 20 a los 74 años se produce un claro declive del CI manipulativo, es decir, de las capacidades fluidas. Sin embargo, apenas se producen cambios en el CI verbal, es decir, en las capacidades cristalizadas (figura 15.10). ¿Es el grado o la pendiente de declive del CI manipulativo equivalente a la pendiente de declive del volumen cerebral medido con las técnicas de resonancia magnética?

En el análisis de Bigler y sus colegas (1995) se combinan los dos tipos de datos (psicométricos y resonancia magnética) con la edad, para realizar un análisis de regresión, es decir, para averiguar si la edad predice en igual medida el declive neural y psicológico. Por tanto, la edad es la variable predictora y las variables criterio son el CI verbal y el CI manipulativo medido por el WAIS-R, así como las medidas de volumen cerebral realizadas con las técnicas de RM.

Sus resultados indican que el grado o las pendientes para el declive del CI manipulativo y para el declive neural coinciden casi perfectamente: –0,63 y –0,61, respectivamente; el signo negativo significa una correlación inversa, es decir, a *mayor* edad *menor* CI manipulativo y *menor* volumen cerebral. Sin embargo, no hay relación entre edad, declive neural y puntuaciones de CI verbal.

Por supuesto, estos datos son bastante globales. Es posible que el declive neuronal específico de distintas áreas corticales y subcorticales se encuentre relacionado con el declive de capacidades cognitivas más concretas que las capacidades generales fluidas y cristalizadas. En cualquier caso, el paralelismo entre el declive de las capacidades fluidas y de la neuroanatomía constituye una prueba favorable a la tesis de la teoría factorial de R. B. Cattell, es decir, al carácter parcialmente biológi-

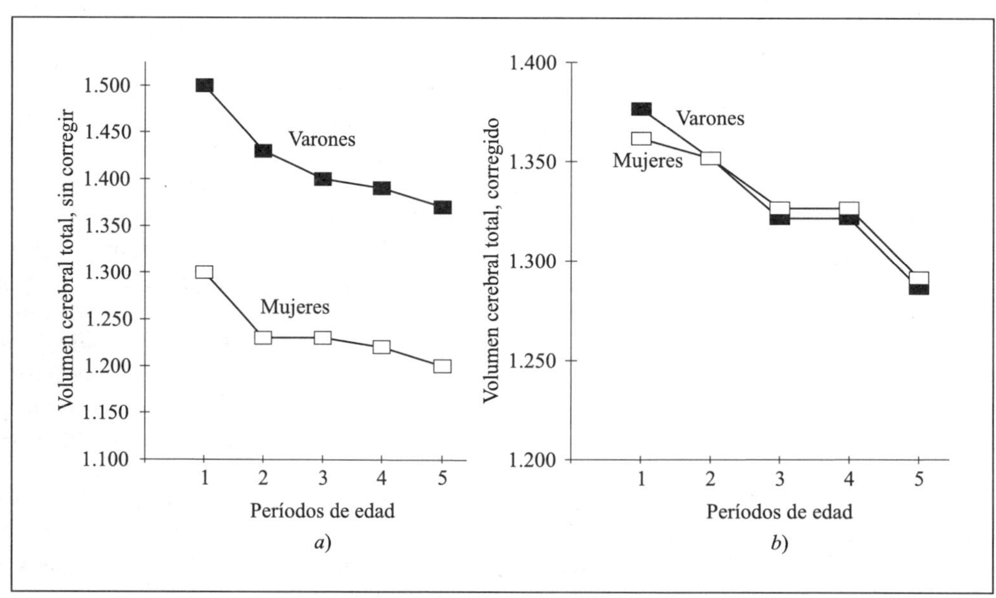

Figura 15.9.—Estas figuras ilustran el declive en volumen cerebral en distintas edades, y tanto para varones como para mujeres. Las muestra consta de 196 sujetos entre 16 y 65 años. *a*) Medidas del volumen cerebral total sin corregir por las variaciones en el volumen intracraneal. *b*) Medidas corregidas.

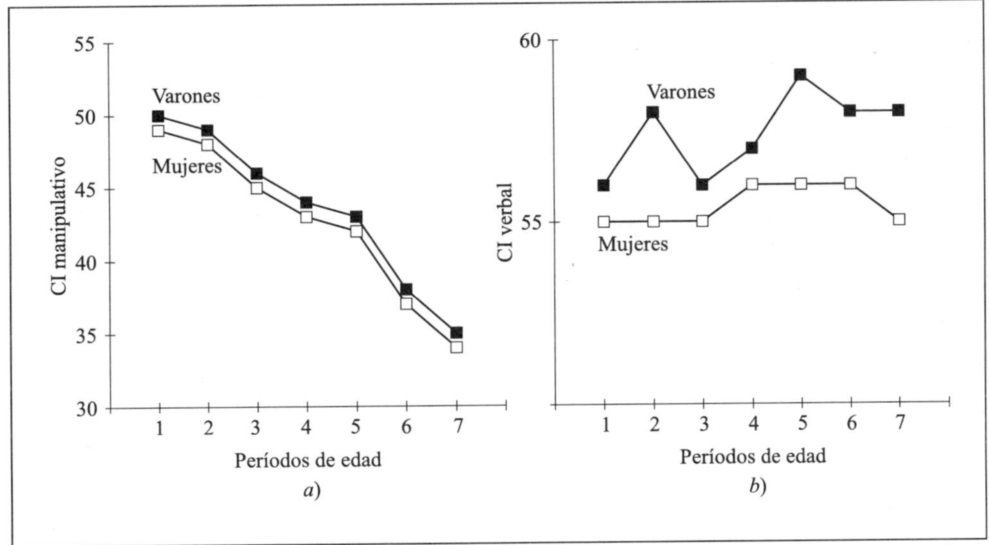

Figura 15.10.—Estas figuras ilustran la estabilidad de *a*) el CI manipulativo y *b*) el CI verbal, con el paso de los años. El declive de las puntuaciones en CI manipulativo es similar al declive en volumen cerebral representado en la figura 15.9.

co (y medible) de Gf, y al carácter cultural y educativo de Gc.

3.2. The Seattle Longitudinal Study (SLS): el estudio longitudinal de Seattle

3.2.1. *Sus características*

El *Seattle Longitudinal Study* (SLS, Estudio Longitudinal de Seattle; Schaie, 1994 y 1996) ha explorado una serie de aptitudes mentales básicas en una muestra de más de 5.000 adultos, durante 35 años. El SLS comienza en 1956, se toman medidas en seis ocasiones y se termina en 1992. El fundamento teórico sobre el desarrollo intelectual adulto del SLS procede de la conceptualización psicométrica de la inteligencia propuesta originalmente por L. L. Thurstone en 1938 (Schaie, 1994). Esto significa que el SLS ha empleado una perspectiva basada en la importancia de las diferencias individuales y en la influencia de los antecedentes socioculturales en el funcionamiento aptitudinal o intelectual.

La muestra empleada en el SLS puede verse en la tabla 15.5. Según Schaie (1994), esta muestra es representativa del 75 por 100 del espectro socioeconómico.

Las pruebas empleadas para medir las diferencias en inteligencia corresponden a las aptitudes mentales primarias identificadas por L. L. Thurstone: vocabulario, aptitud espacial, razonamiento inductivo, aptitud numérica y fluidez verbal. Además, para estudiar los *cambios debidos a la edad* y las *diferencias de edad* en la estructura factorial de las aptitudes intelectuales, también se usaron otras pruebas para aumentar el número de marcadores (variables) de las aptitudes primarias en la quinta recogida de datos (T5) realizada en el año 1984.

Las preguntas que se formulan en el SLS son las siguientes (Schaie, 1994, 1996):

— ¿Cambia la inteligencia de modo uniforme durante el ciclo vital? O ¿hay distintos patrones de desarrollo para las diferentes aptitudes?

TABLA 15.5

1956	1963	1970	1977	1984	1991
M1T1 (N = 500)	M1T2 (N = 303)	M1T3 (N = 162)	M1T4 (N = 130)	M1T5 (N = 92)	M1T6 (N = 71)
	M2T2 (N = 997)	M2T3 (N = 420)	M2T4 (N = 337)	M2T5 (N = 204)	M2T6 (N = 161)
		M3T3 (N = 705)	M3T4 (N = 340)	M3T5 (N = 225)	M3T6 (N = 175)
			M4T4 (N = 612)	M4T5 (N = 294)	M4T6 (N = 201)
				M5T5 (N = 628)	M5T6 (N = 428)
					M6T6 (N = 690)

M = muestra, T = tiempo en que se realiza la medida, N = número de sujetos en la muestra (Schaie, 1994).

— ¿En qué momento del ciclo vital se producen declives de la aptitud intelectual y hasta qué punto?
— ¿Hay cambios demográficos en el rendimiento cognitivo? Es decir, ¿hay cambios generacionales (de cohorte) en el patrón de aptitudes? y ¿hasta qué punto?
— ¿Es estable la estructura factorial de las aptitudes a lo largo del ciclo vital?
— ¿Qué puede explicar las enormes diferencias individuales que se observan en los cambios relacionados con la edad? Es decir, ¿por qué las personas envejecen de modo tan distinto?
— ¿Se puede invertir el declive intelectual que se produce al envejecer mediante el uso de intervenciones educativas?

3.2.2. *La medida y el desarrollo de las aptitudes*

El SLS proporciona datos sobre el rendimiento intelectual en pruebas concretas, pero aquí se mostrarán los datos que tienen que ver con los factores de la inteligencia, según el modelo de la figura 15.11, sugerido por el propio Schaie (1996). Es decir, se presentan datos sobre cambios en los factores de la inteligencia, no en tests o variables concretas. Así, se estudian los datos transversales y longitudinales del razonamiento inductivo, la orientación espacial, la capacidad verbal, la capacidad numérica, la velocidad perceptiva y la memoria verbal.

Los datos transversales se pueden observar en la figura 15.12. Según esos resultados, se puede concluir que hay un claro declive en cuatro de las seis aptitudes o factores de la inteligencia: razonamiento inductivo, orientación espacial, velocidad perceptiva y memoria verbal. Este patrón no es tan claro para el caso de la capacidad numérica y la capacidad verbal.

Los datos longitudinales se presentan en la figura 15.13. En este caso, sólo aparece un claro declive para la velocidad perceptiva desde el primer período de la madurez. La capacidad numérica comienza a declinar a los 60 años. Las otras cuatro aptitudes alcanzan el nivel máximo a los 53 años y a partir de entonces muestran un leve y paulatino declive.

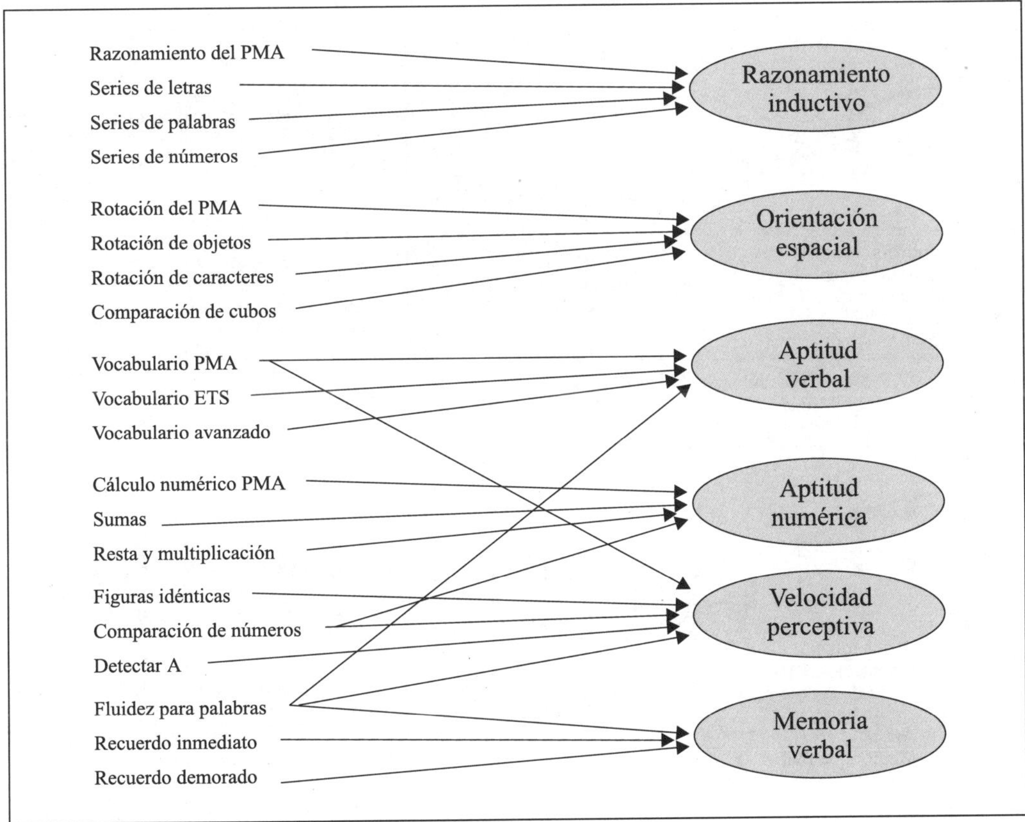

Figura 15.11.

Según Schaie (1994) los resultados del SLS proporcionan una información normativa (poblacional) que puede servir de guía para determinar a qué edad se alcanzan niveles significativos y demostrados de declive, relevantes para cuestiones de política social como:

— ¿Cuándo es aconsejable que la gente se jubile obligatoriamente?
— ¿Está justificada la discriminación laboral según sea la edad del trabajador?
— ¿Qué proporción de la población cabe esperar que se independice, o viva independientemente dentro de la comunidad, a determinadas edades?

Aunque el tipo de variables que se miden en el SLS se pueden considerar variables de laboratorio, la relevancia de esas variables en el comportamiento diario está fuera de toda duda, puesto que hay muchos datos que confirman la relación psicométrica entre la medida de aptitudes a través de tests y la realización de la mayor parte de las tareas que las personas llevan a cabo cotidianamente (Willis y Schaie, 1986a).

Estas decisiones sociales deberían basarse en datos longitudinales como los siguientes (Schaie, 1994):

— Hay moderados cambios positivos desde la madurez temprana hasta los 60 años en razonamiento inductivo, orientación espacial,

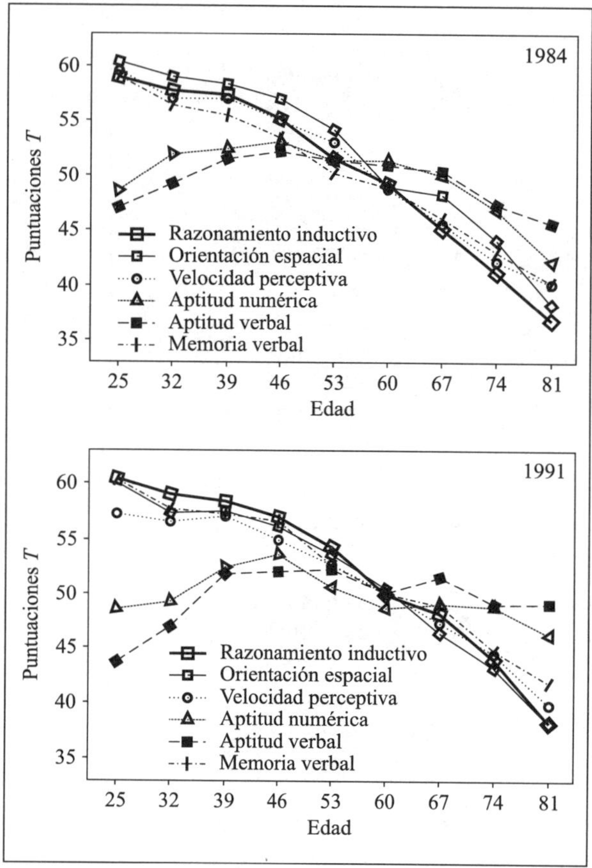

Figura 15.12.—Datos transversales de (a) 1984 y (b) 1991 en los factores representados en la figura 15.11.

capacidad verbal y memoria verbal, pero la capacidad numérica declina aproximadamente 0,25 desviaciones típicas (unos 3,75 puntos de CI) y la velocidad perceptiva disminuye una desviación típica (es decir, 15 puntos de CI).

— Cuando se comparan los 25 con los 88 años, apenas se aprecia declive en la capacidad verbal. Sin embargo, el razonamiento inductivo y la memoria verbal declinan 0,5 desviaciones típicas (es decir, 7,5 puntos de CI), la orientación espacial 1 desviación típica (15 puntos de CI), y la capacidad numérica y la velocidad perceptiva declinan

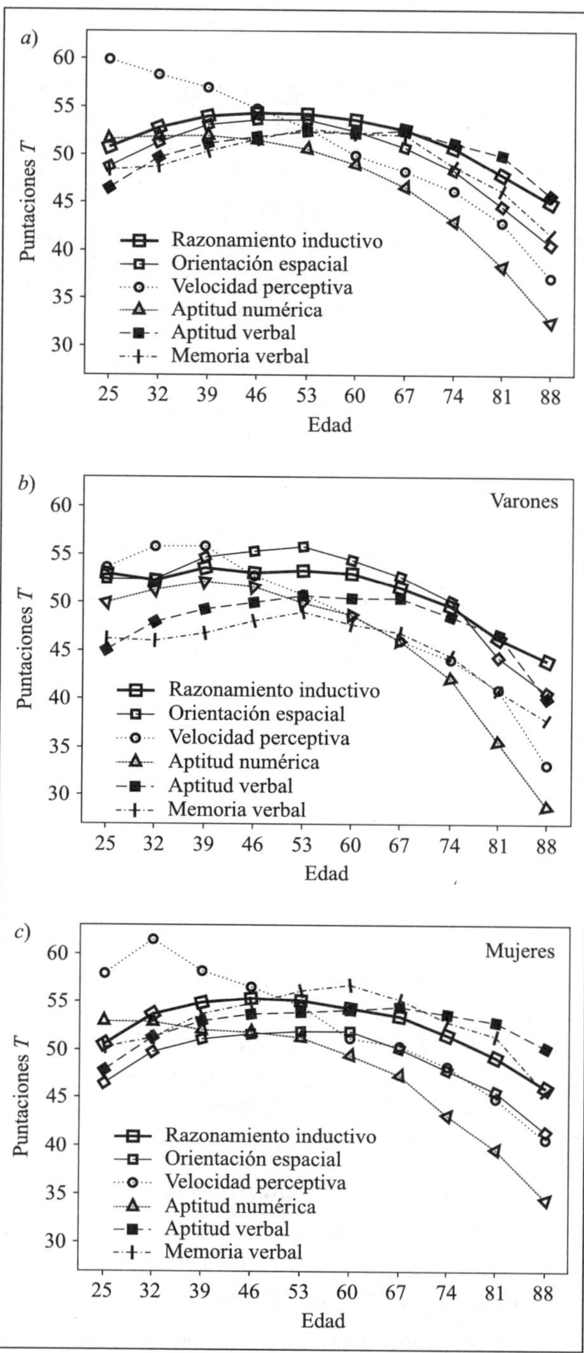

Figura 15.13.—Datos longitudinales de *a*) la muestra total, *b*) varones y *c*) mujeres, en los factores representados en la figura 15.11.

algo más de 1,5 desviaciones típicas (22,5 puntos de CI).

— Según Schaie (1994), una parte del declive intelectual se puede atribuir a un enlentecimiento de la velocidad de procesamiento y de respuesta en las personas mayores. De este modo, cuando se elimina o controla la influencia de la velocidad perceptiva sobre las otras aptitudes, se reduce, aunque no desaparece, el grado de declive (Schaie, 1989).

3.2.3. *¿Hay efectos generacionales?*

Los datos del SLS, según las distintas generaciones comparadas, se muestran en la figura 15.14. Esos resultados indican que se produce un aumento sistemático en las puntuaciones según las distintas generaciones, desde 1907 a 1966, en especial para el razonamiento inductivo y la memoria verbal; la diferencia de cohorte asciende a 1,5 desviaciones típicas desde 1907 a 1966 (22,5 puntos de CI). Sin embargo, no se observa este efecto en velocidad perceptiva, capacidad numérica y capacidad verbal. Es decir, las generaciones más actuales son mejores en razonamiento inductivo y memoria verbal, pero no en velocidad perceptiva, capacidad numérica y capacidad verbal.

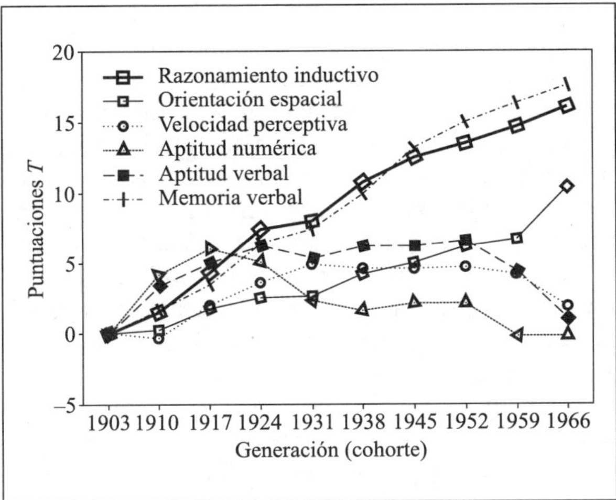

Figura 15.14.—Efectos generacionales sobre los factores de aptitud representados en la figura 15.11.

Hay varias posibles explicaciones de estos efectos generacionales. Así por ejemplo, según Schaie (1994) las mejoras educativas parecen constituir la más robusta explicación de los incrementos en razonamiento inductivo y memoria verbal. Los cambios en las estrategias educativas y la intensidad de exposición a materiales educativos relevantes parecen ser los antecedentes más claros de las mejoras de las distintas cohortes o generaciones.

Sin embargo, la pregunta obvia es: si son únicamente las mejoras educativas las responsables de esas mejoras generacionales, ¿por qué no hay un aumento visible en las aptitudes más culturales o cristalizadas, es decir, en la capacidad numérica y la capacidad verbal? Se supone que la riqueza de vocabulario constituye un producto prácticamente directo de la educación. Saber sumar, restar y multiplicar supone estar educado para ello. Entonces, ¿por qué no hay un incremento en esas capacidades cristalizadas educativa y culturalmente en las generaciones más actuales?

Uno de los datos más interesantes del SLS se refiere al análisis de la estabilidad durante el ciclo vital del parecido familiar. Los resultados indican un parecido de al menos 0,25, es decir, el valor de la correlación dentro de cada familia o intrafamiliar, en prácticamente todas las aptitudes o factores de la inteligencia estudiados. Este grado de parecido se aplica tanto a los padres y sus hijos naturales como a los hermanos naturales.

En concreto, el dato llamativo tiene que ver con la supuesta reducción de la influencia ambiental compartida que se puede atribuir a un incremento simultáneo de las influencias ambientales no compartidas o específicas en las generaciones más actuales. Sin embargo, los resultados del SLS indican que esto es cierto sólo para el razonamiento inductivo, aptitud en la que las generaciones más antiguas muestran un mayor parecido que las más actuales. Para las otras aptitudes se observa una clara estabilidad, y en algunas de ellas, como vocabulario y orientación espacial, se aprecia un aumento del parecido familiar en las generaciones más actuales. Por consiguiente, el SLS expone una estabilidad del parecido familiar a través del tiempo y de la edad (Shaie, 1994).

Finalmente, W. Schaie (1994, 1996) observa que la estructura factorial de la inteligencia no cambia con la edad. En otras palabras, la organización factorial de la inteligencia es invariante o no varía con la edad, por lo que un mismo modelo factorial sería de utilidad para representar a la inteligencia durante todo el ciclo vital. Aunque si hay ciertos cambios, éstos son en cantidad, pero no en calidad. Por supuesto, este resultado del SLS es congruente con el estudio realizado por Bickley y sus colegas (1995) expuesto páginas antes.

3.2.4. *Modos de envejecer*

W. Schaie (1994, 1996) ha encontrado una serie de variables que parecen explicar las diferencias individuales en el modo de envejecer:

- La ausencia de enfermedades cardiovasculares.
- Vivir en ambientes favorables típicos de las familias de clase media-alta. Estas condiciones de vida suponen una educación por encima de la media, historias laborales de alta cualificación y poco rutinarias, ingresos medio-altos, y una significativa conservación de la estructura familiar.
- Implicarse en actividades típicas de los ambientes complejos e intelectualmente estimulantes. Por ejemplo, mantener hábitos de lectura, asistir a diversas actividades culturales, participar en cursos de formación y asistir a reuniones y clubes sociales.
- En su madurez, el individuo debe caracterizarse por un estilo de personalidad flexible.
- Estar casado con una persona de alto estatus cognitivo.
- Mantener un nivel alto de velocidad de procesamiento perceptivo. Hay que relacionar este hecho con el dato revisado anteriormente sobre los efectos de la edad en otras aptitudes; estos efectos pueden confundirse con la velocidad perceptiva y de respuesta necesaria para procesar la información incluida en una tarea cognitivamente exigente.

En su madurez, el individuo debe estar satisfecho con su vida.

3.2.5. *¿Se puede prevenir el declive intelectual?*

Según Willis y Schaie (1986b) la respuesta es positiva. En sus estudios, estos autores se centran en las aptitudes o capacidades fluidas, es decir, razonamiento inductivo y orientación espacial, puesto que los datos indican que:

- Estas aptitudes son las que comienzan a declinar más temprano en el desarrollo.
- Estas aptitudes son las más resistentes a la intervención educativa.

Willis y Schaie (1986b) emplean un diseño «pretest-entrenamiento-postest». Es decir, se miden las aptitudes básicas, se entrena a las personas y se vuelven a medir las aptitudes básicas para comprobar el nivel de mejora tras la intervención.

Los resultados se muestran en la figura 15.15. El entrenamiento logra aumentar la aptitud fluida 0,5 desviaciones típicas (7,5 puntos de CI), aunque resulta más efectivo para el razonamiento inductivo que para la orientación espacial. A su vez, los varones de la muestra se benefician más del entrenamiento en razonamiento inductivo, mientras que las mujeres se benefician más del entrenamiento en orientación espacial. El entrenamiento es también más efectivo para los individuos que comienzan antes a mostrar un declive intelectual. El seguimiento realizado siete años después demuestra que las mejoras se mantienen.

3.3. Inteligencia y rendimiento

Harvey Lehman (1953, 1960) ha sido uno de los investigadores clásicos que se han detenido en el

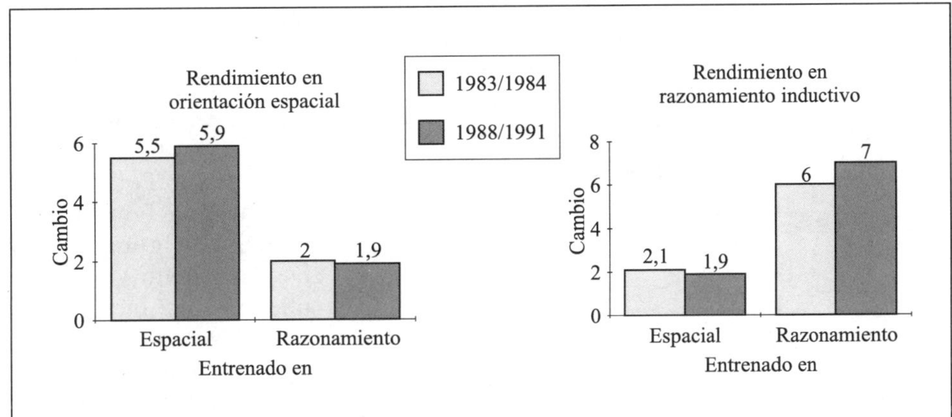

Figura 15.15.—Magnitud de los efectos del entrenamiento en pre y postests.

estudio de las relaciones entre edad y rendimiento. Sus análisis exploran los momentos del ciclo vital en los que las personas realizan sus principales contribuciones a la sociedad. Sus resultados sugieren que esas aportaciones sociales se realizan entre los 30 y los 39 años.

Algunos de los campos de conocimiento en los que la década de los 30 años es básica son los siguientes: ciencias físicas, ciencias biológicas, matemáticas, inventos prácticos, música, literatura, filosofía, teoría y práctica educativa, ciencias económicas, ciencias políticas y bellas artes.

En cualquier caso, aunque las principales contribuciones se producen en la década de los 30 años, algunas personas también realizan aportaciones relevantes después. El patrón que se observa en la figura 15.16 indica que hay un gran incremento en la producción desde los 20 a los 30 años, y a partir de los 30 años se produce un declive constante. Sin embargo, hay que observar que este declive es paulatino. Por ejemplo, en psicología los autores suelen hacer sus principales contribuciones en edades avanzadas.

H. Lehman (1960) estudió no sólo las producciones especialmente importantes, sino también las menos influyentes. En este último caso, los declives resultan menos pronunciados. Si no se considera la calidad de las contribuciones, las personas siguen produciendo durante toda su vida.

En un análisis realizado por W. Dennis (1966) se exploró el número de contribuciones realizadas

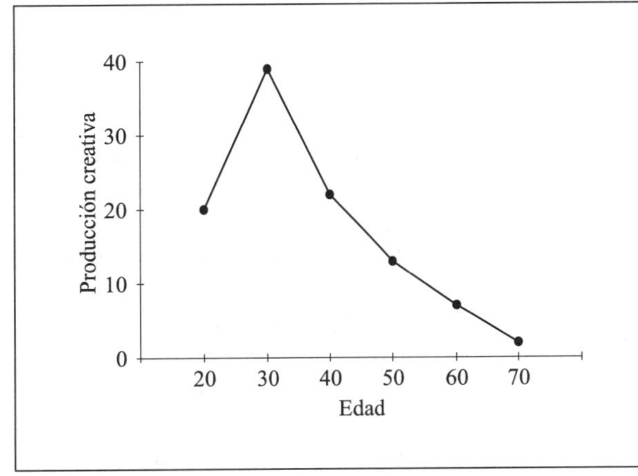

Figura 15.16.—Nivel de producción creativa según la edad.

por personas que habían vivido hasta los 80 años en tres áreas: humanidades, ciencias y artes.

Los datos de Dennis (1966) se pueden ver en la figura 15.17. En el campo de las humanidades, los resultados indican que las personas mantienen un nivel de productividad desde los 30 a los 70 años, mientras que los científicos mantienen su productividad hasta los 60 años, observándose un declive relevante a partir de ese momento. El declive de los artistas es más pronunciado a partir de los 60 años, llegando a ser espectacular a partir de los 70 años. En suma, el declive en cantidad es menor que el muy importante declive en la calidad de los productos.

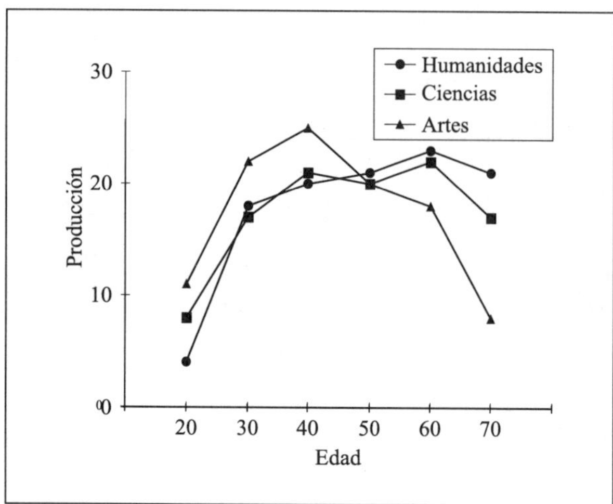

Figura 15.17.—Nivel de producción total según la edad, en humanidades, ciencias y artes.

H. Lehman sugiere que el declive en la calidad de la productividad se puede atribuir a un descenso en la capacidad para relacionar distintos campos de conocimiento, lo que en buena medida se relaciona con las aportaciones creativas. Por otro lado, el declive en Gf, que básicamente se define como capacidad de establecer relaciones nuevas (Cattell, 1987), puede estar asociado también a estos problemas para desarrollar productos de alta calidad. Además, puede suceder que las personas que realizan una importante contribución a la sociedad en su temprana madurez, es decir, en la década de los 30 años, pasan el resto de su vida «depurando el hallazgo original», mientras que los jóvenes que entran en un determinado campo de conocimiento tratan constantemente de buscar elementos novedosos. Un consejo político, en este sentido, es que la sociedad podría facilitar a los jóvenes la inversión de sus posibilidades creativas en esa «década de oro».

4. GRUPOS SOCIALES

Si se visita una gran ciudad como Madrid, las diferencias sociales serán evidentes rápidamente. Existen barrios de *alto standing,* como el de Salamanca y barrios relativamente deprimidos. Existen zonas residenciales en la periferia en las que un piso de 90 metros cuadrados tiene un valor tres veces superior a un piso de la misma superficie en otra zona residencial. Algunas personas conducen un Porsche, mientras que otras conducen una berlina familiar de principios de los años ochenta. Algunas personas están al frente del Departamento Comercial de una multinacional, mientras que otras recogen las basuras cuando la mayor parte de las personas duermen esperando al siguiente día.

Estas diferencias sociales están ahí, independientemente de que el psicólogo o el científico social les preste atención. El hecho de que los psicólogos estudien modos de describir psicológicamente esas diferencias sociales, en igual medida que el sociólogo las describe sociológicamente, no las hace más o menos reales. Simplemente las convierte en objeto de estudio, trasformando ese hecho social en preguntas que se pueden intentar responder sirviéndose de los métodos de las ciencias sociales.

Cuando el hecho de las diferencias sociales se transforma en preguntas que se pueden intentar responder a través de los métodos usuales en las ciencias sociales, se puede correr el riesgo de modificar sustancialmente los hechos de los que se parte. Por ejemplo, si se pretende averiguar cómo son las habilidades lingüísticas de personas de bajo y alto nivel socioeconómico, se deberán seguir los siguientes pasos:

- Identificar personas que puedan ser agrupadas según sus ingresos económicos.
- Buscar una serie de pruebas psicológicas estándar que midan la mayor parte de las habilidades lingüísticas que se consideran relevantes (por ejemplo, vocabulario, razonar con palabras y producir libremente palabras a partir de unas claves).
- Escribir una hipótesis como la siguiente: las personas con distintos ingresos NO tendrán puntuaciones significativamente distintas en las pruebas psicológicas administradas.

— Analizar estadísticamente las puntuaciones de los sujetos que se han agrupado según sus ingresos económicos.
— Contrastar la hipótesis de que no existen diferencias en las pruebas que se han administrado.
— En su caso, concluir que no existen diferencias en las habilidades lingüísticas según los ingresos.

Hay que considerar varias cosas a partir de los pasos anteriores:

— La agrupación según ingresos económicos no guarda relación en sí misma con el estudio psicológico realizado.
— Las pruebas psicológicas estándar que se usen en el estudio han debido demostrar previamente que son capaces de predecir el rendimiento de las personas en situaciones cotidianas en las que se considera que el lenguaje es una aptitud importante (por ejemplo, ocupaciones en las que se debe escribir y hablar, como el periodismo).
— El estudio no supone de antemano que vayan a producirse diferencias entre los distintos grupos sociales. La existencia de diferencias en las habilidades lingüísticas según los ingresos económicos es tan probable como su ausencia.
— El análisis estadístico debe garantizar que la presencia o ausencia de diferencias es un resultado que cualquier otro investigador puede contrastar.
— El resultado de un estudio nunca se toma como algo definitivo. Únicamente cuando se han repetido los mismos resultados por otros investigadores se comienza a tomar seriamente las conclusiones alcanzadas.
— Esas conclusiones deberán, además, cotejarse con su repercusión sobre el hecho social del que se ha partido para formular la pregunta científica. Siempre puede suceder que el resultado de los estudios realizados sirva para responder a la pregunta científica, pero que carezca de relevancia para el diseño de políticas de intervención (como, por ejemplo, la creación de un programa educativo compensatorio si se hubiese encontrado que las personas con menores ingresos tienen una significativa menor habilidad lingüística que las personas de mayores ingresos).

Por consiguiente, ninguna de las consecuencias a las que van llegando los científicos sociales pueden extrapolarse sin más al punto de partida. Todo lo más se pueden considerar hipótesis de trabajo que se deben contrastar una y otra vez antes de intentar sacar algún conocimiento en claro.

En suma, las diferencias sociales están presentes en prácticamente todas las culturas. Es decir, no se trata de una categorización realizada por los psicólogos. La estratificación social es una realidad básica de la humanidad (aunque no sólo de ella), sea basada en la propiedad, el poder o el prestigio.

Según parece, los estudios modernos sobre la clase social se originan a finales del siglo XIX, a través de los escritos de Karl Marx. Según Marx, el concepto de clase social no es en absoluto abstracto, sino que sus miembros desarrollan una *conciencia de clase*.

Max Weber también estudió el concepto de clase social, considerándola en este caso desde una perspectiva multidimensional, en la que la cuestión económica, nuclear en el enfoque de Marx, es sólo un elemento al que habría que añadir tanto la esfera política del poder como la esfera social del prestigio o el estatus.

Cuando se estudian las diferencias de clase social conviene no considerar a las distintas clases como conjuntos de personas aisladas de las otras clases, sean más altas o más bajas. Más bien, debemos hablar de un *continuo de niveles de estatus* (Minton y Schneider, 1985).

4.1. La medida de la clase social

Según Minton y Schneider (1985), hay al menos tres modos de medir la clase social:

La reputación

Aquí se trata de explorar la opinión de otras personas sobre un determinado individuo de la comunidad. Según parece, las personas similares en clase social (por los ingresos, la profesión, la residencia, la religión y las actitudes políticas) tienden a relacionarse entre sí de modo preferente. Por supuesto, este procedimiento sólo se puede aplicar en pequeñas comunidades.

El método objetivo

El ISC *(Index of Status Characteristics*, Índice de Características de Estatus, Warner y col., 1949) se basa en cuatro factores: *a*) profesión (según el nivel de habilidad necesario y el prestigio que la acompaña); *b*) fuente de los ingresos (herencia, salario, asistencia social, etc.); *c*) residencia (tamaño y condiciones), y *d*) localización de la residencia (calidad general y reputación). Cada uno de estos factores se pondera de tal modo que la profesión tiene el mayor peso (véase Juan-Espinosa, 1995, para mayores detalles).

La posición social de una persona se puede averiguar usando un esquema de clasificación consensuado basado en la profesión: *a*) profesionales (físico, abogado); *b*) propietarios, directores y oficiales; *c*) dependientes y profesionales similares; *d*) capataces y trabajadores cualificados; *e*) trabajadores semicualificados (dependiente de un gran almacén), y *f*) trabajadores no cualificados (limpiabotas).

El método subjetivo

Consiste en pedirle a la persona que se situe a sí misma según las siguientes categorías: *a*) clase alta, *b*) clase media, *c*) clase trabajadora y *d*) clase baja. Centers (1949) y Hardert y col. (1974) realizaron un estudio nacional en los Estados Unidos y encontraron los siguientes porcentajes: 3 por 100 alta, 43 por 100 media, 51 por 100 trabajadora y 1 por 100 baja. La mayor parte de las personas que se incluían en la clase trabajadora eran empresarios pequeños y medianos, así como sus empleados.

Por supuesto, el método más empleado es el objetivo. Las personas de clase alta, entre un 1 y un 3 por 100 de la población, se distinguen entre aquellos a los que les viene de familia y los nuevos ricos. Las personas de clase media, entre un 40 y un 50 por 100 de la población, se distinguen de las de clase alta por su menor poder y de las personas de clase baja por sus profesiones. Las personas de clase media ocupan profesiones que requieren destrezas verbales más que manuales. Suele distinguirse entre aquellos que desempeñan cargos de responsabilidad y los que no, dentro de las profesiones de la clase media; los primeros suelen tener una mayor formación. Las personas de clase baja, entre un 30 y un 40 por 100, son trabajadores manuales y sus ingresos son similares a las personas con menor responsabilidad de la clase media. La clase más baja, entre el 15 y el 20 por 100, está formada por personas sin apenas formación o por desempleados. Esta categorización está basada en Minton y Schneider (1985) y es simplemente orientativa. Caben esperar diferencias notables en distintos países y contextos culturales.

4.2. Capacidades

Los datos recogidos durante las dos guerras mundiales demostraron una correlación significativa entre clase social e inteligencia, de modo que a mayor clase social, mayor inteligencia (Fryer, 1922; Stewart, 1947). Además, se observó una considerable variabilidad en inteligencia dentro de cada clase social, siendo más pronunciada en las clases más bajas.

En la estandarización del Test Stanford-Binet realizada en 1942 por McNemar se encontró una relación entre la clase social de los padres y la inteligencia de sus chavales de 2 a 18 años. El CI de los chavales cuyos padres se encuadraban en la categoría «profesional» tenían 20 puntos más que el de los chavales cuyos padres se situaban en la categoría «trabajadores no cualificados» (Kaufman y Doppelt, 1976).

Havighurst y col. (1962) mostraron que las diferencias de clase social entre los chavales son más pronunciadas en las capacidades que tienen más relación con las pruebas educativamente cargadas, como comprensión verbal y números, que en las pruebas menos influidas por la educación, como espacio, razonamiento y memoria.

El profesor Arthur Jensen (1969) ha estudiado estas diferencias de capacidad según la clase social, estableciendo una distinción entre capacidades de Nivel I y de Nivel II. Las capacidades de Nivel I se refieren a la habilidad para aprender por asociación y para registrar y recordar información; estos procesos se miden con tareas como la memoria para números y las tareas de aprendizaje serial. Las capacidades de Nivel II suponen la habilidad para abstraer; se mide con tareas como el aprendizaje de conceptos y la resolución de problemas usual en los tests de capacidad general. Los resultados de Jensen (1969) indican que los chavales de clase social baja rinden tan bien como los chavales de clase social media en las tareas de Nivel I, pero los primeros muestran desventajas en las tareas de Nivel II. Posteriormente, Loehlin, Lindzey y Spuhler (1975) confirmaron estos resultados de Jensen. Hay que considerar, en cualquier caso, que los chavales de clase social baja eran afroamericanos, mientras que los chavales de clase media eran euroamericanos.

Por supuesto, en los estudios sobre la relación entre clase social e inteligencia se producen significativos solapamientos en las distribuciones, de modo que hay notables diferencias individuales dentro de cada uno de los grupos sociales comparados, mayores que las diferencias promedio entre los grupos.

4.2.1. *Pueblos y ciudades*

Con la aparición de los medios de comunicación y las facilidades para moverse de un lugar a otro, el estudio de las diferencias entre personas de los pueblos y personas de las ciudades ya no está de moda.

En los dos manuales clásicos sobre la psicología de las diferencias individuales escritos por Anne Anastasi (1958) y Leona Elisabeth Tyler (1965) se daban datos sobre el menor nivel intelectual de las personas de los pueblos, tanto en los Estados Unidos como en Europa.

La estandarización del WISC realizada en 1976 por Kaufman y Doppelt mostraba que el menor nivel intelectual de los chavales de pueblo se producía sobre todo en las escalas verbales (inteligencia cristalizada) y era bastante menor en las escalas no-verbales (inteligencia fluida).

Como se ha comentado, estas diferencias deberían remitir o desaparecer con la presencia generalizada de los medios de comunicación en un sentido más amplio. En efecto, mientras que en la estandarización del WISC de 1949 la diferencia era de 5 puntos y medio en CI, en la revisión de 1976 la diferencia se había reducido a 2 puntos.

4.2.2. *¿Por qué hay diferencias de clase social?*

En principio hay tres posibles respuestas (Minton y Schneider, 1985): 1) por los genes, 2) por el ambiente y 3) por el sesgo de los tests.

El argumento genético

Según Loehlin y col. (1975) resulta probable que los chavales que crecen en un determinado nivel social no sólo reciban determinadas influencias familiares, sino que además compartan un pozo genético determinado con sus progenitores. Además, la movilidad social parece estar parcialmente influida por la herencia. Cuando una sociedad permite la movilidad social, lo que, por supuesto, no siempre es el caso, cabe esperar que sean las personas más capaces las que se muevan hacia arriba, mientras que las personas menos capaces se moverán hacia abajo (Herrnstein, 1973; Herrnstein y Murray, 1994).

Disponemos de alguna evidencia que sugiere una relación significativa entre movilidad social e inteligencia, basada en diferencias en estatus social entre padres e hijos. Waller (1971) predijo que los hijos con mayor CI que el de sus padres aumentarían su estatus, y que los hijos con menor CI que el de sus padres disminuirían su estatus. Estudió a 131 padres y 170 de sus hijos y los resultados apoyaron su predicción (Neisser y col., 1996).

En suma, el hecho de que las diferencias genéticas contribuyen a las diferencias individuales en inteligencia sugiere que la herencia puede influir, cuando menos parcialmente, en las relaciones entre clase social e inteligencia, aunque las evidencias son lo suficientemente limitadas como para que sea imprudente sacar alguna conclusión que no sea de escepticismo.

Las influencias ambientales

Algunos autores han señalado diferencias en el nivel de estimulación según la clase social (Golden y Birns, 1976). Las madres de clase media suelen responder más, estar más atentas y ayudar en mayor medida que las madres de clase baja, cuando interactúan para resolver determinados problemas o jugar con sus hijos.

Hess y Shipman (Hess, 1970) realizaron una serie de estudios sobre estimulación de los niños, encontrando que las madres de clase media definían activamente el problema con su niño, le daban instrucciones concretas y, de modo sistemático, le pedían al niño informes sobre los progresos realizados. En principio, nada impide que se pueda enseñar a las madres de clase baja a adoptar estos métodos aparentemente más interesantes para el desarrollo de los niños.

Las diferencias en el uso del lenguaje también parecen relacionarse con las diferencias de clase (Bernstein, 1970). Las diferencias en los estilo de comunicación pueden contribuir a las diferencias intelectuales de los chavales. Según parece, las familias de clase baja usan un estilo de comunicación bastante pobre, es decir, frases sencillas, cortas y a veces incompletas. No suelen usar frases subordinadas, no elaboran demasiado los contenidos de lo que dicen. La comunicación carece de especificidad y precisión, cualidades que son necesarias para ayudar a la formación de conceptos y a la adquisición de información específica.

En contraste, las familias de clase media usan un estilo de comunicación sofisticado, caracterizado por el empleo de una gran variedad de palabras, por frases subordinadas y largas. Las ideas e intenciones del emisor se expresan con sumo cuidado. Por supuesto, este estilo de comunicación favorece el desarrollo intelectual.

Sin embargo, como Higgins (1976) ha remarcado, no disponemos de datos fiables sobre estos dos estilos de comunicación en las familias de clase media y baja, y tampoco sabemos si el entrenamiento puede resultar positivo. ¿Por qué no se ha intentado con seriedad si, como parece y cualquier científico social esperaría, puede beneficiar de modo muy significativo a los chavales con peores posibilidades de invertir su capacidad?

Sesgo de los tests

Generalmente, cuando se estandariza un test de inteligencia se emplean como referencia los niveles profesionales y educativos altos, puesto que se considera que en una sociedad en la que es posible la movilidad social, las personas que ocupan las mejores profesiones son las más capaces y competentes (Minton y Schneider, 1985).

Sin embargo, cuando se compara el rendimiento de chavales de estatus bajo y medio, se aprecia una diferencia tanto en tests de Gc culturalmente cargados, como en los tests de Gf con menos carga cultural (Tyler, 1965). Según Willard (1968), los chavales de menor estatus social tienen un rendimiento inferior a los chavales de mayor estátus en el test de factor g de R. B. Cattell. En un estudio de Belmont y Marolla (1973) también se mostró este mismo patrón de rendimiento con el test de matrices progresivas de Raven.

De este modo, las medidas de Gf no parecen atenuar las diferencias de clase social, por lo que el contenido de los tests puede no ser el elemento que diferencia a los chavales de distinto estatus. En cualquier caso, una alternativa es que los chavales de clase baja estén menos motivados al resolver los tests, estén o no culturalmente cargados.

4.2.3. *¿Sesgo de los tests?*

Como escribe el profesor Arthur Jensen (1980), «no conozco ningún test de inteligencia que se haya diseñado nunca para discriminar entre grupos sociales, aunque sí ha habido intentos de diseñar tests para minimizar o eliminar las diferencias entre ciertos grupos [...] El hecho es que los tests de CI discriminan bastante poco entre grupos étnicos o clases sociales si los comparamos con otro tipo de discriminaciones sociales» (pág. 42).

Jensen analizó los datos de estandarización del WISC-R con 622 niños blancos y 622 niños afroamericanos pertenecientes a 98 escuelas de California seleccionadas aleatoriamente, pero considerando la clase social (tabla 15.6). La etnia y la clase explican el 22 por 100 de las diferencias en CI. La mayor parte de las diferencias se deben a las diferencias entre hermanos, es decir, a variables que actúan dentro de la familia, entre personas de la misma etnia, clase social y antecedentes culturales. Por consiguiente, los tests de CI miden diferencias individuales, es decir, diferencias entre personas que no se pueden atribuir a su etnia o a su clase social. En otras palabras, *las diferencias dentro de cada etnia o de cada clase social son mucho más importantes que las diferencias entre distintas etnias o distintas clases sociales.*

TABLA 15.6

Porcentaje de varianza total y diferencia media en CI, que se puede atribuir a distintos factores

Factor	Porcentaje de varianza	Diferencia media en CI
Entre etnias (sin considerar clases)	14	12
Entre clases (sin considerar etnia)	8	6
Entre familias (para cada etnia y clase)	29	9
Dentro de cada familia	44	12
Error de medida	5	4
Total	100	17

En la figura 15.18 se observa el CI medio de dos grupos étnicos según la clase social. Los blancos y afroamericanos de la misma clase social difieren en 12 puntos. La diferencia media absoluta entre las medias de las distintas clases sociales de la misma etnia es de 6 puntos, o 9 puntos entre los blancos y 4 puntos entre los afroamericanos. Pero la diferencia media absoluta entre las medias de las familias de la misma etnia y clase social es de 9 puntos de CI, y la diferencia media entre hermanos de la misma familia es de 12 puntos de CI, es decir, igual que la diferencia media en CI entre etnias de la misma clase social. La diferencia media entre el CI de la misma persona evaluada dos veces con un mes de separación es de 4 puntos de CI. La diferencia media absoluta entre pares de personas tomadas aleatoriamente de la muestra sin considerar la etnia o la clase social es de 17 puntos de CI.

En cualquier caso, en la figura 15.18 llama la atención que las diferencias entre los dos grupos sociales comparados sean nulas en el nivel socioeconómico más bajo (0) y mínimas en el siguiente nivel (1). Calcular un promedio según los distintos niveles de estatus socioeconómico puede impedir que se formulen interesantes hipótesis de trabajo. Así por ejemplo, esa tendencia a que las

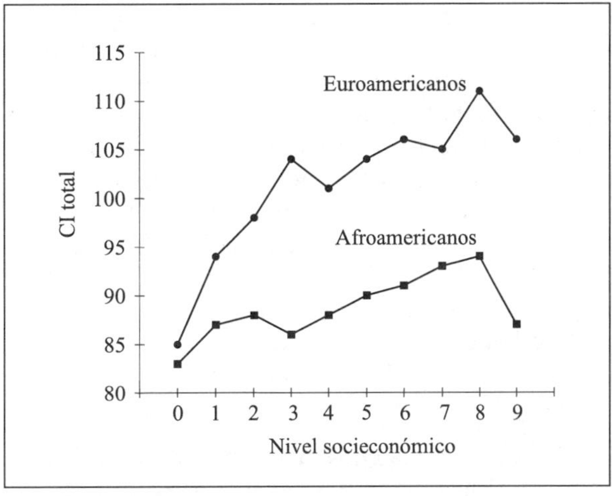

Figura 15.18.—Diferencias entre blancos y afroamericanos en CI según nueve niveles socioeconómicos.

diferencias vayan aumentado con los niveles de estatus puede sugerir la presencia de algunas variables socioambientales que ralentizan el desarrollo cognitivo del grupo social con menores puntuaciones de CI. También llama la atención que las personas de los distintos grupos sociales, pero con distintas puntuaciones en los tests de CI, alcancen el mismo estatus socioeconómico. Pudiera suceder que uno de los grupos se situase en la parte alta de cada uno de los niveles de estatus, mientras que el otro grupo se situase en la parte baja de cada uno de esos niveles. De este modo, esas diferencias podrían ser explicadas, en alguna medida, por este posible hecho, tendente a perjudicar artificialmente al grupo social minoritario.

El contenido de los tests y la clase social

Frank C. J. McGurk (1951) realizó un estudio en su tesis doctoral en el que pidió a 78 expertos que valorasen 22 preguntas incluidas en una serie de tests psicológicos, según tres categorías:

— Menos culturales.
— Neutrales.
— Más culturales.

A partir de esta valoración, se eligieron las 103 preguntas más culturales y las 81 preguntas consideradas menos culturales. Las 184 preguntas se aplicaron a 90 estudiantes y se calculó el nivel de dificultad de cada una de las preguntas. A partir de aquí, se aplicó la prueba a 2.630 estudiantes blancos y a 233 estudiantes afroamericanos. Para igualar el número de estudiantes blancos y afroamericanos, seleccionó a 233 alumnos blancos con un currículum y un tipo de escuela equivalentes a los de los alumnos afroamericanos. También se controló el estatus socioeconómico o la clase social de los chavales afroamericanos y blancos.

Los resultados de McGurk fueron los siguientes (tabla 15.7):

TABLA 15.7

Grupos	Diferencia media en desviaciones típicas	
	Más culturales	**Menos culturales**
Blancos y afroamericanos de clase social baja	0,14	0,50
Blancos y afroamericanos de clase social alta	0,70	0,86
Blancos de clase social alta y baja	1,14	0,85
Afroamericanos de clase social alta y baja	0,25	0,47
Clase social alta y baja (total)	0,69	0,66
Blancos y afroamericanos (total)	0,32	0,69

— La diferencia entre blancos y afroamericanos en el test es de 0,5 desviaciones típicas.
— La diferencia entre blancos y afroamericanos en los problemas más culturales es de 0,3 desviaciones típicas, mientras que en los problemas menos culturales es de 0,69 desviaciones típicas. Por tanto, la diferencia es casi el doble en los problemas menos culturales.
— Los problemas más sencillos y más complejos son los mismos en las dos muestras.
— Los problemas más culturales son resueltos con mayor eficacia por los chavales blancos de mayor clase social. Pero en el caso de los chavales afroamericanos se produce todo lo contrario, es decir, son los problemas menos culturales los que son resueltos con mayor eficacia por los afroamericanos con mayor clase social. Hay diferencias más marcadas entre los blancos y afroamericanos de clase social alta que de clase social baja.

Según Jensen (1980) este tipo de diferencias entre blancos y afroamericanos se puede atribuir a la complejidad cognitiva de los problemas y no al nivel de dificultad calculado estadísticamente. El nivel de complejidad cognitiva de los problemas se corresponde con su relación con el factor general de inteligencia (g) (véase Jensen, 1998).

McGurk (1975) revisó todos los estudios realizados entre 1951 y 1970 sobre las diferencias entre blancos y afroamericanos en los tests verbales y no-verbales (tabla 15.8.). Sus resultados señalan que hay un mayor parecido entre blancos y afroamericanos en los tests verbales más cargados culturalmente.

En un estudio a gran escala realizado por el Servicio de Salud Pública de los Estados Unidos (Roberts, 1971) con 7.119 niños se aplicaron los tests vocabulario y cubos del WISC, es decir, los mejores marcadores o representantes del CI verbal y del CI manipulativo (figura 15.19).

Las diferencias entre los niños blancos y afroamericanos permanecen prácticamente constantes desde los 6 a los 11 años, considerando tanto los ingresos como el nivel educativo de los padres, es decir, dos importantes indicadores de la clase social. La diferencia media entre blancos y afroamericanos en vocabulario es de 0,78 desviaciones típicas y de 0,76 desviaciones típicas en cubos. Es decir, no hay mayores diferencias en el test no-verbal que en el verbal.

TABLA 15.8

Porcentaje de solapamiento

Test	Verbal	No verbal
WISC	18	14
WAIS	19	16
Wechsles-Belleuve	21	16
Total	19	15

Jensen y Figueroa (1975) estudiaron las diferencias entre blancos y afroamericanos en las dos variantes del test memoria de dígitos del test de Wechsler: directa e inversa. La variante directa consiste en que el chaval repita una serie de números en el orden en que se han presentado, mientras que la variante inversa exige que el chaval repita la serie de números en orden inverso al que se han presentado. El rendimiento en la variante inversa se relaciona más con la puntuación en CI total que la variante directa, tanto en los chavales blancos como en los chavales afroamericanos. Puesto que el CI total constituye una buena estimación del factor g, el rendimiento en la variante inversa de la prueba de Memoria de Dígitos será una mejor medida de g que la variante directa.

Los resultados indican que la diferencia entre blancos y afroamericanos en la variante inversa es más del doble que en la variante directa. Como se puede ver en la figura 15.20 esta diferencia no parece depender de la clase social de los chavales (Jensen y Figueroa, 1975).

En cualquier caso, se observa que el rendimiento aumenta con el nivel socioeconómico en ambos

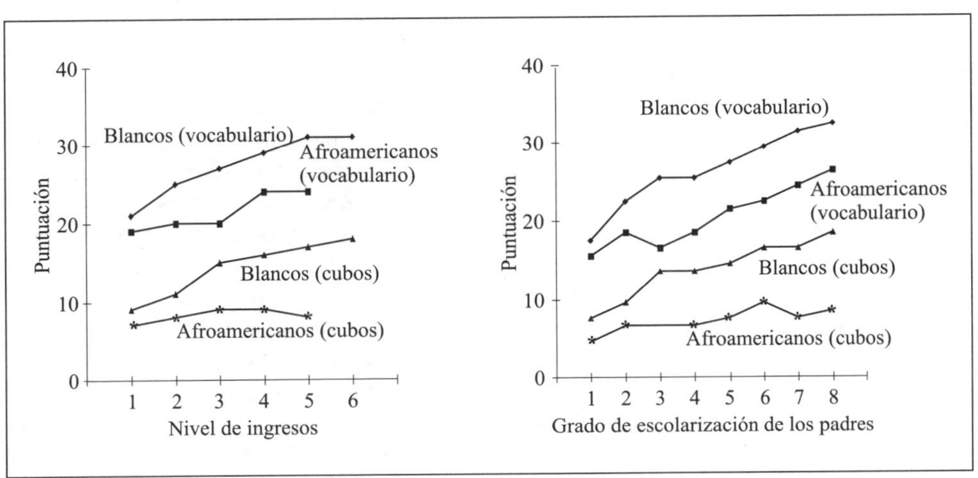

Figura 15.19.—Diferencias entre blancos y afroamericanos en las pruebas de vocabulario y cubos de las escalas de Wechsler, según *a*) los ingresos anuales y *b*) el nivel de escolarización de los padres.

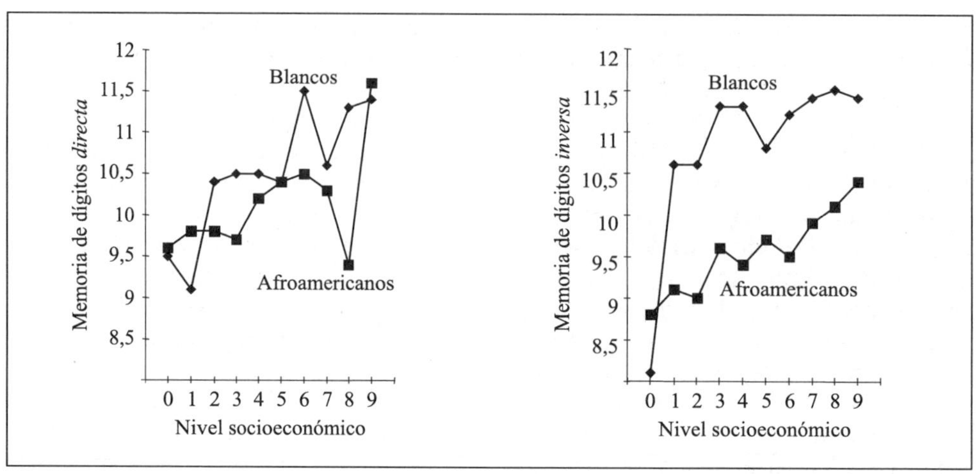

Figura 15.20.—Diferencias entre blancos y afroamericanos en la variante directa e inversa de la prueba de memoria de dígitos de las escalas de Wechsler, según el nivel socioeconómico.

grupos, lo que parece sugerir una influencia significativa de la pertenencia a estratos socioeconómicos diferenciados. Además, las diferencias entre ambos grupos son bastante escasas: la máxima diferencia se produce en el nivel 4, y supone que un grupo recuerda dos dígitos más que el otro. No parece que se pueda considerar una diferencia concluyente en absoluto, aunque estadísticamente la diferencia sea significativa.

4.3. Inteligencia y rendimiento de las clases sociales

¿En qué medida depende el nivel educativo y profesional de la clase social?

Puesto que parece haber una relación entre diferencias de clase social e inteligencia, y la inteligencia se relaciona con el rendimiento académico, cabe suponer que la clase social se relacionará con el rendimiento académico. Según los datos disponibles, las diferencias de clase en rendimiento académico concuerdan con las diferencias de clase en inteligencia.

En el período de educación primaria apenas hay relación entre las preferencias vocacionales y la clase social. Sin embargo, al término de la enseñaza secundaria sí hay una asociación entre la clase social y las aspiraciones profesionales del chaval. De este modo, los chavales de clase social alta esperan lograr un alto nivel educativo y profesional, en mayor medida que los chavales de clase social baja. Cuando sólo se pregunta por los deseos educativos y profesionales, también los chavales de clase social alta muestran mayor alcance. Hay que considerar que la clase social se relaciona con las aspiraciones educativas y profesionales aunque se controle la influencia del CI y el rendimiento escolar (Sewell y col., 1970).

Por otro lado, los chavales de menor estatus manifiestan una más baja motivación de logro, es decir, no parecen desear perseguir grandes metas educativas y profesionales (Allen, 1970). Esta motivación de logro parece relacionada con la intensidad con la que los padres animan a sus hijos a alcanzar un alto nivel de autonomía (Hess, 1970).

Los chavales de menor estatus tienen un mejor rendimiento cuando se les recompensa materialmente, mientras que los chavales de clase media tienen un rendimiento mejor cuando la recompensa es verbal (Zigler y De Labry, 1962). Rosenhan (1966) encontró que los chavales de menor estatus sacan más partido que los chavales de clase media cuando se recompensan los intentos acertados de resolver una tarea, mientras que cuando se castigan los intentos erróneos la situación es inversa; los chavales de clase media rinden más o menos igual en ambas condiciones experimentales.

Por supuesto, en estos estudios hay muchas variables que pueden explicar los resultados. Así por ejemplo, el menor nivel de aspiración de los chavales de clase social baja puede ser debido a la mayor presencia de modelos de fracaso en su entorno, lo que puede llevar a que consideren que no merece la pena invertir esfuerzo para terminar donde se empezó. Sin embargo, algunos datos sugieren que los chavales de clase social baja, pero de CI medio-alto, suelen optar por invertir esfuerzo en superar sus desventajas socioeconómicas. Y a la inversa, los chavales de clase media, pero de CI medio-bajo, suelen remitir dentro de la estratificación social convencional (*National Longitudinal Study on Youth*, NLSY, citado en Herrnstein y Murray, 1994). En cualquier caso, el tema resulta lo suficientemente complejo como para sacar alguna conclusión que no sea meramente orientativa.

4.3.1. *El nivel educativo de los padres*

En un estudio realizado por Lawrence J. Stricker y Donald A. Rock (1995), del *Educational Testing Service* (ETS), se puso a prueba el supuesto de que la educación de los padres y la calidad del centro educativo son determinantes importantes del rendimiento.

Los estudios realizados sobre las relaciones entre el sexo y la clase social en niños y adolescentes, han demostrado una relación significativa en el rendimiento (Bridge y col., 1979). Sin embargo, apenas se han realizado estudios con adultos.

Stricker y Rock (1995) usan datos de los *Graduate Record Examinations* (GRE), es decir, unos tests que se aplican dentro del sistema educativo. El GRE incluye tests verbales, numéricos y analíticos. Al aplicar el GRE también se recogen datos sociodemográficos de los estudiantes.

La muestra de los análisis realizados por Stricker y Rock (1995) están compuesta por 3.145 estudiantes, con una edad media de 23 años. Los datos sociodemográficos registrados usualmente son:

- Características iniciales del estudiante: sexo, grupo étnico, educación del padre y de la madre, residencia, y edad.
- Características del centro educativo en el que ha estudiado: especialización en ciencias físicas, universidades destinadas a la investigación, instituciones públicas, pruebas de selectividad y nivel de producción de doctores.
- Rendimiento académico previo.

El modelo de la figura 15.21 supone que las características del alumno (por ejemplo, sexo), las características del centro educativo (por ejemplo, tipo de especialización) y el rendimiento educativo previo, se encuentran asociadas:

- Directamente con las puntuaciones en el GRE.
- Indirectamente a través de una serie de variables intermedias.

El modelo también supone que hay dos tipos de variables que se pueden resumir en dos factores: la educación del padre y de la madre se resumen en el factor «educación de los padres», mientras que la institución pública, la selectividad y el nivel de producción de doctores se resumen en el factor «calidad de la institución».

Los resultados sugieren que (Stricker y Rock, 1995):

- Los estudiantes cuyos padres tienen un mayor nivel educativo logran las mejores puntuaciones en los tests verbales del GRE, aunque esta conexión está mediada por la calidad de su centro educativo. Es más, independientemente del nivel educativo de los padres, los estudiantes que han asistido a los centros educativos más prestigiosos logran las puntuaciones más altas en los tests verbales.

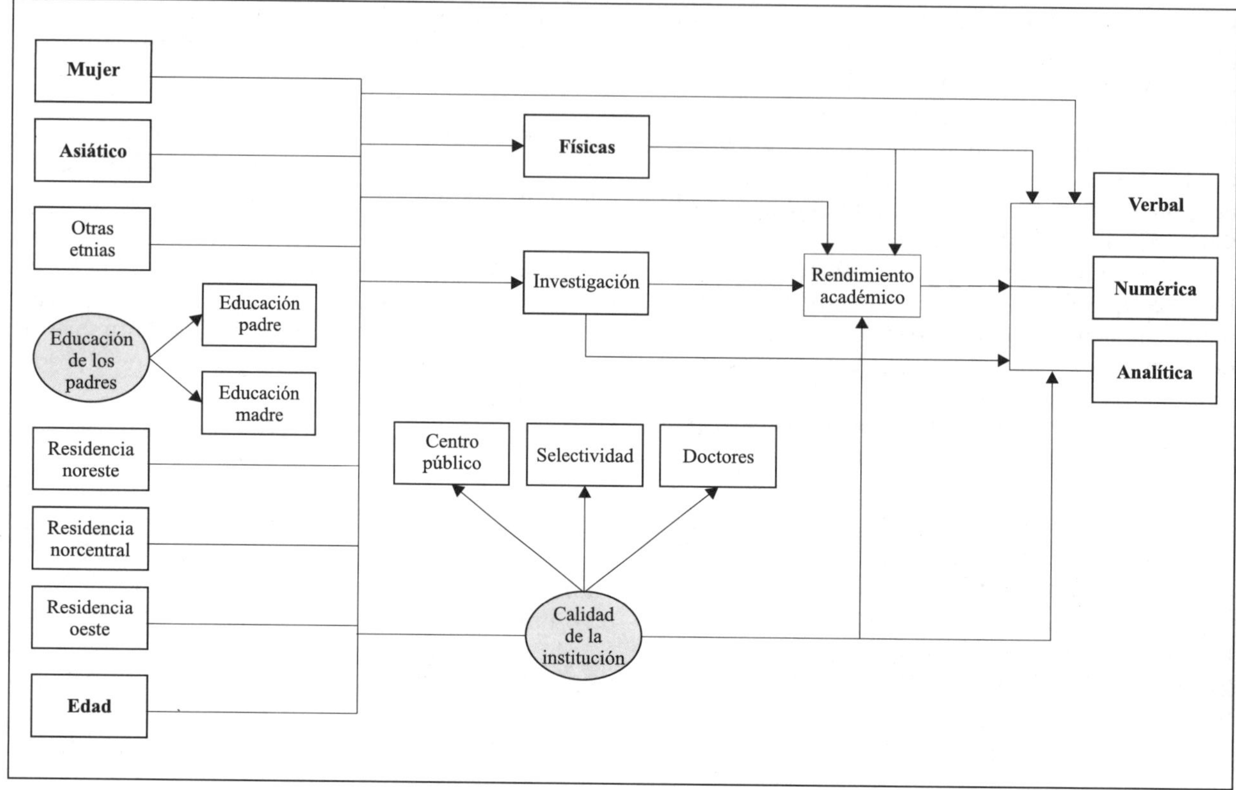

Figura 15.21.—Modelo de relaciones entre las características del estudiante (sexo, grupo étnico, nivel educativo de los padres, región geográfica y edad) y el rendimiento.

— Los estudiantes varones cuyos padres tienen un mayor nivel educativo logran las mejores puntuaciones en los tests numéricos del GRE. La conexión con el nivel educativo de los padres está mediada por la calidad del centro educativo en el que han estudiado. La asociación con el sexo está mediada por la especialización elegida por el estudiante (por ejemplo, ciencias físicas).

— Los estudiantes varones cuyos padres tienen un mayor nivel educativo logran las mejores puntuaciones en los tests analíticos del GRE. La conexión con el nivel educativo de los padres está mediada por la calidad del centro educativo en el que han estudiado.

Por tanto, el nivel educativo de los padres se relaciona con todos los tests del GRE: «Este dato sugiere la necesidad de investigar las conexiones entre clase social y rendimiento en los tests, es decir, un tema ignorado en los últimos años en favor de variables como el sexo, el grupo étnico o las diferencias de edad. La desproporcionada preocupación por todas estas variables, a expensas de la clase social, resulta por lo menos irónica habida cuenta de la mayor influencia de la clase social encontrada en nuestro estudio» (pág. 62).

Estos resultados obtenidos con el GRE contrastan con los del SAT *(Scholastic Aptitude Test)* en los que la clase social (nivel educativo del padre) apenas se vincula con el rendimiento de los estudiantes (Kulick y Dorans, 1983).

De todos modos, hay que ir más allá de estas categorías sociales para encontrar los procesos psicológicamente relevantes que producen las asociaciones entre las variables intermedias y el rendimiento en los tests. Así, existen algunos estudios sobre la conducta de los padres y otras fuentes de estimulación en el hogar que acrecientan el desarrollo cognitivo de los niños y que están relacionados con la clase social (Wachs y Gruen, 1982).

El estudio de Stricker y Rock (1995) es importante porque resalta la relevancia de la clase social en el rendimiento, y señala el papel especial que tiene el nivel educativo de los padres. Sin embargo, algunas preguntas son necesarias para el análisis de «esos procesos psicológicamente relevantes»:

— ¿Acrecientan el desarrollo cognitivo de sus chavales los padres por su mayor clase social o por su mayor inteligencia?
— ¿Están las personas inteligentes en los niveles sociales más altos, y, por tanto, transmiten en parte biológicamente su mayor inteligencia a sus chavales, haciendo relativamente irrelevantes las condiciones materiales de los entornos típicos de la clase alta?
— ¿Son los padres con mayor nivel educativo los más inteligentes, siendo la inteligencia la verdadera variable relevante y no la clase social?

Este tipo de preguntas se pueden responder a través de uno de los diseños más simples empleados al responder a la pregunta por el origen de las diferencias individuales: el diseño de adopción. Si fuese posible separar en la muestra de 3.145 estudiantes empleada por Stricker y Rock (1995) los chavales que han crecido en familias naturales de los chavales que han crecido en familias adoptivas, se podría calcular en qué medida son las condiciones materiales del hogar las responsables de la asociación encontrada entre el nivel educativo de los padres y el rendimiento en los tests.

Por lo que sabemos, los padres se parecen intelectualmente a sus hijos naturales, no por el ambiente, sino por los genes que comparten (véase Neisser y col., 1996). Este patrón es tanto más correcto cuanto mayor es la edad del chaval. Por consiguiente, una hipótesis de trabajo probable será que no habrá relación entre el nivel educativo de los padres y el rendimiento de sus chavales adoptados, siempre y cuando la correlación entre la inteligencia de los padres y la de sus hijos adoptivos no sea la esperable entre el chaval y sus padres naturales.

Estas preguntas y los métodos empleados para resolverlas son sintomáticas de los mecanismos de los que se sirven las ciencias sociales para ir encontrando respuestas lo más informativas posible. En la medida en que se vayan descartando hipótesis alternativas, se podrán desarrollar métodos de intervención que vayan al corazón del problema, pasando de ser tentativas probables a programas con resultados positivos altamente probables.

4.3.2. *¿Inteligencia o «competencias»?*

David C. McClelland escribió un artículo muy influyente en 1973, publicado en la revista oficial de la Asociación Americana de Psicología (APA), es decir, el *American Psychologist*. Los contenidos de ese artículo han influido en los periódicos, las revistas, y los libros de divulgación, así como en los manuales de psicología. Esta gran popularidad ha logrado convertir los argumentos de McClelland en verdades prácticamente indiscutibles.

La tesis central de McClelland fue, y sigue siendo (Klemp y McClelland, 1986), que la capacidad intelectual y el rendimiento académico son un resultado de la clase social. En su opinión, un test debe parecerse al tipo de acciones necesarias para realizar un trabajo si se desea predecir el éxito al realizar el trabajo en sí mismo.

Más en concreto, McClelland (1973) revisó en su estudio cinco elementos fundamentales (Barrett y Depinet, 1991):

— El rendimiento escolar no predice el rendimiento laboral.

— Los tests de inteligencia y de capacidad no predicen ni el rendimiento laboral ni cualquier otro tipo de actividad cotidiana importante.
— El rendimiento en los tests y el rendimiento académico sólo predicen el rendimiento laboral como resultado de una relación más profunda de ambos con la clase social.
— Los tests tradicionales están sesgados en contra de los grupos minoritarios.
— Las «competencias» serán capaces de predecir, mucho mejor que los tests tradicionales, las conductas que son verdaderamente importantes en la vida real.

Sin embargo, la definición de «competencias» es bastante confusa. Según Boyatzis (1982), una competencia es una característica personal en la que se incluye un motivo, un rasgo, una habilidad, la propia imagen o una serie de conocimientos sobre lo que uno hace habitualmente. El método para estimar las competencias consiste en «pedirle a los individuos que describan cuál creen que es la causa de que tengan éxito en su trabajo». El método depende por completo de las historias que las personas cuentan sobre sí mismas, a partir de lo que se denomina «Entrevista de Sucesos Conductuales» (BEI).

Gerald V. Barrett y Robert L. Depinet (1991) han demostrado que los supuestos y argumentos mantenidos por McClelland (1973) son básicamente incorrectos. Los datos empíricos disponibles llevan a unas conclusiones contrarias.

1. ¿Predice el rendimiento académico el éxito laboral?

Los metaanálisis disponibles en la actualidad señalan que el rendimiento escolar mantiene una relación moderada con el rendimiento laboral (Dye y Reck, 1988).

Según Hunter (1986), una mayor capacidad facilita el aprendizaje de un determinado trabajo, lo que a su vez mejora el rendimiento laboral. Esta relación es correcta para todos los niveles educativos, incluyendo estudiantes de medicina, ingenieros, artistas, técnicos y personas sin una formación universitaria.

2. ¿Se relacionan los tests de inteligencia y de capacidad con el éxito laboral y otras actividades cotidianas?

Según el metaanálisis de Hunter y Hunter (1984) la validez predictiva de la capacidad sobre el rendimiento laboral es de 0,53. En otras palabras, la capacidad intelectual constituye el mejor predictor del rendimiento laboral (figura 15.22; Juan-Espinosa y Jiménez, 1996).

En el metaanálisis realizado por Nathan y Alexander (1988) se usaron varios criterios para medir el rendimiento laboral: juicios de los responsables laborales, *rankings* laborales, muestras de trabajo y nivel de producción. Ninguno de estos criterios modificaba prácticamente nada la validez predictiva de la capacidad cognitiva. Smither y Reilly (1987) encontraron que la inteligencia de los responsables laborales que realizan los juicios sobre el rendimiento en el trabajo, se relaciona significativamente con la precisión real de los juicios.

Robert Thorndike (1986) ha demostrado que el factor general de inteligencia (g) constituye el mejor predictor del rendimiento laboral. Cómo comentan Barrett y Depinet (1991), «por ironías del destino, Thorndike es el mismo autor que realizó el único estudio en el que se amparó originalmente McClelland para demostrar la imposibilidad de que los tests de capacidad pudieran predecir el rendimiento laboral» (pág. 1016).

3. ¿Es artificial la relación entre la capacidad cognitiva y el éxito en el trabajo? ¿Se puede justificar por la clase social a la que pertenece la persona?

El éxito en el trabajo es, en esencia, el resultado de la capacidad cognitiva y de la educación de un individuo en concreto. Esos dos factores, además, son relativamente independientes del origen social de la persona. Por consiguiente, es bastante

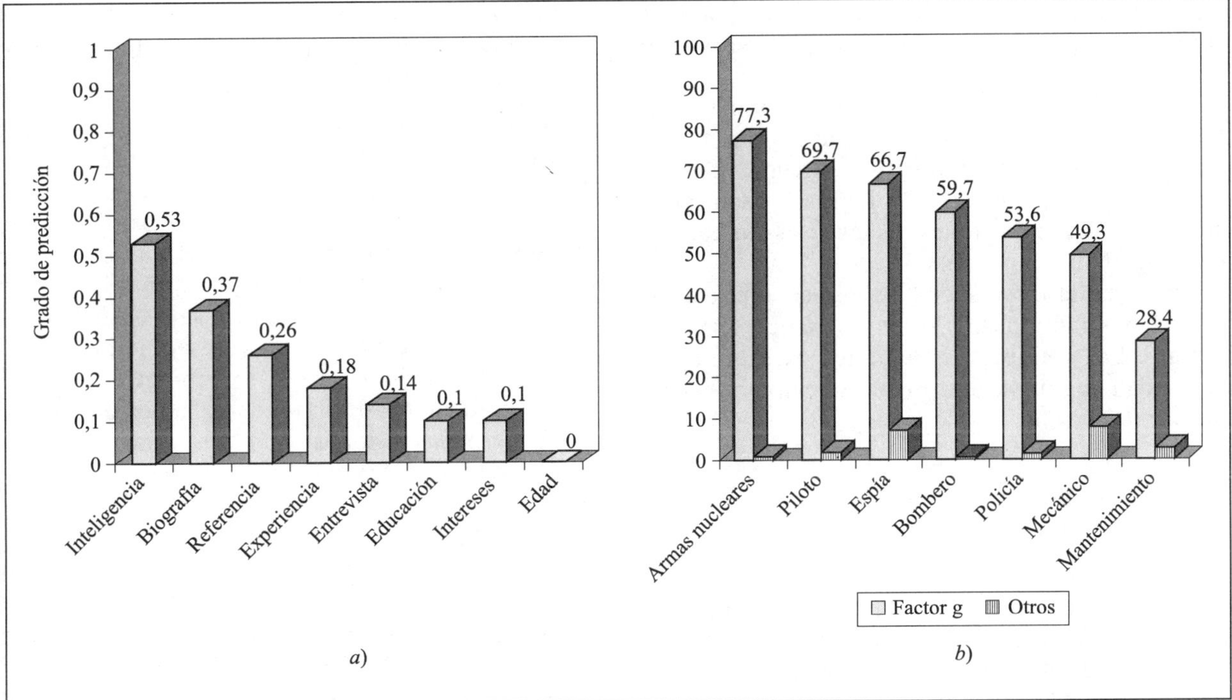

Figura 15.22.—*a*) Grado de predicción del rendimiento laboral según una serie de predictores. La inteligencia es, con mucho, el mejor predictor del rendimiento laboral. Obsérvese la poca relevancia de predictores como la experiencia previa, la entrevista o la edad. *b*) Porcentaje de éxito en la predicción realizada a partir del factor general de inteligencia (g) y todas las otras variables juntas en distintos puestos laborales: técnico en armas nucleares, piloto, espía, bombero, policía de seguridad, mecánico, personal de mantenimiento. Hay que observar que g predice más cuanto mayores son las exigencias cognitivas del puesto.

más relevante centrarse en áreas como la capacidad cognitiva de un individuo que en factores vinculados a la clase social, como los ingresos familiares, sobre los que el individuo no tiene un control directo (Gottfredson, 1986).

Hay muchos estudios que demuestran que variables como el estatus social de los padres no influyen en cómo se distribuyen los individuos por profesiones. Es decir, la profesión que ocupa una persona no depende de su clase social de origen, sino de su capacidad cognitiva y de la calidad de la educación lograda (Gottfredson y Brown, 1981).

Un estudio longitudinal de tres décadas de duración ha mostrado que la clase social en la que se incluye un individuo antes de entrar en la escuela no tiene ninguna relación con la profesión que ocupa 30 años después (Vaillant, 1977). Sin embargo, entre personas de capacidad equivalente el mejor predictor del tipo de profesión desempeñada por el individuo son las actitudes de los padres hacia la escuela y la educación (Kraus, 1984).

Oakland (1983) ha mostrado que la relación entre el CI y el rendimiento en tests de logro (por ejemplo, las pruebas de selectividad en nuestro país o el *Scholastic Aptitude Test* (SAT) en los Estados Unidos) no cambia según la clase social de las personas. Y según los estudios de Spaeth (1976); la influencia directa del estatus socioeconómico de los padres en el CI de sus hijos tiene un valor de –0,03, es decir, nulo (Bouchard y col., 1990). Los padres pueden ayudar a sus hijos a resolver problemas cognitivamente complejos, independientemente de la clase social. Además, los profesores suelen orientar a sus alumnos según su capacidad y no según su clase social (Otto, 1977).

Los estudiantes con mejores puntuaciones en el SAT *(Scholastic Aptitude Test)* son los que tienen mejores notas en el Bachillerato. Además, las notas no se relacionan con los ingresos familiares, sino con las puntuaciones en los tests de capacidad cognitiva (Baird, 1984).

En suma, la clase social no parece explicar las diferencias individuales ni en la escuela ni en el trabajo. Las variables importantes parecen ser la capacidad cognitiva y el nivel educativo alcanzado por la persona.

4. ¿Están los tests sesgados en contra de los grupos minoritarios?

Según los datos de Baird (1984) los afroamericanos de alta capacidad tienen una mayor probabilidad de estudiar que los blancos de alta capacidad. Además, los estudiantes afroamericanos de alta capacidad tienen más éxito que los estudiantes blancos de alta capacidad al intentar ingresar en los centros educativos más prestigiosos, mientras que son muy pocos los estudiantes blancos de baja capacidad que logran ingresar en centros educativos selectos.

Hace ya muchos años que se sabe que los tests de capacidad predicen el rendimiento escolar con idéntica eficacia en afroamericanos y blancos de todas las clases sociales (Herrnstein y Murray, 1994; Jensen, 1980; Neisser y col., 1996; Oakland, 1983; Scarr-Salapatek, 1971).

Según Hunter y sus colegas (1984) disponemos de muchos datos que indican que los tests psicológicos son imparciales con los grupos minoritarios. Así, los tests de capacidad cognitiva predicen con la misma eficacia en el caso de los afroamericanos, los hispanos y los blancos. Una serie de estudios realizados en Israel por Zeidner (1987 y 1988), así como los diversos estudios realizados por el *National Research Council* (Hartigan y Wigdor, 1989) rechazan la hipótesis del sesgo cultural contra los grupos minoritarios.

5. ¿Pueden las «competencias» de McClelland predecir mejor que los tests tradicionales de capacidad?

Se ha comentado ya el modo de medir las «competencias», es decir, el BEI o entrevista sobre sucesos conductuales propios de la persona. Posteriormente, esa misma persona hace un ejercicio sobre historias gráficas en el que se le pide que cuente una historia a partir de un dibujo. Las respuestas se codifican para medir necesidad de logro, necesidad de afiliación y deseo de poder.

Como comentan Barrett y Depinet (1991), de modo bastante poco sorprendente la persona tiende a incluir en sus historias conductas semejantes a las empleadas al describirse a sí mismos en el BEI. Puesto que los distintos estudios realizados encuentran este tipo de semejanzas, se llega a la conclusión de que las competencias están relacionadas con el criterio que se desea predecir. Pero, paradójicamente, se ignora la posibilidad de que se esté cometiendo un sesgo por el uso de un método prácticamente idéntico en el predictor y el criterio (sesgo por mono-método; Cook y Campbell, 1979).

Los típicos estudios sobre los tests de competencias consideran muestras de no más de 27 gerentes de empresa. A partir de este tipo de muestras se sugiere haber encontrado información útil sobre los gerentes, pero no se presentan los datos empíricos en los que se apoya la sugerencia (Klemp y McClelland, 1986)[7].

Hay al menos cinco preguntas clave que no responden estos intentos de valorar «competencias»:

1. ¿En qué mejoran los tests de competencias a los tests tradicionales de capacidad cognitiva?
2. ¿Identifican las técnicas desarrolladas por Klemp y McClelland (1986) alguna competencia no valorada por las técnicas tradicionales?
3. ¿Son «fiables» las técnicas desarrolladas para medir competencias?

[7] Un miembro de mi equipo trató hace algunos meses de conseguir datos empíricos sobre «competencias» contactando con el propio McClelland. Sin embargo, la respuesta de este autor fue que esos datos no estaban disponibles.

4. ¿Se relacionan las respuestas a los tests de competencias con el rendimiento laboral?
5. La competencia de autoconfianza se considera característica de los gerentes que tienen éxito, pero esta competencia ¿es causa o efecto del éxito?

En su artículo, McClelland escribió: «Un mínimo análisis intuitivo demostrará claramente que prácticamente ninguna profesión o situación cotidiana requiere que la persona resuelva analogías verbales o que elija la alternativa más correcta entre cuatro posibles verbos» (1973, pág. 4). Sin embargo, se podría preguntar a McClelland: ¿cuántas profesiones hay que requieran que la persona observe un dibujo y cuente una historia sobre él? (Barrett y Depinet, 1991).

Por otro lado, hay un resultado que es abiertamente paradójico: no está nada claro que el mejor test predictivo deba consistir en muestras del trabajo que la persona deberá realizar finalmente. Más bien sucede todo lo contrario. Así por ejemplo, cuando se desea predecir qué persona será un conductor seguro y cuál no, los instrumentos más valiosos están compuestos por tareas de atención selectiva y estilo perceptivo, es decir, tareas que no se parecen en sí mismas prácticamente nada a la propia tarea de conducir un automóvil. Incluso los tests de inteligencia clásicos se relacionan significativamente con el número de accidentes y de multas (Smith y Kirkham, 1982).

En suma, aunque pueda resultar extraño a la luz de las apreciaciones realizadas en este apartado, el artículo de McClelland (1973) ha influido notablemente en la opinión pública sobre los tests, así como en la profesión de psicólogo. Sin embargo, si el concepto de «competencia» constituye un candidato a concepto psicológico importante, debería presentar datos empíricos que lo avalasen. Hay que recordar que actividades como la selección de personal se realizan independientemente de que en la empresa haya psicólogos o no los haya. Desde el momento en que hay más candidatos que puestos profesionales, resulta necesario un proceso de selección. Si ese proceso no resulta lo más objetivo posible, se estará cometiendo una imperdonable injusticia con los candidatos. Los datos publicados hasta la fecha indican claramente que las pruebas diseñadas por los psicólogos constituyen el método más objetivo. Sin embargo, los datos sobre la potencia predictiva y objetividad de las «competencias» no están disponibles para su consulta pública por cualquier profesional o persona interesada en el tema.

4.4. Grupos sociales según su origen étnico

El estudio de las diferencias étnicas en inteligencia ha demostrado ser un tema complicado. En el Informe Técnico de la *Asociación Americana de Psicología* (APA) coordinado por el profesor U. Neisser (1996) se llega a la conclusión de que los datos disponibles en los Estados Unidos indican que la población de personas de origen asiático tiene un mayor nivel intelectual que la mayoría blanca (caucásicos), y que éstas, a su vez, muestran un mayor nivel intelectual que las personas de origen africano (afroamericanos), aunque la superioridad de los orientales no está demasiado clara en los distintos estudios analizados. Por supuesto, estas diferencias de grupo son bastante reducidas, y las diferencias individuales *dentro de* cada uno de estos grupos humanos son mucho mayores que las diferencias medias *entre* los grupos.

Una posible pregunta al comenzar este apartado es por qué está incluido en un manual de diferencias individuales. La respuesta es breve: las revistas científicas internacionales han incluido históricamente, *e incluyen en la actualidad,* artículos y debates sobre el estudio de las diferencias entre grupos sociales basados en su origen étnico. [Helms y Talleygrand (1997) han calculado para la revista *American Psychologist* que de 1990 a 1996 se han publicado 1.995 trabajos sobre grupos raciales y 1.021 sobre grupos étnicos, es decir, alrededor de 3.000 trabajos sobre estos grupos sociales. Por tanto, constituye un tema sobre el que el estudiante debe estar informado.]

Los investigadores han explorado distintas hipótesis para explicar por qué se producen estas diferencias de grupo que señala el Comité Técnico de la APA. Algunos han sugerido la posibilidad de que los genes tengan alguna influencia en la producción de estas diferencias. Así, si características físicas como el color de la piel, la destreza motora o la estatura, están influidas por los genes, en principio la inteligencia también pudiera estar influida por los genes. Otros autores han sugerido que los genes no juegan ningún papel en las diferencias étnicas en inteligencia. Su argumento ha sido que es irrelevante responder a la pregunta sobre la posible influencia de los genes.

Sea cual sea la hipótesis correcta, y todavía se está muy lejos de llegar a ninguna conclusión que no sea el agnosticismo, los programas de intervención destinados a mejorar el nivel intelectual de los chavales de ambientes socioculturales deprimidos deben seguir perfeccionándose, independientemente de si constituyen grupos minoritarios de este o de aquel origen étnico. En otras palabras, aunque algún dia se pueda demostrar que los genes influyen en alguna medida en las diferencias grupales en inteligencia, esto no colocará ninguna barrera biológica a los programas de intervención social. Así por ejemplo, la tuberculosis constituye un proceso biológico y su cura depende de que se ingieran ciertos medicamentos. ¿Diríamos que los medicamentos no constituyen una intervención ambiental? ¿Diríamos que no constituyen un método de intervención inventado por el ingenio aguzado del ser humano?

Figura 15.23.—Los individuos de distintos grupos humanos pueden destacar en alguna cualidad humana. Eso puede dar lugar a que haya más individuos de uno de los grupos con esa cualidad. Sin embargo, ese hecho no les hace «superiores» o «inferiores» a ningún otro ser humano, sea del grupo humano que sea, sino simplemente distintos.

Según parece, el consumo de sustancias de alto contenido vitamínico y, en general, la mejora en los hábitos nutritivos, tiene un efecto beneficioso en la inteligencia, especialmente en las capacidades fluidas de la inteligencia (Eysenck y Schoenthaler, 1997; Lynn, 1990). ¿Diríamos que los alimentos constituyen una intervención menos ambiental que los programas para la mejora de las técnicas de estudio llevados a cabo en las escuelas?

Al estudiar los datos y argumentos siguientes, siempre hay que tener presente que son relativos al tipo de investigaciones realizadas. Otros análisis que se puedan realizar podrían llegar a otras conclusiones totalmente distintas, o se podrían descubrir inadecuaciones de los métodos empleados en los estudios expuestos. En algunos casos, las posibles inadecuaciones se van señalando en el propio texto, aunque el estudiante también debería estudiarlos con detenimiento para encontrar por su cuenta otras posibles explicaciones de los resultados descritos. Debe quedar claro que *nunca deben sacarse conclusiones definitivas a partir de los datos aquí presentados.*

En general, hay tres preguntas básicas presentes al estudiar científicamente las diferencias entre grupos étnicos:

- ¿Qué se entiende por el concepto de raza o etnia?
- ¿Cuál es la magnitud de las diferencias étnicas?
- ¿Qué puede explicar las diferencias étnicas?

4.4.1. *El concepto de raza y el concepto de etnia*

Según Rushton (1995) o Loehlin y col. (1975, citado en Suzuki y Valencia, 1997), desde el punto de vista biológico las razas constituyen grupos de individuos que comparten ciertas características, genéticamente determinadas, que les distinguen de otros grupos. Según los zoólogos, una raza es una variedad o subdivisión de una determinada especie. Cada variedad se caracteriza por una combinación de rasgos morfológicos, fisiológicos y conductuales. En las flores, los insectos y los mamíferos no humanos, los zoólogos estudian habitualmente el proceso de diferenciación racial. La formación de una nueva raza se produce cuando, tras una serie de generaciones, los individuos de un grupo se reproducen más frecuentemente entre ellos que con individuos de otros grupos. Este proceso es más llamativo cuando esos grupos de individuos están geográficamente separados, llegando a desarrollar adaptaciones ventajosas en sus propios ambientes. Los zoólogos han identificado dos o más subespecies en la mayor parte de las especies mamíferas.

Cuando las distintas subespecies están físicamente aisladas, parecen darse dos procesos que contribuyen al desarrollo de las diferencias: el pozo genético y la selección natural (Loehlin y col., 1975).

1. El pozo genético se refiere a la distribución aleatoria de frecuencias de genes de generación en generación. Esta situación se produce con mayor facilidad en poblaciones relativamente pequeñas, puesto que los genes de la descendencia son la mitad aleatoria de los padres. Sin embargo, en grandes poblaciones la influencia de ese pozo genético tiende a promediarse y, por decirlo de algún modo, a autoanularse, de modo que en ausencia de factores selectivos cada generación tiende a reproducir a la anterior (técnicamente, *regresión a la media*). Por consiguiente, las razas actualmente conocidas tuvieron que originarse en poblaciones pequeñas.
2. La selección natural implica que los genes que mejor pueden responder a las exigencias del ambiente tendrán la mayor probabilidad de pasar a las siguientes generaciones. Un ejemplo de diferencia racial resultado de la selección natural es la pigmentación de la piel.

En el caso de los humanos, los forenses suelen clasificar los esqueletos de los cadáveres descompuestos según la raza. En algunas investigaciones criminales, la raza del delincuente se puede averiguar a partir de la sangre, el semen y las muestras de pelo. En este contexto forense, parece que la raza tiene alguna capacidad predictiva.

Sin embargo, en el terreno psicológico no está claro si el concepto de raza es relevante. Todo lo más se suele hablar de diferenciación étnica, es decir, grupos sociales que se caracterizan, entre otras cosas, por tener un origen étnico distinto. En cualquier caso, las relaciones cada vez más estrechas entre individuos de distintos grupos sociales transforman incluso el concepto de etnia en algo bastante confuso. De este modo, en los estudios psicológicos publicados los individuos se incluyen en los distintos grupos según su propia atribución, de modo que el propio individuo se considera a sí mismo afroamericano, oriental o caucásico (Herrnstein y Murray, 1994).

Por tanto, en la actualidad la antigua diferenciación entre las razas es bastante relativa. Los grupos raciales pueden diferenciarse según propiedades con un anclaje genético conocido, como la apariencia física y el grupo sanguíneo. Con este tipo de criterios se pueden distinguir las siguientes razas: caucásicos, negros africanos, mongoles, aborígenes del sur de Asia, indios americanos, indonesios/melanesios/polinesios, y aborígenes australianos. En cualquier caso, aun con ese tipo de diferenciación, la variación real entre las razas es bastante pequeña. Según las estimaciones de Richard Lewontin (1972) sólo el 6 por 100 de la diversidad genética mundial se puede atribuir a las diferencias raciales, mientras que un 8 por 100 se podría atribuir a las diferencias genéticas entre las poblaciones locales de la misma raza (como por ejemplo, españoles, franceses e italianos, dentro de los caucásicos). Esto produce un 85 por 100 de diversidad genética *dentro de* las poblaciones, lo que da una idea clara de la escasa importancia que tienen las diferencias promedio entre los distintos grupos.

En suma, las diferencias raciales no son absolutas, sino que, por el contrario, representan proporciones variables de características biológicas. Además, estas características presentan un *solapamiento* considerable en los distintos grupos. Por tanto, las diferencias medias entre los grupos son de modo sistemático mucho menores que las diferencias entre los individuos de cada uno de los grupos considerados. Hay que reiterar que en los estudios publicados en las revistas internacionales, los individuos que participan en ellos se autoasignan personalmente a los distintos grupos.

4.4.2. *Capacidades*

Desde las medidas realizadas durante la Primera Guerra Mundial se ha venido encontrando que la media de los afroamericanos en CI está 15 puntos por debajo de los blancos. Sin embargo, ésta es una diferencia media. Hay que considerar que existe un gran solapamiento entre las distribuciones de CI de los dos grupos. Es decir, muchos afroamericanos tienen un CI superior a muchos blancos.

El profesor Arthur Jensen (1969) sugirió hace casi 30 años que la hipótesis sobre la existencia de influencias genéticas en las diferencias medias de CI entre blancos y afroamericanos no podía descartarse científicamente. El CI no es más que una estimación de la competencia cognitiva de la persona, es decir, una propiedad del cerebro humano. Puesto que el cerebro es un órgano sometido en buena medida, aunque no totalmente, a las reglas genéticas, no parece científicamente pertinente descartar a priori una influencia genética en las diferencias de grupo. No hay que olvidar, de todos modos, que esta visión de Jensen no es nada más que una hipótesis de trabajo de muy compleja contrastación y con muchas críticas contrarias (véase Kamin, 1995).

Uno de los estudios más sistemáticos sobre el tema de las diferencias entre blancos y afroamericanos ha sido el clásico realizado por Loehlin, Lindzey y Spuhler (1975). En su amplio análisis distinguen cuatro cuestiones básicas: los resultados de los diseños genéticos, los cambios temporales en el CI, las comparaciones entre distintos grupos étnicos y los efectos de la nutrición en el rendimiento intelectual. Estudiaremos brevemente las tres primeras cuestiones, recuperando datos de distintas fuentes documentales más actuales siempre que sea posible.

4.4.2.1. Diseños genéticos

Los diseños genéticos suponen comparar a personas que varían en su parentesco, como por ejemplo los gemelos y los mellizos. En cuanto a las diferencias étnicas, suelen usarse los estudios de gemelos, las adopciones transraciales y los estudios de mezcla racial.

Estudiando gemelos y mellizos tanto blancos como afroamericanos, Scarr-Salapatek (1971) encontró que las diferencias entre blancos y afroamericanos podían ser superadas ambientalmente. Estos mismos resultados se hallaron en una serie de estudios realizados por Osborne y sus colegas con gemelos de enseñanza secundaria (Osborne y Miele, 1969; Vandenberg, 1970). En general, al medir una serie de capacidades básicas, como la capacidad espacial, la capacidad perceptiva, la capacidad numérica y la capacidad verbal, las correlaciones intraclásicas de los gemelos afroamericanos eran menores que las correlaciones intraclásicas de los gemelos blancos, lo que apoyaría las explicaciones ambientalistas. Sin embargo, Nichols (1970) encontró que las correlaciones intraclásicas para los dos grupos raciales de gemelos eran equivalentes, e incluso mayores en los chavales afroamericanos de cuatro años[8].

Minnesota Transracial Adoption Study. En las primeras fases de este estudio sobre adopción transracial, se observó que el CI medio de chavales afroamericanos adoptados por familias blancas era de 106, es decir, más de una desviación típica por encima de la media de los chavales afroamericanos

[8] Hay que considerar que a esta edad las medidas de la inteligencia no son tan fiables como en edades posteriores.

que se crían con sus propias familias naturales (85) y superior a la media de los chavales blancos (100). Por consiguiente, estos datos sugirieron que los niños afroamericanos se benefician más que los niños blancos al ser adoptados por familias blancas de clase media, en las que está presente la cultura mayoritaria (Scarr y Weinberg, 1976).

En 1993, Sandra Scarr, Richard A. Weinberg e Irwin D. Waldman han publicado datos sobre el seguimiento de las familias participantes en el estudio de adopción transracial original. En ese seguimiento, puesto que los niños han crecido se pueden ya usar los mismos tests de inteligencia que los empleados con los padres adoptivos y naturales, cosa que no es posible cuando los chavales son niños.

Como se ha comentado, los primeros resultados del estudio sugerían un claro beneficio de las adopciones transraciales. Sin embargo, hay que contar con que a medida que crecen los chavales se van independizando y eligen por sí mismos. Este proceso tendrá previsiblemente el efecto de reducir el parecido entre los chavales adolescentes y sus padres adoptivos, pero éste no será el caso para los adolescentes y sus padres naturales (Kent, 1985; Loehlin, Horn y Willerman, 1989; Teasdale y Owen, 1985).

En los estudios sobre adopción que se han realizado hasta la fecha, como el *Texas Adoption Project,* el *Minnesota Adolescent Adoption Study,* el *Danish Study* o el *Colorado Adolescent Adoption Study,* se han encontrado datos que apoyan la idea de que a medida que crecen los chavales se parecen menos a sus padres adoptivos. Sin embargo, esos datos se refieren a personas del mismo grupo étnico; ¿serán del mismo tipo los datos en personas de distintos grupos étnicos, es decir, en familias transraciales?

Scarr, Weinberg y Waldman (1993) presentan datos de un seguimiento de 10 años en 101 familias transraciales incluidas en el estudio original (Scarr y Weinberg, 1976), correspondientes a algunas pruebas de los tests de Wechsler aplicadas a 74 padres, 84 madres, 101 chicos afroamericanos adoptados, 28 chicos adoptados de otras razas y 104 chicos naturales.

Los principales resultados son los siguientes (Scarr, Weinberg y Waldman, 1993; tablas 15.9 y 15.10):

— Las correlaciones entre hermanos genéticamente independientes pasan de 0,31 en el estudio original, cuando tienen 7 años, a 0,19 en el seguimiento, cuando tienen 17 años. La correlación de 0,19 es algo superior a la hallada en otros estudios de adopción convencionales, no transraciales.
— Las estimaciones de la heredabilidad del CI son muy similares en el estudio original y en el seguimiento, es decir, alrededor de 0,5.
— Los miembros de la familia que están biológicamente relacionados son más semejantes en inteligencia que los miembros no relacionados biológicamente, tanto en el estudio original como en el seguimiento.
— Las correlaciones en CI entre los padres y sus hijos naturales son mayores que entre los padres y sus hijos adoptivos.
— Las correlaciones en CI son mayores entre hermanos naturales que entre hermanos no relacionados genéticamente. Además, al final de la adolescencia, la correlación en CI entre los hermanos no relacionados genéticamente de las familias transraciales es mayor que en el caso de familias no transraciales.

Las estimaciones de la heredabilidad del CI señalan que las influencias genéticas sobre las diferencias individuales en inteligencia, en los chavales afroamericanos adoptados por familias blancas de clase media, son muy similares a las usuales en Estados Unidos y Europa. Es decir, las diferencias individuales en inteligencia en chavales expuestos a la cultura mayoritaria dependen en gran medida de las capacidades individuales, influidas por los genes, para responder a las oportunidades educativas que esa cultura ofrece (Scarr y col., 1993).

El declive de las correlaciones en CI entre hermanos no relacionados genéticamente es consistente con la disminución de la importancia de las influencias ambientales compartidas a medida que los chavales se hacen mayores. Sin embargo, las

TABLA 15.9

Correlaciones en CI en el estudio original y en el seguimiento 10 años después

	Estudio original (1975)			
	Padre adoptivo	**Madre adoptiva**	**Niños adoptivos**	**Niños naturales**
Niños adoptivos	0,078	0,138	0,393	0,310
Niños naturales	0,249	0,398	0,361	0,476
	Seguimiento (1986)			
	Padre adoptivo	**Madre adoptiva**	**Niños adoptivos**	**Niños naturales**
Niños adoptivos	0,211	0,214	0,051	0,192
Niños naturales	0,130	0,453	0,258	0,439

correlaciones entre los padres y sus hijos adoptados en el estudio de seguimiento (0,21) no señalan esta reducción de la importancia del ambiente compartido; recuérdese que en este caso la correlación señala el grado de parecido debido al ambiente compartido, puesto que los padres y sus hijos adoptivos no comparten genes (parentesco).

En suma, la exposición cultural y las ventajas sociales son semejantes a las experimentadas por todos los niños adoptados por familias blancas, incluso aunque los niños adoptados sean socialmente clasificados como afroamericanos. Las influencias genéticas y ambientales en las diferencias individuales de CI son equivalentes a las halladas en las poblaciones mayoritarias.

TABLA 15.10

CI de los miembros de las familias transraciales en el estudio original de 1975 y en el seguimiento de 1986

	Estudio original	**Seguimiento**
Padres	121,7	117,1
Madres	119,1	113,6
Hijos naturales	116,4	109,4
Hijos adoptivos	106,1	96,8

Las mezclas entre razas. Si el CI de los afroamericanos con influencia europea resultase significativamente superior al CI de los afroamericanos sin influencia europea, se apoyaría una hipótesis genética sobre las diferencias medias de CI. Según Loehlin y col. (1975) los afroamericanos con piel más clara tienen mayor CI que los afroamericanos con piel más oscura. Sin embargo, la interpretación es confusa: las personas de piel más clara pueden tener un mayor CI por los genes europeos o porque se encuentran más integrados en la cultura mayoritaria de los blancos.

En el estudio de Scarr y Weinberg (1976) se comparó el CI de los chavales con uno o dos padres afroamericanos, siendo 109 la media en el primer caso y 97 en el segundo. Este resultado parece congruente con una relativa influencia genética, aunque no puede descartar la influencia ambiental. Así por ejemplo, el chaval con un padre blanco podría tener habitualmente más contacto espontáneo con la cultura mayoritaria en los Estados Unidos, incrementando su CI de modo similar a lo ocurrido en el estudio de adopción transracial de Scarr y col. (1993).

Por consiguiente, los datos no son concluyentes. Todavía no se dispone de evidencia para confirmar una clara influencia genética o una ausencia de la misma. Sin embargo, los resultados animan a insistir en las intervenciones ambientales que sí parecen tener un efecto beneficioso.

4.4.2.2. Cambios temporales en el CI

Si el CI de un determinado grupo étnico cambia en unas pocas generaciones, entonces se podrán rastrear las posibles influencias ambientales responsables de ese cambio. Por supuesto, en unas pocas generaciones apenas se producen cambios genéticos. Este fenómeno se puede explorar a través del estudio de (Minton y Schneider, 1985): las tendencias de CI en la población, los cambios del CI con la edad en los distintos grupos, y los programas de educación compensatoria.

1. Tendencias de CI en la población. Los estudios disponibles sugieren que las diferencias medias de CI entre los grupos, analizando población escolar, se mantienen estables a medida que pasa el tiempo. Cuando se producen aumentos de CI, éstos son sistemáticos, es decir, se producen en los distintos grupos étnicos en la misma dirección (Smith, 1942; Shuey, 1966).

En el caso de los adultos, las tendencias son similares. En Estados Unidos, Loehlin y col. (1975) analizaron los datos de la Primera y la Segunda Guerra Mundial, así como de la de Vietnam. Los afroamericanos se situaban 17 puntos de CI por debajo de los blancos en la Primera Guerra Mundial, y 23 puntos por debajo tanto en la Segunda Guerra Mundial como en la de Vietnam. Este aumento de 6 puntos de CI en la diferencia entre blancos y afroamericanos resulta sorprendente, puesto que la asistencia de los afroamericanos a la escuela se ha incrementado sistemáticamente durante este siglo (sin embargo, véase Williams y Ceci, 1997, para datos que indican una reducción de las diferencias medias entre afroamericanos y blancos).

Este resultado parece inconsistente con la perspectiva ambientalista. Sin embargo, habría que considerar que aunque la escolarización sea mayor, la calidad educativa puede no ser la más adecuada. La mayor afluencia de afroamericanos a la escuela puede no concurrir con unos altos estándares de calidad educativa, de modo que tampoco en este caso se puede sacar ninguna conclusión.

2. Cambios del CI con la edad en los distintos grupos. Las diferencias entre los grupos étnicos no son visibles hasta los tres años de edad. Esta tendencia puede sugerir que las variables ambientales no comienzan a tener efecto hasta ese momento, aunque no se pueden descartar los efectos genéticos.

El profesor Arthur Jensen (1977) estudió, en este sentido, muestras de escolares blancos y afroamericanos, de 5 a 18 años, de entornos rurales de Georgia. Los escolares afroamericanos procedían de entornos socioculturales muy deprivados, mientras que los escolares blancos procedían de entornos algo menos deprivados. El declive de CI con la edad se midió calculando la diferencia de CI medio entre los hermanos mayores y menores; la hipótesis es que si los ambientes deprimidos tienen un efecto acumulativo, los hermanos mayores tendrán un CI menor que los más pequeños, dada su mayor exposición a esos entornos deprivados. Los resultados indicaron un efecto pernicioso en los chicos afroamericanos, tanto en inteligencia fluida (Gf) como en inteligencia cristalizada (Gc), pero este efecto no se observó en los blancos. Por consiguiente, según Jensen, los declives de los chicos afroamericanos deben atribuirse al ambiente deprivado al que se hallan sometidos.

En general, los resultados sugieren que hay un efecto educativo en las mejoras de la inteligencia, en especial en los chavales afroamericanos de entornos muy deprivados.

3. Educación compensatoria. Los programas de educación compensatoria instaurados en los años sesenta tuvieron como principal objetivo reducir las constatadas diferencias escolares de los chavales que procedían de ambientes sociofamiliares deprimidos. Los tests de CI se empleaban habitualmente para valorar la efectividad de estos programas, calculando las ganancias en puntos de CI.

Está demostrado que estos programas ayudaban a los chavales durante su aplicación, pero después se producía una regresión hacia la media, es decir, desaparecían las ganancias (Bronfrenbenner, 1975;

Jensen, 1969; Loehlin y col., 1975; Neisser y col., 1996).

Así por ejemplo, el *Early Training Project* (proyecto de entrenamiento temprano) desarrollado en Nashville (Estados Unidos), es una constatación de esta regresión (Gray y Klaus, 1970). Dos grupos de chicos afroamericanos de preescolar fueron entrenados durante dos o tres veranos. Además, semanalmente se hacían reuniones entre los padres y un profesional del programa. Al comenzar el programa, el CI de los dos grupos de chicos era de 88 y 92. Al terminar el programa, el CI medio ascendió a 96 y 97, respectivamente. Sin embargo, un seguimiento realizado dos años después demostró un descenso a 87 y 90, es decir, el CI antes de comenzar el programa. Este estudio también analizó dos grupos de control; uno de ellos mantuvo un CI medio de 85 al comenzar el programa y en el momento de realizar el seguimiento, mientras que el otro mostró un CI de 87 al comenzar el programa y de 78 al realizar el seguimiento. Por tanto, los grupos experimentales sacaron al menos alguna ganancia con respecto a uno de los grupos de control.

¿Cómo se puede explicar la ausencia de un efecto real de los programas de educación compensatoria? Una primera respuesta es que inciden en variables que, en realidad, no son relevantes. Proporcionar a los chicos desaventajados de preescolar una experiencia adicional, puede no ser suficiente para generar cambios visibles y robustos en el CI. Sin embargo, es posible que los métodos de enseñanza constituyan una variable relevante. Así, cuando se comparan programas muy estructurados y poco estructurados, suele encontrarse que los primeros son más efectivos con estos chicos (Loehlin y col., 1975).

El entrenamiento de los padres para que estimulen el desarrollo de sus chicos ha sido otro tipo de intervención habitual. Urie Bronfenbrenner (1975) revisó hace años el éxito de estos programas, concluyendo que los efectos no están todavía demasiado claros (véase Neisser y col., 1996). Este autor sugiere algunas líneas de trabajo:

— Cuando los padres se preparan para la paternidad, deben aprender técnicas para el cuidado de los niños, la nutrición y los cuidados médicos.
— Antes de tener hijos, deberían cuidar el entorno físico del hogar y la seguridad económica.
— Durante los tres primeros años de la vida del chico, deberían trabajarse las relaciones padres-hijos para que sean estimulantes.
— De los cuatro a los seis años habría que exponer al chico a un programa preescolar cognitivamente orientado junto con la actuación directa de los padres.
— De los seis a los doce años, los padres deberían apoyar las actividades educativas del chico en casa y en la escuela. Según Bronfenbrenner, los padres son los principales responsables del desarrollo del chico como persona.

4.4.2.3. Comparaciones entre grupos étnicos

En la población de blancos estadounidenses existe una relación entre inteligencia y clase social. ¿Existe la misma relación en la población de afroamericanos? Según Loehlin y col. (1975) la respuesta es positiva: es decir, a mayor estatus, mayor CI en la población de afroamericanos (en igual medida que en el caso de los blancos).

Shuey (1966) reanalizó datos de seis estudios que comparaban blancos y afroamericanos de alto y bajo estatus social. En la muestra de blancos, las personas de alto estatus mostraron un CI de 112, mientras que las de estatus bajo tuvieron un CI de 94, es decir, una diferencia de 18 puntos de CI. En la muestra de afroamericanos, los CI fueron de 92 y 82 respectivamente, es decir, una diferencia de 10 puntos de CI. Por tanto, la diferenciación según la clase social es más aguda en el caso de los blancos. Datos similares son comentados por Loehlin y col. (1975). En alguna medida, la movilidad social parece más pronunciada en los blancos que en los afroamericanos. Es decir, parece haber más oportunidades para el desarrollo intelectual en los blancos que en los afroamericanos, y con esta ventaja, los blancos pueden tener un acceso más fácil a las clases sociales más altas.

En otros grupos étnicos, como los asiáticos, los chicanos, los puertorriqueños y los judios, la asociación entre inteligencia y clase social es similar a la encontrada con los blancos (Loehlin y col., 1975).

Cuando se comparan las capacidades específicas de los distintos grupos étnicos, suele ser conveniente comprobar que la estructura factorial de las capacidades es constante o invariante en todos ellos. Según Loehlin y col. (1975) esta estructura factorial es similar en todas las etnias norteamericanas, es decir, las distintas aptitudes se organizan del mismo modo.

Lesser, Fifer y Clark (1965; véase Suzuki y Valencia, 1997) compararon judios, chinos, afroamericanos y puertorriqueños en las capacidades verbal, de razonamiento, numérica y espacial. Los resultados se observan en la figura 15.24: los chinos y los judíos tuvieron un rendimiento medio mayor que los afroamericanos y puertorriqueños. Los judíos destacaron en capacidad verbal, después en capacidad numérica y finalmente en razonamiento y capacidad espacial. En contraste, los chinos tuvieron un rendimiento bastante pobre en capacidad verbal, pero muy bueno en razonamiento, capacidad numérica y capacidad espacial. Los afroamericanos, al igual que los judíos, destacaron en capacidad verbal, mientras que los puertorriqueños mostraron un patrón similar a los chinos, aunque bastante menor en promedio.

Resultados similares se encontraron en otros estudios realizados por Stodolsky y Lesser (1967) y Backman (1972). ¿Cómo se pueden explicar estas diferencias? Una respuesta posible son los modos de inversión cultural particulares de cada grupo étnico. La profesora Leona E. Tyler (1965) sugirió que las carencias espaciales de los afroamericanos se podrían atribuir a la deprivación ambiental, pero no hay datos al respecto (Mandler y Stein, 1977). Hasta el momento, no parece haber datos concluyentes sobre el porqué de estas diferencias étnicas en capacidades específicas (Suzuki y Valencia, 1997).

J. Philippe Rushton. Este autor canadiense ha estudiado las diferencias raciales con bastante sistematismo. En su obra *Race, Evolution and Behavior* (1995) ha resumido la mayor parte de sus análisis sobre el tema.

En la tabla 15.11 se muestran algunos resultados, según los análisis realizados por Rushton, sobre cómo se ordenan los orientales, los caucásicos y los sujetos de origen africano en tamaño cerebral, variables relacionadas con la inteligencia y grado de maduración (Rushton, 1995).

Esta ordenación entre orientales, caucásicos y sujetos de origen africano se mantiene, según Rushton (1995), en distintas partes del planeta, y en variables tales como el nivel de actividad, la personalidad, el grado de maduración, el delito, la

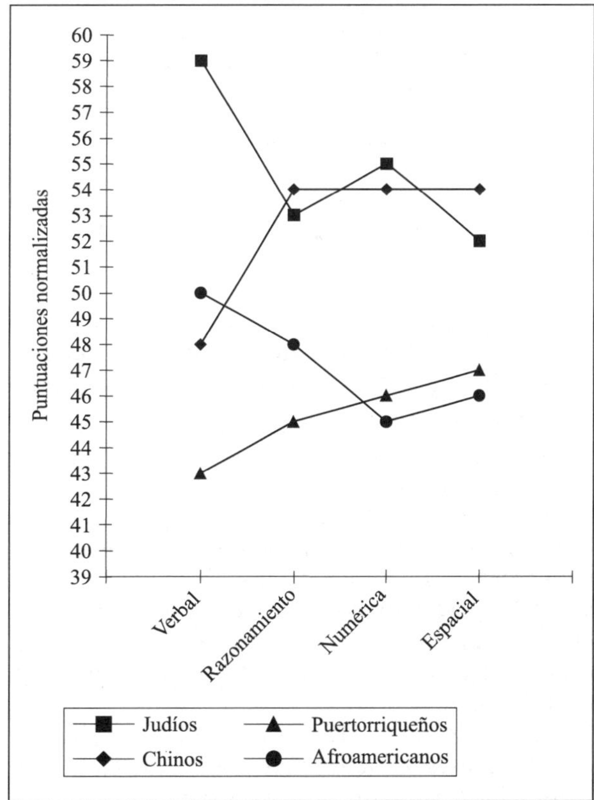

Figura 15.24.—Diferencias entre judíos, chinos, afroamericanos y puertorriqueños en aptitud verbal, razonamiento, aptitud numérica y aptitud espacial.

TABLA 15.11

	Grupo étnico racial		
	Orientales	**Caucásicos**	**Origen africano**
Tamaño cerebral			
Datos de autopsia (cm^3)	1.351	1.356	1.223
Volumen endocraneal (cm^3)	1.415	1.362	1.268
Medidas externas de la cabeza (cm^3)	1.356	1.329	1.294
Billones de neuronas corticales	13.767	13.665	13.185
Inteligencia			
Puntuaciones en CI	106	100	85
Tiempos de decisión (TR)	Rápidos	Medios	Lentos
Logros culturales	Altos	Altos	Bajos
Grado madurativo			
Tiempo de gestación	?	Medio	Pronto
Desarrollo del esqueleto	Tarde	Medios	Pronto
Desarrollo motor	Tarde	Medio	Pronto
Desarrollo de la dentición	Tarde	Medio	Pronto
Edad de la primera relación	Tarde	Medio	Pronto
Edad del primer embarazo	Tarde	Medio	Pronto
Esperanza de vida	Alta	Medio	Baja

estructura familiar y los hábitos de salud. Este autor se hace preguntas como las siguientes:

— ¿Por qué los caucásicos se sitúan en la zona media, entre orientales y sujetos de origen africano, en tan gran número de variables?
— ¿Por qué hay una relación inversa entre tamaño cerebral y producción de gametos en todas las razas?

Según los datos revisados por Rushton (1995) el cerebro de los orientales es 17 cm^3 mayor que el de los caucásicos, cuyo cerebro es a su vez 80 cm^3 mayor que el de los sujetos de origen africano. El tamaño craneal medio a nivel mundial es de 1.326 cm^3.

En cuanto a las medidas de inteligencia, los orientales parecen tener mayores puntuaciones en CI que los caucásicos, y éstos a su vez logran mayores puntuaciones que los sujetos de origen africano. Además, estas diferencias en CI se corresponden con la rapidez al resolver tareas complejas de tiempo de reacción en las que se deben tomar decisiones muy rápidamente.

Según Rushton (1994a, 1995) los datos disponibles sugieren una diferencia genética entre estos grupos. Los diversos estudios sobre el origen de las diferencias individuales, a través de los diseños de gemelos, de adopción y familiares, señalan que la heredabilidad de la inteligencia, la personalidad y la psicopatología se produce dentro de los tres grupos étnico-raciales.

Los datos evolucionistas sugieren, según Rushton (1995), que el *Homo sapiens* apareció en África. Pero muchos de estos primeros pobladores de la tierra emigraron hacia las zonas asiáticas y europeas (Eurasia). La evolución de los africanos, europeos y orientales estuvo sometida a distintas presiones ambientales. Cuanto más frío era el entorno, mayores eran las exigencias cognitivas para conseguir y almacenar alimento, refugiarse, confeccionar vestidos y criar a los niños durante los largos inviernos. La evolución de los ex africanos en orientales y caucásicos supuso el aumento del

Figura 15.25.—La obra del profesor J. P. Rushton ha suscitado un acalorado debate. En esencia, Rushton propone una teoría en la que sugiere que las diferencias étnicas tienen, *hasta cierto punto,* un origen genético. Las presiones ambientales a las que fueron sometidos los habitantes de África y los habitantes de Eurasia que emigraron de África habrían ejercido su influencia en sus respectivos equipamientos genéticos. Su teoría se denomina «Teoría Diferencial K» y, como ha escrito el profesor Mark Snyderman (1994), «la mayor parte de sus argumentos son intuitivos» [...] «el trabajo de Rushton será ignorado por los temerosos, condenado por los liberales y mal utilizado por los racistas. Difícilmente será comprendido por alguien».

tamaño cerebral, grados madurativos menores y otros rasgos diferenciadores. Los sujetos de origen africano muestran, además, una mayor fertilidad, grado de maduración y actividad sexual que los orientales y los caucásicos, precisamente, escribe Rushton, porque las presiones ambientales han sido distintas en términos evolucionistas. Las mayores presiones a las que se han visto sometidos los orientales y los caucásicos obligaron, según Rushton (1995), a asegurar el cuidado de pocos niños y eso supuso reducir la actividad sexual y el grado de fertilidad.

En cualquier caso, como sucede en los estudios arqueológicos e incluso con mayor intensidad si cabe en este caso, estos argumentos están sujetos a un margen de error intolerable, de modo que tienen un carácter muy especulativo y como tal deben ser tomados. Por otro lado, aunque Ruhston repite una y otra vez que no tiene por qué derivarse ningún tipo de política social del estudio científico de las diferencias raciales, por sí mismo se trata de un tema que debe ser considerado con mucho cuidado. El estudiante de psicología debe conocer qué es lo que se está publicando en las revistas científicas, pero también debe saber que teorías como la de Ruhston son meras especulaciones que pueden caer en desgracia con la llegada de nuevas evidencias empíricas y que están siendo muy criticadas (véase Kamin, 1995).

Capacidad craneal. El profesor Rushton (1994b, 1995) ha estudiado las diferencias de raza en capacidad craneana, usando datos de distintos países y regiones del planeta. Los índices de capacidad craneana se pueden estimar a través del peso cerebral calculado mediante autopsia, del volumen cerebral medido a través de la resonancia magnética y de las medidas externas del cráneo.

En un estudio de 1994, Rushton (1994b) analiza las medidas externas de la cabeza en 40 muestras distintas de personas reunidas en un informe de 1990 realizado por la *International Labour Office* (Ginebra) sobre medidas corporales ergonómicamente relevantes. Las medidas se han ido recogiendo durante los últimos 30 años en miles de varones y mujeres con edades comprendidas entre los 25 y los 45 años.

Según Rushton (1994b), metabólicamente hablando, el cerebro humano es un órgano caro. Aunque representa sólo el 2 por 100 de la masa corporal, el cerebro usa el 5 por 100 del metabolismo corporal en ratas, gatos y perros, el 10 por 100 en el mono reshus y otros primates, y el 20 por 100 en los seres humanos. Los cerebros grandes son caros, en el sentido de que requieren ambientes más estables, mayores tiempos de gestación, grados madurativos relativamente lentos, una mayor supervivencia de la descendencia, un menor grado reproductivo y vidas más largas.

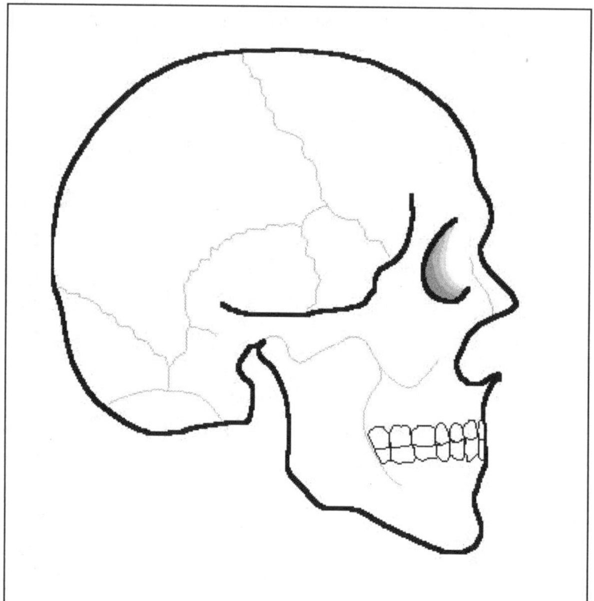

Figura 15.26.—El profesor J. P. Rushton ha recopilado datos sobre capacidad craneana para contrastar su teoría acerca de las relaciones entre esa capacidad y la inteligencia. Las medidas suelen calcularse a partir de la altura, el largo y el ancho craneal. Según este autor, los cerebros grandes pueden disponer de una mayor capacidad para procesar información. Sin embargo, como él mismo escribe, «variables como la complejidad de las circunvoluciones del cerebro, así como la variedad y eficiencia de sus comisuras, pueden estar más relacionadas con la inteligencia que el tamaño cerebral en sí» (Rushton y Ankey, 1997, pág. 70).

A la vista de esta sugerencia, y desde una perspectiva evolucionista, si los cerebros grandes no contribuyesen a los procesos de adaptación, no habrían sido seleccionados. En este sentido, puede ser una hipótesis razonable que los pesados cerebros humanos hayan evolucionado de ese modo para aumentar la capacidad para procesar la información.

Passingham (1982) empleó una tarea de discriminación visual para medir la rapidez con la que los niños y otros mamíferos eran capaces de abstraer reglas como «coge el mismo objeto cada vez que quieras comida». Los niños más inteligentes, según las medidas habituales realizadas con tests, aprendieron este tipo de estrategias más rápidamente que los niños menos inteligentes, y los mamíferos con mayores cerebros aprendieron más deprisa que los mamíferos con cerebros más reducidos: chimpancé, mono reshus, mono araña, mono ardilla, gato, rata, araña. Entre los primates, los cerebros más grandes promueven la existencia de más grandes y complejos grupos sociales.

El *National Collaborative Perinatal Project* halló que las medidas del perímetro de la cabeza en el momento del nacimiento, al año de vida y a los cuatro años, predicen el CI a los 7 años, en muestras de 19.000 niños afroamericanos y 17.000 niños blancos. En la muestra de niños afroamericanos se observó un menor perímetro de la cabeza en el momento del nacimiento, una menor estatura y peso y un menor tiempo de gestación que en la muestra de niños blancos. A la edad de 7 años, los niños afroamericanos estaban más desarrollados corporalmente, excepto en el perímetro craneal (Broman y col., 1987).

Beals, Smith y Dodd (1984) analizaron una base de datos mundial de 20.000 cráneos, hallando diferencias entre los distintos continentes:

— 19 poblaciones asiáticas tuvieron una media craneal de 1.415 cm^3.
— 10 grupos europeos tuvieron una media craneal de 1.362 cm^3.
— 9 grupos africanos tuvieron una media craneal de 1.268 cm^3.

Hay varias críticas sobre este tipo de estudios, herederas del que Rushton (1994b) califica como análisis hostil, realizado por S. J. Gould en su famosa obra, *La falsa medida del hombre* (1981, reeditada con algunos cambios en 1996):

— No hay un control adecuado de variables como la edad, el tamaño corporal y los antecedentes sociales.
— No se realizan muestreos adecuados, por lo que los resultados no se pueden generalizar a la población.
— Hay un sesgo sistemático de los investigadores que lleva a cometer errores de medida en la misma dirección.
— Las predicciones no se cumplen en todos los estudios.

Rushton (1995) sugiere que estas críticas son incorrectas. En su estudio las personas que realizan las medidas desconocen cómo y para qué se van a analizar los datos.

Los datos reunidos por la *International Labour Office* de Ginebra (Jurgens, Aune y Pieper, 1990) se organizan en 20 regiones mundiales, separando las medidas realizadas en varones y mujeres. Rushton (1994b) calcula la capacidad craneana de la muestra a partir de las medidas sobre estatura, y largo y ancho de la cabeza, pero excluyendo seis regiones racialmente confusas y poco representativas (tabla 15.12).

El análisis de estos datos señala que (Rushton, 1994b):

— Los varones tienen una ligera mayor capacidad craneal que las mujeres.

— Los europeos tienen una ligera mayor capacidad craneal que los asiáticos, y éstos a su vez tienen más capacidad craneal que los africanos.

¿Cómo se pueden explicar estos resultados?

Por supuesto, hay que contar con las influencias ambientales. Algunos datos señalan que ciertas variaciones en el tamaño cerebral y el rendimiento en los tests se pueden atribuir a la nutrición (Eysenck, 1995; Lynn, 1990). En cualquier caso, también se puede recurrir a argumentos evolucionistas en los que, asimismo, se encuentran factores ambientales que actuaron durante la historia evolucionista de la humanidad. Además, tanto los efectos genéticos como los ambientales están mediados por los mecanismos fisiológicos y anatómicos.

Haug (1987) ha calculado una correlación de 0,5 entre el número de neuronas corticales y el tamaño cerebral. Una persona con un tamaño cerebral de 1.400 cm^3 tendrá 600 millones de neuronas menos que una persona con un tamaño cerebral de 1.500 cm^3. Entre los primates, el tamaño del cerebro, y no el del cuerpo, es la constante biológica que determina la mayor parte de las variables ecológicas e historias vitales, incluyendo la rapidez con que se madura físicamente, el grado de dependencia de las crías, la esperanza de vida, y el tamaño de los grupos sociales (Dunbar, 1992). Según Rushton (1994b) es dentro de estas variables evolucionistas donde se pueden encontrar algunos de los orígenes de las diferencias en tamaño cerebral.

TABLA 15.12

Capacidad craneal de poblaciones mundiales con edades comprendidas entre los 25 y los 45 años

	Capacidad craneal (cm^3)	
Región y países	**Varones**	**Mujeres**
Norteamérica (Canadá y Estados Unidos)	1.453	1.191
Norte de Europa (Dinamarca, Alemania, Suecia, etc.)	1.453	1.246
Europa Central (Austria, Suiza, etc.)	1.419	1.191
Europa del Este (Polonia y Unión Soviética)	1.419	1.248
Sudeste de Europa (Bulgaria, Grecia, Rumania, etcétera)	1.419	1.206
Francia	1.453	1.137
Península Ibérica (España y Portugal)	1.385	1.246
Oeste de África (Congo, Ghana, Nigeria, Zaire, etcétera)	1.339	1.083
Sudeste de África (Angola, Kenia, Uganda, Zambia, etc.)	1.339	1.083
Oriente Próximo (Irak, Líbano, Turquía, etc.)	1.362	1.137
Asia del Norte (China, Mongolia, etc.)	1.362	1.191
Sur de China (Hong Kong, Macao, Taiwan, etc.)	1.362	1.191
Australia (población europea de Australia y Nueva Zelanda)	1.433	1.191
Japón (Japón y Corea)	1.419	1.191

Las diferencias raciales en tamaño cerebral se relacionan con las diferencias halladas a través de los tests de inteligencia (Ruhston, 1994b):

— Los blancos de Norteamérica, Europa y Australia logran un CI medio de 100.

— Los orientales de Norteamérica, Europa y Australia logran un CI medio de 100.
— Los orientales de Norteamérica y el Pacífico logran un CI medio entre 101 y 106.
— Los africanos del sur del Sahara, los afroamericanos y los afrocaribeños logran un CI medio entre 70 y 90.

Los datos con tareas de tiempos de reacción en las que se debe tomar rápidamente alguna decisión, muestran que los orientales son más rápidos, seguidos por los blancos y, por último, los sujetos de origen africano. El rendimiento en este tipo de tareas suele ser sintomático de la eficiencia neuronal del cerebro.

Por consiguiente, dada la consistente correlación entre tamaño cerebral e inteligencia, tanto en muestras de sujetos de origen africano como en muestras de blancos y orientales, Rushton considera que es una hipótesis razonable que existe una relación entre la distribución global del tamaño cerebral relativo y la inteligencia (Rushton, 1994b). En cualquier caso, como el propio Rushton (1994b) señala, «las predicciones de la capacidad mental a partir de la diferencias grupales en capacidad craneana promedio serán bastante débiles [...] sin embargo, puesto que hay una correlación de 0,4 entre el tamaño cerebral y las puntuaciones en los tests de inteligencia, y puesto que los análisis que se han presentado aquí son congruentes con otros estudios, estas relaciones sistemáticas son de gran interés científico» (pág. 292).

Este apartado ha expuesto una parte de los datos revisados por Rushton y algunas de sus consecuencias teóricas. Sin embargo, debe quedar claro que, en gran medida, los datos pueden no ser tan consistentes como él sugiere, y, desde luego, las consecuencias teóricas son claramente especulativas. Con todo, el estudiante debe conocer la propuesta de este autor y someterla a crítica en aquellos puntos que se consideren más débiles. Así por ejemplo, podría discutir si el hecho de que exista una correlación entre capacidad craneal e inteligencia supone que midiendo la capacidad craneal se pueda predecir fiablemente el nivel intelectual de una persona. También se podrían relacionar los datos que Rushton toma del Instituto de Ergonomía de Ginebra en los que se observa que la capacidad craneal es mayor en varones que en mujeres, con los datos revisados anteriormente sobre las nulas diferencias en inteligencia general (g) entre varones y mujeres. Estos son simples ejemplos de cómo se pueden y deben someter a discusión, dentro de los márgenes de la ciencia, temas complicados como el de las diferencias entre grupos étnicos. Veamos seguidamente un comentario crítico a la propuesta de Rushton.

Crítica a la teoría r/K de J. P. Rushton. En 1988 los profesores Marvin Zuckerman y Nathan Brody sometieron a crítica la propuesta de explicación de J. P. Rushton sobre las diferencias étnico-raciales.

La crítica de Zuckerman y Brody (1988) se construye sobre:

a) La lógica del planteamiento de Rushton.
b) La credibilidad de algunas de las fuentes de datos.
c) La selectividad de la literatura y de sus datos.
d) La escasa consideración de la mayor relevancia de las diferencias individuales dentro de cada uno de los grupos étnico-raciales considerados comparativamente con las diferencias grupales promedio.
e) La ausencia de análisis de las diferencias étnico-raciales en estatus socioeconómico y de cómo este estatus puede influir en las diferencias de grupo.
f) La debilidad de los análisis estadísticos realizados.

Según Zuckerman y Brody (1988), constituye un error considerar de modo conjunto variables tan distintas como las puntuaciones de CI, el tamaño craneal, la personalidad, los estilos de baile, los registros de detenciones policiales, la proporción de nacimientos de gemelos dentro de cada grupo étnico-racial o las prácticas sexuales. La distinta naturaleza de estas variables complica significativamente que se puedan incluir en un mismo marco explicativo. Por ejemplo, «¿qué tiene que ver el tamaño craneal con la fertilidad o con cualquier otra cosa?» (Zuckerman y Brody, 1988, pág. 1027).

Con respecto a la inteligencia, la teoría de Rushton impllica lo siguiente, según Zuckerman y Brody (1988):

1. La inteligencia y la fertilidad son rasgos heredables dentro de cada uno de los tres grupos étnico-raciales que él considera.
2. La inteligencia y la fertilidad están relacionadas dentro de cada uno de estos grupos.
3. La relación entre estos rasgos se puede atribuir en parte a las relaciones genéticas entre los rasgos.
4. Existen diferencias étnico-raciales en los rasgos.
5. Las diferencias entre grupos étnico-raciales se pueden atribuir a las diferencias genéticas.

Sin embargo, no existen evidencias empíricas consistentes respecto a que exista una relación clara entre inteligencia y fertilidad. Es más, las relaciones que se puedan dar parecen ser debidas a factores sociales que varían en distintos grupos, tales como las actitudes hacia el control de la natalidad, las que, a su vez, pueden variar según la cultura, la religión y la clase social. Aún más importante, Rushton ignora que las evidencias respecto al carácter parcialmente genético de las diferencias individuales no permiten sacar ninguna conclusión sobre las diferencias grupales.

En su análisis crítico, Zuckerman y Brody revisan también la propuesta de Rushton respecto a variables de personalidad y psicopatológicas. Desde su punto de vista, al considerar todas estas variables de modo conjunto, Rushton «suma peras con manzanas [...] las personas no son ostras o conejos, y (por ejemplo) realizan conductas para disociar el sexo de la procreación. Las acciones que realizan están relacionadas con las creencias religiosas, la clase socioeconómica y los valores» (páginas 1029-1031).

En suma, según Zuckerman y Brody (1988) la teoría r/K propuesta por Rushton para explicar las diferencias étnico-raciales no se sostiene, no sólo por las lagunas de las evidencias empíricas consideradas, sino por el modo en que se analizan y combinan esas evidencias. Un ejemplo especialmente llamativo de la falta de cuidado de los análisis de Rushton, según Zuckerman y Brody, es el siguiente: la tesis de que las diferencias de grupo están parcialmente influidas por los factores genéticos podría contrastarse mediante los estudios de adopción transracial. Rushton considera en sus análisis el estudio de adopción transracial dirigido por la profesora Sandra Scarr que se ha descrito anteriormente. Según él, los resultados de ese estudio confirman su teoría. Sin embargo, Brody solicitó a Scarr los datos del estudio referido por Rushton. Pero la respuesta de Scarr fue que todavía no había preparado un informe. Por tanto, ¿de dónde provienen exactamente los resultados de los que informa Rushton?

La hipótesis de Spearman. En un artículo publicado en la revista científica *Behavioral and Brain Sciences,* el profesor Arthur Jensen (1985) escribe que «los psicólogos de las diferencias individuales se han esforzado bastante poco en comprender las variaciones, que han resultado ser consistentes y estadísticamente significativas, en la media poblacional de los blancos y los afroamericanos en los tests» (pág. 193).

En 1997, Arthur Jensen ha vuelto a presentar evidencias como las que se van a describir seguidamente a modo de ejemplo. Y a principios de 1998 aparecerá una obra suya dedicada monográficamente al factor g *(The g Factor),* en la que se incluirán los principales datos actualmente disponibles sobre este concepto psicológico: correlatos biológicos de g, la heredabilidad de g, procesamiento de información y g, validez práctica de g, diferencias poblacionales, diferencias de sexo y un largo etcétera.

Las explicaciones usuales de esta diferencia han recurrido a la deprivación cultural y lingüística de los afroamericanos, como población social minoritaria e históricamente oprimida en los Estados Unidos. Sin embargo, según Jensen existen datos que cuestionan este tipo de explicaciones. Así por ejemplo, la diferencia entre blancos y afroameri-

Figura 15.27.—El profesor Arthur Jensen en la *VIII Meeting of the International Society for the Study of Individual Differences*, celebrado en Aarhus (Dinamarca) en julio de 1997. Jensen organizó un simposium sobre el factor g en el que participaron psicólogos, biólogos, médicos y genetistas, lo que sirvió para mostrar que este concepto psicológico goza de muy buena salud dentro y fuera de la psicología.

canos es menor en los problemas más culturalmente cargados y mayor en los problemas menos cargados culturalmente (McGurk, 1975).

Ahora bien, si la diferencia media entre blancos y afroamericanos en varios tests no se puede explicar únicamente por la carga cultural del test o por su mayor dependencia del lenguaje, entonces, siempre según Jensen, hay que tratar de buscar otras características de los problemas de los tests como responsables de las diferencias entre esas dos poblaciones humanas (Jensen, 1985).

En 1927 Charles Spearman sugirió una hipótesis sobre las diferencias entre blancos y afroamericanos, que el profesor Arthur Jensen ha puesto a prueba en los últimos años. Spearman observó que los niños afroamericanos lograban menores puntuaciones en prácticamente todos los tests, pero la diferencia era especialmente marcada en los tests que mejor representaban el factor general de inteligencia (g).

El factor g es la denominación que Spearman usó para la más importante fuente independiente de diferencias individuales, que es común a todos los tests, y que no depende de su forma, contenido y modalidad sensomotora. Según Sternberg y Gardner (1982) no hay ninguna prueba válida sobre la contingencia o artificialidad del factor g. Y según Jensen (1985) el factor g es uno de los constructos más robustos de la psicología científica. Pero no sabemos demasiado sobre la naturaleza de g: sabemos qué tests representan mejor a g y cuáles son las características generales de los procesos mentales comunes a esos tests.

La medida de g no parece depender de algún test en concreto, de una serie determinada de tests o de ciertas tareas; éstos son sólo *vehículos de g*. Como constructo psicológico, g no se puede definir a partir de ciertos tipos de información, tareas de conocimiento, habilidades especializadas o determinadas estrategias cognitivas. Según parece, g constituye la fuente principal de diferencias individuales en las actividades cognitivas que poseen una cierta complejidad mental; g se muestra en conductas que se pueden medir a través del rendimiento en instrumentos estándar.

Resumidamente, estas son las principales pruebas de g (Jensen, 1985):

— El solapamiento positivo *(positive manifold)* es decir, la correlación positiva entre todos los tests de aptitud.

— La acción conjunta del factor g y de los factores de grupo más específicos, sugiere que las diferencias entre los individuos de la población son más pronunciadas que las diferencias entre las distintas aptitudes de cada individuo.

— Hay ciertos tests que de modo sistemático representan mejor a g; su característica principal es una manipulación mental de cierta complejidad. Los tests que representan peor a g suelen ser sensomotores y de memoria mecánica o rutinaria.

— g no se relaciona con ninguna clase de tarea o habilidad cognitiva adquirida.
— No es posible construir un test que mida una aptitud primaria y que no mida también g. Sin embargo, sí es posible diseñar un test que mida esencialmente g.
— g recoge la mayor parte de lo que sugieren las apreciaciones *naïve* sobre la inteligencia.
— No hay ningún factor general de la capacidad para aprender que sea independiente de g.
— Las diferencias individuales en g se encuentran en personas de sociedades bastante distintas a la occidental (Reuning, 1972).
— La mayor parte de las actividades cotidianas requieren g, y de ahí la capacidad de predicción de los tests cognitivos generales en los contextos educativos y laborales.
— g correlaciona con las medidas de velocidad de procesamiento de la información en tareas de laboratorio, y con ciertas medidas electrofisiológicas, como los potenciales provocados o evocados.

En suma, el hecho de que el factor g se relaciona con las medidas de tiempo de reacción, los potenciales evocados y la depresión por consanguinidad[9], es decir, variables que no tienen relación directa con los modos de estimar estadística o psicométricamente g, sugiere que g no es un subproducto matemático, sino un constructo teórico significativo que va más allá de las operaciones algebraicas implicadas en su extracción estadística a partir de las correlaciones entre tests o variables (Jensen, 1985).

Por otro lado, las diferencias individuales en las tareas cognitivas elementales (ECT) usadas en los estudios sobre cronometría mental se deben a la velocidad o eficiencia con la que se realizan las tareas, y no al contenido intelectual de las ECT. Las ECT son tareas de laboratorio bastante sencillas diseñadas para medir los tiempos de respuesta que acompañan a los procesos de toma de decisiones que exigen captar un estímulo, codificarlo y transformarlo mentalmente, rastrear el contenido de la memoria de trabajo, recordar palabras, discriminar, proyectar relaciones semánticas o espaciales, y así sucesivamente (figura 15.28).

Aunque el tiempo medio necesario para responder a las ECT es incluso inferior a 1 segundo, parece que las medidas de diferencias individuales que se obtienen a través de ellas son bastante fiables. Estas diferencias individuales van más allá del lazo perceptivo, de la velocidad de conducción nerviosa en las rutas sensomotoras y de la latencia muscular. Es decir, las diferencias individuales en la velocidad de respuesta a las ECT tienen un origen central o cognitivo.

Las correlaciones entre las respuestas a las ECT y las respuestas a los tests psicométricos, se pueden explicar porque ambos tipos de tareas dependen de la activación de una serie común de procesos cognitivos. En este sentido, un constructo básico que podría explicar estas correlaciones es el de «memoria de trabajo» *(working memory)*. Saturar informativamente la capacidad del sistema produce un colapso, una inhibición de la información que pugna por entrar en el sistema, o una pérdida de la eficacia de los procesos centrales que están actuando. Cuando la velocidad de procesamiento es mayor, por ejemplo al codificar la información, organizarla en bloques, transformarla, almacenarla y recuperarla, el sistema puede compensar las limitaciones de capacidad, puesto que se pueden realizar todas esas operaciones antes de que se desvanezca la información en la memoria de trabajo. Por el contrario, si la velocidad de procesamiento es menor, la información se desvanecerá antes de completar su procesamiento.

Las tareas más complejas de los tests se caracterizan por sus mayores exigencias de procesamiento de información, incluyendo su almacenamiento, su recuperación y las operaciones cognitivas necesarias para resolverlas. Cuanto más complejas sean las operaciones y el tipo de información a procesar, mayor será el tiempo necesario para trabajar, de modo que las personas más veloces lograrán un mejor rendimiento. La pérdi-

[9] La depresión por consanguinidad se produce cuando personas genéticamente relacionadas tienen descendencia (por ejemplo, primos carnales). Recuérdese la tradición del antiguo Egipto sobre las bodas reales entre hermanos, cuya descendencia a veces era un tanto «extraña».

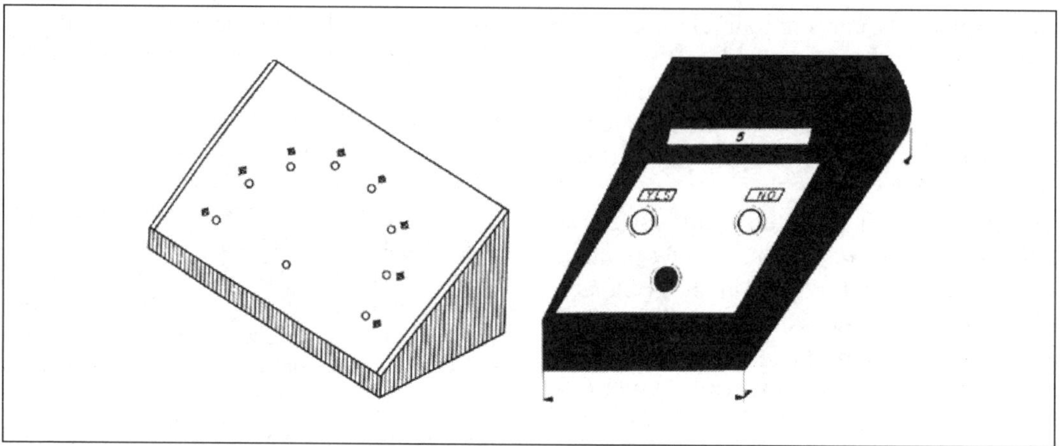

Figura 15.28.—*a*) Una consola de respuesta en la que el sujeto mantiene presionado el botón central hasta que se enciende alguna de las luces que forman un semicírculo, momento en el que el sujeto deja de presionar el botón central y presiona el botón de la luz encendida del modo más rápido posible. *b*) Una segunda consola en la que el sujeto mantiene presionado el botón negro hasta que debe responder al estímulo que aparece en la pantalla de cristal líquido.

da de información por saturación o desvanecimiento de elementos inadecuadamente codificados producirá una imprecisión al resumir las relaciones esenciales necesarias para averiguar cuál es la respuesta correcta. Por consiguiente, la velocidad para procesar la información se relacionará con el éxito al resolver tareas que sean cognitivamente exigentes y con la capacidad de la memoria de trabajo. Así, las tareas más discriminativas serán las que amenazan el sistema de procesamiento, las que le llevan al borde del colapso informativo. Por supuesto, estos colapsos constituyen una fuente de diferencias individuales, es decir, las personas mostrarán distintos umbrales de colapso informativo.

Jensen (1985) revisa 11 estudios distintos en los que se comparan muestras de afroamericanos y blancos, para contrastar empíricamente la hipótesis de Spearman. El principal objetivo es averiguar si las diferencias poblacionales se producen en los tests psicométricos y en las ECT que mejor representan a g. Las exigencias metodológicas necesarias para contrastar la hipótesis de Spearman al comparar grupos poblacionales son, brevemente, las siguientes:

— Hay que calcular un análisis factorial para cada una de las poblaciones comparadas y comprobar que las soluciones son equivalentes o congruentes.
— Las muestras de las correspondientes poblaciones deben ser representativas, es decir, heterogéneas.
— Hay que estudiar la fiabilidad de los tests usados para realizar las medias, dada su influencia tanto en el análisis factorial como en las diferencias de media entre los grupos
— Hay que interpretar teóricamente el factor g extraído psicométricamente en los distintos estudios. Así, los dos o tres tests que mejor representan a g deben exigir el establecimiento de relaciones, la abstracción y la realización de transformaciones mentales complejas. Hay que tener en cuenta que la importancia de g se puede manipular aumentando o disminuyendo las demandas que se imponen a las capacidades de los distintos individuos para procesar información.

En la figura 15.29 se observa la correlación entre el nivel de saturación de g y la diferencia media entre blancos y afroamericanos en 11 estudios psicométricos distintos. La función representada en la figura señala que a medida que aumentan las

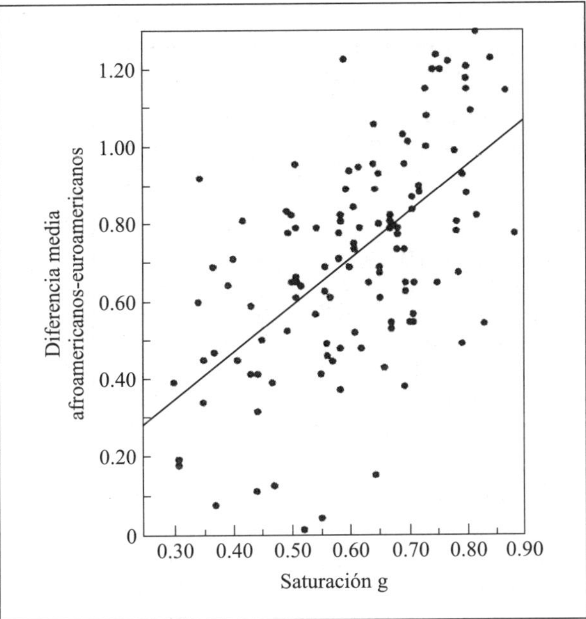

Figura 15.29.—Correlación entre la saturación en g de la prueba psicométrica y la diferencia entre euroamericanos y afroamericanos. La relación señala que cuanto más compleja es la tarea, es decir, cuanto mayor es la intervención de g, más grande es la diferencia entre afro y euroamericanos.

exigencias de g aumenta la diferencia entre blancos y afroamericanos ($r = 0{,}59$).

En la tabla 15.13 se muestran las saturaciones en g de las pruebas de las distintas baterías psicométricas empleadas en esos 11 estudios, así como la diferencia entre blancos y afroamericanos en unidades de desviación típica (d).

Según los estudios realizados con las ECT, g podría reflejar la velocidad o eficiencia con la que se pueden ejecutar una serie de procesos cognitivos elementales (Vernon, 1983). El g hallado en las baterías de tests psicométricos y en las baterías de ECT no depende del contenido de la información, sino de la velocidad y eficiencia del procesamiento de la información, es decir, de la codificación del estímulo, de la discriminación, de la comparación, de la capacidad de la memoria de trabajo, así como de la velocidad de acceso y recuperación de la información almacenada en la memoria permanente.

En la figura 15.30 se observa la relación entre el tiempo de respuesta a una serie de ECT y la diferencia media entre blancos y afroamericanos (Vernon y Jensen, 1984). El valor de la correlación es de 0,75, es decir, cuanto mayor es el tiempo de respuesta necesario para responder a la ECT, mayor es la diferencia entre blancos y afroamericanos.

En suma, según Jensen (1985) todavía desconocemos en qué medida g representa el *hardware* o el *software* del procesamiento cognitivo. Sin embargo, es muy importante que sigamos investigando para mejorar nuestros sistemas educativos. Parece más relevante entrenar el *software* del comportamiento inteligente, es decir, los metaprocesos de control ejecutivo, las estrategias de resolución de problemas y la predicción y supervisión de la propia conducta, que el *hardware,* es decir, la velocidad de codificación, la capacidad de la memoria de trabajo o la recuperación de información almacenada en la memoria permanente, más vinculado al sustrato neuronal de la actividad mental.

Como se ha comentado anteriormente, Jensen ha estudiado extensamente en qué medida la diferencia poblacional entre afroamericanos y blancos en inteligencia se puede atribuir al sesgo de los tests empleados. Aquí resulta especialmente importante uno de los comentarios de precaución realizados al comienzo de este epígrafe: los resultados encontrados están sujetos a las características de las pruebas que los psicólogos usan al realizar sus estudios. De este modo, aunque la evidencia empírica presentada por Jensen puede llegar a resultar abrumadora, no hay que olvidar que sus cálculos y análisis están realizados a partir de las puntuaciones de los individuos que se incluyen en cada uno de los grupos. El rendimiento de esos individuos en las pruebas diseñadas por los psicólogos puede no representar adecuadamente la conducta inteligente que esos mismos individuos muestran en su vida cotidiana. Jensen suele replicar a esta crítica comentando que los tests predicen igual de bien en ambos grupos su rendimiento en los contextos educativos y ocupacionales. Su argumento es que si el rendimiento en los tests predice la actuación en esos contextos reales, entonces las

TABLA 15.13

Tareas alto g	g	d	Tareas bajo g	g	d
Vocabulario (WISC)	0,78	0,88	Dígitos (WISC)	0,39	0,33
Vocabulario (WISC)	0,78	0,67	Clave números (WISC)	0,30	0,39
Información (WISC)	0,79	0,93	Clave números (WISC)	0,39	0,50
Vocabulario (WISC)	0,76	0,90	Clave números (WISC)	0,41	0,46
SAT-Verbal	0,87	1,15	Mosaico	0,34	0,92
WRAT-Aritmética	0,71	0,55	Clave números (WISC)	0,37	0,17
ASVAB-Artimética	0,91	1,16	ASVAB-Velocidad	0,56	0,96
GATB-Percepción	0,82	0,55	GATB-Destreza manual	0,43	0,08
K-ABC-Artimética	0,88	0,82	K-ABC-Clausura	0,56	0,39
Completar frases	0,81	0,82	Díg. inversa (WISC)	0,68	0,41
Comprensión lectora	0,75	0,65	Razón espacial	0,31	0,19

muestras de conducta inteligente recogidas a través de los tests son relevantes para describir la conducta inteligente cotidiana.

Por otro lado, el uso de tareas cognitivas elementales (ECT) ha sido practicado por Jensen para descartar las críticas relacionadas con la importancia que se supone tiene el contenido de los tests convencionales. Según parece, una ECT no tiene contenido alguno que pueda sesgar el rendimiento de los individuos en una u otra dirección. Sin embargo, haciendo una analogía con otro campo de estudio, podría darse algo parecido a lo que encuenta el profesor Newman en relación a la conducta del psicópata (Newman y col., 1987):

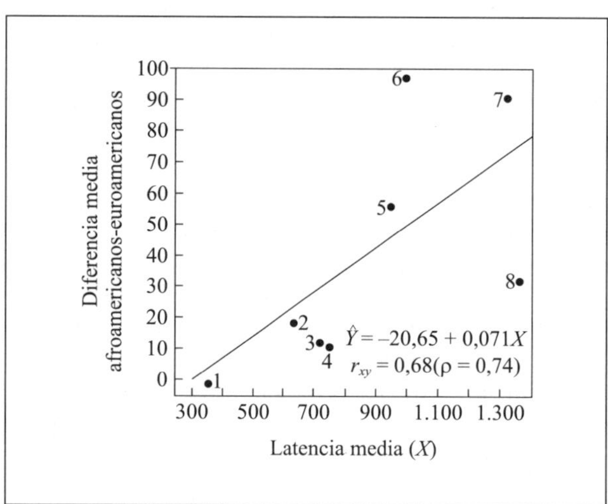

Figura 15.30.—Correlación entre la latencia media al responder a las ECT y la diferencia entre euro y afroamericanos. Los datos señalan que, como en el caso de las pruebas psicométricas, cuanto más compleja es la ECT, más grande es la diferencia entre euro y afroamericanos.

- Se les ofrece a los sujetos normales y psicopáticos la posibilidad de practicar un juego de ordenador.
- En la pantalla aparece una carta. Si es cara, el sujeto gana 5 centavos, pero si es un número, pierde la misma cantidad.
- Antes de presentar cada carta el ordenador pregunta: «¿Quieres jugar?». El juego termina si el sujeto decide dejar de jugar la siguiente carta.
- 9 de las primeras 10 cartas son caras, pero a medida que se avanza se va acumulando probabilidad de perder dinero, hasta que hay muchas evidencias de que es mucho más probable perder que ganar.
- Newman y sus colegas observaron que los psicópatas perseveraban más en el juego, por lo que su conclusión fue que, ciertamente, una característica de los psicópatas es su perseverancia.
- Sin embargo, cuando se exigía a los sujetos una pausa de 5 segundos antes de decidir si continuar con el juego, los intentos de ambos grupos se equiparaban.

— Newman y sus colegas interpretan estos resultados como evidencia de algún problema en el lóbulo frontal de los psicópatas. Sin embargo, una interpretación alternativa, sugerida por el profesor David T. Lykken (1995) es la búsqueda de sensaciones típica de estos sujetos. Muchos sujetos aceptan retos para divertirse, especialmente si eso supone salir de la rutina de la prisión. Pudiera suceder que a los psicópatas de Newman les importase poco ganar o perder, excepto cuando les pedían pensar durante 5 segundos antes de volver a jugar una carta, ¡momento en el que el juego se volvía aburrido!

En el caso de las ECT empleadas por Jensen pudiera estar ocurriendo algo análogo a lo sucedido en el ejemplo descrito. En las condiciones en las que se administra una ECT pueden estar actuando condiciones que influyan negativamente en el rendimiento de uno de los grupos. Una ECT, en la que se pide tomar decisiones bastante triviales con rapidez y durante un gran número de ensayos, puede alterar el rendimiento del individuo de un modo consistente e independientemente de la interpretación realizada por el autor del estudio.

En cualquier caso, estos comentarios críticos constituyen puntos que deberían ser investigados empíricamente. En tanto en cuanto no existan datos concretos en contra, los estudios realizados por Jensen y otros autores deben ser considerados seriamente a la hora de desarrollar diseños que puedan contradecir sus hallazgos y los de otros equipos de investigación que han llegado a resultados convergentes. Veamos algunas críticas al estudio de Jensen.

Crítica a la hipótesis de Spearman. En la revista *Behavioral and Brain Sciences,* en la que se publicó el trabajo que se acaba de presentar brevemente, también se publicaron alrededor de 30 comentarios críticos, tanto en un sentido negativo como positivo[10]. Aquí no disponemos de espacio para enumerar todos esos comentarios, pero se tratará de expresar los elementos clave, dejando claro que tanto los resultados como las interpretaciones realizadas por Jensen son muy discutibles.

En general, la mayor parte de los comentaristas admiten «el impresionante trabajo llevado a cabo por Jensen» (por ejemplo, Bardis, 1985, pág. 219). Bardis (1985) hace el siguiente comentario: «En 1969, Jensen comenzó a considerar los factores genéticos, ambientales y culturales para intentar comprender las diferencias individuales y poblacionales. ¿Qué hay de monstruoso en ello? Quizá nada. Sin embargo, es monstruoso intentar cerrarle la boca, como a menudo han intentado muchos. Por tanto, debemos elegir entre la libertad académica y las implicaciones de la investigación» (pág. 220).

Baron (1985) realiza una crítica de carácter metodológico. Así por ejemplo, sugiere que las diferencias de grupo pudieran ser atribuidas a la fiabilidad de los tests, no a la importancia del factor g (véase también Poortinga, 1985). Asimismo, considera que las diferencias en las ECT y en los potenciales evocados podrían ser explicadas por diferencias en variables de carácter atencional o motivacional, en lugar de por el factor g (véase también Borkowski y Maxwell, 1985). Es más, las tareas que saturan en g requieren pensamiento, considerar las alternativas de respuesta y recoger y usar las evidencias incluidas en el problema. Estas actividades son sensibles a las diferencias culturales —por ejemplo, a los estilos cautelosos o impulsivos de resolver los problemas (ver también Posner, 1985).

Carr y McDonald (1985) critican la lógica que subyace a las ECT. La separación entre tiempo de reacción y tiempo de movimiento no parece suficientemente clara, de modo que las interpretaciones derivadas serán igualmente dudosas. Basándose en este tipo de consideraciones críticas, autores como Johnson y Nagoshi (1985) consideran que la hipótesis de Spearman no resulta adecuadamente contrastada a partir de las evidencias analizadas por Jensen. Es decir, nos quedamos sin saber si la hipótesis de Spearman es probable o improbable.

Nettlebeck (1985) considera que las medidas de tiempo de reacción mejoran con la práctica, de modo que las implicaciones a las que, según él,

[10] Ver referencia Jensen (1985) para localizar referencias incluidas en este apartado.

llega Jensen, no son en sí mismas sorprendentes. Sería relevante averiguar qué sucede al entrenar a los grupos de sujetos comparados en el uso de las estrategias de respuesta más efectivas (véase también Poortinga, 1985; Rabbitt, 1985). Si, como se puede aventurar, las diferencias desaparecen, las conclusiones de Jensen serían escasamente relevantes.

Schönemann (1985) realiza una brillante crítica a la consideración que hace Jensen del factor g. Según este autor, las diferencias en g no son más que el resultado de las diferencias promedio de rendimiento en los tests a partir de los que se extrae g. Por tanto, los resultados que encuentra Jensen no son sorprendentes en absoluto. Sternberg (1985) realiza una crítica parecida.

Tras este tipo de comentarios críticos, Jensen replica básicamente volviendo a enumerar evidencias similares y argumentos parecidos al artículo original. Pero clarifica algo que puede ser relevante: «consistentemente he tratado la hipótesis de Spearman como un fenómeno *fenotípico*» (página 257). Con esta frase y su correspondiente explicación Jensen pretende dejar claro que las atribuciones que se le hacen respecto a intentar demostrar una base genética de las diferencias de grupo no se corresponden con su trabajo en sentido estricto. En relación a la pregunta que le hacen algunos comentaristas —por ejemplo, Sternberg— respecto a por qué estudia las diferencias de grupo entre afroamericanos y blancos, Jensen escribe: «De la enorme cantidad de temas de investigación dentro de las ciencias sociales y de la conducta, uno de los que se justifican con mayor facilidad es el de la disparidad estadística afroamericanos-blancos en capacidades cognitivas, dadas sus consecuencias sociales, económicas y educativas. ¿Deberíamos no aplicar los instrumentos de nuestra ciencia a estos temas socialmente importantes tan eficazmente como podamos? El éxito de este esfuerzo demostrará que la psicología puede conducirse realmente como una ciencia al considerar temas socialmente sensibles, en lugar de limitarse a racionalizar los prejuicios populares y la ideología social» (pág. 258).

En suma, debe quedar claro que las evidencias y conclusiones de Jensen respecto a la hipótesis de Spearman están sujetas a una crítica considerable sobre bases estrictamente técnicas y metodológicas. Ello hace que su trabajo deba ser considerado con cautela y, en líneas generales, como una hipótesis que todavía sigue abierta a la investigación. Se puede sugerir, como hacen algunos de los comentaristas del trabajo de Jensen, que sería más interesante invertir esfuerzos en desarrollar programas de mejora que disipasen las diferencias de grupo. En ese proceso, posiblemente se pudiesen encontrar las causas de las diferencias, superando el carácter de los estudios similares a los llevados a cabo por Jensen y otros autores.

¿Se pueden compensar lar diferencias étnicas? La hipótesis de que la práctica extra ayudará en mayor medida a los afroamericanos que a los blancos se contrastó en un estudio clásico de Dubin, Osburn y Winick (1969) en el que se administró una serie de tests de aptitud a 235 estudiantes afroamericanos y 232 blancos, con y sin limitaciones de tiempo; se usaron dos formas equivalentes de los tests.

En la primera aplicación de los tests, los blancos lograron mejores puntuaciones que los afroamericanos, tanto con restricciones temporales como sin ellas. La práctica con los tests ayudó tanto a los blancos como a los afroamericanos, y los resultados no se modificaron cuando se agrupó a los estudiantes según su clase social. Según Dubin y sus colegas (1969), los tests no están sesgados contra grupos minoritarios, sea por el origen étnico, sea por el nivel socioeconómico.

En otro estudio se analizaron los efectos tanto de la simple práctica como del entrenamiento en la realización de los tests (técnicamente, *coaching*) con 174 estudiantes blancos y 152 afroamericanos seleccionados entre una serie de escuelas de calidad media (Dyer, 1970). Una de las hipótesis era que algunas de las diferencias entre afroamericanos y blancos podrían ser debidas a las diferencias en la sofisticación de los propios tests, es decir, en los hábitos de resolver pruebas psicológicas. Inicialmente, los blancos estarían mejor situados que los afroamericanos para enfrentarse con esta sofisticación.

Una manera de comprobar esta hipótesis supondría averiguar si la práctica y el entrenamiento en la realización de los tests beneficia más a los afroamericanos que a los blancos. Para comprobarlo se usaron tres formas equivalentes de un test de razonamiento que incluía series de letras, series de números, series de figuras, analogías figurativas y resolución de problemas de aritmética.

La mitad de cada uno de los dos grupos resolvieron las tres formas equivalentes del tests en tres sesiones separadas por dos semanas, y con *instrucciones estándar*. La otra mitad de cada uno de los dos grupos también resolvieron las tres formas equivalentes en tres sesiones separadas, pero tras cada una de las sesiones se les explicaba la mejor manera de resolver los problemas del test, usando incluso bastantes problemas como manera de ejemplificar del mejor modo posible las explicaciones *(coaching)*. Los resultados se pueden observar en la figura 15.31.

En todos los casos se aprecia una influencia de la práctica con las instrucciones especiales. Las

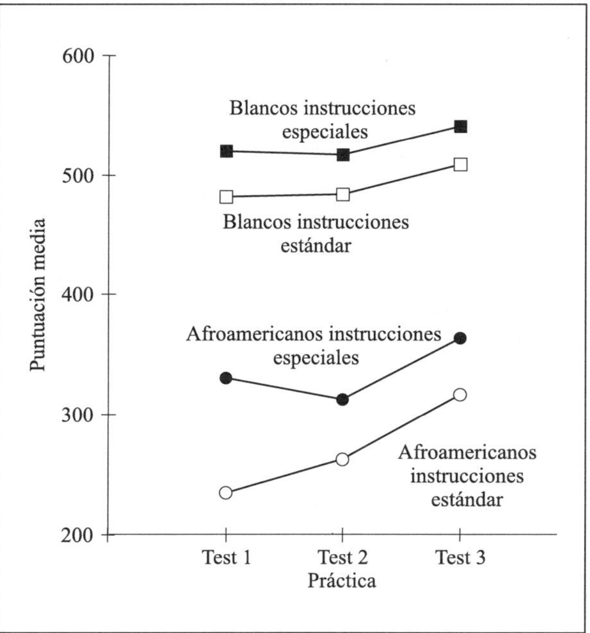

Figura 15.31.—Estudio de las interacciones entre grupo étnico, tipo de instrucciones y práctica.

instrucciones especiales no distinguen a los grupos, es decir, los afroamericanos no se benefician más que los blancos del *coaching*. Los estudiantes afroamericanos se beneficiaron más de la práctica, pero no del entrenamiento explícito *(coaching)* que los estudiantes blancos. La mayor parte de los efectos que se observan en la figura 15.32 parecen deberse a las diferencias de los grupos pero no al método empleado.

En este estudio también se usaron entrenadores blancos y afroamericanos para comprobar si esto tenía alguna influencia. Los resultados indicaron que tanto los estudiantes blancos como los afroamericanos lograban mejores resultados cuando el examinador era afroamericano, aunque la diferencia era bastante pequeña. Según las propias conclusiones de Dyer (1970) estos resultados no invitan a una posible aplicación educativa rentable en términos prácticos.

Sin embargo, según Jensen (1980) este tipo de prácticas deben realizarse para garantizar que los grupos minoritarios no tienen una desventaja de partida al enfrentarse a la resolución de los complejos y sofisticados problemas que se presentan en los tests psicológicos. Aunque la diferencia de partida entre los grupos sea amplia, al menos algunos de los individuos del grupo más desfavorecido sacarán muy buen partido de las instrucciones especiales y del *coaching*. De hecho, según Jensen (1980) sería una excelente idea que cualquier test psicológico de inteligencia contase con pruebas de práctica, y no sólo con dos o tres problemas de ejemplo al comienzo del test estándar, especialmente cuando existan sospechas de desventajas de partida en ciertos grupos minoritarios.

Bilingüismo. ¿Cuál es la influencia de la lengua del profesional o del test en el rendimiento de los niños que hablan otra lengua materna o incluso que son bilingües?

Los resultados más importantes son resumidos por Jensen (1980) en su obra *Bias in Mental Testing,* de recomendado estudio para los profesionales que emplean tests y para los investigadores dedicados al diseño de pruebas psicológicas:

— Tanto la lengua que habla el profesional que administra el test como la lengua en que aparece el propio test, influye en el rendimiento de los niños de otras lenguas y de los niños bilingües. Su rendimiento es bastante distinto en los tests verbales que en los no-verbales.

— En los tests de logro o rendimiento escolar, estos grupos minoritarios de niños logran mejores resultados en los problemas de aritmética que en los de lengua.

— Los niños mexicanos logran mejores puntuaciones en los tests de Wechsler o en el Stanford-Binet cuando se administran en español que cuando se administran en inglés. En cualquier caso, los resultados varían algo si el test está formulado en español de España, de México o de Puerto Rico, especialmente cuando los niños son de clase social baja.

En general, las traducciones del Wechsler al japonés producen un CI verbal equivalente e incluso algo mayor en orientales que en norteamericanos, mientras que las traducciones del Wechsler al español producen un CI verbal menor en puertorriqueños y mexicanos que en norteamericanos. Pudiera ser que la traducción resultase más fiable en japonés, pero hay que considerar que los japoneses también superan a los puertorriqueños y mexicanos, así como a los norteamericanos, en los tests no-verbales (Jensen, 1980).

— El rendimiento en los tests no-verbales no está influido negativamente en los grupos minoritarios. En la figura 15.33 se presenta el rendimiento en CI verbal, CI no-verbal, memoria, así como las diferencias de clase social, para blancos americanos, mexicanos americanos y afroamericanos. La puntuación en cada una de las variables señala diferencias entre grupos cuando han sido equiparados en las restantes variables; es decir, las diferencias en CI verbal indican diferencias entre blancos, mexicanos y afroamericanos con puntuaciones similares en CI no-verbal y en memoria.

— Los niños bilingües suelen mostrar un rendimiento mayor que los niños cuya lengua materna es minoritaria. La disparidad entre el rendimiento en los tests verbales y no-verbales se reduce a medida que aumenta el tiempo de escolarización.

En suma, los profesionales deben cuidarse de controlar posibles efectos negativos al emplear tests psicológicos con niños de grupos minoritarios, puesto que su rendimiento se puede ver disminuido artificialmente. En cualquier caso, no siempre tiene por qué ser éste el caso al observar un rendimiento pobre en niños de estos grupos, de modo que el profesional debe estar preparado para averiguar cuál es, con mayor probabilidad, la causa del rendimiento del niño y contrastar las posibles hipótesis que puedan ayudar al diseño de programas de intervención que puedan estimular el desarrollo del chaval (véase Suzuki y Valencia, 1997).

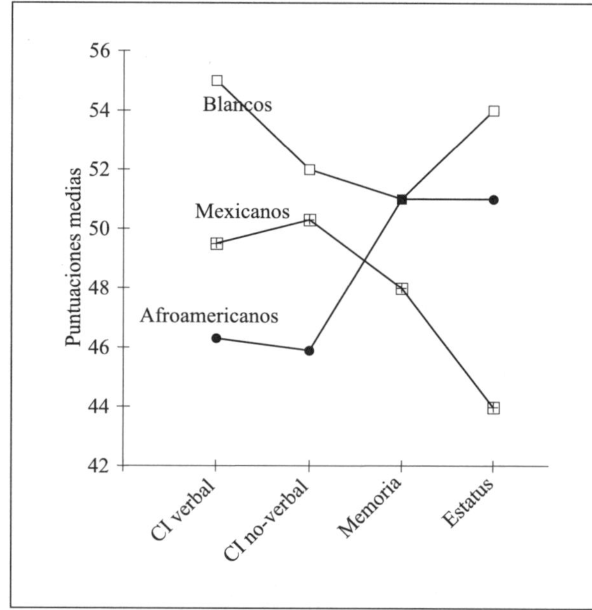

Figura 15.32.—Diferencias entre blancos, mexicanos y afroamericanos en CI Verbal, No-verbal, memoria y nivel socioeconómico.

4.4.3. *Inteligencia y rendimiento de los grupos sociales según su origen étnico*

Uno de los mayores estudios sobre rendimiento de distintos grupos sociales según su origen étnico es el clásico conocido como *Informe Coleman* (Coleman y col., 1966), en el que se resumen los datos de 570.000 alumnos de 4.000 escuelas de los Estados Unidos. Los grupos étnicos considerados en el estudio fueron los siguientes: indios americanos, chicanos, asiáticos americanos, puertorriqueños, afroamericanos y blancos. Exceptuando los asiáticos americanos, los grupos minoritarios mostraron un rendimiento en tests de logro académico, verbal y no verbal, significativamente inferior a la mayoría blanca; estas diferencias aumentaban con los años escolares. Este dato sugiere que la escuela no parece reducir las diferencias presentes al entrar en esa institución social.

El hecho de que los chicos afroamericanos se sitúen una desviación típica de CI por debajo de la media de los chicos blancos, es decir, 15 puntos, puede explicar en parte estas diferencias de rendimiento académico, puesto que el CI predice bastante bien ese rendimiento. Pero también puede haber otras posibles explicaciones (Minton y Schneider, 1985): variables de personalidad, variables familiares, tipo de escuela y tipo de profesores.

Variables de personalidad

Levy (1966) ha transcrito la siguiente anécdota narrada por un joven profesor de Harlem:

«Lo que más me impresionó fue que mis chicos de 9 y 10 años eran cínicos y se mostraban desilusionados de la escuela, de ellos mismos y de la vida en general. Eran hostiles, rebeldes y amargados. Eran hiperactivos y siempre estaban moviéndose de un sitio a otro. En alguna medida, se les podía comparar con caballos salvajes a los que de repente se había cercado» (citado en Minton y Schneider, 1985).

Los datos no parecen indicar la existencia de una relación entre motivación de logro y diferencias en rendimiento escolar (Katz, 1973). Aunque los chicos afroamericanos muestran una menor motivación de logro, no tienen un menor nivel de aspiración (St. John, 1975).

Por otro lado, los chicos blancos suelen atribuirse a sí mismos el control de las situaciones, mientras que los chicos afroamericanos dicen que su éxito depende en su mayor parte de las condiciones ambientales. Según parece, dentro de cada grupo los chicos con mayor atribución de control interno muestran un rendimiento escolar superior. Sin embargo, pudiera suceder que la ausencia de un rendimiento óptimo llevase a perder la sensación de control interno (Gurin y col., 1969).

Variables familiares

En el Informe Coleman se observaron algunas variables familiares relacionadas con el rendimiento académico: nivel educativo de los padres, tipo de lecturas en casa y, en general, propiedades indicadoras de un cómodo estatus económico. En otras palabras, parecía existir una relación entre clase social y rendimiento. En cualquier caso, los chicos blancos parecían mostrar un mayor rendimiento académico que los chicos afroamericanos en las tres clases sociales comparadas: alta, media y baja (Mosteller y Moynihan, 1972).

Tipo de escuela

Aunque los chicos blancos y afroamericanos reciban la misma cantidad de educación, pudiera suceder que la calidad no fuese la misma. Hay algunas variables que se han estudiado: instalaciones, segregación y control comunitario.

Según el Informe Coleman, las instalaciones de los colegios a los que van los chicos afroamericanos son tan buenas, en general, como las de los colegios a los que van los chicos blancos. Sin embargo, algunos autores han criticado esta conclusión general considerando que las instalaciones pueden no tener la misma calidad.

St. John (1975) observó que no se sabe si las

escuelas mixtas, transraciales, tienen un efecto beneficioso o perjudicial en el rendimiento académico. La unión de las dos etnias en las mismas aulas y escuelas no ha producido un acercamiento en rendimiento académico entre chicos blancos y afroamericanos. En cualquier caso, los estudios longitudinales sobre este tema no han sido demasiado serios, metodológicamente hablando.

En un interesante estudio, Guttentag (1972) halló que el rendimiento académico mejora en las escuelas en las que la comunidad puede ejercer una influencia directa sobre el proceso educativo. En un seguimiento de tres años, Guttentag demostró que en una escuela controlada por la comunidad se mejoraba significativamente más que en una escuela de características similares en la que no había ese control[11]. Algunas de las variables que pudieron influir en estos resultados son: tamaño pequeño, contactos frecuentes entre padres y profesores, y una ideología social unificada.

En suma, las características de la escuela no parecen contribuir de modo especial a las diferencias grupales en rendimiento académico. Pudiera ser que las variables presentes en la propia clase, a nivel de aula, sean mucho más importantes.

Tipo de profesor

Hay dos variables del profesor que parecen especialmente importantes: competencia y expectativas.

El Informe Coleman estudió dos parámetros de competencia del profesorado: pasado profesional y nivel de capacidad verbal. Los resultados señalaron que los profesores de las escuelas de mayoría afroamericana tenían un más prestigioso pasado profesional. En contraste, la capacidad verbal de los profesores de los colegios de mayoría afroamericana resultó ser menor. En alguna medida, esto puede influir en el menor rendimiento escolar de los chicos afroamericanos.

En relación a las expectativas, es clásico el estudio de Rosenthal y Jacobson (1968). Estos autores manipularon las expectativas asignando al azar al 20 por 100 de los estudiantes a una clase de alumnos excelentes. A los profesores se les dijo que estos estudiantes mostrarían un sustancial incremento en CI durante el curso. Los resultados indicaron que esos chicos rindieron al nivel esperado.

Sin embargo, estos resultados no se han vuelto a repetir y se han denunciado graves errores metodológicos en el estudio original (Snow y Yalow, 1982). Las expectativas del profesor apenas modificaron el CI, aunque sí se apreció algún efecto en el nivel de rendimiento y en el tipo de interacciones presentes en el aula.

¿Están las expectativas del profesor relacionadas con las diferencias étnicas de rendimiento? Rubovits y Maehr (1973) manipularon los informes de los alumnos y los profesores fueron dos mujeres en su período de prácticas. Dos estudiantes blancos y dos afroamericanos de una capacidad intelectual equivalente se asignaron a cada una de las dos profesoras. A las profesoras se les dio un Informe Personal del alumno en el que se consignaban los siguientes datos: nombre, CI e información sobre la procedencia del alumno, que podía ser un grupo de superdotados o un grupo convencional. Un niño blanco y un niño afroamericano recibieron el informe de alto CI y superdotación, y los otros dos recibieron el informe de CI medio y no superdotación. Se observó la interacción entre las profesoras y sus alumnos en sesiones de 40 minutos. Los resultados fueron los siguientes:

- Las profesoras prestaron menos atención y reforzaron menos las argumentaciones de los chicos afroamericanos, y también se mostraron más críticas con ellos.
- Entre los chicos blancos, aquellos que habían sido calificados de superdotados recibieron más atención y refuerzos que los calificados de no superdotados.
- Entre los chicos afroamericanos, aquellos que habían sido calificados de superdotados recibieron menos atención y refuerzos que los calificados de no superdotados.

[11] El seguimiento tuvo que pararse porque el Estado Central anuló la intervención de la comunidad.

Sin embargo, estos resultados pueden no ser generalizables por: *a*) muestra pequeña, *b*) situación educativa poco representativa y *c*) inexperiencia de las profesoras. Según Byalick y Bersoff (1974) los profesores blancos de escuelas elementales del Sur de los Estados Unidos refuerzan y animan a los chicos afroamericanos en mucha mayor medida que a los chicos blancos.

En suma, los datos no parecen lo suficientemente concluyentes como para aplicar directamente en la práctica los conocimientos derivados de la investigación básica. Por un lado, está claro que se requieren más estudios y que éstos se puedan hacer con la mayor transparencia y visibilidad posible. Y, por otro lado, también es clara la conclusión de que los programas para acrecentar el rendimiento de los individuos de los grupos minoritarios deben considerar los datos disponibles para aumentar la probabilidad de lograr resultados positivos. Ignorar las evidencias acumuladas hasta la fecha, especialmente las evidencias que se han encontrado en distintos estudios, puede producir que los programas de mejora excluyan variables que pueden ser relevantes. Entre estas variables relevantes se encuentra la inteligencia.

4.4.4. *Raza-etnicidad y medidas del nivel intelectual: consideraciones críticas*

Lisa Suzuki y Richard Valencia han publicado en 1997 un artículo en la revista *American Psychologist* sobre las relaciones entre las medidas de la inteligencia y los grupos sociales según su origen étnico. En muchos de sus argumentos consideran una de las conclusiones básicas del trabajo clásico de Loehlin, Spuhler y Lidzey publicado en 1975, que ya hemos ido presentando en las páginas anteriores: «El resultado principal es que la mayor parte de la variación en los niveles de aptitud intelectual está dentro de cada uno de los grupos étnicos y socioeconómicos, no entre ellos» (pág. 1103).

En algunos estudios se han encontrado los siguientes resultados (Suzuki y Gutkin, 1993; Taylor y Richards, 1991):

- Los indios americanos y los hispanos tienen un rendimiento mayor en tareas de razonamiento visual que de razonamiento verbal.
- Los orientales americanos tienen un rendimiento mayor en tareas de razonamiento visual y numérico que de razonamiento verbal.
- El perfil para los afroamericanos ha sido bastante inconsistente, aunque parecen tener más rendimiento en las tareas de razonamiento verbal que de razonamiento visual.

En cuanto al concepto de raza, Suzuki y Valencia (1997) consideran que, desde una perspectiva biológica, la raza suele considerarse como una subespecie biológica definida por las frecuencias de genes. Por otro lado, en las ciencias sociales, especialmente en la antropología, la raza se considera un concepto social, es decir, una construcción social a través del que las personas asignan significado y valores a las características raciales.

Algunos resultados sugieren que la ocupación y el nivel educativo de los padres son mejores predictores del nivel intelectual de los niños en el caso de los blancos que en el caso de los afroamericanos y de los mexicanos. Este dato pudiera interpretarse en el sentido de que existen diferencias en las oportunidades que ofrece la estructura social a esos tres grupos sociales (menores obstáculos y discriminación para los blancos que para las minorías; Ogbu, 1986).

Por lo que se refiere al sesgo de los tests de inteligencia, Suzuki y Valencia (1997) escriben que «la reducción del número de estudios sobre el sesgo de los tests pudiera atribuirse a los resultados consistentes de que los tests de inteligencia no están sesgados. Sin embargo, esta conclusión debe tomarse con cuidado. Primero, algunas poblaciones minoritarias apenas se han estudiado. Segundo, las investigaciones se han centrado sólo en algunos tests. Tercero, no todos los resultados van en la misma dirección [...] la puerta del sesgo de los tests no debería cerrarse sin más. Cuarto, el estudio del sesgo de los tests en relación a los grupos minoritarios se ha centrado especialmente en el rango de la normalidad [...] los editores de tests y los expertos en medida psicológica tienen la obligación de seguir estudiando el posible sesgo de los tests» (pág. 1109).

En 1991 el Departamento de Educación de los Estados Unidos publicó un informe con datos de 40.020 escuelas de todo el país. Algunos de los principales resultados fueron los siguientes:

- Los estudiantes afroamericanos constituyen el 22 por 100 de los escolares, el 42 por 100 de los clasificados como niños educables con retraso, el 38 por 100 de los clasificados como niños entrenables con retraso, el 22 por 100 de la muestra de niños con dificultades de aprendizaje y el 11 por 100 de los incluidos en los programas para niños brillantes.
- Los estudiantes hispanos constituyen el 13 por 100 de los escolares, el 10 por 100 de los clasificados como niños educables con retraso, el 22 por 100 de los niños clasificados como niños entrenables con retraso, el 12 por 100 de los niños con dificultades de aprendizaje y el 7 por 100 de los incluidos en los programas para niños brillantes.

Estos datos muestran que los afroamericanos y los hispanos son clasificados en un mayor porcentaje del que cabría esperar según el número total de escolares de estas etnias, como estudiantes con retraso y con dificultades de aprendizaje y en un menor porcentaje como estudiantes brillantes. Según Rueda (1991) los programas de educación especial han estigmatizado a las minorías restringiendo su movilidad educativa. En palabras de Dana (1993), «el uso de tests para el diagnóstico y la clasificación ha dado lugar a protestas por parte de los representantes de las minorías, y algunos han llegado a elevar denuncias» (pág. 185).

Según Suzuki y Valencia (1997), actualmente algunos investigadores están tratando de buscar nuevos modos de explorar el rendimiento intelectual de los niños de los grupos minoritarios. «No obstante, el éxito real de estos procedimientos está por ver» (pág. 1111). Algunos resultados del profesor Robert Sternberg (1996) sugieren que los miembros de los grupos minoritarios que no tienen tan buenas puntuaciones en los tests tradicionales como los blancos, parecen ser más competitivos en las medidas de inteligencia creativa y práctica.

En una serie de estudios, Steele (1997) manipuló las condiciones en las que se aplicaban los tests. En algunos casos, se informó a los examinados de que el test era un test de inteligencia usado dentro de un proceso de selección o un test que intentaba resolver un problema de investigación sin ninguna repercusión sobre el sujeto. Cuando se presentaba como un test de inteligencia con repercusiones sobre sus posibilidades de acceder al centro educativo, el rendimiento de los estudiantes afroamericanos fue significativamente peor. Sin embargo, no hubo ninguna diferencia entre ambas condiciones en el caso de los estudiantes blancos.

Suzuki y Valencia (1997) concluyen su estudio del siguiente modo: «Debemos contrastar empíricamente nuestras hipótesis. La investigación diseñada para iluminar nuestra comprensión de las relaciones entre los factores genéticos y ambientales deben seguir siendo debatidos en un fórum abierto para observar la integridad de las distintas perspectivas. Esto solamente será posible si las teorías del futuro y las prácticas de evaluación en el campo de la inteligencia están cimentadas sobre un entendimiento del pluralismo cultural. Solamente entonces podremos comprender las potencialidades intelectuales de los individuos de diversos orígenes étnico-raciales» (pág. 1112).

4.5. El dogma de la igualdad: la persecución de los científicos sociales

El profesor J. Philipe Rushton, del Departamento de Psicología de la University of Western Ontario (Canadá), ha sido objeto de persecución social, tanto en los medios de comunicación canadienses como en su propia Universidad. Ha llegado a recibir informes negativos de su decano y a tener que impartir sus clases a distancia para garantizar su seguridad física. Rushton ha tenido que querellarse contra ciertos medios de comunicación por la distorsión ejercida sobre sus escritos originales.

Su historia se parece mucho a la de otros investigadores: Thomas J. Bouchard en la Universidad de Minnesota, Hans Eysenck en Gran Bretaña, Linda Gottfredson en la Universidad de Delaware, Richard Herrnstein y Edward O. Wilson en la Universidad de Harvard, Arthur Jensen y Vincent Sarich en la Universidad de Berkeley, y Michale Lewin en el City College de Nueva York (Pearson, 1991).

En los Estados Unidos existen leyes que protegen a las personas cuando expresan libremente sus ideas. Sin embargo, en Canadá y la Unión Europa existen leyes que dificultan la libre expresión, es decir, leyes mordaza; una persona que exprese determinadas ideas puede ser incluso encarcelada.

En general, una gran parte de los intelectuales se amparan en lo que la profesora Linda Gottfredson (1994) ha denominado «ficción igualitaria». De este modo, sólo se recurre a las hipótesis políticamente correctas que se centran en la desventaja cultural para explicar la escasa presencia de las minorías en la ciencia. El análisis de los tests de aptitudes y de la genética del comportamiento son temas tabú. Este tipo de actitudes promueve, según Gottfredson, los irracionales ataques contra los científicos que exploran una posible base genética de las diferencias individuales y grupales.

Según Linda Gottfredson (1987) existen cuatro normas sociohistóricas que han contribuido a los tabúes del presente:

1. Nunca culpes a la víctima. Por ejemplo, hay que dejar claro que los delitos cometidos por afroamericanos, el sida y la pobreza, son resultado del racismo de los blancos. Usa términos vagos, pero agradables, como *habilidades cognitivas*, en lugar de palabras precisas como *inteligencia*.
2. Evita llamar la atención sobre tu trabajo si supones que puede sugerir que estás culpando a la víctima. No escribas artículos periodísticos ni impartas conferencias. Deja los debates para las personas con discursos políticamente correctos.
3. Dependiendo de tu responsabilidad como tutor, colega, editor o administrador, desanima la realización y publicación de investigaciones que puedan resultar ofensivas, incluso aunque sean científicamente impecables. Avisa a tus estudiantes y colegas de que su carrera puede verse arruinada al investigar temas controvertidos.
4. Aísla a los individuos que violan estos principios. Como mínimo están demostrando una clara falta de juicio y pueden desprestigiar a tu departamento o tu institución, si no a la propia sociedad. Sugiérele que su conducta puede ser sintomática de un trastorno psicopatológico del carácter.

Según Rushton (1994a) estas normas enumeradas por Gottfredson operan y han actuado de hecho entre los intelectuales. El ejemplo más clásico es el de Sir Cyril Burt, un personaje central en el estudio de las diferencias individuales en Gran Bretaña, desde 1924 hasta su muerte en 1971. Burt fue nombrado caballero (Sir) por el Gobierno laborista[12] en 1946 por su trabajo sobre los tests psicológicos y por mejorar la igualdad de oportunidades educativas en el país. Burt logró mejorar mucho las condiciones educativas de los colegios ingleses y analizó exhaustivamente las condiciones ambientales que entorpecían un normal desarrollo educativo.

En 1976, una vez Burt había fallecido, se publicó un artículo en la prensa en el que se anunciaba el supuesto fraude de Burt en sus estudios con gemelos sobre las influencias genéticas en las diferencias intelectuales. En 1980, y sin una investigación seria sobre el tema, la Sociedad Británica de Psicología apoyó el veredicto de culpabilidad.

En 1989, Joynson reabrió el caso de Burt, llegando a la conclusión de que las acusaciones de fraude eran infundadas. Trabajando de modo independiente, Fletcher (1991) completó la destrucción de la supuesta evidencia en que se apoyó el

---

[12] El Gobierno laborista sería equivalente a un gobierno de corte socialista. Teniendo en cuenta que, según sus detractores, Burt era un burgués que trataba de perpetuar su especie en el poder, este nombramiento resulta un tanto paradójico.

veredicto de culpabilidad, llegando a la conclusión de que no existían pruebas ni suficientes ni definitivas. Según Fletcher, la fusión de una determinada ideología y de un periodismo popular receptivo produce una poderosa tercera fuerza en el discurso científico.

Sobre el caso de Burt hay datos sorprendentes (Rushton, 1994a):

- La mayor parte de los artículos, estudios y datos de Burt fueron destruidos por su ama de llaves inmediatamente después de su muerte, siguiendo los consejos de Liam Hudson, profesor de Psicología Educativa en Edimburgo y uno de los oponentes históricos más ardientes de Burt.
- Las ayudantes de Burt que se suponían invenciones suyas, han sido halladas posteriormente y han confirmado la realización de los estudios.
- Los datos de Burt son equivalentes a los encontrados en el gran número de investigaciones recientes en genética comportamental sobre el origen de las diferencias intelectuales.

Rushton (1994a) comenta que muchos de sus colegas están de acuerdo con sus estudios cuando hablan en privado, pero que en público se comportan de modo totalmente distinto.

Linda Gottfredson (1994) ha sugerido varios principios para el estudio y los debates en este campo:

- Busca la verdad y habla de ella directamente, sin rodeos.
- No especules sobre los motivos hasta que no tengas una buena base para hacerlo. La integridad es el único rasgo importante al valorar las ideas y su impacto.
- No te disculpes o te comportes torpemente cuando haya que hablar de la investigación racialmente sensible o sus resultados. Obrar así aumenta la creencia de que en realidad tú mismo crees que estás haciendo algo malo.
- Protege celosamente la libertad de la investigación científica.

El editor de la revista *Intelligence,* el profesor Douglas K. Detterman, decidió publicar en 1994 (tras la revisión de su adecuación científica por parte del comité de expertos habitual) un artículo de Rushton sobre relaciones entre capacidad craneal e inteligencia, que había sido rechazado en otras revistas científicas, según parece por razones ideológicas. Detterman pidió a Rushton que para preceder al artículo escribiese un editorial contando su historia. En ese editorial, titulado «El dogma de la igualdad», Ruhston (1994a) escribe: «Aunque los seres racionales no son inmunes a los datos, también están influidos por las opiniones de sus colegas. Si un mayor número de científicos hablasen abiertamente sobre las ideas que sólo comentan en privado, nuestro mundo no sólo se convertiría en un lugar más seguro, sino también más ilustrado» (pág. 277).

SUMARIO

Este capítulo ha descrito con bastante detalle y numerosos ejemplos las semejanzas y diferencias entre los siguientes grupos humanos: varones y mujeres, personas de distintas edades, clases sociales y grupos étnicos. Durante las páginas dedicadas a esta descripción, se ha recurrido a los conceptos incluidos en las teorías factoriales, cognitivas y biológicas de la inteligencia, así como al tipo de respuestas encontradas al preguntar por su origen. El estudio de las capacidades de los varones y las mujeres se ha presentado según conceptos teóricos como la la inteligencia fluida (Gf) o la inteligencia cristalizada (Gc). En general, las diferencias entre varones y mujeres son bastante reducidas, de modo que la pregunta verdaderamente relevante es: ¿de qué varón y de qué mujer en particular estamos hablando? Según los datos descritos, el individuo es mucho más importante que cualquiera de los grupos humanos a los que pueda pertenecer socialmente. También se han revisado datos sobre las diferencias entre varones y mujeres en la niñez, la adolescencia y la edad adulta, constatando que las diferencias son prácticamente nulas en la adolescencia. Las comparaciones culturales sugieren, en alguna medida, que los varones son más distintos entre sí que las mujeres. En cuanto al rendimiento educativo y laboral, se ha observado que las mujeres superan con mayor eficacia las exigencias educativas, aunque las calificaciones más altas parecen ser más numerosas entre los varones. La sociedad actual parece estar abriendo nuevos caminos para que las mujeres se incorporen plenamente a todas las ocupaciones que tienen un claro impacto social. De este modo, la habitual escasa presencia profesional de las mujeres está remitiendo con bastante velocidad.

Las diferencias entre personas de distintas edades pueden analizarse transversal y longitudinalmente, es decir, estudiando personas de distintas edades y el mismo grupo de personas (generación, cohorte) en distintos momentos del ciclo vital. Se ha presentado el estudio longitudinal de Seattle (SLS), en el que se explora el desarrollo de las aptitudes, los efectos generacionales, los modos de envejecer y la prevención del declive. Por tanto, el SLS combina los diseños transversales y longitudinales. Las capacidades fluidas (Gf) parecen declinar con la edad, mientras que las capacidades cristalizadas (Gc) no son vulnerables al paso de los años. En cualquier caso, los científicos sociales están capacitados para prevenir el declive intelectual de las personas mayores. Además, los datos disponibles pueden ayudar a tomar decisiones políticas importantes que puedan tener que ver con la presencia social de nuestros mayores. En cuanto al rendimiento de las personas de distintas edades, se ha visto que hay una década de oro para la producción creativa, pero que las personas siguen dando a la sociedad productos de calidad media hasta edades muy avanzadas.

Tanto las diferencias de clase social como las diferencias étnicas son una realidad social a la que los psicólogos han prestado atención. En el apartado correspondiente a las clases sociales. se han descrito las diferencias de capacidad y de rendimiento. Los datos disponibles no son en ningún caso concluyentes, pero la inteligencia parece ser una variable más importante que la clase social al explicar las diferencias de rendimiento escolar y laboral. Se han expuesto bastantes datos sobre la investigación científica de las diferencias entre grupos étnicos. Dado que en esta área existen muchas opiniones sobre pocos datos, cuando lo que se necesita es precisamente muchos datos y pocas opiniones, se ha tratado de exponer lo que se sabe actualmente sobre la investigación científica del tema. Sin embargo, se ha conservado información clásica para rastrear posibles alteraciones generacionales sintomáticas del impacto de los cambios ambientales que se han producido durante el presente siglo. En general, parece que los orientales son más inteligentes que los blancos, y éstos a su vez que los afroamericanos, según las evidencias recogidas con los tests psicológicos. En cualquier caso, hay que recalcar que estas diferencias corresponden a las puntuaciones logradas en las pruebas diseñadas por los psicólogos, por lo que sería un error generalizar sin más a las situaciones cotidianas. Se han descrito distintas explicaciones de por qué parecen producirse estas diferencias de grupo según el origen étnico de los individuos. Sin embargo, las diferencias medias entre estos tres grupos sociales son bastante menores que las diferencias individuales dentro de cada uno de los grupos. Por consiguiente, la pregunta relevante es: ¿de qué oriental, de qué blanco y de qué afroamericano en particular estamos hablando? Es decir, el individuo, y no el grupo, es la unidad básica de análisis en el enfoque de las diferencias individuales. El último apartado ha descrito el tipo de perversiones que caracterizan a la comunidad científica cuando se investigan temas socialmente controvertidos. Por alguna razón, el científico interesado por este tipo de temas es considerado culpable de antemano, sin tan siquiera escuchar sus palabras. ¿Debe actuar así la comunidad científica? Desde luego, ésta es una pregunta que, según parece, deberíamos ser capaces de responder con la mayor transparencia posible.

RESUMEN DE LA PARTE TERCERA

Esta tercera parte se ha organizado en seis capítulos. El primero de ellos se ha preguntado qué es la inteligencia y allí se han descrito los elementos básicos que pueden servir para delimitar ese concepto científico. Además, se ha dejado constancia breve de la posición oficial de la *Asociación Americana de Psicología* sobre lo que en la actualidad se sabe y se desconoce en relación a la inteligencia. Una de las conclusiones más tajantes de esa Asociación es que las concepciones sobre la inteligencia de mayor calidad y con más utilidad práctica son las teorías factoriales expuestas en el segundo capítulo, que comienza describiendo qué tipo de respuestas ofrecen a la pregunta por las diferencias intelectuales.

Hay dos tipos básicos de teorías factoriales, las jerárquicas y las no-jerárquicas, explicadas de modo conciso en este capítulo, que se cierra con aplicaciones prácticas como el tipo de medidas de la inteligencia que se puede realizar, los métodos de mejora de la inteligencia que se pueden desarrollar, o el uso de alguno de los factores de la inteligencia para comparar distintos países de un modo análogo a como se comparan por su producto interior bruto o por su índice de natalidad.

En el tercer epígrafe se explican las teorías cognitivas de la inteligencia, cuyo objetivo es responder a la pregunta por la dinámica de la inteligencia, complementando así la pregunta por su estructura realizada desde las teorías factoriales. Tras la exposición de algunos de los elementos básicos de las teorías cognitivas, se presenta la teoría triárquica de Sternberg, cuyo cometido es coordinar en un mismo marco de referencia los dos tipos de teorías. Pero esta teoría se debe considerar tentativa, a pesar de que desde ella se hayan diseñado métodos de medida y entrenamiento de la inteligencia descritos al término de este epígrafe en el apartado destinado a las aplicaciones prácticas.

El cuarto expone las teorías biológicas de la inteligencia, es decir, los modos en que se diferencian las personas según diversas medidas de activación cerebral, como la electricidad y el consumo energético. Las medidas a las que dan lugar las teorías factoriales y cognitivas se relacionan con las medidas biológicas, para averiguar las correspondencias entre los tres tipos de medidas en la explicación de la conducta inteligente. Las aplicaciones prácticas que se describen tienen que ver con las diferencias en la organización cerebral y la conducta inteligente, así como con técnicas de medida para apreciar biológicamente el concepto inteligencia.

En el quinto epígrafe se describe una serie de datos relacionados con las influencias de la herencia y el ambiente en las diferencias intelectuales. El análisis del origen de esas diferencias puede realizarse desde las teorías factoriales y cognitivas, de modo que se dan algunos resultados de la investigación realizada desde ambas concepciones teóricas. Según parece, la herencia influye en las diferencias de conducta inteligente, pero el ambiente actual también resulta necesario para que se pueda expresar el genotipo de los distintos individuos. Conviene recordar que el genotipo actual es resultado de las presiones ambientales del pasado evolucionista de la especie humana, de modo que realmente el origen de las diferencias en la conducta inteligente *siempre* está en el ambiente.

El último epígrafe explora las diferencias entre los grupos más estudiados habitualmente y con mayor presencia actual en las revistas psicológicas de reconocido prestigio internacional. En todos los casos se distingue entre diferencias de capacidad y de rendimiento, la primeras estrictamente sobre el concepto inteligencia y las segundas referidas al uso de la misma en los contextos educativos y ocupaciones fundamentalmente.

Los estudios sobre la inteligencia de varones y mujeres, según las medidas realizadas con las pruebas psicológicas convencionales, sugieren que apenas existen diferencias significativas, exceptuando la capacidad denominada visualización general (Gv). En cualquier caso, pudiera suceder que las mínimas diferencias que se observan en las medidas de las capacidades cristalizadas (Gc) y las capacidades fluidas (Gf) de la inteligencia, tengan una repercusión práctica relevante. Existe un dato descriptivo llamativo que todavía no se ha podido explicar: la relativa mayor presencia de varones en la parte alta de la distribución de CI. En los años sesenta, la profesora Leona E. Tyler se preguntaba en su manual de diferencias humanas: ¿cómo se puede comprender que las mujeres hayamos contribuido tan poco a los avances científicos y técnicos? Una de las respuestas inmediatas es el rol social clásico asociado a la mujer. Con las actuales tendencias sociales que apoyan la incorporación de la mujer a las actividades usualmente realizadas históricamente por los varones, es esperable que esta pregunta deje de tener sentido. Así por ejemplo, los datos parecen indicar que actualmente el rendimiento académico de las mujeres es mayor que el de los hombres. Algunos de los datos descritos sugieren que los varones son más distintos entre sí que las mujeres, es decir, las diferencias individuales entre los varones son algo más pronunciadas que las diferencias individuales entre las mujeres, siempre según las medidas realizadas.

El estudio de las semejanzas y diferencias entre grupos de edad parece ser socialmente relevante: ¿Cuándo se aconseja la jubilación desde un punto de vista científico? ¿Cuándo son más productivos los seres humanos? ¿Cuándo actúan las aptitudes intelectuales con mayor intensidad? ¿Cuándo comienza a declinar la inteligencia? Una de las principales conclusiones del estudio de los cambios que se producen con la edad es que las personas mayores son lo que han sido, es decir, que las diferencias individuales se mantienen durante todo el ciclo vital, e incluso se pronuncian en las últimas fases de la vida. Asimismo, se han dado algunas pautas para prevenir el declive intelectual.

El hecho de la estratificación social ha atraído la atención de los científicos y entre ellos están los psicólogos. Estudiando las semejanzas y diferencias de las distintas clases sociales se ha llegado a conclusiones relativas como que las personas más brillantes, intelectualmente hablando, se sitúan en las capas sociales más altas. Según parece, en los países occidentales las personas más capaces son las que alcanzan los mayores logros y las posiciones de mayor prestigio, de un modo relativamente independiente a su origen social. Por tanto, puede que una de las causas de la estratificación social actual sea la inteligencia, no el dinero o el pedigrí familiar, razón por la que comienza a hablarse cada vez más de élites y subclases cognitivas, como un modo relativamente nuevo de estratificación social. Esta perspectiva suscita cuestiones tales como que el origen social puede no explicar bien la movilidad en las sociedades democráticas actuales, en las que los avances tecnológicos imponen unas exigencias cognitivas crecientes. Las personas más capaces de abordar estas exigencias se moverán hacia las capas sociales altas, mientras que las personas menos capaces se moverán hacia las capas bajas. Si estos datos son correctos, estarían indicando que los sistema sociales actuales han logrado reducir la estructura de clases clásica en la que el origen social resultaba prácticamente determinante del destino de un individuo. El acceso masivo a la educación actualmente vigente constituye un mecanismo que facilita esa movilidad social.

Finalmente, se han expuesto algunos datos relacionados con distintos grupos sociales según su origen étnico. Como se ha visto, los zoólogos y los médicos forenses, entre otros profesionales, suelen distinguir tres variedades dentro de la especie humana: los orientales, los caucásicos y los sujetos de origen africano. Desde una perspectiva evolucionista, las presiones ambientales han podido ser distintas en estas tres variedades, por lo que algunos autores han especulado que constituye una hipótesis razonable que sus diferencias cognitivas puedan residir en parte en esas presiones ambientales a las que han tenido que adaptarse durante miles de años. Sin embargo, está claro que éstos son argumentos muy especulativos y discutidos todavía dentro de la comunidad científica, de modo que sólo pueden considerarse anecdóticos. El nivel de inteligencia de esos tres grupos sociales, según las medidas realizadas con las pruebas psicológicas convencionales, se solapa bastante. Es decir, las diferencias individuales dentro de cada uno de los grupos son mucho más importantes que las diferencias grupales. En otras palabras, resulta prácticamente imposible predecir el nivel intelectual de un individuo a partir de su clasificación según su origen étnico, por lo que la relevancia práctica de las diferencias de grupo es escasa. El estudio científico de los grupos sociales según su origen étnico produce debates en la sociedad y en la comunidad científica. Frecuentemente se consideran temas tabú y los científicos sociales que dirigen sus esfuerzos a investigar en esa dirección suelen ser cuestionados de un modo especialmente virulento. Sin embargo, la transparencia y la claridad pueden resultar esenciales al debatir sobre estos temas estudiados y publicados en las revistas internacionales que sirven de canal de comunicación a la psicología científica.

PARTE CUARTA

Diferencias individuales en personalidad

6. Aplicaciones prácticas.
Sumario.

19. Las teorías biológicas de la personalidad.

1. ¿Qué pregunta responden las teorías biológicas de la personalidad?
2. Teoría de H. J. Eysenck.
3. Teoría de J. Gray.
4. Teoría de J. Brebner.
5. Teoría de M. Humphreys y W. Revelle.
6. Aplicaciones prácticas.

Sumario.

20. El origen de las diferencias de personalidad.

1. ¿Qué se responde cuando se pregunta por el origen de las diferencias de personalidad?
2. Origen de las diferencias de personalidad según las teorías factoriales.
3. Experiencia y ambiente.
4. Un modelo bioecológico.
5. Aplicaciones prácticas.

Sumario.

21. Grupos humanos.

1. Varones y mujeres.
2. El ciclo vital.
3. Grupos sociales.

Sumario.

Resumen de la parte cuarta.

Introducción

La personalidad es un tema que ha suscitado el interés de los científicos sociales y, en particular, de los psicólogos, puesto que se supone que su estudio debería organizar los distintos temas de la psicología y de las ciencias de la conducta.

El comportamiento humano se puede analizar según su dimensión social, funcional, biológica y personal. La dimensión social se ocupa de las bases sociales de la conducta, mientras que la dimensión biológica se encarga de sus bases orgánicas. La dimensión funcional exige analizar una serie más o menos extensa de propiedades psicológicas como la memoria, el aprendizaje o el lenguaje. Y la dimensión personal resumiría datos y conocimientos de las dimensiones social, biológica y funcional en un mismo marco congruente que describiese la personalidad humana, es decir, de qué modo se integran las dimensiones sociales, biológicas y funcionales en la conducta de un individuo.

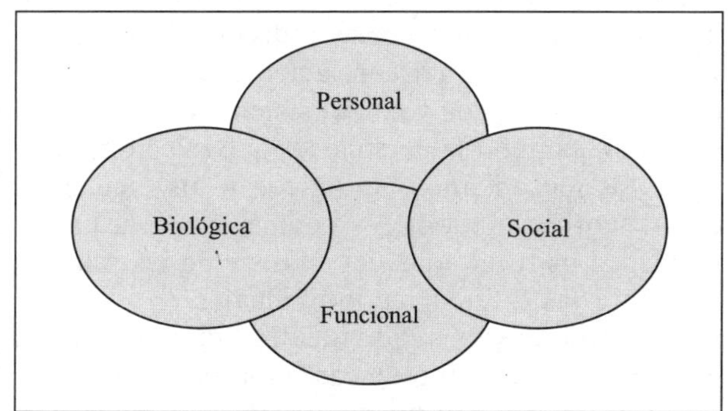

Figura IV.1.—Dimensiones habituales desde las que se puede estudiar la conducta humana.

Sin embargo, ésta no suele ser la situación habitual. La investigación psicológica ha producido teorías muy distintas de la personalidad, a pesar de que en gran medida se hayan centrado en el estudio de las diferencias individuales.

Las teorías de la personalidad han tratado de explicar por qué las personas se gobiernan y actúan de distinto modo. La respuesta más general ha sido que los individuos se gobiernan de distintos modos porque su personalidad no está configurada de la misma manera:

- Arturo actúa de modo reservado porque es introvertido.
- Aurora llora con frecuencia sin motivo aparente porque es emocionalmente inestable.
- Francisca resiste los reveses de la vida porque es estable emocionalmente.
- Juan actúa expansivamente puesto que es extrovertido.

Profesionales y personas *naïve* usan indistintamente este tipo de descripciones para tratar de explicar la conducta de la gente. A partir de este tipo de observaciones, la psicología ha intentado procurarse conceptos y métodos para diseñar teorías más o menos sólidas sobre la personalidad.

Según L. Pervin las teorías de la personalidad son de tres tipos (Pervin, 1975, 1996; Pervin y John, 1997):

1. *Teorías clínicas*

Los fundamentos de las teorías de la personalidad de autores como Freud, Rogers y Kelly proviene de la observación de personas sometidas a tratamiento psicológico, razón por la que se conocen como teorías clínicas de la personalidad. Por supuesto, todas ellas comparten un interés común por las diferencias individuales, puesto que se desea explicar la conducta de cada uno de los pacientes.

2. *Teorías experimentales*

Estas teorías se construyen estudiando un gran número de sujetos para hallar principios comunes válidos para todos ellos. Se denominan teorías experimentales porque:

- Usan una definición operativa de los conceptos relevantes. Es decir, se diseñan medidas de las conductas que pueden servir para suponer cómo es la persona que las realiza.
- Verifican de un modo sistemático sus hipótesis para contrastar los conceptos clave. Es decir, se manipulan variables para comprobar de qué modo se modifica la conducta de los sujetos.

3. *Teorías multivariadas*

Las teorías multivariadas no son ni clínicas ni experimentales. Sin embargo:

- También usan una definición operativa de conceptos.
- Emplean sistemas de medida.
- Exploran las diferencias individuales, al igual que las teorías clínicas y a diferencia de las teorías experimentales.
- Tratan de expresar el funcionamiento global y unitario de la persona.
- Se basan, hasta cierto punto, en la técnica estadística del análisis factorial.

Por consiguiente, la investigación de las diferencias individuales en personalidad trata de dos cuestiones básicas:

1. La mejor manera de describir las dimensiones de la personalidad.

Así, se trata de construir una teoría factorial en la que organizar las propiedades básicas de la personalidad a partir de las que se puede predecir o anticipar qué conductas realizará la persona en ciertas situaciones y ocasiones relevantes.

2. La respuesta a la pregunta de por qué una persona se comporta como lo hace, por qué destaca en alguna de las propiedades de la personalidad incluidas en las teorías factoriales, o por qué algunas de estas propiedades son resistentes al cambio provocado socioculturalmente.

La descripción y clasificación son los primeros pasos del análisis científico de la personalidad, en igual medida que en cualquier otro análisis científico. De este modo, las teorías factoriales señalan a los científicos cuáles son las propiedades importantes de la personalidad y cuáles son sus relaciones.

Las teorías factoriales permiten decir que una persona es introvertida, estable emocionalmente e independiente, garantizando unos niveles de precisión necesarios en la ciencia. Sin embargo, aunque esta información sirve para describir a la persona, no permite saber por qué la persona es introvertida, estable emocionalmente e independiente.

La respuesta a esta segunda pregunta corresponde a las teorías cognitivas de la personalidad. Es decir, las teorías factoriales describen la *estructura* de la personalidad, mientras que las teorías cognitivas describen su *dinámica*, el tipo de procesos mentales característicos de una persona introvertida, estable e independiente.

Pero, a su vez, las teorías cognitivas no sirven para saber si las diferencias individuales en introversión tienen que ver con la actuación de los mecanismos biológicos y con el sistema nervioso. Sin embargo, es importante conocer qué relaciones hay entre los mecanismos biológicos y los conceptos de las teorías factoriales y cognitivas de la personalidad. Los resultados del análisis de las relaciones entre las diferencias individuales en introversión y las diferencias individuales biológicas darán lugar a las teorías biológicas de la personalidad.

De este modo, se puede averiguar que las personas introvertidas tienen una gran activación cerebral espontánea, mientras que las personas extrovertidas apenas tienen este tipo de activación. Las diferencias en los mecanismos de activación cerebral pueden ayudar a explicar por qué los extrovertidos están siempre buscando estimulación ambiental, mientras que los introvertidos suelen rechazarla.

Finalmente, los científicos también nos preguntamos por el origen de las diferencias personales. Es decir, ¿las diferencias individuales en introversión se pueden atribuir a los genes recibidos de los padres o al ambiente sociocultural en el que se han criado esas distintas personas?

Según parece, los genes controlan en buena medida el desarrollo físico de la persona. Por tanto, si encontramos relaciones significativas entre los mecanismos biológicos de las personas y algunas de sus propiedades de personalidad, según están descritas en las teorías factoriales y cognitivas, será relevante buscar los genes que pueden contribuir al desarrollo del sistema biológico en el que parecen apoyarse las propiedades de la personalidad.

En suma, en esta cuarta parte se estudian las teorías factoriales, cognitivas y biológicas de la personalidad. Además, se responde a la pregunta sobre su origen genético y ambiental. Finalmente, se exponen diferencias entre grupos humanos socialmente importantes: varones y mujeres, personas de distintas edades, clases sociales y grupos sociales según su origen étnico.

¿Qué es la personalidad? 16

Responder a la pregunta de qué es la personalidad es algo más que un reto científico. Constituye una tarea de gran relevancia para comprendernos a nosotros mismos, para saber qué somos. Es una pregunta que los seres humanos nos hemos hecho desde nuestros orígenes, a partir de distintas perspectivas. La científica es una de estas perspectivas posibles. La respuesta a esa pregunta exige considerar las concepciones cotidianas de personalidad, cuál su relevancia en la vida diaria, en las relaciones personales y en la conducta del individuo. Sabemos, en este sentido, que la gente deduce cuál es la personalidad de los demás observando su conducta. Desde estas concepciones *naïve* se pasa a las nociones científicas sobre el concepto de personalidad a través de preguntas como: ¿cuáles son las fases necesarias para que ese concepto se convierta en algo científicamente sólido? Finalmente, se pregunta por la necesidad de contar con una definición estándar sobre la personalidad: ¿es suficiente saber cuáles son los atributos principales de la personalidad para estudiar ese concepto y que sea útil en la práctica psicológica?

1. LA PERSONALIDAD EN LA VIDA COTIDIANA

La personalidad, como la inteligencia, NO es ni un sustantivo, ni un adjetivo, ni un adverbio. La personalidad NO se corresponde con la definición que aparece en los diccionarios. La personalidad NO es tampoco una propiedad humana que se supone cambió por completo nuestro desarrollo evolucionista como especie. Entonces, ¿qué es la personalidad?

Eva 26

La personalidad es una suposición científica que se justifica por el tipo de actos que realizan cotidianamente las distintas personas. No sabemos en absoluto qué pueda ser a ciencia cierta la personalidad, así que el camino más adecuado para convertir esa suposición en algo científicamente sólido consistiría en observar lo que la gente hace cotidianamente.

Desde estas páginas se sostiene que la ciencia psicológica no ganará demasiado especulando sobre lo que se supone que podría ser la personalidad. Más bien, el primer paso debería consistir en observar de un modo sistemático lo que las personas hacen en sus vidas, cómo actúan en las situaciones en las que la sociedad permite demostrar la propia personalidad.

De este modo, la personalidad es objeto de diálogo cotidiano entre las personas que no son profesionales de la psicología:

— Felipe tiene mucha personalidad.

— José María no tiene personalidad.

— Julio tiene un carácter muy fuerte.

— Alfredo es muy flemático.

— José Luis es muy agresivo.

— Loyola tiene una personalidad impenetrable.

Los periodistas acostumbran a escribir brillantes ensayos, que sus lectores consultan asiduamente sobre la personalidad de los líderes políticos o de los grandes personajes de la historia. Los novelistas hacen completos estudios históricos sobre personajes como Alejandro Magno, Claudio emperador, Maimónides o Atila.

Figura 16.1.—Las personas pueden cambiar de aspecto. Pero, ¿se convierten en personas distintas?

Todo el mundo parece dispuesto a decir o escribir algo sobre la personalidad humana. En gran medida, se supone que una buena explicación de lo que la gente hace y dice exige comprender cómo es esa gente, cuáles son sus pensamientos y sentimientos internos, cuáles son sus intenciones reales, sus deseos y motivaciones más profundos, y, en una palabra, cuál es su personalidad.

De esta manera, los no profesionales tienen claro que la personalidad, sea lo que sea, es un elemento clave para comprender lo que la gente hace y dice. Por alguna razón, es sabido que lo que la gente hace y dice no tiene por qué corresponderse estrictamente con lo que piensa y siente.

Para averiguar lo que realmente piensa y siente la gente, los periodistas y escritores usan una técnica común: estudiar sus comportamientos en distintas ocasiones y situaciones para hallar regularidades que ayuden a optar por alguna de las posibles descripciones de su personalidad.

Figura 16.2.—El teatro constituye una actividad humana en la que el actor adopta distintos papeles a lo largo de su vida profesional. Una de las virtudes más deseadas de un actor profesional es que sea capaz de transmitir el espíritu de su personaje al público. En otras palabras, que sus actos y sus palabras le sirvan al público para comprender la personalidad del personaje representado por el actor.

Los resultados suelen ser claros:

— Aunque Claudio, el emperador romano cuyas acciones fueron brillantemente glosadas por Robert Graves, tenga comportamientos que rayen con el retraso mental, en realidad simula para preservar su vida en un ambiente familiar abiertamente hostil.
— Aunque Atila sea temido en toda Europa por sus devastadoras campañas bélicas, resulta que realmente no es un bárbaro salvaje, sino una personalidad cultivada y digna del mayor respeto intelectual.

En suma, la personalidad gobierna hasta cierto punto la conducta de los individuos, pero su conducta no siempre se corresponde con su personalidad. Por tanto, no siempre será posible conocer la personalidad de un individuo a partir de su conducta en ciertas situaciones, ni todas las situaciones serán igualmente relevantes para conocer su personalidad.

2. LA PERSONALIDAD EN LA CIENCIA

Ocasionalmente, algunos psicólogos se resisten a admitir que el comportamiento de las personas puede no ser un reflejo de su personalidad. Aunque se diga que los ojos son el espejo del alma, puede ser ir demasiado lejos suponer que la conducta es el espejo de la personalidad.

Algunos profesionales han llegado a sugerir que el estudio de la personalidad debe ceñirse al estudio del comportamiento, sin ir más allá. Sin embargo, por razones ahora evidentes, una teoría científica del comportamiento no es ni puede ser nunca una teoría científica sobre la personalidad.

El mismo concepto de personalidad exige propiedades psicológicas que no se pueden observar directamente, pero que claramente contribuyen a gobernar el comportamiento del individuo. En otras palabras, una teoría de la personalidad requiere el estudio de las diferencias de conducta en una muestra variada de situaciones y ocasiones para averiguar cuáles son sus propiedades.

En principio, estas propiedades pueden parecer arbitrarias, es decir, pueden ser simplemente un resumen de las conductas consistentes de las personas en las situaciones y ocasiones estudiadas, pero no en todas las posibles situaciones y ocasiones. No obstante, los científicos no hablan de propiedades psicológicas a partir de sus propias intuiciones, sino desde un programa de investigación riguroso destinado a explorar de modo sistemático el comportamiento de la gente.

Cuando estos comportamientos son consistentes

Figura 16.3.—¿Qué nos lleva a tomar riesgos? Hay muchas personas que no se consideran capaces de subir a una montaña rusa. Sin embargo, a veces basta con que se tomen un par de cervezas para que decidan lanzarse a la aventura de su vida.

y relativamente estables, se logra información muy valiosa para comenzar a suponer rigurosamente cuáles pueden ser las propiedades de la personalidad que gobiernan, en buena medida, el comportamiento de la persona.

El comportamiento será consistente cuando sea parecido en distintas situaciones y será estable cuando no cambie demasiado a lo largo del tiempo. Las conductas aleatorias que no sigan ningún principio no serán, por tanto, relevantes para el estudio científico de la personalidad.

A veces, recurrir a las diferencias individuales anormales resulta muy revelador:

— ¿Qué pasaría si el comportamiento de la persona no fuese consistente?
— ¿Qué pasaría si el comportamiento de la persona no fuese estable?
— ¿Cómo se diagnostican los trastornos de personalidad múltiple?

En otras palabras, cuando la conducta de la gente no es ni consistente ni estable, resulta imposible anticipar sus acciones. Pero cualquier relación humana se basa en este principio básico de la conducta humana, es decir, que se pueda predecir con un ligero margen de error qué hará la persona que tenemos delante. No parece razonable, entonces, hacer una ciencia de la personalidad ignorando este hecho.

Si algunos científicos rechazan ocasionalmente el estudio de la consistencia y estabilidad del comportamiento de las personas, es porque suponen que eso conlleva suscribir una postura determinista. Es decir, si el comportamiento de la persona es consistente y estable, de modo que se puede averiguar cuáles son las propiedades importantes de su personalidad y anticipar la conducta de la gente, ¿dónde está la libertad de la persona?[1]

Sin embargo, el hecho innegable de que la conducta de la gente es habitualmente consistente y estable no es equivalente a que esté determinada rígidamente. En bastantes ocasiones, son las situaciones y no las propiedades personales del individuo las que determinan su conducta. Las normas sociales suelen ser bastante más deterministas que la propia personalidad de los individuos.

Al margen de estos enfoques alternativos sobre la conducta humana, los datos disponibles sugieren que, se desee así o no, las personas se gobiernan de una manera consistente y estable. Y cuando la persona no es consistente y estable, se comienza a sospechar la inminente aparición de un trastorno de la personalidad, e incluso de un trastorno psicopatológico grave.

En suma, carece de sentido rechazar por prejuicio el estudio científico del comportamiento consistente y estable de la persona. Esa consistencia existe de hecho y es la base tanto para la construcción de la personalidad del propio individuo como para el diseño de las teorías psicológicas. Por tanto, la tarea de la psicología será averiguar:

— Cuáles son las propiedades de la personalidad responsables de las diferencias de conducta de la gente.
— Cómo actúan las propiedades de la personalidad.
— Qué relaciones guardan esas propiedades con los mecanismos biológicos.
— En qué medida influyen los genes y el ambiente sociocultural sobre las diferencias de personalidad.

3. LA PERSONALIDAD COMO CONCEPTO CIENTÍFICO

El concepto científico «personalidad» proviene de la observación sistemática del comportamiento de la gente. Pero:

— ¿Cómo se puede averiguar cuáles son, en realidad, los elementos más o menos importantes que deben considerarse para desarrollar una descripción conveniente de ese concepto?

[1] Una posible respuesta sugerida por el profesor J. M. Hernández es que esa libertad está en poder comportarse de manera consistente.

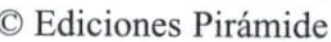

— ¿De qué maneras se relacionan estos elementos relevantes de la personalidad?
— ¿Cuáles son más y menos importantes?

Responder a estas preguntas desde el enfoque de las diferencias individuales exige al menos las siguientes fases.

— El método más óptimo para comprender un concepto científico como el de personalidad, consiste en comparar rigurosamente el comportamiento de distintas personas en situaciones sociales relevantes.

No sabemos qué es la personalidad, no hay un criterio absoluto sobre lo que pueda ser el concepto personalidad. Pero sí sabemos, por pura observación, que las personas no actúan de igual forma en una misma situación. Así por ejemplo, en una conversación en la que participan distintas personas, algunas toman el mando, otras se limitan a escuchar e intervenir esporádicamente y unas terceras deciden abandonar la habitación a las primeras de cambio. Estas diferencias de actuación no se pueden explicar sólo por la situación en sí misma, sino por cómo experimentan esas personas la misma situación. Es decir, ¿cuál es el «telón de fondo» sobre el que las distintas personas experimentan la misma situación? Personalidad es el concepto que permite expresar la naturaleza de este «telón de fondo».

Estudiando estas diferencias se puede conjeturar en un principio, e ir averiguando con el tiempo, cuáles de estas diferencias son relevantes y cuáles son azarosas. A partir de aquí, podremos centrarnos en las diferencias relevantes, es decir, en las situaciones que pueden revelar los elementos básicos del concepto científico «personalidad».

Las personas, como sucede con las cosas, se conocen por sus propiedades.

Las descripciones que se realizan para las cosas son útiles también en el caso de las personas. Por consiguiente, consolidar el concepto científico personalidad exige averiguar cuáles son sus propiedades. Como sucede con los átomos, cuyas principales características se van descubriendo estudiando minuciosamente distintos tipos de átomos y sus respuestas a las acciones experimentales realizadas por el científico, las propiedades de la personalidad se pueden descubrir mediante la observación de cómo actúan las personas en las situaciones sociales.

Estas situaciones serán en un principio naturales o cotidianas, pero, a su debido tiempo, los científicos desarrollarán pruebas estándar para garantizar un riguroso control y comprender así mejor el concepto.

Las comparaciones entre personas pueden hacerse, a la larga, entre una persona en concreto y un determinado grupo humano.

El estudio científico de la personalidad da lugar a una serie de propiedades a partir de las que se puede caracterizar a un grupo humano. De este modo, todas las personas serán introvertidas, emocionalmente estables y dependientes en alguna medida. Es decir, una persona será más introvertida, estable y dependiente que la media del grupo humano en el que se incluye. A través de los métodos oportunos, se podrá convertir en números el grado de introversión, estabilidad y dependencia de una persona en concreto.

En resumen, un concepto científico es una invención. Si se desea que tenga alguna utilidad debe comenzarse analizando hechos relevantes sobre él. El estudio de esos hechos debe dar lugar a una estructura en la que situar las propiedades características del concepto. Y la investigación sistemática debe completar paulatinamente la estructura de propiedades convirtiendo el concepto en algo científicamente sólido.

4. ¿DEFINICIONES DE LA PERSONALIDAD?

¿Se puede trabajar científicamente con un concepto como el de personalidad sin comprender previamente su naturaleza? En otras palabras, ¿es necesaria una definición estándar sobre la personalidad para poder trabajar sobre el concepto científico correspondiente?

La respuesta es SÍ a la primera pregunta y NO a la segunda.

Las definiciones científicas estándar pueden ayudar a resumir complicadas medidas y cálculos necesarios para hacer operativo o trabajable un determinado campo de estudio, pero en ningún caso determinan la manera de explorar ese concepto.

El rechazo de las definiciones verbales estándar no significa necesariamente que no existan ciertas concepciones sobre lo que se supone que es el concepto personalidad. Aunque se carezca de una definición estándar sobre la que todos los científicos estén de acuerdo, siempre se tiene una idea más o menos clara sobre algunas de sus principales propiedades proveniente de la observación de la conducta de la gente, es decir, de los hechos.

Así, en principio sería suficiente contar con las propiedades básicas del concepto, aunque no fuese posible resumirlo en una definición literaria. Eso no significa que nunca se pueda disponer de ese tipo de definiciones, sino que un concepto puede estudiarse:

- Según los hechos que se conocen sobre él.

Por ejemplo, las personas tienen trastornos de personalidad múltiple, son reservadas, abiertas, hostiles o libertinas.

- Formulando una teoría sobre lo que se supone puede caracterizar al concepto.

De este modo, se puede suponer que la distinta organización cerebral de las personas facilita la presencia de un temperamento impulsivo o controlado.

- Usando una definición operativa del concepto, es decir, enumerando los métodos empleados para medirlo.

Es decir, una escala diseñada para medir el nivel de estabilidad emocional de los pilotos de vuelos comerciales es capaz de predecir qué pilotos reaccionan fríamente ante situaciones de emergencia y qué pilotos pierden el control.

SUMARIO

La pregunta por la personalidad humana se puede hacer desde muchas perspectivas. Los grandes novelistas o los filósofos se han preguntado por la personalidad y han respondido a través de una brillante descripción de personajes. Sin embargo, la ciencia busca respuestas a la pregunta por la personalidad usando métodos que garantizan la objetividad, es decir, a través de la metodología científica. El uso de estos métodos sirve para convertir la personalidad en un concepto sólido. Por consiguiente, la personalidad es un concepto que se puede estudiar como cualquier otro concepto científico, independientemente de que se pueda contar con una definición aceptada por toda la comunidad científica. Es bastante complicado en cualquier ciencia, no sólo en la psicología, que todos los investigadores de la comunidad estén completamente de acuerdo no sólo en la definición de sus conceptos, sino en los medios necesarios para explorar los hechos que se conocen sobre él, las teorías más válidas o las definiciones operativas que resultan más convenientes. En cualquier caso, los científicos pueden y deben estudiar conceptos relevantes como el de personalidad y someter los resultados a las pruebas de la contrastación empírica.

Las teorías factoriales de la personalidad 17

Este epígrafe comienza preguntándose qué responden las teorías factoriales de la personalidad. Además de concretar cuáles son esas respuestas, se usa un ejemplo sobre el concepto de «amor» para expresar cómo se puede organizar un campo de estudio y cuáles son sus posibles aplicaciones prácticas. En esencia, las teorías factoriales responden a la pregunta de cuáles son las propiedades básicas de la personalidad, cuáles son más y menos importantes para comprender la conducta de la gente, y cuáles son sus relaciones en la estructura que representa el territorio de la personalidad.

Se describen las distintas teorías factoriales de la personalidad y se comentan sus relaciones para llegar a la conclusión de que existe un gran acuerdo entre todas ellas. Es decir, la comunidad científica tiene una idea bastante clara de cuál es la estructura de la personalidad.

Finalmente, se exponen algunas aplicaciones prácticas de las teorías factoriales. Por un lado, las medidas que se realizan desde cada una de las teorías. Nunca se dirá con la suficiente frecuencia: cualquier medida psicológica exige que el profesional tenga un conocimiento de alta calidad sobre la teoría a partir de la que se ha desarrollado la prueba empleada para hacer la medida. Por otro lado, se responde a la pregunta práctica de hasta qué punto las medidas psicológicas guiadas teóricamente se pueden usar, tanto para predecir el desarrollo de trastornos físicos como un infarto o un cáncer, como para recomendar un tratamiento psicológico que pueda prevenir la muerte por ese tipo de causas.

1. ¿QUÉ PREGUNTA RESPONDEN LAS TEORÍAS FACTORIALES DE LA PERSONALIDAD?

Las teorías factoriales responden a la primera pregunta que se hacen los psicólogos de las diferencias individuales al estudiar científicamente la personalidad: ¿cuáles son las principales propiedades que se deben considerar para describir del modo más completo y adecuado posible la personalidad?

Estas propiedades se corresponden con los rasgos psicológicos que, en el caso de la personalidad, se convierten en rasgos temperamentales y motivacionales. Como se ha comentado, la manera de definir operativamente, es decir, en términos matemáticos, un rasgo psicológico, son los factores derivados de la aplicación de los métodos factoriales estudiados en la parte segunda.

Esto hace que se pueda hablar en igual medida de teorías sobre los rasgos de la personalidad o de teorías factoriales de la personalidad. Puesto que ya conocemos la manera de convertir en algo científicamente sólido el concepto de rasgo, optamos por usar la denominación más técnica de *factores de la personalidad*.

El desarrollo de una teoría factorial de la personalidad exige, en términos generales, las siguientes fases:

- El desarrollo de pruebas capaces de medir, con garantías, supuestas propiedades importantes del concepto científico «personalidad».

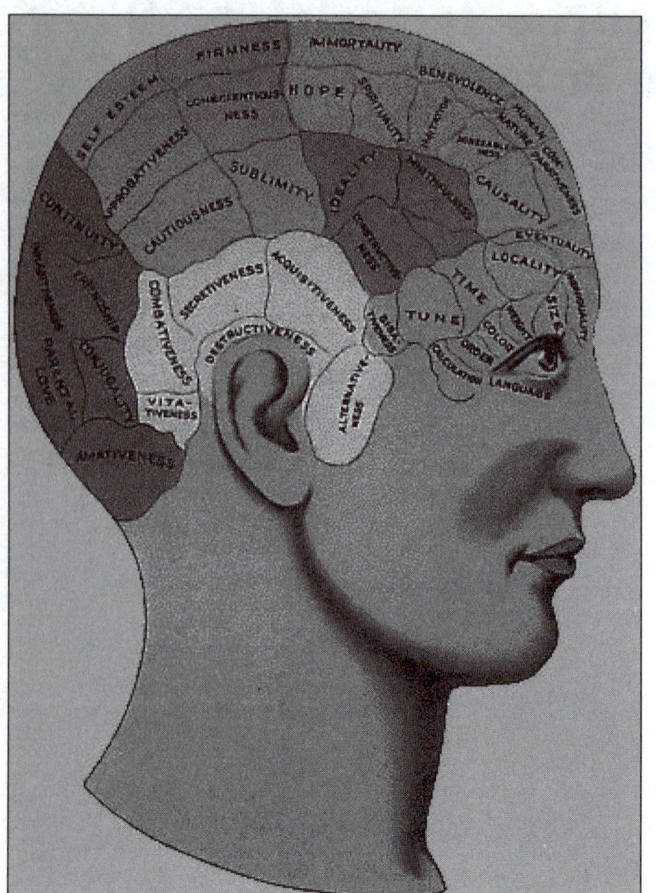

Figura 17.1.—Los frenólogos ofrecieron una explicación de la personalidad, y más en concreto de las diferencias de personalidad. El modo en que trataron de explicar estas diferencias resulta actualmente ingenua. Sin embargo, la idea de que la mente humana está formada por una confederación de habilidades y aptitudes independientes está siendo investigada actualmente, con resultados llamativos, por neuropsicólogos de reconocido prestigio internacional como Mike Gazzaniga (1985, 1992). Por otro lado, constituye una visión de la que partieron en su momento los psicólogos factorialistas, es decir, la negación de la utilidad práctica de la teoría de las facultades propuestas por los filósofos.

Las pruebas ideadas hasta la actualidad para explorar los rasgos de la personalidad que se suponen relevantes están compuestas por preguntas o enunciados a los que la persona debe responder.

Así por ejemplo, se pueden hacer las siguientes preguntas:

— ¿Son estables sus relaciones afectivas?
— ¿Cree tener usted un control consciente en sus relaciones afectivas?
— ¿Da usted mucha importancia a sus relaciones afectivas?
— ¿Son importantes para usted las relaciones afectivas de corta duración?
— ¿En qué medida son importantes para usted las relaciones afectivas de larga duración?

Estas pruebas comienzan siendo una especie de prototipo y será en el proceso de investigación en el que se constatarán sus garantías técnicas, es decir, en qué medida sirven para explorar de un modo fiable y válido la conducta de la gente. La *teoría de tests* es el área dirigida al diseño de técnicas para depurar las pruebas de personalidad (Muñiz, 1992).

Si se desea recopilar el mayor espectro posible de lo que se supone es la personalidad, convendrá que las pruebas tengan un amplio alcance, es decir, se varíe de modo sistemático el tipo de preguntas. Por tanto, hay que preguntar sobre varias situaciones y ocasiones para averiguar el grado de consistencia y estabilidad de las respuestas de las personas.

- Una vez disponemos de un número suficientemente alto de pruebas, se deben recoger los datos.

Es decir, desde la perspectiva multivariada que caracteriza al enfoque de las diferencias individuales, se exige estudiar un gran número de variables relevantes psicológicamente. En este caso, las variables son las pruebas diseñadas para recoger un gran número de lo que se supone son conductas personales importantes.

Las pruebas deberán administrarse a una muestra representativa de personas y según las condiciones propias de cada una de estas pruebas (estandarización). Una vez administradas las pruebas, se podrán corregir los resultados. El proceso de corrección dará puntuaciones. Así, cada persona tendrá una puntuación en cada una de las pruebas administradas, lo que permitirá elaborar una matriz de datos. En esta matriz de datos se dispondrán las puntuaciones según las personas y las variables.

- El siguiente paso consistirá en organizar la matriz de personas y variables.

Una manera frecuente de organizar esta información es estudiar las relaciones entre las puntuaciones de las distintas personas en cada una de las variables o pruebas administradas.

Sabemos que una de las técnicas más útiles para estudiar las relaciones entre variables es la correlación. Por tanto, se pueden usar las técnicas de correlación para estudiar el nivel de relación o la co-variación entre las puntuaciones de las personas en las pruebas o variables.

Este análisis, que puede realizarse con rapidez usando un programa informático, dará lugar a una segunda matriz, en este caso denominada matriz de correlaciones. En esta matriz de correlaciones, se perderá la información sobre las puntuaciones específicas de las personas y sólo se conservará la información sobre las relaciones que matemáticamente se pueden establecer entre las variables.

Ahora bien, puesto que se desea estudiar el comportamiento de las personas en un gran número de pruebas, la matriz de correlaciones será muy grande. De esta manera, si se han empleado 70 pruebas, la matriz de correlaciones será de 70 × 70, es decir, habrá 490 correlaciones. La tarea de interpretar el significado de los 490 valores numéricos será, por tanto, bastante farragosa.

Para resumir esta gran cantidad de información se emplea, precisamente, la técnica del análisis factorial. El cálculo de un análisis factorial se puede realizar también a través de un programa informático.

Sabemos que la técnica del análisis factorial permite estudiar las relaciones entre las puntuaciones de las personas en las pruebas administradas. Por tanto, informa sobre cuándo se parecen y cuándo no se parecen las respuestas de las personas en las distintas pruebas.

La aplicación de la técnica del análisis factorial transforma la matriz de correlaciones en otra matriz, denominada técnicamente matriz factorial. Esta matriz factorial consiste en un listado de las pruebas administradas y un número determinado, siempre menor, de factores en los que se agrupan según la información sobre su grado de relación, es decir, según los valores de la matriz de correlaciones.

De este modo, un resultado posible es que lo que las personas responden en una determinada prueba se relaciona con lo que responden en algunas otras pruebas, pero no con lo que responden en el resto de las pruebas administradas. Las semejanzas entre pruebas se resumen en factores, los que, de este modo, se convierten en conceptos matemáticos que suponemos representarán la propiedad personal que las preguntas de las distintas pruebas han provocado.

Por consiguiente, los factores son representantes matemáticos de los rasgos o propiedades relevantes del concepto científico personalidad, es decir, son hipótesis que ayudan a describir las respuestas de las personas en las pruebas. Si el modo en que se responde a determinadas pruebas tiene relación, mientras que el modo en que se responde a otras pruebas no guarda relación, se puede afirmar que las pruebas del primer caso activan la misma propiedad personal, mientras que las pruebas del segundo caso activan otras propiedades personales.

En suma, los factores representan las propiedades que suponemos activan las personas cuando responden a pruebas que exploran sus acciones y conductas habituales en distintas situaciones y ocasiones. Los modelos factoriales serán, así, el modo científico de representar cuál es la estructura de los rasgos o propiedades básicas de la personalidad. En una teoría factorial de este tipo deben concretarse cuáles son las propiedades básicas de la personalidad, cuáles son sus relaciones, así como cuáles son más y menos generales.

Un ejemplo: teorías factoriales sobre el amor

El profesor R. J. Sternberg (1986) ha desarrollado una teoría factorial sobre el amor. Por supuesto, éste es un concepto muy mal definido. No cabe ninguna duda de que a las personas les interesa mucho el tema, pero es frecuente que la ciencia no responda a este tipo de preguntas, por lo que recurren a las revistas del corazón o a los consultorios sentimentales radiofónicos.

Cuando los científicos deciden estudiar el tema del amor, el primer problema que tienen es que no se conoce con precisión cuáles son las propiedades relevantes del concepto. Este primer problema puede resolverse usando la técnica del análisis factorial, cuyo principal objetivo es, como ya sabemos, delimitar dimensiones de un modo empírico y contrastable. Evidentemente, conocer estas propiedades y saber cómo explorarlas es esencial para planificar un diagnóstico psicológico y prescribir tratamientos en las situaciones terapéuticas relacionadas, por ejemplo, con los problemas de pareja.

Figura 17.2.—Las relaciones amorosas son importantes para los seres humanos. Sin embargo, las explicaciones científicas sobre el tema no han sido demasiado abundantes.

Usando una serie de preguntas y cuestionarios, Sternberg (1986) recogió información sobre las relaciones amorosas. Las preguntas exploraban cuestiones como las siguientes:

— Deseo de promover el bienestar de la persona amada.
— Recibir y dar apoyo emocional.
— Valorar a la persona amada.
— Necesidad sexual.
— Estabilidad de las relaciones.

Estructura factorial del amor

El análisis factorial de las respuestas de las personas encuestadas dio como resultado tres factores, es decir, tres propiedades que resumían los acuerdos entre las respuestas a las distintas preguntas:

1. Factor de intimidad. Resume información sobre las sensaciones de proximidad, de estar conectado y unido en una relación amorosa. Supone, en general, una inversión emocional en la relación.
2. Factor de pasión. Resume información sobre los impulsos que llevan al romance, la atracción física, la consumación sexual. Supone una inversión motivacional en la relación.
3. Factor de decisión de compromiso. Resume información sobre la decisión a corto plazo de amar a alguien y sobre el compromiso a largo plazo de mantener ese amor. Supone un compromiso cognitivo en la relación.

Térmicamente hablando, el factor de intimidad sería el *caluroso*, el factor de pasión sería el *ardiente* y el factor de decisión de compromiso sería el *frío*.

Según este esquema derivado del análisis factorial de las respuestas de las personas, Sternberg (1986) realiza un análisis del amor.

Las relaciones entre los factores del amor

La vertiente emocional de la intimidad y el aspecto cognitivo de la decisión de compromiso, son relativamente estables, mientras que las variables motivacionales de la pasión son poco estables y, por tanto, no permiten realizar predicciones.

En las relaciones cortas, especialmente en las románticas, la pasión es esencial, mientras que la intimidad sólo tiene un pequeño papel y la decisión de compromiso no cuenta nada.

En las relaciones largas, la intimidad y la decisión de compromiso son importantes, mientras que la pasión declina con el paso del tiempo.

La pasión supone una gran implicación psicofisiológica, mientras que la decisión de compromiso apenas conlleva este tipo de implicación; la intimidad se sitúa en una zona psicofisiológica intermedia.

Los tipos de amor

Factorialmente, el amor se puede entender de tres modos:

1. El amor es un único factor general, es decir, una globalidad de sensaciones positivas que no se pueden distinguir.
2. El amor es un cúmulo de sensaciones que al aparecer juntas producen la experiencia global que denominamos amor; sin embargo, ese conjunto de sensaciones no es una unidad inseparable.
3. El amor se podría entender a partir de un pequeño número de elementos igualmente importantes en el contexto de la experiencia que denominamos amor. El amor no sería una sola cosa, sino una serie de estructuras primarias que se comprenden mejor por separado que de un modo conjunto. Todos ellos contribuirían de modo simultáneo a la experiencia del amor.

Los resultados de Sternberg y Grajek (1984) sugieren que las alternativas 1 y 2 son más adecuadas que la 3. El factor de intimidad es un núcleo común en las relaciones amorosas. En otras palabras, mientras que los factores de pasión y decisión de compromiso se pueden separar claramente en algunas personas, el factor de intimidad no se limita a ciertas clases de relaciones. Mientras que resulta complejo controlar el factor de intimidad y muy complejo controlar el factor de pasión, la persona sí tiene un claro control consciente sobre el factor de decisión de compromiso.

Esta estructura factorial conceptual sobre el amor sirve, entre otras cosas, para organizar los distintos tipos de amor:

— En la *simpatía* solamente actúa la intimidad. Uno se siente cerca de un amigo y nada más; se le echa de menos, pero no se hace duelo por su ausencia.

— En el clásico *loco de amor* sólo actúa la pasión. Por supuesto, puede desaparecer tan rápido como aparece.

— En el *amor vacío* sólo actúa la decisión de compromiso. El amor vacío puede ser el inicio de un gran amor.

— En el *amor romántico* la decisión de compromiso es el único factor ausente. Según Sternberg (1986), Romeo y Julieta o Tristán e Isolda son buenos ejemplos (aunque esto puede ser discutible).

— En el *amor de compañía* sólo está ausente la pasión. Es típico de los matrimonios en los que ha desaparecido la atracción física.

— En el *amor necio* sólo está ausente la intimidad. Las parejas de Hollywood son un buen ejemplo.

— En el *amor consumado* todos los factores están presentes. Este amor se parece a las dietas: lo difícil es mantener el peso alcanzado.

En cierto modo, el amor es un proceso de reducción de incertidumbre; los miembros de la pareja aprenden a pronosticar su respectivo comportamiento. Una manera de valorar el grado de intimidad es la separación temporal, cuyo máximo representante es el divorcio. Una buena relación puede destruirse por la habituación al factor de intimidad.

Hasta cierto punto, el amor es una adicción. Cuando se empiezan a tomar dosis de amor, las sensaciones son muy positivas. Pero esto lleva a aumentar gradualmente las dosis, lo que, a la larga, produce habituación. Ahora bien, para evitar el inevitable efecto de la abstinencia deben seguirse tomando las dosis correspondientes.

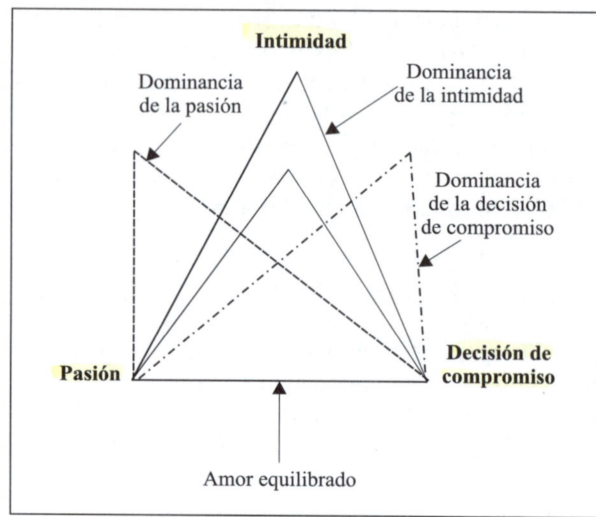

Figura 17.3.—Geometría del amor, según R. J. Sternberg.

La geometría del amor

Según Sternberg (1986), los tres factores del amor pueden componer un triángulo con dos características principales: la cantidad y el equilibrio. La cantidad de amor se puede representar por el área, mientras que el equilibrio se puede representar por la forma del triángulo. Así, un triángulo equilátero representa un amor equilibrado. El triángulo escaleno con sesgo hacia la izquierda representa la dominancia de la pasión, mientras que si tiene sesgo hacia la derecha representa la dominancia de la decisión de compromiso. El triángulo isósceles representa la dominancia de la intimidad (figura 17.3).

Esta geometría del amor se puede usar para estudiar el eterno problema de los amores ideales y reales. Las combinaciones frecuentes son cuatro:

1. Puede haber una coincidencia entre el triángulo ideal y el real.
2. El triángulo real puede ser menor que el ideal.
3. El triángulo real puede ser mayor que el ideal.
4. Los niveles de intimidad y pasión pueden ser menores que los ideales, mientras que la decisión de compromiso puede ser mayor que la ideal.

También se pueden estudiar los triángulos de los dos miembros de la pareja, siendo también cuatro las combinaciones posibles:

1. Amor-ficción: los dos triángulos coinciden plenamente.
2. Los triángulos son muy semejantes.
3. Los triángulos están ligeramente desfasados.
4. Los triángulos son muy dispares.

Pero las relaciones amorosas son más complicadas que todo esto. Cada miembro de la pareja no sólo tiene su propio triángulo, sino que además aventura cómo es el triángulo que se supone tiene la pareja tanto de sí misma como del otro.

Factores y terapia psicológica

Una de las causas principales del fracaso de las relaciones amorosas es la dificultad para expresar, a través de la acción, los tres factores del amor.

Las acciones más adecuadas para cada factor son distintas:

— El factor de intimidad se puede expresar comunicando los sentimientos internos, promocionando el bienestar del otro, compartiendo las posesiones, expresando empatía por el otro y ofreciendo apoyo tanto material como emocional.

— El factor de pasión se puede expresar besando, abrazando, contemplando, tocando y haciendo el amor.

— El factor de decisión de compromiso se puede expresar prometiendo, siendo fiel, manteniendo la relación en los momentos difíciles, comprometiéndose y contrayendo matrimonio.

En general, la pasión actúa en las primeras fases de una relación, mientras que la intimidad y la decisión de compromiso son factores más tardíos.

Una de las observaciones cotidianas es que uno quiere lo que no tiene, es decir, uno desea en mayor medida a la pareja que no puede conseguir con facilidad.

Suele ser frecuente, además, que los miembros de la pareja se parezcan, es decir, que sus triángulos se solapen significativamente. Estas relaciones serán claramente más satisfactorias.

Aunque es habitual escuchar que el simple contacto puede generar relaciones de pareja, esto no es tan claro. Es cierto que el contacto puede favorecer los lazos emocionales, pero de ahí no se sigue una promoción de la pasión y la decisión de compromiso.

Según Sternberg, las mujeres están más interesadas por la penetración social y por la intimidad en sus vidas, en mucho mayor grado que los varones. Esto produce que las mujeres puedan tener una relación tan buena con sus mejores amigas como con sus parejas. Pero el varón parece tenerlo más difícil.

Uno de los peores enemigos de la intimidad es el estancamiento. Aunque la gente se siente bien siendo capaz de predecir la conducta de los otros, demasiada facilidad para hacer los pronósticos es claramente nociva para las relaciones de pareja. Por tanto, es necesario introducir de cuando en cuando elementos de cambio y variación.

También es sabido que la pasión es el factor que se mantiene con mayor dificultad, ya que está poco

Figura 17.4.—Lanzarote del Lago y Ginebra constituyen un ejemplo de amor frustado, susceptible de «tratamiento terapéutico». En la leyenda artúrica, Lanzarote se enamora de Ginebra (la esposa del rey Arturo) y ésta a su vez de Lanzarote, pero su amor es imposible.

sujeto al control consciente y más sujeto a la habituación. Por tanto, será el refuerzo o las relaciones pasionales intermitentes la condición más favorable para mantener la pasión. Sin embargo, este método de mantenimiento puede presentar, a la larga, un tinte siniestro y manipulativo.

Por último, la decisión de compromiso es el factor más modificable. La mejor manera de conservar este factor es incrementar la felicidad que se alcanza en la relación. Por supuesto, esto exige gestionar los otros dos factores, expresándolos de manera clara en el contexto de la relación de compromiso.

Este ejemplo sobre el concepto de amor debe ayudar a adquirir un mapa conceptual de la enorme utilidad de las técnicas y teorías factoriales para organizar el estudio del comportamiento humano.

El concepto de amor es tan escurridizo como el de personalidad. Hay una gran cantidad de concepciones *naïve* que influyen de manera decisiva en las personas. Y las técnicas y teorías científicas deben ayudar a alcanzar un conocimiento más fiable sobre temas socialmente importantes, como el amor o la personalidad. Solamente así conseguirán las ciencias sociales demostrar a la sociedad su relevancia práctica y relegar a un segundo plano el patente interés social por las opiniones *naïve* y pseudocientíficas.

2. TEORÍAS FACTORIALES

Las teorías factoriales constituyen visiones de conjunto, mapas de la estructura de la personalidad en los que se sitúan las principales propiedades y se especifican sus relaciones.

El estudio de esta estructura de la personalidad ha dado lugar a una serie de teorías factoriales. Es llamativo que los autores más representativos de esta área de conocimiento hayan dirigido sus observaciones a un objetivo compartido por todos ellos.

Las tres teorías factoriales clásicas de la personalidad han sido propuestas por los equipos de investigación de J. P. Guilford, R. B. Cattell y H. J. Eysenck.

En un estudio también clásico, Eysenck y Eysenck (1969) analizaron las pruebas preparadas para medir las distintas propiedades descritas en las tres teorías factoriales. Estos autores solicitaron a Guilford y a Cattell un listado con las preguntas más representativas de cada una de las propiedades de sus respectivas teorías. El resultado fue una prueba de 337 preguntas diseñada con la siguiente estructura:

— 109 preguntas de J. P. Guilford.
— 99 preguntas de R. B. Cattell.
— 114 preguntas de H. J. Eysenck.

Las 337 preguntas estaban organizadas en 38 escalas y la prueba se aplicó a una muestra de 600 varones y 600 mujeres.

Las respuestas se analizaron factorialmente y se comprobó que se podían resumir en 10 factores. La estructura factorial resultó muy similar a la teoría de Guilford, pero no se parecía demasiado a la teoría de Cattell. En cualquier caso, sólo dos factores resultaron especialmente importantes: la estabilidad emocional y la extroversión.

En una investigación de características similares, Cattell y Gibbons (1968) estudiaron las preguntas de las escalas de Cattell y Guilford. La prueba que diseñaron estos autores incluyó 424 preguntas agrupadas en 68 escalas. La muestra estuvo compuesta por 302 estudiantes.

La estructura factorial resultante incluyó 18 factores. El estudio de las relaciones entre 9 de estos 18 factores dio lugar a 4 factores más generales, o de segundo orden: extroversión, ansiedad, tenacidad e independencia. Según Cattell y Gibbons (1968), su estudio confirma la teoría factorial de R. B. Cattell y la teoría factorial de H. J. Eysenck, pero no la teoría de J. P. Guilford.

En general, las teorías factoriales de J. P. Guilford y R. B. Cattell estudian especialmente los factores primarios, mientras que la teoría de H. J. Eysenck considera más importantes los factores secundarios para describir la personalidad. Cuando se analizan las relaciones entre los factores primarios de las teorías de Guilford y Cattell, se suelen hallar los factores secundarios a los que Eysenck da mayor importancia.

Si el profesional desea hacer un pronóstico sobre el comportamiento de la persona, deberá explorar cuidadosamente los factores secundarios. En cambio, si desea planificar una intervención psicológica, será más conveniente estudiar las conductas y hábitos que resumen los factores primarios, puesto que dan mayores detalles sobre la personalidad del individuo.

Las teorías factoriales de Guilford, Cattell y Eysenck son claramente congruentes. Sin embargo, sólo una aparente nueva teoría factorial de la personalidad ha conseguido unificar a la comunidad científica: la teoría pentafactorial o *big five*.

Todas las teorías factoriales de la personalidad son jerárquicas, es decir, los distintos factores no son igualmente importantes. Los niveles de todas ellas son casi siempre cuatro (figura 17.5):

1. Nivel de respuestas concretas.
2. Hábitos de respuesta.
3. Facetas de la personalidad según los hábitos de respuesta.
4. Ragos o factores de la personalidad según las facetas de la personalidad.

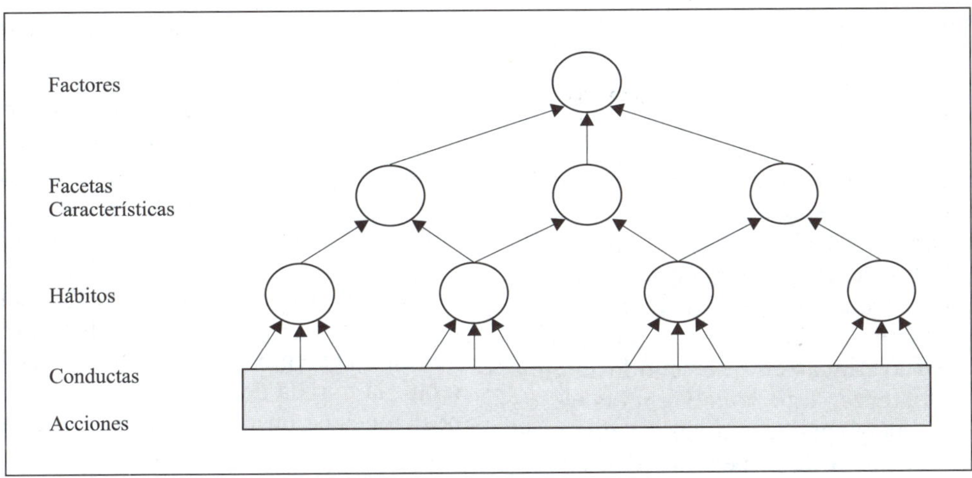

Figura 17.5.—Representación gráfica de una teoría factorial estándar de la personalidad. En la parte más baja de la jerarquía están las respuestas de las personas. El análisis de las semejanzas entre las respuestas da lugar a los hábitos de respuestas, cuyo análisis produce las facetas de la personalidad. Finalmente, el estudio de las relaciones entre las facetas de la personalidad da lugar a los rasgos más generales, situados en la parte alta de la jerarquía.

La recuperación actual de la teoría pentafactorial ha mejorado la acumulación y comunicación de resultados entre los investigadores.

Casi todos los autores están ahora de acuerdo en la relevancia universal de dos factores de la personalidad: extroversión y estabilidad emocional. Pero en una teoría factorial de la personalidad deben recogerse, al menos, otras tres dimensiones:

- Cordialidad, es decir, elementos relacionados con el altruismo, los estilos de afiliación o la cercanía social.
- Apertura de miras, esto es, cuestiones vinculadas a los intereses artísticos, a los inventos o a las innovaciones de diversa naturaleza.
- Orientación al trabajo responsable y minuciosa. Ésta es la dimensión más controvertida.

En cualquier caso, los investigadores discrepan a menudo en el nombre que se le debe dar a un determinado factor. Y no es para menos: tratar de condensar en una sola palabra comprensible una serie de variables resumidas estadísticamente en un factor, es una misión prácticamente imposible. Por ello, autores como R. B. Cattell u Oliver John (1990) optan por usar nombres poco comunes para designar a los factores, como Sizia, Parmia o Alaxia, o números romanos, como I, II o III. Esta idea se suscribe aquí, puesto que en una teoría factorial lo realmente importante no es el nombre de los factores, sino la pauta numérica que se resume a través de ellos.

2.1. Teoría de J. P. Guilford

Según Guilford (1959) la personalidad se define a partir de un axioma que todo el mundo acepta: cada persona es única. Si se considera el patrón global de características de la personalidad, una persona es diferente de todas las demás. Por tanto, es en las diferencias individuales donde encontramos la clave lógica de la personalidad (Guilford, 1959).

Los rasgos de la personalidad se descomponen, como ya sabemos, en rasgos temperamentales y motivacionales. Según la teoría factorial de Guilford, los rasgos temperamentales serían disposiciones psicológicas como la confianza o la impulsividad, mientras que habría tres tipos de rasgos motivacionales:

— Necesidades.
— Intereses.
— Actitudes.

La personalidad de un individuo es su patrón único de rasgos. Un rasgo es una manera distinguible, relativamente estable, en la que un individuo difiere de los demás. «Los psicólogos de las diferencias individuales estudian las relaciones entre las respuestas de los individuos de una población. Tratan de averiguar en qué sentido la conducta es consistente. Las consistencias y los patrones de conducta conducen a descripciones de las personas, así como de la personalidad en general» (Guilford, 1959, pág. 15).

La teoría factorial de la personalidad de Guilford estudia principalmente los factores temperamentales y su desarrollo comienza en los años treinta. Una de las últimas revisiones de la teoría se realizó en 1976 (Guilford, Zimmerman y Guilford, 1976).

2.1.1. *Niveles de acciones, hexis, rasgos y tipos*

La personalidad se debe organizar en una serie de niveles, desde las acciones concretas que las personas realizan, hasta los tipos descriptivos más generales. Los niveles de la teoría factorial de Guilford son las acciones, las hexis o hábitos, los rasgos y los tipos (figura 17.6).

Las acciones específicas pueden ser hablar en una reunión de la asociación de padres de alumnos en un colegio, ponerse nervioso en un examen, rehuir la mirada del interlocutor, o decir NO a proposiciones de buscar sensaciones fuertes como hacer *puenting* en un viaducto.

Las hexis son hábitos que deben resumir las acciones específicas; incluyen los hábitos aprendidos, pero considerando la posible influencia genética en su naturaleza. Los siguientes son algunos ejemplos de hexis:

— La persona tiene muchos conocidos y amigos.

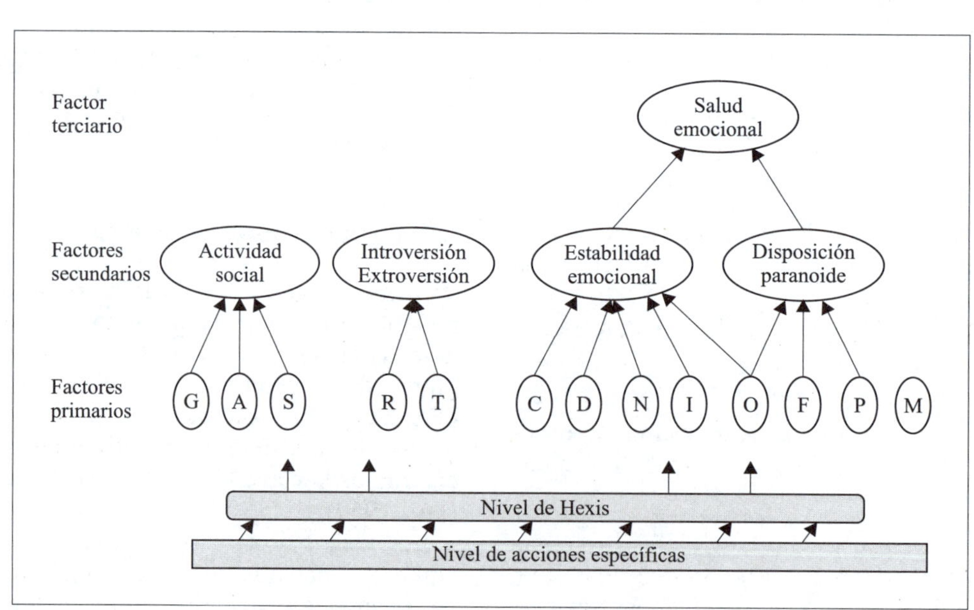

Figura 17.6.—Teoría de J. P. Guilford. En la parte más baja de la jerarquía se sitúan las acciones específicas de las personas. El estudio de las relaciones entre las acciones da lugar a las hexis o hábitos, cuyas relaciones dan lugar a los 13 rasgos o factores primarios. Las relaciones entre los factores primarios se resumen en cuatro factores secundarios. Finalmente, las relaciones entre dos de los factores secundarios se resumen en un solo factor terciario situado en la parte más alta de la jerarquía.

— La persona participa en conversaciones.
— La persona gusta de las actividades sociales.
— La persona busca contactos sociales.
— La persona busca ser el centro de atención.

Los rasgos básicos son resultado de los resúmenes que se pueden realizar a partir de un gran número de hexis. Por consiguiente, los rasgos o factores básicos serían los elementos comunes a las hexis exploradas. Esto significa que los factores primarios son capaces de condensar las consistencias de las acciones específicas a través de las hexis.

El equipo de J. P. Guilford encuentra 13 rasgos primarios básicos en sus investigaciones. Pero, a su vez, estos rasgos primarios pueden resumirse aún más en cuatro rasgos secundarios más generales o más globales. Finalmente, Guilford encuentra un factor todavía más general o terciario, que se situaría, lógicamente, en la parte más alta de la jerarquía.

2.1.2. *Los factores primarios*

Los factores primarios de la teoría factorial de la personalidad de Guilford son los siguientes:

1. Factor (G): actividad general. Algunas de las hexis que resumen G son ritmo rápido, energía y actividad.
2. Factor (A): ascendencia. Algunas hexis que resumen A son liderazgo, convencer a los otros y hablar en público.
3. Factor (S): sociabilidad. Hexis resumidas por S son tener muchos amigos, gusto por las actividades sociales y ser el centro de atención.
4. Factor (R): retraimiento. Algunas hexis que resumen R son seriedad, lentitud y esfuerzo persistente.
5. Factor (T): actitud pensativa. Hexis resumidas por T son reflexivo, interesado por la filosofía y equilibrio mental.

7, 8 y 9. Factores (C: disposición cicliode), (D: depresión), (N: nerviosismo) e (I: sentimiento de inferioridad). Algunas de las hexis que resumen estos factores son continuidad en los estados de ánimo, optimismo, excitabilidad y sentimientos de culpa.

10. Factor (O): objetividad. Hexis incluidas en O son egocentrismo, hipersensibilidad y susceptibilidad.
11. Factor (F): cordialidad. Algunas de las hexis incluidas en F son beligerencia, dominio y desprecio por los otros.
12. Factor (P): relaciones personales. Hexis contenidas en P son tolerancia hacia la gente, fe en las instituciones y autocompadecimiento.
13. Factor (M): masculinidad. Algunas hexis incluidas en M son disgustarse con facilidad, simpatía e intereses románticos.

2.1.3. *Los factores secundarios y el factor terciario*

La teoría factorial de Guilford incluye los siguientes cuatro factores secundarios:

— Factor (SA): actividad social. Resume los siguientes tres factores primarios: actividad general (G), ascendencia (A) y sociabilidad (S).
— Factor (IE): introversión-extroversión. Resume los siguientes dos factores primarios: retraimiento (R) y actitud pensativa (T).
— Factor (E): estabilidad emocional. Resume los siguientes cinco factores primarios: disposición cicliode (C), depresión (D), nerviosismo (N), sentimientos de inferioridad (I) y objetividad (O).
— Factor (Pa): disposición paranoide. Resume los siguientes tres factores primarios: objetividad (O), cordialidad (F) y relaciones personales (P).

El factor primario masculinidad (M) no se incluye dentro de ninguno de los cuatro factores secundarios.

Por último, en la teoría factorial de Guilford hay un solo factor terciario:

— Factor (EH): salud emocional. Resume los siguientes dos factores secundarios: estabilidad emocional (E) y disposición paranoide (Pa).

2.1.4. *Comentario*

La teoría factorial de la personalidad de J. P. Guilford es una de las mejor desarrolladas de la historia. Sin embargo, es sólo una teoría matemática o estadística. Como escriben Eysenck y Eysenck (1985), «J. P. Guilford podría considerarse con justicia el primero en utilizar el análisis factorial en la investigación del temperamento» (página 136).

En su clásica revisión técnica de 1973, French, del *Educational Testing Service,* encuentra que al menos 11 de los 13 factores primarios de la teoría de Guilford han satisfecho dos de los tres puntos del criterio de invarianza factorial, es decir, los factores se han identificado en dos o más investigaciones realizadas por dos o más laboratorios independientes y se han aplicado en programas masivos de investigación. Este dato incrementa en el usuario el nivel de confianza en la teoría factorial de la personalidad de Guilford.

Sin embargo, los factores incluidos en la teoría no se han estudiado en experimentos de laboratorio y tampoco se ha explorado su relación con la base biológica. Esto hace que la teoría factorial de Guilford se pueda considerar como una buena guía, pero también como una teoría psicológica incompleta.

2.2. Teoría de R. B. Cattell

La teoría factorial de R. B. Cattell es, casi con toda seguridad, la teoría más compleja hoy existente. No sólo se debe a los métodos matemáticos empleados por el equipo de investigación de este autor, sino a que sus escritos son bastante oscuros.

Una de las frases más conocidas de Cattell (1950) señala muy bien su perspectiva: «Personalidad es eso que nos permite predecir lo que hará una persona en una determinada situación» (pág. 2).

Cattell recopila pacientemente datos de distintas fuentes, siendo su principal objetivo descubrir las propiedades básicas de la personalidad. Estas dimensiones se dividen en temperamento y motivación. Los factores temperamentales son más consistentes y estables que los factores motivacionales, y, por tanto, resultan más predictivos. Estas dimensiones temperamentales son distintas en personas normales y en pacientes con alguna psicopatología. Por consiguiente, los estudios serán diferentes en estos dos casos.

2.2.1. *¿Dónde está la información sobre la personalidad?*

R. B. Cattell fundó el Institute for Personality and Ability Testing (IPAT) de Illinois, en Estados Unidos. En este centro de investigación se ha desarrollado un gran número de estudios sobre las diferencias individuales en personalidad.

La personalidad se divide, como ya sabemos, en dos tipos de factores: los temperamentales y los motivacionales. Los datos sobre el temperamento y la motivación se pueden registrar a través de tres tipos de técnicas: L, Q y T.

- Las técnicas L dan lugar a datos *Life* o de la vida diaria, lo que supone, entre otras cosas, analizar los términos empleados en el lenguaje natural y los juicios *(ratings)* realizados por personas.

El tipo de estudios en los que se emplean las técnicas L se denominan habitualmente lexicográficos, cuando se basan en el lenguaje natural. Cattell parte de los análisis lexicográficos de Allport y Odbert (1936), quienes extrajeron 17.954 términos del diccionario de la lengua empleados usualmente para describir y calificar a las personas. Esta lista inicial se redujo a 4.504 términos eliminando sinónimos o términos extraños.

Cattell se inspiró en esta lista de 4.504 términos y redujo la lista aún más hasta 171 variables bipolares (por ejemplo, agresivo-pacífico, bueno-malo). Una serie de estudios empíricos logró reducir definitivamente la lista a 36 términos o variables que, una vez factorizadas, se redujeron a las 16 dimensiones básicas del temperamento que revisaremos en breve.

Los juicios realizados por personas allegadas al individuo son útiles para contrastar la información que el propio individuo da a través del segundo tipo de técnicas de recogida de información (Q).

- Las técnicas Q dan lugar a datos *questionnaire* o de cuestionario.

Este tipo de técnicas suponen elaborar preguntas o enunciados que la persona debe contestar, según sean sus pensamientos, sensaciones y comportamientos habituales. Por lo general, las técnicas Q parten de los datos L registrados en un primer momento, así como de observaciones clínicas más o menos sistemáticas.

- Las técnicas T dan lugar a datos denominados de *test situacional objetivo,* en los que se observan comportamientos personales sin que las personas sean conscientes del tipo de propiedad de la personalidad que se está trabajando con la situación.

Por ejemplo, pedirle a una persona que bote una pelota gradualmente hasta lograr que se produzca un ruido intenso suele ser una medida de timidez. La velocidad con la que las personas pueden leer hacia atrás constituye una medida de rigidez.

La recogida sistemática de datos a través de todas estas técnicas ha producido una serie muy cuantiosa de factores temperamentales y motivacionales:

— Factores temperamentales primarios y secundarios, para describir las diferencias individuales normales y anormales o psicopatológicas. Cattell suele distinguir entre factores temperamentales según se hayan localizado con técnicas L, Q o T, aunque una de las principales metas del programa de investigación de Cattell es encontrar concordancias entre los distintos tipos de datos.

— Factores motivacionales primarios y secundarios, divididos en tres categorías principales: intereses y actitudes, ergios o impulsos innatos, y sentimientos o impulsos sociales.

Por supuesto, todos los factores son bipolares, es decir, cada dimensión explora los dos extremos de la misma dimensión continua. Por ejemplo, una persona puede situarse, en principio, en cualquier posición de una escala que vaya desde la introversión extrema a la extroversión extrema.

2.2.2. *Factores temperamentales y diferencias individuales normales y anormales*

Los factores temperamentales se organizan en una estructura jerárquica. Por consiguiente, encontraremos factores primarios o específicos y factores secundarios o más generales. Como suele ser habitual, los factores primarios provienen de los elementos comunes a las respuestas de las personas, mientras que los factores secundarios son dimensiones comunes a los factores primarios.

Los factores temperamentales primarios recogidos con técnicas L que se han logrado replicar son ocho:

1. Factor A (sizotimia-afectotimia). La persona es reservada o abierta
2. Factor B (inteligencia baja-alta). La persona es lenta o brillante.
3. Factor C (poca-mucha fuerza del ego). Afectado por los sentimientos o emocionalmente estable.
4. Factor E (sumisión-dominancia). La persona puede ser sumisa o dominante.
5. Factor F (desurgencia-surgencia). La persona puede ser sobria o descuidada.
6. Factor G (poca-mucha fuerza del superego). La persona puede ser despreocupada o escrupulosa.

7. Factor H (threctia-parmia). La persona puede ser tímida o atrevida.
8. Factor I (harria-premsia). La persona puede tener una sensibilidad dura o blanda.

Los factores temperamentales primarios derivados de las técnicas L, pero no replicados, es decir, sobre los que hay menos garantías, son cuatro:

9. Factor L (alaxia-protensión). La persona puede ser confiable o suspicaz.
10. Factor M (praxernia-autia). La persona puede ser práctica o imaginativa.
11. Factor N (sencillez-astucia). La persona puede ser franca o astuta.
12. Factor O (adecuación imperturbable-tendencia a la culpabilidad). La persona puede ser apacible o aprensiva.

Los factores temperamentales primarios recogidos con técnicas Q son los mismos 12 que los registrados con las técnicas L, más otros 4 factores que proceden de las técnicas Q:

13. Factor Q1 (conservadurismo-radicalismo). La persona puede ser conservadora o liberal.
14. Factor Q2 (adhesión al grupo-autosuficiencia). La persona puede ser dependiente o autónoma.
15. Factor Q3 (baja integración-mucho control de la autoimagen). La persona puede ir por libre o estar preocupada por su imagen social.
16. Factor Q4 (poca-mucha tensión energética). La persona puede estar relajada o tensa.

Por consiguiente, la teoría factorial de Cattell incluye 16 factores temperamentales primarios aplicables a muestras de personas normales[1].

Cuando se estudian las diferencias individuales anormales o psicopatológicas, se hallan 12 factores primarios. Siete de ellos se relacionan con la depresión:

1. Factor D1 (hipocondriasis). La persona está preocupada por las funciones de su cuerpo.
2. Factor D2 (depresión suicida). La persona tiene pensamientos de autodestrucción. Junto con D1 y D5, son los factores más importantes de la depresión.
3. Factor D3 (agitación). Las personas con altas puntuaciones gustan de las actividades de alto riesgo. Estas puntuaciones altas son frecuentes en las personalidades antisociales.
4. Factor D4 (depresión ansiosa). La persona con altas puntuaciones no se siente segura de sí y está desorientada.
5. Factor D5 (depresión con baja energía). Las puntuaciones más altas se dan en varones alcohólicos y en mujeres adictas a las drogas.
6. Factor D6 (culpabilidad-resentimiento). La persona con altas puntuaciones tiene sentimientos de culpabilidad por las acciones que ha hecho o no ha hecho.
7. Factor D7 (apatía-retirada). La persona siente que la vida es demasiado absurda como para preocuparse por nada y además rechaza el contacto con los demás.

Los otros cinco factores primarios se corresponden con tipos clínicos clásicos:

8. Factor Pa (paranoia). La persona recela, tiene sensaciones de injusticia y persecución, es cínico y tiene miedo a ser envenenado. Se relaciona con el factor L del 16 PF, pero Pa es un factor patológico.
9. Factor Pp (desviación psicopática). La persona se inhibe poco ante el peligro, el dolor físico y las críticas de la sociedad. Busca nuevas sensaciones constantemente. Suele ser alto en personas de alto nivel cultural y profesional. Pp representa las conductas desviadas de actuación, que contrastan con las conductas neuróticas y psicóticas de retirada.
10. Factor Sc (esquizofrenia). La persona tiene problemas para expresar sus ideas, tiene impulsos extraños, cree que la gente no la comprende, tiene pérdidas de memoria, sentimientos de separación de la realidad y alucinaciones.

[1] En realidad 15, puesto que el factor B es un factor intelectual.

11. Factor As (psicastenia). Síntomas obsesivos y prácticas rituales.
12. Factor Ps (desajuste general). La persona con altas puntuaciones piensa que ella no sirve para nada.

El análisis de las relaciones entre los factores primarios produce ocho factores secundarios comunes. Los dos más importantes son:

1. Extroversión. Resume los factores primarios A, F, H y Q2. Es decir, la persona extrovertida será sociable, surgente, emprendedora y dependiente.
2. Ansiedad. Resume los factores primarios C, H, L, O, Q3 y Q4. Por tanto, la persona ansiosa tendrá poca fuerza del ego, será tímida, suspicaz, propensa a la culpabilidad, con un sentimiento propio muy bajo y será una persona tensa.

Los otros seis factores secundarios, menos importantes, son los siguientes:

3. Tenacidad. Resume los factores primarios A, I y N. Esto es, la persona tenaz es poco sociable, insensible y astuta.
4. Independencia. Resume los factores primarios F, E, H, M y L. Por consiguiente, la persona independiente es surgente, dominante, emprendedora, desentendida y suspicaz.
5. Discreción. Resume los factores primarios N y A. Es decir, la persona discreta será astuta y sociable.
6. Subjetividad. Resume los factores primarios M y Q1. Por tanto, la persona subjetiva es desentendida y radical.
7. Buena educación. Resume los factores primarios G, E, F y Q3. Así, la persona bien educada tiene un gran superego, es sumisa, desurgente y tiene un gran sentimiento propio.
8. Inteligencia. En realidad no es un factor temperamental.

Finalmente, los factores temperamentales primarios hallados a través de las técnicas T son 21. Puesto que hay 16 factores primarios temperamentales recogidos con técnicas L y Q usando muestras normales, los factores primarios recogidos con técnicas T van desde el 17 al 37. En realidad, la denominación universal de los datos T es UI y un número asociado entre 16 y 36, pero si se incluye el factor B, la denominación es UI y un número asociado entre 17 y 37.

Aquí no se van a enumerar los 21 factores temperamentales derivados de las técnicas T, puesto que no hay información suficiente sobre sus garantías científicas, pero se verán tres ejemplos.

El factor UI.16, ego narcisista, resume las respuestas de las personas a ocho tests situacionales. Los siguientes son dos ejemplos:

- Test situacional de actitudes: mide el número de respuestas extremas.
- Test situacional de codificación: la persona debe seleccionar las vocales que aparezcan en una serie de letras.

El factor UI.19, independencia, resume las respuestas a siete tests situacionales. Aquí tenemos dos ejemplos:

- Test situacional de búsqueda: la persona debe descubrir una serie de detalles en unos dibujos.
- Test situacional de observación: la persona debe codificar rápidamente una serie de figuras, según ciertas reglas.

El factor UI.20, conformidad gregaria, resume las respuestas a siete tests situacionales. Los siguientes son dos ejemplos:

- Test situacional de opiniones: la persona debe señalar su grado de acuerdo con determinadas opiniones.
- Test situacional sobre la naturaleza humana: la persona debe señalar su nivel de acuerdo con ciertas creencias usuales sobre los seres humanos.

Debe recordarse que este tipo de tests situacionales exploran propiedades de la personalidad de un modo encubierto, a diferencia de los que sucede con las técnicas Q. Por tanto, la persona desconoce qué está midiendo exactamente el investigador.

Los factores T temperamentales primarios se resumen en siete factores T secundarios comunes a los primarios:

1. F(T) I: socialización controlada.
2. F(T) II: ego o yo expansivo.
3. F(T) III: ardor temperamental.
4. F(T) IV: conciencia propia.
5. F(T) V: ansiedad delimitada.
6. F(T) VI: desarrollo narcisista.
7. F(T) VII: tensión de logro.

2.2.3. *Factores motivacionales*

El comportamiento motivado se caracteriza, según Cattell, por tres elementos:

- Una tendencia espontánea a prestar más atención a determinadas situaciones y eventos.
- Suele existir una emoción característica y específica asociada al estímulo que motiva a la persona.
- El impulso motivado sigue el curso de una acción que tiene un objetivo específico como meta.

Como ya se ha comentado, los factores motivacionales se dividen en actitudes e intereses, ergios y sentimientos.

Los intereses y actitudes se resumen en cinco factores motivacionales primarios:

1. El factor alfa resume el empeño por buscar la satisfacción sin considerar las posibles consecuencias, ni la situación, ni la lógica.
2. El factor beta resume los intereses conscientes, las recompensas futuras realistas, así como los intereses adquiridos por los hábitos y las obligaciones.
3. El factor gamma resume la preferencia consciente por una actividad, la perseverancia al buscar recompensas y una falta de información sobre la actividad preferida.
4. El factor delta resume las respuestas motivadas de naturaleza fisiológica.
5. El factor épsilon resume el significado emocional de las palabras, que se puede medir con técnicas como la respuesta dermogalvánica de la piel.

Estos factores motivacionales primarios se resumen, a su vez, en dos factores secundarios:

1. El factor integrado resume los factores primarios beta y gamma.
2. El factor desintegrado resume los factores primarios alfa, delta y épsilon.

Los factores motivacionales más dinámicos son los ergios y los sentimientos.

Los ergios son tendencias innatas de actuación y Cattell distingue ocho:

1. Temor: reducir el peligro de muerte por enfermedad o accidente.
2. Sexual: satisfacción de las necesidades sexuales.
3. Autoafirmación: aumentar el estatus social.
4. Narcisista: llevar una vida fácil.
5. Belicosidad: espectáculos violentos.
6. Gregarismo: actividades de equipo.
7. Paternalista: ayudar a los afligidos.
8. Exploratorio: aumentar los conocimientos.

Los sentimientos constituyen los modos culturales en los que se invierten los ergios. Los sentimientos son estructuras dinámicas visibles a modo de patrones generales de reacción, que se sitúan entre las actitudes e intereses iniciales y las metas finales (ergios). Los sentimientos que el equipo de Cattell ha identificado son siete:

1. Profesional: aprender más sobre la profesión.
2. Propio: mantener o lograr una buena reputación.

3. Superego: sentido del deber con la comunidad.
4. Conyugal: pasar el tiempo con la pareja.
5. Interés mecánico: disfrute con aparatos y dispositivos.
6. Religioso: contacto con entidades divinas o sus representantes.
7. Deportivo: ver y hablar de deportes.

En suma, la personalidad no sólo se define por el modo en que las personas actúan como lo hacen (temperamento), sino por las razones por las que hacen lo que hacen (motivación).

La motivación, tal y como es concebida por Cattell, consiste en tres componentes esenciales: el yo deseo, el yo decido desear y el yo debo desear. Los ergios serían los objetivos básicos de la motivación, mientras que los sentimientos serían el resultado de la inversión cultural particular de los ergios. En alguna medida, esta distinción entre ergios y sentimientos recuerda la diferencia que el propio Cattell establece entre Gf o inteligencia fluida (natural, biológica) y Gc o inteligencia cristalizada (cultural, educativa).

2.2.4. *Comentario*

Es evidente que constituye una tarea virtualmente imposible describir de un modo exhaustivo la teoría factorial de Cattell. La única manera de comprender en su integridad la propuesta de Cattell es estudiar sus obras originales, así como las monografías que ha editado sobre los instrumentos de medida psicológica dirigidos a la exploración rigurosa de los factores temperamentales y motivacionales que se acaban de revisar sumariamente.

En cualquier caso, la riqueza que para la psicología básica y aplicada tiene la propuesta de Cattell no debería quedar encubierta por la indudable complejidad de su teoría. La teoría de la relatividad es, evidentemente, bastante compleja. Sin embargo, eso no ha sido obstáculo para que tenga un visible impacto en la comunidad científica. Los físicos se someten a un proceso de formación que les permite comprender la teoría de la relatividad. ¿Reciben los psicólogos una formación equivalente?

Según Eysenck (1996), «en la actualidad manejarse con los métodos matemáticos necesarios en la psicología científica supone un mínimo de tres años de formación. Éstos son cambios importantes que hacen a la psicología más científica, basada en hechos y detallada en sus conocimientos» (página 11).

2.3. Teoría de H. J. Eysenck

La teoría factorial de H. J. Eysenck es una teoría temperamental. No explora, por tanto, los factores motivacionales, como en el caso de la teoría de R. B. Cattell.

Los estudios de Eysenck sobre las diferencias temperamentales comienzan en los años cuarenta, analizando a sujetos neuróticos. Sus primeros resultados logran identificar dos rasgos esenciales de la personalidad: la estabilidad emocional y la extroversión.

Eysenck publica en 1947 la obra titulada *Dimensiones de la personalidad,* en la que diseña las directrices de sus investigaciones. Según Eysenck (1947), el estudio de la personalidad supone proponer una teoría y usar las técnicas esta-

Figura 17.7.—El profesor Hans Jurgen Eysenck junto al profesor Antonio Andrés Pueyo, de la Universidad de Barcelona, en la jornada de inauguración de la Sociedad Española para la Investigación de las Diferencias Individuales (SEIDI) celebrada en Barcelona en 1996.

dísticas para valorarla y comprobar su capacidad para predecir criterios reales, como el comportamiento de los histéricos frente a los sujetos normales. Este proceso de validación teórica y predictiva debe llevar a identificar con precisión los rasgos básicos de la personalidad. El paso final consistirá en estudiar experimentalmente estos rasgos básicos, tanto con tareas típicas de laboratorio (por ejemplo, condicionamiento clásico, aprendizaje operante o memoria), como a través del estudio de sus bases biológicas.

Por consiguiente, la teoría factorial de Eysenck se debe situar en las primeras fases de su programa de investigación. Es decir, la propuesta de Eysenck sobre la personalidad no se puede reducir a su teoría factorial. El análisis de laboratorio y biológico de las dimensiones factoriales de la personalidad supone responder a otras dos preguntas. Mientras que su teoría factorial describe la estructura de la personalidad, el análisis experimental explora la *dinámica* de esa estructura y el estudio biológico estudia las relaciones entre las dimensiones y el funcionamiento del sistema nervioso. Eysenck estudia incluso el origen genético y ambiental de las dimensiones de la personalidad recogidas en su teoría factorial.

Este enfoque eysenckiano se recoge muy bien en la propuesta expuesta en la parte segunda de este manual al explicar los distintos tipos de preguntas que debería formularse una teoría psicológica sobre las diferencias individuales. En otras palabras, constituye un ejemplo del marco de los niveles de análisis, cuya autoría muy bien se le podría atribuir al propio Eysenck.

Escribe Eysenck (1967) que «a lo largo de la historia, la clasificación y la experimentación han estado estrechamente vinculadas, y nunca se habría construido la tabla de los elementos químicos de Mendeleiev si no hubiera ido precedida por muchos trabajos que vinculaban ambos puntos de vista. El experimentalista puede argüir que las diferencias individuales no pertenecen a su campo, sino al especialista en psicometría o al teórico de la personalidad. Pero en la medida en que tales diferencias afectan a su trabajo le conciernen claramente» (pág. 19).

2.3.1. *Los superfactores y sus facetas*

— ¿Le molesta la gente que conduce con precaución?

— ¿Le preocuparía tener deudas?

— ¿Es usted una persona conversadora?

— ¿Prefiere usted leer a conocer gente?

— ¿Tiene a menudo altibajos su estado de ánimo?

— ¿Se hieren sus sentimientos con facilidad?

Estas preguntas no se refieren a las mismas acciones, sensaciones o pensamientos. Las dos primeras preguntas exploran el primer factor de la teoría de Eysenck: el psicoticismo o la dureza. Las dos preguntas siguientes estudian el segundo factor: la extroversión. Las dos últimas preguntas rastrean el tercer factor: el neuroticismo o la inestabilidad emocional.

El psicoticismo, la extroversión y el neuroticismo son dimensiones bipolares. Por tanto, la persona puede situarse en un continuo que va desde la estabilidad emocional hasta la inestabilidad extrema. Además, según Eysenck, la diferencia entre la presencia normal y anormal de estas tres dimensiones es cuantitativa.

Las tres dimensiones dan lugar a que la teoría de Eysenck se denomine habitualmente *sistema PEN*.

El psicoticismo es un superfactor de alto nivel o muy general que, cómo no, incluye una serie de facetas o factores primarios: la agresividad, la frialdad, el egocentrismo, la impersonalidad, la impulsividad, la antisocialidad, la falta de empatía, la creatividad y la inconmovilidad.

La persona con tendencias psicóticas es solitaria, se despreocupa de las personas, crea problemas a los demás y, por supuesto, no compagina con sus semejantes fácilmente. Puede ser cruel, inhumano e insensible. Sus comportamientos son hostiles y agresivos. Se inclina por las cosas raras y extravagantes. Desprecia el peligro y le gusta burlarse de los otros.

La extroversión también incluye una serie de factores primarios: la sociabilidad, la vitalidad, la actividad, el dogmatismo, la búsqueda de sensaciones, la despreocupación, la dominancia, la surgencia y la búsqueda de aventuras.

La persona con tendencias extrovertidas es sociable, le gustan las fiestas, tiene muchos amigos, necesita tener a alguien con quien hablar y no le gusta leer o estudiar en solitario. Busca activamente la excitación, se arriesga, se mete en todo, actúa por razones del momento y suele ser impulsivo. Le gustan las bromas y le encantan los cambios. Es despreocupado y optimista. Siempre está haciendo cosas y se enfada con facilidad. No siempre es una persona en la que se pueda depositar confianza.

Las facetas o factores primarios del neuroticismo son los siguientes: ansiedad, depresión, sentimientos de culpa, poca autoestima, tensión, irracionalidad, timidez, tristeza y emotividad.

Una persona con tendencias neuróticas es ansiosa, preocupada, con cambios frecuentes de humor y deprimida. Suele estar aquejada de desórdenes psicosomáticos. Es muy emotiva, presenta reacciones muy fuertes a los estímulos y le cuesta recuperar la normalidad tras una elevación emocional. Estas fuertes reacciones complican su adaptación, lo que produce conductas irracionales y rígidas.

2.3.2. *La validez de los superfactores*

Eysenck y Eysenck (1985) se refieren a una serie de puntos que sugieren la potencia de los superfactores PEN como dimensiones esenciales para describir las diferencias individuales en personalidad:

1. Los análisis de grandes números de preguntas sobre el temperamento suelen producir la aparición de estos tres superfactores. Aunque se hallen más factores, estos tres suelen ser los más importantes.
2. Los superfactores PEN también se incluyen en las teorías factoriales de Guilford y de Cattell.
3. Los factores primarios son más inestables que los superfactores. En otras palabras, los superfactores son factorialmente invariantes, mientras que los factores primarios varían de unas investigaciones a otras.
4. A partir de los superfactores se pueden hacer predicciones muy satisfactorias sobre:
   - Comportamiento fisiológico: así por ejemplo, a los introvertidos y los extrovertidos les afecta de distinto modo el consumo de las mismas drogas.
   - Experimentos psicológicos: así por ejemplo, los individuos con distintas personalidades descritas según el PEN tienen rendimientos diferentes en tareas perceptivas, de vigilancia o de aprendizaje.
   - Comportamiento social: por ejemplo, la dimensión P distingue muy bien a los delincuentes de los no delincuentes.

2.3.3. *¿Por qué tres factores?*

Si consideramos los 13 factores primarios de la teoría factorial de J. P. Guilford y los 16 factores primarios de la teoría factorial de R. B. Cattell, puede parecer extraño que Eysenck defienda que son suficientes tres superfactores para describir adecuadamente la personalidad.

Debe tenerse presente, no obstante, que los superfactores incluyen o resumen 27 factores primarios, aunque, en cualquier caso, Eysenck les concede una escasa importancia práctica. Según él, una persona está bien descrita diciendo que es blanda, introvertida y emocionalmente inestable.

La principal justificación de la propuesta de Eysenck parece ser que esta descripción tridimensional es la única fiable y válida. Realizar una exploración psicológica a partir de dimensiones que no han demostrado su invarianza factorial resulta muy peligroso tanto científicamente como en la práctica.

Los resultados de una exploración psicológica constituyen la base para planificar las intervenciones o los tratamientos psicológicos. Si el diagnóstico no es fiable, será difícil que el tratamiento sea efectivo.

En alguna medida, la principal conclusión de la teoría factorial de Eysenck es que los tres superfactores PEN delimitan la «aldea global», los márgenes del territorio de la personalidad. Sin embargo, habrá que hacer un esfuerzo especial para concretar del modo más preciso posible los factores primarios que pueden caer o incluirse en el sistema PEN, quizá acatando las advertencias metodológicas propuestas por R. B. Cattell (1990).

2.4. Teoría de las *big five*

La teoría de las *big five* comenzó su desarrollo en las fuerzas aéreas norteamericanas en los años cincuenta (Tupes, 1957; Tupes y Christal, 1961; McCrae, 1991). La teoría de las big five es una taxonomía, una manera que los investigadores emplean para estudiar las características de la personalidad resumidas en una serie de áreas, evitando estudiar por separado los cientos de atributos que deberían emplearse para describir a los distintos individuos.

Figura 17.8.—La dimensión extroversión-introversión es la primera de las big five. Probablemente no existan personas totalmente introvertidas o extrovertidas, de modo que cada uno de nosotros estaría en algún punto entre esos dos extremos.

Una taxonomía de este tipo que sea aceptada por la mayor parte de la comunidad científica facilita claramente la acumulación y comunicación de resultados empíricos. Entre otras cosas, esto se consigue a través de un vocabulario o una nomenclatura estándar (John, Angleitner y Ostendorf, 1988; véase John, 1990).

Los acuerdos en el área de la personalidad parecen muy difíciles cuando la teoría es propuesta por un determinado autor, como Guilford, Cattell o Eysenck. Por consiguiente, puede ser más rentable usar una taxonomía ateórica en la que simplemente se incluyan organizadamente las dimensiones principales en las que todo el mundo está de acuerdo que deben estar ahí.

La taxonomía big five proviene del análisis de los términos que las personas usan en su lenguaje natural para describirse a sí mismos y a sus semejantes.

2.4.1. *La descripción de las big five*

Los investigadores no se ponen de acuerdo en cuál debe ser el nombre más adecuado de los cinco grandes factores de la personalidad, aun a pesar de que los patrones factoriales sean prácticamente idénticos. Conviene recordar que las teorías factoriales no dependen de cuestiones nominales; los factores son resultado del estudio matemático de respuestas. De hecho, los factores son representantes matemáticos de los rasgos psicológicos. Por tanto, el problema debe centrarse en las variables que se resumen en los distintos factores, dejando a un lado el problema de los nombres que van a tener.

Oliver P. John (1990) realizó un estudio con 10 jueces que valoraron todos los términos aparecidos en un gran número de artículos sobre las big five. En concreto, los términos fueron 300 y los jueces debían tratar de incluirlos en alguna de las big five.

El acuerdo entre los jueces fue bastante alto; entre 0,90 y 0,94. De los 300 términos, 76 se asignaron a una de las big five con un acuerdo per-

Figura 17.9.—La dimensión cordialidad-hostilidad es la segunda de las big five. Las relaciones humanas suelen estar coloreadas por un tono más o menos cordial. En ocasiones, incluso podemos conscientemente simular cordialidad en situaciones en las que no tenemos otra salida.

fecto y otras 36 se asignaron a otra de las big five con un acuerdo del 90 por 100. Los descriptores siguientes se presentan por grado de acuerdo, desde aquellos en los que hay más acuerdos hasta los que muestran menos acuerdo.

El factor I, o primera big five, incluyó los siguientes términos o descriptores:

— Bajo factor I: tranquilo, reservado, vergonzoso, silencioso, timido, solitario.
— Alto factor I: hablador, asertivo, activo, energético, amigable, abierto, dominante, fuerte-enérgico, entusiasta, presumido, sociable, valiente, gusto por las aventuras, ruidoso, mandón.

El factor II, o segunda big five, resumió los siguientes descriptores:

— Bajo factor II: criticón, frio, hostil-antipático, pendenciero, duro de corazón, poco amable, cruel, severo, poco agradecido, fibroso-correoso.
— Alto factor II: simpático, amable, agradecido, afectivo, blando de corazón, caluroso, generoso, confiado, provechoso, clemente, agradable, afable, cordial, cooperativo, gentil, generoso, alabador, sensible.

El factor III, o tercera big five, incluye los siguientes descriptores:

— Bajo factor III: descuidado-despistado, desordenado, frívolo, irresponsable, descuidado-se escamotea, de poca confianza-inseguro, olvidadizo.
— Alto factor III: organizado, minucioso-detallista, planificador, eficiente, responsable, fiable, de confianza-seguro, concienzudo, preciso, práctico, pausado-deliberador, esmerado-cuidadoso, cauto.

El factor IV, o cuarta big five, recoge los siguientes descriptores:

— Bajo factor IV: tenso, ansioso, nervioso, malhumorado, preocupado, susceptible, miedoso, muy nervioso, autocompadeciente, temperamental, inestable, autocastigador, desanimado, emocional-emotivo.
— Alto factor IV: estable, calmado, satisfecho-contento, poco emocional-emotivo.

El factor V, o quinta big five, resume los siguientes descriptores:

— Bajo factor V: ordinario-usual-de costumbres, intereses estrechos, simple-sencillo, superficial, poco avispado.
— Alto factor V: intereses amplios, imaginativo, avispado, original, penetrante, curioso, sofisticado, artístico, agudo, inventivo-ocurrente, perspicaz, ingenioso, gracioso, lleno de recursos, sabio, lógico, civilizado, previsor-prudente, refinado, digno-decoroso.

Paul T. Costa Jr. y Robert McCrae (1985), es decir, posiblemente los máximos exponentes actuales de la taxonomía big five, han estudiado una serie de características o facetas de los cinco grandes factores:

— Factor I: cordialidad, asertividad, gregarismo, actividad, búsqueda de emociones y emociones positivas.
— Factor II: franqueza, altruismo, modestia, confianza, honradez, sensibilidad a los demás.
— Factor III: competencia, orden, necesidad de logro, sentido del deber, deliberación y autodisciplina.
— Factor IV: ansiedad, hostilidad, depresión, timidez, impulsividad y vulnerabilidad.
— Factor V: fantasía, estética, sentimientos, acciones, ideas y valores.

Por tanto, son 30 las facetas que se resumen en los cinco grandes factores, o big five. Estas facetas se miden con la prueba que estudiaremos en el apartado dedicado a las aplicaciones prácticas.

En suma, las big five se pueden resumir así:

— Factor I: extroversión, energía, entusiasmo.
— Factor II: cordialidad, altruismo, afecto.
— Factor III: concienzudo, control, responsabilidad.
— Factor IV: neuroticismo, afecto negativo, nerviosismo.
— Factor V: apertura, originalidad, abierto de mente.

Por tanto, en nuestro idioma, las big five se pueden resumir, usando una sencilla regla mnemotécnica, en el término NACER (N = neuroticismo, A = apertura, C = cordialidad, E = extroversión y R = responsabilidad).

En 1997, Robert McCrae y Paul Costa han publicado un artículo en la revista *American Psychologist* en el que contrastan la generalizabilidad transcultural de la teoría de las big five, a

Figura 17.10.—La dimensión responsabilidad es la tercera big five. Los miembros de un jurado claramente deben disponer de unas altas cotas de responsabilidad.

Figura 17.11.—La inestabilidad-estabilidad emocional es la cuarta big five. Las personas emocionalmente inestables están sujetas a los vaivenes del momento y tienen frecuentes cambios en su estado de ánimo.

partir de datos derivados de estudios que usan seis traducciones del Inventario de Personalidad NEO Revisado (Costa y McCrae, 1992). Las muestras alemanas, portuguesas, hebreas, chinas, coreanas, y japonesas, con un número de sujetos de 7.134, mostraron estructuras factoriales similares. Según estos autores, puesto que las muestras estudiadas son representativas de culturas muy distintas con lenguajes de cinco familias diferentes, los datos sugieren que la estructura de los rasgos de personalidad es universal.

Los valores de congruencia de las muestras estudiadas y de la muestra americana se pueden observar en la tabla 17.1.

Como puede verse, los valores son extremadamente altos (muy próximos a 1). Por tanto, las big five parecen representar la estructura universal de la personalidad humana.

2.4.2. *Las big five y las teorías factoriales de la personalidad.*

En general se han encontrado altas correlaciones entre la E (extroversión) de la teoría de H. J. Eysenck y el Factor I, así como entre la N (neuroticismo) de Eysenck y el factor IV. La P (psicoticismo) de Eysenck se relaciona negativamente con los factores II y III; es decir, a mayor psicoticismo, menor cordialidad y responsabilidad (John, 1990).

La teoría factorial de R. B. Cattell incluye ocho factores secundarios comunes a los 16 factores primarios. Según John (1990), tres de estos ocho factores no resumen nada más que un factor primario:

— Uno de estos factores representa la inteligencia.
— Los otros dos representan los factores primarios I (harria) y N (sencillez).

Por consiguiente, quedan cinco factores secundarios que se corresponden bastante bien con las big five: exvía/extroversión (factor I), tenacidad (factor II), fuerza del superego (factor III), ansiedad (factor IV) e independencia (factor V). Por supuesto. Cattell (1990) no está de acuerdo con esta interpretación. Sin embargo, el estudio de Noller y col. (1987) en el que se analizaron factorialmente las escalas de medida de R. B. Cattell y de H. J. Eysenck, dio lugar a resultados congruentes con estos cinco factores de Cattell.

En suma, la taxonomía big five es útil para resumir a muy grandes rasgos las dimensiones prin-

TABLA 17.1

	Factores				
	Neuroticismo	**Apertura**	**Cordialidad**	**Extraversión**	**Responsabilidad**
Alemania	0,97	0,96	0,97	0,96	0,98
Portugal	0,98	0,89	0,93	0,89	0,96
Israel	0,98	0,96	0,94	0,92	0,95
China	0,97	0,92	0,93	0,93	0,97
Corea	0,97	0,94	0,95	0,94	0,96
Japón	0,94	0,92	0,68	0,78	0,92

Figura 17.12.—La dimensión apertura a la experiencia es la quinta big five. Estar abierto a nuevas experiencias constituye una característica humana ciertamente importante, especialmente cuando se buscan resultados creativos. Sin embargo, algunas personas prefieren el denominado «estilo clásico».

cipales necesarias para describir la personalidad. En cualquier caso, esas dimensiones, como en el caso del sistema PEN de Eysenck, marcan el territorio de la personalidad, pero no señalan con precisión las facetas más concretas necesarias para orientar los tratamientos o intervenciones psicológicas.

2.4.3. *Comentario*

En su revisión sobre la taxonomía de las big five, publicada en el *Annual Review of Psychology,* J. M. Digman (1990) escribe: «La esperanza de que el método del análisis factorial pudiese clarificar el dominio de la personalidad, anunciada hace años por Eriksen (1957) y Jensen (1958), parece haberse cumplido» (pág. 418).

Cincuenta y siete años antes, L. L. Thurstone (1933) había escrito: «La reducción matemática de dimensiones psicológicas descriptivas nos lleva a sospechar que la descripción científica de la personalidad quizá no sea todo lo compleja que se había creído» (pág. 587).

Según parece, las big five se encuentran en distintas comunidades lingüísticas, al emplear distintos tipos de sistemas de medida y se mantienen estables durante largos períodos de tiempo (Costa y McCrae, 1985, 1988).

Finalmente, David M. Buss (1991) ha sugerido que las big five se pueden explicar a partir de la *psicología de la evolución*. Muy posiblemente las big five pueden resumir las dimensiones más importantes del paisaje social al que se han tenido que adaptar durante el proceso evolucionista los individuos de la especie humana. Por tanto, las cinco dimensiones serían, en alguna medida, un producto evolucionista.

2.5. Comentario sobre las teorías factoriales

R. B. Cattell (1965) escribió hace bastantes años: «La psicología multivariada ha unido en matrimonio a la psicología con la "reina de las ciencias", las matemáticas, y aunque su descendencia todavía no es numerosa, es muy prometedoras (página 24). Es decir, las teorías factoriales son, en gran medida, teorías matemáticas sobre la personalidad.

Las teorías de la personalidad han de ceñirse, como cualquier otro tipo de teoría, a los siguientes criterios básicos:

- Deben sugerir predicciones concretas que permitan realizar estudios empíricos y contrastables. Por tanto, una teoría debe hacer predicciones.
- Los supuestos teóricos deben ser claros y precisos, de modo que distintos investigadores puedan comprender la teoría y ponerla a prueba.
- Las definiciones de la teoría deben ser prácticas y explícitas, de modo que los conceptos teóricos se puedan traducir en predicciones que den lugar a datos verificables.
- Una teoría debe ser capaz de integrar y organizar información sobre las cuestiones a las que la teoría está dirigida.
- La teoría debe ser lo más sencilla posible, pero debe explicar al menos los mismos datos que otras teorías alternativas.

Según Pedersen y col. (1992), la taxonomía big five cumple estos criterios en mayor medida que las teorías factoriales de Guilford, Cattell y Eysenck. La riqueza de los factores big five y las escalas de medida asociadas a ellos contribuyen, entre otras cosas, a esta conclusión.

Así, las teorías de Guilford y Eysenck no constituyen una descripción completa de la personalidad, puesto que excluyen los elementos motivacionales. Por su parte, aunque la teoría de Cattell sí incluye los elementos motivacionales, buena parte de sus factores no se han replicado satisfactoriamente en otros laboratorios de investigación que no sean el suyo.

Puesto que se estudiarán en breve las teorías cognitivas de la personalidad, hay que decir que, según Pedersen y col. (1992), las supuestas teorías de la personalidad que se ciñen exclusivamente al comportamiento observable (por ejemplo, la teoría de la autoeficacia de Albert Bandura o la teoría situacional de Walter Mischel) en realidad no son teorías de la personalidad, sino del comportamiento. Pero la personalidad se refiere, por supuesto, a propiedades no directamente observables que gobiernan, en alguna medida, la conducta que sí se puede observar.

Hay otras muchas teorías de la personalidad, tanto factoriales como no factoriales, pero una buena parte son incompletas o no están suficientemente operativizadas, es decir, no cumplen los criterios anteriores. Por consiguiente, no cualquier supuesta teoría de la personalidad es igualmente válida para describir y explicar el comportamiento humano. Como sostienen Eysenck y Eysenck (1985), la opinión de que todas las perpectivas aparentemente psicológicas sobre la personalidad son correctas con igual probabilidad es, sencillamente, falsa. Hay teorías de la personaldad claramente mejores y peores.

La taxonomía big five parece muy conveniente para desarrollar medidas completas de las diferencias individuales en personalidad, pudiendo ajustar su alcance a los objetivos de una investigación y sirviéndose de un lenguaje compartido por la comunidad científica.

Sin embargo, una de las mayores críticas que se puede hacer a las big five proviene de la pluma de J. P. Guilford (1975): «El uso de *ratings,* o calificaciones realizadas por jueces sobre una serie de términos del lenguaje natural, es muy cuestionable, puesto que los resultados darán información tanto sobre la concepción que los jueces tienen de los términos/rasgos, como sobre las dimensiones de la personalidad en sí. Por tanto, este tipo de estudios serán tanto *semánticos* como *psicológicos*» (página 810). Por consiguiente, será difícil aventurar en qué medida las calificaciones de los jueces/expertos se relacionan con el comportamiento de la persona o con el significado denotativo, es decir, de diccionario, de los términos empleados en los estudios lexicográficos propios de la taxonomía big five e incluso de la teoría factorial de Cattell cuando usa datos L.

En suma, hay dos conclusiones generales sobre las teorías factoriales de la personalidad que de modo unánime suscriben los investigadores de las diferencias individuales:

1. La personalidad tiene una estructura jerárquica en niveles:
   - — Respuestas concretas.
   - — Hábitos de respuesta.
   - — Características, facetas o rasgos primarios.
   - — Rasgos de la personalidad más generales o superfactores, secundarios e incluso terciarios.
2. Hay dos factores de la personalidad especialmente importantes:
   - — La extroversión.
   - — La estabilidad emocional.

3. APLICACIONES PRÁCTICAS

Estas aplicaciones prácticas describen los sistemas de medida psicológica basados en las teorías factoriales de la personalidad que se han expuesto. Después se presenta un ejemplo de en qué medida se pueden usar las teorías factoriales para orientar el diagnóstico psicológico de personas bajo riesgo de padecer trastornos físicos como un cáncer o un infarto y diseñar métodos de prevención a partir de ahí.

3.1. Sistemas de medida según las teorías factoriales de la personalidad

3.1.1. *Medida de las diferencias individuales en temperamento según la teoría de J. P. Guilford*

En nuestro país no está adaptada la prueba que mide los 13 factores de la teoría de Guilford. El nombre de la prueba es *Guilford-Zimmerman Temperament Survey* (GZTS), es decir, sondeo temperamental de Guilford-Zimmerman (Guilford y col., 1976).

La GZTS se puede aplicar a partir de los 16 años. Incluye 10 escalas que miden los 13 factores:

- G: actividad general: energético, rápido frente a lento y lanzado.
- R: restricción: controlado frente a impulsivo.
- A: ascendencia: asertivo, seguro frente a sumiso, dudoso.
- S: sociabilidad: amigable, hablador frente a vergonzoso, retraído.
- E: estabilidad emocional: alegre, tranquilo frente a triste, excitable.
- O: objetividad: de mentalidad dura frente a mentalidad blanda.
- F: cordialidad: respeto por las personas frente a hostilidad, desprecio.
- T: actitud pensativa: pensador, reflexivo frente a interés por el mundo exterior.
- P: relaciones personales: tolerancia frente a criticón.
- M: masculinidad: duro, inexpresividad emocional frente a simpatía, emocional.

Las 300 preguntas incluidas en las 10 escalas, 30 preguntas por cada escala, se responden con SÍ-NO-? El tiempo aproximado de aplicación es de una hora.

La GZTS comenzó su andadura en los años treinta. Los datos disponibles en la actualidad indican una fiabilidad impresionante. Es muy útil en la orientación vocacional y en el *counseling* individual, así como en la psicología del trabajo (Kline, 1993).

3.1.2. *Medida de las diferencias individuales en personalidad según la teoría de R. B. Cattell*

- Medida de los factores temperamentales con muestras normales.

El 16 PF *(Personality Factors)* incluye 16 escalas que exploran los 16 factores de la teoría temperamental de Cattell sobre las diferencias individuales normales. En cualquier caso, hay varias versiones: para las edades de 4 a 6 años, para los 6-7 años, para los 8-11 años, para los 12-15 años y para la edad adulta a partir de los 16 años.

En nuestro país contamos con la versión de 6 a 8 años (ESPQ de Coan y Cattell), de 8 a 12 años (CPQ de Porter y Cattell), de 12 a 18 años (HSPQ de Cattell, Beloff y Coan) y la versión para adultos (16 PF de Cattell):

- El ESPQ mide 13 factores primarios y 2 factores secundarios.
- El CPQ mide 14 factores primarios.
- El HSPQ mide 14 factores primarios y 4 factores secundarios.

La siguiente explicación breve se refiere al 16 PF para adultos a partir de 16 años.

Los 16 factores son bipolares. Su denominación se conserva en la siguiente descripción, pero se emplean términos comprensibles, distintos a los originales propuestos por Cattell.

El 16 PF incluye 185 preguntas que se responden en una escala de tres puntos (por ejemplo, sí-término medio-no). Estas preguntas rastrean los 16 factores primarios y cuatro factores secundarios que se derivan de los primarios; la última revisión española, 16PF-5, incluye cinco factores secundarios.

Los factores primarios son: A (reservado), B (inteligencia cristalizada), C (inestabilidad emocional), E (sumiso), F (sobrio), G (conveniente), H (tímido), I (duro de mente, tozudo), L (confiado),

M (práctico), N (franco), O (seguro), Q1 (conservador), Q2 (dependiente del grupo), Q3 (indisciplinado), Q4 (tranquilo).

Los factores secundarios son: introversión-extroversión, baja ansiedad-alta ansiedad, sensiblero-equilibrado, dependencia-independencia. El quinto factor secundario incluido en la versión más reciente es tenacidad.

El 16 PF se emplea mucho en investigación, en psicología laboral y en psicología clínica. Sin embargo, el profesional debe saber algunas cosas:

- Las 16 escalas no son demasiado fiables. Cattell sostiene que esto se debe a que los elementos de cada escala son intencionadamente muy heterogéneos o variados. Sin embargo, una solución para aumentar la fiabilidad sería dividir una escala en dos más homogéneas aunque correlacionadas entre sí (Kline, 1993).
- La correlación entre las formas paralelas, es decir, entre las dos pruebas que miden los mismos factores, no es especialmente alta, estando en general por debajo de 0,7.
- No está clara la validez de los factores. Kline y Barrett (1983) realizaron un estudio conjunto con el 16 PF y la prueba de Eysenck que revisaremos en breve. Sus estudios factoriales dieron lugar a siete factores primarios muy difíciles de interpretar. Los factores secundarios más importantes fueron extroversión y ansiedad. Kline y Barrett se ciñeron estrictamente a las pautas metodológicas de Cattell, de modo que las críticas usuales de Cattell a los estudios de validación no se aplican en este caso. Es más, Kline y Barrett (1983) realizaron análisis confirmatorios en los que especificaban los 16 factores que se deseaba hallar, pero los algoritmos no lograron dar con la solución deseada.

Los problemas de validación del 16 PF pueden provenir del uso de técnicas L (Howarth, 1976). Así, emplear las técnicas factoriales para rastrear la estructura de los elementos del 16 PF (datos Q) introduce una disonancia en relación a las supuestas dimensions recogidas con las técnicas L (Life).

Los análisis de Kline y Barrett (1983), de Noller y col. (1987), Boyle (1989) y Amelang y Borkenau (1982) con las pruebas de Cattell y Eysenck, producen cinco factores básicos que, curiosamente, se corresponden con la taxonomía big five.

A pesar de todas estas precauciones científicas, el 16 PF se emplea mucho en la práctica psicológica, lo que pudiera ser sintomático de su utilidad real. Sin embargo, estadísticamente esto es poco probable (Kline, 1993). Según Kline (1991) el uso del 16 PF es *ad hoc,* es decir, se ajusta a la medida del profesional.

En suma, el 16 PF sirve para diferenciar entre diversos grupos laborales y clínicos. Por tanto, el significado de las escalas está claro en estos casos. Además, también estima los dos principales factores de la personalidad, extroversión y ansiedad. En gran medida, la taxonomía big five se mide a través del 16 PF.

- Medida de los factores temperamentales con muestras anormales.

Las diferencias individuales anormales se pueden explorar a través de la medida de los factores temperamentales de la teoría de R. B. Cattell.

La prueba que explora estos factores es el CAQ, Cuestionario de Análisis Clínico, de S. E. Krug, investigador del *Institute for Personality and Ability Testing* (IPAT).

El CAQ explora 12 factores clínicos a través de 144 elementos o preguntas: hipocondriasis, depresión suicida, agitación, depresión ansiosa, depresión con baja energía, culpabilidad-resentimiento, apatía-retirada, paranoia, desviación psicopática, esquizofrenia, psicastenia y desajuste psicológico. Se puede aplicar a partir de la adolescencia, 16 años en adelante. Pero, además, también se rastrean los 16 factores temperamentales del 16 PF de Cattell con 128 preguntas. Como en el 16 PF estándar, las preguntas se responden en una escala de tres puntos, sí-algunas veces-no.

Sin embargo, los factores temperamentales del 16 PF se estiman bastante mal con el CAQ puesto que el número de preguntas por factor es demasiado bajo; así las medidas no son suficientemente fiables.

Kameoka (1986) estudió la estructura factorial de CAQ con una muestra de 214 estudiantes usando 56 series de preguntas y algunas preguntas de otras escalas de depresión. Sus resultados confirmaron la estructura factorial prevista en el CAQ.

La fiabilidad de las escalas clínicas es suficientemente alta como para ser útil en la exploración individual. Otra cosa es su validez, que no está demasiado clara (Kline, 1993).

- Medida del temperamento con técnicas T.

Cattell y Warburton (1967) editaron un catálogo completo de tests situacionales objetivos. Sus resultados señalaron bastantes problemas con su validez.

Cattell y Schuerger (1978) han editado una batería con los tests situacionales más válidos: *The Objective-Analytic Battery* (OAB). Por desgracia, no está disponible en nuestro país.

La batería OAB explora 10 factores temperamentales:

— UI.16: ego narcisista frente a no afirmación disciplinada y segura (ocho tests).
— UI.19: independencia frente a docilidad (siete tests).
— UI.20: conformidad gregaria frente a objetividad (siete tests).
— UI.21: exuberancia frente a supresión.
— UI.23: movilización de energía frente a supresión (ocho tests).
— UI.24: ansiedad frente a ajuste (ocho tests).
— UI.25: realismo frente a tendencia psicótica (siete tests).
— UI.28: astenia superego frente a seguridad arrogante (siete tests).
— UI.32: exvía-invía (siete tests).
— UI.33: decaimiento frente a contrapeso sanguíneo (siete tests).

Todos los tests son con control de tiempo. La fiabilidad test-retest es bastante aceptable, entre 0,58 y 0,85. La validez también es muy satisfactoria: la correlación múltiple entre los tests de cada factor y el factor oscila entre 0,64 y 0,92. La validez también se demuestra a través de la relación entre las respuestas a los tests de la OAB y criterios reales tanto laborales como clínicos.

Kline y Cooper (1984a y b) trataron de validar la estructura factorial de la OAB en Inglaterra, pero sus resultados fueron poco satisfactorios. En cualquier caso, la muestra que emplearon no fue demasiado grande, 154 estudiantes.

- Medida de las diferencias individuales motivacionales.

Los tests de análisis de la motivación (*The Motivation Analysis Test*, MAT) miden una serie de variables básicas:

— Ergios o impulsos básicos: pareja, autoafirmación, temor, narcisismo y belicosidad.
— Sentimientos o impulsos culturalmente modelados: propio, superego (conciencia), profesional y conyugal.

Dentro de cada uno de estos factores se incluyen dos componentes: integrado y desintegrado, es decir, elementos conscientes e inconscientes, respectivamente.

El número de preguntas es de 208 y están organizadas en cuatro subpruebas. Todas las preguntas son objetivas, en el sentido de que la persona no sabe qué se está explorando con ellas.

Ciento cuatro preguntas exploran los elementos no conscientes o desintegrados de la motivación. Hay 48 preguntas de elección forzosa en los que la persona debe señalar cuál es el mejor uso de cierta cantidad de tiempo, de dinero o de cualquier otro tipo de mercancía. Hay 56 preguntas que la persona debe responder haciendo estimaciones en una escala de cuatro puntos, por ejemplo, «¿cuál crees que es el porcentaje de adultos que se sienten realizados al dar dinero para...?».

El resto de las preguntas se refieren a los elementos conscientes o integrados de la motivación. El subtest de pares de palabras presenta una palabra clave junto a un par de palabras. La persona debe elegir cuál es el par de palabras que encaja con la palabra clave; el número de preguntas es de 48. El subtest de información incluye 48 preguntas que miden el nivel de conocimientos de la persona.

Los datos de fiabilidad del MAT no son demasiado adecuados, 0,45. Sin embargo, los datos de validez son muy relevantes, 0,9. Cattell y Child (1975) mostraron en su estudio que los factores motivacionales explorados con el MAT son claramente distintos de los factores temperamentales rastreados con el 16 PF.

En nuestro país contamos con la versión para adolescentes (SMAT, Test de motivaciones en adolescentes de Sweney, Cattell y Krug). El SMAT explora 10 factores motivacionales: asertividad, emparejamiento, miedos, narcisismo, pugnacidad, protección, sentimiento propio, superego, sentimiento escolar y sentimiento hogareño.

Carecemos, desafortunadamente, de la versión para niños (CSMAT) y de la versión para adultos que se ha descrito aquí (MAT).

3.1.3. *Medidas de las diferencias individuales en temperamento según la teoría de H. J. Eysenck*

Los superfactores PEN de la teoría de Eysenck se exploran con el EPQ, *Eysenck Personality Questionnaire*, en su versión para adolescentes, EPQ-J, de 8 a 15 años, y para adultos, EPQ-A, a partir de los 16 años. Hay una versión revisada, EPQ-R, realizada en los años noventa pero no disponible en nuestro país[2]. El EPQ también incluye una escala de sinceridad.

La consistencia interna de las escalas del EPQ es muy buena, entre 0,7 y 0,8. La fiabilidad test-retest es también muy alta, entre 0,7 y 0,9. La validez de las escalas del EPQ es la mejor de todas las pruebas de personalidad disponibles. El EPQ incluye 90 preguntas que se responden con SÍ-NO.

La validez factorial del EPQ es impecable (Helmes, 1989; Kline y Barret, 1983). Por supuesto, los estudios experimentales de laboratorio realizados por el equipo de Eysenck y otros equipos internacionales independientes, contribuyen a la validez de las medidas de los superfactores de la teoría. La validez también se ha demostrado con criterios de la vida real, como el hábito de fumar, el aprendizaje, las elecciones políticas o la delincuencia. Asimismo, se ha demostrado la heredabilidad de las diferencias individuales en los superfactores (Eaves y col., 1989).

3.1.4. *Medida de las diferencias individuales en personalidad según la teoría de las big five*

Hay varias pruebas para medir las big five. En nuestro país contamos con el BFQ, cuestionario big five de Caprara, Barbaranelli y Borgogni, cuya adaptación ha estado dirigida por el profesor José Bermúdez. Se puede aplicar a partir de los 16 años. Incluye 132 preguntas de respuesta múltiple. Las dimensiones de la personalidad que rastrea la BFQ son: energía, amigabilidad, consciencia, estabilidad emocional y apertura. También incluye una escala de deseabilidad social.

En cualquier caso, la prueba más importante es la desarrollada por Costa y McCrae (1988): *The NEO Personality Inventory*.

El NEO mide los factores siguientes: neuroticismo, extroversión, apertura, cordialidad y responsabilidad. El NEO consta de 180 preguntas: 48 para neuroticismo, 48 para extroversión, 48 para apertura, 18 para cordialidad y 18 para responsabilidad.

Hay una versión redactada en tercera persona para explorar la personalidad a través de jueces u observadores. Esta versión es muy interesante para estudios de validación, aunque puede expresar mejor el índice de fiabilidad.

La consistencia interna de las escalas del NEO oscilan entre 0,76 y 0,93. La fiabilidad test-retest de las escalas de neuroticismo, extroversión y apertura en un período de seis años oscila entre 0,82 y 0,83.

Piedmont y col. (1991) factorizaron la *Gough Adjective Check List*, incluyendo los marcadores de las escalas del NEO desarrollados por John (1990)

[2] Una ventaja de la versión revisada es que hace más discriminativa la escala P (psicoticismo) con población normal (Kline, 1993).

con muestras de 414 estudiantes y 445 adultos. Sus resultados se agruparon en las big five.

Por otro lado, un estudio de Costa y col. (1985) demostró que las big five explican la mayor parte de la información que se recoge con uno de los instrumentos más empleados en la psicología clínica, el MMPI (Inventario Multifásico de Personalidad de Minnesota). McCrae y Costa (1985) también encontraron las big five en la prueba de Eysenck.

En suma, el NEO es la mejor prueba disponible para medir las big five. En cualquier caso, hay que profundizar en su validez de constructo (Kline, 1933).

3.2. Cáncer, infarto y diferencias individuales en personalidad

¿Son importantes las diferencias individuales en personalidad para comprender enfermedades que se suponen exclusivamente físicas como el cáncer o el infarto?

La respuesta parece positiva, como se comprobará seguidamente (Fernández-Ballesteros, Ruiz y Garde, en prensa; Fernández-Ballesteros, Zamarrón, Ruiz, Sebastián y Spielberger, en prensa; Meyer y Mark, 1995).

3.2.1. *Exploración psicológica*

Grossarth-Maticek, Eysenck y Vetter (1988) realizaron tres estudios muy importantes sobre las relaciones entre personalidad y enfermedad.

El primero se realizó en una población rural de la antigua Yugoslavia, donde se estudió uno de cada dos hogares, y se empleó como sujeto a la persona de mayor edad.

Los otros dos estudios se realizaron en Heidelberg, Alemania. Emplearon una primera muestra de personas dentro de la normalidad, seleccionadas al azar aunque con ciertas limitaciones de edad y sexo. La segunda muestra consistió en una serie de personas sometidas a estrés, que, en su mayoría, eran amigos y parientes de los miembros de la primera muestra.

Los sujetos de estas muestra fueron entrevistados y se les administró una prueba de personalidad y estrés.

El tipo de personalidad 1 es el predispuesto al cáncer, y se caracteriza por la infraestimulación. Estas personas no se distancian del objeto y mantienen una relación de dependencia con él. No lograr aproximarse al objeto produce un gran estrés. Algunas de las preguntas del cuestionario que explora este tipo 1 son:

- Me cuesta mucho hacer frente a las cosas por mí mismo.
- Prefiero estar de acuerdo con los demás, en lugar de afirmar mis propias opiniones.
- Suelo actuar más para cumplir las expectativas de las personas cercanas a mí que por satisfacer mis propias necesidades.

El tipo de personalidad 2 está predispuesto al infarto, y muestra un exceso de excitación. Este tipo de personas mantiene un contacto constante con las personas y situaciones valoradas negativamente que son perturbadoras emocionalmente. No se liberan de la dependencia que tienen con el objeto perturbador, reaccionando con ira y agresividad. Algunas de las preguntas que exploran este tipo son:

- Durante años me he estado quejando de diversas circunstancias desfavorables, pero no puedo cambiarlas.
- Ciertas personas son la causa más importante de mis infortunios personales.
- Ciertas condiciones o situaciones son las causas más importantes de mis infortunios personales.

El tipo de personalidad 3 se caracteriza por la ambivalencia, es decir, supone ir pasando de una manera cíclica del tipo 1 al 2; curiosamente, está a recaudo del cáncer y el infarto. Algunas de las preguntas que exploran este tipo son:

- Lo que me preocupa principalmente es mi propio bienestar.
- Varío alternativamente, en un grado muy alto, entre la evaluación positiva de las personas y situaciones.

— Con las personas que quiero, cambio desde mantenerme a gran distancia, hasta pasar por una dependencia sofocante, y desde una dependencia sofocante hasta un distanciamiento excesivo.

El tipo de personalidad 4 se caracteriza por la autonomía personal. Algunas de la preguntas que exploran este tipo son:

— Por lo general estoy contento y feliz con mis actividades diarias.

— Cuando no puedo lograr una relación estrecha con alguien que es importante para mí desde el punto de vista afectivo, no me resulta difícil hacer caso omiso de ello.

— Por lo general puedo arreglar las cosas de modo que las personas que no son afectivamente importantes para mí estén tan lejos o tan cerca como yo desee.

Los sujetos también declararon sus hábitos de consumo de tabaco y de alcohol. Se midió la tensión sanguínea y el nivel de colesterol en sangre para tener información médica sobre posibles factores de riesgo. La mortalidad se comprobó 10 años después.

En la figura 17.13 se presentan los datos de la muestra de Yugoslavia, según los tipos de personalidad y las causas de fallecimiento. Las muertes por cáncer son dramáticamente mayores en el tipo de personalidad 1 que en el tipo 2. Las muertes por infarto son mucho mayores en el tipo de personalidad 2 que en el tipo 1. Finalmente, se aprecia que las muertes son insignificantes para los tipos de personalidad 3 y 4.

En la figura 17.14 se presentan los datos de la muestra sometida a estrés de Heidelberg, según los tipos de personalidad y las causas de fallecimiento. Los resultados son prácticamente idénticos a los datos de la muestra de Yugoslavia.

El análisis más concreto de estos resultados indicó varias cosas importantes:

— El cáncer y el infarto son, mayoritariamente, enfermedades de personas mayores.

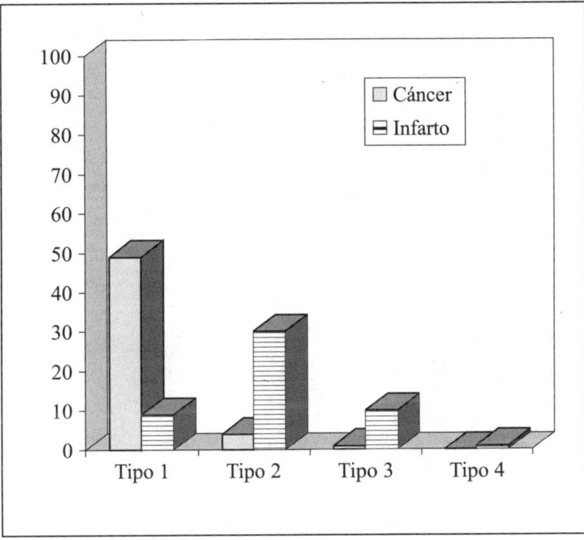

Figura 17.13.—Tipos de personalidad y causas de fallecimiento. Estudio con una muestra de Yugoslavia. La personalidad tipo 1 presenta una frecuencia desproporcionadamente mayor de muerte por cáncer, mientras que la personalidad tipo 2 presenta una mayor frecuencia de muerte por infarto. El número de sujetos por tipo de personalidad es el siguiente: tipo 1 = 303, tipo 2 = 339, tipo 3 = 217, tipo 4 = 482.

— En la muestra normal de Heidelberg, el 88,6 por 100 de las personas continuaban con vida después del seguimiento de 10 años. Sin embargo, en la muestra sometida a estrés seguían con vida el 54,3 por 100.

A la vista de estos datos se planificó un nuevo seguimiento de 4 años, realizado por un grupo independiente de expertos internacionales. Los resultados se mantuvieron en la misma línea.

— Los pacientes que se recuperaron sin intervenciones quirúrgicas ni quimioterapia tenían personalidades tipo 4.

— Entre los no fumadores, existen muy pocos fallecimientos por cáncer de pulmón, pero de los 13 que se produjeron, 10 tenían personalidades tipo 1. Entre los fumadores, hubo 74 fallecimientos, de los que sólo 6 no pertenecían al tipo 1. Por consiguiente, los individuos tipo 1 parecen estar predipuestos al cáncer, en comparación con los tipos 2, 3 y 4.

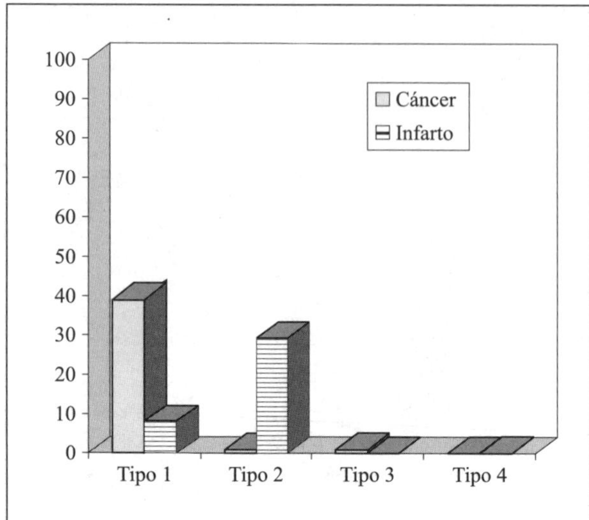

Figura 17.14.—Tipo de personalidad y causas de fallecimiento. Estudio con una muestra de Heidelberg. La personalidad tipo 1 presenta una frecuencia desproporcionadamente mayor de muerte por cáncer, mientras que la personalidad tipo 2 presenta una mayor frecuencia de muerte por infarto. Es decir, el mismo patrón que en la muestra de Yugoslavia. Las personalidades tipo 3 y 4 apenas presentan muertes. El número de sujetos por tipo de personalidad es el siguiente: tipo 1 = 489, tipo 2 = 309, tipo 3 = 165, tipo 4 = 73.

— Fumar constituye un claro factor de riesgo para las personalidades tipo 1, pero no para los otros tipos de personalidad. Por tanto, la variable biológica parece tener una distinta relevancia según el tipo de personalidad.

3.2.2. *Terapia psicológica*

¿Se pueden emplear los métodos de terapia psicológica para prevenir la muerte por cáncer e infarto? La respuesta parece positiva.

Eysenck y Martin (1987) diseñaron una serie de métodos terapéuticos para modificar los hábitos de las personalidades tipo 1 y 2, en dirección a la personalidad tipo 4. Es decir, el principal objetivo era incrementar los comportamientos autónomos y reducir la dependencia con respecto a otras personas o su nivel de aceptación de situaciones que llevan a resultados negativos o adversos.

La terapia psicológica se basó en técnicas como la desensibilización, el desarrollo de mecanismos para afrontar situaciones o el entrenamiento en habilidades sociales. La terapia se propone aumentar las conductas que producen consecuencias positivas a largo plazo, aunque a corto plazo puedan ser negativas. Además, el paciente tiene que aprender a evitar conductas que lleven a consecuencias negativas a largo plazo, aunque a corto plazo puedan resultar atractivas (Grossarth-Maticek y Eysenck, 1991).

Los resultados terapéuticos encontrados en la muestra de Heidelberg fueron muy reveladores (Eysenck, 1994). El período de seguimiento comienza en 1972, cuando los sujetos tenían una edad media de 50 años, y se prolonga hasta el año 1986.

En el primer estudio se trabajó con 50 varones y 50 mujeres, clasificados como tipo 1, predispuestos al cáncer.

— De los 50 sujetos del grupo de control no sometidos a terapia, fallecen por cáncer 23 y por otras causas 15.
— De los 50 sujetos del grupo sometido a la terapia psicológica, fallecen por cáncer 2 y por otras causas 5.

El segundo grupo de 92 sujetos había sido clasificado como tipo 2, predispuestos al infarto.

— De los 46 sujetos del grupo de control no sometido a terapia, fallecen por infarto 16 y por otras causas 13.
— De los 46 sujetos del grupo sometido a terapia psicológica, fallecen por infarto 3 y por otras causas 6.

Por tanto, el número de fallecimientos resultó significativamente muy inferior en el grupo sometido a terapia, tanto por cáncer como por infarto, que en el grupo de control no tratado terapéuticamente.

Así, 13 años después del comienzo del estudio continúan viviendo muchos más miembros del grupo sometido a terapia psicológica, en comparación con el grupo de control no sometido a terapia (Eysenck y Grossarth-Maticek, 1991).

Hay que decir que, en líneas generales, las características de los sujetos con predisposición al cáncer (tipo 1) coinciden con las de los introvertidos, mientras que las características de los sujetos con predisposicion al infarto (tipo 2) coinciden con las de los extrovertidos. Por supuesto, estas dos características personales no actúan aisladamente, sino en interacción con otras variables

Según Eysenck (1994), la personalidad tipo 1 y el estrés se combinan para producir sentimientos de desamparo, desesperación y depresión. Esto produce reacciones hormonales siendo el cortisol un representante importante de estas reacciones. Estas sustancias provocan inmunodeficiencia, lo que facilita el desarrollo de los cánceres.

En suma, parece que:

— La personalidad y el estrés producen sustancias inmunodestructivas dentro de la corriente sanguínea.

— Las acciones psicológicas sobre el comportamiento de las personas pueden invertir este proceso inmunodestructivo.

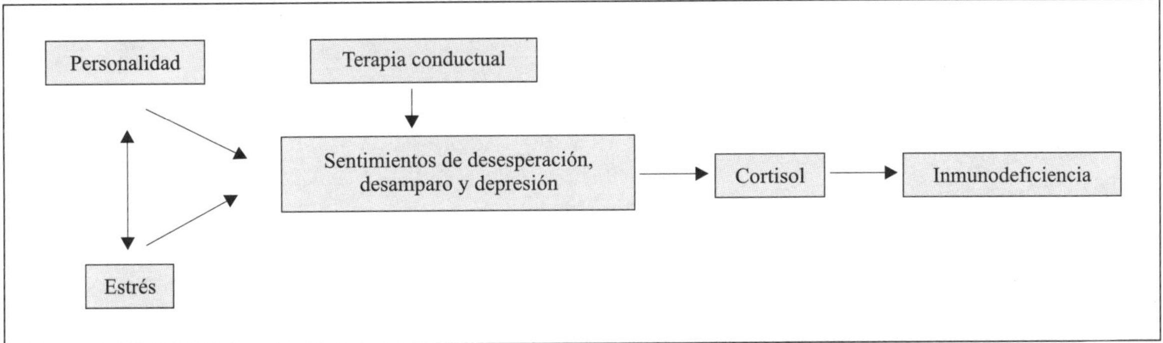

Figura 17.15.—Relaciones entre las distintas variables del estudio sobre tipos de personalidad y enfermedades.

SUMARIO

Este epígrafe ha comenzado preguntándose qué responden las teorías factoriales de la personalidad. La manera de ilustrar inicialmente estas respuestas ha consistido en trabajar sobre un concepto tan mal definido habitualmente como el de personalidad: el amor. Los métodos factoriales han servido para hacer operativo y científico el concepto de amor, clasificar los distintos tipos de amor, diagnosticar problemas de pareja y diseñar intervenciones psicológicas. Las teorías factoriales clásicas son las de Guilford, Cattell y Eysenck, pero sólo la teoría de las big five ha logrado poner de acuerdo a la comunidad científica, a pesar de que las teorías clásicas son bastante semejantes. Todas estas teorías factoriales son jerárquicas, es decir, parten del estudio de las acciones y conductas concretas de las personas, y las resumen en hábitos y rasgos o factores cada vez más generales. Los factores más importantes son la extroversión y la estabilidad emocional. En el apartado dedicado a las aplicaciones prácticas se han descrito las pruebas que miden distintos factores de la personalidad, según las distintas teorías factoriales. Además, se ha expuesto un ejemplo sobre la utilidad de algunas propiedades de la personalidad para prevenir terapéuticamente el fallecimiento por enfermedades físicas como el cáncer o el infarto. Los datos reunidos en este ejemplo son una prueba más de que las enfermedades son en su mayor parte psicosomáticas, es decir, tanto la mente y la conducta tienen mucho que decir en las enfermedades corporales.

18 Las teorías cognitivas de la personalidad

Este epígrafe se pregunta qué responden las teorías cognitivas de la personalidad, aunque hay que comentar que estas teorías están bastante menos elaboradas que las teorías factoriales.

En primer lugar, se describe la teoría de Hans Eysenck y Michael Eysenck. Es difícil responder a la pregunta de si la teoría de Eysenck-padre y Eysenck-hijo es cognitiva o biológica, pero se ha decidido exponer aquí algunos datos experimentales y completarlos con datos biológicos en el siguiente epígrafe.

En segundo lugar se exponen las pautas básicas de la teoría de Albert Bandura, aun a pesar de que no sea un representante especialmente significativo dentro del enfoque de las diferencias individuales.

Sí lo son los estilos cognitivos, campo de investigación en el que se combinan variables frías intelectuales y calientes temperamentales. Un estilo es, por consiguiente, un modo de conocer en el que se supone se encuentran unidos la cognición y los afectos de la persona. Walter Mischel, que es uno de los críticos históricos más importantes del enfoque factorial sobre la personalidad, ha propuesto recientemente una teoría cognitiva que, paradójicamente, se inspira en las teorías factoriales.

Finalmente, el apartado sobre aplicaciones prácticas describe el uso de un enfoque cognitivo, el de los constructos personales, en el diagnóstico y la terapia psicológica.

Además, se exponen los usos prácticos de un tipo particular, muy importante, de estilo cognitivo: los controles cognitivos.

1. ¿QUÉ PREGUNTA RESPONDEN LAS TEORÍAS COGNITIVAS DE LA PERSONALIDAD?

Las teorías factoriales de la personalidad responden a la pregunta por la estructura de los rasgos más y menos importantes de la personas, al igual que las teorías factoriales de la inteligencia. Por consiguiente, las teorías cognitivas de la personalidad responderán la misma pregunta que las teorías cognitivas de la inteligencia.

Hasta cierto punto, este paralelismo resulta acertado. Sabemos que una persona es emocionalmente estable porque:

- Hemos observado cuidadosamente cómo se comporta en distintas situaciones cotidianas.
- Le hemos preguntado a él y, en el mejor de los casos, a sus allegados, sobre cómo actúa en su vida.
- Hemos analizado su comportamiento en situaciones diseñadas artificialmente en el laboratorio para que la persona muestre su personalidad.

El primer tipo de observación se corresponde con los datos L, el segundo con los datos Q y el tercero con los datos T, que ya conocemos.

La recogida de este tipo de datos proporciona información sobre los hábitos de comportamiento de la persona. Pero lo que deseamos al elaborar una teoría cognitiva de la personalidad es conocer qué pasa por la cabeza de la persona y que le lleva a:

— Dirigirse en su vida de un modo que podríamos denominar emocionalmente estable.

— Responder de un modo que denota estabilidad emocional a las preguntas que se le formulan.

— Comportarse de modo estable en las situaciones artificiales que los psicólogos diseñamos.

En general, el desarrollo de una teoría cognitiva de la personalidad obliga a idear experimentos de laboratorio en los que se manipulen una serie de condiciones. El tipo de respuestas de una persona estable o inestable emocionalmente deberá permitir aventurar un modelo sobre qué parece pasar por la cabeza de una u otra persona.

En otras palabras, una teoría cognitiva de la personalidad debe sondear la dinámica de las dimensiones, propiedades o rasgos de la personalidad incluidos en, por ejemplo, las teorías factoriales, aunque no siempre tiene que ser éste el caso. Por supuesto, aquí encontramos el mismo objetivo que las teorías cognitivas de la inteligencia.

Hay que decir, no obstante, que, por diversas razones, las teorías cognitivas de la personalidad no están tan desarrolladas como las teorías cognitivas de la inteligencia, a pesar de las palabras de L. Pervin (1988): «La psicología se ha vuelto cognitiva en general y la personalidad no es ninguna excepción» (pág. 80).

Según el profesor Alfredo Fierro (1983), «como era de esperar, la tradición de estudio diferencial de las dimensiones cognitivas de la personalidad, tradición siempre preservada, aunque quizá en un segundo plano, durante la época hegemónica de los rasgos psicodinámicos, ha continuado viva en los últimos años, cuando han sido identificados, descritos y validados otros constructos ciertamente nuevos en cuanto a su particular contenido, pero análogos a los antiguos en la circunstancia de construir dimensiones diferenciales de inequívoca naturaleza cognitiva» (pág. 88).

Las palabras de A. Fierro sugieren que, en realidad, las dimensiones aparentemente cognitivas de la nueva ola tienen una naturaleza muy similar a los rasgos de las teorías factoriales clásicas de la personalidad.

En cualquier caso, se podría decir, con Fierro, que este tipo de dimensiones cognitivas no se han unido en una *teoría cognitiva de la personalidad*. Es decir, no hay, en sentido estricto, una teoría cognitiva de la personalidad consolidada. A lo sumo hay modelos más o menos elaborados que en breve revisaremos.

Esta situación puede tener su lógica: «La imagen que del hombre se desprendería de un cognitivismo, sería la del sujeto cognoscente, perceptor, solucionador de problemas, procesador de información, pero no la de un sujeto agente, que obra, que se comporta y propiamente hace algo» (Fierro, 1983, pág. 100).

Por tanto, dentro del área de la personalidad es muy complejo delimitar con claridad las teorías cognitivas correspondientes, habida cuenta de la influencia de otras variables de indudable valor psicológico, como los motivos y los valores.

El profesor A. Fierro (1983) señala esta última idea: «El modelo que, en definitiva, se precisa y aquí se preconiza es el de la personalidad como sistema de múltiples estructuras y procesos, donde lo cognitivo representa uno, pero sólo uno, de los órdenes o subsistemas implicados» (página 100).

En cualquier caso, en los últimos años se están desarrollando estudios sobre las dimensiones de personalidad desde una perspectiva cognitiva, aunque, como sostiene el profesor Zumalabe Makirriain (1990), no está muy claro cómo volver a organizar el problema de las diferencias individuales a este nivel cognitivo.

2. TEORÍA DE H. J. EYSENCK Y M. W. EYSENCK

Eysenck y Eysenck (1985) señalan con claridad la visión que se está transmitiendo desde estas páginas: «Una vez realizada la tarea de *describir* la estructura básica de la personalidad, el siguiente paso obvio es proponer teorías *explicativas* que den cuenta de forma sistemática de las dimensiones (factoriales) de personalidad que han sido descubiertas» (pág. 193).

Las teorías explicativas pueden ser de dos tipos: cognitivas y biológicas. En la investigación de la personalidad suele haber una estrecha relación entre ambas. Así por ejemplo, los estudios experimentales sobre las diferencias individuales en extroversión, desde la perspectiva de Eysenck, cuyo objetivo es averiguar qué pasa por la cabeza del introvertido y del extrovertido, se basan en el concepto de *reactivación*.

La reactivación constituye un mecanismo biológico con un carácter funcional. Haciendo una analogía, el motor de un coche actúa de un determinado modo gracias a las piezas físicas que lo componen, pero es posible hablar de sus prestaciones visibles, tales como la velocidad punta o el reprise. Con la reactivación sucede lo mismo: aunque el nivel de actividad de la persona depende en buena medida de sus estructuras físicas cerebrales, los investigadores podemos hablar de las prestaciones visibles de los elementos físicos. A fin de cuentas, siempre cabe la posibilidad de que la calidad de las piezas se rentabilice poco o que unas piezas moderadas se lleven al límite.

Según parece, los extrovertidos son más impulsivos y más sociables que los introvertidos. Por sí mismo, este dato es importante, pero los psicólogos también deseamos saber por qué son impulsivas y sociables las personas extrovertidas, y no lo son las personas introvertidas.

Así, el principal objetivo de la teoría «cognitiva» de H. J. Eysenck será encontrar explicaciones de este tipo. Se trata de averiguar cómo se comportan sujetos con distintas personalidades en tareas experimentales típicas de laboratorio, buscando pistas sobre qué pasa por la cabeza del introvertido y del extrovertido.

Hay que considerar, en cualquier caso, que las situaciones de laboratorio son bastante distintas de las situaciones cotidianas. Las características de la personalidad son muy importantes en la vida diaria de la persona, a la hora de determinar tanto las situaciones en las que él mismo se encuentra como las maneras en las que reacciona ante esas situaciones.

Sin embargo, los estudios experimentales evitan hasta cierto punto quc la persona controle la situación. En una palabra, no hay que olvidar que lo más probable es que la personalidad influya mucho más en la vida diaria que en el laboratorio.

Una cuestión más que debe tenerse presente es que los resultados de un experimento dependen tanto de las características de personalidad del sujeto como de las características de la propia tarea: las interacciones complejas y escurridizas son frecuentes. Los errores pueden venir de varios lugares: el análisis teórico de la dimensión de personalidad, la manera de medir la extroversión, el análisis de la tarea y los aspectos de la tareas en la que nos centraremos. Por razones obvias, sólo un programa de investigación continuado ayudará a discernir las conclusiones sobre las relaciones entre las diferencias individuales en personalidad y la actuación en las tareas experimentales relevantes.

Recordemos que la teoría factorial de la personalidad de Eysenck incluye tres grandes superfactores: psicoticismo, extroversión y neuroticismo.

No hay muchos datos experimentales sobre el psicoticismo, pero sí hay resultados de este tipo sobre la extroversión, en especial, y sobre el neuroticismo, en alguna medida.

2.1. Extroversión

Las diferencias individuales en extroversión se relacionan con el rendimiento en las siguientes tareas experimentales, entre otras: condicionamiento clásico y operante, umbrales sensoriales, tolerancia al dolor, vigilancia, privación sensorial, estimación sensorial, defensa perceptiva, constancias visuales, aprendizaje verbal, pausas de descanso, esquemas de habla, comportamiento expresivo y recuerdo.

En general se ha encontrado que hay un gran número de diferencias individuales en el comportamiento de los introvertidos y de los extrovertidos.

Las tareas de vigilancia son un ejemplo. Este

tipo de tarea es la que deben realizar los radaristas. Se puede simular en el laboratorio la tarea de mantener la mirada en el radar de los submarinos.

Según parece, la vigilancia es más efectiva cuando la persona está reactivada o está más activa cerebralmente hablando. La reactivación constituye un proceso fisiológico que es más elevado por la tarde. En este sentido, Mullin y Corcoran (1977) encontraron que los sujetos cometen menos errores por la tarde que por la mañana en tareas de vigilancia auditiva. Curiosamente, introducir un estímulo reactivador en el ambiente elimina el efecto de la hora del día, mejorando la ejecución durante la mañana.

En el caso de las diferencias individuales en personalidad, la predicción sería que los introvertidos rendirían mejor en tareas de vigilancia, por la sencilla razón de que están más reactivados. Además, los extrovertidos muestran un mayor descenso de la vigilancia que los introvertidos a medida que pasa el tiempo realizando la tarea, por lo que su rendimiento se deteriora en mayor medida.

Los datos disponibles indican que la intensidad del ruido que se debe vigilar elimina la inferioridad de los extrovertidos. La cafeína, un reactivador, mantiene intacto el rendimiento de los introvertidos y elimina el rendimiento inferior de los extrovertidos.

En resumen, las diferencias individuales entre introvertidos y extrovertidos en tareas de vigilancia parece que se pueden atribuir a los niveles de reactivación.

Eysenck y Eysenck (1985) resumen una serie de datos experimentales sobre las diferencias individuales en extroversión:

- Los introvertidos suelen ser más cautos que los extrovertidos.
- Los introvertidos se reactivan más que los extrovertidos sólo a ciertas horas del día (figura 18.1).

Los extrovertidos están más reactivados que los introvertidos por la tarde (Revelle y cols., 1980).

La impulsividad es el componente de la extroversión que parece mediatizar los efectos de la extroversión en el rendimiento en las tareas experimentales.

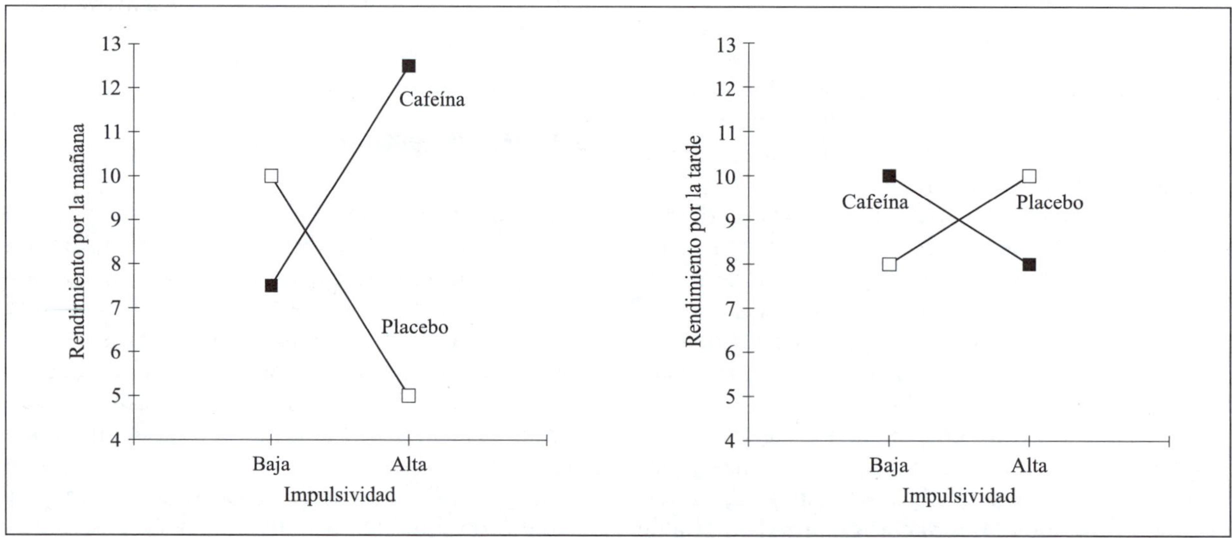

Figura 18.1.—Rendimiento en tareas verbales según la hora del día, la impulsividad y la cafeína. Los impulsivos que han tomado cafeína rinden mejor por la mañana y peor por la tarde. Los sujetos que no han tomado cafeína presentan un patrón de rendimiento inverso.

Este resultado se ha encontrado en estudios sobre condicionamiento clásico, descenso de la vigilancia, grado de seguridad al conducir y tareas de golpeteo.

Los efectos concretos de la extroversión en el condicionamiento dependen de qué parámetros de la tarea se analicen y de las medidas de ejecución registradas.

Más adelante estudiaremos la base biológica de la extroversión, basada en el concepto de reactivación. Este concepto también ha guiado los estudios experimentales y la siguiente es la conclusión de Eysenck y Eysenck (1985) al respecto: «La simple idea de que los introvertidos tienen una nivel de reactivación cortical superior al de los extrovertidos ha tenido un éxito extraordinario al explicar una variedad enorme de resultados. No es sorprendente que en algunos casos la teoría no se ajuste a los datos perfectamente, y en algún tema puede ser necesaria alguna formulación más compleja. Sin embargo, la regla general en ciencia es que una teoría se descarta normalmente sólo cuando otra superior la sustituye, y, hasta ahora, esto no ha ocurrido» (pág. 285).

2.2. Neuroticismo/ansiedad

En sentido estricto, no ha sido el neuroticismo la dimensión estudiada dentro del enfoque experimental de Eysenck. Sí lo ha sido uno de sus elementos: la ansiedad.

Cuando se estudia la ansiedad suele ser frecuente distinguir la *ansiedad-rasgo* y la *ansiedad-estado* (M. Eysenck, 1979).

La ansiedad-rasgo se refiere a las diferencias individuales relativamente estables en la propensión a la ansiedad, mientras que la ansiedad-estado se caracteriza por sentimientos subjetivos, conscientemente percibidos de tensión, y por una actividad intensa del sistema nervioso autónomo.

La ansiedad sentida por una persona en un determinado momento (estado) dependerá tanto del grado de estrés presente en ese momento como de la susceptibilidad del individuo a la ansiedad (rasgo).

Según parece:

- La ansiedad-rasgo es más estable que la ansiedad-estado en situaciones en las que varía el estrés (Martuza y Kallstrom, 1974).
- La diferencia en el estado de ansiedad entre personas de alta y baja ansiedad-rasgo aumenta con el estrés de la situación (Shedletsky y Endler, 1974).

Sin embargo, la interacción entre la ansiedad-rasgo y el estrés situacional se produce cuando el estrés consiste en una amenaza de la autoestima (por ejemplo, amenaza de fracaso), pero no cuando se trata de un peligro físico (por ejemplo, amenaza de descarga eléctrica) (Endler y col., 1976).

La ansiedad tiene dos efectos básicos:

1. Motivacional, beneficioso.
2. Perturbador, perjudicial.

Según Morris y col. (1981) la ansiedad incluye dos componentes:

- La *preocupación,* es decir, el aspecto cognitivo de la ansiedad que consiste en el interés personal por el rendimiento y sus consecuencias, las autovaloraciones negativas y las expectativas negativas sobre la tarea
- La *emocionalidad,* es decir, los cambios fisiológicos y sentimientos desagradables como la inquietud, el nerviosismo y la tensión.

Morris y Liebert (1973) encontraron que la preocupación aumenta después de una amenaza de fracaso, pero no tras una amenaza física. En contraste, la emotividad se incrementa después de una amenaza física, pero no tras una amenaza de fracaso.

De este modo, la preocupación deteriorará el rendimiento al desorientar la atención más allá de la tarea en sentido estricto. La emotividad no debería mostrar este efecto.

Dado que los introvertidos se condicionan mejor que los extrovertidos, se puede predecir que los introvertidos neuróticos serán más susceptibles que los extrovertidos neuróticos a una ansiedad condicionada en la forma de preocupación o ansiedad psíquica. Además, los extrovertidos neuróticos serán más susceptibles a los elementos somáticos de la ansiedad que reflejan emotividad, dado su bajo nivel de reactivación y su alto nivel de activación autónoma.

Según parece, la importancia de la ansiedad somática y psíquica a la hora de determinar el nivel de ansiedad está influida por la posición de la persona en la dimensión de extroversión.

Las diferencias individuales en ansiedad parecen ser relevantes en tareas experimentales de atención. Así por ejemplo, en tareas de atención selectiva en las que la persona debe procurar mejorar su rendimiento en una de dos tareas, se observa que la ansiedad perjudica más el rendimiento en la tarea secundaria (M. Eysenck, 1982). En otras palabras, la ansiedad aumenta la selectividad de la atención. Pero, además, la ansiedad influye más en las tareas complejas que en las sencillas.

En general, los niveles moderados de ansiedad producen una distracción baja, mientras que los niveles altos de ansiedad llevan a una alta distracción. Muchos de los efectos de la ansiedad están aparentemente mediatizados por los mecanismos atencionales.

En suma, a partir de los datos disponibles parece que los efectos negativos de la ansiedad se pueden atribuir al componente cognitivo (preocupación) más que al componente fisiológico (emocionalidad). Weiner y Samuel (1975) lo demuestran con claridad en un experimento:

> Informaron a sus sujetos de que iban a realizar unas pruebas de inteligencia. Se les dio una píldora placebo; a un grupo se le dijo que la píldora produciría pequeños aumentos en la fuerza del latido cardiaco, algún humedecimiento en las palmas de las manos y una sensación muy ligera de malestar en el estómago, mientras que a otro grupo se le dijo que la ingestión de la píldora produciría síntomas característicos de un estado de calma.
>
> Cuando se les hizo creer que la píldora les calmaría, los sujetos que mostraron mucha ansiedad en los tests lo hicieron mucho peor que los sujetos que mostraron poca ansiedad en los tests al realizar una tarea de anagramas. Pero cuando los sujetos atribuyeron su malestar fisiológico a la píldora, no se daban efectos del test de ansiedad en la ejecución de los anagramas.

Por tanto, la interpretación cognitiva del estado fisiológico determina bastante su nivel de rendimiento.

Si la ansiedad:

- reduce la eficacia para almacenar información en la memoria permanente y en la memoria de trabajo,
- aumenta la selectividad de la atención,
- disminuye la exactitud sin influir en la rapidez,
- y aumenta la distracción,

entonces, no influirá en las tareas experimentales de velocidad, pero sí influirá negativamente cuando la tarea imponga exigencias notables a la capacidad de la memoria de trabajo.

Todo parece indicar que los efectos de la ansiedad en la eficacia del procesamiento y en la efectividad del rendimiento no son directamente comparables. En otras palabras, lo que pasa por dentro no tiene por qué reflejarse directamente en lo que se ve por fuera.

2.3. Comentario

Es complicado decir en qué sentido la teoría de H. Eysenck y M. Eysenck es, estrictamente, una teoría cognitiva de la personalidad. Sabemos que una teoría cognitiva debe emplear conceptos que no son ni tan generales como los rasgos ni tan materiales como los procesos fisiológicos del cerebro.

Sin embargo, la teoría que se acaba de revisar se basa, especialmente, en conceptos como reactivación, cuya naturaleza es claramente fisiológica. En el caso del componente de ansiedad del neuroticismo sí se ha recurrido a un concepto claramente cognitivo, como es la preocupación.

Es difícil saber qué ganamos al averiguar lo que pasa por la cabeza de un introvertido neurótico cuando decimos que la principal característica es la preocupación o la emocionalidad. En realidad, éstos son componentes muy similares, si no idénticos, a las facetas de los rasgos de las teorías factoriales de la personalidad.

Se requiere mucho más que correlatos o relaciones entre el rendimiento de las personas en una serie de tareas experimentales de laboratorio y las diferencias individuales en dimensiones relevantes de la personalidad como la extroversión o el neuroticismo. Y no está muy claro en qué sentido contribuye la teoría de Eysenck a este respecto.

Una posible respuesta es que los estudios con tareas experimentales de laboratorio le sirven a Eysenck para confirmar sus sospechas sobre los mecanismos biológicos que podrían ser responsables de las diferencias individuales en personalidad (Eysenck, 1996b).

3. TEORÍA DE A. BANDURA

Según Albert Bandura (1986) las recompensas y castigos del medio ambiente influyen claramente en lo que aprendemos y en el tipo de comportamientos que realizamos. Así, estudiamos un examen para lograr una calificación que nos satisfaga, hacemos un curso de formación para mejorar nuestro puesto de trabajo, o evitamos salir con parejas que nos recuerden nuestro escaso atractivo.

No obstante, el comportamiento de las distintas personas no se puede explicar recurriendo únicamente a los factores externos. ¿Por qué decidimos someternos a la disciplina que supone estudiar un examen? ¿Por qué estamos interesados en sacrificar tiempo y esfuerzo para subir un escalón en el trabajo? ¿Por qué decidimos no arriesgarnos a conquistar el corazón de las parejas que nos gustan ignorando el peso del aspecto físico en las relaciones románticas?

Es necesario, por tanto, considerar también los posibles factores internos que puedan ser relevantes. En otras palabras, la pregunta importante sería qué es lo que aprendemos en concreto a partir de las experiencias ambientales.

¿Cuáles son los efectos de las recompensas y los castigos? Según A. Bandura (1977), el refuerzo serviría como una operación informativa y motivacional, pero no como un elemento de un mecanismo más dentro de una cadena de condicionamiento prácticamente automático. Puede ser que este tipo de automatismos funcione con las ratas, pero los seres humanos necesitan ser conscientes de las relaciones que hay entre los estímulos y las respuestas. Por consiguiente, lo que una persona *cree* que va a ocurrir resulta más importante que lo que en realidad está sucediendo (Brewin, 1988).

Bandura está verdaderamente interesado en comprender los procesos cognitivos que usan las personas para comprender las situaciones actuales o predecir el futuro. Según la tesis del *determinismo recíproco* de Bandura, el comportamiento dependerá de la interacción entre la persona y su ambiente; de la persona interesará especialmente su conocimiento y sus procesos cognitivos.

3.1. Teoría cognitivo-social: procesos básicos

Quizá el principal concepto de la teoría de Bandura (1986) sea el de *autoeficacia*.

La autoeficacia es la percepción o evaluación que la persona hace de su aptitud para resolver satisfactoriamente las situaciones vitales. Por tanto, el elemento importante no son las habilidades de la persona, sino su percepción subjetiva de cuáles son esas habilidades y cómo puede usarlas.

En opinión de Bandura (1977), si una persona tiene unas habilidades óptimas y hay unos adecuados incentivos, las expectativas sobre la propia eficacia se convierten en un determinante esencial del tipo de actividades que elegirá, cuánto esfuerzo invertirá en ellas y durante cuánto tiempo se esforzará por gestionar las situaciones que produzcan estrés.

Por tanto, la persona se aproximará, explorará y se implicará en situaciones según sus capacidades autopercibidas. Y, por supuesto, evitará las transacciones con los ambientes que produzcan estrés, es decir, situaciones que la persona cree no poder afrontar satisfactoriamente con sus capacidades.

La autoeficacia no produce una diferencia individual general y estable equiparable a la autoestima. Los juicios de autoeficacia que la persona hace son relevantes sólo cuando están vinculados con situaciones concretas.

Figura 18.2.—Los modelos pueden aumentar el nivel de autoeficacia de la persona. Pero este no tiene por qué ser siempre el caso. Determinados modelos puede contribuir a reducir la percepción de autoeficacia de la persona.

La sensación personal de autoeficacia en una determinada situación depende de cuatro cosas:

1. La experiencia previa de la persona sobre los éxitos y fracasos en esa situación.
2. Las experiencias vicarias relevantes, es decir, las experiencias indirectas sobre las situaciones. Así, la persona puede observar cómo un colega resuelve con éxito una situación, lo que puede aumentar la creencia en la autoeficacia personal.
3. Persuasión verbal o social. Las sensaciones de autoeficacia pueden aumentar si alguien convence a la persona de que está capacitada para hacer frente a la situación.
4. Activación o *arousal* emocional. Una alta activación suele relacionarse con la ansiedad y el fracaso, por lo que puede reducir las sensaciones de autoeficacia.

Bandura ha estudiado especialmente las experiencias vicarias, también denominadas aprendizaje por modelado[3], que supone que la persona siga modelos externos que considere apropiados para él.

Además, hay otros dos procesos cognitivos importantes para activar y mantener el comportamiento de la persona:

1. Las expectativas sobre cuál será el resultado de actuar de una determinada manera. Por ejemplo, si uno se empeña lo suficiente, ¿evitará un inminente divorcio?
2. El valor que se le da al resultado de la acción. Por ejemplo, ¿merece la pena todo el esfuerzo necesario que se deberá invertir para evitar el divorcio?

Uno de los ejemplos más ilustrativos es el de los levantadores de peso en el deporte de la halterofilia: una técnica muy usada en *psicología del deporte* consiste en «engañar» al deportista durante los entrenamientos, diciéndole que va a intentar levantar un peso que no se corresponde con la realidad. El entrenador juega en este caso con la expectativa de éxito del deportista según el peso que él espera levantar, sabiendo o desconociendo la realidad.

3.2. Aplicaciones terapéuticas

Los pacientes clínicos tienen una baja percepción de autoeficacia. La relevancia de las expectativas de autoeficacia se debe a:

[3] Es decir, la persona aprende observando la conducta de los otros sin necesidad de que deba realizar él mismo las acciones.

— Su influencia en las sensaciones de distrés o malestar psíquico.
— Que determinan si se va a iniciar y mantener la conducta de afrontamiento a las situaciones.

Las expectativas de baja autoeficacia caracterizan a los pacientes con ansiedad y depresión (Maddux, 1991). En la depresión, las expectativas de baja autoeficacia suelen combinarse con una alta expectativa y valoración de los resultados del comportamiento personal.

Según Bandura (1986), la mayor parte de los efectos beneficiosos de la terapia psicológica se debe a su capacidad para aumentar las sensaciones de autoeficacia del paciente. Estas sensaciones de autoeficacia se pueden manipular de manera vicaria o indirecta a través de un modelado. Sin embargo, no está muy claro cómo se produce este efecto beneficioso o cuáles son los mecanismos internos cognitivos que actúan en el cambio.

Una posible descripción sería que el modelado da información útil sobre estrategias de afrontamiento que se pueden almacenar en la memoria permanente o a largo plazo de la persona. También podría facilitar un acceso consciente a esa información, lo que aumentaría automáticamente las sensaciones de autoeficacia.

3.3. Comentario

Albert Bandura lleva muchos años tratando de responder a la pregunta de por qué las personas aprenden del modo en que lo hacen. En gran medida, la capacidad de cambio de una persona tiene que ver con su aptitud para aprender de la experiencia.

Por supuesto, probablemente Bandura no lo expresaría con estos términos, pero latiendo al concepto de autoeficacia nos encontramos con el nivel intelectual de la persona: la inteligencia y la autoeficacia interactuarán positiva o negativamente para determinar la conducta de la persona. Esto es una prueba más de la necesidad de usar un enfoque multivariado en psicología, es decir, de considerar múltiples variables para describir y explicar la conducta.

Puede carecer de sentido ceñirse a una supuesta variable crucial, por la sencilla razón de que probablemente esa variable no existe. La persona es un conjunto más o menos organizado de propiedades psicológicas relacionadas de manera peculiar.

¿Será igual que una persona ansiosa y torpe se someta a una terapia cognitivo-social a que la persona sea depresiva e inteligente? Parece imprudente responder positivamente a esta pregunta.

Por tanto, las teorías univariadas no parecen la respuesta más contundente a la pregunta de por qué las personas se gobiernan de modos tan distintos en sus vidas.

En cualquier caso, la tesis de la modificación cognitiva propugnada por Bandura ha sido muy influyente en la perspectiva de trabajo de famosos terapeutas como Aaron Beck y Albert Ellis. La terapia cognitiva suele ser tan efectiva como otras terapias psicológicas, de las que hablaremos en la parte quinta (Davison y Neale, 1990).

En el terreno práctico, las terapias cognitivas han sido especialmente útiles al tratar pacientes ansiosos y depresivos. Sin embargo, no está muy clara cuál ha podido ser la contribución de Bandura a la comprensión de las diferencias individuales en personalidad. Bandura ha estudiado las relaciones entre la persona y situaciones muy concretas, mientras que las teorías factoriales se han centrado en el análisis de las relaciones entre variables personales y varias situaciones relevantes. Lógicamente, esto da lugar a que el enfoque de Bandura no tenga una buena capacidad predictiva (Eysenck, 1994).

Además, las valoraciones de autoeficacia se realizan a través de los informes verbales de la persona, lo que produce una gran subjetividad y, por tanto, una alta probabilidad de error.

Finalmente, según L. Pervin (1989) Bandura ignora los componentes motivacionales de la persona. A lo sumo, desde la teoría de Bandura se podría decir que la persona estará motivada cuando haya una tensión en su percepción de que existe una discrepancia entre su actuación real y la conducta deseada.

4. ESTILOS COGNITIVOS: DIMENSIONES EN BUSCA DE UNA TEORÍA

Los estilos cognitivos son un tema clásico del enfoque de las diferencias individuales. Si se tuviese que definir con una sola frase, habría que decir que un estilo cognitivo es una tendencia psicológica de elementos «fríos» y «calientes», es decir, supone la actuación más o menos coordinada de la inteligencia y la personalidad del individuo.

De este modo, los estilos cognitivos son dimensiones psicológicas muy generales en las que se diferencian las personas. Así por ejemplo, una persona puede tener un estilo reflexivo, mientras que otra puede ser una persona impulsiva. La primera sopesará todas las alternativas posibles antes de actuar, pero la segunda actuará a las primeras de cambio.

Según Minton y Schneider (1985) los estilos cognitivos se refieren a las diferencias individuales en los modos de percibir, recordar y pensar y, más en concreto, de qué manera la persona percibe, recuerda y piensa. El elemento importante no es la eficacia con la que la persona percibe, recuerda o piensa, sino cómo lo hace.

Los estilos cognitivos representan las estategias mentales generales que usan las personas para comprender las situaciones en las que actúan. Por tanto, el interés está en la mecánica cognitiva de las personas caracterizadas por un determinado estilo cognitivo.

Hay una gran cantidad de estilos cognitivos (Quiroga, 1994): complejidad cognitiva, amplitud de categorización, diferenciación conceptual, estilos conceptuales, nivelamiento-agudización, etc. (Colom, 1997b). Sin embargo, no suele ser habitual encontrar una robusta conceptualización de los estilos cognitivos (Quiroga, 1994, 1996).

Quizá sean tres los estilos cognitivos mejor estudiados: el estilo dependencia-independencia de campo, el estilo reflexividad-impulsividad y los sistemas conceptuales.

4.1. Dependencia-independencia de campo: diferenciación psicológica

El estilo dependencia-independencia de campo ha sido muy estudiado por Herman Witkin. La dimensión se encontró en estudios perceptivos en los que la persona debía fiarse de sus propias sensaciones corporales para no dejarse engañar por la información que percibía en una situación. Así, a la persona se le podía pedir que colocase una silla móvil en la que estaba sentada a medida que se movía una sala, también móvil, en la que se encontraban ambos (figura 18.3).

Un buen resumen de los resultados encontrados en más de cuatro décadas de investigación sistemática es la obra de Witkin y Goodenough (1981).

Este estilo cognitivo estudia la habilidad para actuar de un modo diferenciado del ambiente, es decir, realizando discriminaciones más o menos finas entre las percepciones internas o personales y externas o ambientales.

Figura 18.3.—Un test de dependencia-independencia de campo. La persona está situada en una silla móvil dentro de una habitación también móvil, y su tarea consiste en hallar la situación vertical ignorando las señales externas.

Sobre este estilo cognitivo sabemos varias cosas importantes, de las que aquí solo se señalan algunas (Witkin y Goodenough, 1995):

- Los varones parecen ser más independientes de su entorno que las mujeres.
- La independencia de campo aumenta hasta los 15 años de edad, se estabiliza a partir de entonces y en la vejez disminuye de modo significativo.
- Las personas independientes no son más inteligentes.
- Las personas independientes están más predispuestas a los delirios, las ideas de grandeza, la paranoia, la neurosis o la esquizofrenia.
- Las personas dependientes están más predispuestas al alcoholismo, la obesidad, el asma o la histeria.

El que una persona sea más independiente o dependiente de su entorno depende de varias cosas. Entre ellas se cuentan los hábitos de crianza y algunas variables biológicas y hormonales.

La dependencia o independencia de campo es una dimensión estable. Por tanto, se puede predecir la conducta de la persona en distintas situaciones. Y, por supuesto, los mecanismos mentales vinculados a la independencia serán distintos de los mecanismos cognitivos asociados a la dependencia.

4.2. Reflexividad-impulsividad

Este estilo supone una tendencia consistente a tomar decisiones rápida o lentamente (Quiroga, 1994).

Las personas reflexivas parecen ser mucho más conservadoras que las personas impulsivas. De este modo, la reflexividad lleva a considerar cuidadosa y analíticamente las distintas alternativas que se le presenten a la persona. Por el contrario, la impulsividad llevará a dejarse influir por la apariencia de algunas alternativas frente a otras (Kagan, 1965).

Por consiguiente, las tareas que usan los investigadores para medir las diferencias individuales en esta dimensión exigen presentar distintas alternativas sobre las que la persona debe actuar. Dependiendo de cuál sea su actuación se podrá saber cuál es el nivel de reflexividad o impulsividad de la persona.

No está muy claro en qué medida este estilo cognitivo es, en realidad, un estilo o una propiedad temperamental. Recuérdese que la impulsividad es una faceta del psicoticismo en la teoría factorial de Eysenck.

Figura 18.4.— El estilo de la persona reflexiva e impulsiva opera en distintas situaciones y ocasiones, especialmente en cómo se hacen las cosas. En ocasiones da la impresión de que esta tendencia reflexiva o impulsiva en realidad constituye una dimensión temperamental de la personalidad, no un estilo cognitivo.

4.3. Sistemas conceptuales

Los mecanismos cognitivos de la persona parecen serios candidatos conceptuales cuando se trata de explicar sus transacciones con el ambiente. Dependiendo de qué interpretación haga la persona de su entorno y de las condiciones presentes, así será el comportamiento que observemos.

Según parece, las diferencias individuales en los sistemas conceptuales que usa la persona para interpretar la realidad varían en una dimensión que va de lo abstracto a lo concreto.

Una persona que experimente las situaciones desde una perspectiva abstracta podrá discriminar muy bien sus elementos y, por tanto, tomar decisiones más sopesadas.

Hay una graduación prácticamente continua entre un funcionamiento concreto y uno abstracto:

- Guiarse por las condiciones estándar.
- Rebelarse contra las condiciones estándar.
- Manipular a personas que se saben dependientes.
- Independizarse de las opiniones de los demás para seguir el propio camino.

Los sistemas conceptuales o la complejidad cognitiva de la persona están muy relacionados con su inteligencia. Por tanto, una medición adecuada de los sistemas conceptuales requiere conocer el nivel intelectual de las personas.

4.4. Comentario

El área de los estilos cognitivos es bastante compleja. Ha habido muchos intentos de organizar el campo, pero de hecho no han tenido demasiado éxito (Quiroga, 1994).

La idea de coordinar los elementos fríos y emocionales del comportamiento de la persona es digna de alabanza. Sin embargo, tanto las técnicas para medir los estilos cognitivos como las concepciones teóricas son bastante confusas.

Por otro lado, no está muy claro qué ganamos en la práctica al combinar en el mismo concepto los elementos cognitivos y no cognitivos de la persona. Quizá las tareas de diagnóstico psicológico pueden estar más cerca de la experiencia interna de la persona, y, en una palabra, se puede alcanzar una mayor comprensión global.

Sin embargo, a la hora de planificar una intervención psicológica se necesita información concreta a partir de la que organizar las acciones terapéuticas oportunas. Así, si hemos llegado a la consecuencia de que la persona es muy dependiente de su entorno, ¿sobre qué variables en concreto deberíamos actuar para modificar la posición de la persona en esa dimensión?

Quizá fuese más rentable guiarse por las dimensiones factoriales cuidadosamente establecidas en las correspondientes teorías para producir un diagnóstico operativo y funcional. En el campo cognitivo supondría explorar, por ejemplo, los mecanismos mentales que acompañan a una persona introvertida frente a una persona extrovertida huyendo de la producción de nuevos conceptos científicos de controvertido rigor metodológico (Colom, 1997b).

5. TEORÍA DE W. MISCHEL E Y. SHODA

La teoría cognitivo-afectiva de Mischel y Shoda (1995) describe la personalidad como un sistema estable que influye en cómo se selecciona, construye y procesa mentalmente la información social y en cómo se actúa. Este sistema explica tanto las cualidades estables de la personalidad como las variaciones que se pueden predecir en distintas situaciones.

La teoría de Mischel y Shoda (1995) se basa en «los datos y teorías de las diferencias individuales sobre el procesamiento de la información socioemocional» (pág. 246). La teoría da por hecho que existen diferencias individuales consistentes en las características de las situaciones que selecciona la persona y en las unidades cognitivo-afectivas que se activan en respuesta a esas situaciones.

La idea es mejorar el poder de resolución o el nivel de precisión de las teorías factoriales basadas expresamente en descripciones y predicciones bastante globales. Mischel y Shoda (1995) sugieren que también existe consistencia y estabilidad en unidades de análisis más concretas. Una metáfora puede ilustrar esta teoría (Mischel y Shoda, 1995):

Sin duda es muy útil conocer las tendencias climáticas generales, tanto para pronosticar que hará más frío y habrá más humedad en el área de Santander que en el área de Donostia como para tener datos que ayuden a explicar por qué se dan esas diferencias regionales en el clima. Sin embargo, si los meteorólogos se centrasen únicamente en las tendencias climáticas globales, conocerían los procesos atmosféricos responsables de los patrones de cambio climático, pero no podrían realizar pronósticos más concretos y precisos.

Consideremos las diferencias entre Jesús y Lola. Según las teorías factoriales, las diferencias de Jesús y las diferencias de Lola en varias situaciones y ocasiones se consideran «error» y se promedian para calcular su respectivo nivel en los factores de la personalidad usados para describir a las personas en general. La pregunta que se respondería a partir de las teorías factoriales sería: ¿es Jesús más agresivo que Lola?

Según Mischel y Shoda (1995), «esta pregunta es importante, y quizá la primera pregunta que debería responderse, pero sólo es el comienzo del estudio de la consistencia de la personalidad. Sería imprudente dar por terminado el estudio al responder a esa pregunta e ignorar la pregunta de por qué tanto Jesús como Lola no siempre actúan según su nivel de agresividad» (pág. 248). Por tanto, es necesario averiguar si hay relaciones entre las conductas y las situaciones que puedan caracterizar las diferencias individuales en la organización del comportamiento social que habitualmente realizan las personas en su vida cotidiana.

Esta teoría trata de capturar las consistencias de la misma persona en distintas situaciones, completando la visión de las diferencias individuales estables en las propiedades de personalidad globales incluidas en las teorías factoriales.

Las características de la situación activan una serie de reacciones internas según la experiencia previa de la persona en esa situación. Las características de la situación no están sólo en el ambiente, sino también en la mente de la persona. Es decir, la situación es en gran medida construida por la persona. Las distintas personas seleccionan a su manera algunas de las características de la misma situación, varían en su modo de codificarlas y categorizarlas cognitiva y emocionalmente, y en cómo el resultado de esa codificación y categorización interactúa con otras unidades del sistema personal. La organización de las cogniciones y las emociones del sistema tiene que ver con la experiencia global del individuo, es decir, con su propia historia de aprendizaje social, pero, según Mischel y Shoda (1995), también está influida por su genotipo y sus funciones biológicas.

Figura 18.5.—La percepción subjetiva que la persona tiene de la situación es el componente que determina en buena medida su conducta. Si la persona cree que el individuo que tiene delante va a intentar manipularla, tratará por todos los medios de evitar esa situación. Es posible que el individuo no tenga la más mínima intención de manipular, pero si la persona cree que va a ser así actuará en consecuencia. Según la teoría de Mischel y Shoda, las creencias de la persona están claramente relacionadas con sus rasgos de personalidad.

La teoría también trata de describir los procesos que usan las personas para transformar sus cogniciones y emociones en patrones de acción social significativos y estables en ciertas situaciones. La teoría debe incluir las consistencias globales de la persona y las consistencias más concretas expresadas a modo de reglas *Si → Entonces*, es decir, si está presente la característica de la situación X entonces actúa de la manera Y. En una palabra, las consistencias específicas de la persona se pueden expresar como sistemas de producción compuestos por reglas *Si → Entonces*.

Los procesos psicológicos que pueden explicar las diferencias individuales se corresponden con cinco tipos de variables personales relativamente estables:

1. Las codificaciones de la persona o categorías sobre sí misma, la gente, los sucesos y las situaciones.
2. Las expectativas y creencias sobre el mundo social, sobre el resultado de la conducta en ciertas situaciones y sobre la autoeficacia.
3. Los afectos, es decir, sensaciones, emociones y respuestas afectivas.
4. Metas y valores, es decir, resultados deseables y sus estados afectivos, resultados aversivos y sus estados afectivos, así como metas, valores y proyectos de vida.
5. Competencias y planes autorregulatorios, es decir, conductas posibles y guiones que la persona puede poner en práctica, así como planes y estrategias para organizar la acción e influir en los resultados tanto de la conducta como de los estados internos.

Por supuesto, todas estas variables están relacionadas de un modo dinámico. Precisamente la gestión de estas relaciones constituye la esencia de la personalidad.

Las personas difieren de modo consistente en la accesibilidad o los niveles de activación de sus propias representaciones mentales. Así por ejemplo, una persona puede acceder con facilidad a su rol de madre, pero el acceso a otro tipo de rol puede ser bastante más complicado (por ejemplo, su rol de amante). Algunas personas serán vulnerables a los estados de depresión, mientras que otras serán vulnerables a las emociones negativas.

De este modo «las diferencias individuales en los niveles crónicos de activación de las cogniciones y las emociones son básicas para las teorías sociocognitivas de la personalidad, y nuestra teoría comienza a partir de este hecho» (pág. 253).

La teoría de la personalidad de Mischel y Shoda (1995) se parece demasiado a un sistema conexionista, es decir, una serie de unidades mentales que se activan cuando están presentes determinadas características de las situaciones (Colom y Juan-Espinosa, 1990). Las unidades están conectadas en la mente de la persona de un modo consistente y característico de ella misma. Las unidades, por supuesto, también se activan unas a otras. Así por ejemplo, supongamos que mientras Pedro espera unos análisis médicos, observa algunas características de la situación que le llevan a concluir que está ante una situación de amenaza; esto aumenta su nivel de ansiedad, la que, a su vez, le lleva a identificar compulsivamente más características similares que pueda comparar con las previas para acumular más evidencia a favor de su sospecha.

Supongamos que Gabriel se irrita cuando piensa que ha sido ignorado, mientras que Julia se siente realizada cuando la dejan en paz. Supongamos, además, que en las tertulias familiares rara vez se inicia una conversación, mientras que en las tertulias de los amigos la gente siempre conversa sobre los más variados temas. De este modo, Gabriel se sentirá irritado en las tertulias familiares, pero no en las tertulias de los amigos; Julia tendrá reglas *Si → Entonces* completamente distintas a Gabriel, es decir, se sentirá irritada en las tertulias de amigos pero no en las tertulias familiares. Este tipo de afectos activan otro tipo de cogniciones y emociones en cada situación, siguiendo las rutas de activación propias de Gabriel y de Julia. Estas diferencias individuales son un resultado de los significados asociados a las distintas características de la situación, de modo que aunque Gabriel y Julia sean igualmente irritables en promedio, sus conductas serán distintas dependiendo de sus propias reglas *Si → Entonces*.

Por tanto, la teoría de Mischel y Shoda (1995) trata de explicar la consistencia de la persona evitando promediar sus acciones y estudiando sus cambios de conducta en distintas situaciones y ocasiones. Los rasgos de la personalidad dependerán de la *estructura* de procesamiento cognitivo-afectiva que late y genera la *dinámica* del procesamiento. La estructura de procesamiento del rasgo consiste en una serie de características de cogniciones, afectos y estrategias de conducta en una organización de relaciones que guía y restringe su activación. La dinámica de procesamiento del rasgo se refiere a los patrones y secuencias de activación de las unidades personales que se generan cuando la persona está en o construye una situación a partir de sus características. El reto de la investigación será, por tanto, comprender cuándo y por qué se activan de un modo predictible las cogniciones y las emociones dependiendo de las características de las situaciones.

Según Mischel y Shoda (1995), en las unidades de la personalidad no sólo influyen las experiencias socioambientales, sino también la programación genética de la persona. Por ejemplo, las diferencias temperamentales como el nivel de actividad, la irritabilidad, la tensión o la emocionalidad, presentes desde el momento del nacimiento, se relacionan con el procesamiento atencional y emocional. La teoría de Mischel y Shoda (1995) predice que las diferencias individuales genéticas y socioambientales tempranas no sólo influirán en los rasgos, sino también las unidades de la personalidad gobernadas por las reglas *Si → Entonces*.

En suma, la mayor parte de la investigación sobre las diferencias personales ha estudiado las cualidades estables que actúan en varias situaciones y ocasiones y que pueden caracterizar al individuo en términos generales. Sin embargo, algunas otras investigaciones se han centrado en la pregunta de cómo funciona la persona, estudiando los procesos psicológicos que subyacen a las diferencias individuales. Según se ha expuesto, la teoría de Mischel y Shoda (1995) trata de integrar los dos tipos de preguntas, es decir, cuál es la estructura y cuál es la dinámica de la personalidad (figura 18.6).

Resumidamente, según la teoría de Mischel y

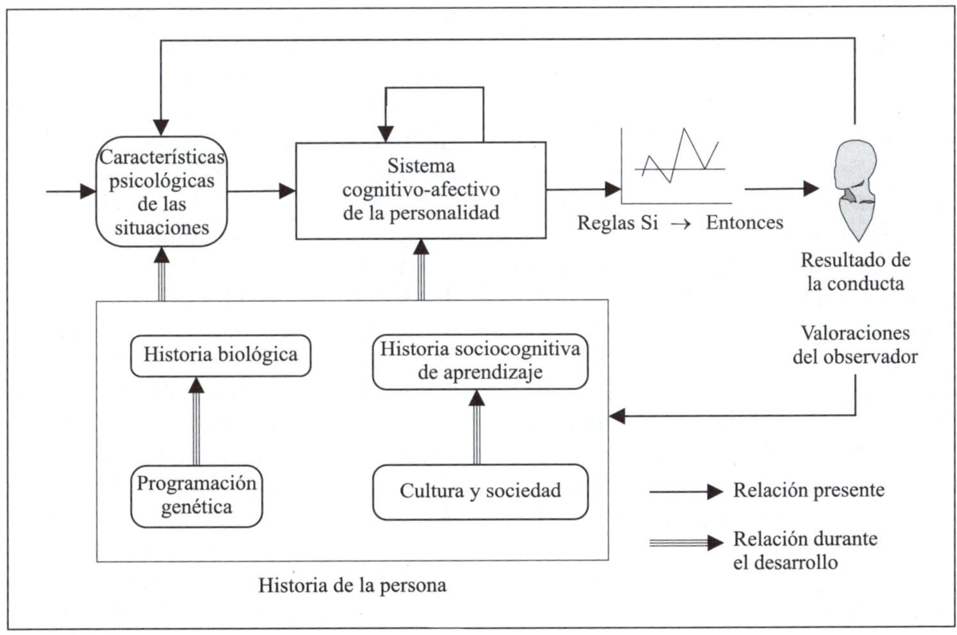

Figura 18.6.—Una representación de la teoría cognitivo-afectiva de la personalidad de Mischel y Shoda (1995).

Shoda (1995) a partir del procesamiento de la información social el sistema genera características, patrones predictibles de variación y planes de actuación en distintas situaciones, incluso aunque el sistema no se altere en absoluto. Durante el desarrollo de la persona, la organización de las relaciones entre las unidades cognitivo-afectivas es señal de la historia de aprendizaje sociocognitiva del individuo en interacción con su historia biológica, es decir, con los factores genéticos, bioquímicos y temperamentales.

El sistema cognitivo-afectivo se activa a partir de las características psicológicas de la situación, aunque, en parte, está siempre activado por la comunicación permanente que existe entre sus unidades, como por ejemplo al hacer planes, diseñar acciones, fantasear, soñar o rumiar ideas. Los rasgos personales se caracterizan por la estructura estable en la que se organizan las unidades cognitivo-afectivas del sistema de personalidad. Esta estructura guía y restringe la activación de las cogniciones y emociones específicas así como las conductas de la persona en respuesta a una determinada situación.

6. APLICACIONES PRÁCTICAS

Las teorías cognitivas de la personalidad consideran que los procesos mentales son esenciales para explicar las diferencias individuales en personalidad. Las experiencias de aprendizaje son, en este sentido, un elemento primordial.

Quizá la pieza clave de las teorías cognitivas es que se supone que comprender cómo se construye la persona humana puede sugerir tratamientos psicológicos para los pacientes con trastornos mentales.

Siendo cierta la gran base teórica y metodológica de las teorías factoriales, no es menos cierto que están dirigidas a responder a la pregunta por la *estructura* de la personalidad, dejando para otras perspectivas el análisis de la *dinámica* personal.

El estudio de esta dinámica personal puede informar sobre cómo dirigir los procesos de cambio personal. Y, por definición, los cambios suponen un proceso de aprendizaje, de adquirir nuevas habilidades sociales.

Una gran parte de los trastornos mentales son resultado de experiencias problemáticas relacionadas con la personalidad y su desarrollo. Conocer la personalidad facilita el diagnóstico de las condiciones clínicas del cliente y la propuesta de acciones de remedio.

Una consecuencia de este planteamiento es que debe existir una estrecha relación entre el estudio de la personalidad humana normal y la psicología anormal (Eysenck, 1994).

6.1. Constructos personales

George Kelly (1955) sugirió hace bastante tiempo que las personas tienen un verdadero interés en predecir los sucesos que se producirán en el futuro. De hecho, las personas cambiarán incluso su visión del mundo si con ello mejoran su capacidad para predecir el futuro.

Los científicos hacen hipótesis sobre el mundo, ya que suponen que esto aumentará su capacidad para predecir algunos hechos importantes. Si las hipótesis son falsas, el científico las modificará para mejorar su visión del mundo. De la misma manera, las personas modifican sus pensamientos sobre las otras personas y el mundo hasta que consideran que han alcanzado un grado razonable de capacidad para predecir el futuro.

Según Kelly (1955) se podrá decir que hemos comprendido a la persona cuando sepamos cómo construye su mundo. A este conocimiento se puede llegar explorando sus *constructos personales,* es decir, las referencias psicológicas que usa la persona para darle sentido al mundo.

Así, la personalidad de un individuo se puede caracterizar según sus particulares constructos personales. La técnica para explorar estos constructos es el *Rep Test,* cuyas modalidades pueden ser muy variadas.

Este test supone enumerar una serie de roles o papeles vitales: por ejemplo, Padre, Amigo y Profesor. La tarea del individuo consiste en seleccionar personas que representen cada uno de los roles enumerados. Una vez completada esta primera tarea, el psicólogo selecciona tres de las personas señaladas por el individuo y se le pide que indique en qué aspecto dos de las tres personas son distintas. Por ejemplo, el individuo puede decir:

«Mi padre y mi amigo Carlos son muy tolerantes, mientras que mi profesor favorito es muy rígido.»

Esto permite decir que TOLERANTE-RÍGIDO es un constructo, y que TOLERANTE está en el polo de similitud, mientras que RÍGIDO está en el polo de contraste.

Esta tarea se repite varias veces hasta llegar a una serie de constructos personales propios del individuo.

En general, los resultados del Rep Test indican que hay constructos más o menos importantes, y suelen organizarse jerárquicamente. Los constructos superordinados (por ejemplo, bueno-malo) se sitúan en la cima de la jerarquía incluyendo otros constructos subordinados como gusto por los deportes o por las vacaciones. Por tanto, se trata de diseñar una especie de teoría factorial *naïve* sobre la persona.

Por supuesto, toda esta información se basa en lo que dice el individuo. Además, se ha usado especialmente en la psicología clínica, aunque también se ha empleado para explorar las diferencias individuales normales (por ejemplo, para averiguar el grado de complejidad o simplicidad cognitiva de una persona).

El sistema de constructos personales de un individuo determinará el tipo de respuestas que una persona da, por ejemplo, en situaciones de amenaza.

Las diferencias individuales en respuesta a las situaciones de amenaza han sido estudiadas por Tobacyk y Downs (1986) con estudiantes de música a los que iba a examinar un tribunal. Se pidió a los estudiantes que valorasen su habilidad en dos condiciones:

— Valoración general de su destreza musical.
— Valoración según 40 constructos personales al aventurar una mala actuación ante el tribunal.

Figura 18.7.—Las personas están verdaderamente interesadas en predecir su futuro y se sirven de distintos métodos para lograrlo.

Se supuso que la situación de examen sería más amenazante para los estudiantes cuyo fracaso supondría un mayor cambio en su estructura de constructos personales. En efecto, los estudiantes clasificados en este grupo de alto riesgo mostraron una mayor ansiedad a medida que se acercaba la fecha del examen (Tobacyk y Downs, 1986).

Kelly (1964) ha sugerido que las deficiencias en el sistema de constructos personales suelen relacionarse con la conducta anormal. Así, una persona puede tener problemas si sus constructos personales son muy permeables o excesivamente impermeables, si son muy restrictivos o amplios, y así sucesivamente.

La restricción se produce cuando los constructos son excesivamente estrechos, lo que complica la tarea de encontrar las inconsistencias. Los constructos de márgenes estrechos caracterizan a las personas depresivas. En contraste, la excesiva amplitud supone desbordar los constructos personales y es propio de las personas maniacas.

En esencia, la terapia sugerida por Kelly consiste en producir cambios en el sistema de constructos personales del cliente. El principal objetivo es ayudar a la persona a realizar predicciones del futuro más satisfactorias, de manera que se adapte mejor a su ambiente. ¿Cómo se puede aumentar la posibilidad de realizar un cambio útil?

- Cuando el terapeuta proporciona un ambiente distendido y tolerante que contribuye a implantar nuevos constructos personales, sin que el cliente se sienta amenazado.
- Cuando el terapeuta apoya los nuevos constructos que el cliente considera relevantes.
- Cuando el cliente procura entenderse y resolverse con situaciones novedosas.

Kelly ha usado varias técnicas terapéuticas. Pero quizá la que más ha empleado es la *terapia del rol-fijo*. Esta terapia exige que el terapeuta use su conocimiento sobre el cliente para describir a una nueva persona; el cliente debe procurar actuar como lo haría la nueva persona descrita por el terapeuta. Por supuesto, la meta es que a medida que el cliente interpreta el papel de esa nueva persona se produzcan cambios sustanciales en sus propios constructos personales.

En resumen, exponer la perspectiva de Kelly ha permitido ilustrar en qué consistiría una aplicación práctica que se sirviese del conocimiento alcanzado a través de las teorías cognitivas de la personalidad. Por supuesto, estas teorías ayudan a descubrir los mecanismos mentales que caracterizan la dinámica cognitiva de los distintos individuos, y, por consiguiente, dan pistas sobre técnicas para diseñar intervenciones o tratamientos psicológicos que puedan modificar esa dinámica cognitiva, y, de este modo, las dimensiones de la personalidad relevantes en distintas situaciones y ocasiones vitales de la persona.

6.2. Controles cognitivos

Los controles cognitivos son un tipo particular de estilo cognitivo, cuyo objetivo es integrar los distintos componentes de la personalidad. El profesor S. Santostéfano (1990) ha desarrollado esta idea durante muchos años, estudiando su desarrollo bioevolutivo, diseñando pruebas de medida y programas de tratamiento psicológico. En general, los estudios se han realizado con niños y adolescentes. En nuestro país, la profesora María Ángeles Quiroga, de la Universidad Complutense de Madrid, es la máxima exponente de este programa de investigación.

Probablemente los controles cognitivos sean los estilos personales mejor operativizados y con una mayor base empírica. Por consiguiente, su uso para expresar algunas aplicaciones prácticas que clarifiquen las teorías cognitivas de las diferencias de personalidad parece ser una decisión acertada.

Las investigaciones factoriales han descubierto cinco controles cognitivos (Quiroga, 1996):

1. Regulación del tempo motor y del yo corporal: la pregunta que responde este control es cómo se utilizan imágenes y símbolos para presentar y regular el propio cuerpo.

La inmadurez supone un yo corporal global y una motricidad poco modulada, mientras que la madurez supone un yo corporal diferenciado y una motricidad modulada. También existe el polo de hipermadurez para este y los otros cuatro controles, pero aquí no se harán comentarios al respecto (véase Quiroga, 1996).

2. Atención focal: la pregunta que responde este control es cómo se inspecciona un campo de información.

La inmadurez supone una inspección pasiva y restringida, mientras que la madurez supone una inspección activa y extensa.

3. Articulación de campo: la pregunta que responde este control es cómo se actúa en un campo de información con estímulos relevantes e irrelevantes.

La inmadurez supone el registro de toda la información, mientras que la madurez supone un registro selectivo de la información.

4. Nivelamiento-agudización: la pregunta que responde este control es cómo se construyen imágenes de información que cambian o permanecen estables.

La inmadurez supone una memoria global volátil, mientras que la madurez supone una memoria articulada estable.

5. Equivalencia de rango: la pregunta que responde este control es cómo se categoriza la información.

La inmadurez supone usar pocas categorías globales, mientras que la madurez supone usar muchas categorías diferenciadas.

El profesional debe calcular el control adaptativo de cada control cognitivo, considerando la edad y el nivel evolutivo del niño, sus expectativas y estados internos, así como sus condiciones ambientales. La organización de los cinco controles cognitivos da lugar al estilo cognitivo individual.

Cada uno de los controles cognitivos se miden con estímulos neutros y con estímulos emocionales. Las pruebas son las siguientes (Quiroga, 1996):

- Regulación del tempo motor y el yo corporal: Tests de la regulación del tempo y el esquema corporal.

EJEMPLO: Se pide al niño que adopte distintas posturas corporales imitando al terapeuta y que diga qué le sugieren en cada caso. Cada respuesta se puntúa según el grado de diferenciación, su cercanía o lejanía de la postura original, y su estatismo o dinamismo.

- Atención focal: Test de despliegue atencional.

EJEMPLO: Se presentan figuras para que el niño marque sólo círculos y cruces, mientras ignora el resto de las figuras. Se registra el recorrido del niño por la serie de figuras.

- Articulación de campo: Test de distracción de frutas.

EJEMPLO: El niño debe leer tan deprisa como pueda los colores de una serie de frutas impresas. La tarea varía en grado de complejidad, desde colores aislados hasta frutas cuyo color no es el natural.

- Nivelamiento-agudización: Test de la casa.

EJEMPLO: Se presentan hasta 60 láminas de una misma escena en la que se van produciendo ligeras modificaciones. Se trata de averiguar cuándo el niño se da cuenta de que ha habido cambios.

- Equivalencia de rango: Test de clasificación de objetos.

EJEMPLO: Se presenta una serie de objetos que el niño debe agrupar como estime oportuno. La tarea se va complicando paulatinamente y se le pregunta al niño sobre las agrupaciones que ha realizado.

Esta serie de tests para medir los controles cognitivos ha sido adaptada en nuestro país bajo la dirección de la profesora Quiroga (Cubino y Quiroga, 1994).

¿Cuándo se alteran los controles cognitivos?

— Cuando el sujeto procesa la información de una situación familiar de una manera inmadura o hipermadura según alguno de los cinco controles cognitivos.
— Cuando la persona es poco flexible al procesar la información de una situación novedosa.

La alteración de los controles cognitivos suele tener lugar en la interacción entre el niño y los adultos. Es decir, existen errores interactivos que producen la psicopatología y que deben repararse a través de la terapia si no remiten espontáneamente.

La patología en la coordinación cognitiva es resultado de la discordancia entre distintos controles cognitivos, es decir, se produce cuando actúan de una manera inmadura o hipermadura. La coordinación patológica se aprecia en los lapsus cognitivos y en las acciones del individuo al resolver los tests de la batería de controles cognitivos.

El mapa que se puede diseñar a partir de los controles cognitivos ayuda a situar, entre otros, los trastornos de aprendizaje y los problemas de adaptación, las perturbaciones emocionales, las lesiones cerebrales y los trastornos antisociales (Quiroga, 1996).

Una gran virtud de los controles cognitivos es que evitan el uso del lenguaje en bastantes pruebas. La idea es que los niños se expresan mucho mejor a través de la acción que del lenguaje. En otras palabras, los significados que debe descubrir el profesional son más visibles en las acciones del niño.

Además, es muy importante conocer las condiciones ambientales del niño, puesto que su estilo cognitivo individual puede estar desviado de su grupo de edad, pero seguramente será adaptativo en sus propias circunstancias personales.

Por tanto, desde el enfoque de los controles cognitivos, el profesional debe estudiar (Quiroga, 1996):

- Los distintos controles cognitivos, para saber si existe una actuación disonante.
- Los significados personales que usa el niño.
- La coordinación cognitiva de la que se muestra capaz el niño.

Los resultados de las pruebas permiten diseñar la intervención, cuyo objetivo básico es cambiar el estilo de coordinación cognitiva del niño. Las distintas terapias que se puedan diseñar girarán usualmente alrededor de cuatro parámetros (Quiroga, 1996):

1. Simplicidad-complejidad. La terapia partirá de tareas sencillas para que el niño tenga éxito, aumentando poco a poco el nivel de dificultad.
2. Acciones físicas-acciones mentales. La terapia comenzará con acciones físicas para subordinarlas posteriormente a los pensamientos.
3. Retraso de las respuestas. Las tareas iniciales exigirán una respuesta inmediata, pero poco a poco se debe pedir al niño que piense durante un rato antes de actuar.
4. Valoración de las respuestas. Aunque al principio ni el niño ni el terapeuta valoren las respuestas, deberán hacerse valoraciones progresivamente.

En suma, los controles cognitivos permiten diseñar sistemas de medida y técnicas de intervención psicológica a partir de una robusta teoría en la que se integran los componentes cognitivos y emocionales de la personalidad.

SUMARIO

Este capítulo se ha preguntado qué responden las teorías cognitivas de la personalidad. Se ha expuesto la teoría de Eysenck y Eysenck, cuyo carácter exclusivamente cognitivo puede ser dudoso. A partir del sistema PEN (Psicoticismo, Extroversión, Neuroticismo) de H. Eysenck, se han comentado los mecanismos mentales que pueden explicar las diferencias en los factores de extroversión y neuroticismo (ansiedad). La teoría de A. Bandura ha sido muy influyente en los intentos realizados por otros autores de describir las diferencias individuales en personalidad y en el desarrollo de algunas técnicas terapéuticas de cambio personal. Sin embargo, la teoría puede considerarse bastante reduccionista. Los estilos cognitivos no constituyen una teoría en sentido estricto y tratan de coordinar los componentes cognitivos y emocionales de la personalidad. Se han revisado los estilos más investigados: dependencia-independencia de campo, reflexividad-impulsividad y los sistemas conceptuales. La última teoría descrita ha sido desarrollada por W. Mischel e Y. Shoda. Su objetivo es integrar las teorías factoriales y las teorías cognitivas, es decir, situar en un mismo lugar las preguntas por la estructura y por la dinámica de la personalidad. Esta intención es atractiva, pero todavía no hay suficientes datos que la avalen. Finalmente, las aplicaciones prácticas han descrito técnicas para evaluar y modificar la personalidad: por un lado, los constructos personales, y, por otro, los controles cognitivos.

Las teorías biológicas de la personalidad 19

Este epígrafe se pregunta, en primer lugar, por las respuestas de las teorías biológicas al problema de las diferencias personales, es decir, en qué medida el funcionamiento biológico puede ayudar a explicar las acciones de las personas. A continuación se describe la primera teoría psicofisiológica de la personalidad, es decir, la propuesta por H. Eysenck a partir de los factores psicoticismo, extroversión y neuroticismo. La teoría de J. Gray es heredera tanto de la teoría de Eysenck como del enfoque de I. P. Pavlov[1] y se ha basado en el estudio de animales fundamentalmente. La teoría de J. Brebner así como la de M. Humphreys y W. Revelle, dependen también de la teoría de Eysenck: su principal objetivo es concretar y proponer nuevas explicaciones de las bases psicofisiológicas de las dimensiones del sistema PEN de Eysenck, especialmente de la extroversión. Finalmente, uno de los ejemplos recogidos en el apartado de aplicaciones prácticas describe los fundamentos psicofisiológicos de la psicopatía o trastorno antisocial de personalidad. En este último apartado se describe también la aplicación de una teoría de la personalidad muy importante en el enfoque de las diferencias individuales: la propuesta del profesor Marvin Zuckerman sobre la búsqueda de sensaciones.

[1] El profesor J. A. Carrobles, de la Universidad Autónoma de Madrid, realizó su tesis doctoral con J. Gray. Según él, Gray se interesó por las bases psicofisiológicas de las diferencias individuales en personalidad a raíz de sus viajes a la Unión Soviética destinados a mejorar su nivel de ruso, en el que es un auténtico experto.

1. ¿QUÉ PREGUNTA RESPONDEN LAS TEORÍAS BIOLÓGICAS DE LA PERSONALIDAD?

Los psicólogos podemos disponer de información, con relativa facilidad, sobre los rasgos principales de la personalidad de un determinado individuo. De este modo, se podría decir que Javier es extrovertido, cordial, no demasiado responsable, emocionalmente inestable y abierto de miras.

Recurriendo a alguna de las pruebas diseñadas para explorar este tipo de dimensiones psicológicas, se puede llegar a algunas conclusiones generales y bastante útiles sobre Javier. Esto lo podemos saber gracias a la estructura de rasgos de las teorías factoriales de la personalidad.

Sin embargo, no sabremos con exactitud cuál es la dinámica mental que caracteriza a Javier. Concluimos que Javier es extrovertido analizando sus comportamientos y sus hábitos en determinadas situaciones y en distintas ocasiones vitales, pero eso no nos dice qué pasa por la cabeza de Javier para actuar de un modo que se puede caracterizar de extrovertido.

La manera de responder a la pregunta por la dinámica mental de dimensiones psicológicas como la extroversión consiste en elaborar teorías cognitivas que describan hipótesis sobre cuáles suponemos que son los pensamientos y la dinámica cognitiva de Javier.

Pues bien, al igual que en las teorías biológicas de la inteligencia, las correspondientes teorías de la personalidad responden a la pregunta de si la extroversión que caracteriza a Javier tiene algo que ver con el funcionamiento de su sistema nervioso.

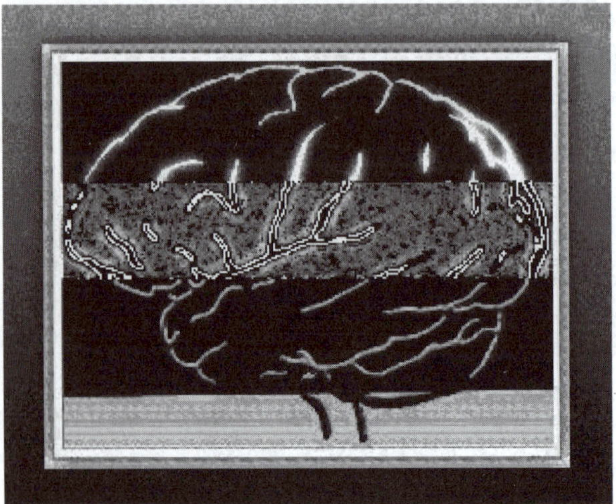

Figura 19.1.—Los científicos suponen que el estudio del cerebro de los distintos individuos puede ayudar a comprender las diferencias de personalidad.

En otras palabras, las teorías biológicas tratan de explicar física y orgánicamente las diferencias personales que se pueden observar y describir con las teorías factoriales y cognitivas.

No hay demasiadas teorías biológicas de la personalidad suficientemente sólidas. Aquí se exponen algunas de las más importantes: la teoría de Eysenck, la teoría de Gray, la teoría de Brebner y la teoría de Humphreys y Revelle.

Recuérdese que no es fácil separar con nitidez una teoría biológica de una teoría cognitiva de la personalidad. Por tanto, pueden volver a aparecer aquí conceptos expuestos en el capítulo sobre las teorías cognitivas.

2. TEORÍA DE H. J. EYSENCK

La teoría biológica del profesor Hans Jurgen Eysenck estudia la activación cerebral relacionada con los tres superfactores de su sistema PEN: el psicoticismo, la extroversión y el neuroticismo.

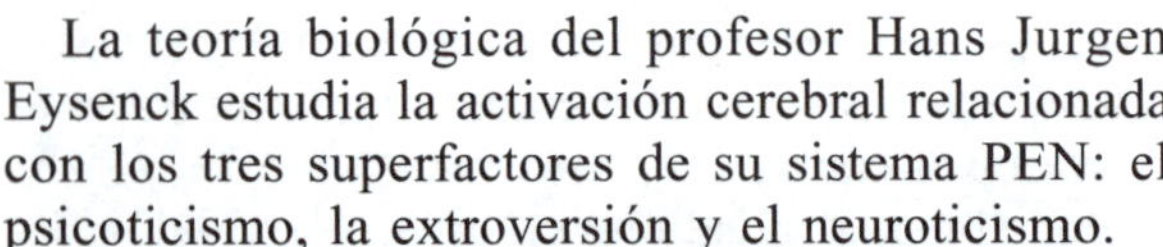

Los mecanismos psicofisiológicos de la teoría de Eysenck han sido dos: la inhibición (Eysenck, 1957) y la reactivación (Eysenck, 1967). ¿Cómo funcionan estos dos mecanismos?

Consideremos los posibles efectos de la extroversión en las tareas de vigilancia, donde las personas pasan mucho tiempo detectando señales poco frecuentes:

- Según la teoría de la inhibición, la percepción es una respuesta y responder repetidamente produce inhibición. Cuando se ha producido inhibición suficiente, se hacen pausas para descansar y disipar parte de la inhibición; a partir de este momento comienza a disminuir el rendimiento de la persona.

Por tanto, la predicción es que los extrovertidos, que generan más inhibición que los introvertidos, tendrán una disminución más pronunciada del rendimiento a medida que pasa el tiempo.

- La teoría de la reactivación predice que el estado óptimo se alcanza con un nivel intermedio de reactivación. Dependiendo de la situación de los introvertidos y de los extrovertidos en el nivel óptimo de reactivación al comenzar a realizar la tarea de vigilancia, así como de los cambios concretos en el nivel de reactivación producidos durante la sesión experimental, será más o menos posible que la teoría de la reactivación se ajuste al resultado de que los extrovertidos disminuyen más rápidamente su rendimiento, así como al resultado opuesto.

La teoría de la reactivación es la más actual. Por tanto, en la breve revisión que sigue sobre las tres dimensiones básicas de la teoría de Eysenck se usa principalmente este concepto psicofisiológico en dos de ellas (extroversión y neuroticismo).

2.1. Psicoticismo

Los estudios de Claridge y Clark (1982) sobre los efectos fisiológicos y psicológicos del LSD-25, sugieren que este tipo de drogas psicotrópicas se relacionan con las dimensiones de la personalidad. Este tipo de drogas producen cambios transitorios en la posición de la persona en una determinada dimensión de personalidad. Es decir, una persona

Figura 19.2.—Según la teoría biológica de Eysenck, algunos sujetos estarán muy reactivados de modo espontáneo, mientras que otros estarán poco reactivados. Esta característica personal interactuará con las condiciones situacionales para determinar la conducta.

con una puntuación muy baja en la escala de psicoticismo del EPQ, aumentará su nivel tras ingerir LSD-25.

Gattaz (1981) y Gattaz y Seitz (1984) han estudiado un antígeno leucocito humano, HLA B-27, cuya presencia es más frecuente en pacientes esquizofrénicos (Gattaz, Ewald, y Beckmann, 1980). Eysenck y Eysenck (1985) plantean que si la dimensión P mide realmente una *diátesis psicótica* notable, es decir, si recoge los síntomas de una vulnerabilidad a la psicosis, entonces se debe esperar que el antígeno HLA B-27 sea más frecuente en esquizofrénicos con altas puntuaciones en P que en esquizofrénicos con bajas puntuaciones en P, así como en normales con altas puntuaciones en P que en normales con bajas puntuaciones en P. Los resultados sugieren que esta predicción es correcta.

En suma, sustancias bioquímicas con claros efectos biológicos influyen en la dimensión P del sistema PEN de Eysenck. Pero, en cualquier caso, a pesar de que hay algunos datos, la teoría biológica sobre P es, probablemente, la parte menos desarrollada hasta el momento.

2.2. Extroversión

La estructura cerebral relacionada directamente con las diferencias individuales en extroversión parece ser el sistema activador reticular ascendente (SARA). La idea es sencilla: las vías sensoriales que llegan al tallo cerebral activan el SARA, quien, a su vez, tiene la misión de activar algunas regiones cerebrales.

Según parece, la persona introvertida tiene una mayor activación cerebral espontánea que la persona extrovertida. Es decir, el nivel de reactivación del introvertido es más alto que el nivel de reactivación del extrovertido.

Imaginemos un recipiente lleno de gas. Este gas puede tener un movimiento más o menos intenso dependiendo de la temperatura del recipiente: cuando el recipiente pierde temperatura disminuye el movimiento de las partículas de gas, mientras que cuando se calienta demasiado el gas puede llegar incluso a destruir el recipiente. El calentamiento o enfriamiento del recipiente proviene de su exterior, pero dependiendo del nivel de temperatura del propio recipiente se necesitará más o menos calor exterior para aumentar su temperatura. Cuando la temperatura del propio recipiente es alta, incluso un poco de calor externo puede alterar demasiado el gas de su interior. En cambio, cuando la temperatura del recipiente es muy baja, se necesitará mucho calor externo para mover el gas de su interior.

Siguiendo esta analogía, el cerebro de la persona introvertida estaría bastante caliente antes de recibir el calor externo, mientras que el cerebro de la persona extrovertida estaría relativamente frío, por lo que necesitaría más calor externo. Estas diferencias térmicas ilustran los distintos niveles de reactivación espontánea del introvertido y del extrovertido.

Las diferencias individuales psicofisiológicas explicarían relativamente bien las diferencias personales en la conducta de los introvertidos y de los extrovertidos. La mayor reactivación interna del introvertido hace innecesario buscar estimulación exterior para mantener un estado de alerta. En contraste, la menor activación interna del extrovertido es responsable de que busque constantemente estimulación exterior para mantener un estado óptimo de activación.

En resumen, gráficamente el extrovertido tiene

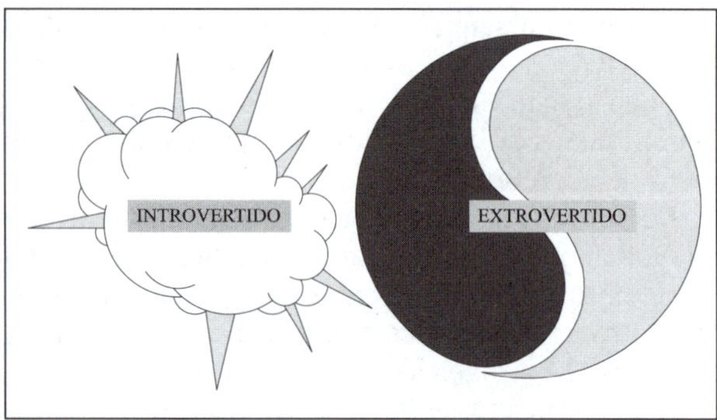

Figura 19.3.—Izquierda: representación gráfica del cerebro de la persona introvertida. Su nivel de activación espontánea es bastante alta, de modo que la estimulación externa puede hacerle llegar rápidamente a un estado de activación demasiado alto. *Derecha:* representación gráfica del cerebro de la persona extrovertida. Su nivel de activación espontánea es bastante bajo, de modo que es necesaria mucha estimulación externa para que pueda mantener un estado óptimo de activación.

Figura 19.4.—La persona emocionalmente inestable está sujeta a los vaivenes del momento. Aquellas situaciones que para la mayor parte de las personas son neutras, son interpretadas con desproporcionadas elevaciones del tono emocional por la personalidad neurótica.

hambre de estímulo, mientras que el introvertido está satisfecho antes de probar la comida estimular.

2.3. Neuroticismo

La estructura cerebral relacionada con las diferencias individuales en neuroticismo parece ser el sistema límbico, también llamado cerebro visc

Sabemos que el sistema límbico es la parte
antigua del cerebro humano. Asimismo, ten
datos que indican que el sistema límbico est
lacionado con las emociones y con las hab
mente denominadas «bajas pasiones» de los
humanos.

La estabilidad emocional está determina
la capacidad de la persona para controlar e
los impulsos primitivos del sistema límbi
contraste, el comportamiento neurótico o e
nalmente inestable depende de los problema
persona para controlar los impulsos básicos
tema límbico.

Por tanto, la estabilidad emocional que s
observar en la conducta de la persona dep
su éxito o fracaso al controlar los impuls
nos. De este modo, la persona que no pu

trolar sus impulsos llorará visiblemente en público cuando alguien le humilla verbalmente, o cometerá un crimen pasional si descubre a su pareja yaciendo con una tercera persona en su propio lecho.

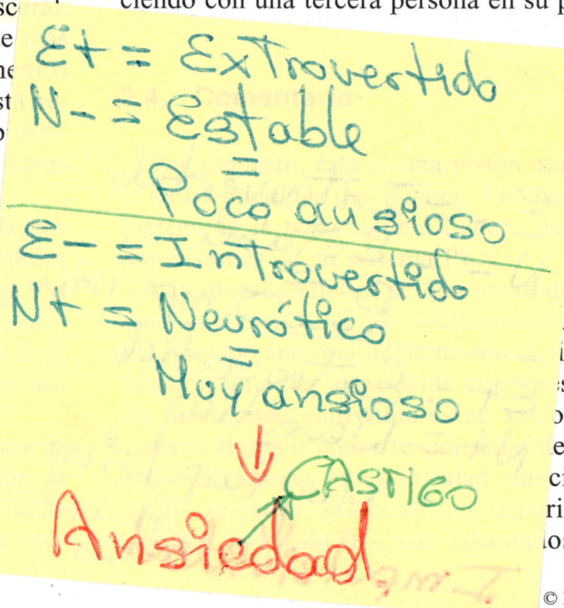

general de
teorías bio-
ver con las

en las pre-
de activación
istema de ac-
sponsable de
oversión y el
e las diferen-
cional.
rimentales no
os, lo que ha

producido una gran avalancha de resultados dispersos.

Eysenck y Eysenck (1985) resumen los principales resultados neurofisiológicos sobre las dimensiones psicológicas de la teoría PEN, y sus conclusiones son inquietantes. Así por ejemplo, los niveles de reactivación espontánea cerebral aumentan a lo largo del día. Es decir, al final de la tarde los introvertidos tienen una reactivación excesiva que perjudica su rendimiento, mientras que este incremento de la reactivación cerebral beneficia el rendimiento de los extrovertidos. No obstante, la mayor parte de los estudios experimentales sobre las relaciones entre la reactivación cerebral y la introversión-extroversión ¡se han realizado por la mañana!

3. TEORÍA DE J. GRAY

La teoría de J. Gray (1981, 1982, 1987) se pregunta por la importancia e independencia de las dimensiones introversión y neuroticismo que estudia la teoría de Eysenck. Una importante diferencia entre las dos teorías es que Eysenck usa humanos en sus investigaciones, mientras que Gray ha trabajado especialmente con animales (Brody, 1988).

Gray combina, y por tanto relaciona, la introversión y el neuroticismo para expresar las diferencias individuales en impulsividad y ansiedad.

La dimensión de ansiedad incluye dos polos:

— N-, E+: el extrovertido (E+) estable (N-) será poco ansioso.

— N+, E-: el introvertido (E-) neurótico (N+) será muy ansioso.

La dimensión de impulsividad incluye también dos polos:

— N-, E-: el introvertido (E-) estable (N-) será poco impulsivo.

— N+, E+: el extrovertido (E+) neurótico (N+) será muy impulsivo.

Además, la impulsividad se relaciona con las señales de recompensa, mientras que la ansiedad se relaciona con las señales de castigo.

Estas dos dimensiones de la personalidad están soportadas en unas estructuras fisiológicas o mecanismos neurales:

— La impulsividad depende del Sistema de Activación Conductual (BAS).

El sistema de activación conductual, BAS *(Behavioural Activation System),* actúa en la aproximación a las señales de recompensa (conducta de aproximación) o en la conducta que reduce la probabilidad de castigo (evitación activa). El BAS influye en la programación motora y está relacionado con las rutas dopaminérgicas ascendentes y con los bucles talamocorticales.

— La ansiedad depende del Sistema de Inhibición Conductual (BIS).

Figura 19.5.—Jeffrey Gray ha estudiado las diferencias individuales en personaldad desde una perspectiva biológica y conductual. La mayor parte de sus estudios se han realizado con animales. Sin embargo, recientemente está comenzando a estudiar la conducta humana. En el Congreso de la *International Society for the Study of Individual Differences* (ISSID) celebrado en julio de 1997 en Aarhus (Dinamarca), Gray ha informado de que los resultados no están siendo tan positivos como se esperaba.

El sistema de inhibición conductual, BIS (*Behavioural Inhibition System*), se corresponde con los estados subjetivos de ansiedad. Organiza las respuestas a las señales condicionadas de castigo y su objetivo es inhibir la conducta evitando el castigo a través de la inactividad y la sumisión (evitación pasiva) o dejando de hacer conductas que no son recompensadas (extinción). El BIS se relaciona con la actividad de las rutas ascendentes noradrenérgicas y serotoninérgicas que inervan el sistema septohipocámpico, el circuito de Papez y el cortex orbitofrontal.

Hay considerables diferencias individuales en la fuerza o capacidad de reacción del BIS. Las personas con un BIS débil tendrán una pobre evitación pasiva y una baja ansiedad general. Además, las personas con un BAS fuerte también tendrán una pobre evitación pasiva (Lykken, 1995):

Supongamos que estamos observando a Adán y Eva en el momento en que ésta le ofrece a aquel el único fruto prohibido del Edén. Cuando se acerca a la manzana que le ofrece Eva, aumenta su ansiedad y su rechazo a alargar la mano para comer de la fruta prohibida. Todavía le resuenan en su cabeza las palabras de advertencia de Dios.

Si el BIS de Adán funciona normalmente, la conducta de evitación le impedirá seguir alargando la mano para alcanzar la manzana. Pero si el BIS de Adán es débil, entonces la señal de parada llegará demasiado tarde y serán expulsados del Jardín del Edén por desobedecer las órdenes de Dios al comer del fruto prohibido.

Si el BAS de Adán es extraordinariamente fuerte, será imposible parar la conducta de aproximación a la fruta prohibida. Es decir, si la manzana le atrae de un modo inusual, no podrá evitar comer, es decir, no podrá evitar ser expulsado del Edén por la ira de Dios.

Si Adán llegase a comer de la manzana por una actuación extraordinaria del BAS, no dejaría de sentir una gran ansiedad al pecar. Sin embargo, estas sensaciones estarían ausentes si Adán no pudiese dejar de mover el brazo hacia el fruto prohibido a causa de un débil BIS.

Según la teoría de Gray (1987) hay un tercer sistema neural: el sistema de combate/huida, FFS *(fight/flight system),* relacionado con los efectos conductuales de los eventos aversivos incondicionados, es decir, no aprendidos, que incluyen la agresión defensiva (combate) y el escape rápido del castigo (huida). El FFS se sorporta en las estructuras del hipotálamo y la amígdala.

3.1. El FFS, el BIS y el BAS

Según Gray existen diferencias individuales innatas en la actividad o sensibilidad de estos tres sistemas. De este modo, personas con un FFS superactivo responderán de modo más intenso a estímulos aversivos incondicionados como el dolor. Las personas con un BIS activo responderán intensamente a estímulos condicionados asociados en el pasado con estímulos aversivos. Un ejemplo de la independencia de estos dos sistemas es el hecho de que analgésicos como la morfina reducen la respuesta al dolor actual, pero no reducen la respuesta de temor (mediada por el BIS) en respuesta a señales condicionadas o señales de dolor. Y a la inversa, los tranquilizantes reducen el temor, pero no el malestar incondicionado que produce el dolor.

Las personas con un BAS fuerte responden con intensidad y entusiasmo a estímulos condicionados asociados a recompensa o placer, así como a la experiencia asociada con el escape de una situación de amenaza. El BAS responde a las señales de recompensa que elicitan *esperanza* (señales de incentivo de refuerzos positivos como la comida o el sexo) o *alivio* (el cese de dolor o el alcance de una posición de seguridad). La respuesta del BAS a este tipo de señales de esperanza o alivio es activar la conducta hacia esas metas.

El BIS responde a las señales de castigo, así como a las señales de ausencia frustrante de recompensa. El BIS inhibe la actividad, incluyendo la actividad del BAS. El FFS se asocia con el sistema de activación reticular del tronco cerebral y es activado tanto por el BIS como por el BAS; en cualquier caso, tanto el BIS como el BAS pueden considerarse también sistemas especializados de arousal.

El BIS resulta inhibido por el alcohol, los barbitúricos y las drogas ansiolíticas, de modo que estas sustancias reducen la inhibición que ejerce el BIS sobre la conducta castigada. Es decir, estas sustancias inhiben la evitación pasiva así como la extinción de respuestas previamente reforzadas.

Los efectos subjetivos del BAS son equivalentes. Cuando corro a casa para cenar o evitar ser pillado bajo una granizada, la anticipación es similar y el logro de mi objetivo es igualmente reforzante en ambos casos. Los estímulos asociados con el placer activan el BAS, el cual provoca la conducta de aproximación. Drogas estimulantes como la cocaína provocan al BAS de un modo directo.

3.2. Conflicto

El conflicto de aproximación-evitación supone una oposición del BAS y del BIS. A medida que un individuo se acerca a una meta, comienza a iniciarse el impulso de evitación un poco después incrementándose más rápidamente que el impulso de aproximación. Así por ejemplo, la visión de una galleta prohibida activa ambos sistemas, el BAS para acercarse a la galleta y el BIS para evitar cogerla. Desde el punto ventajoso de la puerta de la cocina, la galleta atrae más que repele, de modo que el niño se acerca, pero a medida que se aproxima, el BIS domina la escena de modo que el niño vuelve sobre sus pasos. Si el niño está muy hambriento, pero teme mucho las consecuencias de que le pillen, entonces su interacción con la galleta será tormentosa.

El aumento de la actividad del BIS, aumentando el incentivo (una galleta más suculenta) o el impulso (más hambre), o las drogas, potencia la aproximación. Esto significa que el niño con una mayor motivación positiva siente más ansiedad en una situación de conflicto, puesto que está más cerca de la galleta antes de que se pare y se dé la vuelta. Atenuar la activación del BIS (por ejemplo, con una dosis de alcohol) permitiría alcanzar la meta, puesto que se aplanaría la evitación y se reduciría la inhibición de la respuesta de aproximación.

3.3. Evitación activa y evitación pasiva

La evitación pasiva supone inhibir una conducta castigada previamente; se asocia con la ansiedad y se gestiona mediante el BIS. Según la teoría de Gray, el castigo y la ausencia frustrante de recompensa son equivalentes. Así por ejemplo, si estoy acostumbrado a coger una galleta al llegar del colegio, pero hoy me dirijo a mi objetivo y dentro de la caja de galletas me encuentro al meter la mano un dispositivo que me da una descarga eléctrica, casi con toda seguridad mañana me lo pensaré un poco antes de meter mi mano dentro de la caja de galletas. El castigo de hoy ha supuesto una respuesta de temor ante el impulso de meter la mano en la caja de galletas. La próxima vez que sienta el impulso, el BIS se activará, produciendo una sensación de ansiedad, inhibiendo el BAS y las conductas de aproximación que controla el BAS.

Gray supone que aunque no haya descarga al meter la mano en la caja de galletas, sino que no hay ninguna galleta en la caja, se tendrá una respuesta similar al caso anterior: el BIS se activa, el BAS se inhibe, y se produce la sensación de ansiedad. Una prueba de la equivalencia entre castigo y ausencia de recompensa es que las drogas ansiolíticas influyen en ambos. Si mañana me tomo una dosis de alcohol antes de visitar mi cocina, es más probable que meta la mano en la caja de galletas, independientemente de que me hayan dado una descarga eléctrica o me hayan vaciado la caja.

La evitación activa supone escapar de un peligro. Las señales condicionadas de seguridad pueden reducir el temor en situaciones novedosas. Así por ejemplo, un niño que está asustado en un ambiente nuevo para él, se sentirá mejor abrazado a su oso de peluche. Por otro lado, las señales de seguridad pueden verse reforzadas incluso cuando el temor es mínimo; esto es, los estímulos asociados con el escape de una situación temida o la evitación de un castigo esperado actúan como estímulos asociados con refuerzo positivo, es decir, sirven como refuerzos en sí mismos. Esto explica por qué son tan resistentes a la extinción las conductas de evitación activa.

Distintos estudios han mostrado que el efecto reforzador de las señales de seguridad es relativamente independiente de la cantidad de temor elicitada por las señales de aviso y es inusualmente resistente a la extinción. Esto puede ayudar a explicar por qué la mayor parte de nosotros hacemos lo debido habitualmente sin necesidad de sentir temor al castigo. Hacer lo debido constituye una señal de seguridad inherentemente reforzante (Lykken, 1995).

Muchos niños podrían reaccionar agresivamente ante la interferencia paterna; decirle que haga algo o que deje de hacer cierta cosa o que sea disciplinado, puede producir que el niño haga una rabieta. Si el padre se da la vuelta y deja que el niño se salga con la suya, esa conducta agresiva se convierte en un método adecuado de evitación activa. Una vez se afianza esta conexión, resulta muy difícil de extinguir.

3.4. Impulsividad

Según Fowles (1987) la psicopatía es resultado de un BIS débil. Puesto que la activación del BIS se asocia con la ansiedad, un BIS débil supone una ausencia relativa de ansiedad o temor. Un BIS débil supone una débil inhibición de la conducta en respuesta al castigo o a la ausencia de recompensa. Es más, respuestas arriesgadas de evitación activa, como mentir o atacar el origen de la amenaza, son más probables si el BIS está debilitado. Las respuestas debilitadas a las descargas eléctricas y el bajo nivel de evitación pasiva de los psicópatas son compatibles con la tesis del bajo BIS.

En cualquier caso, hay que tener en cuenta que, según la teoría de Gray, la conducta impulsiva del psicópata puede deberse a una debilidad del BIS o a una superactivación del BAS. Esto da lugar a dos tipos de conducta psicopática: por debilidad del BIS y por superactivación del BAS. El primer tipo produce el psicópata primario, así como el psicópata por bajo temor sugerido por Lykken (Lykken, 1995). Las transgresiones del psicópata primario darán lugar a un bajo arousal emocional; en un ambiente tranquilo se sentirá desactivado y aburrido, de modo que tenderá a buscar estimulación ambiental que suponga una mayor tentación y un mayor riesgo.

En cambio, el individuo con un BIS normal y un BAS superactivo equivale al psicópata secundario. No tendrá un respuesta electrodérmica baja al esperar una descarga eléctrica ni tendrá una mala evitación pasiva en las tareas de laboratorio. Pero sí tendrá una baja evitación pasiva en las actividades cotidianas que le sean tan atractivas que superen su temor a las consecuencias. El psicópata secundario tendrá ansiedad respecto a su conducta dado que su BIS actúa a un nivel normal, de modo que es su BAS superactivo el que le lleva a situaciones estresantes.

Wilson, Barrett y Gray (1989) han diseñado una prueba, el *Gray-Wilson Personality Questionnaire (GWPQ)*, que mide seis tipos de conducta compartidas por humanos y animales:

- — Escalas de las dimensiones del BAS: aproximación y evitación activa.
- — Escalas de las dimensiones del BIS: evitación pasiva y extinción.
- — Escalas de las dimensiones del FFS: combate y huida.

Los investigadores españoles Torrubia y sus colegas (1993) han desarrollado una prueba para medir la susceptibilidad a la recompensa, con dos escalas (Rodríguez, 1996):

1. Susceptibilidad a la recompensa (SR).
2. Susceptibilidad al castigo (SC).

En suma, Gray relaciona las dimensiones de impulsividad y ansiedad con una serie de mecanismos neurales y con las recompensas y castigos que siguen a la conducta de la persona. Por tanto, sostiene que las personas actuarán de distinto modo según las combinaciones de su personalidad y de las contingencias de las situaciones. No hay que olvidar que los datos psicométricos sugieren que combinar la extroversión y el neuroticismo para explicar las diferencias de ansiedad puede ser imprudente, puesto que la ansiedad se relaciona mucho más con el neuroticismo que con la extroversión (Brody, 1988).

4. TEORÍA DE J. BREBNER

J. Brebner (1983) ha propuesto una alternativa a la teoría de Eysenck. Fundamentalmente, los estudios de Brebner se centran en la introversión, y más en concreto en las relaciones entre las diferencias individuales en introversión y el rendimiento en tareas experimentales con control de tiempos.

La teoría de Brebner tiene dos supuestos:

1. Hay dos tipos de procesos que son independientes: los procesos de excitación y los procesos de inhibición.
2. Las respuestas de las personas se pueden dividir en los procesos de análisis del estímulo y en los procesos de organización de la respuesta.

En cualquier momento, estos dos tipos de procesos pueden estar activos (excitación) o inactivos (inhibición). Los introvertidos y los extrovertidos se pueden caracterizar por un desequilibrio entre el análisis del estímulo y la organización de la respuesta.

De este modo, los introvertidos producen excitación durante el análisis estimular e inhibición durante la organización de la respuesta. En contraste, los extrovertidos producen inhibición durante el análisis estimular y excitación durante la organización de la respuesta. El *análisis estimular* supone codificar la información sobre la que se debe trabajar mentalmente y la *organización de la respuesta* requiere planificar cómo se va a responder a la información que ya se ha procesado.

Por tanto, Brebner separa las fuentes de inhibición y excitación, por lo que sus efectos no son equivalentes si afectan al análisis estimular o a la organización de la respuesta. Desde esta perspectiva, a un introvertido le será más sencillo mantener su nivel óptimo de activación si resuelve una tarea de análisis estimular. Esta mayor facilidad para el análisis estimular tiene que ver con la mayor sensibilidad nerviosa de los introvertidos.

La teoría de Brebner (1983) se relaciona con la teoría de Eysenck y con el concepto de fuerza del sistema nervioso de I. P. Pavlov. El individuo con

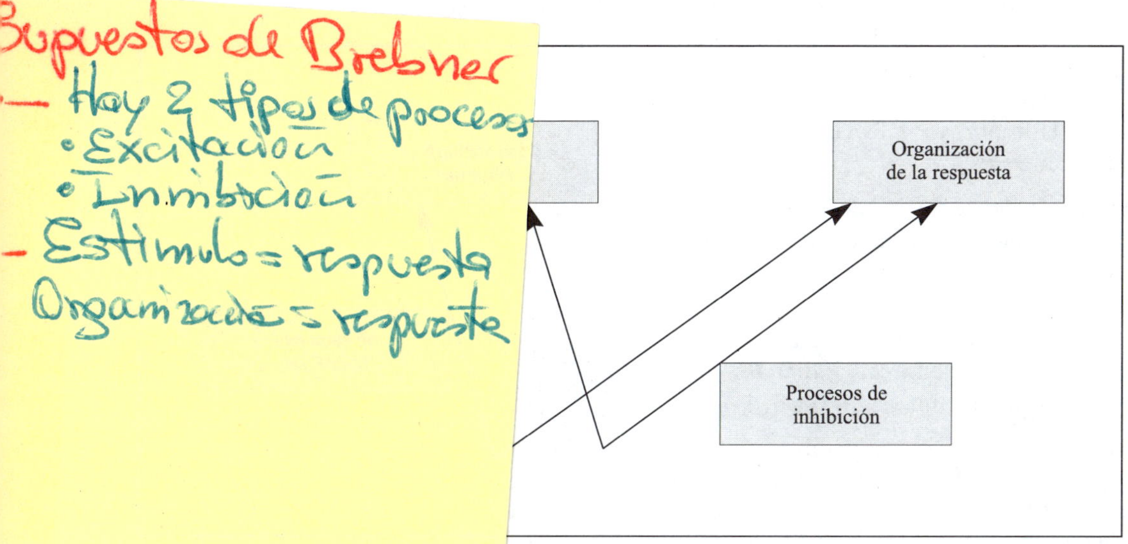

Figura 19.6.—Brebner sostiene que los procesos de excitación e inhibición pueden actuar independientemente sobre el análisis del estímulo y la organización de la respuesta.

un sistema nervioso fuerte se distingue del individuo con un sistema nervioso débil en que las células del primero permiten continuar produciendo excitación ante estímulos cada vez más intensos antes de llegar al punto en que la célula comienza a producir inhibición; a esto se le denomina «umbral de inhibición transmarginal», como se comentó en la parte primera al describir las características de la escuela rusa.

Pero también es importante el concepto de sensibilidad: el sistema nervioso débil es más sensible a la estimulación externa, lo que produce efectos centrales excitatorios más fuertes al responder a los estímulos, por lo que se alcanza antes el umbral de inhibición transmarginal.

En suma, según la teoría de Brebner, el introvertido se adapta a explorar (análisis del estímulo), mientras que el extrovertido se adapta a responder (organización de la respuesta).

5. TEORÍA DE M. HUMPHREYS Y W. REVELLE

Humphreys y Revelle (1984) estudian un componente de la extroversión: la impulsividad. Según ellos, las diferencias individuales en el nivel de arousal o atención activa son básicas para comprender los efectos de la extroversión (impulsividad) en el rendimiento.

La teoría de Humphreys y Revelle (1984) usa dos conceptos centrales:

— El *esfuerzo* representa la idea de intentar y volver a intentar realizar una determinada acción. Constituye un indicador de la *dirección* de la acción.

— El *arousal* se relaciona con el grado de alerta. Puede tomarse como un indicador de la *intensidad* de la acción.

Desde esta perspectiva, no es posible aumentar el arousal a través del esfuerzo. Haciendo una analogía, no es posible seguir estudiando un examen cuando se nos caen inexorablemente los párpados como dos plomos, por mucho que se desee de un modo ardiente.

Los efectos de variables como la ingesta de drogas, la hora del día, la duración de la tarea que se debe realizar y el nivel de sueño, influirán en el nivel de arousal.

La presencia de incentivos, la importancia y dificultad de la tarea, así como el tipo de instrucciones, van a influir en el nivel de esfuerzo.

Por tanto, el tipo de variables que influyen en el arousal son biológicas, mientras que las variables que afectan al esfuerzo son cognitivas.

La dimensión de impulsividad está relacionada con el arousal, mientras que la dimensión de personalidad denominada motivación de logro se vincula con el esfuerzo. Las personas con mayor motivación de logro intentarán durante más tiempo realizar una tarea que requiera esfuerzo o exija mucha habilidad. Para las personas con mucha motivación de logro, un fracaso repetido aumentará su esfuerzo, mientras que el éxito repetido disminuirá el esfuerzo.

La dimensión de ansiedad está asociada tanto al arousal como al esfuerzo.

Los efectos de la personalidad en el rendimiento dependen de la disponibilidad de recursos energéticos para realizar un procesamiento óptimo de la información. Humphreys y Revelle (1984; Revelle, 1989) distinguen dos modos de procesamiento:

— El incremento de arousal aumenta la capacidad atencional o los recursos necesarios para procesar de un modo sostenido la información, disminuyendo...

— Los recursos necesarios para almacenar las señales en la memoria de trabajo o a corto plazo.

La teoría de Humphreys y Revelle (1984) predice que los impulsivos rendirán peor en tareas atencionales de vigilancia y tiempo de reacción, pero tendrán mejor rendimiento en tareas de memoria de trabajo, siempre y cuando el experimento se realice por la mañana. Por la tarde-noche, las relaciones se invierten (Anderson y Revelle, 1994).

En suma, Michael S. Humphreys y William Revelle (1984) combinan conceptos cognitivos y biológicos para describir el rendimiento según las

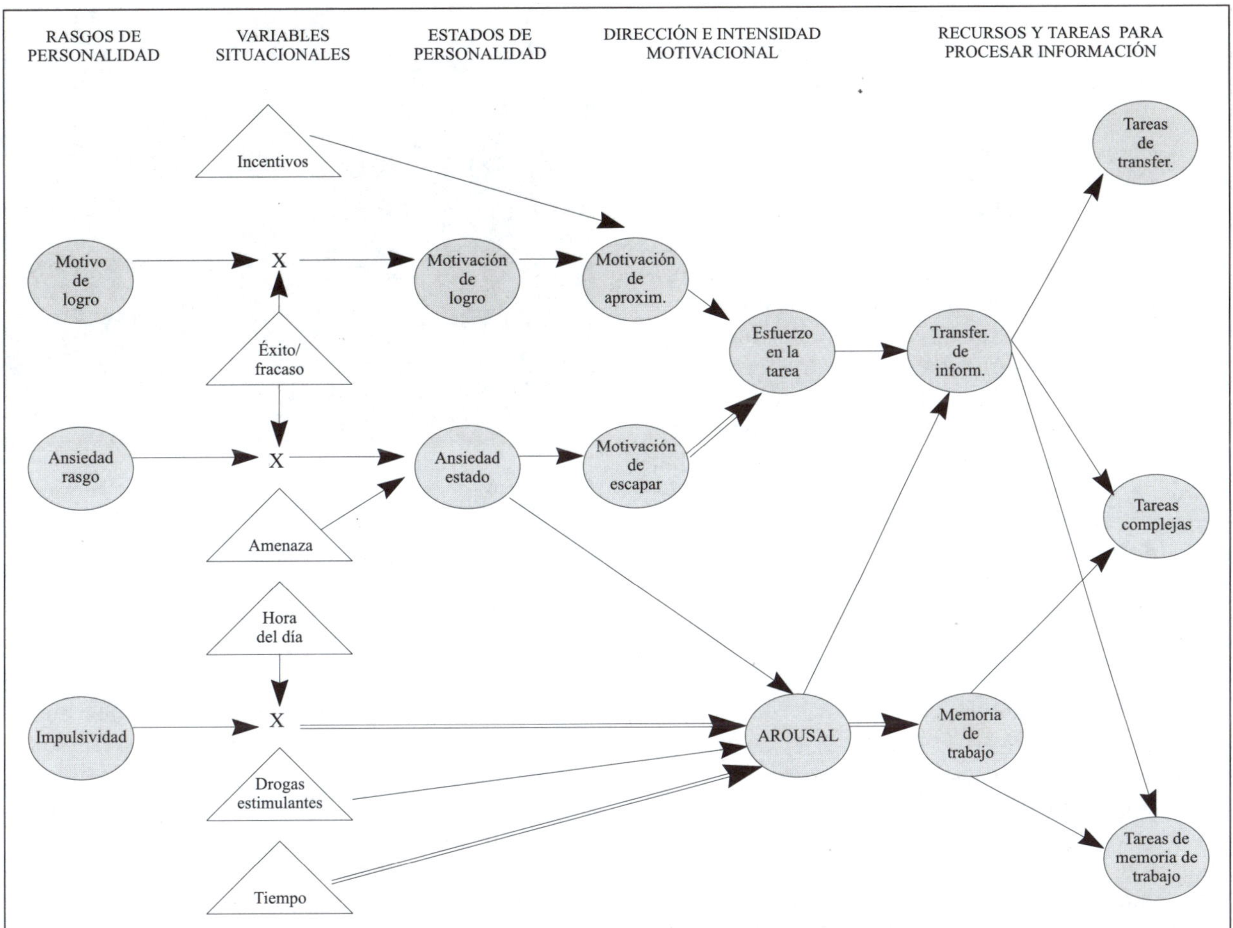

Figura 19.7.—Teoría de Humphreys y Revelle (1984). La figura presenta las combinaciones entre propiedades de la personalidad, variables de la situación, y estados motivacionales, con el procesamiento de la información y el rendimiento cognitivo. Las líneas compactas representan influencias positivas, las líneas a rayas representan influencias negativa y la ausencia de líneas representa la carencia de influencias. Los círculos representan conceptos, los triángulos representan manipulaciones experimentales, y las equis representan interacciones.

diferencias individuales en personalidad (figura 19.7). Su modelo relaciona las dimensiones de personalidad introversión-extroversión, motivación de logro y ansiedad, con el rendimiento cognitivo eficiente. Las dimensiones de personalidad se relacionan con algunas variables de la situación, como el éxito, el fracaso, la restricción de tiempo para responder, los premios, la hora del día y las drogas estimulantes, para describir los conceptos de arousal y esfuerzo.

6. APLICACIONES PRÁCTICAS

La psicopatología de la desinhibición estudia una serie de trastornos clínicos importantes: psicopatía, histeria, hiperactividad, personalidad antisocial e impulsiva, y alcoholismo (Rodríguez, 1996). En este apartado se exponen algunos datos sobre la psicopatía, a través de los conceptos de las teorías biológicas, y, en su caso, cognitivas, de las diferencias individuales en personalidad. También se describe la teoría de Zuckerman sobre la búsqueda de sensaciones y sus relaciones con la comprensión de ciertos trastornos de personalidad.

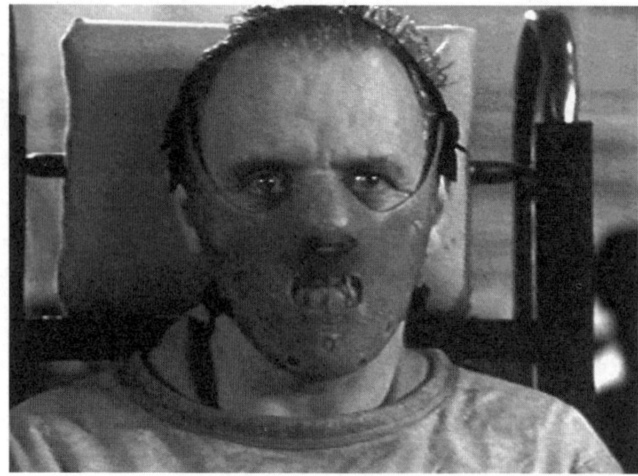

Figura 19.8.—Anibal Lecter es el personaje que representa al psicópata primario del largometraje *El silencio de los corderos*. Por alguna razón, este tipo de personajes son frecuentemente visitados en Hollywood, generalmente con buenos dividendos de público. El guionista de la celebrada película *Psicosis* (Ernst Bloch) ha sugerido que la atracción que siente la gente por estos personajes puede deberse a que ellos se atreven a hacer las cosas que el público sólo se atreve a pensar.

6.1. Psicopatía: trastorno antisocial de la personalidad

Según el profesor David Lykken, desde los orígenes de la psiquiatría los profesionales han reconocido que hay personas cuyo carácter antisocial no parece poder explicarse por un trastorno emocional o mental, por motivaciones neuróticas o por una crianza incompetente. El término psicopatía suele usarse para referirse a las personas que han retado a los psicólogos clínicos durante mucho tiempo, y cuyo carácter antisocial parece resultado de un defecto o una aberración de ellos mismos, y no exclusivamente de un problema de crianza incompetente.

El psicópata primario

Hervey Cleckley escribe *La máscara de la cordura,* originalmente en 1941 y revisada en 1982, sobre una serie de casos reales que él mismo tuvo que tratar: personas de buena familia, inteligentes y racionales, sanos de mente y cuerpo, pero con una florida conducta antisocial. Estas personas no parecían afectadas por las consecuencias de sus acciones.

Tal y como aparece presentado en los medios no profesionales, el psicópata da una impresión de peligro y de aspecto demoniaco. Sin embargo, esta imagen no es totalmente correcta. El psicópata se caracteriza por una falta de consciencia y de habilidades empáticas. El psicópata primario no ha desarrollado esta consciencia y esa empatía, no por un problema de socialización, sino por alguna peculiaridad psicológica inherente que le hace muy difícil de socializar. Gracias a estas peculiaridades, el psicópata parece indiferente a que se le castigue por sus acciones. En sí misma, esta característica no es perniciosa, pero al combinarse con apetitos perversos o con un temperamento hostil y agresivo, esa ausencia de restricciones normales puede dar lugar a un paquete explosivo y peligroso. Algunos ejemplos son Ted Bundy, Gary Gilmore, Diane Downs o Neville Heath. La mejor recopilación de ejemplos de psicópatas está en la obra del profesor Robert Hare *Sin conciencia* (1993).

En marcado contraste con este carácter peligroso, una ilustración de por qué a los psicólogos les fascina el psicópata es, según David Lykken (1995), Oscar Schindler (el protagonista de *La lista de Schindler*). Oportunista, *bon vivant,* mujeriego, manipulador, fracasado en los negocios legales pero con mucho éxito en los trapicheos que rodean una guerra, la acción de Schindler de rescatar un gran número de judíos se comprende mejor como un hombre de 35 años que se enfrenta él solo al Tercer Reich. El reto estaba en rescatar personas, especialmente judíos.

Otros personajes de la historia que pueden ser diagnosticados de psicópatas primarios son Lyndon Johnson, Winston Churchill o el explorador inglés Sir Richard Burton. Estos ejemplos demuestran que *estamos hablando de clases de actores, no de un patrón de acciones*. Los psicópatas tienen un riesgo de realizar conductas criminales, pero no todos ellos toman ese camino. Incluso los compañeros de un gemelo psicópata criminal no tienen por qué seguir el mismo camino, a pesar de tener el mismo ADN y haber compartido similares experiencias de crianza. La mención de Johnson, Churchill o Burton puede ser sorprendente, pero todos ellos comenzaron su vida usando sus propias reglas, siendo aventureros y poco convencionales. El talento, las oportunidades, y una suerte planificada les permitieron alcanzar éxito y autoestima usando métodos legítimos.

Los criterios de Cleckley. Estos criterios se han usado mucho en el estudio de la psicopatía y han sido incorporados en un instrumento psicométrico, el PCL de Hare (1991), que en breve revisaremos. Algunos de estos criterios deben inferirse (por ejemplo, «ausencia de remordimiento»), pero eso no reduce sus garantías psicométricas. Aún más importante, el PCL identifica un grupo bastante homogéneo de sujetos.

Los 16 criterios de Cleckley son los siguientes:

1. Encanto superficial y buena inteligencia.
2. Ausencia de delirios y otros signos de pensamiento irracional.
3. Ausencia de nerviosismo y otros signos neuróticos.
4. Poca fiabilidad.
5. Mentirosos.
6. Carencia de remordimiento o vergüenza.
7. Conducta antisocial inadecuadamente motivada.
8. Falta de juicio y problemas para aprender de la experiencia.
9. Egocentrismo patológico e incapacidad para el afecto.
10. Pobreza general de reacciones afectivas.
11. Pérdida específica de *insight*.
12. Falta de respuesta en las relaciones personales.
13. Conducta fantasiosa.
14. Raramente se suicidan.
15. Vida sexual impersonal.
16. Problemas para seguir un plan de vida.

Teorías de la psicopatía primaria

Cleckley. El psicópata carece del barniz afectivo que acompaña usualmente a la experiencia, sus sensaciones emocionales están atenuadas de un modo equivalente a la ceguera de colores que padecen los daltónicos. Cleckley estima que los sentimientos morales deben ser aprendidos y que este proceso de aprendizaje está reforzado por las emociones. Cuando estas emociones están atenuadas, el desarrollo de la moralidad se complica mucho. Así, según Cleckley el psicópata primario es alguien sobre el que las experiencias normales de socialización no son eficaces a causa de un defecto innato que él compara con la afasia semántica (trastorno cerebral que supone elaborar frases semánticamente correctas, pero sin reconocer con precisión qué se está diciendo).

Sin embargo, no está claro que el psicópata sea incapaz de mostrar emociones. Claramente siente ira, satisfacción, placer y autoestima. De otro modo no se entendería por qué hace lo que hace.

Lykken. El psicópata primario se caracteriza por tener una experiencia atenuada no de todos los estados emocionales, sino de la ansiedad o el miedo. Los seres humanos tenemos una tendencia innata a tener miedo de ciertos estímulos (por ejemplo, falta de apoyo, serpientes o arañas, extraños, fuego) y a asociar miedo a estímulos y situaciones experimentadas con anterioridad junto a estímulos temidos de un modo innato, incluyendo el dolor y el castigo. En igual medida que todas las variables biológicas, el temor o lo que Lykken denomina el *cociente de miedo* (FQ) innato, varía de persona a persona. Algunos individuos tienen un FQ muy alto y muestran problemas para convertirse en delincuentes o sociópatas adultos. Lykken sugiere que las personas en el otro extremo de este continuo tienen un gran riesgo de convertirse en psicópatas primarios: puesto que la mayor parte del proceso de socialización depende del castigo de la conducta antisocial, y dado que el castigo funciona (cuando funciona) a través de la inhibición de los impulsos, cuando la tentación vuelva a aparecer, gracias al temor a las consecuencias, entonces una persona con poco temor será difícilmente socializado por este camino. Difícilmente socializado no es equivalente a imposible de socializar: *ser menos temeroso que la persona media no es necesariamente nocivo*. Un chaval con un FQ muy bajo, pero cuyos padres han tenido éxito en el proceso educativo, sería el compañero ideal en una situación de tensión y peligro. En suma, para Lykken el psicópata y el héroe son las dos caras de la misma moneda genética (la cara visible y la cara oculta).

Gray y Fowles. Según la exposición de la teoría de Gray ya realizada, sabemos que el BIS se activa por señales asociadas con el temor o la ausencia de recompensa frustrante, y produce la experiencia de ansiedad y la inhibición de la conducta en curso. El BIS organiza la *evitación pasiva,* es decir, la inhibición de respuestas previamente castigadas. En contraste, el BAS se activa por estímulos asociados a recompensa o con el escape de situaciones de miedo o dolor. El BAS organiza la conducta de aproximación y la evitación activa, es decir, la conducta de escape frente a una amenaza. Según Gray y Fowles existen notables diferencias individuales en la fuerza o reactividad del BIS; las personas con un BIS débil tendrán una horrenda evitación pasiva, poca ansiedad y otras características de la psicopatía primaria (esto es muy similar al FQ de Lykken). Por otro lado, las personas con un BAS muy fuerte también tendrán una horrenda evitación pasiva.

Recuperando el ejemplo antes expuesto, Adán puede comer de la manzana que le ofrece Eva por dos motivos: *a*) si su BIS falla al intentar inhibir el movimiento del brazo hacia el fruto prohibido o *b*) si su BAS está tan activo que cuando se para la acción ya es demasiado tarde. El primer caso representa la psicopatía primaria, mientras que el segundo caso representa la psicopatía secundaria.

Hare. El cerebro del psicópata está menos lateralizado, sus funciones lingüísticas están menos concentradas en el hemisferio izquierdo y las funciones emocionales están menos localizadas en el hemisferio derecho. Según parece, existe evidencia de distintos laboratorios de que esta tesis puede ser cierta. Existen diferencias de lateralidad entre niños fáciles y difíciles de socializar. Sin embargo, el impacto no parece especialmente significativo, es decir, hay muchos psicópatas que están incluso mejor lateralizados que los no psicópatas.

Gorenstein y Newman. Algunos individuos sociopáticos parecen actuar impulsivamente, sin pensar, sin darse tiempo para evaluar la situación, para apreciar los riesgos, para prever las consecuencias, o incluso para anticipar como se sentirán tras la acción cuando hay tiempo para evaluar el estado. Estos casos parecen suponer una inadecuación biológica de ciertos mecanismos de control inhibitorio. Las lesiones en ciertas áreas cerebrales pueden dar lugar a una reducción del control inhibitorio tanto en animales como en humanos. Estos autores propusieron en 1980 una teoría de la psicopatía basada en los procesos de desinhibición. Su lógica depende de las semejanzas entre las conductas de aproximación y evitación de animales a los que se ha manipulado quirúrgicamente (septum, hipocampo, y córtex frontal) y la conducta de psicópatas y personas extremadamente extrovertidas.

Este modelo es la base del programa de investigación de Newman y sus colegas en la Universidad de Wisconsin. En la misma medida que Hare, Newman propone que la explicación de la psicopatía puede estar en un fallo de la arquitectura cerebral, en contraste con las teorías de Lykken, Fowles o Gray para las que la diferencia entre el psicópata y la persona normal estribaría en una diferencia de grado en algún rasgo o proceso cerebral.

Diagnóstico de la psicopatía

Uno de los problemas básicos en el estudio de la psicopatía está en identificar grupos relativamente homogéneos de personas. En caso contrario, nuestros estudios serán escasamente útiles. Entre los autores que han contribuido a este diagnóstico está el profesor Robert Hare.

Los psicópatas pueden considerarse una categoría aparte o simplemente el extremo de un continuo de variación. Una u otra manera de contemplar el diagnóstico tiene su importancia.

Una manera de abordar el problema ha sido usar un criterio empírico, es decir, estudiar personas clasificadas clínicamente y diseñar medidas de autoinforme con ítems en los que se distinguen estos grupos de las personas normales. La escala Pd (desviación psicopática) del MMPI (Inventario de Personalidad de Minnesota) y la escala So (socialización) del CPI (Inventario de Personalidad de California) son ejemplos de este tipo de medidas de autoinforme. Sin embargo, las puntuaciones son extremas en ambas escalas en la mayor parte de los reclusos, de modo que no consiguen distinguir entre psicópatas y sociópatas. Algunos usuarios del MMPI sugieren que el psicópata tiene altas puntuaciones en Pd y en la escala Ma (escala 9).

Los ítems de la escala So del CPI se refieren a problemas interpersonales, resentimiento hacia la familia y la autoridad, sensaciones de victimización y alienación, mal ajuste escolar y rebeldía. La escala So es bastante útil para identificar al joven delincuente y para predecir la futura conducta antisocial, así como el futuro adulto prosocial. Usando 25 muestras distintas con un total de 10.000 sujetos la correlación de las puntuaciones de la escala So con el criterio socializado-no socializado fue de 0,73 (Schalling, 1983). Sin embargo, la escala So tampoco parece sensible a la diferencia entre psicópata y sociópata.

Uno de los métodos de diagnóstico más usual han sido las escalas de valoración basadas en los criterios de Cleckley. Sin embargo, el nivel de precisión alcanzado no es demasiado alto.

En cualquier caso, Hare ha desarrollado una escala de valoración de este tipo, el PCL, una escala de 20 ítems que se responde como No (0), Puede ser (1), Sí (2). Los ítems del PCL son los siguientes:

1. Locuacidad y encanto superficial.
2. Sentido grandioso de la propia valía.
3. Mentiras patológicas.
4. Mandón/manipulador.
5. Carencia de remordimiento o culpabilidad.
6. Afectividad superficial.
7. Insensible, falta de empatía.
8. No acepta la responsabilidad de sus acciones.
9. Hambre de estímulo/se aburre con extrema facilidad.
10. Estilo de vida parasitario.
11. Fatal control de la conducta.
12. Problemas de conducta al comienzo de la vida.
13. Ausencia de objetivos realistas a largo plazo.
14. Impulsividad.
15. Irresponsabilidad.
16. Delincuencia juvenil.
17. Viola la libertad condicional.
18. Conducta sexual promiscua.
19. Muchas relaciones matrimoniales de corta duración.
20. Versatilidad criminal.

Los ocho primeros ítems se resumen en un factor, los nueve siguientes en otro factor, y los tres últimos en un tercer factor. Los ítems del factor 1 se relacionan de modo estrecho con los criterios de Cleckley, y se puede obtener una alta puntuacion en ellos sin ser un delincuente. Este factor 1 correlaciona en mayor medida con los síntomas del trastorno narcisista de la personalidad que con los del trastorno antisocial de la personalidad. Los ítems del segundo factor se parecen más a los criterios diagnósticos del *Manual de Diagnóstico de los Trastornos Mentales de la Asociación Americana de Psiquiatría* (DSM IV, 1994).

Según Lykken (1995) los ítems del factor 1 son indicadores de rasgos de personalidad, mientras que los ítems de los factores 2 y 3 se refieren a conductas. La correlación entre los dos primeros factores es de 0,5, de modo que una persona puede tener puntuaciones dispares en ambos. Por otro lado, el factor 2 varía inversamente con la inteligencia cristalizada (a mayor inteligencia cristalizada, menor puntuación factorial en el factor 2), mientras que el factor 1 no se relaciona con la inteligencia.

En un estudio realizado por Patrick y col. (1993) el factor 1 del PCL (rasgos de personalidad) correlacionaba con la respuesta inusual (ausencia de respuesta) de los psicópatas a diapositivas aversivas, pero esa correlación estaban ausente con el factor 2 (conductas). Esto tiene sentido, dada la mayor capacidad predictiva de los rasgos de personalidad. Los psicópatas primarios tendrán puntuaciones altas en ambos factores, pero serán el único subgrupo con puntuaciones especialmente altas en el factor 1.

Según Lykken, el PCL no es demasiado sensible. No puede ser usado como único medio para distinguir el psicópata primario de otros delincuentes no socializados. El PCL no permite identificar al psicópata socializado, aunque para este propósito sí puede ser útil el factor 1 del PCL.

La escala de evitación de daños *(harmavoidance)* del MPQ de Tellegen puede mejorar la descripción hecha con los criterios de Cleckley o con el PCL. Si la hipótesis del bajo temor de Lykken es correcta, los psicópatas diagnosticados mediante los criterios de Cleckley o el PCL-1 que además tienen un bajo nivel en las escalas de evitación de daños, constituyen una de las mejores descripciones del psicópata primario, mientras que los reclusos no psicópatas según el PCL-1 y con un alto nivel en evitación de daños constituyen el mejor grupo de contraste. Además, hay que tener cuidado para no confundir las escalas de ansiedad o neuroticismo con las escalas de evitación de daños o de temerosidad.

En suma:

— Las personas con altas puntuaciones en el PCL-1 y con bajas puntuaciones en la escala So del CPI o en la escala de evitación de daños de MPQ, pueden ser las mejores representantes de la psicopatía primaria.

— Las personas con altas puntuaciones en el PCL-2, con puntuaciones moderadas en el PCL-1, bajas puntuaciones en la escala So del CPI y puntuaciones de medias a bajas en la escala de evitación de daños del MPQ, pueden ser las mejores representantes de la psicopatía secundaria.

— Por otro lado, habría que comenzar a desarrollar medidas psicofisiológicas estandarizadas para el diagnóstico de la psicopatía primaria.

6.2. Búsqueda de sensaciones: Marvin Zuckerman

Los trastornos de personalidad representan un funcionamiento disfuncional de las dimensiones normales de personalidad. Zuckerman (1996) estudia un rasgo común a varios trastornos de personalidad que denomina «Búsqueda de sensaciones impulsiva y antisocial» (ImpUSS). Los componentes de este superrasgo son la impulsividad, la socialización y la búsqueda de sensaciones. ImpUSS está muy relacionado con el psicoticismo (P) del sistema teórico de Eysenck.

El concepto de búsqueda de sensaciones se define como la búsqueda de sensaciones y experiencias novedades, intensas y complejas, y la disposición a tomar riesgos con tal de tener la experiencia.

A partir de una serie de análisis factoriales la medida de ImpUSS se hace a través de cuatro subescalas:

1. Búsqueda de aventuras y excitación (TAS): deseo de practicar deportes arriesgados o actividades que produzcan sensaciones poco usuales o más allá de las experiencias habituales.
2. Búsqueda de experiencias (ES): deseo de ampliar la experiencia mental y sensorial, mediante la música, el arte, los viajes o un estilo de vida bohemio.
3. Desinhibición (Dis): búsqueda de sensaciones en encuentros sociales de distinta naturaleza (fiestas, orgías alcohólicas, encuentros sexuales).
4. Susceptibilidad al aburrimiento (BS): aversión por lo de siempre, la falta de cambios, o la predicción de actividades y amigos.

En el trastorno antisocial de la personalidad (TAP) las decisiones se toman sobre la marcha, sin anticipar o ignorando las consecuencias para uno mismo y para los demás. Las personas diagnosticadas de TAP tienen altas puntuaciones en la SSS (Escala de Búsqueda de Sensaciones). El trastorno limítrofe de personalidad se caracteriza por la impulsividad en al menos dos áreas. La personalidad histriónica también es buscadora de sensaciones.

La mayor parte de la investigación sobre la búsqueda de sensaciones se ha hecho con delincuentes, trastornos de conducta, personalidad antisocial, y criminalidad.

El abuso de sustancias tiene gran relación con el trastorno antisocial. La desinhibición y la búsqueda de experiencias suelen ser móviles del abuso de sustancias, de modo que cabe esperar una alta frecuencia de personalidades buscadoras de sensaciones.

Cada uno de estos trastornos incluyen varios rasgos de personalidad, de modo que se pueden considerar «tipos de personalidad». Rasgos como la búsqueda de sensaciones no son necesariamente patológicos, incluso en los extremos. Sólo cuando se combina con extremos en otros rasgos puede contribuir al trastorno. La mayor parte de los buscadores de sensaciones no tienen conducta antisocial, pero las personas con trastorno antisocial suelen ser buscadores de sensaciones. Es la combinación de búsqueda de sensaciones, impulsividad y falta de socialización lo que subyace al trastorno antisocial de personalidad.

En un determindo ambiente, un gran buscador de sensaciones encontrará expresiones adecuadas en deportes de alto riesgo. Pero en otros ambientes, las drogas o la delincuencia serán la expresión primaria del rasgo.

Pudiera pensarse que los buscadores de sensaciones están tratando de elevar un tono cortical bajo. Sin embargo, correr durante unos minutos o tomarse varias tazas de café sirve para elevar ese tono cortical. Por consiguiente, los buscadores de sensaciones van tras la euforia que sigue a una recompensa, no tras la elevación del tono cortical.

Los abusadores crónicos tienen unas mayores puntuaciones en la SSS. Además, estos sujetos muestran conductas más antisociales.

Figura 19.9.—Las personas que trabajan en los barrios en los que se intercambia sexo por dinero han sido estudiadas por el profesor Marvin Zuckerman en relación a la búsqueda de sensaciones. Según parece, existen varias razones para dedicarse a esas actividades, pero la búsqueda de sensaciones suele tener una presencia significativa en gran número de casos. Estas personas constituyen un claro ejemplo de presencia no psicopatológica de la dimensión búsqueda de sensaciones.

La búsqueda general de sensaciones se relaciona con la amplitud y variedad de abuso de drogas, pero no con el consumo de un determinado tipo de sustancia.

Conexiones biológicas entre la búsqueda de sensaciones y los trastornos de personalidad. El nivel de MAO (monoaminoxidasa) varía inversamente con algunos rasgos de personalidad, como la búsqueda de sensaciones, la impulsividad y la sociabilidad, aunque las correlaciones más consistentes se dan con la búsqueda de sensaciones: los buscadores de sensaciones tienen niveles bajos de MAO. Esta relación puede sugerir que las conductas de las personas, psicológicamente relevantes, pudieran estar encaminadas a restituir algún desequilibrio interno.

Coursery y sus colegas (1979) seleccionaron varones con niveles muy bajos de MAO, quienes declararon un mayor número de condenas por delitos, así como un mayor uso de alcohol, tabaco y drogas ilegales, que varones con niveles altos de MAO.

El nivel de MAO también es muy bajo en personas diagnosticadas de TAP y de trastorno limítrofe de la personalidad. También es bajo en alcohólicos crónicos y en drogadictos.

Purchall y sus colegas (1980) encontraron evidencias a favor de la conexión genética entre MAO y abuso de sustancias. Hallaron una correlación sustancial entre el nivel de MAO de una serie de niños y presencia de alcoholismo en sus padres. Entre los padres de niños con bajo nivel de MAO, el 19 por 100 fueron diagnosticados de alcohólicos y el 14 por 100 de TAP; pero entre los padres de niños con alto nivel de MAO, sólo el 3% de los padres fueron diagnosticados de alcohólicos o antisociales.

Por tanto, parece que los niveles bajos de MAO suelen aparecer junto a los trastornos caracterizados por la desinhibición.

También el nivel de testosterona parece relacionarse positivamente con la búsqueda de sensaciones, además de relacionarse con la sociabilidad, la dominancia, la autoaceptación y la experiencia heterosexual.

Los varones con altos niveles de testosterona suelen tener bajas puntuaciones en socialización y autocontrol.

En la población delincuente de ambos sexos, aquellos con un historial particularmente violento de crímenes sin provocación previa muestran unos niveles de testosterona mucho más altos que otros delincuentes.

Potenciales evocados. Cuando se manipula la intensidad de los estímulos que provocan el potencial, se puede comprobar si el sujeto aumenta o reduce la amplitud del potencial a medida que aumenta la intensidad del estímulo. La reducción representa una protección cortical, mientras que el aumento representa un fallo en los procesos de inhibición cortical.

La subescala de desinhibición de la SSS se relaciona con el aumento del potencial evocado con estímulos tanto visuales como acústicos.

Los deinhibidores altos tienen un patrón cortical de aumento, mientras que desinhibidores bajos tienen un patrón cortical de reducción (los sujetos impulsivos también son aumentadores). Los aumentadores se encuentran en gran número entre los alcohólicos y delincuentes (Zuckerman, 1996).

Género y edad. La búsqueda de sensaciones es mayor en varones que en mujeres. Aumenta con la edad, alcanzando el punto más alto al final de la adolescencia, y declina a partir de ese momento.

La personalidad antisocial es siete veces más frecuente en varones y disminuye en intensidad con la edad. De hecho, algunos autores sugieren que la edad puede ser el único de los tratamientos efectivos contra la psicopatía (Lykken, 1995).

La toma de riesgos, el crimen y los accidentes de automóvil se relacionan con la búsqueda de sensaciones y son más frecuentes en adolescentes y jóvenes.

El nivel de MAO es menor en buscadores de sensaciones, menor en varones que en mujeres, y tiende a aumentar con la edad. El aumento en la amplitud del potencial evocado disminuye con la edad, mientras que la reducción del potencial se incrementa con la edad. El nivel de testosterona es mayor en varones que en mujeres, llega a su punto más alto en la adolescencia y declina a partir de ese momento.

A partir de estas evidencias, Zuckerman (1996) se hace la siguiente pregunta: ¿pueden implicar un efecto causal estas coincidencias entre búsqueda de sensaciones, toma de riesgos, psicopatologías y sus correlatos biológicos en las diferencias de género y los cambios debidos a la edad?

Por supuesto, la atribución de causalidad no está clara. Por consiguiente, el mejor modo de concebir el papel de los factores biológicos en la personalidad y la psicopatología será similar a la distinción entre rasgo y estado. Los sistemas de feedback regulan la mayor parte de los procesos bioquímicos. La conducta se podría entender como parte de estos sistemas. En un sistema gobernado por el feedback no hay una sola causa, sino una cadena de eventos que se disparan cuando se produce un desequilibrio en alguna parte del sistema. El ambiente es una fuente de desequilibrio y el cerebro constituye otra fuente.

Metafóricamente, la situación sería la siguiente:

La dopamina es el acelerador que controla la velocidad de la máquina hacia la recompensa, y la serotonina es el freno, parando o enlenteciendo el movimiento cuando aparecen las señales de peligro en la carretera. Por supuesto, ahí está el lóbulo frontal integrando la información que procede de las áreas sensoriales, conduciendo, y acelerando o frenando. Un psicópata tiene un acelerador muy sensible, un motor respondiente y unos frenos gastados, mientras que un maníaco tiene un acelerador atascado en el fondo y ningún freno. En respuesta a una señal de precaución (semáforo en ámbar), el cerebro impulsivo acelera mientras que el cerebro inhibido para. El cerebro desinhibido, impulsivo y asocial ignora la luz ámbar y también la roja» (Zuckerman, 1996, página 307).

SUMARIO

Este capítulo se ha preguntado en qué medida el funcionamiento biológico puede describir la conducta de la gente. Las respuestas han provenido de una serie de teorías, cuyo máximo exponente histórico es la teoría de Eysenck. Según este autor, hay mecanismos biológicos que pueden explicar la conducta psicótica, extrovertida y neurótica de las personas. Las otras teorías biológicas de la personalidad se han inspirado en Eysenck. De este modo, Gray ha combinado las dimensiones extroversión y neuroticismo para describir la conducta impulsiva y ansiosa a través de una serie de estructuras neurales que inhiben o activan a la persona. A diferencia de Eysenck, Gray ha estudiado especialmente las respuestas de animales a la manipulación de ciertas estructuras cerebrales. La teoría de Brebner estudia los procesos de excitación y los procesos de inhibición, a los que considera independientes. Además, la persona aplica procesos para analizar el estímulo y para organizar la respuesta. La inhibición y la excitación pueden actuar independientemente tanto en el análisis del estímulo como en la organización de la respuesta. Finalmente, la teoría de Humphreys y Revelle se puede considerar la más completa, ya que combina conceptos temperamentales, motivacionales y cognitivos, con variables de la situación, para explicar el rendimiento de la persona. En el apartado de aplicaciones prácticas se han expuesto algunos datos que podrían usarse para la evaluación y el tratamiento del trastorno antisocial de la personalidad o psicopatía. También se ha descrito la perspectiva de la búsqueda de sensaciones realizada durante bastantes años por el profesor Marvin Zuckerman, relevante para intentar explicar la conducta de la personalidad antisocial, entre otros trastornos de la personalidad.

El origen de las diferencias de la personalidad 20

Este epígrafe responde a la pregunta por el origen de las diferencias de personalidad. Es decir, las diferencias personales, las acciones que la gente realiza en distintas situaciones y ocasiones, ¿están determinadas por sus genes o por las condiciones ambientales? Por supuesto, la respuesta a esta pregunta nunca es absoluta: en parte existe una influencia de los genes y en parte de las condiciones ambientales.

Hay bastantes programas de investigación, incluso internacionales, dirigidos a responder esta pregunta, y aquí se presentan algunos de sus resultados más importantes. De especial relevancia es comentar la necesidad de cambiar el concepto de ambiente por el de experiencia, puesto que la variable psicológica importante es cómo las distintas personas experimentan el mismo tipo de ambiente. Por tanto, ni la persona ni el ambiente determinan las diferencias de conducta, sino la experiencia que la persona tiene del ambiente.

Antes de exponer algunas aplicaciones prácticas, se describe un modelo bioecológico propuesto por Urie Bronfenbrenner y Stephen Ceci (1994) que trata de combinar las influencias genéticas y ambientales para explicar las diferencias individuales superando el enfoque clásico de la genética de la conducta.

Las aplicaciones describen cuál puede ser el uso del hallazgo de que tanto los genes como la experiencia del ambiente influyen en las diferencias personales.

1. ¿QUÉ SE RESPONDE CUANDO SE PREGUNTA POR EL ORIGEN DE LAS DIFERENCIAS DE PERSONALIDAD?

Las respuestas a esta pregunta pueden tener distinta naturaleza. En general, el tipo de respuestas que se vayan dando a esta pregunta dependerá de la teoría de la personalidad que se tome como referencia. Así, se puede preguntar por el origen de:

— Las dimensiones incluidas en las teorías factoriales de la personalidad. Por tanto, se puede preguntar por el grado de contribución genética y ambiental a la estabilidad emocional, es decir, la dimensión N de la teoría factorial de H. J. Eysenck en la que difieren los individuos.

— Los mecanismos cognitivos o mentales relacionados con los elementos básicos de la personalidad. De este modo, la pregunta puede ir dirigida a la aparente influencia de la herencia en la independencia de campo estudiada por H. Witkin, o a la fuerza de los genes en la modulación de los mecanismos cognitivos de la autoeficacia explorada por A. Bandura.

— Las estructuras fisiológicas que se relacionan con las diferencias personales. Por ejemplo, hasta qué punto el mayor nivel de reactivación cerebral espontánea de los introvertidos estudiado por la teoría psicofisiológica de H. J. Eysenck está influido por las condiciones de vida por las que ha pasado la persona, o en qué medida el sistema de inhibición conductual (BIS) de la teoría de J. Gray depende de los genes.

Sabemos que no todas las personas son igualmente introvertidas, extrovertidas, emocionalmente estables, ansiosas o psicóticas. En contraste, lo que sabemos es que las personas difieren en estas y otras propiedades básicas de la personalidad. En psicología tenemos una manera de medir las diferencias individuales en personalidad gracias a las teorías factoriales de J. P. Guilford, R. B. Cattell y H. J. Eysenck, entre otros.

Además, las personas no tienen los mismos pensamientos, no siguen la misma secuencia de razonamiento personal o social para los sucesos vitales que les importan. Algunos individuos rechazan la idea de estudiar la carrera de medicina porque se consideran incapaces de mantener la calma al presenciar desgracias humanas. Otros individuos pueden optar por representar a una marca comercial, dado que se sienten en su ambiente al estar todo el día de aquí para allá y en constante contacto con muchas personas. Algunas más, en fin, pueden decidir ser conductores de camiones de transporte, puesto que han calculado fríamente que es la profesión ideal para cometer asesinatos en serie sin que se les pueda relacionar con las víctimas.

Asimismo, los mecanismos biológicos básicos tampoco funcionan del mismo modo en las distintas personas. Algunas tienen un nivel básico de activación cerebral mayor que otras, o soportan peor una estimulación monótona constante, o necesitan más práctica para condicionarse a una norma social.

Estos mecanismos biológicos parecen estar relacionados tanto con los pensamientos personales como con las propiedades de la personalidad. Más específicamente, esos mecanismos biológicos producen en alguna medida los pensamientos de los que la persona es consciente y las acciones que analizamos para decir que el individuo es introvertido y emocionalmente inestable (o a la inversa).

El estado de esos tres tipos de descripciones o las explicaciones que se pueden dar desde las teorías factoriales, cognitivas y biológicas, pueden estar relacionadas con dos elementos generales: los genes que gobiernan el desarrollo físico de la persona y las influencias ambientales dentro de las que necesariamente actúan (Plomin, 1994).

En suma, lo que se responde cuando se pregunta por el origen de las diferencias de personalidad es:

— ¿Qué aspectos de la personalidad humana parecen depender más de los códigos prescritos en los genes y cuáles menos?

Figura 20.1.—Los largometrajes usan con relativa frecuencia el fenómeno natural de los gemelos. En la película *Two much,* del director español Fernando Trueba, el protagonista, Antonio Banderas, simula que tiene un hermano gemelo. Ambos personajes tienen una personalidad totalmente distinta. Los estudios psicológicos muestran que esto no es demasiado probable.

— ¿Cuáles son los elementos de la personalidad más propensos a ser influidos por el ambiente de crianza o por la educación?
— ¿En qué medida están genéticamente prescritas las propiedades personales?
— ¿Se puede hacer algo para modificar la personalidad?
— ¿Son los genes tan fuertes como para hacer prácticamente imposible que la persona pueda ser influida por el ambiente?
— ¿Tiene algo que decir la educación en cómo es la persona adulta?

2. ORIGEN DE LAS DIFERENCIAS DE PERSONALIDAD SEGÚN LAS TEORÍAS FACTORIALES

El estudio del origen de las diferencias personales según las teorías factoriales exige:

- Seleccionar una muestra de personas según el diseño a emplear: gemelos, de adopción o familiar.

En el diseño de gemelos se compara personas genéticamente idénticas (gemelos) y personas genéticamente relacionadas (mellizos, es decir, hermanos de la misma edad) tanto cuando se han criado en la misma familia como cuando se han criado por separado. Estas comparaciones permiten estimar la influencia de los genes, del ambiente que comparten y del ambiente que no comparten estas personas.

En el diseño de adopción se compara a hermanos no relacionados genéticamente que se han criado en la misma familia y a hermanos naturales que se han criado en la misma familia. El parecido entre los hermanos genéticamente independientes que se han criado en la misma familia adoptiva se puede atribuir por completo al ambiente, mientras que el parecido entre hermanos naturales que se han criado en la misma familia no adoptiva, natural, se debe atribuir tanto a los genes como al ambiente que comparten.

En el diseño familiar se compara a los padres y sus hijos naturales cuando los primeros han criado a los segundos o cuando éste no ha sido el caso. El grado de parecido entre los padres y sus hijos naturales dados en adopción indicará la influencia de los genes que comparten. Por supuesto, el diseño familiar también permite comparar a los padres adoptivos y sus hijos tanto adoptivos como naturales. La semejanza entre los padres y sus hijos naturales indica la influencia de los genes y el ambiente que comparten, mientras que el parecido entre los padres y sus hijos adoptivos señalará las influencias del ambiente que comparten.

- Seleccionar la propiedad o factor de personalidad que se desea medir.

Esta segunda fase requiere usar una determinada teoría factorial. Así por ejemplo, se puede optar por la dimensión N, inestabilidad emocional, de la teoría factorial de H. J. Eysenck. Los científicos podemos sospechar que los genes puede tener algo que decir en las diferencias individuales en la dimensión N, puesto que la investigación ha encontrado una relación sistemática entre las diferencias individuales en N y las diferencias individuales en los mecanismos biológicos del sistema límbico (Eysenck, 1994; Eysenck y Eysenck, 1985).

El cerebro, y, por consiguiente, el sistema límbico, es una estructura física que se desarrolla bajo un estricto control genético (Gazzaniga, 1992). Por consiguiente, parece ser una buena dimensión para un estudio sobre el origen de las diferencias de personalidad y sus dimensiones.

- Seleccionar los métodos necesarios para medir las diferencias individuales en el factor de personalidad cuyo origen se desea estudiar.

De este modo, si se ha seleccionado la dimensión N de la teoría factorial de H. J. Eysenck, se podría emplear la escala N del *Eysenck Personality Questionnaire* (EPQ).

- Aplicar la prueba a la muestra de personas seleccionada.

En esta fase hay que decidirse por un diseño, sea el de gemelos, el de adopción, el familiar o alguna combinación, para aplicar la prueba a través de la que medir las diferencias individuales en el factor de personalidad.

Finalmente, se deben analizar los datos obtenidos siguiendo las pautas usuales que aquí no se van a explicar, pero que se han descrito brevemente en la parte segunda (Andrés Pueyo, 1997; Plomin, 1994; Plomin, De Fries y McClearn, 1990; Bronfenbrenner y Ceci, 1994; Falconer, 1989; Juan-Espinosa, 1997; Plomin y McClearn, 1993).

2.1. Gemelos y mellizos: metaanálisis

Los datos disponibles en la actualidad sugieren que la personalidad se hereda menos que la inteligencia, es decir, la personalidad está más expuesta a las influencias ambientales que la inteligencia.

Así lo indica un metaanálisis realizado por McCartney y col. (1990) en el que se consideran siete dimensiones de personalidad exploradas en 122 estudios realizados entre los años 1967 y 1985 (figura 20.2).

En la figura 20.2 se observan las correlaciones gráficamente representadas según esas siete dimensiones básicas de la personalidad: actividad, agresividad, ansiedad, dominancia, emocionalidad, masculinidad y sociabilidad. Los distintos estudios usaron el diseño de gemelos, es decir, se compararon gemelos y mellizos.

Las correlaciones de los gemelos son sustancialmente mayores que las correlaciones de los mellizos en todos los casos. Usando las fórmulas que ya estudiamos en la parte segunda, se pueden estimar los valores de la varianza genética, del ambiente compartido y del ambiente no compartido, es decir, la influencia de los genes y del ambiente que comparten y no comparten las personas comparadas (figura 20.3a y b):

$$V(G) = 2(r_{gemelos} - r_{mellizos})$$

$$V(AC) = r_{gemelos} - V(G)$$

$$V(AE) = 100 - (V(G) + V(AC))$$

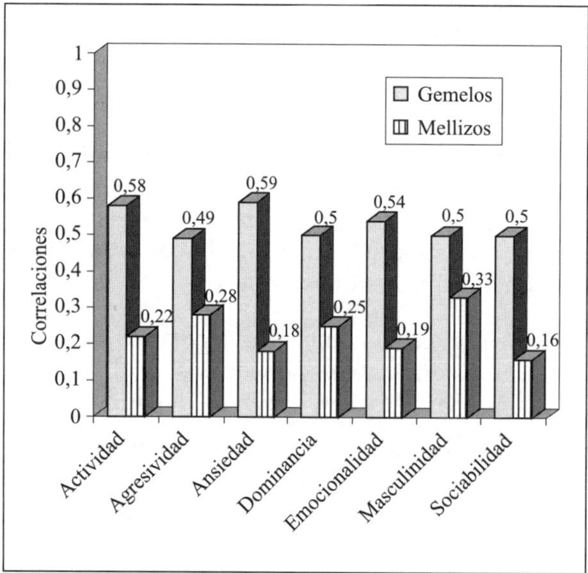

Figura 20.2.—Representación gráfica de los resultados del metaanálisis de McCartney y col. (1990) sobre estudios con el el diseño de gemelos.

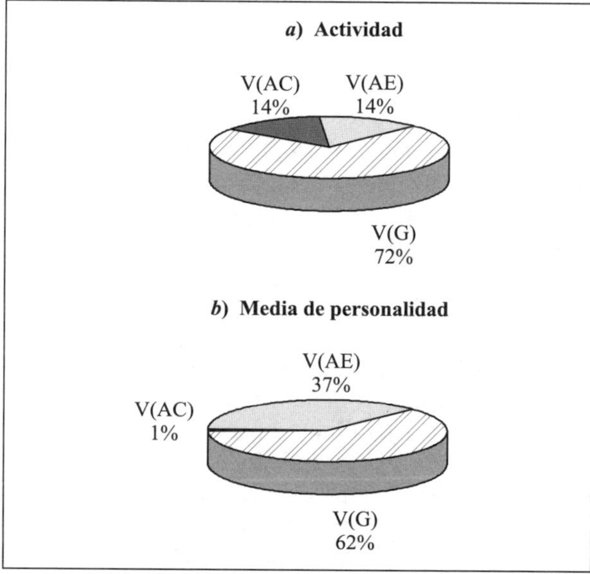

Figura 20.3.—Estimaciones de la varianza genética, la varianza del ambiente compartido y la varianza del ambiente específico para *a*) la actividad y *b*) la media de las distintas propiedades de personalidad analizadas en el metaanálisis de McCartney y col. (1990).

Así, por ejemplo, en la dimensión actividad, la correlación de los gemelos es 0,58 y la correlación de los mellizos es 0,22. Por tanto:

$$V(G) = 2(0{,}58 - 0{,}22) = 0{,}72$$
$$V(AC) = 0{,}58 - 0{,}72 = 0{,}14$$
$$V(AE) = 100 - (0{,}72 + 0{,}14) = 0{,}14$$

El valor medio para todas las dimensiones de la personalidad calculado por McCartney y col. (1990) es el siguiente: para los gemelos es de 0,51 y para los mellizos es de 0,22. Por tanto:

$$V(G) = 2(0{,}51 - 0{,}22) = 0{,}58$$
$$V(AC) = 0{,}51 - 0{,}58 = 0{,}07$$
$$V(AE) = 100 - (0{,}58 + 0{,}07) = 0{,}35$$

Es decir, los genes y las influencias ambientales son igualmente importantes en la determinación de las diferencias individuales en personalidad, si consideramos un número significativo de dimensiones.

Hay que observar, en cualquier caso, que el ambiente no compartido o específico es mucho más importante que el ambiente compartido por las personas comparadas. En otras palabras, vivir en la misma familia no parece tan relevante en la construcción y desarrollo de la personalidad (Plomin y col., 1990; Plomin, 1994).

2.2. Neuroticismo y extroversión

El neuroticismo o inestabilidad emocional y la extroversión son las dos dimensiones más importantes de la personalidad, puesto que están presentes en todas las teorías factoriales. Por tanto, no es extraño que hayan sido las dos dimensiones más estudiadas cuando se ha preguntado por el origen genético y ambiental de las diferencias individuales en personalidad.

En la figura 20.4 puede observarse una representación gráfica de los resultados obtenidos con el diseño de gemelos en cuatro países (Plomin y col., 1990):

- — Estados Unidos (Loehlin y Nichols, 1976).
- — Suecia (Floderus-Myrhed, Pedersen y Rasmuson, 1980).
- — Australia (Martin y Jardine, 1986).
- — Finlandia (Rose, Koskenvuo, Kaprio, Sarna y Langinvainio, 1988).

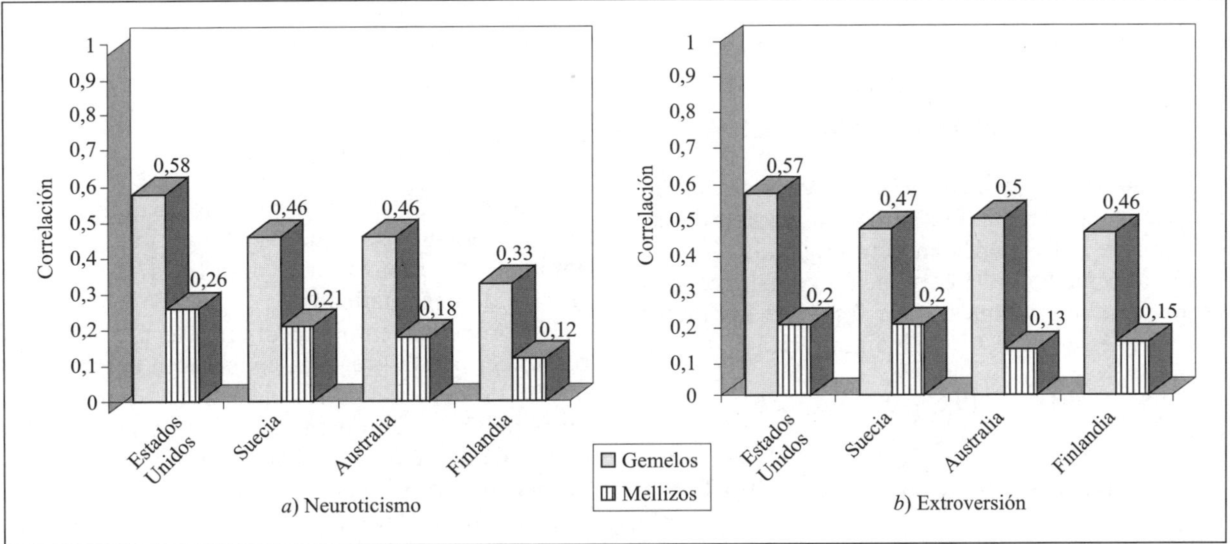

Figura 20.4.—Representación gráfica sobre *a*) el neuroticismo y *b*) la extroversión, usando el diseño de gemelos en estudios realizados en Estados Unidos, Suecia, Australia y Finlandia.

En todos estos estudios se trabajó con gemelos y mellizos, tanto varones como mujeres, y las muestras son lo suficientemente numerosas como para considerar seriamente los resultados:

- El número total de varones en la muestra de Estados Unidos fue de 638, en la muestra de Suecia de 11.883, en la muestra de Australia de 1.831 y en la muestra de Finlandia de 6.662.
- El número total de mujeres en la muestra de Estados Unidos fue de 948, en la muestra de Suecia de 13.706, en la muestra de Australia de 3.968 y en la muestra de Finlandia de 7.626.

En la figura 20.4 se observan los datos únicamente de los varones en las muestras de los distintos países. Tanto en el caso del neuroticismo como en el de la extroversión, los valores de las correlaciones no son iguales en los distintos paises. Sin embargo, en todos ellos se observan claras diferencias en los valores de las correlaciones de los gemelos y de los mellizos.

El valor medio de la correlación en neuroticismo de los gemelos varones es de 0,46 y de los mellizos varones es de 0,19. Así (figura 20.5):

$$V(G) = 2\ (0{,}46 - 0{,}19) = 0{,}54$$

$$V(AC) = 0{,}46 - 0{,}54 = 0{,}08$$

$$V(AE) = 100(0{,}54 + 0{,}08) = 0{,}38$$

Por tanto, los genes son tan importantes como la influencia ambiental en la determinación de las diferencias individuales en neuroticismo.

El valor medio de la correlación en extroversión de los gemelos varones es de 0,5 y de los mellizos varones es de 0,17. Así (figura 20.5):

$$V(G) = 2(0{,}5 - 0{,}17) = 0{,}66$$

$$V(AC) = 0{,}5 - 0{,}66 = 0{,}16$$

$$V(AE) = 100 - (0{,}66 + 0{,}16) = 0{,}18$$

Los genes parecen más importantes que la influencia ambiental en la determinación de las diferencias individuales en extroversión. No obstante, a diferencia del neuroticismo, donde el ambiente específico o no compartido tenía un mayor peso que el ambiente compartido, en la extroversión no hay una especial importancia de ninguna de las dos medidas del ambiente.

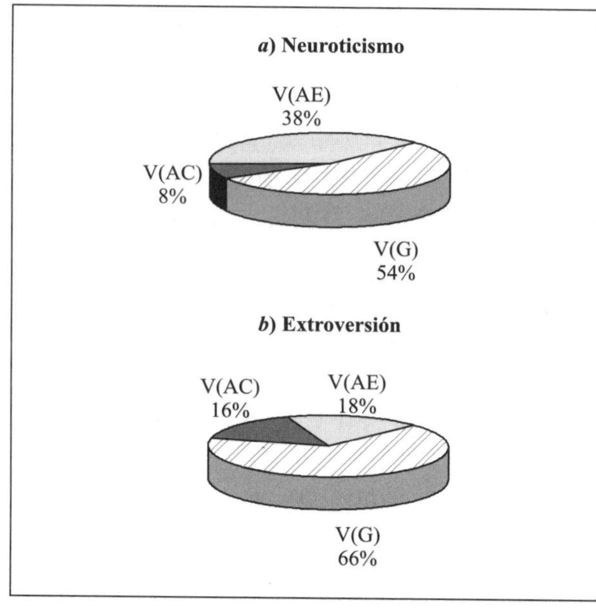

Figura 20.5.—Representación gráfica de las estimaciones de la varianza genética, de la varianza del ambiente compartido y de la varianza del ambiente específico para *a*) neuroticismo y *b*) extroversión.

2.3. Gemelos y adopción

Una pregunta que nos hacíamos páginas arriba era la siguiente: ¿en qué medida es importante el ambiente de crianza en el desarrollo de las diferencias de personalidad?

Un procedimiento especialmente potente para responder a esta pregunta consiste en combinar el diseño de gemelos con el diseño de adopción. En otras palabras, comparar el valor de las correlaciones de gemelos y mellizos que se han criado en la misma familia o por separado.

El SATSA *(Swedish Adoption/Twin Study on Aging)* estudia un gran número de variables o dimensiones de personalidad con este diseño combinado de gemelos y de adopción (figura 20.6).

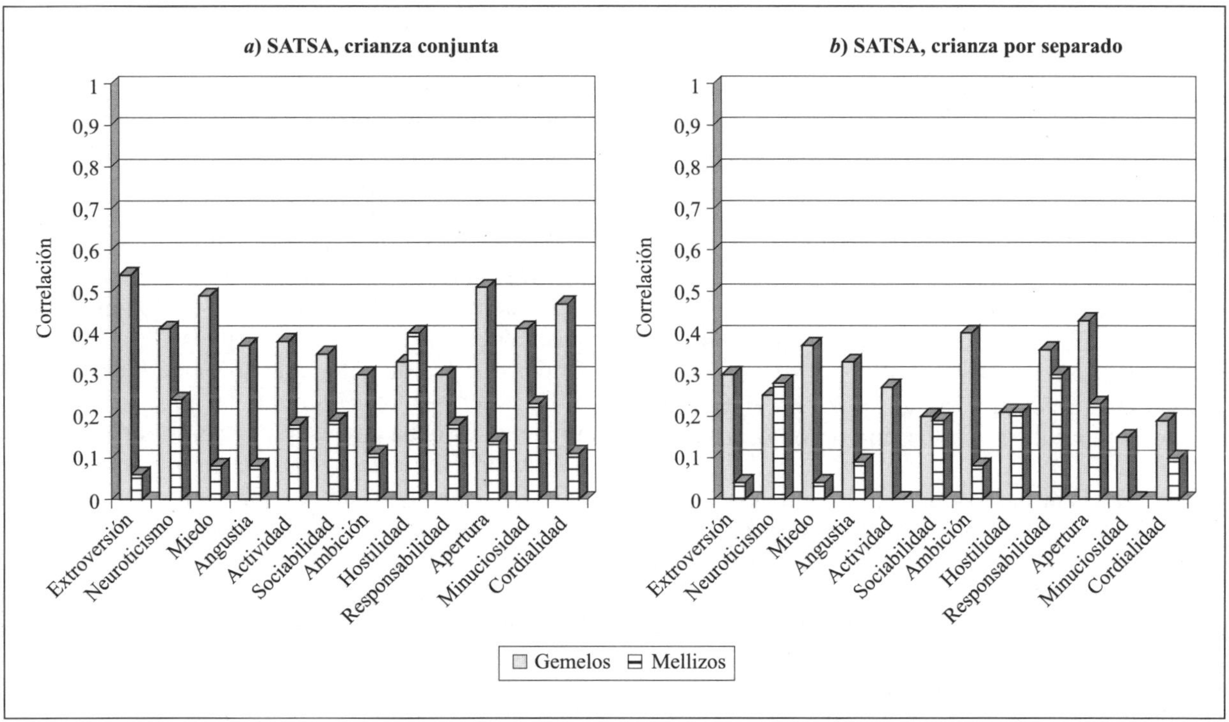

Figura 20.6.—Representación gráfica de los datos del SATSA, con el diseño de gemelos *a*) criados juntos y *b*) criados por separado.

En la figura 20.6*a* se observan las correlaciones de los gemelos y mellizos criados en la misma familia, en las siguientes dimensiones de personalidad: extroversión, neuroticismo, miedo, angustia, actividad, sociabilidad, ambición, hostilidad, responsabilidad, apertura a la experiencia, minuciosidad y cordialidad.

Sistemáticamente, los datos señalan un mayor parecido entre los gemelos que entre los mellizos, excepto en la dimensión de hostilidad.

En la figura 20.6*b* se observan los valores de correlación para los gemelos y los mellizos en las mismas dimensiones de personalidad, pero esta vez se comparan los valores cuando tanto los gemelos como los mellizos se han criado por separado.

Hay que observar que, en este caso, los valores de la correlación disminuyen notablemente, pero se sigue conservando la mayor similitud de los gemelos frente a los mellizos.

Los datos del SATSA sugieren algunas cosas importantes para responder a la pregunta por el origen genético y ambiental de las diferencias individuales en personalidad:

— No todas las dimensiones de la personalidad se heredan en igual medida.
— No todas las dimensiones de la personalidad están igualmente influidas por el ambiente.
— Tanto la herencia como el ambiente juegan un papel importante en la determinación de las diferencias individuales en personalidad.
— El grado de parecido entre los gemelos está claramente influido por la crianza en la misma familia, en especial tanto para la extroversión como para el neuroticismo.
— Cuando los gemelos o los mellizos se crían en la misma familia, los valores de correlación más altos se dan en las dimensiones de

extroversión, neuroticismo, apertura a la experiencia, minuciosidad y hostilidad. Estos resultados señalan hacia las cinco grandes dimensiones de la teoría *big five* descrita anteriormente.

3. EXPERIENCIA Y AMBIENTE

Según los datos disponibles, crecer y criarse en la misma familia influye, pero no demasiado, en el parecido entre sus miembros. Los elementos ambientales más importantes son, precisamente, los no compartidos por los miembros de la familia.

La influencia demostrada de la herencia parece estar en torno al 20 por 100, de modo que el 80 por 100 restante es una cuestión de influencias ambientales (Plomin y col., 1990). Este resultado sugiere que la personalidad se hereda menos que la inteligencia.

Los datos se han registrado y se siguen recogiendo a través de un buen número de estudios o proyectos a gran escala, incluso a nivel internacional, entre los que se cuentan los siguientes:

- Colorado Adoption Project.
- Texas Adoption Project[5].
- Minnesota Transracial Adoption Study.
- Minnesota Study of Twins Reared Apart (MSTRA).
- Swedish Adoption/Twin Study on Aging (SATSA).

Al igual que en el caso de la inteligencia, en la contribución genética que podría repercutir en las diferencias individuales en personalidad influyen muchos genes a la vez, cada uno de los cuales tendrá un efecto bastante pequeño en sí mismo.

[5] Un estudio longitudinal de 10 años realizado por el *Texas Adoption Project* ha mostrado que los individuos no relacionados genéticamente criados juntos, no cambian de igual manera con el paso del tiempo. Además, no se pueden predecir los cambios de personalidad de niños adoptados a partir de las características de los padres biológicos, los padres adoptivos o los eventos vitales (Loehlin y col., 1990).

Por otro lado, las variables ambientales que parecen importantes para el desarrollo y la formación de la personalidad no se experimentan de igual modo por los distintos miembros de la misma familia. Este hecho explicaría la escasa influencia del ambiente compartido por los miembros de la familia. No importa, por tanto, el tipo de variable ambiental por sí misma, sino cómo la experimenta cada uno de los miembros de la familia.

Evidentemente, esto invita a un razonamiento sorprendente. Puede que la respuesta a la pregunta de por qué los distintos miembros de la misma familia experimentan a su modo las mismas variables ambientales deba considerar la contribución de sus diferencias genéticas. Según Plomin y sus colegas (1990), el parecido de los hermanos se debe a los genes que comparten y no al ambiente en el que se crían. En este sentido, según parece los familiares criados por separado no son más distintos que los familiares que han crecido en el mismo hogar.

El hecho de que la familia como unidad de análisis no sea demasiado importante, debería llevar a diseñar proyectos de investigación centrados en los individuos de las familias y no en las familias como un todo. Hay que tener cuidado con este argumento, puesto que no significa que las influencias ambientales son irrelevantes, sino que son específicas de cada individuo y no comunes para los miembros de la misma familia (véase Plomin, 1994).

Hay muchas variables ambientales que pueden influir en el distinto desarrollo de los miembros de la misma familia: la interacción de los hijos con los padres, la interacción entre los hermanos, el tamaño de la familia, el orden al nacer, las diferencias de edad entre hermanos o las diferencias de género. Más allá de la familia, deberían estudiarse variables ambientales como las relaciones de los chavales y sus profesores, o las relaciones de amistad. Por supuesto, no pueden olvidarse los sucesos vitales especiales, como la pérdida súbita de los seres queridos o un accidente grave.

En suma, el mensaje importante del estudio sobre el origen de las diferencias individuales en personalidad es que *el individuo es un ser activo*. Dicho con otras palabras, lo importante del ambiente no es el ambiente en sí, sino cómo lo experimenta la persona. De este modo, el ambiente se convierte en experiencia personal, lo que obliga a los psicólogos a desarrollar medidas del ambiente distintas a las usuales. Estas nuevas medidas del ambiente deberán considerar el ambiente como un elemento que no es vivido y experimentado de la misma manera por distintos individuos. En esta dirección va el modelo bioecológico que se expone seguidamente.

4. UN MODELO BIOECOLÓGICO

Urie Brofenbrenner y Stephen Ceci (1994) han planteado una posible respuesta a la pregunta de la profesora Anne Anastasi formulada hace casi 40 años (1958): ¿cómo actúan los factores hereditarios y ambientales sobre las diferencias de conducta?

El índice de heredabilidad (h^2) valora solamente las diferencias individuales fenotípicas, es decir, cuál es la contribución de los genes a las conductas valoradas en un determinado momento. Sin embargo, este índice de heredabilidad no dice nada sobre las conductas que podrían llegar a realizar los distintos genotipos.

Según Bronfenbrenner y Ceci (1994) este hecho no reduce la utilidad del índice de heredabilidad, ya que sí permite valorar la manifestación del potencial genético que influye en el desarrollo psicológico. Puesto que los seres humanos difieren en su capacidad innata para desarrollar sus talentos y resistirse a los trastornos psíquicos, es importante saber bajo qué circunstancias se pueden expresar esos potenciales

Según el modelo bioecológico de Bronfenbenner y Ceci (1994), el índice de heredabilidad es el mejor instrumento científico disponible para valorar el grado en el que los ambientes y los procesos psicológicos acrecientan o impiden la expresión de las diferencias individuales en el potencial genético, de modo que se pueda producir un desarrollo efectivo.

Las características del modelo bioecológico son (Bronfenbrenner y Ceci, 1994):

— Evalúa los procesos que permiten expresar el potencial genético. Estos procesos se denominan *proximales*.
— La variación sistemática en heredabilidad es el resultado de la actuación conjunta de los procesos proximales y de las características del ambiente.
— Las variaciones en heredabilidad son función de cuáles son los resultados del proceso de desarrollo.
— A partir de un determinado valor del índice de heredabilidad se puede evaluar el nivel absoluto de funcionamiento dentro del que se producen las diferencias individuales genéticamente influidas.
— El estudio de los procesos proximales y sus consecuencias en el desarrollo bajo distintas condiciones ambientales, constituye una estrategia indirecta para saber cuáles son las limitaciones que los genes y el ambiente ponen a las diferencias individuales en el desarrollo psicológico. Esta estrategia indirecta depende del concepto de *norma de reacción,* es decir, la capacidad que tiene el genotipo para responder a distintos ambientes.

La figura 20.7 representa la ruta biosocial a través de la que los genotipos se convierten en fenotipos. Los primeros pasos se dan a partir de la carga genética que el niño hereda de sus padres, es decir, los procesos proximales que actúan como mecanismos para actualizar el potencial genético. Este tipo de procesos se van llenando de contenido a través de una fusión dinámica entre los patrones de la atención selectiva, la acción y las respuestas diferenciales gobernadas genéticamente, y la naturaleza de los ambientes en los que se encuentra el organismo. Esta fusión determina qué potenciales genéticos se expresarán.

El modelo bioecológico representado en la figura 20.7 sugiere que:

— Los procesos proximales son los mecanismos a través de los que se expresa el potencial genético.
— Esos mecanismos influyen más en el desarrollo que los ambientes en los que actúan. Por tanto, las diferencias en el desarrollo que se pueden atribuir a un ambiente deprivado

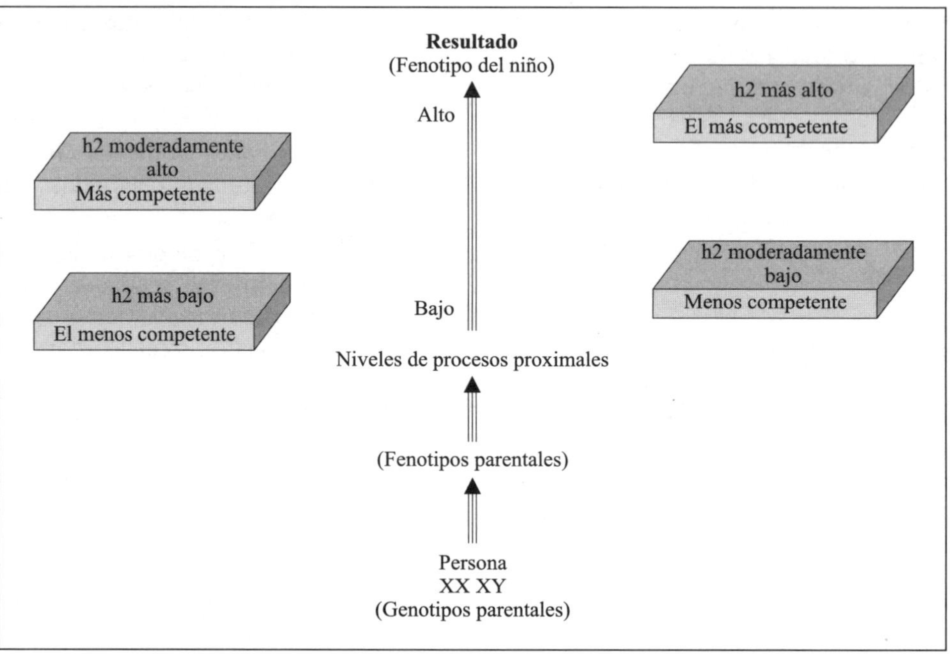

Figura 20.7.—El modelo bioecológico de Bronfenbrenner y Ceci (1994).

o enriquecido son bastante más reducidas que las que se pueden atribuir a unos niveles bajos o altos de los procesos proximales.

— Los procesos proximales tienen un mayor impacto en los ambientes enriquecidos que en los ambientes deprivados (la distancia entre las plataformas de la derecha es mayor que la distancia entre las plataformas de la izquierda, en la figura 20.7).
— La línea gruesa que simboliza la ruta biosocial en la figura 20.7 representa la amalgama de componentes genéticos y ambientales.

Por tanto, según Bronfenbrenner y Ceci (1994) los ambientes están genéticamente cargados, puesto que el organismo activamente selecciona, modifica y construye en gran medida su propio mundo. De este modo, el modelo bioecológico pone en entredicho el antiguo refrán: «la naturaleza propone y el ambiente dispone». Es decir, tanto la naturaleza como el ambiente proponen y disponen.

Las palabras del profesor Lloyd Humphreys (1991), en un artículo titulado «Visión limitada en las ciencias sociales», son muy útiles para corregir una idea errónea que también se cuestiona a través del modelo bioecológico de Bronfenbrenner y Ceci (1994):

«Algunos genéticos de la conducta sugieren que la heredabilidad es menor ahora que hace una generación. Si es así, las personas con valores democráticos no tienen ninguna razón para regocijarse. Si este dato es cierto, la causa más probable es un aumento de la varianza ambiental debido a una mayor rigidez social en la estructura de clases.

Una sociedad puede entenderse efectiva y democráticamente con las contribuciones genéticas a las diferencias individuales en inteligencia y personalidad, a través del diseño de políticas que permitan expresar las potencialidades de cada ciudadano sin tener en cuenta su sexo, su raza o su clase social. Por supuesto, éste es verdaderamente el principio de igualdad de oportunidades. Y este objetivo es exactamente el mismo que potenciar la heredabilidad de las cualidades humanas que rinden buenos dividendos» (pág. 343).

En suma, no parece que la heredabilidad de las cualidades humanas deba llevarnos a sentirnos en manos del destino. Por el contrario, son las normas sociales diseñadas por algunos individuos las que deberían preocuparnos especialmente como ciudadanos. Según la profesora Sandra Scarr (1994), «hay que darse cuenta de que una heredabilidad alta debe tomarse como un indicador de justicia social. En una sociedad en la que todo el mundo tuviese iguales oportunidades para aprender, la heredabilidad del CI, por ejemplo, estaría próxima al 100 por 100, puesto que no existirían diferencias ambientales significativas entre los individuos».

5. APLICACIONES PRÁCTICAS

Cuando expusimos los hechos sobre el origen de las diferencias individuales en inteligencia reseñamos algunas posibles aplicaciones prácticas que se derivarían casi con toda seguridad de los estudios más básicos, sea sobre la genética de poblaciones sea sobre la localización de marcadores genéticos asociados a determinadas dimensiones intelectuales (Plomin, 1995; véase el número de mayo de 1998 de la revista *Psychological Science,* en el que aparece publicado un sorprendente artículo de Robert Plomin y 11 autores más). Como allí se comentó, el Proyecto Genoma Humano está teniendo un impacto significativo en bastantes terrenos, y la psicología no constituye una excepción.

Como no podía ser de otro modo, los mismos argumentos se aplican al caso de las diferencias individuales en personalidad. Es decir, una vez se ha comprobado que una determinada dimensión de la personalidad no está influida por los genes, concluiremos necesariamente dos cosas:

1. Carece de sentido tratar de localizar marcadores genéticos asociados a esa dimensión de la personalidad.
2. Habrá que estudiar la manera en que se configuran las diferencias individuales en esa dimensión a través de las distintas influencias ambientales.

Sin embargo, cuando se ha comprobado la influencia de los genes en una dimensión de personalidad, las conclusiones prácticas serán algo distintas:

1. Comienzan a tener sentido los proyectos científicos dirigidos a localizar los marcadores genéticos parcialmente asociados a las diferencias individuales en esa dimensión.
2. Comienza a ser relevante explorar a través de qué vías fisiológicas y bioquímicas influyen los genes en las diferencias de conducta.
3. Comienza a ser importante estudiar las interacciones entre los genes vinculados a esa dimensión de la personalidad y sus reacciones a distintos tipos de ambientes. Es decir, cuál es la norma de reacción de los genotipos que tienen que ver con las diferencias de personalidad.

Este último punto es especialmente importante. Sabemos que la *agresividad,* por ejemplo, es una dimensión de personalidad relevante (entre otras que se podrían citar a partir de las descritas anteriormente). También disponemos de datos que sugieren una influencia relevante de los genes en la conducta agresiva, no sólo de los distintos seres humanos, sino también de los animales. Sin embargo, hay individuos cuya disposición podría ser favorable al desarrollo de comportamientos agresivos que, sin embargo, nunca cometen actos punibles. Por el contrario, individuos con una menor disposición agresiva innata pueden cometer ese tipo de actos si son criados en un ambiente hostil (Lykken, 1995).

Todas estas cuestiones son socialmente tan importantes como sensibles. La agresividad es una propiedad personal que a la sociedad le preocupa especialmente y por razones bastante evidentes. En ocasiones se argumenta que, en realidad, los comportamientos agresivos siempre van a estar con nosotros, puesto que es algo innato al género humano. Sin embargo, los psicólogos han descubierto, tras largos años de investigación, que las diferencias individuales en agresividad resultan muy significativas (Plomin, DeFries y McClearn, 1990).

Pero si las diferencias individuales en agresividad se pueden explicar tanto por los genes como por el tipo de influencias ambientales que rodean a la persona, puede ser posible manipular uno o los dos elementos para reconducir esa agresividad. Así por ejemplo, sabemos que no todas las personas que crecen en un ambiente hostil se muestran agresivas y que, en cambio, algunas personas que crecen en un ambiente cordial se muestran agresivas.

El gran reto futuro de los científicos será explicar estas diferencias, es decir, por qué ni un determinado genotipo ni un ambiente con una serie de características, determinan por separado los comportamientos agresivos. No parece que los mensajes informativos sobre la necesidad de los pactos de no agresión, ni la manipulación de algunas variables ambientales tengan un efecto *directo* en el comportamiento de las personas. Por tanto, se necesitan modos novedosos de tratar el problema.

Figura 20.8.—El llamado «milagro de la clonación» se está realizando actualmente con mamíferos. Tras el intento exitoso de un equipo británico con la famosa oveja Dolly, científicos de otros países han ido detrás. Según parece, esta clonación sería realizable con humanos, pero una comisión de ética internacional ha prohibido experimentos en este sentido. Debe tenerse en cuenta que las experiencias psicológicas de dos ovejas, dos terneros o dos seres humanos idénticos (caso de los gemelos univitelinos) no tienen por qué ser equivalentes. Es decir, la identidad genética no determina la identidad psicológica.

Quizá estos métodos novedosos puedan consistir en buscar y encontrar puntos de colaboración entre los distintos científicos sociales. Parece claro que las explicaciones sociológicas de la agresión no dan cuenta totalmente del fenómeno. Es cierto que determinadas condiciones ambientales son importantes para explicar el comportamiento agresivo. Pero no es menos cierto que hay muchas personas sometidas exactamente a las mismas condiciones ambientales que no se comportan agresivamente. Este hecho apunta hacia las explicaciones psicológicas y biológicas de la agresión (además de a las sociológicas).

¿Qué hace que una persona cometa actos de agresión, mientras que otra se muestre pacífica? ¿Son responsables las condiciones ambientales en sí mismas o cómo experimenta la persona esas condiciones? ¿Tiene algo que decir en estas diferentes experiencias del ambiente el genotipo de cada individuo? Éstas son preguntas que prometen una respuesta compleja, y de ahí la necesidad de que distintos científicos sociales colaboren con sus métodos a resolverlas con la mayor exactitud posible.

En suma, la investigación del origen de las diferencias individuales en personalidad abre unos interrogantes prácticos apasionantes cuando ya están abiertas las puertas del siglo XXI. Las respuestas exigirán la colaboración entre distintas perspectivas científicas. Es más, será necesaria esa colaboración, tanto para hacer las preguntas oportunas como para concretar los márgenes de las respuestas más aceptables, prácticas y útiles a la sociedad en la que vivimos y que tendremos que ir construyendo en el transcurso de los años.

SUMARIO

Este epígrafe ha dado respuesta a la pregunta por el origen de las diferencias de personalidad, es decir, por su base genética y ambiental. Una de las consecuencias básicas es que la experiencia que la persona tiene de su ambiente parece estar influida por su genotipo. Las personas que crecen en una misma familia no se parecen por el ambiente que comparten, sino por sus genes. En cierto modo, las disposiciones genéticas influyen notablemente en las semejanzas entre las personas, pero compartir el mismo ambiente no lleva a que la gente se parezca. Este tipo de datos refuerza la idea de que el elemento importante sobre el que debería girar la investigación es la experiencia del ambiente, no las variables ambientales que fríamente se supone que pueden influir en la conducta de la persona de un modo uniforme. Las aplicaciones prácticas que se pueden concretar a partir de la investigación básica sobre el origen de las diferencias de personalidad consisten en señalar al científico cuándo esforzarse en localizar los genes parcialmente asociados a las diferencias de personalidad. Ya que los genes influyen en la conducta indirectamente, es decir, a través de las vías hormonales y bioquímicas, siempre está abierta la posibilidad de cambiar la dirección e intensidad de las respuestas genéticas a unas determinadas condiciones ambientales. Además, no debe olvidarse que la correlación genotipo-ambiente sugiere que la manifestación de los genotipos está sujeta al tipo de ambiente en el que el individuo se desarrolla, es decir, depende de la denominada norma de reacción.

Grupos humanos 21

Los individuos tienen una personalidad particular. Algunos son introvertidos y otros son emocionalmente estables. Unos tienden a interiorizar sus sentimientos, mientras que otros no pueden disimular lo que sienten. Algunos rechazan la idea de hablar en público, mientras que otros van tras oportunidades de demostrar lo bien que pueden expresarse. Algunos se esfuerzan constantemente por alcanzar grandes metas, mientras que otros apenas se preocupan por prosperar en la vida. Algunos necesitan estar siempre rodeados de gente, mientras que otros prefieren quedarse en casa leyendo una buena novela.

En esta parte se han estudiado cuáles son los rasgos en los que se diferencian las personas, qué tipo de pensamientos caracterizan a las distintas personas, cuáles son algunas de las características del funcionamiento biológico en las que se distinguen los individuos, y cuál es el origen de algunas de las principales variables de la personalidad.

Por consiguiente, el estudio científico de las diferencias individuales en personalidad produce una serie de variables relevantes, como la introversión, la estabilidad emocional, los constructos personales o los patrones de activación electroencefalográfica. Esta larga serie de variables también se puede emplear para averiguar si los grupos humanos son *semejantes o distintos.*

Así por ejemplo, podemos estar interesados en comprobar si los varones son más introvertidos que las mujeres, si las personas se hacen más estables emocionalmente a medida que crecen, si las personas de clase social alta son más responsables, o si los orientales son más agresivos. El enfoque de las diferencias individuales ha estudiado este tipo de diferencias durante bastantes décadas, y en la actualidad se puede encontrar en las revistas científicas un número sensiblemente alto de artículos orientados a estos temas. Por tanto, es necesario exponer alguna de las investigaciones realizadas y las conclusiones a las que se ha llegado, pero haciendo un especial énfasis en cómo se estudian esas semejanzas y diferencias entre distintos grupos sociales.

Durante la lectura de los contenidos de este epígrafe deben tenerse presentes las siguientes consideraciones siempre:

— Hay estudios sobre distintas dimensiones de personalidad realizados en distintas épocas (por ejemplo, los años sesenta, setenta, ochenta y noventa). La intención es averiguar si las semejanzas o diferencias que se encuentran en una determinada época, se mantienen o cambian con las modificaciones de las condiciones sociales. En ningún caso los resultados descritos en un determinado estudio deben considerarse definitivos o generalizables, sino producto de cada uno de los estudios en particular. En general, los estudios descritos sirven para ilustrar cómo se suelen estudiar científicamente las diferencias entre grupos humanos, no para extraer conclusiones que se puedan generalizar automáticamente. En el mejor de los casos sirven para proponer *hipótesis de trabajo sobre las que se deberá profundizar en posteriores estudios.*

— Las diferencias entre grupos humanos son *diferencias promedio,* es decir, sean cuales sean los resultados, no se pueden aplicar a un individuo concreto de los grupos comparados. Así por ejemplo, constatar que los varones son más agresivos que las mujeres en un determinado estudio no permite decir que Pedro será más agresivo que Rocío porque el primero es varón y la segunda mujer.

— En relación con el punto anterior, las diferencias individuales dentro de cada grupo humano son mucho más importantes que las diferencias promedio entre los grupos. De este modo, una de las conclusiones básicas de la siguiente descripción será que el *individuo* es mucho más importante que el *grupo:* las personas no son lo que son por el grupo humano al que puedan pertenecer.

— Finalmente, debe recordarse que el estudio científico de los grupos humanos, desde el enfoque de las diferencias individuales, no parte del supuesto de que existen diferencias entre ellos, sino que trata de contrastar empíricamente si a partir de los métodos ideados por los investigadores se puede llegar a conclusiones formales transitorias sobre en qué se parecen y en qué se distinguen determinados grupos sociales. Las semejanzas y diferencias entre esos grupos sociales estudiados desde el enfoque de las diferencias individuales, serán únicamente comprensibles desde las preguntas que se hayan formulado los investigadores y desde los métodos empleados para responder esas preguntas. Por tanto, las conclusiones transitorias de los estudios científicos no sirven para explicar automáticamente las posibles diferencias cotidianas de conducta, de modo que constituye un grave error extrapolar de uno a otro campo.

1. VARONES Y MUJERES

En la década de los noventa se está produciendo una gran cantidad de investigación sobre las diferencias entre varones y mujeres como grupos humanos. Sin embargo, como escribe John Archer (1996), «la investigación de las diferencias de sexo en los atributos psicológicos y en el comportamiento se origina en la tradición de la investigación de las diferencias individuales» (pág. 909). Por consiguiente, los numerosos estudios actuales en realidad son continuación de una vieja tradición en psicología.

Algunos estudios se preguntan si las diferencias entre varones y mujeres se pueden atribuir a la cultura en la que viven o al proceso evolucionista por el que ha pasado la especie humana.

Cuando se realizan preguntas de este tipo, en ocasiones da la impresión de que la respuesta debe ser SÍ o NO. Es decir, si las diferencias entre varones y mujeres son resultado de la cultura en la que crecen y se desarrollan como seres humanos, entonces las explicaciones evolucionistas no pueden ser correctas. Sin embargo, debe recordarse que las características humanas codificadas en los genes han llegado hasta ahí porque han sido seleccionadas durante el proceso de la evolución de las especies. El agente que selecciona durante el proceso evolucionista es, precisamente, el ambiente, la naturaleza, las condiciones de vida. En una palabra, el responsable último de las diferencias individuales que se codifican en los genes es el ambiente histórico de una determinada especie.

Además de esta necesaria e importante consideración, también conviene recordar que la cultura se puede comportar a todos los efectos como la naturaleza (Wilson, 1979; Buss, 1994). Es decir, las personas viven en un determinado contexto cultural que ellos mismos han creado. Esto sugiere dos preguntas:

— ¿Por qué han creado ese ambiente cultural y no otro?
— ¿Por qué no puede actuar ese ambiente cultural como el ambiente natural en la selección de las características humanas más adaptativas?

En la sección de Comentarios de la revista de la Asociación Americana de Psicología, *American Psychologist,* de febrero de 1996, una serie de autores debaten constructivamente sobre el estudio de las diferencias entre varones y mujeres.

Bernice Lott (1996) realiza una serie de argumentos sobre este tipo de estudios. De este modo, sostiene que catalogar como «igual» o «diferente» no contribuye a la psicología científica puesto que ignora el hecho de que la conducta siempre tiene lugar en un contexto y está influida por la situación o las circunstancias. Además, esa catalogación es simplemente descriptiva y no explica nada. Según esta autora, es bastante sencillo hacer una lista de conductas distintas para varones y mujeres. Este tipo de diferencias llaman la atención de los medios de comunicación puesto que, según ella, justifican el *statu quo* y ayudan a mantener las barreras políticas y sociales contra la igualdad de los sexos.

La profesora Alice H. Eagly (1996) comenta críticamente estos argumentos escribiendo que Lott exige desarrollar teorías explicativas sobre las diferencias entre varones y mujeres, pero simultáneamente se opone a la identificación y descripción de esas diferencias. Sin embargo, Eagly recuerda que la identificación de un determinado fenómeno suele preceder a su explicación científica. Cuando comienza una determinada actividad científica, catalogar similitudes y diferencias es muy útil. Lott también se refiere a la influencia del contexto citando de modo selectivo estudios concretos cuyos resultados son congruentes con su postura. Eagly advierte que los psicólogos han usado durante demasiado tiempo este tipo de revisiones narrativas y se ha demostrado que no conducen a nada relevante para el avance de la ciencia psicológica. Finalmente, la tesis de Lott sobre el uso político de los datos del estudio científico de las diferencias entre varones y mujeres resulta bastante llamativa; la mayor parte de los investigadores no tienen el más mínimo interés en que sus datos sean de alguna relevancia práctica, sino que sencillamente se sienten atraídos por el reto científico que suponen determinados datos y resultados.

Algunos de estos datos han sido revisados por David M. Buss (1996) desde la *psicología de la evolución*. Según los estudios considerados por Buss:

- — Las habilidades de las mujeres han contribuido mucho a la supervivencia evolucionista de los niños y de la familia.
- — Los seres humanos son parecidos y distintos a otras especies.
- — Las relaciones sexuales casuales pueden ser beneficiosas tanto para varones como para mujeres.
- — Hay grandes parecidos entre varones y mujeres en muchas características psicológicas.
- — Las diferencias psicológicas entre los sexos se explican bastante bien cuando se sitúan en el contexto de la teoría de la evolución.

Según Buss (1996), uno de los datos más importantes de la teoría de la selección sexual tienen relación con la *garantía de paternidad*. Hay varios datos conductuales, fisiológicos y psicológicos que ilustran una historia evolucionista de los seres humanos en la que la garantía de paternidad resultó un problema adaptativo para los varones.

Los datos conductuales señalan la altísima frecuencia de relaciones extraconyugales en prácticamente todas las culturas, incluyendo poblaciones tan especiales como los yanomamo, los kung san, los amazonas y los aborígenes de Australia. Además, la infidelidad de la mujer es la principal causa de divorcio en un estudio en el que se compararon 89 culturas (Betzig, 1989).

Los datos fisiológicos estudian el volumen testicular de los humanos, que es algo menor que en los chimpances más promiscuos pero bastante mayor que en los gorilas más monógamos. El reciente descubrimiento de distintos tipos de esperma (oteadores y destructores, bloqueadores y apareadores) sugiere una historia ancestral de competición (Baker y Bellis, 1995).

Los datos psicológicos sobre la importancia de la garantía de paternidad señalan la destructiva emoción de los celos sexuales del varón, principal causa de la agresión y el homicidio de la esposa en todas las culturas de las que se tienen datos.

El problema de la garantía de paternidad parece ser especialmente importante en el caso de los seres humanos, puesto que el varón humano suele invertir más recursos en su descendencia que otros primates no humanos (Buss, 1996). Por consiguiente, una comparación directa con otras especies puede no ser tan informativa como pudiera parecer en un principio para poner en entredicho la perspectiva evolucionista sobre las diferencias de sexo.

Según Buss (1996), existen cientos de estudios que indican que los varones desean tener un mayor número de relaciones sexuales esporádicas, tienen más fantasías sexuales relacionadas con el cambio de pareja, dedican más tiempo a la búsqueda de relaciones extraconyugales, usan con mucha mayor frecuencia los servicios sexuales de prostitutas y consienten asiduamente las relaciones sexuales de corta duración. Estos resultados, sostiene Buss, pueden ser políticamente incorrectos, pero las diferencias son reales.

Buss (1996) sugiere que las frases expresadas por algunos científicos sociales, como «la división sexual tradicional del trabajo que relegó a la mujer a ciertos roles», sirven para ocultar las relaciones causales. No está nada claro cuáles son los agentes causales que «relegan» y «asignan ciertos roles», y la vaga invocación de abstracciones como «cultura», «sociedad» o «patriarcado», independientemente de su popularidad entre algunos científicos sociales, es peor que no disponer de ninguna explicación (Buss, 1996).

Así, los componentes de lo que se denomina «patriarcado» se pueden explicar por los modelos de la psicología de la evolución. El control de los varones sobre los recursos y su preocupación por la sexualidad de la mujer, así como las estrategias de las mujeres para evitar ese control y usar sus propias estrategias, son elementos que están bastante desarrollados por los modelos coevolucionistas de las estrategias sexuales de varones y mujeres. El hecho de que las mujeres deseen más a los varones con recursos impone una presión selectiva sobre éstos, quienes tienden a desarrollar estrategias competitivas para adquirir los recursos que las mujeres parecen desear (Buss, 1996).

En un metaanálisis realizado por Feingold (1992b) sobre diferencias entre varones y mujeres en las preferencias al elegir pareja, según las respuestas expresadas por las propias personas encuestadas, se encontró que:

- Los varones valoran en mayor medida el atractivo físico de la pareja.
- Las mujeres valoran en mayor medida el estatus socioeconómico y el nivel de ambición de la pareja.
- Las mujeres valoran más que los varones el carácter, honestidad y sinceridad, y la inteligencia de la pareja.
- No hay diferencias en la valoración del sentido del humor o de lo que popularmente se denomina «personalidad».

La psicología de la evolución proporciona un modelo interaccionista muy robusto. La conducta humana no se puede explicar sin relacionar los mecanismos psicológicos resultado del proceso evolucionista y los elementos socioculturales que seleccionaron esos mecanismos. Según Buss (1996), esta relación obliga a superar las falsas dicotomías entre genético y aprendido, naturaleza y crianza, biología y cultura.

En general, hay una serie de preguntas que se han formulado clásicamente los investigadores de las semejanzas y diferencias entre varones y mujeres: ¿quién está más motivado para el éxito? (logro de metas) ¿Quién está más orientado a las relaciones sociales? (necesidad de afiliación). ¿Cooperan o compiten? ¿Quiénes son más agresivos? ¿Quién es más dependiente? ¿Quién está más influido socialmente? ¿Quién está más ajustado socialmente?

En las siguientes páginas se van a exponer algunas de las respuestas que se han encontrado en los estudios clásicos sobre este tipo de preguntas. Después se estudiarán algunos resultados metaanalíticos, es decir, análisis masivos sobre el grado de concordancia entre distintas investigaciones sobre las semejanzas y diferencias entre varones y mujeres.

1.1. Estudios clásicos

1.1.1. *Motivación para el éxito*

Según parece, las puntuaciones de los dos sexos en pruebas que miden motivación de logro no son significativamente distintas (Schneider y Green, 1977).

Sin embargo, desde la escuela los varones parecen tener una mayor autoconfianza y expectativa de éxito que las mujeres. En los estudios típicos, a los sujetos se les describe una determinada tarea y se les pide que estimen el nivel de eficacia que alcanzarán al realizarla. En prácticamente todas las tareas los varones estiman que alcanzarán un nivel de éxito mayor que el que estiman las mujeres de sí mismas (Maccoby y Jacklin, 1974).

Lenney (1977) ha propuesto una serie de variables situacionales que influyen en la presencia o ausencia de diferencias de sexo en el nivel de autoconfianza:

- — En las tareas identificadas como típicas de mujeres (tanto por los varones como por las mujeres), éstas estiman un mayor nivel de eficacia que los varones.
- — Las mujeres se muestran menos autoconfiadas que los varones si se les da poca o nula información sobre el resultado de sus acciones, mientras que apenas hay diferencias entre los sexos cuando se da esa información de modo sistemático.
- — La autoconfianza de las mujeres se reduce cuando saben que sus acciones serán comparadas con otras personas, pero no se altera cuando se minimiza ese tipo de indicadores sociales.

Deaux (1976) encontró que los varones atribuyen sus éxitos a su propia capacidad, mientras que las mujeres lo atribuyen a la buena suerte. Además, las mujeres tienden a quitarse su responsabilidad ante resultados favorables, mientras que asumen su responsabilidad ante resultados desfavorables.

En general, las mujeres están más ansiosas que los varones en las situaciones de examen, pero no sólo (Maccoby y Jacklin, 1974). Debido a las obligaciones vinculadas a su rol social, las mujeres de nuestra sociedad parecen estar sujetas a un considerable número de conflictos que producen ansiedad. Según O'Leary (1974), las mujeres están presas en un doble vínculo, incapaces de satisfacer simultáneamente las propias aspiraciones personales y las que se esperan de la mujer ideal.

Figura 21.1.—La motivación hacia el éxito ha sido una de las dimensiones psicológicas que se han estudiado al comparar las características de los varones y de las mujeres. Tradicionalmente, la sociedad ha puesto trabas al empuje social de las mujeres. Sin embargo, cada vez existen más indicadores de apertura social en este sentido

Según Horner (1972), las mujeres están motivadas para evitar el éxito, para huir de una supuesta pérdida de la feminidad y de un rechazo social por parte de los varones. Para medir este rechazo al éxito, Horner pidió a estudiantes universitarios que escribiesen historias según la siguiente consigna:

«Después de los primeros exámenes, Rosa/Ceferino observa que está situada/o en el grupo que tiene las mejores calificaciones de la Facultad de Medicina».

Por supuesto, ellas responden a la consigna de Rosa y ellos a la consigna de Ceferino. Dando por hecho que las personas proyectan sus propias sensaciones en la historia, Horner puntuó las historias según el miedo al éxito imaginado; el miedo al éxito se identifica cuando la persona se describe como infeliz, trata de negar el éxito alcanzado, o anticipa consecuencias desfavorables, como la pérdida de amigos o parejas.

Los resultados de Horner indicaron que las historias del 62 por 100 de las chicas, frente a las del 9 por 100 de los chicos, fueron sintomáticas de miedo al éxito. El mayor nivel de miedo al éxito se da cuando las chicas deben competir con los chicos. En cualquier caso, a pesar de estos primeros resultados, no se han vuelto a realizar estudios de este tipo y se han expresado algunos problemas del estudio original: el miedo al éxito no aumenta con la edad, la medida de miedo al éxito no es demasiado fiable, tiene poca validez predictiva y, más importante aún, chicos y chicas le atribuyen un mayor miedo al éxito a Rosa.

Según Condry y Dyer (1976) la conducta de logro de muchas mujeres está inhibida porque en la vida real se producen denuncias sociales asociadas al éxito. La atribución de un mayor miedo al éxito ante la consigna de Rosa por parte de varones y mujeres sería un buen ejemplo de este hecho.

En cualquier caso, a los varones les pasa exactamente lo mismo, es decir, son susceptibles a las consecuencias negativas si se desvían de su rol de varones (Cherry y Deaux, 1975). Así, los varones relatan más historias sintomáticas de miedo al éxito cuando la consigna señala que Ceferino obtiene las mejores calificaciones en la Escuela de Enfermería, y la inversa se da en las mujeres estudiantes de Enfermería con la consigna de Rosa.

Por consiguiente, el miedo al éxito es, en realidad, miedo a las consecuencias sociales que se pueden producir cuando hay una desviación de los roles sexuales tradicionales en determinadas situaciones (Condry y Dyer, 1976).

En un estudio se observó que las mujeres con actitudes sexuales tradicionales tienen menos aspiraciones profesionales que las mujeres con orientaciones más liberales. Es más, estas últimas tienen un rendimiento más óptimo al competir con sus amigos que al trabajar con ellos en equipo, mientras que las más tradicionales rinden mejor en condiciones de no competición (Peplau, 1976). Por tanto, se puede predecir mejor el logro de metas de las mujeres si conocemos sus actitudes y concepciones personales.

Según Hoffman (1972), los varones están más motivados por sus propias necesidades de logro, mientras que las mujeres están más motivadas por las necesidades de afiliación. En otras palabras, las mujeres parecen estar más interesadas por el reconocimiento y aprobación social, mientras que los varones persiguen el logro de una eficacia estándar según un determinado criterio de excelencia.

Otra posibilidad es que las mujeres están motivadas por alcanzar metas más vinculadas socialmente a su rol sexual, como por ejemplo las relaciones personales. En contraste, los varones persiguen metas en tareas impersonales (Stein y Bailey, 1973).

En resumen, según Maccoby y Jacklin (1974) los varones parecen estar orientados hacia las *tareas,* mientras que las mujeres parecen estar orientadas a las *personas.*

1.1.2. *Orientación a las relaciones sociales*

Hay una serie de variables que se ha explorado aquí: autoinformes, respuesta de los niños a los estímulos sociales, la naturaleza cuantitativa y cualitativa (la cantidad y calidad) de la interacción social, la sensibilidad social y la conducta no verbal.

Según los resultados resumidos en la obra clásica de las profesoras Maccoby y Jacklin (1974), las mujeres están más interesadas por los problemas sociales, valoran a los otros de modo más favorable y se expresan más unidas a ellos, incluyendo las relaciones románticas.

También se han estudiado las reacciones conductuales de los bebés al rostro humano, o cómo cambia su tasa cardiaca y el giro de su cabeza cuando oye una voz humana. Las evidencias disponibles indican que no hay diferencias de sexo durante los dos primeros años de la vida (Maccoby y Jacklin, 1974).

Los datos derivados de la observación del comportamiento señalan que los chicos se implican en mayor medida que las chicas en las interacciones sociales. Sin embargo, las medidas de autoinforme sugieren que las chicas expresan una mayor afinidad por las relaciones sociales.

Los estudios de observación se realizan con sujetos que todavía no han llegado a la adolescencia, mientras que las medidas de autoinforme se registran durante el período que sigue y/o incluye a la adolescencia. Schneider y Coutts (1976) pidieron a varios miles de niños que estimaran el número de horas que dedicaban a relacionarse con sus compañeros, no encontrando diferencias de sexo.

Figura 21.2.—Las relaciones sociales constituyen un tema claramente importante. No en vano se suele decir que los seres humanos somos seres sociales. Sin embargo, existen considerables diferencias individuales en la tendencia a relacionarse socialmente, aunque todos nosotros lo hagamos con mayor o menor frecuencia.

Algunos estudios han observado que los patrones de interacción de chicos y chicas es distinto. Así, los chicos se relacionan en grupos numerosos, mientras que las chicas se relacionan en grupos pequeños, pero, en este último caso, las relaciones son más intensas (Waldrop y Halverson, 1975). Booth (1972) encontró que este patrón también se da en los varones y mujeres adultos: las mujeres ven con más frecuencia a sus amistades, se implican espontáneamente en más actividades, se abren más ante las dificultades y están más unidas a ellas.

Hall (1978) revisó 75 estudios en los que se comparaba la capacidad de los varones y de las mujeres para juzgar las emociones o estados comunicados a través de indicadores no-verbales, es decir rostro, cuerpo y signos vocales. Una gran parte de los estudios, 84 por 100, encontraron una mayor eficacia de las mujeres y las chicas en los juicios realizados.

Por otro lado, las chicas también parecen ser más empáticas que los chicos (Hoffman y Levine, 1976). Esta mayor empatía se puede deber a la mayor capacidad expresiva de las mujeres.

Buck y col. (1974) pidieron a una persona, el Mensajero, que observase unas diapositivas diseñadas para provocar una reacción emocional. A una segunda persona, el Observador, que no podía ver las diapositivas, se le pedía categorizar la respuesta emocional del Mensajero observando su expresión facial. En contraste con los mensajeros, las mensajeras comunicaban sus emociones con mayor efectividad a los observadores.

Buck y col. (1974) también midieron la conductividad eléctrica de la piel y la tasa cardiaca. En este caso, se comprobó que los varones tendían a interiorizar las emociones, mientras que las mujeres las exteriorizaban con facilidad. El proceso de interiorización supone una mayor reacción fisiológica y una menor reacción visible, mientras que el proceso de exteriorización conlleva una menor reacción fisiológica y una mayor reacción visible.

La principal consecuencia de Buck y col. (1974) es que, en nuestra sociedad, los varones tienden a interiorizar las emociones, mientras que las mujeres no tienen ningún problema para exteriorizarlas. Según Buck (1977) la diferencia de sexo en emocionalidad es resultado de un proceso de socialización diferencial; en el periodo de preescolar apenas hay diferencias, pero las diferencias se pronuncian a medida que los niños van creciendo.

Según parece a las mujeres les agrada mirar a los ojos de su interlocutor, prefieren las interacciones a corta distancia, y encaran a sus interlocutores de manera más directa (Ickes y Barnes, 1977). Este uso de distancias más íntimas se atribuye al mayor grado de afiliación, la implicación interpersonal y la calidez de las conductas no verbales de las mujeres. En los varones ese grado de proximidad no sería congruente con lo que sucede en el resto del reino animal. Por ejemplo, los varones reaccionan negativamente a una situación de hacinamiento, mientras que las mujeres gustan de estas situaciones (Ross y col., 1973).

Freedman y col. (1972) realizaron el siguiente experimento: situaron a 10 personas en una habitación pequeña o amplia. Estas personas debían escuchar casetes con casos judiciales, como un secuestro o un robo a mano armada, dar un verdicto de culpable o inocente, y decidir el calibre de la pena caso de que el acusado fuese declarado culpable. Los grupos de mujeres respondieron más positivamente en las situaciones de hacinamiento: las penas fueron menores, informaron sentirse a gusto con sus colegas del jurado y juzgaron provechosas las sesiones. Los varones mostraron el patrón inverso, reaccionando más positivamente en las situaciones de no hacinamiento.

En suma, las condiciones de hacinamiento, por sí mismas, no son adecuadas o inconvenientes en términos absolutos. Así por ejemplo, cuando la situación de hacinamiento se asocia a sensaciones positivas, como una fiesta, esa situación puede ayudar a intensificar esas sensaciones. En el caso de los jurados, los varones percibieron la interacción experimental en términos competitivos y reaccionaron ante los colegas de modo suspicaz, defensivo y con desagrado. En contraste, las mujeres se sintieron menos amenazadas por la situación y anticiparon una interacción más interesante y cordial (Freedman, 1975).

Figura 21.3.—La cooperación suele ser habitualmente una buena idea. De hecho, a pesar de que la competición suele ser una estrategia en las relaciones sociales y laborales, personas que han estado en situación de competición pasan a realizar conductas de colaboración en determinadas circunstancias.

1.1.3. *¿Cooperan o compiten?*

En general, se suele creer que los varones son más competitivos y menos cooperadores que las mujeres.

Una de las tareas más usadas para comprobar esta creencia es el juego del dilema del prisionero. En esta variante del juego participan dos personas y cada una puede hacer dos posibles elecciones: A es la respuesta cooperativa puesto que si los dos jugadores la eligen cada uno recibe un premio relativamente alto e idéntico (5 puntos). La respuesta B es la competitiva puesto que le permite al jugador que la elige lograr la mayor ganancia (10 puntos), mientras que el jugador que no la elige logra la menor ganancia posible (1 punto). Si los dos jugadores actúan de modo competitivo eligiendo la respuesta B, ambos reciben a la larga la menor recompensa (1 punto). El juego consiste en muchos ensayos y los jugadores no pueden hablar entre ellos.

Los resultados del juego del dilema del prisionero señalan que los varones son más cooperativos, aunque esto se produce cuando ya se han realizado bastantes ensayos (Carment, 1974). Según Vinacke y col. (1974) este resultado sugiere que los varones se adaptan muy bien a una situación en la que para ser competitivo se requiere cooperar, mientras que las mujeres no parecen interesarse especialmente por los resultados. De este modo, las estrategias de interacción de los varones y de las mujeres no parecen equivalentes.

Hottes y Kahn (1974) usaron el juego del dilema con parejas de varones y mujeres. En este caso hicieron un descanso tras una serie de ensayos y observaron de qué hablaban los sujetos: mientras que los varones se dedicaban a discutir sobre las variantes tácticas del juego, las mujeres se dedicaban a hablar de las compañeras de habitación, de los amigos comunes y del interés general del juego. Tras el descanso, el nivel de éxito y cooperación de los varones aumentaba significativamente, mientras que el rendimiento de las mujeres apenas cambiaba.

1.1.4. *Nivel de agresividad*

Casi todo el mundo parece estar de acuerdo en que los varones son más agresivos que las mujeres. Las estadísticas sobre criminalidad así lo indican: el 87 por 100 de los asesinatos en general son cometidos por hombres y el 89 por 100 de los asesinos en serie *(serial killers)* son hombres. Sin embargo, cuando se particulariza por tipo de crimen, se observa que el asesinato por envenenamiento es usado por una abrumadora mayoría de mujeres; éstas son las que en los círculos policiales se denominan «viudas negras» o «enfermeras de la muerte» (Bourgoin, 1993).

En el análisis de 100 estudios distintos realizado por Minton y Schneider (1985), el 70 por 100 sugieren una mayor agresividad de los varones, y sólo en un 5 por 100 se produce lo contrario. Los chicos suelen imitar con mayor fruición los modelos agresivos y según las amistades, padres y profesores, los chicos son más agresivos y realizan actividades más negativas.

En cualquier caso, Frodi y col. (1977) estudiaron la consistencia al responder en términos agresivos en una gran variedad de tareas. Sus resultados indicaron un gran solapamiento entre la distribución de los varones y de las mujeres, aunque los varones fuesen más agresivos en promedio.

¿Es biológica la mayor agresividad de los varones? Según el análisis de Maccoby y Jacklin (1974) la respuesta es positiva, al menos parcialmente. Las razones son las siguientes:

- Las diferencias de sexo se observan al comienzo de la vida, momento en el que todavía no se ha podido producir un efecto del proceso de socialización. Además, los padres no son más permisivos con la agresividad de los chicos.
- Los varones son más agresivos que las mujeres en todas las sociedades en las que se han realizado estudios.
- Los mismos patrones de mayor agresividad de los machos se observa en el resto del reino animal. Naturalmente, esta mayor agresividad de los machos de otras especies también se produce poco después del nacimiento.

El nivel de agresión correlaciona con el flujo hormonal. La alteración de ese flujo influye en el nivel de agresividad. En algunos estudios se ha observado que la inyección de hormonas femeninas a varones especialmente peligrosos reduce de modo muy significativo sus tendencias agresivas (Moyer, 1976). También parece que cuando las mujeres están en el período premenstrual, durante el que baja el nivel de progesterona, son significativamente más agresivas; de hecho, los crímenes que cometen suelen producirse durante este período (Bourgoin, 1993).

Figura 21.4.—Probablemente los varones como grupo sean más agresivos que las mujeres como grupo. Sin embargo, las excepciones están a la orden del día. Técnicamente, esas excepciones suponen que las diferencias individuales dentro del grupo de varones y dentro del grupo de mujeres hacen prácticamente irrelevantes las diferencias entre ambos grupos. En una pregunta: ¿de qué varón y de qué mujer en particular estamos hablando?

Actitudes hacia la agresión. En la década de los sesenta aumentaron significativamente, en un 69 por 100, los crímenes violentos cometidos por las mujeres (Deaux, 1976). Lógicamente, la base biológica de las mujeres no pudo cambiar en tan poco tiempo, por lo que ese cambio sustancial debe atribuirse a la cultura: sencillamente aprendieron a ser más agresivas y/o a controlarse menos. En cualquier caso, parece que las mujeres se sienten más culpables que los varones tras sus crímenes (Frodi y col., 1977).

¿Cuándo no hay diferencias de sexo? Cuando las circunstancias son mínimas para una relación de empatía o una reacción ansiosa tras la agresión. Es decir, cuando socialmente la agresión se considera necesaria o está justificada, no hay diferen-

cias de sexo en los niveles de agresividad alcanzados (Frodi y col., 1977).

Deaux (1976) distingue entre inicio de la agresión y reacción a la agresión, y sugiere que las diferencias de sexo se producen en el inicio de la agresión. Sin embargo, en respuesta a una agresión, las mujeres son tan violentas como los varones.

Por ejemplo, en un experimento de Taylor y Epstein (1967) dos personas compiten en una tarea de tiempo de reacción. Cuando uno de ellos gana en un ensayo, tiene la posibilidad de propinar una descarga eléctrica al otro eligiendo entre cinco intensidades. Al principio, los varones eligen entre las mayores intensidades de la descarga. Pero a medida que aumenta el número de ensayos y el oponente se vuelve más agresivo, las mujeres se van poniendo a la altura de las circunstancias, de modo que en las últimas fases del experimento propinan descargas incluso más intensas que los varones.

1.1.5. *Nivel de dependencia*

La distancia que el niño mantiene con respecto al adulto suele tomarse como un indicador objetivo de dependencia. Un niño de 3 años que de modo sistemático se pega a su madre, juega a su lado, la mira o la sigue a todas partes, se puede considerar dependiente. Además, los chavales dependientes lloran constantemente cuando su madre no está presente.

En la revisión de Maccoby y Jacklin (1974) no se aprecia una clara diferencia de sexo en el grado de dependencia. Sin embargo, al particularizar se encuentran algunos datos interesantes. Por ejemplo, las chicas son más dependientes cuando los padres están en el mismo lugar, mientras que los chicos se resisten más a la separación de los padres. Según los estudios de Whiting y Edwards (1973) las chicas buscan más a menudo la ayuda de las personas mayores y se mantienen más en contacto con ellos, mientras que los chicos tratan de captar la atención de los adultos buscando su aprobación o interrumpiendo.

Si somos dependientes, desearemos que otros nos cuiden, pero si nos gusta cuidar buscaremos a las personas dependientes para satisfacer nuestras propias necesidades. En cualquier caso, siempre nos pueden gustar ambas cosas: cuidar y que nos cuiden.

Figura 21.5.—En bastantes ocasiones las personas establecen relaciones de dependencia. Por lo que sabemos, estas relaciones no dependen del género de la persona, sino de determinadas características de la personalidad.

La mayor capacidad de cuidado que se supone característica de las mujeres, puede residir en su mayor propensión al afecto y el cuidado de los niños. Sin embargo, aunque en la mayor parte de las culturas es la mujer la que se dedica principalmente al cuidado de los niños[1], está por ver si esa tendencia tiene alguna relación con la biología de la mujer, es decir, si existe algo así como el instinto maternal.

Ehrhardt y Baker (1974) han observado que las chicas con *síndrome adrenogenital*[2] tienen menos interés por las conductas maternales. Cuando se comparan con un grupo de control, las chicas adrenogenitales, de los 4 a los 16 años, dicen ser totalmente indiferentes a los bebés y no tienen ninguna fantasía sobre quedarse embarazadas o tener niños; asimismo, les atraen bastante poco los jue-

[1] Es un hecho que en la actualidad las mujeres siguen teniendo la mayor responsabilidad en este sentido. Los maridos pueden contribuir a las tareas del hogar, pero el mayor porcentaje de las tareas del hogar están en la mente de la mujer, aunque luego puedan estar más o menos a medias en las manos de ambos miembros de la pareja.

[2] Este síndrome dirige a una masculinización.

gos con muñecas y el cuidado de sus hermanos pequeños.

Chafetz (1974) recurre a los casos constatados de madres que abandonan o abusan de sus hijos o que le dan un trato frío a sus niños, para rechazar la tesis del instinto maternal. Sin embargo, debería considerarse el hecho de la variabilidad dentro del grupo de las mujeres, aunque sólo sea por causas genéticas. Resulta difícil ver en qué medida la sociedad potencia el abandono o maltrato de los bebés, casos de los que tenemos sobrada cuenta en nuestro país. Hasta la fecha, el autor de estas líneas ha sido incapaz de ver o leer mensajes sociales instigadores de maltrato a los niños. Por la misma regla de tres, son conocidos casos de varones con altas cualidades para cuidar de los niños, hecho que también se puede explicar, bien es verdad que parcialmente, por las variaciones genéticas convencionales.

En cualquier caso, la mayor parte de los estudios con medidas de autoinforme indican que las mujeres declaran gustar más de proporcionar cuidados, pero los datos observacionales apenas sugieren diferencias de sexo (Maccoby y Jacklin, 1974).

1.1.6. *Influencia social*

Hay varias cuestiones que se pueden estudiar en este sentido, pero, entre otras, se pueden señalar las siguientes: ajuste a las órdenes de los adultos, conformismo, susceptibilidad a la persuasión e imitación.

En un estudio de Minton y col. (1971) en el que se realizaron observaciones en una serie de hogares en los que interactuaban niños de dos años con sus madres, se observó que los chicos se resistían más a seguir las órdenes de sus madres. Además, las chicas resisten mejor las tentación de coger objetos prohibidos (Maccoby y Jacklin, 1974).

Schneider y Coutts (1976) estudiaron a chicos y chicas de enseñanza secundaria en una situación en la que se les preguntaba si saldrían con un grupo de personas que no fuesen del gusto de sus padres: los chicos tendían a responder más positivamente que las chicas, es decir, que saldrían con el grupo a pesar de la opinión desfavorable de los padres.

Cuando se diseña una situación experimental en la que hay varias personas que mantienen una determinada idea sobre algo, las chicas y mujeres, que sirven de sujeto experimental, tienden a aceptarla, aunque sea manifiestamente errónea (Maccoby y Jacklin, 1974). Sin embargo, también hay muchos estudios que apenas encuentran diferencias de sexo (Eagly, 1978).

Sistrunk y McDavid (1971) hicieron un experimento en el que trataron de explicar la mayor conformidad de las mujeres, partiendo de que casi todos los estudios solían emplear tareas asociadas a los intereses y aptitudes de los varones (por ejemplo, tareas visoespaciales en las que se debe juzgar el tamaño de una serie de figuras geométricas). Estos autores usaron tres tipos de tareas:

a) Tareas juzgadas más relevantes por los varones.

b) Tareas juzgadas más relevantes por las mujeres.

c) Tareas juzgadas como igualmente relevantes por ambos.

En los análisis que se realizaron se encontró que las mujeres son más conformistas en las tareas masculinas, mientras que los varones son más conformistas en las tareas femeninas. No se observaron diferencias de sexo en las tareas neutrales.

En cuanto a la susceptibilidad a la persuasión, la mayor parte de los estudios no señalan diferencias de sexo (Eagly, 1978). Tampoco hay diferencias de sexo en la tendencia a imitar determinados modelos sociales, aunque hay alguna dependencia del tipo de tarea a imitar, típica de varones o de mujeres según los cánones sociales convencionales (Maccoby y Jacklin, 1974).

En suma, los chicos se ciñen menos a la autoridad, pero no hay diferencias de sexo en persuasion, imitación y refuerzo social. En cuanto al nivel de conformidad, los datos dependen de que la tarea sea típicamente masculina o femenina.

Eagly (1978) ha planteado un razonamiento que debería ser considerado en los estudios sobre diferencias de sexo en variables de personalidad: en la vida cotidiana el comportamiento de los varones y de las mujeres está gobernado por las expectativas de rol y las restricciones institucionales basadas en el sexo, mientras que en la investigación psicológica los varones y las mujeres tienen el mismo rol: son *sujetos experimentales*. Sin embargo, en la vida cotidiana las poderosas diferencias culturalmente arraigadas en la estructura social, como marido y mujer, o doctor y enfermera, dictan un patrón de influencia social vinculado al sexo ausente en los laboratorios de investigación psicológica.

1.1.7. *¿Tareas o personas?*

En una serie de estudios realizados por Harter (1975a y b) se exploraron dos conceptos: motivación para resolver un problema y necesidad de aprobación. La motivación para resolver un problema se definió como el deseo de resolver problemas complejos simplemente para descubrir cuál es la solución. Harter valoró el grado de motivación calculando el tiempo empleado por el chaval para resolver dos tipos de tareas: resoluble con facilidad e irresoluble. La necesidad de aprobación se valora comparando el tiempo dedicado a resolver la tarea cuando trabaja solo o en presencia de un experimentador que le va dando mensajes verbales positivos.

Sus resultados confirman las diferencias de sexo, en el sentido de que las chicas están más orientadas a las personas, mientras que los chicos están más orientados a las tareas. De este modo, los chicos invierten más tiempo en tratar de resolver los problemas irresolubles, mientras que no hay diferencias de sexo en los problemas fácilmente resolubles. Además, sólo el rendimiento de las chicas está influido por la presencia del investigador: las chicas trabajaron durante más tiempo tanto en los problemas fácilmente resolubles como en los irresolubles cuando el investigador estuvo presente.

Los datos sobre la orientación personal de las chicas se puede resumir así (Minton y Schneider, 1985):

- Datos positivos: las chicas tienen más memoria para rostros y nombres, informan sobre un mayor grado de afiliación, sus relaciones de amistad son más intensas, son más avispadas para los asuntos sociales y parecen más empáticas, muestran mayor implicación no verbal en las relaciones, sus juegos señalan hacia la intensificación de las relaciones personales, siguen en mayor medida las órdenes de los adultos y son más conformistas.
- Datos negativos: no hay diferencias de sexo en dependencia y cuidados, los bebés responden en igual medida a los estímulos sociales, los chicos tienen tantos amigos como las chicas y se dejan persuadir e imitan con tanta facilidad como las chicas.

Sin embargo, los datos son bastante menos claros sobre la orientación supuestamente típica de los varones. De todos modos, parece que no se puede concluir que los varones están menos orientados a las personas que las mujeres, o que las mujeres están menos orientadas a las tareas que los varones, en cualquier dimensión psicológica.

1.1.8. *Nivel de ajuste social*

En un estudio muy interesante de Broverman y col. (1972) se pidió a una serie de profesionales de la salud mental, es decir, a una serie de psicólogos clínicos y psiquiatras, que describiesen a:

- Un varón adulto maduro, saludable y socialmente competente.
- Una mujer madura, saludable y socialmente competente.
- Una persona madura, sin especificar el sexo, saludable y socialmente competente.

Los conceptos usados por los profesionales para describir al varón maduro, saludable y socialmente competente eran prácticamente dos gotas de agua con la descripción de la persona asexuada madura, saludable y socialmente competente.

Según los estudios revisados por Maccoby y Jacklin (1974), las mujeres no declaran tener una menor autoestima que los varones. Este patrón se mantiene desde la infancia a la edad adulta. Sin embargo, las chicas y las mujeres sí declaran un mayor grado de ansiedad generalizada.

Gove y Tudor (1973) revisaron la frecuencia de una serie de trastornos psicopatológicos en varones y mujeres: neurosis, psicosis, trastornos transitorios y trastornos psicosomáticos. Según sus resultados, son las mujeres las que tienen más problemas clínicos. Un resultado curioso del estudio de estos autores es que aunque los varones se suicidan más, las mujeres lo intentan en más ocasiones. Además, Nathanson (1975) constató que estos datos sobre trastornos mentales siguen la misma pauta que los trastornos físicos. Por consiguiente, parece que las mujeres son más vulnerables física y mentalmente. Por supuesto, este dato es bastante incongruente con la mayor esperanza de vida de las mujeres.

Según Nathanson (1975) hay algunas explicaciones posibles a esta mayor vulnerabilidad de las mujeres:

- Los problemas emocionales están socialmente más aceptados en el caso de las mujeres, por lo que buscarían asistencia profesional con más frecuencia (recuérdese el estudio de Broverman y col., 1972).
- El papel de enfermo resulta más compatible, en general, con las obligaciones del rol social de la mujer. En alguna medida, una gran parte de las mujeres, dedicadas en exclusiva a las tareas del hogar, tienen más tiempo para ponerse enfermas. ¿Se sigue manteniendo esta tendencia en la actualidad? Es decir, habría que comprobar si este patrón cambia, por ejemplo, en las mujeres que trabajan.
- Hay un mayor grado de estrés y frustración asociado al papel social de la mujer. Por ejemplo, la mujer cree que dedicarse a las tareas del hogar no requiere unas destrezas especiales y tiene tanto un escaso prestigio social como una escasa gratificación. Es llamativo que las diferencias de sexo en trastornos mentales sean especialmente importantes en mujeres casadas, y mucho menores en las solteras (Gove, 1972). En cualquier caso, parece que las mujeres casadas, pero con hijos pequeños, rechazan activamente el rol de enfermo. Durante la adolescencia, los chicos padecen más trastornos mentales, pero poco después las tendencias comienzan a invertirse gradualmente en un proceso que se prolonga durante el resto del ciclo vital (Gove y Herb, 1974).

Figura 21.6.—¿Quién está tras las rejas? Es bastante más probable que sea él. Sin embargo, en este caso es ella la condenada.

1.1.9. *¿Individuo o agentes sociales?*

Tras su revisión sobre las prácticas de socialización familiar, las profesoras Maccoby y Jacklin (1974) concluyeron su tratado clásico sobre diferencias de sexo diciendo que no había evidencia suficiente sobre el trato diferencial de los chicos y las chicas por parte de los padres. Según sus datos, los padres sí potencian que sus hijos se interesen por cosas de chicos o de chicas. Sin embargo, los padres no hacen diferencias al controlar la agresión, la dependencia, el logro de metas o la conducta sexual. Tampoco están convencidas estas autoras de que los datos científicos sean congruentes con la creencia popular de que los chicos imitan los modelos de los varones y las chicas los modelos de las mujeres, es decir, ni los chicos imitan necesariamente a sus padres, ni las chicas hacen lo respectivo con sus madres.

Block (1976) criticó fuertemente estas conclusiones, argumentando, entre otras cosas, que:

- — La mayor parte de los estudios considerados en la revisión de Maccoby y Jacklin (1974) analizan a niños demasiado pequeños, cuando aún no se han manifestado completamente las influencias sociales.
- — Una gran parte de los estudios se dirigen solamente a las relaciones entre la madre y sus hijos. Sin embargo, algunos datos indican que el padre marca más la diferencia en el proceso de socialización.

La conclusión más sensata que podría sacarse es que todavía no está muy clara la influencia del proceso de socialización en las diferencias de sexo. Además, la mayor parte de los datos considerados aquí apuntan a que:

- — Los sexos se parecen más entre sí de lo que pudiera parecer en un principio. Desde luego, las similitudes son mayores que las diferencias, siendo mucho más importantes las diferencias individuales dentro de cada uno de los sexos que entre los dos grupos humanos.
- — Las diferencias de sexo dependen mucho del tipo de situaciones consideradas.
- — La mayor parte de los estudios sobre diferencias de sexo han usado muestras de clase social media, por lo que generalizar a partir de aquí puede ser imprudente.

1.2. Estudios de metaanálisis

Alan Feingold (1994b) ha realizado uno de los metaanálisis más extensos sobre las diferencias entre varones y mujeres en variables de personalidad. En su trabajo se consideran estudios controlados de laboratorio realizados entre 1958 y 1992, así como datos de la estandarización de diversos tests de personalidad, desde 1940 a 1992.

En general, su metaanálisis señala que los varones son más asertivos y tienen una mayor autoestima que las mujeres, mientras que éstas son más extrovertidas, ansiosas, confiadas y cordiales que los varones. No parecen existir diferencias en ansiedad social, impulsividad, actividad, reflexividad, lugar de control y organización. Además, las diferencias entre varones y mujeres son constantes a distintas edades, e independientes: *a*) del año en que se realiza la medida; *b*) de los niveles educativos, y *c*) de las nacionalidades.

Según Feingold (1994b), hay tres posibles modelos para explicar las diferencias entre varones y mujeres: el biológico, el sociocultural y el biosocial.

1. El modelo biológico propone que las diferencias se deben a características temperamentales innatas de cada uno de los sexos. Hay un buen número de estudios que apoyan esta base biológica de las diferencias individuales en los rasgos principales de la personalidad.
2. El modelo sociocultural propone que son los factores sociales y culturales los responsables de las diferencias en los rasgos de la personalidad. A. H. Eagly (1987) ha desarrollado el modelo del rol social, según el cual las diferencias de sexo en la conducta social provienen de las diferencias en los roles de género que dictaminan cuáles son las conductas más apropiadas para los varones y las mujeres.
3. El modelo biosocial propone que la biología es la causa distal de las diferencias entre varones y mujeres, mientras que la cultura es la causa proximal de estas diferencias. La hipótesis de que las diferencias de sexo tienen estas causas proximales y distales es bastante probable, puesto que los roles sociales basados en la distribución de las tareas laborales se habrían desarrollado en las sociedades preindustriales como resultado de las diferencias físicas entre los sexos; este

estado de cosas resultó adaptativo en aquella época de la historia de la humanidad, aunque sea bastante anacrónica en nuestra era tecnológica. Esas diferencias físicas incluyen el mayor tamaño y fuerza del varón, que le permite ser más efectivo al cazar, construir y en el combate cuerpo a cuerpo, así como diferencias anatómicas relacionadas con la propia reproducción.

Por tanto, los roles laborales tradicionales de los varones y de las mujeres resultaron funcionales en la era preindustrial, por lo que pudieron dar lugar a diferencias de género en personalidad con el objetivo de que tanto los varones como las mujeres estuviesen a gusto con sus respectivos roles sociales. De este modo, las actuales diferencias de género en parte pueden ser una consecuencia de los factores socioculturales vestigio de las eras pasadas.

1.2.1. *Varones y mujeres en la investigación psicológica: estudios controlados de laboratorio*

Feingold (1994b) somete a metaanálisis: *a*) los estudios de Maccoby y Jacklin (1974) sobre asertividad, lugar de control, autoestima, y ansiedad, y *b*) los estudios del metaanálisis de Hall (1984). En total revisa 61 estudios sobre autoestima, 30 estudios sobre lugar de control, 46 estudios sobre ansiedad y 37 estudios sobre asertividad. Los resultados resumidos se pueden observar en la tabla 4.1.

Los resultados sugieren que los varones tienen una mayor autoestima, son más asertivos, están más controlados internamente, y son menos ansiosos. Las diferencias son más consistentes en los tres estudios en la autoestima y la asertividad. La mayor inconsistencia en los estudios se produce en la dimensión lugar de control.

El tamaño medio de las diferencias entre varones y mujeres en los estudios más recientes (1984-1992) es prácticamente idéntico al tamaño de las diferencias en los estudios clásicos (1958-1974).

TABLA 21.1

Datos sobre el tamaño de la diferencia entre varones y mujeres, desde 1958 a 1992, en autoestima, lugar de control (interno), ansiedad y asertividad. Recuérdese que los valores positivos suponen mayores puntuaciones de los varones y que los valores negativos suponen mayores puntuaciones de las mujeres

Estudio	Tamaño de la diferencia (*d*)			
	Autoestima	Lugar de control	Ansiedad	Asertividad
Maccoby y Jacklin[a]	0,10	0,07	–0,31	0,20
Hall[b]	0,12	0,24	0,32	0,12
Feingold[c]	0,16	0,08	–0,15	0,17

[a] Estudios desde 1958 a 1974.
[b] Estudios desde 1975 a 1983.
[c] Estudios desde 1984 a 1992.

Los metaanálisis realizados por Feingold (1994b) llevan a concluir que: *a*) los sexos no son distintos en ansiedad social, y *b*) el tamaño de las diferencias son consistentes en distintos países.

En cualquier caso, debe observarse que los índices *d* son bastante reducidos. En general, aunque los índices puedan ser estadísticamente significativos, no llegan siquiera a media desviación típica (0,5). De todos modos, está por ver si esas pequeñas diferencias halladas por los investigadores tienen repercusiones prácticas de relevancia en la vida cotidiana de las personas. Recuérdese el comentario de la profesora Alice Eagly respecto a las diferencias que pueden existir entre la conducta registrada en los laboratorios psicológicos y en la vida cotidiana.

1.2.2. *Varones y mujeres en los inventarios de personalidad*

Feingold (1994b) usa la teoría factorial de las big five para organizar los distintos factores de la personalidad que se miden con distintos inventarios: MMPI y MMPI-2 (Inventario Multifásico de Personalidad de Minnesota), CPI y CPI-R (Inventario Psicológico de California), GZTS (Sondeo Temperamentel de Guilford-Zimmerman), HSPQ (Cuestionario de Personalidad para Adolescentes de Cattell), 16PF (Cuestionario de 16 Factores de Personalidad de Cattell), IASQ (Cuestionario de Ansiedad del IPAT), NEO-PI y NEO-PI-R (Inventario de Personalidad NEO), GPP y GPI (Perfil Personal de Gordon e Inventario Personal de Gordon), CPS (Escalas de Personalidad de Comrey), MPI (Inventario de Personalidad Maudsley), y EPQ-R (Inventario de Personalidad de Eysenck).

Las escalas de estos inventarios de personalidad se organizan según las 30 facetas de la teoría big five de Costa y McCrae (1992c) que expusimos anteriormente. Hay nueve facetas que son medidas de modo sistemático en los distintos inventarios (tabla 21.2):

- Gregarismo, asertividad y actividad, como facetas de la big five I.
- Confianza y sensibilidad como facetas de la big five II.
- Organización como faceta de la big five III.
- Ansiedad e impulsividad, como facetas de la big five IV.
- Reflexividad como faceta de la big five V.

Los resultados del metaanálisis sugieren que los varones y las mujeres son distintos en cinco de las nueva facetas consideradas. Los varones suelen obtener mayores puntuaciones en las escalas de asertividad, mientras que las mujeres logran mayores puntuaciones en las escalas de ansiedad, gregarismo, confianza y cordialidad. Las mujeres son algo más extrovertidas que los varones, pero no hay diferencias en impulsividad, actividad, reflexividad y organización.

Además, el tamaño de estas diferencias no varía según *a*) el año en que se realiza la medida, *b*) la edad de las personas, *c*) el nivel educativo de las personas y *d*) las nacionalidades.

TABLA 21.2

Tamaño del efecto de las diferencias entre varones y mujeres, según datos de inventarios de personalidad. Los datos son sobre el tamaño medio de la diferencia en las facetas de personalidad, según el año de estandarización y según el grupo normativo

		Neuroticismo		**Extroversión**			**Apertura**	**Cordialidad**		**Responsabilidad**
	N	**Ansiedad**	**Impulsividad**	**Gregarismo**	**Asertividad**	**Actividad**	**Reflexividad**	**Confianza**	**Sensibilidad**	**Organización**
d mediana	105.190	–0,28	0,03	0,15	0,47	0,10	0,08	–0,20	–0,56	–0,10
	Por año de estandarización									
1940-1967	63.575	–0,23	0,12	–0,22	0,50	0,09	–0,05	–0,20	–1,05	–0,05
1968-1992	42.167	–0,32	–0,01	–0,07	0,51	–0,08	0,19	–0,35	–0,91	–0,18
	Por grupo normativo									
Secundaria	46.194	–0,30	0,05	–0,20	0,46	0,11	0,01	–0,23	–1,18	–0,26
COU	38.385	–0,24	0,11	–0,23	0,45	0,10	0,06	–0,25	–0,82	–0,01
Adultos	19.546	–0,25	–0,10	–0,06	0,67	0,01	0,00	–0,22	–0,92	–0,12

1.2.3. *Instrumentalidad y expresividad*

Según Feingold (1994b), los resultados sobre la mayor asertividad de los varones probablemente no sean publicados en muchos casos, puesto que no son «políticamente correctos». Esto puede producir una inconsistencia en los metaanálisis realizados sobre estudios controlados de laboratorio.

En contraste, las muestras de personas empleadas para la estandarización de los tests de personalidad suelen ser más representativas de la población general que las muestras usadas en la investigación psicológica realizada por autores particulares. Además, las diferencias entre varones y mujeres encontradas en los estudios de estandarización de los tests de personalidad no guardan relación con los posibles sesgos que se producen en las políticas de publicación de las principales revistas científicas. Por consiguiente, la mayor asertividad de los varones encontrada en el segundo metaanálisis realizado por Feingold (1994b) puede considerarse un resultado más cerca de la realidad que los datos de su primer meta-análisis con estudios controlados, según comenta este autor.

Los resultados de estos metaanálisis son consistentes con la teoría de que los varones y las mujeres son distintos en la dimensión o continuo «instrumental-expresivo» propuesto originalmente por D. Bakan hace más de 30 años (Bakan, 1966). Desde esta perspectiva, los varones son más instrumentales que las mujeres, mientras que éstas son más expresivas. Las dimensiones de personalidad en las que se diferencian especialmente los varones y las mujeres son la asertividad y la cordialidad, es decir, medidas prácticamente puras de instrumentalidad y expresividad, respectivamente.

De estos resultados encontrados por Feingold sorprende que las diferencias entre varones y mujeres en variables de personalidad apenas se hayan modificado en distintas generaciones y no varíen al comparar los datos recogidos en distintos países o con distintos tests psicológicos. Este resultado contrasta con el dato de que las diferencias intelectuales entre varones y mujeres se han reducido en alguna medida en las generaciones más recientes, y, además, no son exactamente equivalentes en distintas culturas.

Feingold (1994b) señala que sería muy interesante poder estudiar en qué medida el origen étnico o el lugar de residencia de las personas altera las diferencias entre varones y mujeres en variables de personalidad. Sin embargo, es muy raro que los estudios controlados y los datos sobre estandarización de los tests psicológicos consideren este tipos de datos.

1.3. Diferencias entre varones y mujeres simuladas con programas de ordenador

Richard Martell, David Lane y Cynthia Emrich (1996) han realizado un interesante estudio para responder a la siguiente pregunta: ¿cuál es la relevancia práctica de una diferencia de sexo cuantificada en, por ejemplo, los metaanálisis?

En este sentido, podría suceder que una pequeña diferencia entre varones y mujeres encontrada en un metaanálisis tuviera una importancia práctica considerable. Estos autores proponen que escribir programas de ordenador puede ayudar a calcular la relevancia práctica, o el impacto en la vida cotidiana, de las diferencias entre varones y mujeres calculadas tanto en los estudios de metaanálisis como en los laboratorios de experimentación psicológica.

Así por ejemplo, se pueden valorar las diferencias entre varones y mujeres en los jucios sobre su rendimiento laboral. En algunos estudios se ha encontrado que el sesgo en contra de las mujeres en estos juicios oscila entre el 1 y el 5 por 100. Sin embargo, en estos estudios se ignoran parámetros reales que probablemente influyen en estas diferencias, entre los que se encuentran los siguientes:

- La estructura piramidal de la mayor parte de las organizaciones. Es decir, a medida que se asciende en la pirámide hay menos puestos disponibles.
- Dado que la mayor parte de las organizaciones son meritocráticas, los primeros juicios

sobre el rendimiento laboral influyen mucho en las posibilidades de alcanzar las zonas altas de la pirámide.

El programa de ordenador simula las posibilidades de movilidad de las mujeres, según estos dos parámetros y considerando que las diferencias de sexo en los juicios sobre rendimiento laboral son muy pequeñas. El programa supone ocho niveles en la organización, con 500 personas en la base y 10 en la cima de la pirámide, así como un número equivalente de varones y mujeres esperando una promoción en uno de los ocho niveles. A cada persona se le asigna una puntuación distribuida aleatoria y equitativamente para varones y mujeres. Las personas con las mayores puntuaciones son candidatos a promoción cuando se libera un puesto.

La simulación comienza eliminando al 15 por 100 de los trabajadores. Estos puestos se cubren por otros miembros de la organización, candidatos a promocionar. La simulación continua aplicando la regla de eliminar a otro 15 por 100 hasta que la organización cuenta con un personal totalmente renovado. De este modo, todos los individuos de la organización fueron reemplazados por individuos del conjunto original.

Para valorar la importancia práctica de las diferencias de sexo, se añaden «puntos de sesgo» a la puntuación de rendimiento laboral de cada varón. En la simulación 1 se añadieron 4,58 puntos de sesgo para explicar un 5 por 100 de las diferencias en las puntuaciones, mientras que en la simulación 2 se añadieron 2,1 puntos de sesgo para explicar un 1 por 100 de las diferencias en las puntuaciones. En la figura 21.7 se pueden observar los resultados.

La mayor parte de las posiciones altas de la organización están ocupadas por los varones, mientras que las mujeres se concentran en los niveles más bajos de la organización. Con un sesgo del 5 por 100, un 29 por 100 del personal situado en las zonas altas de la organización y un 58 por 100 del personal situado en las zonas bajas, son mujeres; cuando el sesgo es del 1 por 100, hay un 35 por 100 en la parte alta y un 53 por 100 en la parte baja de la organización. Por tanto, un sesgo bastante minúsculo en los jucios sobre el rendimiento laboral de las mujeres produce unas diferencias de promoción bastante significativas.

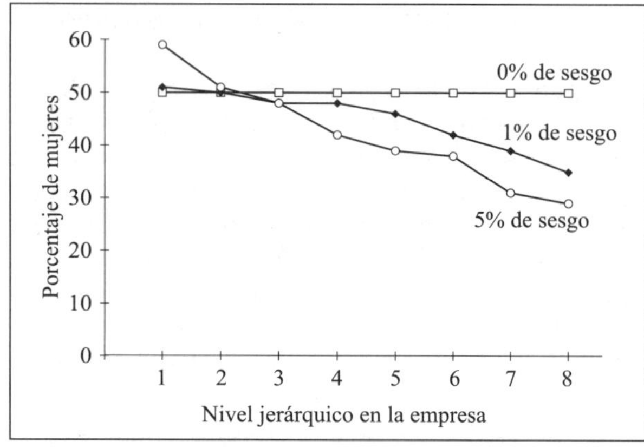

Figura 21.7.—Representación gráfica de los resultados de la simulación realizada por Martell y col. (1996). Los sesgos van desde el 0 por 100 al 5 por 100, y se demuestra cómo incluso estos sesgos tan pequeños pueden producir una reducción importante en la probabilidad de que las mujeres suban peldaños en la organización.

En suma:

- Los verdaderos efectos de las diferencias entre varones y mujeres pueden no determinarse a través de la magnitud de la diferencia (tamaño del efecto) calculada en un meta-análisis, sino mediante sus consecuencias en las situaciones naturales.
- Un sesgo muy pequeño puede influir muy negativamente en las mujeres.

2. EL CICLO VITAL

¿Es nuestra personalidad igual cuando somos bebés, niños, adolescentes, jóvenes, de mediana edad, maduros, viejos y ancianos?

La investigación psicológica ha reunido una considerable cantidad de datos sobre esta pregunta. Pero antes de presentar algunos de estos resultados, pensemos un poco en nuestra propia experiencia. Hagamos el siguiente ejercicio: pongamos una secuencia de fotografías nuestras encima de la mesa y hagámonos la siguiente pregunta: ¿somos la misma persona?

Practiquemos un segundo ejercicio: preguntemos a la familia por nuestras características cuando fuimos bebés, niños, adolescentes, jóvenes y personas maduras, desarrollando una pequeña historia autobiográfica. ¿Somos la misma persona o no lo somos? Con toda seguridad observaremos que nuestra personalidad ha ido cambiando con el paso de los años, pero ¿diremos que somos otra persona completamente distinta a pesar de esos cambios?

La respuesta más probable que encontraremos tras hacer estos dos ejercicios es: *ni sí, ni no*. Comprobaremos que esencialmente somos la misma persona como bebés, niños, adolescentes, jóvenes y personas maduras, pero que en algo hemos cambiado desde que fuimos bebés. En una palabra, nuestra personalidad habrá cambiado, pero observaremos una *estabilidad* significativa.

Los psicólogos evolutivos han estudiado especialmente los primeros años de la vida, donde hay cambios muy aparentes de la personalidad, aunque aparente no signifique necesariamente esencial. Sin embargo, el estudio de los cambios de personalidad en la edad adulta señala que no hay demasiados cambios de personalidad, ni siquiera aparentes.

Según Neugarten (1977) la investigación del desarrollo de la personalidad a lo largo del ciclo vital exige realizar estudios descriptivos concienzudos antes de la construcción de una buena teoría sobre el tema. El enfoque de las diferencias individuales se ha centrado especialmente en esa descripción que reclama Neugarten.

Hay algunas preguntas que se intentan responder desde este enfoque: ¿se deben las diferencias de personalidad entre distintos grupos de edad a las generaciones que se comparan en los estudios transversales o son cambios reales que se producen con el paso de los años? En el caso de las propiedades de la personalidad, y a diferencia de la inteligencia, se pueden producir cambios dramáticos como consencuencia de importantes sucesos vitales o crisis, como el matrimonio, el embarazo, el divorcio, una enfermedad o la pérdida del trabajo. Otro problema importante es disponer de medidas de la personalidad que sean adecuadas para las distintas edades o para distintas partes del continuo de diferencias individuales. Así por ejemplo ¿es un instrumento diseñado para medir diferencias normales apto para estimar las diferencias anormales o psicopatológicas? Un problema más es si los conceptos agresividad o dependencia que medimos a los 30 años son equivalentes a la agresividad o la dependencia que medimos a los 75 años.

Figura 21.8.—Las personas se hacen mayores, proceso en el que físicamente se pueden observar ciertos cambios. ¿Siguen el mismo curso los cambios psicológicos? Según las evidencias disponibles, la vejez supone algunos cambios psicológicos, pero son cambios consistentes. Los resultados parecen indicar que los viejos son lo que han sido a grandes rasgos.

2.1. Estudios transversales

Recordemos que los estudios transversales permiten analizar las diferencias de edad, es decir, si las personas que ahora tienen 25, 40 o 65 años son distintas en rasgos como la extroversión o la estabilidad emocional. Por supuesto, estos estudios incluyen la influencia de las distintas generaciones comparadas.

Uno de los principales estudios transversales clásicos sobre el desarrollo de la personalidad es el *Kansas City Study (KCS)*, dirigido por un equipo de la Universidad de Chicago (Neugarten y col., 1964). En este estudio participaron personas a partir de los 40 años residentes en Kansas City, sumando un total de 700 varones y 700 mujeres. Aunque hubo un seguimiento longitudinal de seis años, la mayor parte de los datos son transversales.

Características sociales en el KCS. Los elementos sociales son las características adaptativas, dirigidas a metas, de la personalidad. A través de la metodología factorial pudieron identificarse distintos tipos de personalidad, según la capacidad de las personas para adaptarse al ambiente. Los resultados señalaron una estabilidad impresionante en esos tipos de personalidad, es decir, cada persona cambiaba bastante poco respecto a sí misma.

Procesos mentales en el KCS. En el estudio se observó un aumento con la edad tanto de los procesos de interiorización como de la pasividad en las relaciones sociales. Las personas mayores eran más pasivas y estaban más centradas en su propio mundo interior.

El aumento de estos procesos de interiorización es congruente con los datos sobre la dimensión introversión-extroversión que señalan un aumento de la introversión con la edad (Eysenck y Eysenck, 1985). En el estudio del desarrollo de la personalidad hay muchas inconsistencias, pero la introversión parece ser una clara excepción.

De los 40 a los 60 años las personas experimentan un aumento de la pasividad. Además, este patrón parece ser más frecuente en los varones que en las mujeres; las mujeres aumentan su nivel de actividad, mientras que los varones parecen hacerse más pasivos y dependientes.

A partir de su colaboración en el KCS, Guttman (1977) continuó en esa línea de investigación realizando estudios transculturales con poblaciones como los navajo de Arizona, los maya de México o los druze de Israel, llegando a la conclusión de que ese aumento de la pasividad es bastante universal en los varones. En las mujeres observó un patrón inverso: de la pasividad a la actividad.

Su interpretación sugiere que este hecho es congruente con el proceso de *androginización* de la personalidad que se produce con el aumento de la edad, es decir, la masculinización de lo femenino y la feminización de lo masculino: el varón se hace un poco mujer y la mujer un poco hombre. Ambos sexos comienzan a abandonar los estereotipos sexuales vinculados a los valores, los intereses y las conductas.

Con el paso del tiempo, los varones comienzan a interesarse más por la familia, por las actividades domésticas, aumenta su necesidad de afiliación y su sensibilidad a las relaciones personales. En contraste, las mujeres se interesan cada vez menos por las cuestiones socioemocionales, son más agresivas y prácticas y, según parece, más dominantes en las relaciones familiares (Guttman, 1977).

2.1.1. *¿Somos más prudentes cuando envejecemos?*

Posiblemente, uno de los estereotipos sociales más extendidos es que las personas mayores son más prudentes, cuidadosas o responsables que los jóvenes.

En una serie de tareas de laboratorio psicomotoras, perceptivas y de aprendizaje, Botwinick (1973) comprobó que las personas mayores usaban estrategias más prudentes, es decir, dan más importancia a la precisión que a la velocidad, y cometen más errores de omisión (no responder) que de comisión (responder cuando no deben). Este modo de respuesta podría indicar que los mayores evitan actuar hasta estar completamente seguros de lo que van a hacer, previniendo errores por precipitación.

Okun y Di Vesta (1976) estudiaron el nivel de toma de riesgos de personas de distinta edad formando dos grupos: *a*) de 18 a 30 años y *b*) de 60 a 76 años. Las personas hacían inicialmente un test de vocabulario con seis niveles de dificultad. En una segunda sesión, se aplicó una prueba similar con la consigna de lograr tantos puntos como fuese posible; el número de puntos por cada uno de los seis niveles se calculaba considerando su actuación en los correspondientes niveles de la primera sesión. De este modo, si la persona tuvo un buen rendimiento en un determinado nivel de la primera sesión, o uno malo, se le decía que recibiría un número relativamente pequeño, o grande, de puntos en las preguntas contestadas correctamente durante la segunda sesión. Los participantes debían optar por un determinado nivel de dificultad con el objetivo de ir ganando puntos. El grado de prudencia se calculó según la probabilidad objetiva de éxito bajo la que el participante deseaba trabajar. Los resultados indicaron que las personas mayores toman decisiones más prudentes, seleccionando niveles en los que tendrán éxito con una mayor probabilidad objetiva.

Por consiguiente, parece que a medida que las personas crecen experimentan más miedo al fracaso y una consiguiente pérdida de motivación para lograr metas ambiciosas.

2.1.2. *¿Son más rígidas las personas mayores?*

La rigidez suele definirse como una resistencia al cambio, una tendencia a insistir en el mismo tipo de conductas cuando resulta bastante probable que otras conductas sean más efectivas.

Un estudio factorial clásico realizado por Warner Schaie (1958) señaló las siguientes dimensiones de la rigidez:

- Motor/cognitiva: incapacidad para cambiar de una conducta a otra.
- Personalidad/perceptiva: incapacidad para adaptarse con rapidez a los cambios del entorno.
- Velocidad psicomotra: incapacidad para mostrar respuestas cognitivas familiares.

Por razones evidentes, la pregunta relevante es: ¿de qué manera se hacen más rígidas las personas a medida que crecen? La generalidad de los datos sugiere un aumento de la rigidez con la edad, pero este cambio no debería atribuirse a cambios puramente madurativos (Botwinick, 1973). Es más, según Schaie y Strother (1968) este aumento de la rigidez es notable en los estudios transversales, pero es bastante menos claro en los estudios longitudinales, por lo que sugieren un efecto generacional o de cohorte.

Según Botwinick (1973) el aumento de la rigidez también se podría atribuir a un declive de las capacidades cognitivas básicas para procesar eficientemente la información o de la velocidad de respuesta. Aunque la inversa también podría ser correcta: la rigidez podría alterar las capacidades cognitivas.

Figura 21.9.—Existen bastantes estereotipos sociales sobre lo que supone hacerse viejo. Sin embargo, buena parte de ellos son bastante desacertados.

2.1.3. *¿Confían más en sus propias sensaciones las personas mayores?*

Según la teoría del aprendizaje social de Rotter (1954), la sensación de control interno aumenta con la edad, es decir, a medida que la persona se hace más experimentada. Sin embargo, en la vejez esta sensación de control interno de la realidad podría perderse como consecuencia de una disminución en la eficacia de las capacidades cognitivas y físicas.

Los datos disponibles señalan un aumento del control interno con la edad, pero no una pérdida del mismo en la vejez (Lao, 1974). De hecho, Staats (1974) ha comprobado que el control interno aumenta hasta por lo menos los 60 años.

Éste es uno de los pocos casos en que resulta improbable un efecto generacional o de cohorte, puesto que los datos indican que las personas menos educadas tienden al control externo, mientras que las personas más educadas tienden al control interno. Por tanto, si hubiese un efecto generacional, éste sería en contra de un aumento del control interno con la edad, ya que se supone que las generaciones más antiguas están compuestas por personas con un menor nivel educativo.

Es interesante constatar que las personas mayores, de los 60 a los 90 años, tienen una sensación de control externo en las áreas física y social, pero no en las áreas intelectual o cognitiva (Bradley y Webb, 1976).

2.1.4. *Satisfacción con la vida*

Si consideramos variables como la existencia de estereotipos negativos sobre los viejos, el temor que la gente tiene a hacerse viejo, el aumento de la proximidad de la muerte, el declive de la salud física y la pérdida de amigos y familiares, parece razonable esperar una disminución de la satisfacción con la vida.

Sin embargo, los datos son poco consistentes. Las relaciones entre edad y satisfacción dependen de la dimensión vital estudiada. Así, los viejos expresan menos sentimientos de felicidad, pero no están más preocupados o inseguros (Fernández Ballesteros, 1996; Riley y col., 1968).

Cuando se usa una aproximación multivariada al problema, considerando variables como el estatus socioeconómico, la participación social, la salud o la edad, desaparece la relación entre edad y satisfacción con la vida (Clemente y Sauer, 1976). Sí parece, en cualquier caso, que el nivel de salud influye en la satisfacción con la vida en todos los niveles de edad.

Back y Bourque (1970) discurrieron un método para estudiar las relaciones entre edad y felicidad, que consistía en pedirles a personas de distintas edades que trazasen una «línea vital» dependiendo del nivel de felicidad experimentada en cada período, incluyendo su anticipación del futuro y su percepción del presente y del pasado. Usaron distintos grupos de edad, de los 20 a los 80 años, y también calcularon una curva personal en relación a la norma correspondiente a la persona. Los resultados señalaron que todos los grupos de edad estaban de acuerdo en que la felicidad va mejorando hasta los 55 años, momento en el que comienza un leve y paulatino declive (figura 21.10). Es interesante que para cada grupo de edad, las previsiones de futuro siempre indican un aumento de la felicidad a partir del momento presente.

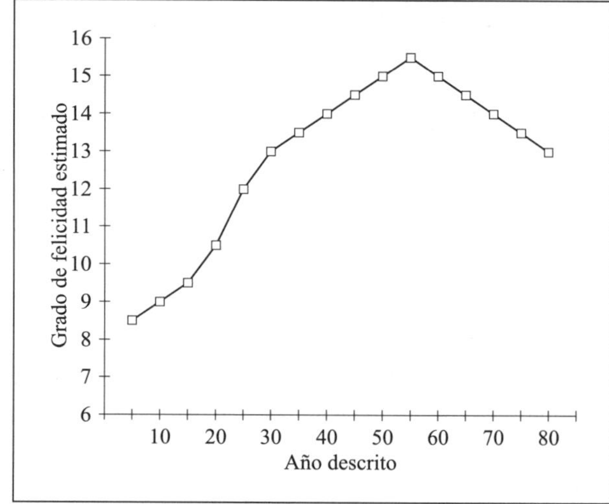

Figura 21.10.—Una representación gráfica de los niveles de felicidad subjetiva estimados por las personas de distintas edades. A partir de los 55 años se observa un declive paulatino.

2.2. Estudios longitudinales

En los estudios longitudinales el investigador compara a una misma muestra de personas a medida que pasan los años. Por tanto, este tipo de estudios exploran los cambios que se producen con la edad, a diferencia de los estudios transversales en los que se analizan las diferencias de edad.

En un estudio longitudinal realizado por Woodruff y Birren (1972), una muestra de estudiantes universitarios cumplimentaron en 1944 el Test de Personalidad de California (CPI), que mide ajuste social y personal, y volvieron a cumplimentarlo en 1969, es decir, 25 años después. Los resultados señalaron que apenas se habían producido cambios en estas medidas de ajuste social y personal.

Sin embargo, los datos transversales también recogidos en ese estudio en la medición de 1969 señalaron efectos generacionales entre las cohortes de nacidos en 1924, 1948 y 1953. Los nacidos en 1924, con una edad de 45 años en 1969, tuvieron un mayor ajuste que los otros dos grupos. Cuando su edad era de 19 años, su nivel de ajuste también era mayor que la cohorte de la misma edad (1948) en 1969.

Un dato muy interesante de este estudio es resultado de pedirles a los nacidos en 1924 que cumplimenten el test de personalidad según creen que fueron sus respuestas en 1944. En este caso, el nivel de ajuste social y personal decae considerablemente, siendo inconsistente con el nivel real de ajuste social y personal encontrado cuando estas personas cumplimentaron el test originalmente en 1944. Por tanto, las personas mayores estiman subjetivamente que su ajuste social y personal mejora con la edad, con el paso de los años, cuando, en realidad, hay una estabilidad importante.

Uno de los principales estudios longitudinales de la personalidad ha sido realizado por el *Institute of Human Development* de la Universidad de Berkeley (Block, 1971; Mass y Kuypers, 1974). Las personas que participaron en este estudio comenzaron siendo más de 450, pero con el paso del tiempo se produjo una inevitable pérdida de personas en la muestra original.

2.2.1. *Personas más y menos consistentes*

En sus análisis sobre el cambio de la personalidad desde la adolescencia a la madurez, Block (1971) observó que algunas personas cambian más que otras, es decir, hay patrones particulares de cambio personal. Este autor sugiere que se puede hacer una relevante distinción entre personas que cambian más y personas que apenas cambian con el paso del tiempo.

Block (1971) calculó índices de cambio intraindividual, es decir, de cada una de las personas, comprobando una consistencia personal bastante importante desde la adolescencia a la edad adulta (figura 21.11). Las consistencias dentro del período de la adolescencia resultaron aún mayores. En cualquier caso, el dato más llamativo de la figura 21.11 son las notables diferencias en los patrones de consistencia individual. Estas significativas diferencias individuales indican que las personalidades adolescentes de ciertos individuos son muy predictivas de su posterior personalidad, mientras que las personalidades adolescentes de otros individuos son muy malos predictores de su personalidad posterior.

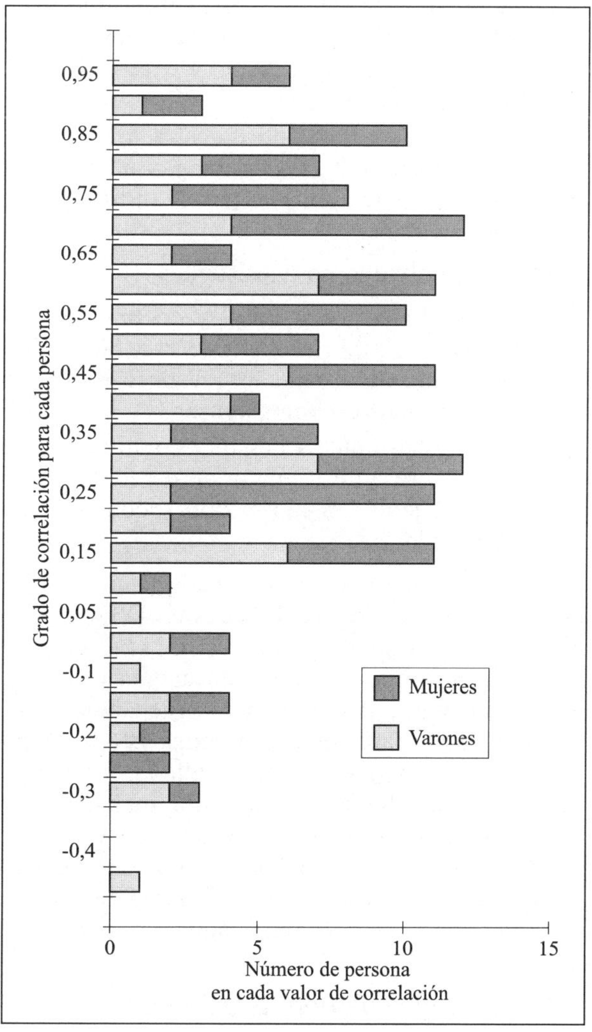

Figura 21.11.—Distribución de correlaciones a medida que pasa el tiempo para cada persona.

Basándose en estos resultados, Block dividió a la muestra en personas consistentes y no consistentes, considerando también su sexo. Sorprendentemente, las personas consistentes estaban caracterizados por un cociente intelectual alto y una mayor madurez y ajuste social que las no consistentes.

Block describió así al individuo consistente:

- — En la adolescencia: de confianza, productivo, alto nivel de aspiración, generoso/liberal, tiene aficiones estables, penetrante, sumiso, intereses amplios, valora las actividades intelectualmente estimulantes y está satisfecho consigo mismo.
- — En la edad adulta: no muestra maduración con respecto a la adolescencia, y no está más adaptado socialmente que el individuo no consistente.

Y así al individuo no consistente:

- — En la adolescencia: frágil y quebradizo, defensivo, retraído al equivocarse, autoindulgente, negativo, engañoso y buscador de la atención de los compañeros.
- — En la edad adulta: persona cognitivamente más interesante, todavía algo rebelde pero más relajado consigo mismo y con su lugar en la vida.

Según Block, su estudio es congruente con las perspectivas psicológicas basadas en la consistencia del comportamiento personal durante el ciclo vital, siempre que se tengan en cuenta estos patrones de cambio distintos, pero ordenados.

La siguiente tarea que se propone Block es encontrar distintos tipos de personalidad, sirviéndose de la metodología factorial para analizar datos combinados de los distintos períodos de edad. Sus resultados señalan cinco tipos de personalidad en los varones y seis tipos de personalidad en las mujeres, que no se van a revisar aquí.

2.2.2. *¿Igualdad entre los viejos?*

Mass y Kuypers (1974) estudiaron los datos de la Universidad de Berkeley sobre las personas mayores: 97 madres y 47 padres. Los datos se obtuvieron cuando esas personas tenían 30 y 70 años.

Centrándose en la vejez, se analizaron factorialmente 88 medidas sobre el estilo de vida, obtenidas en entrevistas y observaciones en el hogar. Estudiaron 12 áreas de la vida, como por ejemplo hogar y visitante, trabajo y ocio, familiares, amistades, iglesia y política, que podían variar en las siguientes cuatro dimensiones: interacción, implicación, satisfacción y percepción de cambio.

Los padres se caracterizaron por cuatro estilos de vida: centrado en la familia, centrado en las aficiones, poco sociables e indispuesto/desembarazado. Las madres se caracterizaron por seis estilos de vida: centrada en el marido, visitante, centrada en el trabajo, centrada en el grupo, descentrada y desembarazada.

El análisis factorial produjo tres tipos de personalidad entre los padres: orientado a las personas, conservador/solícito y activo/competente. Y cuatro tipos de personalidad entre las madres: orientada a las personas, autónoma, temerosa/solícita y ansiosa/asertiva. Estos resultados son interpretados por Mass y Kuypers (1974) como una perpetuación de las diferencias individuales durante la vejez[3] y como una negación de los estereotipos sociales que tienden a igualar a todos los viejos.

2.2.3. *¿Cómo se envejece con éxito?*

Según los resultados del KCS, la personalidad es el pivote sobre el que giran los distintos patrones de envejecimiento. A través de una serie de análisis factoriales, Neugarten y col. (1964) logran distinguir varios tipos de personalidad que se resumen en cuatro:

1. Integrado. Personas con un adecuado funcionamiento y una compleja vida interior. Además, sus capacidades cognitivas están intactas.
2. Blindado. Personas orientadas a meta, ambiciosas, con buenas defensas ante la ansie-

[3] El refranero español señala: «Quien tuvo, retuvo».

dad y con la necesidad de mantener un alto control sobre la vida.

3. Pasivo. Personas muy dependientes que buscan la atención de los demás.
4. Desintegrado. Personas que envejecen de modo anárquico, con graves carencias en sus funciones psicológicas, que han perdido el control de sus emociones y cuyas funciones de pensamiento se han deteriorado notablemente.

Cuando se considera la actividad de rol y la satisfacción con la vida, se llega a ocho patrones de envejecimiento (Havighurst, 1968):

1. Integrado (reorganizador): alta actividad de rol y satisfacción.
2. Integrado (focalizado): actividad de rol media y alta satisfacción.
3. Integrado (desembarazado): actividad de rol baja y alta satisfacción.
4. Blindado (se mantiene): alta o media actividad de rol y alta satisfacción.
5. Blindado (restringido): media o baja actividad de rol y alta o media satisfacción.
6. Pasivo (buscador de socorro): alta o media actividad de rol y alta o media satisfacción.
7. Pasivo (apático): baja actividad de rol y media o baja satisfacción.
8. Desintegrado (desorganizado): baja actividad de rol y media o baja satisfacción.

En suma, aunque haya una clara tendencia hacia la interiorización, las personas mayores mantienen su individualidad. En alguna medida, el viejo sigue siendo lo que ha sido en el transcurso de su vida.

2.2.4. *The Seattle Longitudinal Study (SLS)*

El SLS se ha presentado en la parte tercera. Aunque el SLS se centra en la inteligencia, también se han estudiado ocasionalmente algunas variables de personalidad (Schaie, 1996).

La mayor parte de los datos proceden del test de rigidez conductual (TBR), es decir, una medida de flexibilidad actitudinal, que también incluye algunas preguntas sobre responsabilidad social. El TBR consta de 75 preguntas que han sido analizadas factorialmente con los datos registrados tanto longitudinal como transversalmente.

En las comparaciones transversales se ha encontrado que son los viejos de las generaciones más antiguas los menos socialmente responsables, mientras que los viejos de las generaciones más recientes tienen un alto nivel de responsabilidad.

Los datos longitudinales sugieren que, desde la juventud a la madurez, la persona es consistente en sus informes sobre responsabilidad social. Sin embargo, se produce un declive personal en los varones hacia los 74 años y en las mujeres hacia los 67 años. En el caso de los varones, y sólo en su caso, hay una gran recuperación de responsabilidad a partir de los 81 años (figura 21.12).

El análisis factorial de los 75 elementos del TBR dio como resultado 19 factores, que se compararon con la teoría factorial de la personalidad de R. B. Cattell. Trece de los 19 factores resultaron bastante similares a algunos de los factores de Cattell, mientras que los seis factores restantes se consideraron factores actitudinales (tabla 21.3).

Comparando las 19 puntuaciones factoriales de los sujetos de las distintas muestras del SLS,

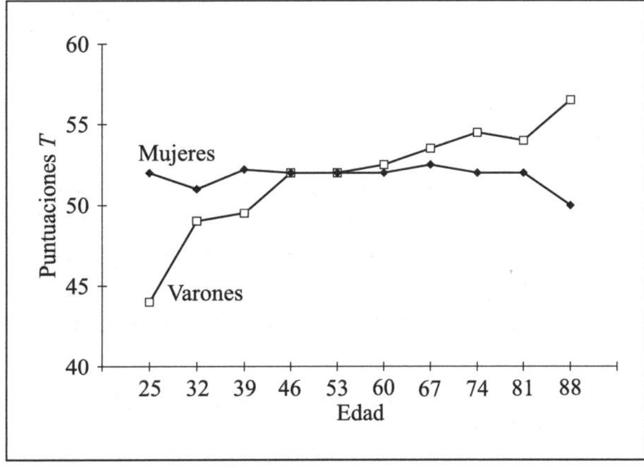

Figura 21.12.—Representación gráfica de los niveles de responsabilidad social a distintas edades.

TABLA 21.3

Descripción de los factores del TBR

Factores Cattell	Factores actitudinales
A (reservado-abierto). **D-Q4** (relajado-excitado)[4]. **E** (sumiso-dominante). **G** (poco socializado-moralista). **H** (tímido-atrevido). **I** (duro-sensible). **J** (coasténico)[5]. **L** (confiado-suspicaz). **M** (práctico-bohemio). **O** (tranquilo-preocupado). **Q1** (conservador-liberal). **Q2** (dependiente-autosuficiente). **Q3** (poco integrado-muy integrado).	Honestidad. Interés por las ciencias. Flexibilidad. Soporte económico del Estado. Preocupaciones humanitarias. Implicación en la comunidad.

Schaie (1996) ha encontrado tres tipos de patrones de desarrollo para los factores de la personalidad: bioestables, culturales y bioculturales.

1. Los factores bioestables representan clases de conductas en las que parece existir una disposición genética o aprendida durante el primer período de la vida. En estos factores hay diferencias entre varones y mujeres a todas las edades.

El factor más bioestable parece ser el factor I (duro-sensible), siendo la mujer más sensible que el varón. El factor O (tranquilo-preocupado) también está bastante sujeto a la influencia de la herencia, aunque se observa una cierta influencia ambiental. Los factores H (tímido-atrevido) y J (coastenia), así como la honestidad, el interés por las ciencias y la implicación con la comunidad, constituyen factores generacionales, es decir, originados en los procesos de socialización durante el primer período de la vida (Schaie, 1996). Los factores M (práctico-bohemio) y Q2 (dependiente-autosuficiente) también son bioestables, aunque muestran un cierto impacto de las condiciones sociales presentes.

2. Los factores culturales están totalmente determinados por los sucesos ambientales que ocurren en distintos períodos de la vida, y están sujetos a cambios rápidos y drásticos en respuesta a esos sucesos. En estos factores no hay diferencias entre varones y mujeres.

Las preocupaciones humanitarias son un factor actitudinal de la personalidad resultado de los roles sociales. Los factores A (reservado-abierto), G (poco socializado-moralista), L (confiado-suspicaz) y Q3 (poco integrado-muy integrado) no están sujetos al cambio ontogenético, sino que su desarrollo está influido por los patrones específicos de la generación según las prácticas de socialización durante el primero período de la vida. Los factores E (sumiso-dominante) y soporte financiero del estado, están influidos por el impacto sociocultural a todas las edades.

3. Los factores bioculturales se corresponden con las tendencias genéticas cuya expresión está sujeta a los cambios generacionales y a los sucesos culturales que afectan en la misma medida a todas las edades.

El factor D (relajado-excitado) se rige por programas genéticos impermeables a las diferencias generacionales o al cambio sociocultural. La excitabilidad aumenta con la edad. El factor I (duro-sensible) obedece a programas genéticos, pero está sujeto a las influencias culturales presentes.

En suma, los cambios relacionados con el paso de los años en los rasgos de personalidad son bas-

[4] La denominación D es antigua, por eso añadimos la denominación moderna, Q4.

[5] Este factor no aparece en la teoría de Cattell más reciente, y tampoco en el reanálisis más reciente de Schaie (1996). La *astenia* consiste en un estado de cansancio general, físico y psíquico.

tante improbables. Sin embargo, sí hay claras diferencias generacionales, razón por la que este tipo de estudios deberían tener un carácter longitudinal.

Estudios recientes del SLS. Usando las técnicas de análisis factorial confirmatorio (LISREL) Warner Schaie (1996) ha reanalizado datos del TBR, encontrando que en realidad son 13 los factores que resumen los elementos del test. De esos trece factores, ocho se corresponden con factores de la teoría de Cattell y cinco son factores actitudinales.

Los ocho factores de personalidad son los siguientes: **A** (reservado-abierto), **G** (poco socializado-moralista), **H** (tímido-atrevido), **I** (duro-sensible), **O** (tranquilo-preocupado), **Q1** (conservador-liberal), **Q2** (dependiente-autosuficiente) y **Q3** (poco integrado-muy integrado).

Los cinco factores actitudinales son: honestidad, interés por las ciencias, rigidez, preocupaciones políticas e implicación en la comunidad.

En la figura 21.13a se representan los factores que declinan con la edad: G, H, Q1, Q2, política, honestidad, rigidez y comunidad. Por tanto, las personas mayores son menos moralistas (G), menos liberales (Q1), algo menos honestos, algo menos interesados políticamente, algo menos atrevidos (H), algo menos autosuficientes (Q2), algo menos rígidos y algo menos implicados en la comunidad. La dependencia y los intereses políticos son los que menos se reducen, mientras que el liberalismo es el factor que más declina.

En la figura 21.13b se representan los factores que aumentan con la edad: A, I, O, Q3 y ciencia. Por tanto, las personas mayores son más abiertas (A), más sensibles (I), más preocupadas (O), están más integradas (Q3) y tienen un leve mayor interés por la ciencia. La inseguridad y la sensibilidad aumentan en mayor medida que el resto de los factores, mientras que el interés por las ciencias es el factor que menos aumenta.

2.3. Trastornos mentales

Es posible que los sucesos estresantes o las crisis vitales influyan de modo más determinante a ciertas edades. Además, pudiera suceder que a medida que pasan los años aumente la probabilidad de contraer hábitos de conducta poco adaptativos y de que aumente la frecuencia de problemas degenerativos del sistema nervioso central.

En la figura 21.14 se pueden observar algunos datos sobre las relaciones entre trastornos mentales y edad. En la figura 21.14 se observa que la frecuencia de admisión en los centros de salud, en los Estados Unidos es especialmente alta entre los 25 y los 44 años, declinando a partir de ese momento. Sin embargo, en la figura 21.14b se aprecia que el número de personas que reciben trata-

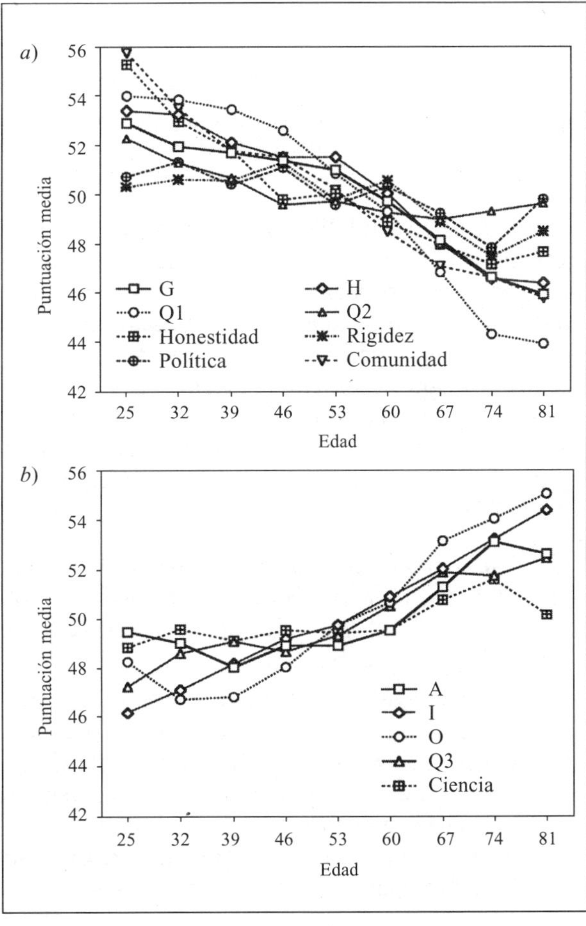

Figura 21.13.—Factores de la personalidad que *a*) declinan con la edad y *b*) aumentan con la edad.

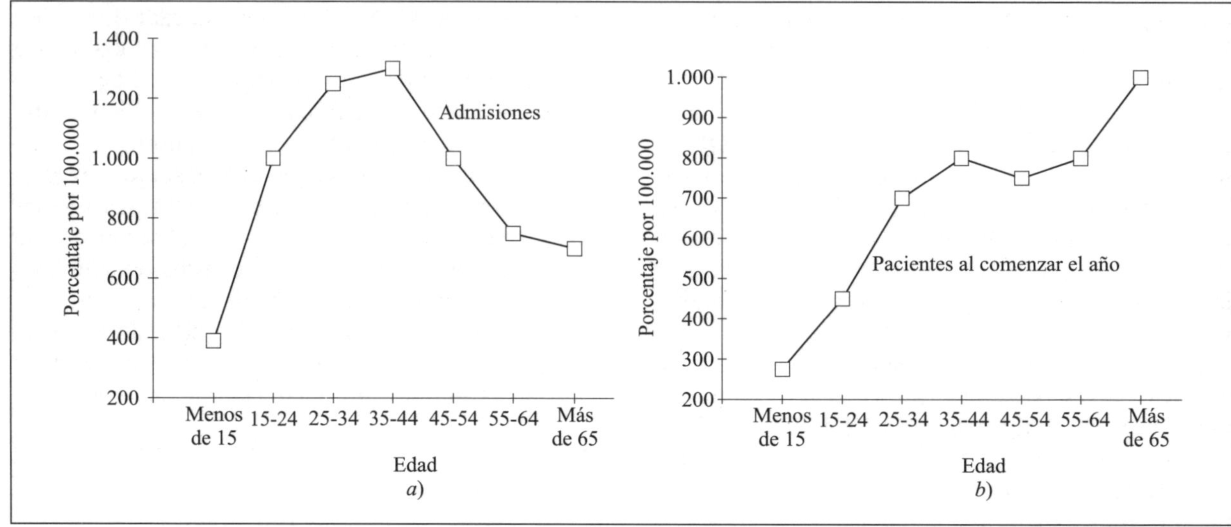

Figura 21.14.—*a*) Número de pacientes por 100.000 ingresados en unidades psiquiátricas a distintas edades. *b*) Número de pacientes por 100.000 residentes en unidades psiquiátricas a distintas edades.

miento aumenta paulatinamente hasta los 30 años, luego se nivela, y vuelve a aumentar a partir de los 60 años. Por supuesto, estos datos sugieren que aunque las personas más jóvenes buscan atención psicológica en mayor medida, los tratamientos son, si existen o son necesarios, muy breves[6].

Posiblemente hay dos factores que podían explicar el creciente número de personas mayores residentes en centros de salud mental (Kramer y col., 1973):

1. Un aumento gradual, con la edad, de población con trastornos crónicos, como la psicosis funcional (por ejemplo, esquizofrénicos y maniaco-depresivos).
2. La frecuencia de síndromes orgánicos cerebrales aumenta con la edad, en especial a partir de los 50 años. De hecho, a partir de los 65 años más de la mitad de las personas que viven en centros de salud mental tienen un problema orgánico. Hay que decir que la mayor parte de estos trastornos se refieren a la inteligencia y las capacidades cognitivas.

Los niveles de suicidio también aumentan con la edad, aunque el sexo y el estado civil son variables que modulan esta relación. En la figura 21.15 se muestran algunos datos que sugieren un aumento del número de suicidios de los varones caucásicos (blancos), mientras que hay una constancia, e incluso un declive en los últimos años de la vida, en las mujeres y las personas no-caucásicas. Es bastante poco probable que las personas casadas se suiciden, y mientras que entre los jóvenes hay muchos más intentos que suicidios consumados, entre las personas mayores la mitad de los intentos se consuman (Minton y Schneider, 1985).

La depresión es una de las causas principales de suicidio entre las personas mayores, mientras que para los jóvenes el suicidio es una expresión visible de hostilidad y un medio para manipular a los demás (Pfeiffer, 1977). El aumento significativo del suicidio en varones caucásicos se relaciona con el hecho de que la depresión es la psicosis funcional más frecuente al final del período vital.

[6] El tratamiento ambulatorio de los más jóvenes, reflejado en la figura *a*), prácticamente no contabiliza en la figura *b*).

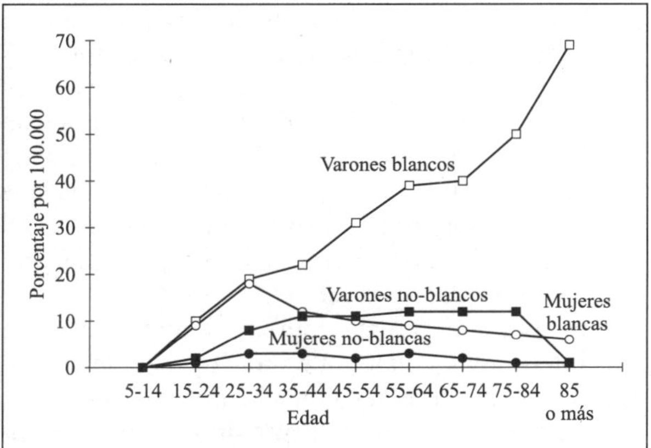

Figura 21.15.—Suicidios por 100.000 habitantes a distintas edades y según el sexo y el grupo étnico-racial. Sólo el número de los suicidios en varones blancos aumenta linealmente con la edad.

2.4. ¿Cambia con la edad lo que valoramos y en lo que estamos interesados?

Los estudios longitudinales sobre los intereses de las personas de distintas profesiones presentan una estabilidad significativa, incluso con un período de separación de más de 40 años (Vinitsky, 1973). Así, no sólo los psicólogos siguen resaltando sus intereses por comprender el comportamiento de las personas, sino que sus intereses por otras ocupaciones conservan el mismo patrón 45 años después de haber respondido una prueba de medida de intereses.

Uno de los estudios clásicos más ambiciosos sobre los valores ha sido realizado por Hoge y Bender (1974), resumiendo datos de tres muestras de varones que habían cumplimentado una escala de valores en dos o tres ocasiones:

— 1931-1952.
— 1940-1955-1969.
— 1956-1969.

También manejaron información sobre estudiantes de último año en tres momentos: 1940, 1956 y 1968. Los resultados se pueden ver en la figura 21.16 y las principales conclusiones son las siguientes:

— Los valores económicos, sociales y políticos cambian bastante poco.

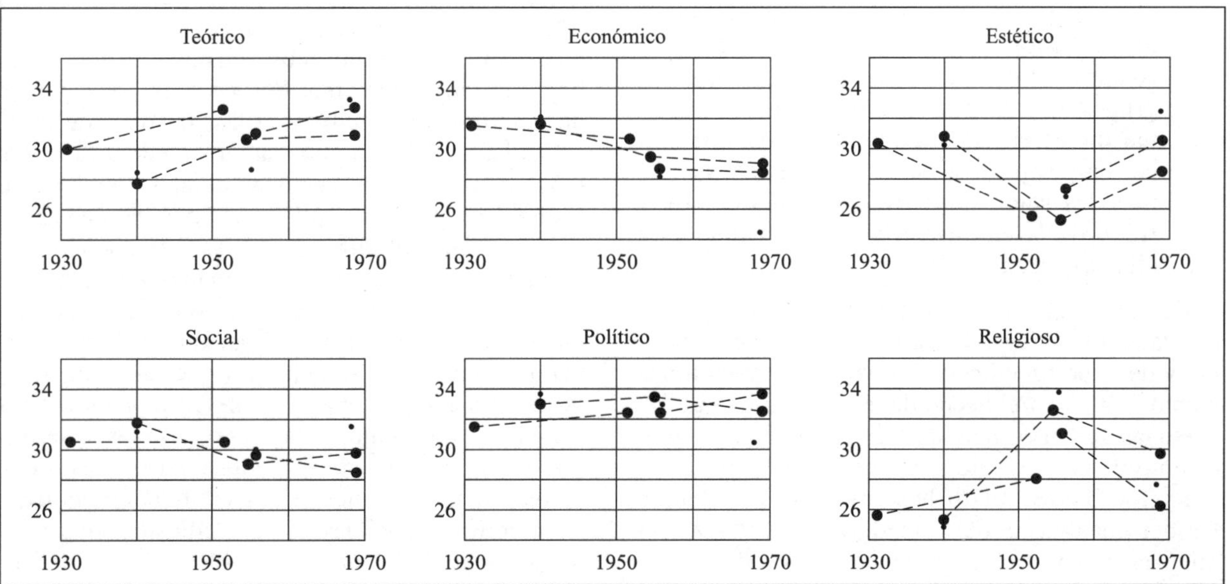

Figura 21.16.—Puntuaciones medias en el Sondeo de Valores de Allport y Vernon para varios grupos de varones de Darmouth.

- Los valores teóricos aumentan su intensidad.
- Los valores estéticos disminuyen y aumentan después.
- Los valores religiosos aumentan y disminuyen después.

Hay al menos tres teorías que intentan explicar el cambio de valores durante el ciclo vital:

- Teoría sobre el ciclo de la vida. Los valores cambian de modo estándar con la edad, es decir, a medida que las personas se hacen mayores. Los datos disponibles no apoyan esta teoría.
- Teoría de las generaciones. Los valores se establecen durante los años en que se produce la principal formación de las personas. Es decir, los valores de las personas dependerán del contexto sociohistórico que les haya tocado vivir. En este caso, la predicción es que los valores apenas cambiarán con la edad. Sin embargo, considerando los datos de la figura 21.16, este patrón sólo se da en los valores políticos.
- Teoría de las experiencias del momento. Los datos apoyan esta perspectiva. Las condiciones sociales presentes en un determinado momento histórico influyen en los valores personales y los modifican. Además, todos los grupos de edad se verán afectados en la misma dirección, lo que guarda cierta relación con la perspectiva de las generaciones; además, los valores desarrollados durante el período de la enseñanza secundaria muestran alguna permanencia.

De este modo, la mejor manera de explicar estos datos es a través de la perspectiva generacional y de la perspectiva de las experiencias del momento, junto con el hecho de que a medida que las personas se hacen mayores más difícil se hace el cambio de valores (Hoge y Bender, 1974).

Ryff y Baltes (1976) han sugerido que cuando las personas pasan de la madurez a la vejez, comienzan a dar más importancia a los valores terminales y pierden interés por los valores instrumentales. Un aumento de los valores terminales es congruente con el incremento de los procesos de interiorización y de pasividad, expuestos anteriormente. Estos autores encontraron que las mujeres maduras, con una edad media de 43 años, optaban por los valores instrumentales de la Escala de Valores de Rokeach en mucha mayor medida que las mujeres mayores, con una edad media de 70 años; con los valores terminales se producía precisamente el patrón inverso.

Por consiguiente, las personas mayores están más interesadas y valoran en mayor medida las cosas que tienen que ver consigo mismas. Es decir, se produce un cierto egocentrismo similar, en alguna medida, al de los niños más pequeños.

3. GRUPOS SOCIALES

Las clases sociales y los grupos sociales que se pueden considerar según su origen étnico están estrechamente relacionados. En los Estados Unidos, los grupos minoritarios suelen ocupar determinadas capas sociales, de modo que las semejanzas y diferencias de personalidad en distintas clases sociales o en distintos grupos étnicos pueden estar relacionadas con una de las dos categorías o con ambas.

Resulta difícil negar que los estudios sobre las diferencias entre clases sociales y entre grupos étnicos son socialmente muy sensibles. Ahora bien, hay que tener claro que una cosa es constatar en un determinado estudio que las personas de clase social baja practican unos hábitos de crianza de los niños distintos a las personas de clase media-alta, y otra bien distinta explicar por qué esto es así.

En general, el enfoque de las diferencias individuales ha constatado determinadas semejanzas y diferencias entre clases sociales o entre grupos étnicos. Pero no hay que olvidar que se han observado muchas más semejanzas que pasaban inadvertidas a las personas con determinados sesgos subjetivos de opinión. Hay que subrayar el término «constatar» o el verbo «observar», puesto que en bastantes ocasiones se sugiere que, en realidad, los científicos sociales que se dedican a investigar estos temas socialmente sensibles, tienen tendencias conservadoras o reaccionarias que canalizan a través de la ciencia.

Figura 21.17.—El origen étnico constituye una variable que estudian los científicos sociales. En la NBA existe una abrumadora presencia de personas con un determinado origen étnico. Las exigencias tanto físicas como psicológicas necesarias para tener el altísimo nivel de una liga como la NBA hace que no todas las personas puedan llegar a ese nivel. Evidentemente, las razones por la que algunas personas llegan y otras no, no están claras. Sin embargo, constituye un hecho constatado que difícilmente alguien puede negar. Pero cuando los científicos sociales estudian las semejanzas y diferencias psicológicas, la situación parece tomar otro cariz.

Por ejemplo, en una reciente obra David T. Lykken (1995) ha constatado una relación significativa entre los delincuentes peligrosos y las familias monoparentales de clase social baja en los Estados Unidos. Es decir, según los datos considerados por este autor, los chavales que crecen en familias en las que no existe la figura del padre y cuyas madres no disponen de las destrezas adecuadas o del tiempo necesario para educar a sus hijos, constituyen una población de riesgo.

Además, Lykken (1995) ha constatado que la minoría afroamericana parece cometer más actos delictivos que la mayoría blanca, según los archivos del FBI. En la presentación de su obra, *The Antisocial Personalities*, Lykken comenta que una de sus hijas adoptadas es afroamericana y que, por tanto, este tipo de datos le preocupan personalmente. ¿Por qué hace este comentario Lykken? Probablemente anticipa que el capítulo en el que estudia las relaciones entre grupo étnico, delincuencia y clase social, será interpretado en algunos casos de un modo sesgado.

Lykken sugiere que la política social debería estar orientada a supervisar los hábitos de crianza de las familias monoparentales, de modo que el estado dispusiese mecanismos para garantizar la calidad del proceso de socialización de estos niños. Él mismo comenta que algunas personas, científicos o no, calificarán este planteamiento social de «totalitario». Pero Lykken se pregunta: ¿Es realmente totalitario un programa que trata de garantizar una mejora de la salud de la sociedad? ¿Es realmente totalitario un programa de acción social dirigido a prevenir el crimen y la delincuencia? ¿Es realmente totalitario un programa destinado a mejorar la calidad de vida del niño que será, con bastante probabilidad, socializado de modo inconveniente por un padre agobiado por el día a día y carente de los recursos necesarios para llevar a buen puerto la educación de su hijo?

Una de las principales conclusiones del estudio de Lykken es que el origen étnico no es realmente importante para explicar las conductas delictivas, sino que son variables como la estructura familiar las que mejor pueden ayudar a explicar la mayor o menor incidencia de este tipo de conductas. Hay que decir que esta conclusión no se podría haber constatado sin haber prestado atención detenida y sostenida al problema. Y también hay que decir que no se podrían encontrar las acciones concretas que pueden ayudar a corregir el problema sin ese tipo de estudios.

3.1. Comparaciones «pc»

En un breve artículo publicado en 1988 en el *American Psychologist,* órgano de expresión de la Asociación Americana de Psicología, la profesora Sandra Scarr expone una serie de planteamientos sobre las implicaciones éticas y sociales del estudio científico de variables como la etnia, la clase social o el sexo.

Scarr comenta que, en los Estados Unidos, los investigadores suelen estudiar blancos y afroamericanos, o varones y mujeres, para mejorar la representatividad de sus muestras experimentales. Al proceder así, pueden hallar como un derivado de la investigación, que en alguna conducta las mujeres logran puntuaciones más bajas, son más vulnerables o menos eficientes que los varones. También pueden encontrar que los afroamericanos resuelven con menos efectividad ciertas tareas. Sin embargo, a este tipo de datos, ocultos en voluminosos informes experimentales, no se les suele dar ninguna importancia.

Según Scarr, decidir mantenerse en la ignorancia descartando una cuidadosa planificación de estudios sobre variables que se suponen socialmente peligrosas, o negando su inclusión en los diseños de investigación, constituye un mecanismo para prevenir el ser castigado caso de encontrar resultados que demuestren una diferencia entre, digámoslo así, los grupos mayoritarios o dominantes y los minoritarios o sometidos.

Pero negarse a hacer preguntas directas sobre la naturaleza y los orígenes de las diferencias étnicas o de clase social, puede suponer no llegar a averiguar cuáles son las virtudes de esos grupos minoritarios: «La ignorancia de la importancia de las diferencias étnicas en esta sociedad —refiriéndose a los Estados Unidos— no ha sido útil para esos grupos que muchos investigadores creían estar protegiendo [...] la ciencia necesita desesperadamente buenos estudios que ilustren sobre variables como la etnia o el sexo, sin ninguna vergüenza, y que nos digan qué se necesita para ayudar a la gente poco representada para tener éxito en nuestra sociedad» (pág. 56).

Esta autora comenta con qué facilidad la sociedad, incluso científica, castiga al mensajero que transmite las malas noticias, llegando incluso a acusarle de inventarse el mensaje. Cuando comenzó a estudiar las diferencias genéticas, Scarr se preparó para aceptar cualquier resultado obtenido a través de un escrupuloso ejercicio de investigación de la mayor objetividad: «Como mis amigos saben, estaba preparada para *exiliarme* si mi estudio sobre los grupos sanguíneos hubiese mostrado una relación sustancial entre antepasados africanos y habilidades intelectuales bajas. Decidí que no sería capaz de encajar el mismo tipo de experiencias soportadas por Jensen[7] en manos de sus colegas» (pág. 57).

Scarr declara en este artículo su permanente disponibilidad a hacer preguntas contrastables empíricamente:

— ¿Tienen los niños afroamericanos e interraciales menores puntuaciones en CI?
— ¿Se parecen muy poco los adolescentes adoptados a sus familias adoptivas?
— ¿Rinden peor los gemelos afroamericanos en los tests menos cargados que en los más cargados culturalmente?
— ¿Rinden peor los niños afroamericanos con más antepasados africanos en las tareas intelectuales?

Según comenta Sandra Scarr, posiblemente tuviese algunas razones políticas y personales para hacerse este tipo de preguntas, pero los resultados de la investigación le demostrarían lo acertado o equivocado de sus hipótesis, situación que se dio en algunos casos. Por ejemplo, esta autora dirigió un estudio sobre las posibles relaciones entre CI y antepasados africanos, en el que participó una muestra grande de adolescentes afroamericanos. Sus resultados pusieron en entredicho la hipótesis de que el CI y la etnia están estrechamente relacionados. Todos los adolescentes del estudio se clasificaron socialmente como afroamericanos, pero eran distintos en su vinculación con el continente africano. No se encontró ninguna relación de los marcadores del grupo sanguíneo y las seroproteínas, usadas para medir el grado de vinculación con África, con las puntuaciones en los tests cognitivos. Si una mayor vinculación africana no está relacionada con las puntuaciones bajas de CI entre personas socialmente clasificadas como afroamericanas, entonces los antepasados africanos no pueden constituir una explicación de las diferencias de CI entre blancos y afroamericanos (Scarr, 1994).

Los datos de este tipo de estudios pueden ser políticamente incorrectos, pero éste es un riesgo de cualquier investigación honesta. Únicamente los investigadores deshonestos pueden prometer que los resultados de sus estudios se podrán interpretar en una u otra dirección. Sin embargo, sólo es posible contribuir a la ciencia y a la sociedad ha-

[7] El caso histórico del profesor Arthur Jensen puede consultarse de modo extenso en la obra homenaje editada por Modgil y Modgil (1985).

ciendo buenas preguntas y buscando respuestas honestas. Según Scarr (1988) las cuestiones sobre las desventajas sociales pueden ser peligrosas, pero, desde luego, no son triviales.

Si las preguntas sobre las minorías se plantean en términos de qué va mal, qué es deficiente o qué necesita mejorar, entonces los resultados de la investigación serán probablemente negativos. Si el estándar de buena conducta es el grupo de varones blancos, entonces la conducta de las mujeres y de las minorías étnicas parecerá negativa. Si ser criado en una familia monoparental se correlaciona con conductas negativas del niño, entonces muchos más niños afroamericanos mostrarán deficiencias en este sentido, dado que es más probable que crezcan en una familia de estas características.

En cambio, si nos preguntásemos cómo resuelven las mujeres los problemas matemáticos, de qué modo aprenden a leer los afroamericanos o cómo logran un puesto de trabajo los niños de clase social baja, podríamos averiguar cómo ayudar a otras personas a usar los medios sociales y culturales disponibles tanto para adaptarse a nuestra sociedad como para dar lugar a cambios sociales relevantes.

Pero, por desgracia, comenta Scarr (1988), en las ciencias sociales hay muy poca investigación sobre las virtudes de los grupos desfavorecidos, puesto que los investigadores o no tienen la escala de valores necesaria para hacerse ese tipo de preguntas o se sienten amenazados por las posibles consecuencias de tener que dar malas noticias.

Los investigadores no pueden ser responsables de sus resultados políticamente incorrectos, puesto que sólo la investigación deshonesta puede garantizar resultados que aplauda la mayor parte de la comunidad científica[8]. Algunos de los secretos mal guardados en la investigación psicológica sobre las relaciones entre compañeros o entre padres e hijos, tienen que ver con los penetrantes efectos de la inteligencia en muchos aspectos de la vida social. Los niños brillantes tienen unas mejores relaciones con sus compañeros, y los padres brillantes están más al lado de sus niños brillantes que los padres menos brillantes de sus hijos menos brillantes. Este tipo de resultados andan a hurtadillas por las bambalinas de muchos estudios, puesto que informar sobre ellos podría ser impopular. Los investigadores que informan de este tipo de resultados suelen ser criticados por sus colegas. Pero, como dice Scarr (1988), ¿quién tiene la culpa de que las medidas de la inteligencia general expliquen mejor las relaciones sociales que otro tipo de medidas?

Los investigadores tampoco pueden ser responsables del uso de sus resultados. Los estudiosos de las técnicas de condicionamiento aversivo no previeron su uso en el control físico de los prisioneros políticos del tercer mundo. Los estudiosos del sueño no anticiparon el papel que podían desempeñar sus investigaciones en el lavado de cerebro o el adoctrinamiento. Sin embargo, al estudiar la capacidad matemática de las mujeres, las diferencias étnicas en CI o las diferencias de rendimiento laboral según la clase social, el investigador tiene la responsabilidad de interpretar sus datos con claridad, según las hipótesis previstas. Claro que esto no significa que el investigador deba pasar un test de corrección política antes de redactar definitivamente sus interpretaciones. Siempre puede optar por interpretar los datos de modo inaceptable para los participantes y para la comunidad científica. Según Scarr, hay que tener coraje para actuar de este modo, y en muchos casos está justificado para el avance de la discusión científica. En una palabra, la ciencia debe actuar con libertad para investigar lo que estime oportuno, con libertad para discutir, y con una constructiva competición de ideas (Scarr, 1988).

La Asociación Americana de Psicología sugiere que cuando se investiga con grupos desfavorecidos debería informarse a los integrantes de cada uno de los grupos de que es posible que los resultados sean desfavorables para todos los grupos a los que pudieran pertenecer. Escribe Scarr (1988): «Imaginemos que decimos a una serie de posibles participantes en un estudio sobre estrés e hipertensión que los resultados pueden ser embarazosos para ellos puesto que pueden ser incluidos en grupos de varones, personas maduras, afroamericanos, residentes en grandes bloques neoyorquinos, de-

[8] Por supuesto, ¡de aquí no se sigue que un resultado aplaudido por la comunidad sea deshonesto!

fensores de los derechos de los homosexuales, fundamentalistas cristianos y así sucesivamente. ¿Es esto sensato? ¿Es posible categorizar a las personas que participan en un estudio según cada uno de los grupos a los que pueden pertenecer? Creo que no» (pág. 59).

En suma, se puede concluir con Scarr que la «nobleza obligada» no tiene lugar en la psicología. El proteccionismo viola los derechos del investigador e impide obtener datos que pueden ayudar a los miembros de los grupos desfavorecidos a alcanzar sus propios deseos en nuestra sociedad. Se requiere más investigación sobre un mayor número de temas que puedan ser de utilidad social para los grupos desfavorecidos, de ciertas etnias o determinados grupos sociales. Además, éstos constituyen temas que están actualmente siendo publicados en las revistas internacionales de psicología, de modo que el estudiante debe conocer cuál es el estado de la cuestión y valorar en un contexto de discusión constructiva los argumentos y resultados en una u otra dirección.

3.2. Clases sociales

El estudio de las diferencias de personalidad según la clase social sugiere que éstas son *mínimas*. Es decir, las semejanzas son más significativas que las diferencias, hecho que se ha constatado a partir de las investigaciones formales que se han realizado. Hay que recordar las palabras de Scarr en este sentido. La investigación de este tipo de temas ha logrado demostrar que los muchos estereotipos sobre los distintos grupos sociales están sencillamente equivocados.

Sin embargo, sí parecen producirse algunas diferencias sistemáticas en el nivel de agresividad y en el nivel de ajuste, en población estadounidense (Minton y Schneider, 1985).

3.2.1. *Nivel de agresividad*

En una serie de estudios se ha observado que los chicos de clase social baja son más agresivos en el colegio, mientras que en otros estudios parecen ser más agresivos los chicos de clase media (Hess, 1970).

Cuando se equipara la agresividad al nivel de delincuencia en la población de adolescentes, se pueden observar algunas diferencias según la clase social. De este modo, en las grandes ciudades los mayores índices de delincuencia se dan en los adolescentes de clase baja, mientras que éste no es el caso en poblaciones más pequeñas (Hess, 1970). Por consiguiente, la delincuencia adolescente parece ser un hecho fundamentalmente urbano.

Algunos sociólogos sostienen que la mayor agresividad de los adolescentes de clase baja se debe a valores como la aspereza, la excitación y la fatalidad, junto con sus preocupaciones por los efectos personales y el estatus (Cohen y Short, 1972). Estos valores son compartidos por los miembros de las pandillas de delincuentes. Así, parece que los episodios de agresividad en estas pandillas responden a problemas de estatus.

Una explicación alternativa consiste en justificar la mayor agresividad de los adolescentes de clase baja como reacción a una frustración relacionada con su menor estatus. Puesto que carecen de las suficientes oportunidades, en especial profesionales, estos chavales se sienten frustrados y entienden que el modo más rápido de lograr el mismo estatus que sus compañeros de clase media es cometer actos delictivos (Short y col., 1964). Sin embargo, la dis-

Figura 21.18.—La agresividad es una tema que tiene un claro interés social. Pero su estudio psicológico no tiene por qué realizarse en situaciones como la representada en la imagen. El análisis de los grupos sociales que pueden estar en una mayor situación de riesgo puede ser relevante para desarrollar programas de prevención sobre esa población de riesgo.

crepancia entre aspiraciones y expectativas que parece ayudar a explicar la delincuencia en los chavales de clase baja también se produce en chavales delincuentes de clase media.

En suma, tanto los patrones de interacción grupal como la desigualdad de oportunidades parecen elementos importantes para explicar las diferencias de delincuencia según la clase social. A esto hay que añadir un sesgo selectivo de la policía, aparentemente más dispuesta a detener chavales de menor estatus (Quinney, 1970).

3.2.2. *Nivel de adaptación*

Según algunas investigaciones, las personas de clase baja no están necesariamente descontentas consigo mismas, aunque siempre es posible que una autoimagen positiva sirva para defenderse de la oscura realidad (Allen, 1970).

Cuando se pregunta a las personas por sus condiciones vitales externas, las clases más bajas manifiestan una mayor infelicidad (Easterlin, 1973). Cantril (1965) estudió a 20.000 personas en 13 países, tanto occidentales como no occidentales, y las tendencias señalaron que las personas de clase alta estaban más satisfechas que el resto de las clases sociales.

Hay bastantes datos que indican una correlación negativa entre clase social y salud mental, de modo que a menor estatus más problemas clínicos. Además, la psicosis parece más frecuente en personas de clase baja, mientras que la neurosis es más común en personas de clase alta. Por otro lado, las personas de clase baja parecen tener menos recursos personales para enfrentarse a las situaciones estresantes de la vida, lo que podría explicar la mayor frecuencia de trastornos mentales (Srole y col., 1962).

3.2.3. *Valores*

Rokeach (1973) hizo un estudio sobre las diferencias de valores de las distintas clases sociales de los Estados Unidos, basándose en especial en los ingresos y el nivel de educación. La Escala de Valores de Rokeach incluye preguntas sobre valores:

- Intrumentales (modos de actuación): ambicioso, tolerante/comprensivo, capaz, alegre, limpio, valeroso, compasivo, amable, honesto, imaginativo, independiente, intelectual, lógico, cariñoso, obediente, educado/fino, responsable, y autocontrolado.
- Terminales (estados finales de la vida): una vida cómoda, una vida excitante, una sensación de realización, un mundo en paz, un mundo bello, igualdad, seguridad familiar, libertad, felicidad, armonía interna, amor maduro, seguridad nacional, placer, salvación, autorrespeto, reconocimiento social, verdadera amistad y sabiduría.

Los resultados de Rokeach señalaron que de los 18 valores instrumentales, nueve daban lugar a diferencias significativas entre las clases sociales, mientras que de los 18 valores terminales, 11 daban lugar a esas diferencias de clase social.

La principal diferencia se da en el valor instrumental «limpio», que declina a medida que aumentan los ingresos. Posiblemente, el poco valor que los ricos le dan a «limpio» se deba a que lo dan por sentado. También se produce una diferencia especialmente grande en el valor «una vida cómoda»; igual que antes, los ricos experimentan habitualmente una vida cómoda y no la valoran especialmente, mientras que los más pobres valoran mucho ese elemento del que carecen.

Los siguientes valores son más apreciados por las personas de menos ingresos: salvación, verdadera amistad, estar alegre, amable, obediente y educado/fino. Mientras que las personas de mayores ingresos valoran más los siguientes valores: sentirse realizado, armonía interna, amor maduro, sabiduría, ser capaz, imaginativo, intelectual y lógico.

Kohn (1969) comprobó que los padres de clase media dan prioridad a los valores sintomáticos de autodirección y comprensión de los sentimientos de los demás. Más en concreto, los padres de clase media potencian el autocontrol, la curiosidad y la consideración. En contraste, los padres de la clase trabajadora, es decir, con menores ingresos y educación que la clase media, potencian valores sintomáticos de conformidad con las reglas socialmente prescritas. Estos datos se repitieron en un estudio realizado en Italia.

Kohn (1969) también encontró que los padres de la clase media y trabajadora usan distintos métodos disciplinarios con sus hijos. Las madres de la clase trabajadora usan el castigo físico cuando las faltas de sus hijos son serias (por ejemplo, en los juegos agresivos), mientras que las madres de clase media también usan el castigo físico cuando notan sentimientos negativos en sus hijos (por ejemplo, arranques temperamentales violentos o agresivos). Por supuesto, estos hábitos de crianza parecen congruentes con la mayor valoración de la conformidad en la clase trabajadora y la mayor valoración de la autodirección en la clase media. Además, según parece, los padres de clase social baja no castigan físicamente más a sus hijos que los de las clases más altas.

En suma, las personas de clase baja están más orientados hacia los demás y se ajustan a los valores tradicionales en mayor medida que las personas de clase media. Además, valoran menos la competencia, la intelectualidad y la autorrealización.

3.3. Grupos sociales según su origen étnico

Los problemas sociales de los ciudadanos estadounidenses en relación al origen étnico, y en especial respecto a los afroamericanos y a los blancos, son de sobra conocidos. La represión de la mayoría blanca es histórica y los movimientos de protesta por la igualdad real de derechos de la minoría afroamericana, también. ¿Están lejos de nosotros estos problemas?

Muy posiblemente la respuesta sea negativa. Nuestro país está experimentando cambios muy importantes. Las minorías étnicas cada vez son más numerosas y variadas en nuestro propio país. Tarde o temprano tendrá que comenzarse a tomar algunas decisiones sociales importantes, y se supone que en el talante de esas decisiones tendrán algo que decir los psicólogos.

Las preguntas que se les pueden plantear a los científicos sociales de nuestro país se pueden resumir en una: ¿cómo garantizar una igualdad de oportunidades para todos los ciudadanos, independientemente de su clase social o de su origen étnico? Cuando se debe abordar una pregunta tan relevante como ésta, los científicos sociales que emplean el enfoque de las diferencias individuales sostienen que la mejor manera de responder exige conocer cuáles son las particularidades de los ciudadanos a los que se debe garantizar esa igualdad. En otras palabras, supone ser capaces de adaptarse a la diversidad. Pero materializar esa adaptación exige disponer de conocimientos sólidos y lo más objetivos posible. En otras palabras, exige estudiar el tema del modo más transparente posible.

Por poner un ejemplo sencillo, una decisión bastante probable será la instalación o no de sistemas de cuotas que ayuden a las minorías a ocupar un

Figura 21.19.—Comprender cómo somos puede ayudar a mejorar la tolerancia, tantas veces ausente en algunos contextos sociales. En la película de la que se ha extraído la escena de la figura, dos hermanos de leche (Wesley Snipes —izquierda— y Woody Harrelson —derecha—) con un origen étnico distinto protagonizan una historia en la que ese origen sólo parece tener sentido para algunas de las personas que observan la situación desde fuera. Ellos mismos no conceden ninguna importancia a algo que sorprende a quienes se enteran de que son hermanos. El estudio científico de las diferencias entre grupos sociales según su origen étnico llega a la misma consecuencia que estos dos personajes: carece de verdadera importancia, puesto que es la persona en particular la que cuenta.

puesto digno en nuestra sociedad. Es decir, hechos como que las minorías de nuestro país no hayan tenido el mismo proceso de socialización que la mayoría, pueden penalizar artificialmente su desarrollo como ciudadanos de pleno derecho. La solución a este tipo de situaciones debería pasar por conocer cuáles son exactamente los elementos que pueden penalizar a los individuos de esas minorías para encontrar medios de compensación. Ignorar estos desequilibrios seguramente contribuiría a incrementar su desventaja de partida. Por tanto, se trataría de conocer con la mayor objetividad las variables relevantes para beneficiar de la manera más efectiva posible a los grupos con mayores desventajas.

La investigación sobre las semejanzas y diferencias de personalidad según el origen étnico se ha centrado en las diferencias entre la población de blancos y afroamericanos de los Estados Unidos. En su mayor parte las semejanzas resultan más importantes que sus diferencias, resultado que ha chocado con determinados prejuicios sociales, y que ha sido hallado a través de un escrupuloso análisis. Sí se han observado, no obstante, algunas diferencias en nivel de agresividad y nivel de ajuste social.

3.3.1. *Nivel de agresividad*

Según un análisis realizado por Sears y McConahay (1970) las personas más beligerantes en los famosos motines de los guetos afroamericanos eran jóvenes, apolíticos y con altas aspiraciones y expectativas económicas.

El mismo tipo de análisis fue realizado por Forward y Williams (1970), encontrando que las personas más beligerantes eran las que tenían más confianza en su futuro, es decir, un gran sentido de control personal y más información sobre los impedimentos que se ponían a las personas de su etnia para prosperar.

Según parece, el nivel de frustración social de los afroamericanos no se ha dirigido agresivamente hacia la mayoría blanca, sino hacia personas de su misma etnia. Así, las victimas de los asesinatos cometidos por afroamericanos son mucho más numerosas entre la población afroamericana que entre la población blanca (Hollin, 1989).

En un estudio realizado por Katz y col. (1964) se administró un cuestionario de agresividad a grupos de estudiantes afroamericanos, diciéndoles que se trataba de una prueba para medir la habilidad para formar conceptos. Pasado algún tiempo, bien un psicólogo blanco, bien un psicólogo afroamericano volvían a aplicar la prueba. Cuando se les decía a los estudiantes que se les iba a aplicar un test de inteligencia, y el psicólogo era afroamericano, la puntuación de agresividad era significativamente mayor que en la primera medición, pero éste no era el caso cuando la prueba la administraba el psicólogo blanco.

Uno de los modos más usados por los afroamericanos para no manifestar su agresividad parece ser evitar el contacto con la mayoría blanca. De hecho, algunos líderes afroamericanos han trabajado activamente en la creación de una sociedad o nación afroamericana. En un estudio de Turner y Wilson (1976) se observó que los afroamericanos que apoyan esa política separatista están más alienados, son más temerosos de que se pueda producir un genocidio racial, tienen más conciencia de raza y apoyan la violencia racial en mayor medida que los que proclaman una cooperación entre las razas.

En un estudio realizado por Shaw (1974) usando un cuestionario de autoimagen hostil, se encontró que los chicos afroamericanos se califican a sí mismos como más hostiles de lo que lo hacen los chicos blancos. En cualquier caso, siempre hay que tener en cuenta que esas diferencias en agresividad están influidas por la clase social, habitualmente menor en los chicos afroamericanos.

Estudiando las estadísticas de delitos se observa que los afroamericanos están más representados, tanto en criminales como en víctimas (Coleman, 1976). De los asesinos en general, el 57 por 100 son afroamericanos y el 41 por 100 son blancos (Bourgoin, 1993). Sin embargo, esta mayor presencia de los afroamericanos puede confundirse con la clase social: la mayor incidencia criminal se concentra en las clases sociales bajas, y, por las razones sociales conocidas, la minoría afroamericana se concentra en esas clases más deprimidas.

En cualquier caso, estas estadísticas se refieren a crímenes en general. Sin embargo, la mayoría blanca está desproporcionadamente representada entre los asesinos en serie *(serial killers)*. El 83 por 100 de los asesinos en serie son blancos, mientras que sólo el 17 por 100 son afroamericanos. No hay asesinos en serie orientales ni indios, y apenas hay asesinatos en general cometidos por estas otras minorías de los Estados Unidos (Bourgoin, 1993).

3.3.2. *Nivel de adaptación social*

Los informes disponibles indican que los adultos afroamericanos están menos satisfechos con sus vidas que los adultos blancos, incluyendo su residencia, su vida familiar, sus amistades y sus actividades (Clemente y Sauer, 1976). Esta diferencia parece mantenerse incluso aunque se equipare a los grupos según la clase social.

En un estudio clásico con niños afroamericanos y blancos se comprobó que tanto unos como otros preferían objetos «de los blancos», por ejemplo, muñecos (Clark y Clark, 1947). Sin embargo, datos algo más próximos indican una inversión de estas preferencias, de modo que los niños afroamericanos prefieren sus propios objetos (Brand, Ruiz y Padilla, 1974). Este cambio es un buen ejemplo de lo inadecuado de la tendencia a sacar conclusiones definitivas a partir de los estudios sobre grupos humanos.

Por otro lado, los afroamericanos padecen más trastornos mentales que los blancos. Así por ejemplo, la frecuencia de psicosis es mayor en los afroamericanos, siendo especialmente alto el número de esquizofrenias (Warheit y col., 1975). También es muy alto el número de derivados mentales de la sífilis y la psicosis alcohólica. Sin embargo, hay que tener en cuenta que estos datos proceden de hospitales públicos, y que la mayoría blanca tiene un más fácil acceso económico a las instituciones privadas.

Los afroamericanos también puntúan significativamente más alto en las escalas de esquizofrenia y paranoia del MMPI —Inventario Multifásico de Personalidad de Minnesota— (Davis y Jones, 1974). Sin embargo, en relación a los trastornos neuróticos las evidencias de diferencias según el origen étnico son mucho menores. En las escalas de histeria, hipocondriasis y depresión del MMPI, no suele haber diferencias significativas entre blancos y afroamericanos (Davis y Jones, 1974). Pero los datos no están del todo claros; en un estudio de Warheit y col. (1975) los afroamericanos puntuaban más alto en varias escalas de síntomas neuróticos que exploraban las reacciones fóbicas, la ansiedad y la depresión. Según los datos de Coleman (1976), los afroamericanos padecen en mucha mayor medida de hipertensión.

Esta tendencia a una mayor frecuencia en los afroamericanos, se invierte completamente en el caso de los suicidios: los blancos se suicidan en mucho mayor número que los afroamericanos. Algunas interpretaciones de este hecho señalan que la agresividad de los afroamericanos se exterioriza (por ejemplo, cometiendo más crímenes), mientras que los blancos la dirigen hacia sí mismos. Sin embargo, el Informe Coleman (1976), del que ya se ha hablado, sugiere un nivelamiento entre las razas en suicidio, en especial por un incremento del número de suicidios entre los jóvenes afroamericanos, aunque se mantiene el número de crímenes, con lo que la teoría de la exteriorización no parece demasiado acertada.

Hay dos posibles explicaciones sobre las diferencias étnicas en trastornos mentales: diferencias de clase social y normas culturales de las distintas etnias. Así, la desproporcionada representación de los afroamericanos en las capas sociales más bajas puede explicar el mayor índice de trastornos; debe recordarse que estos trastornos son más numerosos en esas capas sociales bajas. Pero esta explicación no es suficiente: Davis y Jones (1974) encontraron una mayor incidencia de esquizofrenia en los afroamericanos cuando se equipara la clase social. Una posible explicación de este dato es el nivel de opresión social que la mayoría blanca ha ejercido, incluso pasivamente, sobre la minoría afroamericana en los Estados Unidos.

3.3.3. *El ambiente familiar*

En los Estados Unidos, las familias afroamericanas han sufrido durante generaciones un gran estrés social. Así por ejemplo, al emigrar a las grandes ciudades las mujeres afroamericanas no han tenido apenas problemas para encontrar un trabajo, mientras que éste no ha sido el caso para los varones.

Según Baugham (1971) la vida de la familia afroamericana ha sido especialmente vulnerable a la urbanización. Por otro lado, los niños afroamericanos han crecido en familias más numerosas que los niños blancos. En las familias afroamericanas, el número de niños está inversamente relacionado con los ingresos, por lo que hay escasos recursos para instruir y educar al niño afroamericano que crece rodeado de muchos hermanos. El mayor número de miembros de las familias afroamericanas suele producir que en bastantes ocasiones el cuidado de los niños no recaiga directamente en sus padres naturales. De hecho, en las familias afroamericanas urbanas hay una alta probabilidad de que el padre haya abandonado a la familia, especialmente entre las capas sociales bajas (Lykken, 1995).

Por consiguiente, según parece las principales diferencias entre la familia afroamericana y la familia blanca son: mayor número de niños, mayor número de miembros y más casos de abandono del padre en las familias afroamericanas. Hay que tener en cuenta que las investigaciones sobre los efectos de la ausencia del padre, en familias blancas, señalan, entre otras, las siguientes consecuencias: problemas con el rol del varón, problemas escolares y poca motivación por alcanzar metas sociales (Hunt y Hunt, 1975). Sin embargo, en las familias afroamericanas no está muy claro si la ausencia del padre puede ser perjudicial (Kandel, 1971); así, la ausencia del padre no correlaciona con los problemas escolares de sus hijos. Esta diferencia se mantiene cuando se equipara la clase social (Hunt y Hunt, 1975).

Según Hunt y Hunt (1975) la ausencia de efecto de la falta del padre en las familias afroamericanas puede explicarse porque los verdaderos problemas del niño afroamericano están en la sociedad en general, lo que, según parece, no es el caso para los niños blancos. Los problemas de los niños afroamericanos son sociales, no familiares; si hay problemas familiares, en realidad son bastante menores comparados con las barreras sociales.

3.4. Vida en sociedad

En su obra *The Bell Curve*, Richard Herrnstein y Charles Murray (1994) han pasado revista a una serie de temas sociales importantes en los Estados Unidos, sobre las diferencias de clase social y étnicas: la pobreza, la escolaridad, el desempleo, la familia, la seguridad y asistencia social, los hábitos de crianza, el crimen y la delincuencia, y la ciudadanía.

Según su planteamiento general y sus datos concretos, tomados en su mayor parte del *National Longitudinal Study on Youth* (NLSY) realizado por el Gobierno de los Estados Unidos, todas estas variables sociales están influidas, en mayor o menor medida, por la capacidad cognitiva de las personas. Así por ejemplo, hay una relación significativa entre las distintas clases sociales y el nivel intelectual, o entre este nivel y los índices de criminalidad y delincuencia[9].

Pobreza. Los blancos que nacen dentro del 5 por 100 de las clases sociales más desfavorecidas tienen una probabilidad ocho veces mayor de ser pobres que los blancos que nacen dentro del 5 por 100 de las clases sociales más favorecidas. En cualquier caso, la inteligencia parece ser un determinante más importante de la pobreza que la clase social de origen. De este modo, los blancos con un CI dentro del 5 por 100 más bajo de la distribución cognitiva tienen una probabilidad quince veces mayor de ser pobres que los blancos con un CI dentro del 5 por 100 superior de esa distribución cognitiva.

---

[9] En la obra coordinada por Andrés Pueyo y Colom (en prensa) se pueden encontrar varias críticas a la obra de estos autores.

Herrnstein y Murray (1994) se hacen la siguiente pregunta: ¿si tuviese usted que elegir, optaría por nacer rico o listo? Prácticamente sin excepción, la respuesta sería nacer listo, brillante, inteligente.

Un joven blanco criado en un hogar en el que uno o los dos padres no consiguen un trabajo, trabajan en puestos de baja cualificación o tienen una educación muy básica, pero cuyo CI es de 100, tiene una probabilidad del 90 por 100 de salir de su situación de pobreza. Y a la inversa: un joven blanco criado en una familia de clase media pero con un CI por debajo de la media estará constantemente amenazado por la pobreza, a pesar de su respaldo social. En una palabra, entre las personas listas y educadas, el riesgo de pobreza es muy bajo.

Escuela. Los abandonos que se producen durante la enseñanza secundaria están muy relacionados con la clase social del chaval. Siendo cierto que las familias de estos chavales se sitúan en las capas sociales más deprimidas, las relaciones entre clase social y escolarización no son tan sencillas.

Entre los blancos, ningún chaval situado en el cuarto superior de la distribución cognitiva abandona la escuela, independientemente de cuál sea la clase social de sus padres. Virtualmente, no existen abandonos escolares en la parte superior de la distribución cognitiva.

Los efectos más notables de la clase social se producen en los chavales con una inteligencia por debajo de la media cuya clase social es especialmente deprimida. Aisladamente, ser pobre tiene un efecto pequeño en el abandono escolar, y sólo es relevante cuando se une a la influencia de la inteligencia. El peso de la inteligencia es mayor que el de la clase social, de modo que un chaval torpe tendrá una mayor probabilidad de abandonar la escuela que un chaval brillante, de modo bastante independiente de la clase social.

Desempleo. Los economistas suelen distinguir estar en paro y estar fuera del mercado laboral. La persona en paro busca un trabajo sin lograrlo, y las personas situadas fuera del mercado laboral no buscan un trabajo.

En los blancos de entre 20 y 30 años, el nivel de inteligencia predice tanto el desempleo como el estar fuera del mercado laboral.

¿Por qué están los jóvenes blancos fuera del mercado laboral? Una posible explicación es que tienen una discapacidad física, pero la capacidad cognitiva es un predictor más importante. De este modo, entre los varones que se describen a sí mismos como discapacitados para trabajar, 9 de cada 10 se sitúan en el cuarto inferior de la distribución cognitiva, y 1 de cada 20 se sitúa en el cuarto superior. En otras palabras, el CI de un varón predice mejor que el tipo de trabajos que ha realizado en el pasado si se describe como discapacitado. No parece haber una explicación muy clara sobre por qué se relacionan de modo tan estrecho la inteligencia y los problemas físicos, pero pudiera suceder que las personas menos inteligentes estuviesen más expuestas a accidentarse.

Los datos son bastante similares en las personas en paro. La probabilidad de estar en paro depende mucho de la capacidad cognitiva del trabajador. La clase social es una variable irrelevante por sí misma, es decir, sin considerar la influencia de la inteligencia. Por consiguiente, el principal factor de riesgo de desempleo parece ser una baja capacidad cognitiva.

Familia. Los rumores sobre la decadencia de la familia tradicional parecen, en buena medida, ciertos. Sin embargo, son mucho más ciertos entre las personas con una baja capacidad cognitiva que entre las personas brillantes y educadas.

La regla general es que las personas más brillantes se casan con mucha mayor frecuencia que las personas menos brillantes. Sin embargo, entre las personas con un mayor nivel educativo, esta relación se reduce puesto que permanecer dentro del sistema educativo retrasa el momento de contraer matrimonio.

Por otro lado, el divorcio ha sido más frecuente en las clases sociales más deprimidas, pero en realidad, el factor que mejor explica el divorcio es el nivel intelectual y no la clase social. Cuando se elimina la influencia de una baja inteligencia, las personas de clase social alta se divorcian en mayor medida que las personas de clase baja.

Tener hijos ilegítimos se relaciona estrechamente con la inteligencia. De este modo, las mujeres blancas situadas en el 5 por 100 más bajo de la distribución cognitiva tienen una probabilidad seis veces mayor de tener un primer hijo ilegítimo que las mujeres situadas en el 5 por 100 superior. Uno de cada 5 hijos legítimos se conciben antes de contraer matrimonio en las mujeres situadas en el 5 por 100 más bajo de la distribución cognitiva, mientras que entre las mujeres más brillantes esta situación se da en un caso de cada 20. Según los datos estatales consultados por Herrnstein y Murray (1994) en Estados Unidos, la capacidad cognitiva se relaciona con la ilegitimidad en mayor grado que la clase social.

Entre los niveles educativos más bajos, la inteligencia de la mujer predice si tendrá un hijo ilegítimo. Cuanto mayor es el nivel educativo, menor es la probabilidad de que la mujer tenga algún hijo ilegítimo, independientemente de cuál sea su clase social.

Seguridad social. Se suele dar por hecho que las madres que dependen de la seguridad social están situadas en las zonas bajas de la distribución cognitiva, puesto que su nivel educativo suele ser muy bajo. Pero también es verosímil aventurar que las mujeres más brillantes pueden encontrar un trabajo con mayor facilidad y no depender de la asistencia social, incluso aunque tengan niños ilegítimos.

Los datos del National Longitudinal Study on Youth (NLSY) parecen apoyar esta última interpretación. Aproximadamente tres cuartas partes de las mujeres blancas que dependen de la seguridad social durante el primer año de la vida de sus hijos ilegítimos, se sitúan en las zonas más bajas de la distribución cognitiva, comparado con el 5 por 100 de las mujeres más brillantes.

Entre las mujeres que dependen transitoriamente de la seguridad social, un CI bajo constituye un factor de riesgo, incluso cuando se controlan, o se elimina la influencia de, variables como el estado civil, la pobreza, la edad o el estatus socioeconómico. En el caso de mujeres que dependen crónicamente de la seguridad social, el panorama es menos claro. Cuando las mujeres se sitúan en la zona media-alta tanto de la distribución cognitiva como de la clase social, apenas tienen probabilidad de depender de la asistencia social de modo crónico. Entre las mujeres de bajo CI, bajo estatus socioeconómico y bajo nivel educativo que dependen de manera crónica de la seguridad social, la clase social baja constituye un predictor bastante mejor que el bajo CI.

Hábitos de crianza. Una pregunta importante es la siguiente: ¿depende la competencia de los padres para educar a sus niños de su nivel intelectual? Habitualmente se han encontrado relaciones entre la clase social y los hábitos de crianza de los niños, tanto por lo que se refiere a las prácticas de disciplina como a los modos en que se estimula la inteligencia y el desarrollo emocional. En ambos casos, los padres de más alta clase social parecen responder mejor, mientras que entre los padres de clase social baja parecen abundar el desentendimiento y los abusos.

Según los datos del NLSY sobre el ambiente hogareño, las madres más brillantes procuran ambientes de mayor calidad que las madres menos brillantes. La clase social y el nivel de pobreza también interpretan un importante papel, dependiendo de las variables del ambiente hogareño que se midan y de la edad de los niños.

En cualquier caso, un alto CI parece un prerrequisito para ser una buena madre. Los peores ambientes se concentran en los hogares cuyas madres se sitúan en las zonas más bajas de la distribución cognitiva.

Crimen y delincuencia. El CI de los delincuentes está situado unos ocho puntos por debajo de la media estadounidense. El CI es aún menor en los delincuentes crónicos o reincidentes.

Los chavales que han crecido en ambientes turbulentos, que tienen padres delincuentes o que han mostrado en su infancia conductas que pudieran presagiar la comisión de actos delictivos al llegar a la edad adulta, tienen una menor probabilidad de convertirse en criminales si su CI es medio-alto. Por consiguiente, un CI alto supone una especie de antídoto contra la delincuencia.

Según los datos del NLSY, la capacidad cognitiva está mucho más relacionada con la delincuencia que la clase social del chaval.

Ciudadanía. Una sociedad libre requiere ciudadanos dispuestos a participar en actividades cívicas como las elecciones políticas o las reuniones de las comunidades de vecinos.

Uno de los indicadores de ciudadanía es la implicación en actividades políticas. Los datos disponibles indican que los niños más brillantes de todas las clases sociales aprenden con mayor rapidez sobre política y sobre cómo funcionan los gobiernos; además, leen, discuten y participan en mayor medida en diversas actividades políticas. Esta diferencia entre los niños más y menos brillantes aumenta a medida que crecen, aunque se mantengan las diferencias de clase social.

Por otro lado, durante mucho tiempo se ha dado por hecho que los adultos que más participan de la vida política se corresponden con las personas de clase social media-alta. Sin embargo, los datos indican que el elemento clave es el nivel educativo de las personas. Las personas que menos votan y que se interesan menos por la política no son las pobres, sino las de escasa educación.

Por tanto, puesto que parece que las personas más brillantes suelen alcanzar un mayor nivel educativo, en cierto modo, la inteligencia se relaciona con las preocupaciones y actividades políticas. Es decir, los ciudadanos más implicados con la sociedad en la que viven suelen ser los más brillantes intelectualmente, independientemente de cuál sea su clase social.

Hasta aquí la síntesis de los resultados del National Longitudinal Study on Youth (NLSY) estudiados por Herrnstein y Murray. Posiblemente, una de las mayores contribuciones de este trabajo sea situar la inteligencia de las personas en un lugar importante a la hora de tratar de explicar algunas de las variables que preocupan a la sociedad (al menos a la sociedad de Estados Unidos). Y una de las principales conclusiones de su estudio es que las personas deben ser consideradas como individuos, no como miembros de grupos, de cara al diseño de programas de mejora social que ayuden a las personas más desfavorecidas.

El científico cognitivo Earl B. Hunt (1995), de la Universidad de Washington en Seattle, ha reanalizado para la revista *American Scientist* los datos manejados por Herrnstein y Murray en *La curva en campana*. Algunos de sus comentarios sobre el resultado de ese reanálisis son los siguientes:

— Herrnstein y Murray se refieren a la desviación típica como si fuese una especie de medida absoluta, pero eso no es así. La desviación típica no está determinada por los valores absolutos de las puntuaciones en una población, sino por la amplitud con la que una puntuación es probablemente diferente de otra. Además, el punto 0 de la escala de CI (100) viene determinada por la media de la población, no por una definición de «inteligencia media» en términos de rendimiento intelectual. Por tanto, la puntuación de CI de un individuo es relativa a la media y a la variabilidad de la población de referencia, y no constituye una medida absoluta de competencia mental.

— Analizando los datos de Herrnstein y Murray, Hunt y su equipo observaron que las correlaciones del CI con determinadas conductas sociales son mucho mayores en las partes bajas de la distribución de CI que en las partes altas. Es decir, el elemento relevante no es la inteligencia, sino la ausencia de un nivel suficiente de inteligencia. Por tanto, es necesario un cierto nivel de inteligencia, pero superado ese punto, el éxito está más influido por el esfuerzo, el apoyo social y la experiencia. Es importante disponer de un nivel intelectual básico, pero tener un gran nivel intelectual no es tan interesante como pudiera parecer.

— Según Hunt (1995), la importante contribución de Herrnstein y Murray está en haber demostrado que la inteligencia, tal y como la miden los tests, es importante en la escuela y en el mundo laboral. Sin embargo, hay que considerar que cuando la persona se hace más experimentada, la relación entre el CI y el rendimiento se reduce (aunque no desaparece). El CI es más importante durante el proceso de entrenamiento necesario para realizar una determinada actividad que cuando el trabajo ya ha sido aprendido.

— El CI constituye el mejor predictor de caer en una situación de pobreza, de abandonar la escuela, o de depender del estado. Como comenta Hunt (1995), todos los reanálisis estadísticos llevados a cabo desde la publicación de *La curva en campana* están de acuerdo con este dato. Si una persona tiene un CI de 85 o menos, está en situación de riesgo de enfrentarse a distintos problemas sociales. Aunque hay que recordar que esta es una declaración estadística y que a nivel individual actúan otras interacciones no estadísticas. Además, un mayor porcentaje de población puede situarse en la zona de riesgo al aumentar las exigencias cognitivas de la sociedad.

— Según Herrnstein y Murray los tests son igualmente válidos para las mayorías y las minorías. Según Hunt (1995) esta afirmación está más cerca de la verdad que la declaración de que los tests son totalmente inválidos.

— Según Hunt (1995) la investigación ha demostrado cómo se puede reducir el nivel intelectual de una persona, pero no cómo se puede aumentar.

— Es necesario aumentar la competencia en todos los niveles de la distribución cognitiva, dado que el incremento de la naturaleza tecnológica de nuestra sociedad ha aumentado las oportunidades disponibles para las personas capaces y los problemas para las personas menos capaces. Por tanto, las inversiones dirigidas a mejorar la eficiencia del entrenamiento y de la educación serán más rentables a medida que aumente la sofisticación tecnológica de las sociedades.

— Según Hunt (1995), en el momento actual asignar trabajos sobre la base de predictores de rendimiento daría lugar a una infrarrepresentación de las minorías en las ocupaciones de más alto nivel. La única manera de superar esta situación es invertir en educación y programas de entrenamiento especialmente dirigidos a las comunidades afectadas, de tal manera que la distribución de habilidades necesarias para realizar un trabajo se vayan equiparando en los distintos grupos étnicos. En sus palabras, «limitarse a admitir más miembros de los grupos minoritarios es una estrategia que no parece funcionar [...] la clave puede estar en cambiar los niveles de habilidad, no los niveles de certificación».

— Las diferencias intelectuales han estado y estarán siempre con nosotros. Su importancia práctica dependerá mucho del nivel tecnológico y la organización social.

En suma, la inteligencia parece ser relevante en la explicación de determinados fenómenos sociales. Pero los estudios científicos sobre la inteligencia no dictan ningún tipo de política social. Esa ya es una cuestión que corresponde a las organizaciones sociales que representan a los ciudadanos. En cualquier caso, ignorar las diferencias intelectuales en la comprensión de determinados fenómenos sociales puede no ser una estrategia prometedora.

SUMARIO

Este epígrafe ha expuesto una serie bastante numerosa de estudios y datos sobre diferencias entre grupos humanos. Los estudios y datos no han sido sólo recientes, puesto que es muy importante saber si se producen o no cambios en distintas generaciones. Además, permite una visión más amplia de la investigación psicológica sobre temas socialmente importantes. Las diferencias entre varones y mujeres se han descrito a partir de una serie de preguntas, como por ejemplo quién está más motivado para el éxito o quiénes son más agresivos. Los resultados sugieren que los varones son más instrumentales, mientras que las mujeres son más expresivas. Además, las diferencias entre estos dos grupos humanos calculadas en los estudios de metaanálisis, aunque por norma general bastante reducidas, pueden tener un significativo impacto social en la vida cotidiana. Los estudios sobre las diferencias de personalidad a distintas edades llevan a la conclusión de que el paso de los años mantiene las diferencias personales, aunque también se producen variaciones relevantes. Un dato muy interesante es que hay personas que cambian muy poco con el paso de los años, mientras que algunas otras personas cambian bastante más. Es decir, hay personas más y menos consistentes. Finalmente, la investigación de las diferencias de personalidad entre clases sociales y grupos étnicos ha sido bastante escasa. En general, la comunidad científica no siente una especial atracción por ese tipo de estudios, puesto que parece estar influida por la posible corrección o incorrección política de los resultados que se puedan encontrar. Usando el lenguaje de los psicólogos conductistas, la comunidad científica «evita activamente» el estudio de las diferencias entre clases sociales y grupos étnicos. Sin embargo, según el profesor Lloyd Humphreys (1991) ésta es una visión limitada de las ciencias sociales, puesto que tomar decisiones sociales a partir de un conocimiento científico siempre es mucho más recomendable que decidir intuitivamente o a partir de prejuicios de distinta naturaleza. Y según el profesor J. Phillipe Rushton (1994a), una sociedad ilustrada es más congruente con los valores democráticos que una sociedad no ilustrada.

RESUMEN DE LA PARTE CUARTA

El estudio de la personalidad es la segunda gran área del enfoque de las diferencias individuales. En general, las perspectivas desde las que se ha investigado el tema de la personalidad han estado interesadas necesariamente por las diferencias personales. Sin embargo, el enfoque multivariado es el que se corresponde especialmente con la *psicología de las diferencias individuales.*

En el primer epígrafe se ha respondido a la pregunta de qué es la personalidad, llegando a la conclusión de que se trata de un concepto que se puede caracterizar según una serie de propiedades. El primer paso para descubrir cuáles son esas propiedades consiste en desarrollar una teoría factorial. De qué modo se construye una teoría factorial de la personalidad se ha expresado en el segundo epígrafe a través del concepto de amor, demostrando que descubrir las propiedades básicas de un concepto facilita el diseño tanto de pruebas diagnósticas con garantías técnicas como de técnicas terapéuticas. Posteriormente se han expuesto las teorías factoriales clásicas que, por supuesto, siguen plenamente vigentes: la teoría de Guilford, de Cattell y de Eysenck. Todas ellas son jerárquicas, es decir, parten del análisis de las acciones concretas de la gente para hallar sus hábitos de respuestas y los rasgos o factores más generales que pueden representar las propiedades básicas de la personalidad humana. Los dos factores más importantes son la extroversión y la estabilidad emocional. A pesar del gran parecido entre estas teorías clásicas, sólo la teoría de las Big Five ha logrado poner de acuerdo a la comunidad científica sobre cuáles son los factores básicos de la personalidad. Las aplicaciones prácticas que se han descrito se refieren a las pruebas que permiten medir los factores incluidos en las distintas teorías y a un ejemplo sobre cómo se puede emplear este tipo de teorías para prevenir algo tan importante como la muerte por enfermedades físicas como el cáncer o el infarto.

En el epígrafe sobre las teorías cognitivas se han expuesto algunas de las más importantes cuyo objetivo es expresar la dinámica de la personalidad. De este modo, mientras que las teorías factoriales se refieren a la estructura de la personalidad, las teorías cognitivas tratan de explicar su dinámica, es decir, el modo de actuación de las distintas propiedades. Tras preguntar qué responden las teorías cognitivas, se ha descrito la teoría de H. Eysenck y M. Eysenck, y la teoría de A. Bandura. A continuación se han presentado los principales estilos cognitivos, es decir, conceptos que intentan fundir los elementos cognitivos y no cognitivos de la personalidad para explicar las diferencias de conducta. La teoría de W. Mischel e Y. Shoda se ha expuesto en último lugar, puesto que es una de las respuestas más recientes a la pregunta por la dinámica de la personalidad. Esta teoría integra las teorías estructurales (factoriales) y dinámicas (cognitivas) de la personalidad, pero sólo se puede considerar tentativa y sugerente. Las aplicaciones prácticas descritas se refieren al uso diagnóstico y terapéutico de dos conceptos de las teorías cognitivas: los constructos personales y los controles cognitivos.

Las teorías biológicas se han presentado en el siguiente epígrafe. Después de preguntar qué responden este tipo de teorías se han descrito cuatro de las más importantes. La primera es la teoría biológica de Eysenck, cuyo objetivo es intentar explicar en términos psicofisiológicos las diferencias de personalidad en los factores de psicoticismo, extroversión y neuroticismo. Las otras tres teorías se inspiran en Eysenck. La teoría de Gray se ha desarrollado a partir del estudio de animales, se ha centrado en las propiedades ansiedad e impulsividad, y ha explorado los mecanismos fisiológicos y anatómicos responsables de las diferencias en esas dos propiedades. La teoría de Brebner separa los procesos de análisis del estímulo y organización de la respuesta a partir de la idea de que los mecanismos de excitación e inhibición son independientes y pueden actuar por su cuenta en esos dos tipos de procesos. Brebner explica de este modo las diferencias de rendimiento entre introvertidos y extrovertidos, haciendo una especie de radiografía cognitiva sobre los procesos que van desde que se percibe hasta que se responde a un determinado estímulo. La teoría biológica más completa es la propuesta por Humphreys y Revelle, ya que combina temperamento, motivación, cognición y variables de la situación, para explicar las diferencias de conducta. El ejemplo que se expone en el apartado de aplicaciones prácticas tiene que ver con la psicopatía o trastorno antisocial de la personalidad. Se expresa de qué modo se pueden usar las teorías biológicas para explicar ese trastorno de personalidad. Además, se describen las aplicaciones de la teoría de la búsqueda de sensaciones estudiada extensamente por el profesor Marvin Zuckerman.

Cuando se ha preguntado por el origen de las diferencias de personalidad se ha respondido que las influencias pueden venir de los genes y del medio ambiente. Los datos que se han expuesto a partir de los diseños de gemelos, de adopción y familiares han llevado a la conclusión de que las mismas condiciones ambientales no producen necesariamente semejanzas entre las personas expuestas a ellas. Por tanto, no es el ambiente el elemento realmente importante de las diferencias personales, sino cómo la persona experimenta ese ambiente. En este sentido, se ha expuesto un modelo bioecológico congruente con este hecho. Figurativamente, el modelo bioecológico sugiere que el ambiente está «contaminado» o cargado por el genotipo de las distintas personas. En las aplicaciones prácticas se describe cuáles son los usos posibles de datos sobre el grado de influencia genética y ambiental en las principales propiedades de la personalidad.

Finalmente, el epígrafe sobre grupos humanos ha presentado datos sobre la comparación de varones y mujeres, de personas de distintas edades, de clases sociales y de grupos étnicos. Cuando se consideran de modo conjunto los datos antiguos y recientes sobre las diferencias de personalidad de varones y mujeres, se llega a la conclusión de que las cosas han cambiado bastante poco en las distintas generaciones, que la edad influye poco en esas diferencias, y que en distintos países se mantienen las semejanzas y diferencias de sexo. Esto parece sugerir una relevante, aunque ni mucho menos exclusiva, influencia biológica en las diferencias entre varones y mujeres, representadas de modo resumido por la mayor *instrumentalidad* de los varones y la mayor *expresividad* de las mujeres. Uno de los datos más interesantes del estudio de las diferencias que se producen con el paso de los años es que hay personas que cambian muy poco y personas que cambian algo más. En otros términos, la personalidad adolescente de algunas personas predice muy bien su personalidad adulta, mientras que la personalidad adolescente de otras personas predice bastante mal su personalidad adulta. También se ha descrito el declive o aumento de ciertas propiedades de la personalidad con el paso de los años. En el último apartado de este epígrafe se han expuesto algunas diferencias entre clases sociales y grupos étnicos. El impacto social de estas diferencias es tan importante que no se comprende por qué la comunidad científica no les presta una mayor atención. Se ha discutido la influencia de las distintas políticas sociales en las tareas propias de la investigación científica. Además, se ha descrito la relevancia de esas diferencias en problemáticas vitales como la pobreza, la escolaridad, el desempleo o la familia. Algunas de las preguntas que se han planteado los científicos sociales son: ¿por qué es tan oscurantista la comunidad científica cuando se habla de temas socialmente sensibles? y ¿por qué no impregna todos los temas de investigación el supuesto espíritu ilustrado y abierto que debe caracterizar a la comunidad científica?

PARTE QUINTA

Diferencias individuales anormales

Introducción

El impacto social de los trastornos mentales está presente diariamente en los medios de comunicación. A los ciudadanos nos preocupa e inquieta el comportamiento de las personas con trastornos mentales y la prensa se hace eco de los sucesos que tienen que ver con esa preocupación constante.

Es llamativo que a pesar de que la sociedad en su conjunto se preocupa por dar mensajes de buen comportamiento, el número de casos de lo que se podría denominar «conducta desadaptada» no parece disminuir, en especial entre la población adolescente (Hollin, 1989; Lykken, 1995). Los razonamientos transmitidos en los medios de comunicación, resultan paradójicos para un profesional de las ciencias del comportamiento. Así, cuando

Figura V.1.—Caricatura de los humoristas gráficos Idígoras y Pachi sobre algunos de los trastornos mentales aplicables, según ellos, a ciertos políticos españoles. El motivo de la caricatura es el X Congreso Mundial de Psiquiatría que se celebró en Madrid en agosto 1996.

se habla de conductas desadaptadas se suele hacer referencia a la influencia social perniciosa de los largometrajes violentos de Hollywood o de las series televisivas de Clase B.

Sin embargo, aparentemente ni los productos de Hollywood ni las series televisivas narran ni sólo ni principalmente historias sobre conductas desadaptadas como el asesinato en serie o el crimen perfecto cuidadosamente planificado para deshacerse de la pareja. Hay muchos largometrajes sobre bonitas historias de amor, felices matrimonios, agradables relaciones padres-hijos o envidiables misioneros que dedican su vida a las aldeas del tercer mundo.

Por otro lado, las películas que podriamos denominar violentas suelen tener un final feliz en el que los malos son castigados y los buenos recompensados. Por consiguiente, ¿por qué los «malos de nuestra sociedad», de cuyas fechorías tenemos cumplida noticia diariamente en todos los medios de comunicación, seleccionan el papel de «malo de la película», socialmente castigado, y no el papel de «bueno», socialmente premiado?

Según el profesor Luis Rojas Marcos (1996) la violencia está aumentando mucho en el período de la adolescencia. En su opinión, el adolescente recibe una tremenda y constante influencia de los medios de comunicación, desde los que se fomenta el *Rambo*, que según él es «un héroe violento y violador». Sin embargo, es difícil aventurar si Silvester Stallone y su público aceptarían esta descripción de su más famoso personaje.

Figura V.2.—Algunos estudiosos de la conducta violenta suponen que la simple exposición a escenas de agresividad dispara la conducta agresiva. Sin embargo, esta postura explica bastante mal por qué la mayor parte de las personas que ven películas violentas jamás cometen actos de agresividad. También explican mal por qué algunas personas que cometen actos violentos en la vida real lo hacen sin motivo aparente.

Desde luego, la respuesta más razonable supondría recordar alguno de los argumentos que ya se han expresado anteriormente: las influencias ambientales por sí mismas quizá no puedan explicar el comportamiento de las personas, sino que es la persona la que selecciona y experimenta de modo individual las partes de la realidad que mejor se ajustan a su propia personalidad. Por tanto, el ambiente no puede explicar por sí solo el comportamiento de la persona, sino la experiencia que la persona tiene de su ambiente.

Y la experiencia resulta de una combinación entre la personalidad del individuo y el tipo de influencias ambientales entre las que nace, crece, se desarrolla y muere. Desde aquí se podría llegar a la conclusión de que cualquier análisis del comportamiento de las personas socialmente desviadas exige comprender su personalidad, no sólo (aunque también) si su infancia fue muy traumática o si sus padres no le mostraban ningún afecto.

1. LA REALIDAD SUPERA A LA FICCIÓN

Como ilustración del tipo de problemas que los cientificos sociales deben tratar diariamente, se exponen seguidamente algunos casos reales recogidos en los medios de comunicación escrita de nuestro país. Por supuesto, no se pretende que la muestra de casos sea una representación exhaustiva de las posibles situaciones en las que se puede encontrar el profesional de la psicología.

Caso 1: No me hagas eso[1]

En San Bartolomé de Tirajana hay numerosas chabolas de dos habitaciones, con el techo de chapa y familias de ocho, diez, doce o más hijos viviendo dentro. Carmen Santana tuvo quince hijos; se le murieron cinco pero sobrevivieron diez. Ahora sólo vive uno con ella; los mayores se casaron y se marcharon a chabolas similares a la de su madre. Pequeños, hay dos. El niño a punto de cumplir trece años. La niña tiene quince. Desde hace cuatro están ingresados en centros de acogida infantil de Las Palmas. Su padre y sus dos hermanos mayores están en la cárcel acusados de violarlos desde 1987 hasta 1992. El fiscal ha calculado que entre los tres sometieron a los niños a 1.240 violaciones y 2.000 abusos sexuales repetidos y a veces con otros miembros de la familia delante. Ha pedido para el padre y sus dos hijos más de 44.000 años de cárcel.

Carmen Santana ha decidido no creerse nada de la historia, a pesar de los informes del forense que reconoció a los niños y de los psicólogos que los han tratado desde entonces. El hermano de María vive en Las Dunas, un centro de acogida infantil. Él es el primer caso de abuso sexual que han tratado los psicólogos y educadores de Las Dunas. Antonio tampoco decía nada. Ni quería ni podía. A veces contaba algo. Luego lo negaba y terminaba llorando. Cree que tiene la culpa de que su familia esté separada y de que todo el mundo parezca tan desgraciado. No le va muy bien en el colegio. Le gusta contar historias y se inventa aventuras en las que él es siempre el más listo y el más fuerte.

Estos niños siempre se sienten culpables. Creen que si son maltratados es porque ellos se lo han buscado. Eso les resulta menos duro que pensar que sus padres no los quieren. Según un Informe de la Dirección General de Protección Jurídica al Menor, el 19 por 100 de la población española confiesa haber sufrido algún tipo de maltrato sexual en la infancia. En la Memoria de 1994 de la Fiscalía de Menores se recogen 3.000 agresiones y más de 1.300 violaciones; por supuesto, hay muchos más casos no denunciados, que suceden dentro de las familias y nunca salen de allí.

El marido de Teresa, Antonio, aprovechaba las horas que Teresa trabajaba como camarera. Dice Teresa que los niños pasaron años sin hablar casi, tristes sin que nadie supiera por qué y pidiéndole cada mañana que se quedara en casa porque tenían miedo. Contaron las violaciones de que se acusa a su padrastro sólo a su primo y después al juez. Con su madre les puede la vergüenza. Pasa casi siempre. En el teléfono del niño, una línea 900 que puso en funcionamiento la Asociación Nuestro Hogar, se han recibido 7.000 llamadas de menores (en menos de dos años) que sufrían acosos, abusos o violaciones. La mayoría en su casa. Casi todos con muchas dificultades para denunciarlos. Detrás de una serie de llamadas que parecían bromas se escondía una niña violada repetidamente por sus cuatro hermanos. Según la Asociación Nuestro Hogar, la mayoría de las madres saben y consienten este tipo de acciones.

[1] *El Mundo,* domingo 29 de septiembre de 1996.

Caso 2: ¿La familia? Mal, gracias[2]

El concepto clásico de familia parece estar en vías de extinción. En la Unión Europea, un 10 por 100 de los individuos vive solo, un 6 por 100 en familias con un solo padre y un 28 por 100 de los menores de 30 años viven en pareja sin estar casados. Se calcula que 5,6 millones de niños en la Unión Europea (UE) crecen sin el padre o la madre, es decir, en familias monoparentales.

En la UE, el 90 por 100 de las parejas está casada, pero si consideramos los menores de 30 años, observaremos que un 10 por 100 de las parejas griegas o portuguesas viven sin casarse, mientras que en Dinamarca la cifra asciende hasta el 70

[1] *El Mundo,* domingo 29 de septiembre de 1996. *ABC,* sábado 2 de noviembre de 1996.

TABLA V.1

Datos sociodemográficos sobre la familia en la Unión Europea

País	Esp.	Ale.	Bél.	Din.	Fra.	Gre.	Hol.	Irl.	Ita.	Lux.	Por.	RU	UE
Hogares de una persona	4	14	11,9	21,9	11,2	6,7	13,7	6,6	7,5	10	4,4	11,1	10,3
65 años y más	2,4	5,9	5,2	8,3	4,8	3,3	5,2	3,5	4,2	3,7	2,8	6	4,8
De 30 a 64 años	1,4	6,3	5,2	8,8	4,3	2,2	5,3	2,5	2,9	5,2	1,4	4,2	4,2
Menos de 30 años	0,2	1,8	0,9	4,8	2,1	1,2	3,3	0,6	0,4	1,2	0,2	1	1,3
Familias monoparentales	5,8	2,5	7,3	6,4	6,8	3,8	5,3	8,7	6,2	4,5	6,2	8,8	5,8
Un hijo de menos de 16 años	0,7	1,2	3,1	3,9	2,8	1	1,9	2,7	0,9	1,2	1,2	4,7	2,1
Un hijo de más de 16 años	5,1	1,3	4,1	2,5	4,1	2,9	3,4	6	5,3	3,3	5	4	3,7
Padres sin hijos	10,8	16,7	20,4	25,9	20,9	14,7	25,1	8	14,8	19,1	11,6	21,1	17,3
Con un pariente de más de 65 años	5,8	6,9	9,4	8,2	8,9	7,7	7,9	3,5	7,2	6,7	6,7	7,9	7,4
Con dos parientes de menos de 65 años	5	10	10,9	17,7	12	7	17,2	4,5	6,6	12,4	4,9	13,3	9,9
Parejas con hijos	61,8	53,7	55,7	43,8	55,8	53,9	54	64,1	58	51,4	59	49,8	55,2
Un hijo de menos de 16 años	8,8	7,4	9,3	8,1	9,6	7,3	5,5	4,8	7,2	8,5	11	7,8	8
Dos hijos de menos de 16 años	14,6	12,6	13	14,5	14,3	17,9	17,3	10,9	11,7	13,9	12,3	14,2	13,6
Tres o más hijos de menos de 16 años	4,5	6,1	8,1	5,1	8,2	4,2	9,8	17,4	5,1	7,3	4,6	8	6,7
Un hijo de más de 16 años	33,9	27,5	25,3	16	23,7	24,5	21,4	31,1	34,1	21,7	31,1	19,8	26,9
Otros hogares	17,7	13	5,4	2,1	5,3	21	1,9	12,6	14,5	15	18,9	9,2	11,4
Sin vínculos familiares	17,1	12,2	4,5	1,3	4,3	20,3	1,2	11,2	12,3	13,2	18,4	5,8	9,9
Con vínculos familiares	0,6	0,8	0,9	0,8	1	0,7	0,7	1,4	2,2	1,7	0,5	3,4	1,5

por 100. Como se ha comentado, la media europea es del 28 por 100. Un 17,3 por 100 de los matrimonios vive en casa sin hijos.

En España, las parejas con hijos constituyen un 61,8 por 100, las parejas sin hijos un 10,8 por 100, las familias con un solo padre un 5,8 por 100, los hogares con una sola persona un 4 por 100, y los otros tipos de hogares (con o sin vínculos familiares) un 17,7 por 100.

Mientras que en España, a pesar de ser el país del mundo con menor índice de natalidad, el concepto de familia sigue estando muy arraigado, en países como Gran Bretaña el concepto clásico de familia remite rápidamente. Los ingleses tienen el récord europeo de divorcios; la tercera parte de los niños ingleses son hijos de relaciones rotas. Un 34 por 100 de los niños que nacieron en 1995 en Inglaterra y Gales eran hijos de madres solteras. Cada vez hay más mujeres que prescinden de la maternidad. Vivir en solitario es cada vez más común en el Reino Unido; uno de cada cuatro hogares está ocupado por personas solas (un total de más de

Figura V.3.—En España las familias han pasado de ser bastante numerosas a mostrar el menor índice de natalidad de todo el planeta. Además de este cambio numérico, también se han producido modificaciones en los hábitos de vida familiar, especialmente en las grandes ciudades. En principio, estos cambios podrían influir en la conducta de las personas.

seis millones de personas). John Haskey interpreta este tipo de datos como el fruto de un pujante individualismo y de una mayor tolerancia de la sociedad británica hacia pautas alternativas de comportamiento demográfico. La tendencia hacia la variedad de pautas es el aspecto más significativo del cambio social desde la Segunda Guerra Mundial.

Estos datos contrastan con la ola de indisciplina y violencia en las escuelas públicas británicas. A comienzos de noviembre de 1996 se habían cerrado dos escuelas, había amenazas de huelga por parte de los docentes, protestas de los padres por el fracaso del sistema y una división de opiniones en el Gobierno de John Major sobre la vuelta o no a la escuela del castigo corporal.

Las puertas se cerraron por indisciplina en un colegio de Halifax. Los docentes habían llamado a la huelga caso de no expulsar a 60 niños calificados de gamberros peligrosos; estos docentes habían sido previamente agredidos por los alumnos.

Días antes, la escuela Manton, de Worksop, se vio obligada a cerrar por la indisciplina de un niño de diez años, Mathew, al que los profesores habían calificado de inteligente pero ingobernable. El director de Manton escribió a los padres diciendo que la presencia de Mathew en el centro impedía garantizar la seguridad y la salud en el centro: los padres respondieron que no era bueno discriminar a un pequeño de diez años y darle clases de forma aislada.

Todo esto sucedía unos días después de que se declarara culpable a un adolescente del asesinato del director de escuela Phillip Lawrence, acuchillado en un colegio del norte de Londres mientras intentaba resolver una disputa entre uno de sus alumnos y otros jóvenes ajenos a las instalaciones.

El Gobierno de John Major estudia actualmente un cambio legislativo para devolver la disciplina a la escuela, mientras su ministra de educación defiende la vuelta del castigo corporal a las aulas.

Caso 3: Los sex-shops rusos hacen su particular agosto en las cárceles de todo el país[3]

Las autoridades penitenciarias rusas han encontrado un método infalible para reducir drásticamente el número de altercados sexuales que se producen en alguna de las prisiones del país. La medida ha levantado una gran polémica entre la opinión pública local, aunque sus defensores justifican la puesta en marcha de esta medida con los números en la mano. Desde hace unas semanas, muñecas hinchables, vaginas artificiales y conso-

[3] *ABC*, domingo 25 de agosto de 1996.

ladores sexuales de diversa naturaleza hacen furor entre los presos.

Hace algunos meses, un sex-shop de Moscú recibió la visita del alcaide de la prisión de Vladimir. El alcaide compró cinco muñecas hinchables; al cabo de tres días regresó para comprar otras cinco muñecas. En esta segunda visita, el alcaide le comentó a la dueña del sex-shop quién era y qué estaba haciendo con las muñecas.

La dueña del sex-shop contactó entonces con otras prisiones y sugirió la idea a los correspondientes alcaides. Actualmente la práctica se ha extendido por varias prisiones rusas. Los funcionarios de las prisiones están satisfechos una vez analizados los primeros resultados, aunque protestan por la falta de medios económicos para aplicar la idea entre un mayor número de reclusos.

Los resultados indican que se ha reducido de modo muy significativo el número de violaciones y otros crímenes de origen sexual, bastante frecuentes en las prisiones rusas.

Caso 4: No quería que se fueran con su madre[4]

Los agentes municipales se habían desplazado a la zona para comprobar el alcance de un pequeño incendio forestal que resultó no tener importancia. De vuelta a Pollença, advirtieron la presencia de un hombre que parecía querer lanzarse al vacío. Ruedeger no ofreció ninguna resistencia Manifestó que estaba allí porque tenía un problema muy grande y entregó una fotocopia de su pasaporte.

En el cuartel confesó verbalmente lo que había reconocido por escrito: «Maté a mis hijos porque no quería que se fueran con su madre». Ruedeger relató el asesinato de los pequeños Katherina y Matthias: insistió en que el viaje al sueño eterno fue breve y en que los niños, anestesiados para siempre, no sufrieron nada.

Los movimientos de Ruedeger, un hombre fracasado profesional y sentimentalmente (el traumático divorcio de su última mujer le sumió en una profunda depresión) han resultado ser tan imprevisibles, como ya lo supusieron el pasado viernes algunos de los investigadores del caso.

Con una frialdad que produjo escalofríos a sus captores, Ruedeger relató brevemente, pero con precisión, cómo había acabado con la vida de sus dos hijos. A los críos los mató primero dándoles un somnífero muy fuerte. Lo bebieron, se acostaron y a los seis minutos el más pequeño murió. La niña aún estaba viva y le puso una inyección. Al ver que no moría y movía los brazos, volvió a inyectarle veneno, y al cabo de dos minutos falleció. Ruedeger se mantuvo sereno y tranquilo en todo momento, dando una imagen muy alejada del hombre que tiene todo perdido y sólo piensa en suicidarse.

Caso 5: Marc Dutroux, un traficante de carne humana[5]

Marc Dutroux, el principal inculpado en el secuestro y muerte de las niñas de ocho años, Julie y Melissa, en Bélgica, es considerado por expertos en la materia como un psicópata amoral, cuyos delitos pederastas eran guiados por un interés comercial sin ningún sentimiento de culpa. La indiferencia y la falta de sensibilidad son los principales rasgos de personalidad de este personaje, hijo de profesores y casado en segundas nupcias con una maestra.

Los retratos psiquiáticos de Dutroux muestran rasgos de su infancia y madurez, que reflejan una vida turbulenta con numerosos traslados de vivienda y la ausencia total del amor de sus padres. El carácter de su padre, Victor, era colérico hasta el punto de que en una ocasión lanzó al director de la escuela contra una vitrina de cristal. Entre las aficiones de Victor se encontraban la política y las mujeres, con las que tenía un comportamiento sexual «volcánico». Acabó internado en un centro psiquiátrico en los años ochenta y ahora vive en una ermita cerca de Gante.

Jeanine, madre de Dutroux, también maestra, tenía una personalidad más afable, pero su actitud res-

[4] *El Mundo*, 8 de septiembre de 1996.

[5] *ABC*, domingo 25 de agosto de 1996.

pecto a sus hijos era bastante indiferente. Hace ya años que rompió totalmente las relaciones con él.

Esta situación familiar hizo de Dutroux un niño solitario, poco interesado por sus estudios, pero no llegó a presentar problemas de disciplina. Hasta los 17 años no se le conocieron relaciones sentimentales. Sin embargo, en la adolescencia cometió algunos delitos como el tráfico de fotos pornográficas entre sus compañeros de colegio.

Se casó a los 20 años con su primera mujer, y fue entonces cuando empezó a llamar la atención de sus vecinos por los escándalos y las peleas que tenía con ella. En 1984 volvió a casarse, y ese mismo año fue detenido por primera vez acusado de robar y torturar a una mujer de 50 años. Tras varios años regresó a prisión acusado de secuestro y violación, delitos cometidos con cinco jóvenes de 12 a 19 años. Sólo cumplió tres años de una condena original de 13 años; en 1992 salió en libertad.

Desde su puesta en libertad hasta su captura realizó al menos seis secuestros de niñas, entre ellas Julie y Mellisa, que aparecieron enterradas en el jardín de su casa. Según el procurador general de Mons, Dutroux era ante todo un traficante de carne humana, inteligente, organizado, que se colocó deliberadamente al margen de la sociedad.

Comentario

Estos casos son simples ejemplos de conductas desviadas en algunos casos y del ingenio común en otros. El tráfico de niños, el asesinato de la propia descendencia, la reducción del número de agresiones en las prisiones, la violencia en la escuela, los hábitos de vida en familia o el abuso de menores, son temas con un gran impacto social.

Posiblemente no haya nada peor visto por nuestra sociedad que los abusos infantiles. Sin embargo, es un acto delictivo relativamente frecuente. ¿Por qué parece haber tantas personas deseosas de tener relaciones sexuales con niños?

Hace algún tiempo tuvimos en nuestro país el escándalo del caso Arny, en el que aparte de algunos personajes famosos se suponía que estaba implicado el juez tutelar de menores. Desde luego, en la sociedad no hay modelos que inviten a desear sexualmente a los niños, sino más bien todo lo contrario. Entonces, ¿por qué se dan ese tipo de actos?, ¿por qué hay un tráfico mundial de niños, extendido incluso a la red Internet?, ¿por qué se producen cientos de películas pornográficas cuyos protagonistas son niños? Ya podría sorprender que sea tan alta la producción de películas sexualmente explícitas para adultos, pero lo que desde luego resulta llamativo es el mercado internacional de niños.

Una manera de explicar este tipo de conductas puede ser considerar que las personas tienen unas disposiciones temperamentales innatas que les permiten actuar sin considerar los posibles castigos sociales. Un padre que viola repetidamente a sus hijas sabe que su acción es cuestionable, aparte de socialmente punible, y, sin embargo, lo hace. Esas conductas quizá se puedan explicar por una dispo-

Figura V.4.—En julio de 1997 la policía desarticuló una red de pederastas en Barcelona. En un piso se encontraron diapositivas, vídeos y distinto tipo de material pornográfico relacionado con niños de entre cinco y catorce años. Una de las preguntas que se hacen los ciudadanos es: ¿son las personas que se dedican a estas actividades enfermos mentales?, ¿son simplemente personas subyugadas por sus bajos instintos? La psicología no puede por el momento dar una respuesta satisfactoria a preguntas tan complejas como éstas.

sición genética del padre a hacer lo que le viene en gana, es decir, por problemas temperamentales para inhibir y controlar sus acciones (Lykken, 1995).

Por supuesto, esta habilidad para controlar la propia conducta se puede aprender, pero eso exige unos padres con las destrezas adecuadas para enseñar al niño a controlar sus acciones. Si un niño con un temperamento difícil de educar crece en un entorno familiar poco estructurado, no aprenderá a controlar sus arranques temperamentales y los resultados que se pueden encontrar cuando es adulto están recogidos en algunos de los casos reales narrados.

Según Lykken (1995) las habilidades paternas para educar a los niños son menos necesarias cuando el niño es criado por los dos padres y cuando el temperamento del niño es fácilmente maleable. La figura del padre suele llevar asociada el sello de la disciplina, es decir, las acciones dirigidas a controlar las acciones del niño. Sin embargo, cada vez hay más familias monoparentales, es decir, entornos en los que sólo uno de los padres cría a su descendencia. Aquí se han presentado algunos datos sobre la familia en la Unión Europea y el resultado puede, en algunos casos, ser llamativo.

En resumen, la conducta desadaptada no parece poder explicarse únicamente a partir de las influencias del entorno sociocultural. Las disposiciones de la persona son tan importantes como el impacto ambiental. En principio, las explicaciones que se puedan ir desarrollando deberían considerar las relaciones entre las disposiciones personales y las experiencias ambientales (Lykken, 1995).

2. ALGUNOS DATOS SOBRE LOS TRASTORNOS MENTALES

Según la Organización Mundial de la Salud (OMS), más de 1.500 millones de personas en todo el mundo padecen algún tipo de trastorno mental, es decir, 3 de cada 10 habitantes del planeta Tierra. Esto supone que hay más enfermos mentales que enfermos de cáncer o con problemas cardiovasculares. De entre todos los males de la humanidad, los psicológicos son los más extendidos, y de esta gran cantidad de personas con trastornos mentales, sólo el 1 por 100 recibe tratamiento psicológico.

Según la OMS, el enfermo mental es aquella persona que sufre algún tipo de trastorno neuropsiquiátrico o del comportamiento, incluyendo las personas que abusan del tabaco, el alcohol, los fármacos o cualquier clase de droga.

Según las estadísticas de la OMS, 740 millones de personas padecen trastornos del ánimo o de ansiedad, 250 millones de personas sufren trastornos de la personalidad, 60 millones de personas tienen retraso mental, 45 millones de personas padecen esquizofrenia y 25 millones de personas sufren demencia (esta cifra puede ascender a 80 millones en el año 2025).

Las tres cuartas partes de los enfermos mentales se concentran en los países en vías de desarrollo, lo que puede explicar que sólo el 1 por 100 de las personas con trastornos mentales reciba tratamiento psicológico. Así por ejemplo, en África no hay más de 100 profesionales para atender a una población de 180 millones de habitantes.

La Unión Europea destina un 20 por 100 del gasto sanitario a las enfermedades relacionadas con el sistema nervioso, pero sólo el 5 por 100 del dinero destinado a investigación se dirige hacia este tipo de enfermedades. Por tanto, será muy complicado avanzar en la comprensión científica de las enfermedades mentales.

Uno de los elementos más importantes en nuestra civilización es el denominado estrés, es decir, las situaciones ambientales que producen una tensión personal nociva. Estas situaciones de estrés se producen en el trabajo y en los hogares, fundamentalmente.

En este sentido, parece que las mujeres sufren mayores presiones en el trabajo que los hombres. Estas condiciones laborales aumentan la probabilidad de sufrir depresiones, ansiedad, desórdenes digestivos, drogadicción y alcoholismo. Estos desórdenes mentales son provocados por situaciones que, en su mayoría, se pueden (y deben) evitar, tales como la discriminación y el acoso sexual. Las denuncias son, sin embargo, bastante escasas, puesto que la mujer parece temer posibles repre-

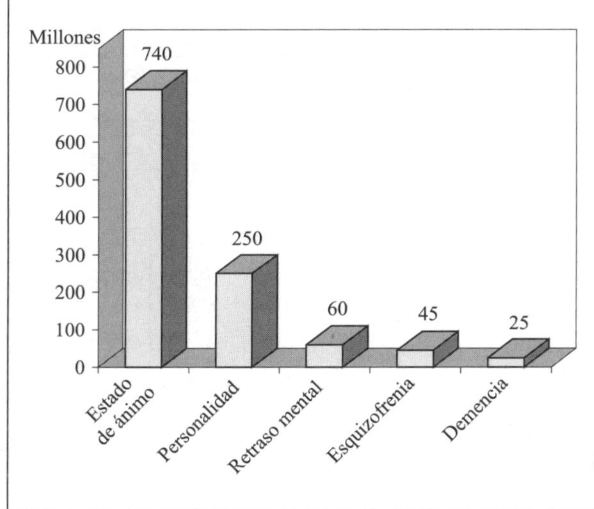

Figura V.5.—Representación gráfica de la frecuencia mundial de los principales trastornos mentales, según la Organización Mundial de la Salud.

Figura V.6.—La mujer se está implicando cada vez con mayor intensidad en todas las ocupaciones activas en nuestra sociedad. Sin embargo, las exigencias sobre la mujer son más altas que las respectivas de los varones. Por otro lado, los salarios de las mujeres son claramente inferiores a los salarios de los varones, a pesar de que realicen exactamente el mismo tipo de trabajo. Por tanto, hay que seguir trabajando para que estas situaciones de desigualdad se eliminen lo antes posible.

salias, a sabiendas de que el sistema judicial se manifiesta bastante permisivo en estos casos. Por supuesto, a esta desventajosa situación laboral se le deben añadir las tareas domésticas. La unión de las situaciones laboral y doméstica multiplican los factores estresantes en el caso de la mujer.

En España, hay ocho millones de personas descontentas con sus trabajos (es decir, la mitad de la población activa) y tres millones padecen trastornos producidos por el estrés laboral. Un 43 por 100 de la población activa española sufre fatiga laboral, debida a la repetición rutinaria de tareas, el aislamiento del resto de los trabajadores, el ambiente de trabajo, el ruido y las presiones para rendir a un nivel excesivamente alto.

Es sabido que el estrés es un gran factor de riesgo en problemas como el absentismo y los accidentes laborales. Cada año se pierden en nuestro país hasta 13,1 millones de días de trabajo, lo que supone un coste de unos 162.641 millones de pesetas. En 1992 sucedieron 9.389 accidentes laborales en España. Además, las tasas de accidentes laborales por estrés son mayores en las empresas pequeñas que en las grandes empresas (130 por 1.000 frente a 90 por 1.000).

Una de las conclusiones derivadas de estos datos es que las empresas deberían invertir en la salud mental de sus empleados. En Estados Unidos el coste de los trastornos depresivos supone más de cinco billones de pesetas, de modo que, en buena lógica, los sistemas de prevención psicológica en la empresa serían tanto rentables para la propia productividad como beneficiosos para los trabajadores mismos.

En un estudio realizado por Christopher Murray y Alan López, publicado en la revista *Science* en 1996, y patrocinado por el Banco Mundial y la OMS, se explora cuáles serán las principales causas de mortalidad mundial en el año 2020.

Inicialmente, Murray y López estudiaron las causas de mortalidad en 1990, a partir de una serie de 107 enfermedades y 483 secuelas mortales derivadas de esas patologías. Los resultados señalaron que las tres primeras causas de mortalidad eran las infecciones respiratorias, las enfermedades diarreicas y los trastornos originados en el periodo perinatal. La tuberculosis, el sarampión y las enfermedades congénitas aparecen entre los 10 primeros lugares. En este grupo de 10 también figuran la depresión, la cardiopatía isquémica coronaria y el accidente cerebrovascular. Los accidentes de tráfico también ocuparon un puesto importante entre estos 10 principales problemas.

Las predicciones para el año 2020 señalan un aumento de la mortalidad por cardiopatía isquémica, depresión, accidentes cerebrovasculares, enfermedades pulmonares, sida y cáncer de pulmón. Asimismo, se estima que disminuirán las muertes por infecciones respiratorias, diarreicas, malaria, sarampión, anemia y malnutrición.

Los principales factores de riesgo sugeridos en el estudio son: el tabaco, la malnutrición, la escasez de agua y su insalubridad, el sexo inseguro, el alcohol, la hipertensión, la inactividad física, el consumo de drogas y la contaminación atmosférica.

Murray y López sugieren la necesidad de incrementar notablemente las políticas de prevención, coordinadas en todo el mundo y apoyadas fundamentalmente en un sistema educativo eficaz.

TABLA V.2

Estimación sobre las enfermedades mundiales del siglo XXI *(Murray y López, 1996)*

	1990	2020
Respiración	1	6
Diarreas	2	9
Perinatal	3	11
Depresión	4	2
Corazón	5	1
Cerebro	6	4
Tuberculosis	7	7
Tráfico	9	3
Congénitas	10	13
Pulmones	12	5
Guerras	16	8
Autolesión	17	14
Violencia	19	12
Sida	28	10
Cáncer de pulmón	33	15

Nota: Los números de la tabla representan la posición que ocupa y ocupará la correspondiente enfermedad. Así, por ejemplo, los problemas de corazón pasarán del lugar 5 en importancia en el año 1990, al primer puesto en el 2020.

3. EL ESTUDIO DE LOS TRASTORNOS MENTALES

El estudio de los trastornos mentales se suele denominar psicología anormal o psicopatología. En esta última parte del manual se van a explorar una serie de cuestiones que tienen que ver con las diferencias individuales en su rango o recorrido «anormal».

En este sentido, hay algunas preguntas que son relevantes al explorar los problemas psicopatológicos:

— ¿Qué se entiende por anormalidad?
— ¿Qué distingue la anormalidad de la normalidad?

Estas dos preguntas han perseguido y aún acompañan a psicólogos y psiquiatras. Las respuestas que se han dado en el transcurso de los años han sido muy distintas, pero actualmente parece que nos acercamos a un cierto consenso, aunque en este tipo de temas es muy difícil llegar a una respuesta que se pueda considerar definitiva.

Una vez delimitado el concepto de anormalidad, y sabiendo que siempre habrá un margen de error en las decisiones que tomen tanto los investigadores como los profesionales de la salud mental, es necesario responder a otra pregunta:

- ¿En qué categorías se incluyen los distintos trastornos mentales?

Esta pregunta se corresponde con la descripción de los trastornos, es decir, con la clasificación en determinados conceptos en los que resumir los comportamientos personales que se consideran social y estadísticamente desadaptados.

Las distintas categorías se han ido modificando desde los primeros intentos sistemáticos realizados durante el siglo pasado, pero en la actualidad se suelen emplear sistemas de clasificación compartidos por una gran parte de los profesionales. En cualquier caso, los investigadores están comenzando a cuestionar la validez real, en la práctica, de estos sistemas.

Una de las preguntas más interesantes a la hora de saltar del diagnóstico al tratamiento de los trastornos mentales es la siguiente:

- ¿Cuál es el origen de los distintos trastornos mentales?

La respuesta a esta pregunta pasa por considerar tanto la biología como los sucesos vitales y sociales que se producen durante el desarrollo de las personas. Los trastornos serán el resultado de los agentes biológicos y los genes, en algunos casos, pero las condiciones de vida también serán extremadamente importantes en la explicación del origen, es decir, de la etiología, de los diferentes problemas.

El último capítulo describe los tratamientos o terapias actualmente disponibles para considerar el enorme abanico de trastornos mentales a los que el profesional debe hacer frente diariamente. Por supuesto, el hecho de que el origen de estos trastornos pueda tener un carácter biológico y social dará lugar a dos grandes tipos de terapias o tratamientos: los médicos y los psicológicos.

En principio, no hay ninguna razón para que algún tipo de tratamiento sea superior a otros. La situación más probable será una asociación entre distintos tipos de trastornos y de terapias. Sin embargo, los datos disponibles actualmente pueden resultar sorprendentes.

22 ¿Qué son las diferencias individuales anormales?

Según R. Gross (1992), «los trastornos psicológicos representan una de las fuentes más importantes de diferencias individuales» (pág. 769). Esta afirmación da lugar a que en su *Manual de introducción a la psicología,* y dentro de la parte dedicada a las diferencias individuales, se incluya un capítulo sobre «Psicopatología y Técnicas de Intervención». Por consiguiente, parece relevante que un manual sobre la psicología de las diferencias individuales estudie, al menos brevemente, este tipo de trastornos y su tratamiento.

Así, en este capítulo se pasa revista a tres cuestiones:

- Los criterios para tomar decisiones sobre la presencia de un trastorno mental.
- Los mecanismos, métodos y técnicas que se han desarrollado para garantizar la precisión de los diagnósticos realizados por los profesionales.
- Las posibles explicaciones de los trastornos que son diagnosticados diariamente en todo el planeta.

1. ESTADÍSTICAS Y SOCIEDAD

Uno de los criterios más visibles para definir la anormalidad mental es el estadístico, es decir, la anormalidad se define por la rareza estadística, por los casos extremos de una determinada característica psicológica.

De este modo, si medimos el nivel de psicoticismo u hostilidad con la escala P del *Eysenck Personality Questionnaire* (EPQ) de H. J. Eysenck, observaremos que la mayor parte de las personas tienen unas puntuaciones que se alejan o desvían relativamente poco de la puntuación media de la población. Sin embargo, algunas personas se situarán en los extremos de la distribución, es decir, tendrán un nivel de psicoticismo extremo con respecto a la población de personas a la que esos individuos pertenecen.

En cualquier caso, es posible que las personas que se alejan de manera tan dramática de la media en psicoticismo no tengan comportamientos sociales desadaptados, por lo que decir que son personas anormales tendrá, en principio, poco sentido. Así por ejemplo, las personas creativas, socialmente muy bien consideradas, suelen obtener altas puntuaciones en esa escala P, según los últimos estudios realizados por H. J. Eysenck (1995).

En igual medida, una persona con un cociente intelectual (CI) de 160 que, por supuesto, se desvía mucho de la media de la población (que es 100), difícilmente se considerará anormal, en el sentido clínico del término. Muy al contrario, por un lado, la persona estará muy orgullosa de su alta inteligencia y, por otro lado, probablemente el profesional quedará gratamente sorprendido.

Salvador Dalí y Adolfo Hitler se pueden considerar personas extraordinariamente raras, estadísticamente hablando, pero mientras que las maravillosas obra de Dalí se consideran socialmente deseables, las acciones de Hitler se consideran no sólo poco deseables, sino repudiables y condenables. Sin embargo, las personas con trastornos de ansiedad y depresión no son tan raros estadísticamente como Dalí o Hitler, pero se considera que pueden acusar un trastorno mental.

Figura 22-1.—Salvador Dalí y Adolf Hitler son personas raras estadística y socialmente. Sin embargo, sería absurdo comparar la excepcionalidad de estos dos individuos.

Por consiguiente, los criterios estadísticos pueden ser necesarios, pero desde luego no son suficientes: hay que tener en cuenta el impacto social del comportamiento de las personas. De esta manera, las personas que tienen un comportamiento social no adaptativo, deberían ser consideradas anormales. Pero también puede ser injusto calificar de anormal a una persona con un comportamiento social desviado. En algunas ocasiones, las personas pueden comportarse de modo socialmente desviado sin que esté justificado calificarlas de anormales; por ejemplo, las personas que denunciaban el comportamiento de los alemanes durante la Segunda Guerra Mundial debían ser consideradas socialmente desviadas ateniéndonos al comportamiento de la mayoría alemana en aquellos momentos, pero decir que eran personas clínicamente anormales no parece justificable.

Por si esto fuese poco, lo que la sociedad califica de desviado varía de una época a otra, de una generación a la siguiente, o de una cultura a otra. La homosexualidad puede ser un ejemplo: tolerada e incluso potenciada en Grecia, pero calificada tajantemente de desviación social en la Europa de no hace demasiados años.

En una palabra, la desviación social es un criterio tan necesario como la desviación estadística, pero en igual medida tampoco es suficiente.

2. CRITERIOS DE UNA DIFERENCIA INDIVIDUAL ANORMAL

La anormalidad es un concepto y, por tanto, puede definirse de distintos modos. El comportamiento anormal puede tener distintas formas y características. Por supuesto, no hay un único comportamiento personal que distinga la normalidad de la anormalidad. Así, los investigadores deben averiguar cuáles pueden ser los criterios más adecuados para decidir cuándo una diferencia individual se puede considerar anormal. En este sentido, la perspectiva multivariada de la psicología de las diferencias individuales parece especialmente apropiada.

Rosenhan y Seligman (1989) han sugerido algunos criterios: sufrimiento, desadaptación, violación de las convenciones sociales, falta de predicción y de control, irracionalidad, sorpresa del observador y violación de las normas morales.

Cuantos más criterios se puedan emplear para caracterizar a una persona, más próxima estará de la categoría de anormalidad, considerando tanto la vertiente estadística como la social.

- *Sufrimiento*. La mayor parte de las personas con trastornos se quejan de su presencia.

Por tanto, estas quejas se deben convertir en un criterio básico. Sin embargo, debe tenerse en cuenta que las personas abandonadas por su pareja sufren, mientras que algunos psicópatas segan vidas sin descanso y, desde luego, no parecen sufrir por ello (Hare, 1993).

- *Desadaptación*. Las conductas desadaptadas llevan a que una persona no se relacione normalmente con otras o que le sea imposible conseguir un puesto de trabajo.

La mayor parte de la conducta anormal es desadaptada. Así por ejemplo, las personas con agorafobia no pueden salir de casa por su temor a los espacios abiertos.

- *Violación de las convenciones sociales*. Una manera de decantarse por el diagnóstico de un trastorno es que la persona se comporte de modo extremadamente poco convencional, según lo que se puede esperar en ciertas situaciones.

Figura 22.2.—Tras un episodio traumático, una persona puede contraer una agorafobia, es decir, un miedo psicológico que induce síntomas físicos tales como mareos y pérdida de la consciencia simplemente al abrir la puerta de casa.

Por ejemplo, desnudarse en una clase de Psicología repleta de gente a la vez que se gritan consignas religiosas como «Ramsés es grande y yo su único profeta», puede tomarse como una conducta poco convencional. Pero decir públicamente que la Tierra gira alrededor del Sol, también se consideraba un comportamiento indeseable en la Edad Media.

- *Falta de predicción y de control*. Los comportamientos de la gente con trastornos suelen ser poco predictibles y estar fuera de control.

Por ejemplo, es poco predictible que la persona de la clase se desnude en público, y gritar consignas religiosas en medio de una clase de análisis de datos sugiere una falta de control.

Figura 22.3.—En su tiempo, las ideas de Nicolás Copérnico resultaban sumamente raras. La tesis de que el sol no girase alrededor de la tierra no podía ser aceptada. Sin embargo, su concepción fue recogida por Galileo, quien se encargó de comprobarla a partir de sus observaciones con el telescopio de su invención.

- *Irracionalidad.* La conducta de la persona con trastornos suele ser irracional e incomprensible.

Es difícil imaginar bajo qué tipo de razonamiento la persona de la clase decide desnudarse a medida que proclama a voces y reiteradamente que Ramsés es grande y él su profeta.

- *Sorpresa del observador.* Nuestra conducta está gobernada por una serie de reglas de convivencia que no siempre están escritas.

Así, por ejemplo, no mirar fijamente a la persona con la que se habla, mantener cierta distancia y llevar un atuendo apropiado a la situación, son reglas que seguimos la mayor parte de nosotros. Cuando alguien mira fijamente a otra persona, independientemente del tono y momento de la conversación, la segunda se sorprenderá (e incluso podría asustarse). Sin embargo, hay que tener cuidado con las diferencias culturales. A los españoles parece que nos gusta «pegarnos» mucho a nuestro interlocutor o darle golpecitos con la mano cuando la conversación se pone interesante. Sin embargo, un anglosajón podría sentirse bastante nervioso en situaciones como ésta.

- *Violación de las normas morales.*

Un psicópata viola bastantes reglas morales. Las normas morales suelen ser convencionales (sociales), pero también es posible que no siempre lo sean: «no matar» puede ser algo más que una norma moral resultado de una convención social.

Por supuesto, estos criterios suponen un cierto grado de subjetividad. Por tanto, valorar su presencia en la conducta de una determinada persona es bastante complicado. Entonces, ¿qué es la normalidad? Según Rosenhan y Seligman (1989), la respuesta es sencilla: la normalidad es la ausencia de anormalidad. Es decir, cuantos menos criterios se cumplan, mayor será la proximidad a la normalidad. Por consiguiente, la distinción entre diferencia normal y anormal no es de calidad, sino de cantidad. En otras palabras, la normalidad y la anormalidad se pueden situar en una misma *dimensión.*

3. MANUALES PARA EL DIAGNÓSTICO DE LOS TRASTORNOS MENTALES: PERSPECTIVA MÉDICA

La mayor parte de los psiquiatras sostienen que los trastornos mentales existen y que, por consiguiente, hay que diagnosticarlos de la manera más precisa posible para poder decidir el tratamiento más adecuado. Sin embargo, desde los años sesenta ha habido autores que han mantenido que los diagnósticos producen etiquetas sociales que pueden dar lugar a que la persona diagnosticada de, por ejemplo, depresiva, se comporte según ese diagnóstico (Scheff, 1966). En otras palabras, la etiqueta puede llevar al fenómeno de la profecía autocumplida, es decir, a que la persona asuma el rol de la etiqueta correspondiente (Eysenck, 1994).

Sin embargo, el argumento es bastante obtuso. Imaginemos que a Isabel se le hace un diagnóstico psiquiátrico y se le informa que tiene una depresión bipolar. La tesis de la profecía autocumplida requiere al menos dos cosas:

1. Para empezar, Isabel debería saber qué tipo de comportamientos o pensamientos en concreto caracterizan «técnicamente» a un paciente con depresión bipolar.
2. Pero, además, debería contrastar su estado actual con lo que ha supuesto que caracteriza a la depresión bipolar tras su primer contacto con el profesional de la salud mental.

Considerando estas dos acciones, aventurar que Isabel comenzará a comportarse como un paciente con depresión bipolar para «agradar» al terapeuta parece, por lo menos, arriesgado. Además, debe recordarse que las etiquetas siempre se colocan después de las acciones de la persona, no antes.

Ha habido bastante debate sobre el impacto del diagnóstico psiquiátrico. Por ejemplo, Thomas Szasz (1974) ha mantenido durante años que la enfermedad mental es, en realidad, un mito. Sirve para colocar en algún lugar las desviaciones sociales que no pueden ser situadas en otras categorías sociales, tales como la criminalidad. Sin embargo, ¿cómo supone Szasz que es posible que distintos profesionales decidan un tratamiento para el mismo tipo de pacientes? ¿Cómo sugiere Szasz que deberían comunicarse los profesionales de la salud mental? ¿Quizá a través de un lenguaje de signos cifrado?

El estudio clásico de Ronsehan (1973) fue pionero en mostrar algunos de los supuestos problemas del etiquetado psiquiátrico. En ese estudio, cinco hombres y tres mujeres, completamente normales y colaboradores de Rosenhan, trataron de ser admitidos en 12 hospitales psiquiátricos distintos. Se quejaban de que escuchaban voces descritas por ellos como «vacías», «huecas», y «sordas». A pesar de que éste fue el único síntoma que describieron, siete de los colaboradores fueron diagnosticados de esquizofrénicos (un trastorno que supone graves perturbaciones del pensamiento, la emoción y la conducta, como luego veremos), mientras que el octavo colaborador fue diagnosticado de psicosis maniacodepresiva (un trastorno que supone constantes cambios de humor, como también veremos después).

Una vez admitidos en los correspondientes hospitales, todos ellos dijeron sentirse mucho mejor y no padecer ya el síntoma (es decir, ¡ninguno de ellos sufrió de profecía autocumplida al ser etiquetados con categorías diagnósticas!). Sin embargo, tardaron una media de 19 días en ser dados de alta. El informe de alta decía: «Esquizofrenia en remisión». Por tanto, se daba por hecho que podían volver a aparecer los brotes esquizofrénicos en un futuro.

En una segunda fase del estudio, Rosenhan (1973) informó al personal de un hospital que una serie de personas normales (colaboradores suyos) iban a intentar ser admitidos alegando síntomas de esquizofrenia. Aunque no apareció ni un solo colaborador por el hospital, un total de 41 pacientes reales fueron diagnosticados como colaboradores de Rosenhan (con total seguridad) por al menos un profesional de la institución.

A pesar de estos espectaculares y llamativos resultados, el estudio de Rosenhan (1973) no es metodológicamente demasiado pulcro. Seymour Kety (1974) hizo la siguiente crítica:

> «Si me bebo medio litro de sangre y acudo a emergencias vomitándola, la conducta del personal del centro sanitario será bastante predecible. Si me diagnostican una úlcera y se me da un tratamiento acorde con el diagnóstico, será injusto concluir que la ciencia médica no sabe diagnosticar».

Por consiguiente, ¿se puede criticar a los psiquiatras por no estar vigilantes ante la posibilidad de que personas normales quieran ser admitidos en su institución?

En cualquier caso, el estudio de Rosenhan (1973) sí mostró que una vez la persona es diagnosticada de esquizofrénica, su estatus social se degrada automáticamente. Cuando los colaboradores de Rosenhan solicitaban información sobre su caso a las enfermeras o a los psiquiatras, se ignoraba la pregunta en un 80 por 100 de las ocasiones.

3.1. DSM: Diagnostical and Statistical Manual of Mental Disorders

Los psiquiatras han creído que no hay diferencias sustanciales entre las enfermedades físicas y las mentales. En medicina, una enfermedad física se identifica a partir de una serie de síntomas. Por tanto, el diagnóstico médico consiste en averiguar si el paciente muestra los síntomas propios de un determinado tipo de enfermedad o síndrome.

Sin embargo, hay bastantes autores que consideran que esta aproximación puede no ser demasiado útil para los trastornos mentales. De este modo, mientras el origen de las enfermedades físicas suele ser conocido con bastante precisión, éste no suele ser el caso de las enfermedades mentales.

El sistema de clasificación más usado, incluso por los psicólogos clínicos, e inspirado por la medicina, es decir, el DSM *(Diagnostical and*

Statistical Manual for Mental Disorders), resulta bastante criticado metodológicamente por su baja fiabilidad y validez, entre otras cosas (Costello, 1996).

En cualquier caso, tratar de diseñar un sistema de alta calidad para clasificar los trastornos mentales es relevante para:

- Ayudar a decidir entre distintos métodos de tratamiento. Sería por lo menos muy arriesgado tratar a una persona sin haber realizado previamente un diagnóstico fiable y válido.
- Averiguar las causas de los trastornos. No parece deseable tratar a cada paciente como un ser aparte y aislado de los demás. Entre distintos pacientes habrá ciertas cosas en común que ayudarán tanto a su diagnóstico como a su tratamiento.

Por supuesto, el punto de partida para diagnosticar a un paciente es identificar sus síntomas. Pero un primer problema es que el mismo síntoma se puede presentar en distintos trastornos, es decir, hay síntomas comunes a distintos síndromes. Así, la ansiedad es un síntoma presente en el trastorno de ansiedad, el trastorno obsesivo-compulsivo y las fobias. En una palabra, los sistemas de clasificación estudian síndromes, es decir, conjuntos de síntomas que aparecen vinculados o relacionados (técnicamente, que covarían).

Uno de los mayores problemas de los sistemas clasificatorios es que resulta raro que distintos pacientes tengan exactamente los mismos síntomas. Así, dos pacientes diagnosticados de esquizofrenia no comparten todos los síntomas del supuesto síndrome; en ocasiones, la desviación del «esquizofrénico ideal» o estándar puede ser alarmante. Y para discernir entre las distintas posibilidades, el usuario de los DSM sólo cuenta con síntomas que se asignan o no se asignan al paciente: *o es ansioso o no lo es.*

El primer DSM, editado por la *Asociación Americana de Psiquiatría,* es de 1952. El DSM-II, es decir, la revisión de la primera edición, se publicó en 1968. Spitzer y Fleiss (1974) estudiaron la fiabilidad del DSM-II, concluyendo que los únicos trastornos con alguna fiabilidad de diagnóstico eran el retraso mental, el alcoholismo y el síndrome orgánico cerebral.

Una de las principales causas de la escasa fiabilidad del DMS-II fue su vaga definición de conceptos. Las sucesivas vesiones (DSM-III, 1980, DSM-III-R, 1987, y DSM-IV, 1994) han tratado de corregir esta imprecisión. Uno de los mayores cambios de las versiones III y III-R es que sustituyen los juicios del profesional por supuestas observaciones directas de los síntomas; en alguna medida, estos sistemas se hacen más descriptivos y menos explicativos, es decir, menos teóricos.

La estructura básica de las últimas versiones del DSM incluye cinco ejes (caso del DSM-III-R) que se deben considerar simultáneamente al realizar un diagnóstico, al decidir un tratamiento y al tratar de predecir los resultados de la intervención terapéutica:

- Eje I: Trastornos clínicos. Algunos ejemplos de estos trastornos clínicos son la esquizofrenia, los trastornos del estado de ánimo, la ansiedad, los trastornos disociativos, los trastornos de la alimentación, así como una serie de enfermedades médicas que parecen guardar relación con los trastornos mentales.
- Eje II: Trastornos de la personalidad. La diferencia entre los trastornos del eje I y los de este eje II es que comienzan en la infancia o en la adolescencia, y continúan en la edad adulta. Algunos ejemplos son: paranoide, esquizoide, antisocial y límite *(borderline).*
- Eje III: Trastornos físicos. Problemas médicos vinculados a determinados trastornos mentales incluidos en los dos ejes anteriores. Por ejemplo, inmunodeficiencias y problemas del sistema respiratorio, circulatorio o nervioso.
- Eje IV: Estresores sociales. Los estresores pueden ser agudos (por ejemplo, una crisis transitoria como la muerte de un hijo) o crónicos (por ejemplo, vivir en solitario durante muchos años). La idea es valorar la severidad de estos estresores en una escala de 6 puntos (1 = ausencia completa de estresores, 6 = estresores catastróficos, como el suicidio de la pareja).

TABLA 22.1

Resumen de los trastornos mentales del DSM-IV

Eje I: Trastornos clínicos.	Infancia, niñez y adolescencia. Delirium, demencia, trastornos amnésicos. Enfermedades médicas. Sustancias. Esquizofrenia. Estados de ánimo. Ansiedad. Somatomorfos. Facticios. Disociativos. Sexuales. Alimentación. Sueño. Control de impulsos. Adaptativos.
Eje II: Trastorno de personalidad. Retraso mental.	Paranoide. Esquizoide y esquizotípico Antisocial. Límite *(borderline)*. Histriónico. Narcisista. Evitación. Dependencia. Obsesivo-compulsivo.
Eje III: Enfermedades médicas.	Infecciones y parásitos. Neoplasias. Inmunodeficiencias. Endocrinas, nutricionales y metabólicas. Sistema nervioso. Visión. Sistema circulatorio. Sistema respiratorio. Sistema digestivo. Sistema musculoesquelético. Sistema genitourinario. Piel. Embarazo, parto y puerperio. Patología perinatal. Anomalías cromosómicas. Heridas y envenenamientos.
Eje IV: Problemas psicosociales y ambientales.	Grupo primario de apoyo. Ambiente social. Enseñanza. Laborales. Vivienda. Económicos. Servicios de asistencia sanitaria. Sistema legal y crimen.

Nota: Los datos y resultados del texto no tienen por qué corresponderse con la clasificación presentada en esta tabla. Dado que el DSM-IV es relativamente reciente (1994) las investigaciones son más numerosas y concluyentes sobre la versión anterior (DSM-III-R), como se comenta en el volumen coordinado por Charles Costello (1996).

Hay escalas distintas para niños, adolescentes y adultos.

— Eje V: Evaluación global del funcionamiento actual de la persona y durante el año anterior al episodio. Este eje supone evaluar las áreas psicológica, social y laboral. La escala va de 0 a 90. En el extremo inferior (0) se evalúa la posibilidad de que el paciente pueda autolesionarse o haga daño a los demás. En el extremo superior (90) se evalúa una gran satisfacción con la propia vida, la presencia de síntomas mínimos (por ejemplo, una ansiedad media por buenas razones, como la inminencia de un período de exámenes) o una implicación significativa en muchas actividades sociales. Cuando las personas se recuperan de este tipo de trastornos, suelen volver a su nivel de funcionamiento óptimo habitual.

Una taxonomía o sistema de clasificación debe ser fiable y válida. Comprobar la fiabilidad de una taxonomía exige que los distintos profesionales estén de acuerdo al diagnosticar un trastorno, mientras que la validez es algo más complicado. La validez debe demostrarse a través de tres vías:

1. Validez etiológica, es decir, sobre el origen del trastorno. Esta validez es alta cuando la causa de un trastorno es la misma en todos los casos.
2. Validez descriptiva. ¿En qué medida los pacientes situados en distintas categorías son, en realidad, distintos?
3. Validez predictiva. ¿En qué medida se puede predecir el desarrollo y resultado de un tratamiento prescrito según un determinado diagnóstico?

La fiabilidad de las últimas versiones del DSM es pobre en los ejes I, II y IV, mientras que no parece haber demasiada información sobre los ejes III y V. Una explicación de estos problemas de fiabilidad es que la base del diagnóstico es la información que da el propio paciente, y, como es lógico, esta información es poco fiable por naturaleza. Por otro lado, la situación de entrevista en la que el profesional recoge la información abre la puerta a la participación de variables no controladas.

Un estudio de Temerlin (1970) demostró la existencia de este tipo de variables. Estudiantes de psiquiatría y psicología escucharon una casete en la que se entrevistaba a un hombre que decía disfrutar de su trabajo, estar felizmente casado y tener unas relaciones sociales estupendas. Tras escuchar la cinta, una autoridad académica en la materia les sugería a los estudiantes que, en realidad, la persona era un neurótico, un psicótico o una persona saludable. Posteriormente, al emitir sus propios diagnósticos, los estudiantes se mostraron muy influidos por la opinión de la autoridad académica, desechando o manipulando información que habían recogido a partir de la entrevista.

Por otro lado, encontrar la causa de un trastorno mental es una tarea muy compleja. Además, la mayor parte de los trastornos mentales suelen estar causados por muchas variables, y su importancia relativa en cada paciente será muy probablemente distinta. Es decir, la combinación de variables puede ser particular de cada paciente.

En cualquier caso, parece que los factores genéticos son una parte relevante en la etiología o el origen de la esquizofrenia y de la depresión maniaca o bipolar. Pero incluso en el caso de estos dos trastornos, no sabemos cuáles son las variables ambientales que pueden ejercer una influencia causal, ni sabemos cómo los mismos factores ambientales influyen en distintos pacientes (Eysenck, 1994).

Como se ha comentado, una de las mayores limitaciones de la validez de este tipo de sistemas de clasificación es que hay varios síntomas que aparecen en varios síndromes. Este solapamiento de los síntomas difumina la distinción entre los síndromes o trastornos y reduce su validez descriptiva. Y, además, si no hay validez predictiva, ¿dónde está su utilidad real?

La validez predictiva de los DMS es bastante pobre. Un modo de evaluar la validez predictiva es averiguar en qué medida un paciente diagnosticado de «X» puede ser tratado a partir de una única terapia. Dado que los pacientes incluidos en una misma categoría son muy distintos entre sí, el uso de una misma terapia no suele ser útil. Además, sabemos tan poco del origen de los distintos trastornos mentales que es difícil averiguar cuál es la mejor terapia. En cualquier caso, la validez predictiva es más o menos buena en algunas de las categorías. Por ejemplo, el 70 por 100 de los pacientes con depresión unipolar responden bastante bien al tratamiento con antidepresivos y el 80 por 100 de los pacientes con depresión bipolar se benefician de la administración de pequeñas dosis de litio (Eysenck, 1994).

3.2. Comentario sobre los DSM: ¿categorías o dimensiones?

La heterogeneidad o variedad de los distintos componentes de las categorías diagnósticas de los DSM es muy grande. Esto da lugar a que haya distintos modos de hacer diagnósticos y a que el nivel de acuerdo entre los profesionales se reduzca significativamente.

Así, existen 93 vías distintas para diagnosticar un trastorno de personalidad *borderline* y 149.495.616 modos distintos de diagnosticar un trastorno de personalidad antisocial (una psicopatía). Además, no hay ninguna teoría psicológica debajo de las categorías diagnósticas (Widiger, 1993a y b).

La personalidad es un elemento clave de los trastornos mentales. De este modo, el rango de depresión clínica en las personas con trastornos de personalidad oscila entre el 24 y el 87 por 100. Los síntomas de condiciones psicopatológicas situadas en el eje I, como la depresión o la ansiedad, son más graves si además hay un trastorno de la personalidad. Las tasas de recuperación usando un tratamiento con antidepresivos es del 59 por 100 en pacientes sin un trastorno de personalidad asociado, mientras que esa tasa es del 22 por 100 si el paciente muestra ese tipo de trastorno (Costello, 1996).

Una cuestión importante es en qué medida se mantienen con el paso de los meses los resultados beneficiosos del tratamiento. Sabemos que cuando el paciente no tiene un trastorno de personalidad asociado el mantenimiento es bastante mayor que cuando sí muestra ese tipo de trastorno. Por consiguiente, la presencia de trastornos de personalidad perjudica a los trastornos clínicos del eje I, y, además, reduce la respuesta positiva al tratamiento.

Los trastornos de personalidad también aumentan la tasa de intentos de suicidio. Las personas depresivas sin trastorno de personalidad intentan suicidarse con una tasa del 59 por 100, mientras que sí tienen un trastorno de personalidad asociado la tasa aumenta hasta el 92 por 100.

Los trastornos de personalidad también incrementan significativamente la probabilidad de consumir sustancias psicoactivas, es decir, drogas de diversa naturaleza (Reich y Troughton, 1988).

El diagnóstico de los trastornos de la personalidad usando el DSM-III-R (todavía no hay datos contrastados sobre el DSM-IV; Costello, 1996) es bastante poco fiable, es decir, el grado de concordancia o acuerdo en el diagnóstico realizado por distintos profesionales es muy bajo (Perry, 1992; Widiger y col., 1991). Además, la consistencia en el tiempo de los trastornos de personalidad diagnosticados resulta escasa, aunque en el manual se da por supuesta esa consistencia. No resulta extraño, por tanto, que carezcamos de un solo tratamiento que combata eficazmente por sí solo los trastornos de la personalidad (Coccaro, 1993).

Por otro lado, los constantes cambios en los criterios diagnósticos de las distintas versiones de los DSM imposibilitan una comparación a largo plazo de la eficacia real de las categorías para hacer diagnósticos fiables y válidos. Además, se producen efectos llamativos: ¡la versión DSM-III-R diagnostica un 800 por 100 más de casos de trastorno esquizoide de la personalidad y un 350 por 100 más de casos de trastorno narcisista de la personalidad, que el DSM-III! ¿Realmente dependen tanto los trastornos mentales del método de diagnóstico usado por los profesionales?

Estas y otras consideraciones llevan a los profesionales a sugerir que modelos dimensionales como los empleados por el enfoque factorial de las diferencias individuales, pueden ser más adecuados para el diagnóstico de los trastornos mentales que modelos de categorías como los empleadas por los DSM.

Una de las razones para optar por los modelos dimensionales es el gran solapamiento entre los síntomas de los diferentes trastornos de personalidad. De este modo, en un estudio se analizaron factorialmente todos los criterios previstos en el DSM-III para averiguar si los factores resultantes correspondían a los 11 trastornos de personalidad incluidos en esa versión del DSM. Los resultados señalaron que los criterios empleados para diagnosticar distintos trastornos de personalidad en realidad valoran la misma cosa. En otras palabras, los criterios son factorialmente complejos, en el sentido de que aparecen en más de un factor (Hyler y col., 1990)[6]. Este resultado es congruente con los datos analítico-factoriales de Clark, Vorhies y McEwen (1994); según estos autores, los rasgos de los distintos trastornos de personalidad son *factorialmente complejos,* es decir, aparecen en más de un factor.

Las principales razones para usar los modelos dimensionales antes que los modelos de categorías son las siguientes (Livesley y col., 1994):

- Las distribuciones de las puntuaciones en las distintas características de personalidad no son bimodales[7], sino que las distribuciones son normales. En otras palabras, no hay diferencias cualitativas o de calidad entre las diferencias individuales normales y anormales.
- Las medidas de desadaptación social de los trastornos de personalidad también se distribuyen de modo continuo.
- Los patrones de correlación entre distintos rasgos de personalidad son prácticamente idénticos en individuos con y sin trastornos.
- Las personas que presentan algunos de los criterios incluidos en los trastornos de personalidad del DSM-III-R se parecen más a los individuos diagnosticados positivamente que las personas que no se ajustan a ninguno de esos criterios. Es decir, hay una graduación de criterios, por lo que no se trata de una cuestión de todo o nada, como suponen los métodos de clasificación categorial de los DSM.
- Las medidas de la personalidad normal predicen las medidas de la personalidad anormal. Este resultado apoya la idea de que los trastornos de personalidad son variantes desadaptadas de los rasgos normales y no algo completamente distinto.
- Las estimaciones del grado de heredabilidad son similares para los rasgos de la personalidad normal y anormal.
- La estabilidad de los trastornos de personalidad es mayor cuando se usan modelos dimensionales que cuando se usan modelos de categorías.

Frances y Widiger (1986) resumen muy bien este debate científico entre modelos dimensionales y modelos de categorías:

«A medida que hacemos más atomista y estrechamente conductual la descripción de los trastornos de personalidad, perdemos y ocultamos el tipo de conceptos abstractos y más generales que resumen organizadamente esa descripción. Esto sucede, por ejemplo, en la definición de trastorno antisocial de la personalidad. Los criterios para diagnosticar este trastorno constituyen una serie simple de descriptores conductuales maravillosamente fiables, pero que definen un trastorno estrecho de validez cuestionable, quizá debido a que el rigor metodológico tiene una mayor prioridad que el uso de un concepto más abstracto y difícil de operativizar» (pág. 248).

4. ¿POR QUÉ EXISTEN LAS DIFERENCIAS INDIVIDUALES ANORMALES?

Cuando se trata de buscar una explicación sobre el origen de los trastornos hay que considerar que es bastante improbable que haya una sola causa.

[6] Los estudios más serios realizados con la metodología del análisis factorial pueden encontrarse en Clark, Vorhies y McEwen (1994).

[7] Una distribución bimodal se representa en la parte segunda de este manual (figura 5.5).

De este modo, las causas podrán ser físicas y psicológicas. Pero, además, deberá averiguarse cuál es el papel de las distintas causas en cada trastorno; así, las condiciones ambientales son importantes, pero puesto que la persona ha experimentado miles de condiciones, saber cuáles son las relevantes puede convertirse en una pesadilla para el profesional. La situación se complica con las dificultades para realizar experimentos metodológicamente impecables, por razones tanto éticas como económicas; esto lleva a la necesidad de realizar estudios correlacionales como medio para sugerir hipótesis causales.

En general, se usan tres tipos de perspectivas para explicar las diferencias individuales anormales, es decir, los trastornos mentales: médica, psicológica y vulnerabilidad personal (Eysenck, 1994).

4.1. Perspectiva médica

El origen o la etiología de un trastorno mental será muy similar a la de un problema físico. Desde esta perspectiva, hay varias posibles causas de los trastornos mentales:

- Una posible causa de anormalidad puede ser una bacteria o un virus.
- Una segunda posible causa son los genes. Estas causas se pueden investigar analizando la presencia de trastornos mentales dentro de las distintas familias.
- Una tercera posible causa reside en los mecanismos bioquímicos de las personas. Así, se ha sugerido que una de las causas de la esquizofrenia es un exceso de concentración de dopamina en el cerebro.
- Una cuarta posible causa es la neuroanatomía, es decir, la estructura del sistema nervioso. Así, la amnesia puede ser resultado de un daño cerebral tras un episodio traumático como un accidente de tráfico.

Por supuesto, si los trastornos mentales son resultado de los problemas físicos, el tratamiento consistirá en manipular las condiciones físicas corporales. Si un trastorno se debe a problemas bioquímicos de funcionamiento, deberán emplearse ciertas drogas para corregir ese mal funcionamiento; este tipo de tratamiento se aplica, por ejemplo, en los casos de esquizofrenia, ansiedad y depresión.

En cualquier caso, sabemos que una gran parte de los trastornos mentales no son causados por bacterias o virus, ni por desarreglos bioquímicos o por los genes. Una gran parte de los trastornos son producidos por estresores sociales a los que la persona se ve sometida en su vida cotidiana, como el divorcio o la pérdida del trabajo. Además, una buena parte de los trastornos se pueden tratar a través de terapia psicológica, sin necesidad de usar sustancias bioquímicas, aunque, por supuesto, ante determinados trastornos suele ser relevante combinar los dos tipos de terapia.

4.2. Perspectiva psicológica

Uno de los modelos psicológicos más influyentes en el tratamiento de los trastornos mentales ha sido el conductista. Desde este enfoque, los trastornos se consideran resultado de unas condiciones ambientales adversas. Así, una persona desarrolla un trastorno al haber estado expuesta a condiciones favorecedoras de ciertos aprendizajes nocivos.

La *terapia de conducta* se ha desarrollado para corregir los trastornos mentales. Se supone que la manipulación de las condiciones ambientales ayudará al paciente a aprender conductas útiles que sustituyan a las conductas desadaptadas aprendidas previamente. Por consiguiente, el aprendizaje produce la conducta anormal, y más aprendizaje eliminará ese tipo de conducta (Seligman, 1994).

El modelo conductual se centra en los estresores ambientales, excluyendo la posible intervención de las disposiciones personales del paciente. Pero hay datos más que suficientes que apoyan la tesis de la importancia de la disposición personal del paciente, de modo que este modelo conductual se puede considerar parcial e incompleto (Costello, 1996).

Aunque una buena parte de los psicólogos científicos rechazan el psicoanálisis como una parte de la psicología (científica), el hecho es que el psicoanálisis se ha empleado y se sigue usando como un enfoque terapéutico más (Seligman, 1995).

La tesis central del psicoanálisis es que los trastornos mentales tienen su origen en conflictos no resueltos por la persona en su infancia, y que permanecen en su inconsciente como contenidos no accesibles a la conciencia. Desde este punto de vista, los trastornos del adulto no son más (ni menos) que la aparición de esos conflictos de la infancia desde las profundas cavernas del inconsciente.

La terapia psicoanálitica consiste en una serie de técnicas para mostrar estos conflictos, dándole al paciente la posibilidad de resolverlos en la actualidad. Esos conflictos inconscientes influyen en la vida del adulto hasta el punto de producir un trastorno mental. La terapia debe poner las situaciones pasadas y presentes encima de la mesa (o el diván) para que sea la propia persona quien resuelva las tensiones con la ayuda del terapeuta.

4.3. Perspectiva de la vulnerabilidad personal

Según esta perspectiva, cualquier trastorno mental será resultado de un efecto conjunto de dos grandes variables:

- La disposición personal del paciente al trastorno. La definición de disposición tiene que ver con la herencia, pero también con los hábitos aprendidos en la vida de la persona.

Por tanto, como disposiciones se pueden considerar los aprendizajes desadaptativos a los que se refiere el modelo conductista (hábitos), así como los conflictos de la infancia no resueltos por la persona de los que habla el enfoque psicoanalítico.

- El estrés, esto es, sucesos ambientales adversos para la persona.

Por supuesto, estos dos ingredientes se combinarán de modos particulares en cada persona. Así, las personas con una gran disposición sólo requerirán mínimas condiciones de estrés para que se desencadene el trastorno mental, mientras que las personas con poca disposición necesitarán grandes dosis de estrés ambiental para desarrollar el trastorno.

Desde esta perspectiva de la vulnerabilidad personal, McKeon y col. (1984) estudiaron a pacientes con síndrome obsesivo-compulsivo, es decir, personas con acciones y pensamientos muy repetitivos. En este caso, la disposición supone una personalidad muy ansiosa; por tanto, no es necesario que el estrés sea muy alto para desarrollar el trastorno obsesivo-compulsivo. Con una muestra de pacientes, estos autores confirmaron que las personalidades ansiosas desarrollaban el trastorno con mucha mayor probabilidad que las personalidades menos ansiosas.

4.4. ¿Cuál es la mejor perspectiva?

Las distintas perspectivas han sido importantes en el diagnóstico y tratamiento de los trastornos mentales. Cada una de ellas es congruente con su manera de entender y tratar estos trastornos.

La perspectiva médica ha desarrollado terapias somáticas basadas en muchos casos en la administración de ciertas drogas. La perspectiva psicológica de carácter conductual ha llevado al desarrollo de la terapia de conducta, mientras que el psicoanálisis ha producido diversas terapias analíticas.

Sin embargo, las distintas perspectivas se pueden explicar desde el modelo de la vulnerabilidad personal, según el cual hay tres posibles causas de trastorno mental:

1. Una disposición determinada por los genes.
2. Una disposición determinada por el ambiente, es decir, hábitos adquiridos durante la vida de la persona.
3. Sucesos vitales negativos presentes que producen estrés.

M. Eysenck (1994) sugiere que la perspectiva médica se inclina por los genes, la aproximación psicoanalítica apoya una disposición ambiental, mientras que la perspectiva conductual se decanta por los sucesos vitales presentes. Por consiguiente, las tres aproximaciones teóricas deben ser necesariamente limitadas, como lo son las correspondientes terapias.

Ninguna de las perspectivas psicológicas (conductual y psicoanalítica) consideran las posibles anormalidades bioquímicas. Ni la perspectiva conductual ni la somática consideran el posible papel de los sucesos de la infancia en el origen y mantenimiento de determinados trastornos.

El resultado real en la práctica de la profesión es que la mayor parte de los terapeutas se consideran eclécticos (Seligman, 1995). Están dispuestos a usar cualquier tipo de terapia con tal de que su cliente mejore su estado actual. Pero, ¿es ésta la mejor alternativa?

SUMARIO

Este capítulo ha intentado responder a la pregunta de qué son las diferencias individuales anormales. De este modo, se han discutido los criterios estadísticos y sociales usados para definir el margen de una diferencia anormal. De especial importancia es decidirse por el uso de criterios basados en categorías o dimensiones para hacer un diagnóstico fiable y válido que sea útil para que el profesional pueda decantarse por un determinado tratamiento. Los DSM constituyen un sistema de clasificación basado en categorías diagnósticas similares a las taxonomías médicas. Sin embargo, el enfoque de las diferencias individuales sugiere que realmente no hay diferencias de calidad entre la normalidad y la enfermedad, de modo que puede ser más útil emplear teorías dimensionales que recojan todo el espectro de la variabilidad humana. Cuando nos preguntamos por el origen de las diferencias anormales, llegamos a la conclusión de que la mejor explicación supone considerar las disposiciones personales del individuo, heredadas y aprendidas durante su vida, así como el impacto de algunas condiciones ambientales presentes. Por tanto, el profesional debe averiguar cuáles de las experiencias que la persona tiene de los sucesos vitales pueden ayudar a explicar el hecho de que contraiga un trastorno mental.

Diferencias individuales anormales 23

Una distinción esencial entre trastornos mentales es la que se da entre psicosis y neurosis. Según Gelder y sus colegas (1989) esta distinción no debería emplearse porque hay muchas excepciones y no es demasiado informativa para prescribir tratamientos. Sin embargo, la realidad es que buena parte de los profesionales siguen usándola (Eysenck, 1994; Gross, 1992).

Las personas psicóticas padecen una alteración cognitiva y emocional grave que les separa de la realidad. La personalidad del individuo ha sido completamente afectada y prácticamente no se da cuenta de que tiene un problema. Además, es bastante complicado encontrar una causa concreta del problema. La esquizofrenia y la depresión bipolar (o síndrome maniaco-depresivo) son dos ejemplos de psicosis.

Las personas neuróticas se caracterizan por una alta ansiedad, pero no han perdido el contacto con la realidad. La personalidad del individuo está afectada sólo parcialmente y sabe que tiene un problema. Suele ser bastante sencillo encontrar los estresores ambientales responsables parcialmente del problema. Los trastornos de ansiedad son ejemplos de neurosis.

Además de la neurosis y la psicosis, las personas padecen trastornos de personalidad. A su vez, los niños también pueden sufrir trastornos mentales durante su desarrollo o en sus actividades usuales.

En este epígrafe se describen brevemente algunos:

— Trastornos psicóticos, como la esquizofrenia y la depresión.
— Trastornos neuróticos, como las fobias, el pánico, así como las obsesiones y compulsiones.
— Trastornos de la personalidad, como la psicopatía (o trastorno antisocial de la personalidad).
— Trastornos de la infancia, como los problemas del desarrollo y de conducta.

Figura 23.1.—En la película *Psicosis,* el maestro del suspense dirige una historia de doble personalidad. Norman Bates, un hombre tranquilo que regenta un motel, se transforma en su agresiva madre cada vez que se siente atraído por una mujer.

Además, se exponen algunos datos sobre el origen de los trastornos mentales.

Como señala Charles Costello (1996), la mayor parte de los estudios y resultados disponibles se corresponden con el DSM-III-R. Por consiguiente, en la siguiente descripción se usa casi siempre el sistema de clasificación incluido en esa versión de los DSM, así como el lenguaje usado por una buena parte de los profesionales de la salud mental. En realidad, esto no influye en la meta docente que se desea lograr aquí, es decir, presentar de una manera introductoria las características de algunos de los trastornos mentales en los que se pueden organizar las diferencias individuales anormales En la Universidad española existen asignaturas de la licenciatura de Psicología dirigidas a describir de un modo exhaustivo los trastornos mentales. Su meta es bastante distinta a la que se persigue aquí, es decir, una ilustración sencilla de las *diferencias individuales en el rango socioestadístico de la anormalidad*. Debe recordarse que el presente manual suscribe la corriente actual de las obras de Introducción a la Psicología en las que la presentación de los trastornos mentales se hace bajo la etiqueta «Diferencias Individuales».

1. TRASTORNOS PSICÓTICOS

La esquizofrenia y la depresión son dos de los trastornos psicóticos más frecuentes. En este apartado se dan algunos datos sobre ambos.

1.1. Esquizofrenia

Se calcula que un 1 por 100 de la población padece trastornos esquizofrénicos. Por tanto, en España puede haber alrededor de 400.000 personas con este tipo de trastorno. Los síntomas principales de la esquizofrenia son: problemas atencionales, de pensamiento, de relaciones sociales, motivacionales y emocionales.

El diagnóstico de una esquizofrenia exige su aparición antes de los 45 años, que los síntomas se hayan mantenido durante los últimos seis meses, que la persona muestre una ausencia de contacto con la realidad, y que tenga alterados varios procesos psicológicos.

El pensamiento de los esquizofrénicos es confuso y suelen incluir delirios. La mayor parte de estos delirios se denominan ideas de referencia. Así, el esquizofrénico puede estar obsesionado con la idea de que sus vecinos tratan de envenenarle liberando en el aire una nueva sustancia radiactiva. También puede creerse Cleopatra o un sucesor del Emperador de la Galaxia de Andrómeda.

Los esquizofrénicos tienen graves problemas de relación social. Por supuesto, éstos no parecen ser si no el resultado de perder el contacto con la realidad.

También tienen alucinaciones. Mientras que los delirios mantienen un vínculo con la realidad, las alucinaciones se producen en ausencia de cualquier tipo de estímulo externo. La mayor parte de estas alucinaciones suelen ser voces o visiones de distinta naturaleza.

En un estudio pionero de McGuigan (1966) se mantuvo que, posiblemente, las alucinaciones acústicas de los esquizofrénicos son debidas a que confunden su propia habla interna con la voz de otros seres. McGuigan (1966) observó que la laringe del esquizofrénico está activada cuando experimenta las voces que le hablan.

Muchos esquizofrénicos parecen carecer de motivaciones y emociones. Suelen sentarse completamente inmóviles sin una expresión clara en el rostro o hablando de modo completamente monótono y anodino. En general se muestran completamente apáticos.

Hay diversos tipos de esquizofrenia:

— Paranoide: delirios de persecución y/o de grandeza.
— Catatónica: cambios bruscos desde una conducta muy agitada a una inmovilidad que puede durar varias horas.
— Desorganizada: conducta bizarra. Los pacientes se comportan de manera emocionalmente inapropiada, como reír sin motivo en una película dramática o en una ceremonia fúnebre.

Figura 23.2.—¿«Tengo que pasar por esto cada vez que venimos a la costa?» Representación caricaturizada de la conducta de un esquizofrénico.

— Residual: conlleva una mala higiene personal, apatía, emociones inadecuadas y aislamiento social.
— Indiferenciada: si no se puede incluir en ninguna de las otras categorías, el diagnóstico se sitúa aquí.

Estos tipos se pueden resumir en dos:

1. Esquizofrenia tipo I: supone la presencia de delirios y alucinaciones.
2. Esquizofrenia tipo II: conlleva una reducción de la respuesta motivacional y emocional, y una escasísima capacidad de expresión verbal.

En general, el tratamiento de la esquizofrenia tipo I suele ser más prometedor que el tratamiento de la tipo II.

Siguiendo el modelo de la vulnerabilidad personal antes descrito, hay dos posibles causas de los trastornos esquizofrénicos: las disposiciones, tanto hereditarias como aprendidas, y las variables ambientales presentes.

Los datos de los estudios con gemelos y mellizos señalan hacia una disposición genética a padecer esquizofrenia. En este tipo de estudios suele calcularse el grado de concordancia, es decir, la probabilidad de que un miembro de la pareja de gemelos o mellizos desarrolle el trastorno si el otro lo ha desarrollado ya.

En el caso de los gemelos, el grado medio de concordancia es del 44 por 100, mientras que si son mellizos el grado de concordancia es del 9 por 100 (Rosenthal, 1970).

Los estudios con el diseño de adopción sugieren que los hijos naturales de madres esquizofrénicas que han sido adoptados al nacer por familias normales, tienen una alta probabilidad de desarrollar una esquizofrenia en la edad adulta (Heston, 1966).

Esta influencia de la herencia supone la actuación de ciertos mecanismos fisiológicos y bioquímicos en los trastornos esquizofrénicos. Así, se ha descubierto que las neuronas de los esquizofrénicos son muy sensibles al neurotransmisor químico denominado dopamina. Las drogas que bloquean la dopamina ayudan a la superación de algunos síntomas esquizofrénicos, en especial cuando la esquizofrenia es del tipo I.

Una buena parte de los esquizofrénicos tipo II tienen daños en la estructura cerebral y no sólo en sus mecanismos bioquímicos. Así, los ventrículos cerebrales de los esquizofrénicos tipo II tienen un tamaño excesivo comparado con sujetos normales, siendo especialmente alta la diferencia en el hemisferio cerebral izquierdo (Losonczy y col., 1986).

Una de las influencias ambientales que se ha sugerido como detonante de la esquizofrenia son las hábitos de comunicación familiar. Así por ejemplo, Mischler y Waxler (1968) encontraron que las madres se comunicaban muy poco y de modo muy distante con sus hijas esquizofrénicas, mientras que en absoluto hacían lo mismo con sus hijas normales. Esto sugiere que, posiblemente, esa pudiera ser una de las causas de los trastornos de sus hijas esquizofrénicas.

1.2. Depresión

La depresión es uno de los trastornos más frecuentes. Se caracteriza por una gran tristeza, por un rechazo de las actividades sociales, por sentimientos de desesperanza y por una gran apatía. Suele ser habitual distinguir entre depresión unipolar y depresión bipolar. También es relevante distinguir entre depresión crónica (distimia) o aguda (episódica).

Un 10 por 100 de varones y un 20 por 100 de mujeres caen en una depresión en un determinado momento de sus vidas, aunque el 90 por 100 de las personas depresivas se incluyen en la categoría unipolar. Por tanto, en España podemos contar con unos seis millones de depresivos.

Según Beck y Clark (1988) las estructuras y procesos cognitivos son parcialmente responsables de la depresión. La persona desarrolla estructuras cognitivas o esquemas negativos sobre sí misma, el mundo y el futuro, en respuesta a ciertos sucesos vitales. Estos esquemas desencadenan la aparición de procesos de pensamiento terriblemente pesimistas y hacen a la persona vulnerable a la depresión. Pero, ¿son los pensamientos negativos los que producen la depresión, o la depresión la responsable de la aparición de pensamientos negativos? Según el estudio realizado por Lewinsohn y col. (1981) los pensamientos negativos no parecen ser causa de la depresión.

Sí parece que antes de la aparición del trastorno las personas deprimidas han experimentado situaciones vitales más estresantes que las personas normales. La probabilidad de padecer una depresión como resultado de un suceso vital traumático es de un 37 por 100 cuando la persona carece de amistades íntimas, frente a un 10 por 100 si la persona tiene un amigo íntimo (Brown y Harris, 1978).

Allen (1976) revisó los estudios de gemelos sobre la depresión, concluyendo que el grado de concordancia es del 40 por 100, mientras que si son hermanos mellizos el grado de concordancia es del 11 por 100. Wender y col. (1986) encontraron que los familiares biológicos con casos de depresión tienen una probabilidad ocho veces mayor de contraer una depresión que familiares no relacionados biológicamente.

Figura 23.3.—Mr. Jones es un personaje con síndrome maniaco-depresivo. En ocasiones es uno de los seres más activos de este plantea, pero en otras queda paralizado durante horas.

Por supuesto, la influencia hereditaria sugiere la actuación de mecanismos fisiológicos y bioquímicos en la depresión. Hace muchos años se descubrió que la monoaminooxidasa (MAO) y los tricíclicos aliviaban los síntomas depresivos. Puesto que estas dos sustancias aumentan los niveles de los neurotransmisores serotonina y noradrenalina, se sugirió que la caída de estas sustancias era un factor desencadenante de la depresión. Sin embargo, luego se averiguó que el incremento de esos neurotransmisores remite cuando el tratamiento se prolonga, es decir, el organismo se adapta y recupera su nivel de producción previo al tratamiento. Esto indica que la MAO y los tricíclicos sencillamente mejoran la eficiencia neuronal de la serotonina y la noradrenalina.

La depresión bipolar es tan grave que la mayor parte de la personas que la sufren intentan en alguna ocasión acabar con su vida. Los constantes cambios de humor son tan dañinos que la persona llega a no poder soportarlos.

En estudios de gemelos se ha calculado un grado de concordancia del 74 por 100 en gemelos y de un 14 por 100 en mellizos (Allen, 1976). Mendlewicz y Rainer (1977) también observaron una influencia genética en estudios de adopción; niños adoptados al nacer cuyos padres naturales han sufrido depresión bipolar, tienen una mayor probabilidad de desarrollarla, aunque en su familia adoptiva, no relacionada biológicamente con él, no haya ningún caso.

2. TRASTORNOS NEURÓTICOS (ANSIEDAD)

Los trastornos de ansiedad son varios: pánico, fobias, trastornos obsesivo-compulsivos, estrés post-traumático y ansiedad generalizada. Aquí se describirá brevemente alguno de ellos.

2.1. Fobias

Las fobias son miedos a objetos o situaciones que suelen ser evitados de manera activa por la persona. Según el profesor Víctor Rubio y sus colegas (1996), la fobia es «un miedo intenso y desproporcionado hacia una situación o estímulo que, en principio, no debiera desencadenar esa reacción» (pág. 21)[8].

La fobia más usual parece ser la agorafobia, es decir, el miedo a los espacios abiertos; tres cuartas partes de las personas agorafóbicas son mujeres. Algo menos frecuente es la claustrofobia, es decir, el miedo a los espacios cerrados, así como la fobia social, es decir, el miedo a situaciones sociales en las que otros pueden valorar a la persona en alguna medida.

Un 7 por 100 de la población padece algún tipo de fobia. Es decir, unos 2.800.000 españoles sufren algún tipo de fobia. Pero no todas las fobias son igualmente importantes. Así, la fobia a las arañas o a las serpientes no influye mucho en la vida de las personas, a no ser que la persona con fobia a las serpientes trabaje en Guinea Ecuatorial para una empresa maderera.

El estudio clásico de Watson y Rayner (1920) con el pequeño Albert, descrito en la primera parte, es un ejemplo de cómo se puede desarrollar una fobia. Albert aprendía a asociar la visión de un conejo con un ruido desagradable; al cabo de los ensayos, cuando aparecía el conejo, Albert se ponía a llorar porque anticipaba la presencia del ruido ensordecedor, muy desagradable para él.

Sin embargo, sólo la mitad de los fóbicos pueden recordar algún suceso desagradable relacionado con su problema (Keuthen, 1980). Además, en la mayor parte de los laboratorios se ha fracasado al intentar repetir el estudio del pequeño Albert (Davison y Neale, 1990). Por si esto fuese poco, la mayor parte de nosotros seríamos fóbicos a algo si el desarrollo de las fobias obedeciese a una asociación accidental entre estímulos desagradables (ruido estridente) y neutros (conejo). La realidad es que hay muchas más personas que tienen fobia a las arañas y serpientes que a los coches, independientemente de que todos nosotros hayamos te-

[8] En su obra *El miedo a volar en avión* se puede encontrar un programa que sirve de ejemplo sobre cómo se diagnostican y tratan las fobias.

Figura 23.4.—En un banquete éste sería un «plato fuerte» para un paciente con fobia a las serpientes.

nido muchos más contactos con los coches que con las arañas o las serpientes.

M. Seligman (1971) ha demostrado que la mayor parte de los objetos o situaciones que son base de las fobias resultaron ser objetivamente perjudiciales hace miles de años. Los individuos sensibles a esos objetos y situaciones fueron seleccionados durante el proceso evolucionista. En otras palabras, existe una disposición a ser sensible, o fóbico, a determinados estímulos más que a otros.

A pesar de estos comentarios de precaución, la terapia de conducta, especialmente las técnicas de desensibilización sistemática e inundación, son muy útiles para ayudar a las personas con fobia.

Por otro lado, el hecho de que algunas personas sean muy sensibles a las fobias, mientras que otras son muy resistentes, sugiere la presencia de notables diferencias individuales en la facilidad de contraer una fobia; estas diferencias individuales podrían tener una base genética (Eysenck, 1994).

Harris y sus colegas (1983) encontraron que los familiares de los pacientes agorafóbicos tienen una mayor probabilidad de desarrollar esa misma fobia que los familiares de personas sin trastornos de ansiedad; por supuesto, este patrón no tiene por qué atribuirse a influencias hereditarias, sino a la imitación de modelos, aunque sea difícil saber por qué se han de imitar necesariamente conductas desadaptadas. En los estudios de gemelos y mellizos también se encuentra una mayor propensión a la agorafobia cuando uno de ellos ha desarrollado el trastorno (Torgersen, 1983).

2.2. Pánico

La persona que experimenta ataques de pánico muy intensos tiene un miedo extremo, pensamientos de pérdida de control y síntomas físicos como el dolor en el pecho, la pérdida del aliento o los mareos. Según los criterios usuales, la persona debe tener al menos cuatro ataques al mes para ser diagnosticada positivamente. La diferencia entre la fobia y el ataque de pánico es que en este segundo caso no está presente ningún estímulo amenazante que pueda ayudar a explicar el trastorno.

El grado de concordancia entre gemelos es del 31 por 100, mientras que en el caso de los mellizos es del 0 por 100 (Torgersen, 1983). En algunos estudios se ha encontrado que las infusiones de lactato de sodio producen ataques de pánico en un 75 por 100 de los pacientes con este tipo de trastorno, y en no más de un 25 por 100 de pacientes con otro tipo de trastorno de ansiedad (Liebowitz y col., 1985). En otros trabajos se ha sugerido que los pacientes que sufren ataques de pánico tienen un funcionamiento adrenérgico insuficiente.

Los ataques de pánico suelen ir acompañados por pensamientos catastrofistas sobre la muerte o las enfermedades (Hibbert, 1984). Según Beck y Emery (1985) estos pacientes malinterpretan los síntomas de la ansiedad (por ejemplo, mareos) como señales de aviso de desastre (por ejemplo, infarto o ataque al corazón). Por consiguiente, el efecto de las infusiones de lactato de sodio consiste en producir síntomas de ansiedad que son malinterpretados por estos pacientes.

La terapia cognitiva ayuda al paciente a interpretar correctamente los síntomas de ansiedad. Por ejemplo, en las primeras fases de la terapia se pide al paciente que respire dentro de una bolsa de plástico, y el resultado suelen ser problemas para recuperar un tono respiratorio normal y un ataque de pánico. Poco a poco, el paciente va asociando la hiperventilación con el estrés y no con la inminencia de un desastre físico. Los resultados suelen ser positivamente llamativos.

2.3. Trastornos obsesivo-compulsivos

Supone una combinación de obsesiones, es decir, pensamientos irracionales recurrentes, y compulsiones, es decir, rituales estereotipados. El ejemplo más habitual es la persona obsesionada por la limpieza que acaba dañándose las manos después de limpiárselas con distintos productos durante muchas horas al día. La mayor parte de estos trastornos tienen que ver con la limpieza o con la supervisión. A diferencia de lo que ocurre con los drogadictos o los jugadores, el obsesivo-compulsivo no obtiene ningún placer de sus acciones.

En estudios con gemelos y mellizos se observan grados significativos de concordancia (Carey y Gottesman, 1981). A su vez, se supone que las obsesiones se dan porque causan ansiedad, la que, a su vez, dificulta la desaparación del pensamiento obsesivo; las compulsiones parecen servir para reducir la ansiedad producida por el pensamiento obsesivo (Rachman y Hodgson, 1980).

En estudios con la tomografía de emisión de positrones (TEP) se ha encontrado que el consumo de energía cerebral es distinto en las personas con trastornos obsesivo-compulsivos. Estos pacientes tienen un consumo excesivo en el giro orbital, supuestamente implicado en la habilidad para ignorar estímulos irrelevantes. También tienen un excesivo consumo de energía en el núcleo caudado, supuestamente relacionado con la conducta repetitiva (Baxter y col., 1987).

La terapia que se ha demostrado más útil es la inundación y la prevención de respuestas. De este modo, si, por ejemplo, el paciente está obsesionado con la limpieza, se le debe cubrir de desechos e impedir que trate de limpiarse. La idea es que el paciente aprenda que ignorar la limpieza personal no lleva a ninguna consecuencia desastrosa. Por supuesto, esta terapia es muy desagradable para el paciente, pero los resultados no son malos (Rachman y Hodgson, 1980).

3. TRASTORNOS DE LA PERSONALIDAD

Una buena parte de los trastornos mentales se pueden atribuir a sucesos vitales que resultan traumáticos. Cuando éste es el caso se puede esperar que ayudando al paciente a enfrentarse a esas situaciones pueda recuperarse a través de una determinada terapia psicológica. Por consiguiente, ese tipo de trastornos tienen en esencia un origen ambiental.

Sin embargo, los trastornos de personalidad son algo distinto. En este caso, el problema está más bien en el propio paciente; algún elemento de su propia personalidad parece ser en buena medida responsable de su comportamiento socialmente desadaptado.

Algunos trastornos de la personalidad son similares a los trastornos del eje I de los DSM; por ejemplo, los trastornos de personalidad esquizoide, paranoide o esquizotípico están muy próximos a la esquizofrenia. Sin embargo, hay otros trastornos de personalidad que no guardan relación; por ejemplo, el dependiente, el histriónico o el evitador.

El diagnóstico de los trastornos de la personalidad suele ser bastante complicado, puesto que la fiabilidad de su diagnóstico resulta pobre. Además, varios trastornos de la personalidad comparten bastantes síntomas con otro tipo de trastornos; por ejemplo, el trastorno obsesivo-compulsivo de la personalidad se parece demasiado al trastorno obsesivo-compulsivo del eje I de los DSM. Finalmente, se supone que las personas con trastornos de la personalidad tienen comportamientos desadaptativos de modo consistente durante mucho tiempo. Sin embargo, confirmar esta suposición es bastante difícil para el profesional.

Posiblemente, el trastorno de personalidad más estudiado es la psicopatía, habitualmente denominada trastorno antisocial de la personalidad (Eysenck, 1994; Hollin, 1989; Lykken, 1995).

Figura 23.5.—La personalidad múltiple constituye un trastorno muy llamativo. Ha sido objeto de algunos interesantes largomentrajes. Es el caso de *Las dos caras de la verdad,* interpretado por Richard Gere.

Psicopatía

Como se ha estudiado en la cuarta parte del manual, los psicópatas pueden tener comportamientos violentos e insensibles, y no suelen sentirse culpables de sus actos. Así, un asesino en serie *(serial killer)* ha podido violar y descuartizar a 50 personas en seis meses, y al ser capturado no sólo mostrarse desafectado, sino que incluso disfruta de manipular a sus abogados para que crean que cuando cometía los actos de violencia no era consciente de lo que hacía. Por consiguiente, es una tarea primordial del profesional averiguar si el criminal, supuesto psicópata, es o no responsable de sus actos, y, por tanto, si debe ser encarcelado o enviado a un centro de salud mental.

Un caso sucedido en nuestro país es el de Francisco García Escalero, autor de 11 asesinatos cometidos en los bajos fondos de Madrid. Su historial se puede resumir así:

Ingresa en la cárcel de Carabanchel en 1970 con 16 años de edad por robar una motocicleta.

Algunas de sus acciones años después consistieron en profanar cementerios y violar cadáveres así como emascular y quemar a sus colegas de borrachera.

En su infancia solía hacer novillos, cosa que sacaba de quicio a su padre. Paco insistía en sus acciones y solía no dormir en casa y frecuentar los cementerios.

El padre le esperaba para arrearle palizas, cuya respuesta por parte del niño eran insultos y golpes.

Los que le recuerdan de su infancia y adolescencia hablan de un crío de mal genio al que era complicado descubrir una sonrisa.

Una de las cosas que más le fascinaba era la velocidad con cualquier tipo de medio de transporte.

En 1973, en compañía de otros tres delincuentes, viola y roba. Atan al novio de la víctima y la fuerzan en su presencia. A la condena judicial se suma la pena que impone la ley de la cárcel a los violadores.

En 1984 recupera la libertad por extinción de condena. Francisco quiere integrarse y cuida de su padre, gravemente enfermo. Su ilusión es sacarse el carnet de conducir y trabajar de camionero. Sin embargo, no logra acordarse de las señales de tráfico, su memoria falla. Carece de amistades. Nadie le da empleo.

Cuando muere su padre empieza a mendigar (1985). Pelea con sus compañeros de andanzas, los feligreses del barrio le temen y más de un vecino de la infancia le da la espalda al reconocerle.

Ha empezado a matar. Tiene 37 años. El 11 de noviembre de 1987 el cuerpo decapitado de una mujer es hallado en el descampado del cruce de la calle Alcalá. Este crimen parece el primero de la serie. Sus víctimas siempre pertenecen a su círculo de mendigos. Los mata por detrás, después de beber vino y tragarse unos tranquilizantes: «Un impulso irrefrenable».

En el piso de su madre le espera una habitación que él decora con estampas de santos. Cerca de su casa está La Almudena, lugar que frecuenta por las noches, profanando tumbas y violando cadáveres. Su caso pasó inadvertido para psiquiatras, policías y jueces.

En 1992 aparece el cadáver de un colega conocido de Francisco con la cabeza aplastada y quemado, pero nadie le relaciona con el crimen.

En 1993 mata a un compañero del psiquiátrico. Poco después de este crimen, Francisco trata de suicidarse.

Ocho cadáveres corresponden a víctimas fichadas por los agentes de homicidios. Otros tres sin identificar están siendo buscados en un pozo ciego donde el mendigo asegura que los arrojó.

Tras su detención, los médicos forenses estudian su caso y extraen la siguiente información:

1. Infancia: «No era como los demás, hacía cosas que no estaban bien. No me gustaba estar con la gente, me gustaba ir a sitios solitarios y se me pasaba la idea de matarme. De pequeño también me ponía delante de los coches. A los 12 años me atropelló uno».
2. Adolescencia: «Ya tenía ideas raras. Paseaba por la noche con un cuchillo. Me gustaba entrar en casas abandonadas y no sé por qué. Miraba por las ventanas de los pisos para ver a las mujeres y a las parejas de novios. Me masturbaba».
3. Cárcel: «Cogía los pájaros y animales muertos que me encontraba y me los llevaba a la celda. Me encontraba más a gusto».
4. Psiquiátrico penitenciario: «Me veía raro, me veía mal, me ponía nervioso de pasear por los pasillos, de estar con gente».
5. Vuelta a la libertad: «Iba por la calle como si no existiese, no chocaba con la gente, era como si no tuviera cuerpo. Me miraba a los espejos como si no fuera yo, no me reconocía. Llegué a pensar que podría ser un espíritu, otra persona que se había metido en mí. Oía voces interiores, me llamaban, que hiciese cosas, cosas raras, que tenía que matar, que tenía que ir a los cementerios».
6. Un asesinato: «Lo maté. Estuvimos bebiendo en un parque al lado del cementerio y tomando pastillas. Me las pedía el cuerpo para poder hablar mejor. Luego le dije dónde íbamos a dormir y en el cementerio sentí las fuerzas, me daba impulsos, cogí una piedra y le di en la cabeza y luego le quemé con periódicos y luego me fui a dormir al coche y al día siguiente al hospital. Ahora me siento con la mente en blanco, como si estuviera muerto».

Según los forenses, sus respuestas son cortas, monosilábicas. Su voz no se altera ni cuando narra los hechos más violentos. Los médicos le describen como un hombre hosco, introvertido y solitario. Si se le pregunta por la trascendencia de sus actos responde que no se lo ha planteado. Tiene una vida sexual sin relación afectiva, practica la zoofilia y la necrofilia, así como el alcoholismo crónico. Cuando ocurren los homicidios su *psicosis* llevaba varios años desarrollándose y los móviles no responden a interés alguno. Los forenses le consideran una persona peligrosa, con riesgo de criminalidad mientras se mantenga la psicosis.

Por consiguiente, éste constituye un buen ejemplo de en qué medida una persona puede cometer crímenes, pero no por ello ser diagnosticada de psicópata. Este caso relata la historia de una persona psicótica con curso de conductas extremadamente violentas. Por contraste, y como ya hemos visto, el psicópata comete sus actos a sabiendas de lo que está haciendo. Mientras que el psicótico peligroso será recluido en un centro de salud mental, el psicópata será encarcelado.

Algunos de los criterios diagnósticos del trastorno antisocial de la personalidad son:

— Un patrón general de desprecio y violación de los derechos de los demás que se presenta desde los 15 años, como lo indican tres o más de los siguientes ítems:

1. Fracaso para adaptarse a las normas sociales en lo que respecta al comportamiento legal, como lo indica el perpetrar reiteradamente actos que son motivo de detención.
2. Deshonestidad, indicada por mentir repetidamente, usar un alias, estafar a otros para obtener un beneficio personal o por placer.
3. Impulsividad o incapacidad para planificar el futuro.
4. Irritabilidad y agresividad, indicados por peleas físicas repetidas o agresiones.
5. Despreocupación imprudente por su seguridad o la de los demás.
6. Irresponsabilidad persistente, indicada por la incapacidad de mantener un trabajo con constancia o de hacerse cargo de obligaciones económicas.
7. Falta de remordimientos, como lo indica la indiferencia o la justificación del haber dañado, maltratado o robado a otros.

— El sujeto tiene al menos 18 años.
— Existen pruebas de un trastorno disocial que comienza antes de los 15 años.
— El comportamiento antisocial no aparece exclusivamente en el transcurso de una esquizofrenia o de un episodio maniaco.

En algunos estudios se ha sugerido una influencia genética en el comportamiento criminal. Así, se ha observado que cuando un gemelo desarrolla una conducta criminal, su hermano tiene una probabilidad del 69 por 100 de cometer actos criminales. En el caso de los mellizos del mismo sexo la concordancia es del 33 por 100 (Christiansen, 1977; Hollin, 1989; Lykken, 1995).

Cuando se estudia la probabilidad de que un chaval se comporte de modo criminal si su padre adoptivo ha cometido actos criminales, no se observan datos significativos que apoyen esa relación. Sin embargo, si el padre natural ha cometido actos delictivos, hay una probabilidad significati-

Figura 23.6.—Así estarás preparado para hacer un buen trabajo.» Representación caricaturizada de la influencia paterna en la conducta delictiva.

TABLA 23.1

Resultados del estudio sobre comisión de actos delictivos con el diseño de adopción. Los porcentajes señalan grado de concordancia

Padres adoptivos	Padres naturales	
	Delincuentes	No delincuentes
Delincuentes	24,5% (n = 143)	14,7% (n = 204)
No delincuentes	20,0% (n = 1.226)	13,5% (n = 2.492)

va de que también su hijo los cometa, aunque nunca haya convivido con su padre natural y su padre adoptivo jamás haya tenido ningún tipo de comportamiento criminal. La probabilidad aumenta si tanto el padre natural como el adoptivo tienen conductas criminales (Mednick y col., 1984).

La influencia genética en la criminalidad permite aventurar que pueden existir mecanismos fisiológicos responsables de las diferencias individuales entre las personas criminales y las no criminales. Así, desde hace tiempo se sabe que el sistema límbico (una estructura cerebral implicada en la emocionalidad) de estos dos tipos de personas no tienen un funcionamiento equivalente (Kurland y col., 1963).

Por supuesto, también hay algunas variables ambientales que tienen que ver con la conducta criminal. Así, el divorcio de los padres parece facilitar este tipo de conducta (Oltman y Friedman, 1967). Sin embargo, cuando los niños son huérfanos por causas accidentales, no hay ninguna relación con el comportamiento violento. Por consiguiente, no es la ausencia de uno de los padres la variable responsable de la conducta antisocial, sino la inseguridad emocional que se produce por los numerosos problemas familiares previos al divorcio o la separación de los padres.

4. TRASTORNOS DE LA INFANCIA

Hay varios trastornos de la infancia. Una de las principales categorías corresponde a los trastornos del desarrollo: retraso mental, problemas de aprendizaje y autismo, básicamente. Una segunda categoría incluye los trastornos de conducta: hiperactividad, conducta agresiva y conducta desafiante.

Algunos otros trastornos de la infancia tienen que ver con la ansiedad, la alimentación (anorexia nerviosa), la identidad de género y los trastornos de eliminación (por ejemplo, enuresis nocturna, es decir, hacerse pipí en la cama).

Hay varios problemas que se presentan cuando se debe hacer un diagnóstico de trastornos de la infancia:

- Puede ser que haya que explorar a niños que aún no dominan el lenguaje. Esto dificulta disponer de información relevante, y la necesidad de recurrir a los informes de los adultos con los que el niño se relaciona, o de observar directamente su conducta.
- Niños completamente normales pueden comportarse de un modo atípico e incluso agresivo. Esto puede complicar la decisión sobre, por ejemplo, cuándo las rabietas son normales o sintomáticas de algún tipo de trastorno.
- Existen muchas diferencias individuales en el desarrollo de los niños. Esta situación es especialmente importante en el caso de los trastornos del desarrollo. Estas diferencias individuales complican mucho la toma de decisiones por parte del profesional. Así por ejemplo, un rendimiento académico pésimo se puede atribuir a una enseñanza muy defectuosa o a una baja inteligencia. A su vez, ese rendimiento puede ser sintomático de un problema más sustancial vinculado al desarrollo normal del chaval en concreto.

4.1. Trastornos del desarrollo

Las principales categorías son los trastornos profundos del desarrollo, el retraso mental y los trastornos específicos del desarrollo.

La forma más conocida de trastorno profundo del desarrollo es el autismo. Básicamente, este trastorno supone una aptitud prácticamente nula para relacionarse con cosas o personas, y problemas de lenguaje; de hecho, casi la mitad de los ni-

Figura 23.7.—El actor Dustin Hoffman recibió un Oscar de la academia por su interpretación de un autista en el largometraje *Rain Man*.

ños autistas nunca aprenden a hablar. Los chicos autistas que aprenden a hablar tienen algún tipo de problema asociado, como la ecolalia, esto es, la repetición mecánica de lo que alguna persona ha dicho. El niño autista actúa de modo repetitivo y compulsivo, y se pone muy nervioso cuando hay cambios súbitos e inesperados en su ambiente más inmediato.

El autismo se manifiesta antes de los 30 meses, e incluso se puede detectar a las pocas semanas de la vida. Uno de cada 2.000 niños es autista y el 80 por 100 de los casos son varones. Una gran parte de los autistas tiene un CI medio de 70, es decir, son diagnosticados de retraso mental, pero también hay casos de autistas de inteligencia normal e incluso bastante inteligentes.

En un estudio se analizaron 11 pares de gemelos; un miembro de cada pareja había sido diagnosticado de autista. En un 36 por 100 de los casos, el otro miembro también resultó ser autista. Cuando se compararon 10 pares de mellizos no se encontró ninguna relación. Cuando se analizaron otros problemas se encontró que, en el caso de los gemelos, aunque el otro miembro no tuviese autismo, sí tenía otro tipo de trastornos, como retrasos en la capacidad de hablar. En este caso, la concordancia es del 82 por 100, mientras que en los mellizos la concordancia es del 10 por 100 (Folstein y Rutter, 1978).

Esta semejanza debida a la herencia sugiere la actuación de mecanismos biológicos. Así, se ha demostrado que el ritmo EEG de los niños autistas es significativamente distinto al de los niños normales. Además, es 10 veces más probable ser autista si la madre ha padecido la rubeola durante el embarazo; es sabido que la rubeola puede dañar el cerebro del feto, y ese daño puede dar lugar a autismo.

El tratamiento del autismo es muy complicado. En ocasiones, las técnicas de condicionamiento clásico son útiles, pero las variantes deben ser bastante sofisticadas, puesto que el autismo supone, entre otras cosas, una falta de respuesta a las recompensas y refuerzos; la comida como recompensa y el castigo suelen funcionar relativamente bien. Usando estas técnicas de modo constante se pudo elevar el nivel intelectual de la mitad de una muestra de chicos autistas estudiada por Lovaas (1987); este buen resultado sólo se logra en un 2 por 100 de los niños autistas internados en instituciones para este tipo de chicos.

El uso de drogas también parece ser relativamente útil con algunos niños autistas que tienen un excesivo nivel de serotonina, es decir, un neurotransmisor implicado en la conducción nerviosa. Las drogas que reducen el nivel de serotonina mejoran la respuesta social, la conducta y el CI de algunos chicos autistas (Geller y col., 1984).

Una hipótesis de trabajo es que el niño autista es, en realidad, un introvertido patológico. Si recordamos, la introversión se caracteriza por un rechazo más o menos activo de las relaciones sociales. Cerebralmente, la introversión se relaciona con una actividad interna muy alta. La entrada constante de información eleva de modo alarmante esta actividad cerebral propia, razón por la que el introvertido tiende a huir de la activación por estímulos sociales. Si lográsemos disminuir este exceso de actividad interna (con drogas o con técnicas de biofeedback), podría esperarse una mejora de la respuesta social del autista, lo que, a su vez, podría permitir al terapeuta incidir en otros comportamientos del chaval afectados por esta aversión principal a la estimulación social, como por ejemplo su CI.

El retraso mental es otro trastorno de la infancia; dos tercios son varones. Un criterio básico para diagnosticar un retraso mental es el CI; dependiendo de la puntuación en CI se diagnostica un retraso profundo (menos de 25), severo (entre 25 y 39), moderado (entre 40 y 54) o medio (entre 55 y 69). Un 75 por 100 de los niños se sitúan en este último nivel y un 20 por 100 en la categoría de moderado.

Un 70 por 100 de los niños con retraso mental no tiene ningún tipo de problema físico conocido, aunque la herencia parece tener influencia (Quay y col., 1987). El retraso mental se da en mayor cantidad en las familias de clase baja; las carencias de estimulación y de cuidados educativos adecuados puede explicar en parte este retraso mental más pronunciado de las familias de clase baja. Un 30 por 100 de estos chicos muestra trastornos orgánicos, y un 5 por 100 tiene síndrome de Down. Hay muchas otras causas de retraso mental, como la fenilcetonuria, la rubeola o la sífilis.

Los chicos con retraso profundo y severo sólo se benefician algo de tratamientos basados en el condicionamiento operante; cuando emiten alguna respuesta mínimamente adaptativa, se les recompensa de modo contingente. Por aproximaciones sucesivas, se logran algunos resultados. Los chicos con retraso menos grave pueden adquirir algunas habilidades sociales e incluso pueden asistir a escuelas convencionales con una adecuada supervisión.

4.2. Trastornos de conducta

Los trastornos de conducta más usuales son la hiperactividad, la antisocialidad y la conducta desafiante. El niño hiperactivo se comporta impulsivamente, tiene un nivel de actividad altísimo y apenas se puede concentrar en una tarea. Una buena parte de los niños antisociales tienen conductas delictivas en la adolescencia o al llegar a la edad adulta. Los niños con conducta desafiante son hostiles y negativos, aunque de modo menos intenso que los chicos antisociales.

Un buen número de niños suelen ser activos y les cuesta trabajo prestar atención a las cosas, excepto a los dibujos animados que esperan tras la merienda. Sin embargo, algunos niños tienen un nivel de actividad demasiado alto y constante, en cualquier situación; además, no prestan atención ¡ni a los dibujos animados!

La hiperactividad es mucho más común en los chicos que en las chicas. Estos chicos siguen teniendo síntomas en la adolescencia y la frecuencia de consumo de drogas es más alta que en chicos sin este trastorno (Anderson y col., 1987).

Algunos teóricos han sugerido que el niño hiperactivo tiene una muy escasa reactivación interna, y busca reactivarse a través de su conducta. Esta explicación es congruente con el hecho de que si se le dan drogas estimulantes del sistema nervioso, su conducta se suaviza (Zentall y Zentall, 1983).

Según parece, la herencia puede intervenir en la aparición de la hiperactividad: un 20 por 100 de los chicos hiperactivos tienen al menos un padre con historial de hiperactividad, mientras que un 5 por 100 de los niños hiperactivos no tienen padres con un historial similar. Los niños adoptados tienen una mayor probabilidad de sufrir hiperactividad si sus padres naturales tienen un historial similar (Cantwell, 1975).

Siendo cierto que administrar drogas estimulantes ayuda al niño hiperactivo a reducir su conducta impulsiva, no es menos cierto que también interfiere en su aprendizaje escolar. Estas drogas combaten algunos síntomas de la hiperactividad, pero no producen una mejora real y constante. Cuando se suprimen las dosis de droga, reaparecen los problemas (Sprague y Berger, 1980).

Un método terapéutico usado también con estos niños es el condicionamiento operante. La idea es que cuando el niño se sienta tranquilamente o presta atención, se le recompensa. Las mejoras son bastante rápidas, pero no hay datos sobre si las mejoras se mantienen al terminar el tratamiento, es decir, cuando a la conducta no sigue una recompensa de modo contingente (Eysenck, 1994).

Un 8 por 100 de los niños tienen conducta antisocial. Muchos niños (varones) cometen alguna vez pequeños delitos, como robar dinero, decir mentiras o pelearse. Sin embargo, algunos niños se comportan así de manera constante. Los síntomas de la conducta antisocial de los niños suelen ser agresividad, desafío, desobediencia, insultos, mentiras, destructividad, vandalismo, promiscuidad, robo y uso de drogas y alcohol (Davison y Neale, 1990).

Estos trastornos son el problema más frecuente en la infancia, aunque muchos de estos niños no son llevados a la consulta de los profesionales o a las instituciones correspondientes.

La conducta antisocial de los niños parece relacionarse más con los padres naturales que con los padres adoptivos. La concordancia de los gemelos es mucho mayor que en los mellizos, y esta conducta es más frecuente en familias rotas por un divorcio. Como ya se ha descrito, los conflictos que preceden al divorcio pueden ser parcialmente responsables de la conducta antisocial del niño (Rutter, 1979). Otra causa ambiental parece ser la falta de afecto y disciplina en el entorno familiar.

Los métodos terapéuticos no tienen una efectividad clara con estos problemas de conducta antisocial en los niños. Sí sabemos, no obstante, que terapias constantes (y, por tanto, muy caras) basadas en el condicionamiento operante tienen alguna utilidad. Así por ejemplo, dos padres adoptivos muy entrenados comienzan a vivir con seis niños que muestran conducta antisocial. Estos padres van dando puntos a los niños cuando muestran conductas adaptadas (por ejemplo, se mantienen limpios y conservan en buen estado los muebles de la casa en la que viven) y les quitan puntos cuando se comportan de modo antisocial (por ejemplo, insultan y desobedecen). Además, los padres adoptivos sirven de modelo y animan a los chicos a ser responsables de sus propios actos.

Se ha demostrado que este tipo de intervenciones en hogares diseñados experimentalmente son más útiles que los correccionales habituales. Mientras que en los correccionales un 86 por 100 de los chavales cometen actos delictivos, en estas casas con padres adoptivos son un 56 por 100 los que cometen ese tipo de actos. Aunque los porcentajes de antisocialidad siguen siendo bastante altos, la disminución parece clara (Kirigin y col., 1982). Sin embargo, Clive Hollin (1989) no está de acuerdo con esta conclusión tan optimista.

5. ¿CUÁL ES EL ORIGEN DE LAS DIFERENCIAS INDIVIDUALES ANORMALES?: GENÉTICA Y EXPERIENCIA

Por la información presentada, los genes parecen influir en la aparición de los trastornos mentales. Sin embargo, la influencia de la herencia es más importante en algunos trastornos que en otros.

Así por ejemplo, el grado de concordancia en gemelos es de (Eysenck, 1994):

- 72 por 100 para la depresión bipolar.
- 69 por 100 para la psicopatía.
- Algo más del 30 por 100 para la esquizofrenia, la depresión unipolar, el pánico y el autismo.

La herencia sólo parece tener una importancia mínima en los trastornos de ansiedad, el trastorno obsesivo-compulsivo, las fobias, la hiperactividad y los trastornos de conducta.

La influencia de la herencia sugiere la actuación de ciertos mecanismos biológicos en la aparición de los trastornos mentales, pero sabemos bastante poco al respecto.

La sensibilidad a la dopamina es un elemento relevante en algunos casos de esquizofrenia. La serotonina y la noradrenalina parecen vinculadas a la depresión unipolar. Los mecanismos adrenérgicos están asociados a los trastornos de pánico. Unos altos niveles de serotonina se encuentran en algunos niños autistas. Finalmente, determinados daños cerebrales parecen influir en la psicopatía y el retraso mental.

Sabemos que algunas variables ambientales son relevantes para el desarrollo de trastornos mentales, pero nuestro conocimiento sobre cuáles son en concreto esas variables y cómo actúan es muy pobre.

De este modo, la esquizofrenia y el retraso mental parecen darse con más frecuencia en las clases sociales bajas. Los sucesos vitales traumáticos y la ausencia de apoyo social tienen que ver con la depresión unipolar. Los conflictos familiares influyen en la psicopatía y la conducta antisocial. Determinados objetos animados o inanimados parecen ser causa de ciertas fobias. Finalmente, la debilidad o vulnerabilidad cognitiva parece tener relación con los trastornos de ansiedad generalizada. La mayor parte de los estudios sobre las influencias ambientales se han centrado en grandes variables como el estatus socioeconómico o los conflictos familiares. No obstante, sucesos vitales como la muerte de un cónyuge o la pérdida del trabajo suelen producirse durante el mismo año en el que se manifiesta el trastorno mental.

En cualquier caso, debe tenerse presente que este tipo de sucesos vitales son muy frecuentes, y, desde luego, no parecen influir del mismo modo en distintas personas. Por consiguiente, una explicación teórica razonable exige considerar las disposiciones personales, también denominadas vulnerabilidad individual, propias de los sujetos que desarrollan un trastorno tras sucesos vitales negativos como los mencionados (perspectiva de la vulnerabilidad personal).

En suma, no sabemos de qué manera interactúan los genes, los hábitos adquiridos y las variables ambientales, aunque sepamos que lo hacen. Uno de los mayores problemas para alcanzar un conocimiento cierto es que los factores casi siempre son bastante específicos del individuo que desarrolla el trastorno. Así por ejemplo, algunas personas con trastornos depresivos han vivido sucesos vitales muy negativos en los meses previos al desarrollo del problema, pero otras personas igualmente deprimidas no han vivido esos episodios. Una personalidad ansiosa puede explicar algunos trastornos obsesivo-compulsivos, pero otros deben ser explicados por sucesos vitales negativos. Por tanto, el origen de un trastorno mental varía de un individuo a otro, y, por tanto, también hay muchas diferencias individuales en el rango de la denominada *anormalidad* (McKeon y col., 1984).

SUMARIO

Este epígrafe ha descrito brevemente algunos trastornos mentales. La distinción entre psicosis y neurosis está cada vez más en desuso en los sistemas internacionales de clasificación, pero los profesionales siguen usándola. A diferencia de la neurosis, la psicosis supone una pérdida de contacto con la realidad. Esto da lugar a que el diagnóstico de la psicosis sea bastante más complicado, como es el caso de la esquizofrenia y la depresión. Las neurosis también se denominan trastornos de ansiedad y se han expuesto como ejemplo las fobias, el pánico y los trastornos obsesivo-compulsivos. Los trastornos de personalidad se corresponden con el eje II de los DSM. Hay bastantes trastornos de este tipo y en ocasiones es complicado distinguirlos de algunos trastornos del eje I. Probablemente el trastorno de personalidad más estudiado haya sido el trastorno antisocial, también denominado psicopatía, razón por la que se ha usado como ejemplo. Los trastornos de la infancia suelen dividirse en trastornos del desarrollo y trastornos de conducta. Ejemplos de trastornos del desarrollo son el retraso mental y el autismo, mientras que el ejemplo más llamativo de trastorno de conducta es la hiperactividad.

Cuando nos hemos preguntado por el origen de las diferencias anormales descritas, se ha respondido que el desarrollo de un trastorno depende de la experiencia del individuo, es decir, de cómo vive cada persona los sucesos ambientales según sus propias disposiciones genéticas y aprendidas durante el proceso de desarrollo. Por tanto, la perspectiva de la vulnerabilidad personal organiza el diagnóstico de los distintos trastornos mentales.

Tratamiento de las diferencias individuales anormales 24

Los trastornos mentales pueden suponer problemas de pensamiento, como las alucinaciones, de conducta, como las acciones de evitación típicas de los fóbicos, o biológicos y corporales, como el sistema fisiológico sobreactivado de los pacientes ansiosos. Hay que observar que los problemas de pensamiento o de conducta pueden depender de los procesos biológicos que actúan en el organismo del paciente. Aunque, por supuesto, las conductas y pensamientos de la persona pueden influir también en los procesos biológicos.

Los métodos de tratamiento o terapéuticos estarán dirigidos a estos problemas. Así, encontraremos terapias destinadas a cambiar los pensamientos, la conductas o los procesos biológicos, es decir, terapias cognitivas, conductuales y somáticas. Cabe esperar que dependiendo de cuál sea el problema del paciente, así será de eficaz un determinado tipo de terapia. Pero suposiciones razonables pueden resultar incorrectas cuando se contrastan con los datos empíricos disponibles.

En la tabla 24.1 se presentan diversos métodos de tratamiento y terapia disponibles en la actualidad (Gross, 1992).

Aquí sólo vamos a describir brevemente alguno de estos métodos de tratamiento, haciendo una distinción principal entre tratamientos médicos y psicológicos (Eysenck, 1994). Pero antes se responde a la pregunta de qué es el *counseling*.

1. CONSEJO PSICOLÓGICO: *COUNSELING*

El consejo psicológico, también denominado *counseling,* es una práctica dirigida a orientar al cliente en algunas sesiones. El profesional debe recoger información y llegar a algunas consecuencias sobre cuál puede ser la respuesta técnica a la pregunta *naïve* del cliente. En alguna medida, es la antesala de las sesiones psicológicas estándar.

Según R. Dawis (1992), «el enfoque de las diferencias individuales en el campo del consejo psicológico se concreta en la *expectativa* de que cada persona es diferente y única, en la *creencia* de que las diferencias individuales son de grado y no de clase, en la *confianza* de las posibilidades de compensación de los seres humanos, en la *tolerancia* a la desviación, en una *alerta* ante los sesgos, y en un *exquisito respeto* por el individuo».

Según Betz y Fitzgerald (1993) y Butcher y Rouse (1996) los orígenes del consejo psicológico deben buscarse en la psicología de las diferencias individuales y en la tecnología psicométrica. Es decir, en los laboratorios de Galton y de J. M. Cattell, en el trabajo de Binet, o en el movimiento de los tests mentales durante las dos Guerras Mundiales.

El interesante artículo de R. Dawis revisa alguno de los motivos por los que los psicólogos dedicados al consejo psicológico dejaron durante algunos años de lado la tradición de las diferencias individuales. Sin embargo, como él mismo comenta, la mayor parte de los motivos, en gran medida ideológicos, ya no pueden sostenerse por más tiempo si el profesional de la psicología desea saber cómo tratar con una sociedad multicultural y diversa, superar el etnocentrismo, y ayudar a desarrollar una simpatía entre las distintas culturas que comparten un mismo hábitat (Allison y col., 1994; Bernal y Castro, 1994).

TABLA 24.1

Resumen de las distintas terapias

Tratamientos físicos	— Quimioterapia: antidepresores, tranquilizantes mayores y menores. — Terapia electroconvulsiva. — Psicocirugía: lobotomías.
Tratamientos psicológicos	
Conductuales	— Terapia conductual (condicionamiento clásico): desensibilización sistemática, implosión, inundación, terapia aversiva, sensibilización encubierta, saciedad del estímulo, práctica negativa. — Modificación de conducta: técnicas de condicionamiento operante (autistas, retraso mental). Economía de fichas.
Cognitivos	— Terapia cognitiva: racional emotiva (Ellis), entrenamiento en autoinstrucciones (Meichenbaum), pensamientos automáticos (Beck), modelamiento (Bandura). — Terapia de constructos personales (Kelly): autocaracterización, escena de rol fijo, actuación de rol fijo, rejilla.
Humanistas	— Terapia centrada en el cliente (Rogers): legitimidad, consideración positiva incondicional, comprensión empática, grupos de encuentro.
Terapias de acción	— Gestalt (Pearls), análisis transaccional (Berne), terapia primaria (Janov), seminarios de entrenamiento (Erhard), psicodrama (Moreno).
Terapias existenciales	— Comunidad terapéutica, psiquiatría social.
Terapias psicodinámicas	— Psicoanálisis: transferencia, asociación libre, interpretación de sueños. — Psicoterapia orientada psicoanalíticamente: individual, grupal.

Según Nacy Betz y Louise Fitzgerald (1993) la diversidad es posiblemente en la actualidad el área más vigorosa de la investigación y la práctica psicológica. En su artículo para la revista *Annual Review of Psychology*, describen muchos ejemplos que demuestran esa afirmación:

- — Psicología de la mujer: elección de carrera, trastornos de la alimentación, violencia sexual, actitudes y conducta del terapeuta.
- — Psicología del varón: socialización, terapia, evaluación, violencia.
- — Razas, etnias y poblaciones culturalmente diversas.
- — Homosexuales, lesbianas y bisexuales.

En suma, el consejo psicológico debe basarse en la teoría y la investigación del enfoque de las diferencias individuales. Según Betz y Fitzgerald (1993), «así podremos comprender las complejidades de nuestro mundo mejor y de modo más preciso, y aprenderemos a respetar a todos los individuos y a tener presente la dignidad humana. Si el enfoque de las diferencias individuales cuenta para algo en el consejo psicológico, cuenta precisamente para esto» (pág. 373).

2. TRATAMIENTOS MÉDICOS

La perspectiva médica sostiene que los trastornos mentales son similares a los trastornos físicos. De este modo, las terapias deben manipular los procesos corporales.

Las intervenciones físicas alteran los procesos

mentales, pero se sabe bastante poco sobre cuáles son los mecanismos que intervienen en esos cambios. Por ejemplo, los choques electroconvulsivos son útiles en casos muy graves de depresión, pero no sabemos por qué.

2.1. Terapia electroconvulsiva

Esta terapia consiste en propinar, durante medio segundo, una fuerte descarga eléctrica que pasa entre dos electrodos situados en el cráneo de la persona. El resultado inmediato es que la persona pierde la consciencia y tiene un ataque convulsivo. Estas descargas se deben propinar con cierta frecuencia si se desea conseguir algún resultado positivo.

La terapia electroconvulsiva se suele emplear con pacientes depresivos graves, cuando las drogas no surten ningún efecto. Los síntomas depresivos graves remiten con rapidez con esta terapia, y es muy útil cuando hay fundadas sospechas de que el paciente intentará suicidarse.

Aunque se conozca su utilidad para tratar estos casos extremos, no sabemos por qué funciona. Se sospecha que puede deberse al incremento de noradrenalina. En cualquier caso, los efectos secundarios son notables, como pérdidas de memoria o problemas para hablar[1].

2.2. Terapia con drogas

Según parece, el cerebro de los esquizofrénicos es muy sensible a la dopamina. Las drogas que bloquean la acción de la dopamina tienen un efecto beneficioso en estos pacientes, reduciendo las alucinaciones y los trastornos del pensamiento.

Siempre es posible, de todos modos, que estas drogas se limiten a sedar o dormir al esquizofrénico. Pero no parece la mejor explicación, puesto que la administración de sedantes comunes no tiene los efectos beneficiosos propios de los agentes que bloquean la dopamina. Además, estos agentes no influyen en pacientes no esquizofrénicos (Snyder, 1976).

Por supuesto, los agentes de bloqueo de la dopamina tienen bastantes efectos secundarios, como visión borrosa o rigidez muscular. Estos efectos son tan desagradables que muchos esquizofrénicos se niegan a tomar las drogas que se les receta.

Por otro lado, la depresión unipolar y bipolar está asociada con dos sustancias: noradrenalina y serotonina. Los ataques de manía parecen estar relacionados con un exceso de noradrenalina, mientras que la depresión tiene que ver con una falta de noradrenalina. La terapia consistirá en corregir estos niveles del neurotransmisor.

Los síntomas de la depresión se reducirán aumentando la producción de noradrenalina o de serotonina, a través de la monoaminooxidasa (MAO) o los tricíclicos. Esta terapia no funciona con todos los pacientes, pero la sustancia más efectiva son los tricíclicos, y, además, tiene menos efectos secundarios que la MAO (Stern y col., 1980).

La suposición de que estas sustancias son simples estimulantes del sistema nervioso no parece correcta, puesto que su efecto en personas normales, sin desarreglos bioquímicos, es prácticamente inapreciable (Cole y Davis, 1975).

En contraste, en los pacientes con manía se debe reducir el nivel de noradrenalina. La droga que suele emplearse es el litio, muy útil en pacientes con depresión bipolar. Los efectos secundarios del litio son bastante significativos: ataca al sistema nervioso central, al sistema cardiovascular y al sistema digestivo (Gerbino y col., 1978).

A las personas con trastornos de ansiedad se les suele administrar tranquilizantes. Así, los barbitúricos deprimen el sistema nervioso, reduciendo los niveles altos de ansiedad. Pero los efectos secundarios son bastantes: problemas de concentración, de coordinación y habla sin sentido. Además, el consumo de barbitúricos es adictivo, de manera que los pacientes que abandonan su consumo tienen síndrome de abstinencia.

Los barbitúricos se han sustituido por benzo-

[1] La pérdida de habla se puede evitar dirigiendo el choque al hemisferio derecho si el paciente es diestro.

diacepinas como el conocido Valium, cuyos efectos secundarios son bastante menores. De todos modos, dejan demasiado sedada a la persona, pueden inducir problemas de memoria a largo plazo y son igualmente adictivos.

Los trastornos de hiperactividad suelen tratarse, como se ha comentado, con drogas estimulantes, y los resultados son buenos con un 75 por 100 de los chavales. Los efectos secundarios son el insomnio y la falta de apetito, sobre todo al comienzo del tratamiento. Los mejores resultados se consiguen cuando se combina la administración de estas drogas y la terapia psicológica.

El uso de drogas exige tener presentes algunas consideraciones:

- Las drogas tienen bastantes efectos secundarios.
- Las drogas suprimen los síntomas, pero no curan. Esto obliga a que el paciente siga tomando la sustancia durante mucho tiempo.
- Las drogas son adictivas. La supresión de las dosis suele producir la aparición de síntomas totalmente contrarios a los que la droga produce (por ejemplo, la ausencia de Valium produce una alta ansiedad).
- El paciente debe estar muy bien informado sobre la droga que va a consumir. Se supone que ésta es la práctica habitual, pero Irwin y col. (1985) descubrieron que sólo un 25 por 100 de los pacientes que entrevistaron podían explicar los efectos de las drogas que consumían periódicamente.

3. TRATAMIENTOS PSICOLÓGICOS

Los tratamientos psicológicos no usan medicamentos que actúan sobre el organismo de la persona, sino sobre sus pensamientos, emociones y conductas. La idea es que igual que las sustancias influyen en los pensamientos y las acciones de las personas, sus pensamientos y acciones podrán modificar los niveles de las sustancias que puedan actuar en un determinado trastorno. No hay ninguna razón para que esto no sea cierto. Además, si no hay ninguna causa física de la enfermedad, el grado de éxito del tratamiento psicológico por sí solo puede ser muy alto.

Los tratamientos psicológicos que se describen son la terapia de conducta, la terapia cognitiva y el psicoanálisis. A veces se suele creer que los tratamientos psicológicos son recetas que cualquiera puede aprender y aplicar. Sin embargo, aunque sea cierto que cualquiera puede aprender una receta y aplicarla, puede ser muy peligroso usar una terapia sin un profundo conocimiento psicológico. Es decir, sólo un profesional con un título de licenciado debería hacer uso de las técnicas de tratamiento psicológico. Una terapia puede dar lugar a efectos secundarios difíciles de controlar por un paraprofesional y pueden ser verdaderamente perjudiciales para la salud mental de la persona que está siendo tratada.

Por desgracia, en nuestro país no existe una estricta regulación en este sentido, de modo que habrá que esperar a que los legisladores consideren la posibilidad de que el tratamiento psicológico constituya un tema con un relevante impacto social sobre la salud de los ciudadanos.

3.1. Terapia de conducta

El supuesto de la *terapia de conducta*, término acuñado por el profesor Hans Jurgen Eysenck, es que los trastornos mentales son resultado de un aprendizaje desadaptado, de modo que la terapia debe ayudar al paciente a volver a aprender, es decir, debe servir para reeducarlo (Pérez Álvarez, 1996).

Los terapeutas de conducta suponen que la conducta anormal se desarrolla a través de los procesos de condicionamiento, de modo que el paciente volverá a aprender a través de los principios básicos del condicionamiento estudiados en los laboratorios de experimentación: el condicionamiento clásico y operante actuarán para que la persona adquiera un patrón de conducta deseable y adaptado.

3.1.1. *Condicionamiento clásico (terapia de conducta)*

El condicionamiento clásico se relaciona con los descubrimientos de I. P. Pavlov descritos en la parte primera. Resulta posible que un animal reaccione fisiológicamente (respuesta incondicionada, por ejemplo, la salivación) a un estímulo neutro (estímulo condicionado, por ejemplo, el sonido de una campana) si éste se ha asociado con un estímulo principal (estímulo incondicionado, por ejemplo, un trozo de carne). Tras varios ensayos, el animal adquiere un reflejo condicionado, es decir, saliva al oír la campana porque anticipa la llegada del trozo de carne.

El animal también reacciona ante otros sonidos que no sean exactamente iguales al sonido original; a esto se le denomina *generalización del estímulo*. Por otro lado, si durante una serie de ensayos no se le da carne, el animal deja de salivar; a esto se le denomina *extinción*.

En suma, el estímulo condicionado (sonido) permite que el animal pronostique o anticipe la inminente aparición del estímulo incondicionado (carne) y se produzca un efecto similar al efecto producido por la propia comida (salivación). Cuando no se presenta la comida, el animal deja de salivar al cabo de una serie de ensayos neutros.

Según los terapeutas de conducta, este proceso de condicionamiento puede explicar algunos trastornos mentales. Por ejemplo, la experiencia de tener un accidente al bajar por una escalera puede producir una fobia a las alturas. A través del proceso de generalización, este paciente convierte a todos los lugares altos en estímulos condicionados que provocan la respuesta condicionada de miedo. Los terapeutas de conducta han tratado con bastante éxito pacientes de este tipo.

Figura 24.1.—La terapia de inundación puede tener algunos efectos no previstos.

Un método empleado por estos terapeutas es la *inundación*. La idea es exponer al paciente a una situación que provoque una ansiedad extrema. Por ejemplo, en el caso del miedo a las serpientes, se puede meter al paciente en una habitación repleta de serpientes (cosa bastante poco frecuente) o se le puede pedir que se imagine que está en uno de los típicos templos visitados por Indiana Jones. El paciente se sentirá inundado de miedo y ansiedad. Al cabo de unas pocas sesiones, estos síntomas remitirán, puesto que el paciente acabará dándose cuenta (aprenderá) de lo infundado de sus miedos. Por supuesto, el éxito de esta terapia depende de que el paciente esté dispuesto a tolerar los miedos intensos que se manifestarán durante la terapia; aunque diga que está dispuesto, siempre puede engañar al terapeuta en medio de la sesión para evitar seguir en ese trance diciéndole que la ansiedad ya ha remitido (por hoy).

Una de las técnicas más empleadas para tratar las fobias es la *desensibilización sistemática*. La idea es sustituir la respuesta de miedo a los estímulos fóbicos por una nueva respuesta incompatible con el miedo. Esta nueva respuesta suele ser la relajación muscular. A los pacientes se les entrena inicialmente en los métodos de relajación, de modo que puedan relajarse rápidamente cuando se les pida hacerlo en las sesiones terapéuticas.

En la desensibilización sistemática, el terapeuta y el paciente construyen lo que se denomina una *jerarquía de ansiedad,* es decir, un listado con estímulos que produzcan una ansiedad alta, media y baja. Por ejemplo, una serpiente pequeña y a mucha distancia, provocará poca ansiedad; pero una anaconda que se mueva deprisa y esté muy cerca producirá una gran ansiedad. La terapia comienza con las situaciones menos ansiógenas y poco a poco se van evocando situaciones más y más ansiógenas, recurriendo a las instrucciones de relajación cuando comienzan a aparecer los síntomas de ansiedad.

Esta técnica sólo es útil cuando se conoce el estímulo o situación responsable de la fobia. Por tanto, no es útil para los pacientes con trastorno de ansiedad generalizada, en el que los estímulos amenazantes son muy numerosos o están muy mal definidos. Un problema más de esta técnica es que no está totalmente garantizado que el paciente que ha superado la fobia en las sesiones clínicas se comporte de modo consecuente en su vida diaria.

La *terapia de aversión* se emplea cuando el paciente ha asociado situaciones y conductas socialmente indeseables. Por ejemplo, a los consumidores de cocaína les encanta reunirse con sus colegas en discotecas de lujo y «meterse una raya» en los pulcros lavabos del establecimiento. La terapia de aversión consiste en combinar un pequeño consumo de la droga con otra droga que produzca náuseas y sensaciones físicas desagradables. De este modo, esnifar coca irá seguido inmediatamente por vómitos y sensaciones físicas de indescriptible desagrado.

La terapia de aversión resulta efectiva, pero muchos profesionales consideran que es un método poco ético. Además, no están demasiado claros los efectos a largo término o fuera del centro en el que se practica la terapia.

3.1.2. *Condicionamiento operante (modificación de conducta)*

La idea básica del condicionamiento operante es la recompensa o el refuerzo: si una acción es seguida de una recompensa, aumenta la probabilidad de que esa acción se vuelva a realizar. Por el contrario, cuando no hay recompensa, se reduce la probabilidad de que se vuelva a realizar la acción. Cuando la recompensa sigue sólo a ciertas acciones, se habla de refuerzo parcial.

Es importante señalar que la recompensa sólo se debe dar en respuesta a una acción realizada por el animal o la persona. Puede que la persona nunca realice la acción que esperamos, pero sí es probable que haga alguna acción que se parezca en algo a la que deseamos. A través de la recompensa de estas otras acciones, es posible que por aproximaciones sucesivas lleguemos a la acción deseada.

La terapia basada en el condicionamiento operante debe partir de un estudio detallado de los patrones de conducta del paciente. Concretamente, el principal objetivo es averiguar cuáles son las recompensas que logran mantener la conducta desadaptada del paciente. La meta del terapeuta será producir cambios en el ambiente del paciente de modo que las recompensas vayan dirigidas hacia conductas adaptadas, tratando de evitar las recompensas asociadas a las conductas desadaptadas.

Algunas de las técnicas son las siguientes (Eysenck, 1994):

— El refuerzo positivo selectivo consiste en seleccionar una conducta del paciente y recompensarla siempre que aparezca.
— El castigo selectivo supone castigar una conducta desadaptada, a través de un estímulo desagradable, siempre que aparezca.
— La extinción exige eliminar la recompensa que sigue a una conducta desadaptada.

Veamos un ejemplo de la puesta en escena de las técnicas de modificación de conducta (Gross, 1992):

Un niño con síndrome de Lesch-Nyhan, es decir, un problema genético que supone trastornos neurológicos, retraso motor y automutilación, comenzó a mostrar conductas de automutilación a los tres años de edad. Se le confinó en una silla de ruedas, se redujo el movimiento de sus brazos mediante diversos entablillados, y se le obligó a usar casco y hombreras. Dormía en un saco con correas de seguridad para que no se mordiese a sí mismo durante la noche.

El niño tenía por costumbre aguantarse la respiración, arrancarse las uñas de pies y manos, escupir, vomitar visiblemente, golpearse en la cabeza, gritar y decir numerosos tacos. Su conducta anormal se asociaba a ataques de ansiedad y agitación, y se producía especialmente cuando se le retiraban las restricciones físicas.

El tratamiento estuvo dirigido a permitirle estar sin ataduras y a extinguir la conducta de herirse a sí mismo. Cuando comenzó la terapia, la retirada de parte del equipamiento inmovilizador sólo se pudo lograr administrándole óxido nitroso como relajante. Se vio que podía ser reforzante curarle las heridas autoprovocadas bajo anestesia, para evitar que asociase el daño y la recompensa (es decir, alguien que se las curase).

Tras esta primera fase, se le colocó en una habitación individual con un espejo unidireccional, observándose que sin la presencia de un adulto no se autolesionaba. Esto apoyó la idea de que usaba la autolesión para llamar la atención. A partir de aquí la atención se usó como recompensa o reforzador: se le negaba cuando presentaba automutilación y se le daba en caso contrario.

En 15 sesiones, la conducta de automutilamiento había desaparecido, se había extinguido. 18 meses después, la mejora todavía perduraba: no tenía ataduras, podía alimentarse sólo, estaba aprendiendo a caminar con muletas, asistía a una clase especial en una escuela normal y se comunicaba con otros niños.

Una de las técnicas más usuales dentro del refuerzo positivo selectivo es la *economía de fichas*. En este caso, al paciente se le dan puntos (fichas) cuando realiza la conducta deseada, y, en su momento, se le permite canjear estos puntos por algo que le guste (por ejemplo, golosinas o revistas del corazón). Mientras dura el tratamiento, las cosas funcionan bastante bien, pero cuando se suprimen las recompensas se produce una regresión y el paciente vuelve a su conducta habitual (Gazzaniga, 1985).

La economía de fichas suele funcionar mientras dura el tratamiento porque el ambiente está muy bien estructurado: ciertas conductas se recompensan siempre, mientras que otras acciones no se recompensan nunca. Sin embargo, la vida real fuera del despacho del terapeuta o del centro de tratamiento es bastante distinta, y sobre todo poco estructurada.

Las técnicas basadas en el condicionamiento operante se usan especialmente con chicos, puesto que es bastante más sencillo controlar sus ambientes que en el caso de los adultos. Algunos síntomas que se pueden combatir con estas técnicas son la enuresis nocturna, las rabietas, la violencia, la hiperactividad, el gamberrismo en clase, el mal rendimiento académico o los ataques de asma.

Los terapeutas han tratado de ayudar al paciente a *generalizar* a la vida real la conducta aprendida durante el tratamiento. Una manera ha sido encontrar recompensas en la vida diaria de la persona, o enseñar a sus allegados a impartir recompensas siguiendo las pautas del terapeuta. Estas personas compinchadas con el terapeuta se denominan usualmente «paraprofesionales».

El *biofeedback* es una técnica muy popular basada en el condicionamiento operante. Esta técnica supone usar un aparato que informa al paciente, en tiempo real, sobre ciertos estados físicos que no se pueden observar directamente y sobre los que no se tiene un control consciente, como el latido cardiaco o la presión sanguínea. Si estamos enseñando a relajarse a una persona ansiosa, y eso supone disminuir su latido cardiaco, parece una buena idea que esa disminución del latido pueda ser oída por la persona a medida que progresa en las sesiones. El biofeedback se ha usado con éxito para combatir la hipertensión esencial (alta presión sanguínea sin razón física aparente) y la migraña (dolor de cabeza intenso).

En cualquier caso, los expertos no se acaban de poner de acuerdo sobre por qué el biofeedback tiene efectos beneficiosos. Así, aunque el biofeedback mejora la hipertensión esencial, se ha sugerido que el método realmente útil es el entrenamiento de relajación que se realiza en las sesiones clínicas (O'Leary y Wilson, 1987). Además, la disminución del número de dolores de cabeza se produce en pacientes que creen que el biofeedback señala una reducción de la tensión muscular, aunque en realidad no se haya producido ningún tipo de reducción. Es decir, las *creencias cognitivas* de los pacientes parecen ser un elemento crucial para explicar el éxito de las técnicas de biofeedback (Holroyd y col., 1984).

Aunque las técnicas de la terapia de conducta están diseñadas bajo el supuesto de que el comportamiento animal y humano es muy similar, el hecho de que los humanos posean un lenguaje y unos procesos cognitivos muy desarrollados influye en todos esos procesos de condicionamiento y extinción, diferenciando de manera sustancial a los animales de los humanos (Brewin, 1988).

Los procesos de condicionamiento y extinción dependen en gran medida de que la persona sea consciente o se dé cuenta de las asociaciones entre los estímulos y las respuestas que se están trabajando en la terapia. En otras palabras, en contra de la creencia de los terapeutas de conducta, no hay una asociación mecánica entre estímulos y respuestas. Por ejemplo, se supone que la desensibilización sistemática funciona porque el paciente aprende a conectar los estímulos fóbicos a una acción incompatible con la respuesta de miedo. Sin embargo, si se convence a los pacientes de que se les van a presentar estímulos fóbicos subliminalmente (es decir, ellos no se van a dar cuenta conscientemente de su presencia) y que esa presentación repetida va a lograr reducir sus reacciones fisiológicas vinculadas a la fobia, se produce una reducción real de los indicadores fisiológicas, ¡aunque no se haya presentado ningún tipo de estímulo subliminal! (Lick, 1975).

Finalmente, aunque los terapeutas de conducta sugieren que los trastornos de conducta son resultado de un historial de aprendizajes desadaptados, se puede dudar de la precisión de este supuesto. Los genes parecen tener relevancia en la aparición de ciertos trastornos mentales. Además, el análisis del historial del paciente no suele encontrar claramente el origen ambiental concreto de estos aprendizajes desadaptados (Keuthen, 1980).

3.2. Terapia cognitiva

La idea central de la terapia cognitiva es que los procesos y estructuras cognitivas del paciente (expectativas, creencias y recuerdos) son determinantes importantes de su conducta. Los procesos y estructuras cognitivas negativos son importantes en trastornos mentales como la ansiedad y la depresión. Por consiguiente, la terapia cognitiva está encaminada a modificar estas estructuras y procesos negativos.

La idea de que el cambio cognitivo dará lugar a un cambio de conducta se parece mucho a la vieja idea del psicoanálisis, aunque la terapia cognitiva se centra en las creencias presentes (en contra del énfasis que pone el psicoanálisis en la infancia) y no está interesada por los procesos inconscientes.

Figura 24.2.—La terapia cognitiva resulta bastante útil para tratar a pacientes deprimidos.

Los terapeutas cognitivos están más centrados en los procesos de pensamiento que los terapeutas de conducta, y, a diferencia de estos últimos, la terapia cognitiva no tiene mucha fe en los procesos mecánicos de condicionamiento como técnicas para intervenir sobre los trastornos mentales.

La terapia cognitiva se usa mucho para tratar problemas de depresión. A. Beck (1976) ha explorado lo que él denomina *triada cognitiva,* es decir, los pensamientos negativos sobre uno mismo, el mundo y el futuro. El paciente deprimido se ve a sí mismo sin esperanza, inadecuado y despreciable. Además, interpreta los acontecimientos cotidianos de un modo fatalista y negativo, creyendo que los demás no hacen más que ponerle obstáculos en su camino. Por si esto fuese poco, el depresivo ve el futuro muy oscuro.

La persona deprimida tiene constantes pensamientos negativos, y de modo tan frecuente que llega a darles el estatus de realidad. Al cabo del tiempo, estos pensamientos negativos se activan de un modo automático contribuyendo así al mantenimiento del estado depresivo.

Las personas deprimidas suelen tener los siguientes errores lógicos de pensamiento (Beck y Clark, 1988): sacan conclusiones sin evidencia real (inferencia arbitraria), acentúan un aspecto minúsculo a la vez que ignoran otros muchos aspectos (abstracción selectiva), se sienten responsables de los sucesos negativos que realmente no van con ellos (personalización), pequeños sucesos negativos se convierten en trascendentales y grandes acontecimientos positivos se minimizan (magnificación y minimización), y sacan conclusiones generales sobre el propio mérito a partir de una escasisima evidencia (sobregeneralización).

La tarea del terapeuta consiste en combatir este tipo de errores, a través de métodos como la reatribución, es decir, el cambio de concepciones erróneas que el paciente tiene. También se usan las técnicas de invitación a la actividad, es decir, se recompensa al paciente para que realice más actividades en su vida diaria. La asignación gradual de tareas también se suele emplear; supone recompensar al paciente cuando realiza acciones positivas.

En un estudio se compararon cuatro grupos de personas con depresión unipolar: un grupo se sometió a terapia cognitiva, otro grupo recibió una terapia somática de tricíclicos, el tercer grupo recibió un tratamiento placebo, y al último grupo se le entrenó en técnicas de resolución de conflictos personales.

Los resultados indicaron que más del 50 por 100 de los pacientes se recuperaron con tres de los métodos. El placebo sólo sirvió para recuperar al 20 por 100 de ese grupo. Por tanto, según estos datos la terapia cognitiva es tan efectiva como (pero no más efectiva que) las drogas y la resolución de conflictos (Elkin y col., 1986).

La depresión es bastante similar a la ansiedad. Los pacientes ansiosos también tienen pensamientos irracionales, aunque su naturaleza sea distinta: los pacientes ansiosos temen a los peligros y amenazas físicas o psicológicas y se sienten muy vulnerables.

Los pacientes con trastornos de ansiedad generalizada temen la mayor parte de las situaciones vitales, mientras que los fóbicos sólo rehúyen ciertos estímulos o situaciones. En contraste, los pacientes con trastornos de pánico malinterpretan ciertas reacciones corporales. Por consiguiente, la ansiedad es más variada que la depresión.

La terapia racional emotiva de A. Ellis se ha usado con frecuencia con las personas ansiosas. Sin embargo, en una revisión de 33 estudios distintos, en los que se comparaba la eficacia de la terapia de conducta y la terapia cognitiva, no se comprobaba la mayor efectividad de alguna de ellas (Marks, 1987).

Hay que tener en cuenta que la terapia cognitiva sólo considera relevantes los procesos cognitivos conscientes. Sin embargo, hay muchos procesos cognitivos no conscientes para el paciente que parecen estar detrás de los procesos conscientes (Eysenck, 1992). Aunque la terapia cognitiva es eficaz en determinados casos, no es fácil saber por qué. Los cambios cognitivos podrían ser debidos a otro tipo de sucesos presentes durante la terapia. Por último, la terapia cognitiva da lugar a cambios mentales y de conducta; pero ¿cuáles son los responsables últimos de la mejora del paciente?

3.3. Psicoanálisis

Según parece, las personas sin conocimientos técnicos sólo tienen noticia de dos cosas sobre lo que suponen que es la psicología: el psicoanálisis y los tests psicológicos.

La psicología científica no suele considerar el psicoanálisis como una rama más de la psicología[2]. Sin embargo, ha sido y sigue siendo una técnica terapéutica muy utilizada en la práctica. Además, en los estudios sobre la eficacia de la terapia suelen compararse sistemáticamente las técnicas de terapia que se acaban de estudiar con la terapia psicoanalítica, razón por la que se dirán aquí algunas palabras al respecto.

El psicoanálisis estudia principalmente los trastornos neuróticos. Según Sigmund Freud, la neurosis se produce por la *represión,* es decir, un mecanismo que mantiene fuera de la consciencia los traumas del pasado de la persona, generalmente traumas de la infancia. La represión sirve para combatir la ansiedad que produce la recuperación consciente de los episodios traumáticos del pasado.

Los traumas son resultado de la lucha entre los instintos del niño (ello) y las restricciones sociales que reprimen la manifestación de esos instintos (super-yo). Cayendo en la simplificación, se podría decir que estos traumas se producen durante el desarrollo psicosexual del niño. Cuando el adulto cae en la neurosis, regresa a un estadio de ese desarrollo psicosexual (técnicamente, hace una regresión a la infancia, al momento en el que se produjo el conflicto responsable del trastorno actual).

La terapia psicoanalítica ayuda al paciente a regresar a ese período y resolver el conflicto real que

---

[2] Bromeando con el idioma inglés, los terapeutas de conducta y cognitivos suelen comentar que el creador del psicoanálisis es Sigmund «Fraud» (fraud = fraude). Por supuesto, se trata sólo de una broma.

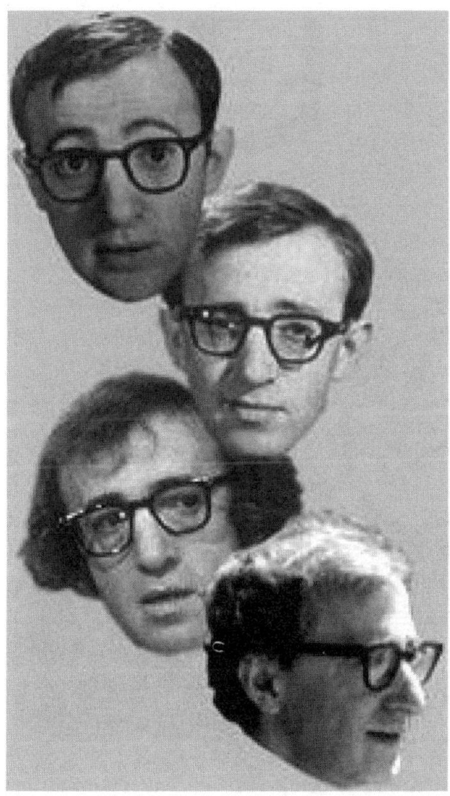

Figura 24.3.—Woody Allen ha contribuido en varias de sus películas a convertir el psicoanálisis en algo familiar para el público en general. El lado negativo de esta gran popularidad del psicoanálisis es que el serio trabajo realizado por muchos profesionales de esta disciplina no es bien conocido.

impide al paciente llevar una vida actual adaptada. En cualquier caso, es el propio paciente el que debe resolver ese conflicto, y no el terapeuta. Ahora bien, el proceso es complejo, puesto que recordar esos hechos traumáticos produce en el paciente una gran ansiedad, por lo que éste se resiste (resistencia).

Algunos de los métodos usados por Freud para ayudar al paciente a recordar y resolver sus conflictos de la infancia son la hipnosis, la asociación libre y la interpretación de los sueños.

La *hipnosis* se sigue empleando actualmente por la Policía para recuperar información de testigos presenciales de un accidente o un crimen. Básicamente, consiste en que la persona caiga en un estado de trance en el que no es plenamente consciente, de modo que las defensas psicológicas activas reducen su efectividad y se puede acceder al material almacenado en la memoria. Freud no usó demasiado esta técnica, puesto que los recuerdos no parecían demasiado fiables en ese estado mental.

La *asociación libre* es una técnica que Freud tomó del psicólogo británico Francis Galton. Consiste en que la persona responda con una palabra a otra que el terapeuta dice, sin apenas pensarlo y tan rápido como pueda. La idea es que el tipo de palabras que la persona diga servirán como ladrillos de su edificio psicológico inconsciente.

La *interpretación de los sueños* es el método más conocido y socialmente espectacular del psicoanálisis. Para explicar este método, Freud recurre nuevamente a un trabajo de Francis Galton: «La elaboración del sueño procede entonces como Francis Galton en la formación de sus fotografías de familia; esto es, oculta los diversos componentes, superponiéndolos, y hace que surja con toda claridad lo que de común hay en ellos, mientras que los detalles contrarios se destruyen recíprocamente».

Mientras las personas duermen, los procesos de represión están menos activos, como sucede con la hipnosis, de modo que es más fácil que los recuerdos traumáticos aparezcan en la conciencia. Por supuesto, el sueño como tal será una combinación de elementos relevantes e irrelevantes, presentes y pasados, de modo que será el terapeuta quien deba separar el polvo de la paja.

Estas técnicas psicoanalíticas dependen mucho de la capacidad de interpretación del terapeuta. ¿Por qué si una chica sueña que monta a caballo está en realidad deseando hacer el amor? Según Freud, la manera de averiguarlo es observar cómo reacciona la chica ante esta sugerencia (poniéndose nerviosa, explicando lo que en realidad estaba deseando o, simplemente, dándole un bofetón al terapeuta). El peligro está en que el terapeuta puede usar indistintamente el rechazo o la aceptación de la sugerencia de modo positivo o negativo. En cualquier caso, se supone que la clave está en la experiencia del profesional.

Figura 24.4.—Los terapeutas psicoanalistas han discutido durante tiempo si el cliente debía estar tumbado en un diván o sentado en una silla mirando al terapeuta. Desde luego, la viñeta no expresa los motivos de aquellos que apoyaban el diván; se trata simplemente de una broma relativamente frecuente entre algunos terapeutas.

Autores como A. Adler, E. Fromm. K. Horney o H. S. Sullivan, seguidores de la doctrina de Freud, cambiaron su énfasis en los factores biológicos hacia una interpretación más sociológica. Serán los problemas de relación social los responsables de los trastornos mentales y no los conflictos asociados al desarrollo psicosexual del niño. Además, mientras que los conflictos infantiles serían universales según Freud, para estos otros autores los conflictos serán propios de las distintas culturas.

Como es lógico, una de las principales limitaciones del psicoanálisis es que no está basado en un sólido programa de investigación científica. La mayor parte de los resultados del psicoanálisis se han logrado en los intercambios personales entre terapeuta y paciente, de modo que generalizar a la población no neurótica puede resultar discutible. La teoría y la práctica están demasiado vinculadas, de modo que los resultados clínicos pueden ser una confirmación de las teorías que el terapeuta *cree* correctas.

La idea de que el cambio que el psicoanálisis puede producir será definitivo no parece sostenible. Resulta muy complicado cambiar los hábitos de conducta de las personas. Por ejemplo, las personas con problemas coronarios suelen ignorar los consejos para que dejen de fumar, mantengan una dieta sana o abandonen el consumo de alcohol, aunque sepan que no hacerlo puede reducir dramáticamente su esperanza de vida (Roskies y col., 1989).

En algunos estudios se ha encontrado que el psicoanálisis tiene alguna eficacia con pacientes de mayor nivel educativo. Posiblemente, estos pacientes están más preparados para dar información

Figura 24.5.—El diván del gabinete de Sigmund Freud.

más precisa, detallada y coherente sobre sus vidas y pensamientos, que las personas con un menor nivel de educación (Luborsky y Spence, 1978). Si esto es así, algunos terapeutas han sugerido, medio en broma, que los psicoanalistas deberían administrar un test de inteligencia antes de aceptar a un paciente.

Con todo, existen corrientes psicológicas inspiradas total o parcialmente en el psicoanálisis que disponen de un aparataje metodológico tan potente como cualquiera de los enfoques científicos oficiales. Así por ejemplo, los *controles cognitivos* que expusimos en las aplicaciones prácticas de las teorías cognitivas de la personalidad tienen sus orígenes en algunas ideas psicoanalíticas. A partir de ahí los investigadores de ese campo se han servido de los métodos de trabajo del enfoque de las diferencias individuales para transformar esas ideas en una teoría sólida y replicable por los miembros de la comunidad científica. En igual medida, Raymond Bernard Cattell ha tomado algunos conceptos del psicoanálisis (por ejemplo, fuerza del superego) y los ha sometido a formalización a través de los métodos factoriales. En una palabra, los conceptos del psicoanálisis han sido considerados sugerentes por algunos miembros de la comunidad científica oficial, y han intentado covertirlos en algo sólido y trabajable con los métodos convencionales de la psicología científica. Estas tendencias constituyen una demostración de que la crítica habitual proveniente de la comunidad científica está dirigida al problema del método empleado para responder a las preguntas que el psicoanálisis considera relevantes, no a la disciplina en sí misma.

4. ¿CUÁL ES EL TRATAMIENTO MÁS EFECTIVO?

El tratamiento suele comenzar con algunas sesiones de consejo psicológico en las que se ayuda a las tareas de diagnóstico, tras el que se decide una determinada línea de actuación. La eficacia de los tratamientos puede estudiarse en el laboratorio o según los informes de los clientes, es decir, según las personas que se someten a terapia (consumidores). El estudio de la eficacia de las distintas terapias en condiciones de laboratorio, no parece equivalente al estudio de la satisfacción de los clientes que se someten a terapia en condiciones reales. Por tanto, es importante disponer de ambos tipos de datos antes de decidir de modo concluyente cuál es el mejor tratamiento terapéutico, si es que existe alguno.

4.1. Los estudios de laboratorio sobre la eficacia de la terapia

Comprobar qué tipo de tratamiento es más efectivo supone comparar el número de pacientes que se recuperan tras la intervención y el número de pacientes que se recuperan sin ningún tipo de tratamiento (a lo que se denomina remisión o recuperación espontánea). Pero esto que parece bastante sencillo en el laboratorio de experimentación, en la práctica es bastante complejo.

Aunque los terapeutas de conducta no gusten de este tipo de afirmaciones, la terapia tiene mucho de arte. Dos terapeutas que declaren usar el mismo tipo de terapia, en realidad trabajarán con variaciones personales de la misma partitura terapéutica, según haya sido su propia experiencia personal con casos clínicos previos. Esto da lugar a que el número de recuperaciones varíe mucho dentro del (supuesto) mismo tipo de tratamiento (Eysenck, 1994).

Por otro lado, ¿cuándo diremos que el paciente se ha recuperado? Tanto el terapeuta como el paciente están interesados en que la terapia sea efectiva. El primero porque le pagan por ser efectivo y el segundo porque consume tiempo y dinero en la terapia. Por consiguiente, el método más eficaz para averiguar el éxito de la terapia es tomar indicadores que se puedan observar directamente.

El estudio de la efectividad del tratamiento requiere hacer un seguimiento del paciente. Es decir, puede que cuando se da por terminada la terapia el paciente se encuentre mejor, pero también es posible que tras algún tiempo los síntomas vuelvan a reaparecer. Este tipo de regresiones se producen de modo dramático en pacientes anoréxicas y en drogadictos.

En su estudio clásico, H. J. Eysenck (1952) señaló tres criterios para valorar la efectividad de las terapias:

1. El paciente debe regresar a su trabajo habitual y debe mostrar capacidad para salir adelante económicamente durante al menos cinco años.
2. El paciente no debe volver a quejarse de mayores problemas.
3. El paciente debe realizar ajustes sociales con éxito.

¿Diremos que una terapia es efectiva si las personas sometidas a tratamiento mejoran más que las personas de un grupo de control al que no se ha tratado? Hay algunos motivos para contestar negativamente a esta pregunta:

— Los pacientes del grupo de control pueden presentar un trastorno más grave que los del grupo de tratamiento.

— Se ha podido dar efecto placebo. Es decir, los pacientes del grupo de tratamiento pueden mejorar por la simple expectativa que se crea al recibir un tratamiento, aunque en sí mismo éste no sea efectivo. Una buena parte de cualquier terapia se basa en este efecto placebo. Por consiguiente, siempre se debe estudiar un grupo placebo, además del grupo de control y del grupo de tratamiento (Davison y Neale, 1990).

Según parece, la terapia suele ser más efectiva cuando el terapeuta es una persona cordial. Además, los terapeutas más experimentados también suelen tener mayor éxito, aunque no siempre es el caso. Una variable que parece influir en el éxito terapéutico es la implicación de los terapeutas y los pacientes. Así, en un estudio se informó a un grupo de pacientes del tipo de terapia a seguir, mientras que a otro grupo no se le informó de nada. Los resultados indicaron que la tasa de abandono de la terapia resultó mucho menor en el primer grupo y sus resultados fueron mucho mejores. En ocasiones se habla de una *alianza terapéutica* entre el profesional y el paciente, de manera que ambos cooperen para alcanzar la meta deseada. Esta técnica suele ser muy eficaz independientemente del tipo de terapia usada (Alexander y Luborsky, 1984). No obstante, no todos los datos apuntan de modo congruente en esa dirección.

Las diferencias en el éxito de la terapia se pueden deber también a variables como la edad, la clase social, la motivación hacia el tratamiento, o la gravedad del problema en los grupos de tratamiento, de placebo y de control. También pueden darse diferencias según el criterio para decidir si el paciente se ha recuperado de su problema, según la cordialidad del terapeuta o según el nivel alcanzado en la alianza terapéutica.

La mayor parte de los estudios sobre la eficacia de los distintos tipos de terapia señalan que todas tienen un éxito similar, aunque hay algunas diferencias según los trastornos considerados y la edad de los pacientes, entre otras variables (Eysenck, 1994).

Sin embargo, en el famoso estudio de H. J. Eysenck (1952) se llegaba a la conclusión de que con pacientes neuróticos la terapia psicoanalítica resultaba tan efectiva como la recuperación o remisión espontánea (es decir, ningún tipo de tratamiento): el 60 por 100 de los pacientes sometidos a psicoanálisis se recuperaban frente al 70 por 100 de los pacientes sin ningún tipo de tratamiento.

La mayor parte de los investigadores se han amparado en este estudio clásico de Eysenck. Sin embargo, según Smith y Glass (1977) es un estudio tendencioso, basado en interpretaciones muy particulares de seis estudios controlados de laboratorio. Bergin (1971), Emrick (1975) y Luborsky, Singer y Luborsky (1975), entre otros autores, han mostrado que Eysenck no tenía razón, pero, por algún motivo, estos estudios son menos citados que el de H. J. Eysenck.

De este modo, Bergin y Lambert (1978) revisaron 17 estudios con pacientes neuróticos sin tratamiento, encontrando que el 43 por 100 se curaba espontáneamente. Sin embargo, las tasas de recuperación espontánea variaban según el tipo de trastorno: las personas con ansiedad generalizada y con depresión remiten espontáneamente en mucha mayor medida que las personas con fobias o con trastornos obsesivo-compulsivos.

Mary Lee Smith y Gene V. Glass (1977) realizaron, probablemente, el metaanálisis más prestigioso sobre el efecto de las distintas terapias, explorando 375 estudios distintos (unas 25.000 personas en las categorías de grupo experimental y de control), a partir de una muestra original de 1.000 estudios. Las variables relevantes que analizaron son las siguientes:

- Tipo de terapia: psicodinámica, adleriana, ecléctica, análisis transaccional, racional-emotiva, gestalt, centrada en el cliente, desensibilización sistemática, implosión y modificación de conducta.
- Duración de la terapia, en horas de tratamiento.
- Terapia individual y grupal.
- Los años de experiencia del terapeuta.
- Paciente neurótico o psicótico.
- Edad de los clientes.
- La inteligencia de los clientes, medida por el CI.
- El origen de los clientes: instituciones, consulta personal, etc.
- El entrenamiento del terapeuta: educación, psicología o psiquiatría.
- La similitud étnica o de clase social entre el terapeuta y el paciente: estudiantes, adultos neuróticos, minorías juveniles, adultos crónicos hospitalizados.
- El tipo de resultado considerado: miedo y ansiedad, autoestima, ajuste, rendimiento escolar y laboral, rasgos de personalidad, conducta social, trastornos emocionales y somáticos, estrés fisiológico.
- El número de meses transcurridos tras el término de la terapia.
- La reactividad del tipo de medida del éxito de la terapia: medida fisiológica, test proyectivo, medidas estandarizadas, cuestionarios diseñados por el investigador, juicios del terapeuta.
- El año de publicación del estudio.
- El tipo de publicación: revista, libro, tesis, documento no publicado.
- La validez interna del diseño de investigación.

Los resultados señalaron que el porcentaje de recuperación espontánea no suele ser mayor del 40 por 100. La tasa media de éxito en los pacientes que reciben algún tipo de tratamiento es del 75 por 100. Es decir, en contra de los datos clásicos de Eysenck (1952) el psicoanálisis es, en realidad, bastante más eficaz que la recuperación o remisión espontánea.

Smith y Glass (1977) realizaron un escalamiento multidimensional (EMD) sobre los 10 tipos de terapia comparados en su metaanálisis, según el tipo de juicio realizado por 25 expertos en Psicología Clínica. Recuérdese que el EMD organiza una serie de variables según los juicios realizados por un grupo de personas, y el resultado son agrupaciones de variables que señalan cómo se pueden organizar según los juicios. Los resultados dieron lugar a las siguientes cuatro agrupaciones:

1. Terapia gestáltica y terapia centrada en el cliente.

TABLA 24.2

Resultados sobre la eficacia de las distintas terapias (Smith y Glass, 1977)

Tipo de terapia	% de éxito
Psicodinámica	72
Adleriana	76
Ecléctica	68
Análisis transaccional	72
Racional-emotiva	78
Gestáltica	60
Centrada en el cliente	74
Desensibilidad sistemática	82
Implosión	74
Modificación de conducta	78

2. Terapia racional-emotiva y análisis transaccional.
3. Terapia psicodinámica, adleriana y ecléctica.
4. Modificación de conducta, desensibilización sistemática e implosión.

Smith y Glass (1977) compararon dos supergrupos que resumían los cuatro grupos anteriores:

— Supergrupo 1: terapias conductuales (grupo 4).

— Supergrupo 2: terapias no conductuales (grupos 1, 2 y 3).

Al comparar el éxito de estos dos supergrupos de terapias, se observó que las medidas de éxito de las terapias de conducta se toman como mucho dos meses después de dar por terminado el tratamiento y según informes subjetivos del paciente. Las medidas del éxito de las terapias no conductuales se realizan cinco meses después de dar por terminado el tratamiento. Los resultados globales señalan una equivalencia de éxito de los dos tipos de terapia.

Además, algunos otros resultados merecen ser señalados:

— No hay relación entre el éxito en la terapia y la duración del proceso terapéutico.

— Hay una correlación positiva entre la inteligencia del paciente (CI) y el éxito de la terapia. Por tanto, cuanto más inteligente sea el paciente, mayor será la probabilidad de que la terapia tenga éxito.

— También hay una correlación positiva entre el éxito en la terapia y el grupo étnico, la edad y la clase social. Es decir, si terapeuta y paciente comparten grupo étnico, un rango de edad similar y una parecida clase social, la terapia será probablemente más eficaz.

Smith y sus colegas (1980) repitieron su metaanálisis tres años después, con un total de 475 estudios distintos. En este nuevo análisis se compararon grupos sometidos a tratamiento con grupos de la misma población que no habían recibido tratamiento, que estaban en lista de espera o que se les había proporcionado algún tipo de terapia inespecífica. La tasa media de recuperación de los grupos sometidos a tratamiento era del 80 por 100. Según Smith y col. (1980) las terapias más efectivas son las cognitivas y las conductuales, especialmente al tratar fobias y trastornos de ansiedad. En cualquier caso, todas las terapias tienen efectos beneficiosos, tal y como se concluyó en el estudio original de 1977.

En distintos metaanálisis realizados posteriormente al clásico de Smith y sus colegas se llega a conclusiones similares (Casey y Berman, 1985; Kazdin y col., 1990; Weisz y col., 1987; 1995). Entre los profesionales, a la eficacia equivalente de las distintas terapias se le denomina «Veredicto Dodo»[3].

Sin embargo, el Veredicto Dodo no parece tan claro con niños y adolescentes. Las terapias de carácter conductual resultaron claramente más eficaces que las no conductuales en un metaanálisis de 150 estudios distintos realizado por Weisz y sus colegas (1995). En cualquier caso, hay que considerar que de los grupos de niños sometidos a tratamiento, sólo el 10 por 100 habían recibido tera-

[3] El dodo era un ave del tamaño de un pavo, con alas cortas no aptas para el vuelo. Vivía en las islas Mascareñas y se extinguió a finales del siglo XVII.

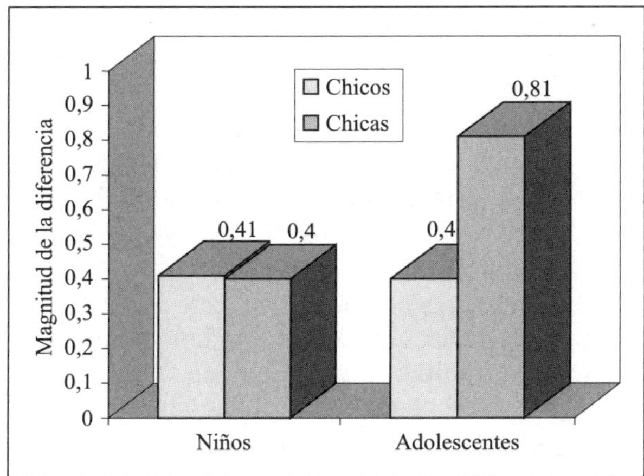

Figura 24.6.—Tamaño del efecto en muestras de niños y niñas (11 años o menos) y de adolescentes (12 años o más).

pias no conductuales que se pudiesen valorar. Este metaanálisis también encontró que:

— El tratamiento es más eficaz con adolescentes que con niños, aunque esa diferencia se reduce cuando se considera la experiencia del terapeuta. La mayor eficacia con adolescentes se encuentra especialmente en los estudios realizados después de 1986, lo que puede sugerir que los métodos de intervención dirigidos a adolescentes han ido mejorando con el paso de los años.

— Las chicas adolescentes responden mejor al tratamiento, pero éste no es el caso para las niñas. Las chicas adolescentes son particularmente sofisticadas en el uso de las relaciones interpersonales para el autodescubrimiento y el cambio, de modo que estas habilidades sociales pueden ayudar en las relaciones terapéuticas. A esto hay que añadir que el número de terapeutas mujeres es bastante mayor que el de terapeutas varones.

— El terapeuta más experimentado no es el que logra los mejores resultados. El mayor éxito lo logran los padres o profesores entrenados en los métodos de tratamiento (paraprofesionales). Cuando se compara a los terapeutas profesionales con sus alumnos en prácticas, se observa que su grado de éxito en la terapia es virtualmente idéntico (Christensen y Jacobson, 1994). En cualquier caso, es posible que los terapeutas más experimentados se encarguen de los casos más complicados, siendo más probable el fracaso de la terapia. También puede ser que el criterio de éxito para los padres, profesores y alumnos se haya rebajado en alguna medida.

— Las medidas del nivel de mejora varían según el tipo de problema. Éstos pueden ser problemas de *infracontrol* (delincuencia, disconformidad, autocontrol, agresión) o problemas de *sobrecontrol* (fobias/ansiedad, aislamiento social, depresión, trastornos somáticos como dolores de cabeza). Los compañeros de los niños con problemas de infracontrol no suelen informar positivamente de sus mejoras tras la terapia. Esto puede sugerir que los niños tratados no trasladan a sus relaciones habituales las supuestas mejoras. En contraste, los observadores entrenados por el terapeuta (por ejemplo, profesores) no suelen informar positivamente de las mejoras de los niños con problemas de sobrecontrol, mientras que sus compañeros sí informan positivamente de esos cambios debidos a la terapia. Esto puede sugerir que los compañeros son más sensibles a los cambios internos de los niños, cambios que le pasan inadvertidos al profesor.

4.2. Las asociaciones de consumidores y la psicoterapia

En un informe de las asociaciones de consumidores norteamericanas sobre la efectividad de la psicoterapia se concluye que (Seligman, 1995):

— Los pacientes se benefician mucho de las intervenciones terapéuticas.

— Las terapias que duran más tiempo son más efectivas que las que duran poco tiempo.

— La terapia psicológica es tan efectiva como la terapia somática y la terapia psicológica combinadas.

— Ninguna terapia es mejor que las demás.

— Los psicólogos, psiquiatras y asistentes sociales son todos ellos buenos terapeutas, así como bastante mejores que los consejeros matrimoniales y los médicos de cabecera.

Los estudios clásicos sobre la eficacia de la terapia señalan, entre otras cosas, que (Seligman, 1994):

— La terapia cognitiva, la terapia interpersonal y la medicación sirven para tratar la depresión unipolar.
— La inundación y la medicación ayudan a tratar el trastorno obsesivo-compulsivo.
— La terapia cognitiva sirve para tratar los trastornos de pánico.
— La desensibilización sistemática sirve para tratar las fobias.
— La meditación trascendental sirve para tratar la ansiedad.
— La terapia aversiva sirve bastante poco para tratar a los agresores sexuales.
— La implosión y la medicación ayudan a tratar la agorafobia.
— La terapia cognitiva sirve para tratar por sí sola la bulimia.

Sin embargo, Martin Seligman (1995) revisa el informe de las asociaciones de consumidores *(Consumers' Report)* y se cuestiona los estudios clásicos sobre la eficacia de la terapia, puesto que una cosa son las condiciones controladas de laboratorio y otra la vida real. Las asociaciones de consumidores tienen acceso al impacto que la terapia tiene en la gente más allá de los laboratorios de los psicólogos. Entre otras cosas, los estudios usuales sobre la eficacia de las terapias no consideran los tratamientos de larga duración, las terapias de familia o la psicoterapia ecléctica. Sin embargo, estas variantes terapéuticas son muy usadas en la práctica: «El estudio sobre la eficacia es un mal método para validar empíricamente la psicoterapia real, puesto que omite elementos importantes» (Seligman, 1995, pág. 966).

La psicoterapia real que se practica más allá de los laboratorios de los psicólogos incluye las siguientes características (Seligman, 1995):

— No tiene una duración fija, mientras que en los estudios de laboratorio suele trabajarse durante unas 12 sesiones.
— La psicoterapia se va modificando sobre la marcha, es decir, se cambia de técnica si la que se está empleando no funciona. Sin embargo, en los estudios de laboratorio sólo se usa una técnica en cada caso.
— Los clientes eligen activamente a su terapeuta, mientras que en los estudios de laboratorio se realiza una asignación al azar a los grupos de control y de tratamiento.
— Los clientes suelen tener varios problemas a la vez, de modo que la terapia se adapta a este hecho. Sin embargo, en los estudios de laboratorio el diagnóstico de los pacientes se ciñe a un trastorno muy bien definido y único.
— En la psicoterapia práctica se trata de que el cliente mejore en general en su vida, mientras que en los estudios de laboratorio se mide la desaparición de síntomas concretos.

En el informe de las asociaciones de consumidores se diseña una medida de efectividad basada en tres variables: mejora específica, satisfacción y mejora general. Los resultados principales son los siguientes (Seligman, 1995):

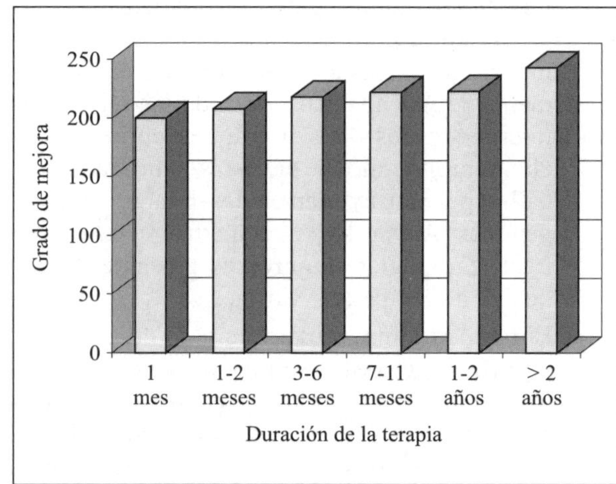

Figura 24.7.—Duración de la terapia y nivel de mejora.

— El tratamiento llevado a cabo por un profesional de la salud mental suele funcionar bastante bien.
— Las terapias que duran más son las más efectivas.
— No hay ninguna diferencia entre la psicoterapia por sí sola y la terapia somática más la psicoterapia combinadas, en el tratamiento de los distintos trastornos.
— Los profesionales más efectivos son los psicólogos, los psiquiatras y los asistentes sociales; y los más efectivos de todos son los psiquiatras.
— Los clientes más activos tienen mejores resultados que los más pasivos.

Ninguna terapia destaca por encima de las demás para tratar los distintos tipos de trastornos. Como sabemos a esto se le denomina «Veredicto Dodo». Este resultado es muy llamativo para las investigaciones de laboratorio sobre la eficacia de las terapias, puesto que su principal objetivo ha sido encontrar qué tipo de terapia es más eficaz para cada uno de los distintos trastornos.

Los clientes que tienen limitado el tiempo de asistencia psicológica son los que logran los peores dividendos.

En suma, hay dos métodos para valorar la eficacia de cualquier técnica terapéutica: el laboratorio y la experiencia del cliente. Así por ejemplo, valorar la calidad de un coche puede hacerse haciéndole colisionar sobre un muro de hormigón armado en un laboratorio de pruebas de modo que se pueda calcular su nivel de seguridad. Pero también se puede preguntar a los clientes sobre la seguridad percibida al conducirlo. En el caso de la terapia sucede exactamente lo mismo: se puede estudiar su eficacia en el laboratorio o preguntando a los clientes. El estudio que se ha descrito responde a la siguiente pregunta: ¿tiene la gente menos síntomas y una vida mejor tras la terapia? Y la respuesta parece ser un contundente sí.

SUMARIO

Este capítulo ha respondido a la pregunta de qué es el *counseling,* es decir, el consejo psicológico que se le puede dar a un cliente. Puesto que cada cliente es una persona con una serie de particularidades, el enfoque de las diferencias individuales puede ser su base. Las sesiones de *counseling* deben ayudar a hacer un diagnóstico y decidirse por algún tipo de tratamiento. Es decir, el profesional debe tener un profundo conocimiento de las teorías, métodos y técnicas psicológicas vigentes en un determinado momento, siendo poco deseable y muy peligroso que sólo conozca una serie de recetas terapéuticas. Los tratamientos pueden ser médicos y psicológicos. Se han descrito algunos de los tratamientos más usados. Dentro de los médicos se han expuesto la terapia electroconvulsiva y la terapia basada en drogas. De entre las terapias psicológicas se ha distinguido la terapia de conducta, la terapia cognitiva y el psicoanálisis. A pesar de que las distintas escuelas suelen sostener que hay terapias más y menos eficaces, los estudios realizados hasta la fecha sugieren que esto no es cierto: todas las terapias son bastante efectivas y apenas hay diferencias entre ellas. Un dato especialmente llamativo es que las terapias que duran más tiempo son las más efectivas para producir un cambio profundo en la vida de las personas. Las palabras de Smith, Glass y Miller (1980) en su obra clásica, *The Benefits of Psychotherapy,* pueden ser muy útiles para cerrar este epígrafe:

«Puede que la terapia no sea tan educativa como las escuelas; puede que la terapia no produzca tantos bienes y servicios como las ciencias de la administración; puede no curar las enfermedades tan eficazmente como la medicina; pero la terapia alcanza una parte de la vida de las personas al que ningún otro método llega».

RESUMEN DE LA PARTE QUINTA

En la introducción de esta parte quinta del manual se ha comenzado describiendo una serie de casos reales que ilustran sobre el tipo de problemas con los que debe tratar habitualmente un profesional de la psicología. Además, se han expuesto algunos datos actuales sobre los trastornos mentales, es decir, sobre las diferencias individuales anormales. Entre otras cosas parece que los trastornos neuróticos o de ansiedad y los trastornos de la personalidad son los más frecuentes en el planeta.

También se ha respondido a la pregunta de qué son las diferencias individuales anormales. La anormalidad se puede definir estadísticamente, es decir, como desviaciones a partir de una determinada norma poblacional. Pero también se deben considerar criterios sociales en buena medida arbitrarios. Las normas sociales cambian con el paso de las generaciones, de modo que las desviaciones de esa norma pueden ser o no ser consideradas patológicas. Uno de los intentos más sistemáticos de clasificar los trastornos mentales ha sido realizado por la Asociación Americana de Psiquiatría a través de los DSM, es decir, los Manuales de Diagnóstico de los Trastornos Mentales, cuya última versión es de 1994 (DSM-IV). Frente a este tipo de sistemas de clasificación basados en categorías similares a las taxonomías médicas, algunos psicólogos han propuesto el uso de sistemas basados en dimensiones que no consideran el trastorno como una cuestión de todo o nada y que no distinguen de modo tajante entre normalidad y anormalidad. En el último apartado se ha respondido a la pregunta de por qué existen las diferencias anormales. La respuesta más razonable parece ser que las disposiciones heredadas y aprendidas de la persona son necesarias para averiguar de qué modo influyen las condiciones de vida presentes. Ésta es la perspectiva de la vulnerabilidad personal: ciertas disposiciones personales facilitan o complican contraer un trastorno mental ante las mismas condiciones ambientales.

Seguidamente se ha descrito brevemente algunos trastornos mentales. Los trastornos psicóticos suponen una pérdida de contacto con la realidad, mientras que los trastornos neuróticos no llegan tan lejos. Dentro de los trastornos psicóticos se ha expuesto la esquizofrenia y la depresión, mientras que dentro de los trastornos neuróticos se han presentado las fobias, el pánico y las obsesiones y compulsiones. Los trastornos de la personalidad se corresponden con el eje II de los DSM. La presencia de este tipo de trastornos complica bastante el tratamiento de los trastornos psicóticos y neuróticos del eje I. Aquí se ha puesto el ejemplo del trastorno antisocial de la personalidad, probablemente el más estudiado por los profesionales. Los trastornos de la infancia pueden ser de dos tipos: trastornos del desarrollo y de conducta. Al igual que en el epígrafe anterior, a la pregunta por el origen de estos trastornos se ha respondido desde la perspectiva de la vulnerabilidad personal.

Finalmente, se ha expuesto los distintos tipos de tratamiento. Una vez que se ha logrado realizar un diagnóstico con unas garantías mínimas de fiabilidad y validez, es posible decidirse por un determinado tratamiento. Los tratamientos pueden ser médicos y psicológicos. Por tanto, se pueden tratar de modificar determinados procesos biológicos a través de la administración de sustancias químicas que parecen alterar la conducta del paciente. Pero también se pueden modificar sus conductas y pensamientos mediante la terapia de conducta, la terapia cognitiva y el psicoanálisis. No hay ninguna razón para que esas relaciones no sean reversibles. Es decir, las sustancias químicas pueden modificar las conductas y pensamientos, pero alterar éstos también podría modificar las sustancias. En el último apartado se ha respondido a la pregunta de cuál es el tratamiento más efectivo. Aunque en algunos estudios de laboratorio se haya encontrado que alguna técnica terapéutica puede ser superior para tratar algún trastorno, ahora sabemos que esto no es probable: todas las terapias parecen ser igualmente efectivas en el tratamiento de los distintos trastornos mentales.

Epílogo

Escribir un manual básico sobre un enfoque de contenidos tan extensos y variados como la psicología de las diferencias individuales, constituye una tarea bastante compleja. Actualmente, los desarrollos de este enfoque son enormes y se necesita saber bastantes cosas para poder actuar desde él. Su matriz disciplinar básica está en la antiguamente conocida como *psicología diferencial.* Sin embargo, las cosas han cambiado tanto en este último cuarto de siglo que actualmente parece tener más sentido referirse al *estudio científico de las diferencias individuales.*

El estudio científico de las diferencias individuales exige hacerse las preguntas de siempre y emplear los métodos habituales. Pero, además, también es necesario hacerse preguntas totalmente nuevas y emplear métodos que no se corresponden con los que usualmente se pueden encontrar en los manuales clásicos. Las posibilidades que actualmente se abren en este enfoque son tan amplias que una exposición más o menos completa requiere servirse de un marco de referencia común en el que situar las preguntas, los métodos para resolverlas y las soluciones alcanzadas.

En este manual se ha empleado una doble clasificación. Por un lado, las áreas de estudio, y, por otro lado, sus niveles de análisis científico y práctico. De este modo, se han descrito las teorías factoriales, cognitivas y biológicas de las áreas tanto de la inteligencia como de la personalidad. Estas teorías responden a distintas preguntas sobre las diferencias de conducta, y usan métodos algo diferentes para alcanzar respuestas, satisfactorias para la ciencia básica y útiles en la práctica aplicada. Además, se ha respondido a la pregunta sobre el origen genético y ambiental de las diferencias individuales.

Tras las teorías científicas básicas se ha presentado una muestra de las aplicaciones prácticas que se suelen derivar de ellas. La meta ha sido hacer más asequible la comprensión de las teorías básicas, así como intentar mejorar la calidad didáctica de este manual.

Las teorías responden a preguntas científicas, pero también a preguntas sociales. Este tipo de preguntas sociales tienen mucho que ver con un epígrafe incluido en las partes tercera y cuarta, es decir, con la exposición de las semejanzas y diferencias entre grupos humanos. De este modo, se han descrito las diferencias entre varones y mujeres, entre personas de distintas edades y entre grupos sociales. En estos apartados hay muchos más datos numéricos que en el resto del manual, puesto que se trata de temas que son fáciles de malinterpretar. La única manera de evitar esta inadecuada tendencia consiste en presentar los datos disponibles. Por supuesto, el resultado de presentar esos datos ha sido la necesidad de realizar más investigación, repitiendo sistemáticamente que NO puede llegarse a ninguna conclusión o explicación que se pueda considerar definitiva en el momento presente.

La última parte puede sorprender en un manual sobre diferencias individuales. Sin embargo, los trastornos mentales, así como los métodos de diagnóstico y de tratamiento, constituyen un área dentro del estudio de las diferencias individuales. De hecho, en ocasiones se entiende que el estudio de estas diferencias se refiere precisamente a las desviaciones anormales. No obstante, siguiendo las tendencias actuales, en este manual se ha mantenido que ambas constituyen diferencias de grado, y no de calidad. En cualquier caso, aquí se han descrito las diferencias anormales de modo muy introductorio para cubrir un objetivo didáctico puntual, puesto que existen otras materias en la licenciatura de Psicología destinadas a estudiar exclusivamente ese tipo de temas.

En suma, la mayor parte de los contenidos recogidos en este manual han sido contrastados con estudiantes de primer ciclo de Psicología. Tras usar varias rutas alternativas para explicar el estudio científico de las diferencias individuales a estudiantes con ese nivel de formación, el camino empleado en este manual se ha mostrado como un método efectivo en la práctica. Por tanto, al autor sólo le cabe esperar que el estudiante encuentre útil su consulta y que los contenidos descritos le estimulen a profundizar en los temas tratados, a través de lecturas más monográficas, y a disfrutar personalmente en ese proceso de formación.

Glosario

ADN (o DNA): Soporte material de los caracteres hereditarios.

Actitud: La expresión verbal de una actitud es una opinión. La medida de las actitudes se suele realizar a través de cuestionarios con frases en las que la persona debe mostrar su acuerdo o desacuerdo.

Actividades intelectuales: Tratamiento no automático de la información simbólica. Supone usar conocimientos explícitos que actúan en la comprensión, el razonamiento, la adquisición de conocimientos y la resolución de problemas.

Adaptación: Ajustes de un organismo para sobrevivir y perpetuar su especie. También puede suponer la modificación de acciones para asegurar el equilibrio de las relaciones entre el organismo y el medio ambiente.

Adolescencia: Período del desarrollo situado entre la infancia y la edad adulta.

Adopción: Acto jurídico que crea entre dos personas, que no tienen por qué ser parientes con lazos de sangre, un lazo de filiación.

Afecto: Estados emocionales que representan los sentimientos humanos.

Afiliación: Tendencia de una persona a sentirse cercano a otra persona que se le parece o que le quiere, con la que la cooperación o los intercambios son agradables.

Agresividad: Tendencia a atacar la integridad física o psicológica de las personas.

Agrupación: Estructura que reúne elementos para construir uno solo que represente una propiedad común.

Ajuste: Modificación del organismo para que se adapte mejor a su medio ambiente.

Alexitimia: Incapacidad para expresar las emociones.

Alfa (ritmo): Ritmo cerebral cuya frecuencia en el adulto varía entre 8 y 13 herzios (1 herzio supone un ciclo por segundo). Su amplitud está entre 30 y 50 microvoltios. La persona debe estar en reposo sensorial y con los ojos cerrados para que el ritmo alfa se pueda medir.

Alianza terapéutica: Relación que el paciente establece con el terapeuta.

Alucinación: Experiencia perceptiva acompañada de la creencia en la realidad de un objeto percibido ilusoriamente.

Amnesia: Pérdida de memoria que supone la imposibilidad de recordar las experiencias pasadas.

Amplitud: Distancia entre los valores extremos de un fenómeno registrado de manera permanente en un determinado período temporal. Constituye un parámetro que define un ritmo.

Androginia: Concepto según el cual las diferencias psicológicas entre varones y mujeres se consideran menos importantes que sus semejanzas.

Angustia: Sensación interna de opresión y de temor, real o ilusorio, de padecer una desgracia o un sufrimiento, ante la que la persona se considera sin recursos e incapaz de defenderse.

Anorexia: Trastorno de la conducta alimentaria que supone rechazar los alimentos.

Ansiedad: Estado emocional de tensión nerviosa, de miedo intenso y mal diferenciado.

Antisocial: Persona cuyo comportamiento no está adaptado o que rechaza las normas sociales convenidas.

Aprendizaje: Modificación de la capacidad efectiva para realizar una tarea.

Aptitud: Cualidad a partir de la que se diferencia a los individuos según su conducta. La aptitud es una característica cognitiva responsable de la adquisición y el tratamiento de la información.

Aptitud mental primaria: Factores considerados responsables de las diferencias al resolver tests o pruebas de inteligencia.

Asertividad: Característica de una persona que expresa con facilidad sus opiniones e intereses, sin necesidad de negar los de otras personas.
Asimetría funcional: Diferencias funcionales entre los dos hemisferios cerebrales que se expresan en la conducta de la persona.
Astenia: Estado de cansancio general, tanto físico como psicológico.
Atención: Actividad mediante la que aumenta la eficacia de la persona para percibir, recordar, etc.
Atribución: Proceso cognitivo usado para explicar la conducta de uno mismo y de los demás.
Autismo: La persona se repliega en su mundo interior, huyendo del contacto con la realidad.
Autoestima: Valor personal, competencia que una persona asocia a su propia imagen.
Banco de ítems: Temas que se pueden usar para diseñar una prueba psicológica.
Barbitúrico: Sustancia que se usa como anestésico, antiepiléptico, sedante e hipnótico.
Batería de tests: Grupo de tests que se usan simultáneamente para explorar distintos aspectos de las aptitudes o de la personalidad de los individuos.
Benzodiacepina: Sustancias ansiolíticas, sedantes, relajantes musculares, anticonvulsivas e hipnóticas.
Biofeedback: Técnica terapéutica que ayuda al autocontrol de algunas funciones fisiológicas involuntarias, como el latido cardiaco.
Borderline: Caso límite entre la neurosis y la psicosis.
Bulimia: trastornos de la conducta que supone accesos incontrolables de hambre, ingesta de alimentos y posteriores vómitos.
Calloso (cuerpo): Lámina de sustancia blanca que une los dos hemisferios cerebrales.
Capacidad: Posibilidad de tener éxito al realizar una tarea. Una de las condiciones para tener éxito es que la persona tenga aptitud. El éxito en la tarea da cuenta de la capacidad de la persona, y en ocasiones puede permitir estimar su aptitud.
Carácter: Costumbres, sentimientos e ideales que llevan a que las acciones de una persona sean relativamente estables y pronosticables.
Característica: Propiedad o cualidad de un individuo.
Caracterología: Estudio de los caracteres individuales. El resultado suelen ser clasificaciones en tipos, temperamentos y causas que determinan la formación de los caracteres.
CD-ROM: Compact Disk Read Only. Un lector láser de discos compactos, que generalmente sólo sirve para leer información (actualmente ya se puede acceder fácilmente a CD de lectura-escritura). Los CD tienen una capacidad aproximada de 600 millones de bytes.
Centil (percentil): Cada uno de los valores de un carácter cuantitativo que comparten la extensión de los valores en 100 subconjuntos de frecuencias iguales.
Ciclo vital: Sucesión de fases por las que pasa una persona o un grupo, desde su aparición hasta su desaparición.
Ciclotimia: Alternancia de humor que supone pasar de la tristeza a la euforia o viceversa, de un modo repetido y con frecuencia variable.
Clínica (psicología): Enfoque psicológico que estudia la personalidad considerada como una singularidad.
Cociente de inteligencia (CI): Índice que se calcula dividiendo la edad mental por la edad cronológica, y multiplicando el resultado por 100. En una población, el CI medio debe ser 100 y la desviación debe ser 15.
Codificación genética: Operaciones de copiado de la información de una molécula de ADN en moléculas de ARN, y traducida posteriormente en proteínas.
Cognición: Actividades y entidades relacionadas con el conocimiento psicológico.
Cognitiva (psicología): Enfoque psicológico que estudia los procesos y las estructuras de la cognición.
Cognitiva (terapia): Tratamiento psicológico dirigido a que el paciente tome conciencia de la distorsión con la que percibe e interpreta los sucesos desdichados de su existencia.
Cognitivas (aptitudes): Características de la capacidad intelectual de las personas para pasar de lo desconocido a lo conocido. Representan de modo general el dominio de la inteligencia, mientras que las aptitudes verbales, espaciales, numéricas y de memoria representan campos más concretos.
Cohorte: Grupo de personas de la misma generación.
Compulsión: Tendencia interior imperativa que lleva a una persona a actuar o a pensar de una determinada manera, aunque no lo desee conscientemente.
Comunalidad: Parte de la varianza de una variable observada de la que dan cuenta los factores comunes resultado de calcular un análisis factorial.
Condicionamiento: Adquisición de conductas a través de las relaciones que hay entre estímulos del medio y reacciones del organismo.
Conductual (terapia): Estudio experimental del condicionamiento que influye en la persona y que se puede aplicar a la terapia psicológica.
Consistencia: Repetición de un mismo tipo de respuesta en la conducta de una persona.

Constructo (validez de): En qué medida una observación es congruente con la teoría.

Contenido (validez de): Naturaleza y relevancia de las preguntas de un test cuando constituyen un muestreo representativo de lo que el test trata de explorar.

Control: Forma de ordenar o regular las actividades cognitivas.

Control interno/control externo (lugar de control): Percepción de una persona sobre la existencia de relaciones entre una recompensa y las características y conductas personales o las fuerzas y factores presentes en la situación.

Correlación: Índice sobre el grado de relación entre dos variables que varía entre –1 y +1 pasando por 0. El valor 0 indica ausencia de relación, mientras que +1 indica una relación perfecta entre las dos variables.

Correlación intraclásica: Medida de semejanza entre pares de, por ejemplo, gemelos.

Covariación (entre dos variables): Los cambios de una variable están sintonizados con los cambios de la otra variable.

Covarianza: Parámetro asociado a una distribución de dos variables que permite apreciar el grado de la relación.

Creatividad: Capacidad de producir nuevas obras, usar nuevas conductas, y encontrar soluciones nuevas a un problema.

Cristalizada (inteligencia): Inteligencia basada en los conocimientos y capacidades adquiridas por el individuo.

Criterio: Variable que se trata de predecir con la ayuda de pruebas de distinta naturaleza.

Cronométrico (método): Uso de medidas de tiempo para sacar conclusiones psicológicas sobre la conducta de las personas en una determinada prueba.

Decisión (tiempo de): Categoría de latencia de respuesta que sucede entre la presentación de una elección y la primera manifestación de la decisión que la persona ha tomado.

Decodificación: Transformación de un mensaje codificado previamente para ser utilizado en un determinado momento.

Deficiencia mental (retraso mental): Carencia de inteligencia congénita o adquirida al comienzo de la vida, que se caracteriza por un funcionamiento intelectual global significativamente inferior a la media general de la población, asociado a deficiencias en la conducta de adaptación al medio.

Definición operativa: Una variable se define para que se pueda observar y medir.

Delirio: Psicosis ligada a una organización psicopatológica de la personalidad y a su relación con la realidad, generalmente duradera. Supone perturbaciones de la percepción y producción de ideas delirantes.

Demencia: Decadencia adquirida y global de las funciones intelectuales de naturaleza orgánica. Las conductas sociales y personales del paciente se desintegran. Suele ser progresiva y crónica.

Dependencia: Tendencia a buscar ayuda y protección, y a que otros decidan por uno mismo. Suele relacionarse con la pérdida o ausencia de maduración y autonomía.

Dependencia/independencia de campo (DIC): Estilo cognitivo relacionado con el procesamiento de la información en una tarea perceptiva.

Dependiente (variable): Variable que se observa o mide para poner en evidencia los efectos que ejercen sobre ella un cambio en las condiciones de observación o de medida.

Depresión: Modificación profunda del estado de ánimo, cambio de humor en el sentido de la tristeza, sufrimiento moral y disminución de la actividad locomotriz.

Desarrollo: Procesos que siguen un orden para llevar a un organismo a su madurez.

Descriptiva (estadística): Métodos estadísticos para resumir una serie de observaciones, sin generalizar los resultados a la población de la que se extrajeron las observaciones.

Deseabilidad social: Tendencia a dar una imagen de sí mismo congruente con el grupo de pertenencia.

Desensibilización: Método terapéutico dirigido a que desaparezca una sensibilidad anormal, que produce malestar ante agentes que en sí mismos la mayor parte de la gente tolera sin problema.

Despersonalización: Estado en el que la persona pierde el sentimiento de su propia realidad o siente que su cuerpo es irreal.

Destreza: Habilidad para realizar una determinada acción o conjunto de acciones.

Desviación: Característica de dispersión de una distribución. Distancia que separa un determinado valor de un origen que suele ser la media de la población.

Diferencial (psicología): Estudio de las diferencias que se observan en las conductas de individuos diferentes o de grupos diferentes de individuos que están en la misma situación.

Dimensión: Relaciones que subyacen a los valores de una variable homogénea y continua. Variable observable o hipotética que permite diferenciar y medir a los sujetos de manera unívoca.

Disociación: Ruptura de la unidad psicológica que produce un debilitamiento de los procesos asociativos sobre los que se apoya habitualmente el funcionamiento mental.
Distimia: Perturbación depresiva del humor presente durante la mayor parte del día.
Distribución: Relación entre las modalidades o los valores de un carácter y sus efectivos o sus frecuencias.
Distribución bimodal: Una distribución de frecuencias en la que las puntuaciones se agrupan en los dos extremos.
Distribución normal: Una distribución de frecuencias en la que las puntuaciones se agrupan alrededor del punto medio. En inglés también se denomina *the bell curve*, la curva en campana.
Dominancia cerebral: En los sujetos que usan la mano derecha el hemisferio izquierdo, especializado en la función del lenguaje articulado y en el gobierno de la mano relevante, domina al otro hemisferio considerado menor.
Edad mental: Nivel de desarrollo intelectual definido, mediante un test compuesto por una serie de pruebas de dificultad creciente, por las respuestas observadas como promedio en la población de niños de una determinada edad cronológica.
Educción de correlatos: Percepción de un carácter a partir del conocimiento de su relación con otro carácter ya conocido.
Educción de relaciones: Percepción de la relación que une dos caracteres a partir del conocimiento de ambos caracteres.
Elección (tiempo de reacción de): Tiempo de reacción donde las respuestas a diferentes estímulos deben ser diferentes.
Electroshock (terapia electroconvulsiva): Aplicación sobre el encéfalo de una corriente eléctrica que produce una crisis de epilepsia generalizada.
Electroencefalografía: Exploración de la actividad eléctrica del cerebro mediante el registro y la amplificación de las variaciones de potenciales eléctricos captados en la superficie del cuero cabelludo.
Electrofisiología: Estudio de la actividad eléctrica de las células y de sus tejidos vivos.
Emoción: Respuestas intensas que incluyen manifestaciones expresivas, fisiológicas y subjetivas.
Empatía: Reacción emocional provocada por el estado o la conducta de otra persona, asociada a actitudes de aceptación y comprensión.
Encuesta: Método de investigación que se usa cuando se estudian muchas variables en un contexto que el investigador no puede alterar.
Epilepsia: Grupo de enfermedades nerviosas con manifestaciones convulsivas.
Equivalentes de un test (formas): Formas de un test que suministran medidas intercambiables de una misma variable hipotética.
Error de medida: La diferencia entre el valor obtenido y el valor verdadero.
Escala de medida: Modalidades o valores observables de una determinada variable.
Esquizofrenia: Psicosis caracterizada por signos de disociación mental, discordancia afectiva y actividad delirante incoherente. Supone una ruptura de contacto con el mundo exterior.
Estabilidad: Calidad de un test que se valora a través de la correlación observada entre los resultados que proporciona en el transcurso de dos aplicaciones sucesivas en los mismos sujetos.
Estabilidad emocional: Características de una persona cuyo estado emocional no está sujeto a variaciones bruscas y que se mantiene controlado.
Estereotipo: Esquema perceptivo rígido aplicado a algunos grupos de personas u objetos, vinculado con la palabra que lo designa y que interviene automáticamente en la evaluación de sus componentes.
Estimación: A partir de *n* observaciones suministradas por una prueba, la estimación es el juicio sobre el valor de un parámetro de la población.
Estimación (escala de): Procedimiento de un observador cuando suministra la evaluación de un rasgo, de un resultado y, en general, de una característica de un sujeto o de una situación, sobre una escala de medida.
Estrategia: Coordinación planificada de los medios para alcanzar un fin. Los medios son el conocimiento, las operaciones cognitivas y las acciones.
Estructura factorial: Matriz de correlaciones entre las variables y los factores. Ésta suele ser la matriz de mayor interés psicológico.
Evaluación (escala de): Instrumento de medida que permite cuantificar aspectos de la conducta.
Evitación: Reacción antes de la llegada de un estímulo nocivo.
Evolución: Transformación sufrida por los seres vivos que se caracteriza por su complejidad y por la divergencia de ramificaciones filogenéticas distintas.
Extinción: Desaparición de una reacción condicional, clásica u operante, que se produce cuando la reacción no está recompensada.
Faceta: Factor de clasificación que permite agrupar de distintas maneras un mismo conjunto de variables.

Factor: Variable hipotética capaz de dar cuenta de las correlaciones entre variables observadas (factores comunes) o de las propias medidas (factores específicos asociados a los factores comunes o componentes principales). Cualquier combinación lineal de variables puede ser un factor. Estas combinaciones se toman como constructos, dimensiones o vectores que pueden dar cuenta en términos matemáticos de las correlaciones presentes en una matriz de correlaciones. Existen tres tipos de factores: *a*) general: presente en todos los tests de una matriz de correlaciones; *b*) de grupo: presente en grupos de tests, y *c*) específicos: de un test en concreto.

Factorial (análisis): Métodos para el análisis de datos que tratan de representar de un modo sintético un gran número de datos.

Fenotipo: Caracteres que pertenecen a un individuo, que se pueden observar y que son resultado de la actuación más o menos coordinada de su genotipo y del medio ambiente.

Fiabilidad: Característica de un test que proporciona resultados coherentes sobre los individuos a los que se les administra. Coherencia de resultados observados en momentos distintos. Resultados obtenidos en dos partes de un test o en las formas paralelas de un test. Resultados obtenidos por dos examinadores diferentes.

Fichas (economía de): Técnica basada en el condicionamiento operante dirigida a facilitar la rehabilitación y la inserción social de enfermos en instituciones mediante recompensas positivas materializadas en fichas que sirven como moneda de cambio.

Filogénesis: Estudio de los procesos de evolución de las especies con el transcurso del tiempo.

Fluida (inteligencia): Inteligencia que permite adaptarse a situaciones novedosas.

Fobia: Miedo irracional y continuo a un objeto, ser vivo o situación que, en sí mismos, no representan ningún peligro.

Frenología: Teoría según la cual las funciones mentales se localizan en zonas precisas del cerebro.

g (factor): Factor común a todas las variables incluidas en un análisis factorial.

General (psicología): Parte de la psicología que busca conocimientos generales que se puedan aplicar a cualquier individuo.

Género: Conjunto de seres que tienen caracteres comunes. Se aplica habitualmente a las diferencias entre varones y mujeres para superar la denominación «diferencias de sexo» más ligada a sus diferencias físicas.

Genética comportamental o conductual: Estudio del papel de los factores genéticos en la realización fenotípica de un individuo, en su conducta y en sus competencias psicológicas. Estudia la diversificación conductual y psicológica de una población. Análisis de las relaciones entre las diferencias del medio, las diferencias genéticas y las diferencias individuales de rendimiento en tests de distinta naturaleza.

Genotipo: Combinación singular del conjunto de genes incluidos en el ADN de un individuo.

Gregarismo: Tendencia de los individuos a agruparse.

Grupo control: Grupo de personas que no recibe ningún tratamiento.

Grupo experimental: Grupo de personas que recibe tratamiento.

Grupo de referencia: Grupo del que un individuo declara expresamente ser miembro.

Grupo (factor de): Factor que pesa, carga o satura algunas variables incluidas en un análisis factorial.

Grupo (terapia de): Grupo de personas reunidas temporalmente con un objetivo terapéutico.

Habilidad (intelectual): Destreza al realizar una determinada acción que exige una conducta inteligente. Las habilidades intelectuales constituyen la aptitud efectiva de la que es capaz la persona a partir de su aptitud básica.

Habilidad (social): Destrezas de conducta que se pueden aprender a partir del temperamento básico del individuo.

Hábito: Forma de actuar adquirida por aprendizaje.

Habituación: Disminución de la intensidad, de la amplitud o de la duración de una respuesta, y posterior desaparación de la misma como resultado de la simple repetición del estímulo provocador cuando éste nunca va seguido por una recompensa positiva o negativa.

Heredabilidad (h^2): Índice que resulta de calcular la influencia del genotipo en los caracteres humanos a nivel poblacional.

Herencia: Transmisión de ciertos caracteres por parte de los progenitores a sus descendientes.

Histograma: Representación gráfica de una distribución de puntuaciones.

Humor: Estado que domina la vida afectiva y las reacciones emocionales de un individuo.

IAO: Abreviatura de Instrucción asistida por ordenador. También conocida como EAO (enseñanza asistida por ordenador) o CBT *(computer based trainning).*

Idiográfico: Estudio que consiste en describir la conducta de un individuo sin compararlo con la población.

Impulsividad: Tendencia a realizar actos repentinos que escapan al control de la voluntad y que se desarrollan casi automáticamente.

Incentivo: Estímulo positivo que motiva una conducta.

Independiente (variable): Variable que describe los cambios impuestos por el investigador en las condiciones de observación o de medida de una conducta para contrastar una hipótesis, según la cual estos cambios tendrán un efecto sobre la conducta descrita a modo de variable dependiente.

Indicador: Característica de una conducta que permite inferir una determinada estructura o proceso psicológico.

Inferencia (estadística): Métodos para formular juicios sobre una población, a partir de los resultados observados sobre una muestra extraída al azar.

Inhibición: Disminución o supresión de la actividad de un sistema bajo la acción estimulante de un elemento nervioso.

Innato: Característica individual, latente o manifesta, presente desde el nacimiento.

Inteligencia: Capacidad general de adaptación a situaciones nuevas mediante procedimientos cognitivos.

Inteligencia (práctica): Capacidad para resolver problemas concretos mediante la acción.

Interés: Variable hipotética que da cuenta de la disposición positiva de los individuos con respecto a diversos objetos del medio, así como sus disposiciones con respecto a actividades, a profesiones y dominios de conocimiento.

Interiorización: Trasposición de una acción en un hecho psicológico.

Internet: Conjunto de redes informáticas conectadas entre sí mediante una serie de protocolos, conocidos como TCP/IP.

Intervalo: Cada grupo de valores que ocupan una fila en una distribución de frecuencias.

Intervalo (escala de): Escala de medida ordinal en la que está definida la igualdad de dos intervalos entre diferentes medidas.

Introversión: Tendencia a la reflexión interior y solitaria, y el repliegue sobre sí mismo.

Inundación: Método de terapia de conducta para tratar fobias, obsesiones y compulsiones.

Ipsativo: Método de evaluación que usa como término de referencia a la propia persona evaluada.

Ítem: Elemento de un test que constituye una situación particular y que cumple el papel de un estímulo ante el que el sujeto sólo puede dar una respuesta entre las dos o más respuestas previstas.

ITS: Abreviatura de Intelligent Tutoring System. Un sistema de enseñanza vía ordenador que combina técnicas desarrolladas mediante inteligencia artificial y sistemas expertos.

Labilidad: Cualidad del humor inestable y cambiante.

Latencia: Tiempo transcurrido entre el inicio de la presentación del estímulo y el inicio de la respuesta del individuo.

Latente (variable): Variable que no se observa directamente, hipotética, cuyos valores se pueden estimar a partir de datos observables y según un determinado modelo.

Locus de control: Actitud sobre el origen de las recompensas buscadas por las personas, en relación con sucesos externos o internos.

Logro (necesidad de): Aspiración de alcanzar una determinada meta.

Longitudinal (método): Estudio del desarrollo que consiste en medir varias veces a las mismas personas en sucesivas edades.

Maduración: Desarrollo controlado por factores endógenos, internos al individuo.

Manía: Estado de excitación intelectual y psicomotriz, de exaltación del humor, de evolución periódica y cíclica. Se incluye en el trastorno maniaco-depresivo.

Media: Característica de tendencia central de una distribución de valores sobre una escala de intervalos.

Mediana: Característica de tendencia central que, en la distribución de una variable ordinal, es superada por el 50 por 100 de los casos.

Medición: Proceso de asignar números a características.

Metaanálisis: Estudio estadístico que resume los hallazgos de un gran número de investigaciones.

Metodología experimental: El investigador manipula la variable independiente y asigna aleatoriamente los sujetos a las condiciones experimentales.

MIDI: Es un interface digital de instrumentos musicales que se encuentra en la tarjeta de sonido. El chip sintetizador que contiene puede reproducir cualquier tipo de música que presente este formato.

Moda: Valor o clase de una distribución que presenta el efectivo más elevado.

Modalidad: Cada una de las maneras en que se presenta una característica.

Modelado (aprendizaje vicario): Proceso de adquirir una conducta a través de la observación de un modelo.

Modem: Abreviatura de modulador-demodulador. Es un sistema que convierte la información del ordenador a señal telefónica con el fin de poder ser transmitida de un ordenador a otro.

Motivación: Procesos fisiológicos y psicológicos responsables del inicio, mantenimiento y cese de una conducta, así como del valor apetitivo y aversivo que se da a los elementos del medio sobre los que actúa la conducta.

Multimedia: Combinación de distintos sistemas dentro de un ordenador. Imágenes, animaciones, sonido, vídeo, etc.

Multivaradas (técnicas): Procedimientos estadísticos para estudiar las relaciones que existen entre un gran número de variables, a diferencia de las técnicas univariadas y bivariadas que estudian una sola variable y las relaciones entre dos variables.

Muestra: Subconjunto de elementos de una población.

Necesidad: Estado resultado de un desequilibrio entre normas fisiológicas o culturales y las informaciones sobre el estado del medio interno o externo.

Negativo (refuerzo): La supresión de un estímulo desagradable o aversivo tras una conducta supone el aumento de la frecuencia con que se realiza esa conducta.

Neurosis: Trastorno mental del que la persona es consciente, y que no influye de manera radical a las funciones psicológicas esenciales.

Neurotransmisor: Molécula sintetizada y liberada por las neuronas para asegurar la transmisión química del impulso nervioso.

Nomotético: Estudio de un gran número de individuos para alcanzar algunos principios generales de la conducta y la mente humana.

Nominal (escala): Clases de observaciones equivalentes en el interior de cada clase, y diferentes de una clase a otra. Por ejemplo, varón/mujer.

Norma: Datos característicos de una población, para una tarea y un determinado material. Se suele usar en la construcción de material de experimentación.

Normal (distribución): Distribución de una variable, que tiene forma de campana y es simétrica. La media, la mediana y la moda deben coincidir para que se cumpla la distribución normal.

Normalización: Transformación de una serie de valores para adaptarlos a una distribución normal.

Normalizada (variable): Variables en las que las desviaciones respecto a la media se expresan tomando como unidad la desviación típica.

Obsesión: Un sentimiento o idea invade el pensamiento de la persona sin que pueda evitarlo.

Ontogénesis: Construcción del individuo, desarrollo biológico y conductual que provoca esta construcción.

Operante (condicionamiento): El aumento o la disminución de la frecuencia de aparición de una respuesta depende de las relaciones que mantiene la respuesta con los sucesos que siguen a ella.

Ordinal (escala): Escala de medida en la que se establece la relación de orden entre clases sucesivas. Los sujetos se ordenan según esta escala.

Pánico (ataques de): Crisis agudas de angustia.

Paranoia: Psicosis crónica que supone un delirio bien construido y sistemático. Se acompaña de trastornos del juicio y la percepción, sin deterioro intelectual ni perturbación de las funciones instrumentales.

PC: Abreviatura de *personal computer.* Ordenadores personales pertenecientes a la saga lanzada por IBM.

Perfil: Medidas de una serie de variables, observadas en una misma persona, que forma una estructura que caracteriza a ese individuo.

Perinatal: Espacio de tiempo cercano al nacimiento.

Período crítico: Momento del desarrollo del individuo durante el que deben ejercerse imperativamente estimulaciones del medio para que pueda seguir su desarrollo normal.

Personalidad: Característica relativamente estable y general de la manera de ser de una persona en su modo de reacción ante las situaciones en las que se encuentra.

Personalidad múltiple: Dos o más personalidades actúan en una misma persona. Cada una de ellas controla, alternativamente, la conducta del individuo.

Personalidad psicopática: No supone ni una psicosis ni una neurosis. Supone inestabilidad, impulsividad, y una gran variedad de rasgos de carácter que se manifiestan en conductas antisociales en las que está ausente una culpabilidad consciente.

Pesos, cargas o saturaciones factoriales: Correlaciones de las variables con los factores. Sirven para identificar a los factores.

Placebo: Medicamento que no contiene ningún compuesto farmacológicamente activo.

Población: Unidades (individuos) que comparten una definición.

Potencial provocado (o evocado): Actividad eléctrica local que se produce en la corteza cerebral en respuesta a la provocación de un estímulo simple.

Predictor: Variable a partir de la que se pueden pronosticar los valores de otra variable (denominada criterio).

Primario (factor): En un análisis factorial, factor localizado en la intersección de los planos que en una estructura simple contiene los vectores que representan las variables observadas.

Procedimiento: Serie organizada de acciones que permite alcanzar una meta.

Proceso: Unidad elemental del funcionamiento mental que, según un modelo, puede agregarse a otras para dar lugar a una unidad superior (por ejemplo, una estrategia).

Prueba (test): Situación estandarizada en la que se sitúa a los individuos para poder observar su conducta y sus resultados.

Psicofarmacología: Estudio de los medicamentos que actúan sobre la actividad mental.

Psicofisiología: Estudio de los mecanismos fisiológicos mediante los que se realizan las conductas.

Psicometría: Teoría y tecnología de los instrumentos de medida en psicología.

Psicosis: Trastorno mental grave que altera globalmente la personalidad.

Psicotecnia: Tests que permiten medir las aptitudes de la persona.

Psicoterapia: Uso de medios psicológicos para tratar un trastorno mental, una inadaptación o un trastorno psicosomático.

Puntuación: Resultado logrado por una persona en una prueba.

Puntuación factorial: Puntuaciones de los sujetos en los factores, es decir, en la combinación lineal de una serie de variables.

Racismo: Ideas, actitudes y prácticas que provocan una discriminación y una jerarquización entre grupos humanos apoyándose en la creencia en presuntas diferencias raciales o biológicas.

Rapidez: Tiempo que transcurre entre el comienzo y el fin de una acción.

Rasgo: Se puede describir como la probabilidad de que se pueda reaccionar de una determinada manera en respuesta a ciertas situaciones. El rasgo supone que: *a*) la conducta del individuo es consistente, es decir, tiende a presentar la misma reacción habitual dentro de un campo similar de situaciones; *b*) los individuos varían en el grado o frecuencia de cualquier tipo de conducta, y *c*) las personalidades tienen una estabilidad significativa.

Rasgo superficie: Agrupaciones de comportamientos habituales observables en un individuo.

Rasgos fuente: Dimensiones subyacentes que podrían explicar la formación y los vinculos de los rasgos de superficie.

Reacción de alerta (arousal): Modificación y activación de los parámetros electrofisiológicos.

Reacción de orientación: Modificaciones fisiológicas y conductuales, provocadas por una variación en las condiciones del medio, disponiendo el organismo a una exploración específica del medio estimular, y facilitando el procesamiento de las informaciones sensoriales.

Recencia (efecto de): Efecto observado en el estudio de la memoria. Cuanto más recientemente se ha presentado un estímulo, más fácil o más fuerte será la manifestación de su huella en la memoria.

Recompensa: Situación de aprendizaje en la que un estímulo positivo sucede a una conducta, aumentando la frecuencia de su aparición.

Recuperación en memoria: Actividades que usan las personas para restituir, según ciertos indicadores proporcionados por el experimentador y el medio, informaciones presentadas previamente.

Reduccionismo: Doctrina filosófica según la cual los fenómenos correspondientes a un determinado nivel de realidad se pueden explicar por nociones que corresponden a un nivel inferior.

Reflejo: Forma elemental de conducta, automática y rápida, en respuesta a estimulaciones sensoriales específicas.

Refuerzo: Procedimiento de aprendizaje que se traduce por el hecho de que una conducta es cada vez más vigorosa.

Refuerzo primario: Refuerzo común por oposición al refuerzo que se basa en un aprendizaje anterior llamado secundario.

Refuerzo secundario: Refuerzo que produce un estímulo o un objeto que, originariamente, carece de manera intrínseca de valor reforzador, pero que lo ha adquirido por asociación con un reforzador intrínseco (primario).

Regresión: Operación estadística para conocer la magnitud de un fenómeno que se corresponde a la magnitud conocida de otro fenómeno.

Regresión a la media: Tendencia a que los datos extremos se dirijan a la media cuando se toman varias medidas.

Relaciones (escala de): Escala de medidas en las que estarían definidas el origen y la unidad, y que se construyen pidiendo al sujeto que forme, iguale o compare relaciones entre estímulos.

Rendimiento: Actuación de un individuo en una determinada situación natural o artificial en la que existe algún criterio de éxito.

Repertorio conductual: Unidades de conducta propias de una especie que permite describir de manera exhaustiva la continuidad de la actividad motriz de un sujeto.

Representación mental: Entidad de naturaleza cognitiva que refleja en el sistema mental del individuo una fracción del universo exterior a ese sistema.

Representación social: Forma de conocimiento corriente, de sentido común, que es socialmente elaborado y compartido, tiene una función práctica de organización, control del medio ambiente y orientación de las conductas y comunicaciones.

Representatividad: Cualidad que posee la muestra que presenta las mismas características que la población de la que fue extraída y que permite una generalización a esa población de las observaciones hechas sobre la muestra.

Retención: Período de conservación en la memoria.

Rol: Conductas asociadas a un lugar y estatus, que son esperadas por los actores sociales.

Rotación factorial: En el análisis factorial supone una transformación de un sistema de pesos o cargas factoriales que permite dar cuenta de un conjunto de correlaciones observadas en otro sistema de pesos que presenta esa misma propiedad.

Rotación factorial ortogonal: Los factores forman un ángulo recto y, por tanto, no correlacionan.

Rotación factorial oblicua: Los factores no forman ángulo recto y, por tanto, pueden estar correlacionados.

Rotación hacia la estructura simple: Técnica para lograr que algunas variables tengan pesos altos en un factor y cercanos a 0 en el resto de los factores.

Escáner: Periférico que sirve para capturar imágenes, diapositivas, carteles, cartas, etc., en el ordenador.

Sesgo: Error sistemático que suscita estimaciones superiores o inferiores en relación a la media del valor del parámetro en la población.

Social (psicología): Enfoque psicológico interesado por las transformaciones de la conducta y de las características psíquicas de la persona en sociedad.

Socialización: Proceso a través del que las personas adquieren, en relación con otras personas, los conocimientos, las capacidades, las normas y valores con los que actuarán como miembros de la sociedad.

Sociobiología: Modelo inspirado en Charles Darwin que busca la explicación de las conductas sociales en la ventaja genética que confieren a los individuos.

Superdotado: Persona cuyas capacidades intelectuales son muy superiores al promedio.

T (puntuaciones): Escala de puntuaciones transformadas con media de 50 y desviación típica de 10.

Talento: Habilidad excepcional para realizar una actividad humana particular.

Taquistoscopio: Aparato que permite la presentación rápida de estímulos visuales.

Tarea: Situación en la que una persona tiene un problema que resolver o una meta que alcanzar.

Temperamento: Estilo constitucional de conducta que manifiesta cierta constancia en el curso del tiempo y según las circunstancias.

Tiempo de reacción: Duración entre el principio de la presentación de una estimulación y el principio de la respuesta del individuo.

Típicas (puntuaciones): Puntuaciones con media de 0 y con varianza y desviación típica igual a 1.

Tipo: Representación elegida para proporcionar un marco de referencia al describir a individuos concretos.

Tipología: Sistema de clasificación de individuos en tipos físicos y psicológicos en los que casi siempre hay correspondencias entre los tipos físicos y psicológicos, de quienes se espera que los primeros determinen a los segundos.

Tono cortical: Intensidad de los procesos nerviosos cuya sede es una estructura nerviosa.

Tono reticular: Efectos activadores que el sistema reticular del tronco cerebral ejerce sobre la vigilancia de la corteza y sobre los sistemas motores y vegetativos.

Trabajo (memoria de): Dispositivo cognitivo que conserva y procesa información.

Transversal (método): Medida de las diferencias de edad, es decir, las diferencias entre personas que en el momento presente tienen distintas edades.

Validación: Método para probar la validez de una teoría, un modelo, una hipótesis, un concepto o un test, a partir de los datos empíricos disponibles.

Validez: Propiedad de un modelo, de un enunciado, de un concepto, de un indicador o un test, por la que éste se corresponde con lo que se espera de él.

Validez externa: Los datos de un experimento de laboratorio se pueden generalizar a las condiciones de la vida real.

Validez interna: Los cambios en la variable dependiente se pueden atribuir a los cambios en la variable independiente.

Variable: Representación numérica de una característica.

Varianza: Característica de dispersión de un conjunto de n medidas realizadas sobre una escala de intervalos.

Varianza, (análisis de): Cálculos que descomponen la covarianza en una serie de términos que representarían, cada uno, la infuencia de una determinada causa sobre la variabilidad de los datos que provienen de un conjunto de observaciones o experiencias.

Windows: Entorno gráfico que facilita el uso del ordenador. Es una alternativa al clásico sistema operativo DOS. Ha sido desarrollado por Microsoft.

Z (puntuaciones): Símbolo que representa una desviación de la media que se expresa tomando como unidad la desviación típica.

Lecturas complementarias

En las siguientes referencias se puede encontrar más información sobre los contenidos descritos en cada una de las partes del manual.

PARTE PRIMERA
Pasado de la psicología de las diferencias individuales

Amelang, M., y Bartussek, D. (1986): *Psicología diferencial e investigación de la personalidad.* Barcelona: Herder.

Anastasi, A. (1977): *Psicología diferencial.* Madrid: Aguilar.

Andrés Pueyo, A. (1997): *Manual de psicología diferencial.* Barcelona: McGraw-Hill.

Carroll, J. B. (1982): La medida de la inteligencia. En R. Sternberg (ed.): *Inteligencia humana,* volumen 1. Barcelona: Paidós.

Colom, B. R. (1995): *Psicología de las diferencias individuales,* 2.ª edición. Madrid: Pirámide.

Gondra, J. M.ª (1982): *La psicología moderna.* Bilbao. DDB.

Reuchlin, M. (1982): *Historia de la psicología.* Barcelona: Paidós.

PARTE SEGUNDA
Fundamentos teóricos y metodológicos

Andrés Pueyo, A. (1997): *Manual de psicología diferencial.* Barcelona: McGraw-Hill.

Botella, J.; León, O., y San Martín, R. (1993): *Análisis de datos en psicología I.* Madrid: Pirámide.

Carretié, L., e Iglesias, J. (1995): *Psicofisiología.* Madrid: Pirámide.

Colom, B. R. (1995): *Tests, inteligencia y personalidad.* Madrid: Pirámide.

Colom, B. R. (1997): *Capacidades humanas,* 2.ª edición. Madrid: Pirámide.

Colom, B. R. (1997): *Orígenes de la diversidad humana.* 2.ª edición. Madrid: Pirámide.

Fernández Ballesteros, R. (1992): *Introducción a la evaluación psicológica* (2 volúmenes). Madrid: Pirámide.

Ferrando, P. (1993): *Introducción al análisis factorial.* Barcelona: PPU.

León, O., y Montero, I. (1993): *Diseño de investigaciones.* Madrid: McGraw-Hill.

Martínez Arias, R. (1994): *Psicometría.* Madrid: Síntesis.

Muñiz, J. (1992): *Teoría clásica de los tests.* Madrid: Pirámide.

Nunally, J., y Bernstein, I. (1995): *Teoría psicométrica.* Barcelona: McGraw-Hill.

Pardo, A., y San Martín, R. (1994): *Análisis de datos en psicología II.* Madrid: Pirámide.

Sánchez-Cánovas, J., y Sánchez-López, M.ª P. (1994): *Psicología diferencial. Diversidad e individualidad humanas.* Madrid: Fundación Ramón Areces.

Sánchez-Elvira, A. (1996): *Perspectivas actuales en el estudio de las diferencias individuales.* Madrid: Sanz y Torres.

Sternberg, R. (1996): *Investigar en psicología.* Barcelona: Paidós.

Yela, M. (1997): *La técnica del análisis factorial* (edición actualizada). Madrid: Biblioteca Nueva.

PARTE TERCERA
Diferencias individuales en inteligencia

Andrés Pueyo, A. (1993): *La inteligencia como fenómeno natural.* Valencia: Promolibro.

Andrés Pueyo, A. (1996): *Inteligencia y cognición.* Barcelona: Paidós.

Colom, B. R. (1995): *Tests, inteligencia y personalidad.* Madrid: Pirámide.

Colom, B. R. (1997): *Capacidades humanas,* 2.ª edición. Madrid: Pirámide.

Colom, B. R. (1997): *Orígenes de la diversidad humana,* 2.ª edición. Madrid: Pirámide.

Guilford, J. P. (1986): *La naturaleza de la inteligencia humana.* Barcelona: Paidós.

Juan-Espinosa, M. (1997): *Geografía de la inteligencia humana.* Madrid: Pirámide.

Juan-Espinosa, M.; Colom, B. R., y Quiroga, M.ª A. (1996): *La práctica de la psicología diferencial en industria y organizaciones.* Madrid: Pirámide.

Juan-Espinosa, M.; Colom, B. R., y Quiroga, M.ª A. (1997): *La práctica de la psicología diferencial en educación, clínica y deportes.* Madrid: Pirámide.

Sternberg, R. (1986): *Las capacidades humanas. Un enfoque desde el procesamiento de la información.* Barcelona: Labor.

Sternberg, R. (1987): *Inteligencia humana* (4 volúmenes). Barcelona: Paidós.

Sternberg, R., y Detterman, D. (1986): *¿Qué es la inteligencia?* Madrid: Pirámide.

PARTE CUARTA
Diferencias individuales en personalidad

Andrés Pueyo, A. (1997): *Manual de psicología diferencial.* Barcelona: McGraw-Hill.

Bermúdez, J. (1985): *Psicología de la personalidad.* Madrid: UNED.

Cattell, R., y Kline, P. (1982). *El análisis científico de la personalidad y la motivación.* Madrid: Pirámide.

Colom, B. R. (1995): *Tests, inteligencia y personalidad.* Madrid: Pirámide.

Colom, B. R. (1997): *Capacidades humanas,* 2.ª edición. Madrid: Pirámide.

Colom, B. R. (1997): *Orígenes de la diversidad humana,* 2.ª edición. Madrid: Pirámide.

Eysenck, H., y Eysenck, M. (1987): *Personalidad y diferencias individuales.* Madrid: Pirámide.

Fierro, A. (1993): *Para una ciencia del sujeto.* Barcelona: Anthropos.

Furnham, A. (1995): *Personalidad y diferencias individuales en el trabajo.* Madrid: Pirámide.

Gilbert, D., y Connolly, J. (1995): *Personalidad, habilidades sociales y psicopatología: un enfoque diferencial.* Barcelona: Omega.

Gray, J. (1993): *La psicología del miedo y el estrés.* Barcelona: Labor.

Juan-Espinosa, M.; Colom, B. R., y Quiroga, M.ª A. (1996): *La práctica de la psicología diferencial en industria y organizaciones.* Madrid: Pirámide.

Juan-Espinosa, M.; Colom, B. R., y Quiroga, M.ª A. (1997): *La práctica de la psicología diferencial en educación, clínica y deportes.* Madrid: Pirámide.

Pelechano, V. (1993): *Personalidad: un enfoque histórico-conceptual.* Valencia: Promolibro.

Pelechano, V. (1996): *Manual de psicología de la personalidad.* Barcelona: Ariel.

Tous, J. M.ª (1996): *Psicología de la personalidad.* Barcelona: PPU.

Witkin, H., y Goodenough, D. (1995): *Estilos cognitivos.* Madrid: Pirámide.

PARTE QUINTA
Diferencias individuales anormales

Beck, A.; Freeman, A., y col. (1995): *Terapia cognitiva de los trastornos de personalidad.* Barcelona: Paidós.

Caballo, V.; Buela-Casal, G., y Carrobles, J. A. (1996): *Manual de psicopatología y trastornos psiquiátricos,* vols. 1 y 2. Madrid: Siglo XXI.

DSM-IV (1994): *Manual de diagnóstico y estadístico de los trastornos mentales.* Madrid: Masson.

Fernández Ballesteros, R. (1994): *Evaluación conductual hoy.* Madrid: Pirámide.

Juan-Espinosa, M.; Colom, B. R., y Quiroga, M.ª A. (1997): *La práctica de la psicología diferencial en educación, clínica y deportes.* Madrid: Pirámide.

Labrador, F.; Cruzado, J. A., y Muñoz, M. (1993): *Manual de técnicas de modificación y terapia de conducta.* Madrid: Pirámide.

Maciá, D.; Méndez, F., y Olivares, J. (1993): *Intervención psicológica: programas aplicados de tratamiento.* Madrid: Pirámide.

Santostéfano, S. (1990): *Terapia de control cognitivo en niños y adolescentes.* Madrid: Pirámide.

Referencias bibliográficas

Ackerman, P. L.; Sternberg, R. J., y Glaser, R. (1989): *Learning and Individual Differences*. Nueva York: Freeman.

Alexander, L., y Luborsky, L. (1984): Research on the helping alliance. En L. Greenberg y S. Pinsof (eds.): *The Psychotherapeutic Process: A Research Handbook*. Nueva York: Guilford Press.

Algarabel, S., y Sanmartín, J. (1990): *Métodos informáticos aplicados a la psicología*. Madrid: Pirámide.

Alker, H. A. (1972): Is personality situationally specific or intrapsychically consistent? *Journal of Personality, 40*, 1-16.

Álvarez Villar, A. (1966): *Psicología Genética y Diferencial*. Madrid: Aguilar.

Allen, M. (1976): Twin studies of affective illness. *Archives of General Psychiatry, 33*, 1476-1478.

Allen, V. (1970): Personality correlates of poverty. En V. Allen (ed.): *Psychological Factors in Poverty*. Nueva York: Academic Press.

Allison, K.; Crawford, I.; Echemendia, R.; Robinson, L., y Knepp, D. (1994): Human diversity and professional competence. Training in clinical and counseling psychology revisited. *American Psychologist, 49, 9*, 792-96.

Allport, G. W. (1955): *Becoming: Basic Considerations for a Psychology of Personality*. New Haven: Yale University Press.

Allport, G. W. (1966): Traits revisited. *American Psychologist, 21*, 1-10.

Allport, G. W., y Odbert, H. S. (1936): Trait names: A psycho-lexical study. *Psychological Monographs, 47*, 171.

Amabile, T. M., y Kabat, L. G. (1982): When self description contradicts behavior: Actions do speak louder than words. *Social Cognition, 1*, 311-335.

Amelang, M., y Bartussek, D. (1981): *Psicología Diferencial e Investigación de la Personalidad*. Barcelona: Herder, 1986.

Amelang, M., y Borkenau, P. (1982): Uber die faktorielle struktur und externe validität einiger fragebogenskalen zur erfassung von dimensionen der extraversion und emotionalen lanilität. *Zeitschrfit für Diffentielle und Diagnostiche Psychologie, 3*, 119-146.

Amelang, M.; Wendt, W., y Fründt, H. (1977): Zum Einflub von extraversion/introversion auf konsolidierungprozesse beim behalten verbalen materials. *Zeitschrift für Experimentelle und Angewandte Psychologie, 24*, 525-545.

Anastasi, A. (1936): The influence of specific experience upon mental organization. *Genetic Psychology Monographs, 18*, 245-355.

Anastasi, A. (1953): Individual differences. *Annual Review of Psychology, 4*, 137-156.

Anastasi, A. (1958): *Psicología Diferencial*. Madrid: Aguilar, 1967.

Anastasi, A. (1958b): Heredity, environment, and the question "how?". *Psychological Review, 65*, 197-208.

Anastasi, A. (1970): On the formation of psychological traits. *American Psychologist, 25*, 899-910.

Anastasi, A. (1972): Four hypothesis with a dearth of data: Response to Lehrke's "a theory of X-linkage of major intellectual traits". *American Journal of Mental Deficiency, 76*, 620-22.

Anastasi, A. (1983): Evolving trait concepts. *American Psychologist,* febrero, 175-184.

Anastasi, A. (1990): *Psychological Testing,* 6.ª edición. Nueva York: McMillan.

Ancona, L. (1962): Questioni de Psicologia. *La Scooula Editrica*.

Andenberg, M. (1973): *Cluster Analysis for Applications*. Nueva York: Academic Press.

Anderson, J. (1978): Argumento acerca de las representaciones mediante la capacidad para formar imágenes mentales. En M.V Sebastián (comp.): *Lecturas de Psicología de la Memoria*. Madrid: Alianza, 1983.

Anderson, J. (1979): Further arguments concerning representations for mental imagery: A response to Hayes-Roth and Pylyshyn. *Psychological Review, 86, 4*, 395-406.

Anderson, J. C.; Williams, S.; McGee, R., y Silva, P. (1987): DSM-III: disorders in preadolescent children. *Archives of General Psychiatry, 44*, 69-76.

Anderson, K., y Revelle, W. (1994): Impulsivity and time of day: is a rate of change in arousal a function of impulsivity?. *Journal of Personality and Social Psychology, 2*, 334-344.

Andreansen, N.; Erhardt, J.; Swayze, V.; Alliger, R.; Yuh, T.; Cohen, G., y Ziebell, S. (1990): Magnetic resonance imaging of the brain in schizophrenia. *Archives of General Psychiatry, 47*, 35-44.

Andreansen, N.; Flaum, M.; Swayze, V.; O'Leary, D.; Alliger, R.; Cohen, G.; Erhardt, J., y Yuh, T. (1993): *American Journal of Psychiatry, 150*, 130-134.

Andrés Pueyo, A. (1989a): Origen, historia y tendencias de la psicología diferencial. En A. Andrés Pueyo y J. M. Tous Ral (eds.): *Psicología Diferencial y de la Personalidad: lecturas*. Barcelona: PPU.

Andrés Pueyo, A. (1989b): La variabilidad de los individuos y su incidencia en la psicología. En A. Andrés Pueyo y J. M. Tous Ral (eds.): *Psicología Diferencial y de la Personalidad: lecturas*. Barcelona: PPU.

Andrés Pueyo, A. (1994): *La inteligencia como fenómeno natural*. Valencia: Promolibro.

Andrés Pueyo, A. (1996): *Inteligencia y cognición*. Barcelona: Paidós.

Andrés Pueyo, A. (1997). *Manual de psicología diferencial*. Barcelona: McGraw-Hill.

Andrés Pueyo, A., y Colom, R. (en prensa): *Ciencia y política de la inteligencia en la sociedad moderna*. Madrid: Biblioteca Nueva.

Andrich, D. (1988): *Rasch Models for Measurement*. California: Sage.

Ankey, C. (1992): Sex differences in relative brain size: the mismeasure of woman, too?. *Intelligence, 16*, 329-336.

Archer, J. (1996): Sex differences in social behavior. *American Psychologist, 51, 9*, 909-17.

Arabie, P., y Carroll, J. D. (1980): MAPCLUS: A mathematical programming approach to fitting the ADCLUS model. *Psychometrika, 45*, 211-235.

Arenberg, D., y Robertson-Tchabo, E. (1977): Learning and aging. En J. Birren y W. Schaie (eds.): *Handbook of the Psychology of Aging*. Nueva York: Van Nostrand Reinhold.

Argylle, M., y Little, B. R. (1972): Do personality traits apply to social behavior?. *Journal for the Theory of Social Behavior, 2*, 1-35.

Arnau, J. (1982): La explicación en psicología experimental: del conductismo al cognitivismo (una alternativa paradigmática). En I. Delclaux y J. Seoane (eds.): *Psicología Cognitiva y procesamiento de la información*. Madrid: Pirámide.

Arnau, J., y Carpintero, H. (1989): *Tratado de Psicología General: historia, teoría y método*. Madrid: Alhambra.

Asher, H. B. (1983): *Causal modeling*. California: Sage.

Astin, A.; Sax, L.; Korn, W., y Mahoney, K. (1995): *The American Freshman: National Norms for Fall 1995. Los Ángeles:* Higher Education Research Institute.

Atwood, M. E., y Polson, P. G. (1976): A process model for water jug problems. *Cognitive Psychology, 8*, 191-216.

Avia, M. D. (1978): Personalidad: ¿consistencia intrapsíquica o especificidad situacional?. *Análisis y Modificación de Conducta, 4*, 111-128.

Avia, M. D. (1992): El enigma de los *big five:* ¿realidad o representación?. *Estudios de Psicología, 47*, 67-71.

Bachs, J. (1980): *Psicología diferencial*. Barcelona: CEAC.

Back, K., y Bourque, L. (1970): Life graphs: Aging and cohort effect. *Journal of Gerontology, 25*, 249-55.

Backman, M. (1972): Patterns of mental abilities: ethnic, socioeconomic, and sex differences. *American Educational Research Journal, 9*, 1-12.

Baddeley, A. (1986): *Working memory*. Londres: Oxford Univ. Press.

Bain, A. (1855): *The Senses and the Intellect*. Londres: Parker.

Baird, L. (1984): Relationships between ability, college attendance, and family income. *Research in Higher Education, 21*, 373-395.

Bakan, D. (1966): *The Duality of Human Existence: An Essay on Psychology and Religion*. Chicago: Rand McNally.

Baker, R., y Bellis, M. (1995): *Human Sperm Competition*. Nueva York: Chapman Hall.

Baltes, P. (1996): Foreword. En W. Schaie: *Intellectual Development in Adulthood. The Seattle Longitudinal Study*. Cambridge, Cambridge University Press.

Baltes, P., y Goulet, L. (1970): Status and issues of a

life-span developmental psychology. En L. Goulet y P. Baltes (eds.): *Life-Span Developmental Psychology: Research and Theory*. Nueva York: Academic Press.

Baltes, P., y Labouvie, G. (1973): Adult development of intellectual performance: description, explanation and modification. En C. Eisdorfer y M. Lawton (eds.): *The Psychology of Adult Development and Aging*. Washington D.C.: American Psychological Association.

Baltes, P., y Nesselroade, J. R. (1973): The developmental analysis of individual differences on multiple measures. En J. R. Nesselroade y H. W. Reese (eds.): *Life-Span Developmental Psychology: Methodological Issues*. Nueva York: Academic Press.

Bandura, A. (1977): Self-efficacy: toward an unifying theory of behavioral change. *Psychological Review, 84*, 191-215.

Bandura, A. (1986): *Social Foundations of Thought and Action: A Social Cognitive Theory*. Englewood, NJ: Prentice-Hall.

Baron, J., y Treiman, R. (1980): Some problems in the study of cognitive processes. *Memory and Cognition, 8* (4), 313-321.

Barrett, G., y Depinet, R. (1991): A reconsideration of Testing for Competence Rather than for Intelligence. *American Psychologist, 46* (10), 1012-1024.

Barrett, P., y Eysenck, H. (1992): Brain evoked potentials and intelligence: the Hendrickson paradigm. *Intelligence*, 361-382.

Barrett, P., y Eysenck, H. (1994): The relationship between evoked potential component amplitude, latency, contour, lenght, variability, zero-crossing, and psychometric intelligence. *Person. and Individual Differences, 16* (1), 3-32.

Baughman, E. (1971): *Black Americans: A Psychological Analysis*. Nueva York: Academic Press.

Baxter, L.; Phelps, M.; Mazziotta, J.; Guze, B.; Schwartz, J., y Selin, C. (1987): Local cerebral glucose metabolic rates in obsessive-compulsive disorder: A comparison with rates in unipolar depression and normal controls. *Archives of General Psychiatry, 44*, 211-18.

Beals, K.; Smith, C., y Dodd, S. (1984): Brain size, cranial morphology, climate, and time machines. *Current Anthropology, 25*, 301-330.

Beck, A. (1976): *Cognitive Therapy of the Emotional Disorders*. Nueva York: New American Library.

Beck, A., y Clark, D. (1988): Anxiety and depression: An information processing perspective. *Anxiety Research, 1*, 23-36.

Beck, A., y Emery, G. (1985): *Anxiety Disorders and Phobias: A Cognitive Perspective*. Nueva York: Basic Books.

Becker, W. C. (1961): A comparison of the factor structure and other properties of the 16 PF and the Guilford-Martin personality inventories. *Educational and Psychological Measurement, 21*, 393-403.

Bejar, I. I.; Chaffin, R., y Embretson, J. E. (1991): *Cognitive and Psychometric Analysis of Analogical Problem Solving*. Nueva York: Springer Verlag.

Belinchón, M.; Igoa, J. M., y Rivière, A. (1992): *Psicología del lenguaje. Investigación y teoría*. Madrid: Trotta.

Belmon, L., y Marolla, F. (1973): Birth order, family size, and intelligence. *Science, 182*, 1096-1101.

Beloff, J. (1979): *Las ciencias psicológicas*. México: Manual Moderno.

Beller, M., y Gafni, N. (1996): IQ similarity in twins reared apart: Findings and response to critics. En R. Sternberg y E. Grigorenko (eds.): *Intelligence, Heridity and Environment*. Cambridge: Cambridge University Press.

Bem, S., y Bem, D. (1971): Training the woman to know her place: the power of a nonconscious ideology. En M. Garskof (ed.): *Roles Women Play: Readings Toward Women's Liberation*. Belmont, CA: Wadsworth.

Bem, D. J., y Funder, D. C. (1978): Predicting more of the people more of the time: Assessing the personality of situations. *Psychological Review, 85*, 485-501.

Bennett, W. (1968): Human perception: A network theory approach. *Nature, 220*, 1147-1148.

Bentler, P. M. (1985): *Theory and Implementation of EQS, a Structural Equations Program*. Los Ángeles: BMDP Statistical Software.

Bentler, P. M. (1988): Causal modeling via Structural Equation Systems. En J. R. Nesseslroade y R. B. Cattell (eds.): *Handbook of Multivariate Experimental Psychology*, 2.ª edición. Nueva York: Plenum Press.

Bentler, P. M., y Dijkstra, T. (1985): Efficient estimation via linearization in structural models. En P. R. Krishnaiah (ed.): *Multivariate Analysis, VI*. Amsterdam: North-Holland.

Benton, D., y Roberts, G. (1988): Effect of vitamin and mineral supplement on intelligence of a sample of school children. *Lancet, 1*, 140-143.

Bergin, A. (1971): The evaluation of therapeutic outcomes. En A. Bergin y S. Garfield (eds.): *Handbook of Psychotherapy and Behavior Change*. Nueva York: Wiley.

Bernal, M., y Castro, F. (1994): Are clinical psychologists prepared for service and research with ethnic minorities? *American Psychologist, 49, 9*, 797-805.

Bernstein, B. (1970): A sociolinguistic approach to socialization: with some reference to educability. En F. Williams (ed.): *Language and Poverty: Perspectives on a Theme.* Chicago: Markham.

Betz, N., y Fitzgerald, L. (1993): Individuality and diversity: theory and research in counseling psychology. *Annual Review of Psychology, 44*, 343-81.

Betzig, L. (1989): Causes of conjugal dissolution: A cross cultural study. *Current anthropology, 30*, 654-676.

Bickley, P.; Keith, T., y Wolfle, L. (1995): The three-stratum theory of cognitive abilities: test of the structure of intelligence across life span. *Intelligence, 20*, 309-328.

Bigler, E.; Johnson, S.; Jackson, C., y Blatter, S. (1995): Aging, brain size, and IQ. *Intelligence, 21*, 109-119.

Bindra, D., y Scheier, I. H. (1954): The relation between psychometric and experimental research in psychology. *American Psychologist, 9*, 69-71.

Binet, A., y Henri, V. (1895): La psychologie individuelle. *Année Psych., 2*, 411-463.

Binet, A., y Simon, Th. (1905): Métodos nuevos para el diagnóstico del nivel intelectual de los subnormales. En J. M. Gondra (comp.): *La Psicología Moderna.* Bilbao: Desclée de Brouwer, 1982.

Blanco, F.; Colom, R.; López, R., y Leo, E. (1992): *Ceguera y desplazamiento mental en una isla ficticia: del ojo de la mente a la mano de la mente.* IV Seminario Interuniversitario de Ciencia Cognitiva. Valencia, 16-18 de enero de 1992.

Blashfield, R. K., y Aldenderfer, M. S. (1988): The methods and problems of Cluster analysis. En J. R. Nesselroade y R. B. Cattell (eds.): *Handbook of Multivariate Experimental Psychology*, 2.ª edición. Nueva York: Plenum Press.

Blatter, D.; Bigler, E.; Gale, S.; Johnson, S.; Anderson, C.; Bunett, B.; Parker, N.; Kurth, S., y Horn, S. (1995): Quatitative volumetrics analysis of brain MR: normative database spanning five decades (16-65). *American Journal of Neuroradiology, 16*, 241-251.

Blinkhorn, S. F., y Hendrickson, D. E. (1982): Averaged evoked responses and psychometric intelligence. *Nature, 295*, 596-597.

Block, J. (1971): *Lives Through Time.* Berkeley, CA: Bancroft.

Block, J. (1976): Assessing sex differences: issues, problems, and pitfalls. *Merrill-Palmer Quarterly, 22*, 283-308.

Bloom, B. S., y Broder, L. (1950): *Problem Solving Processes of College Students: An Exploratory Investigation.* Chicago: University of Chicago Press.

Boltz, C. R. (1972): Types of personality. En R. M. Dreger (ed.): *Multivariate Personality Research: Contributions to the Understanding of Personality in Honor of Raymond B. Cattell.* Baton Rouge: Claitor.

Booth, A. (1972): Sex and social participation. *American Sociological Review, 37*, 183-93.

Boring, E. G. (1923): Intelligence as the tests test it. *New Republic, 35*

Boring, E. (1950): *Historia de la Psicología Experimental.* México: Trillas, 1978.

Botella, J.; León, O., y San Martín, R. (1993): *Análisis de datos en psicología I.* Madrid: Pirámide.

Botwinick, J. (1967): *Cognitive Processes in Maturity and Old Age.* Nueva York: Springer.

Botwinick, J. (1973): *Aging and Behavior.* Nueva York: Springer.

Botwinick, J. (1977): Intellectual abilities. En J. Birren y W. Schaie (eds.): *Handbook of the Psychology of Aging.* Nueva York: Van Nostrand Reinhold.

Bouchard, T. J., y McGue, M. (1981): Familial studies of intelligence: A review. *Science, 212*, 1055-1059.

Bouchard, T.; Lykken, D.; McGue, M.; Segal, N., y Tellegen, A. (1990): Sources of human psychological differences: the Minnesota Study of Twins Reared Apart. *Science, 250*, 223-228. Traducción en Andrés Pueyo y Colom (en prensa): *Ciencia y política de la inteligencia en la sociedad moderna.* Madrid: Biblioteca Nueva.

Bouchard, T. J., Jr (1997): IQ similarity in twins reared apart: findings and response to critics. En R. Stenberg y E. Grigorenko (eds.): *Heridity and Environment.* Cambridge: Cambridge University Press.

Bourgoin, S. (1993): *Asesinos.* Barcelona: Planeta.

Bowers, K. (1973): Situationism in psychology: An analysis and a critique. *Psychological Review, 80*, 307-336.

Boyatzis, R. (1982): *The Competent Manager.* Nueva York: Wiley,

Boyle, G. (1989): Re-examination of the personality type factors in the Cattell, Comrey, and Eysenck scales. were the factors solutions by Noller et al. optimal? *Person. and Indiv. Diff., 10*, 1289-1299.

Bradley, R., y Webb, R. (1976): Age-related differences in locus of control orientation in three behavior domains. *Human Development, 19*, 49-55.

Brand, E.; Ruiz, R., y Padilla, A. (1974): Ethnic identification and preference: A review. *Psychological Bulletin, 81*, 860-890.

Brebner, J. (1983): A model of extraversion. *Australian Journal of Psychology, 35*, 349-359.

Brewin, C. (1988): *Cognitive Foundations of Clinical Psychology*. Londres: LEA.

Bridge, R.; Judd, C., y Moock, P. (1979): *The Determinants of Educational Outcomes*. Cambridge, MA: Ballinger.

Brody, N. (1988): *Personality. In Search of Individuality*. Nueva York: Academic Press.

Brody, N. (1997): Intelligence, schooling and society. *American Psychologist.*, 52 (10), 1046-1050.

Brody, E. B., y Brody, N. (1976): *Intelligence. Nature, Detterminants and Consequences*. Nueva York: Academic Press.

Broman, S.; Nichols, P.; Shaughnessy, P., y Kennedy, W. (1987): *Retardation in Young Children*. Nueva Jersey: LEA.

Bronfenbrenner, U. (1975): Is early intervention effective? Some studies of early education in familial and extrafamilial settings. En A. Montague (ed.): *Race and IQ*. Nueva York: Oxford University Press.

Bronfebrenner, U., y Ceci, S. (1994): Nature-nurture reconceptualized in developmental perspective: A bioecological model. *Psychological review, 101, 4*, 568-586.

Brooks, (1967): Spatial and verbal components in the act of recall. *Canadian Journal of Psychology, 22*, 349-368.

Broverman, I.; Vogel, S.; Broverman, D.; Clarkson, F., y Rosenkrantz, P. (1972): Sex role stereotypes: a current appraisal. *Journal of social issues, 28, 2*, 59-78.

Brown, G., y Harris, T. (1978): *Social Origins of Depression*. Londres: Tavistock.

Brown, H. (1977): *La nueva filosofía de la ciencia*. Madrid: Tecnos, 1984.

Brown, A.; Campione, J., y Murphy, M. (1974): Keeping track of changing variables: long term retention of a trained rehearsal strategy by retarded adolescents. *American Journal of Mental Deficiency, 78*, 446-453.

Browne, M. W. (1982): Covariance structures. En D. M. Hawkins (ed.): *Topics in Applied Multivariate Analysis*. Londres: Cambridge University Press.

Brunswik, E. (1952): The conceptual framework of psychology. En *International Encyclopedia of Unified Science,* vol. 1, núm. 10. Chicago: University of Chicago Press.

Buck, R. (1977): Nonverbal communication of affect in preschool children: relationship with personality and skin conductance. *Journal of Personality and Social Psychology, 35*, 225-36.

Buck, R.; Miller, R., y Caul, W. (1974): Sex, personality and physiological variables in the communication of affect via facial expression. *Journal of Personality and Social Psychology, 30*, 587-96.

Buj, V. (1981): Average IQ values in various european countries. *Person. and Indiv. Diff., 2*, 169-170.

Bulayeva, K. B.; Isaychev, S. A.; Pavlova, T. A.; Kurbanov, S. K.; Shamov, R. I.; Sultanova, Z. Kh., y Skovoroda, S. S. (1989): Phenotypic and genetic differentiation of human populations for morphological and osychophysiological traits. *Genetics (USSR), 25*, 140-149.

Bunge, M. (1980a): *Epistemología*. Barcelona: Ariel.

Bunge, M. (1980b): *El problema mente-cerebro*. Madrid: Tecnos, 1985.

Burgaleta, R. (1981): *La Psicología Diferencial: concepto, método, programa y fuentes*. Memoria presentada al concurso de oposición de profesor agregado. Inédito.

Burgaleta, R., y Fernández, J. (1985): *Metodología de la Psicología Diferencial*. Madrid: Universidad Complutense de Madrid. Cátedra de Psicología Diferencial.

Burt, C. (1940): *The Factors of the Mind*. Londres: University of London Press.

Burt, C. (1949): The structure of the mind: A review of the results of factor analysis. *British Journal of Education Psychology, 19*, 100-111, 176-199.

Burt, C. (1952): Autobiography. En E. G. Boring y col. (eds.): *A History of Psychology in Autobiography,* vol. 4. Worcester, MA: Clark University Press.

Buss, A. (1979): *A Dialectical Psychology*. Nueva York: Irvington Publishing.

Buss, D. M. (1991): Evolutionary personality psychology. *Annual Review of Psychology, 42*, 459-491.

Buss, D. M. (1994): *La evolución del deseo.* Madrid: Alianza, 1996.

Buss, D. M. (1996): Paternity uncertainty and the complex repertoire of human mating strategies. *American Psychologist,* febrero, 161-62.

Buss, A., y Poley, W. (1976): *Diferencias individuales*. México: Manual Moderno, 1979.

Buss, A. H., y Plomin, R. (1984): *Temperament: Early Developing Personality Traits*. Hillsdale: LEA.

Butcher, J., y Rouse, S. (1996): Personality: individual differences and clinical assessment. *Annual Review of Psychology, 47*, 87-111.

Byalick, R., y Bersoff, D. (1974): Reinforcement practices of blanck and white teachers in integrated classrooms. *Journal of Educational Psychology, 66*, 473-480.

Calfee, R. C. (1976): Sources of dependence in cognitive processes. En D. Klahr (ed.): *Cognition and Instruction*. Hillsdale: LEA.

Cantril, H. (1965): *The Pattern of Human Concerns*. New Brunswick, NK: Rutgers University Press.

Cantwell, D. (1975): Genetic studies of hyperactive children. En R. Fieve; D. Rosenthal y H. Brill (eds.): *Genetic Research in Psychiatry*. Baltimore: John Hopkins University Press.

Caparrós, A. (1980): *Los paradigmas en Psicología*. Barcelona: Horsori.

Carey, G., y Gottesman, I. (1981): Twin and family studies of anxiety, phobic, and obsessive disorders. En D. Klein y J. Rabkin (eds.): *Anxiety: New Research and Changing Concepts*. Nueva York: Raven Press.

Carment, D. (1974): Effects of sex role in a maximizing difference game. *Journal of Conflict Resolution, 18*, 461-72.

Carpintero, H. (1980): La psicología española: pasado, presente, futuro. *Revista de Historia de la Psicología, 1, 1*, 33-58.

Carpintero, H. (1981): Wundt y la psicología en españa. *Revista de Historia de la Psicología, 2, 1,* 37-55.

Carpintero, H. (1994): *Historia de la psicología en españa*. Madrid: Eudema.

Carreas y Artau, J. (1929): *La psicología individual y sus problemas*. BILE: Madrid.

Carretié, L., e Iglesias, J. (1995): *Psicofisiología. Fundamentos metodológicos*. Madrid: Pirámide.

Carroll, J. B. (1954): Individual differences. *Annual Review of Psychology, 5*, 127-148.

Carroll, J. B. (1966): Factors of verbal achievement. En A. Anastasi (ed.): *Testing Problems in Perspective*. Washington: American Council on Education.

Carroll, J. B. (1976): Psychometric tests as cognitive tasks: A new structure of intellect. En L. B. Resnick (ed.): *The Nature of Intelligence*. Hillsdale: LEA.

Carroll, J. B. (1979): How shall we study individual differences in cognitive abilities? En R. J. Sternberg y D. K. Detterman (eds.): *Human Intelligence*. Nueva Jersey: Ablex Publishing Corporation.

Carroll, J. B. (1981): Ability and task difficulty in cognitive psychology. *Educational Researcher, 10*, 11-21.

Carroll, J. B. (1982): La medida de la inteligencia. En R. J. Sternberg (ed.): *Inteligencia humana,* vol. 1. Barcelona: Paidós, 1987.

Carroll, J. B. (1983): Studying individual differences in cognitive abilities. Through and beyond factor analysis. En F. Dillon y Schmeck (eds.): *Individual Differences in Cognition,* vol. 1. Nueva York: Academic Press.

Carroll, J. B. (1991): Cognitive Psychology's Psychometric Lawgiver. *Contemporary Psychology, 36, 7,* 557-559.

Carroll, J. B. (1993): *Human Cognitive Abilities. A Survey of Factor Analytic Studies*. Cambridge, Cambridge Univ. Press.

Carroll, J. B. (1995): Reflections on Stephen Jay Goul's The Mismeasure of Man (1981): A retrospective review. *Intelligence,* 21, 121-134.

Carroll, J. B., y Maxwell, S. E. (1979): Individual differences in cognitive abilities. *Annual Review of Psychology, 30*, 603-640.

Carroll, J. D., y Arabie, P. (1983): INDCLUS: An individual differences generalization of the ADCLÚS model and the MARCLUS algorithm. *Psychometrika, 48*, 157-169.

Cartwright, D. S. (1974): *Introduction to Personality*. Chicago: Rand MacNally.

Casey, R., y Berman, J. (1985): The outcome of psychotherapy with children. *Psychological Bulletin,* 98, 388-400.

Cattell, J. M. (1890): Tests mentales y medida. En J. M. Gondra (comp.): *La psicología moderna*. Bilbao: Desclee de Brouwer, 1982.

Cattell, J. M. (1903): A statistical study of eminent men. *Popular Science Monthly, 62*, 359-377.

Cattell, J. M., y Farrand, L. (1896): Physical and mental measurements of the students of Columbia University. *Psychological Review, 3*, 618-648.

Cattell, R. B. (1941): Some theoretical issues in adult intelligence testing. *Psychological Bulletin, 38*, 592.

Cattell, R. B. (1943): The measurement of adult intelligence. *Psychological Bulletin, 40*, 153-193.

Cattell, R. B. (1944): A note on correlations clusters and cluster search methods. *Psychometrika, 9*, 169-184.

Cattell, R. B. (1947): La vida y obra de Charles Spearman. *Revista de Psicología General y Aplicada, 2*, 337-348.

Cattell, R. B. (1950): The main personality factors in questionaire, self estimated material. *Journal of Social Psychology, 31*, 3-38.

Cattell, R. B. (1963): Theory of fluid and crystallized intelligence: A critical experiment. *Journal of Educational Psychology, 54*, 1-22.

Cattell, R. B. (1965): *El análisis científico de la personalidad.* Barcelona: Fontanella, 1972.

Cattell, R. B. (1966): *Handbook of Experimental Multivariate Psychology*. Chicago: Rand McNally.

Cattell, R. B. (1971): *Abilities: Their Structure, Growth and Action*. Boston: Houghton-Mifflin.

Cattell, R. B. (1972): The 16PF and basic personality structure: A reply to Eysenck. *Journal of Behavioral Science, 1*, 169-188.

Cattell, R. B. (1978): *The Scientific Use of Factor Analysis in Behavioral and Life Sciences*. Nueva York: Plenum Press.

Cattell, R. B. (1987): *Intelligence; their Structure, Growth and Action*. Amsterdam: North-Holland.

Cattell, R. B. (1988a): Psychological theory and scientific method. En J. R. Nesseslroade y R. B. Cattell (eds.): *Handbook of Multivariate Experimental Psychology*, 2.ª edición. Nueva York: Plenum Press.

Cattell, R. B. (1988b): The principles of experimental design and analysis in relation to Theory Building. En J. R. Nesseslroade y R. B. Cattell (eds.): *Handbook of Multivariate Experimental Psychology*, 2.ª edición. Nueva York: Plenum Press.

Cattell, R. B. (1990): Advances in cattellian personality theory. En L. Pervin (ed.): *Handbook of Personality: Theory and Research*. Nueva York: Guilford Press.

Cattell, R. B., y Child, D. (1975): *Motivation and Dynamic structure*. Londres: Rinehart.

Cattell, R. B., y Gibbons, B. (1968): Personality factor structure of the combined Guilford and Cattell personality questionaires. *Journal of Personality and Social Psychology, 9*, 107-120.

Cattell, R. B.; Balcar, K. R., y Horn, J., y Nesselroade, J. R. (1969): Factor matching procedures: An improvement of the s index; with tables. *Educational and Psychological Measurement, 29*, 781-792.

Cattell, R. B.; Coulter, M. A., y Tsujioka, B. (1966): The taxonomic recognition of types and functional emergents. En R. B. Cattell (ed.): *Handbook of Multivariate Experimental Psychology*. Chicago: Rand McNally.

Cattell, R. B.; Eber, H. W., y Tatsouka, M. M. (1970): *Handbook for the Sixteen Personality Factor Questionaire (16PF)*. Institute for personality and ability testing, Champaign III.

Cattell, R. B., y Schrueger, J. (1978): *Personality Theory in Action: Handbook for the Objective-Analytic (O-A) Test Kit*. Champaign: IPAT.

Cattell, R. B., y Warburton, F. W. (1967): *Objective Personality and Motivation Tests*. Urbana: University of Illinois Press.

Ceci, S., y Williams, W. (1997): Schooling, intelligence and income. *American Psychologist, 52* (10), 1046-1050.

Centers, R. (1949): *The Psychology of Social Classes*. Princeton, NJ: Princeton University Press.

Chafetz, J. (1974): *Masculine/Femenine or Human? An Overview of the Sociology of Sex Roles*. Itasca, Ill: F. E. Peacock.

Chalke, F., y Ertl, J. (1965): Evoked potentials and intelligence. *Life Sciences, 4*, 1319-1322.

Chapman, L. J., y Chapman, J. P. (1985): Methodological problems in the study of differential deficits in regarded groups. En D. K. Detterman (ed.): *Current Topics in Human Intelligence*, vol. 1: *Research Methodology*. Nueva Jersey: Ablex Publishing.

Chase, T.; Fedio, P.; Foster, N.; Brooks, R.; Di Chiro, G., y Mansi, L. (1984): Wechsler adult intelligence scale performance: Cortical localization by fluorodexyglucose F 18-positron emission tomography. *Archives of Neurology, 41*, 1244-1247.

Cherry, F., y Deaux, K. (1975): *Fear of Success Versus Fear of Gender-Inconsistent Behavior: A Sex Similarity*. Ponencia presentada en la reunión de la Midwestern Psychological Association, Chicago.

Christensen, A., y Jacobson, N. (1994): Who (or what) can do psychotherapy? The status and challenge of nonprofessional therapies. *Psychological Science, 5*, 8-14.

Christiansen, K. (1977): A review of studies of criminality among twins. En S. Mednick y K. Christiansen (eds.): *Biosocial Bases of Criminal Behavior*. Nueva York: Gardner Press.

Claridge, G. S., y Clark, K. (1982): Covariation between two-flash thresholds and skin conductance level in first breakdown schizophrenia. relationships in drug-free patients and effects of treatment. *Psychiatry Research, 6*, 371-380.

Clark, K., y Clark, M. (1947): Racial identification and preference in Negro children. En T. Newcomb y E. Hartley (eds.): *Readings in Social Psychology*. Nueva York: Holt.

Clark, L.; Vorhies, L., y McEwen, J. (1994): Personality disorder symptomatology from the five factor perspective. En P. Costa y T. Widiger (eds.): *Personality Disorders and the Five Factor Model of Personality*. Washington D.C.: American Psychological Association.

Cleckley, H. (1982): *The Mask of Sanity*, edición revisada. St. Louis, C. V. Mosby.

Clemente, F., y Sauer, W. (1976): Life satisfaction in the United States. *Social Forces, 54*, 621-631.

Cliff, N., y Young, F. W. (1968): On the relations between unidimensional judgements and multidimensional scaling. *Organizational Behavior and Human Performance, 3*, 269-285.

Clogg, C. C., y Shockey, J. W. (1988): Multivariate analysis of discrete data. En J. R. Nesseslroade y R. B. Cattell (eds.): *Handbook of Multivariate Experimental Psychology,* 2.ª edición. Nueva York: Plenum Press.

Coan, R. (1966): Child personality and developmental psychology. En R. B. Cattell (ed.): *Handbook of Experimental Multivariate Psychology*. Chicago: Rand McNally.

Coan, R. (1968): Dimensions of Psychological Theory. *American Psychologist,* 23, 715-722.

Coccaro, E. (1993): Psychopharmacologic studies in patients with personality disorders: Review and perspective. *Journal of Personality Disorders,* suplemento, 181-192.

Cohen, A., y Short, J. (1972): A survey of delinquency theories. En J. Reed y F. Baaly (eds.): *Faces of Delinquency*. Englewood-Cliffs: Prentice-Hall.

Cohen, G. (1976): *Psicología Cognitiva*. Madrid: Alhambra, 1983.

Cohen, J. (1966): The impact of multivariate research in clinical psychology. En R. B. Cattell (ed.): *Handbook of Multivariate Experimental Psychology*. Chicago: Rand McNally.

Cohen, J. (1977): *Statistical Power Analysis for the Behavioral Sciences*. Nueva York: Academic Press.

Cohen, R. L., y Sandberg, T. (1977): Relation between intelligence and short-term memory. *Cognitive Psychology, 9*, 534-554.

Cole, J., y Davis, J. (1975): Antidepressant drugs. En A. Friedman; H. Kaplan y B. Saddock (eds.): *Comprehensive Textbook of Psychiatry,* vol. 2. Baltimore: Williams and Williams.

Cole, M., y Means, B. (1981): *Comparative Studies of How People Think: An Introduction*. Londres: Harward University Press.

Coleman, J. C. (1976): *Abnormal Psychology and Modern Life,* 5.ª edición. Glenview, Ill: Scott Foresman.

Coleman, J. S.; Campbell, E.; Hobson, C.; McPartland, J.; Mood, A.; Weinfeld, F., y York, R. (1966): *Equality of Educational Opportunity*. Washington, DC.: U.S. Office of Education.

Colom, R. (1989): *Las estrategias diferenciales de representación en el razonamiento*. Universidad Autónoma de Madrid, tesis inédita.

Colom, R. (1993): ¿Sabe geometría el martín pescador?: Hacia una concepción psicológica del conocimiento humano. *Estudios de Psicología, 50*, 89-106.

Colom, R. (1994): *Psicología de las diferencias individuales,* 1.ª edición. Madrid: Pirámide.

Colom, R. (1995a): *Psicología de las diferencias individuales,* 2.ª edición. Madrid: Pirámide.

Colom, R. (1995b): *Tests, inteligencia y personalidad*. Madrid: Pirámide.

Colom, R. (1995c): *Capacidades humanas*. Madrid: Pirámide (2.ª edición 1997).

Colom, R. (1996): *Orígenes de la diversidad humana*. Madrid: Pirámide (2.ª edición 1997).

Colom, R.; Andrés-Pueyo, A., y Juan-Espinosa, M. (1997): *The IQ Gains or the Flynn Effect in Spain*. Poster presentado en el VIII Meeting of the International Society for the Study of Individual Differences. Aarhus, Dinamarca.

Colom, R., y García, O. (1995): *Individual Differences in Verbal and Figural Cognitive Resources: Issues in Working Memory*. Ponencia presentada en el VII Meeting of the ISSID. Varsovia.

Colom, R., y Juan-Espinosa, M. (1989): La investigación en psicología diferencial cognoscitiva: estrategias de segunda generación. *Estudios de Psicología, 39/40*, 133-157.

Colom, R., y Juan-Espinosa, M. (1990): *Estudios sobre los fundamentos de la cognición*. Valencia: Promolibro.

Colom, R., y Quiroga, M.ª A. (1997): *¿Están desapareciendo las diferencias de género en el rendimiento en los tests de inteligencia?* Póster presentado al Primer Congreso de la Sociedad Española para la Investigación de las Diferencias Individuales. Madrid, noviembre de 1997.

Colom, R.; Andrés Pueyo, A., y Juan-Espinosa, M. (en prensa): *Generational IQ Gains: Spanish Data. Personality and Individual Differences.*

Colom, R.; Juan-Espinosa, M., y Quiroga, M.ª A. (en prensa): *La psicología diferencial del profesor Mariano Yela*. Monográfico en homenaje a Mariano Yela de la revista *Estudios de Psicología.*

Columbo, J. (1993): *Infant Cognition: Predicting Later Intellectual Functioning*. Newbury Park, CA: Sage.

Comrey, A. L., y Duffy, K. E. (1968): Cattell and Eysenck factor scores related to Comrey personality factors. *Multivariate Behavioral Research, 3*, 379-392.

Condry, J., y Dyer, S. (1976): Fear of success: Attribution of cause to the victim. *Journal of Social Issues, 32* (3), 63-83.

Cook, T., y Campbell, D. (1979): *Quasi-experimenta-*

tion: Design and Analysis Issues for Field Settings. Boston: Houghton-Mifflin.

Cooper, L. (1982): Strategies for visual comparison and representation: individual differences. En R. Sternberg (ed.): *Advances in the Psychology of Human Intelligence*, vol. 1. Nueva Jersey: LEA.

Costa, P. T., y McCrae, R. R. (1978): Objective personality assessment. En M. Storandt, I. C. Siegler y M. F. Elias (eds.): *The Clinical Psychology of Aging*. Nueva York: Plenum Press.

Costa, P. T., y McCrae, R. R. (1985): *The NEO Personality Inventory*. Odessa, FL: Psychological Assessment Recources.

Costa, P. T., y McCrae, R. R. (1988): Personality in adulthood: A six year longitudinal study of self reports and spouse ratings on the NEO Personality Inventory. *Journal of Personality and Social Psychology, 54*, 853-863.

Costa, P. T., y McCrae, R. R. (1992a): Four ways five factors are basic. *Personality and Individual Differences, 13* (6), 653-665.

Costa, P. T., y McCrae, R. R. (1992b): Reply to Eysenck. *Personality and Individual Differences, 13* (8), 861-865.

Costa, P., y McCrae, R. (1992c): *NEO PI-R: Professional Manual*. Odessa, FL: Psychological Assessment Resources.

Costello, C. (1996): *Personality Characteristics of the Personality Disordered*. Nueva York: Wiley & Sons.

Coursey, R.; Buchsbaum, M., y Murphy, D. (1979): Platelet MAO activity and evoked potentials in the identification of subjects biologically at risk for psychiatric disorders. *British Journal of Psychiatry, 134*, 372-381.

Craik, F. (1977): Age differences in human memory. En J. Birren y W. Schaie (eds.): *Handbook of the Psychology of Aging*. Nueva York: Van Nostrand Reinhold.

Crick, F. (1988): *Qué loco propósito: una visión personal del descubrimiento científico*. Barcelona: Tusquets, 1989.

Cronbach, L. J. (1956): Assessment of individual differences. *Annual Review of Pschology, 7*, 173-196.

Cronbach, L. J. (1957): The two disciplines of scientific psychology. *American Psychologist, 12*, 671-684.

Cronbach, L. J. (1975a): Beyond the two disciplines of scientific psychology. *American Psychologist, 30*, 116-127.

Cronbach, L. (1975b): Five decades of public controversy over mental testing. *American Psychologist, 30*, 1-14.

Cronbach, L. J. (1984): *Essentials of Psychological Testing* (4.ª edición). Nueva York: Harper & Row.

Cronbach, L. J. (1990): *Essentials of Psychological Testing* (5.ª edición). Nueva York: Harper & Row.

Cronbach, L. J., y Meehl, P. E. (1955): Construct validity in psychological tests. *Psychological Bulletin, 52*, 381-402.

Cruz Hernández, M. (1982): Problemas epistemológicos del concepto y definición de la psicología. *Estudios de Psicología, 12*, 96-105.

Cubino, A., y Quiroga, M.ª A. (1994): *Batería de controles cognitivos*. Madrid: Departamento de Psicología Diferencial y del Trabajo. Universidad Complutense de Madrid.

Damasio, A.; Tranel, D., y Damasio, H. (1990): Individuals with sociopathic behavior caused by frontal damage fail to respond automatically to social stimuli. *Behavioral Brain Research, 41*, 81-94.

Daniels, D. (1985): *Understanding the Famility Environment: A Study of Adoptive and Nonadoptive Infant Siblings*. Universidad de Colorado. Tesis inédita.

Davis, W., y Jones, M. (1974): Negro versus Caucasian psychological test performance revisited. *Journal of Consulting and Clinical Psychology, 42*, 675-79.

Darwin, C. (1859): *Origin of Species by Means of Natural Selection of the Preservation of Favorec Races in the Struggle for Life*. Traducción española: *El origen de las especies*. Barcelona: Bruguera, 1980.

Davison, G., y Neale, J. (1990): *Abnormal Psychology: An Experimental Clinical Approach*, 5.ª edición. Chichester: Wiley.

Dawis, R. (1992): The individual differences tradition in counseling psychology. *Journal of Counseling Psychology, 39*, 7-19.

Deakin, J. F., y Exley, K. A. (1979): Personality and male-female influence on the EEG alpha rhythm. *Biological Psychology, 8*, 285-290.

Dean, R. S. (1985): Foundation and rationale for neuropsychological bases of individual differences. En L. C. Hartlage y Telzrow (eds.): *The Neuropsychology of Individual Differences*. Nueva York: Plenum Press.

Deaux, K. (1976): *The Behavior of Women and Men*. Monterey: Brooks/Cole.

DeFries, J. C.; Johnson, R. C.; Kuse, A. R.; McClearn, G. E.; Polovina, J.; Vandenberg, S. G., y Wilson, J. R. (1979): Familial resemblance for specific cognitive abilities. *Behavior Genetics, 9*, 23-43.

DeFries, J. C.; Plomin, R., y LaBuda, M. C. (1987): Genetic stability of cognitive development from childhood to adulthood. *Developmental Psychology, 23*, 4-12.

DeLacoste, M.; Adesanya, T., y Woodward, D. (1990): Measures of gender differences in the human brain and their relationship to brain weight. *Biological Psychiatry, 28*, 931-942.

Delclaux, I. (1982): Introducción al procesamiento de la información en psicología. En I. Delclaux y J. Seoane (eds.): *Psicología cognitiva y procesamiento de la información*. Madrid: Pirámide.

Delgado, A., y Prieto, G. (1997): Mental rotation as a mediator for sex-related differences in visualization? *Intelligence, 24* (3), 405-416.

DeMille, R. (1962): Intellect after lobotomy in schizophrenia. *Psychological Monographs, 76,* 16.

Dennis, W. (1966): Creative productivity between the ages of twenty and eighty years. *Journal of Gerontology, 21*, 1-8.

Detterman, D. K. (1979): A job half done: the road to intelligence testing in the year 2000. En R. J. Sternberg y D. K. Detterman (eds.): *Human Intelligence: Perspectives on its Theory and Measurement*. Nueva Jersey: Ablex Publishing Corporation.

Detterman, D. K. (1982): Does **g** exist? *Intelligence, 6*, 99-108. Traducido en A. Andrés Pueyo: *Inteligencia y cognición*. Barcelona: Paidós, 1996.

Detterman, D. K. (1989): The future of intelligence research. *Intelligence, 13*, 199-203.

Detterman, D., y Thompson, L. A. (1997): What is so special about special education? *American Psychologist, 52* (10), 1082-1090.

Detterman, D. K.; Thompson, L. A., y Plomin, R. (1990): Differences in heritability across groups differing in ability. *Behavioral Genetics*.

Digman, J. M. (1991): Personality structure: emergence of the five-factor model. *Annual Review of Psychology, 41*, 417-440.

Dillon, W. R., y Goldstein, M. (1984): *Multivariate Analysis: Methods and Applications*. Nueva York: Wiley y Sons.

Dockrell, W. B. (1965): Cultural and educational influences on the differentiation of abilities. *Proceedings of the 73rd Annual Convention of the American Psychological Association*. Washington: APA.

DSM-IV (1994): *Manual diagnóstico y estadístico de los trastornos mentales*. Madrid: Masson.

Dubin, J.; Osburn, H., y Winick, D. (1969): Speed and practice: effects on negro and white test performances. *Journal of Applied Psychology, 53*, 19-23.

DuBois, P. H. (1960): Individual differences. *Annual Review of Psychology, 11*, 225-254.

DuBois, P. (1966): A test-dominated society: China, 115 BC-1905 AD. En A. Anastasi (ed.): *Testing Problems in Perspective*. Washington: American Council of Education.

Dunbar, R. (1992): Neocortex size as a constraint group size in primates. *Journal of Human Evolution, 20*, 469-493.

Duncan, O. D. (1975): *Introduction to Structural Equation Models*. Nueva York: Academic Press.

Duncan, O. D. (1984): *Notes on Social Measurement*. Nueva York: Sage.

Dye, D., y Reck, M. (1988): *A Review and Meta-analysis of Education as a Predictor of Job Performance: Summary Version*. Washington DC. U.S. Office Personnel Management Office of Personnel Research and Dvelopment.

Dyer, P. (1970): *Effects of Test Conditions on Negro-White Differences in Test Scores*. Tesis inédita. Columbia University.

Eagly, A. (1978): Sex differences in influenceability. *Psychological Bulletin, 85*, 86-116.

Eagly, A. (1987): *Sex Differences in Social Behavior: A Social-role Interpretation*. NJ: LEA.

Eagly, A. (1996): Differences between women and men: Their magnitude, practical importance, and political meaning. *American Psychologist,* febrero, 158-159.

Easterlin, R. (1973): Does economic growth improve the human lot? Some empirical evidence. En P. David y M. Reder (eds.): *Nations and Households in Economic Growth*. Stanford: Stanford University Press.

Eaves, L. J.; Eysenck, H. J., y Martin, N. (1989): *Genes, Culture and Personality*. Nueva York: Academic Press.

Edelbrock, C., y Reed, M. (1982): *Inverse Factor Analysis: An Evaluation Using Benchmark Data Sets*. Inédito.

Ehrhardt, A., y Baker, S. (1974): Fetal androgens, human central nervous system differentiation, and behavior sex differences. En R. Friedman, R. Richart y L. Vande (eds.): *Sex Differences in Behavior*. Nueva York: Wiley.

Eisdorfer, C., y Wilkie, F. (1973): Intellectual changes with advancing age. En L. Jarvik, C. Eisdorfer y J. Blum (eds.): *Intellectual Functioning in Adults*. Nueva York: Springer.

Eisdorfer, C.; Nowlin, J., y Wilkie, F. (1970): Improvement of learning in the aged by modification of autonomic nervous system activity. *Science, 170*, 1327-1329.

Eisenman, R. (1995): Why psychologists should study race. *American Psychologist,* enero, 42-43.

Ekehammar, B. (1974): Interactionism in personality from a historical perspective. *Psychological Bulletin, 81*, 1026-1048.

Ekstrom, R. B.; French, J. W., y Harman, H. H. (1976): *Kit of Factor-Referenced Cognitive Tests*. Princeton, NJ: Educational Testing Service.

Elias, M., y Elias, P. (1977): Motivation and activity. En J. Birren y W. Schaie (eds.): *Handbook of the Psychology of Aging*. Nueva York: Van Nostrand Reinhold.

Elias, M.; Elias, P., y Elias, J. (1977): *Basic Processes in Adult Developmental Psychology*. St. Louis, Mosby.

Elkin, I.; Shea, T.; Imber, S.; Pilkonis, P.; Sotsky, S.; Glass, D.; Watkins, J.; Leber, W., y Collins, J. (1986): *NIMH Treatment of Depression Collaborative Research Program: Initial Outcome Findings*. Ponencia presentada a la reunión de la American Association for the Advancement of Science.

Elshout, J. J. (1978): The characteristic demands of intellectual problems. En J. M. Scandura (ed.): *Problem Solving*. Nueva York: Academic Press.

Ellis, H. A. (1894): *Man and Woman: A Study of Human Secondary Sexual Characteristics*. Nueva York: Scribner.

Embretson, S. (1983): Construct validity: construct representation vs. nomothetic span. *Psychological Bulletin, 93*, 179-197.

Embretson, S. (1984): A general latent trait model for response processes. *Psychometrika, 49*, 175-186.

Embretson, S. (1986): Intelligence and its measurement: extending contemporary theory to existing tests. En R. J. Sternberg (ed.): *Advances in the Psychology of Human Intelligence,* vol. 3. Hillsdale: LEA.

Emrick, C. (1975): A review of psychologically oriented treatment of alcoholism. *Journal of Studies on Alcohol, 36*, 88-108.

Encinas, M., y Rosa, A. (1990): El desarrollo institucional de la psicología española de 1900 a 1968. *Revista de Historia de la Psicología, 11* (1-2), 73-121.

Endler, N. S. (1975): The case for person-situation interactions. *Canadian Psychological Review, 16*, 12-21.

Endler, N. S., y Magnusson, D. (1976): Toward an interactional psychology of personality. *Psychological Bulletin, 83* (5), 956-974.

Endler, N.; Magnusson, D.; Ekehammar, B., y Okada, M. (1976): The multi-dimensionality of state and trait anxiety. *Scandinavian Journal of Psychology, 17*, 81-96.

Epstein, S. (1977): Traits are alive and well. En D. Magnusson y N. S. Endler (eds.): *Personality at the Crossroads: Current Issues in International Psychology*. Hillsdale: LEA.

Epstein, S. (1979): The stability of behavior: I. On predicting most of the people much of the time. *Journal of Personality and Social Psychology, 37*, 1097-1126.

Epstein, S. (1980): The stability of behavior: II. Implications for psychological research. *American Psychologist, 35*, 790-806.

Epstein, S. (1983): The stability of confusion: A reply to Mischel and Peake. *Psychological Review, 90*, 390-393.

Epstein, S., y O'Brien, E. J. (1985): The person-situation debate in historical and current perspective. *Psychological Bulletin, 98*, 513-537.

Erdman, H. P.; Greist, J. H.; Klein, M. H.; Jefferson, J. W., y Getto, C. (1981): The computer psychiatrist: How far have we come? Where are we heading? How far dare we go? *Behavior Research Methods and Instrumentarion, 13* (4), 393-398.

Erisken, C. W. (1957): Personality. *Annual Review of Psychology, 8*, 185-210.

Erlenmeyer-Kimling, L., y Jarvik, L. F. (1963): Genetics and intelligence: A review. *Science, 142*, 1477-1479.

Ertl, J. P. (1971): Fourier analysis of evoked potentials and human intelligence. *Nature, 230*, 525-526.

Ertl, J. P. (1973): Evoked responses and Fourier analysis. *Nature, 241*, 209-210.

Ertl, J. P., y Schafer, E. W. P. (1969): Brain response correlates of psychometric intelligence. *Nature, 223*, 421-422.

Everitt, B. S. (1980): *Cluster Analysis,* 2.ª edición. Nueva York: Wiley.

Eysenck, H. (1947): *Dimmensions of Personality*. Londres: Routledge.

Eysenck, H. (1952): The effects of psychotherapy: An evaluation. *Journal of Consulting Psychology, 16*, 319-324.

Eysenck, H. (1956): The questionnaire measurement of neuroticism and extraversion. *Rivista di Psichologia, 50*, 113-140.

Eysenck, H. (1957): *The Dynamics of Anxiety and Hysteria*. Londres: Routledge.

Eysenck, H. (1959): *Manual of the Maudsley Personality Inventory*. Londres: University of London Press.

Eysenck, H. J. (1965): *Fact and Fiction in Psychology*. Penguin Books.

Eysenck, H. (1966): Neurose, konstitution und persönlichkeit. *Zeitschrift für Psychologie, 172*, 145-181.

Eysenck, H. (1967): *Fundamentos biológicos de la personalidad*. Barcelona: Fontanella, 1982.

Eysenck, H. (1970): *The Structure of Human Personality*. Londres: Methuen.

Eysenck, H. (1977): Personality and factor analysis: A reply to Guilford. *Psychological Bulletin, 84*, 405-411.

Eysenck, H. J. (1979): *Estructura y medida de la inteligencia*. Barcelona: Herder, 1983.

Eysenck, H. J. (1981): La inteligencia en el mundo moderno: progresos en su medición. *Revista de Psicología General y Aplicada, 36* (6), 1069-1080.

Eysenck, H. J. (1983): Psychopharmacology and personality. En W. Janke (ed.): *Response Variability to Psychotropic Drugs*. Londres: Pergamon.

Eysenck, H. J. (1984): The theory of intelligence and the psychophysiology of cognition. En R. Sternberg (ed.): *Advances in the Psychology of Human Intelligence,* vol. 3. Nueva Jersey: LEA.

Eysenck, H. J. (1986): The theory of intelligence and the psychophysiology of cognition. En R. J. Sternberg (ed.): *Advances in the Psychology of Human Intelligence,* vol. 3. Hillsdale: LEA.

Eysenck, H. (1989): El lugar de las diferencias individuales en la psicología científica. *Estudios de Psicología, 39-40*, 161-206.

Eysenck, H. J. (1990): *La confrontación sobre la inteligencia*. Madrid: Pirámide.

Eysenck, H. J. (1992a): Four ways five factors are *not* basic. *Personality and Individual Differences, 13* (6), 667-673.

Eysenck, H. J. (1992b): A reply to Costa and McCrae. P or A and C- the role of the theory. *Personality and Individual Differences, 13* (8), 867-868.

Eysenck, H. (1994): *Tabaco, personalidad y estrés*. Barcelona: Herder.

Eysenck, H. (1995): Can we study intelligence using the experimental method? *Intelligence, 20*, 217-228

Eysenck, H. (1995b): *The Psychology of Creativity*. Ponencia del VII Meeting of the International Society for the Study of Individual Differences. Polonia, julio de 1995.

Eysenck, H. J. (1996): *Usos y abusos de la psicología*. Madrid: Biblioteca Nueva.

Eysenck, H. J. (1996b): *The Study of Individual Differences in Scientific Psychology*. Conferencia inaugural de la Sociedad Española para la Investigación de las Diferencias Individuales. Universidad de Barcelona, febrero de 1996.

Eysenck, M. W. (1979): Anxiety, learning, and memory: A reconceptualization. *Journal of Research in Personality, 13*, 363-85.

Eysenck, M. W. (1982): *Attention and Arousal: Cognition and Performance*. Berlín: Springer.

Eysenck, M. W. (1992): *Anxiety: The Cognitive Perspective*. Hove: LEA.

Eysenck, M. W. (1994): *Individual Differences. Normal and Abnormal*. LEA: Nueva Jersey.

Eysenck, H. J., y Barrett, P. (1985): Psychophysiology and the measurement of intelligence. En C. R. Reynolds y V. Wilson (eds.): *Methodological and Statistical Advances in the Study of Individual Differences*. Nueva York: Plenum Press.

Eysenck, H., y Eysenck, S. (1969): *Personality Structure and Measurement*. Londres: Routledge.

Eysenck, H., y Eysenck, M. (1985): *Personalidad y diferencias individuales*. Madrid: Pirámide, 1987.

Eysenck, H. J., y Eysenck, S. B. G. (1968): *The Manual to the Eysenck Personality Inventory*. San Diego: Educational and Industrial Testing Service.

Eysenck, H. J., y Eysenck, S. B. G. (1969): *Personality Structure and Measurement*. Londres: Routledge.

Eysenck, H. J., y Eysenck, S. B. G. (1975): *Manual of the Eysenck Personality Questionnaire*. Londres: Hodder y Stoughton.

Eysenck, S. B. G., y Eysenck, H. J. (1972): The questionaire measurement of psychoticism. *Psychological Medicine, 2*, 50-55.

Eysenck, H., y Grosarth-Maticek, R. (1991): Creative novation behavior therapy as a prophylactic treatment for cancer and coronary heart disease, II: Effects of treatment. *Behavior Research and Therapy, 29*, 17-31.

Eysenck, H., y Martin, I. (1987): *Theoretical Foundations of Behavior Therapy*. Nueva York: Plenum.

Eysenck, S. B. G., y Zuckerman, M. (1978): The relationship between sensationseeking and Eysenck's dimmnensions of personality. *British Journal of Psychology, 69*, 483-487.

Eysenck, H., y Schoenthaler, S. (1997): Raising IQ level by vitamin and mineral supplementation. En R. Sternberg y E. Grigorenko (eds.): *Intelligence, Heredity and Environment*. Cambridge: Cambridge University Press.

Falconer, D. (1989): *Introduction to Quantitative Genetics,* 3.ª edición. Nueva York: Wiley.

Feingold, A. (1988): Cognitive gender differences are disappearing. *American Psychologist, 43*, 95-103.

Feingold, A. (1992): Sex differences in variability in intellectual abilities: A new look at an old controversy. *Review of Educational Research, 62*, 61-84.

Feingold, A. (1992b): Gender differences in mate selection preferences: A test of the parental investment theory. *Psychological Bulletin, 112*, 125-139.

Feingold, A. (1993): Cognitive gender differences: A developmental perspective. *Sex Roles, 29* (1/2), 91-112.

Feingold, A. (1994a): Gender differences in variability in intellectual abilities: A cross cultural perspective. *Sex Roles, 30* (1/2), 81-92.

Feingold, A. (1994b): Gender differences in personality: A meta-analysis. *Psychological Bulletin, 116* (3), 429-56.

Fernández Ballesteros, R. (1980): *Psicodiagnóstico: concepto y metodología*. Madrid: Kapelusz.

Fernández Ballesteros, R. (1984): Aproximación histórica al Psicodiagnóstico. En R. Fernández Ballesteros (ed.): *Psicodiagnóstico,* vol. 1. Madrid: UNED.

Fernández Ballesteros, R. (1992): *Introducción a la evaluación psicológica,* 2 vols. Madrid: Pirámide.

Fernández Ballesteros, R. (1996): *Psicología del envejecimiento: crecimiento y declive*. Lección inaugural del curso académico 1996-1997. Universidad Autónoma de Madrid.

Fernández Ballesteros, R.; Ruiz, M.ª A., y Garde, S. (en prensa): *Emotional Expression in Breast Cancer and Healthy Women*.

Fernández Ballesteros, R.; Zamarrón, M.ª D.; Ruiz, M.ª A.; Sebastián, J., y Spielberger, C. (en prensa): *Assessing Emotional Expression: Spanish Adaptation of the Rational/Emotional Defensiveness Scale*.

Fidelman, U. (1993): Intelligence and the brain's energy consumption: What is intelligence? *Person. and Indiv. Diff., 14* (1), 283-286.

Fierro, A. (1982): La explicación en psicología. *Estudios de Psicología, 12*, 107-126.

Fierro, A. (1983): Elementos cognitivos y otros en el sistema de la personalidad. *Estudios de Psicología, 16*, 85-106.

Fischbein, S. (1979): *Heredity-Environment Influences on Growth and Development During Adolescence: A Longitudinal Study of Twins*. Lund, Suecia: CWK/Gleerup.

Fischer, G. H. (1973): The linear logistic model as an instrument in educational research. *Acta Psychologica, 37*, 359-374.

Fiske, D. W. (1949): Consistency of the factorial structures of personality ratings from differentes sources. *Journal of Abnormal Social Psychology, 44*, 329-344.

Fleminger, J. J.; Horne, D. J., y Nott, P. N. (1970): Unilateral electroconvulsive therapy and brain dominance: The effect of roght and left sided placemenet on verbal memory. *Journal of Neurology, Neurosurgery and Psychiatry, 33*, 408-411.

Fletcher, R. (1990): *The Cyril Burt Scandal: Case for the Defence*. Nueva York: MacMillan.

Floderus-Myrhed, B.; Pedersen, N., y Rasmuson, I. (1980): Assessment of heritability for personality based on a short form of the Eysenck Personality Inventory. *Behavior Genetics, 10*, 153-162.

Flynn, J. (1987): Massive IQ gains in 14 nations: What IQ tests really measure. *Psych. Bulletin, 101*, 171-191.

Folstein, S., y Rutter, M. (1978): A twin study of individuals with infantile autism. En M. Rutter y E. Schopler (eds.): *Autism: A Reappraisal of Concepts and Treatment*. Nueva York: Plenum.

Forteza, J. A. (1973): Prólogo. En L. Tyler (1965): *Psicología de las Diferencias Humanas*. Madrid: Marova, 1973.

Forteza, J. A., y Prieto, J. M.ª (1981): Hacia una estructuración teórica de la psicología diferencial. *Estudios de Psicología, 4*, 68-75.

Forward, J., y Williams, J. (1970): Internal-external control and black militancy. *Journal of Social Issues, 26* (1), 75-92.

Fowles, D. (1987): Application of a behavioral theory of motivation to the concepts of anxiety and impulsivity. *Journal of Research in Personality, 21*, 417-35.

Fraise, P. (1981): A José Germain. *Revista de Psicología General y Aplicada, 36* (6), 1081.

Frances, A., y Widiger, T. (1986): The classification of personality disorders: An overview of problems and solutions. En A. Frances y R. Hales (eds.): *American Psychiatric Association Annual Review,* vol. 5. Washington DC: American Psychiatric Press.

Frederiksen, J. R. (1977): *A Chronometric Study of Component Skills in Reading*. Inédito.

Freedman, J. (1975): *Crowding and Behavior*. Nueva York: Viking.

Freedman, J.; Levy, A.; Buchanan, R., y Price, J. (1972): Crowding and human aggresiveness. *Journal of Experimental Social Psychology, 8*, 528-548.

Freeman, F. N.; Holzinger, K. J., y Mitchell, B. (1928): The influence of environment on the intelligence, school achievement, and conduct of foster children. *Seventh Yearbook of the National Society for the Study of Education, 17* (1), 103-217.

French, J. W. (1973): *Toward the Establishment of Noncognitive Factors through Literature Search and Interpretation*. Princeton: Educational Testing Service.

Frodi, A.; Macaulay, J., y Thome, P. (1977): Are women always less aggresive than men? A review of the experimental literature. *Psychological Bulletin, 84*, 634-660.

Fryer, D. (1922): Occupational-intelligence standards. *School and Society, 16*, 273-277.

Fuller, J. L. (1960): Behavior genetics. *Annual Review of Psychology, 11*, 41-70.

Fuller, J. L., y Thompson, W. R. (1960): *Behavior Genetics*. Nueva York: Wiley.

Fulker, D. W. (1981): The genetic and environmental architecture of psychoticism, extraversion and neuroticism. En H. J. Eysenck (ed.): *A Model for Personality*. Berlín: Springer Verlag.

Fulker, D. W.; DeFries, J. C., y Plomin, R. (1988): Genetic influence on general mental ability increases between infancy and middle childhood. *Nature, 336*, 767-769.

Funder, D. C. (1983): Three issues in predicting more of the people: A reply to Mischel and Peake. *Psychological Review, 90*, 283-289.

Funder, D. C.; Block, J., y Block, J. H. (1983): Delay of gratification: some longitudinal personality correlates. *Journal of Personality and Social Psychology, 44*, 1198-1213.

Furnham, A. (1992): *Personalidad y diferencias individuales en el trabajo*. Madrid: Pirámide, 1995.

Gaensslen, H., y Mandl, H. (1974): Zur stabilität von persönlichkeitszügen und einstellungen bei Mebwiederholungen nach 15 monaten. *Zeitschrift für Experimentelle und Angewandte Psychologie, 21*, 367-377.

Gagné, R. (1967): *Learning and Individual Differences*. Columbus, Ohio: Merrill Publishing Company.

Gagné, R. (1989): Some reflections on learning and individual differences. En P. L. Ackerman, R. J. Sternberg y R. Glaser (eds.): *Learning and Individual Differences*. Nueva York: Freeman.

Gale, A. (1973): The psychophysiology of individual differences: studies of extraversion and EEG. En P. Kline (ed.): *New Approaches in Psychological Measurement*. Nueva York: Wiley.

Gale, A., y Eysenck, M. (1992): *Handbook of Individual Differences. Biological Perspectives*. Chichester: Wiley.

Galton, F. (1869): *Hereditary Genius: An Inquiry into its Laws and Consequences*. Nueva York: Appleton.

Galton, F. (1883): *Inquiries into Human Faculty and its Development*. Londres: MacMillan.

García López, O. (1993): *Diferencias individuales en tareas de memoria y demandas de procesamiento: un estudio de patrones de ejecución*. Tesina de licenciatura inédita, premio extraordinario. Universidad Autónoma de Madrid.

García López, O. (1996): La instrucción asistida por ordenador aplicada a la empresa. En M. Juan-Espinosa, B. R. Colom y M.ª A. Quiroga (eds.): *La práctica de la psicología diferencial en industria y organizaciones*. Madrid: Pirámide.

García-López, O.; Colom, R.; Juan-Espinosa, M., y Juan, P. (1996): Sistemas de instrucción asistida por ordenador: el sistema ABRAXAS. *Estudios de Psicología, 55*, 99-114.

García Vega, L. (1974): *Historia de la Psicología*. Madrid: Seleco.

García Yagüe, J. (1980): *Memoria de oposición*. Universidad Autónoma de Madrid. Inédito.

Gardner, H. (1983): *Estructuras de la mente: la teoría de las múltiples inteligencias*. México: Fondo de Cultura Económica, 1987.

Gardner, R. W. (1959): Cognitive controls and perceptual behavior. *Bulletin of the Menninger Clinic, 23*, 241-248.

Gattaz, W. F. (1981): HLA-B27 as a possible genetic marker of psychoticism. *Personality and Individual Differences, 2*, 57-60.

Gattaz, W. F.; Ewald, R. W., y Beckman, H. (1980): The HLA system and schizophrenia: A study in a German population. *Archiv für Psychiatrie und Nervenkrankheiten, 228*, 205-211.

Gattaz, W. F., y Seitz, M. A. (1984): Possible association between HLA-13 27 and the vulnerability to schizophrenia. *Personality and Individual Differences*.

Gaviria, M. (1996). *La séptima potencia*. Barcelona, Ediciones B.

Gazzaniga, M. (1985): *El cerebro social*. Madrid: Alianza.

Gazzaniga, M. (1992): *Nature's Mind*. Nueva York: Basic Books.

Gelder, M.; Gath, D., y Mayon, R. (1989): *Oxford Textbook of Psychiatry*, 2.ª edición. Oxford: Oxford University Press.

Geller, E.; Yokota, A.; Schroth, P., y Novak, P. (1984):

Study of fenfluramine in outpatients with the syndrome of autism. *Journal of Pediatrics, 105*, 823-828.

Gerbino, L.; Oleshansky, M., y Gershon, S. (1978): Clinical use and mode of action of lithium. En M. Lipton, A. DiMascio y F. Killan (eds.): *Psychopharmacology: A Generation of Progress*. Nueva York: Raven Press.

Germain, J. (1954): Para la pequeña historia de la psicología en España. *Revista de Psicología General y Aplicada,* IX, *32*, 633-642.

Germain, J. (1980): José Germain: Autobiografía (I y II). *Revista de Historia de la Psicología, 1* (1), 7-32. *Revista de Psicología, 1* (2), 139-169.

Gilbert, D., y Connolly, J. (1991): *Personalidad, habilidades sociales y psicopatología: un enfoque diferencial*. Barcelona: Omega, 1995.

Golden, M., y Birns, B. (1976): Social class and infant intelligence. En M. Lewis (ed.): *Origins of Intelligence: Infancy and Early Childhood*. Nueva York: Plenum.

Gorenstein, E. (1991): A cognitive perspective on antisocial personality. En Magaró (ed.): *Cognitive Basis of Mental Disorders*. Londres: Sage.

Gorenstein, E., y Newman, J. (1980): Disinhibitory psycopathology: A new perspective and a model for research. *Psychological Review, 87*, 301-315.

Gorsuch, R. L. (1983): *Factor Analysis,* 2.ª edición. Hillsdale: LEA.

Gorsuch, R. L. (1988): Exploratory factor analysis. En J. R. Nesseslroade y R. B. Cattell (eds.): *Handbook of Multivariate Experimental Psychology,* 2.ª edición. Nueva York: Plenum Press.

Gottfredson, L. (1986): Societal consequences of the g factor in employment. *Journal of Vocational Behavior, 29*, 379-410.

Gottfredson, L. (1987): *Breaching Taboos: A Personal Perspective*. Ponencia presentada en la reunión anual de la American Psychological Association. Nueva York.

Gottfredson, L. (1994): Egalitarian fiction and collective fraud. *Society, 31*, 53-59.

Gottfredson, L. (1997): Foreword to "Intelligence and Social Policy". *Intelligence, 24* (1), 1-12.

Gottfredson, L. (1997): Mainstream science on intelligence: An editorial with 52 signatories, history and bibliography. *Intelligence, 24* (1), 13-23.

Gottfredson, L. (1997): Why g matters: The complexity of everyday life. *Intelligence, 24* (1), 79-132.

Gottfredson, L., y Brown, V. (1981): Occupational differentiation among white men in the first decade after high school. *Journal of Vocational Behavior, 19*, 251-289.

Gould, S. J. (1981): *La falsa medida del hombre*. Barcelona: Orbis, 1987.

Gove, W. (1972): The relationship between sex roles, marital status, and mental illness. *Social Forces, 51*, 34-44.

Gove, W., y Herb, T. (1974): Stress and mental illness among the young: A comparison of the sexes. *Social Forces, 53*, 256-65.

Gove, W., y Tudor, J. (1973): Adult sex roles and mental illness. En J. Huber (ed.): *Changing Women in a Changing Society*. Chicago: University of Chicago Press.

Grande, I.; Medina, P.; Gomá, M., y Valero, S. (1997): *Personalidad, diferencias individuales y rendimiento académico en adolescentes*. Póster presentado al Primer Congreso de la Sociedad Española para la Investigación de las Diferencias Individuales. Madrid, noviembre de 1997.

Gray, J. (1972): The psychophysiological nature of introversion-extraversion: A modification of Eysenck's theory. En V. D. Nebilitsyn y J. Gray (eds.): *Biological Bases of Individual Behavior*. Londres: Academic Press.

Gray, J. (1981): A critique of Eysenck's theory of personality. En H. Eysenck (ed.): A *Model of Personality*. Nueva York: Springer.

Gray, J. (1982): *The Neuropsychology of Anxiety*. Oxford: Oxford University Press.

Gray, J. (1987): *The Psychology of Fear and Stress,* 2.ª edición. Cambridge: Cambridge University Press.

Gray, S., y Klaus, R. (1970): The early training project: A seventh year report. *Child Development, 41*, 909-924.

Greif, S. (1970): Untersuchungen zur deutschen ubersetzung der 16 PF fragebogen. *Psychologische Beiträge, 12*, 180-213.

Grossarth-Maticek, R., y Eysenck, H. (1991): Creative novation behavior therapy as a prophylactic treatment for cancer and coronary heart disease, I: description of treatment. *Behavioral Research and Therapy, 29*, 1-16.

Grossarth-Maticek, R.; Eysenck, H., y Vetter, H. (1988): Personality type, smoking habit and their interaction as predictors of cancer and coronary heart disease. *Person. and Indiv. Diff., 9*, 479-495.

Gross, R. (1992): *Psicología. La ciencia de la mente y la conducta*. México: Manual Moderno, 1994.

Guilford, J. P. (1959): *Personality*. Nueva York: McGraw-Hill.

Guilford, J. P. (1964): *Psychometric Methods*. Nueva York: McGraw-Hill.

Guilford, J. P. (1967): *La naturaleza de la inteligencia humana*. Barcelona: Paidós.

Guilford, J. P. (1975): Factors and factors of personality. *Psych. Bull., 82* (5), 802-814.

Guilford, J. P. (1979): *Cognitive Psychology with a Frame of Reference*. California: Edits.

Guilford, J. P. (1985): Teorías de la inteligencia. En B. B. Wolman (ed.): *Handbook of Intelligence*. Nueva York: Wiley.

Guilford, J. P. (1988): Some changes in the structure of intellect model. *Educational and Psychological Measurement, 48*, 1-4.

Guilford, J. P., y Hoepfner, R. (1971): *The Analysis of Intelligence*. Nueva York: McGraw-Hill.

Guilford, J. P., y Zimmerman, W. S. (1956): Forteen dimensions of temperament. *Psychological Monographs, 70, 10*.

Guilford, J. S.; Zimmerman, W. S., y Guilford, J. P. (1976): *The Guilford-Zimmerman Temperament Survery Handbook. Twenty Five Years of Research and Application*. San Diego: Edits Publisher.

Gurin, P.; Gurin, G.; Lao, R., y Beattie, M. (1969): Internal-external control in the motivarional dynamics of Negro youth. *Journal of Social Issues, 25* (3), 29-53.

Gustafsson, J. (1980): *Testing Hierarchical Models of Ability Organization through Covariance Models*. Comunicación presentada a la reunión anual de la American Educational Research Association, Boston.

Gustafsson, J. (1984): A unifying model for the structure of intellectual abilities. *Intelligence, 8*, 179-203.

Gustafsson, J. (1988): Hierarchical models of individual differences in cognitives abilities. En R. J. Sternberg (ed.): *Advances in the Psychology of Human Intelligence,* vol. 4. Nueva Jersey: LEA.

Guttentag, M. (1972): Children in Harlem's community controlled schools. *Journal of Social Issues, 28* (4), 1-20.

Guttman, D. (1977): The cross-cultural perspective: Notes toward a comparative psychology of aging. En J. Birren y W. Schaie (eds.): *Handbook of the Psychology of Aging*. Nueva York: Reinhold.

Hagberg, G.; Lewerth, A.; Olsson, E., y Westerberg, B. (1987): Mild mental retardation on Gothenburg children born between 1966-1970. *Upsala Journal of Medical Science, 44*, 52-57.

Haier, R.; Benjamin, V.; Heuchterlein, K.; Hazlett, E.; Wu, J.; Paek, J.; Browning, H., y Buchsbaum, M. (1988): Cortical glucose metabolism rate correlates of abstract reasoning and attention studied with positronic emission topography. *Intelligence, 12*, 199-217.

Haier, R.; Robinson, D.; Braden, W.; Williams, D. (1983): Electrical potentials of the cerebral cortex and psychometric intelligence. *Person. and Indiv. Diff., 5*, 591-599.

Hakstian, A., y Cattell, R. B. (1974): The checking of primary ability structure on a broader basis of performance. *British Journal of Educational Psychology, 44*, 140-154.

Hakstian, A., y Cattell, R. B. (1976): *Comprehensive Ability Battery*. Champaign, IL: Institute for Personality and Ability Testing.

Halpern, D. (1997): Sex differences in intelligence: Implications for education. *American Psychologist, 52* (10), 1091-1102.

Hall, J. (1978): Gender effects in decoding nonverbal cues. *Psychological Bulletin, 85*, 845-57.

Hall, J. (1984): *Nonverbal Sex Differences: Communication Accuracy and Expressive Style*. Baltimore: John Hopkins University Press.

Hardert, R.; Parker, H.; Pfuhl, E., y Anderson, W. (1974): *Sociology and Social Issues*. San Francisco: Rinehart.

Hare, R. (1965): Temporal gradient of fear arousal in psychopaths. *Journal of Abnormal Psychology, 70*, 442-445.

Hare, R. (1978): Electrodermal and cardiovascular correlates of psychopathy. En R. Hare y D. Schalling (eds.): *Psychcopathic Behavior: Approaches to Research*. Nueva York: Wiley.

Hare, R. (1991): *The Hare Psychopathy Checklist-Revised*. Toronto: Multihealth Systems.

Hare, R. (1993): *Without Conscience*. Nueva York: Pocket Books, Simon and Schuster.

Harman, H. H. (1976): *Análisis factorial moderno*. Madrid: Saltés, 1980.

Harman, H. H.; Ekstrom, R. B., y French, J. W. (1976): *Kit of Factor Reference Cognitive Tests*. Princeton, NJ: Educational Testing Service.

Harris, C. W., y Bereiter, C. E. (1959): Individual Differences. *Annual Review of Psychology, 10*, 89-108.

Harris, E.; Noyes, R.; Crowe, R., y Chaudhry, D. (1983): Family study of agoraphobia: Report of a pilot study. *Archives of General Psychiatry, 40*, 1061-1064.

Harris, L., y col. (1975): *The Myth and Reality of Aging in America*. Nueva York: National Council on the Aging.

Harshman, R. A. (1970): *Foundations of the PARAFAC Procedure: Models and Conditions for an Explanatory Multi-modal Factor Analysis*. UCLA Working Papers in Phonetics, 16. University Microfilms International, Ann Arbor, Mich., Order No. 10, 085.

Harter, S. (1975a): Developmental differences in the manifestation of mastery motivation on problem-solving tasks. *Child Development, 46*, 370-78.

Harter, S. (1975b): Mastery motivation and the need for approval in older children and their relationship to social desirability response tendencies. *Developmental Psychology, 11*, 186-96.

Hartigan, J., y Wigdor, A. (1989): *Fairness in Employment Testing*. Washington DC: National Academic Press.

Hartlage, L. C., y Telzrow (1985): *The Neuropsychology of Individual Differences*. Nueva York: Plenum Press.

Hartshorne, H., y May, M. A. (1928): *Studies in Deceit*. Nueva York: MacMillan.

Hartshorne, H., y May, M. A. (1929): *Studies in Service and Self Control*. Nueva York: MacMillan.

Hartshorne, H., y Shuttleworth, F. K. (1930): *Studies in the Organization of Character*. Nueva York: MacMillan.

Haug, H. (1987): Brain sizes, surfaces, and neuronal sizes of the cortex cerebri: A stereological investigation of man and his variability, and a comparison with some species of mammals. *American Journal of Anatomy, 180*, 126-142.

Havighurst, R. (1968): Personality and patterns of aging. *Gerontologist, 8*, 20-23.

Havighurst, R.; Browman, P.; Liddle, G.; Mathews, C., y Pierce, J. (1962): *Growing up in River City*. Nueva York: Wiley.

Hebb, D. (1980): Epílogo. En M. Bunge (1980b): *El problema mente-cerebro*. Madrid: Tecnos, 1985.

Hedges, L., y Nowell, A. (1995): Sex differences in mental tests scores, variability and numbers of high scoring individuals. *Science, 269,* 41-45.

Heise, D. R. (1975): *Causal Analysis*. Nueva York: Wiley.

Helmes, E. (1989): Evaluating the internal structure of the EPQ-objective criteria. *Multivariate Behavioral Research, 24*, 353-364.

Helms, J., y Talleygrand, R. (1997): Race in not ethnicity. *American Psychologist,* noviembre, 1246-1247.

Henderson, N. D. (1982): Human Behavior Genetics. *Annual Review of Psychology, 33*, 403-440.

Hendrickson, A. (1972): An integrad molar/molecular model of the brain. *Psychological Reports, 30*, 343-368.

Hendrickson, A. (1982): The biological basis of intelligence. Part I: Theory. En H. J. Eysenck (ed.): *A Model for Intelligence*. Nueva York: Springer Verlag.

Hendrickson, D. E. (1982): The biological basis of intelligence. Part II: Measurement. En H. J. Eysenck (ed.): *A Model for Intelligence*. Nueva York: Springer Verlag.

Hendrickson, D. E., y Hendrickson, A. (1980): The biological basis of individual differences in intelligence. *Personality and Individual Differences, 1*, 3-34.

Hendrickson, D. E., y Hendrickson, A. (1982): The biological basis of intelligence. En H. Eysenck (ed.): *A Model for Intelligence*. Nueva York: Springer.

Hernández López, J. M. (1986): *Edouard Claparède: un análisis histórico de su obra*. Tesina de licenciatura inédita. Madrid: Universidad Autónoma de Madrid.

Herrnstein, R. (1973): *IQ in the Meritocracy*. Boston: Little Brown.

Herrnstein, R., y Murray, Ch. (1994): *The Bell Curve. Intelligence and Class Structure in American Life*. Nueva York: Free Press.

Hertzog, C. (1985): Aplications of confirmatory factor analysis to the study of intelligence. En D. K. Detterman (ed.): *Current Topics in Human Intelligence*. Vol. 1: *Research Methodology*. Nueva Jersey: Ablex Publishing Corporation.

Hess, R. (1970): Social class and ethnic differences upon socialization. En P. Mussen (ed.): *Carmichaels's Manual of Child Psychology,* vol. 2, 3.ª edición. Nueva York: Wiley.

Heston, L. (1966): Psychiatric disorders in foster home reared children of schizophrenic mothers. *British Journal of Psychiatry, 112*, 19-25.

Heymans, G., y Brugman, H. (1913): Intelligenz prüfunden mit studierenden. *Zeitschrift für Psychologie and Neurolie, 7*, 317-331.

Heymans, G., y Wiersma, H. (1906a): Beiträge zur speziellen psychologie auf grund einer massenntersuchung. *Zeitschrift für Psychologie and Neurolie, 42*, 81-127.

Heymans, G., y Wiersma, H. (1906b): Beiträge zur speziellen psychologie auf grund einer massenntersuchung. *Zeitschrift für Psychologie and Neurolie, 43*, 321-373.

Hibbert, G. (1984): Ideational components of anxiety: Their origin and content. *British Journal of Psychiatry, 144*, 618-624.

Higgins, E. (1976): Social class differences in verbal

communicative accuracy: A question of "which question"? *Psych. Bull.*, *83*, 695-714.

Hirschi, T., y Hindelang, M. (1977): Intelligence and delinquency: A revisonist review. *American Sociological Review, 42*, 571-587.

Hoffman, L. (1972): Early childhood experiences and women's achievement motives. *Journal of Social Issues, 28* (2), 129-155.

Hoffman, M, y Levine, L. (1976): Early sex differences in empathy. *Developmental Psychology, 12*, 557-58.

Hogan, R.; De Soto, C. B.; y Solano, C. (1977): Traits, tests and personality research. *American Psychologist, 32*, 255-264.

Hoge, D., y Bender, I. (1974): Factors influencing value change among college graduates in adult life. *Journal of Personality and Social Psychology, 29*, 572-585.

Holmen, M. G., y Docter, R. (1972): *Educational and Psychological Testing: A Study of the Industry and its Practices*. Nueva York: Sage Publications.

Holroyd, K.; Penzien, D.; Hursey, K.; Tobin, D.; Rogers, L.; Holm, J.; Marcille, P.; Hall, J., y Chila, A. (1984). Change mechanisms in EMG biofeedback training: Cognitive changes undelying improvements in tension headache. *Journal of Consulting and Clinical Psychology, 52*, 1039-1053.

Hollin, C. (1989): *Psychology and Crime*. Londres: Routledge.

Horn, J. (1965): *Fluid and Crystallized Intelligence: A Factor Analytic Study of the Structure Among Primary Abilities*. Universidad de Illinois. Tesis inédita.

Horn, J. (1968): Organization of abilities and the development of intelligence. *Psychological Review, 79*, 242-259.

Horn, J. (1975): Psychometric studies of aging and intelligence. En S. Gershon y A. Raskin (eds.): *Genesis and Treatment of Psychological Disorders in the Elderly,* vol. 2. Nueva York: Raven.

Horn, J. (1976): Human abilities: A review of research and theory in the early 1970's. *Annual Review of Psychology, 27*, 437-485.

Horn, J. (1977): Human ability systems. En P. Baltes (ed.): *Life-span Development and Behavior*. Nueva York: Academic Press.

Horn, J. (1978): The nature and development of intellectual abilities. En R. T. Osborne, C. E. Noble y N. Weyl (eds.): *Human Variation: The Biopsychology of Age, Race and Sex*. Nueva York: Academic Press.

Horn, J. (1980): Concepts of intellect in relation to learning and adult development. *Intelligence, 4*, 285-317.

Horn, J. (1985): Remodeling old models of intelligence. En B. B. Wolman (ed.): *Handbook of Intelligence*. Nueva York: Wiley.

Horn, J. (1986): Intellectual ability concepts. En R. J. Sternberg (ed.): *Advances in the Psychology of Human Intelligence*. Hilsdale: LEA.

Horn, J. (1989): Cognitive diversity: A framework for learning. En P. Ackerman, R. Sternberg y R. Glaser (eds.): *Learning and Individual Differences*. Nueva York: Freeman.

Horn, J. (1991): Measurement of intellectual capabilities: A review of theory. En K. McGrew; J. Werder y R. Woodcock (eds.): *WJ-R Technical Manual*. Allen, TX:DLM.

Horn, J., y Cattell, R. B. (1966): Refinement and test of the theory of fluid and crystallized intelligence. *Journal of Educational Psychology, 57*, 253-270.

Horn, J.; Loehlin, J. C., y Willerman, L. (1979): Intellectual resemblance among adoptive and biological relatives: The Texas Adoption Project. *Behavior Genetics, 9*, 177-207.

Horn, J., y Stankov, L. (1982): Auditory and visual factors of intelligence. *Intelligence, 6*, 165-185.

Horner, M. (1972): Toward an understanding of achievement-related conflicts in women. *Journal of Social Issues, 28* (2), 157-175.

Hottes, J., y Kahn, A. (1974): Sex differences in a mixed-motive conflict situation. *Journal of Personality, 42*, 260-275.

Howarth, E. A. (1971): A source of independent verification: Convergencies and divergencies in the work of Cattell and Eysenck. En R. M. Dreger (ed.): *Multivariate Personality Research: Contributions to the Understanding of Personality in Honor of Raymond B. Cattell*. Baton Rouge, La: Claitor.

Howarth, E. (1976): Were Cattell's personality sphere' factors correctly identified in the first instance. *British Journal of Psychology, 67*, 213-230.

Howard, J. (1982): *Darwin*. Madrid: Alianza, 1987.

Hulme, Ch., y McKenzie, S. (1992): *Dificultades graves en el aprendizaje. El papel de la memoria de trabajo*. Barcelona: Ariel, 1994.

Hull, C. (1943): *Principles of Behavior*. Nueva York: Appleton.

Hudson, H. C. (1982): *Classifying Social Data: New Applications of Analytic Methods for Social Science Research*. San Francisco: Jossey-Bass.

Humphreys, L. (1991): Limited vision in the social sciences. *American Journal of Psychology, 104*, 333-353.

Humphreys, L. G. (1967): Critique of «Theory of fluid and crystallized intelligence: A critical experiment». *Journal of Educational Psychology, 58*, 129-136.
Humphreys, M., y Revelle, W. (1984): Personality, motivation and performance: A theory of the relationship between individual differences and information processing. *Psychological Review, 91* (2), 153-184.
Hundal, P. S., y Horn, J. (1977): On the relationship between short-term learning and fluid and crystallized intelligence. *Applied Psychological Measurement, 1,* 11-21.
Hundleby, J. D., y Connor, W. H. (1968): Interrelationship between personality inventories: The 16 PF, the MMPI and the MPI. *Journal of Consulting and Clinical Psychology, 32*, 152-157.
Hunt, E. (1971): What kind of computer is man? *Cognitive Psychology, 2,* 57-98.
Hunt, E. (1974): Quote the Raven? Nevermore! En L. Greg (ed.): *Knowledge and Cognition.* Nueva Jersey: LEA.
Hunt, E. (1978): Mechanics of verbal ability. *Psychological Review, 85*, 109-130.
Hunt, E. (1980): Intelligence as an information processing concept. *British Journal of Psychology, 71*, 449-474.
Hunt, E. (1995): The role of intelligence in modern society. *American Scientist* (traducción en A. Andrés Pueyo y R. Colom: *Ciencia y política de la inteligencia en la sociedad moderna,* en prensa).
Hunt, E. (1997): Nature vs. Nurture: The feeling of vujá dé. En R. Sternberg y E. Grigorenko (eds.): *Intelligence, Heredity and Environment.* Cambridge: Cambridge University Press.
Hunt, E.; Frost, N., y Lunneborg, C. (1973): Individual differences in cognition: A new approach to intelligence. (Traducción al español en M. Juan-Espinosa y R. Colom Marañón: *Psicología diferencial y cognición.* Valencia: Promolibro.)
Hunt, E.; Lunneborg, C., y Lewis, J. (1975): What does it mean to be high verbal? *Cognitive Psychology, 7*, 194-227.
Hunt, E., y MacCleod, C. (1979): The sentence verification paradigm: A case study of two conflicting approaches to individual differences. En R. J. Sternberg y D. K. Detterman (eds.): *Human Intelligence: Perspectives on its Theory and Measurement.* Nueva Jersey: Ablex Publishing Corporation.
Hunt, E.; MacCleod, C., y Lansman, M. (1978): *On the Incompatibility of Two Views of Intelligence.* Informe técnico. Universidad de Washington.
Hunt, L., y Hunt, J. (1975): Race and the father-son connection: The conditional relevance of father absence for the orientations and identities of adolescent boys. *Social Problems, 23*, 35-52.
Hunter, J. E. (1986): Cognitive ability, cognitive aptitudes, job knowledge, and job performance. *Journal of Vocational Behavior, 29*, 340-362.
Hunter, J. E., y Hunter, R. F. (1984): Validity and utility of alternative predictors of job performance. *Psych. Bull., 96*, 72-98.
Hyde, J. (1981): How large are cognitive gender differences? A meta-analysis using w^2 and d. *American Psychologist, 36*, 892-901.
Hyde, J., y Linn, M. (1988): Gender differences in verbal ability: A meta-analysis. *Psych. Bull., 104*, 53-69.
Hyde, J.; Fennema, E., y Lamon, S. (1990): Gender differences in mathematics performance: A meta-analysis. *Psych. Bull., 107*, 139-153.
Hyland, M. (1981): *Introduction to Theoretical Psychology.* Londres: MacMillan.
Hyler, S.; Skodol, A.; Kellman, H.; Oldham, J., y Rosnick, L. (1990): Validity of the personality diagnostic questionnaire-revised: Comparison with two structured interviews. *American Journal of Psychiatry, 147*, 1043-48.
Ickes, W., y Barnes, R. (1977): The role of sex and self-monitoring in unstructured dyadic interactions. *Journal of Personality and Social Psychology, 35*, 315-330.
Iriarte, M. (1948): *El doctor Huarte de San Juan y su Examen de Ingenios. Contribución a la historia de la psicología diferencial.* Madrid: CSIC.
Irwin, M.; Lovitz, A.; Marder, R.; Mintz, J.; Winslade, W.; Van Putten, T., y Mills, M. (1985): Psychotic patient's understanding of informed consent. *American Journal of Psychiatry, 142*, 1351-1354.
Jacklin, C. (1989): Female and male: issues of gender. *American Psychologist, 44*, 127-133.
Jackson, M. D., y McClelland, J. L. (1979): Processing detterminants of reading speed. *Journal of Experimental Psychology, 108*, 151-181.
Jäger, A. O. (1982): Mehrmodale Klassifikation von Intelligezleistungen. Experimentell kontrollierte weiterentwiklung eines deskriptiven intelligenzstrukturmodell. *Diagnostica, 28*, 195-226.
Jäger, A. O. (1984): Intelligenzstrukturforschung, konkurrierende modelle, neue entwicklungen perspektiven. *Psychologische Rundschau, 35*, 21-25.
Jambu, M., y Lebeaux, M. O. (1983): *Cluster Analysis and Data Analysis.* Amsterdam: North-Holland.

Jayme, M.ª y Sau, V. (1996): *Psicología diferencial del sexo y el género*. Barcelona: Icaria.

Jeffries, R.; Polson, P. G.; Razran, L., y Atwood, M. E. (1977): A process model for missionaries-cannibals and other river-crossing problems. *Cognitive Psychology, 9*, 412-440.

Jenkins, J. J., y Lykken, D. T. (1957): Individual differences. *Annual Review of Psychology, 8*, 79-112.

Jennings, J. (1992): Is it important that the mind is in a body? Inhibition and the heart. *Psychophysiology, 29*, 369-83

Jensen, A. R. (1958): Personality. *Annual Review of Psychology, 9*, 295-322.

Jensen, A. (1969): How much can be boost IQ and scholastic achievement. *Harvard Educational Review, 39*, 1-123.

Jensen, A. (1971): The race x sex x ability interaction. En R. Cancro (ed.): *Intelligence: Genetic and Environmental Influences*. Nueva York: Grune and Stratton.

Jensen, A. (1977): Cumulative deficit in IQ of blacks in the rural south. *Developmental Psychology, 13*, 184-191.

Jensen, A. R. (1979): Outmoded theory or unconquered territory? *Creative Science and Technology, 2*, 16-29.

Jensen, A. (1980): *Bias in Mental Testing*. Londres: Methuen.

Jensen, A. (1982): Reaction time and psychometric g. En H. Eysenck (ed.): *A Model for Intelligence*. Berlín: Springer Verlag.

Jensen, A. (1985): The nature of the black-white difference on various psychometric tests: Spearman's hypothesis. *Behavioral and Brain Sciences, 8*, 193-263.

Jensen, A. (1997): The puzzle of nongenetic variance. En R. Sternberg y E. Grigorenko (eds.): *Intelligence, Heredity and Environment*. Cambridge: Cambridge University Press.

Jensen, A. (1998): *The g Factor*. Praeger.

Jensen, A., y Figueroa, R. (1975): Forward and backward digit span interaction with race and IQ: Predictions from Jensen's theory. *Journal of Educational Psychology, 67*, 882-893.

John, O. (1990): The big five factor taxonomy: Dimmensions of personality in the natural language and in questionaires. En L. Pervin (ed.): *Handbook of Personality: Theory and Research*. Nueva York: Guilford Press.

Jones, H., y Bayley, N. (1941): The Berkeley Growth Study. *Child Development, 12*, 167-173.

Jöreskog, K. G. (1970): Estimation and testing of simplex models. *British Journal of Mathematical and Statistical Psychology, 23*, 121-145.

Jöreskog, K. G. (1977): Structural equation models in the social sciences: Specification, estimation and testing. En P. R. Krishnaiah (ed.): *Applications of Statistics*. Amsterdam: North-Holland.

Jöreskog, K. G. (1988): Analysis of covariance structures. En J. R. Nesseslroade y R. B. Cattell (eds.): *Handbook of Multivariate Experimental Psychology*, 2.ª edición. Nueva York: Plenum Press.

Jöreskog, K. G., y Lawley, D. N. (1968): New methods in maximun likelihood factor analysis. *British Journal of Mathematical and Statistical Psychology, 21*, 85-96.

Jöreskog, K. G., y Sörbom, D. (1978): Statistical models and methods for analysis of longitudinal data. En D. E. Aigner y A. S. Goldberger (eds.): *Latent Variables in Socio-economic Models*. Amsterdam: North-Holland.

Joynson, R. B. (1989): *The Burt Affair*. Londres: Routledge.

Juan-Espinosa, M. (1997): *Geografía de la inteligencia humana*. Madrid: Pirámide.

Juan-Espinosa, M., y Palacios, A. (1996): *Urban and Rural People's Conception of Intelligence in Equatorial Guinea*. Actas del XII Congreso Internacional de Psicología Transcultural celebrado en Pamplona.

Juan-Espinosa, M., y Colom, R. (1989): *Psicología diferencial y cognición*. Valencia: Promolibro.

Juan-Espinosa, M.; Colom, R., y Quiroga, M.ª A. (1996): *La práctica de la psicología diferencial en industria y organizaciones*. Madrid: Pirámide.

Juan-Espinosa, M.; Colom, R., y Quiroga, M.ª A. (1997): *La práctica de la psicología diferencial en educación, clínica y deportes*. Madrid: Pirámide.

Juan-Espinosa, M., y Jiménez, L. (1996): Diferencias individuales en selección de recursos humanos. En M. Juan-Espinosa, R. Colom y M.ª A. Quiroga (1996): *La práctica de la psicología diferencial en industria y organizaciones*. Madrid: Pirámide.

Jurgens, H.; Aune, L., y Pieper, U. (1990): *International Data on Anthropometry*. Ginebra: International Labour Office.

Just, M., y Carpenter, P. (1992): A capacity theory of comprehension: Individual differences in working memory. *Psychological Review, 99* (1), 122-149.

Kagan, J. (1965): Impulsive and reflective children: Significance of conceptual tempo. En J. Krumboltz (ed.): *Learning and the Educational Process*. Chicago: Rand McNally.

Kahneman, D. (1973): *Attention and Effort*. Englewood Cliff, Prentice-Hall. Traducción: *Atención y esfuerzo* (1997). Madrid: Biblioteca Nueva.

Kaiser, H.; Hunka, S., y Bianchini, J. (1969): Relating factors between studies based upon different individuals. En H. J. Eysenck y S. B. G. Eysenck (eds.): *Personality Structure and Measurement*. Londres: Routledge.

Kameoka, V. (1986): The structure of the clinical analysis questionaire and depression symptomatology. *Multivariate Behavioral Research, 21*, 105-121.

Kamin, L. (1990): *La confrontación sobre la inteligencia*. Madrid: Pirámide.

Kamin, L. (1995): Lies, damned lies and statistics. En R. Jacoby y N. Glaubernab (eds.): *The Bell Curve Debate*. Times Books (traducción en A. Andrés Pueyo y R. Colom: *Ciencia y política de la inteligencia en la sociedad moderna,* en prensa).

Kandel, D. (1971): Race, maternal authority and adolescent aspiration. *American Journal of Sociology, 76*, 999-1020.

Karson, S., y O'Dell, K. W. (1974): Is the 16 PF factorially valid? *Journal of Personality Assessment, 38*, 104-114.

Katz, I. (1973): Alternatives to a personality-deficit interpretation of Negro under-achievement. En P. Wason (ed.): *Psychology and Race*. Baltimore: Penguin Books.

Katz, I.; Robinson, J.; Epps, E., y Waly, P. (1964): Race of experimenter and instructions in the expression of hostility by Negro boys. *Journal of Social Issues, 20* (1), 54-60.

Kaufman, A., y Doppelt, J. (1976): Analysis of WISC-R standarization data in terms of the stratification variables. *Child Development, 47*, 165-171.

Kaufman, A.; Kaufman-Packer, J.; McLean, J., y Reynolds, C. (1991): Is the pattern of intellectual growth and decline across the adult life span different for men and women? *Journal of Clinical Psychology, 47*, 802-812.

Kazdin, A.; Bass, D.; Ayers, W., y Rodgers, A. (1990): Empirical and clinical focus of child and adolescent psychotherapy research. *Journal of Consulting and Clinical Psychology, 58*, 729-740.

Keating, D. P., y Bobbitt, B. L. (1978): Individual and developmental differences in cognitive processing components of mental ability. *Child Development, 49*, 155-167.

Keele, J. (1979): *Presentation at Office Naval Research Contractor's Meeting on Information Processing Abilities*. Nueva Orlans, febrero.

Kelly, G. (1955): *The Psychology of Personal Constructs*. Nueva York: Norton.

Kelly, G. (1964): The language of hypothesis: man's psychological instrument. *Journal of Individual Psychology, 20*, 137-52.

Kenrick, D. T. (1986): How strong is the case against contemporary social and personality psychology? A response to Carlson. *Journal of Personality and Social Psychology, 50*, 839-844.

Kenrick, D. T., y Dantchik, A. (1983): Interationism, idiographics, and the social psychological invasion of personality. *Journal of Personality, 51*, 286-307.

Kenrick, D. T., y Funder, D. C. (1988): Profiting from controversy: Lessons from person-situation debate. *American Psychologist, 43* (1), 23-34.

Kent, J. (1985): *Genetic and Environmental Contributions to Cognitive Abilities as Assessed by a Telephone Test Battery*. Universidad de Colorado. Tesis inédita.

Kety, S. (1974): From rationalization to reason. *American Journal of Psychiatry, 131*, 957-963.

Keuthen, N. (1980): *Subjective Probability Estimation and Somatic Structures in Phobic Individuals*. Manuscrito inédito. State University of New York at Stony Brook.

Kimball, M. (1989): A new perspective on women's math achievement. *Psych. Bull., 105*, 198-214.

Kimura, D. (1961): Cerebral dominance and the perception of verbal stimuli. *Canadian Journal of Psychology, 15*, 166-171.

Kirchner, M. (1981): La obra de Emilio Mira en el Instituto de Orientación Profesional en Barcelona (1919-1939). *Revista de Historia de la Psicología, 2* (3), 225-246.

Kirigin, K.; Braukmann, C.; Atwater, J., y Wolf, M. (1982): An evaluation of teaching family (Achievement Place) group homes for juvenile offenders. *Journal of Applied Behavior Analysis, 15*, 1-16.

Kjeldergaard, P. M. (1967): Simulation on cognition and learning: The role of individual differences. En R. Gagné (ed.): *Learning and Individual Differences*. Ohio: Merrill Publishing.

Klemp, G., y McClelland, D. (1986): What characterizes intelligent functioning among senior managers? En R. Sternberg y R. Wagner (eds.): *Practical Intelligence*. Cambridge: Cambridge University Press.

Kline, P. (1991): *Intelligence. The Psychometric View*. Londres: Routledge.

Kline, P. (1993): *The Handbook of Psychological Testing*. Londres: Routledge.

Kline, P. (1994): *An Easy Guide to Factor Analysis*. Londres: Routledge.

Kline, P., y Barrett, P. (1983): The factors in personality questionaires among normal subjects. *Advances in Behavior Research and Therapy, 5*, 141-202.

Kline, P., y Cooper, C. (1984a): A factorial analysis of the authoritarian character. *British Journal of Psychology, 75*, 171-176.

Kline, P., y Cooper, C. (1984b): A construct validation of the objective-analytic test battery (OATB). *Person. and Indiv. Diff., 5*, 328-337.

Knoke, D., y Burke, P. J. (1980): *Log-linear Models*. California: Sage.

Kohn, M. (1969): *Class and Conformity: A Study in Values*. Homewood, Ill: Dorsey Press.

Kotovsky, K., y Simon, H. (1973): Empirical test of a theory of human acquisition of concepts for sequential patterns. *Cognitive Psychology, 4*, 399-424.

Kramer, M.; Taube, C., y Redlick, R. (1973): Patterns of use of psychiatric facilities by the aged: Past, present, and future. En C. Eisdorfer y M. Lawton (eds.): *The Psychology of Adult Development and Aging*. Washington DC: American Psychological Association.

Kraus, P. (1984): A longitudinal study of children from kindergarten into the adult years. En S. Mednick, M. Harway y K. Finello (eds.): *Handbook of Longitudinal Research*. Nueva York: Praeger.

Kroonenberg, P. M., y de Leeuw, J. (1980): Principal components analysis of three-mode data by means of alternating least squares algorithms. *Psychometrika, 45*, 69-97.

Kuhn, T. S. (1962): *La estructura de las revoluciones científicas*. Madrid: Fondo de Cultura Económica, 1975.

Kulick, E., y Dorans, J. (1983): *Assessing Unexpected Differential Item Performance of Candidates Reporting Different Levels of Father's Education on SAT form CSA2 and TSWE form E9-March 1980 Administration*. Manuscrito inédito (véase Stricker y Rock, 1995).

Kurland, H.; Yeager, C., y Arthur, R. (1963): Psychophysiological aspects of severe behavior disorders. *Archives of General Psychiatry, 8*, 599-604.

Kyllonen, P., y Christal, R. (1990): Reasoning ability is (little more than) working memory capacity?! *Intelligence, 14*, 389-433.

Kyllonen, P. C., y Shute, V. J. (1989): A taxonomy of learning skills. En P. L. Ackerman, R. J. Sternberg y R. Glaser (eds.): *Learning and Individual Differences*. Nueva York: Freeman.

Labouvie-Vief, G., y Gonda, J. (1976): Cognitive strategy training and intellectual performance in the elderly. *Journal of Gerontology, 31*, 327-332.

Lacey, B., y Lacey, J. (1974): Studies of heart rate and other bodily processes in sensorimotor behavior. En P. Obrist, A. Brener y L. DiCara (eds.): *Cardiovascular Psychophysiology*. Chicago: Aldine.

Lally, M., y Nettlebeck, T. (1977): Intelligence, reaction time and inspection time. *American Journal of Mental Deficiency, 82*, 273-281.

Lakatos, I. (1972): *Historia de la Ciencia y sus reconstrucciones racionales*. Madrid: Tecnos, 1982.

Lansman, M.; Donaldson, G.; Hunt, E., y Yantis, S. (1983): Ability factors and cognitive processes. *Intelligence, 6*, 347-386.

Lao, R. (1974): The developmental trend of the locus of control. *Personality and Social Psychology Bulletin, 1*, 348-50.

Lashley, K. (1941): Coalescence of neurology and psychology. *Proc. of Amer. Phil. Soc., 84*, 461-470.

Lassen, N. A., y Ingvar, D. H. (1972): Radioscopic assessment of regional cerebral blood flow. *Progress in Nuclear Medicine, 1*.

Leahey, T. (1980): *Historia de la Psicología*. Madrid: Debate, 1982.

Leahy, A. M. (1935): Nature-nurture and intelligence. *Genetic Psychology Monographs, 17*, 236-308.

Lehman, H. (1953): *Age and Achievement*. Princeton, NJ: Princeton University Press.

Lehman, H. (1960): The age decrement in outstanding scientific creativity. *American Psychologist, 15*, 128-134.

Lenneberg, E. H. (1967): *Biological Foundations of Language*. Nueva York: Wiley & Sons.

Lenney, E. (1977): Women's self confidence in achievement settings. *Psychological Bulletin, 84*, 1-13.

Lehrke, R. (1978): Sex linkage: A biological basis for greater male variability in intelligence. En R. Osborne, C. Noble y N. Weyl (eds.): *Human Variation: The Biopsychology of Age, Race and Sex*. Nueva York: Academic Press.

Lesser, G.; Fifer, F., y Clark, H. (1965): Mental abilities of children from different social class and cultural groups. *Monographs of the Society for Research in Child Development, 30*.

Levin, M. (1995): Does race matter? *American Psychologist,* enero, 45-46.

Levonian, E. (1961): A statistical analysis of the 16 Personality Factor Questionaire. *Educational and Psychological Measurement, 21*, 589-596.

Levy, B. (1966): An urban teacher speaks out. En S. Webster (ed.): *The Disadvantaged Learner*. San Francisco: Chandler.

Levy, J., y Trevarthen, C. (1977): Perceptual, semantic and phonetic aspects of elementary language processes in split-brain patients. *Brain*.

Lewinshon, P.; Steinmetz, J.; Larsen, D., y Franklin, Y. (1981): Depression related cognitions: Antecedents or consequences. *Journal of Abnormal Psychology, 90*, 213-219.

Lewis, P. A. W., y Orav, E. J. (1989): *Simulation Methodology for Statisticians, Operations Analysts, and Engineers,* vol. 1. California: Wadsworth & Brooks/Cole Advanced Books & Software.

Lewontin, R. (1972): The apportionment of human diversity. En T. Dobzhansky, M. Hecht y W. Steere (eds.): *Evolutionary Biology,* vol. 6. Nueva York: Apple-Century-Crofts.

Lewontin, R. (1984): *La diversidad humana*. Barcelona: Labor.

Lick, J. (1975): Expectancy, false galvanic skin response feedback and systematic desensitization in the modification of phobic behavior. *Journal of Consulting and Clinical Psychology, 43*, 557-567.

Liebowitz, M.; Gorman, J.; Fyer, A.; Levitt, M.; Dillon, D.; Levy, G.; Appleby, I.; Anderson, S.; Palij, M.; Davies, S., y Klein, D. (1985): Lactate provocation of panick attacks: II. Biological and physiological findings. *Archives of General Psychiatry, 42*, 709-719.

Linn, M., y Hyde, J. (1989): Gender, mathematics and science. *Educational Researcher, 18*, 17-27.

Linn, M., y Petersen, A. (1985): Emergence and characterization of sex differences in spatial ability: A meta-analysis. *Child Development, 56*, 1479-1498.

Lipson, J. I., y Fisher, K. M. (1985): Technologies of the future. *Education and Computing, 1*.

Livesley, W.; Schroeder, M.; Jackson, D., y Jang, K. (1994): Categorical distinctions in the study of personality disorder: implications for classification. *Journal of Abnormal Psychology, 103*, 6-17.

Livson, N., y Krech, D. (1956): Dynamic systems, perceptual differentiation and intelligence. *Journal of Personality, 25*, 46-58.

Loehlin, J. C. (1992): *Genes and Environment in Personality Research*. California. Sage.

Loehlin, J. C.; Horn, J. M., y Willerman, L. (1989): Modeling IQ change: Evidence from the Texas Adoption Project. *Child Development, 60*, 993-1004.

Loehlin, J. C.; Horn, J.; Willerman, L. (1990): Heredity, environment and personality change: Evidence from the Texas Adoption Project. *Journal of Personality, 58*, 221-243.

Loehlin, J.; Lindzey, G., y Spuhler, J. (1975): *Race Differences in Intelligence*. San Francisco: Freeman.

Loehlin, J. C., y Nichols, R. C. (1976): *Heredity, Environment and Personality*. Austin, Texas: University of Texas Press.

Loehlin, J. C.; Willerman, L., y Horn, J. R. (1988): *Annual Review of Psychology*

Loehlin, J. C.; Horn, J., y Willerman, L. (1994): Differential inheritance of mental abilities in the Texas adoption project. *Intelligence, 19,* 325-336.

Lorr, M. (1983): *Cluster Analysis for Social Scientist*. San Francisco: Jossey-Bass.

Losonczy, M.; Song, I.; Mohs, R.; Mathe, A.; Davidson, M.; Davis, B., y Davis, K. (1986): Correlates of lateral ventricular size in chronic schizophrenia: II. Biological measures. *American Journal of Psychiatry, 143*, 1113-1117.

Lott, B. (1996): Politics or science? The question of gender sameness/difference. *American Psychologist,* febrero, 155-156.

Lovaas, O. (1987): Behavioral treatment and abnormal education and intellectual functioning in young autistic children. *Journal of Consulting and Clinical Psychology, 55*, 3-9.

Lubinski, D., y Dawis, R. (1992): Aptitude, skills and proficiencies. En M. Dunnette y L. Hourgh (eds.): *Handbook of Industrial and Organizational Psychology,* 2.ª edición, vol. 3. Palo Alto, California: Consulting Psychologists Press.

Lubinski, D., y Humphreys, L. (1997): Incorporating general intelligence into epidemiology and the social sciences. *Intelligence, 24* (1), 159-201.

Luborsky, L., y Spence, D. (1978): Quantitative research on psychoanalytic therapy. En S. Garfield y A. Bergin (eds.): *Handbook of Psychotherapy and Behavior Change: An Empirical Analysis,* 2.ª edición. Nueva York: Wiley.

Luborsky, L.; Singer, B., y Luborsky, L. (1975): Comparative studies of psychotherapies. *Archives of General Psychiatry, 32*, 995-1008.

Lumsden, J. (1976): Test theory. *Annual Review of Psychology, 27*, 251-280.

Lunneborg, C. (1977): Choice reaction time: What role in ability measurement? *Applied Psychological Measurement, 1*, 309-330.

Luria, A. (1980): *Higher Cortical Function in Man*. Nueva York: Basic Books.

Lykken, D. (1995): *The Antisocial Personalities*. Nueva Jersey: LEA.

Lynn, R. (1990): The role of nutrition in secular increases in intelligence. *Person. and Indiv. Diff., 11* (3), 273-285.

Lynn, R. (1994): Sex differences in intelligence and brain size: A paradox resolved. *Person. and Indiv. Diff., 17* (2), 257-271.

Lynn, R. (1996): Differences between males and females in mean IQ and university examination performance in Ireland. *Person. and Indiv. Diff., 20* (5), 649-652.

Lynn, R.; Hampson, S., y Mullineux, J. (1987): A long term increase in the fluid intelligence of English children. *Nature, 328*, 797.

Lytton, H., y Romney, D. (1991): Parent's differential socialization of boys and girls: A meta-analysis. *Psych. Bulletin, 109,* 267-296.

MacCallum, R. (1988): Multidimensional scaling. En J. R. Nesseslroade y R. B. Cattell (eds.): *Handbook of Multivariate Experimental Psychology,* 2.ª edición. Nueva York: Plenum Press.

MacCleod, C. M.; Hunt, E., y Mathews, N. (1978): Individual differences in the verification of sentence picture relationships. *Journal of Verbal Learning and Verbal Behavior, 5*, 493-508.

Maccoby, E. (1966): Sex differences in intellectual functioning. En E. Maccoby (ed.): *The Development of Sex Differences*. Stanford, CA. Stanford University Press.

Maccoby, E., y Jacklin, C. (1974): *The Psychology of Sex Differences*. Stanford, CA. Stanford University Press.

McCrae, R., y Costa, P. (1997): Personality trait structure as a human universal. *American Psychologist, 52* (5), 509-516.

Maddox, G., y Douglass, E. (1974): Aging and individual differences: A longitudinal analysis of social, psychological, and physiological indicators. *Journal of Gerontology, 29*, 555-563.

Maddux, J. (1991): Self-efficacy. En C. Snyder y D. Forsyth (eds.): *Handbook of Social and Clinical Psychology*. Oxford: Pergamon.

Magnusson, D., y Endler, N. S. (1977): *Personality at the Crossroads: Current Issues in International Psychology*. Hillsdale: LEA.

Mallart, J. (1974): Cincuentenario del originariamente llamado Instituto de Orientación y Selección Profesional. *Revista de Psicología General y Aplicada, XXIX* (11), 929-946.

Mandler, J., y Stein, N. (1977): The myth of the perceptual defect: Sources and evidence. *Psych. Bull., 84*, 173-192.

Manzanedo, M. F. (1969): Breve historia de la Psicología en España. En R. E. Brennan (1945): *Historia de la Psicología*. Madrid: Morata, 1969.

Marks, D. (1973): Visual imagery differences in the recall of pictures. *British Journal of Psychology, 64*, 17-24.

Marks, D. (1990): On the relationship between imagery, body and mind. En P. J. Hampson, D. Marks y J. T. E. Richardson (eds.): *Imagery: Current Developments*. Londres: Routledge.

Marks, I. (1987): *Fears, Phobias and Rituals: Panic, Anxiety and their Disorders*. Oxford: Oxford University Press.

Martell, R.; Lane, D., y Emrich, C. (1996): Male-female differences: A computer simulation. *American Psychologist,* febrero, 157-158.

Martin, D., y Hoover, H. (1987): Sex differences in educational achievement: A longitudinal study. *Journal of Early Adolescence, 7*, 65-83.

Martin, N. G., y Jardine, R. (1986): Eysenck's contributions to behavior genetics. En S. Modgil y C. Modgil (eds.): *Hans Eysenck: Consensus and Controversy*. Filadelfia: Falmer.

Martuza, V., y Kallstrom, D. (1974): Validity of the state-trait anxiety inventory in an academic setting. *Psychological Reports, 35*, 363-366.

Maas, H., y Kuypers, J. (1974): *From Thirty to Seventy*. San Francisco: Jossey-Bass.

Mathews, N.; Hunt, E., y MacCleod, C. M. (1980): Strategy choice and strategy training in sentence picture verification. *Journal of Verbal Learning and Verbal Behavior, 19*, 531-548.

Maturana, H., y Varela, F. (1990): *El árbol del conocimiento: las bases biológicas del conocimiento humano*. Madrid: Debate.

Mazziota, J. C.; Phelps, M. E.; Carson, R. E., y Kuhl, D. E. (1982): Tomographic mapping of human cerebral metabolism: Auditory stimulation. *Neurology, 32*, 921-937.

McBride, J. R. (1979): *Adaptative Mental Testing: The State of the Art*. Informe técnico 4237. Alexandria VA: Research Institute for the Behavioral and Social Sciences.

McCall, R., y Garriger, M. (1993): A meta-analysis of infant habituation and recognition memory performance as predictors of later IQ. *Child Development, 64*, 57-79.

McCartney, K.; Harris, M. J., y Bernieri, F. (1990): Growing up and growing apart: A developmental meta-analysis of twin studies. *Psychological Bulletin, 107*, 226-237.

McClelland, D. C. (1973): Testing for competence rather than for «intelligence». *American Psychologist, 28*, 1-14.

McCrae, R. (1991): The five factor model and its assessment in clinical settings. *Journal of Personality Assessment, 57*, 399-414.

McCrae, R., y Costa, P. (1985): Comparison of EPI and psychoticism scales with measures of the five factor theory of personality. *Person. and Indiv. Diff., 6*, 587-597.

McDonald, R. P. (1962): A general approach to nonlinear factor analysis. *Psychometrika, 27*, 397-415.

McDonald, R. P. (1984): The invariant factors model for multimode data. En H. G. Law, C. W. Snyder, J. A. Hattie y R. P. MacDonald (eds.): *Research Methods for Multimode Data Analysis*. Nueva York: Praeger.

McGlone, J. (1980): Sex differences in human brain assymetry: A critical survey. *Behavioral Brain Science, 3*, 215-263.

McGue, M.; Bouchard, T. J.; Likken, D. T., y Feuer, D. (1984): Information processing abilities in twins reared apart. *Intelligence, 8*, 239-258.

McGuigan, F. (1966): Covert oral behavior and auditory hallucinations. *Psychophysiology, 3*, 421-428.

McGurk, F. (1951): *Comparison of the Performance of Negro and White High School Seniors on Cultural and Noncultural Psychological Test Questions*. Washington DC, Catholic University Press.

McGurk, F. (1975): Race differences-twenty years later. *Homo, 26*, 219-239.

McKeon, J.; Roa, B., y Mann, A. (1984): Life events and personality trait in obsessive-compulsive neurosis. *British Journal of Psychiatry, 144*, 185-189.

Medina, P.; Grande, I.; Gomá, M., y Valero, S. (1997): *Personalidad, habilidades cognitivas e intereses profesionales en adolescentes*. Póster presentado al Primer Congreso de la Sociedad Española para la Investigación de las Diferencias Individuales. Madrid, noviembre de 1997.

Mednick, S.; Gabrielli, W., y Hutchings, B. (1984): Genetic influences in criminal convictions: Evidence from an adoption cohort. *Science, 224*, 891-894.

Meeker, M. (1969): *The Structure of Intellect: Its Interpretation and Uses*. Columbus, Ohio: Charles E. Merrill.

Mehler, J., y Bever, T. G. (1973): Editorial. *Cognition, 2*, 7-11.

Mehrabian, A. (1978): Characteristic individual reactions to prefered and unprefered environment. *Journal of Personality, 46*, 717-731.

Melton, A. (1967): Individual differences and theoretical process variables: General comments on the conference. En R. Gagné (ed.): *Learning and Individual Differences*. Ohio: Merrill Publishing.

Mendlewicz, J., y Rainer, J. (1977): Adoption study supporting genetic transmission in manic-depressive illness. *Nature, 268*, 327-329.

Meyer, T., y Mark, M. (1995): Effects of psychosocial interventions with adult cancer patients: A meta-analysis of randomized experiments. *Health Psychology, 14* (2), 101-108.

Millar, S. (1990): Imagery and blindness. En P. J. Hampson, D. F. Marks y J. T. E. Richardson (eds.): *Imagery: Current Developments*. Londres: Routledge.

Miller, B. (1974): *The Effects of Bilateral and Unilateral ECT on Nonverbal Memory in Depressed Psychiatry Patients*. Tesis inédita. Department of Psychiatry, McGill University.

Miller, G. A. (1968): *Introducción a la Psicología*. Madrid: Alianza, 1988.

Miller, L. (1987): Neuropsychology of the agresive psychopath. *Agresive Behavior, 13*, 119-140.

Millich, R., y Nietzel, M. (1993): Introduction. *Clinical Psychological Review, 13*, 695-698.

Milligan, G. W., y Cooper, M. C. (1983): *An Examination of Procedures for Determinig the Number of Clusters in a Data Set*. Inédito.

Minton, H. L., y Schneider, F. W. (1985): *Differential Psychology*. Illinois: Waveland Press.

Minton, C.; Kagan, J., y Levine, J. (1971): Maternal control and obedience in the two year old. *Child Development, 42*, 1873-1894.

Mira y López, E. (1947): *Manual de orientación profesional*. Buenos Aires: Kapelusz.

Miralles, J. L. (1980): Antecedentes de la obra de E. Mira y López en la fisiología catalana del siglo XIX. *Revista de Historia de la Psicología, 1* (1), 89-119.

Mischel, W. (1968): *Personality and Assessment*. Londres: Wiley.

Mischel, W. (1973): Toward a cognitive social learning reconceptualization of personality. *Psychological Review, 80*, 252-283.

Mischel, W. (1977): The interaction of person and situation. En D. Magnusson y N. S. Endler (eds.): *Personality at the Crossroads: Current Issues in International Psychology*. Hillsdale: LEA.

Mischel, W. (1983): Alternatives in the pursuit of the predictability and consistency of persons: Stable data that yield unstable interpretations. *Journal of Personality, 51*, 578-604.

Mischel, W. (1984): Convergences and challenges in the search for consistency. *American Psychologist, 39*, 351-364.

Mischel, W. (1985): *Diagnosticity of Situations*. Ponencia presentada en la reunión de la sociedad de psicología social experimental. Evanston, IL.

Mischel, W., y Shoda, Y. (1995): A cognitive-affective system theory of personality: Reconceptualizing situations, dispositions, dynamics, and invariance in personality structure. *Psychological Review, 102* (2), 246-268.

Mischler, E., y Waxler, N. (1968): Family interaction and schizophrenia: Alternative frameworks of interpretation. En D. Rosenthal y S. Kety (eds.): *The Transmision of Schizophrenia*. Nueva York: Pergamon.

Moffitt, T.; Caspi, A.; Harkness, A., y Silva, P. (1993): The natural history of change in intellectual performance: Who changes? How much? Is it meaningfull? *Journal of Child Psychology and Psychiatry, 34*, 455-506.

Monod, J. (1970): *El azar o la necesidad*. Barcelona: Orbis, 1985.

Monson, T. C., y Snyder, M. (1977): Actors, observers and the attribution process: Toward a reconceptualization. *Journal of Experimental Social Psychology, 13*, 89-111.

Montserrat, J. (1987): *Epistemología evolutiva y teoría de la ciencia*. Madrid: Univesidad Pontificia de Comillas.

Morris, L., y Liebert, R. (1973): Effects of negative feedback, threat of shock and level of trait anxiety on the arousal of two components of anxiety. *Journal of Counseling Psychology, 20*, 321-326.

Morris, L.; Davis, M., y Hutchins, C. (1981): Cognitive and emotional components of anxiety: Literature review and a revised worry-emotionality scale. *Journal of Educational Psychology, 73*, 541-555.

Mosteller, F., y Moynihan, D. (1972): A pathbreaking report. En F. Mosteller y D. Moynihan (eds.): *On Equality of Educational Opportunity*. Nueva York: Randon House.

Moya, J., y García Vega, L. (1990): Juan Huarte de San Juan: padre de la psicología diferencial. *Revista de Historia de la Psicología, 11* (1-2), 123-144.

Moyer, K. (1976): *The Psychobiology of Aggresion*. Nueva York: Harper.

Mulaik, S. A. (1988): Confirmatory factor Analysis. En J. R. Nesseslroade y R. B. Cattell (eds.): *Handbook of Multivariate Experimental Psychology*, 2.ª edición. Nueva York: Plenum Press.

Mulholland, T.; Pellegrino, J. W., y Glaser, R. (1980): Components of geometric analogy solution. *Cognitive Psychology, 12*, 252-285.

Mullin, J., y Corcoran, D. (1977): Interaction of task amplitude for circadian variation in auditory vigilance performance. *Ergonomics, 20*, 193-200.

Mullis, I. (1987): *Trends in Performance for Women Taking the NAEP Reading and Writting Assessment*. Ponencia presentada en la reunión anual de la American Educational Research Association. Washington DC.

Muñiz, J. (1992): *Teoría clásica de los tests*. Madrid: Pirámide.

Murray, H. A. (1938): *Explorations in Personality*. Nueva York: Oxford University Press.

Nathan, B., y Alexander, R. (1988): A comparison of criteria for test validation: A meta-analytic investigation. *Personnel Psychology, 41*, 517-535.

Nathanson, C. (1975): Illness and the femenine role: A theoretical review. *Social Science and Medicine, 9* (2), 57-62.

Neel, A. F. (1977): *Theories of Psychology: A Handbook*. Massachusetts: Schenkman Publishing Company.

Neisser, U.; Boodoo, G.; Bouchard, T.; Boykin, A.; Brody, N.; Ceci, S.; Halpern, D.; Loehlin, J.; Perloff, R.; Sternberg, R., y Urbina, S. (1996): Intelligence: knowns and unknowns. *American Psychologist, 51* (2), 77-101. Traducción Andrés Pueyo y Colom (en prensa): *Ciencia y política de la inteligencia en la sociedad moderna*. Madrid: Biblioteca Nueva.

Nesselroade, J. R., y Cattell, R. B. (1988): *Handbook of Multivariate Experimental Psychology*, 2.ª edición. Nueva York: Plenum Press.

Neugarten, B. (1977): Personality and aging. En J. Birren y W. Schaie (eds.): *Handbook of the Psychology of Aging*. Nueva York: Reinhold.

Neugarten, B.; Berkowitz, H.; Crotty, W.; Gruen, W.; Guttman, D.; Lubin, M.; Miller, D.; Peck, R.; Rosen, J.; Shukin, A., y Tobin, S. (1964): *Personality in Middle and Late Life*. Nueva York: Atherton.

Newell, A. (1973): You can't play twenty questions with nature and win. En Chase (ed.): *Visual Information Processing*. Nueva York: Academic Press.

Newell, A., y Simon, H. (1972): *Human Problem Solving*. Nueva Jersey: Englewood-Cliffs.

Newman, J.; Widom, C., y Nathan, S. (1985): Passive avoidance in syndromes of disinhibition: psychopathy and extraversion. *Journal of Personality and Social Psychology, 48*, 1316-1327.

Newman, J.; Patterson, C., y Kosson, D. (1987): Response perseveration in psychopaths. *Journal of Abnormal Psychology, 96*, 145-148.

Newman, J.; Patterson, C.; Howland, E., y Sharon, L. (1990): Passive avoidance in psychopaths: The effects of reward. *Person. and Indiv. Diff., 11*, 1101-1114.

Nichols, P. (1970): *The Effects of Heredity and Environment on Intelligence Test Performance in 4 and 7 year White and Negro Sibling Pairs*. Tesis inédita. University of Minnesota.

Nickerson, R.; Perkins, D., y Smith, E. (1994): *Enseñar a pensar. Aspectos de la aptitud intelectual*. Barcelona: Paidós.

Noller, P.; Law, H., y Comrey, A. (1987): Cattell, Comrey and Eysenck Personality Factors: More evidence for the five robust factors? *Journal of Personality and Social Psychology, 53*, 775-782.

Norman, D. (1980): Entrevista a D. A. Norman realizada por J. J. Aparicio. *Estudios de Psicología, 1*, 8-29.

Norman, W. T. (1963): Toward an adequate taxonomy of personality attributes: Replicated factor structure in peer nomination personality ratings. *Journal of Abnormal and Social Psychology, 60*, 574-583.

Nunally, J. (1973): *Introducción a la medida psicológica*. Buenos Aires: Paidós.

Oakland, T. (1983): Joint use of adaptive behavior and IQ to predict achievement. *Journal of Consulting and Clinical Psychology, 51*, 298-301.

Ogbu, J. (1986): The consequences of the American caste system. En U. Neisser (ed.): *The School Achievement of Minority Children: New Perspectives*. Hillsdale, NJ: Erlbaum.

Okun, M., y Di Vesta, F. (1976): Cautiousness in adulthood as a function of age and instructions. *Journal of Gerontology, 31*, 571-576.

Olea, J., y Ponsoda, V. (1996): Tests adaptativos informatizados. En J. Muñiz (ed.): *Psicometría*. Madrid: Universitas.

Olea, J.; Ponsoda, V.; Revuelta, J., y Belchi. J. (1996): Propiedades psicométricas de un test adaptativo informatizado de vocabulario inglés. *Estudios de Psicología, 55*, 61-73.

O'Leary, V. (1974): Some attitudinal barriers to occupational aspirations in women. *Psychological Bulletin, 81*, 809-826.

O'Leary, K., y Wilson, G. (1987): *Behavior Therapy: Applications and Outcome,* 2.ª edición. Englewood Cliffs, NJ: Prentice-Hall.

Oleron, P. (1957): *Les composants de l'intelligence d'apres les recherches factorielles*. París: PUF.

Oltman, J., y Friedman, S. (1967): Parental deprivation in psychiatric conditions. *Diseases of the Nervous System, 28*, 298-303.

Osborne, R., y Miele, F. (1969): Racial differences in environmental influences on numerical ability as determined by heritability estimates. *Perceptual and Motor Skills, 28*, 535-538.

Overton, W. F., y Reese, H. W. (1973): Models of development: methodological implications. En J. R. Nesselroade y H. W. Reese (eds.): *Life-span Developmental Psychology*. Nueva York: Academic Press.

Ozer, D. J. (1985): Correlation and the coeficient of determination. *Psychological Bulletin, 97*, 307-315.

Papalia, D., y Bielby, D. (1974): Cognitive functioning in middle and old age adults: A review of research based on Piaget's theory. *Human Development, 17*, 424-443.

Passingham, R. (1982): *The Human Primate*. San Francisco: Freeman.

Pavlov, I. P. (1973): *Actividad nerviosa superior*. Barcelona: Fontanella.

Pearson, R. (1991): *Race, Intelligence and Bias in Academe*. Washington DC: Scott-Townsend.

Pedersen, N. L.; Plomin, R.; McClearn, G. E., y Friberg, L. (1988): Neuroticism, extraversion, and related traits in adult twins reared apart and reared together. *Journal of Personality and Social Psychology, 55*, 950-957.

Pedersen, L.; Allan, K.; Laue, F., y Johnson, J. (1992): *Personality Theory for Aircrew Selection and Classification*. Informe técnico AL-TR-1992-0021. Human Resources Directorate. Manpower and Personnel Research Division. Brooks Air Force Base, Texas.

Pelechano, V. (1991): Una visión heterodoxa aunque no maniquea en psicología educativa. *Psicologemas, 5* (9), 91-137.

Pellegrino, J., y Glaser, R. (1980): Components of inductive reasoning. En R. E. Snow, P. A. Federico y W. E. Montague (eds.): *Aptitude, Learning and Instruction*. Vol. 1: *Cognitive Processes of Aptitude*. Hillsdale: LEA.

Peplau, L. (1976): Impact of fear of success and sex-role attitudes on women's competitive achievement. *Journal of Personality and Social Psychology, 34*, 561-568.

Pérez Álvarez, M. (1996): *La psicoterapia desde el punto de vista conductista*. Madrid: Biblioteca Nueva.

Perry, J. (1992): Problems and considerations in the valid assessment of personality disorders. *American Journal of Psychiatry, 149*, 1645-1653.

Pervin, L. (1975). *Personalidad: teoría, diagnóstico e investigación*. Bilbao: Desclée de Brouwer, 1979.

Pervin, L. (1988): Personalidad: controversias, problemas y tendencias actuales. *Revista de la Psiquiatría y Psicología Humanista, 19-20,* 73-98.

Pervin, L. (1989): *Personality: Theory and Research,* 5.ª edición. Chichester: Wiley.

Pervin, L., y John, O. (1997): *Personality: Theory and Research*, 6.ª edición. Nueva York: Wiley.

Pfeifer, E. (1977): Psychopathology and social psychopathology. En J. Birren y W. Schaie (eds.): *Handbook of the Psychology of Aging*. Nueva York: Reinhold.

Phillips, K., y Fulker, D. W. (1989): Quantitative genetic analysis of longitudinal trends in adoption designs with application to IQ in the Colorado Adoption Project. *Behavior Genetics, 19*, 621-658.

Piedmont, R.; McCrae, R., y Costa, P. (1991): Adjective check list scales and the five factor model. *Journal of Personality and Social Psychology, 60*, 630-637.

Pi Suñer, A. (1919): *La unidad funcional*. Minerva: Barcelona.

Pinillos, J. L. (1975): *Principios de Psicología*. Madrid: Alianza.

Pinillos, J. L. (1976): El Examen de Ingenios, cuatro siglos después. *Revista de Psicología General y Aplicada, 31*, 3-15.

Plomin, R. (1988): The nature and nurture of cognitive abilities. En R. J. Sternberg (ed.): *Advances in the Psychology of Human Intelligence,* vol. IV. Nueva Jersey: LEA.

Plomin, R. (1989): Environment and genes: Determinants of behavior. *American Psychologist, 44* (2), 105-111.

Plomin, R. (1994): *Genetics and Experience*. California: Sage.

Plomin, R. (1995): *Molecular Genetics and Intelligence.* Ponencia presentada en el VII Meetting of the ISSID. Varsovia.

Plomin, R. (1998): A quantitative trait laws associates with cognitive ability in children. *Psycological Science, 9* (3), 159-166.

Plomin, R., y Daniels, D. (1987): Why are children in the same family so different from one another. *Behavioral and Brain Sciences, 10*, 1-16.

Plomin, R., y DeFries, J. C. (1980): Genetics and intelligence. *Intelligence, 4*, 15-24.

Plomin, R., y McCLearn, G. (1993): *Nature, Nurture, and Psychology*. Washington DC: American Psychological Association.

Plomin, R., y Petrill, S. (1997): Genetics and intelligence: What's new? *Intelligence, 24* (1), 53-77.

Plomin, R.; Chipuer, H., y Loehlin, J. (1990): Behavioral genetics and personality. En L. Pervin (ed.): *Handbook of Personality: Theory and Research.* Nueva York: Guilford Press.

Plomin, R.; DeFries, J. C., y McClearn, G. R. (1980): *Behavioral Genetics* (2.ª ed., 1990; 3.ª ed. en 1997). Nueva York: Freeman. Traducción de Alianza Editorial de la primera edición: *Genética de la conducta.*

Plomin, R.; DeFries, J. C., y Fulker, D. W. (1988): *Nature and Nurture in Infancy and Early Childhood.* Nueva York: Cambridge University Press.

Plomin, R., y Rende, R. (1991): Human behavioral Genetics. *Annual Review of Psychology, 42*, 161-190.

Plum, F.; Gjedde, A., y Samson, F. E. (1976): Neuroanatomical functioning mapping by the radioactive 2-dioxy-d-glucose method. *Neurosciences Research Program Bulletin, 14*, 457-518.

Ponsoda, V.; Olea, J.; Revuelta, J., y García, M. (1994): Procedimientos para la evaluación psicológica adaptativa y autoadaptativa. *Capital Humano, 65*, 28-34.

Ponsoda, V.; Olea, J., y Revuelta, J. (1994): Adtest: A computer-adaptive test based on the maximun information principle. *Educational and Psychological Measurement, 54* (3), 680-686.

Popper, K. (1934): *La lógica de la investigación científica*. Madrid: Tecnos, 1982.

Purchall, L.; Coursey, R.; Bushsbaum, M., y Murphy, D. (1980): Parents of high risk subjects defined by levels of monoamine oxidase activity. *Schizophrenia Bulletin, 6*, 338-346.

Quay, H.; Routh, D., y Shapiro, S. (1987): Psychopathology of chilhood: From description to validation. *Annual Review of Psychology, 38*, 491-532.

Quinney, R. (1970): *The Social Reality of Crime*. Boston: Little Brown.

Quiroga, M.ª A. (1990): *Proyecto Docente*. Facultad de Psicología: Universidad Complutense de Madrid. Inédito.

Quiroga, M.ª A. (1994): Los estilos cognitivos. En J. Sánchez-Cánovas y P. Sánchez-López (eds.): *Psicología diferencial*. Madrid: Fundación Ramón Areces.

Quiroga, M.ª A. (1996): Psicopatología infantil y técnicas de intervención adaptadas a las diferencias individuales: La perspectiva de los estilos cognitivos. En M. Juan-Espinosa, R. Colom y M.ª A. Quiroga (coords.): *La práctica de la psicología diferencial en educación, clínica y deportes*. Madrid: Pirámide.

Rachman, S., y Hodgson, R. (1980): *Obsessions and Compulsions*. Englewood-Cliffs, NJ: Prentice-Hall.

Ramón y Cajal, S. (1912): *Reglas y consejos sobre investigación científica: los tónicos de la voluntad*. Madrid: Espasa, 1991.

Rasch, G. (1960): *Probabilistic Models for some Intelligence and Attainement Tests*. Copenhague: Danish Institute for Educational Research.

Ravich-Shcherbo, I. V. (1988): *The Role of Environment and Heredity in the Development of Human Personality*. Moscú: Pedagogika.

Raz, N.; Torres, I.; Spencer, W.; Millman, D.; Baertschi, J., y Sarpel, G. (1993): Neuroanatomical correlates of age-sensitive and age-invariant cognitive abilities: An in vivo MRI investigation. *Intelligence, 17*, 407-422.

Reese, H. (1976): The development of memory: Life span perspectives. En H. Reese (ed.): *Advances in Child Development and Behavior,* vol. 2. Nueva York: Academic Press.

Reich, J., y Troughton, E. (1988): Frequency of DSM-III personality disorders in patients with panic disorder: Comparison with psychiatric and normal control subjects. *Psychiatric Disorders, 26*, 89-100.

Reinert, G. (1970): Comparative factor analytic studies of intelligence throughout the human life span. En L. R. Goulet y P. B. Baltes (eds.): *Life-span Developmental Psychology: Research and Theory*. Nueva York: Academic Press.

Resnick, L. B. (1976): *The Nature of Intelligence*. Hillsdale: LEA.

Reuchlin, M. (1969): *Psicología Diferencial*. Madrid: Studium, 1972.

Reuchlin, M. (1978): Processus vicariantas et différences individuelles. *Journal of Psychologie Normale et Pathologique, 2*, 133-145.

Reuchlin, M. (1980): *Historia de la Psicología*. Barcelona: Paidós, 1982.

Reuchlin, M. (1993): *La Psychologie Differéntielle*. Paris: PUF.

Reuning, H. (1972): Psychological studies of kalahari bushmen. En L. Cronbach y J. Drenth (eds.): *Mental Tests and Cultural Adaptation*. Mouton.

Revelle, W. (1989): Personality, motivation and cognitive performance. En R. Kanfer, P. Ackerman y R. Cudeck (eds.): *Abilities, Motivation and Methodology: The Minnesota Symposium on Learning and Individual Differences*. Hillsdale: LEA.

Revelle, W.; Humphreys, M.; Simon, L.; y Gilliland, K. (1980): The interactive effect of personality, time of day and caffeine: A test of the arousal model. *Journal of Experimental Psychology General, 109*, 1-31.

Richardson, K. (1988): *Para comprender la Psicología*. Madrid: Alianza, 1991.

Riegel, K., y Riegel, R. (1972): Development, drop, and death. *Developmental Psychology, 6*, 306-319.

Riley, M.; Foner, A.; Moore, M.; Hess, B., y Roth, B. (1968): *Aging and Society,* vol. 1. Nueva York: Sage.

Rivière, A. (1986): *Razonamiento y representación*. Madrid: Siglo XXI.

Rivière, A. (1987): *El sujeto de la psicología cognitiva*. Madrid: Alianza.

Rivière, A. (1990): Prólogo. En R. Colom y M. Juan-Espinosa: *Estudios sobre los Fundamentos de la Cognición*. Valencia: Promolibro.

Roberts, J. (1971): *Intellectual Development of Children by Demographic and Socioeconomic Factors*. DHEW Publication No. 72-1012. Washington DC, Government Printing Office.

Rodríguez Fornells, A. (1996): *Efectos electrofisiológicos y cronométricos de la impulsividad en la preparación e inhibición de respuestas*. Tesis inédita. Universidad de Barcelona.

Rogers, C. R. (1961): Two divergent trends. En R. May (ed.): *Existential Psychology*. Nueva York: Random House.

Rojas Marcos, L. (1996): *Las semillas de la violencia*. Barcelona: Planeta.

Rokeach, M. (1960): *The Open and Close Mind*. Basic Books: Nueva York.

Rokeach, M. (1973): *The Nature of Human Values*. Nueva York: Free Press.

Rona, R., y Chinn, S. (1984): The national study of health and growth: Nutritional surveillance of primary school children from 1972 to 1981 with special reference to unemployment and social class. *Annals of Human Biology, 11*, 17-28.

Rose, R. J., y Kaprio, J. (1988): Frequency of social contact and intrapair resemblance of adult monozygotic cotwins. *Behavior Genetics, 18*, 309-328.

Rose, S., y Feldman, J. (1995): The prediction of IQ and specific cognitive abilities at 11 years from infancy measures. *Developmental Psychology, 31*, 685-696.

Rosenhan, D. (1966): Effects of social class and race on responsiveness to approval and disapproval. *Journal of Personality and Social Psychology, 4*, 253-259.

Rosenhan, D. (1973): On being sane in insane places. *Science, 179*, 250-258.

Rosenhan, D., y Seligman, M. (1989): *Abnormal Psychology,* 2.ª edición. Londres: Norton.

Rosenthal, D. (1970): *Genetic Theory and Abnormal Behavior*. Nueva York: McGraw-Hill.

Rosenthal, R., y Jacobson, L. (1968): *Pygmalion in the Classroom*. Nueva York: Rinehart.

Rosenthal, R., y Rubin, D. B. (1982): A simple, general purpose display of magnitude of experimental effect. *Journal of Educational Psychology, 74*, 166-169.

Roskies, E.; Seraganian, P.; Oseasohn, R.; Smilga, C.; Martin, N., y Hanley, J. (1989): Treatment of psychological stress responses in healthy Type A men. En R. Neufeld (ed.): *Advances in the Investigation of Psycological Stress*. Chichester: Wiley.

Ross, M.; Layton, B.; Erickson, B., y Schopler, J. (1973): Affect, facial regard and reactions to crowding. *Journal of Personality and Social Psychology, 28*, 68-76.

Rossi, G. F., y Rosadini, G. (1965). En F. L. Darley y Millikan (eds.): *Brain Mechanisms Underlying Speech and Language*. Nueva York: Grune and Straton.

Rotter, J. (1954): *Social Learning and Clinical Psychology*. Nueva York: Prentice-Hall.

Royce, J., y Powell, S. (1983): *Theory of Personality and Individual Differences: Factors, Systems, and Processes*. Englewood Cliffs: Prentice-Hall.

Rubio, V.; Cabezuelo, M.ª, y Castellano, A. (1996): *El miedo a volar en avión*. Madrid: Biblioteca Nueva.

Rubovits, P., y Maehr, M. (1973): Pygmalion black and white. *Journal of Personality and Social Psychology, 25*, 210-218.

Rueda, R. (1991): An analysis of special education as a response to the dismished academic achievement Chicano students. En R. R. Valencia (ed.): *The Stanford Series on Education and Public Policy*. Vol. 13: *Chicano School Failure and Success: Research and Policy Agendas for the 1990s*. Londres: Falmer Press.

Rumsey, J.; Duara, R.; Gardy, C.; Rapoport, J.; Margolin, R.; Rapoport, S., y Cutler, N. (1985): Brain metabolism in autism. *Archives of General Psychiatry, 42*, 448-455.

Rushton, J. P. (1990): Race and crime: A reply to Roberts and Gabor. *Canadian Journal of Criminology, 32*, 315-334.

Rushton, J. P. (1994a): The equalitarian dogma revisited. *Intelligence, 19*, 263-280.

Rushton, J. P. (1994b): Sex and race differences in cranial capacity from international labour office data. *Intelligence, 19*, 281-294.

Rushton, J. P. (1995): *Race, Evolution and Behavior: A Life History Perspective*. New Brunswick, NJ: Transaction.

Rushton, J. P. (1997): *Personality and Individual Differences*.

Rushton, J. P. (1995b): Construct validity, censorship, and the genetics of race. *American Psychologist,* enero, 40-41.

Russell Hanson, N. (1958): *Patrones de descubrimiento*. Madrid: Alianza, 1977.

Rutter, M. (1979): Maternal deprivation. 1972-1978: new findings, new concepts, new approaches. *Child Development, 50*, 283-305.

Ryff, C., y Baltes, P. (1976): Value transition and adult development in women: The instrumentality-terminality sequence hypothesis. *Developmental Psychology, 12*, 567-568.

Sahakian, W. (1975): *Historia y sistemas de la Psicología*. Madrid: Tecnos, 1982.

Sánchez Bernardos, M. L. (1992): La estructura de la personalidad: el enfoque léxico y los cinco grandes. *Estudios de Psicología, 47*, 73-87.

Sánchez Cánovas, J. (1983): *El marco teórico de la Psicología Diferencial*. Valencia: Promolibro.

Sánchez López, M. P. (1990): Prólogo a la edición española. En H. J. Eysenck y L. Kamin: *La confrontación sobre la inteligencia*. Madrid: Pirámide.

Sands, R., y Young, F. W. (1980): Component models for three-way data: An alternating least squares algorithm with optimal scaling features. *Psychometrika, 45*, 39-67.

Santostefano, S. (1990): *Terapia de control cognitivo en niños y adolescentes*. Madrid: Pirámide.

Saville, P., y Blinkhorn, S: (1976): *Undergraduate Personality by Factored Scores, NFER*. Londres: Publishing Company.

Saville, P., y Blinkhorn, S. (1981): Reliability, homogeneity and the construct validity of Cattell's 16 PF. *Personality and Individual Differences, 2*, 325-333.

Scarr, S. (1988): Race and gender as psychological variables. *American Psychologist, 43* (1), 56-59.

Scarr, S. (1994): Review of «The Bell Curve»: Intelligence and class structure in American life. *Issues in Science and Technology, 11* (2), 82-84. Traducción en Andrés Pueyo y Colom (en prensa): *Ciencia y política de la inteligencia en la sociedad moderna*. Madrid: Biblioteca Nueva.

Scarr, S. (1997): Behavior-genetic and socialization theories of intelligence: Truce and reconciliation. En R. Sternberg y E. Grigorenko (eds.): *Intelligence, Heredity and Environment.* Cambridge: Cambridge University Press.

Scarr, S., y Weinberg, R. (1976): IQ test performance of black children adopted by white families. *American Psychologist, 31*, 726-739.

Scarr, S., y Weinberg, R. A. (1977): Intellectual similarities within families of both adopted and biological children. *Intelligence, 1*, 179-191.

Scarr, S., y Weinberg, R. A. (1978): The influence of «family background» on intellectual attainment. *American Sociological Review, 43*, 674-692.

Scarr, S.; Weinberg, R., y Waldman, I. (1993): IQ correlations in transracial adoptive families. *Intelligence, 17*, 541-555.

Scarr-Salapatek, S. (1971): Race, social class, and IQ. *Science, 174*, 1285-1295.

Schaie, W. (1958): Rigidity-flexibility and intelligence: A cross-sectional study of the adult life span from 20 to 70 years. *Psychological Monographs: General and Applied, 72,* 9.

Schaie, W. (1974): Translations to gerontology from lab to life. *American Psychologist, 29*, 802-807.

Schaie, W. (1989): Perceptual speed in adulthood: cross-sectional and longitudinal studies. *Psychology and Aging, 4*, 443-453.

Schaie, W. (1994): The couse of adult intellectual development. *American Psychologist, 49* (4), 304-313.

Schaie, W. (1996): *Intellectual Development in Adulthood. The Seattle Longitudinal Study*. Cambridge: Cambridge University Press.

Schaie, W., y Hertzog, C. (1983): Fourteen year cohort-sequential analysis of adult intellectual development. *Developmental Psychology, 19*, 531-543.

Schaie, W., y Strother, C. (1968): A cross-sequential study of age changes in cognitive behavior. *Psychological Bulletin, 70*, 671-80.

Schneider, F., y Coutts, L. (1976): Datos no publicados.

Scott Long, J. (1983a): *Confirmatory Factor Analysis.* California: Sage.

Scott Long, J. (1983b): *Covariance Structure Models: An Introduction to LISREL.* California: Sage.

Schafer, E. W. P. (1982): Neural adaptability: A biological determinant of behavioral intelligence. *International Journal of Neuroscience, 13*, 183-191.

Scheff, T. (1966): *Being Mentally Ill: A Sociological Theory*. Chicago: Aldine.

Schiffman, S. S.; Reynolds, M. L., y Young, F. W. (1981): *Introduction to Multidimensional Scaling: Theory, Methods and Applications*. Nueva York: Academic Press.

Schmauk, F. (1970): Punishment, arousal and avoidance learning in sociopaths. *Journal of Abnormal Psychology, 76*, 325-335.

Schneider, F., y Green, J. (1977): Need for affiliation and sex as moderators of the relationship between need for achievement and academic performance. *Journal of Social Psychology, 15*, 269-277.

Schultz, D. P., y Schultz, S. E. (1987): *A History of Modern Psychology*. Florida: Hartcourt.

Sears, D., y McConahay, J. (1970): Racial socialization, comparison levels, and the Wattsriot. *Journal of Social Issues, 26* (1), 121-140.

Seligman, M. (1971): Phobias and preparedness. *Behavior Therapy, 2*, 307-320.

Seligman, M. (1994): *What You Can Change and what You Can't*. Nueva York: Knopf.

Seligman, M. (1995): The effectiveness of psychotherapy. *American Psychologist, 50* (12), 965-974.

Sewell, W.; Haller, A., y Ohlendorf, G. (1970): The educational and early occupational status attainment process: replication and revision. *American Sociological Review, 35*, 1014-1027.

Shedletsky, R., y Endler, N. (1974): Anxiety: The state-trait model and the interaction model. *Journal of Personality, 42*, 511-27.

Short, J.; Rivera, R., y Tennyson, R. (1964): Perceived opportunities, gang membership, and delinquency. *American Sociological Review, 30*, 56-67.

Shute, V. (1995): SMART: student modelling approach for responsive tutoring. *User Modelling and User-adapted Interaction, 5*, 1-44.

Schwartz, M.; Duara, R.; Haxby, J., y Grady, C. (1983): Down's syndrome in adults: Brain metabolism. *Science, 221*, 781-783.

Seamon, J. G., y Gazzaniga, M. J. (1973): Coding strategies and cerebral laterality effects. *Cognitive Psychology, 5*, 249-256.

Shackleton, V., y Fletcher, C. (1984): *Individual Differences. Theories and Applications*. Londres: Routledge, 1992.

Sharp, S. E. (1899): Individual Psychology: A study in psychological method. *American Journal of Psychology, 15*, 201-293.

Segal, N. L. (1986): Monozygotic and dizygotic twins: A comparative analysis of mental ability profiles. *Child Development, 56*, 1051-1058.

Sells, S. B.; Demaree, R. G., y Will, D. P. (1968): *A Ta-*

xonomic Investigation of Personality: Cobjoint Factor Structure of Guilford and Cattell Trait Markers. Christian Institute of Behavioral Research, Texas.

Shaw, M. (1974): The self-image of black and white pupils in an integrated school. *Journal of Personality, 42*, 12-22.

Shields, J. (1962): *Monozygotic Twins*. Oxford: Oxford University Press.

Shields, S. (1975): Functionalism, darwinism, and the psychology of women: A study in social myth. *American Psychologist, 30*, 739-754.

Shucard, D., y Horn, J. (1972): Evoked cortical potentials and measurement of human abilities. *Journal of Comparative Physiological Psychology, 78*, 59-68.

Shuey, A. (1966): *The Testing of Negro Intelligence*, 2.ª edición. Nueva York: Social Science Press.

Siguán, M. (1977): La psicología en España. *Anuario de Psicología, 16*, 3-23.

Simon, H., y Kotovsky, K. (1963): Human acquisition of concepts for sequential patterns. *Psychological Review, 70*, 534-546.

Sistrunk, F., y McDavid, J. (1971): Sex variable in conforming behavior. *Journal of Personality and Social Psychology, 17*, 200-207.

Skinner, B. F. (1959): John Broadus Watson, conductista. *Science, 129*, 197-198.

Smith, S. (1942): Language and non verbal test performance of racial groups in Honolulu before and after a fourteen year interval. *Journal of General Psychology, 26*, 51-93.

Smith, D., y Kikham, R. (1982): Relationships between intelligence and driving record. *Accident Analysis and Prevention, 14*, 439-442.

Smither, J., y Reilly, R. (1987): True intercorrelation among job components, time delay in rating, and rater intelligence as determinants of accuracy in performance ratings. *Organizational Behavior and Human Decision Processes, 40*, 369-391.

Smith, M., y Glass, G. (1977): Meta-analysis of psychotherapy outcome studies. *American Psychologist, 32*, 752-760.

Smith, M.; Glass, G., y Miller, T. (1980): *The Benefit of Psychotherapy*. Baltimore: John Hopkins University Press.

Snow, R. (1980): The interaction of aptitude and performance. En R. E. Snow y P. A. Federico (eds.): *Aptitude, Learning and Instruction: Cognitive Processes Analysis*. Hillsdale, NJ: LEA.

Snow, R. E. (1989): Aptitude-treatment interaction as a framework for research on individual differences in learning. En P. L. Ackerman, R. J. Sternberg y R. Glaser (eds.): *Learning and Individual Differences: Advances in Theory and Research*. Nueva York: Freeman.

Snow, R.; Kyllonen, P., y Marshalek, B. (1984): The topography of ability and learning correlations. En R. Sternberg (ed.): *Advances in the Psychology of Human Intelligence*, vol. 2. Hillsdale, Nueva Jersey: LEA.

Snow, R., y Swanson, J. (1992): Instructional psychology: Aptitude, adaptation and assessment. *Annual Review of Psych., 43*, 583-626.

Snow, R., y Yalow, E. (1982): Educación e inteligencia. En R. Sternberg (ed.): *Inteligencia humana*, vol. III. Barcelona: Paidós.

Snyder, M. (1979): Self monitoring processes. En L. Berkowitz (ed.): *Advances in Experimental Social Psychology*, vol. 12. Nueva York: Academic Press.

Snyder, C. W. (1988): Multimode factor analysis. En J. R. Nesseslroade y R. B. Cattell (eds.): *Handbook of Multivariate Experimental Psychology*, 2.ª edición. Nueva York: Plenum Press.

Snyder, M., e Ickes, W. (1985): Personality and social behavior. En G. Lindzey y E. Aronson (eds.): *Handbook of Social Psychology*, vol. 2. Reading, MA: Addison-Wesley.

Snyder, S. (1976): *Madness and the Brain*. Nueva York: McGraw-Hill.

Snyderman, M. (1994): *Race, Evolution, and Behavior: A Life History Perspective. National Review, 46*, 17.

Snyderman, M., y Rothman, S. (1987): Survey of expert opinion on intelligence and aptitude testing. *American Psychologist, 42* (2), 137-144.

Sokal, R. R., y Sneath, P. (1963): *Principles of Numerical Taxonomy*. San Francisco: Freeman.

Spaeth, J. (1976): Cognitive complexity: A dimension underlying the socioeconomic achievement process. En W. Sewell, R. Hauser y D. Featherman (eds): *Schooling and Achievement in American Society*. San Diego, CA: Academic Press.

Spearman, C. (1904): La inteligencia general. En J. M. Gondra (comp.): *La Psicología moderna*. Bilbao: Desclée de Brouwer, 1982.

Spearman, C. (1923): *The Nature of «Intelligence» and the Principles of Cognition*. Nueva York: Arno Press, 1973.

Spitzer, R., y Fleiss, J. (1974): A re-analysis of the reliability of psychiatric diagnosis. *British Journal of Psychiatry, 125*, 341-347.

Sprage, R., y Berger, B. (1980): Drug effects on learning performance: relevance of animal research to pediatric psychopharmacology. En R. Knights y D. Bakker (eds.): *Treatment of Hyperactive and Learning Disabled Children*. Baltimore: University Park Press.

Springer, S. P., y Deutsch, G. (1985): *Cerebro izquierdo, cerebro derecho*. Madrid: Alianza, 1988.

Srole, L.; Langner, T.; Michael, S.; Opler, M., y Rennie, T. (1962): *Mental Health in the Metropolis*. Nueva York: McGraw-Hill.

St. John, N. (1975): *School Desegregation Outcomes for Children*. Nueva York: Wiley.

Staats, S. (1974): Internal versus external locus of control for three-age groups. *International Journal of Aging and Human Development, 5*, 7-10.

Stankov, L. (1980): Psychometric factors as cognitive tasks: A note on Carroll's new structure of intellect. *Intelligence, 4*, 65-71.

Stein, A., y Bayley, M. (1973): The socialization of achievement orientation in females. *Psychological Bulletin, 80*, 345-66.

Stemmler, G. (1992): *Differential Psychophysiology*. Berlín: Springer.

Stenhouse, D. (1973): *The Evolution of Intelligence*. Londres: Allen y Unwin.

Stephenson, W. (1936): Introduction of inverted factor analysis with some applications to studies in orexia. *Journal of Educational Psychology, 5*, 353-367.

Stern, W. (1900): *Über Psychologie der Individuellen Differenzen*. Leipzig: Barth.

Stern, S.; Rush, J., y Meldels, J. (1980): Toward a rational pharmacotherapy of depression. *American Journal of Psychiatry, 137*, 545-552.

Sternberg, R. J. (1977): *Intelligence, Information Processing and Analogical Reasoning: The Componential Analysis of Human Abilities*. Nueva Jersey: LEA.

Sternberg, R. J. (1979): Intelligence research and the interface between differential and cognitive psychology: prospects and proposals. En R. J. Sternberg y D. K. Detterman (eds.): *Human Intelligence: Perspectives on its Theory and Measurement*. Nueva Jersey: Ablex Publishing Corporation.

Sternberg, R. J. (1980a): Factorial theories of intelligence are all right almost. *Educational Researcher, 9*, 6-13.

Sternberg, R. J. (1980b): Representation and process in linear syllogistic reasoning. *Journal of Experimental Psychology: General, 109*, 119-159.

Sternberg, R. J. (1981): Testing and cognitive psychology. *American Psychologist, 36* (10), 1181-1189.

Sternberg, R. J. (1985): ¿Cómo es el enfoque del procesamiento de la información en las capacidades humanas? En R. J. Sternberg (ed.): *Las capacidades humanas: un enfoque desde el procesamiento de la información*. Barcelona: Labor, 1986.

Sternberg, R. (1986): *Intelligence Applied*. Nueva York: Harcourt Brace Jovanovich Pub.

Sternberg, R. (1986b): A triangular theory of love. *Psych. Review, 93* (2), 119-135.

Sternberg, R. (1988): *The Thriarquic Mind*. Londres: Penguin Books.

Sternberg, R. (1992): CAT: A program of comprehensive abilites testing. En B. Gifford y M. O'Connor (eds.): *Alternative Views of Aptitude, Achievement and Instruction*. Londres: Kluwer.

Sternberg, R. (1996): *Successfull Intelligence: How Practical and Creative Intelligence Determine Success in Life*. Nueva York: Simon and Schuster.

Sternberg, R., y Berg, C. (1986): Integración cuantitativa. Definiciones de inteligencia: una comparación de los simposios de 1921 y 1986. En R. Sternberg y D. Detterman (eds.): *¿Qué es la inteligencia?* Madrid: Pirámide.

Sternberg, R. J., y Detterman, D. K. (1979): *Human Intelligence: Perspectives on its Theory and Measurement*. Nueva Jersey: Ablex Publishing Corporation.

Sternberg, R., y Gardner, M. (1982): A componential interpretation of the general factor of human intelligence. En H. Eysenck (ed.): *A Model for Intelligence*. Berlín: Springer.

Sternberg, R., y Grajek, S. (1984): The nature of love. *Journal of Personality and Social Psychology, 47*, 312-329.

Sternberg, R., y Grigorenko, E. (1997): *Intelligence, Heredity and Environment*. Cambridge: Cambridge University Press.

Sternberg, R. J., y Salter, W. (1982): Concepciones de la inteligencia. En R. J. Sterbnerg (ed.): *Inteligencia Humana,* vol. 1. Barcelona: Paidós, 1987.

Stewart, N. (1947): AGCT scores of Army personnel grouped by occupation. *Occupations, 26* (1), 5-41.

Stodolsky, S., y Lesser, G. (1967): Learning patterns in the disadvantaged. *Harvard Educational Review, 37*, 546-593.

Stough, C.; Nettlebeck, T., y Cooper, C. (1990): Evoked brain potentials, string lenght, and intelligence. *Person. and Indiv. Diff., 11*, 401-406.

Stricker, L., y Rock, D. (1995): Examinee background characteristics and GRE general test performance. *Intelligence, 21*, 49-67.

Super, D. E. (1981): José Germain: psicólogo aplicado. *Revista de Psicología General y Aplicada, 36* (6), 1147-1151.

Suzuki, L., y Gutkin, T. (1993): *Racial/Ethnic Ability Patterns on the WISC-R and Theories of Intelligence.* Ponencia presentada en la 101 reunión anual de la Asociación Americana de Psicología. Toronto, Ontario, Canadá.

Suzuki, L., y Valencia, R. (1997): Race-ethnicity and measured intelligence. Educational Implications. *American Psychologist, 52* (10), 1103-1114.

Szasz, T. (1974): *The Age of Madness: The History of Involuntary Hospitalization.* Nueva York: Jason Aronson.

Tabachnick, B. G., y Fidell, L. S. (1983): *Using Multivariate Statistics.* Nueva York: Harper and Row.

Taylor, R., y Richards, S. (1991): Patterns of intellectual differences of Black, Hispanic and White children. *Psychology in the Schools, 28,* 5-8.

Taylor, S., y Epstein, S. (1967): Aggresion as a function of the interaction between sex of the aggresor and the sex of the victim. *Journal of Personality, 35*, 474-486.

Teasdale, T. W., y Owen, D. R. (1984): Heredity and familial environment in intelligence and educational level: A sibling study. *Nature, 309*, 620-622.

Tellegen, A.; Lykken, D. T.; Bouchard, T. J.; Wilcox, K.; Segal, N., y Rich, S. (1988): Personality similarity in twins reared apart and together. *Journal of Social and Personality Psychology, 54*, 1031-1039.

Temerlin, M. (1970): Diagnostic bias in community mental health. *Community Mental Health Journal, 6*, 110-117.

Terman, L. (1924): The mental test as a psychological method. *Psychological Review, 31* (2), 93-117.

Tobacyk, J., y Downs, A. (1986): Personal constructs threat and irrational beliefs as cognitive predictors of increases in musical performance anxiety. *Journal of Personality and Social Psychology, 51*, 779-782.

Torrubia, R.; Ávila, C.; Moltó, J., y Segarra, P. (1993): *The Sensitivity of Punishment and Sensitivity to Reward Scales: Norms, Reliability and Construct Validity.* Póster presentado al VI Meeting of the ISSID.

Thomson (1939): *The Factorial Analysis of Human Ability.* Boston: Houghton Mifflin, 1951.

Thompson, W. R. (1966): Multivariate experiment in behavior genetics. En R. B. Cattell (ed.): *Handbook of Experimental Multivariate Psychology.* Chicago: Rand McNally.

Thompson, R. F. (1975): *Introducción a la Psicología Fisiológica.* México: Harla, 1977.

Thorndike, R. L. (1950): Individual differences. *Annual Review of Psychology, 1*, 87-104.

Thorndike, R. (1986): The role of general ability in prediction. *Journal of Vocational Behavior, 29*, 332-339.

Thurstone, L. (1923): The stimulus-response fallacy in psychology. *Psychological Review, 30*, 354-369.

Thurstone, L. (1935): *The Vectors of the Mind.* Chicago: University of Chicago Press.

Thurstone, L. (1938): *Primary Mental Abilities.* Chicago: The University of Chicago Press.

Thurstone, L. (1940): Current issues in factor analysis. *Psychological Bulletin, 37*, 189-236.

Thurstone, L. (1946): Theories of intelligence. *Scientific Monthly,* febrero, 101-112.

Thurstone, L. (1947): *Multiple Factor Analysis.* Chicago: Chicago University Press.

Thurstone, L. L., y Thurstone, T. G. (1941): Factorial studies of intelligence. *Psychometric Monographs,* 2.

Timm, V. (1968): Realiabilität und faktorenstruktur von Cattell's IUPF test bei einer deutschen stichprobe. *Zeitschrif für Experimentelle und Angewandte Psychologie, 15*, 354-373.

Torgersen, S (1983): Genetic factors in anxiety disorders. *Archives of General Psychiatry, 40*, 1085-1089.

Tryon, R. (1939): *Cluster Analysis.* Nueva York: McGraw-Hill.

Tryon, R., y Bayley, D. E. (1970): *Cluster Analysis.* Nueva York: McGraw-Hill.

Tucker, L. R. (1958): An interbattery method of factor analysis. *Psychometrika, 23*, 111-136.

Tucker, L. R. (1963): Implications of factor analysis of three-way matrices for measurement of change. En C. W. Harris (ed.): *Problems in Measuring Change.* Madison: University of Wisconsin Press.

Tupes, E. (1957): *Personality Traits Related to Effectiveness of Junior and Senior Air Force Officers.* Informe de investigación núm. 57-125. Lackland AFB, Texas. Personnel Training and Research Center.

Tupes, E., y Christal, R. (1961): *Recurrent Personality Factors Based on Trait Ratings.* Informe técnico ASD-TR-61-97. Lackland AFB, Texas, Aeronautical Systems Division. Personnel Lab.

Turner, C., y Wilson, W. (1976): Dimensions of racial ideology: A study of urban blanck attitudes. *Journal of Social Issues, 32* (2) 139-152.

Turró, R. (1914): *Orígenes del conocimiento. El hambre.* Minerva: Barcelona.

Tyler, L. E. (1951): Individual differences. *Annual Review of Psychology, 2*, 95-112.

Tyler, L. (1965): *Psicología de las Diferencias Humanas*. Madrid: Marova, 1973.

Underwood, B. J. (1975): Individual differences as a crucible in theory construction. *American Psychologist,* febrero, 128-134.

Undheim, J. O. (1981a): On intelligence II: A neo-Spearman model to replace Cattel's theory of fluid and crystallized intelligence. *Scandinavian Journal of Psychology, 22*, 181-187.

Undheim, J. O. (1981b): On Intelligence IV: Toward a restoration of general intelligence. *Scandinavian Journal of Psychology, 22*, 251-265.

Vaillant, G. (1977): *Adaptation to Life*. Boston, MA: Little Brown.

Van Court, M., y Bean, F. (1985): Intelligence and fertility in the United States. *Intelligence, 9*, 23-32.

Vandenberg, S. (1970): A comparison of heritability estimates of U.S. Negro and white high schools students. *Acta Geneticae Medicae et Gemellologiae, 19*, 280-284.

Vaquero, A. (1990): La enseñanza asistida por computadora. En S. Algarabel y J. Sanmartín (1990): *Métodos informáticos aplicados a la psicología*. Madrid: Pirámide.

Vernon, P. E. (1950): *The Structure of Human Abilities*. Nueva York: Wiley.

Vernon, P. E. (1961): *The Structure of Human Abilities:* 2.ª edición. Londres: Methuen.

Vernon, P. E. (1969): *Inteligencia y entorno cultural*. Madrid: Marova, 1980.

Vernon, P. E. (1972): The distinctiveness of field independence. *Journal of Personality, 40*, 366-391.

Vernon, P. E. (1984): Intelligence, cognitive styles, and brain lateralization. En P. S. Fry (ed.): *Changing Conceptions of Intelligence and Intellectual Functioning: Current Theory and Research*. Nueva York: North-Holland.

Vernon, P. A. (1983): Speed of information processing and general intelligence. *Intelligence, 7*, 53-70.

Vernon, P. A. (1994): *The Neuropsychology of Individual Differences*. San Diesgo, CA: Academic Press.

Vernon, P. A., y Jensen, A. (1984): Individual and group differences in intelligence and speed of information processing. *Person. and Indiv. Diff., 5*, 411-423.

Vinacke, W.; Mogy, R.; Powers, W.; Langan, C., y Beck, R. (1974): Accomodative strategy and communication in a three person matrix game. *Journal of Personality and Social Psychology, 29*, 509-525.

Vinitsky, M. (1973): A forty-year follow-up on the vocational interests of psychologist and their relationships to career development. *American Psychologist, 28*, 1000-1009.

Vleeschauwer, H. J. (1938): Los primeros días de la psicología diferencial. En M. Iriarte: *El doctor Huarte de San Juan y su Examen de Ingenios. Contribución a la historia de la psicología diferencial*. Madrid: CSIC, 1948.

Voyer, D.; Voyer, S., y Bryden, M. (1995): Magnitude of sex differences in spatial abilities: A meta-analysis and consideration of critical variables. *Psych. Bull., 117* (2), 250-270.

Wachs, T., y Gruen, G. (1982): *Early Experience and Human Development*. Nueva York: Plenum.

Wagner, R. (1997): Intelligence, training and employment. *American Psychologist, 52* (10), 1059-1069.

Waldrop, M., y Halverson, C. (1975): Intensive and extensive peer behavior: longitudinal and cross-sectional analysis. *Child Development, 46*, 19-26.

Waller, J. (1971): Achievement and social mobility: relationships among IQ score, education, and occupation in two generations. *Social Biology, 18*, 252-259.

Warheit, G.; Holzer, C., y Arey, S. (1975): Race and mental illness: An epidemiologic update. *Journal of Mental and Social Behavior, 16* (3), 243-256.

Watson, J. B. (1913): La psicología tal y como la ve el conductista. En J. M. Gondra (comp.): *La Psicología moderna*. Bilbao: Desclée de Brower, 1982.

Watson, J., y Rayner, R. (1920): Conditioned emotional reactions. *Journal of Experimental Psychology, 3*, 1-14.

Webb, E. (1915): Character and intelligence. *British Journal of Psychology*. Suplemento monográfico.

Weiner, M., y Samuel, W. (1975): The effect of attributing internal arousal to an external source upon test anxiety and performance. *Journal of Social Psychology, 96*, 255-265.

Weisz, J.; Weiss, B.; Alicke, M., y Klotz, M. (1987): Effectiveness of psychotherapy with children and adolescents: A meta-analysis for clinicians. *Journal of Consulting and Clinical Psychology, 55*, 542-549.

Weisz, J.; Weiss, B.; Han, S.; Granger, D., y Morton, T. (1995): Effects of psychotherapy with children and adolescents revisited: A meta-analysis of treatment outcome studies. *Psychological Bulletin, 117* (3), 450-468.

Welch, L. (1946): Recombination of ideas in creative thinking. *J. Appl. Psych., 30*, 638-643.

Welford, A. (1977): Motor performance. En J. Birren y

W. Schaie (eds.): *Handbook of the Psychology of Aging*. Nueva York: Van Nostrand Reinhold.

Wender, P.; Kety, S.; Rosenthal, D.; Schulsinger, F.; Ortmann, J., y Lunde, I. (1986): Psychiatric disorders in the biological and adoptive families of adopted individuals with affective disorders. *Archives of General Psychiatry, 43*, 923-929.

Whitely, S. (1981): Measuring aptitude processes with multicomponent latent trait models. *Journal of Educational Measurement, 18*, 67-84.

Whitely, S., y Curtright, C. A. (1980): *Performance and Stimulus Complexity Norms for Verbal Analogy Test Items*. Informe técnico NIE-80-4 para el National Institute of Education. Kansas: Kansas University.

Whitely, S., y Nieh, K. (1981): *Program MULTICOMP*. Inédito.

Whiting, B., y Edwards, C. (1973): A cross-cultural analysis of sex differences in the behavior of children aged three through eleven. *Journal of Social Psychology, 91*, 171-188.

Wicket, J.; Vernon, P., y Lee, D. (1994): In vivo brain size, head permiter and intelligence in a sample of healthy adult females. *Person. and Indiv. Differ., 16* (6), 831-838.

Wictorin, M. (1952): *Bidrag til Raknefardighetens Psykologi, en Tvillingundersokning*. Goteborg: Elanders.

Widiger, T. (1993a): The DSM-III-R categorical personality disorder diagnoses: A critique and an alternative. *Psychological Inquiry, 4*, 75-90.

Widiger, T. (1993b): Validation strategies for the personality disorders. *Journal of Personality Disorders*, suplemento, 34-43.

Widiger, T.; Frances, A.; Harris, M.; Jacobsberg, L.; Fyer, M., y Manning, D. (1991): Comorbidity among Axis II disorders. En J. Oldham (ed.): *Personality Disorders: New Perspectives on Diagnostic Validity*. Washington DC: American Psychiatric Press.

Wiersma, H. (1906): Die sekundär funktion bei psychosen. *Zeitschrift für Psychologie and Neurolie, 8*, 1-24.

Wilder, G., y Powell, K. (1989): *Sex Differences in Test Performance: A review of the Literature*. College Board Report No. 89-3. Nueva York: Entrance Examination Board.

Wilson, E. O. (1979): *Sobre la naturaleza humana*. México: Fondo de Cultura Económica.

Willard, L. (1968): A comparison of culture fair test scores with group and individual intelligence test scores of disadvantaged Negro children. *Journal of Learning Disabilities, 1*, 584-589.

Willis, S., y Schaie, W. (1986a): Practical intelligence in later adulthood. En R. Sternberg y R. Wagner (eds.): *Practical Intelligence: Origins of Competence in the Everyday World*. Nueva York: Cambridge University Press.

Willis, S., y Schaie, W. (1986b): Training the elderly on the ability factors of spatial orientation and inductive reasoning. *Psychology and Aging, 1*, 239-247.

Wilson, R. S. (1975): Twins: Patterns of cognitive development as measured on the WPPSI. *Developmental Psychology, 11*, 126-139.

Wilson, R. S. (1983): The Louisville twin study: Developmental sychronies in behavior. *Child Development, 54*, 298-316.

Wilson, G.; Barrett, P., y Gray, J. (1989): Human reactions to reward and punishment: A questionnaire examination of Gray's personality theory. *British Journal of Psychology, 80*, 509-515.

Willerman, L. (1979): *The Psychology of Individual and Group Differences*. San Francisco: Freeman.

Willerman, L.; Schultz, R.; Rutledge, J., y Bigler, E. (1991): In vivo brain size and intelligence. *Intelligence, 15*, 223-228.

Williams, W., y Ceci, S. (1997): Are Americans becoming more or less alike? Trends in race, class and ability differences in intelligence. *American Psychologist, 52* (11), 1226-1235.

Wissler, C. (1901): The correlation of mental and physical traits. *Psychological Monographs, 3*, 16.

Witkin, H. A. (1949): The nature and importance of individual differences in perception. *Journal of Personality, 18*, 145-170.

Witkin, H., y Goodenough, D. (1981): *Estilos cognitivos*. Madrid: Pirámide.

Witkin, H. A.; Dyk, R. B.; Faterson, H. F.; Goodenough, D. R., y Karp, S. A. (1962): *Psychological Differentiation*. Nueva York: Wiley.

Woodruff, D., y Birren, J. (1972): Age changes and cohort differences in personality. *Developmental Psychology, 6*, 252-259.

Wright, S. (1934): The method of path coefficients. *Annals of Mathematical Statistics, 5*, 161-215.

Yaremko, R. M.; Harari, H.; Harrison, R. C., y Lynn, E. (1986): *Handbook of Research and Quantitative Methods in Psychology*. Nueva Jersey: LEA.

Yela, M. (1954): Historia de la Escuela de Psicología de la Universidad de Madrid. *Revista de Psicología General y Aplicada, IX* (32), 642-646.

Yela, M. (1982): Esbozo de autobiografía. *Revista de Historia de la Psicología, 3* (4), 281-332.

Yeo, R.; Turkheimer, E.; Raz, N., y Bigler, E. (1987):

Volumetric assymetries of the human brain: Intellectual correlates. *Brain and cognition, 193*, 15-23.

Young, F. W. (1984): Multidimensional Scalling. *Annual Review of Psychology, 35*, 55-81.

Zaccagnini, J. L. (1988): *Algunas notas críticas acerca de la utilización de la epistemología como fundamentos de la psicología científica moderna*. Inédito.

Zaccagnini, J. L. (1989a): Prólogo. En M. Juan-Espinosa y R. Colom: *Psicología diferencial y cognición*. Valencia: Promolibro.

Zaccagnini, J. L. (1989b): *El tema de la interpersonalidad en el pensamiento occidental: una aproximación prefenomenológica*. Inédito.

Zazzo, B (1992): *Fémenin, masculin, à l'école* (véase M. Jayme y V. Sau, 1996).

Zeidner, M. (1987): Test of the cultural bias hypothesis: Some israeli findings. *Journal of Applied Psychology, 72*, 38-48.

Zeidner, M. (1988): Sociocultural differences in examinnes' attitudes toward scholastic ability exams. *Journal of Educational Measurement, 25*, 67-76.

Zentall, S., y Zentall, T. (1983): Optimal stimulation: A model of disordered activity and performance in normal and deviant children. *Psychological Bulletin, 94*, 446-471.

Zigler, E., y Labry, J. (1962): Concept-switching in middle-class, lower-class and retarded children. *Journal of Abnormal and Social Psychology, 65*, 267-273.

Zubin, J. (1938): A technique for measuring likemindedness. *Journal of Abnormal Psychology, 33*, 508-516.

Zuckerman, M. (1991): *Psychobiology of Personality*. Cambridge: Cambridge University Press.

Zuckerman, M. (1992): What is a basic factor and which factors are basic? Tirtles all the way down. *Personality and Individual Differences, 13* (6), 675-681.

Zuckerman, M. (1996): Sensation seeking. En Ch. Costello (ed.): *Personality Characteristics of the Personality Disordered*. Nueva York: Wiley.

Zuckerman, M., y Brody, N. (1988): Oysters, rabbits and people: A critique of «Race differences in behavior» by J. P. Rushton. *Personality and Individual Differences, 9* (6), 1025-1033.

Zumalabe Makirriain, J. M. (1990): La psicología de la personalidad y las teorías cognitivas y del procesamiento de la información. *Revista de Psicología General y Aplicada, 43* (2), 225-231.

TÍTULOS RELACIONADOS

EN LOS LÍMITES DE LA INTELIGENCIA. ¿Es el ingrediente del éxito en la vida?, *R. Colom Marañón.*

ESTUDIANDO LA HOMOSEXUALIDAD. Teoría e investigación, *J. I. Baile Ayensa.*

PERSONALIDADES VIOLENTAS, *E. Echeburúa Odriozola.*

PSICOLOGÍA DE LAS DIFERENCIAS INDIVIDUALES. Teoría y práctica, *R. Colom Marañón.*

¿QUÉ ES LA INTELIGENCIA? Enfoque actual de su naturaleza y definición, *R. J. Sternberg y D. K. Detterman (coords.).*